Windows
Internals

Vol. 2

Windows Internals

Vol. 2

마이크로소프트 윈도우 커널 공식 가이드

안랩 기반기술팀 옮김

안드레아 알레비
알렉스 이오네스쿠
마크 러시노비치
데이비드 솔로몬 지음

에이콘

에이콘출판의 기틀을 마련하신 故 정완재 선생님 (1935-2004)

항상 저를 믿어주시고 제 꿈을 응원해주신
부모님 가브리엘라와 다닐로, 동생 루카에게
감사의 마음을 전합니다.

– 안드레아 알레비^{Andrea Allievi}

항상 저를 포기하지 않고 사랑과 따뜻함의
공급원이 돼주는 아내와 딸에게.
꿈을 좇게 영감을 주시고 희생을 감수하며
기회를 주신 부모님께...

– 알렉스 이오네스쿠^{Alex Ionescu}

큰 성공을 거둔 윈도우 3.1 운영체제의 내부를 사용하고 살펴본 필자는 1993년 마이크로소프트가 윈도우 NT 3.1을 출시했을 때 세상을 바꿀 윈도우 3.1의 잠재력을 즉시 알아챘다. 윈도우 NT의 아키텍트이자 엔지니어링 리더였던 데이비드 커틀러[David Cutler]는 안전하고 안정적이며 확장성이 뛰어나면서도 사용자 인터페이스와 소프트웨어 실행 기능이 이전 버전과 동일한 윈도우 버전을 만들었다. 헬렌 커스터[Helen Custer]의 책 『Inside Windows NT』[Microsoft Press, 1992]는 디자인과 아키텍처에 대한 훌륭한 지침서였지만 실제 작동에 대해 더 깊이 있게 다룬 책이 필요하고 수요가 있다고 생각했다. 데이비드 커틀러의 이전 개발에 대한 최종 가이드인 『VAX/VMS Internals and Data Structures』[Digital Press, 1984]는 텍스트로 얻을 수 있는 소스코드에 가까운 책이었고, 필자는 그 책의 윈도우 NT 버전을 집필하기로 생각했다.

하지만 박사 학위를 마치고 작은 소프트웨어 회사에서 경력을 시작하느라 바빴기 때문에 진척은 더디기만 했다. 윈도우 NT에 대해 배우고자 문서를 읽고 코드를 리버스 엔지니어링하고, Regmon 및 Filemon과 같은 시스템 모니터링 도구를 코딩하고, 이를 사용해 윈도우 NT의 작동 방식을 내부적으로 살펴봄으로써 구조를 이해하는 데 도움이 되는 도구를 개발했다. 그렇게 배운 지식을 윈도우 NT 관리자를 위한 잡지인 <Windows NT Magazine>에서 매달 'NT 내부' 칼럼을 통해 공유했다. 이 책은 IDG 출판사와 집필 계약을 맺은 책인 『Windows Internals』에 실을 내용의 기초가 됐다.

이 책의 집필은 풀타임 업무와 창업한 윈터널스 소프트웨어[Winternals Software]의 시스인터널스[Sysinternals][당시 NT인터널스] 프리웨어 및 상용 소프트웨어를 작성하느라 더디게 진행됐다. 그러던 중 1996년 데이브 솔로몬[Dave Solomon]이 『Inside Windows NT, 2/e』[Microsoft Press, 1997]을 출간했을 때 충격을 받았다. 이 책이 인상적이면서도 실망스

러웠다. 헬렌의 책을 완전히 재집필한 이 책은 계획했던 대로 윈도우 NT의 내부를 더 깊고 폭넓게 다루고 있었으며, 윈도우 NT 리소스 키트와 디바이스 드라이버 개발 키트^{DDK, Driver Development Kit}의 기본 제공 도구 및 진단 유틸리티를 사용해 주요 개념과 동작을 시연하는 새로운 실습을 포함하고 있었다. 그는 기준을 매우 높게 끌어올렸기 때문에 그가 달성한 품질과 수준에 맞는 책을 쓴다는 것은 나의 계획보다 훨씬 더 큰 의미가 있다는 것을 알았다.

나는 윈도우 콘퍼런스 강연을 통해 데이브를 알고 있었기 때문에, "피할 수 없다면 즐겨라"라는 속담처럼 책이 출간된 지 몇 주 만에 데이브에게 다음 판의 공동 집필을 제안하는 이메일을 보냈다. 이 책은 당시 윈도우 NT 5라고 불렸고 나중에 윈도우 2000으로 이름이 바뀌게 될 내용을 담고 있었다. 데이브가 포함하지 않은 주제에 대한 나의 NT 내부 칼럼을 기반으로 한 새로운 장을 추가하고, 나의 시스인터널스 도구를 사용한 새로운 실습에 대한 글도 쓰기로 했다. 거래를 성사시키고자 책과 함께 배포하는 일반적인 소프트웨어 배포 방식인 CD에 전체 시스인터널스 도구 모음을 포함시킬 것을 제안했다.

데이브는 흔쾌히 동의했다. 하지만 먼저 마이크로소프트의 승인을 얻어야 했다. 나는 윈도우 NT 워크스테이션과 윈도우 NT 서버가 레지스트리 설정에 따라 동작이 다른 동일한 코드라는 사실을 공개적으로 폭로해 마이크로소프트의 홍보에 어려움을 겪은 적이 있었다. 데이브는 윈도우 NT 소스 전체에 대한 액세스 권한이 있었지만 나는 그렇지 않았고 문서화되지 않은 API에 의존하는 시스인터널스나 윈터널스 소프트웨어에 지적 재산권 문제를 일으키지 않고자 계속 그렇게 하고 싶었다. 데이브가 마이크로소프트에 요청했을 때 나는 주요 윈도우 엔지니어들과의 관계를 회복하고 있었고 마이크로소프트도 암묵적으로 승인했기 때문에 운이 좋은 시기였다.

데이브와 함께 『Inside Windows 2000』을 집필하는 일은 정말 즐거웠다. 우연의 일치인지 모르겠지만 데이브는 나와 20분 정도 떨어진 곳에 살았다(나는 코네티컷^{Connecticut}주 댄버리^{Danbury}에 살았고 데이브는 코네티컷주 서먼^{Sherman}에 살았다). 우리는 서로의 집을 방문해 마라톤 글쓰기 세션을 진행하면서 함께 윈도우 내부를 탐색하고, 괴상한 농담과 말장난에 웃고, 기술적 질문을 던져 답을 찾고자 경쟁하곤 했는데, 데이브는 소스코드를 샅샅이 뒤지고 나는 디스어셈블러, 디버거, 시스인터널스 도구를 사용했다.

그렇게 해서 나는 역사상 가장 상업적으로 성공한 운영체제 중 하나의 내부 작동을 설명하는 결정적인 책의 공동 저자가 됐다. 윈도우 XP와 윈도우 비스타를 다룬 5판에는 알렉스 이오네스쿠를 참여시켰다. 알렉스는 세계 최고의 리버스 엔지니어이자 운영체제 전문가로, 가독성과 세부 사항에 대한 당사의 높은 기준에 부합하거나 그 이상으로 책의 폭과 깊이를 더해줬다. 새로운 기능과 하위 시스템으로 성장하는 윈도우 자체와 함께 책의 범위가 넓어지면서 6판은 5판의 단행본 출판 한계를 초과해 2권으로 나눴다.

6판 집필이 시작될 무렵 나는 이미 애저^{Azure}로 자리를 옮긴 후였고 7판을 준비할 무렵에는 더 이상 책에 기여할 시간이 없었다. 데이브 솔로몬은 은퇴했고 윈도우가 몇 년마다 주요 릴리스와 버전 번호로 출시되던 윈도우는 윈도우 10이라는 이름으로 불리며 지속적인 기능 업그레이드를 통해 출시되기 시작했다. 이에 따라 책을 업데이트하는 작업은 더욱 어려워졌다. 파벨 요시포비치^{Pavel Yosifovitch}가 알렉스의 Vol.1 집필을 도와줬지만, 그 역시 다른 프로젝트로 바빠 Vol.2에는 참여하지 못했다. 알렉스 역시 자신의 스타트업 크라우드스트라이크^{CrowdStrike}로 바빴기 때문에 Vol.2에 참여할 수 있을지 확신할 수 없었다.

다행히 안드레아가 도와줬다. 알렉스와 함께 2장에서 시작 및 종료 프로세스, 레지스트리 하위 시스템, UWP 등 시스템의 광범위한 부분을 업데이트했다. 단순히 새로워진 내용뿐 아니라 하이퍼V, 캐싱 및 파일 시스템, 진단 및 추적에 대해 자세히 설명하는 3개의 새로운 장도 추가했다. 역사상 가장 중요한 소프트웨어 중 하나인 윈도우의 내부 작동에 대해 기술적으로 가장 심도 있고 정확하게 설명하는 윈도우 내부 책 시리즈의 명성은 안전하며, 내 이름이 여전히 목록에 남아 있다는 사실에 자부심을 느낀다.

내 경력에서 기억에 남는 순간은 데이비드 커틀러에게 『Inside Windows 2000』의 서문을 써 달라고 부탁했을 때였다. 데이비드 솔로몬과 나는 윈도우 엔지니어들을 만나고자 몇 차례 마이크로소프트를 방문한 적이 있었고, 그중 몇 차례 데이비드를 만난 적이 있었다. 하지만 그가 동의할지 몰랐기 때문에 동의를 받았을 때 매우 기뻤다. 데이비드에게 부탁했을 때와 비슷한 입장이 돼 반대편에 서 있는

지금이 조금은 믿기지 않는데, 기회가 주어져 영광이다. 내가 쓴 추천의 글을 통해 이 책이 『Inside Windows 2000』 구매자들에게 데이비드 커틀러의 책이 그랬던 것처럼 신뢰할 수 있고 명확하고 종합적이라는 믿음을 드릴 수 있기를 기대한다.

2021년 3월,
워싱턴 벨뷰에서

– 마크 러시노비치^{Mark E. Russinovich}
마이크로소프트 애저 최고 기술 책임자 겸 기술 펠로우

안랩 기반기술팀

파일 시스템과 네트워크, 가상화, 매체 제어 등의 여러 분야에 관련된 윈도우 보안 시스템 프로그램과 커널 프로그램을 개발하며, 보안 이슈에 관련된 선행적인 기술 연구와 기반 기술 개발을 수행하는 일에 애정을 갖고 열정적으로 함께 일하는 팀이다. 이 책의 번역에는 김한주 팀장, 김소현 책임, 최바울 책임, 박영준 주임연구원 그리고 홍성진 수석이 참여했다.

윈도우 시스템 프로그래머를 위한 고전적인 참고서인 『Windows Internals 7/e Vol.2』를 한국어로 번역하게 돼 정말 기쁘다. 이 책은 윈도우 운영체제의 내부 작동 방식에 대한 포괄적이고 심층적인 정보를 제공한다.

이 책을 번역하는 것은 쉽지 않은 작업이었다. 전문 용어와 개념이 많았고, 정확하고 이해하기 쉽게 번역하는 것이 중요했다. 독자의 필요를 염두에 두면서 텍스트를 충실하게 번역하고자 최선을 다했다.

번역 과정에서 용어가 항상 진화하기 때문에 정확한 최신 용어를 사용하는 것이 중요했다.

개념이 복잡하고 설명하기 어려웠기 때문에 더 작은 조각으로 나누고 그림과 예제를 사용해 설명했다.

이 책은 다음과 같은 내용을 포함한다.

- 윈도우 운영체제의 내부 구조와 동작 방식
- 윈도우 시스템 프로그래밍을 위한 기초 지식
- 윈도우 성능 최적화 및 디버깅에 대한 팁

또한 이번에 새로 업데이트된 내용을 포함하고 있다.

2장에서부터 시작 및 종료 프로세스, 레지스트리 하위 시스템, UWP 등 시스템의 광범위한 부분이 업데이트됐다. 단순히 새로워진 내용뿐 아니라 하이퍼V, 캐싱 및 파일 시스템, 진단 및 추적에 대해 자세히 설명하는 3개의 새로운 장도 추가됐다.

이러한 추가 사항을 통해 윈도우 시스템 프로그래머는 윈도우 운영체제의 내부 작동 방식에 대한 좀 더 포괄적인 최신 정보를 얻을 수 있다.

이 책을 통해 윈도우 시스템 프로그래밍에 대한 지식을 쌓고 윈도우 운영체제를 더 잘 이해할 수 있기를 바란다.

번역에 대한 피드백이 있으면 언제든지 msj0191@gmail.com으로 메일을 주면 된다.

마지막으로 출판이 있기까지 수고해주신 에이콘출판사의 고 권성준 사장님과 출판사 관계자들, 그리고 편집에 수고해주신 박창기 이사님께 감사드린다.

대표 역자 **홍성진**

안드레아 알레비^{Andrea Allievi}

15년 이상의 경력을 가진 시스템 레벨 개발자이자 보안 분야 전문가다. 2010년, 밀라노 비코카 대학교^{University of Milano-Bicocca}에서 컴퓨터공학 학사 학위를 취득했다. 논문을 위해 모든 윈도우 7 커널 보호(패치가드 및 드라이버 서명 적용)를 무력화할 수 있는 64비트 MBR^{Master Boot Record} 부트킷을 개발했다. 커널 모드 코드부터 유저 모드 코드까지 운영체제 내부를 담당하는 리버스 엔지니어이기도 하다. 먼저 UEFI 부트킷(연구 목적으로 개발했으며 2012년에 발표), 여러 패치가드 바이패스 및 기타 여러 연구 논문과 기사를 작성한 최초 개발자다. 멀웨어 및 지능형 지속적인 스레드 제거에 사용되는 여러 시스템 도구 및 소프트웨어의 저자이기도 하다. 또한 다양한 컴퓨터 보안 회사, 이탈리아의 TG소프트, 세이퍼바이트(현 멀웨어바이트), 시스코 시스템즈의 탈로스 그룹 경력이 있다. 2016년에 마이크로소프트 위협 인텔리전스 센터^{MSTIC, MicroSoft Defender Threat Intelligence Center} 그룹의 보안 연구 엔지니어로 마이크로소프트에 입사했다. 2018년 1월부터는 마이크로소프트의 커널 보안 코어 팀에서 수석 핵심 OS 엔지니어로 일하면서 주로 NT 및 보안 커널의 새로운 기능(예를 들어 리트폴린 또는 추측 완화 기능)을 유지 관리하고 개발하는 업무를 담당하고 있다. 보안 연구 커뮤니티에서 활발히 활동하고 새로운 커널 기능에 대한 기술보안 연구 커뮤니티에서도 활발히 활동하고 있다. 마이크로소프트의 새로운 커널 기능에 대한 Recon 및 Microsoft BlueHat과 같은 여러 기술 콘퍼런스에서 강연하고 있다. 트위터(현 X)(@aall86)를 팔로우하라.

알렉스 이오네스쿠^{Alex Ionescu}

크라우드스트라이크 사의 엔드포인트 엔지니어링 부사장으로, 창립 수석 아키텍트로 시작했다. 로우레벨 시스템 소프트웨어, 커널 개발, 보안 교육, 리버스 엔지니어링 분야의 세계적인 보안 아키텍트이자 컨설턴트 전문가다. 20년이 넘는 기간 동안 보안 연구 작업을 통해 윈도우 커널 및 관련 구성 요소의 수십 가지 중요한 보안 취약점과 여러 동작 버그를 수정했다. 그 전에는 처음부터 작성된 오픈소스 윈도우 클론인 리액트OS^{ReactOS}의 수석 커널 개발자로서 대부분의 윈도우 NT 기반 하위 시스템을 작성했다. 컴퓨터 공학을 전공하는 동안 애플에서 iOS 커널, 부트 로더, 아이폰, 아이패드, 애플TV의 오리지널 핵심 플랫폼 팀에서 드라이버를 개발했다. 또한 다양한 기관을 대상으로 로우레벨 시스템 소프트웨어, 리버스 엔지니어링 및 보안 교육을 전문으로 하는 윈사이더 세미나 앤 솔루션 사^{Winsider Seminars & Solutions, Inc.}의 설립자이기도 하다. 커뮤니티에서 활발한 활동을 이어가고 있으며 전 세계 20여 개 이상의 행사에서 강연을 해왔다. 전 세계 기관과 일반 사용자에게 윈도우 내부 교육, 지원 및 리소스를 제공한다. 트위터(@aionescu)와 블로그(www.alex-ionescu.com 및 www.windows-internals.com/blog)를 팔로우하라.

감사의 말

이 책에는 복잡한 기술적 세부 사항과 그 내용이 담긴 추론이 포함돼 있어 일반인의 관점에서는 설명하기 어렵고 이해하기 힘든 경우가 많다. 이 책의 역사를 보면 언제나 그렇듯이 내부 마이크로소프트 협력업체나 직원뿐만 아니라 역설적으로 리버스 엔지니어링 관점을 통해 부족한 부분을 채우고 회사 내부에 존재하는 방대한 지식과 윈도우 운영체제의 다양한 개발 히스토리를 접할 수 있는 장점들이 있다. 7판의 Vol.2에서는 주 저자로 참여해 책의 대부분과 업데이트된 내용을 주도적으로 이끌어 준 안드레아 알레비에게 감사를 표한다.

안드레아 외에도 윈도우 개발 팀의 주요 구성원, 마이크로소프트의 여러 전문가 그리고 각자의 영역에서 신뢰할 수 있는 동료, 친구, 전문가들의 검토, 의견, 지원이 없었다면 이 책에 기술적인 세부 사항의 깊이나 높은 수준의 정확성을 담을 수 없었을 것이다.

새로 집필한 9장은 최고 수준의 주제 전문가인 Alexander Grest와 Jon Lange의 도움이 없었다면 이렇게 완벽하고 상세하게 완성되지 못했을 것이고, 특히 하이퍼바이저와 보안 커널의 가장 모호한 기능의 내부 세부 사항을 이해하도록 도와준 데 대해 특별히 감사한다.

책의 정확성과 완성도를 높이고자 사람과 정보에 대한 알렉스의 내부 접근을 도와주고 이 책의 지지자가 돼준 Arun Kishan, Mehmet Iyigun, David Weston, Andy Luhrs에게 특별한 감사를 전하고 싶다.

또한 이 책에 기술적인 검토나 의견을 제공하거나 여러 가지 지원과 도움을 준 다음 사람들께도 감사의 말씀을 전한다. Saar Amar, Craig Barkhouse, Michelle Bergeron, Joe Bialek, Kevin Broas, Omar Carey, Neal Christiansen, Chris Fernald, Stephen Finnigan, Elia Florio, James Forshaw, Andrew Harper, Ben Hillis, Howard Kapustein, Saruhan Karademir, Chris Kleynhans, John Lambert, Attilio Mainetti, Bill

Messmer, Matt Miller, Jake Oshins, Simon Pope, Jordan Rabet, Loren Robinson, Arup Roy, Yarden Shafir, Andrey Shedel, Jason Shirk, Axel Souchet, Atul Talesara, Satoshi Tanda, Pedro Teixeira, Gabrielle Viala, Nate Warfield, Matthew Woolman, Adam Zabrocki.

Hex-Rays(http://www.hex-rays.com)의 일팍 길파노프^{Ilfak Guilfanov}가 알렉스 이오네스쿠에게 부여한 아이다 프로^{IDA Pro} Advanced 및 Hex-Rays 라이선스(가장 최근에는 윈도우 커널의 리버스 엔지니어링 속도를 높이는 데 귀중한 도구인 평생 라이선스 포함)에 대해서도 지속적으로 감사를 표한다. Hex-Rays 팀은 알렉스의 연구를 지속적으로 지원하고 모든 릴리스에서 관련된 새로운 디컴파일러 기능을 구축해 소스코드 액세스 없이도 이 책과 같은 책을 쓸 수 있게 해준다.

마지막으로 이 책이 현실이 될 수 있게 도와준 마이크로소프트 출판(Pearson)의 훌륭한 직원들에게 감사의 말씀을 전한다. 2018년에 한 계약이 2년 반이 지난 후 실제 책으로 출간되기까지 무한한 인내심을 발휘해 준 Loretta Yates, Charvi Arora 그리고 직원 모두에게 특별한 감사의 말을 전한다.

차례

윈도우 10(2021년 5월 업데이트, 일명 21H1까지) 및 윈도우 서버(서버 2016부터 서버 2022까지) 운영체제의 핵심 구성 요소가 내부적으로 어떻게 작동하는지 이해하려는 고급 컴퓨터 전문가(개발자, 보안 연구원, 시스템 관리자)를 대상으로 하며, 윈도우 11X 및 엑스박스 운영체제와 공유되는 많은 구성 요소가 포함된 책이다.

이러한 지식을 통해 개발자는 윈도우 플랫폼에 특화된 애플리케이션을 빌드할 때 디자인 선택의 근거를 더 잘 이해하고, 더 강력하고 확장 가능하며 안전한 소프트웨어를 만들기 위한 더 나은 판단을 내릴 수 있다. 또한 개발자는 시스템 핵심에 깊이 자리 잡은 복잡한 문제를 디버깅하는 기술을 향상시키는 동시에 유용하게 사용할 수 있는 도구를 배울 수 있다.

시스템 관리자는 운영체제가 '내부에서' 어떻게 작동하는지 이해하면 시스템의 예상 성능 작동 방식을 쉽게 이해하고, 이러한 정보를 활용할 수 있다. 따라서 문제가 발생했을 때 시스템 문제를 훨씬 쉽게 해결할 수 있으며, 사소한 문제에서 심각한 문제를 분류하는 데 도움이 된다.

마지막으로 보안 연구원은 소프트웨어 애플리케이션과 운영체제가 어떻게 오작동하고 악용돼 바람직하지 않은 동작을 유발할 수 있는지 파악하는 동시에 이러한 시나리오에 대해 최신 윈도우 시스템에서 제공하는 보안 기능과 방어 기능을 이해할 수 있다. 포렌식 전문가는 어떤 데이터 구조와 메커니즘을 사용해 변조 행위를 찾을 수 있는지, 윈도우 자체에서 이러한 동작을 탐지하는 방법을 배울 수 있다.

누구든 이 책을 읽고 나면 윈도우가 어떻게 작동하고 왜 그렇게 작동하는지 더 잘 이해할 수 있을 것이다.

이 책의 역사

이 책은 헬렌 커스터가 쓴 『Inside Windows NT』라는 책의 7번째 개정판이다(마이크로소프트 윈도우 NT 3.1이 처음 출시되기 전). 『Inside Windows NT』는 윈도우 NT를 다룬 최초의 책으로, 시스템의 아키텍처와 설계에 대한 핵심적인 내용을 담고 있다. 『Inside Windows NT, 2/e』은 데이비드 솔로몬이 집필했다. 이 책은 윈도우 NT 4.0을 다루고자 기존 책을 업데이트했으며, 세부 기술 내용을 대폭 강화했다.

『Inside Windows 2000, 3/e』(Microsoft Press, 2000)은 데이비드 솔로몬과 마크 러시노비치가 저술했다. 시작 및 종료, 서비스 내부, 레지스트리 내부, 파일 시스템 드라이버, 네트워크와 같은 새로운 주제가 많이 추가됐다. 또한 WDM, 플러그앤플레이, 전원 관리, WMI, 암호화, 작업 객체, 터미널 서비스와 같은 윈도우 2000의 커널 변경 사항도 다뤘다. 『Windows Internals, 4/e』(Microsoft Press, 2004)은 윈도우 XP 및 윈도우 서버 2003 업데이트 버전으로, 윈도우 내부의 주요 도구 사용 및 크래시 덤프 분석과 같이 IT 전문가가 윈도우 내부에 대한 지식을 활용할 수 있게 돕는데 중점을 둔 콘텐츠를 추가했다.

『Windows Internals 제5판』(에이콘, 2010)은 윈도우 비스타와 윈도우 서버 2008을 위한 업데이트다. 이 책을 통해 마크 러시노비치가 마이크로소프트의 정규직으로 자리를 옮겼고(현재 애저 CTO로 재직 중), 새로운 공동 저자인 알렉스 이오네스쿠가 참여했다. 새로운 콘텐츠에는 이미지 로더, 사용자 모드 디버깅 기능, ALPC(고급 로컬 프로시저 호출) 및 하이퍼V가 포함됐다. 다음 출시 버전인 『Windows Internals 제6판』(에이콘, 2012)은 윈도우 7 및 윈도우 서버 2008 R2의 많은 커널 변경 사항이 모두 업데이트됐으며, 많은 실습을 통해 도구의 변경 사항도 반영됐다.

7판의 변경 내용

6판에서는 원고가 길어 책 출간의 한계가 있었기 때문에 책을 두 부분으로 나눴다. 이는 저자들이 책의 일부를 다른 부분보다 더 빨리 출판할 수 있다는 이점도 있었다(Vol.1의 경우 2012년 3월, Vol.2의 경우 2012년 9월). 그러나 당시에는 순전히 페이지 수에 따른 분할이었고 전체 장은 이전 판과 동일한 순서로 수록됐다.

6판 이후 마이크로소프트는 먼저 윈도우 8과 윈도우 폰[Phone] 8 커널을 통합하고 윈도우 8.1, 윈도우 RT, 윈도우 폰 8.1에 최신 애플리케이션 환경을 통합하는 OS 컨버전스 프로세스를 시작했다. 그리고 데스크톱, 노트북, 휴대폰, 서버, 엑스박스 원[Xbox One], 홀로렌즈, 다양한 사물인터넷[IoT] 디바이스에서 실행되는 윈도우 10으로 통합했다. 이 대대적인 통합이 완료됨에 따라 시리즈의 새로운 버전이 나올 때가 됐으며, 이제 거의 반세기 동안의 변화를 따라잡을 수 있게 됐다.

7판(Microsoft Press, 2017)을 통해 저자들은 바로 그 작업을 수행했으며, 마이크로소프트 인사이더[Microsoft insider]이자 전체 책 관리자 역할을 맡은 데이비드 솔로몬의 뒤를 이어 처음으로 파벨 요시포비치[Pavel Yosifovich]가 합류했다. 마크와 마찬가지로 크라우드스트라이크(현재 엔드포인트 엔지니어링 부문 부사장으로 재직 중)에서 정규직으로 자리를 옮긴 알렉스 이오네스쿠와 함께 일하면서 파벨은 독자들이 Vol.1에서 소개된 개념을 이해하기 위해 Vol.2를 기다리게 하는 대신 두 권의 좀 더 의미 있게 통합된 책이 될 수 있도록 책의 장을 리팩터링하기로 결정했다. 그 결과 Vol.1에서는 독자들에게 윈도우 10의 시스템 아키텍처, 프로세스 관리, 스레드 스케줄링, 메모리 관리, I/O 처리, 사용자, 데이터 및 플랫폼 보안의 핵심 개념을 소개하면서 독립적으로 집필할 수 있었다. Vol.1에서는 버전 1703, 2017년 5월 업데이트 및 윈도우 서버 2016을 포함한 윈도우 10의 여러 면을 다뤘다.

Vol.2의 변경 사항

알렉스 이오네스쿠와 마크 러시노비치가 정규직으로 일하고 파벨이 다른 프로젝트로 자리를 옮기면서 Vol.2는 참가자를 찾는 데 수년 동안 어려움이 있었다. 결국 시리즈의 바통을 이어받아 시리즈를 완성해 준 안드레아 알레비에게 감사를 전한다. 알렉스의 조언과 지도를 받으면서도 과거 공동 저자들이 가졌던 것처럼 마이크로소프트 소스코드에 대한 완전한 액세스 권한과 처음으로 윈도우 코어 OS 팀에서 본격적인 개발자가 된 안드레아는 책을 새롭게 바꾸고 자신만의 시리즈에 담아냈다.

네트워킹 및 크래시 덤프 분석과 같은 주제에 대한 장은 오늘날 독자의 관심사를 벗어난다는 것을 깨달은 안드레아는 대신 애저와 클라이언트 시스템 모두에서 현재 윈도우 플랫폼 전략의 핵심 부분인 하이퍼V에 관한 흥미로운 새 콘텐츠를 추가했다. 이를 통해 부팅 프로세스에 대한 완전히 새로 쓴 장들과 ReFS 및 DAX와 같은 새로운 스토리지 기술, 시스템 및 관리 메커니즘에 대한 광범위한 업데이트와 함께 새로운 디버거 기술 및 도구를 활용하도록 완전히 업데이트된 실습을 제공한다.

Vol.1과 Vol.2 사이에 긴 공백이 있었기 때문에 이 책이 최신 공개 빌드인 윈도우 10 버전 2103(2021년 5월 업데이트/21년 상반기)과 윈도우 서버 2019 및 2022를 포함해 완전히 업데이트돼 독자들이 긴 공백으로 인해 늦어지는 일이 없게 할 수 있었다. 윈도우 11은 동일한 운영체제 커널을 기반으로 구축돼 독자들은 곧 출시될 버전에 대해서도 충분히 확인할 수 있을 것이다.

실습

윈도우 소스코드에 직접 액세스하지 않더라도 커널 디버거, 시스인터널스의 여러 도구를 사용해 윈도우 내부에 대한 많은 정보를 얻을 수 있으며, 이 책을 위해 특별히 개발된 도구도 사용할 수 있다. 도구를 사용해 윈도우 내부 동작의 일부분을 보여주거나 시연하는 도구들을 직접 사용해볼 수 있는 단계는 '실습'으로 표시했다. 이는 책 전반에 걸쳐 나타나 있어, 책을 읽으면서 직접 실습해보길 바란다. 윈도우가 내부적으로 작동하는 방식을 시각적으로 보는 것은 단순히 읽는 것보다 훨씬 더 큰 감동을 줄 것이다.

다루지 않은 주제

윈도우는 크고 복잡한 운영체제다. 이 책에서는 윈도우 내부와 관련된 모든 것을 다루지 않고 기본 시스템 구성 요소에 초점을 맞춘다. 예를 들어 이 책에서는 윈도우 분산 객체지향 프로그래밍 인프라인 COM+나 관리 코드 애플리케이션의 기반이 되는 마이크로소프트 .NET 프레임워크는 다루지 않는다. 이 책은 사용자, 프로그래밍 또는 시스템 관리 책이 아니라 '내부, 즉 인터널한' 책이므로 윈도우 사용, 프로그래밍 또는 구성하는 방법을 설명하지 않는다.

경고 및 주의 사항

내부 아키텍처의 문서화되지 않은 동작과 윈도우 운영체제의 작동(예를 들어 내부 커널 구조 및 함수)을 설명하므로 이 내용은 릴리스 기간에 변경될 수 있다. "변경될 수 있다"는 의미는 이 책에 설명된 세부 사항이 릴리스 간에 반드시 변경된다는 것은 아니지만 변경되지 않는다고 기대할 수는 없다는 뜻이다. 이러한 문서화되지 않은 인터페이스 또는 운영체제에 대한 내부 지식을 사용하는 소프트웨어는 향후 윈도우 릴리스에서 작동하지 않을 수 있다. 더 심각한 문제는 커널 모드에서 실행되는 소프트웨어(예를 들어 디바이스 드라이버)에서 이러한 문서화되지 않은 인터페이스를 사용하는 소프트웨어가 최신 윈도우 릴리스에서 실행될 때 시스템 충돌이 발생해 해당 소프트웨어 사용자의 데이터가 손실될 수 있다는 점이다.

즉, 최종 사용자 시스템용으로 설계된 모든 종류의 소프트웨어를 개발하거나 연구 및 문서화 이외의 다른 목적으로 이 책에 언급된 내부 윈도우 기능, 레지스트리 키, 동작, API 또는 기타 문서화되지 않은 세부 정보를 사용해서는 안 된다. 특정 주제에 대한 공식 문서는 항상 마이크로소프트 소프트웨어 개발 네트워크[MSDN]에서 먼저 확인하자.

이 책의 대상 독자

독자가 고급 사용자 수준의 윈도우 환경에 익숙하고 CPU 레지스터, 메모리, 프로세스, 스레드와 같은 운영체제 및 하드웨어 개념을 기본적으로 이해하고 있다고 가정한다. 함수, 포인터 및 유사한 C 프로그래밍 언어 구조에 대한 기본적인 이해가 있어야 내용을 이해하기에 유리하다.

이 책의 구성

7판은 6판과 마찬가지로 2권으로 나뉘며, 이 책은 Vol.2다.

- **8장, 시스템 메커니즘**에서는 ALPC, 객체 관리자, 동기화 루틴 등 운영체제가 디바이스 드라이버와 애플리케이션에 주요 서비스를 제공하는 데 사용하는 중요한 내부 메커니즘에 대한 정보를 제공한다. 또한 트랩 처리, 세분화 및 사이드 채널 취약성을 비롯해 윈도우가 실행되는 하드웨어 아키텍처와 이를 해결하는 데 필요한 해결 방법에 대한 세부 정보를 알아본다.
- **9장, 가상화 기술**에서는 윈도우 OS가 최신 프로세서가 제공하는 가상화 기술을 사용해 사용자가 동일한 시스템에서 여러 가상 머신을 생성하고 사용할 수 있게 하는 방법을 설명한다. 또한 가상화는 새로운 수준의 보안을 제공하고자 윈도우에서 폭넓게 사용한다. 따라서 9장에서는 보안 커널 및 격리된 사용자 모드를 자세히 알아본다.
- **10장, 관리, 진단, 추적**에서는 관리, 구성, 진단을 위해 운영체제에서 구현된 기본 메커니즘을 자세히 설명한다. 특히 윈도우 레지스트리, 윈도우 서비스, WMI 및 작업 스케줄링과 함께 윈도우용 이벤트 추적^{ETW} 및 DTrace와 같은 진단 서비스를 살펴본다.
- **11장, 캐싱과 파일 시스템**에서는 가장 중요한 '스토리지' 구성 요소인 캐시 관리자와 파일 시스템 드라이버가 어떻게 상호작용해 파일, 디렉터리 및 디스크 장치에서 효율적이고 안전한 방식으로 작동하는지 보여준다. 또한 윈도우에서 지원하는 파일 시스템, 특히 NTFS와 ReFS를 자세히 알아본다.
- **12장, 시작과 종료**에서는 시스템을 시작하고 종료할 때 발생하는 작업 흐름과 부팅 흐름에 관여하는 운영체제 구성 요소를 살펴본다. 또한 보안 부팅, 측정 부팅 및 보안 실행과 같은 UEFI의 새로운 기술도 알아본다.

편집 규약

이 책에서는 다음과 같은 편집 규약을 적용했다.

- 고딕 글꼴은 사용자가 입력하는 텍스트와 클릭하라는 안내가 있는 인터페이스 항목 또는 누르라는 안내가 있는 버튼을 표시하는 데 사용했다. 또한 새로운 용어를 나타내는 데도 사용했다.
- 코드 요소는 상황에 따라 고정폭 글꼴로 표시했다.
- 대화상자 및 대화상자 요소 이름은 고딕 글꼴로 표시했다. 예를 들어 다른 이름으로 저장 대화상자로 표시했다.
- 키보드 단축키는 키 이름을 더하기 기호(+)로 구분해 표시했다. 예를 들어 Ctrl + Alt + Delete는 Ctrl, Alt, Delete 키를 동시에 누른다는 의미다.

데이터 다운로드

학습 경험을 풍부하게 하고자 보조 데이터를 제공하는데, 다음 페이지(http://MicrosoftPressStore.com/WindowsInternals7ePart2/downloads)에서 이 책의 보조 데이터를 다운로드할 수 있다.

오류 수정 및 도서 지원

이 책과 동반 콘텐츠의 정확성을 보장하고자 최선을 다했다. 제출된 오류 및 관련 수정 사항은 목록의 형태로 웹 사이트(http://MicrosoftPressStore.com/http://www.WindowsInternals7ePart2/)에서 제공한다.

아직 목록에 없는 오류를 발견한 경우 같은 페이지에 제출해주기 바란다.

추가 책 지원 및 정보는 웹 사이트(http://www.MicrosoftPressStore.com/Support)를 방문하면 된다.

마이크로소프트 소프트웨어 및 하드웨어에 대한 제품 지원은 이전 주소를 통해 제공되지 않는다. 마이크로소프트 소프트웨어 또는 하드웨어에 대한 도움이 필요하면 마이크로소프트 사이트(http://support.microsoft.com)에서 확인할 수 있다.

한국어판은 에이콘출판사 도서정보 페이지(http://www.acornpub.co.kr/book/windows-internals7-vol2)를 참조하라. 문의나 추가 지원이 필요하다면 에이콘출판사 편집 팀(editor@acornpub.co.kr)으로 메일을 보내주기 바란다.

지속적인 지원

공식 트위터 @MicrosoftPress를 통해 언제든지 대화가 가능하다.

08 시스템 메커니즘

윈도우 운영체제는 이그제큐티브, 커널, 디바이스 드라이버와 같은 커널 모드 구성 요소가 사용하는 기본 메커니즘을 제공한다. 8장에서는 다음의 커널 시스템 메커니즘과 이것들이 어떻게 사용되는지 설명한다.

- 링 레벨, 세그먼테이션, 작업 상태, 작업 상태, 트랩 디스패칭, 인터럽트, 지연된 프로시저 호출^{DPC, Deferred Procedure Calls}, 비동기 프로시저 호출^{APC, Asynchronous Procedure Calls}, 타이머, 시스템 작업자 스레드, 예외 디스패칭 및 시스템 서비스 디스패칭 등을 포함하는 프로세서 실행 모델
- 추측 실행 경계 취약점과 소프트웨어 채널 완화
- 주요 객체 관리자
- 스핀락, 커널 디스패처 객체, 대기 디스패칭 등의 커널 모드 동기화 및 주소 기반 대기, 조건 변수 및 슬림 리더 라이터^{SRW, Slim Reader-Writer} 락 등의 유저 모드 동기화 요소
- 고급 로컬 프로시저 호출^{ALPC, Advanced Local Procedure Call} 서브시스템
- 윈도우 알림 센터^{WNF, Windows Notification Facility}
- WoW64
- 유저 모드 디버깅 프레임워크

또한 8장에는 유니버설 윈도우 플랫폼^{UWP, Universal Windows Platform} 및 이를 구동하는 다음과 같은 유저 모드 및 커널 모드 서비스 세트에 대한 자세한 정보도 다루고 있다.

- 패키지 애플리케이션 및 AppX 배포 서비스

- 센테니얼 애플리케이션 및 윈도우 데스크톱 브리지
- 프로세스 상태 관리[PSM, Process State Management] 및 프로세스 수명 관리자[PLM, Process Lifetime Manager]
- 호스트 활동 관리자[HAM, Host Activity Moderator] 및 백그라운드 활동 관리자[BAM, Background Activity Moderator]

프로세서 실행 모델

이 절에서는 인텔 i386 기반 프로세서 아키텍처의 내부 메커니즘과 최신 시스템에서 사용하는 AMD64 기반 아키텍처 확장을 자세히 다룬다. 이 둘은 서로 다른 업체에서 설계를 했지만 이제는 두 업체가 각자 서로의 설계를 수행한다는 점에 주목할 만하다. 따라서 윈도우 파일 및 레지스트리 키에 이러한 접미사가 여전히 첨부된 것을 볼 수 있다. 요즘에는 x86(32비트) 및 x64(64비트)라는 용어를 더 일반적으로 사용한다.

세그먼테이션, 태스크, 링 레벨과 같은 중요한 메커니즘의 개념을 살펴보고 트랩, 인터럽트, 시스템 콜의 개념을 살펴본다.

세그먼테이션

C/C++ 및 Rust와 같은 고급 프로그래밍 언어는 기계 수준 코드로 컴파일돼 종종 어셈블러[assembler] 또는 어셈블리 코드[assembly code]라고 한다. 이 저급 언어에서는 프로세서 레지스터에 직접 액세스하며, 프로그램이 액세스하는 3가지 기본 유형의 레지스터가 있는 경우가 많다(코드를 디버깅할 때 볼 수 있다).

- **프로그램 카운터**[PC, Program Counter]: x86/x64 아키텍처에서는 명령 포인터[IP, Instruction Pointer]라고 하며, EIP(x86) 및 RIP(x64) 레지스터로 표시된다. 이 레지스터는 항상 실행 중인 어셈블리 코드 라인을 가리킨다(특정 32비트 ARM 아키텍처 제외).
- **스택 포인터**[SP, Stack Pointer]: ESP(x86) 및 RSP(x64) 레지스터로 표시된다. 이 레지스터는 메모리에서 현재 스택의 위치를 가리킨다.

- **기타 범용 레지스터**^{GPR, General Purpose Registers}: 몇 가지 예를 들면 EAX/RAX, ECX/RCX, EDX/RDX, ESI/RSI, R8, R14 등이 있다.

이러한 레지스터는 메모리를 가리키는 주소 값을 가질 수 있지만 추가 레지스터에는 **보호 모드 세그먼테이션**^{protected mode segmentation}이라는 메커니즘의 일부로 이러한 메모리 위치에 액세스할 때 관여한다. 이것은 **셀렉터**^{selector}라고도 하는 다양한 세그먼트 레지스터^{segment registers}를 확인해 동작한다.

- 프로그램 카운터에 대한 모든 액세스는 먼저 코드 세그먼트^{CS, Code Segment} 레지스터를 확인해 검증한다.
- 스택 포인터에 대한 모든 액세스는 먼저 스택 세그먼트^{SS, Stack Segment} 레지스터를 확인해 검증한다.
- 다른 레지스터에 대한 액세스는 세그먼트 오버라이드에 의해 결정된다. 해당 인코딩을 사용해 데이터 세그먼트^{DS, Data Segment}, 확장 세그먼트^{ES, Extended Segment} 또는 F 세그먼트^{FS}와 같은 특정 레지스터에 대한 검사를 강제할 수 있다.

이 셀렉터는 16비트 세그먼트 레지스터에 있으며 **전역 디스크립터 테이블**^{GDT, Global Descriptor Table}이라 불리는 데이터 구조체에서 찾을 수 있다. GDT를 찾고자 프로세서는 또 다른 CPU 레지스터인 GDT 레지스터(또는 GDTR)를 사용한다. 이러한 셀렉터의 형식은 그림 8-1과 같다.

그림 8-1 x86 세그먼트 셀렉터 형식.

따라서 세그먼트 셀렉터의 오프셋은 TI비트가 설정되지 않는 한 GDT에서 찾을 수 있고 다른 구조체의 경우에는 LDTR 레지스터에서 식별되는 로컬 디스크립터 테이블^{LDT, Local Descriptor Table}을 사용하지만 최신 윈도우 운영체제에서 더 이상 사용하지 않는다. 이후로 세그먼트 항목이 발견되거나 값이 유효하지 않다면 일반 보호 에러(#GP) 또는 세그먼트 에러(#SF) 예외가 발생할 것이다.

최신 운영체제에서 세그먼트 디스크립터라고 하는 이 항목은 2가지 중요한 목적을 제공한다.

- 코드 세그먼트의 경우 **코드 권한 레벨**^{CPL, Code Privilege Level}이라고도 하는 링 레벨을 나타낸다. 이 링 레벨에서 세그먼트 셀렉터가 로드한 코드를 실행한 다음 이 링 레벨은 그림 8-1과 같이 실제 셀렉터의 맨 아래 2비트에 저장된다. 윈도우와 같은 운영체제는 링0에서 커널 모드 구성 요소 및 드라이버를 실행하며 애플리케이션과 서비스는 링3에서 실행한다.

  또한 x64 시스템에서 코드 세그먼트에는 롱 모드^{Long Mode} 또는 호환 모드 세그먼트인지를 가리킨다. 전자는 x64 네이티브 코드의 실행을 허용하는 데 사용되는 반면 후자는 x86과의 레거시 호환성을 활성화한다. x86 시스템에도 세그먼트가 16비트 세그먼트 또는 32비트 세그먼트로 표시될 수 있는 비슷한 메커니즘이 있다.

- 다른 세그먼트의 경우 디스크립터 권한 레벨^{DPL, Descriptor Privilege Level}이라는 링 레벨을 나타내는데, 이 권한은 해당 세그먼트에 액세스하는 데 필요하다. 최근의 최신 시스템에서 구시대적인 검사지만 프로세서는 여전히 이 검사를 적용하고 _(애플리케이션 또한 그럴 것으로 기대하므로) 이를 정상적으로 설정해야 한다.

마지막으로 x86 시스템에서 세그먼트 항목에는 32비트 베이스 주소도 가질 수 있다. 이 베이스 주소에 세그먼트를 재정의해 참조하는 레지스터에 로드된 특정 값을 더해 사용하고 해당 세그먼트의 제한을 사용해 하위 레지스터 값이 고정된 상한 값을 초과하는지 확인한다. 대부분의 운영체제에서 이 기본 주소는 0으로 _(그리고 0xFFFFFFFF로 제한) 설정됐지만 x64 아키텍처는 FS 및 GS 셀렉터를 제외하면 이 개념에서 벗어나 약간 다르게 동작한다.

- 코드 세그먼트가 롱 모드 코드 세그먼트인 경우 FS 세그먼트의 베이스 주소를 FS_BASE 모델 전용 레지스터^{MSR, Model Specific Register}_(0C0000100h)에서 가져온다. GS 세그먼트의 경우 **swapgs** 명령으로 수정할 수 있는 현재 스왑 상태에서 GS_BASE MSR_(0C0000101h), 또는 GS_SWAP MSR_(0C0000102) 중 하나를 로드한다.

  FS 또는 GS 세그먼트 셀렉터 레지스터에 TI비트가 설정돼 있으면 LDT 항목의 적절한 오프셋에서 해당 값을 가져오는데, 오프셋은 32비트 베이스 주소로 제한된다. 이는 특정 운영체제와의 호환성을 위해 수행되며 해당 제한은 무시된다.

- 코드 세그먼트가 호환 모드 세그먼트인 경우 베이스 주소를 적절한 GDT 항목(또는 TI비트가 설정된 경우 LDT 항목)에서 정상적으로 읽는다. 세그먼트 재정의에 따른 레지스터의 오프셋에 따라 제한 값을 적용하고 검증한다.

FS 및 GS 세그먼트의 이 흥미로운 동작은 윈도우 같은 운영체제에서 특정 데이터 구조체를 가리킬 수 있는 일종의 스레드 로컬 레지스터 효과를 얻고자 세그먼트 기본 주소를 사용해 내부의 특정 오프셋/필드에 간단히 액세스할 수 있다.

예를 들어 윈도우는 Vol.1의 3장에서 설명한 스레드 환경 블록$^{TEB,\ Thread\ Environment}$ ^{Block}의 주소를 x86의 FS 세그먼트 및 x64의 GS(스왑됨) 세그먼트에 저장한다. 그런 다음 x86 시스템에서 커널 모드 코드를 실행하는 동안에는 FS 세그먼트에 커널 프로세서 제어 영역$^{KPCR,\ Kernel\ Processor\ Control\ Region}$의 주소를 갖는 다른 세그먼트 항목으로 수정하는 한편 x64에서는 GS(스왑되지 않음) 세그먼트에 KPCR 주소를 저장한다.

따라서 윈도우는 세그먼테이션을 사용해 다음의 2가지 효과를 달성한다. 첫째, 실행되는 코드의 프로세서 권한 수준을 인코딩하고 적용한다. 둘째, 유저 모드 또는 커널 모드 코드에서 TEB 및 KPCR 데이터 구조에 대한 직접 액세스를 제공할 수 있다. 참고로 GDT는 CPU 레지스터(GDTR)에 의해 지정되기 때문에 각 CPU는 고유한 GDT를 가질 수 있다. 사실 이것은 윈도우가 각 GDT에 대해 프로세서별 KPCR이 적절히 로드되게 사용하고 현재 프로세서에서 현재 실행 중인 스레드의 TEB가 해당 세그먼트에 동일하게 사용한다.

실습: x64 시스템에서 GDT 찾아보기

원격 디버깅 또는 크래시 덤프 분석(LiveKD를 사용할 때도 해당)에서 **dg** 명령을 이용해 세그먼트의 상태 및 해당 베이스 주소(해당되는 경우)를 포함해 GDT의 모든 내용을 볼 수 있다. 이 명령은 시작 세그먼트와 끝 세그먼트 값을 받는데, 다음 예제에서는 각각 10과 50이다.

```
0: kd> dg 10 50

                                                         P Si Gr Pr Lo
  Sel       Base               Limit            Type     l ze an es ng Flags
  ----  ----------------   ----------------   ----------  - -- -- -- -- --------
  0010  00000000`00000000  00000000`00000000  Code RE Ac  0 Nb By P Lo 0000029b
  0018  00000000`00000000  00000000`00000000  Data RW Ac  0 Bg By P Nl 00000493
  0020  00000000`00000000  00000000`ffffffff  Code RE Ac  3 Bg Pg P Nl 00000cfb
  0028  00000000`00000000  00000000`ffffffff  Data RW Ac  3 Bg Pg P Nl 00000cf3
  0030  00000000`00000000  00000000`00000000  Code RE Ac  3 Nb By P Lo 000002fb
  0050  00000000`00000000  00000000`00003c00  Data RW Ac  3 Bg By P Nl 000004f3
```

위에서 주요 세그먼트는 10h, 18h, 20h, 28h, 30h, 50h다(위 출력 내용은 이 설명과 관련이 없는 항목을 제거해 정리한 것이다).

10h(KGDT64_R0_CODE) 세그먼트에서 Pl열의 숫자 0은 링0, Long열의 문자 "Lo"는 롱 모드, 유형은 Code RE에 해당하므로 이는 링0 롱 모드 코드 세그먼트임을 알 수 있다. 마찬가지로 20h(KGDT64_R3_CMCODE) 세그먼트는 링3 Nl 세그먼트(길지 않음, 즉 호환 모드)로 WoW64 서브시스템에서 x86 코드를 실행하는 데 사용되는 세그먼트다. 한편 30h(KGDT64_R3_CODE) 세그먼트는 롱 모드에 해당하는 세그먼트임을 알 수 있다. 다음으로 18h(KGDT64_R0_DATA) 및 28h(KGDT64_R3_DATA) 세그먼트는 스택, 데이터, 확장 세그먼트다.

마지막으로 50h(KGDT_R3_CMTEB) 세그먼트가 하나 있는데, GDT를 덤프하는 동안 일부 x86 코드를 WoW64에서 실행하지 않는 한 일반 베이스 주소는 0이다. 앞에서 설명한 대로 호환 모드에서 실행할 때 TEB의 여기에 베이스 주소는 저장될 것이다.

64비트 TEB 및 KPCR 세그먼트를 찾아보려면 각각의 MSR을 덤프해야 한다. 로컬 또는 원격 커널 디버깅을 하는 경우라면 MSR을 다음의 명령으로 찾을 수 있다(이 명령은 크래시 덤프에서 작동하지 않음).

```
lkd> rdmsr c0000101
msr[c0000101] = ffffb401`a3b80000
lkd> rdmsr c0000102
msr[c0000102] = 000000e5`6dbe9000
```

앞의 값을 @$pcr 및 @$teb의 값과 비교해보면 다음과 같이 동일한 값을 나타낸다.

```
lkd> dx -r0 @$pcr
@$pcr : 0xffffb401a3b80000 [Type: _KPCR *]
lkd> dx -r0 @$teb
@$teb : 0xe56dbe9000 [Type: _TEB *]
```

실습: x86 시스템에서 GDT 살펴보기

x86 시스템에서 GDT는 비슷한 세그먼트로 사용되지만 swapgs 기능 대신 이중 FS 세그먼트를 사용하고 롱 모드가 없기 때문에 다음에서 보듯이 셀렉터 수가 약간 다르다.

```
kd> dg 8 38

                               P Si Gr Pr Lo
Sel   Base     Limit    Type   l ze an es ng Flags
----  -------- -------- ---------- - -- -- -- -- --------
0008 00000000 ffffffff Code RE Ac 0 Bg Pg P  Nl 00000c9b
0010 00000000 ffffffff Data RW Ac 0 Bg Pg P  Nl 00000c93
0018 00000000 ffffffff Code RE    3 Bg Pg P  Nl 00000cfa
0020 00000000 ffffffff Data RW Ac 3 Bg Pg P  Nl 00000cf3
0030 80a9e000 00006020 Data RW Ac 0 Bg By P  Nl 00000493
0038 00000000 00000fff Data RW    3 Bg By P  Nl 000004f2
```

여기에서 주요 세그먼트는 8h, 10h, 18h, 20h, 30h, 38h다. 08h(KGDT_R0_CODE)에서는 링0 코드 세그먼트임을 알 수 있다. 마찬가지로 18h(KGDT_R3_CODE) 세그먼트는 링3 세그먼트임을 알 수 있다. 다음으로 10h(KGDT_R0_DATA) 및 20h(KGDT_R3_DATA) 세그먼트는 각각 스택, 데이터, 확장 세그먼트에 해당한다.

x86에서는 30h(KGDT_R0_PCR) 세그먼트에서 KPCR의 베이스 주소를 찾을 수 있다. 그리고 38h(KGDT_R3_TEB) 세그먼트에서 현재 스레드의 TEB 베이스 주소를 찾을 수 있다. 이러한 시스템에서는 세그먼테이션을 위한 MSR을 사용하지 않는다.

세그먼트 지연 로딩

앞서 설명한 세그먼트의 설명과 값을 기반으로 해 x86 및 x64 시스템에서 DS 및 ES 값을 확인해 보면 각각의 링 레벨에 대해 정의된 값과 반드시 일치하지는 않는다는 것에 놀랄 수도 있다. 예를 들어 x86 유저 모드 스레드는 다음의 세그먼트를 가진다.

```
CS = 1Bh(18h | 3)
ES, DS = 23(20h | 3)
FS = 3Bh(38h | 3)
```

그러나 링 0의 시스템 콜 도중의 세그먼트는 다음과 같다.

```
CS = 08h(08h | 0)
ES, DS = 23(20h | 3)
FS = 30h(30h | 0)
```

이와 같이 커널 모드에서 실행되는 x64 스레드도 ES 및 DS 세그먼트가 **2Bh**[28h | 3]로 설정된다. 이 불일치는 **지연 세그먼트 로딩**으로 알려진 기능으로 인한 것으로, 플랫 메모리 모델에서 동작하는 시스템의 경우 현재의 코드 권한 수준[CPL]이 0일 때는 데이터 세그먼트의 디스크립터 권한 수준[DPL]이 의미가 없음을 의미한다. 더 높은 CPL에서는 항상 낮은 DPL의 데이터에 액세스(반대는 아님)할 수 있고, 커널에 들어가려면 DS 및 ES를 '적절한' 값으로 변경해야 하고, 유저 모드로 돌아갈 때는 복원해야 하기 때문이다.

MOV DS, 10h 명령은 사소해 보이지만 프로세서의 마이크로코드가 해당 명령을 수행하고자 많은 셀렉터의 정확성 검사가 필요하므로 시스템 콜 및 인터럽트 처리에 상당한 프로세싱 비용이 추가된다. 따라서 윈도우는 항상 링3 데이터 세그먼트 값을 사용해 이러한 비용을 피할 수 있다.

작업 상태 세그먼트

x86 및 x64 아키텍처에는 코드 및 데이터 세그먼트 레지스터 이외에 추가적인 특수 레지스터인 작업 레지스터[TR, Task Register]가 있다. 이것은 GDT에서 오프셋 역

할을 하는 또 다른 16비트 셀렉터다. 이 경우에는 세그먼트 항목이 코드나 데이터가 아닌 작업과 연관된다. 이것은 현재 실행 중인 코드 조각에 대한 프로세서의 내부 상태를 나타낸다. 이것은 작업 상태Task State라고 불리는데, 윈도우에서는 현재 스레드를 가리킨다. 이러한 작업 상태는 작업 상태 세그먼트TSS, Task State Segment로 표시된다. 작업 상태 세그먼트는 최신 x86 운영체제에서 중요한 프로세서 트랩과 관련된 다양한 작업을 구성하고자 할 때 사용된다(이후 절에서 볼 수 있다). TSS에는 최소한 하나의 페이지 디렉터리, 코드 세그먼트, 스택 세그먼트, 명령 포인터를 나타내며 스택 포인터를 4개(각 링 레벨별로 하나씩)까지 나타낸다. 페이지 디렉터리는 x64 시스템의 PML4와 마찬가지로 CR3 레지스터를 통해 나타내며, 페이징에 대한 자세한 내용은 Vol.1의 5장을 참고하자. 이러한 TSS는 다음과 같은 시나리오에서 사용된다.

- 특정 트랩이 발생하지 않은 경우에는 현재 실행 상태를 나타낸다. 다음으로 프로세서가 현재 링3에서 실행 중이라면 TSS에서 링0 스택을 로드해 인터럽트 및 예외를 올바르게 처리하고자 사용한다.
- 디버그 폴트Debug Fauls(#DB)를 처리할 때 구조적인 경쟁 조건을 해결하려면 유저 지정 디버그 폴트 핸들러와 커널 스택을 갖고 있는 전용 TSS가 필요하다.
- 더블 폴트Double Fault(#DF) 트랩이 발생할 때 로드돼야 하는 실행 상태를 나타낸다. 이는 에러가 발생한 원인이 될 수도 있는 현재 스레드의 커널 스택 대신에 안전한(백업된) 커널 스택에서 더블 폴트 핸들러로 전환하고자 사용한다.
- 마스크할 수 없는 인터럽트(#NMI)가 발생할 때 로드돼야 하는 실행 상태를 나타내고자 사용한다. 마찬가지로 이것은 안전한 커널 스택에 NMI 핸들러를 로드하고자 사용한다.
- 마지막으로 장치 체크 예외(#MCE) 중에 사용하는 것과 유사한 작업에 대해 같은 이유로 안전한 전용 커널 스택에서 실행할 수 있다.

x86 시스템에서는 GDT의 셀렉터 028h에서 기본(현재) TSS를 찾을 수 있다. 이는 정상적인 윈도우 실행 중에는 TR 레지스터가 028h가 된다는 것을 설명해준다.

또한 #DF TSS는 58h에, NMI TSS는 50h에, #MCE TSS는 0A0h에 있다. 마지막으로 #DB TSS는 0A8h에 있다.

x64 시스템에서 여러 TSS를 가질 수 있는 기능이 제거됐다. 이 기능은 전용 커널 스택에서 트랩 핸들러를 실행해야 하는 요구 사항 하나만으로 거의 줄어들었기 때문에 이제는 단일 TSS만 사용되며(윈도우의 경우 040h), 인터럽트 스택 테이블IST, Interrupt Stack Table이라는 8개의 사용 가능한 스택 포인터 배열이 있다. 이전의 각 트랩들은 이제 커스텀 TSS 대신 IST 인덱스와 연관돼 있다. 다음 절에서는 몇 가지 IDT 항목을 덤프해 x86과 x64 시스템의 차이점과 트랩의 처리를 볼 수 있다.

실습: x86 시스템에서 TSS 살펴보기

x86 시스템에서 이전에 활용했던 **dg** 명령을 사용해 28h에서 시스템 전체 TSS를 볼 수 있다.

```
kd> dg 28 28
                                   P Si Gr Pr Lo
Sel    Base      Limit     Type    l ze an es ng Flags
----   --------  --------  ------- - -- -- -- -- --------
0028 8116e400 000020ab TSS32 Busy 0 Nb By P  Nl 0000008b
```

이렇게 하면 KTSS 데이터 구조체의 가상 주소가 반환되는데, 이것을 **dx** 또는 **dt** 명령으로 다음과 같이 덤프할 수 있다.

```
kd> dx (nt!_KTSS*)0x8116e400
(nt!_KTSS*)0x8116e400 : 0x8116e400 [Type: _KTSS *]
    [+0x000] Backlink : 0x0 [Type: unsigned short]
    [+0x002] Reserved0 : 0x0 [Type: unsigned short]
    [+0x004] Esp0 : 0x81174000 [Type: unsigned long]
    [+0x008] Ss0 : 0x10 [Type: unsigned short]
```

구조체에 설정된 유일한 필드는 **Esp0** 및 **Ss0** 필드다. 이는 윈도우가 이전 설명한 트랩 조건 이외의 하드웨어 기반 작업 전환을 사용하지 않기 때문에 이 특정 TSS의 유일한 용도는 하드웨어 인터럽트를 실행하는 도중에 적절한 커널 스택을 로드하는 것이다.

'트랩 디스패칭' 절에서 볼 수 있듯이 '멜트다운' 프로세서 구조적 취약점에 대해 취약하지 않은 시스템은 위의 스택 포인터가 현재 스레드의 커널 스택 포인터(Vol.1의 5장에서 본 KTHREAD 구조체 기반)가 된다. 그러나 취약한 시스템에서는 프로세서 디스크립터 영역 내부의 전환 스택을 가리킨다. 한편 스택 세그먼트는 항상 **10h** 또는 **KGDT_R0_DATA**로 설정된다.

앞에서 설명한 것처럼 장치 체크 예외(#MC) 처리에서 또 다른 TSS를 사용한다. **dg** 명령을 사용해 이것을 찾아볼 수 있다.

```
kd> dg a0 a0
                                        P Si Gr Pr Lo
 Sel    Base     Limit     Type      l ze an es ng Flags
 ---- -------- -------- ---------- - -- -- -- -- --------
 00A0 81170590 00000067 TSS32 Avl   0 Nb By P  Nl 00000089
```

이번에는 **dx** 대신 **.tss** 명령을 사용해 KTSS 구조체의 필드를 다양한 형식으로 지정하고 마치 현재 실행 중인 스레드인 것처럼 작업을 표시할 수 있다. 이 경우 입력 매개변수는 작업 셀렉터(A0h)다.

```
kd> .tss a0
eax=00000000 ebx=00000000 ecx=00000000 edx=00000000 esi=00000000
edi=00000000
eip=81e1a718 esp=820f5470 ebp=00000000 iopl=0 nv up di pl nz na po nc
cs=0008 ss=0010 ds=0023 es=0023 fs=0030 gs=0000 efl=00000000
hal!HalpMcaExceptionHandlerWrapper:
81e1a718 fa          cli
```

앞서 '세그먼트 지연 로딩' 절에서 설명한 것처럼 세그먼트 레지스터가 설정되는 방식과 프로그램 카운터(EIP)가 #MC 핸들러를 가리키는 방식을 주목하자. 추가적으로 스택을 메모리 손상이 없는 커널 바이너리의 안전한 스택을 가리키게 설정한다. 마지막으로 **.tss** 출력에는 표시되지 않지만 CR3를 시스템 페이지 디렉터리로 설정한다. '트랩 디스패칭' 절에서 **!idt** 명령을 사용해 이 TSS를 다시 살펴볼 수 있다.

실습: x64 시스템에서 TSS 및 IST 살펴보기

x64 시스템에서 **dg** 명령은 불행히도 64비트 세그먼트를 올바르게 표시하지 못하는 버그가 있다. 따라서 TSS 세그먼트(40h) 베이스 주소를 얻으려면 2개의 세그먼트를 덤프해 상위, 중간, 하위 베이스 주소 바이트를 결합해야 한다.

```
0: kd> dg 40 48

                                              P Si Gr Pr Lo
Sel      Base             Limit             Type  l ze an es ng Flags
----  ----------------  ----------------  ----------  - -- -- -- -- --------
0040  00000000`7074d000  00000000`00000067  TSS32 Busy 0 Nb By P  Nl 0000008b
0048  00000000`0000ffff  00000000`0000f802  <Reserved> 0 Nb By Np Nl 00000000
```

그러므로 앞의 예에서 KTSS64는 **0xFFFFF8027074D000**이다. KTSS64를 구하는 또 다른 방법을 보여주고자 각 프로세서의 KPCR에 **TssBase**라는 필드가 있는데, 여기에는 KTSS64에 대한 포인터도 갖고 있다는 것을 참고하자.

```
0: kd> dx @$pcr->TssBase
@$pcr->TssBase : 0xfffff8027074d000 [Type: _KTSS64 *]
  [+0x000] Reserved0 : 0x0 [Type: unsigned long]
  [+0x004] Rsp0 : 0xfffff80270757c90 [Type: unsigned __int64]
```

가상 주소가 GDT에서 볼 수 있는 주소와 어떻게 동일한지 주목하자. 다음으로 x86과 유사하게 현재 스레드에 대한 커널 스택 주소를 포함하는 **RSP0**을 제외하고 모든 필드가 0인지('멜트다운' 하드웨어 취약성이 없는 시스템에서), 아니면 프로세서 디스크립터 영역에 있는 전환 스택의 주소인지 또한 알게 될 것이다.

이 실습은 10세대 인텔 프로세서를 사용하는 시스템에서 확인됐으며 **RSP0**은 현재 커널 스택이다.

```
0: kd> dx @$thread->Tcb.InitialStack
@$thread->Tcb.InitialStack : 0xfffff80270757c90 [Type: void *]
```

마지막으로 인터럽트 스택 테이블Interrupt Stack Table을 보면 #DF, #MC, #DB 및 **NMI** 트랩과 관련된 다양한 스택을 볼 수 있다. 그리고 '트랩 디스패칭' 절에서 IDT^{Interrupt Dispatch Table}는 이 스택들을 참조하는 것을 알 수 있다.

```
0: kd> dx @$pcr->TssBase->Ist
@$pcr->TssBase->Ist [Type: unsigned __int64 [8]]
    [0] : 0x0 [Type: unsigned __int64]
    [1] : 0xfffff80270768000 [Type: unsigned __int64]
    [2] : 0xfffff8027076c000 [Type: unsigned __int64]
    [3] : 0xfffff8027076a000 [Type: unsigned __int64]
    [4] : 0xfffff8027076e000 [Type: unsigned __int64]
```

이제까지 링 레벨, 코드 실행, GDT의 일부 주요 세그먼트 사이의 관계를 밝혔으므로 다른 코드 세그먼트(그리고 링 레벨) 사이에 발생할 수 있는 실제 전환을 '트랩 디스패칭' 절에서 살펴본다. 그러나 트랩 디스패칭을 살펴보기 전에 먼저 멜트다운 하드웨어 채널 공격에 취약한 시스템에서 TSS 구성이 어떻게 변경되는지 분석해보자.

하드웨어 사이드 채널 취약점

최신 CPU는 내부 레지스터의 연산과 데이터 이동을 매우 빠르게 수행한다(피코초 단위). 프로세서의 레지스터는 희소 자원으로, 운영체제와 애플리케이션 코드는 항상 CPU에게 데이터를 레지스터에서 주 메모리로 이동하게 지시하고 그 반대도 마찬가지다. CPU에서 액세스할 수 있는 여러 종류가 있다. CPU 내부에 존재해 직접적으로 액세스 가능한 메모리를 캐시^{cache}라고 한다. 캐시는 비용이 비싸지만 빠른 속도의 강점을 갖고 CPU에서 외부 버스를 통해 액세스 가능한 메모리에는 램^{RAM}이 있다. 느린 특성을 갖지만 비용이 저렴하며 용량이 크고 CPU로부터의 메모리 위치에 따라 메모리 계층이 정의된다. 메모리의 크기와 비용이 계층마다 다르다(CPU에 가까운 메모리일수록 더 빠르고 용량이 작다). 그림 8-2에서 볼 수 있듯이 최신 CPU는 코어에서 직접적으로 액세스 가능한 3가지 계층의 캐시 메모리를 운용한다(L1, L2, L3 캐시라고 한다). L1과 L2 캐시는 CPU 코어에서 가장 가깝고 각 코어에 대해 개별적으로 소유된다. L3 캐시는 가장 멀리 있고 모든 CPU의 코어 간 공유된다(임베디드 프로세서에는 L3 캐시가 존재하지 않는다).

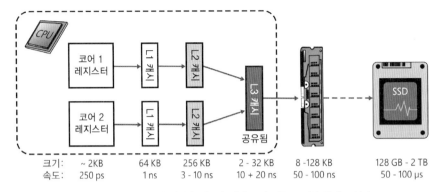

크기:	~ 2KB	64 KB	256 KB	2 - 32 KB	8 - 128 KB	128 GB - 2 TB
속도:	250 ps	1 ns	3 - 10 ns	10 + 20 ns	50 - 100 ns	50 - 100 μs

그림 8-2 최신 CPU의 캐시와 메모리 저장소 및 평균 크기와 액세스 시간

캐시의 주요 특징 중 하나는 CPU의 레지스터와 비슷한 액세스 시간이다(여전히 레지스터보다 느리다). 반면 메인 메모리의 액세스 시간은 100배 더 느리다. 이는 CPU가 명령들을 순서대로 수행할 때 메인 메모리에 존재하는 데이터 액세스에 의해 상당한 성능 저하가 발생한다는 것을 의미한다. 이 문제를 극복하고자 최신 CPU들은 다양한 정책을 수행한다. 역사적으로 이러한 정책에 따라 사이드 채널 공격side-channel attacks이 만들어졌다(스펙컬레이티브speculative 공격이라고도 알려져 있다). 해당 공격은 엔드 유저의 보안성을 무력화하는 데 있어 효과적인 공격이라고 알려져 있다.

사이드 채널 하드웨어 공격들과 윈도우가 해당 공격들을 완화하는 방법을 설명하고자 CPU가 내부적으로 동작하는 방식에 대한 기본적인 개념을 먼저 다루겠다.

비순차적 실행

최신 마이크로프로세서는 파이프라인pipeline을 활용해 기계어를 실행한다. 파이프라인에는 많은 단계가 있다. 명령을 가져오고 해독하는 것, 레지스터 할당과 이름 변경, 명령 재배치 그리고 실행과 종료 등 여러 단계가 포함돼 있어 메모리 성능 저하 문제를 해결하고자 주로 사용하는 정책은 실행 엔진으로 하여금 자원이 있을 때마다 순서와 관계없이 명령을 수행하게 하는 것이다. 다시 풀어서 설명하면 CPU는 순서대로 명령을 수행할 필요가 없다. CPU 코어를 최대한 효율적으로 활용하고자 최신 프로세서는 커밋commit되거나 필요한 명령이 확실해질 때까지 수백 개의 명령을 예상해 실행할 수 있다.

앞서 설명된 비순차적 실행^{out-of-order execution}의 문제는 분기 명령^{branch instruction}과 관련이 있다. 조건 분기문 명령은 기계어 코드에서 2가지의 가능한 실행 흐름을 만든다. 올바른 실행 흐름은 이전에 실행한 명령에 따라 결정된다. 조건을 계산할 때 느린 램 메모리에 접근하는 이전 명령에 따라 성능 저하가 발생할 수 있는데, 이 경우 실행 엔진은 올바른 경로에 속하는 다음 명령의 비순차적 실행을 계속하기 전에 조건을 정의하는 명령이 종료될 때까지 기다려야 한다(즉, 메모리 버스가 메모리 접근을 완료할 때까지 기다린다). 비슷한 문제가 간접 분기^{indirect branch}에도 있다. CPU 실행 엔진은 분기의 대상 주소를 알 수 없다(이 때의 명령은 보통 jump 또는 call이다). 해당 주소를 메인 메모리에서 가져와야만 하기 때문에 이런 관점에서 **추측 수행**^{speculative execution}이라고 함은 CPU의 파이프라인이 다양한 명령을 병렬적으로 순서 없이 해석하고 수행하는 것을 의미한다. 그러나 결과가 레지스터에 저장되지 않으며 메모리에 데이터를 쓰는 동작은 분기 명령이 수행되기 전까지 보류된다.

CPU 분기 예측기

어떤 분기 조건이 판단되기 전에 CPU가 분기될 실행 흐름을 어떻게 알 수 있을까?(이 문제는 분기 대상 주소를 알 수 없는 간접 분기에도 비슷하게 적용된다). 해답은 CPU 패키지에 포함된 분기 예측기와 분기 대상 예측기에 있다.

분기 예측기는 CPU에 있는 복잡한 디지털 회로다. 이는 분기가 완전히 결정되기 이전에 미리 예측할 수 있도록 분기 대상 예측기는 간접 분기문을 예측할 수 있게 한다. 구체적인 구현은 CPU 제조사마다 다를 수 있으나 이 2개의 구성 요소는 **분기 대상 버퍼**^{BTB, Branch Target Buffer}라고 하는 내부 캐시를 사용한다. BTB는 인덱싱 함수를 통해 생성된 주소 태그를 사용해 분기 목적지의 주소(또는 과거 조건 분기가 무엇을 수행했는지에 대한 정보)를 기록한다. 처음 분기 명령이 실행될 때 대상 주소는 BTB에 저장된다. 보통 첫 번째 실행에서는 실행 파이프라인이 멈추며, CPU는 조건 또는 대상 주소를 메인 메모리에서 가져오고자 기다린다. 같은 분기가 두 번째 실행될 때 BTB에 저장된 대상 주소가 사용돼 예측된 대상을 파이프라인으로 가져온다. 그림 8-3은 간단한 분기 대상 예측기의 예를 보여준다.

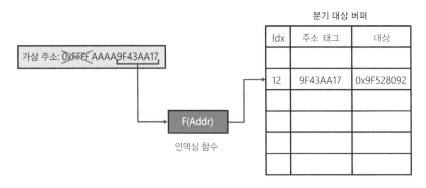

그림 8-3 CPU 분기 예측기 구조의 예

예측이 틀렸을 경우 잘못된 실행 흐름이 실행된 경우에는 명령 파이프라인이 플러시되고 추측적 실행의 결과는 폐기된다. 다른 경로가 CPU 파이프라인에 공급되고 올바른 분기에서 실행이 재개된다. 이러한 상황을 분기 **예측 실패**branch misprediction라고 한다. 낭비되는 CPU 사이클의 총수는 분기 조건이나 간접 주소 평가 결과를 기다리는 순서대로 실행하는 것보다 나쁘지 않다. 하지만 CPU 캐시에 흔적이 남는 취약점이 있으며, 이것을 공격자가 악용해 시스템의 전반적인 보안을 침해할 수 있다.

CPU 캐시

앞 절에서 소개했듯이 CPU 캐시는 데이터나 명령을 가져오거나 저장할 때의 시간을 감소시켜주는 빠른 메모리다. 메모리와 캐시 사이의 데이터 이동은 정해진 크기의 블록 단위로 이동한다(보통 64바이트 또는 128바이트). 이를 캐시 라인cache lines 또는 캐시 블록cache blocks이라고 한다. 캐시 라인이 메모리에서 캐시에 복사될 때 캐시 엔트리가 만들어진다. 캐시 엔트리는 복사된 데이터뿐만 아니라 요청된 메모리를 구분하는 태그 정보도 갖고 있다. 분기 대상 예측기와는 달리 캐시는 물리 메모리 주소로 찾는다(그렇지 않다면 주소의 여러 대응 관계에 따른 주소 공간의 변화를 처리하기가 복잡하다). 캐시는 주어진 물리 주소를 쪼개 몇 가지 부분으로 구분 짓는다. 가장 상위 비트들은 보통 태그를 나타낸다. 하위 비트들은 캐시 라인과 라인 내에서의 오프셋을 가리킨다. 태그는 메모리 주소가 속한 캐시 블록을 유일하게 구분시켜주는 구분자다. 그림 8-4에서 이를 보여준다.

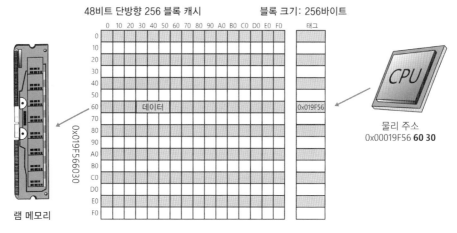

그림 8-4 48비트 단방향 CPU 캐시 예시

CPU가 메모리를 읽거나 쓸 때 우선 일치하는 캐시 엔트리를 체크한다(주소를 통해 식별되는 어떤 캐시 라인이라도 될 수 있다. 일부 캐시는 서로 다른 방향Ways을 갖고 있다. 이것은 9장에 설명한다). 프로세서가 대상 메모리의 데이터를 갖고 있는 캐시를 찾았다면 캐시 히트가 발생했다고 한다. 프로세서는 즉시 캐시 라인에서 데이터를 읽거나 쓴다. 그렇지 않다면 캐시 미스가 발생한 것으로, 이 경우에 CPU는 새로운 엔트리를 캐시에 만들고 캐시에서 데이터를 얻을 수 있도록 메인 메모리의 데이터를 복사한다.

그림 8-4는 단방향 CPU 캐시를 보여주며, 최대 48비트의 가상 주소를 사용할 수 있다. 예에서 CPU는 가상 주소 0x19F566030에 있는 48바이트의 데이터를 읽는다고 하자. 처음에는 메인 메모리의 내용을 캐시 블록 0x60번지에 저장한다. 블록 전체에 정보가 채워졌을 것이다. 그런데 요청되는 데이터는 0x30 오프셋에 위치해 있다. 그림의 예제 캐시는 256바이트의 256블록의 캐시만 있어 여러 개의 물리 주소가 0x60번째 블록을 채우며 태그(0x19f56) 정보를 통해 물리 주소 구분이 가능하다.

유사한 방식으로 CPU가 새로운 내용을 메모리 주소에 쓰기 명령을 받았다면 먼저 메모리와 대응되는 캐시 라인을 갱신한다. 그 후 일정 시점에 메모리 페이지에 적용된 캐시 정책(Write-back, Write-through)에 따라 CPU는 다시 데이터를 RAM에도 쓰게 된다(이는 멀티프로세서 시스템에서 중요한 의미를 함축한다. 캐시 일관성 프로토콜은 반드시 주 CPU가 캐시 블록을 갱신한 이후에 최신이 아닌 데이터를 사용하지 않도록 보장해야 한다. 멀티프로세서 캐시 일관성 알고리듬은 이 책에서 다루지 않는다).

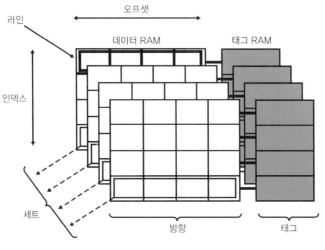

그림 8-5 4방향 집합 연관 캐시

캐시 미스^{Cache Miss}가 발생한 새로운 엔트리들의 공간을 확보하고자 CPU는 존재하는 캐시 블록을 밀어낸다. 이러한 동작(어떠한 캐시 블록이 새로운 데이터를 저장할 것인지 결정하는 것)을 수행하는 알고리듬을 **배치 정책**^{placement policy}이라고 한다. 배치 정책이 특정 가상 주소에 대해 캐시에서 하나의 블록만 대체할 수 있다면 **직접 매핑**^{Direct-mapped} 캐시라고 한다(그림 8-4에서 단방향을 표현하는 것이 직접 매핑이다). 반면에 캐시가 어떤 캐시 항목이든(같은 블록 번호를 갖고 있어야 한다) 새로운 데이터를 갖고 있을 수 있게 하는 방식이라면 이 캐시는 **전체 연관**^{Full-associative} 캐시라고 한다. 많은 캐시는 위의 2가지 방법의 중간을 취한다. 주 메모리가 캐시 메모리 N개의 위치에 위치할 수 있다. 이것을 N **방향 집합 연관**^{N-way Set Associative} 캐시라고 부른다. 방향은 캐시를 나눈 것을 의미한다. 각각은 같은 용량을 가지며 같은 방식으로 찾는다. 그림 8-5는 4방향 집합 연관 캐시^{4-Way Set Associative Cache}를 보여준다. 그림에 있는 캐시는 4개의 물리 주소가 가리키는 데이터를 4개의 같은 캐시 블록(태그는 다름)에 각각 저장할 수 있다.

사이드 채널 공격

앞 절에서 설명한대로 최신 CPU의 실행 엔진은 명령이 실제 처리될 때까지는 연산 결과를 기록하지 않는다. 여러 명령이 비순차적으로 실행되더라도, CPU 레지스터와 메모리에 어떤 실제적인 영향을 미치지 않더라도, 특히 CPU 캐시에 적은 구조적인 취약점이 있음을 알 수 있다. 2017년 말에 CPU 비순차 실행 엔진과 분기 예측기에 대한 새로운 공격이 소개됐다. 소프트웨어적인 방법으로 직접적인 액세스를 못한다 할지라도 마이크로아키텍처상의 취약점을 이용하는 것이 가능함을 의미한다.

가장 파괴적이고 효과적인 하드웨어 사이드 채널 공격 2가지는 멜트다운^{Meltdown}과 스펙터^{Spectre}다.

멜트다운

멜트다운은 후에 악의적 데이터 캐시 로드^{RDCL, Rogue Data Cache Load}라고도 불린다. 멜트다운은 악성 유저 모드 프로세스가 모든 메모리를 읽는 것을 가능하게 해준다. 액세스 불가능한 커널 메모리에 액세스하는 것도 가능하다. 해당 공격은 비순차 실행 엔진이 공격 대상이다. 메모리 액세스와 메모리 액세스하는 명령의 권한 검사 사이의 경쟁 조건을 이용한다.

멜트다운 공격에서 악성 유저 모드 프로세스는 캐시 전체를 플러시함으로써 시작한다(해당 명령은 유저 모드에서 호출 가능하다). 그다음 금지된 커널 메모리 액세스 명령 뒤에 의도된 캐시를 채우는 명령을 붙여 실행한다(프로브 배열^{probe array}을 사용). 원래 프로세스는 커널 메모리에 액세스할 수 없다. 따라서 프로세서에 의해 예외가 발생한다. 예외는 애플리케이션에 의해 인지돼 처리돼야 한다. 그렇지 못한다면 프로세스는 바로 종료된다. 그러나 비순차 실행 방식 때문에 CPU는 이미 액세스 금지된 커널 메모리에 액세스하는 명령을 수행했고, 캐시에 흔적이 남아 있다(하지만 실제 반영되지 않은 상태다. 따라서 RAM과 CPU 레지스터를 통해서는 알 수 없다).

악성 애플리케이션은 전체 캐시를 탐색한다. 이때 CPU 캐시를 채우는 데 걸리는 시간을 측정하며 특정 기준보다 액세스 시간이 짧다면 캐시에 데이터가 존재하는 것으로, 공격자는 커널 메모리의 정확한 데이터를 읽어낼 수 있게 된다. 그림 8-6은 공식 멜트다운 연구 문서(http://meltdownattack.com)에서 인용한 내용으로, 1MB 배열 탐색에 대한 액세스 시간을 보여준다(256개의 4K페이지들로 구성돼 있다).

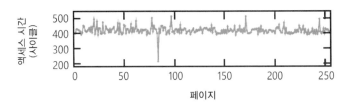

그림 8-6 1MB 배열 탐색에 액세스하는 데 걸리는 CPU 시간

그림 8-6은 한 개의 페이지를 제외하고 각 페이지마다 액세스 시간이 유사함을 보여준다. 비밀 데이터를 한 번에 한 바이트씩 읽을 수 있고 한 바이트에 256개의 값만 있을 수 있다고 가정하면 캐시 히트가 일어난 정확한 페이지를 알아내는 것은 공격자로 하여금 커널 메모리 어느 곳에 비밀 데이터가 저장돼 있는지를 알 수 있게 된다.

스펙터

스펙터 공격은 멜트다운과 유사하다. 앞 절에서 설명한 비순차 실행 방식의 약점을 이용한다. 하지만 스펙터에 의해 공격당하는 가장 중요한 CPU 구성 요소는 분기 예측기와 분기 대상 예측기다. 우선 2가지 서로 다른 방식의 스펙터 공격을 살펴보자. 이 두 공격은 세 단계로 요약된다.

1. 공격 개시 단계에서 공격자는 권한이 낮은 프로세스(공격자에게 제어된 상태의 프로세스)에서 CPU 분기 예측기가 잘못된 학습을 하도록 반복적인 연산을 수행하게 한다.
2. 두 번째 단계에서 공격자는 높은 권한을 가진 애플리케이션(또는 같은 프로세스가 될 수도 있다)이 잘못 예측된 분기로 명령 예측을 수행하게 한다. 이때 수행하는 명령은 공격 대상이 되는 프로세스의 중요한 정보를 마이크로아키텍처 채널로 옮긴다(보통 CPU 캐시).
3. 마지막 단계에서 공격자는 권한이 낮은 프로세스로부터 CPU 캐시(마이크로아키텍처 채널)에 담긴 중요한 정보를 얻어낸다. 이때 전체 캐시를 탐색하는 작업을 수행한다(멜트다운 공격에서 하는 방법을 그대로 사용하는 것이다). 결과적으로 피해자의 높은 권한 주소 공간에서 보호돼야 하는 민감한 정보를 알게 된다.

앞서 설명한 스펙터 공격의 첫 번째 변종은 공격 대상 프로세스 메모리상의 비밀 데이터를 얻어냈다(공격자가 제어 가능한 메모리 공간과 같거나 또는 다른 메모리 공간이다). 이는 CPU 분기 예측기가 잘못된 분기를 하도록 유발함으로써 가능해진다. 메모리상 버퍼의 범위 검사 함수에서는 보통 분기 동작을 포함한다. 버퍼가 비밀 데이터와 근접해 있고 공격자가 분기 오프셋을 제어 가능하다고 했을 때 공격자는 반복적으로 분기 예측기를 학습시켜 CPU로 하여금 해당 분기로 수행하게 한다.

그런 다음 공격자는 CPU 캐시를 잘 정의된 방식으로 준비한다(범위 검사 시 사용되는 메모리 상의 버퍼 크기 정보와 같은 것은 캐시에 있으면 안 된다). 그리고 범위 검사를 하는 분기문에서 에러가 발생할 오프셋을 제공해줬다고 하자. CPU 분기 예측기는 첫 번째로 예측된 실행 흐름을 따라가게 된다. 하지만 이번에는 그 흐름이 틀렸다(다른 실행 분기를 따랐어야 했다). 명령은 범위를 넘어서는 데이터에 액세스하게 됐다. 그리고 그곳에는 비밀 정보가 담겨 있다. 결과적으로 공격자는 전체 캐시를 탐색함으로써 비밀 데이터를 얻어 낼 수 있다(멜트다운 공격과 유사하다).

두 번째 스펙터 공격도 CPU 분기 대상 예측기를 악용한다. 간접적인 분기문들은 공격자에 의해 공격될 수 있다. 공격자에 의해 잘못 학습된 간접 분기문은 공격 대상 프로세스(또는 운영체제 커널)의 임의 메모리 데이터를 읽어낼 수 있다. 그림 8-7에서 볼 수 있듯이 공격자는 분기 예측기에게 잘못된 분기 대상을 학습시킨다. BTB를 이용해 추측을 실행할 때 CPU가 공격자에 의해 선택된 위치로 분기하게 한다. 공격 대상 메모리상에서 분기 대상 메모리는 가젯^{Gadget}을 가리켜야 한다. 가젯은 비밀 데이터를 액세스할 수 있고, 이것을 캐시에 저장하게 할 수 있게 하는 명령이다(공격자는 간접적으로 공격 대상 프로세스가 있는 한 개 이상의 메모리나 CPU 레지스터들의 내용을 조정할 필요가 있다. 보통 이것은 API가 신뢰할 수 없는 입력 데이터를 받아들일 때 가능해진다).

공격자가 분기 예측기를 학습시킨 뒤에는 CPU 캐시를 플러시한다. 그리고 권한이 높은 서비스를 수행한다(운영체제 커널 또는 프로세스). 서비스를 구현한 프로세스는 공격자에게 제어되는 프로세스와 유사한 간접 분기문이 구현돼 있어야 한다. CPU 분기 예측기는 잘못된 주소에 있는 가젯을 실행하게 되는데, 첫 번째 스펙터 방식과 멜트다운에서처럼 CPU 캐시에 문제를 일으킨다. 그 결과, 낮은 권한에서도 데이터를 읽는 게 가능해진다.

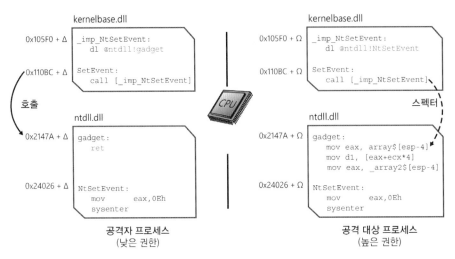

그림 8-7 두 번째 스펙터 공격 구조

기타 사이드 채널 공격

스펙터와 멜트다운 공격이 최초 공개된 후 유사한 여러 사이드 채널 하드웨어 공격들이 발견된다. 멜트다운과 스펙터에 비해 덜 파괴적이고 효과적이지 않지만 이러한 새로운 사이드 채널 공격의 전반적인 방식을 이해하는 것이 중요하다.

추측성 저장소 우회^{SSB, Speculative Store Bypass}는 CPU의 명령 최적화로 인해 발생하는데, 이 최적화는 CPU가 이전의 저장 작업에 의존하지 않는 것으로 평가한 로드 명령의 결과가 처리될 때까지 대기하지 않고 예상해서 실행할 수 있게 한다. 예측이 틀렸다면 로드 명령은 연산이 오래된 데이터를 읽게 돼 중요한 정보를 저장할 가능성이 있다. 이러한 추측 실행 중에 실행된 다른 작업으로 전달될 수 있다. 따라서 이후에 메모리에 액세스할 수 있고 마이크로아키텍처의 잘못된 상태를 유발한다(보통 CPU 캐시). 공격자는 잘못된 상태 정보를 이용해 비밀 데이터를 얻을 수 있다.

포셰도우^{Foreshadow}(L1TF라고도 함)는 더 심각한 공격으로, 원래는 하드웨어 인클레이브 (SGX)에서 비밀을 훔친 다음 일반 유저 모드에서도 일반적인 공격으로 시도된다. 소프트웨어 실행에도 일반화된다. 포셰도우는 현대의 추측 실행 엔진의 2가지 하드웨어 결함을 악용했다. 구체적으로는 다음과 같다.

- **액세스할 수 없는 가상 메모리에 대한 예측**. 이 시나리오에서는 페이지 테이블

엔트리^{PTE, Page Table Entry}에서 유효 비트가 없는(주소가 유효하지 않음을 의미) 가상 주소 공간상의 데이터에 CPU가 액세스할 때 예외가 발생한다. 그러나 해당 페이지 테이블 엔트리의 주소가 해석된다면 CPU는 읽었던 데이터를 기반으로 추측을 수행한다. 다른 사이드 채널 공격들처럼 명령들이 실제 반영되지는 않지만 취약점을 이용할 수 있다. 이 시나리오에서 유저 모드 애플리케이션은 커널 메모리상의 비밀 정보를 읽을 수 있다. 더 나아가서 특정 상황에서는 애플리케이션이 다른 가상 장치에 있는 데이터도 읽어낼 수 있다. CPU가 게스트 물리 주소^{GPA, Guest Physical Address}를 해석할 때 유효하지 않은 2단계 주소 변환 테이블^{SLAT, Second Level Address Translation Table} 엔트리를 만난다면 동일한 취약점이 발생한다(SLAT, GPA 그리고 주소 해석 관련 내용은 Vol.1의 5장과 9장에서 다룬다).

- **CPU 코어 논리 프로세서(하이퍼스레드)의 추론.** 최신 CPU들은 물리 코어마다 하나 이상의 파이프라인을 가진다. 하나의 공유되는 해석 엔진에 의해 비순차적으로 여러 명령을 수행한다(이것을 대칭 멀티스레딩^{SMT, Symmetric MultiThreading}이라고 하는데, 9장에서 설명한다). 이 프로세서에서는 2개의 논리 프로세서^{LP, Logical Processors}가 단일 캐시를 공유한다. 그러므로 하나의 LP가 높은 권한으로 코드를 수행하는 동안에 다른 LP는 높은 권한으로 코드 수행 중인 LP의 취약점을 이용할 수 있다. 이는 시스템에 엄청난 보안 위협이 발생하는 상황이 된다. 포새도우 변형과 마찬가지로 공격자 코드를 수행하는 낮은 권한 LP에서 높은 권한 가상 장치 비밀 데이터에 변경을 가할 수 있다. 이는 높은 권한 LP가 가상 장치 코드를 수행하는 것을 기다림으로써 가능하다. 포새도우 변형은 그룹 4 취약점 중 하나다.

마이크로아키텍처 취약점은 CPU 캐시만 있는 것이 아니다. 인텔 CPU는 캐시되거나 되지 않은 메모리에 액세스하기 위한 높은 속도의 중간 버퍼를 갖고 있다. 그리고 마이크로명령들을 재배치한다(이러한 버퍼들을 전부 설명하는 것은 이 책의 범위에서 벗어난다). 마이크로아키텍처 데이터 샘플링^{MDS, Microarchitectural Data Sampling} 류의 공격은 다음에 기술하는 마이크로아키텍처 구조에서 비밀 데이터를 알아낼 수 있게 해준다.

- **저장 버퍼**^{Store buffers}: 저장 연산을 하면서 내부의 임시 마이크로아키텍처 버퍼에 데이터를 쓴다. 이것을 저장 버퍼라고 한다. CPU로 하여금 캐시나

주 메모리(캐시되지 않은 메모리 액세스 시)에 데이터를 실제로 쓰기 전에 계속 명령 수행을 가능하게 해준다. 로드 연산이 같은 메모리에 있는 데이터를 대상으로 한다면 프로세서는 저장 버퍼로부터 데이터를 바로 가져온다.

- **채우기 버퍼**(Fill buffers): 채우기 버퍼는 첫 번째 단계의 캐시 미스 데이터를 모으기(또는 쓰기) 위한 구성 요소로, 채우기 버퍼는 CPU 캐시와 CPU 비순차 실행 엔진 사이에 존재한다. 이전 메모리 요청에 대한 데이터를 유지하고, 해당 데이터는 추측 수행되는 로드 동작에 넘어갈 수 있다.
- **로드 포트**(Load ports): 로드 포트는 메모리나 I/O 포트에서 로드 동작을 수행하고자 사용하는 CPU 내부 구성 요소다.

마이크로아키텍처 버퍼들은 보통 하나의 CPU 코어에 속한다. 그리고 SMT 스레드들 간에 공유된다. 이는 신뢰할 수 있는 방향으로 공격을 구성할 수 없을지라도 비밀 데이터가 SMT 스레드 간에 공유될 수 있는 가능성이 있음을 의미한다(특정 상황에서).

일반적으로 하드웨어 사이드 채널 취약점의 결과는 동일하다. 비밀 데이터는 공격 대상 프로세스 메모리 공간상에서 노출될 수 있다. 윈도우는 이러한 사이드 채널 공격들에 대한 다양한 종류의 회피 기법을 구현했다.

윈도우의 사이드 채널 공격 완화

이 절에서는 윈도우의 사이드 채널 공격을 방어하기 위한 다양한 완화책을 가볍게 살펴본다. 일반적으로 몇 가지 사이드 채널 완화는 CPU 제조업체에 의해 마이크로코드를 업데이트를 하는 방식으로 구현되지만 항상 사용 가능한 것은 아니다. 일부 완화책은 소프트웨어(윈도우 커널)를 통한 활성화가 필요하다.

커널 가상 주소 섀도우

커널 가상 주소 섀도우(KVA Shadow)라고도 하는 커널 가상 주소 섀도잉(리눅스에서는 KPTI로 불리는 커널 페이지 테이블 격리)은 커널과 유저 페이지 테이블 사이의 명확한 분리를 통해 멜트다운 공격에 대한 완화책을 제공한다. 추측 실행은 프로세서가 커널 데이터에 액세스하기 위한 올바른 권한이 아님에도 해당 데이터를 손상시킬 수 있지만 이를 위해서는 유효한 페이지 프레임 번호가 대상 커널 페이지를 변환하는 페이지 테이블에 존재해야 한다. 멜트다운 공격 대상인 커널 메모리는 일반적으로 슈퍼바이저 권한에서만 액세스 가능한 시스템 페이지 테이블 내의 유효한 말단 엔트리에 의해 변환된다(페이지 테이블 및 가상 주소 변환은 Vol.1의 5장에서 설명). KVA 섀도우가 활성화되면 시스템은 각 프로세스를 위한 2개의 최상위 레벨 페이지 테이블을 할당하고 사용한다.

- 커널 페이지 테이블은 커널 및 유저 페이지를 포함해 전체 프로세스 주소 공간을 매핑한다. 윈도우는 커널 코드가 실행 가능한 유저 메모리를 할당하는 것을 방지하고자 유저 페이지를 실행 불가능하게 매핑한다(하드웨어 SMEP 기능과 유사한 효과).

- 유저 페이지 테이블(섀도우 페이지 테이블이라고도 함)은 유저 페이지와 커널 페이지 최소 집합만 매핑한다. 여기에는 어떠한 비밀 정보도 포함되지 않으며 페이지 테이블 전환과 커널 스택, 인터럽트 처리, 시스템 콜, 그 외의 전이^{transition} 및 트랩에 사용된다. 이러한 커널 페이지 최소 집합을 전이 주소 공간^{transition address space}이라고 부른다.

전이 주소 공간에서 NT 커널은 보통 KPROCESSOR_DESCRIPTOR_AREA로도 불리는 프로세서의 PRCB가 포함된 데이터 구조체를 매핑한다. 이는 유저(또는 섀도우)와 커널 페이지 테이블 사이에 공유해야 하는 프로세서의 TSS, GDT, 커널 모드 GS 세그먼트 베이스 주소의 사본 같은 데이터를 포함하며 NT 커널 이미지의 ".KVASCODE" 섹션에 있는 모든 섀도우 트랩 핸들러도 포함된다.

KVA 섀도우가 활성화된 시스템은 권한이 없는 유저 모드 스레드를 실행한다(예를 들어 관리자 권한 없이 실행). 이 스레드는 기밀 정보가 포함될 수 있는 어떠한 커널 페이지도 매핑하지 않은 프로세스에서 실행된다. 커널 페이지가 프로세스의 페이지 테이블에 유효하게 매핑되지 않으므로 멜트다운 공격은 유효하지 않으며 CPU 내의 이런 페이지를 대상으로 하는 어떤 종류의 추측 공격도 절대 발생하지 않는다. 유저 프로세스가 시스템 콜을 호출하거나 CPU가 유저 모드 프로세스에서 코드를 실행하는 동안 인터럽트가 발생하면 CPU는 전이 스택에 트랩 프레임을 구축하며,

이전에 지정한 대로 유저 및 커널 페이지 테이블 모두에 매핑된다. 그런 다음 CPU 는 인터럽트나 시스템 콜을 처리하는 섀도우 트랩 핸들러 코드를 실행한다. 마지막에는 보통 커널 페이지 테이블로 전환하고 커널 스택에 트랩 프레임을 복사한 다음 원래 트랩 핸들러로 이동한다(이것은 TLB에서 오래된 항목을 플러시하기 위한 잘 정의된 알고리듬이 제대로 구현돼야 함을 의미한다. TLB 플러싱 알고리듬은 이 절의 뒷부분에서 설명한다). 원래 트랩 핸들러는 전체 주소 공간이 매핑된 상태에서 실행된다.

초기화

NT 커널은 내부 **KiDetectKvaLeakage** 루틴을 사용해 프로세서 기능 비트를 계산해 커널 초기화의 1단계 초기에서 CPU가 멜트다운 공격에 취약한지 확인한 후 프로세서의 정보를 얻고 모든 인텔 프로세서(아톰 시리즈 제외) 내부의 **KiKvaLeakage** 변수를 1로 설정한다.

내부 **KiKvaLeakage** 변수가 설정되면 시스템은 프로세서의 TSS(작업 상태 세그먼트) 및 전이 스택을 준비하는 **KiEnableKvaShadowing** 루틴을 통해 KVA 섀도잉을 활성화하며 프로세서 TSS의 RSP0(커널) 및 IST 스택은 적절한 전이 스택을 가리키게 설정된다. 전이 스택(512바이트 크기)은 스택 베이스에 **KIST_BASE_FRAME**이라는 작은 데이터 구조체를 작성해서 준비되며 데이터 구조체는 그림 8-8과 같이 비전이 커널 스택에 연결되도록 전이 스택이 허용된다(페이지 테이블이 전환된 후에만 액세스 가능). 해당 데이터 구조체는 일반 비IST 커널 스택을 필요로 하지 않는 점에 주목하자. 스케줄러가 새 스레드를 실행하고자 할 때 커널 스택을 프로세서의 PRCB와 연결해 활성 상태로 만든다. 이것이 프로세서당 하나씩 존재하는 IST 스택과의 주요한 차이점이다.

KiEnableKvaShadowing 루틴에는 적절한 TLB 플러시 알고리듬을 결정하는 중요한 기능이 있다(이 절의 뒷부분에서 설명). 결정한 결과(전역 항목 또는 PCID)는 전역 **KiKvaShadowMode** 변수에 저장된다. 마지막으로 넌부팅Non-boot 프로세서라면 **KiEnableKvaShadowing** 루틴은 섀도우 페이지 테이블의 프로세서별 공유 데이터 구조를 매핑하는 **KiShadowProcessorAllocation**을 호출한다. BSP 프로세서라면 매핑은 SYSTEM 프로세스와 해당 섀도우 페이지 테이블이 생성되고 IRQL이 패시브 레벨로 내려간 후에 초기화 1단계 후반에서 수행된다. BSP 프로세서의 경우 매핑은 시스템 프로세스와 셰도 페이지 테이블이 생성된 후 1단계 후반에 수행된다(이 핸들러는 전역적이며 별도 프로세서에 특정되지 않음).

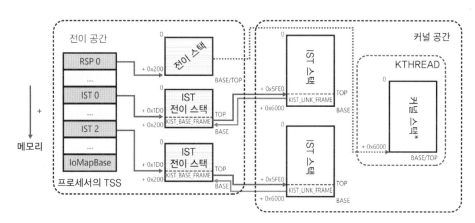

그림 8-8 KVA 셰도잉이 활성화된 경우 CPU의 TSS(작업 상태 세그먼트) 구성

셰도우 페이지 테이블

셰도우(또는 유저) 페이지 테이블은 프로세스의 주소 공간이 생성될 때만 내부 **MiAllocateProcessShadow** 루틴을 사용해 메모리 관리자에 의해 할당된다. 새로운 프로세스의 셰도우 페이지 테이블은 처음에는 빈 상태로 생성된다. 그런 다음 메모리 관리자는 새 프로세스 셰도우 페이지 테이블에 있는 SYSTEM 프로세스의 모든 커널 셰도우 최상위 페이지 테이블 항목을 복사한다. 이를 통해 새 프로세스에서 전체 전이 주소 공간(커널에 존재하고 모든 유저 모드 프로세스 간에 공유된)을 빠르게 매핑할 수 있다. SYSTEM 프로세스는 빈 상태의 셰도우 페이지 테이블을 유지한다. 앞 절에서 소개했듯이 SYSTEM 프로세스의 셰도우 페이지 테이블은 개별 메모리 청크chunks를 매핑하고 전체 페이지 테이블 계층 구조를 재생성하는 **KiShadow ProcessorAllocation** 루틴에 의해 채워진다.

셰도우 페이지 테이블은 특별한 경우에만 메모리 관리자에 의해 갱신된다. 오직 커널만이 메모리 청크를 매핑하거나 해제하고자 프로세스 페이지 테이블에 쓸 수 있다. 유저 프로세스 주소 공간에 새 메모리를 할당하거나 매핑하도록 요청하면 일부 주소에 대한 최상위 페이지 테이블 항목이 누락될 수 있어 메모리 관리자는 전체 페이지 테이블 계층에 대한 모든 페이지를 할당하고 커널 페이지 테이블에 새로운 최상위 PTE를 저장한다. 하지만 KVA 섀도우가 활성화됐다면 이것만으로는 부족하며 메모리 관리자는 반드시 최상위 PTE도 섀도우 페이지 테이블에 써야 한다. 그렇지 않으면 트랩 핸들러가 페이지 테이블을 올바르게 전환하고 유저 모드로 돌아갈 때 유저 매핑에 주소가 표시되지 않게 된다.

커널 주소는 커널 페이지 테이블과 비교해 전이 주소 공간에서 다른 방식으로 매핑된다. 전이 주소 공간에서 매핑되는 메모리 청크 인접 주소의 잘못된 공유를 방지하고자 메모리 관리자는 항상 공유되는 PTE에 대한 페이지 테이블 계층 매핑을 다시 만든다. 이는 커널이 새로운 페이지를 매핑해야 할 때마다 프로세스의 전이 주소 공간에서 모든 프로세스의 섀도우 페이지 테이블에 매핑을 복제해야 함을 의미한다(내부 MiCopyTopLevelMappings 루틴이 정확히 이 작업을 수행).

TLB 플러싱 알고리듬

x86 아키텍처에서 페이지 테이블을 전환하면 보통 현재 프로세서의 트랜슬레이션 룩어사이드 버퍼^{TLB, Translation Look-aside Buffer}가 플러시된다. TLB는 프로세서가 코드를 실행하거나 데이터에 액세스하는 동안 가상 주소를 빠르게 변환하고자 사용하는 캐시로 TLB 항목이 유효하면 프로세서가 가상 주소 변환할 때 페이지 테이블 체인을 사용하지 않아 실행이 더욱 빨라진다. KVA 섀도우가 없는 시스템이라면 커널 주소를 변환하는 TLB 항목을 명시적으로 플러시할 필요가 없다. 윈도우에서 커널 주소 공간은 대부분 고유하고 모든 프로세스 간에 공유된다. 인텔과 AMD는 전역/비전역 비트 및 PCID^{Process-Context IDentifier}와 같은 모든 페이지 테이블 전환에서 커널 항목을 플러시하는 것을 방지하고자 서로 다른 기술을 도입했다. TLB와 플러싱 방법론에 대한 내용은 인텔 및 AMD 아키텍처 매뉴얼에 자세히 설명돼 있으므로 이 책에서는 더 이상 다루지 않는다.

새로운 CPU 기능을 사용하면 운영체제는 유저 항목만을 플러시하면서 성능을 빠르게 유지할 수 있지만, 이것은 스레드가 커널에 들어가고 나올 때마다 페이지 테이블을 전환해야 하는 KVA 섀도우 시나리오에서는 명확히 금지된다. KVA가 활성화된 시스템에서 윈도우는 필요할 때만 커널 및 유저 TLB 항목을 명시적으로 플러시할 수 있는 알고리듬을 사용해 다음 2가지 목표를 달성한다.

- 스레드의 유저 코드를 실행할 때 유효한 커널 항목은 TLB에 유지되지 않는다. 그렇지 않으면 공격자가 이를 악용해 멜트다운과 같은 추측 기술을 사용해서 커널 데이터에 존재하는 기밀 정보를 읽을 수 있다.
- 페이지 테이블을 전환할 때 TLB 항목의 최소량만 플러시된다. 이렇게 하면 KVA 섀도잉으로 인한 성능 저하를 용인할 수 있는 수준으로 유지할 수 있다.

이 TLB 플러싱 알고리듬은 주로 콘텍스트 전환과 트랩 진입, 트랩 종료의 3가지 시나리오에서 구현된다. 이는 전역/비전역 비트나 PCID를 지원하는 시스템에서 실행할 수 있는데, 전자의 경우 비KVA 섀도우 구성과 달리 모든 커널 페이지는 비전역으로 레이블이 지정되는 반면, 전환 및 유저 페이지는 전역으로 레이블이 지정된다. 페이지 테이블 전환이 발생하는 동안 전역 페이지는 플러시되지 않는다(시스템이 CR3 레지스터의 값을 변경). PCID 지원이 있는 시스템은 커널 페이지에 PCID 2로 레이블을 지정하는 반면, 유저 페이지에는 PCID 1로 레이블을 지정한다. 이 경우 전역 및 비전역 비트는 무시된다.

현재 실행 중인 스레드가 퀀텀을 종료하면 콘텍스트 스위치는 초기화된다. 커널이 다른 프로세스 주소 공간에 속한 스레드의 실행을 예약하면 TLB 알고리듬은 모든 유저 페이지가 TLB에서 제거되는 것을 보장한다(즉, 전역/비전역 비트가 있는 시스템에서는 전체 TLB 플러시가 필요함을 의미하며 유저 페이지는 실제 전역으로 표시됨). 커널 트랩이 종료될 때(커널이 코드 실행을 완료하고 유저 모드로 돌아갈 때) TLB 알고리듬은 모든 커널 항목이 TLB에서 제거(또는 무효화)되게 한다. 이는 쉽게 달성할 수 있다. 전역/비전역 비트를 지원하는 프로세서에서 페이지 테이블을 다시 로드하면 프로세서가 모든 비전역 페이지를 무효화하지만 PCID를 지원하는 시스템에서는 오래된 모든 커널 TLB 항목을 자동으로 무효화하는 유저 PCID를 사용해 유저 페이지 테이블을 다시 로드한다.

이 정책을 사용하면 시스템이 유저 코드를 실행하는 동안 인터럽트가 생성되거나 스레드가 시스템 콜을 호출할 때 발생할 수 있는 커널 트랩 항목이 TLB의 어떤 것도 무효화되지 않게 할 수 있다. 1은 설명한 TLB 플러싱 알고리듬 방식을 나타낸다.

표 8-1 KVA 섀도잉 TLB 플러싱 정책

구성 유형	유저 페이지	커널 페이지	전이 페이지
KVA 섀도잉 비활성화	비전역	전역	해당 사항 없음
KVA 섀도잉 사용, PCID 정책	PCID 1, 비전역	PCID 2, 비전역	PCID 1, 비전역
KVA 섀도잉 활성화, 전역/비전역 정책	전역	비전역	전역

하드웨어 간접 분기 제어(IBRS, IBPB, STIBP, SSBD)

프로세서 제조업체는 다양한 사이드 채널 공격에 대한 하드웨어 완화를 설계했다. 이러한 완화는 소프트웨어와 함께 사용하도록 설계됐다. 사이드 채널 공격에 대한 하드웨어 완화는 주로 CPU 모델 전용 레지스터^{MSR}의 특정 비트를 통해 표현되는 다음의 간접 분기 제어 메커니즘으로 구현된다.

- 간접 분기 추측 제한^{IBRS, Indirect Branch Restricted Speculation}은 다른 보안 콘텍스트(유저 vs 커널 모드나 VM 루트 vs 비VM 루트)로 전환하는 스위치에서 분기 예측기를 완전히 비활성화하고 분기 예측기 버퍼를 초기화한다. 운영체제가 더 높은 권한 모드로 전이한 후 IBRS를 설정하면 간접 분기의 추측 대상은 낮은 권한 모드에서 실행된 소프트웨어에 의해 제어될 수 없다. 또한 IBRS가 켜져 있을 때 간접 분기의 추측 대상은 다른 논리 프로세서에서 제어되지 않으며 운영체제는 일반적으로 IBRS를 1로 설정하고 적은 권한의 보안 콘텍스트로 복귀할 때까지 계속 유지된다.

  IBRS의 구현은 CPU 제조업체에 따라 다르다. 일부 CPU는 IBRS가 켜짐으로 설정될 때 분기 예측기 버퍼를 완전히 비활성화(금지된 동작)하는 반면 일부 CPU는 예측기의 버퍼를 플러시(플러시 동작)한다. CPU의 IBRS 완화 동작은 다음의 IBPB와 매우 유사해서 CPU는 보통 IBRS만 수행한다.

- 간접 분기 예측기 차단^{IBPB, Indirect Branch Predictor Barrier}은 해당 비트가 1로 설정되면 예측기의 내용을 플러시하고 이전에 실행된 소프트웨어가 동일한 논리 프로세서에서 예측된 간접 분기 대상을 제어하지 못하게 막는다.

- 단일 스레드 간접 분기 예측기^{STIBP, Single Thread Indirect Branch Predictors}는 물리적 CPU 코어에서 논리적 프로세서 간의 분기 추측 공유를 제한한다. 논리 프로세서의 STIBP를 1로 설정하면 현재 실행 중인 논리 프로세서에서 간접 분기의 추측 대상이 동일한 코어의 다른 논리 프로세서에서 실행되는(또는 이전에 실행된) 소프트웨어에 의해 제어되지 않게 막는다.

- 예측성 저장 우회 해제^{SSBD, Speculative Store Bypass Disable}는 프로세서가 모든 이전 저장소의 주소를 알 때까지 로드를 예측해서 실행하지 않게 한다. 이 기능은 로드 작업이 동일한 논리 프로세서 내의 이전 저장소를 우회하므로 예측해서 이전 데이터를 사용하지 않음을 보장한다. 따라서 예측성 저장 우회 공격^{Speculative Store Bypass Attack}으로부터 보호한다(이전 '기타 사이드 채널 공격' 절에서 설명함).

NT 커널은 앞서 설명한 간접 분기 제어의 값을 결정하고자 복잡한 알고리듬을 사용한다. 이것은 일반적으로 KVA 섀도잉에 대해 설명한 것과 동일한 시나리오(콘텍스트 전환, 트랩 항목 및 트랩 종료)에서 변경된다. 호환되는 환경에서 시스템은 IBRS가 항상 켜져 있는 커널 코드를 실행한다(리트폴린^{Retpoline}이 활성화된 경우 제외). IBRS를 사용할 수 없으면(단, IBPB와 STIBP는 사용 가능) 커널은 STIBP가 켜진 상태로 실행돼 모든 트랩 항목에서 분기 예측기 버퍼(IBPB 포함)를 플러시한다(그런 식으로 분기 예측기는 유저 모드에서 실행되는 코드나 다른 보안 콘텍스트에서 실행되는 이웃 스레드의 영향을 받을 수 없음). SSBD는 CPU에서 지원되는 경우 커널 모드에서 항상 사용하도록 활성화된다.

성능상의 이유로 유저 모드 스레드는 일반적으로 하드웨어 사양의 완화를 사용하지 않거나 STIBP를 켠 상태에서 실행된다(STIBP 페어링 활성화 여부에 따라 달라지며 다음 절에서 설명). 필요하다면 전역 또는 프로세스별 추측 기능을 통해 추측 저장소 우회에 대한 보호를 수동으로 활성화해야 한다. 모든 추측 관련 완화 기법은 전역 레지스트리 값(KLM\System\CurrentControlSet\Control\Session\Manager\MemoryManagement\FeatureSetting)을 통해 상세하게 설정할 수 있다. 값은 32비트 비트마스크며 각 비트는 개별 기능을 의미한다. 표 8-2는 개별 기능 설정과 의미를 설명한다.

표 8-2 기능 설정과 해당 값

이름	값	의미
FEATURE_SETTINGS_DISABLE_IBRS_EXCEPT_HVROOT	0x1	중첩되지 않은 루트 파티션을 제외한 IBRS 비활성화(서버 SKU에 대한 기본 설정)
FEATURE_SETTINGS_DISABLE_KVA_SHADOW	0x2	강제 KVA 섀도잉 비활성화
FEATURE_SETTINGS_DISABLE_IBRS	0x4	시스템 구성에 관계없이 IBRS 비활성화
FEATURE_SETTINGS_SET_SSBD_ALWAYS	0x8	항상 커널과 유저에서 SSBD 설정
FEATURE_SETTINGS_SET_SSBD_IN_KERNEL	0x10	커널 모드에서만 SSBD 설정(SSB 공격에 취약한 유저 모드 코드 종료)
FEATURE_SETTINGS_USER_STIBP_ALWAYS	0x20	STIBP 페어링에 관계없이 유저 스레드에 대해 항상 STIBP 유지
FEATURE_SETTINGS_DISABLE_USER_TO_USER	0x40	기본 추측 완화 정책(AMD 시스템만 해당)을 비활성화하고 유저 간 완화만 활성화. 이 플래그가 설정되면 커널 모드에서 실행할 때 추측 제어가 설정되지 않음.
FEATURE_SETTINGS_DISABLE_STIBP_PAIRING	0x80	항상 STIBP 페어링 비활성화
FEATURE_SETTINGS_DISABLE_RETPOLINE	0x100	항상 리트폴린 비활성화
FEATURE_SETTINGS_FORCE_ENABLE_RETPOLINE	0x200	CPU에서 IBPB나 IBRS 지원 여부와 무관하게 리트폴린 활성화(스펙터 버전2로부터 적절히 보호하려면 최소한 IBPB 필요)
FEATURE_SETTINGS_DISABLE_IMPORT_LINKING	0x20000	리트폴린과 무관하게 임포트 최적화 비활성화

리트폴린과 임포트 최적화

하드웨어 완화가 활성화되면 CPU의 분기 예측기가 제한되거나 비활성화되므로 활성화 상태를 유지하는 것은 시스템에 큰 성능 저하를 준다. 이것은 많은 성능을 소모하는 게임이나 매우 중요한 애플리케이션에서는 적합하지 않다. 대부분의 성능 저하의 주범은 스펙터 공격을 막고자 사용된 IBRS나 IBPB였는데, 다행히 스펙터의 첫 번째 변종은 메모리 펜스 명령 덕분에 하드웨어 완화를 사용하지 않고도 보호가 가능했다. 좋은 예는 x86 아키텍처에서 사용할 수 있는 **LFENCE** 명령이다. 이러한 명령은 경계 검사가 완료되기 전에는 프로세서가 어떤 새로운 명령도 예측해서 실행하지 않게 강제한다. 검사가 완료될 때만(그리고 펜스 이전에 위치한 모든 명령이 완전히 끝난 이후) 프로세서의 파이프라인은 새로운 CPU 명령을 실행(및 예측)하고자 다시 시작된다. 하지만 스펙터의 두 번째 변종은 여전히 하드웨어 완화가 필요했는데, 이는 IBRS와 IBPB로 인한 모든 성능 문제가 발생함을 의미했다.

이 문제를 극복하고자 구글 엔지니어는 리트폴린이라는 새로운 바이너리 수정 기법을 고안해냈다. 그림 8-9과 같이 리트폴린 기법을 사용하면 간접 분기를 추측 실행에서 격리할 수 있다. 취약한 간접 호출을 수행하는 대신 프로세서가 안전한 제어 시퀀스로 분기해 스택을 동적으로 수정하고, 최종 예측을 결정한 뒤 리턴(ret) 연산을 이용해 안전하게 새로운 목적지로 도달하게 만든다.

```
Trampoline:
    call SetupTarget      ; 스택에 리턴 주소인 CaptureSpec 주소가 푸시됨
CaptureSpec:
    int 3                 ; 예측을 캡처하기 위한 브레이크포인트
    jmp CaptureSpec       ; LFENCE 차단과 유사(무한 루프로 추측 실행 방지)
SetupTarget:
    mov QWORD PTR [rsp], r10 ; 스택의 return 주소를 실제 목적지로 변경(동적 수정)
    ret                   ; 리턴
```

그림 8-9 x86 CPU의 리트폴린 코드 시퀀스

윈도우에서 리트폴린은 **동적 값 재배치 테이블**(DVRT, Dynamic Value Relocation Table)을 통해 자신과 외부 드라이버 이미지에 동적으로 리트폴린 코드 시퀀스를 적용할 수 있는 NT 커널에 구현된다. 커널 이미지가 리트폴린이 활성화된 상태로 컴파일되면(호환되는 김파일러를 통해) 컴파일러는 커널 이미지의 코드에 있는 각 간접 분기에 대한 항목의 주소와 유형을 DVRT 항목으로 추가한다. 간접 분기를 수행하는 옵코드(opcode)는 최종 코드에 있는 그대로 유지되지만 가변 크기 패딩으로 증가된다. DVRT의 항목에는 NT 커널이 간접 분기의 옵코드를 동적으로 수정하는 데 필요한 모든 정보가 포함된다. 이 아키텍처는 리트폴린 지원으로 컴파일된 외부 드라이버가 DVRT 테이블의 항목을 파싱하지 않고 건너뛰는 이전 운영체제 버전에서도 실행될 수 있게 지원한다.

> DVRT는 원래 커널 ASLR(주소 공간 배치 랜덤화, Vol.1의 5장에서 설명)을 지원하고자 개발됐다. 이 테이블은 나중에 리트폴린 디스크립터를 포함하도록 확장됐다. 시스템은 이미지에 포함된 테이블 버전을 식별할 수 있다.

커널 초기화 1단계에서 커널은 먼저 프로세서가 스펙터에 취약한지 여부를 감지한다. 그리고 시스템이 호환되고 하드웨어 완화를 사용할 수 있는 경우 리트롤린을 활성화하고 NT 커널 이미지와 HAL에 적용한다. `RtlPerformRetpolineRelocationsOnImage` 루틴은 DVRT를 검사하고 테이블의 항목으로 설명된 각 간접 분기를 리트폴린 코드 시퀀스를 대상으로 발생하는 추측 공격에 취약하지 않은 직접 분기로 대체한다. 간접 분기의 원래 대상 주소는 컴파일러에서 생성된 패딩을 덮어쓰는 단일 명령에 의해 CPU 레지스터(AMD 및 인텔 프로세서의 경우 R10)에 저장된다. 리트폴린 코드 시퀀스는 NT 커널 이미지의 RETPOL 섹션에 저장된다. 해당 섹션에 대응하는 페이지는 각 드라이버 이미지의 끝부분에 매핑된다.

시스템을 시작하기 전에 부트 드라이버는 내부 `MiReloadBootLoadedDrivers` 루틴에 의해 물리적으로 재배치되며, 리트폴린을 포함한 각 드라이버의 이미지에도 필요한 수정 사항을 적용한다. 모든 부트 드라이버, NT 커널, HAL 이미지는 윈도우 로더에 의해 인접한 가상 주소 공간에 할당되며 연결된 제어 영역이 없으므로 페이징할 수 없다. 이것은 이미지를 지원하는 모든 메모리가 항상 유효하며 NT 커널이 동일한 `RtlPerformRetpolineRelocationsOnImage` 함수를 사용해서 코드의 각 간접 분기를 직접 수정할 수 있음을 의미한다. HVCI가 활성화된 경우 시스템은 보안 커널을 호출해서 리트폴린을 적용해야 한다(PERFORM_RETPOLINE_RELOCATIONS 보안 호출을 통해). 실제 이 시나리오에서 드라이버의 실행 가능한 메모리는 9장에 설명된 W^X 원칙에 의해 어떤 수정도 할 수 없으며 보안 커널만이 해당 메모리를 수정할 수 있다.

> 리트폴린과 임포트 최적화 수정 사항은 패치가드(커널 패치 보호라고도 함, 자세한 내용은 Vol.1의 7장)를 초기화하고 부트 드라이버를 보호하기 전에 커널에 의해 부트 드라이버에 적용된다. 드라이버와 NT 커널 스스로 보호 드라이버의 코드 섹션을 수정하는 것은 허용되지 않는다.

Vol.1의 5장에서 설명한 것처럼 런타임 드라이버는 NT 메모리 관리자에 의해 로드 되며 드라이버의 이미지 파일이 지원하는 섹션 객체를 생성한다. 이는 프로토타입 PTE 배열을 포함하는 제어 영역이 메모리 섹션의 페이지를 추적하고자 생성됨을 의미한다. 드라이버 섹션의 경우 물리 페이지 중 일부는 처음에 코드 무결성 확인을 위해 메모리로 가져온 다음 대기 목록^{standby list}으로 이동된다. 나중에 섹션을 매핑하고 드라이버 페이지에 처음 액세스하면 페이지 폴트 핸들러의 요청에 의해 대기 목록(또는 지원 파일)의 물리 페이지를 구체화한다. 윈도우는 프로토타입 PTE가 가리키는 공유 페이지에 리트폴린을 적용한다. 동일한 섹션이 유저 모드 애플리케이션에 의해 매핑되는 경우 메모리 관리자는 새로운 전용 페이지를 만들고 공유 페이지의 내용을 해당 페이지에 복사해 리트폴린(및 임포트 최적화) 수정을 되돌린다.

> 일부 최신 인텔 프로세서는 return 명령도 예측한다. 이런 CPU는 리트폴린으로 스펙터 버전 2를 막을 수 없으므로 리트폴린 기능이 활성화되지 않는다. 이 상황에서는 하드웨어 완화만 적용할 수 있다. 향상된 IBRS(새로운 하드웨어 완화 기법)는 기존 IBRS의 성능 문제를 해결한다.

리트폴린 비트맵

윈도우에서 리트폴린 구현의 원래 설계 목표(제한 사항) 중 하나는 리트폴린과 호환되는 드라이버와 호환되지 않는 드라이버로 구성된 혼합 환경을 지원하는 동시에 스펙터 버전 2에 대한 전반적인 시스템 보호를 유지하는 것이었다. 이는 리트폴린을 지원하지 않는 드라이버는 IBRS가 활성화 상태에서 실행돼야 하며(또는 '하드웨어 간접 분기 제어' 절에서 언급한 커널 진입 시 STIBP가 이어진 후 IBPB가 실행돼야 함), 리트폴린을 지원하는 경우는 하드웨어 추측 완화 활성화 없이 실행할 수 있다(보호는 리트폴린 코드 시퀀스 및 메모리 펜스에 의해 제공).

이전 드라이버와의 호환성을 동적으로 달성하고자 초기화의 0단계에서 NT 커널은 전체 커널 주소 공간을 구성하는 각 64KB 청크를 추적하는 동적 비트맵을 할당하고 초기화한다. 이 모델에서 1로 설정된 비트는 주소 공간의 64KB 청크에 리트폴린 호환 코드가 포함돼 있음을 나타내고 0은 반대를 의미한다. 그런 다음 NT 커널은 HAL 및 NT 이미지(항상 리트폴린과 호환되는)의 주소 공간을 참조하는 비트를 1로 설정한다. 새 커널 이미지가 로드될 때마다 시스템은 여기에 리트폴린을 적용하려고 시도하며 애플리케이션이 성공하면 리트폴린 비트맵의 각 비트가 1로 설정된다.

리트폴린 코드 시퀀스는 비트맵 검사를 포함하려고 보강됐다. 간접 분기가 수행될 때마다 시스템은 원래 호출 대상이 리트폴린 호환 모듈에 있는지 여부를 확인한다. 검사가 성공하면(그리고 연관 비트가 1이면) 시스템은 리트폴린 코드 시퀀스(그림 8-9)를 실행하고 목적 주소에 안전하게 도달한다. 실패하면(리트폴린 비트맵의 비트가 0이면) 리트폴린 종료 시퀀스가 초기화된다. RUNNING_NON_RETPOLINE_CODE 플래그가 현재 CPU의 PRCB에 설정되고(콘텍스트 전환에 필요) IBRS가 활성화되며(또는 하드웨어 구성에 따라 STIBP), 필요한 경우 IBPB 및 LFENCE도 발생되며 SPEC_CONTROL 커널 이벤트가 생성된다. 마지막으로 프로세서는 아직까지 필요한 보호를 제공하는 안전한 하드웨어 완화 위에서 목적 주소에 도달한다.

스레드 퀀텀이 종료되고 스케줄러가 새 스레드를 선택하면 현재 프로세서의 리트폴린 상태(RUNNING_NON_RETPOLINE_CODE 플래그 설정 여부)를 이전 스레드의 KTHREAD 데이터 구조에 저장한다. 이런 방법으로 시스템은 실행을 위해 이전 스레드가 다시 선택(또는 커널 트랩 항목이 발생)되면 지속적인 보호를 위해 필요한 하드웨어 추측 완화를 다시 활성화해야 함을 알게 된다.

임포트 최적화

DVRT의 리트폴린 항목은 임포트 함수를 대상으로 하는 간접 분기도 표현한다. 임포트된 DVRT의 제어 전송 항목은 IAT의 올바른 항목을 참조하는 색인을 사용해 이러한 종류의 분기를 표현한다(IAT는 로더가 컴파일한 임포트된 함수 포인터의 배열인 이미지 임포트 주소 테이블임). 윈도우 로더가 IAT를 컴파일한 후에는 그 내용이 변경될 가능성이 거의 없다(일부 드문 시나리오 제외). 그림 8-10에서 볼 수 있듯이 NT 커널은 두 이미지(호출자와 피호출자)의 가상 주소가 대상을 직접 호출하기에 충분히 가깝게 보장할 수 있다(2GB 미만). 따라서 임포트된 함수를 대상으로 하는 간접 분기를 리트폴린으로 변환할 필요가 없음을 알 수 있다.

```
StandardCall:
    call QWORD PTR [IAT+ExAllocatePoolOffset]        ; 7바이트
    nop DWORD PTR [RAX+RAX]          ; 5바이트
ImportOptimizedCall:
    mov R10, QWORD PTR [IAT+ExAllcoatePoolWithTagOffset]        ; 7바이트
    call ExAllocatePool          ; 직접 호출(5바이트)
RetpolineOnly:
    mov R10, QWORD PTR [IAT+ExAllocatePoolWithTagOffset]        ; 7바이트
    call _retpoline_import_r10        ; 직접 호출 (5바이트)
```

그림 8-10 ExAllocatePool 함수에서의 간접 분기 차이

임포트 최적화(내부적으로 '임포트 링킹'이라고도 함)는 리트폴린 동적 재배치를 사용해 임포트된 함수를 대상으로 하는 간접 호출을 직접 분기로 변환하는 기능이다. 직접 분기는 추측 공격에 취약하지 않아 직접 분기를 사용해 코드 실행을 임포트된 함수로 변환하면 리트폴린을 적용할 필요가 없다. NT 커널은 리트폴린 적용과 동시에 임포트 최적화도 적용하며, 두 기능은 독립적으로 구성될 수 있지만 동일한 DVRT 항목을 사용해 정상 동작한다. 임포트 최적화를 통해 윈도우는 스펙터 버전 2에 취약하지 않은 시스템에서도 성능을 높일 수 있었다(직접 분기는 추가 메모리 액세스가 불필요함).

STIBP 페어링

하이퍼스레드 시스템에서는 스펙터 버전 2부터 유저 모드 코드를 보호하고자 시스템은 최소한 STIBP가 활성화된 상태에서 유저 스레드를 실행해야 한다. 하이퍼스레드가 아닌 시스템에서는 이 기능이 불필요하다. 이전에 커널 모드 코드를 실행하는 동안 활성화된 IBRS 덕분에 이전 유저 모드 스레드 예측에 대한 보호 역시 이미 수행됐다. 리트폴린이 활성화된 경우에는 프로세스 간 스레드 전환 이후 실행되는 첫 번째 커널 트랩이 반환될 때 필요한 IBPB가 생성된다. 이것은 유저 스레드의 코드를 실행하기 전에 CPU 분기 추측 버퍼가 비었음을 보장한다.

하이퍼스레드 시스템에서 STIBP를 활성화한 상태로 두면 성능 저하가 발생하므로 기본적으로 유저 모드 스레드에서는 비활성화된다. 이로 인해 이웃한 동시 멀티스레딩SMT 스레드의 예측에는 잠재적으로 취약해질 수 있다. 최종 유저는 USER_STIBP_ALWAYS 기능 설정(자세한 내용은 8장의 앞부분에 있는 '하드웨어 간접 분기 제어' 절 참고) 또는

RESTRICT_INDIRECT_BRANCH_ PREDICTION 프로세스 완화 옵션을 통해 유저 스레드에 대한 STIBP를 수동으로 활성화할 수 있다.

앞서 설명한 시나리오는 효과적이지 않다. 더 좋은 해결책은 STIBP 페어링 메커니즘을 통해 구현되며 특정 조건에서만 NT 커널 초기화(KeOptimizeSpecCtrlSettings 함수를 통해)의 1단계에서 I/O 관리자에 의해 활성화된다. 시스템은 하이퍼스레딩이 활성화돼 있어야 하며 CPU는 IBRS 및 STIBP를 지원해야 한다. 또한 STIBP 페어링은 중첩되지 않은 가상화 환경이나 하이퍼V가 비활성화된 경우에만 호환된다(자세한 내용은 9장 참고).

STIBP 페어링 시나리오에서 시스템은 64비트 숫자로 표시되는 보안 도메인 식별자(EPROCESS 데이터 구조체에 존재)를 각 프로세스에 할당한다. 시스템 보안 도메인 식별자(0과 같음)는 시스템이나 전체 관리자 토큰에서 실행되는 프로세스에만 할당된다. 비시스템 보안 도메인은 다음 규칙에 따라 프로세스 생성 시(내부 PspInitialize ProcessSecurity 함수에 의해) 할당된다.

- 주 토큰Primary Token을 명시적으로 할당하지 않고 새 프로세스를 생성하면 해당 프로세스를 만든 상위 프로세스와 동일한 보안 도메인을 얻는다.
- 주 토큰이 명시적으로 지정된 새 프로세스의 경우(CreateProcessAsUser 또는 CreateProcessWithLogon API 사용) 새 프로세스에 대한 새로운 유저 보안 도메인 ID가 생성된다. 해당 심볼은 PsNextSecurityDomain 내부 심볼에서 시작하며 새 도메인 ID가 생성될 때마다 증가한다(이를 통해 시스템 주기 동안 보안 도메인이 충돌하지 않음이 보장됨).
- 프로세스가 처음 생성된 후 NtSetInformationProcess API를 ProcessAccess Token 클래스와 함께 사용해 새 기본 토큰을 할당할 수도 있다. API가 성공하려면 프로세스가 일시 중단suspended된 상태로 생성돼야 한다(실행 중인 스레드 없음). 이 단계에서 프로세스는 아직 언프리즌unfrozen 상태에서 원래 토큰을 갖고 있다. 앞에서 설명한 것과 동일한 규칙에 따라 새 보안 도메인이 할당된다.

보안 도메인은 동일한 그룹에 속한 다른 프로세스에 수동으로 할당할 수도 있다. 애플리케이션은 NtSetInformationProcess API를 ProcessCombineSecurityDomains Information 클래스와 함께 사용해 프로세스의 보안 도메인을 동일한 그룹에 속한 프로세스의 다른 보안 도메인으로 교체할 수 있다. API는 2개의 토큰이 프리즌frozen 상태가 되면 두 프로세스가 PROCESS_VM_WRITE 및 PROCESS_VM_OPERATION 액세스 권한으로 서로를 열 수 있는 경우에만 2개의 프로세스 핸들을 허용하고 첫 번째 프로세스의 보안 도메인이 대체되고 STIBP 페어링 메커니즘을 동작하게 허용한다. STIBP 페어링은 논리 프로세서LP를 이웃 프로세서와 연결한다(둘 다 동일한 물리적 코어를 공유한다. 이 절에서는 LP와 CPU라는 용어를 같은 의미로 사용할 것이다). 두 LP는 로컬 CPU의 보안 도메인이 원격 CPU의 보안 도메인과 동일하거나 두 LP 중 하나가 유휴인 경우에만 STIBP 페어링 알고리듬(내부 KiUpdateStibpPairing 함수에서 구현)에 의해 페어링된다. 이러한 경우 두 LP는 STIBP가 설정되지 않은 상태에서 실행될 수 있으며 여전히 추측 공격으로부터 간접적으로 보호된다(동일한 보안 콘텍스트에서 실행되는 이웃 CPU를 공격하는 것은 이득이 없음).

STIBP 페어링 알고리듬은 KiUpdateStibpPairing 함수에서 구현되며 전체 상태 장치를 가진다. 해당 루틴은 CPU의 PRCB에 저장된 페어링 상태가 재평가가 필요한 '스테일stale' 상태면 트랩 종료 핸들러(시스템이 유저 모드 스레드를 실행하고자 커널을 빠져나올 때 호출됨)에 의해 호출된다. LP의 페어링 상태는 주로 다음 2가지 이유로 인해 스테일 상태가 될 수 있다.

- NT 스케줄러가 현재 CPU에서 실행할 새 스레드를 선택한 상태에서 스레드의 보안 도메인이 이전 도메인과 다르면 CPU의 PRCB 페어링 상태가 스테일로 표시된다. 이를 통해 STIBP 페어링 알고리듬은 둘의 페어링 상태를 재평가할 수 있다.
- 이웃 CPU가 유휴 상태에서 빠져나오면 원격 CPU에 STIBP 페어링 상태를 재평가하도록 요청한다.

STIBP가 활성화된 상태에서 LP가 코드를 실행할 때 이웃 CPU의 예측으로부터 보호된다는 것을 떠올려보자. STIBP 페어링은 이와는 반대 개념을 기반으로 개발됐다. STIBP가 활성화된 상태에서 LP가 실행될 때 이웃 CPU가 자체적으로 보호된다는 것이 보장된다. 이는 콘텍스트가 다른 보안 도메인으로 전환될 때 STIBP가 비활성화된 상태에서 유저 모드 코드를 실행하더라도 이웃 CPU를 인터럽트할 필요가 없음을 의미한다.

하지만 이 시나리오는 VMMEM 프로세스에 속한 VP-디스패치 스레드(루트 스케줄러가 활성화된 경우 VM의 가상 프로세서 지원, 자세한 내용은 9장 참고)를 선택하는 경우에는 사실이 아니다. 이 경우 시스템은 STIBP 페어링 상태를 업데이트하고자 즉시 IPI를 이웃 스레드로 보낸다. 실제로 VP-디스패치 스레드는 게스트 VM 코드를 실행하는데, 이 코드는 항상 STIBP를 비활성화하도록 결정할 수 있으며 이웃 스레드를 보호되지 않은 상태로 이동한다(둘 다 STIBP가 비활성화된 상태에서 실행됨).

실습: 시스템 사이드 채널 완화 상태 조회

윈도우는 NtQuerySystemInformation 네이티브 API의 SystemSpeculationControl과 SystemSecureSpeculationControlInformation 클래스를 통해 사이드 채널 완화 정보를 제공한다. 이 API 인터페이스를 포함해 최종 유저에게 시스템 사이드 채널 완화 상태를 표시하는 여러 도구가 있다.

- 맷 밀러[Matt Miller]가 개발하고 마이크로소프트에서 공식적으로 지원하는 SpeculationControl 파워셸[PowerShell] 스크립트는 오픈소스며 다음 깃허브[GitHub] 저장소(https://github.com/microsoft/SpeculationControl)에서 사용할 수 있다.
- 이 책의 저자 중 한 명인 알렉스 이오네스쿠가 개발한 SpecuCheck 도구는 오픈소스며 다음 깃허브 저장소(https://github.com/ionescu007/SpecuCheck)에서 사용할 수 있다.
- 이 책의 저자 중 한 명인 안드레아 알레비가 개발하고 집필 시점에서 최신 윈도우 인사이더 릴리스에 배포된 SkTool도 있다.

3가지 도구는 모두 거의 동일한 결과를 출력한다. SkTool만이 보안 커널에서 구현된 사이드 채널 완화를 표시할 수 있지만(하이퍼바이저와 보안 커널은 9장에 자세히 설명됨), 이번 실습에서는 시스템에 어떤 완화가 활성화돼 있는지 이해할 것이다. 먼저 SpecuCheck를 다운로드하고 명령 프롬프트 창(코타나[Cortana] 검색 상자에 cmd 입력)을 열어 해당 도구를 실행한다. 다음과 같은 콘솔 출력을 확인할 수 있다.

```
SpecuCheck v1.1.1 -- Copyright(c) 2018 Alex Ionescu
```

```
https://ionescu007.github.io/SpecuCheck/ -- @aionescu
--------------------------------------------------------
Mitigations for CVE-2017-5754 [rogue data cache load]
--------------------------------------------------------

[-] Kernel VA Shadowing Enabled:                      yes
> Unnecessary due lack of CPUvulnerability:           no
> With User Pages Marked Global:                      no
> With PCID Support:                                  yes
> With PCID Flushing Optimization (INVPCID):          yes

Mitigations for CVE-2018-3620 [L1 terminal fault]
[-] L1TF Mitigation Enabled:                          yes
> Unnecessary due lack of CPUvulnerability:           no
> CPUMicrocode Supports Data Cache Flush:             yes
> With KVA Shadow and Invalid PTE Bit:                yes
```

(이후 출력 내용은 지면 상의 이유로 생략)

최신 윈도우의 인사이더 릴리스를 다운로드하고 SkTool을 사용해 볼 수도
있다. 해당 도구를 별도의 인자 없이 실행하면 하이퍼바이저 및 보안 커널의
상태를 표시한다. 모든 사이드 채널 완화 상태를 표시하려면 /mitigations
명령 인자를 사용해 도구를 실행해야 한다.

```
Hypervisor / Secure Kernel / Secure Mitigations Parser Tool 1.0

Querying Speculation Features... Success!
    This system supports Secure Speculation Controls.

System Speculation Features.
    Enabled: 1
    Hardware support: 1
    IBRS Present: 1
    STIBP Present: 1
    SMEP Enabled: 1
    Speculative Store Bypass Disable (SSBD) Available: 1
    Speculative Store Bypass Disable (SSBD) Supported by OS: 1
    Branch Predictor Buffer (BPB) flushed on Kernel/User transition: 1
    Retpoline Enabled: 1
    Import Optimization Enabled: 1
    SystemGuard (Secure Launch) Enabled: 0 (Capable: 0)
```

```
        SystemGuard SMM Protection (Intel PPAM / AMD SMI monitor) Enabled: 0

   Secure system Speculation Features.
        KVA Shadow supported: 1
        KVA Shadow enabled: 1
        KVA Shadow TLB flushing strategy: PCIDs
        Minimum IBPB Hardware support: 0
        IBRS Present: 0 (Enhanced IBRS: 0)
        STIBP Present: 0
        SSBD Available: 0 (Required: 0)
        Branch Predictor Buffer (BPB) flushed on Kernel/User transition: 0
        Branch Predictor Buffer (BPB) flushed on User/Kernel and VTL 1 transition: 0
        L1TF mitigation: 0
        Microarchitectural Buffers clearing: 1
```

트랩 디스패칭

인터럽트^{Interrupt}와 예외^{Exception}는 프로세서가 일반적인 코드 흐름에서 벗어나게 하며 하드웨어와 소프트웨어 모두 인터럽트와 예외를 발생시킨다. 트랩^{Trap}이란 예외나 인터럽트를 발생한 스레드를 잡아내 운영체제에서 이를 처리하는 코드로 흐름을 옮기는 메커니즘을 말한다. 윈도우에서 트랩 핸들러로 흐름을 옮기며 트랩 핸들러는 개별 인터럽트 또는 예외마다 배치된다. 그림 8-11은 트랩 핸들러를 활성화시키는 조건을 보여준다.

커널은 인터럽트와 예외의 차이를 다음과 같이 구분한다. 인터럽트는 비동기 이벤트(언제나 일어날 수 있는 이벤트)며 프로세서가 실행하고 있는 것과 무관하다. 인터럽트는 I/O 디바이스, 프로세서 클록 또는 타이머에 의해 발생한다. 또한 인터럽트는 켜지거나 꺼질 수 있다. 이와 대조적으로 예외는 동기적으로 발생한다. 그러므로 보통은 특정 명령의 실행에 의한 결과다(중단^{Aborts}은 장치 체크처럼 명령 수행과 관련 없는 예외다). 예외와 중단은 때로는 폴트라고 불린다. 페이지 폴트 또는 더블 폴트를 언급하는 것과 유사한 맥락이다. 프로그램을 같은 조건에서 같은 데이터로 다시 실행해 예외를 재현할 수도 있다. 예외의 대표적인 예로 메모리 액세스 위반, 특정 디버거

78

명령 그리고 0으로 나누는 에러가 있다. 커널은 시스템 서비스를 예외로 다룬다(단, 기술적으로 봤을 때는 시스템 트랩이다).

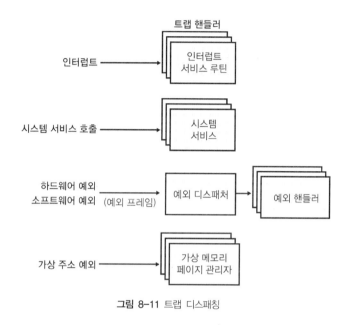

그림 8-11 트랩 디스패칭

하드웨어 또는 소프트웨어는 예외나 인터럽트를 발생시킨다. 예를 들어 버스 에러에 의한 예외는 하드웨어의 문제다. 반면 0으로 나누는 예외는 소프트웨어 문제다. I/O 디바이스도 인터럽트를 발생시키며 커널 자체도 소프트웨어 인터럽트를 발생시킨다(APC와 DPC가 그 예다. 이 2가지 메커니즘은 9장에서 다룬다).

하드웨어 예외나 인터럽트가 발생했을 때 x86과 x64 프로세서는 먼저 현재 코드 세그먼트$^{CS, Code Segment}$가 CPL0에 있는지 또는 그보다 낮은지를 본다(즉, 현재 스레드가 커널 모드로 실행 중인지 아니면 유저 모드로 실행 중인지). 스레드가 링0 권한으로 돌고 있을 경우에는 프로세서는 다음의 정보를 스택에 저장한다. 이는 커널과 커널 사이의 전이 동작이다.

- 현재 프로세서 플래그(EFLAGS/RFLAGS)
- 현재 코드 세그먼트(CS)
- 현재 프로그램 카운터(EIP/RIP)
- 선택적으로 예외의 종료나 에러 코드

링3 권한으로 동작하는 유저 모드 코드에서는, 프로세서는 우선 현재 태스크 레지스터(TR)를 통해 TSS를 확인한다. 그리고 x86에서는 SS0/ESP0로 전환한다. x64의 경우는 RSP0로 전환한다. 이는 8장 앞부분의 태스크 상태 세그먼트 절에서 다룬 내용이다. 프로세서는 커널 스택을 이용해 실행을 하면서 이전 SS(유저 모드 값)와 이전 ESP(유저 모드 스택)을 먼저 저장한다. 그리고 커널에서 커널로 전이했던 것과 같은 내용의 데이터들을 저장해놓는다.

이 데이터를 저장하는 것은 2가지 장점이 있다. 우선 커널 스택에서 원래 스레드 실행 흐름으로 전환을 위한 충분한 정보를 기록하게 되는 것인데, 이를 이용하면 복귀했을 때 아무런 일이 일어나지 않은 것처럼 할 수 있다. 두 번째로 운영체제로 하여금 (저장된 CS 값을 이용) 트랩이 어디로부터 왔는지를 알 수 있게 해준다. 예외가 유저 모드 코드로부터 왔는지, 커널 시스템 콜로 부터 왔는 지 구분할 수 있다.

프로세서는 제어 흐름을 복구하는 데만 필요한 정보들을 저장하기 때문에 나머지 장치 상태(EAX, EBX, ECS, EDI 레지스터 등등)는 트랩 프레임에 저장된다. 트랩 프레임은 윈도우가 스레드 스택에 할당해 놓은 구조체다. 트랩 프레임에 스레드의 실행 상태를 저장해놓는다. 즉, 트랩 프레임에는 스레드의 완전한 콘텍스트를 포함해서 추가적인 상태 정보가 있는 것이다. 이를 확인하고 싶다면 커널 디버거에 dt nt!_KTRAP_FRAME 명령으로 확인할 수 있다. 또는 윈도우 드라이버 키트[WDK]를 다운로드하고 ntddk.h 헤더 파일을 통해서도 가능하다. 헤더 파일에는 추가적인 코멘트들이 있다(스레드 콘텍스트는 Vol.1의 5장에서 확인할 수 있다). 커널은 소프트웨어 인터럽트를 하드웨어 인터럽트를 다루듯이 하거나 소프트웨어 인터럽트를 유발한 스레드 함수 호출 시점에서 동기적으로 다룰 수도 있다.

대부분의 경우 커널은 트랩을 처리하기 전과 후에 일반적인 트랩 처리 작업을 수행하는 프론트엔드 트랩 처리 함수를 만들어놓는다. 예를 들어 디바이스 인터럽트 조건이라면 커널 하드웨어 인터럽트 핸들러는 인터럽트 서비스 루틴[ISR]으로 제어를 넘긴다. 디바이스 드라이버는 디바이스 인터럽트를 다루며 시스템 서비스에 의해 발생했다면 일반적인 시스템 서비스 트랩 핸들러가 커널 이그제큐티브에 존재하는 서비스 함수로 제어를 넘긴다.

비정상 상황에서 커널은 기대하지 않은 트랩과 인터럽트를 받을 수 있다. 이것은 가짜 트랩 또는 예기치 못한 트랩이라 한다. 트랩 핸들러는 보통 **KeBugCheckEx**라는 함수를 실행한다. 해당 함수는 컴퓨터 자체를 중지시키는 함수다. 커널이 문제가 있는 잘못된 동작으로 데이터를 손상시킬 가능성이 있을 때 사용되는 것이다. 다음 절에서는 인터럽트, 예외, 시스템 디스패칭을 자세히 다룬다.

인터럽트 디스패칭

하드웨어 생성 인터럽트는 서비스가 필요할 때 프로세서에게 서비스를 제공하고자 I/O 장치에서 필수적으로 발생한다. 인터럽트 기반의 장치들은 운영체제가 프로세서를 최대한 쓸 수 있도록 주 처리 동작과 I/O 처리 동작을 중첩해 사용한다. 디바이스를 대상으로 I/O를 하거나 디바이스로부터 I/O를 받는 스레드 동작이 시작함과 동시에 디바이스가 작업을 끝날 때까지 다른 작업을 처리할 수 있다. 디바이스 작업이 끝났을 때 디바이스는 프로세서가 서비스를 하도록 인터럽트를 보낸다. 포인팅 장치, 프린터, 키보드, 디스크 드라이브, 네트워크 카드와 같은 일반적인 인터럽트 기반 장치들이다.

시스템 소프트웨어 역시 인터럽트를 발생시킨다. 예를 들어 스레드 디스패칭 수행이나 스레드를 비동기적으로 수행하는 것을 멈추고자 커널은 소프트웨어 인터럽트를 발생시킬 수 있다. 프로세서는 인터럽트를 비활성화시킬 수 있지만 자주 발생하는 상황은 아니다. 예를 들어 인터럽트 컨트롤러나 예외 디스패칭과 같은 치명적인 동작 수행 중에 발생할 수 있다.

다음 내용에서 하드웨어가 프로세서에 어떻게 인터럽트를 전달하는지, 어떤 종류의 하드웨어 인터럽트를 커널이 지원하는지, 어떻게 디바이스 드라이버가 커널과 상호작용하는지(인터럽트 처리 동작 중에) 그리고 커널이 인지하는 소프트웨어 인터럽트(더불어 해당 기능을 구현하는 커널 객체들도 살펴볼 수 있다)에 대해 살펴볼 것이다.

하드웨어 인터럽트 처리

윈도우에서 지원하는 하드웨어 플랫폼에서는 외부 I/O 인터럽트들이 인터럽트 컨트롤러 중 하나에서 입력으로 들어오게 된다. 인터럽트 컨트롤러의 예로는 입출력 APIC 컨트롤러[IOAPIC]는 하나 또는 그 이상의 프로세서의 로컬 APIC 컨트롤러[LAPIC]로 인터럽트를 보낸다. 이는 단 하나의 입력 라인으로 프로세서에 인터럽트를 전달할 수 있다.

프로세서에 인터럽트가 전달되면 프로세서는 전역 시스템 인터럽트 벡터[GSIV]를 확인하고 전역 시스템 인터럽트 벡터는 인터럽트 요청 번호[IRQ]로 표현되기도 한다. GSIV 벡터는 CPU의 IDT 레지스터[IDTR]에 저장된 인터럽트 디스패치 테이블[IDT]의 색인 번호로 사용되며 해석의 결과 일치하는 IDT 엔트리를 얻게 된다.

IDT 엔트리에 있는 정보를 이용해서 프로세서는 링0의 권한에서 적절한 인터럽트 디스패치 루틴에 제어권을 넘길 수 있다(현재 절의 시작부분 동작과 이어서 설명). 또는 프로세서는 새로운 TSS 레지스터를 로드하고 작업 레지스터[TR]을 업데이트시킨다. 해당 작업을 인터럽트 게이트라고 일컫는다.

윈도우의 경우에 시스템 부팅 타임에 커널은 IDT에 예외와 하드웨어 인터럽트를 위해 할당된 담당 커널 루틴이나 HAL 루틴으로 채운다. 그리고 서드파티 디바이스 드라이버가 등록해서 다룰 수 있는 외부 인터럽트를 처리하는 `KiIsrThunk`라 불리는 루틴으로 채운다. x86과 x64 프로세서 아키텍처에서는 인터럽트 벡터 0 ~ 31과 연관된 처음 32개의 IDT 엔트리들은 프로세서 트랩으로 예약된다. 표 8-3 에서 확인할 수 있다.

표 8-3 프로세스 트랩

벡터(니모닉)	의미
0(#DE)	나누기 에러
1(#DB)	디버그 트랩
2(NMI)	무시 불가 인터럽트 (NMI)
3(#BP)	브레이크포인트 트랩
4(#OF)	오버플로 폴트
5(#BR)	경계 폴트
6(#UD)	정의되지 않은 옵코드 폴트

(이어짐)

벡터(니모닉)	의미
7(#NM)	FPU 에러
8(#DF)	더블 폴트
9(#MF)	보조 프로세서 폴트(사용되지 않음)
10(#TS)	TSS 폴트
11(#NP)	세그먼트 폴트
12(#SS)	스택 폴트
13(#GP)	일반 보호 폴트
14(#PF)	페이지 폴트
15	예약됨
16(#MF)	부동소수점 폴트
17(#AC)	얼라인먼트 체크 폴트
18(#MC)	장치 체크 폴트
19(#XM)	SIMD 폴트
20(#VE)	가상화 예외
21(#CP)	제어 보호 예외
22-31	예약됨

나머지 IDT 엔트리들은 하드코드된 값의 조합된 값 사용(예를 들어 30 ~ 34번 값은 하이퍼V와 연관된 VMBus 인터럽트들을 사용됨)과 디바이스 드라이버, 하드웨어 인터럽트 컨트롤러 그리고 ACPI와 같은 플랫폼 소프트웨어와 함께 지정된 값을 사용한다. 예를 들어 키보드 컨트롤러는 특정 윈도우에서 82번 인터럽트 벡터에 값을 보내거나 다른 시스템에서는 67번을 보낼 수 있다.

실습: 64비트 IDT 살펴보기

다음과 같이 !idt 명령으로 IDT 정보 중 인터럽트에 할당된 트랩 핸들러 정보를 확인할 수 있다(예외와 IRQ들도 확인할 수 있다).

아무런 플래그 없이 !idt 명령을 사용하면 등록된 하드웨어 인터럽트 정보에 대해서만 확인할 수 있다(64비트 장치에서는 프로세서 트랩 핸들러들도 확인할 수 있다).

다음은 64비트 시스템에서의 !idt 명령의 예다.

```
0: kd> !idt

Dumping IDT: fffff8027074c000

00:   fffff8026e1bc700  nt!KiDivideErrorFault
01:   fffff8026e1bca00  nt!KiDebugTrapOrFault      Stack = 0xFFFFF8027076E000
02:   fffff8026e1bcec0  nt!KiNmiInterrupt          Stack = 0xFFFFF8027076A000
03:   fffff8026e1bd380  nt!KiBreakpointTrap
04:   fffff8026e1bd680  nt!KiOverflowTrap
05:   fffff8026e1bd980  nt!KiBoundFault
06:   fffff8026e1bde80  nt!KiInvalidOpcodeFault
07:   fffff8026e1be340  nt!KiNpxNotAvailableFault
08:   fffff8026e1be600  nt!KiDoubleFaultAbort      Stack = 0xFFFFF80270768000
09:   fffff8026e1be8c0  nt!KiNpxSegmentOverrunAbort
0a:   fffff8026e1beb80  nt!KiInvalidTssFault
0b:   fffff8026e1bee40  nt!KiSegmentNotPresentFault
0c:   fffff8026e1bf1c0  nt!KiStackFault
0d:   fffff8026e1bf500  nt!KiGeneralProtectionFault
0e:   fffff8026e1bf840  nt!KiPageFault
10:   fffff8026e1bfe80  nt!KiFloatingErrorFault
11:   fffff8026e1c0200  nt!KiAlignmentFault
12:   fffff8026e1c0500  nt!KiMcheckAbort           Stack = 0xFFFFF8027076C000
13:   fffff8026e1c0fc0  nt!KiXmmException
14:   fffff8026e1c1380  nt!KiVirtualizationException
15:   fffff8026e1c1840  nt!KiControlProtectionFault
1f:   fffff8026e1b5f50  nt!KiApcInterrupt
20:   fffff8026e1b7b00  nt!KiSwInterrupt
29:   fffff8026e1c1d00  nt!KiRaiseSecurityCheckFailure
2c:   fffff8026e1c2040  nt!KiRaiseAssertion
2d:   fffff8026e1c2380  nt!KiDebugServiceTrap
2f:   fffff8026e1b80a0  nt!KiDpcInterrupt
```

```
30:    fffff8026e1b64d0  nt!KiHvInterrupt
31:    fffff8026e1b67b0  nt!KiVmbusInterrupt0
32:    fffff8026e1b6a90  nt!KiVmbusInterrupt1
33:    fffff8026e1b6d70  nt!KiVmbusInterrupt2
34:    fffff8026e1b7050  nt!KiVmbusInterrupt3
35:    fffff8026e1b48b8  hal!HalpInterruptCmciService (KINTERRUPT
                         fffff8026ea59fe0)
b0:    fffff8026e1b4c90  ACPI!ACPIInterruptServiceRoutine (KINTERRUPT
                         ffffb88062898dc0)
ce:    fffff8026e1b4d80  hal!HalpIommuInterruptRoutine (KINTERRUPT
                         fffff8026ea5a9e0)
d1:    fffff8026e1b4d98  hal!HalpTimerClockInterrupt (KINTERRUPT
                         fffff8026ea5a7e0)
d2:    fffff8026e1b4da0  hal!HalpTimerClockIpiRoutine (KINTERRUPT
                         fffff8026ea5a6e0)
d7:    fffff8026e1b4dc8  hal!HalpInterruptRebootService (KINTERRUPT
                         fffff8026ea5a4e0)
d8:    fffff8026e1b4dd0  hal!HalpInterruptStubService (KINTERRUPT
                         fffff8026ea5a2e0)
df:    fffff8026e1b4e08  hal!HalpInterruptSpuriousService (KINTERRUPT
                         fffff8026ea5a1e0)
e1:    fffff8026e1b8570  nt!KiIpiInterrupt
e2:    fffff8026e1b4e20  hal!HalpInterruptLocalErrorService (KINTERRUPT
                         fffff8026ea5a3e0)
e3:    fffff8026e1b4e28  hal!HalpInterruptDeferredRecoveryService
                         (KINTERRUPT fffff8026ea5a0e0)
fd:    fffff8026e1b4ef8  hal!HalpTimerProfileInterrupt (KINTERRUPT
                         fffff8026ea5a8e0)
fe:    fffff8026e1b4f00  hal!HalpPerfInterrupt (KINTERRUPT fffff8026ea5a5e0)
```

실습에 사용된 시스템에서는 ACPI, SCI, ISR이 B0h 인터럽트 번호에 위치해 있다. 또한 14(0Eh) 인터럽트는 KiPageFault를 가리키는데, 이는 앞 절에서 설명한 사전 정의된 CPU 트랩이다.

1, 2, 8, 12번 인터럽트의 경우에는 스택 포인터도 확인할 수 있다. 앞의 '태스크 상태 세그먼트' 절에 설명된 안전한 처리를 위해 할당된 스택이다. 디버거는 IDT 엔트리를 덤프해서 스택 포인터를 확인할 수 있다. 이는 dx 명령을 통해 나온 내용을 참조한 내용과 같다. IDTR을 참조하는 것 말고도

KPCR 구조체의 **IdtBase** 필드 값으로도 확인할 수 있다.

```
0: kd> dx @$pcr->IdtBase[2].IstIndex
@$pcr->IdtBase[2].IstIndex : 0x3 [Type: unsigned short]
0: kd> dx @$pcr->IdtBase[0x12].IstIndex
@$pcr->IdtBase[0x12].IstIndex : 0x2 [Type: unsigned short]
```

이 명령으로 확인한 것과 이전 x64 TSS 덤프 실습 내용의 IDT 인덱스 값을 비교해보면 이번 실습 명령으로 찾은 커널 스택 포인터를 이전 실습에서 찾을 수 있을 것이다.

각각의 프로세서는 분리된 IDT를 갖고 있다(IDTR 레지스터는 IDT를 담고 있다). 그 결과 프로세서마다 다른 ISR 루틴을 수행한다. 예를 들어 멀티프로세서 환경에서 각각의 프로세서마다 클록 인터럽트를 받는다. 하지만 해당 인터럽트를 통해 하나의 프로세서만 시스템 클록을 업데이트하는 역할을 가진다. 단, 스레드의 수행 시간 단위 측정과 다시 스케줄링하고자 모든 프로세서는 해당 인터럽트를 사용한다. 이와 유사하게 일부 시스템 설정에서는 특정 프로세서만 특정 디바이스 인터럽트를 다룬다.

프로그래머블 인터럽트 컨트롤러 아키텍처

전통적인 x86 시스템은 i8295A 프로그래머블 인터럽트 컨트롤러PIC, Programmable Interrupt Controller를 사용했다. 이는 IBM PC로부터 유래한 표준이다. i8295A PIC는 단일 프로세서 시스템에서만 동작했다. 그리고 8개의 인터럽트 라인을 갖고 있다. 그러나 IBM PC 아키텍처는 두 번째 PIC를 정의했다(보조 PIC로 불린다).

해당 PIC의 인터럽트는 주 PIC 인터럽트 라인으로 전달된다. 결과적으로 15개의 인터럽트가 제공된다(7개는 주 PIC를 통해 전달되며 8개는 보조 PIC를 통해 전달되고 주 PIC의 8번째 인터럽트 라인을 통해 다중화된다). PIC가 8개 이상의 디바이스에 대한 처리를 이상한 방식으로 제공하며 심지어는 15개까지 제공하더라도 다양한 전기적인 문제와 (원치 않는 인터럽트로 취급될 가능성이 높다) 단일 프로세서에서 한계가 존재한다. 그 결과 최신 시스템에서는 해당 인터럽트 컨트롤러를 i82489 APIC로 대체하기 시작했다.

APIC가 멀티프로세서 시스템에서 동작하기 때문에 멀티프로세서를 지원하는 인텔을 포함한 산업체에서는 멀티프로세서 규격^{MPS, MultiProcessor Specification}을 만들었다. 해당 규격은 APIC와 하드웨어로부터 프로세서 코어 하나에 연결된 로컬 APIC와 I/O APIC를 통합하는 것에 중점을 뒀다. 시간이 지남에 따라 MPS 표준은 고급 구성 및 전원 인터페이스^{ACPI}로 나눠졌다(APIC와 유사한 줄임말이다). 단일 프로세서 시스템에서 멀티프로세서 시스템을 시작하는 운영체제와 부팅 코드의 호환성을 제공해주고자 APIC는 PIC의 주 프로세서에 대한 15개 인터럽트와 인터럽트 전달을 지원한다. 그림 8-12는 APIC 아키텍처를 보여준다.

언급했듯이 APIC는 몇 가지 구성 요소로 이뤄졌다. 디바이스에서 인터럽트를 받는 I/O APIC, 버스에 있는 I/O APIC에서 인터럽트를 받아 연관된 CPU에 전달하는 로컬 APIC, APIC 입력을 PIC 시그널로 전환하는 i8259A 호환 인터럽트 컨트롤러로 구성돼 있다. 여러 I/O APIC가 시스템에 존재하기 때문에 보통 마더보드와 프로세서 사이에 중요 로직이 위치하게 된다. 해당 로직은 인터럽트 라우팅 알고리듬을 구현해 프로세서 사이의 부하를 조정한다. 지역성의 이점을 얻고자 이전에 서비스했던 같은 타입의 인터럽트를 이전에 전달했던 것과 동일한 프로세서로 전달하기도 한다. 소프트웨어 프로그램들은 I/O APIC를 재프로그래밍할 수 있다. 이를 통해 칩셋 로직을 이용하지 않는 라우팅 알고리듬을 이용하는 것이 가능하다. 대부분의 경우에 윈도우는 I/O APIC를 고유한 로직으로 대체한다. 해당 로직에는 인터럽트 스티어링이라는 기능이 있다. 하지만 여전히 디바이스 드라이버와 펌웨어가 관여하는 역할도 있다.

x64 아키텍처는 x86과 호환 가능하며 x64 시스템은 x86 시스템과 같은 인터럽트 컨트롤러를 제공한다. 차이점은 x64 버전에서는 APIC를 가진 시스템에서는 동작하지 않는다. x64 버전에서는 APIC를 활용하기에 x86 버전에서는 PIC와 APIC 하드웨어를 모두 지원한다. 이것이 CPU 아키텍처와 상관없이 APIC 하드웨어에서만 동작하도록 윈도우 8을 포함한 이후 버전에 영향을 끼쳤다. 또 다른 x64 시스템의 차이점은 APIC의 태스크 우선순위 레지스터^{TPR, Task Priority Register}다. 이제 해당 레지스터는 프로세서 제어 레지스터 8^{CR8, Control Register 8}에 직접적으로 연결돼 사용된다. 윈도우를 포함한 최신 운영체제에서는 현재 소프트웨어 인터럽트 우선순위 단계를 해당 레지스터에 저장한다(윈도우의 경우에는 IRQL이라고 한다). 그리고 IOAPIC에게 알려

라우팅 관련 결정을 하게 한다. 이제 더 많은 IRQL과 관련된 정보를 간단하게 다뤄본다.

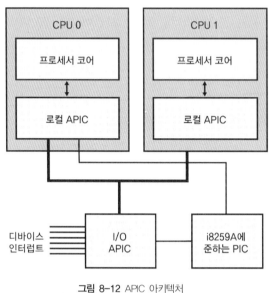

그림 8-12 APIC 아키텍처

실습: PIC와 APIC 살펴보기

!pic 명령을 이용해 PIC 설정 상태를 확인할 수 있으며, !apic 명령을 활용하면 멀티프로세서의 로컬 APIC 상태를 확인할 수 있다. 다음은 !pic 명령의 출력 내용이다. APIC 시스템에서도 해당 명령은 여전히 유효하다. APIC는 PIC와 동등한 레거시 하드웨어를 에뮬레이션하는 기능을 갖고 있기 때문이다.

```
lkd> !pic
----- IRQ Number -----   00 01 02 03 04 05 06 07 08 09 0A 0B 0C 0D 0E 0F
Physically in service:   Y  .  .  .  .  .  .  .  .  Y  Y  Y  .  .  .  .
Physically masked:       Y  Y  Y  Y  Y  Y  Y  Y  Y  Y  Y  Y  Y  Y  Y  Y
Physically requested:    Y  .  .  .  .  .  .  .  .  Y  Y  Y  .  .  .  .
Level Triggered:         .  .  .  .  .  .  .  .  .  .  .  .  .  .  .  .
```

다음은 하이퍼V가 활성화된 시스템의 !apic 명령 결과다. 9장에서 설명할 하이퍼V의 합성 인터럽트 컨트롤러^{SynIC}와 관련된 SINIT 엔트리가 있는 것으로 하이퍼V가 활성화됐다는 것을 확인할 수 있다.

로컬 커널 디버깅 상황에서 해당 명령은 현재 프로세서와 연관된 APIC 상태를 보여준다. 즉, 디버거 스레드가 동작하는 명령을 입력하는 바로 그 프로세서의 APIC 상태를 보여준다. 크래시 덤프를 확인하거나 원격 시스템을 확인할 때 로컬 APIC의 확인하고 싶은 프로세서 번호 앞에 ~틸드 명령을 붙여야 한다. 어떤 케이스이든지 ID: 라벨 뒤의 숫자는 확인 중인 프로세서를 알려준다.

```
lkd> !apic
Apic (x2Apic mode) ID:1 (50014) LogDesc:00000002 TPR 00
TimeCnt: 00000000clk SpurVec:df FaultVec:e2 error:0
Ipi Cmd: 00000000`0004001f Vec:1F FixedDel    Dest=Self    edg high
Timer..: 00000000`000300d8 Vec:D8 FixedDel    Dest=Self    edg high    m
Linti0.: 00000000`000100d8 Vec:D8 FixedDel    Dest=Self    edg high    m
Linti1.: 00000000`00000400 Vec:00 NMI         Dest=Self    edg high
Sinti0.: 00000000`00020030 Vec:30 FixedDel    Dest=Self    edg high
Sinti1.: 00000000`00010000 Vec:00 FixedDel    Dest=Self    edg high    m
Sinti2.: 00000000`00010000 Vec:00 FixedDel    Dest=Self    edg high    m
Sinti3.: 00000000`000000d1 Vec:D1 FixedDel    Dest=Self    edg high
Sinti4.: 00000000`00020030 Vec:30 FixedDel    Dest=Self    edg high
Sinti5.: 00000000`00020031 Vec:31 FixedDel    Dest=Self    edg high
Sinti6.: 00000000`00020032 Vec:32 FixedDel    Dest=Self    edg high
Sinti7.: 00000000`00010000 Vec:00 FixedDel    Dest=Self    edg high    m
Sinti8.: 00000000`00010000 Vec:00 FixedDel    Dest=Self    edg high    m
Sinti9.: 00000000`00010000 Vec:00 FixedDel    Dest=Self    edg high    m
Sintia.: 00000000`00010000 Vec:00 FixedDel    Dest=Self    edg high    m
Sintib.: 00000000`00010000 Vec:00 FixedDel    Dest=Self    edg high    m
Sintic.: 00000000`00010000 Vec:00 FixedDel    Dest=Self    edg high    m
Sintid.: 00000000`00010000 Vec:00 FixedDel    Dest=Self    edg high    m
Sintie.: 00000000`00010000 Vec:00 FixedDel    Dest=Self    edg high    m
Sintif.: 00000000`00010000 Vec:00 FixedDel    Dest=Self    edg high    m
TMR: 95, A5, B0
IRR:
ISR:
```

Vec 라벨 다음에 나오는 다양한 숫자는 주어진 명령에 대한 IDT와 연관된 벡터를 나타낸다. 예를 들어 이번 출력에서 **0x1F**는 프로세서 간 인터럽트 [IPI] 벡터를 의미한다. 그리고 **0xE2**는 APIC 에러들을 다루는 벡터다. **!idt** 명령의 출력 내용을 되돌아보면 **0x1F**는 커널 APC 인터럽트임을 확인할 수 있다(이는 IPI가 다른 프로세서에서 현 프로세서로 APC를 보냈음을 의미한다). 예상할 수 있듯 **0xE2**는 HAL의 로컬 APIC 에러 핸들러다.

다음은 **!iopic** 명령의 출력 내용으로 I/O APIC의 설정 정보를 보여준다. 이는 디바이스에 연결된 인터럽트 컨트롤러 구성 요소다. 예를 들어 GSIV/IRQ9(시스템 컨트롤러 인터럽트[SCI, System Control Interrupt])가 B0h 벡터에 연결된 것에 주목하자. 이전 실습의 **!idt**에서 본 APCI.SYS와 관련돼 있다.

```
0: kd> !ioapic
Controller at 0xfffff7a8c0000898 I/O APIC at VA 0xfffff7a8c0012000
IoApic @ FEC00000 ID:8 (11) Arb:0
Inti00.: 00000000`000100ff Vec:FF FixedDel    Ph:00000000    edg high    m
Inti01.: 00000000`000100ff Vec:FF FixedDel    Ph:00000000    edg high    m
Inti02.: 00000000`000100ff Vec:FF FixedDel    Ph:00000000    edg high    m
Inti03.: 00000000`000100ff Vec:FF FixedDel    Ph:00000000    edg high    m
Inti04.: 00000000`000100ff Vec:FF FixedDel    Ph:00000000    edg high    m
Inti05.: 00000000`000100ff Vec:FF FixedDel    Ph:00000000    edg high    m
Inti06.: 00000000`000100ff Vec:FF FixedDel    Ph:00000000    edg high    m
Inti07.: 00000000`000100ff Vec:FF FixedDel    Ph:00000000    edg high    m
Inti08.: 00000000`000100ff Vec:FF FixedDel    Ph:00000000    edg high    m
Inti09.: ff000000`000089b0 Vec:B0 LowestDl    Lg:ff000000    lvl high
Inti0A.: 00000000`000100ff Vec:FF FixedDel    Ph:00000000    edg high    m
Inti0B.: 00000000
```

소프트웨어 인터럽트 요청 레벨(IRQL)

인터럽트 컨트롤러는 인터럽트 우선순위를 수행하지만 윈도우는 인터럽트 요청 레벨[IRQL, Interrupt ReQuest Level]이라는 자체 인터럽트 우선순위 체계로 강제된다. 커널은 IRQL을 내부적으로 x86 기준으로 0에서부터 31번으로 구분한다. x64 기준으로는 0부터 15로 구분한다(ARM과 ARM64도 마찬가지다). 높은 번호일수록 높은 우선순위의 인터럽트다. 커널이 소프트웨어 인터럽트를 위해 표준 IRQL 집합을 정의하는 반면 HAL은 하드웨어 인터럽트 번호를 IRQL과 대응시킨다. 그림 8-13은 x86 아키텍처와 x64 아키텍처(ARM/ARM64도 포함)에 정의된 IRQL을 보여준다.

인터럽트는 우선순위 순서로 서비스된다. 높은 우선순위 인터럽트는 낮은 우선순위 인터럽트를 선점되며 높은 우선순위의 인터럽트가 발생했을 때 프로세서는 인터럽트된 스레드 상태를 저장하고 인터럽트와 연관된 트랩 디스패처를 호출한다. 트랩 디스패처는 IRQL을 높이고 인터럽트 서비스 루틴을 호출한다. 서비스 루틴이 실행된 후에 인터럽트 디스패처는 이전 인터럽트가 발생했을 시점의 IRQL 레벨로 프로세서의 IQRL 레벨을 낮추고 저장했던 상태를 복구한다. 인터럽트된 스레드는 수행을 재개한다. 커널이 IRQL을 낮출 때 중단돼 있던 낮은 순위의 인터럽트의 실행이 재개된다. 해당 상황이 다시 발생한다면 커널은 새로운 인터럽트를 처리하고자 같은 작업을 반복한다.

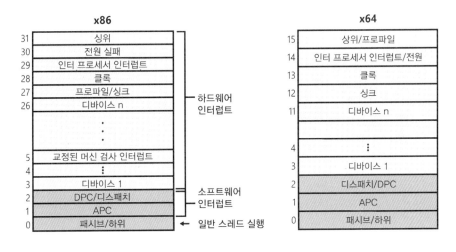

그림 8-13 x86과 x64의 인터럽트 요청 레벨(IRQL)

IRQL 우선순위 레벨은 스레드 스케줄링 우선순위(Vol.1의 5장에서 설명)와는 완전히 다른 의미를 가진다. 스케줄링 우선순위는 스레드의 특성이다. 반면 IQRL은 키보드, 마우스와 같은 인터럽트 소스에 속성을 가진다. 게다가 운영체제가 코드를 수행함에 따라 각 프로세서의 IRQL 설정은 변경된다. 앞서 설명했듯이 x64 시스템에서는 IRQL이 CR8 레지스터에 저장되며, 이는 APIC의 TPR에 해당한다.

각 프로세서의 IRQL 설정은 어떤 인터럽트를 프로세서가 받을지 결정한다. IRQL
은 커널 모드 데이터 구조체들을 동기화시키는 데도 사용할 수 있다(‘동기화’ 절에서
자세히 다룬다). 커널 모드 스레드가 동작할 때 KeRaiseIrql과 KeLowerIrql을 직접 호
출해 프로세서의 IRQL을 직접 높이거나 낮춘다. 또는 커널 동기화 객체를 획득할
수 있는 함수들을 통해 간접적으로 호출한다. 그림 8-14에서 볼 수 있듯이 현재
프로세서 IRQL보다 높은 IRQL 인터럽트는 프로세서에 인터럽트를 전달한다. 반
면 현재 프로세서와 같거나 낮은 IRQL 레벨의 인터럽트는 실행하는 스레드가
IRQL을 낮추기 전까지는 무시된다.

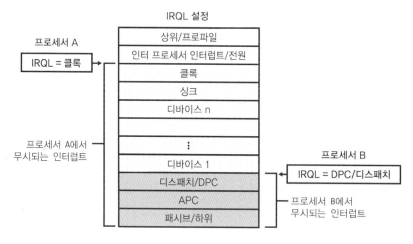

그림 8-14 인터럽트 마스킹

커널 모드 스레드는 어떤 작업을 수행하는지에 따라 동작 중인 프로세서의 IRQL
을 높이거나 낮출 수 있다. 예를 들어 인터럽트가 발생했을 때 트랩 핸들러(아키텍처
에 따라 프로세서일 수 있다)는 인터럽트 소스에 할당된 IRQL로 프로세서의 IRQL을 높인다.
IRQL을 높이는 동작은 IRQL이 같거나 작은 인터럽트를 마스킹한다(해당 프로세서에만
한정한다). 이는 같거나 작은 레벨의 인터럽트가 선점되는 것을 방지한다. 마스크된
인터럽트는 다른 프로세서에 의해 다뤄지거나 IRQL이 떨어질 때까지 프로세서에
처리되길 대기한다. 그러므로 커널과 디바이스 드라이버를 포함해서 모든 시스템
의 구성 요소는 IRQL을 패시브 레벨로 유지하려고 한다(때로 낮은 레벨이라고 불린다). 이렇
게 하는 이유는 디바이스 드라이버의 인터럽트에 제때 응답하기 위해서다. 그러
므로 시스템이 인터럽트 동작을 수행 중이 아니거나(또는 인터럽트와 동기화하려고 할 때) 또는

DPC, APC와 같은 소프트웨어 인터럽트를 처리하고 있지 않다면 IRQL은 언제나 0이다. 물론 유저 모드 프로세싱도 포함된다. 유저 모드 프로세스가 IRQL을 다루는 것은 시스템에 너무 큰 영향을 끼치기 때문에 0보다 높은 IRQL 레벨에서 유저 모드 스레드로 복귀하는 것은 시스템 크래시(버그체크bugcheck)를 유발한다. 이는 드라이버의 심각한 버그라고 볼 수 있다.

마지막으로 디스패처 작업 자체도 IRQL2(해당 IRQL 레벨 이름도 디스패치 레벨)에서 동작한다. 예를 들면 한 스레드에서 다른 스레드로 선점돼 콘텍스트 스위치가 발생하는 경우다. 이는 프로세서가 단일 스레드처럼 해당 레벨과 그 이상에서 동작한다는 것을 의미한다. 예를 들면 이런 IRQL에서는 디스패처 객체를 기다리는 동작이 금지된다('동기화' 절에서 자세히 다룬다). 다른 스레드로의 콘텍스트 스위치가 발생하지 않기 때문이다. 그리고 또 다른 제약은 DPC/디스패치 레벨 또는 그 이상에서 넌페이지 메모리만 액세스해야 한다는 것이다.

해당 규칙은 첫 번째 제약에 의한 부작용이다. 메모리에 상주하지 않는 메모리에 액세스하는 것은 페이지 폴트를 유발한다. 페이지 폴트가 일어났을 때 메모리 관리자는 디스크 I/O를 시작한다. 그리고 파일 시스템 드라이버가 디스크로부터 페이지를 읽어오는 것을 기다린다. 이렇게 기다리는 동작은 스케줄러에 의해 콘텍스트 스위치를 할 수 있다(기다리는 유저 스레드가 없다면 유휴 스레드로 콘텍스트를 스위치한다). 결과적으로 스케줄러가 동작할 수 없다는 규칙을 깨게 된다(IRQL은 여전히 DPC/디스패치 레벨이거나 그 이상이기 때문이다). 더 큰 문제는 I/O 완료가 APC_LEVEL에서 일어난다는 것이다. 기다리는 동작이 필요 없는 경우일지라도 I/O 완료가 끝나지 않는다. APC 완료 루틴이 동작할 기회가 없기 때문이다. 이러한 두 제약 조건이 깨진다면 IRQL_NOT_LEESS_OR_EQUAL 또는 DRIVER_IRQL_NOT_LESS_OR_EQUAL 크래시 코드로 시스템은 크래시를 일으킨다(10장에서 시스템 크래시를 자세히 다룬다). 이러한 제약 조건을 어기는 것은 디바이스 드라이버의 흔한 버그다. 윈도우 드라이버 베리파이어는 이러한 특정 버그를 찾을 수 있는 옵션을 갖고 있다.

반대로 IRQL1(또는 APC 레벨)으로 동작 중일 때는 선점이 여전히 활성화돼 있고 콘텍스트 스위치가 일어날 수 있음을 의미한다. IRQL1에서 대기 작업이나 선점 작업을 진행하면 스케줄러가 스레드의 제어 블록(5장에서 살펴본 KTHREAD 구조체)에 현재 IRQL을 저장하고 프로세서의 IRQL을 새로 실행된 스레드의 IRQL로 복원하기 때문에 IRQL1은 사실상 프로세서-로컬 IRQL이 아닌 스레드-로컬 IRQL로 동작하게 된다. 이는 패시브 레벨(IRQL0)에서 실행 중인 스레드가 APC 레벨에서 실행 중인 스레드를 선점할 수 있다는 것을 의미한다. IRQL2 이하의 레벨은 어떤 스레드가 프로세서를 소유할지를 스케줄러가 결정하기 때문이다.

실습: IRQL 살펴보기

프로세서에 저장된 IRQL은 !irql 디버거 명령으로 확인할 수 있다. 저장된 IRQL은 디버거에 진입하기 전에 있던 IRQL을 의미한다. 참고로 디버거가 진입을 하게 되면 IRQL을 고정된 의미 없는 값으로 바꿔 버린다.

```
kd> !irql
Debugger saved IRQL for processor 0x0 -- 0 (LOW_LEVEL)
```

IRQL 값은 두 군데에 저장된다. 현재 IRQL은 프로세서 제어 영역(PCR)이라는 곳에 저장된다. 반면 확장 구조체인 프로세서 영역 제어 블록(PRCB)에는 DebuggerSavedIRQL 필드에 저장된 IRQL 값을 저장한다. 원격 커널 디버거는 IRQL을 HIGH_LEVEL로 높여 프로세서가 동작하는 것을 멈추기 때문에 !irql 값은 의미가 없어 저장된 IRQL 값은 디버거가 붙어 있기 전의 IRQL 값을 보여주므로 의미가 있다.

인터럽트 레벨은 각각의 목적이 있다. 예를 들어 다른 프로세스에서 특정 동작을 수행을 하게 하고자 커널은 프로세서 간 인터럽트(IPI)를 발생시킨다. 해당 동작 중에는 특정 스레드로 하여금 변환 색인 버퍼(TLB) 캐시를 업데이트하는 동작도 있다. 시스템 클록은 일정한 주기로 인터럽트를 발생시킨다. 커널은 해당 인터럽트를 받으면 클록을 업데이트하고 스레드 실행 시간을 측정하는 동작을 수행한다. HAL은 인터럽트를 발생시키는 장치를 위한 인터럽트 레벨을 제공해준다. 정확한 번호는 프로세서와 시스템 설정에 따라 다르다. 커널은 소프트웨어 인터럽트를 사용한다(8장 뒷부분에서 설명한다). 소프트웨어 인터럽트를 통해 스레드 스케줄링을 시작하고 비동기적으로 스레드 수행을 멈춘다.

인터럽트 벡터와 IRQL 매핑

APIC 아키텍처와 같은 구조가 없는 시스템에서는 GSIV/IRQ와 IRQL 매핑이 엄격해야 한다. 인터럽트 컨트롤러가 인터럽트 라인이 다른 것보다 더 높은 우선순위를 가진다고 생각하게 하는 것을 방지하고자 윈도우에서 IRQL은 반대 상황을 반영했다. APIC 때문에 윈도우는 쉽게 IRQL을 APCI의 TPR을 통해 나타낸다. 그리고 TPR은 APIC가 더 나은 전달 결정을 내릴 수 있게 사용한다. 더 나아가서 APIC 시스템에서 각 하드웨어 인터럽트의 우선순위는 GSIV/IRQ가 아닌 인터럽트 벡터에 묶여 있고 상위 4비트는 우선순위에 대응된다. IDT가 256 엔트리를 가질 수 있기 때문에 16개의 가능한 우선순위를 가질 수 있다(예를 들어 벡터 0x40은 우선순위가 4다). 이는 TPR이 가질 수 있는 16개 숫자와 같다. 결론적으로 윈도우가 구현한 16개의 IRQL과 대응된다.

따라서 윈도우가 어떤 IRQL을 인터럽트로 매핑할지 결정하려면 먼저 인터럽트와 맞는 적절한 인터럽트 벡터를 결정해야 한다. 그리고 IOAPIC를 하드웨어 GSIV와 인터럽트 벡터가 연관되게 해야 한다. 또는 거꾸로 특정 IRQL이 하드웨어 디바이스에서 필요하다면 윈도우는 특정 우선순위에 대응하는 인터럽트 벡터를 선택해야 한다. 이러한 결정들은 플러그앤플레이 관리자가 버스 드라이버와 함께 수행한다. 버스 드라이버는 버스에 존재하는 디바이스를 알아내는 데 사용한다(PCI, USB 등). 그리고 어떤 인터럽트를 디바이스에 할당할 수 있는지 알려준다.

버스 드라이버는 이러한 정보를 플러그앤 플레이 관리자에게 알려준다. 그리고 플러그앤플레이 관리자는 어떤 인터럽트가 디바이스에 할당돼야 할지 결정한다(다른 디바이스로부터 받아들일 수 있는 인터럽트를 할당 받은 이후에 수행한다). 그리고 나서 플러그앤플레이 인터럽트 아비터를 호출한다. 아비터가 IRQL과 인터럽트를 매핑한다. 아비터는 HAL에 노출돼 있어 HAL이 ACPI 버스 드라이버 및 PCI 버스 드라이버와 함께 동작해 적절한 매핑을 결정한다. 대부분의 경우에 확실한 벡터 번호는 라운드 로빈 정책으로 선택한다. 따라서 미리 알 수 있는 방법이 없다. 하지만 이후에 실습 부분에서 디버거가 인터럽트 아비터로부터 해당 정보를 질의하는 것을 보여줄 것이다.

하드웨어 인터럽트와 아비터의 인터럽트 벡터를 연관시키는 것 이외에도 윈도우는 IDT에 사전 정의된 인터럽트 벡터도 갖고 있다. 표 8-4에서 확인할 수 있다.

표 8-4 사전 정의 인터럽트 벡터

벡터	용도
0x1F	APC 인터럽트
0x2F	DPC 인터럽트
0x30	하이퍼바이저 인터럽트
0x31-0x34	VMBus 인터럽트
0x35	CMCI 인터럽트
0xCD	온도 인터럽트
0xCE	IOMMU 인터럽트
0xCF	DMA 인터럽트
0xD1	클록 타이머 인터럽트
0xD2	클록 IPI 인터럽트
0xD3	상시 클록 인터럽트
0xD7	리부트 인터럽트
0xD8	Stub 인터럽트
0xD9	테스트 인터럽
0xDF	유사 인터럽트
0xE1	IPI 인터럽트
0xE2	LAPIC 인터럽트
0xE3	DRS 인터럽트
0xF0	워치독 인터럽트
0xFB	하이퍼바이저 HPET 인터럽트
0xFD	프로파일 인터럽트
0xFE	성능 인터럽트

벡터 번호의 우선순위(상위 4비트에 저장된 것을 기억하자)는 보통 그림 8-14에 있는 IRQL과 대응된다. 예를 들어 APC 인터럽트는 1, DPC 인터럽트는 2, IPI 인터럽트는 14, 프로파일 인터럽트는 15다. 이제 최신 윈도우 시스템의 미리 정의된 IRQL를 살펴 보자.

사전 정의된 IRQL

사전 정의된 IRQL을 사용하는 방법을 자세히 살펴보자. 그림 8-14에 나타난 가장 높은 레벨에서 시작해보자.

- 커널은 보통 **KeBugCheckEx**로 시스템을 멈출 때 높은 레벨에서 동작한다. 그리고 원격 커널 디버거가 붙을 때도 모든 인터럽트를 마스킹한다. 프로 파일 타이머 기능이 켜져 있고 동작하는 x86이 아닌 시스템에서 프로파일 레벨은 같은 값을 공유한다. 인텔의 프로세서 트레이스(인텔 PT) 기능과 연관 돼 있는 성능 인터럽트와 다른 하드웨어 성능 모니터링 단위PMU 기능도 해당 레벨에서 동작한다.

- 프로세서 간 인터럽트 레벨은 다른 프로세서의 동작을 요청하고자 사용한 다. 프로세서의 TLB 캐시를 업데이트하거나 모든 프로세서의 컨트롤 레지 스터를 변경하는 동작이 이에 해당된다. 지연 회복 서비스DRS 레벨 역시 같은 값을 공유한다. 그리고 특정 장치 체크 에러MCE로부터 복구를 하는 윈도우 하드웨어 에러 아키텍처WHEA에 의한 x64 시스템에서 사용된다.

- 클록 레벨은 시스템 클록을 위해 사용된다. 커널이 시간을 추적하는 데 사용되기도 하고 CPU 시간을 측정하고 스레드에 할당하는 데도 사용된다.

- 동기화 IRQL은 디스패처와 스케줄러 코드가 전역 스레드 스케줄링에 의 한 액세스를 보호하는 데 사용되며 대기와 동기화 코드에서 사용한다. 이 는 보통 디바이스 IRQL 다음으로 높게 정의된다.

- 디바이스 IRQL은 디바이스 인터럽트 우선순위를 정하고자 사용한다(하드웨 어 인터럽트 레벨이 IRQL에 어떻게 매핑되는지는 앞에서 설명한 내용을 참고하자).

- 수정된 장치 체크 인터럽트 레벨은 심각하지만 복구 가능한 하드웨어 상 태 또는 CPU와 펌웨어가 장치 체크 에러MCE 인터페이스를 통해 에러를

보고했을 때 이를 운영체제로 전달하고자 사용한다.

- DPC의 디스패치 레벨과 APC 레벨 인터럽트는 커널과 디바이스 드라이버가 발생시키는 인터럽트다(DPC와 APC는 9장에서 더 자세히 다룬다).
- 가장 낮은 IRQL 레벨은 패시브 레벨로, 사실상 인터럽트 레벨이라고 할 수 없다. 일반 스레드 실행이 이뤄지고 모든 인터럽트가 일어날 수 있는 상태라고 볼 수 있다.

인터럽트 객체

커널은 디바이스 드라이버가 자신의 디바이스에 대한 ISR을 등록할 수 있게 이식 가능한 메커니즘을 제공한다. 이는 인터럽트 객체 또는 **KINTERRUPT**라고 불리는 커널 제어 객체다. 인터럽트 객체는 디바이스가 ISR을 등록시킬 수 있게 한다. 인터럽트 객체는 특정 하드웨어 인터럽트와 디바이스 ISR을 커널이 연관시키고자 알아야 하는 정보를 갖고 ISR의 주소 및 인터럽트의 극성과 트리거 모드, 디바이스 인터럽트가 발생하는 IRQL, 공유 상태, GSIV, 다른 인터럽트 컨트롤러 데이터와 호스트의 성능 통계 정보도 포함한다.

인터럽트는 일반 메모리 풀을 통해 할당된다. 디바이스 드라이버가 인터럽트를 등록할 때(IoConnectInterrupt나 IoConnectInterruptEx를 이용) 필요한 정보들이 초기화된다. 인터럽트를 받을 수 있는 프로세서의 개수에 기반을 두고(디바이스 드라이버가 인터럽트 선호도를 지정해 줄 수 있다) **KINTERRUPT** 객체는 각각 하나씩 할당된다. 일반적인 경우에 모든 프로세서마다 할당된다. 그리고 인터럽트 벡터가 선택되고 나면 KPRCB(인터럽트 객체라고 불린다)에 포함된 배열 요소 중 하나가 **KINTERRUPT** 객체 하나를 가리킨다.

KINTERRUPT가 할당될 때 선택된 인터럽트 벡터가 공유 가능한 벡터인지 확인해야 한다. 공유 가능한 벡터라면 이미 **KINTERRUPT**가 있을 것이다. 공유 가능한 상황이라고 실제로 판명되면 커널은 `DispatchAddress`(KINTERRUPT 데이터 구조에 있다) 필드가 `KiChainedDispatch` 함수를 가리키게 업데이트한다. 그리고 **KINTERRUPT**를 이미 존재하는 **KINTERRUPT**와 `InterruptListEntry` 필드를 통해 연결한다. 공유되지 않는 벡터인 경우는 `KiInterruptDispatch`가 사용된다.

인터럽트 객체의 IRQL를 저장하므로 ISR 호출 전에 `KiInterruptDispatch` 또는

KiChainedDiapatch가 IRQL을 정확한 레벨로 올리게 해준다. 그리고 ISR이 반환되면 IRQL을 낮춘다. 이 2가지 과정이 필요한 이유는 최초 디스패치에 인터럽트 객체 포인터를 전달할 수 없기 때문에 최초 디스패치는 하드웨어에 의해서 발생하기 때문이다.

인터럽트가 발생할 때 IDT는 KiIsrThunk 함수의 복사본 256개를 가리킨다. 각각은 인터럽트 벡터를 커널 스택에 넣는 어셈블리 코드로 이뤄졌다(이 동작은 프로세서에 의해 지원되지 않기 때문이다). 그리고 나머지 처리 동작을 수행하는 공유 KiIsrLinkage 함수를 호출한다. 이 함수는 이전에 설명했던 적절한 함수 프레임을 만들며 KINTERRUPT(앞에서 언급한 2개의 함수 중 하나다)에 저장된 디스패치 주소를 호출한다. 해당 함수는 현재 KPRCB의 인터럽트 객체 배열을 읽어 KINTERRUPT를 얻는데, 이때 스택에 있는 인터럽트 벡터를 인덱스로 활용하며 KINTERRUPT가 없다면 인터럽트는 예기치 않은 인터럽트로 처리된다. HKLM\SYSTEM\CurrentControlSet\Control\Session Manager\Kernel 키에 있는 BugCheckUnExpectedInterrupts 레지스트리 값에 따라 시스템은 KeBugCheckEx 함수로 크래시를 일으킨다. 그렇지 않다면 인터럽트는 무시되고 실행 흐름은 원래 제어 포인터로 복구된다.

x64 윈도우 시스템에서 커널은 필요하지 않은 기능을 생략함으로써 프로세서 사이클을 줄이는 최적화를 한다. 커널이 관리하는 스핀락과 연관 없는 인터럽트를 위한 KiInterruptDispatchNoLock, ETW 성능 트레이싱을 원하지 않는 인터럽트를 위한 KiInterruptDispatchNoLockNoEtw, 인터럽트 종료 신호를 보낼 필요가 없는 인터럽트를 위한 KiSpuriousDispatchNoEOI가 있다.

마지막으로 KiInterruptDispatchNoEOI가 있다. 해당 루틴은 자동 EOI[Auto-End-Of-Interrupt] 모드에서 APIC를 프로그램했던 인터럽트를 위해 존재한다. 인터럽트 컨트롤러가 EOI 시그널을 자동으로 전달하기 때문에 커널은 EOI 자체를 처리할 필요가 없다. 예를 들어 많은 HAL 인터럽트 루틴은 락 없는 디스패치 코드로 혜택을 본다. HAL이 커널로 하여금 ISR과 동기화를 요구하지 않기 때문이다.

또 다른 커널 인터럽트 핸들러는 KiFloatingDispatch인데, 부동소수점 상태를 저장하고자 사용하는 인터럽트다. 레지스터가 콘텍스트 스위치를 넘어서서 저장하는 것을 지원해주지 않는 부동소수점(MMX, SSE, 3DNOW!) 연산을 허용하지 않는 커널 모드 코드와는 다르게 ISR은 해당 레지스터를 필요로 한다(비디오 카드 ISR은 그리기 동작을 수행한다). 인터럽트에 연결했을 때 드라이버는 FloatingSave 인자를 TRUE로 만든다. 그리고 커널이 부동소수점 디스패치 루틴을 사용하게 한다. 그러면 부동소수점 레지스터들을 저장하게 된다(하지만 인터럽트 처리가 지연되는 것은 감수해야 한다). 주목할 점은 32비트 시스템에서만 지원한다는 것이다.

어떤 디스패치 루틴이 사용되든지 상관없이 KINTERRUPT에 있는 ServiceRoutine 필드에 대한 호출이 이뤄진다. 드라이버의 ISR이 호출되는 셈이다. 나중에 설명할 메시지 시그널 인터럽트^{MSI, Message Signaled Interrupts}를 위한 대한으로, KiInterruptMessageDispatch 에 대한 포인터가 있다. 이는 KOBJECT 구조체의 MessageServiceRoutiner 포인터를 호출한다. 또한 커널 모드 드라이버 프레임워크^{KMDF, Kernel Mode Driver Framework} 드라이버를 다루거나 NDIS나 StorPort(드라이버 프레임워크에 대한 자세한 내용은 Vol.1의 6장에서 설명했다)에 기반을 둔 미니포트 드라이버를 다룰 때는 프레임워크에 특정되거나 포트 드라이버에 특정된다. 가장 하단의 드라이버를 호출하기 전에 몇 가지 작업을 더 수행한다.

그림 8-15는 인터럽트 객체와 연관된 인터럽트의 전형적인 흐름을 보여준다.

ISR과 특정한 인터럽트를 연결시키는 것은 인터럽트 객체와 연결한다고 한다. IDT 엔트리부터 ISR 연결을 끊는 것은 인터럽트 객체와 연결을 끊는 것을 말한다. 해당 동작들은 커널 함수인 IoConnectInterruptEx와 IoDisconnectInterruptEx 함수로 이뤄진다. 또한 해당 동작들은 디바이스 드라이버가 시스템에 로드됐을 때 ISR을 켠다. 그리고 드라이버가 언로드됐을 때 ISR을 끈다.

앞서 살펴본 것처럼 인터럽트 객체를 이용해 ISR을 등록하면 디바이스 드라이버가 인터럽트 하드웨어(아키텍처마다 다르다)를 직접 조작하지 않아도 되고 IDT에 대한 세부 정보도 알 필요가 없다. 해당 커널 기능은 이식 가능한 디바이스 드라이버를 만들어준다. 이를 통해 어셈블리 코드의 필요성을 없애준다. 또는, 디바이스 드라이버에 프로세서 간의 차이를 반영할 필요가 없게 해준다. 인터럽트 객체는 또 다른 장점이 있다. 인터럽트 객체를 사용함으로써 커널은 ISR 데이터를 공유하는 다른 부분의 디바이스 드라이버와의 실행을 동기화시킬 수 있다(Vol.1의 6장에서 인터럽트에 디바이스 드라이버가 응답하는 부분을 참고한다).

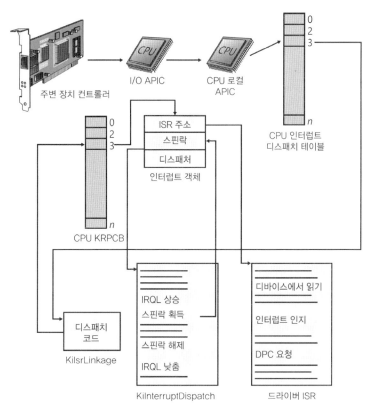

그림 8-15 전형적인 인터럽트 컨트롤 흐름

앞서 연결된 디스패치 대한 개념을 살펴봤다. 커널로 하여금 어떤 인터럽트 레벨에서든지 하나 이상의 ISR을 호출할 수 있게 해준다. 여러 개의 디바이스 드라이버가 인터럽트 객체를 만들 수 있고 같은 IDT 엔트리로 연결시킬 수 있다면 KiChainedDispatch 루틴이 특정한 인터럽트 라인에서 발생한 연결된 각각의 ISR을 호출해준다. 이는 커널로 하여금 데이지 체인daisy-chain 설정을 쉽게 제공하게 해준디. 여러 개의 디바이스가 같은 인터럽트 라인을 소유하게 된다. 체인이 깨지는 것은 ISR 중의 하나가 인터럽트 디스패처에 상태를 전달함으로써 인터럽트 소유권을 얻고자 할 때다.

같은 인터럽트를 공유하는 다양한 디바이스가 동시에 서비스를 요청한다면 ISR에 의해 인지되지 않는 디바이스들은 인터럽트 디스패처가 IRQL을 낮췄을 때 시스템에 다시 한 번 인터럽트를 건다. 체이닝은 같은 인터럽트를 사용하는 디바이스 드라이버들이 커널에 인터럽트를 공유한다고 했을 때에만 허용된다(KINTERRUPT 객체의 SharedVector 필드가 이를 가리킨다). 그렇지 않은 경우 플러그앤플레이 관리자는 각자 공유 조건을 맞출 수 있게 인터럽트 할당을 재구성한다.

실습: 인터럽트 내부 살펴보기

커널 디버거를 사용하면 인터럽트 객체의 자세한 사항을 볼 수 있다. IRQL, ISR 주소와 커스텀 인터럽트 디스패치 코드가 그 예다. 우선 !dt 명령을 수행한다. 그리고 I8042KeyBoardInterruptService 참조를 포함하는 엔트리를 확인할 수 있는지 살펴본다. 해당 루틴은 PS2 키보드 디바이스를 위한 루틴이다. 또는 Stronvme.sys나 Scsiport.sys 또는 다른 서드파티 드라이버 엔트리를 찾아볼 수도 있다. 하이퍼V 가상 장치에서는 Acpi.sys 엔트리를 쓰길 원할 수 있다. 이는 PS2 키보드 디바이스 엔트리가 있는 시스템이다.

```
70: fffff8045675a600 i8042prt!I8042KeyboardInterruptService (KINTERRUPT
ffff8e01cbe3b280)
```

인터럽트와 연관된 인터럽트 객체의 내용을 보고자 dt 명령으로 디버거가 제공하는 링크를 클릭하면 된다. 아니면 직접 dx 명령을 사용하면 된다. 이는 실습에 사용된 장치에서 가져온 KINTERRUPT다.

```
6: kd> dt nt!_KINTERRUPT ffff8e01cbe3b280
   +0x000 Type             : 0n22
   +0x002 Size             : 0n256
   +0x008 InterruptListEntry : _LIST_ENTRY [ 0x00000000`00000000 -
                              0x00000000`00000000 ]

   +0x018 ServiceRoutine : 0xfffff804`65e56820
                 unsigned char i8042prt!I8042KeyboardInterruptService
   +0x020 MessageServiceRoutine : (null)
   +0x028 MessageIndex     : 0
   +0x030 ServiceContext   : 0xffffe50f`9dfe9040 Void
   +0x038 SpinLock         : 0
   +0x040 TickCount        : 0
   +0x048 ActualLock       : 0xffffe50f`9dfe91a0 -> 0
```

```
+0x050 DispatchAddress      : 0xfffff804`565ca320 void
                              nt!KiInterruptDispatch+0
+0x058 Vector               : 0x70
+0x05c Irql                 : 0x7 ''
+0x05d SynchronizeIrql      : 0x7 ''
+0x05e FloatingSave         : 0 ''
+0x05f Connected            : 0x1 ''
+0x060 Number               : 6
+0x064 ShareVector          : 0 ''
+0x065 EmulateActiveBoth    : 0 ''
+0x066 ActiveCount          : 0
+0x068 InternalState        : 0n4
+0x06c Mode                 : 1 ( Latched )
+0x070 Polarity             : 0 ( InterruptPolarityUnknown )
+0x074 ServiceCount         : 0
+0x078 DispatchCount        : 0
+0x080 PassiveEvent         : (null)
+0x088 TrapFrame            : (null)
+0x090 DisconnectData       : (null)
+0x098 ServiceThread        : (null)
+0x0a0 ConnectionData: 0xffffe50f`9db3bd90 _INTERRUPT_CONNECTION_DATA
+0x0a8 IntTrackEntry        : 0xffffe50f`9d091d90 Void
+0x0b0 IsrDpcStats          : _ISRDPCSTATS
+0x0f0 RedirectObject       : (null)
+0x0f8 Padding              : [8] ""
```

위 예제에서 인터럽트는 IRQL을 7번 부여받았다. 인터럽트 벡터가 0x70인 것과 매칭된다(그러므로 상위 4비트가 7이다). 더 나아가 DispatchAddress 필드에서 일반적인 KiInterruptDispatch 타입의 인터럽트가 추가적인 최적화와 공유하는 것이 없는 것도 볼 수 있다.

인터럽트와 연관된 GSIV(IRQ)를 보길 원한다면 데이터를 얻을 수 있는 2가지 방법이 있다. 먼저 최근 윈도우의 경우 KINTERRUPPT 구조체의 ConnectionData 필드 안에 있는 INTERRUPT_CONNECTION_DATA 구조체로 알 수 있다. dt 명령을 사용해 다음과 같이 포인터에 들어 있는 내용을 확인할 수 있다.

```
6: kd> dt 0xffffe50f`9db3bd90 _INTERRUPT_CONNECTION_DATA Vectors[0]..
nt!_INTERRUPT_CONNECTION_DATA
   +0x008 Vectors            : [0]
      +0x000 Type            : 0 ( InterruptTypeControllerInput )
      +0x004 Vector          : 0x70
      +0x008 Irql            : 0x7 ''
      +0x00c Polarity        : 1 ( InterruptActiveHigh )
      +0x010 Mode            : 1 ( Latched )
      +0x018 TargetProcessors :
      +0x000 Mask            : 0xff
      +0x008 Group           : 0
      +0x00a Reserved        : [3] 0
   +0x028 IntRemapInfo :
      +0x000 IrtIndex        : 0y00000000000000000000000000000000 (0)
      +0x000 FlagHalInternal : 0y0
      +0x000 FlagTranslated : 0y0
      +0x004 u               : <anonymous-tag>
   +0x038 ControllerInput :
      +0x000 Gsiv            : 1
```

Type은 인터럽트가 전통적인 라인이나 컨트롤러 기반의 입력을 위한 것인
지 알려준다. Vector와 Irql 필드는 KINTERRUPT 구조체에서 이미 봤던 데
이터다. 다음으로 ControllerInput 구조체를 보면 GSIV가 1인 것을 볼 수
있다(예를 들어 IRO 1). 다른 종류의 인터럽트를 살펴보면 예를 들어 메시지 시그
널 인터럽트(더 자세한 내용은 나중에 볼 수 있다)의 경우에는 MessageRequest 필드를
참조해야 한다.

GSIV와 인터럽트 벡터를 연관시킬 수 있는 또 다른 방법은 윈도우에서 아
비터^{arbiters}라고 불리는 것을 통해 디바이스 리소스들을 다룰 때 추적하는
방식을 사용하는 것이다. 각각의 리소스 타입마다 아비터는 가상 리소스
사용량(인터럽트 벡터와 같은)과 물리적 리소스(인터럽트 라인)의 연관 관계를 유지한다.
이렇게 APIC IRQ 아비터를 질의할 수 있고 그 대응관계를 얻을 수 있다.
!apciirqarb 명령으로 APIC IRQ 아비터 관계를 확인해보자.

```
6: kd> !acpiirqarb
Processor 0 (0, 0):
```

```
Device Object: 0000000000000000
Current IDT Allocation:
...
    000000070 - 00000070 D ffffe50f9959baf0 (i8042prt) A:ffffce0717950280
IRQ(GSIV):1
```

키보드의 GSIV는 IRQ 1이다. 이는 IBM PC/AT 때부터 유지해온 레거시 번호다. 그리고 !arbiter 4(4는 디버거로 하여금 IRQ 아비터만 표시하게 함을 말한다)를 사용해서 APIC IRQ 아비터 하위에 특정 엔트리를 살펴보자.

```
6: kd> !arbiter 4
DEVNODE ffffe50f97445c70 (ACPI_HAL\PNP0C08\0)
Interrupt Arbiter "ACPI_IRQ" at fffff804575415a0
Allocated ranges:
0000000000000001 - 0000000000000001 ffffe50f9959baf0 (i8042prt)
```

이 경우에 범위는 GSIV(IRQ)를 나타낸다. 인터럽트 벡터가 아니다. 또한 벡터의 소유자도 확인할 수 있다. 디바이스 객체 타입을 통해 가능하다(이 경우에는 0xffffe50f9959baf0). 그리고 !devobj 명령으로 i8042prt 디바이스 정보를 얻을 수 있다(여기서는 PS/2 드라이버에 해당한다).

```
6: kd> !devobj 0xFFFFE50F9959BAF0
 Device object (ffffe50f9959baf0) is for:
00000049 \Driver\ACPI DriverObject ffffe50f974356f0
Current Irp 00000000 RefCount 1 Type 00000032 Flags 00001040
SecurityDescriptor ffffce0711ebf3e0 DevExt ffffe50f995573f0 DevObjExt
ffffe50f9959bc40
DevNode ffffe50f9959e670
ExtensionFlags (0x00000800) DOE_DEFAULT_SD_PRESENT
Characteristics (0x00000080) FILE_AUTOGENERATED_DEVICE_NAME
AttachedDevice (Upper) ffffe50f9dfe9040 \Driver\i8042prt
Device queue is not busy.
```

디바이스 객체는 디바이스 노드와 연관돼 있다. 디바이스 노드는 모든 디바이스의 물리 리소스를 저장하고 있다. !devnode 명령으로 리소스 정보를 덤프할 수 있다. 0xF 플래그를 함께 사용하면 원본 그대로와 정제된 리소스 정보를 함께 볼 수 있다.

```
6: kd> !devnode ffffe50f9959e670 f
    DevNode 0xffffe50f9959e670 for PDO 0xffffe50f9959baf0
    InstancePath is "ACPI\LEN0071\4&36899b7b&0"
    ServiceName is "i8042prt"
    TargetDeviceNotify List - f 0xffffce0717307b20 b 0xffffce0717307b20
    State = DeviceNodeStarted (0x308)
    Previous State = DeviceNodeEnumerateCompletion (0x30d)
    CmResourceList at 0xffffce0713518330 Version 1.1 Interface 0xf Bus #0
        Entry 0 - Port (0x1) Device Exclusive (0x1)
            Flags (PORT_MEMORY PORT_IO 16_BIT_DECODE
            Range starts at 0x60 for 0x1 bytes
        Entry 1 - Port (0x1) Device Exclusive (0x1)
            Flags (PORT_MEMORY PORT_IO 16_BIT_DECODE
            Range starts at 0x64 for 0x1 bytes
        Entry 2 - Interrupt (0x2) Device Exclusive (0x1)
            Flags (LATCHED
            Level 0x1, Vector 0x1, Group 0, Affinity 0xffffffff
...
    TranslatedResourceList at 0xffffce0713517bb0 Version 1.1 Interface 0xf
Bus #0
        Entry 0 - Port (0x1) Device Exclusive (0x1)
            Flags (PORT_MEMORY PORT_IO 16_BIT_DECODE
            Range starts at 0x60 for 0x1 bytes
        Entry 1 - Port (0x1) Device Exclusive (0x1)
            Flags (PORT_MEMORY PORT_IO 16_BIT_DECODE
            Range starts at 0x64 for 0x1 bytes
        Entry 2 - Interrupt (0x2) Device Exclusive (0x1)
            Flags (LATCHED
            Level 0x7, Vector 0x70, Group 0, Affinity 0xff
```

디바이스 노드는 디바이스가 3개의 엔트리들로 표현되는 리소스 리스트가 있음을 보여준다. 그중 하나는 IRQ 1에 해당하는 인터럽트 엔트리다. level 과 vedctor 번호는 인터럽트 벡터를 나타낸다기보다는 GSIV를 나타낸다. 아래쪽을 보면 해석된 리소스 리스트는 IRQL 7임을 가리키고 있다(이것은 level 번호다). 그리고 인터럽트 벡터를 0x70이라고 가리킨다.

ACPI 시스템에서 일찍이 설명한 !acpiirqarb 명령을 활용해서 좀 더 쉽게 정보를 획득할 수 있다. 출력의 일부로, IRQ와 IDT가 대응되는 것을 볼 수 있다.

```
Interrupt Controller (Inputs: 0x0-0x77):
    (01)Cur:IDT-70 Ref-1 Boot-0 edg hi    Pos:IDT-00 Ref-0 Boot-0 lev unk
    (02)Cur:IDT-80 Ref-1 Boot-1 edg hi    Pos:IDT-00 Ref-0 Boot-1 lev unk
    (08)Cur:IDT-90 Ref-1 Boot-0 edg hi    Pos:IDT-00 Ref-0 Boot-0 lev unk
    (09)Cur:IDT-b0 Ref-1 Boot-0 lev hi    Pos:IDT-00 Ref-0 Boot-0 lev unk
    (0e)Cur:IDT-a0 Ref-1 Boot-0 lev low   Pos:IDT-00 Ref-0 Boot-0 lev unk
    (10)Cur:IDT-b5 Ref-2 Boot-0 lev low   Pos:IDT-00 Ref-0 Boot-0 lev unk
    (11)Cur:IDT-a5 Ref-1 Boot-0 lev low   Pos:IDT-00 Ref-0 Boot-0 lev unk
    (12)Cur:IDT-95 Ref-1 Boot-0 lev low   Pos:IDT-00 Ref-0 Boot-0 lev unk
    (14)Cur:IDT-64 Ref-2 Boot-0 lev low   Pos:IDT-00 Ref-0 Boot-0 lev unk
    (17)Cur:IDT-54 Ref-1 Boot-0 lev low   Pos:IDT-00 Ref-0 Boot-0 lev unk
    (1f)Cur:IDT-a6 Ref-1 Boot-0 lev low   Pos:IDT-00 Ref-0 Boot-0 lev unk
    (41)Cur:IDT-96 Ref-1 Boot-0 edg hi    Pos:IDT-00 Ref-0 Boot-0 lev unk
```

예상대로 IRQ 1은 IDT 엔트리 0x70과 관련된다. 디바이스 객체, 리소스, 기타 관련 개념에 대한 자세한 내용은 Vol.1의 6장을 참고한다.

라인 기반 인터럽트와 메시지 기반 인터럽트

공유 인터럽트는 높은 인터럽트 지연 문제와 안정성 문제를 낳는다. 따라서 선호되지 않으며 컴퓨터의 제한된 물리 인터럽트 라인에 악영향을 끼친다. 예를 들어 4-in-1 미디어카드 리더기의 경우 USB, 호환 플래시^{Compat Flash}, 소니 메모리 스틱^{Sony Memory Stick}, 시큐어 디지털^{Secure Digital}과 기타 형식을 다룬다. 이 경우에 같은 물리 장치의 일부인 모든 컨트롤러는 하나의 인터럽트 라인에 연결된다. 이 라인은 다른 디바이스 드라이버를 통해 공유되는 인터럽트 벡터를 이용하도록 설정된다. 이 경우 미디어 디바이스에 인터럽트를 보내는 컨트롤러를 결정하고자 순차적으로 수행해야 하기 때문에 지연 시간이 늘어나게 된다.

훨씬 나은 해결책은 각각의 디바이스 컨트롤러만의 인터럽트를 갖게 하는 것이다. 그리고 개별 드라이버가 다른 인터럽트를 다루게 한다. 이를 통해 인터럽트가 어떤 디바이스에서 왔는지 알게 한다. 그러나 4개의 전통적인 IRQ 라인을 하나의 장치에 사용하는 것은 IRQ 라인을 부족하게 한다. 그리고 PCI 장치들은 하나의 IRQ 라인에만 연결돼 있기 때문에 미디어카드 리더는 하나 이상의 IRQ을 사용할 수 없다.

IRQ 라인을 통해 인터럽트를 발생시키는 데 있어서의 또 다른 문제는 정확하지 않은 IRQ 시그널의 관리가 인터럽트 스톰이나 다른 형태의 데드락을 유발할 수 있다는 것이다. ISR이 이를 인지하기까지는 시그널이 'high' 또는 'low' 상태일 수 있기 때문이다(게다가 인터럽트 컨트롤러는 EOI 시그널을 받아야만 한다). 버그로 인해 그중 하나라도 처리되지 않으면 시스템은 영원히 인터럽트 상태에 있게 되며, 더 나아가서 인터럽트가 무시돼 버릴 수도 있다. 마지막으로 라인 기반 인터럽트는 멀티프로세서 환경에서 확장 가능성이 낮다. 많은 경우에 하드웨어는 어떤 프로세서가 인터럽트를 받을지 플러그앤플레이 관리자가 선택한 가능한 집합에 따라 결정을 하므로 디바이스 드라이버는 여기에 거의 관여할 수 없다.

여기에 제시된 문제들에 대한 해결 방안으로 메시지 시그널 인터럽트[MSI]라는 것이 PCI 2.2 표준에 도입됐다. 클라이언트 장치에서 거의 찾을 수 없는 선택적인 표준 장치지만(그리고 대개는 네트워크 카드와 스토리지 컨트롤러 성능에 의해서만 찾을 수 있다) 최신 시스템의 경우 PCI 익스프레스 3.0과 그 이후 버전에서는 이 모델을 도입했다. 이 MSI 모델에서는 디바이스가 PCI 버스에 속한 특정 메모리 주소에 데이터를 쓰는 것으로 드라이버에 메시지를 전달한다. 사실상 하드웨어가 연관돼 있는 경우에 한해서는 직접 메모리 액세스[DMA, Direct Memory Access]로 처리된다. 해당 동작은 인터럽트를 발생시키며 윈도우는 ISR을 메시지 내용과 메시지가 전달될 주소를 사용해서 호출한다. 또한 디바이스는 여러 개의 메시지를 (32개까지) 메모리 주소로 전달할 수 있고, 이벤트에 따라 서로 다른 페이로드를 전달하게 된다.

성능과 지연에 더 민감한 시스템의 경우에는 PCI 3.0에서 소개된 MSI 모델의 확장판인 MSI-X가 32비트 메시지(16비트 대신)를 2,048개의 서로 다른 메시지(32개 대신)까지 그리고 가장 중요한 부분인 서로 다른 주소를 쓸 수 있게 (동적으로 결정됨) 지원하며 각각의 MSI 페이로드마다 이와 같이 적용된다. 다른 주소를 사용한다는 것은 MSI

페이로드가 각기 다른 프로세서에 속하는 물리 주소 범위에 써지게 한다. 이를 통해 비균일 메모리 액세스^{NUMA, NonUniform Mmemory Access}를 고려한 인터럽트 전달이 가능하게 한다. 따라서 연관된 디바이스 요청을 시작한 프로세서에 인터럽트를 보내는 결과를 낳는다. 이를 통해 지연과 확장성 문제가 해결된다.

어떤 모델이든 통신은 메모리 값의 전달에 의해 이뤄지고 인터럽트를 통해 내용이 전달되기 때문에 IRQ 라인이 필요 없어진다(이는 전체 MSI의 시스템 한계를 IRQ 라인 수가 아닌 인터럽트 벡터의 수와 같게 한다). 드라이버 ISR에서 인터럽트와 연관된 데이터들을 질의하기 때문에 지연이 감소한다. 이 모델을 통해 많은 수의 디바이스 인터럽트 할당이 가능하기 때문에 공유 인터럽트를 줄이는 효과를 가진다. 결과적으로 인터럽트 데이터 전달 지연이 줄어든다.

또한 이는 지금까지 살펴본 것처럼 대부분의 디버거 명령이 그렇듯 GSIV를 IRQ 대신 활용하는 이유다. 이 방법이 더 일반적으로 MSI 벡터를 기술하고(음수 번호에 의해서도 식별된다) 전통적인 IRQ 기반 라인이나 임베디드에 내장된 범용 입출력^{GPIO}을 기술하기 때문에 ARM과 ARM64 시스템에서는 두 모델을 모두 사용하지 않고 일반 인터럽트 컨트롤러나 GIC라고 불리는 아키텍처를 사용한다. 그림 8-16에서는 두 컴퓨터 시스템의 디바이스 관리자를 확인할 수 있다. 전통적인 IRQ 기반 GSIV 할당과 MSI 값(음수가 될 수 있는)을 보여준다.

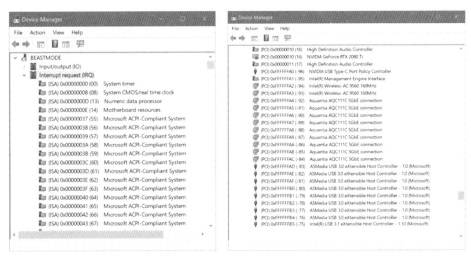

그림 8-16 IRQ와 MSI 기반 GSIV 할당

인터럽트 스티어링

프로세서 그룹에 2개에서 16개 프로세서를 가진 가상화되지 않은 클라이언트 시스템(서버 SKU는 제외)에서 윈도우는 인터럽트 스티어링Interrupt Steering이라는 기능을 동작시켜 파워와 지연 방지에 도움이 될 수 있게 한다. 해당 기능으로 단일 CPU의 병목을 피할 수 있게 여러 프로세서에 인터럽트를 분배할 수 있게 됐다. 그리고 코어 파킹 엔진(Vol.1의 6장에서 설명)이 인터럽트를 파킹된 코어로 오지 않게 할 수도 있게 됐다.

인터럽트 스티어링 기능은 인터럽트 컨트롤러에 따라 달라진다. 예를 들어 GIC 기반의 ARM 시스템에서는 레벨 및 엣지 기반의 인터럽트가 스티어링되는 반면 APIC 시스템(하이퍼V에 실행되지 않는 경우)에서는 레벨 기반 인터럽트만 스티어링된다. 불행히도 MSI는 언제나 엣지 기반이기에 해당 기술의 혜택을 받을 수 없다. 이는 윈도우가 추가적으로 인터럽트 우회 모델을 구현한 이유다.

스티어링이 켜져 있을 때 인터럽트 컨트롤러는 단순히 GSIV를 다른 프로세서의 LAPIC로 전달하도록 재프로그래밍된다(ARM GIC처럼). 우회가 사용돼야만 할 때 모든 프로세서는 GSIV의 대상이다. 인터럽트를 받은 어떤 프로세서든 스티어링 대상이 되는 인터럽트를 받을 프로세서에게 IPI를 발생시켜야 한다.

또한 인터럽트 스티어링의 코어 파킹 엔진 사용 이외에 윈도우는 시스템 정보 클래스 기능을 사용 가능하게 한다. 이는 KeIntSteerAssignCpuSetForGsiv 루틴에 의해 처리된다. 해당 루틴은 윈도우 10의 실시간 오디오 기능과 Vol.1 4장의 '스레드 스케줄링' 절에서 설명한 CPU 세트 기능의 일부다. 이렇게 하면 일반적으로 관리자 또는 로컬 서비스 계정에만 부여되는 기본 우선순위 증가 권한이 있는 경우 유저 모드 애플리케이션에서 선택할 수 있는 특정 프로세서 그룹으로 특정 GSIV를 조정할 수 있다.

인터럽트 선호도와 우선순위

윈도우는 드라이버 개발자와 관리자로 하여금 프로세서 선호도affinity를 조절할 수 있게 한다(선호도는 인터럽트를 받을 프로세서 또는 프로세서 그룹을 선택할 수 있게 한다). 그리고 선호도 정책도 선택할 수 있게 한다(선호도 정책은 프로세서나 프로세서 그룹이 어떻게 선택될지에 대한 정책이다). 더 나아가서 IRQL 선택에 기반을 둔 인터럽트 우선순위^{interrupt priority} 메커니즘을 가능하게 한다. 선호도 정책은 표 8-5에 나와 있다. 인터럽트 디바이스 인스턴스 키의 하위에 있는 Management\Affinity Policy 레지스트리 키의 InterruptPolicyValue 값을 조정해 설정할 수 있다. 해당 키가 있으므로 이를 설정하는 추가 코드가 필요 없다. 관리자는 값을 주어진 드라이버에 넣음으로써 동작을 조정할 수 있다. 인터럽트 선호도는 마이크로소프트 문서(https://docs.microsoft.com/en-us/windows-hardware/drivers/kernel/interrupt-affinity-and-priority)에서 확인할 수 있다.

표 8-5 IRQ 선호도 정책

정책	의미
IrqPolicyMachineDefault	디바이스가 특별한 선호도 정책을 요구하지 않는다. 윈도우는 기본 장치 정책을 사용하는데, 장치에 사용 가능한 어떤 프로세서든 선택 가능한 정책이다(논리 프로세서는 8개보다 작게 존재).
IrqPolicyAllCloseProcessors	NUMA 장치. 플러그앤플레이 관리자가 디바이스와 가까운 프로세서들(같은 노드상에 존재)에 인터럽트를 할당한다. Non-NUMA 장치에서는 IrqPolicyAllProcessorsInMachine와 같다.
IrqPolicyOneCloseProcessor	NUMA 장치. 플러그앤플레이 관리자가 디바이스와 가까운 프로세서들(같은 노드상에 존재)에 인터럽트를 할당한다. Non-NUMA 장치에서 선택되는 프로세서는 어떤 프로세서든 될 수 있다.
IrqPolicyAllProcessorsInMachine	인터럽트는 어떤 프로세서에서든 수행될 수 있다.
IrqPolicySpecifiedProcessors	인터럽트는 AssignmentSetOverride 레지스트리 값에 존재하는 선호도 마스트에 명시된 프로세서 중 하나에서 처리된다.
IrqPolicySpreadMessagesAcrossAllProcessors	여러 시그널 기반 메시지 인터럽트는 최적화된 프로세서들로 분배된다. 이때 NUMA 계층도 가능하면 살펴본다. MSI-X가 디바이스와 플랫폼에 지원돼야 한다.
IrqPolicyAllProcessorsInGroupWhenSteered	인터럽트가 인터럽트 스티어링에 종속된다. 인터럽트는 모든 프로세서 IDT에 할당돼야 한다. 스티어링 정책에 의해 프로세서가 동적으로 선택될 수 있기 때문이다.

선호도 정책 이외에 인터럽트의 우선순위를 정하는 데 사용되는 또 다른 레지스트리 값은 표 8-6에서 확인할 수 있다.

표 8-6 IRQ 우선순위

우선순위	의미
IrqPriorityUndefined	어떤 우선순위도 요구되지 않는다. 기본 우선순위만 받는다(IrqPrioirtyNormal).
IrqPriorityLow	디바이스가 높은 지연에서도 동작 가능하다. 3, 4보다 낮은 IRQL을 받아야 한다.
IrqPriorityNormal	디바이스는 보통 지연을 기대한다. 인터럽트 벡터 5-11과 연관됐을 때는 기본 IRQL을 받는다.
IrqPriorityHigh	디바이스는 아주 약간의 지연에서 동작 가능하다. 기본 할당 12보다 높은 상승된 IRQL을 받는다.

앞서 설명했듯이 윈도우는 실시간 운영체제가 아니므로 IRQ 우선순위는 시스템에 해당 인터럽트와 연관된 IRQL만을 제어할 수 있는 힌트가 된다. 그리고 윈도우 IRQL 우선순위 메커니즘과는 연관이 없다. IRQ 우선순위는 레지스트리에도 저장돼 있다. 따라서 관리자는 낮은 지연을 필요로 하지 않는 드라이버도 지연을 줄일 수 있게 해당 값을 조정할 수 있다.

소프트웨어 인터럽트

대부분의 하드웨어가 인터럽트를 생성하지만 윈도우 커널 역시 다양한 종류의 작업을 위해 소프트웨어 인터럽트를 유발하는 데 다음과 같다.

- 스레드 디스패치 초기화
- 시간에 민감하지 않은 인터럽트 관련된 처리
- 타이머 만료 처리
- 특정 스레드 콘텍스트에서 비동기적으로 프로시저 처리
- 비동기 I/O 동작 지원

이러한 동작들은 다음 절에서 다룬다.

디스패치 또는 지연된 프로시저 요청(DPC) 인터럽트

DPC는 모든 디바이스 인터럽트가 처리된 이후의 작업을 처리하기 위한, 인터럽트와 연관된 기능이다. 이러한 기능들은 지연된다고 표현하는데, 실제로 바로 수행하지 않기 때문이다. 커널은 타이머 만료를 처리하고자 DPC를 사용한다(그리고 타이머를 기다리는 스레드들을 풀어준다). 그리고 스레드 퀀텀이 만료된 이후에 프로세서를 다시 스케줄링을 하기 위해서도 사용한다(DPC IRQL에서 발생한다는 것을 명심하라. 일반적인 커널 DPC를 통해서가 아니다). 디바이스 드라이버는 인터럽트를 처리하고 높은 IRQL에서 적합하지 않은 동작을 수행하고자 DPC를 사용한다. 즉각적인 하드웨어 인터럽트를 제공하고자 IRQL을 디바이스 IRQL 레벨보다 낮은 상태로 유지하려고 한다. 이러한 목적을 달성하기 위한 방법은 디바이스 드라이버 IRSR로 하여금 최대한 작업을 적게 수행하게 하고, 사라질 인터럽트 상태 정보를 저장하고, 데이터 전송을 미루거나 또는 시간에 민감하지 않은 인터럽트 작업을 DPC 시점, 즉 DPC/디스패치 IRQL에 수행하는 것이다(Vol.1의 6장에 자세한 내용이 나와 있다).

IRQL이 패시브 또는 APC 레벨에 있을 때 DPC는 즉시 수행된다. 그리고 하드웨어 관련 작업이 아닌 것을 막는다. 이것이 높은 우선순위의 시스템 코드를 즉시 수행하고자 DPC를 사용하는 이유다. 그리고 DPC는 운영체제에 인터럽트를 발생할 수 있게 해준다. 커널 모드에서 시스템 동작도 수행한다. 예를 들어 스레드가 더 이상 수행할 수 없을 때(스레드가 죽었거나 또는 대기 상태로 들어갔을 때) 커널은 직접 디스패처를 호출해 즉각적인 콘텍스트 스위치를 하게 할 수 있다. 그러나 때로는 커널은 많은 코드를 진행한 상태여서 재스케줄링이 필요하다고 감지한다. 이런 경우에 커널은 디스패칭을 요청하지만 현재 작업이 완료될 때까지 디스패칭이 발생되지 않도록 작업을 지연한다. DPC 소프트웨어 인터럽트는 이러한 지연 처리를 하는 데 편리한 방법이다.

커널은 스케줄링과 연관된 커널 구조체에 동기적으로 액세스가 필요할 때마다 프로세서의 IRQL을 DPC/디스패치 레벨 또는 그 이상으로 올리려고 한다. 이때 부가적인 소프트웨어 인터럽트와 스레드 디스패칭을 막는다. 커널이 디스패칭이 반드시 일어나야 한다고 인지할 때 커널은 DPC/디스패치 레벨 인터럽트를 요청한다. 그러나 IRQL이 해당 레벨 또는 그 이상이기 때문에 프로세서는 인터럽트를 확인 상태로 잡아 놓는다. 커널이 현재 동작을 마치고 IRQL을 DPC/디스패치 레벨 이하로 낮출 수 있는지 본다. 그리고 어떠한 디스패치 인터럽트가 대기 중인지 확인한다. 대기 중인 것이 있다면 IRQL이 DPC/디스패치 레벨로 낮아진다. 그리고 디스패치 인터럽트가 처리된다. 소프트웨어 인터럽트를 통해 스레드 디스패처를 활성화시키는 방법은 조건들이 맞아 떨어질 때까지 디스패칭을 미루는 것이다. DPC는 DPC 객체에 의해 표현된다. 커널이 객체를 제어하며 유저 모드 프로그램에서는 액세스되지 않는다. 디바이스 드라이버와 시스템 코드에서만 액세스할 수 있다. 가장 중요한 DPC 객체가 갖고 있는 정보는 DPC 인터럽트를 처리할 때 커널이 호출하는 시스템 함수 주소다. 실행을 대기하는 DPC 루틴들은 커널이 관리하는 큐에 저장돼 있다. 프로세서별로 하나씩 큐가 존재하며 DPC 큐라고 한다. DPC를 요청하고자 시스템 코드는 DPC 객체를 초기화하고 DPC 큐에 넣는다.

기본적으로 커널은 DPC 객체를 DPC가 요청된 프로세서에 속하는 2개의 DPC 큐 중 하나의 끝에 위치시킨다(일반적으로 ISR이 수행된 프로세서를 말한다). 디바이스 드라이버는 해당 동작을 DPC 우선순위 조정을 통해 변경할 수 있다(낮음, 중간, 중간-높음 또는 높음 순위가 존재한다. 중간이 기본값이다). 그리고 DPC를 특정 프로세서에 수행되게 할 수도 있다. 특정 CPU에 설정된 DPC는 타깃 DPC라고 한다. DPC가 높은 우선순위를 갖는다면 커널은 DPC 객체를 큐의 맨 앞에 놓는다. 그렇지 않다면 모든 우선순위 중 가장 뒤의 큐에 위치시킨다.

프로세서 IRQL이 DPC/디스패치 레벨 또는 그 이상에서 낮은 IRQL(APC 또는 패시브 레벨)로 낮아지려고 할 때 커널은 DPC를 처리한다. 윈도우는 IRQL이 DPC/디스패치 레벨에 남아 있도록 보장한다. 그리고 DPCS 객체를 큐^{queue}가 빌 때까지 현재 프로세서 큐에서 끌어온다(커널이 큐를 드레인^{drain}한다고 한다). DPC 함수를 순서대로 호출한다. 큐가 비어 있을 때 비로소 커널은 IRQL을 DPC/디스패치 레벨 아래로 낮춘다. 그리고 일반 스레드가 수행을 지속하게 한다. DPC 프로세싱은 그림 8-17에서 볼 수 있다.

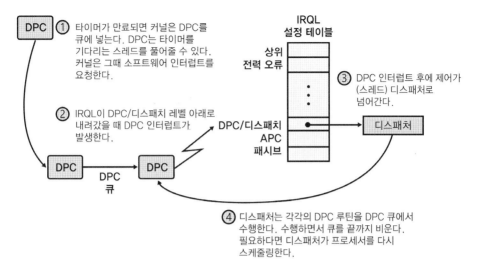

그림 8-17 DPC 전달

DPC 우선순위는 시스템 동작에 다른 방식의 영향을 준다. 커널은 보통 DPC 큐를 비우는 작업을 DPC/디스패치 레벨 인터럽트에서 처리한다. 커널은 DPC가 현재 프로세서를 가리키고 DPC 우선순위가 높을 때 그러한 인터럽트를 발생시킨다(프로세서는 ISR을 수행한 프로세서를 의미한다). DPC가 낮은 우선순위를 갖는다면 커널은 DPC 요청(개수는 KPRCB의 DpcQueueDepth 필드에서 확인할 수 있다)이 특정 임곗값 이상으로(임곗값은 KPRCB의 MaximumDpcQueueDepth 필드에서 확인할 수 있다) 넘어가거나 특정 시간대의 요청된 DPC의 수가 적은 경우에만 인터럽트를 요청한다.

DPC가 ISR이 수행된 CPU와 다른 CPU에 요청되고 DPC의 우선순위가 높거나 중간 높음이라면 커널은 즉시 대상 CPU에게 시그널을 전달해(디스패치 IPI를 보냄으로써 가능하다) DPC 큐를 모두 비운다. 단, 대상 프로세서가 유휴Idle 상태일 경우에 한해서다. 우선순위가 중간 또는 낮음이라면 대상 프로세서에 큐잉된 DPC의 개수(해당 개수는 다시 DpcQueueDepth 값이 된다)가 임곗값(MaximumDpcQueueDepth 값)을 넘어 커널로 하여금 DPC/디스패치 인터럽트를 요청할 수 있게 해야 한다. 또한 시스템 유휴 상태 스레드는 현재 수행 중인 프로세서에서의 DPC 큐를 비울 수 있다. 대상 DPC와 우선순위 레벨이 유연하더라도 디바이스 드라이버는 DPC 객체들의 기본 동작을 거의 바꿀 필요가 없다. 표 8-7은 DPC 큐를 비우는 작업을 시작하는 상황을 요약해서 보여준다. 중간 높음과 높음은 생성 규칙을 봤을 때 같은 우선순위로 보인다. 차이는

리스트에 삽입하는 동작에서 온다. 높음 레벨의 인터럽트의 경우는 맨 앞에 삽입
하고 중간 높은 인터럽트는 끝에 삽입한다.

표 8-7 DPC 인터럽트 생성 규칙

DPC 우선순위	ISR의 프로세서에서 대상 DPC	다른 프로세서에서 대상 DPC
낮음	DPC 큐 길이가 최고 DPC 큐 길이를 넘어서며 DPC 요청은 최소 DPC 요청 속도보다 작다.	DPC 큐 길이가 DPC 큐 길이를 넘어서며 시스템은 유휴 상태다.
중간	항상	DPC 큐 길이가 최고 DPC 큐 길이를 넘어서며 시스템은 유휴 상태다.
중간-높음	항상	대상 프로세서는 유휴 상태다.
높음	항상	대상 프로세서는 유휴 상태다.

표 8-8은 다양한 DPC 조정 변수를 보여주고 기본값을 보여준다. 그리고 어떻게
레지스트리 값을 통해 변경시킬 수 있는지 보여준다. 레지스트리 이외에 이러한
값들은 SystemDpcBehaviorInformation 시스템 정보 클래스를 사용함으로써 정해
질 수 있다.

표 8-8 DPC 인터럽트 생성 변수

변수	정의	기본값	덮어쓰는 값
KiMaximumDpcQueueDepth	중간 또는 낮은 레벨의 인터럽트로 보내고자 저장된 DPC의 개수	4	DpcQueueDepth
KiMinimumDpcRate	클록 틱당 로컬 인터럽트를 발생시키지 않는 낮은 레벨의 DPC 개수	3	MinimumDpcRate
KiIdealDpcRate	DPC가 대기 중에 아무런 인터럽트가 발생하지 않는다면 최대 DPC 큐 깊이가 감소하기 전의 클록 틱당 DPC 개수	20	IdealDpcRate
KiAdjustDpcThreshold	DPC가 대기 중이지 않다면 DPC 큐 깊이가 올라가기 전에 클록 틱의 개수	20	AdjustDpcThreshold

유저 모드 스레드는 낮은 IRQL에서 수행되기 때문에 DPC가 보통의 유저 스레드
수행을 인터럽트할 가능성이 높다. DPC 루틴들은 어떤 스레드가 수행되든지 관

계없이 수행되며 DPC가 수행될 때는 현재 매핑된 프로세스 주소 공간이 무엇인지 가정할 수 없다. DPC 루틴들은 커널 함수들을 호출할 수 있지만 시스템 서비스를 요청할 수 없고, 페이지 폴트를 발생시킬 수 없고, 디스패처 객체들을 생성하거나 대기할 수 없다(이후 장에서 자세히 설명한다). 그러나 넌페이지드 시스템 메모리 공간에 액세스할 수 있다. 시스템 주소 공간은 현재 프로세스가 어떤 것이든 상관없이 대응하게 돼 있기 때문이다.

모든 유저 모드 메모리는 페이징이 가능하고 DPC는 임의의 프로세스 콘텍스트에서 수행될 수 있기 때문에 DPC는 유저 모드 메모리에 액세스하지 말아야 한다. 관리자 모드 액세스 방지[SMAP, Supervisor Mode Access Protection] 또는 권한 액세스 네벤[PAN, Privileged Access Neven]이 동작하는 시스템에서는 DPC 동작 중에 앞서 언급한 내용을 강제할 수 있다. 유저 모드 메모리에 액세스 즉시 버그체크[BugCheck]가 발생한다.

스레드 수행 중에 DPC가 인터럽트되는 것의 또 다른 부작용은 스레드의 수행 시간을 뺏는다는 것이다. 스케줄러는 DPC가 수행되고 있음에도 스레드가 수행 중이라고 판단한다. Vol.1의 4장에서 스레드가 수행한 시간 및 DPC와 ISR이 동작한 시간을 빼서 정확한 CPU 사이클 수를 추적해 스케줄러가 보정할 수 있는 메커니즘을 설명했다.

이렇게 한다면 스레드가 퀀텀에 손해를 보지 않는다는 것을 보장해주는 것을 의미한다. 또한 유저 관점에서 월[wall] 타임(제시간의 흐름인 클럭 타임이라고도 함)이 사용되고 있다는 의미이기도 하다. 유저가 인터넷에서 좋아하는 음악을 스트리밍 중이라고 가정하자. 예를 들어 인터넷에서 즐겨 듣는 노래를 스트리밍하는 유저가 있다고 가정해 생각하면 DPC가 2초 동안 실행된다면 해당 2초 동안 노래가 건너뛰거나 작은 루프에서 반복될 것이다. 이와 유사한 영향이 비디오 스트리밍, 키보드 및 마우스 입력 등에도 미치게 된다. 이 때문에 DPC는 클라이언트 시스템의 응답 없음과 워크스테이션 워크로드의 주요한 원인이다. 아무리 우선순위가 높은 스레드라고 DPC에 의해 인터럽트될 것이기 때문이다. 오래 수행되는 DPC를 위해 윈도우는 스레드 DPC를 만들었다. 스레드 DPS는 이름이 말해주듯이 패시브 레벨에서 실시간 우선순위[31]로 동작하게 된다. 이 메커니즘은 DPC로 하여금 대부분의 유저 모드 스레드를 선점할 수 있게 해준다(대부분의 스레드는 실시간 우선순위로 동작하지 않기 때문이

^{다)}. 하지만 다른 인터럽트, 즉 넌스레드 DPC, APC와 다른 우선순위 31 스레드들이 해당 루틴을 선점할 수 있게 한다.

스레드 DPC 메커니즘은 기본적으로 켜져 있다. 하지만 HKEY_LOCAL_MACHINE\ System\CurrentControlSet\Control\SessionManager\Kernel 레지스트리 키의 ThreadedDpcEnable DWORD 값을 0으로 함으로써 끌 수 있다. 스레드 DPC는 반드시 KeInitializeThreadedDpc API로 초기화해야 한다. 해당 APIC는 DPC 내부 타입인 ThreadedDpcObject를 설정한다. 스레드 DPC가 꺼질 수 있기 때문에 디바이스 드라이버 개발자들은 넌스레드 DPC를 만들 때와 같은 규칙 아래에서 루틴을 작성해야 한다. 즉, 페이징되는 메모리 액세스, 디스패처 대기 수행, 수행되는 IRQL에 대한 가정들에 대한 규칙을 생각해야 한다. 게다가 KeAcquire/ ReleaseSpinLockAtDpcLevel API를 사용할 수 없다. 해당 함수는 CPU가 디스패치 레벨에 있다고 가정하기 때문에 스레드 DPC는 현재 IRQL을 확인하고 동작하는 KeAcquire/ReleaseSpinLockForDpc를 사용해야 한다.

스레드 DPC가 시스템 리소스를 보호하는 좋은 기능임은 디바이스 드라이버 개발자에게 틀림이 없지만 선택적 기능으로, 대부분의 DPC는 여전히 비스레드 DPC로 수행되고 시스템의 걸림돌이 된다. 윈도우는 DPC와 관계된 성능 이슈를 따라갈 수 있는 메커니즘들을 만들어냈다. 그중 첫 번째는 DPC 시간을 퍼포먼스 카운터와 정확한 ETW 추적으로 따라갈 수 있게 한 것이다.

실습: DPC 활동 살펴보기

Process Explorer를 통해 DPC 활동을 볼 수 있다. System Information 창을 열고 CPU 탭으로 옮겨가면 확인할 수 있다. 모니터링을 해보면 인터럽트와 DPC의 개수를 나열하고 기본 1초에 한 번 Process Explorer가 정보를 갱신한다.

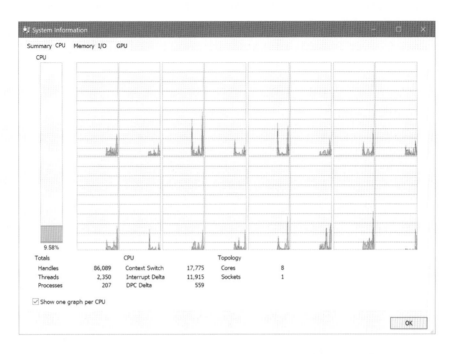

커널 디버거를 이용해 KPRCB에 있는 Dpc로 시작하는 다양한 필드를 확인할 수 있다. DpcRequestRate, DpcLastCount, DpcTime, DpcData가 있다(DpcQueueDepth 와 DpcCount의 경우에는 비스레드 DPC와 스레드 DPC를 모두 포함한다). 또한 최신 윈도우에서는 공개된 심볼 파일에 존재하는 _ISRDPCSTATS 구조체에 대한 포인터인 IsrDpcStats 필드도 포함된다. 예를 들어 다음 명령은 현재 KPRCB에 큐잉된 DPC 전체 개수와 수행된 DPC 개수를 보여준다(스레드 DPC와 비스레드 DPC 전부 해당된다).

```
lkd> dx new { QueuedDpcCount = @$prcb->DpcData[0].DpcCount +
```

```
@$prcb->DpcData[1].DpcCount,
ExecutedDpcCount = ((nt!_ISRDPCSTATS*)@$prcb->IsrDpcStats)->DpcCount },d
    QueuedDpcCount    : 3370380
    ExecutedDpcCount  : 1766914 [Type: unsigned __int64]
```

이 예제에서 기대했던 내용과 보는 내용의 차이는 드라이버가 이미 큐에 있는 DPC를 큐에 추가^{enqueue}했을 수 있다는 점으로, 윈도우가 안전하게 처리해낼 수 있는 조건이다. 또한 DPC를 처음에 특정 프로세서에 추가했을 수 있다(그러나 어떤 프로세서도 타깃팅하지는 않음). 특정 케이스에서는 다른 프로세서에서 수행될 수 있다. 이는 드라이버가 KeSetTargetProcessorDpc를 사용했을 때다(해당 API를 사용하면 드라이버는 DPC를 특정 프로세서에 타깃팅할 수 있다).

윈도우는 DPC에 의해 유발된 지연 이슈에 유저가 직접 개입하길 원하지 않는다. 중대한 문제를 야기할 수 있는 내부 메커니즘도 이에 포함된다. 첫 번째는 DPC 와치독^{watchdog}과 DPC 타임아웃 메커니즘이다. KEY_LOCAL_MACHINE\SYSTEM \CurrentControlSet\Control\Session Manager\Kernel 레지스트리 키의 DPCTimeout, DpcWatchdogPeriod, DpcWatchdogProfileOffset 값으로 설정할 수 있다.

DPC 와치독은 디스패치 레벨이나 그 이상 레벨에서의 코드 실행을 모니터링한다. 이 구간은 IRQL이 떨어지지 않는 구간이다. 반면 DPC 타임아웃은 특정 DPC 실행 시간을 모니터링한다. 기본적으로 20초 후에 특정 DPC 시간은 타임아웃된다. 그리고 모든 디스패치 레벨 실행 시간은 2분 후에 타임아웃된다. 2가지 한계 전부 앞서 언급한 레지스트리 값으로 설정할 수 있다(DPCTimeout은 특정 DPC 타임 한계를 설정하고, DpcWatchdogPeriod는 높은 IRQL에서 동작하는 코드의 수행 시간에 대한 설정이다). 임곗값에 도달했을 때 시스템은 DPC_WATCHDONG_VIOLATION을 버그체크^{bugcheck}한다(이는 앞서 말한 상황이 발생했음을 의미한다). 또는 커널 디버거가 붙어 있다면 계속 진행할 수 있게 경고를 내준다.

이런 상황을 피하려는 드라이버 개발자라면 KeQueryDpcWatchdogInformation API를 사용해서 설정된 값과 남은 시간을 확인할 수 있다. KeShouldYieldProcess API는 이러한 값을 중요하게 고려한다(다른 시스템 상태 값도 고려한다). 그리고 DPC를 미룰 수 있도록 IRQL을 패시브 레벨로 내릴 수 있게 드라이버가 결정할 수 있는 힌트를 준다(DPC가 실행되지 않지만 드라이버는 락을 잡고 있고, DPC를 동기화하고 있는 상황).

윈도우 10 최근 빌드에서 각각의 PRCB에 DPC 런타임 히스토리 테이블을 포함하고 있다. 이는 최근 실행한 DPC 콜백 함수들과 수행할 때 걸린 CPU 사이클을 추적하는 해시 테이블로, 메모리 덤프를 분석하거나 원격 시스템을 분석할 때 UI 도구에 액세스하지 않고 지연 문제를 파악하는 데 유용하다. 하지만 중요한 것은 데이터가 커널에 의해 사용된다는 것이다.

드라이버 개발자가 `KeInsertQueueDpc`로 DPC를 큐에 추가하면 API에서는 프로세서 테이블을 살펴본다. 그리고 DPC가 아주 오랜 시간 이전에 수행됐는지를 본다(기본값은 100마이크로초지만 HKEY_LOCAL_MACHINE\SYSTEM\CurrentControlSet\Control \Session Manager\Kernel 레지스트리 키에 있는 LongDpcRuntimeThreshold 값으로 설정할 수 있다. 앞서 살펴봤던 DpcData 구조체에 있다).

각 유휴 스레드마다(Vol.1의 4장에서 자세히 볼 수 있다) 커널은 DPC 델리게이트 스레드^{Delegate} ^{Thread}를 만든다. 이 스레드는 시스템 유휴 프로세서에 속하는 아주 특별한 스레드로, 스케줄러의 기본 선택 알고리듬에 의해 선택되지 않는다. 커널 자체의 동작을 위해 사용되는 메커니즘이라고 볼 수 있다. 그림 8-18은 16개의 논리 프로세서가 16개의 유휴 스레드와 16개의 DPC 전담 스레드로 동작하는 것을 보여준다. 해당 상황에서 이 스레드들은 실제 스레드 ID^{TID}를 갖고 있다. 그리고 프로세서 열은 그것들을 위해 다뤄진다.

커널이 DPC를 디스패칭할 때 DPC 큐 깊이가 수행될 수 있는 한계를 넘었는지 확인한다(2로 맞춰져 있지만 앞서 몇 번 봤던 레지스트리 키 값을 통해 설정할 수 있다). DPC 큐 깊이가 한계를 넘었다면 현재 수행 중인 스레드의 속성을 봐서 해당 문제를 해결하려고 한다. 스레드가 유휴 상태인가? 실시간 스레드인가? 선호도 마스크가 다른 프로세서에서 동작한다는 것을 말하는가? 결과에 따라 커널은 델리게이트 스레드에서 동작할 DPC를 스케줄한다. 정확히 말하자면 DPC를 스레드 기아 상태에서 지정된 스레드로 옮기는 것이다. 지정된 스레드는 우선순위가 가능한 한 높아야 한다(디스패치 레벨에서 동작 중인). 이렇게 해서 선점된 스레드(또는 대기 리스트에 존재하는 또 다른 스레드)가 다른 CPU에서 다시 스케줄링될 수 있게 한다.

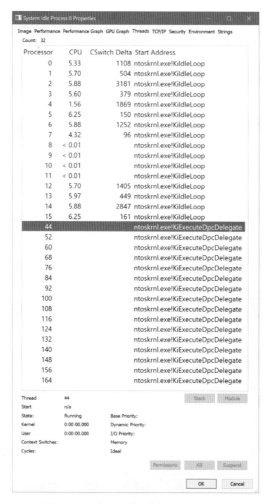

그림 8-18 16개 CPU 시스템의 DPC 전담 스레드

이 메커니즘은 몇 가지 예외를 제외하고는 앞서 설명한 스레드 DPC와 비슷하다. DPC 전담 스레드는 디스패치 레벨에서 동작한다. 그리고 NT 커널 초기화(12장에서 더 자세히 다룬다)의 첫 번째 단계에서 스레드가 만들어지고 시작할 때 자신의 IRQL을 디스패치 레벨로 높인다. 그리고 커널 스레드 데이터 구조체의 `WaitIrql` 필드에 저장한다. 후에 자발적으로 스케줄러로 하여금 또 다른 대기^{Standby} 또는 레디^{Ready,} ^{준비} 스레드에게 콘텍스트 스위치를 할 수 있게 한다(KiSwapThread 루틴 사용). 그러므로 전담 DPC는 시스템에 자동적인 균형을 맞추는 동작을 해준다. 디바이스 드라이버 개발자가 이를 선택적으로 하지 않고 운영체제가 직접 처리하게 된다.

더 최신의 윈도우 10에서 해당 기능을 사용한다면 얼마나 자주 델리게이트 스레드가 필요했었는지 커널 디버거를 통해 뒤에 설명할 명령을 입력함으로써 확인할 수 있다. 이를 통해 부트 이후에 일어난 콘텍스트 스위치의 양을 알 수 있다.

```
lkd> dx @$cursession.Processes[0].Threads.Where(t => t.KernelObject.ThreadName->
ToDisplayString().Contains("DPC Delegate Thread")).Select(t => t.KernelObject.Tcb.
ContextSwitches),d
[44]              : 2138 [Type: unsigned long]
[52]              : 4 [Type: unsigned long]
[60]              : 11 [Type: unsigned long]
[68]              : 6 [Type: unsigned long]
[76]              : 13 [Type: unsigned long]
[84]              : 3 [Type: unsigned long]
[92]              : 16 [Type: unsigned long]
[100]             : 19 [Type: unsigned long]
[108]             : 2 [Type: unsigned long]
[116]             : 1 [Type: unsigned long]
[124]             : 2 [Type: unsigned long]
[132]             : 2 [Type: unsigned long]
[140]             : 3 [Type: unsigned long]
[148]             : 2 [Type: unsigned long]
[156]             : 1 [Type: unsigned long]
[164]             : 1 [Type: unsigned long]
```

비동기 프로시저 호출(APC) 인터럽트

비동기 프로시저 호출^{APC, Asynchronous Procedure Calls}은 유저 프로그램과 시스템 코드가 특정 유저 스레드 콘텍스트에서 실행되게 해준다(그러므로 특정한 프로세스 주소 공간 내에서 실행하게 된다). APC가 특정 스레드 콘텍스트에서 수행될 수 있기 때문에 스레드 스케줄링 규칙에 종속되고 DPC와 동일한 환경에서 동작하지 않는다. 즉, DISPATCH_LEVEL에서 동작하지 않으며 높은 우선순위의 스레드에 의해 선점될 수 있고, 블로킹 대기가 가능하고, 페이징 메모리에 액세스하는 것이 가능하다.

즉, APC는 일종의 소프트웨어 인터럽트의 성격을 가지므로 이 절에서 살펴본 것처럼 APC_LEVEL이라는 특수한 IRQL에서 동작하는 부분으로, 스레드의 주요 실행 흐름 제어를 할 수 있다. DPC와 같은 제약은 없지만 DPC처럼 개발자가 조심해야 할 부분이 있다(이는 나중에 다룬다).

APC는 APC 객체라는 커널 컨트롤 객체에 의해 기술된다. APC는 커널이 관리하는 2개 중 하나의 APC 큐에서 머무른다. DPC 큐가 프로세서별로 할당되고 스레드 및 넌스레드 DPC로 나뉜 것과는 다르게 APC는 스레드별로 존재한다. 각각의 스레드는 2개의 APC 큐를 가진다. 하나는 커널 APC용 큐이고, 하나는 유저 APC용 큐다.

APC를 큐에 추가하는 요청을 하면 커널은 APC 모드(유저 또는 커널)를 확인한다. 그리고 APC 루틴이 수행해야 할 스레드에 속한 적절한 큐에 넣는다. 언제 어떤 방식으로 APC가 수행되는지 살펴보기 전에 2개 모드의 차이점을 살펴보자. APC가 스레드에 추가됐을 때 스레드는 3개의 상황에 놓인다.

- 스레드가 동작 중이다(현재 스레드다).
- 스레드가 대기 중이다.
- 스레드가 다른 동작 중이다(레디 또는 대기 등).

첫 번째로 Vol.1의 4장에서 다룬 '스레드 스케줄링'을 생각해보자. 스레드는 대기 동작을 할 때마다 깨어날 수 있는 상태에 놓이게 된다. APC가 완전히 비활성화되지 않았다면(커널 APC의 경우에) 이 상태를 무시한다. APC는 항상 대기를 취소하는데, 해당 결과는 뒤에서 자세히 다룬다. 유저 APC의 경우에는 스레드가 깨어날 수 있는 대기 상태이고 다른 유저 모드 구성 요소 대신 인스턴스화될 때 또는 다른 대기 중인 유저 APC가 대기를 끝내고 있는 경우에만 스레드에 개입할 수 있다(이는 여러 개의 프로세서가 같은 스레드에 APC를 주입할 때 발생한다).

유저 APC는 이미 유저 모드에서 동작 중인 스레드에 개입하지 않는다. 스레드는 깨어날 수 있는 대기를 수행해야 하거나, 링 전환을 하거나, 유저 APC 큐를 다시 확인하는 콘텍스트 스위치를 하는 경우에만 관여한다. 반면 커널 APC는 대상 스레드에 인터럽트할 수 있다. IRQL을 **APC_LEVEL**로 높인다. 프로세서가 커널 APC 큐를 볼 수 있게끔 한다. (현재 스레드 동작 중일 때) 2개의 시나리오에서 스레드가 뭔가를 하고 있다면 동작 중 또는 대기 상태로 될 전이가 일어나야 한다. 이 결과로 중지된 스레드는 큐에 있는 APC를 수행할 수 없다.

APC가 스레드를 비활성화할 수 있다고 언급했다. 해당 언급은 깨어날 수 있는 대기 시나리오와 관계가 없다. 커널과 드라이버 개발자는 2개의 메커니즘 중에 하나를 선택해야 한다. 하나는 IRQL을 APC_LEVEL로 유지하는 것이고 또는 코드 수행 중에 그 이상으로 레벨을 높이는 것이다. 스레드가 수행 중이기 때문에 인터럽트는 전달될 수 있다. 하지만 각각 IRQL 규칙에 의해 프로세서가 이미 APC_LEVEL(또는 그 이상)에 있다면 인터럽트는 마스크가 없어진다. 그러므로 IRQL이 패시브 레벨로 떨어질 때만 APC를 수행하게 된다.

두 번째 메커니즘은 인터럽트 컨트롤러 상태 변화를 일으키지 않기 때문에 선호되는 방식인 KeEnterGuardedReigion API를 사용하고 해당 API는 KeLeaveGuardedRegion API와 짝을 이룬다(스레드가 APC 전달을 받게 복귀). 이러한 API들은 재귀와 중첩 호출이 된다. 해당 API가 사용되는 부분에서 스레드의 콘텍스트 스위치는 안전하다. 스레드 객체(KTHREAD) 구조체의 필드를 갱신하기 때문이다(SpecialApcDiable 필드이고 프로세서별 상태가 아니다).

유사하게 프로세서별 상태임에도 APC_LEVEL에 있는 동안 콘텍스트 스위치가 발생한다. 디스패처는 IRQL을 KTHREAD의 WaitIrql 필드에 저장한다. 그리고 프로세서 IRQL을 새로운 스레드의 WaitIrq로 설정한다(패시브 레벨일 것이다). 이는 기술적으로 흥미로운 시나리오를 만들어낸다. 패시브 레벨의 스레드가 APC_LEVEL의 스레드를 선점하는 것이다. 이러한 가능성은 일반적이며 완전히 정상적이다. 스레드 수행에 있어서는 스케줄러에 대한 고려가 IRQL 고려보다 앞서는 것이다. 스레드 선점을 막는 것은 디스패치 레벨로 올려야만 가능하다. 이때의 IRQL은 스레드를 대신한다. APC_LEVEL만 이러한 IRQL 방식을 사용한다. 이를 스레드 로컬(threaded-local) IRQL 이라고 부른다. 전체적으로 정확하지는 않지만 여기서 설명할 때는 충분하다.

커널 개발자에 의해 어떻게 APC가 비활성화되는지 상관없이 하나의 법칙이 가장 우선순위에 놓인다. APC가 패시브 레벨보다 높지 않고 SpecialApcDisable이 0이 아닌 값으로 설정되지 않은 경우에는 코드가 유저 모드로 복귀할 수 없다는 것이다. 이러한 상황에서는 즉시 버그체크가 발생한다. 이러한 상황은 드라이버가 락을 해제하는 것이지만 가드 영역(guarded region)을 해제하지 않은 상황이다.

2개의 APC 모드와 더불어 추가적인 2개의 APC 모드가 있다. 노멀 APC와 스페셜 APC다. 모드에 따라 다르게 동작한다. APC 모드 간의 조합에 대해 기술하면 다음과 같다.

- **스페셜 커널 APC:** 이 조합은 기존의 다른 스페셜 커널 APC 뒤에 APC가 삽입되게 한다. 하지만 노멀 커널 APC보다는 앞선다. 커널 루틴은 인자와 APC 노멀 루틴의 포인터를 받는다. 그리고 APC_LEVEL에서 동작한다. 해당 레벨에서는 새로운 노멀 APC를 추가할 수 있다.

- **일반 커널 APC:** 해당 APC 타입은 큐의 마지막에 삽입된다. 스페셜 커널 APC 가 먼저 수행되게 한다(이전 예제에서 설명했다). 해당 APC는 KeEnterCriticalRegion 에 의해 무효화될 수 있다(KeLeaveCriticalRegion과 짝을 이룬다). 즉, KTHREAD의 KernelApcDisable 카운터를 업데이트한다. SpecialApcDisable은 업데이 트하지 않는다.

- 해당 APC는 APC_LEVEL에서 수행되며 인자와 노멀 루틴에 대한 포인터를 전달한다. 루틴이 클리어되지 않았다면 IRQL을 PASSIVE_LEVEL로 낮춘다. 그리고 노멀 루틴을 수행한다. 이때는 입력 인자가 전달되게 한다. 노멀 루틴이 수행되고 리턴되면 IRQL이 다시 APC_LEVEL로 높아진다.

- **일반 유저 APC:** 이 조합의 경우에는 APC가 APC 큐의 뒤에 삽입되게 하는 데, 커널 루틴이 APC_LEVEL에서 우선적으로 실행하며 노멀 루틴이 존재한 다면 APC는 유저 모드 전달을 위해 준비된다(PASSIVE_LEVEL). 트랩 프레임과 예외 프레임을 만들어 ntdll.dll의 유저 모드 APC 디스패처가 스레드에 대 한 제어를 하고자 제공된 유저 모드 함수를 호출한다. 유저 모드 APC가 리턴되면 디스패처는 NtContinue와 NtContinueEx 시스템 콜을 호출해서 본래 트랩 프레임으로 돌아간다.

- 커널 루틴이 노멀 루틴을 클리어할 때 스레드가 깨어날 수 있는 상태라면 상태를 잃는다. 반대로 깨어날 수 있는 상태가 아니면 유저 APC 대기 플래 그를 설정한다. 이를 통해 다른 유저 모드 APC가 빨리 전달되게 한다. 해 당 동작은 KeTestAlertThread API를 통해 수행되며, 일반 APC가 유저 모 드에서 수행되는 것처럼 커널 루틴이 디스패치를 취소했음에도 일반 APC 가 유저 모드에서 수행되는 것처럼 동작한다.

- **스페셜 유저 APC:** APC의 조합은 새로운 윈도우 10 빌드에 추가됐으며 개발 자가 활용하던 스레드 종료 APC에 수행됐던 것을 일반화했다. 곧 살펴보 겠지만 현재 스레드가 아닌 스레드를 종료하려면 APC 사용이 필요하다.

그러나 커널 모드 코드 수행이 끝나고 한 번 수행된다. 유저 APC로 코드 종료를 전달하는 것은 괜찮다. 그러나 유저 모드 개발자가 깨어날 수 없는 대기 또는 다른 유저 APC로 큐를 채워 종료를 회피해야만 함을 의미한다.

해당 시나리오를 고치고자 커널은 하드코딩된 확인 작업을 수행했다. 유저 APC의 커널 루틴이 KiSchedulerApcTerminate인지를 확인한다. 해당 상황에서 유저 APC 는 특별하게 인식되고 큐의 헤드에 놓인다. 더 나아가서 현재 스레드 상태는 무시 된다. '유저 APC 대기' 상태가 언제나 설정돼 있다. 다음 유저 모드 링^{user-mode ring} 전이나 스레드 콘텍스트 스위치에서 APC가 수행되게 강제한다.

이 기능은 종료 코드 구간에서만 사용할 수 있기 때문에 유저 APC의 실행을 유사하게 보장하려는 개발자(깨어날 수 있는 상태와 관계없이)는 오류가 발생하기 쉬운 SetThreadContext를 사용해 스레드의 콘텍스트를 수동으로 변경하는 것과 같은 더 복잡한 메커니즘을 사용해야 했다. 이러한 대응책으로 QUEUE_USER_APC_FLAGS_ SPECIAL_USER_APC 플래그를 통과시킬 수 있는 QueueUserAPC2 API가 만들어졌다. 공식적으로 개발자에게 기능을 제공해주는 것이다. 이러한 APC는 다른 유저 모드 APC보다 먼저 추가된다(종료 APC는 예외다. 현재 특별한 케이스로 취급된다). 그리고 대기하는 스레 드에서는 깨어날 수 있는 상태 플래그를 무시한다. 게다가 APC는 먼저 특별 커널 APC에 삽입된다. 따라서 커널 루틴이 즉각적으로 수행되게 한다. 그리고 다른 특별 유저 APC를 다시 등록하게 한다.

표 8-9에서 APC 삽입과 각 APC 타입의 전달 동작을 요약한다.

커널 이그제큐티브는 커널 모드 APC를 사용해 특정 주소 공간(콘텍스트)에서 이뤄져 야 하는 작업을 해낸다. 스페셜 커널 모드 APC를 통해 스레드가 인터럽트 가능한 시스템 서비스를 수행하는 것을 중지시킨다. 예를 들어 스레드 주소 공간의 비동 기 I/O 연산의 결과를 기록하는 것과 같은 것이 있다. 환경 서브시스템은 스페셜 커널 모드 APC를 통해 스레드를 중지하거나 종료하는 데 사용한다. 또는 유저 모드 수행 콘텍스트를 지정하는 데에도 쓰인다. 리눅스용 윈도우 서브시스템^{WSL, Windows Subsystem for Linux}은 커널 모드 APC를 사용해 유닉스 시그널을 유닉스 애플리케 이션 프로세스를 위한 서브시스템에 전달하는 데 사용한다.

표 8-9 APC 삽입과 전달

APC 유형	삽입 동작	전달 동작
스페셜(커널)	스페셜 APC 마지막에 삽입(모든 일반 APC의 선두에 존재)된다.	커널 루틴은 스레드가 가드 영역에 있지 않고 APC_LEVEL에서 IRQL이 떨어지자마자 전달된다. APC를 넣을 때 매개변수 포인터가 명시된다.
일반(커널)	커널 모드 APC 리스트 끝에 삽입된다.	커널 루틴은 APC_LEVEL에서 IRQL이 떨어지고 스레드가 크리티컬(또는 가드 구역) 구역에 존재하지 않는 경우에 전달된다. APC가 삽입될 때 인자 포인터가 명시된다. 일반 루틴은 연관된 커널 루틴 수행 후에 PASSIVE_LEVEL에서 수행한다. 커널 루틴에 의해 인자를 제공받는다(원본 인자는 삽입 도중에 사용될 수 있다).
일반(유저)	유저 모드 APC 리스트 끝에 삽입된다.	커널 루틴은 APC_LEVEL에서 IRQL이 떨어지자마자 전달된다. 스레드에 유저 APC 대기 플래그가 설정돼 있다(스레드가 깨어날 수 있는 대기 상태일 때 APC가 큐에 존재함을 나타낸다). APC를 삽입할 때 인자 포인터가 전달되고 연관된 커널 루틴이 수행된 후 PASSIVE_LEVEL에서 일반 루틴을 수행한다. 인자는 연관된 커널 루틴에 의해 주어진다(원본 인자는 삽입 시점에 사용될 수 있다). 일반 루틴이 커널 루틴에 의해 클리어된다면 스레드에 대해 test-alert를 수행한다.
유저 스레드 종료 APC (KiSchedulerApcTerminate)	유저 모드 APC 리스트 시작에 삽입된다.	즉시 유저 APC 대기 플래그를 설정한다. 그리고 앞서 언급한 것과 유사한 규칙을 따른다. 하지만 어떤 경우에도 유저 모드로 복귀 시에 PASSIVE_LEVEL에서 복귀한다. 인자는 스레드 종료 스페셜 APC에 의해 전달된다.
스페셜(유저)	유저 모드 APC 리스트 시작에 삽입된다. 하지만 스레드 종료 APC 후에 삽입된다.	위와 동일하지만 인자들은 QueueUseAPC2(NtQueueApcThreadEx2) 호출자에 의해 제어된다. 커널 루틴은 내부의 KeSpecialUserApcKernelRoutine 함수인데, APC를 재삽입한다. 초기 스페셜 커널 APC를 스페셜 유저 APC로 변경한다.

커널 모드 APC의 또 다른 중요한 용도는 스레드 중지 및 종료와 연관돼 있다. 해당 동작이 임의의 스레드에서 시작될 수 있고 임의의 스레드도 전달될 수 있기 때문에 커널은 APC를 스레드 콘텍스트에 대한 질의뿐 아니라 종료에도 사용할 수 있다. 디바이스 드라이버는 종종 APC를 막거나, 크리티컬 영역 또는 가드 영역에 진입한다. 이를 통해 락을 잡고 있는 동안은 종료 동작이 일어나는 것을 막는

다. 그렇지 않다면 락이 풀리지 않게 돼 시스템 행에 빠지게 된다.

디바이스 드라이버도 커널 모드 APC를 사용하는 경우가 있다. 예를 들어 I/O 작업을 시작할 때 스레드는 대기 상태에 빠진다. 다른 프로세스의 다른 스레드가 동작하게 스케줄될 수 있다. I/O 시스템은 디바이스가 데이터 전달을 완료했을 때 I/O를 시작한 스레드 콘텍스트로 전환하려고 한다. I/O 동작 결과에 대한 것을 스레드를 포함하는 프로세스의 주소 공간 버퍼에 복사하기 위해서다. I/O 시스템은 SetFileIoOverlappedRange API 또는 I/O 완료 포트를 사용하는 경우를 제외하곤 스페셜 커널 모드 APC를 이용해 해당 동작을 할 수 있게 해준다. 이 경우 버퍼는 전역 메모리이거나 스레드가 포트에서 완료 아이템을 가져올 때 버퍼를 복사한다(I/O 시스템에서의 APC 사용은 Vol.1의 6장에서 자세히 다룬다).

ReadFileEx, WriteFileEx, QueueUserAPC와 같은 일부 윈도우API는 유저 모드 APC를 사용한다. 예를 들어 ReadFileEx와 WriteFileEx 함수는 호출자가 I/O 동작이 끝났을 때 호출되는 완료 루틴을 지정할 수 있게 해준다. I/O를 발생시킨 스레드에 APC를 전달함으로써 I/O 완료가 구현된다. 그러나 APC가 삽입된 시점에 완료 콜백이 호출되지 않아도 된다. 유저 모드 APC는 스레드가 깨어날 수 있는 대기 상태인 경우에 전달되기 때문이다. 스레드가 객체 핸들을 대기할 때 깨어날 수 있음을 명시하는 것이 가능하다(WaitForMultipleObjectsEx 함수 사용). 또는 직접 대기 상태에 들어갈 수 있다. (SleepEx를 사용해) 보류 중인 APC가 있는지 직접 테스트할 수 있다. 어떤 경우든지 커널은 스레드에 인터럽트를 전달하고 APC 루틴으로 흐름을 옮긴다. APC 루틴이 완료되면 스레드 수행을 재개한다. 커널 모드 APC가 APC_LEVEL에서 동작하는 것과는 다르게 유저 모드 APC는 PASSIVE_LEVEL에서 수행될 수 있다.

APC 전달은 대기 큐의 순서를 재배치한다. 대기 큐는 스레드가 무엇인가를 대기하는 리스트다(대기 처리는 'Low-IRQL 동기화' 절에서 다룬다). 스레드가 APC 전달이 가능한 대기 상태에 있다면 APC 루틴이 완료된 이후 다시 대기하거나 실행된다. 대기가 처리되지 않았다면 스레드는 대기 상태로 돌아가지만 객체를 기다리는 대기 리스트의 끝으로 들어간다. 예를 들어 APC가 스레드를 실행에서 멈추는 데 사용될 수 있기 때문에 스레드가 어떤 객체를 대기하고 있다면 스레드가 재개되기 전까지는 대기가 사라진다. 재개 후에는 대기하는 객체의 끝에 들어가게 된다. 깨어날 수 있는 커널 모드 대기를 수행하는 스레드는 스레드가 종료하는 동안에 깨어날 수 있다. 해당 스레드가 다른 이유로 종료됐는지를 확인할 수 있게 해준다.

타이머 처리

시스템의 클럭 주기 타이머는 높은 IRQL 값(CLOCK_LEVEL)과 담당하는 작업의 중요한 특성으로 인해 윈도우 시스템에서 가장 중요한 장치일 것이다. 윈도우는 해당 인터럽트 없이 시간을 추적할 수 없고 로딩된 시간과 실제 시간을 구할 수 없다. 최악으로는 타이머가 만료되게 할 수 없다. 스레드가 퀀텀을 소비하게 할 수도 없다. 윈도우는 스레드가 CPU를 양도하지 않는 이상에는 선점형 운영체제가 아니다. 중요한 백그라운드 작업과 스케줄링이 해당 프로세서에서 이뤄질 수 없다.

타이머 유형과 간격

전통적으로 윈도우는 적절한 시간 간격으로 시스템 클록이 발생할 수 있게 프로그래밍됐다. 그리고 드라이버, 애플리케이션, 관리자가 클록 간격을 필요에 따라 변경할 수 있게 했다. 시스템 클록은 고정되고 주기적인 형태로 발생한다. 프로그램 가능한 인터럽트 타이머^{PIT, Programmable Interrupt Timer} 칩에 의해 관리된다. 해당 칩은 PC/AT 또는 RTC 이후 컴퓨터에 존재해왔다. PIT는 NTSC 컬러 전송^{color carrier} 주파수의 1/3에 맞춰 투명하게 동작한다(원래 CGA 비디오 카드에서 사용됐다). 그리고 HAL은 1밀리초 간격에서 15밀리초 간격에 이르는 다양한 배수를 사용한다. 반면 RTC는 32.769KHZ 단위로 동작하는데, 2의 지수 단위며 이는 쉽게 2의 지수 단위의 다른 값으로 변경할 수 있다. 실시간 클록^{RTC, Real Time Clock} 기반 시스템의, APIC 멀티프로세서 HAL은 RTC를 15.6밀리초당 한 번씩 발생하게 했는데, 1초에 64번씩 발생하는 시간 단위다.

PIT와 RTS는 다양한 문제를 갖고 있다. 느리고 레거시 버스의 외부 장치며 세분화가 어렵고 모든 프로세서가 하드웨어 레지스터에 액세스하는 것을 동기화해야 하며, 에뮬레이트하는 데 걸림돌이 되고 사물인터넷과 모바일 같은 임베디드 하드웨어에서 점점 더 찾기 힘들어지고 있다. 이와 같은 상황에 맞춰 하드웨어 제조

사들이 새로운 종류의 타이머를 만들어내고 있다. ACPI 타이머가 그 예다. 해당 타이머는 전원 관리[PM, Power Management] 타이머 또는 APIC 타이머(프로세서에 내장돼 있다)라고 불리기도 한다. ACPI 타이머는 하드웨어 아키텍처에 구애받지 않는 이식성과 좋은 유연성을 갖고 있다. 하지만 지연 문제와 구현에 있어서의 많은 버그가 걸림돌이다. 그렇지만, 효율이 높기 때문에 프로파일링에 많이 활용된다(최근 프로세서들은 프로파일링 전용 타이머를 갖고 있긴 하지만 말이다).

이에 발맞춰 마이크로소프트와 산업계에서는 고성능 이벤트 타이머[HPET, High Performance Event Timer] 표준을 만들었다. RTC를 상당 수준 개선한 버전이라고 볼 수 있다. HPET이 있는 시스템에서는 RTC와 PIC 대신에 사용된다. 특히 ARM64시스템의 경우는 일반 인터럽트 타이머[GIT, Generic Interrupt Timer]라고 불리는 전용 타이머가 있다. HAL은 주어진 시스템에서 가장 좋은 타이머를 찾고자 다음과 같은 과정을 따른다.

1. 가상 장치 내부에서 동작할 때 에뮬레이션을 최대한 피하고자 합성 하이퍼바이저 타이머를 찾는다.
2. 물리 하드웨어에서는 GIT를 찾는다. ARM64 시스템에만 동작할 것이다.
3. 가능하다면 아직 사용 중이지 않은 프로세서당 존재하는 타이머를 찾는다. 로컬 APIC 타이머가 이에 해당한다.
4. HPET를 찾는다. MSI가 가능한 HPET, 레거시인 주기 HPET 순으로 해서 결과적으로 어떤 종류의 HPET이든지 찾는다.
5. HPET가 없다면 RTC를 사용한다.
6. RTC가 없다면 PIT나 SFI 타이머와 같은 다른 종류의 타이머를 찾는다. 처음 찾을 때는 MSI 인터럽트를 지원해주는 것을 최대한 찾으려고 한다.
7. 결국 못 찾았다면 시스템은 윈도우와 호환되는 타이머가 없는 것으로, 이런 상황이 발생하면 안 된다.

HPET과 LAPIC 타이머는 또 한 가지의 장점이 있다. 앞서 설명한 전형적인 주기 모드[periodic mode]와는 다르게 원샷 모드[one shot mode]로 설정할 수 있다. 이 기능은 최근 버전의 윈도우로 하여금 뒤에서 설명할 동적 틱[dynamic tick] 모델을 사용할 수 있게 한다.

타이머 단위

일부 윈도우 애플리케이션은 멀티미디어 애플리케이션이 빠른 응답을 요구한다. 사실상 멀티미디어 작업은 1ms만큼의 낮은 시간 비율 동작을 원한다. 이러한 이유로 초기 윈도우부터 시스템 클록 인터럽트의 간격을 낮추는 것이 가능하게(더 빈번한 클록 인터럽트를 만들어낸다) 하는 API와 메커니즘을 구현했다. 이러한 API들은 특정 타이머에 대한 비율만을 조정하지는 않는다(특정 타이머 대상은 나중에 다룬다). 대신 시스템에서 모든 타이머의 해상도를 높임으로써 타이머들이 좀 더 자주 만료되게 한다. 이는 윈도우가 가능한 한 클록 타이머 본래의 값을 지원하려 한다는 의미다. 프로세스가 클록 주기의 변화를 요청할 때마다 윈도우는 내부 참조 카운트를 높이고 이를 해당 프로세스와 연결시킨다. 이와 유사하게 드라이버는 (클록 주기를 변화시킬 수 있다) 전역 참조 카운트를 높인다. 모든 드라이버가 클록 주기를 복원하거나 클록을 변경시킨 프로세스가 종료되거나 클록 주기를 복원하면 윈도우는 클록 주기를 기본값으로 바꾼다(프로세스나 드라이버에 의해 요구된 다음 높은 값으로 바꾸기도 한다).

실습: 고주파수 타이머 살펴보기

고주파수 타이머가 일으킬 수 있는 문제 때문에 윈도우는 시스템 클록 간격을 변화시킨 드라이버와 프로세스를 추적할 수 있는 윈도우를 위한 이벤트 추적 기능[ETW]을 사용한다. 그 결과로 시간과 요청된 간격을 보여준다. 또한 현재 간격도 보여준다. 이 데이터는 개발자들과 시스템 관리자들로 하여금 큰 시스템에서의 전력 낭비, 배터리 성능 문제를 규명하는 데 도움을 준다. 이러한 데이터를 얻으려면 powercfg/energy 명령을 사용하면 된다. 그러면 energy-report.html이라는 파일을 다음과 같은 형태로 얻는다.

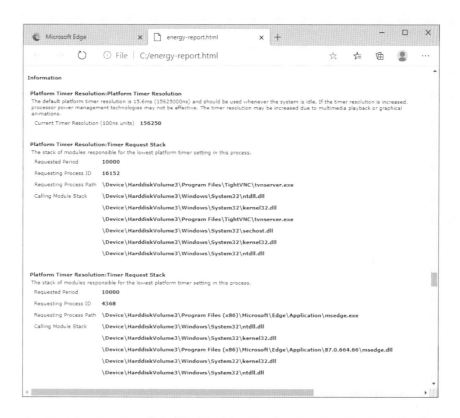

플랫폼 타이머 해상도^{Platform Timer Resolution} 단락으로 스크롤해보면 타이머 해상도를 변경한 현재 실행 중인 애플리케이션을 확인할 수 있다. 또한 변경 작업을 수행한 콜 스택도 확인할 수 있다. 타이머 해상도는 수백 나노초 단위이므로 20,000은 2ms에 해당하는 수치다. 예제에서 확인할 수 있듯이 2개의 애플리케이션(마이크로소프트 엣지와 TightVNC 원격 데스크톱 서버)이 각각 고해상도를 요청했다.

또한 해당 정보는 디버거로도 얻을 수 있다. 프로세스마다 EPROCESS 구조체가 있으며 타이머 해상도에 대한 정보를 확인할 수 있는 아래의 필드들이 있다.

```
+0x4a8 TimerResolutionLink : _LIST_ENTRY [ 0xffffffa80'05218fd8 -
0xffffffa80'059cd508 ]
+0x4b8 RequestedTimerResolution : 0
+0x4bc ActiveThreadsHighWatermark : 0x1d
```

```
+0x4c0 SmallestTimerResolution : 0x2710
+0x4c8 TimerResolutionStackRecord : 0xfffff8a0'0476ecd0
_PO_DIAG_STACK_RECORD
```

디버거에서는 가장 낮은 타이머 해상도를 요청한 프로세스 정보도 확인할 수 있다는 점에 주목하자. 예를 들어 파워포인트 2010은 슬라이드 쇼 도중에는 낮은 해상도의 타이머를 요구하지만 슬라이드 편집 모드에서는 그렇지 않았다. 이는 파워포인트의 EPROCESS의 필드로도 알 수 있다. 스택 정보는 PO_DIAG_STACK_RECORD 구조체 덤프를 파싱해 확인할 수 있다.

마지막으로 TimerResolutionLink 필드는 타이머 해상도에 변화를 일으킨 모든 프로세스를 연결한다. ExpTimerResolutionListHead 이중 연결 리스트 헤드를 통해 액세스할 수 있다. 디버거 데이터를 통해 해당 리스트를 분석하면 타이머 해상도에 변화를 가한 모든 프로세스를 알 수 있다. 이는 powercfg 명령을 사용할 수 없거나 과거 요청했던 프로세스 확인을 위해 사용될 수 있다. 예를 들어 출력 내용을 보면 여러 개의 엣지[Edge]가 1ms의 해상도를 요청한 것을 볼 수 있다. 원격 데스크톱 클라이언트[Remote Desktop Client]와 코타나[Cotana] 역시 마찬가지다. 반면 WinDbg Preview는 이전에 요청한 것이 명령 수행 시점에서 여전히 요청 중인 상태다.

```
lkd> dx -g
Debugger.Utility.Collections.FromListEntry(*(nt!_LIST_ENTRY*)&nt!ExpTimer
ResolutionListHead, "nt!_EPROCESS", "TimerResolutionLink").Select(p => new
{ Name = ((char*) p.ImageFileName).ToDisplayString("sb"), Smallest =
p.SmallestTimerResolution, Requested = p.RequestedTimerResolution}),d
```

=	= Name	= Smallest	= Requested	=
= [0]	- msedge.exe	- 10000	- 0	=
= [1]	- msedge.exe	- 10000	- 0	=
= [2]	- msedge.exe	- 10000	- 0	=
= [3]	- msedge.exe	- 10000	- 0	=
= [4]	- mstsc.exe	- 10000	- 0	=
= [5]	- msedge.exe	- 10000	- 0	=
= [6]	- msedge.exe	- 10000	- 0	=

```
=  [7]     - msedge.exe        - 10000    - 0         =
=  [8]     - DbgX.Shell.exe    - 10000    - 10000     =
=  [9]     - msedge.exe        - 10000    - 0         =
=  [10]    - msedge.exe        - 10000    - 0         =
=  [11]    - msedge.exe        - 10000    - 0         =
=  [12]    - msedge.exe        - 10000    - 0         =
=  [13]    - msedge.exe        - 10000    - 0         =
=  [14]    - msedge.exe        - 10000    - 0         =
=  [15]    - msedge.exe        - 10000    - 0         =
=  [16]    - msedge.exe        - 10000    - 0         =
=  [17]    - msedge.exe        - 10000    - 0         =
=  [18]    - msedge.exe        - 10000    - 0         =
=  [19]    - SearchApp.exe     - 40000    - 0         =
========================================================
```

타이머 만료

앞서 말했듯이 클록 소스에서 만들어진 인터럽트와 연관된 ISR에서 하는 주된 작업은 시스템 시간을 추적하는 것이다. 해당 작업은 KeUpdateSystemTime 루틴으로 수행된다. 두 번째 작업은 논리적 수행 시간을 추적하는 것으로, 프로세스/스레드 수행 시간과 GetTickCount API로 알 수 있는 시스템 틱 시간이 그 예다. 이 API는 개발자가 애플리케이션에서 시간과 관련된 작업을 수행하는 데 사용된다. 이러한 작업은 KeUpdateRunTime에서 수행한다. 이러한 작업을 수행하기 전에 KeUpdateRuntime은 타이머가 만료됐는지를 확인한다.

윈도우의 타이머는 정확한 만료 시간이 있는 절대 타이머, 타이머 삽입 중 현재 시간을 양수 오프셋으로 사용하는 음수 만료 값이 포함된 상대 타이머로 나눠진다. 내부적으로 모든 타이머는 절대 만료 타이머로 변경된다. 그렇기는 해도 시스템은 원래 절대 타이머인지, 변경돼 절대 타이머가 된 것인지를 추적한다. 이러한 차이는 일부 시나리오에서 상당한 의미를 지닌다. 예를 들어 일광 절약 시간제 Daylight Savings Time(그리고 직접적인 시간 변경도 해당)가 적용된 경우다. 절대 타이머가 오후 8:00 만료된다고 하자. 유저가 시간을 오후 1:00에서 오후 7:00로 변경했다면 상대 타이머는 아무런 효과가 없다. 상대 타이머 입장에서는 실제로 시간이 흐른 것이 아니기 때문에 이러한 시스템 시간 변경 이벤트에 대해 커널은 새로운 설정에 맞게 상대 타이머와 연관된 절대 타이머를 보정하는 작업을 해놓은 것이다.

과거에는 시계가 주기적으로 발생하기 때문에 타이머가 연관된 시스템 시간의 각 배수는 타이머 객체의 디스패처 헤더에 저장된 핸드hand라는 인덱스다. 이는 타이머 객체의 디스패처 헤더에 저장된다. 윈도우는 이를 사용해 모든 드라이버와 애플리케이션의 타이머가 시스템 시간의 배수 단위로 연결 리스트에 유지되게 한다. 최신 버전의 윈도우 10에서는 주기 틱 모드로 더 이상 동작하지 않으며(동적 틱 모드가 있기 때문이다) 핸드가 100ns 단위의 상위 46비트를 이용해 재정의됐다. 각 핸드는 약 28ms의 시간에 해당한다. 추가적으로 주어진 틱마다 다양한 핸드가 타이머를 만료시킬 수 있기 때문에 윈도우는 더 이상 현재 핸드를 확인하지 않는다. 대신 프로세서의 타이머 테이블마다 존재하는 비트맵이 각각의 핸드를 추적하는 데 사용된다. 이러한 대기 중인 핸드들은 비트맵에서 찾을 수 있으며 매 클록 인터럽트에서 확인한다.

동작 방식과 상관없이 타이머 테이블이라고 불리는 256개의 연결 리스트는 PRCB에 존재하며 전역 락 없이 각각의 프로세서가 타이머 만료를 수행할 수 있게 해준다. 그림 8-19에서 해당 내용을 볼 수 있다. 최근 빌드의 윈도우 10에서는 2개의 타이머 테이블이 있으므로 512개의 연결 리스트로 구성된다.

이후에는 타이머가 어떤 논리 프로세서 타이머 테이블에 들어가는지 결정하는 것을 살펴볼 것이다. 각각의 프로세서가 타이머 테이블을 갖고 있기 때문에 각각의 프로세서는 타이머 만료 작업 수행을 각각 수행한다. 각 프로세서가 초기화될 때 이 테이블은 불안정한 상태를 피하고자 무한 시간대기를 하는 절대 시간 타이머로 채워진다. 그러므로 시간이 만료됐는지를 결정하려면 현재 핸드와 연관된 연결 리스트에 타이머가 있는지만 확인하면 된다.

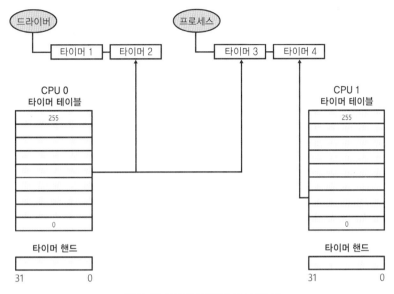

그림 8-19 프로세서 타이머 리스트의 예

카운터를 갱신하고 연결 리스트를 확인하는 것이 빠른 연산이긴 하지만 모든 타이머를 확인하고 이에 대한 만료 처리를 하는 것은 잠재적으로 비용이 많이 드는 작업이다. 다만 해당 작업은 IRQL이 예외적으로 상당히 높은 **CLOCK_LEVEL**에서 이뤄진다는 것이다. 드라이버 ISR에서 지연된 작업을 위해 DPC를 요청하듯이 클록 ISR은 DPC 소프트웨어 인터럽트를 요청한다. 이때 PRCB에 있는 플래그를 설정한다. 이로써 DPC를 소비하는 메커니즘에서 타이머가 만료됐음을 알게 한다. 마찬가지로 프로세스/스레드 실행 시간을 업데이트할 때 클록 ISR은 스레드가 퀀텀 소비를 다 했는지를 판단한다. 그리고 DPC 소프트웨어 인터럽트를 추가하고 또 다른 PRCB 플래그를 설정한 채로 요청한다. 이 플래그들은 PRCB별로 존재하는데, 각각 프로세서별 처리를 위해서다. 프로세서별로 연관된 스레드들과 작업이 다르기 때문에다. 표 8-10은 타이머 만료와 프로세서에 사용되는 다양한 필드를 보여준다.

DPC는 디바이스 드라이버를 위해 제공되지만 커널도 이를 사용한다. 커널은 대개 퀀텀 만료 처리를 위해 DPC를 사용한다. 시스템 클록의 틱마다 클록 IRQL에서 인터럽트가 발생한다. 클록 인터럽트 핸들러는 시스템 타임을 업데이트하고 현재 스레드가 얼마나 수행됐는지에 대한 카운터를 감소시키고, 카운터가 0이 되면 스레드 퀀텀이 만료된다. 그리고 커널은 프로세서를 다시 스케줄링한다. 스케줄 대상은 DPC/디스패치 IRQL에서 수행되는 더 낮은 우선순위의 작업이다. 클록 인터럽트 핸들러는 DPC를 이용해 스레드 디스패칭을 시작하고, 이를 끝낸 후에 프로세서 IRQL을 낮춘다. DPC 인터럽트가 디바이스 인터럽트보다 낮은 우선순위를 가지므로 클록 인터럽트 전에 대기 중인 디바이스 인터럽트는 DPC 인터럽트 발생 전에 처리된다.

최종적으로 IRQL이 DPC가 처리되는 DISPATCH_LEVEL로 돌아간다면 2개의 플래그가 설정된다.

표 8-10 타이머 처리용 KPRCB 필드

KPRCB 필드	타입	설명
LastTimerHand	Index(256까지)	프로세서에 의해 처리된 마지막 타이머 핸드. 최근 윈도우에서는 TimerTable의 일부다(테이블이 2개 있으므로).
ClockOwner	Boolean	현재 프로세서가 클록 소유자인지를 알 수 있다.
TimerTable	KTIMER_TABLE	타이머 테이블 리스트의 리스트 헤드다(256개이고, 최근 윈도우에서는 512개)
DpcNormalTimerExpiration	BIT	DISPATCH_LEVEL 인터럽트가 타이머 만료로 발생했음을 알려준다.

Vol.1의 4장에서 스레드 스케줄링과 퀀텀 만료를 다뤘다. 여기서는 타이머 만료 작업을 살펴본다. 타이머가 핸드를 통해 연결돼 있기 때문에 만료 코드는 리스트를 헤드^{head}에서 테일^{tail}로 따라가면서 처리한다(삽입 상황을 살펴보면 클록 간격의 배수에 있는 타이머들이 먼저 들어가게 그다음에 가까운 타이머 그리고 핸드 내에 존재하는 다음 간격에 가까운 타이머 순이다). **타이머를 만료하는 데에는 2가지 중요한 작업이 있다.**

- 타이머는 디스패처의 동기화 객체로 처리된다(스레드는 타이머의 타임아웃 대기 또는 직접 대기를 할 수 있다). 대기 테스팅^{wait-testing}과 대기 만족^{wait-satisfaction} 알고리듬은 타이머에서 동작한다. 이후의 동기화 관련 절에서 작업^{work}에 대해 더 자세히 언급한다. 이것이 유저 모드 애플리케이션과 드라이버가 타이머를 이용하는 방식이다.

- 타이머는 타이머가 만료될 때 DPC 콜백 루틴과 연결되는 제어 객체로 사

용된다. 이 방식은 드라이버를 위해 예약된 것이며, 타이머 만료에 대한 매우 낮은 지연 응답을 가능케 한다(대기/디스패처 메서드는 대기 시그널링에 대한 추가 로직을 필요로 한다). 게다가 타이머 만료 자체는 DPC도 동작할 수 있는 DISPATCH_ LEVEL에서 수행한다. 이 레벨은 타이머 콜백에 정확히 들어맞는다.

각각의 프로세서가 깨어나서 클록 간격 타이머를 이용해 시스템 타임과 런타임 프로세싱을 위해 IRQL이 CLOCK_LEVEL에서 DISPATCH_LEVEL로 떨어지는 약간의 지연 후에 타이머 만료를 수행한다. 그림 8-20은 두 프로세서의 동작을 보여준다. 굵은 화살표는 클록 인터럽트가 발생하는 것을 보여준다. 반면 점선 화살표는 프로세서가 타이머와 연관돼 있을 때 타이머 만료 처리를 하는 것을 나타낸다.

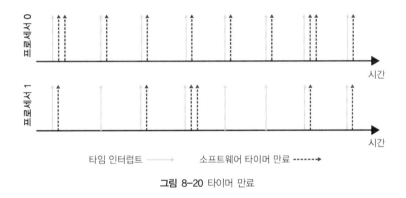

그림 8-20 타이머 만료

프로세서 선택

타이머가 추가될 때 적절한 테이블을 선택하는 것은 중요한 문제다. 해당 결정은 최적의 프로세서를 선택하는 문제라고도 할 수 있다. 먼저 커널은 타이머 직렬화 기능이 켜져 있는지 살펴본다. 켜져 있다면 타이머가 만료를 하는 데 사용하는 DPC가 있는지를 살펴본다. DPC가 타깃 프로세서로 친화 설정이 돼 있으면 커널은 해당 프로세서 타임 테이블을 사용하기로 결정한다. 프로세서 친화 설정이 돼 있지 않거나 특정한 프로세서에 DPC가 묶여 있지 않다면 커널은 모든 프로세서를 살펴서 파킹되지 않은 프로세서 그룹을 찾는다(코어 파킹에 대한 정보를 더 살펴보고 싶다면 Vol.1의 4장을 참고한다). 현재 프로세서가 파킹돼 있다면 NUMA 노드상에 파킹되지 않은 프로세서를 찾는다. 그렇지 않다면 현재 프로세서가 사용된다.

이러한 동작은 성능과 하이퍼V를 사용하는 서버 시스템의 확장성에 영향을 준다. 해당 동작은 굉장히 부하가 심한 시스템에만 성능의 이득을 준다. 시스템 타이머가 쌓여감에 따라 대부분의 드라이버가 DPC 친화 설정을 하지 않기 때문에 CPU 0가 타이머 만료 코드로 점점 정체돼간다. 그 결과로 지연 상황이 발생하게 되고 엄청난 딜레이와 함께 DPC를 놓치는 상황까지 만들어진다. 게다가 타이머 만료는 드라이버 인터럽트 프로세싱 처리(예를 들어 네트워크 패킷 처리)에서 사용되는 DPC들과 경쟁하게 된다. 결과적으로 시스템 전체적인 성능 저하를 가져온다. 이 과정은 하이퍼V 시나리오에서 더 악화된다. CPU 0가 반드시 타이머를 처리하고 각각의 타이머와 디바이스 처리를 하는 다양한 가상 장치의 DPC를 처리해야 하기 때문이다.

프로세서 전체에 타이머를 분배시킨다면 그림 8-21과 같은 상황이 나온다. 각각의 프로세서 타이머 만료 부하가 파킹되지 않은 논리 프로세서들로 완전 분배된다. 타이머 객체들은 연관된 프로세서 번호를 32비트 시스템에서는 디스패처 헤더에 기록한다. 64비트 시스템에서는 객체 자체에 기록한다.

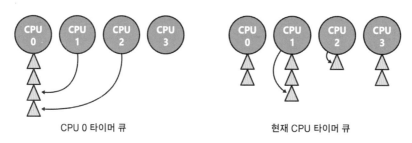

CPU 0 타이머 큐   현재 CPU 타이머 큐

그림 8-21 타이머 큐잉 동작

이 동작은 서버에서 큰 이득을 가져다줄지라도 클라이언트 시스템에는 큰 영향을 주지 않는 다. 오히려 타이머 만료 이벤트(클록 틱과 같은)를 더 복잡하게 만든다. 유휴 상태에 가야 하는 프로세서가 타이머 처리를 하게 되기 때문에 다양한 프로세서가 타이머 삽입과 취소를 동시다발적으로 한다는 것은 타이머 만료 처리에 본질적인 비동기 처리가 존재함을 의미한다. 이는 별로 좋은 방식은 아니다. 이런 복잡성이 모던 대기 복원력 단계Modern Standby's resiliency phase를 구현할 수 없게 만든다. 어떤 프로세서도 완전히 클록을 처리하게 남을 수 없기 때문에 클라이언트 시스템의 경우에는 모던 대기가 가능하다면 타이머 직렬화가 켜져 있다. 이렇게 하면 커널

이 CPU 0를 어떤 일이 있어도 선택할 수 있게 한다. 이는 CPU 0가 기본 클록을 소유하게 한다. 해당 프로세서는 클록 인터럽트를 받을 수 있게 활성화된다(더 자세한 내용은 뒤에 다룬다).

> 해당 동작은 커널 변수인 KiSerializeTimerExpiration에 의해 제어된다. 서버와 클라이언트가 설치될 때 차이가 있는 레지스트리 설정에 의해 초기화된다. HKLM\SYSTEM\CurrentControlSet\Control\Session Manager\Kernel 키 하위에 SerializeTimerExpiration 값을 만들고 0과 1이 아닌 값으로 변경하면 직렬화가 꺼진다. 그리고 타이머가 프로세서들로 분배되게 한다. 값을 지우거나 0으로 유지하게 되면 커널은 모던 대기 사용에 기초한 결정을 한다. 그리고 1로 바꾸게 되면 직렬화를 영구적으로 켜는데, 이는 모던 대기 시스템이 아니더라도 그렇게 한다.

실습: 시스템 타이머 살펴보기

커널 디버거를 사용해서 시스템에 등록된 현재 타이머들을 볼 수 있다. 그리고 타이머와 연관된 DPC를 확인할 수 있다. 다음 내용을 살펴보자.

```
0: kd> !timer
Dump system timers

Interrupt time: 250fdc0f 00000000 [12/21/2020 03:30:27.739]

PROCESSOR 0 (nt!_KTIMER_TABLE fffff8011bea6d80 - Type 0 - High precision)
List Timer            Interrupt Low/High Fire Time      DPC/thread

PROCESSOR 0 (nt!_KTIMER_TABLE fffff8011bea6d80 - Type 1 - Standard)
List Timer            Interrupt Low/High Fire Time      DPC/thread
 1 ffffdb08d6b2f0b0  0807e1fb 80000000 [   NEVER             ]
                     thread ffffdb08d748f480
 4 ffffdb08d7837a20  6810de65 00000008 [12/21/2020 04:29:36.127]
 6 ffffdb08d2cfc6b0  4c18f0d1 00000000 [12/21/2020 03:31:33.230]
                     netbt!TimerExpiry (DPC @ ffffdb08d2cfc670)
   fffff8011fd3d8a8 A   fc19cdd1 00589a19 [ 1/ 1/2100 00:00:00.054]
                     nt!ExpCenturyDpcRoutine (DPC @ fffff8011fd3d868)
 7 ffffdb08d8640440  3b22a3a3 00000000 [12/21/2020 03:31:04.772]
                     thread ffffdb08d85f2080
   ffffdb08d0fef300  7723f6b5 00000001 [12/21/2020 03:39:54.941]
        FLTMGR!FltpIrpCtrlStackProfilerTimer (DPC @ ffffdb08d0fef340)
11 fffff8011fcffe70 6c2d7643 00000000 [12/21/2020 03:32:27.052]
```

```
                nt!KdpTimeSlipDpcRoutine (DPC @ fffff8011fcffe30)
    ffffdb08d75f0180  c42fec8e 00000000 [12/21/2020 03:34:54.707]
                thread ffffdb08d75f0080
14 fffff80123475420  283baec0 00000000 [12/21/2020 03:30:33.060]
                tcpip!IppTimeout  (DPC @ fffff80123475460)
. . .
58 ffffdb08d863e280 P3fec06d0 00000000 [12/21/2020 03:31:12.803]
                thread ffffdb08d8730080
    fffff8011fd3d948 A90eb4dd1 00000887 [ 1/ 1/2021 00:00:00.054]
                nt!ExpNextYearDpcRoutine (DPC @ fffff8011fd3d908)
. . .
104 ffffdb08d27e6d78 P 25a25441 00000000 [12/21/2020 03:30:28.699]
                tcpip!TcpPeriodicTimeoutHandler (DPC @ ffffdb08d27e6d38)
    ffffdb08d27e6f10 P 25a25441 00000000 [12/21/2020 03:30:28.699]
                tcpip!TcpPeriodicTimeoutHandler (DPC @ ffffdb08d27e6ed0)
106 ffffdb08d29db048 P 251210d3 00000000 [12/21/2020 03:30:27.754]
            CLASSPNP!ClasspCleanupPacketTimerDpc (DPC @ ffffdb08d29db088)
    fffff80122e9d110 258f6e00 00000000 [12/21/2020 03:30:28.575]
                Ntfs!NtfsVolumeCheckpointDpc (DPC @ fffff80122e9d0d0)
108 fffff8011c6e6560  19b1caef 00000002 [12/21/2020 03:44:27.661]
                tm!TmpCheckForProgressDpcRoutine (DPC @ fffff8011c6e65a0)
111 ffffdb08d27d5540 P 25920ab5 00000000 [12/21/2020 03:30:28.592]
                storport!RaidUnitPendingDpcRoutine (DPC @ ffffdb08d27d5580)
    ffffdb08d27da540 P 25920ab5 00000000 [12/21/2020 03:30:28.592]
                storport!RaidUnitPendingDpcRoutine (DPC @ ffffdb08d27da580)
. . .

Total Timers: 221, Maximum List: 8
Current Hand: 139
```

지면 제약으로 생략했지만 이 예에서는 타이머와 연관된 여러 개의 드라이버가 있다. 네트워킹과 연관된 Netbt.sys와 Tcpip.sys 드라이버가 있으며(둘 다 네트워킹과 연관돼 있다) 스토리지 컨트롤러 드라이버인 Ntfs도 있다. 타이머는 곧 만료된다. 또한 백그라운드에서 동작하는 타이머도 있는데, 파워 관리, CTW 레지스트리 플러싱, 유저 계정 제어[UAC] 가상화가 있다. 또한 DPC와 연관돼 있지 않은 타이머도 있다. 대기 디스패칭에 사용되는 유저 모드나 커널 모드 타이머들이다. !thread 명령을 사용하면 확인을 위한 스레드

포인터를 얻을 수 있다.

마지막으로 윈도우 시스템에 언제나 있었던 흥미로운 타이머가 있다. 일광 절약 시간대 변경을 확인하기 위한 타이머다. 타이머는 다음 년도가 오는 것을 확인하고 다음 세기가 오는 것도 확인한다. 일반적인 만료 타임을 기반으로 쉽게 찾을 수 있다.

지능형 타이머 틱 분배

그림 8-20은 클록 ISR과 만료 타이머 처리를 하는 것을 보여준다. 프로세서 1이 몇 번씩 깨어난다(굵은 화살표). 심지어 만료 타이머가 없는 경우도 있다(점선으로 표시된 화살표). 프로세스 1이 동작하는 상황(스레드/프로세스 런타임과 스케줄링 상태를 업데이트하는 것과 같은 동작)이긴 한데, 프로세서 1이 유휴 상태라면 어떨까? 일찍 참조한 동작만이 시스템 타임과 클록 틱을 업데이트하기 때문에 타임을 관리하는 프로세서로 하나의 프로세서만 설정하는 것은 충분하다(이 경우에는 프로세서 0). 그리고 나머지 프로세서는 잠든 상태에 놓을 수 있게 된다. 깨어난다면 프로세서 0를 이용해 시간 보정 작업을 수행한다.

사실상 윈도우는 이러한 구현을 하고 있다(내부적으로 지능 틱 분배라고 한다). 그림 8-22는 프로세서 1이 잠든 상태에서 프로세서 상태들을 보여준다(앞에서와 다르게 코드가 동작하고 있다고 가정한다). 보다시피 프로세서 1은 5번 깨어나 만료 타이머를 다룬다. 그리고 큰 차이(잠드는 시간 간격)가 생겨난다. 커널은 KiPendingTimerBitmaps 변수를 사용해 어떤 논리 프로세서가 주어진 타이머 핸드(클록 틱 주기)로 클록 간격을 받는 선호도 마스크 배열을 포함한다. 그리고 인터럽트 컨트롤러를 적절하게 프로그램해 어떤 프로세서가 IPI를 전송해 타이머 프로세싱을 할지 결정한다.

프로세서의 파워 관리를 위해 큰 간격을 만드는 것은 중요하다. 프로세서는 워크로드가 점점 낮아지고 있다고 인지함에 따라 파워 소비(P 상태)를 줄여 유휴 상태에 도달할 때까지 수행한다. 프로세서는 부분적인 것들을 꺼버린다. 그리고 점점 더 깊은 유휴/잠든 상태로 들어간다. 이러한 동작에는 캐시를 끄는 동작도 있다. 그러나 프로세서가 다시 깨어나면 에너지를 써서 점점 파워를 높여 나간다. 이러한 이유 때문에 프로세서 디자이너들은 상태 진입/종료에 대한 비용보다 시간과 에너지에 대한 이점이 더 많다면 낮은 단계의 유휴/잠든 상태(C 상태)로 들어가는 위험을 감수하려고 한다. 1ms만 잠든 상태에 머무르고자 10ms 전이 비용을 쓰는 것은 비합리적임이 명확하다. 클록 인터럽트가 자고 있는 프로세서가 필요해지기까지 깨우지 않고자 더 깊은 C 상태로 진입해서 오랫동안 머무른다.

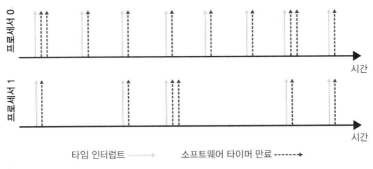

그림 8-22 지능형 타이머 틱 분배가 프로세서 1에 적용된 상황.

타이머 병합

타이머 만료가 없는 자고 있는 프로세서에 클록 인터럽트를 줄이는 것이 긴 C 상태 간격 효과에 도움을 줄지라도(타이머는 15ms 간격이라고 하자) 많은 타이머가 주어진 핸드의 큐에 들어간다. 그리고 자주 만료된다. 심지어 프로세서 0인 경우도 그렇다. 소프트웨어 타이머 만료 동작의 양을 줄이는 것은 지연 시간을 줄여준다(DISPATCH_LEVEL에서 작은 양의 작업이 필요하기 때문이다). 그리고 다른 프로세서가 잠든 상태에 오랫동안 머무르게 된다. 잠든 상태에 영향을 주는 것은 만료 타이머의 개수만은 아니다. 타이머 만료의 주기도 문제다. 6개의 타이머가 같은 핸드에서 만료되는 것이 다른 핸드에서 만료되는 것보다 낫다. 그러므로 유휴 시간을 완전히 최적화하고자 커널은 분리된 타이머 핸드를 여러 만료 타이머를 가진 동일 핸드로 묶어 내려는 병합 메커니즘을 도입한다.

타이머 병합은 유저 모드 애플리케이션과 드라이버가 완전히 정확한 타이머 만료를 요하지 않는다는 가정에서 시작한다(멀티미디어 애플리케이션은 예외의 예가 될 수 있다). '무시Don't care' 구간은 원래 타이머 주기가 올라감에 따라 함께 올라간다. 30초에 한 번씩 깨어나는 애플리케이션이 29초, 31초에 깨어난다고 문제될 것이 없다. 드라이버 입장에서 1초 간격으로 폴링해야 하는 것을 1초에서 50ms를 더하거나 뺀 간격으로 폴링하는 것도 마찬가지로 문제될 것이 없다. 대부분의 주기적인 타이머가 중요하게 보장해주는 것은 특정 범위 내에서 주기 타이머가 발동한다는 사실이다. 예를 들어 타이머는 1초에 50ms를 추가한 범위 내에서 발동된다. 해당 범위 내에서 계속 발동하며 2초나 그 이상의 시간 초에서도 1초의 절반을 넘어가지 않는 수치 내에서 발동한다. 어떻든 간에 모든 타이머가 병합 단위 내로 병합되지는 않는다. 따라서 윈도우는 병합 가능하다고 표시한 타이머들에 한해서만 병합을 수행한다. 병합 가능하다는 표시는 KeSetCoalescableTimer 커널 API 또는 이와 대응되는 유저 모드는 SetWaitableTimerEx로 가능하다.

이러한 API를 통해 드라이버와 애플리케이션 개발자들은 타이머에 대해 커널이 최대 허용하는 시간을 정할 수 있다. 추천되는 최소 허용 시간은 32ms다. 해당 수치는 15.6ms 클록 틱의 2배에 해당하는 값이다. 이보다 작은 값은 사실상 병합을 하지 못한다. 만료되는 타이머는 하나의 클록 틱에서 다음으로 넘어갈 수 없기 때문에 허용 수치가 명시될지라도 윈도우는 타이머를 총 4개의 선호되는 시간 간격으로 설정한다(1초, 250ms, 100ms, 50ms).

허용 가능한 지연이 주기적인 타이머에 설정됐을 때 윈도우는 시프팅^{shifting}이라는 프로세스를 사용한다. 이 프로세스는 정해진 지연 범위와 연관된 선호되는 병합 간격 배수에 해당되도록 타이머를 옮기는 프로세스다. 절대 타이머의 경우에는 선호되는 병합 간격 리스트를 찾아보고 선호되는 만료 시간이 가장 가까운 간격 중에 호출자가 명시한 최고 가용 시간 기준으로 정해진다. 이러한 동작은 절대 타이머는 실제 만료 지점보다 가능한 한 멀리 설정됨을 의미한다. 이로 인해 타이머가 멀리 분포되게 하고 프로세서가 오랫동안 잠들 수 있게 한다.

타이머가 병합된 상태의 그림 8-20을 참조해보면 타이머가 지정된 허용 값을 가졌다고 할 때 병합 가능하다고 볼 수 있다. 하나의 시나리오에서 윈도우는 그림 8-23에서 보여주는 것처럼 타이머를 병합한다. 프로세서 1이 총 3개의 클록 인터럽트를 받는다는 것을 보면 유휴 상태로 잠든 시간이 길어지고, 이는 더 낮은 C 상태로 들어갈 수 있게 된다. 더 나아가서 프로세서 0을 위해 클록 인터럽트가 해야 되는 일이 줄어든다. DISPATCH_LEVEL로 클록 인터럽트마다 떨어트리는 것을 요하는 일을 없앨 수 있는 게 가능해진다.

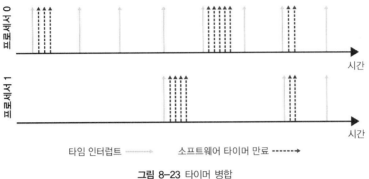

그림 8-23 타이머 병합

향상된 타이머

향상된 타이머는 예전 타이머 시스템에서 되지 않는 몇 가지 요구 사항을 만족시키기 위한 것으로, 몇 가지 요구 사항은 다음과 같다. 첫 번째로 타이머를 일정치 않은 상태에 놓이게 한다. 이때는 파워를 줄이지 않은 상태임에도 말이다. 두 번째로 윈도우에서 고정밀도 타이머를 위한 유일한 메커니즘은 애플리케이션과 드라이버가 전역적으로 클록 틱을 낮추게 한다. 이는 시스템에 부정적인 영향을 끼친다. 그리고 타이머의 정밀도가 높아졌을지라도 정확함과는 또 다른 얘기다. 타이머 만료가 클록 틱 전에 발생할 수 있기 때문에 아무리 단위를 쪼개더라도 해당 문제는 발생할 수밖에 없다.

마지막으로 커넥티드/모던 대기^{Connected/Modern Standby}에서 소개했던 내용을 돌이켜보자(Vol.1의 6장). 데스크톱 활동 조정^{DAM, Desktop Activity Moderator}과 타이머 가상화 같은 추가된 기능들이 있다. 이는 모던 대기의 복원력 단계^{resiliency phase}에서 S3 수면을 시뮬레이트하는 동안 타이머의 만료를 지연시킨다. 그러나 해당 기간 동안에 일부 중요한 시스템 타이머 동작은 주기적으로 동작하게 된다.

이런 3가지 요구 사항이 향상되는 타이머가 만들어졌다. 내부적으로 Timer2 객체라고 알려져 있다. 그리고 새로운 시스템 콜도 만들어졌는데, NtCreateTimer2와 NtSetTime2다. 드라이버 API로 보면 ExAllocateTimer와 ExSetTimer다. 향상된 타이머는 상호 배타적인 4가지 모드를 가진다.

- **깨어나지 않음**^{No-wake}: 이 타입의 향상된 타이머는 타이머 병합에 대한 향상을 가져다준다. 잠든 기간에 사용되는 가용할 수 있는 지연을 제공해주기 때문이다.
- **고정밀도**^{High-resolution}: 이 타입의 향상된 타이머는 고정밀도 타이머와 정확한 클록 간격 비율을 사용한다는 점에서 같다. 클록 간격 비율은 타이머 만료를 근접시키는 데 사용된다.
- **유휴 상태 복원력**^{Idle-resilent}: 이 유형의 향상된 타이머는 최근 대기 모드의 복원력 단계와 같이 깊은 수면 중에도 계속 활성화된다.
- **유한**^{Finite}: 이 종류의 향상된 타이머는 이전의 것들과 속성을 공유하지 않는다.

고정밀도 타이머는 유휴 상태 복원일 수 있고 그 반대일 수도 있다. 반면 유한 타이머는 어떤 것과도 관계에 놓이지 않는다. 그러므로 유한 향상된 타이머는 특별한 동작이 없다면 왜 존재하는 것일까? 이는 `Timer2` 기반의 구조가 커널의 시작 및 생명주기 동안의 기존 타이머 로직을 대체하면서 나오게 되는 이점이 있다.

- 타이머 테이블에서 연결 리스트를 사용하지 않고 레드블랙 트리를 사용한다.
- 드라이버가 콜백을 켜고 끄는 것이 가능하게 하므로 DPC를 만들 걱정이 필요 없다.
- 동작할 때마다 문제 해결에 유용한 ETW 추적 항목을 만든다.
- 보안에 향상된 기능을 제공한다.

그러므로 윈도우 8.1 이상을 개발하는 드라이버 개발자는 새로운 향상된 타이머 기능을 사용하게 하는 것이 좋다.

ExAllocateTimer API는 드라이버가 유휴-복원력(idle-resilient) 타이머를 만들게 하지 못한다. 사실상 해당 시도는 시스템에 크래시를 만든다. 마이크로소프트 드라이버는 ExAllocateTimer Internal API를 통해 이러한 타이머를 만들 수 있다. 커널은 알려진 모든 적법한 호출자의 정적 하드코딩 목록을 추적하고 고유 식별자를 제공하며 해당 구성 요소가 생성할 수 있는 타이머의 수에 대한 정보를 갖고 있어 해당 API를 사용하려는 시도를 자제해야 한다. 어떤 위반 사항도 시스템 크래시(죽음의 블루스크린)를 발생시킬 수 있다.

향상된 타이머는 훨씬 더 엄격한 만료 정책을 가진다. 향상된 타이머는 2개의 제한시간이 있기 때문이다. 첫 번째로 **최소 제한시간**이 있다. 타이머가 만료되는 데 가장 이른 시스템 클록 시간을 가리킨다. 두 번째는 **최대 제한시간**으로, 타이머가 만료될 수 있는 가장 늦은 시스템 클록 시간을 가리킨다. 윈도우는 2개의 시간 안에서 타이머가 만료되도록 보장한다. 지속적인 클록 틱(15ms 단위) 체크 또는 타이머 만료에 대한 특별 확인을 통해 가능해진다(타이머 인터럽트에 의해 깨어나는 유휴 스레드에 의한 것이 그 예다). 간격 계산은 개발자에 의해 전달된 예상 만료 시간과 전달된 '깨어나지 않는 가용성' 값을 조정함으로써 이뤄진다. 무한 깨어나는 가용성이 설정됐다면 타이머는 최대 제한시간을 갖지 않는다.

이와 같이 Timer2 객체는 레드블랙 트리 노드 2개 이상에 의해 관리된다. 노드 0는 최소 제한시간 확인을 위한 것이고 노드 1은 최대 제한시간 확인을 위한 것이다. 깨어나지 않은 타이머와 고정밀도 타이머는 노드 0에 있다. 반면 유한 타이머와 유휴 복원력 타이머는 노드 1에 있다.

몇 가지 속성이 융합될 수 있다고 했는데, 2개의 노드에 어떻게 딱 맞아 떨어질까? 1개의 레드블랙 트리를 사용하는 대신 시스템은 **컬렉션**이라 불리는 것을 이용한다(KTIMER2_COLLECTION_INDEX 데이터 구조체를 보자). 하나하나가 향상된 타이머를 의미한다. 따라서 타이머는 노드 0 또는 노드 1 또는 둘 다 또는 아예 안 들어갈 수 있는데, 표 8-11에서 소개하는 규칙에 의거한다.

표 8-11 타이머 타입과 노드 컬렉션 인덱스

타이머 종류	노드0 컬렉션 인덱스	노드1 컬렉션 인덱스
깨어나지 않음	가용성이 있다면 깨어나지 않는다.	제한적이거나 가용성이 없다면 깨어나지 않는다.
유한함	노드에 들어가지 않는다.	유한하다.
고정밀도	언제나 고정밀도	제한적이거나 가용성이 없다면 유한하다.
유휴 탄력	가용성이 있다면 깨어나지 않는다.	제한적이거나 가용성이 없다면 유휴 탄력이다.
고정밀도 & 유휴 탄력	언제나 고정밀도	제한적이거나 가용성이 없다면 유휴 탄력이다.

노드 1이 예전 타이머 동작을 따라간다고 생각해보자. 매 클록 틱마다 타이머의 만료를 확인한다. 그러므로 타이머는 노드 1에 있는 한 만료가 보장된다. 이는 최소 제한시간과 최대 제한시간이 같음을 의미한다. 제한적인 가용성을 가진다면 노드 1에 없다. 타이머는 CPU가 잠든 상태로 있는 한 만료될 수 없기 때문이다.

고정밀도 타이머는 반대다. 일찍도 아니도 딱 그 시간에 깨어나게 돼 있다. 따라서 노드 0가 사용된다. 하지만 노드 0보다 만료 시간이 너무 이르다면 노드 1에 존재하게 된다. 마치 일반 유한 타이머처럼 취급돼 호출자가 허용 값을 제공하고 시스템이 유휴 상태일 때는 타이머가 병합될 가능성도 있다.

유사하게 유휴-탄력 타이머는 시스템이 탄력 단계에 있지 않다면 깨어나지 않는 컬렉션 내에서 존재한다. 고정밀도 컬렉션 내에서는 존재하지 않는다. 그러나 클록 틱에서 노드 1을 확인해서 특별한 유휴 컬렉션에 있게 된다. 이는 시스템이 깊은 수면 상태에 있어도 타이머가 수행되게 한다.

처음에는 헷갈리더라도 상태 조합은 시스템 클록 틱마다 확인(노드 1 - 최대 제한시간을 강제한다)되거나 다음 가까운 시간제한 계산(노드0 - 최소 시간제한 강제)에 있어서 타이머가 정확하게 동작하는 것을 보장해준다.

타이머가 적절한 컬렉션(KTIMER2_COLLETCION)에 삽입되고 레드블랙 트리 노드와 연관되기 때문에 컬렉션의 다음 제한시간은 컬렉션에 있는 어떠한 타이머의 가장 이른 제한시간으로 업데이트된다. 반면 전역 변수(KiNextTimer2Due)는 컬렉션 중의 가장 빠른 제한시간을 반영한다.

실습: 향상된 시스템 타이머 살펴보기

다음 내용에 있는 향상된 타이머를 커널 디버거를 통해 볼 수 있다.

```
KTIMER2s:
Address,        Due time,                        Exp. Type Callback,
Attributes,
ffffa4840f6070b0 1825b8f1f4 [11/30/2020 20:50:16.089] (Interrupt) [None]
NWF (1826ea1ef4  [11/30/2020 20:50:18.089])
ffffa483ff903e48 1825c45674 [11/30/2020 20:50:16.164] (Interrupt) [None] NW
P (27ef6380)
ffffa483fd824960 1825dd19e8 [11/30/2020 20:50:16.326] (Interrupt) [None]
NWF (1828d80a68  [11/30/2020 20:50:21.326])
ffffa48410c07eb8 1825e2d9c6 [11/30/2020 20:50:16.364] (Interrupt) [None] NW
P (27ef6380)
ffffa483f75bde38 1825e6f8c4 [11/30/2020 20:50:16.391] (Interrupt) [None] NW
P (27ef6380)
ffffa48407108e60 1825ec5ae8 [11/30/2020 20:50:16.426] (Interrupt) [None]
NWF (1828e74b68  [11/30/2020 20:50:21.426])
ffffa483f7a194a0 1825fe1d10 [11/30/2020 20:50:16.543] (Interrupt) [None]
NWF (18272f4a10  [11/30/2020 20:50:18.543])
ffffa483fd29a8f8 18261691e3 [11/30/2020 20:50:16.703] (Interrupt) [None] NW
P (11e1a300)
ffffa483ffcc2660 18261707d3 [11/30/2020 20:50:16.706] (Interrupt) [None]
NWF (18265bd903  [11/30/2020 20:50:17.157])
ffffa483f7a19e30 182619f439 [11/30/2020 20:50:16.725] (Interrupt) [None]
NWF (182914e4b9  [11/30/2020 20:50:21.725])
ffffa483ff9cfe48 182745de01 [11/30/2020 20:50:18.691] (Interrupt) [None] NW
P (11e1a300)
ffffa483f3cfe740 18276567a9 [11/30/2020 20:50:18.897] (Interrupt)
        Wdf01000!FxTimer::_FxTimerExtCallbackThunk (Context @
ffffa483f3db7360) NWF (1827fdfe29 [11/30/2020 20:50:19.897]) P (02faf080)
ffffa48404c02938 18276c5890 [11/30/2020 20:50:18.943] (Interrupt) [None] NW
P (27ef6380)

ffffa483fde8e300 1827a0f6b5 [11/30/2020 20:50:19.288] (Interrupt) [None]
```

```
NWF (183091c835 [11/30/2020 20:50:34.288])
ffffa483fde88580  1827d4fcb5 [11/30/2020 20:50:19.628] (Interrupt) [None]
NWF (18290629b5 [11/30/2020 20:50:21.628])
```

해당 예에서 대부분 향상된 노웨이크^{NW, No-Wake} 타이머를 확인할 수 있으며 최소 시간 주기도 볼 수 있다. 일부는 주기적인 타이머(P)로 만료 시간에 다시 삽입된다. 또한 일부는 최대 기한 시간도 갖고 있다. 이는 가용 가능한 값이 명시된 것이고 만료되는 최신 시간을 보여준다. 마지막으로 하나의 향상된 타이머는 윈도우 드라이버 기반 프레임워크^{WDF}에 포함된 연관된 콜백을 갖고 있다(Vol.1의 6장에서 WDF 드라이버를 자세히 다뤘다).

시스템 작업자 스레드

시스템 초기화 중에 윈도우는 시스템 프로세스 내에 몇 개의 스레드를 만드는데, 이를 시스템 작업자 스레드^{system worker threads}라고 한다. 이 스레드는 다른 스레드 대신 일을 수행하는 역할을 하고자 존재한다. 많은 경우 DPC/디스패치 레벨에서 실행하는 스레드는 더 낮은 IRQL에서 수행되기를 바라는 작업들이 있다. 예를 들어 DPC 루틴은 임의의 스레드 콘텍스트에서 수행되며 DPC/디스패치 레벨의 IRQL을 가진다. 이때 페이지드 풀에 액세스하거나 디스패처 객체를 다른 스레드와 동기화시키고자 대기해야만 한다. DPC 루틴이 IRQL을 낮출 수 없기 때문에 DPC/디스패치 레벨 아래에서 수행되는 스레드에게 동작을 대신 수행하게 해야 한다.

일부 디바이스 드라이버와 이그제큐티브 구성 요소들은 패시브 레벨에서 동작을 처리하기 위한 자신만의 스레드를 만든다. 그러나 대부분 시스템 작업자 스레드를 사용한다. 이를 통해 필요 없는 스케줄링과 메모리 오버헤드 비용을 줄인다. 이그제큐티브 구성 요소는 시스템 작업자 스레드에 서비스를 요청한다. 이런 요청에는 `ExQueueWorkItem`이나 `IoQueueWorkiterm` 함수를 사용한다. 디바이스 드라이버는 `IoQueueWorkItem`만 사용할 수 있다(해당 API는 워크 아이템과 디바이스 객체를 연결시켜주기 때문이며, 더 보장해주는 것이 많다. 특히 워크 아이템이 사용 중일 때 드라이버가 언로드하는 시나리오를 처리해주기 때문이다).

해당 함수들은 워크 아이템을 큐의 디스패처 객체에 위치시킨다. 이를 통해 스레드들이 확인해서 일을 진행할 수 있게 한다(큐 디스패처 객체에 대한 자세한 내용은 Vol. 1 6장의 'I/O 컴플리션 포트' 절에서 다룬다).

IoQueueWorkItemEx, IoSizeofWorkItem, IoInitializeWorkItem, IoUninitializeWorkItem API들은 비슷하게 동작하지만 드라이버의 드라이버 객체와 관계를 만들거나 디바이스 객체 중 하나에 대한 관계를 만든다.

워크 아이템들은 루틴에 대한 포인터를 포함하며 워크 아이템을 처리할 때 필요한 매개변수도 포함한다. 패시브 레벨을 요하는 디바이스 드라이버 또는 이그제큐티브 구성 요소는 루틴을 수행한다. 예를 들어 디스패처 객체를 기다려야 하는 DPC 루틴은 디스패처 객체 대기를 하는 루틴을 가리키는 워크를 초기화한다. 어떤 단계에서 시스템 작업자 스레드는 워크 아이템을 큐에서 제거하고 드라이버 루틴을 수행한다. 드라이버의 루틴이 끝났을 때 시스템 작업자 스레드는 더 처리해야 할 일이 있는지 살펴본다. 없다면 시스템 작업자 스레드는 큐에 워크 아이템이 생성될 때까지 대기한다. 시스템 작업자 스레드가 워크 아이템을 처리할 때까지 DPC 루틴은 끝내거나 끝나지 않는다.

많은 종류의 시스템 작업자 스레드가 있다.

- 보통 작업자 스레드는 우선순위 8에서 수행된다. 그러나 그렇지 않을 경우에는 지연 작업자 스레드로 동작한다.
- 백그라운드 작업자 스레드는 우선순위 7에서 수행된다. 그리고 보통 작업자 스레드의 동작을 상속받는다.
- 지연 작업자 스레드는 우선순위 12로 수행된다. 시간에 민감하지 않은 워크 아이템을 처리한다.
- 중요한^{Critical} 작업자 스레드는 우선순위 13에서 수행되며, 시간에 민감한 작업을 처리한다.
- 매우 중요한^{Super-critical} 작업자 스레드는 우선순위 14에서 수행된다. 그렇지 않다면 민감치 않은 작업을 처리한다.
- 가장 중요한^{Hyper-critical} 작업자 스레드는 우선순위 15에서 수행된다. 그렇지 않다면 다른 중요한 스레드와 같은 역할을 한다.
- 실시간 작업자 스레드는 우선순위 18에서 수행된다. 실시간 범위 내에서

동작한다는 특이점이 있다(Vol.1의 4장에서 자세한 내용을 참고하자). 이는 우선순위 상승이나 일반적인 타임 분할 대상이 되지 않음을 의미한다.

작업자 스레드들을 구분 짓는 이름이 혼동되기 때문에 최신 버전의 윈도우는 **사용자 지정 우선순위 작업자 스레드**^{custom priority worker threads} 개념을 만들었다. 드라이버 개발자에게 해당 메커니즘을 사용하는 것이 권고되며, 드라이버가 우선순위를 전달할 수 있게 했다.

특별한 커널 함수인 `ExpLegacyWorkerInitialization`은 부팅 과정에 호출된다. 초기 지연, 중요한 작업자 큐 스레드들의 숫자를 지정한다. 해당 값은 레지스트리 매개변수를 통해 설정할 수 있다. 해당 과정은 앞에서 다뤘기 때문에 생략한다. 명심할 것은 해당 값은 외부 도구들과 호환성을 위해 남겨 놓은 값이라는 사실이다. 최근 윈도우 10과 이후에서 실제 활용되지는 않는다. 커널이 새로운 디스패처 객체를 구현했기 때문이다. 우선순위 큐(KPRIQUEUE)이며 커널 작업자 스레드 개수를 완전히 동적으로 결정한다. 또한 단일 큐당 작업자 스레드를 NUMA 노드당으로 더 쪼개 놓았다.

윈도우 10 이상에서 커널은 필요할 때마다 추가적인 작업자 스레드를 동적으로 더 만든다. 기본 최댓값은 4,096이다(ExpMaximumKernelWorkerThreads 값을 확인하자). 레지스트리 값을 조정해 16,384개까지 만들 수 있으며, 최솟값으로는 32까지 만들 수 있다. `MaximumKernelWorkerThreads` 값은 레지스트리 키인 `HKLM\SYSTEM\CurrentControlSet\Control\Session Manager\Executive` 아래에 존재한다.

Vol.1의 5장에서 다룬 각각의 파티션 객체들은 이그제큐티브 파티션을 포함한다. NUMA 노드마다의 워크 큐 관리자를 추적하는 구조체를 갖고 있다(큐 관리자는 데드락을 감지하는 타이머, 워크 큐 아이템 처리자와 관리를 하는 실제 스레드에 대한 핸들 등으로 구성된다). 또한 워크 큐에 대한 포인터 배열을 갖고 있다(EX_WORK_QUEUE). 큐들은 각각 인덱스를 갖고 있으며 스레드의 최솟값과 최댓값을 추적한다. 또한 지금까지 얼마나 워크가 처리됐는지도 추적한다.

모든 시스템은 기본 2개의 워크 큐를 갖고 있다. `ExPool` 큐와 `IoPool` 큐다. `ExPool` 큐는 드라이버와 시스템 구성 요소들이 `ExQueueWorkItem` API를 통해 사용한다. `IoPool` 큐는 `IoAllocateWorkItem` API를 통해 사용한다. 마지막으로 6개 이상의 내부 시스템 동작을 위한 큐들이 정의된다. ExQueueWorkItemToPrivatePool API라는 노출되지 않은 내부 API를 통해 사용된다. 풀^{pool}들은 식별자로 0에서 5까지 값을 가진다(큐 인덱스로 보면 2에서 7이다). 현재는 메모리 관리자의 저장 관리자만 이 기능에 영향을 준다.

이그제큐티브는 시스템이 수행함에 따라 변하는 워크로드에 따라서 중요한 작업자 스레드를 연결시키려고 노력한다. 워크 아이템들이 처리될 때면 새로운 작업자 스레드가 필요한지 확인해본다. 새로운 작업자 스레드가 필요하다면 이벤트가 설정된다. 이를 통해 NUMA 노드와 파티션마다 연결된 ExpWorkQueueManagerThread를 깨운다. 추가적인 작업자 스레드는 다음 조건에서 생성된다.

- 해당 큐에 최솟값 스레드보다 더 적은 스레드가 존재한다.
- 최댓값 스레드에 아직 도달하지 않았으며 작업자 스레드가 바쁜 상태다. 그리고 대기 중인 워크 아이템이 큐에 존재한다. 또는 워크 아이템을 넣으려는 마지막 시도가 실패했다.

ExpWorkQueueManagerThread에서는 매초마다 그리고 워크 큐 관리자마다(즉, 각 파티션의 각 NUMA 노드마다) 데드락이 발생했는지 확인하려고 한다. 이에 대한 확인 포인트는 워크 큐의 증가 속도와 워크 아이템이 처리되는 숫자의 현격한 차이를 통해서다. 이렇게 상태가 발생한다면 추가적인 작업자 스레드가 만들어진다. 이때는 최댓값 제한도 개의치 않는다. 이를 통해 발생할 수 있는 데드락을 막고자 한다. 다시 확인이 필요하기 전까지 이러한 확인 방법은 꺼진다(최대 스레드에 도달했을 경우에 다시 켜질 수 있다). 동작 중에 프로세서가 추가됨으로써 프로세서의 계층 관계가 변할 수 있기 때문에 스레드는 선호도와 데이터 구조를 새로운 프로세서에 맞출 수 있게 할 책임이 있다.

마지막으로 몇 분의 작업자 스레드 타임아웃의 2배의 시간마다(기본 10분이므로 매 20분마다) 스레드는 시스템 작업자 스레드를 파기해야 할지를 살펴본다. 같은 레지스트리 값을 활용하는데, 2 ~ 120분까지 설정할 수 있다. 사용하는 값은 WorkerThreadTimeoutInSeconds다. 이는 리핑^{reaping}이라 하는데, 시스템 작업자 스레드의 개수가 제어 불가능한 상황을 막아준다. 시스템 작업자 스레드는 정리^{reaped}될 수 있는데, 스레드가 상당히 오래 기다린 경우다(오래 기다린 값은 스레드의 타임아웃 값에 근거한다). 그리고 새로운 워크 아이템에 대한 처리가 필요하지 않은 경우다(현재 존재하는 스레드로 빠르게 워크 아이템을 처리할 수 있음을 의미한다).

실습: x64 시스템에서 GDT 찾아보기

불행히도 파티션마다 할당되는 작업자 스레드를 섞는 기능 때문에 커널 디버거의 !exqueue 명령으로는 시스템 작업자 스레드를 타입별로 볼 수 없다.

EPARTITION, EX_PARTITION, EX_WORK_QUEUE 데이터 구조체는 공개 심볼이기 때문에 디버거 데이터 모델을 통해 큐를 살펴볼 수 있으며 관리자도 확인할 수 있다. 예를 들어 메인(기본) 시스템 파티션의 NUMA 노드 0에 있는 작업자 스레드는 다음과 같이 확인할 수 있다.

```
lkd> dx ((nt!_EX_PARTITION*)(*(nt!_EPARTITION**)&nt!PspSystemPartition)->
    ExPartition)-> WorkQueueManagers[0]
((nt!_EX_PARTITION*)(*(nt!_EPARTITION**)&nt!PspSystemPartition)->
ExPartition)->
    WorkQueueManagers[0]  : 0xffffa483edea99d0 [Type: _EX_WORK_QUEUE_MANAGER *]
    [+0x000] Partition     : 0xffffa483ede51090 [Type: _EX_PARTITION *]
    [+0x008] Node          : 0xfffff80467f24440 [Type: _ENODE *]
    [+0x010] Event         [Type: _KEVENT]
    [+0x028] DeadlockTimer [Type: _KTIMER]
    [+0x068] ReaperEvent   [Type: _KEVENT]
    [+0x080] ReaperTimer   [Type: _KTIMER2]
    [+0x108] ThreadHandle: 0xffffffff80000008 [Type: void *]
    [+0x110] ExitThread    : 0x0 [Type: unsigned long]
    [+0x114] ThreadSeed    : 0x1 [Type: unsigned short]
```

이와 유사하게 NUMA 노드 0의 ExPool이다. 15개의 스레드가 있으며 지금까지 약 4백만 개의 아이템을 처리했다.

```
lkd> dx ((nt!_EX_PARTITION*)(*(nt!_EPARTITION**)&nt!PspSystemPartition)->
    ExPartition)-> WorkQueues[0][0],d
((nt!_EX_PARTITION*)(*(nt!_EPARTITION**)&nt!PspSystemPartition)->ExPartit
ion)->
    WorkQueues[0][0],d         : 0xffffa483ede4dc70 [Type: _EX_WORK_QUEUE *]
    [+0x000] WorkPriQueue      [Type: _KPRIQUEUE]
    [+0x2b0] Partition         : 0xffffa483ede51090 [Type: _EX_PARTITION *]
```

```
[+0x2b8] Node               : 0xfffff80467f24440 [Type: _ENODE *]
[+0x2c0] WorkItemsProcessed : 3942949 [Type: unsigned long]
[+0x2c4] WorkItemsProcessedLastPass : 3931167 [Type: unsigned long]
[+0x2c8] ThreadCount         : 15 [Type: long]
[+0x2cc (30: 0)] MinThreads : 0 [Type: long]
[+0x2cc (31:31)] TryFailed  : 0 [Type: unsigned long]
[+0x2d0] MaxThreads          : 4096 [Type: long]
[+0x2d4] QueueIndex          : ExPoolUntrusted (0) [Type: _EXQUEUEINDEX]
[+0x2d8] AllThreadsExitedEvent  : 0x0 [Type: _KEVENT *]
```

또한 WorkPriQueue에 있는 ThreadList 필드를 나열해서 큐와 연관된 스레드들을 확인할 수 있다.

```
lkd> dx -r0 @$queue = ((nt!_EX_PARTITION*)(*(nt!_EPARTITION**)&
    nt!PspSystemPartition)-> ExPartition)->WorkQueues[0][0]
@$queue =
((nt!_EX_PARTITION*)(*(nt!_EPARTITION**)&nt!PspSystemPartition)->
    ExPartition)->
    WorkQueues[0][0]           : 0xffffa483ede4dc70 [Type: _EX_WORK_QUEUE *]
lkd> dx Debugger.Utility.Collections.FromListEntry(@$queue->
    WorkPriQueue.ThreadListHead, "nt!_KTHREAD", "QueueListEntry")
Debugger.Utility.Collections.FromListEntry(@$queue->WorkPriQueue.ThreadLi
stHead, "nt!_KTHREAD", "QueueListEntry")
    [0x0]           [Type: _KTHREAD]
    [0x1]           [Type: _KTHREAD]
    [0x2]           [Type: _KTHREAD]
    [0x3]           [Type: _KTHREAD]
    [0x4]           [Type: _KTHREAD]
    [0x5]           [Type: _KTHREAD]
    [0x6]           [Type: _KTHREAD]
    [0x7]           [Type: _KTHREAD]
    [0x8]           [Type: _KTHREAD]
    [0x9]           [Type: _KTHREAD]
    [0xa]           [Type: _KTHREAD]
    [0xb]           [Type: _KTHREAD]
    [0xc]           [Type: _KTHREAD]
    [0xd]           [Type: _KTHREAD]
    [0xe]           [Type: _KTHREAD]
    [0xf]           [Type: _KTHREAD]
```

이는 **ExPool**에 대한 내용만이다. 시스템은 **IoPool**이라는 것도 갖고 있다. NUMA 노드 0의 다음 인덱스에 속한다. 또한 저장 관리자 풀과 같은 비공개 풀도 확인할 수 있다.

```
lkd> dx ((nt!_EX_PARTITION*)(*(nt!_EPARTITION**)&nt!PspSystemPartition)->
    ExPartition)-> WorkQueues[0][1],d
((nt!_EX_PARTITION*)(*(nt!_EPARTITION**)&nt!PspSystemPartition)->ExPartit
ion)->
    WorkQueues[0][1],d              : 0xffffa483ede77c50 [Type: _EX_WORK_QUEUE *]
    [+0x000] WorkPriQueue           [Type: _KPRIQUEUE]
    [+0x2b0] Partition              : 0xffffa483ede51090 [Type: _EX_PARTITION *]
    [+0x2b8] Node                   : 0xfffff80467f24440 [Type: _ENODE *]
    [+0x2c0] WorkItemsProcessed     : 1844267 [Type: unsigned long]
    [+0x2c4] WorkItemsProcessedLastPass : 1843485 [Type: unsigned long]
    [+0x2c8] ThreadCount            : 5 [Type: long]
    [+0x2cc (30: 0)] MinThreads     : 0 [Type: long]
    [+0x2cc (31:31)] TryFailed      : 0 [Type: unsigned long]
    [+0x2d0] MaxThreads             : 4096 [Type: long]
    [+0x2d4] QueueIndex             : IoPoolUntrusted (1) [Type: _EXQUEUEINDEX]
    [+0x2d8] AllThreadsExitedEvent  : 0x0 [Type: _KEVENT *]
```

예외 디스패칭

언제든지 발생할 수 있는 인터럽트와 달리 예외는 실행 중인 프로그램의 실행으로 인해 직접 발생하는 환경이다. 윈도우는 **구조적 예외 핸들링**이라 불리는 개념을 사용한다. 이를 통해 애플리케이션이 예외가 발생했을 때 제어할 수 있게 한다. 애플리케이션은 조건을 고쳐 예외가 발생했던 곳으로 되돌아갈 수 있다. 스택을 풀어내는 것도 가능하다(이렇게 해서 예외를 발생한 서브루틴의 흐름을 끝낼 수 있다). 또는 예외가 인지되지 않는 지점으로 돌아가서 예외를 처리할 수 있는 예외 핸들러를 찾아 계속 검색해야 한다. 이번 절에서는 윈도우의 구조적 예외 핸들링을 안다고 가정하고 설명한다. 익숙하지 않다면 윈도우 API 참고 문서인 '윈도우 SDK'나 제프리 리히터[Jeffery Richter]와 크리스토프 나스르[Christophe Nasrre]가 집필한 『윈도우 via C/C++』(마이크로소프트 출판, 2007)의 23장에서 25장까지를 살펴보자. 언어 확장을 통해 액세스 가능한 개념이기는 하지만(예를 들어 마이크로소프트 비주얼 C++의 __try) 사실상 시스템 메커니즘임을 꼭 명심하자.

x86과 x64 프로세서에서 모든 예외는 사전에 정의된 인터럽트 번호가 있다. 따라서 특정 예외가 발생했을 때 동작해야 하는 핸들러를 가리키는 IDT 엔트리가 존재하게 된다. 표 8-12는 x86에 정의된 예외를 보여준다. 그리고 그것에 할당된 인터럽트 번호들을 보여준다. 첫 번째 IDT 엔트리가 예외로 사용되기 때문에 하드웨어 인터럽트는 그다음 엔트리들을 사용한다.

트랩 핸들러에서 간단하게 처리되는 것을 제외한 모든 예외는 **예외 디스패처**라고 하는 서비스를 커널 모듈에서 제공한다. 예외 디스패처는 예외를 처리할 핸들러를 찾아내는 것이다. 예를 들어 아키텍처 독립적인 예외로는 메모리 액세스 반환, 0으로 나누는 연산, 정수 오버플로, 부동소수점 예외, 디버거 브레이크포인트가 있다. 전체 아키텍처 독립적인 예외를 확인하려면 윈도우 SDK 참조 문서를 살펴본다.

표 8-12 x86 예외와 인터럽트 번호

인터럽트 번호	예외	연상 기호
0	나누기 에러	#DE
1	디버그(싱글 단계)	#DB
2	막을 수 없는 인터럽트(NMI)	–
3	브레이크포인트	#BP
4	오버플로	#OF
5	경계 확인	#BR
6	유효하지 않은 연산 명령	#UD
7	NPX가 불가능	#NM
8	더블 폴트	#DF
9	NPX 세그먼트 오버런	–
10	유효하지 않은 태스크 상태 세그먼트(TSS)	#TS

(이어짐)

인터럽트 번호	예외	연상 기호
11	세그먼트가 없음	#NP
12	스택 세그먼트 폴트	#SS
13	일반 보호	#GP
14	페이지 폴트	#PF
15	인텔 예약	–
16	X87 부동소수점	#MF
17	얼라인먼트 체크	#AC
18	장치 체크	#MC
19	SIMD 부동소수점	#XM 또는 #XF
20	가상화 예외	#VE
21	제어 보호(CET)	#CP

커널은 유저 프로그램이 알지 못하게 예외를 처리한다. 예를 들어 프로그램 디버깅 중에 브레이크포인트를 만나면 예외가 발생하고 커널이 디버거를 호출해 이를 처리한다. 커널은 실패 코드를 호출자에게 반환해 일부 예외를 처리하기도 한다.

일부 예외는 다뤄지지 않고 유저 모드로 되돌아간다. 예를 들어 일부 메모리 예외 위반 에러나 산술 오버플로는 운영체제가 처리할 수 없는 예외를 만들어낸다. 32비트 애플리케이션은 프레임 기반의 예외 핸들러를 만들어 예외를 다룬다. 프레임 기반이라고 하는 용어는 특정한 프로시저를 활성화시키는 것과 연관돼 있다. 프로시저가 호출되면 프로시저가 활성화됐음을 의미하는 스택 프레임이 스택으로 들어간다. 스택 프레임은 프로시저와 연관된 1개 이상의 예외 핸들러를 갖게 된다. 각각은 소스 프로그램의 특정 코드 블록을 보호하는 역할을 한다. 예외가 발생했을 때 커널은 현재 스택 프레임에서 연관된 예외 핸들러를 찾게 된다. 예외 핸들러가 없으면 커널은 이전 스택 프레임을 찾게 되는데, 이러한 과정을 예외 핸들러를 찾을 때까지 반복한다. 예외 핸들러를 못 찾으면 커널은 기본 예외 핸들러를 호출한다.

64비트 애플리케이션의 경우에는 구조적 예외 핸들링이 사용되는 프레임 기반의 핸들러를 사용하지 않는다(프레임 기반 기술은 악성 유저에 의해 공격될 가능성이 높다고 알려졌기 때문이다). 대신 함수마다 핸들러들의 테이블이 컴파일 타임에 만들어진다. 커널은 함수와 연관된 핸들러를 찾는다. 보통 32비트 코드에서 설명했던 것과 동일한 알고리즘을 이용해 찾는다.

구조적 예외 핸들링은 커널 자체에서 굉장히 자주 사용한다. 해당 방식을 이용하면 유저 모드에서 읽기, 쓰기 권한 포인터 액세스를 검증할 수 있기 때문에 드라이버는 I/O 컨트롤 코드[IOCTLs] 동작 중에 포인터를 보내는 동작에서 해당 기술을 이용할 수 있다.

또 다른 예외 핸들링 메커니즘으로는 벡터 예외 핸들링[vectored exception handling] 기법이 있다. 해당 방식은 유저 모드에서만 사용된다. 더 많은 내용을 확인하고 싶다면 윈도우 SDK나 마이크로소프트 문서(https://docs.microsoft.com/en-us/windows/win32/debug/vectored-exception-handling)를 참고하자.

소프트웨어에 의해 명시적으로 발생하든 하드웨어에 의해 발생하든 예외가 발생하면 일련의 이벤트 흐름이 커널에서부터 시작하며 CPU 하드웨어는 커널 트랩 핸들러로 제어를 넘긴다. 이때 트랩 프레임을 만든다(인터럽트가 발생할 때도 만든다). 트랩 프레임은 예외가 해결된 곳에서 재개될 수 있게 한다. 트랩 핸들러는 예외 레코드를 기록하고 예외의 이유와 다른 관련된 정보를 기록한다.

커널 모드에서 예외가 발생하면 예외 디스패처는 예외를 처리하는 프레임 기반 예외 핸들러를 찾는 루틴을 호출한다. 처리되지 않은 커널 모드 예외는 심각한 운영체제 에러로 간주되기 때문에 디스패처가 대부분의 경우 예외 핸들러를 찾는다고 가정해야 한다. 그렇지만 일부 트랩은 예외 핸들러를 찾지 못한다. 커널이 언제나 에러를 치명적이라고 보기 때문이다. 이러한 에러들은 커널 코드의 심각한 버그에 의해 일어나거나 드라이버 코드의 주요한 문제에 의해 발생한다(대개 낮은 레벨의 미묘한 시스템 변경 행위를 드라이버가 처리하지 못했을 경우). 이러한 치명적인 에러는 UNEXPECTED_KERNEL_MODE_TRAP 코드라는 버그체크를 발생시킨다.

예외가 유저 모드에서 발생하면 예외 디스패처는 더 정교한 동작을 한다. 윈도우 서브시스템은 디버거 포트를 갖고 있으며(좀 더 정확히 말해 디버거 객체며 뒤에서 다룬다) 윈도우 프로세스의 유저 모드 예외 통지를 받는 예외 포트를 갖고 있다(이 경우에 포트는 ALPC 포트 객체를 의미한다. 뒷장에서 다룬다). 커널은 그림 8-24에서 보여주는 기본 예외 핸들링을 하는 데 포트를 사용한다.

디버거 브레이크포인트는 예외의 기본적인 원인이다. 그러므로 예외 디스패처가 첫 번째로 하는 것은 디버거 프로세스와 연관된 예외를 프로세스가 발생시켰는지 확인하는 것이다. 그렇다면 예외 디스패처는 디버거 객체 메시지를 디버거 객체와 연관된 프로세스에 보낸다(내부적으로 시스템은 포트로 참조한다. 이는 윈도우 2000 동작과의 호환성에 의해서인데, 해당 운영체제는 LPC 포트를 디버그 객체 대신 사용하기 때문이다).

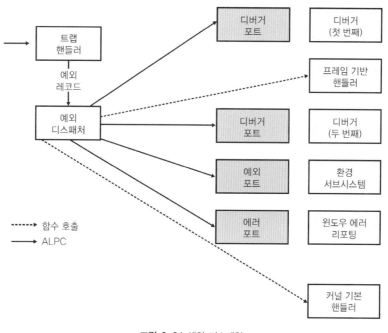

그림 8-24 예외 디스패칭

프로세스와 연관된 디버거 프로세스가 없거나 디버거가 예외를 처리하지 못한다면 예외 디스패처는 유저 모드로 전환하고 트랩 프레임을 CONTEXT 구조체(윈도우 SDK에서 확인 가능) 형식의 데이터를 유저 스택에 복사한다. 그리고 구조적 또는 벡터 예외 핸들러를 찾는 루틴을 호출한다. 아무것도 못 찾으면 또는 아무것도 예외를 처리하지 못하면 예외 디스패처는 커널 모드로 전환한다. 그리고 디버거를 다시 호출해서 유저가 디버깅을 계속할 수 있게 해준다(이것이 두 번째 알림이다).

디버거가 동작하지 않거나 유저 모드 예외 핸들러가 찾아지지 않으면 커널은 메시지를 예외 포트로 보낸다. 예외 포트는 스레드와 연결돼 있다. 존재하는 예외 포트는 스레드를 제어하는 환경 서브시스템에 의해 등록된다. 예외 포트는 예외 서브시스템으로 하여금 예외를 환경에 특정된 시그널이나 예외로 해석할 수 있게 한다. 그러나 커널이 예외를 진행하기에는 너무 진행했거나 서브시스템에 예외를 처리하지 못한다면 커널은 시스템 전역 에러 포트에 메시지를 전달해서 에러 포트는 클라이언트/서버 런타임 서브시스템^{CSRSS, Client/Server Run-time SubSystem}이 윈도우 에러 리포팅^{WER, Windows Error Reporting}에 사용한다. 이는 10장에서 다룬다. 그리고 기본 예외 핸들러를 실행해 스레드 예외를 유발하게 한 프로세스를 종료한다.

처리되지 않은 예외

윈도우 스레드는 처리되지 않는 예외를 처리하는 예외 핸들러가 있다. 이 예외 핸들러는 윈도우 스레드 시작 내부 함수에 선언돼 있다. 스레드 시작 함수는 유저가 프로세스를 만들거나 추가적인 스레드를 만들 때 수행된다. 스레드 콘텍스트 구조체에 명시된 환경적으로 제공되는 스레드 스타트 루틴을 호출한다. 그리고 **CreateThread** 호출에 의해 유저가 명시한 시작 루틴을 이후에 호출한다.

개략적인 내부 스레드 시작 함수는 다음과 같다.

```
VOID RtlUserThreadStart(VOID)
{
    LPVOID StartAddress = RCX;   // 초기 스레드 콘텍스트 구조체에 위치
    LPVOID Argument = RDX;       // 초기 스레드 콘텍스트 구조체에 위치
    LPVOID Win32StartAddr;
    if (Kernel32ThreadInitThunkFunction != NULL) {
        Win32StartAddr = Kernel32ThreadInitThunkFunction;
    } else {
        Win32StartAddr = StartAddress;
    }
    __try
    {
        DWORD ThreadExitCode = Win32StartAddr(Argument);
        RtlExitUserThread(ThreadExitCode);
    }
    __except(RtlpGetExceptionFilter(GetExceptionInformation()))
```

```
    {
        NtTerminateProcess(NtCurrentProcess(), GetExceptionCode());
    }
}
```

윈도우의 처리되지 않은 예외 필터는 스레드가 처리되지 않은 예외를 다뤄야 할 때만 동작한다. 해당 함수의 목적은 예외가 처리되지 않을 때 시스템에 의해 정의된 동작을 하는 것이다. 이때 WerFult.exe 프로세스를 호출한다. 그러나 기본 설정에서 윈도우 에러 리포팅 서비스(10장에서 다룬다)가 예외를 다룬다. 처리되지 않은 예외 필터가 실행되지 않는다.

실습: 윈도우 스레드의 실제 유저 스타트 주소 살펴보기

스레드가 시스템에 의해 제공되는 함수로 시작되는 것은 0번 스레드의 시작이 모든 윈도우 프로세스에서 같은 이유를 설명해준다. 유저에 의해 제공되는 함수 주소를 확인하려면 Process Explorer나 커널 디버거를 확인해야 한다.

대부분의 윈도우 프로세스의 스레드가 시스템에 의해 제공되는 래퍼 함수에 의해 시작되기 때문에 Process Explorer를 통해 주소를 보면 첫 번째 프레임을 무시하고 두 번째 프레임의 주소부터 보여준다. 예를 들어 notepad.exe 프로세스의 스레드 시작 주소를 아래에서 살펴보자.

Process Explorer는 콜스택을 보여줄 때 모든 호출 계층 구조를 보여준다.
Stack 버튼을 클릭해 다음의 결과를 살펴보자.

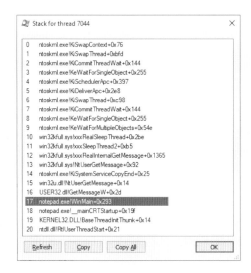

스크린샷의 20번째 줄은 스택의 첫 번째 프레임을 나타낸다. 이는 내부 스레드 래퍼 함수의 시작이다. 두 번째 프레임(19번째 줄)은 환경 서브시스템의 스레드 레퍼다. 이 경우에는 kernel32다. 지금 윈도우 서브시스템 애플리케이션을 다루고 있기 때문이다. 3번째 프레임(18번째 줄)이 notepad.exe의 메인 진입점이다.

정확한 함수 이름을 확인하려면 Process Explorer에 정확한 심볼을 설정해야 한다. 먼저 디버깅 도구를 설치한다. 윈도우 SDK 또는 윈도우 WDK로 설치할 수 있다. 그리고 심볼 설정^{Configure Symbols} 메뉴 아이템에 있는 옵션 메뉴를 선택한다. Dbghelp.dll 경로는 디버깅 도구 폴더를 가리켜야 한다. 보통 C:\Program Files\Windows Kits\10\Debuggers다. Dbghelp.dll 파일이 C:\Windows\System32에 있으면 동작하지 않는다. 그리고 심볼 경로는 마이크로소프트 심볼 스토어에서 로컬 폴더로 다운로드를 받도록 다음과 같이 설정해야 한다.

시스템 서비스 핸들링

그림 8-24는 커널 트랩 핸들러가 인터럽트, 예외 시스템 서비스 호출을 처리하는 것을 보여준다. 앞 절에서 인터럽트와 예외 핸들링이 어떻게 동작하는지 살펴봤다. 이번 절에서는 시스템 서비스를 살펴본다. 시스템 서비스는 그림 8-25처럼 시스템 서비스 디스패칭을 하는 인스트럭션을 수행함으로써 동작한다. 윈도우가 시스템 서비스 디스패칭에 사용하는 인스트럭션은 동작하고 있는 프로세서에 의존한다. 그리고 하이퍼바이저 코드 무결성^{HCVI}이 켜져 있는지와 연관돼 있다.

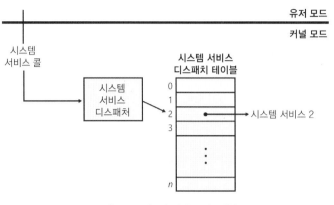

그림 8-25 시스템 서비스 디스패칭

아키텍처 시스템 서비스 디스패칭

대부분의 64비트 시스템에서 윈도우는 syscall 인스트럭션을 사용한다. 8장에서 배운 핵심 프로세서 상태의 변화를 일으킨다. 이는 모델 전용 레지스터^{MSR} 설정에 영향을 받는다.

- **0XC0000081**, STAR_(SYSCALL의 대상 주소 레지스터)로 알려져 있다.
- **0XC0000082**, LSTAR_(롱-모드 STAR)로 알려져 있다.
- **0XC0000084**, SFMASK_(SYSCALL 플래그 마스크)로 알려져 있다.

syscall 인스트럭션을 만나면 프로세서는 다음과 같은 순으로 동작한다.

- 코드 세그먼트^{CS}가 STAR 주소의 32 ~ 47비트에서 로드된다. 윈도우는 **0x0010**_(KGDT64_R0_CODE)으로 설정한다.

- 스택 세그먼트^{SS}가 STAR 주소의 32 ~ 47비트에서 8을 더해 로드된다. 윈도우는 **0x0018**_(KGDT_R0_DATA)로 설정한다.

- 인스트럭션 포인터_(RIP)가 RCX에 저장된다. 그리고 새로운 값이 LSTAR에서 로드된다. 윈도우가 **KiSystemCall64** 값을 설정하는데, 멜트다운^{Meltdown}_(KVA 섀도잉) 완화가 필요하지 않거나 **KiSystemCall64Shadow**가 필요하지 않을 때 다_(더 많은 정보는 멜트다운 취약점을 설명한 '하드웨어 사이드 채널 취약점' 절을 참고한다).

- 현재 프로세서 플래그_(RFLAGS)는 R11에 저장된다. 그리고 SFMASK로 마스

킹된다. 윈도우는 `0x4700`(트랩 플래그, 디렉션 플래그, 인터럽트 플래그, 네스티드 태스크 플래그)으로 설정한다.

- 스택 포인터(RSP) 그리고 다른 세그먼트(DS, ES, FS, GS)가 현재 유저 스페이스 값으로 저장된다.

그러므로 인스트럭션이 아주 적은 프로세서 사이클에 수행될지라도 프로세서를 안전하지 않고 안정되지 않은 상태에 놓아둘 수 있다. 유저 모드 스택 포인터는 여전히 로드돼 있고 GS는 TEB를 가리킨다. 그러나 링 레벨 또는 CPL은 이제 0이므로 커널 모드 권한을 활성화시킨다. 윈도우는 빠르게 프로세서를 정상적인 상태로 만들려고 한다. KVA 섀도우와 연관된 동작을 제외하고 `KiSystemCall64`가 수행하는 동작이다.

`swapgs` 인스트럭션을 사용해 GS는 앞서 설명한 PCR을 가리킨다.

현재 스택 포인터(RSP)는 PCR의 `UserRsp` 필드에 저장된다. GS가 정확하게 로드됐기 때문에 스택이나 레지스터 사용 없이 수행된다.

새로운 스택 포인터는 PRCB의 `RspBase` 필드에서 로드된다(PCR의 일부로 해당 구조체가 저장된 것을 기억하자).

이제 커널 스택이 로드 됐고 함수는 트랩 프레임을 빌드한다. 이를 위해서 `SEGsS`를 `KGDT_R3_DATA`(0x2B) 값으로 저장하고 PCR의 `UserRsp`에서 `Rsp`를 만들고, `R11`에서 `EFlags`를 만들고, `SegCs`를 `KGDT_R3_CODE`(0x33)로 만들고, `RCX`에서 `Rip`을 저장한다. 보통 프로세서 트랩에서 해당 필드들을 다 설정한다. 그러나 윈도우는 `syscall` 동작 중에 해당 동작을 에뮬레이트한다.

`R10`에서 `RCX`로 로드한다. 보통 x64 ABI는 어떤 함수든지 첫 번째 인자(syscall을 포함한다)는 RCX에 위치해야 할 것을 요구한다. 그러나 `syscall` 인스트럭션은 RCX 값을 호출자의 인스트럭션 포인터로 덮어쓴다. 이는 앞서 살펴본 부분으로, 윈도우는 해당 동작을 고려해 RCX 값을 `R10`으로 `syscall` 인스트럭션 수행 전에 복사한다. 곧 해당 내용을 다룰 것이다.

다음 동작은 관리자 모드 액세스 방지(SMAP, Supervisor Mode Access Prevention)와 같은 프로세서 레벨 완화 정책과 관련돼 있다. 또한 다양한 프로세서 사이드 채널 완화 정책도 연관돼 잇다. 이에는 분기 추적 버퍼$^{BTB, Branch Tracing Buffers}$를 비우는 동작이나 회귀 저장 버퍼$^{RSB, Return Store Buffer}$를 비우는 것이 있다. 더불어 프로세서의 제어 흐름 강화 기술$^{CET, Control-flow Enforcement Technology}$에서는 스레드 섀도우 스택이 정확하게 동기화돼야 한다. 또한 추가적인 트랩 프레임 요소들이 저장된다. 비휘발성 레지스터와 디버그 레지스터가 이에 해당된다. 그리고 시스템 콜에서 아키텍처 레벨 핸들링이 아닌 부분이 시작한다.

그러나 모든 프로세서가 x64는 아니므로 x86 프로세서에서는 **sysenter**와 같은 다른 인스트럭션이 사용된다. 32비트 프로세서는 점점 덜 사용되고 있다. 그러므로 해당 동작에 대해 자세히 다루지 않고 비슷하다고만 정리하겠다. 다른 점으로는 다양한 모델 전용 레지스터에서 프로세서 상태 값이 로딩된다는 점, 커널이 트랩 프레임을 설정하는 등의 몇 가지 추가적인 동작을 한다는 점 등이다. 더 자세한 내용은 인텔 프로세서 매뉴얼을 통해 확인할 수 있다. 유사하게 ARM 기반의 프로세서는 **svc** 인스트럭션을 사용한다. 고유한 동작과 운영체제 레벨의 핸들링 동작이 있다. 그러나 ARM 기반 시스템은 거의 사용되지 않는다.

윈도우가 반드시 처리해야만 하는 코너 케이스가 있다: 모드 기반 실행 제어^{MBEC,} $^{Mode Base Execution Controls}$가 없는 프로세서가 하이퍼바이저 코드 무결성$^{HCVI, HyperVisor Code}$ ^{Integrity}이 켜진 채로 동작하면 HVCI가 제공하는 것들을 위반하는 문제가 있다는 것이다$_{(9장에서 HVCI와 MBEC를 다룬다)}$. 즉, 공격자는 유저 영역에 실행 가능한 메모리를 할당할 수 있다. HCVI는 이를 허용하고$_{(개별 SLAT 엔트리를 실행 가능으로 표시한다)}$ PTE를 변경하는데, 이는 가상 주소를 커널 페이지처럼 보이게 하기 위해서다. MMU가 페이지를 커널로 보기 때문에 관리자 모드 실행 방지$^{SMEP, Supervisor Mode Execution Prevention}$는 코드 실행을 방해하지 않는다. 원래 유저 물리 주소로 할당됐기 때문이다. SLAT 엔트리도 실행을 방해하지 않는다. 공격자는 임의의 커널 모드 코드를 수행할 수 있다. HVCI의 기본 주의점을 위반함으로써 가능해진다.

MBEC와 연관 기술$_{(제한적인 유저 모드)}$은 SLAT 엔트리에 커널과 유저의 구분되는 실행 비트를 만들어 해당 문제를 해결했다. 하이퍼바이저$_{(또는 시큐어 커널이 VTL 1에 특정되는 하이퍼콜을 통해)}$가 유저 페이지는 커널이 실행하지 못하게 표시하고, 유저가 실행할 수 있다고 표시한다. 불행하게도 이러한 기능이 없는 프로세서의 경우에는 하이퍼바이저는 코드 특권 레벨 변화 시마다 트랩을 걸 수밖에 없다. 그리고 서로 다른 SLAT 엔트리들을 교체해야 한다. 하나는 유저 물리 페이지가 실행 가능하지 않다고 표시돼 있고 또 하나는 실행 가능하다고 표시돼 있다. 하이퍼바이저는 CPL이 변할 때마다 트랩을 거는데, IDT가 비어 있게 나타냄으로써 가능하다. 그리고 하단의 인스트럭션을 디코딩하는데, 이는 매우 비용이 많이 드는 연산이다. 그러나 하이 퍼바이저에 의해 인터럽트가 직접적으로 트랩되기 때문에 이러한 비용을 피하면서 시스템 콜은 코드를 분기시키는데, 해당 코드는 인터럽트를 유발하는 코드며 HCVI가 켜져 있지만 MBEC와 같은 기능이 없는 시스템에 한해서다. Vol.1의 4장에서 다룬 공유 유저 데이터 구조체의 SystemCall 비트가 해당 상황을 결정한다.

그러므로 SystemCall이 1일 때 x64 윈도우는 int 0x2e 인스트럭션을 사용한다. 이는 트랩을 발생시킨다. 운영체제 관여가 필요하지 않은 완전히 갖춰진 트랩 프레임을 포함한다. 재미있는 것은 x86 프로세서 전의 펜티엄프로 프로세서에서 사용했던 인스트럭션의 동작과 같다는 것이다. 그리고 x86 시스템에서 여전히 지원되고 있는데, 거의 30년간 소프트웨어 호환성을 위해서다. X64 시스템의 경우에는 int 0x2e만을 사용할 수 있다. 다른 방법으로는 커널에 IDT 엔트리를 채울 수 없기 때문이다.

어떤 인스트럭션이 완전히 사용되건 간에 유저 모드 시스템 콜 디스패칭 코드는 레지스터에 시스템 콜 인덱스를 저장한다. X86, X64 시스템에서는 EAX이고, 32비트 ARM에서는 R12이며, ARM64에서는 X8이다. 저장된 값은 아키텍처 핸들링이 아닌 시스템 콜 처리 구간에서 사용된다. 이러한 것들을 쉽게 다루고자 프로세서별 표준 함수 호출 규약 ABI가 사용된다. 예를 들어 x86에서는 인자가 스택에 위치하며, x64에서는 처음 4개 이후의 인자에 대해 RCX(syscall 동작 시 R10), RDX, R8, R9와 스택에 인자가 사용된다.

디스패칭 작업이 끝났을 때 어떻게 프로세서가 예전 상태로 돌아갈 수 있을까? 트랩 기반의 시스템은 int 0x2e로 해당 동작을 시작한다. 그리고 iret 인스트럭션으로 스택에 있는 트랩 프레임을 기반으로 프로세서 상태를 되돌린다. Syscall과 sysenter의 경우에는 프로세서가 MSR과 하드코드된 레지스터들을 다시 복구하는데, 각각 sysret과 sysexit로 복구한다. 동작 방식은 다음과 같다.

- 스택 세그먼트(SS)가 STAR의 48비트에서 63비트까지 로드된다. 윈도우는 값을 0x0023(KGDT_R3_DATA)로 설정한다.

- 코드 세그먼트(CS)가 START의 48비트에서 63비트까지 로드되고, 여기에 0x10 값을 더한다. 0x0033(KGDT64_R3_CODE)이다.

- 인스트럭션 포인터(RIP)가 RCX에서 로드된다.

- 프로세서 플래그(Rflags)가 R11에서 로드된다.

- 스택 포인터(RSP)와 다른 세그먼트(DS, ES, FS, GS)가 현재 커널 공간 값으로 유지된다.

그러므로 시스템 콜 엔트리처럼 종료 메커니즘도 프로세서 상태를 정리해야 한다. 즉, RSP가 우리가 분석했던 엔트리 코드의 하드웨어 트랩 프레임의 Rsp 필드에서 복구된다. 유사하게 다른 레지스터들도 마찬가지다. RCX 레지스터는 Rip에서 로드된다. R11은 Eflags에서 로드 된다. 그리고 swapgs 인스트럭션은 sysret 인스트럭션을 수행하기 전에 사용된다. DS, ES, FS가 사용되지 않았기 때문에 원래 유저 영역의 값을 유지한다. 마지막으로 EDX와 XMM0 ~ XMM5는 0으로 채워진다. 그리고 다른 비휘발성 레지스터들은 sysret 인스트럭션 전에 트랩 프레임에서 복구된다. 동일한 동작이 sysexit, ARM64의 exit 인스트럭션(eret)을 통해 이뤄진다. 그리고 CET가 켜지면 섀도우 스택이 나가는 구간에서 동기화돼야 한다.

실습: 시스템 서비스 디스패처 찾기

앞서 언급했다시피 x64 시스템 콜은 연속된 MSR에 의해 발생한다. 이는 rdmsr 디버거 명령으로 살펴볼 수 있다. 먼저 STAR을 살펴보자. KGDT_R0_CODE(0x0010)와 KGDT64_R3_DATA(0x0023)를 확인할 수 있다.

```
lkd> rdmsr c0000081
msr[c0000081] = 00230010`00000000
```

다음으로 LSTAR 값을 확인할 수 있다. 그리고 ln 명령으로 KiSystemCall64를 가리키는지 알 수 있다(KVA 섀도잉을 필요로 하지 않는 시스템의 경우). 또는 KiSystemCall64Shadow를 가리키는지 알 수 있다.

```
lkd> rdmsr c0000082
msr[c0000082] = fffff804`7ebd3740

lkd> ln fffff804`7ebd3740
(fffff804`7ebd3740)   nt!KiSystemCall64
```

마지막으로 SFMASK를 볼 수 있다. 앞서 이야기했던 값들을 갖고 있어야
한다.

```
lkd> rdmsr c0000084
msr[c0000084] = 00000000`00004700
```

x86 시스템 콜은 sysenter를 통해 발생하는데, 다른 종류의 MSR을 사용하
며 0x176을 포함하고 있고 32비트 시스템 콜 핸들러를 저장한다.

```
lkd> rdmsr 176
msr[176] = 00000000'8208c9c0

lkd> ln 00000000'8208c9c0
(8208c9c0)     nt!KiFastCallEntry
```

마지막으로 x86 시스템과 x64 시스템 중에서 MBEC가 없고 HVCI가 있는
경우에 int 0x2e 핸들러가 IDT에 등록된 것을 !idt 2e 디버거 명령으로
살펴볼 수 있다.

```
lkd> !idt 2e
Dumping IDT: fffff8047af03000
2e: fffff8047ebd3040     nt!KiSystemService
```

KiSystemService나 KiSystemCall64 루틴을 u 명령으로 디스어셈블할 수
있다. 인터럽트 핸들러의 경우에는 다음과 같은 내용을 볼 수 있다.

```
nt!KiSystemService+0x227:
fffff804`7ebd3267 4883c408        add     rsp,8
fffff804`7ebd326b 0faee8          lfence
fffff804`7ebd326e 65c604255308000000 mov byte ptr gs:[853h],0
fffff804`7ebd3277 e904070000      jmp     nt!KiSystemServiceUser
                                          (fffff804`7ebd3980)
```

MSR 핸들러 동작 중에는 다음과 같다.

```
nt!KiSystemCall64+0x227:
fffff804`7ebd3970 4883c408          add     rsp,8
fffff804`7ebd3974 0faee8            lfence
fffff804`7ebd3977 65c604255308000000 mov byte ptr gs:[853h],0
nt!KiSystemServiceUser:
fffff804`7ebd3980 c645ab02          mov     byte ptr [rbp-55h],2
```

어떤 코드 흐름이든 `KiSystemServiceUser`로 도착한다는 것을 보여준다. 모든 프로세서에서 공통적으로 하는 동작으로, 다음 절에서 설명한다.

비아키텍처 시스템 서비스 디스패칭

그림 8-25에서와 같이 커널은 시스템 콜 번호를 사용해서 시스템 디스패치 테이블에 있는 시스템 서비스 정보를 찾는다. x86 시스템의 경우 테이블은 인터럽트 디스패치 테이블과 같다. 이전에 설명했듯이 엔트리는 시스템 서비스를 가리키고 인터럽트 핸들링 루틴을 가리키지 않는다. 32비트 ARM 및 ARM64와 같은 다른 플랫폼에서, 테이블은 미묘하게 다르게 구현돼 있다. 시스템 서비스를 가리키는 대신 테이블 자체 기준의 상대 오프셋을 가리킨다. 이러한 어드레싱 메커니즘은 x64와 ARM64의 애플리케이션 바이너리 인터페이스^{ABI, Application Binary Interface}와 인코딩 형식에 잘 맞는다. 또한 ARM 프로세서의 RISC 특성에 잘 맞는다.

> 시스템 서비스 번호는 운영체제 배포판마다 변한다. 마이크로소프트가 시스템 서비스를 추가하거나 없애는 것뿐 아니라 테이블이 종종 랜덤화되거나 셔플된다. 이는 하드코드된 시스템 콜 번호에 의한 공격을 회피하기 위함이다.

아키텍처와 관계없이 시스템 서비스 디스패처는 몇 가지 공통 동작을 모든 플랫폼에서 수행한다.

- 트랩 프레임에 추가적인 레지스터들을 저장한다. 디버그 레지스터와 부동소수점 레지스터가 있다.

- 스레드가 피코 프로세스에 속한다면 시스템 콜을 피코 공급자 루틴으로 넘긴다(Vol.1의 3장에서 피코 공급자를 다뤘다).
- 스레드가 UMS로 스케줄된 스레드라면 `KiUmsCallEntry`를 호출해서 주 스레드와 동기를 맞추려 한다(Vol.1의 1장 UMS 참고). UMS 주 스레드의 경우는 스레드 객체에 `UmsPerformingSyscall` 플래그를 설정한다.
- 스레드 객체의 `FirstArgument` 필드에 시스템 콜의 첫 번째 매개변수를 저장한다. 그리고 시스템 콜 번호를 `SystemCallNumber`에 저장한다.
- 공유 유저/커널 시스템 콜 핸들러(KiSystemServiceStart)를 호출한다. 스레드 객체의 `TrapFrame` 필드를 설정하는데, 현재 스택 포인터 위치를 저장한다.
- 인터럽트 전달을 활성화시킨다.

이 부분에서 스레드는 정식적으로 시스템 콜을 다루고 있는 상태다. 그리고 해당 상태는 안정적이며 인터럽트될 수 있다. 다음 동작에서 시스템 콜 테이블을 선택한다. 그리고 스레드를 GUI 스레드로 업그레이드할 수 있다. 자세한 사항은 스레드 객체의 `GuiThread`와 `RestrictedGuiThread` 필드에 기반을 둔다. 이는 다음 절에서 다룬다. 그리고 GDI 배치 작업은 GUI 스레드들을 위해 수행하는데, 이때 `GdiBatchCount` 필드 값이 0이 아니어야 한다.

다음에 시스템 콜 디스패처는 호출자의 인자들을 반드시 복사해야 한다. 레지스터에 의해 전달되지 않기 때문이다(이는 CPU 아키텍처에 의존한다). 이는 시스템 콜을 할 때마다 직접적으로 인자를 복사하는 것을 막아준다. 그리고 커널이 인자에 액세스할 때 유저가 이를 변경할 수 없게 해준다. 해당 동작은 특별한 코드 블록에 의해 수행되는데, 이는 예외 핸들러에서 유저 스택 복사를 수행하는 것으로 인식되는 부분으로, 해당 동작에서 커널이 공격자가 유저 스택에 무언가 공격을 하거나 잘못된 프로그램의 동작으로 인해 크래시되지 않게 보장해준다. 시스템 콜은 임의의 인자 개수를 취할 수 있기 때문에 다음 절에서 커널이 얼마나 많이 복사해야 하는지 아는 방법을 살펴본다.

인자 복사 동작이 얕은 복사임을 명심하자. 시스템 서비스에 넘어가는 인자가 유저 공간을 가리킨다면 커널 모드 코드가 읽거나 쓸 때 안전한지 확인 작업이 이뤄져야 한다. 버퍼가 여러 번 액세스돼야 한다면 지역 커널 버퍼에 복사돼야 한다.

이러한 확인과 복사 동작은 개별 시스템 콜마다 구현돼 있다. 핸들러에 의해 수행되지 않는다. 그러나 시스템 콜 디스패처가 하는 핵심적인 동작 중 하나는 스레드의 이전 모드^{previous mode}를 저장하는 것이다. 해당 값은 커널 모드 또는 유저 모드다. 그리고 현재 스레드가 트랩을 수행하는 동안에 동기화돼야 한다. 해당 값을 통해 예외, 트랩 또는 시스템 콜의 특권 레벨이 무엇인지 확인할 수 있다. 결과적으로 ExGetPreviousMode를 사용해 유저 또는 커널 호출자를 다룰 수 있게 해준다.

마지막으로 디스패처 본체의 일부로 2가지 마지막 단계가 수행된다. 먼저 DTrace가 설정되고 시스템 콜 추적이 켜진다. 적절한 엔트리/종료 콜백이 호출된다. 또는 ETW 추적이 활성화돼 있고 DTrace가 아니라면 적절한 ETW 이벤트가 기록된다. 마지막으로 DTrace도 ETW도 안 켜져 있으면 시스템 콜이 별도의 로직 추가 없이 수행된다. 두 번째이자 마지막 작업으로 PRCB의 KeSystemCall 값을 증가시킨다. 이는 성능 및 신뢰 모니터에서 추적하는 성능 카운터에 사용되는 값이다.

이 시점에서 시스템 콜 디스패칭이 완료된다. 그리고 반대 단계들이 시스템 콜 종료 과정에서 일어난다. 해당 과정은 적절하게 유저 모드 상태 값을 복구하고 복사한다. 그리고 유저 모드 APC 전달이 필요하다면 수행한다. 다양한 아키텍처 버퍼들에 대한 사이드 채널 공격을 살펴보고 플랫폼별로 존재하는 최종 복귀하는 인스트럭션을 수행한다.

커널 모드에서 발생한 시스템 콜 디스패칭

시스템 콜이 유저 모드 또는 커널 모드에서도 발생하기 때문에 포인터, 핸들 그리고 동작들이 유저 모드에서 온 것처럼 다뤄지는데, 이는 잘못됐다.

이를 해결하려고 커널은 특별한 Zw 버전의 호출을 만들었다. 즉, NtCreateFile 대신 커널은 ZwCreateFile을 만들었다. 추가적으로 Zw 계열의 함수들이 커널에 의해 직접 준비됐기 때문에 마이크로소프트에서는 서드파티를 위해 준비한 함수들에서만 존재한다. 예를 들어 커널 드라이버가 유저 애플리케이션을 시작하기 원하지 않기 때문에 커널은 ZwCreateUserProcess 함수 이름을 노출하지 않는다. 이러한 노출된 API들은 단순히 Nt 버전의 래퍼 함수나 앨리어스 함수로만 볼 수 없는 것이다. 대신 적절한 Nt 시스템 콜에 대한 트램폴린 정도로 볼 수 있다.

KiSystemCall64가 하듯이 가짜 하드웨어 트랩 프레임을 빌드한다(커널 모드에서 인터럽트가 발생하고 CPU가 만들어낸 데이터를 스택에 넣는다). 그리고 트랩이 하는 것과 같은 동작처럼 인터럽트를 비활성화시킨다. 예를 들어 x64 시스템에서 KGDT64_R0_CODE(0x0010) 셀렉터는 CS에 저장되고 현재 커널 스택이 RSP로 저장된다. 각각의 트램폴린들이 시스템 콜 번호를 적절한 레지스터에 넣는다(예를 들어 x86과 x64는 EAX다). KiServiceInternal을 호출해 트랩 프레임에 추가적인 데이터를 저장한다. 그리고 현재의 이전 모드previous mode를 읽어 트랩 프레임에 저장한다. 또한 이전 모드를 커널 모드로 변경한다(이것이 중요한 차이점이다).

유저 모드에서 발생한 시스템 콜 디스패칭

Vol.1의 1장에서 소개했듯이 윈도우 이그제큐티브 서비스들을 위한 시스템 서비스 디스패치 인스트럭션들은 Ntdll.dll에 존재한다. 서브시스템 DLL은 Ntdll을 호출해서 문서화된 함수들을 수행한다. 예외적인 부분은 윈도우의 USER와 GDI 함수, DirectX 커널 그래픽스도 포함한다. 이들 시스템 서비스 디스패치 인스트럭션은 Win32u.dll에 구현돼 있다. 여기에 Ntdll.dll은 관여하지 않는다. 2가지 케이스는 그림 8-26에서 볼 수 있다.

그림에서 볼 수 있듯이 윈도우는 Kernel32.dll의 WriteFile 함수를 임포트한다. 그리고 WriteFile 함수를 호출하는데, API-MS-Win-Core-File-L1-1-0.dll에 있다. 이는 MinWin의 리다이렉션 DLL 중 하나다(Vol.1의 3장에서 API 리다이렉션을 참고한다). 여기서 KernelBase.dll의 WriteFile 함수를 호출하는데, 사실상 여기에 모두 구현돼 있다. 서브시스템 종속적인 매개변수 확인이 끝나고 Ntdll.dll의 NtWriteFile 함수를 호출한다. 그 결과로 시스템 서비스 트랩을 유발하는 적절한 인스트럭션을 수행한다. 그리고 NtWriteFile을 나타내는 서비스 번호를 전달한다.

그런 다음 Ntoskrnl.exe의 시스템 서비스 디스패처(이 예제에서는 KiSystemService)가 실제 NtWriteFile을 호출해 I/O를 요청한다. 윈도우 USER, GDI, 다이렉트X 커널 그래픽 함수의 경우 시스템 서비스 디스패치는 윈도우 서브시스템의 로드 가능한 커널 모드 부분인 Win32k.sys에서 해당 함수를 호출하고 시스템 콜을 필터링하거나 적절한 모듈(데스크톱 시스템의 경우 Win32kbase.sys 또는 Win32kfull.sys. 윈도우 10X 시스템의 경우

Win32kmin.sys, 다이렉트X 호출인 경우 Dxgkrnl.sys)로 전달할 수 있다.

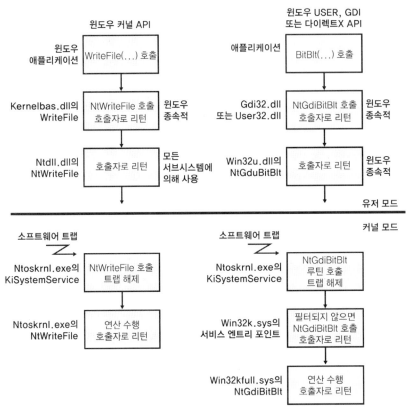

그림 8-26 시스템 서비스 디스패칭

시스템 콜 보안

커널이 시스템 콜 동작에 대한 이전 모드를 정확하게 동기화시키는 메커니즘을 갖고 있으므로 개별 시스템 서비스들은 해당 값을 신뢰하고 처리하는 데 활용하게 된다. 이전에 언급했듯이 처리 동작에서 첫 번째로 인자에 대한 확인 작업이 있다. 유저 모드 버퍼와 같은 것들에 대한 확인 작업으로, 다음과 같은 것들이 있다.

1. 주소가 MmUserProbeAddress 아래에 있음을 보장한다. 해당 값은 가장 높은 유저 모드 주소의 64KB 아래에 존재한다(32비트 기준으로는 0x7fff0000).

2. 호출자가 액세스하는 데이터 주소가 정렬돼 있음을 보장한다. 예를 들어 유니코드의 경우에는 2바이트로, 64비트 포인터에 대해서는 8바이트로 정렬돼 있어야 한다.

3. 버퍼가 출력으로 사용된다면 시스템 콜 시작 시점에 해당 버퍼가 쓰기 가능함을 보장한다.

명심해야 할 것은, 출력 버퍼는 무효화되거나 읽기 전용으로 미래 시점에 변경될 수 있다는 점이고 시스템 콜은 버퍼에 액세스할 때 SEH를 통해 액세스해서 커널이 크래시되는 것을 방지해야 한다. 비슷한 이유로, 입력 버퍼가 읽기 가능함이 확인되지 않더라도 SEH가 안전하게 읽기 가능한 것을 보장하는 데 사용될 수 있다. SEH는 정렬이 어긋나는 것이나 커널 포인터가 유효하지 않음을 보호하지는 못한다. 따라서 앞의 2개 과정이 수행돼야 한다.

위에 있는 첫 번째 확인 과정은 커널 모드에서 호출된 경우 항상 실패할 수 있다. 따라서 이때는 이전 모드를 활용해 유저 모드 호출이 아닌 경우에는 검증을 하지 않으며 모든 버퍼가 유효하고 읽기 및 쓰기 가능한 것으로 가정한다. 그러나 이런 종류의 유효성 검증이 시스템 콜에서 행해지는 전부는 아니다. 몇 가지 위험한 상황들이 더 있을 수 있기 때문이다.

- 호출자가 객체의 핸들을 전달할 수 있다. 커널은 객체에 액세스할 때 보안 확인 작업을 건너뛸 수 있다. 그리고 커널 핸들에 대한 완전한 액세스 권한을 가진다(해당 내용은 '객체 관리자' 절에서 다룬다). 반면 유저 모드 코드는 그렇지 않다. 이전 모드는 유저 공간에서 요청이 왔을 때 객체 관리자에게 액세스 권한을 체크하도록 사용된다.

- 더 복잡한 상황에서 OBJ_FORCE_ACCESS_CHECK 플래그와 같은 값이 드라이버에 의해 사용된다. 심지어 Zw API를 사용할 때다(이는 이전 모드를 커널 모드로 설정한다). 객체 관리자는 요청을 유저에서 온 것처럼 다룬다.

- 유사하게 호출자는 파일 이름을 정할 수 있다. 시스템 콜에서 파일을 열 때 IO_FORCE_ACCESS_CHECKING 플래그를 활용할 수 있는데, 이는 보안 참조 모니터가 파일 시스템에 대한 액세스를 확인하게 한다. ZwCreateFile을 호출하면 이전 모드를 커널 모드로 변경할 수 있고 액세스 확인을 우회할

수 있다. 이런 연유로 드라이버는 유저 공간의 IRP를 통한 전달 대신에 파일을 만들어낼 수 있다.

- 파일 시스템 액세스는 심볼릭 링크나 다른 종류의 리다이렉션 공격들에 위험을 초래할 수 있다. 해당 시점에 커널 모드 코드들이 잘못 사용돼 프로세스에 특정되는 또는 유저에 액세스 가능한 리파스 포인트^{reparse point}를 사용할 수 있기 때문이다.

- 마지막으로, 연속되는 시스템 콜을 유발하는 Zw 계열의 호출 동작들은 일반적으로 이전 모드를 커널 모드로 리셋해 동작해야 한다.

서비스 디스크립터 테이블

시스템 콜이 시작하기 전에 유저 모드 또는 커널 모드 트램폴린은 RAX, R12 또는 X8과 같은 레지스터에 시스템 콜 번호를 위치시킨다고 설명했다. 해당 번호는 2가지 요소로 이뤄져 있다. 그림 8-27에서 이를 확인할 수 있다. 첫 번째 요소는 하위 12비트로, 시스템 콜 인덱스를 나타낸다. 두 번째 요소는 이후 2비트(12 ~ 13비트)를 사용하는데, 테이블 식별자다. 이를 통해 커널은 4자리 종류의 시스템 서비스 방식을 수행한다. 테이블에는 4,096개의 시스템 콜까지 지원 가능하게 된다.

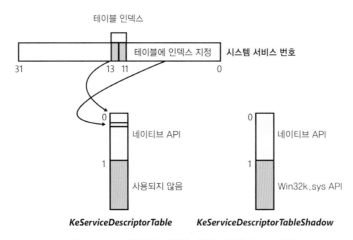

그림 8-27 시스템 서비스 해석을 위한 시스템 서비스 번호

커널은 3개의 배열 `KeServiceDescriptorTable`, `KeServiceDescriptorTableShadow`, `KeServiceDescriptorTableFilter`를 사용해 시스템 서비스 테이블을 추적한다.

178

각각의 배열에는 2개의 항목을 가질 수 있는데, 다음과 같은 3가지의 데이터들을 저장한다.

- 서비스 테이블에 의해 구현된 시스템 콜 배열에 대한 포인터
- 서비스 테이블에 존재하는 시스템 콜 개수 제한
- 서비스 테이블의 각각 시스템 콜들의 인자 배열에 대한 포인터

첫 번째 배열은 하나의 엔트리를 갖는데, `KiServiceTable`과 `KiArgumentTable`을 가리킨다. 450 시스템 콜보다 조금 많은 양이다(정확한 개수는 윈도우 버전마다 다르다). 모든 스레드는 기본적으로 시스템 콜을 호출할 때 해당 테이블에 액세스한다. x86에서는 스레드 객체의 `ServiceTable` 포인터를 통해 이뤄진다. 반면 다른 플랫폼은 시스템 콜 디스패처에 `KeServiceDescriptorTable`을 하드코딩해 놓는다.

제한을 넘는 시스템 콜을 스레드가 호출했을 때 커널은 `PsConvertToGuiThread`를 호출한다. 이는 Win32k.sys에 있는 USER와 GDI 서비스에 통지한다. 그리고 나서 성공적으로 복귀되면 스레드 객체에 `GuiThread` 플래그나 `RestrictedGuiThread` 플래그를 설정한다. 어떤 값이 사용되느냐는 `EnableFilteredWin32kSystemCalls` 프로세스 완화 옵션이 활성화돼 있는지에 따라 달려있다. 이는 Vol.1의 7장에서 다뤘다. X86 시스템에서는 스레드 객체의 `ServiceTable` 포인터가 `KeServiceDescriptorTableShadow` 또는 `KeServiceDescriptorTableFilter`로 변한다. 이때 플래그가 설정돼 있는지가 영향을 준다. 다른 플랫폼의 경우에는 각 시스템 콜마다 하드코드된 심볼이 선택된다(성능상 더 안 좋더라도 악성코드가 이용할 수 있는 후킹 포인트를 없애는 장점이 있다).

예측할 수 있듯이 다른 배열들은 두 번째 엔트리를 가진다. 윈도우 서브시스템의 Wind32k.sys 그리고 더 최근에는 다이렉트X 커널 서비스 시스템에 의해 구현된 Dxgkrnl.sys에서 구현된 USER와 GDI 서비스를 나타낸다. 두 번째 진입점은 `W32pServiceTable`이나 `W32pServiceTableFilter`, `W32pArgumentTable` 또는 `W32pArgumentTableFilter`를 각각 가리킨다. 그리고 윈도우 버전에 따라 1,250개 이상의 시스템 콜을 지원한다.

Filter 엔트리들과의 실질적인 차이는 Win32k.sys에 있는 시스템 콜들을 가리키고 stub_UserGetThreadState와 같은 이름을 가진다는 점이다. 그렇지만 실제 배열은 NtUserGetThreadState를 가리킨다. 첫 번째 스텝에서는 Win32k.sys의 시스템 콜 필터링의 활성화 여부에 따라 호출을 실패시키거나 STATUE_INVALID_SYSTEM_SERVICE를 리턴한다. 해당 리턴은 필터가 이를 금지하는 경우다. 아니면 원본 함수를 호출한다.

반면 인자 테이블은 유저 스택에서 커널 스택으로 복사할 때 스택에 얼마나 많은 공간이 있는지에 대한 도움을 준다. 이는 디스패칭 부분에서 다뤘다. 인자 테이블의 각 엔트리는 인덱스와 일치하는 시스템 콜이 있으며 저장할 크기를 알고 있다. 그러나 x86이 아닌 플랫폼에는 **시스템 콜 테이블 축약**^{system call table compaction}이라고 하는 것이 도입됐다. 인자 테이블에서 필요한 값의 크기와 테이블에서 시스템 콜 포인터를 하나로 합쳤다. 해당 기능은 다음과 같다.

1. 시스템 콜 함수 포인터를 취한다. 그리고 시스템 콜 테이블 시작 부분으로부터 32비트 차이를 계산한다. 해당 차이는 2GB 이상이 될 수 있다.

2. 인자 테이블로부터 스택에 필요한 저장 크기를 취하고 4로 나눈다. 그리고 이를 인자 개수로 변경한다(일부 함수는 8바이트 인자를 취하기도 한다. 그러나 이러한 경우에도 이를 2개 인자로 본다).

3. 첫 번째에서 얻은 차이에 4비트 레프트 시프트 연산을 한다. 따라서 28비트 차이를 얻는다(이것이 괜찮은 이유는 어떤 커널 컴포넌트도 256MB 이상이 되지 않기 때문이다). 두 번째에서 취한 인자 개수와 비트 연산을 수행한다.

4. 3에서 얻은 값으로 시스템 콜 함수 포인터를 덮어씌운다.

이러한 최적화는 몇 가지 장점이 있다. 2개의 구분되는 배열을 사용해서 시스템 콜 사용 동안에 캐시 사용을 줄여준다. 그리고 포인터 참조 연산을 줄여준다. 또한 난독화 계층으로 동작하게 돼서 시스템 콜 테이블을 후킹하거나 패치하는 것을 어렵게 해준다. 그렇지만 한편으로 패치가드^{PatchGuard}가 이를 보호하기는 여전히 쉽다.

실습: 시스템 콜 번호, 함수, 인자 매핑

커널에서 하는 시스템 콜 ID에 연관되는 함수를 찾고 몇 개의 인자를 쓰는지 찾는 작업을 동일하게 해볼 수 있다. x86 시스템의 경우에는 디버거로 시스템 콜 테이블을 덤프한다. 즉, KiServiceTable을 dps 명령으로 확인하는 것이다. 그리고 KiArgumentTable을 db 명령으로 확인한다.

더 흥미로운 실습은 ARM64와 x64 시스템이 데이터를 확인하는 것이다. 앞서 설명했던 해당 시스템의 인코딩 때문이다. 다음 내용을 통해 확인할 수 있다.

1. 앞서 설명했던 축약 작업을 반대로 함으로써 특정 시스템 콜에 대한 데이터를 확인할 수 있다. 테이블의 주소를 취한다. 그리고 인덱스에 저장된 28비트 오프셋을 얻는다. 가령 시스템 콜 3번은 NtMapUserPhysicalPageScatter로 얻어진다.

```
lkd> ?? ((ULONG)(nt!KiServiceTable[3]) >> 4) + (int64)nt!KiServiceTable
unsigned int64 0xfffff803`1213e030

lkd> ln 0xfffff803`1213e030
(fffff803`1213e030) nt!NtMapUserPhysicalPagesScatter
```

2. 4비트 인자 개수를 얻음으로써 시스템 콜 스택 기반의 4바이트 인자를 확인할 수 있다.

```
lkd> dx (((int*)&(nt!KiServiceTable))[3] & 0xF)
(((int*)&(nt!KiServiceTable))[3] & 0xF) : 0
```

3. 명심할 것은 시스템 콜이 인자가 없다는 것을 의미하지는 않는다는 점이다. x64일 때 0 ~ 4 인자의 경우에는 레지스터^{RCX, RDX, R8,}

R9)에 저장된다.

4. 프로젝션을 활용해 LINQ를 만들도록 디버거 데이터 모델을 사용할 수 있고 전체 테이블 내용을 확인할 수 있다. KiServiceLimit 변수가 서비스 디스크립터 테이블에 있는 limit 값과 같음을 알 수 있다(이는 Win32k.sys를 위한 W32pServiceLimit이 섀도우 디스크립터 테이블에 있는 것과 같은 이치다). 확인되는 내용은 다음과 같다.

```
lkd> dx @$table = &nt!KiServiceTable
@$table = &nt!KiServiceTable : 0xfffff8047ee24800 [Type: void *]

lkd> dx (((int(*)[90000])&(nt!KiServiceTable)))->Take(*(int*)&
    nt!KiServiceLimit)-> Select(x => (x >> 4) + @$table)
(((int(*)[90000])&(nt!KiServiceTable)))->Take(*(int*)&
    nt!KiServiceLimit)->Select(x => (x >> 4) + @$table)
    [0]             : 0xfffff8047eb081d0 [Type: void *]
    [1]             : 0xfffff8047eb10940 [Type: void *]
    [2]             : 0xfffff8047f0b7800 [Type: void *]
    [3]             : 0xfffff8047f299f50 [Type: void *]
    [4]             : 0xfffff8047f012450 [Type: void *]
    [5]             : 0xfffff8047ebc5cc0 [Type: void *]
    [6]             : 0xfffff8047f003b20 [Type: void *]
```

5. 포인터를 심볼릭 형태로 나타내는 명령을 사용할 수 있다. x86 윈도우에서 dps를 만들어내는 것이라고 볼 수 있다.

```
lkd> dx @$symPrint = (x => Debugger.Utility.Control.
    ExecuteCommand(".printf \"%y\\n\"," + ((unsigned __int64)x).
    ToDisplayString("x")).First())
@$symPrint = (x => Debugger.Utility.Control.ExecuteCommand(".printf
    \"%y\\n\"," + ((unsigned __int64)x).ToDisplayString("x")).First())
lkd> dx (((int(*)[90000])&(nt!KiServiceTable)))->
    Take(*(int*)&nt!KiServiceLimit)->Select(x => @$symPrint((x >> 4)
    + @$table))
(((int(*)[90000])&(nt!KiServiceTable)))->
    Take(*(int*)&nt!KiServiceLimit)->Select(x => @$symPrint((x >> 4)
    + @$table))
    [0]       : nt!NtAccessCheck (fffff804`7eb081d0)
    [1]       : nt!NtWorkerFactoryWorkerReady (fffff804`7eb10940)
```

```
        [2]          : nt!NtAcceptConnectPort (fffff804`7f0b7800)
        [3]          : nt!NtMapUserPhysicalPagesScatter (fffff804`7f299f50)
        [4]          : nt!NtWaitForSingleObject (fffff804`7f012450)
        [5]          : nt!NtCallbackReturn (fffff804`7ebc5cc0)
```

6. 마지막으로 커널 서비스 테이블에 관심이 있고 Win32k.sys에 관심이 없다면 !chksvctbl -v 명령을 활용할 수 있다. 이는 루트킷이 인라인 훅을 했는지 확인하면서 데이터 내용을 보여주게 된다.

```
lkd> !chksvctbl -v
# ServiceTableEntry        DecodedEntryTarget(Address)        CompactedOffset
====================================================================
0   0xfffff8047ee24800    nt!NtAccessCheck(0xfffff8047eb081d0) 0n-52191996
1   0xfffff8047ee24804    nt!NtWorkerFactoryWorkerReady(0xfffff8047eb10940)
0n-51637248
2   0xfffff8047ee24808    nt!NtAcceptConnectPort(0xfffff8047f0b7800)
0n43188226
3   0xfffff8047ee2480c    nt!NtMapUserPhysicalPagesScatter(
0xfffff8047f299f50) 0n74806528
4   0xfffff8047ee24810    nt!NtWaitForSingleObject(0xfffff8047f012450)
0n32359680
```

실습: 시스템 서비스 활동 살펴보기

시스템 객체의 초당 시스템 콜 성능 카운터를 살펴봄으로써 시스템 활동을 살펴볼 수 있다. 성능 모니터를 켜고 성능 모니터 하위에 모니터링 도구를 클릭한다. 그리고 추가 버튼을 카운터 차트에 넣는다. 시스템 객체를 선택하고 초당 시스템 콜 카운터를 선택한다. 그리고 추가 버튼을 눌러 카운터 차트에 넣는다.

최댓값을 더 높은 값으로 설정하고 싶을 수 있다. 보통 시스템에서는 초당 수십만 개의 시스템 콜이다. 그리고 프로세서를 더 가질수록 더 크게 가진다. 밑에 있는 내용은 내 소유의 컴퓨터에 있는 상황을 나타낸 것이다.

WoW64(윈도우 안의 윈도우)

WoW64(64비트 윈도우의 Win32 에뮬레이션)는 64비트 플랫폼(다른 아키텍처가 될 수도 있음)에서 32비트
애플리케이션의 실행을 가능하게 해주는 소프트웨어를 나타낸다. WoW64는 원래
윈도우 NT 3.51의 이전 알파 버전과 MIPS 버전의 x86 코드를 실행하기 위한 연구
프로젝트였으며, 1995년경 이후로 급격하게 발전했다. 마이크로소프트가 2001년
에 윈도우 XP 64비트 에디션을 출시하면서 WoW64는 새로운 64비트 운영체제에
서 이전 x86 32비트 애플리케이션을 실행하고자 운영체제에 포함됐다. 최신 윈도
우 릴리스에서 WoW64는 ARM64 시스템에서 ARM32 애플리케이션과 x86 애플리
케이션 실행도 지원하게 확장됐다.

WoW64 코어는 유저 모드 DLL 집합으로 구현되며 일반적으로 64비트 네이티브 데
이터 구조체에만 있는 대상 아키텍처 버전을 생성하고자 커널에서 일부 지원을 제
공한다. 예를 들어 프로세스 환경 블록^{PEB, Process Environment Block} 및 스레드 환경 블록
^{TEB, Thread Environment Block}이 있다. **Get/SetThreadContext**를 통한 WoW64 콘텍스트 변경
역시 커널에 의해 구현된다. 다음은 WoW64를 담당하는 핵심 유저 모드 DLL이다.

- **Wow64.dll**: 유저 모드에서 WoW64 코어를 수행한다. 32비트 애플리케이션을 위한 일종의 중간 커널 역할을 하는 얇은 소프트웨어 계층을 생성하고 시뮬레이션을 시작한다. CPU 콘텍스트 상태 변경과 Ntoskrnl.exe에서 익스포트한 네이티브 시스템 콜을 처리하며, 파일 시스템과 레지스트리 리다이렉션을 수행한다.

- **Wow64win.dll**: Win32k.sys에서 익스포트한 GUI 시스템 콜에 대한 썽킹^{thunking}(변환)을 수행한다. Wow64win.dll과 Wow64.dll에는 호출 규칙을 다른 아키텍처로 변환하는 썽킹 코드가 포함돼 있다.

일부 다른 모듈은 아키텍처에 따라 다르며 아키텍처별로 기계어 코드를 번역하는데 사용한다. 일부 ARM64의 경우에는 기계어 코드를 에뮬레이트하거나 지팅^{Jitting}해야 한다. 이 책에서 지팅이라는 용어는 한 번에 하나의 명령을 에뮬레이트하고 실행하는 대신 런타임에 작은 코드 블록(컴파일 단위)을 컴파일하는 적시^{JIT, Just-In-Time} 컴파일 기술을 의미한다.

다음은 대상 운영체제에서 실행할 수 있도록 기계어 코드를 번역하거나 에뮬레이트, 지팅하는 역할을 하는 DLL이다.

- **Wow64cpu.dll**: AMD64 운영체제에서 x86 32비트 코드를 실행하기 위한 CPU 시뮬레이터를 수행한다. WoW64 내에서 실행 중인 각 스레드의 32비트 CPU 콘텍스트를 관리하고 CPU 모드를 32비트에서 64비트로 또는 그 반대로 전환하기 위한 프로세서 아키텍처별 지원을 한다.

- **Wowarmhw.dll**: ARM64 시스템에서 ARM32(AArch32) 애플리케이션을 실행하기 위한 CPU 시뮬레이터를 수행한다. x86 시스템에서 사용되는 Wow64cpu.dll의 ARM64 버전이라고 할 수 있다.

- **Xtajit.dll**: ARM64 시스템에서 x86 32비트 애플리케이션을 실행하기 위한 CPU 에뮬레이터를 수행한다. 전체 x86 에뮬레이터와 지터(코드 컴파일러) 그리고 지터와 XTA 캐시 서버 간의 통신 프로토콜이 포함된다. 지터는 x86 이미지에서 변환된 ARM64 코드를 포함하는 컴파일 블록을 생성할 수 있다. 이러한 블록은 로컬 캐시에 저장된다.

그림 8-28은 WoW64 유저 모드 라이브러리(다른 핵심 WoW64 구성 요소 포함)의 관계를 나타낸다.

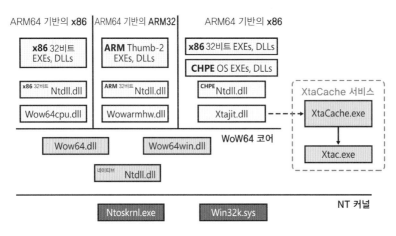

그림 8-28 WoW64 아키텍처

아이테니엄(itanium) 시스템에서 실행되게 설계된 이전 윈도우 버전에는 Wowia32x.dll이라는 WoW64 계층에 통합된 완벽한 x86 에뮬레이터가 포함돼 있다. 아이테니엄 프로세스는 기본적으로 x86 32비트 명령을 효율적인 방식으로 실행할 수 없어 이런 에뮬레이터가 필요했다. 아이테니엄 아키텍처는 2019년 1월에 공식적으로 중단됐다.

최신 인사이더 릴리스 버전의 윈도우는 ARM64 시스템에서 64비트 x86 코드 실행도 지원하며 이를 위해 새로운 지터가 설계됐다. 다만 ARM 시스템에서 AMD64 코드를 에뮬레이트하는 것은 WoW64가 수행하지 않는다. AMD64 에뮬레이터 아키텍처를 설명하는 것은 이 책의 범위를 벗어나므로 여기까지만 설명한다.

WoW64 코어

앞 절에서 소개한 것처럼 WoW64 코어는 플랫폼에 독립적이다. 64비트 운영체제에서 32비트 코드 실행을 관리하기 위한 소프트웨어 계층을 생성한다. 실제 변환은 플랫폼에 따라 다른 이진 번역기^Binary Translator라는 시뮬레이터에 의해 수행된다. 이 절에서는 WoW64 코어의 역할 및 시뮬레이터와 상호 운용되는 방식을 알아본다. WoW64 코어는 거의 전적으로 유저 모드(Wow64.dll 라이브러리)에서 구현되지만 그

중 일부는 NT 커널에 위치한다.

NT 커널 내의 WoW64 코어

시스템 시작(1단계) 동안 I/O 관리자는 시스템 프로세스 유저 주소 공간에서 시스템이 지원하는 모든 시스템 DLL을 매핑하고 시작 주소^{base address}를 전역 배열에 저장하는 **PsLocateSystemDlls** 루틴을 호출한다. 매핑 대상에는 표 8-13에서 설명한 Ntdll의 WoW64 버전도 포함된다. 프로세스 관리자^{PS} 시작의 2단계에서는 커널 내부 변수에 저장된 해당 DLL의 일부 진입점^{entry point}을 확인한다. 익스포트 심볼 중 하나인 **LdrSystemDllInitBlock**은 WoW64 정보와 함수 포인터를 새로운 WoW64 프로세스로 전송하는 데 사용된다.

표 8-13 다른 Ntdll 버전 목록

경로	내부 이름	설명
c:\windows\system32\ntdll.dll	ntdll.dll	시스템 Ntdll은 모든 유저 프로세스(최소 프로세스 제외)에 매핑되며 필수로 표시되는 유일한 버전이다.
c:\windows\SysWow64\ntdll.dll	ntdll32.dll	32비트 x86 Ntdll은 64비트 x86 호스트 시스템에서 실행되는 WoW64 프로세스에 매핑된다.
c:\windows\SysArm32\ntdll.dll	ntdll32.dll	32비트 ARM Ntdll은 64비트 ARM 호스트 시스템에서 실행되는 WoW64 프로세스에 매핑된다.
c:\windows\SyChpe32\ntdll.dll	ntdllwow.dll	32비트 x86 CHPE Ntdll은 64비트 ARM 호스트 시스템에서 실행되는 WoW64 프로세스에 매핑된다.

프로세스가 처음 생성될 때 커널은 메인 프로세스 실행 PE 이미지를 분석하고 시스템에 올바른 Ntdll 버전이 매핑돼 있는지 확인하는 알고리듬을 사용해 WoW64에서 실행할지 여부를 결정한다. 시스템이 프로세스가 WoW64라고 판단한 경우 커널이 주소 공간을 초기화할 때 기본 Ntdll과 올바른 WoW64 버전을 모두 매핑한다.

Vol.1의 3장에서 설명한 것처럼 최소 프로세스가 아닌 프로세스는 유저 모드에서 액세스할 수 있는 PEB 데이터 구조를 갖고 있다. WoW64 프로세스의 경우 커널은 PEB의 32비트 버전도 할당하며 PEB에 대한 포인터를 생성된 프로세스의 **EPROCESS**

에 연결된 작은 데이터 구조체(EWoW64PROCESS)에 저장한다. 그런 다음 커널은 Wow64 Ntdll 익스포트 포인터를 포함해 해당 구조체(32비트 버전의 LdrSystemDllInitBlock 심볼로 설명되는)를 채운다.

프로세스에 대한 스레드가 할당되면 커널은 유사한 처리를 수행한다. 스레드 초기 유저 스택(초기 크기는 기본 이미지의 PE 헤더에 지정됨)과 함께 32비트 코드 실행을 위해 다른 스택이 할당된다. 이 스택을 스레드의 WoW64 스택이라고 부른다. 스레드의 TEB가 빌드되면 커널은 64비트 TEB와 32비트 TEB를 모두 저장하기에 충분한 메모리를 할당한다.

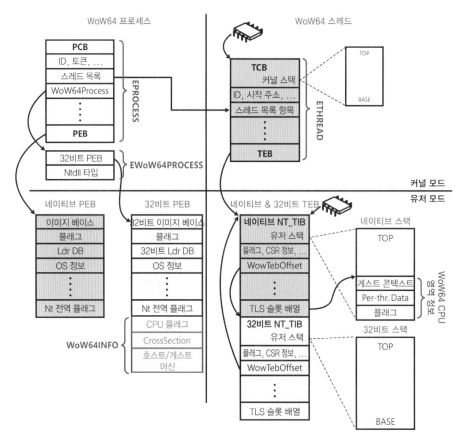

그림 8-29 단일 스레드만 있는 WoW64 프로세스의 내부 구성

또한 64비트 스택 베이스에 WoW64 CPU 영역 정보라고 하는 작은 데이터 구조체가 할당된다. 이는 대상 이미지 장치 식별자와 플랫폼 종속적인 32비트 CPU 콘텍

스트(대상 아키텍처에 따라 X86_NT5_CONTEXT나 ARM_CONTEXT 데이터 구조체), 스레드당 WoW64 CPU 공유 데이터의 포인터로 구성되며 시뮬레이터에서 사용한다. 이 작은 데이터 구조체에 대한 포인터는 바이너리 변환기가 빠르게 참조할 수 있도록 스레드의 TLS 슬롯 1에도 저장된다. 그림 8-29는 초기 단일 스레드를 포함하는 WoW64 프로세스의 최종 구성을 보여준다.

유저 모드 WoW64 코어

앞 절에서 설명한 차이점 외에 Ntdll의 네이티브 버전의 로더 초기화 함수인 LdrpInitialize를 호출해 메인 스레드가 실행되기 전까지 프로세스 생성 및 최초 스레드 동작은 비WoW64 프로세스와 동일하다. 로더는 스레드가 새 프로세스의 콘텍스트에서 실행되는 첫 번째 스레드임을 감지하면 프로세스 초기화 루틴인 LdrpInitializeProcess를 호출한다(자세한 내용은 Vol.1 3장의 '이른 시점의 프로세스 초기화' 절 참고). 프로세스가 WoW64인지 여부는 32비트 TEB(네이티브 TEB 뒤에 위치하고 연결돼 있음)의 존재 여부로 판단한다. WoW64인 경우 네이티브 Ntdll은 내부 UseWoW64 전역 변수를 1로 설정하고 WoW64 핵심 라이브러리인 wow64.dll의 경로를 빌드한 후 4GB 가상 주소 공간 위에 매핑한다(이런 방식으로 프로세스의 시뮬레이션된 32비트 주소 공간에 영향을 주지 않음). 그런 다음 프로세스/스레드 일시 중단suspend 및 APC와 예외 디스패칭을 다루는 일부 WoW64 함수의 주소를 가져와 내부 변수 일부에 저장한다.

프로세스 초기화 루틴이 종료되면 윈도우 로더는 익스포트한 Wow64LdrpInitialize 루틴을 통해 WoW64 코어로 실행을 전송하며, 이는 절대 리턴되지 않는다. 이제부터 각각의 새 스레드는 기존 RtlUserThreadStart 루틴 대신 해당 WoW64 진입점을 통해 시작된다. WoW64 코어는 TLS 슬롯 1에서 커널에 의해 저장된 CPU WoW64 영역에 대한 포인터를 언는다. 스레드가 프로세스의 첫 번째인 경우 다음 단계를 수행하는 WoW64 프로세스 초기화 루틴을 호출한다.

1. WoW64 썽크 로깅 DLL(wow64log.dll)의 로드를 시도한다. 이 DLL은 WoW64 호출을 기록하는 데 사용되며 상용 윈도우 릴리스에는 포함돼 있지 않으므로 그냥 건너뛴다.

2. NT 커널에 의해 채워진 LdrSystemDllInitBlock을 통해 Ntdll32 베이스 주

소와 함수 포인터를 찾는다.

3. 파일 시스템 및 레지스트리 리다이렉션을 초기화한다. 파일 시스템 및 레지스트리 리다이렉션은 네이티브 시스템 콜을 호출하기 전에 32비트 레지스트리 및 파일 시스템 요청을 가로채 해당 경로를 변환하는 WoW64 코어의 Syscall 계층에서 구현된다.

4. NT 커널 및 Win32k GUI의 서브시스템(표준 커널 시스템 서비스와 유사)에 속하는 시스템 서비스에 대한 포인터를 포함하고 콘솔 및 NLS 서비스 호출도 포함하는 WoW64 서비스 테이블을 초기화한다(WoW64 시스템 서비스 호출과 리다이렉션은 이 장의 뒷부분에서 다룬다).

5. NT 커널에 의해 할당된 프로세스 PEB의 32비트 버전을 채우고 프로세스 메인 이미지의 아키텍처를 기반으로 올바른 CPU 시뮬레이터를 로드한다. 시스템은 시뮬레이터의 기본 DLL 이름이 포함된 HKLM\SOFTWARE\Microsoft\Wow64\<arch> 키(여기서 <arch>는 대상 아키텍처에 따라 x86 또는 arm일 수 있음)의 '기본' 레지스트리 값을 질의한다. 그런 다음 시뮬레이터가 로드되고 프로세스의 주소 공간에 매핑된다. 익스포트 함수 중 일부는 유효^{resolved}하게 돼 BtFuncs라는 내부 배열에 저장된다. 해당 배열은 플랫폼별 바이너리 변환기를 WoW64 서브시스템에 연결하는 키가 된다. WoW64는 이를 통해서만 시뮬레이터의 기능을 호출한다. 예를 들어 BtCpuProcessInit 함수는 시뮬레이터의 프로세스 초기화 루틴을 의미한다.

6. 썽킹 교차 프로세스 메커니즘은 16KB 공유 섹션을 할당하고 매핑해 초기화된다. WoW64 프로세스가 다른 32비트 프로세스를 대상으로 API를 호출하면 합성된 작업 항목이 공유 섹션에 게시된다(이 작업은 다른 프로세스에 걸쳐 썽크 작업을 전파함).

7. WoW64 계층은 익스포트된 BtCpuNotifyMapViewOfSection을 호출해 시뮬레이터에 주 모듈임을 알리며 Ntdll 32비트 버전은 주소 공간에 매핑된 것을 알려준다.

8. 마지막으로 WoW64 코어는 32비트 시스템 콜 디스패처에 대한 포인터를 Ntdll 32비트 버전의 Wow64Transition 익스포트 변수에 저장한다. 이를 통해 시스템 콜 디스패처가 동작 가능하게 된다.

프로세스 초기화 루틴이 종료되면 스레드는 CPU 시뮬레이션을 시작할 수 있게 된다. 시뮬레이터의 스레드 초기화 함수를 호출하고 새로운 32비트 콘텍스트를 준비해 처음에 NT 커널에 의해 채워진 64비트 콘텍스트를 변환한다. 마지막으로 새 콘텍스트를 기반으로 LdrInitializeThunk 함수의 32비트 버전을 실행하고자 32비트 스택을 준비한다. 시뮬레이션은 시뮬레이터의 BTCpuSimulate 익스포트 함수를 통해 시작되며 시뮬레이터에 심각한 에러가 발생하지 않는 한 호출자에게 절대 반환되지 않는다.

파일 시스템 리다이렉션

애플리케이션 호환성을 유지하고 32비트에서 64비트 윈도우로 애플리케이션을 이식하는 노력을 줄이려고 윈도우는 시스템 디렉터리 이름을 동일하게 유지했다. 따라서 \Windows\System32 폴더에는 네이티브 64비트 이미지가 포함돼 있다. WoW64는 모든 시스템 콜을 가로채기 때문에 모든 경로 관련 API를 변환하고 다양한 시스템 경로를 WoW64에 맞게 교체한다(대상 프로세스의 아키텍처에 따라). 표 8-14에서 목록을 확인할 수 있으며 시스템 환경 변수를 사용해 리다이렉션된 경로도 볼 수 있다(예를 들어 %PROGRAMFILES% 변수는 32비트 애플리케이션의 경우 \Program Files(x86)로도 설정되지만 64비트 애플리케이션의 경우 \Program Files 폴더로 설정).

표 8-14 WoW64 리다이렉션 경로

경로	아키텍처	리다이렉션되는 위치
c:\windows\system32	AMD64의 X86	C:\Windows\SysWow64
	ARM64의 X86	C:\Windows\SyChpe32(SyChpe32에 파일이 없으면 C:\Windows\SysWow64)
	ARM32	C:\Windows\SysArm32
%ProgramFiles%	Native	C:\Program Files
	X86	C:\Program Files(x86)
	ARM32	C:\Program Files(Arm)

(이어짐)

경로	아키텍처	리다이렉션되는 위치
%CommonProgramFiles%	Native	C:\Program Files\Common Files
	X86	C:\Program Files(x86)
	ARM32	C:\Program Files(Arm)\Common Files
C:\Windows\regedit.exe	X86	C:\Windows\SysWow64\regedit.exe
	ARM32	C:\Windows\SysArm32\regedit.exe
C:\Windows\LastGood\System32	X86	C:\Windows\LastGood\SysWow64
	ARM32	C:\Windows\LastGood\SysArm32

\Windows\System32에는 호환성 및 보안상의 이유로 32비트 애플리케이션에서 액세스할 때 리다이렉션되지 않고 실제 경로로 액세스되는 몇 가지 하위 디렉터리가 있으며 다음과 같은 경로를 포함한다.

- %windir%\system32\catroot와 %windir%\system32\catroot2
- %windir%\system32\driverstore
- %windir%\system32\drivers\etc
- %windir%\system32\hostdriverstore
- %windir%\system32\logfiles
- %windir%\system32\spool

WoW64는 Wow64DisableWow64FsRedirection 및 Wow64RevertWow64FsRedirection 함수를 통해 스레드별로 WoW64에 내장된 파일 시스템 리다이렉션을 제어하는 메커니즘을 제공한다. 이 메커니즘은 내부 WoW64 RedirectPath 함수에서 참조하는 TLS 인덱스 8에 활성화/비활성화 값을 저장해 작동한다. 하지만 이는 지연 로드된 DLL, 공통 파일 대화상자를 통한 파일 열기 및 국제화에 문제가 있을 수 있는데, 리다이렉션이 비활성화되면 시스템은 내부 로드 중에 더 이상 리다이렉션을 사용하지 않고 특정 64비트 전용 파일을 찾지 못하기 때문이다. %SystemRoot%\Sysnative 경로나 앞에서 소개한 다른 일관된 경로를 사용하는 것이 일반적으로 개발자가 사용하기에 더 안전한 방법이다.

특정 32비트 애플리케이션은 실제로 64비트 이미지를 인식하고 처리할 수 있으므로 가상 디렉터리인 \Windows\Sysnative에 대한 32비트 애플리케이션의 모든 I/O는 파일 리다이렉션에서 제외되도록 허용한다. Sysnative 디렉터리는 실제 존재하는 경로가 아니다. WoW64에서 실행되는 애플리케이션에서도 실제 System32 디렉터리에 액세스할 수 있는 가상 경로다.

레지스트리 리다이렉션

애플리케이션과 구성 요소는 환경설정 데이터를 레지스트리에 저장한다. 구성 요소는 일반적으로 설치 중 등록 단계에서 레지스트리에 환경설정 데이터를 기록한다. 동일한 구성 요소가 32비트 바이너리와 64비트 바이너리로 설치 및 등록된 경우 둘 다 레지스트리의 동일한 위치를 기록하므로 등록된 마지막 구성 요소가 이전 구성 요소의 등록을 재정의한다.

32비트 구성 요소에 대한 코드 변경 없이 이 문제를 투명하게 해결하고자 레지스트리는 네이티브와 WoW64의 두 부분으로 나눠진다. 기본적으로 32비트 구성 요소는 32비트 보기view에 액세스하고, 64비트 구성 요소는 64비트 보기에 액세스한다. 이는 32비트와 64비트 구성 요소에 대한 안전한 실행 환경을 제공하고 64비트 애플리케이션에 32비트 상태가 있다면 이를 분리한다.

'시스템 콜' 절의 뒷부분에서 설명하는 것처럼 WoW64 시스템 콜 계층은 32비트 프로세스에 의해 호출된 모든 시스템 콜을 가로챈다. WoW64가 레지스트리 키를 열거나 생성하는 시스템 콜을 가로챌 때 호출자가 64비트 보기를 명시적으로 요청하지 않는 한 WoW64 보기를 바라보도록 키 경로를 변환한다. WoW64는 공유와 분할 레지스트리 키, 하위 키 목록을 저장하는 다중 트리 데이터 구조 덕분에 리다이렉션된 키를 추적할 수 있다(앵커 트리 노드는 시스템이 리다이렉션을 시작해야 하는 위치를 정의함). WoW64는 다음 지점에서 레지스트리를 리다이렉션한다.

* HKLM\SOFTWARE
* HKEY_CLASSES_ROOT

전체 레지스트리 하이브는 분할되지 않는다. 이런 루트 키에 속하는 하위 키는 레지스트리의 비공개 WoW64 영역에 저장할 수 있다(이 경우 하위 키는 분할 키임). 그렇지 않으면 하위 키를 32비트와 64비트 앱 간에 공유할 수 있다(이 경우 하위 키는 공유 키임). 각 분할 키 아래(앵커 노드가 추적하는 위치)에서 WoW64는 WoW6432Node(x86 애플리케이션의 경우) 또는 WowAA32Node(ARM32 애플리케이션의 경우)라는 키를 만들고 키 아래에 32비트 환경설정 정보를 저장한다. 레지스트리의 다른 모든 부분은 32비트와 64비트 애플리케이션 간에 공유된다(예를 들어 HKLM\SYSTEM).

추가로 x86 32비트 애플리케이션이 "%ProgramFiles%"나 %CommonProgramFiles%" 데이터로 시작하는 REG_SZ나 REG_EXPAND_SZ 값을 레지스트리에 쓰는 경우 WoW64 는 앞에서 설명한 파일 시스템 리다이렉션 및 레이아웃과 일치하도록 실제 값을 "%ProgramFiles(x86)%"와 %CommonProgramFiles(x86)%"로 수정한다. 따라서 32비 트 애플리케이션은 이런 값을 쓸 때는 문자열을 정확하게 작성해야 한다. 다른 데이터는 변경 없이 정상적으로 기록된다.

애플리케이션이 레지스트리 키에 대한 보기를 명시적으로 지정하고 싶은 경우 RegOpenKeyEx, RegCreateKeyEx, RegOpenKeyTransacted, RegCreateKeyTransacted, RegDeleteKeyEx 함수에서 다음 플래그를 사용할 수 있다.

- **KEY_WoW64_64KEY** 32비트나 64비트 애플리케이션에서 64비트 키를 명시적 으로 열고 앞에서 설명한 REG_SZ 또는 REG_EXPAND_SZ 가로채기를 비활성 화한다.
- **KEY_WoW64_32KEY** 32비트나 64비트 애플리케이션에서 32비트 키를 명시적 으로 연다.

AMD64 플랫폼에서 x86 시뮬레이션

AMD64 플랫폼용 x86 시뮬레이터의 인터페이스(Wow64cpu.dll)는 매우 간단하다. 시 뮬레이터 프로세스 초기화 함수는 소프트웨어 모드 기반 실행 제어(MBEC, 9장에서 설명)의 존재 여부에 따라 빠른 시스템 콜 인터페이스를 활성화한다. WoW64 코어 가 BtCpuSimulate 시뮬레이터의 인터페이스를 호출해 시뮬레이션을 시작하면 시 뮬레이터는 WoW64 스택 프레임(WoW64 코어에서 제공하는 32비트 CPU 콘텍스트 기반)을 빌드한다.

빠른 시스템 콜을 전달하고자 Turbo 썽크 배열을 초기화하고 FS 세그먼트 레지스터가 스레드의 32비트 TEB를 가리키게 준비한다. 마지막으로 32비트 세그먼트(보통 세그먼트 0x20)를 대상으로 하는 콜 게이트를 설정하고 스택을 전환한 후 최종 32비트 진입점으로 원거리 분기[far jump]한다(첫 번째 실행에서 진입점은 LdrInitializeThunk 로더 함수의 32비트 버전). CPU가 원거리 분기를 실행할 때 콜 게이트가 32비트 세그먼트를 대상으로 하는 것을 감지해 CPU 실행 모드를 32비트로 변경한다. 32비트 모드 코드 실행은 인터럽트나 시스템 콜이 디스패치되는 경우에만 종료된다. 콜 게이트에 대한 자세한 내용은 인텔과 AMD 소프트웨어 개발 매뉴얼에서 확인할 수 있다.

 32비트 모드로 처음 전환하는 동안 시뮬레이터는 원거리 호출 대신 IRET 옵코드를 사용하는데, 휘발성 레지스터와 EFLAGS를 포함한 모든 32비트 레지스터를 초기화해야 하기 때문이다.

시스템 콜

32비트 애플리케이션의 경우 WoW64 계층은 NT 커널과 유사하게 작동한다. Ntdll.dll, User32.dll, Gdi32.dll의 특수 32비트 버전은 \Windows\Syswow64 폴더에 위치한다(Rpcrt4.dll처럼 프로세스 간 통신을 수행하는 다른 DLL도 마찬가지). 32비트 애플리케이션이 운영체제의 지원을 필요로 하는 경우 운영체제 라이브러리의 특수 32비트 버전에 있는 함수를 호출한다. 64비트 대응 버전과 마찬가지로 운영체제 루틴은 유저 모드에서 직접 작업을 수행하거나 NT 커널의 도움이 필요할 수 있다. 후자의 경우 네이티브 64비트 Ntdll에서 구현된 것과 같은 스텁[stub] 함수를 통해 시스템 콜을 호출한다. 스텁은 시스템 콜 인덱스를 레지스터에 배치하지만 네이티브 32비트 시스템 콜 명령을 실행하는 대신 WoW64 시스템 콜 디스패처를 호출한다(WoW64 쿠어에 의해 컴파일된 Wow64Transition 변수를 통해).

WoW64 시스템 콜 디스패처는 플랫폼별 시뮬레이터(wow64cpu.dll) 내에서 구현된다. 네이티브 64비트 실행 모드로 전환하고 시뮬레이션을 종료하고자 또 다른 원거리 분기를 내보낸다. 바이너리 변환기는 스택을 64비트로 전환하고 이전 CPU의 콘텍스트를 저장한 다음 시스템 콜과 관련된 매개변수를 캡처하고 변환한다. 이런 변환 절차를 '썽킹'이라 하며 32비트 ABI에 따라 실행되는 기계어 코드가 64비트 코드와 상호 운용되게 한다. 호출 규칙(ABI에서 설명)은 데이터 구조, 포인터와 값이 각 함수의 매개변수로 전달되고 기계어 코드를 통해 액세스되는 방법을 정의한다.

썽킹은 2가지 정책을 사용해 시뮬레이터에서 수행된다. 클라이언트가 제공하는 복잡한 데이터 구조체와 상호 동작하지 않고 단순한 입출력값을 처리하는 API라면 Turbo 썽크(시뮬레이터에서 구현된 작은 변환 루틴)가 변환을 처리하고 네이티브 64비트 API를 직접 호출한다. 다른 복잡한 API는 시스템 콜 인덱스에서 올바른 WoW64 시스템 콜 테이블 번호를 추출하고 올바른 WoW64 시스템 콜 함수를 호출하는 **Wow64SystemServiceEx** 루틴의 지원이 필요하다. WoW64 시스템 콜은 WoW64 핵심 라이브러리와 Wow64win.dll에서 구현되며 네이티브 시스템 콜과 이름은 같지만 접두사가 **wh-**로 시작된다(예를 들어 NtCreateFile WoW64 API는 whNtCreateFile).

변환이 정상 수행된 후 시뮬레이터는 대응하는 네이티브 64비트 시스템 콜을 실행한다. 네이티브 시스템 콜이 반환되면 WoW64는 필요한 경우 출력 매개변수를 64비트에서 32비트 형식으로 변환(또는 썽크)하고 시뮬레이션을 다시 시작한다.

예외 디스패칭

예외 디스패칭은 WoW64 시스템 콜과 유사하게 CPU 시뮬레이션을 강제 종료한다. 예외가 발생하면 NT 커널은 유저 모드 코드를 실행하는 스레드에 의한 생성인지 확인하고, 그렇다면 활성 스택에 확장된 예외 프레임을 만들고 64비트 Ntdll의 유저 모드 **KiUserExceptionDispatcher** 함수로 반환해 예외를 전달한다(예외에 대한 자세한 내용은 이 장의 앞부분에 있는 '예외 디스패칭' 절 참고).

64비트 예외 프레임(캡처된 CPU 콘텍스트 포함)은 예외가 생성됐을 때 현재 활성 상태였던 32비트 스택에 할당되므로 CPU 시뮬레이터로 디스패치되기 전에 변환해야 한다. 이것이 바로 **Wow64PrepareForException** 함수(WoW64 코어 라이브러리에서 익스포트)의 역할로, 네이티브 64비트 스택에 공간을 할당하고 32비트 스택에서 네이티브 예외 프레임을 복사한다. 그런 다음 64비트 스택으로 전환하고 네이티브 예외 및 콘텍스트 레코드를 대응하는 32비트 레코드로 변환해 결과를 32비트 스택에 저장한다(64비트 예외 프레임 대체). 이 시점에서 WoW64 코어는 32비트 버전의 **KiUserExceptionDispatcher** 함수에서 시뮬레이션을 다시 시작할 수 있으며, 네이티브 32비트 Ntdll과 동일한 방식으로 예외를 전달한다.

32비트 유저 모드 APC 전달 역시 유사하게 구현된다. 일반 유저 모드 APC는 기본 Ntdll의 **KiUserApcDispatcher**를 통해 전달된다. 64비트 커널이 유저 모드 APC를 WoW64 프로세스로 보내려고 할 때 32비트 APC 주소를 64비트 주소 공간의 상단 부분에 매핑하고 64비트 Ntdll은 WoW64 코어 라이브러리에서 내보낸 **Wow64ApcRoutine** 루틴을 호출한다. 이 루틴은 유저 모드에서 네이티브 APC 및 콘텍스트 레코드를 캡처하고 32비트 스택에 다시 매핑한다. 그런 다음 32비트 유저 모드 APC 및 콘텍스트 레코드를 준비하고 네이티브 32비트 Ntdll과 동일한 방식으로 APC를 디스패치하는 **KiUserApcDispatcher** 함수의 32비트 버전에서 CPU 시뮬레이션을 다시 시작한다.

ARM

ARM은 원래 ARM 지주 회사에서 설계한 RISC^{Reduced Instruction Set Computing} 아키텍처 제품군으로, 이 회사는 인텔 및 AMD와는 달리 CPU의 아키텍처를 설계하고 최종 CPU를 생산하는 퀄컴이나 삼성 같은 타사에 라이선스를 부여한다. 결과적으로 1993년 ARMv3 세대에 의해 처음 도입된 매우 단순한 32비트 CPU부터 최신 ARMv8에 이르기까지 수년 동안 빠르게 진화한 여러 ARM 아키텍처의 릴리스와 버전이 개발됐다. 최신 ARM64v8.2 CPU는 기본적으로 여러 실행 모드(또는 상태)를 지원하며 대표적으로 AArch32, Thumb-2, AArch64가 있다.

- AArch32는 CPU가 32비트 코드만 실행하고 32비트 레지스터를 사용해 32비트 버스를 통해 주 메모리와 데이터를 주고받는 가장 고전적인 실행 모드다.
- Thumb-2는 AArch32 모드의 하위 집합인 실행 상태로, Thumb 명령 세트는 저전력 임베디드 시스템에서 코드 밀도를 개선하고자 설계됐다. 이 모드에서 CPU는 32비트 레지스터와 메모리에 계속 액세스하면서 16비트와 32비트 명령을 혼합해 실행할 수 있다.
- AArch64는 최신 실행 모드로 이 실행 상태의 CPU는 64비트 범용 레지스터에 액세스할 수 있으며 64비트 버스를 통해 주 메모리와 데이터를 주고받을 수 있다.

ARM64 시스템용 윈도우 10은 AArch64 또는 Thumb-2 실행 모드에서 작동하며 AArch32는 일반적으로 사용되지 않는다. Thumb-2는 특히 오래된 윈도우 RT 시스템에서 사용됐다. ARM64 프로세서의 현재 상태는 다양한 권한 수준을 정의하는 현재 예외 수준[EL]에 의해서도 결정된다. ARM은 현재 3가지 예외 수준과 2가지 보안 상태를 정의한다. 이 둘에 대한 더 자세한 설명은 이 책의 9장과 ARM 아키텍처 레퍼런스 매뉴얼을 참고하자.

메모리 모델

이 장 앞부분의 '하드웨어 사이드 채널 취약성' 절에서 캐시 일관성 프로토콜의 개념을 소개했는데, 이는 CPU의 코어 캐시에 있는 동일한 데이터는 여러 프로세서에 의해 액세스되는 동안 감시된다는 것을 보장한다(MESI는 가장 유명한 캐시 일관성 프로토콜). 캐시 일관성 프로토콜과 마찬가지로 최신 CPU도 다중 프로세서 환경에서 발생할 수 있는 또 다른 문제인 메모리 재정렬을 해결하고자 메모리 일관성(또는 정렬) 모델을 제공해야 한다. 일부 아키텍처(예를 들어 ARM64)는 메모리 서브시스템을 좀 더 효율적으로 사용하고 메모리 액세스 명령을 병렬화(저속 메모리 버스에 액세스할 때 더 나은 성능 달성)하고자 메모리 액세스를 재정렬할 수 있다. 이러한 종류의 아키텍처는 메모리 액세스 명령이 일반적으로 프로그램 순서대로 실행되는 강력한 메모리 모델을 따르는 AMD64 아키텍처와 달리 약한 메모리 모델을 따른다. 약한 모델을 사용하면 프로세서가 더 빠르고 효율적으로 메모리에 액세스할 수 있지만 다중 프로세서 소프트웨어를 개발할 때 동기화 문제가 많이 발생한다. 이에 비해 강력한 모델은 직관적이고 안정적이지만 속도가 느리다는 큰 단점이 있다.

약한 모델에 따라 메모리 재정렬을 수행할 수 있는 CPU는 메모리 차단 역할을 하는 몇 가지 기계 명령을 제공한다. 차단은 프로세서가 전후에 메모리 액세스를 재정렬하는 것을 방지해 다중 프로세서 동기화 문제를 돕는다. 메모리 차단은 느리기 때문에 윈도우의 중요한 다중 프로세서 코드, 특히 동기화 기본 요소(스핀락, 뮤텍스, 푸시락 등)에서 엄격하게 필요할 때만 사용된다.

다음 절에서 설명하는 것처럼 ARM64 지터는 다중 프로세서 환경에서 x86 코드를 변환하는 동안 항상 메모리 차단을 사용한다. 실제로 실행할 코드가 동시에 여러 스레드에서 병렬로 실행될지 여부는 예측할 수 없다(따라서 잠재적인 동기화 문제가 있지만 X86은 강력한 메모리 모델을 따르므로 앞 절에서 설명한 대로 일반적인 비순차적 실행의 일부인 재정렬 문제가 없음).

> 메모리 재정렬은 CPU 외에도 컴파일러에 영향을 줄 수 있다. 컴파일러는 컴파일 시간에 효율성과 속도를 위해 소스코드에서 메모리 참조를 재정렬(및 제거)할 수 있다. 이런 종류의 재정렬은 컴파일러 재정렬이라고 하며 앞 절에서 설명한 유형은 프로세서 재정렬이라고 한다.

ARM64 플랫폼에서 ARM32 시뮬레이션

ARM64에서 ARM32 애플리케이션의 시뮬레이션은 AMD64에서 x86과 매우 유사한 방식으로 수행된다. 앞 절에서 얘기한 것처럼 ARM64v8 CPU는 AArch64와 Thumb-2 실행 상태 간에 동적 전환이 가능하므로 하드웨어에서 직접 32비트 명령을 실행할 수 있다. 그러나 AMD64 시스템과 달리 CPU는 특정 명령을 통해 유저 모드에서 실행 모드를 전환할 수 없으므로 WoW64 계층은 실행 모드 전환을 요청하고자 NT 커널을 호출해야 한다. 이를 위해 ARM-on-ARM64 CPU 시뮬레이터(Wowarmhw.dll)에서 익스포트한 **BtCpuSimulate** 함수는 비휘발성 AArch64 레지스터를 64비트 스택에 저장하고 WoW64 CPU 영역에 저장된 32비트 콘텍스트를 복원하고 마지막으로 잘 정의된 시스템 콜(유효하지 않은 시스템 콜 번호-1과 함께)을 수행한다.

NT 커널 예외 핸들러(ARM64의 syscall 핸들러와 동일)는 시스템 콜로 인해 예외가 발생했음을 감지하고 시스템 콜 번호를 확인한다. 특별한 번호인 -1이면 NT 커널은 WoW64에 의한 실행 모드 변경 요청임을 알게 된다. 이 경우 낮은 EL(예외 레벨)에 대한 새 실행 상태를 AArch32로 설정하고 예외를 해제한 후 유저 모드로 복귀하는 **KiEnter32BitMode** 루틴을 호출한다.

코드는 AArch32 상태에서 실행을 시작한다. AMD64 시스템용 x86 시뮬레이터와 마찬가지로 실행 제어는 예외가 발생하거나 시스템 콜이 호출된 경우에만 시뮬레이터로 반환된다. 예외와 시스템 콜은 모두 AMD64에서 x86 시뮬레이터와 동일한 방식으로 처리된다.

ARM64 플랫폼에서 X86 시뮬레이션

x86-on-ARM64 CPU 시뮬레이터(Xtajit.dll)는 하드웨어를 사용해 x86 명령을 직접 실행할 수 없으므로 이전에 설명했던 바이너리 변환기와는 다르다. ARM64 프로세서는 x86 명령을 이해할 수 없다. 따라서 x86-on-ARM 시뮬레이터는 완벽한 x86 에뮬레이터와 지터를 구현하며 AArch64 코드에서 x86 CPU 명령 블록을 변환하고 변환된 블록을 직접 실행할 수 있다.

시뮬레이터 프로세스 초기화 기능(BtCpuProcessInit)이 새로운 WoW64 프로세스에 대해 호출되면 HKLM\SOFTWARE\Microsoft\Wow64\x86\xtajit 경로를 기본 프로세스 이미지의 이름과 결합해 프로세스에 대한 지터 기본 레지스트리 키를 빌드한다. 키가 있는 경우 시뮬레이터는 키에서 여러 구성 정보를 질의한다(가장 일반적인 것은 다중 프로세서 호환성 및 JIT 블록 임곗값 크기며, 시뮬레이터는 애플리케이션 호환성 데이터베이스의 구성 설정도 질의한다). 그런 다음 시뮬레이터는 이름에서 알 수 있듯이 x86 syscall을 내보내는 데 사용되는 Syscall 페이지를 할당하고 컴파일한다(이 페이지는 Wow64Transition 변수를 통해 Ntdll에 연결됨). 이 시점에서 시뮬레이터는 프로세스가 XTA 캐시를 사용할 수 있는지 여부를 결정한다.

시뮬레이터는 사전 컴파일된 코드 블록을 저장하고자 2가지 다른 캐시를 사용한다. 내부 캐시는 스레드별로 할당되며 스레드에서 실행하는 x86 코드를 컴파일하는 동안 시뮬레이터에서 생성된 코드 블록을 포함한다(이 코드 블록을 지티드 블록이라고 함). 외부 XTA 캐시는 XtaCache 서비스에 의해 관리되며 XtaCache 서비스에 의해 x86 이미지에 대해 지연 생성된 모든 지티드 블록을 포함한다. 이미지별 XTA 캐시는 외부 캐시 파일에 저장된다(자세한 내용은 이 장의 뒷부분에서 설명). 프로세스 초기화 루틴은 32비트 프로세스에서 잠재적으로 사용되는 전체 4GB 주소 공간을 포함하는 하이브리드 실행 파일 컴파일(CHPE) 비트맵도 할당한다. 이 비트맵은 단일 비트를 사용해 메모리 페이지에 CHPE 코드가 포함돼 있음을 나타낸다(CHPE는 이 장의 뒷부분에서 설명).

시뮬레이터 스레드 초기화 루틴(BtCpuThreadInit)은 컴파일러를 초기화하고 x86 스레드 콘텍스트, x86 코드 생성기 상태, 내부 코드 캐시 및 에뮬레이트된 x86 CPU의 구성(세그먼트 레지스터, FPU 상태, 에뮬레이트된 CPUID)이 포함된 중요한 데이터 구조체인 스레드별 컴파일러 상태를 네이티브 스택에 할당한다.

시뮬레이터의 이미지 로드 알림

다른 바이너리 변환기와 달리 ARM64의 x86 CPU 시뮬레이터는 CHPE Ntdll을 포함해 프로세스 주소 공간에 새 이미지가 매핑될 때마다 알려야 한다. 이는 WoW64 코어가 32비트 코드에서 호출되는 **NtMapViewOfSection** 네이티브 API를 가로채 익스포트된 **BTCpuNotifyMapViewOfSection** 루틴을 통해 Xtajit 시뮬레이터에 알려주는 방식으로 달성한다. 다음과 같이 시뮬레이터가 내부 컴파일러 데이터를 업데이트해야 하므로 알림을 주는 것은 매우 중요하다.

- CHPE 비트맵(대상 이미지에 CHPE 코드 페이지가 포함된 경우 비트를 1로 설정해야 함)
- 내부 에뮬레이트된 컨트롤 플로 가드^{CFG, Control Flow Guard} 상태
- 이미지의 XTA 캐시 상태

특히 새로운 x86이나 CHPE 이미지가 로드될 때마다 시뮬레이터는 모듈에 대해 XTA 캐시를 사용해야 하는지 여부를 결정한다(레지스트리와 애플리케이션 호환성 심^{shm}을 통해). 검사가 성공한 경우 시뮬레이터는 XtaCache 서비스에 이미지에 대한 업데이트된 캐시를 요청해 전역 프로세스별 XTA 캐시 상태를 업데이트한다. XtaCache 서비스가 이미지에 대한 업데이트된 캐시 파일을 식별하고 열 수 있는 경우 시뮬레이터에 섹션 객체를 반환해 이미지 실행 속도를 높이는 데 사용할 수 있다(이 절에는 미리 컴파일된 ARM64 코드 블록이 포함돼 있음).

컴파일된 하이브리드 실행 파일(CHPE)

ARM64 환경에서 x86 프로세스를 지탱하는 것은 컴파일러가 애플리케이션의 응답성을 유지하는 데 충분한 성능을 제공해야 하므로 매우 어려운 일이다. 주요 문제 중 하나는 두 아키텍처 간의 메모리 순서 차이와 관련이 있다. x86 에뮬레이터는 원래 x86 코드가 어떻게 설계됐는지 알지 못하므로 x86 이미지가 수행하는 각 메모리 액세스 간에 메모리 차단을 적극적으로 사용해야 하지만 메모리 차단을 실행하는 것은 느린 작업이다. 평균적으로 많은 애플리케이션의 시간 중 약 40%가 운영체제 코드를 실행하는 데 사용된다. 이는 운영체제 라이브러리를 에뮬레이트하지 않으면 전체 애플리케이션의 성능이 많이 향상될 수 있음을 의미한다.

이것이 컴파일된 하이브리드 포터블 실행 파일(CHPE)이 설계된 이유다. CHPE 바이너리는 x86과 ARM64 호환 코드를 모두 포함하는 특수 하이브리드 실행 파일로, 원본 소스코드를 완전히 인식해 생성된다(컴파일러는 메모리 차단을 사용할 위치를 정확히 알고 있음). ARM64 호환 기계어 코드를 하이브리드(또는 CHPE) 코드라고 한다. 이 코드는 여전히 AArch64 모드에서 실행되지만 x86 코드와의 더 나은 상호 운용성을 위해 32비트 ABI에 따라 생성된다.

CHPE 바이너리는 표준 x86 실행 파일로 생성된다(x86의 경우 장치 ID는 여전히 014C임). 주요 차이점은 하이브리드 이미지 메타데이터(이미지 로드 구성 디렉터리의 일부로 저장됨)의 테이블에 기술된 하이브리드 코드가 포함돼 있다는 점이다. CHPE 바이너리가 WoW64 프로세스의 주소 공간에 로드되면 시뮬레이터는 하이브리드 메타데이터에 기술된 하이브리드 코드가 포함된 각 페이지에 대해 비트를 1로 설정해 CHPE 비트맵을 업데이트한다. 지터가 x86 코드 블록을 컴파일하고 코드가 하이브리드 기능을 호출하려는 것을 감지하면 컴파일 시간을 낭비하지 않고 직접 실행한다(32비트 스택 사용).

지팅된 x86 코드는 사용자 정의 ABI에 따라 실행되는데, ARM64 레지스터가 사용되는 방식과 함수 간 매개변수가 전달되는 방식에 대한 비표준 규칙이 있음을 의미한다. CHPE 코드는 지팅된 코드와 동일한 레지스터 규칙을 따르지 않는다(하이브리드 코드는 여전히 32비트 ABI를 따름). 이는 컴파일러에 의해 빌드된 지팅된 블록에서 CHPE 코드를 직접 호출하는 것은 가능하지 않음을 의미한다. 이 문제를 극복하고자 CHPE 바이너리에는 x86 코드와 CHPE의 상호 운용성을 허용하는 3가지 종류의 썽크 기능도 포함돼 있다.

- 팝^{pop} 썽크를 사용하면 게스트(x86) 호출자에서 들어오거나 나가는 인수를 CHPE 규칙으로 변환하고 하이브리드 코드로 실행을 직접 전송해 x86 코드가 하이브리드 기능을 호출할 수 있다.
- 푸시^{push} 썽크를 사용하면 하이브리드 코드에서 들어오거나 나가는 인수를 게스트(x86) 규칙으로 변환하고 에뮬레이터를 호출해 x86 코드에서 실행을 재개함으로써 CHPE 코드가 x86 루틴을 호출할 수 있다.
- 익스포트^{export} 썽크는 기능 수정을 목적으로 운영체제 모듈에서 익스포트한 x86 함수를 우회하는 애플리케이션을 지원하고자 생성된 호환성 썽크

다. CHPE 모듈에서 익스포트한 함수에는 여전히 약간의 x86 코드(보통 8바이트)를 포함한다. 이 코드 자체로는 어떤 종류의 기능도 제공하지 않으며 외부 애플리케이션에서 우회detours를 삽입할 수 있는 공간으로 제공된다.

x86-on-ARM 시뮬레이터는 항상 표준 x86 시스템 바이너리 대신 CHPE 시스템 바이너리를 로드하고자 최선을 다하지만 항상 가능한 것은 아니다. CHPE 바이너리가 없는 경우 시뮬레이터는 SysWow64 폴더에서 표준 x86 바이너리를 로드하며 이 경우 운영체제 모듈이 완전히 JIT된다.

실습: 하이브리드 코드 주소 영역 테이블 덤프

윈도우 SDK 및 WDK에 포함된 마이크로소프트 인크리멘탈Incremental 링커(link.exe) 도구는 CHPE 이미지의 이미지 로드 구성 디렉터리의 하이브리드 메타데이터에 저장된 일부 정보를 표시할 수 있다. 도구 및 설치 방법은 9장에서 확인할 수 있다.

이번 실습에서는 CHPE 지원으로 컴파일된 시스템 라이브러리인 kernelbase. dll의 하이브리드 메타데이터를 덤프한다. 물론 다른 CHPE 라이브러리로도 실습을 시도할 수 있다. ARM64 시스템에 SDK 또는 WDK를 설치한 후 비주얼 스튜디오Visual Studio 개발자 명령 프롬프트를 연다(또는 EWDK의 ISO 이미지를 사용하는 경우 LaunchBuildEnv.cmd 스크립트 파일을 시작). 그다음 CHPE 폴더로 이동해 다음 명령으로 kernelbase.dll 파일의 이미지 로드 구성 디렉터리를 덤프한다.

```
cd c:\Windows\SyChpe32
link /dump /loadconfig kernelbase.dll > kernelbase_loadconfig.txt
```

예제에서 명령 출력은 너무 많아 콘솔에 쉽게 표시할 수 없으므로 kernelbase_loadconfig.txt 텍스트 파일로 리다이렉션한다. 출력이 완료되면 메모장으로 텍스트 파일을 열고 다음 텍스트가 나올 때까지 아래로 스크롤한다.

```
Section contains the following hybrid metadata:

      4 Version
```

```
102D900C Address of WowA64 exception handler function pointer
102D9000 Address of WowA64 dispatch call function pointer
102D9004 Address of WowA64 dispatch indirect call function pointer
102D9008 Address of WowA64 dispatch indirect call function pointer (with CFG
         check)
102D9010 Address of WowA64 dispatch return function pointer
102D9014 Address of WowA64 dispatch leaf return function pointer
102D9018 Address of WowA64 dispatch jump function pointer
102DE000 Address of WowA64 auxiliary import address table pointer
1011DAC8 Hybrid code address range table
       4 Hybrid code address range count

Hybrid Code Address Range Table

    Address Range
    ---------------------
x86    10001000 - 1000828F (00001000 - 0000828F)
arm64  1011E2E0 - 1029E09E (0011E2E0 - 0029E09E)
x86    102BA000 - 102BB865 (002BA000 - 002BB865)
arm64  102BC000 - 102C0097 (002BC000 - 002C0097)
```

이 도구는 kernelbase.dll이 하이브리드 코드 주소 영역 테이블에 4가지 다른 영역을 갖고 있다고 확인해준다. 두 섹션에는 x86 코드(실제로 시뮬레이터에서 사용되지 않음)가 포함되고 나머지 두 섹션에는 CHPE 코드가 포함된다(도구에서는 "arm64"라고 잘못 표시됨).

XTA 캐시

이전에 소개한 것처럼 x86-on-ARM64 시뮬레이터는 내부 스레드별 캐시가 아닌 XTA 캐시라는 외부 전역 캐시를 사용하며 지연 지터를 구현하는 XtaCache 보호 서비스에서 관리한다. 서비스는 자동 시작 서비스로, 시작할 때 C:\Windows\XtaCache 폴더를 열거나 생성하고 적절한 ACL을 통해 보호한다(XtaCache 서비스와 Administrators 그룹의 구성원만 폴더에 액세스 가능). 서비스는 {BEC19D6F-D7B2-41A8-860C-8787BB964F2D} 연결 포트를 통해 자체 ALPC 서버를 시작한다. 그런 다음 종료하기 전에 ALPC 및 지연 지트 작업자 스레드를 할당한다.

ALPC 작업자 스레드는 ALPC 서버에 들어오는 모든 요청을 디스패치하는 역할을 한다. 특히 WoW64 프로세스의 콘텍스트에서 실행되는 시뮬레이터(클라이언트)가 XtaCache 서비스에 연결되면 x86 프로세스를 추적하는 새로운 데이터 구조체가 생성돼 내부 목록에 128KB 매핑된 메모리와 함께 저장된다. 이는 클라이언트와 XtaCache 간에 공유되는 섹션이다(섹션을 지원하는 메모리를 내부적으로 추적 버퍼라고 함). 이 섹션은 시뮬레이터에서 애플리케이션을 실행하고자 지팅되고 어떤 캐시에도 존재하지 않는 x86 코드에 대한 힌트를 해당 코드가 속한 모듈 ID와 함께 보내는 데 사용된다. 섹션에 저장된 정보는 XTA 캐시에 의해 1초마다 처리되거나 버퍼가 가득차면 처리된다. 목록의 유효한 항목 수에 따라 XtaCache는 지연 지터를 직접 시작하게 결정할 수 있다.

새 이미지가 x86 프로세스에 매핑되면 WoW64 계층은 시뮬레이터에 이를 알리고 시뮬레이터는 이미 존재하는 XTA 캐시 파일을 찾는 메시지를 XtaCache에 보낸다. 캐시 파일을 찾으려면 XtaCache 서비스는 먼저 실행 가능한 이미지를 열고 매핑한 다음 해시를 계산해야 한다. 실행 가능한 이미지 경로와 내부 바이너리 데이터를 기반으로 2개의 해시가 생성된다. 해시는 실행 가능한 이미지에 대한 컴파일된 지팅 블록이 오래된 낡은 버전인 경우 실행을 하지 않게 해주므로 중요하다.

XTA 캐시 파일 이름은 다음 이름 체계를 사용해 생성된다. <모듈 이름>.<모듈 헤더 해시>.<모듈 경로 해시>.<다중/단일 프로세서>. <캐시 파일 버전>.jc. 캐시 파일에는 시뮬레이터에서 직접 실행할 수 있는 미리 컴파일된 모든 코드 블록이 포함돼 있다. 따라서 유효한 캐시 파일이 존재하는 경우 XtaCache는 파일 매핑 섹션을 생성해 클라이언트 WoW64 프로세스에 삽입한다.

지연 지터는 XtaCache의 엔진이다. 서비스가 호출하기로 결정하면 지팅된 x86 모듈을 나타내는 캐시 파일의 새 버전이 생성되고 초기화된다. 그린 다음 지연 지터는 XTA 오프라인 컴파일러(xtac.exe)를 호출해 지연 컴파일을 시작한다. 컴파일러는 보호된 낮은 권한 환경(AppContainer 프로세스)에서 시작되며 낮은 우선순위 모드로 실행된다. 컴파일러의 유일한 작업은 시뮬레이터에서 실행되는 x86 코드를 컴파일하는 것이다. 새 코드 블록은 이전 버전의 캐시 파일(있는 경우)에 있는 블록에 추가되고 새 버전의 캐시 파일에 저장된다.

실습: XTA 캐시 확인

최신 버전의 프로세스 모니터$^{\text{Process Monitor}}$는 ARM64 환경에서 완벽하게 실행된다. 프로세스 모니터를 사용해 x86 프로세스에 대해 XTA 캐시 파일이 생성되고 사용되는 방식을 확인할 수 있다. 이 실습에서는 윈도우 10 2019년 5월 업데이트(1903) 이상 버전이 설치된 ARM64 시스템이 필요하다. 먼저 실습에 사용할 x86 애플리케이션이 해당 시스템에서 한 번도 실행된 적이 없는지 확인해야 한다. 여기서는 https://sourceforge.net/projects/mpc-hc/files/latest/download에서 다운로드할 수 있는 이전 x86 버전의 MPC-HC 미디어 플레이어를 설치한다. 어떤 x86 애플리케이션이든 실습에 사용해도 된다.

우선 MPC-HC(또는 선호하는 x86 애플리케이션)를 설치한다. 그리고 실행하기 전에 프로세스 모니터를 열고 필터에 XtaCache 서비스의 프로세스 이름(XtaCache.exe, 서비스가 자체 프로세스에서 실행되며 공유되지 않음)을 추가한다. 필터는 다음 그림과 같이 구성해야 한다.

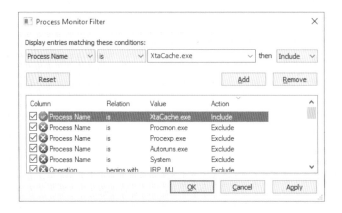

아직 완료하지 않았다면 파일 메뉴에서 **이벤트 캡처**를 선택해 이벤트 캡처를 시작한다. 그런 다음 MPC-HC를 실행해서 비디오를 재생해본 다음 MPC-HC를 종료하고 프로세스 모니터에서 이벤트 캡처를 중지한다. 프로세스 모니터에 표시되는 이벤트의 수는 상당히 많으므로 도구 모음에서 레지스트리 아이콘을 클릭해 레지스트리 행위를 보이지 않게 제거해서 표

시되는 이벤트 수를 줄이는 방법도 있다(이 실습에서 레지스트리 행위는 관심 없음).

이벤트 목록을 스크롤하면 XtaCache 서비스가 먼저 MPCHC 캐시 파일을 열려고 시도했지만 파일이 없기 때문에 실패한 것을 알 수 있다. 이는 시뮬 레이터가 자체적으로 x86 이미지를 컴파일하기 시작했고 주기적으로 정보를 XtaCache에 전송했음을 의미한다. 나중에 XtaCache의 작업자 스레드에 의해 지연된 지터가 호출되며, XTA 캐시 파일의 새 버전을 생성하고 Xtac 컴파일러를 호출해 캐시 파일 섹션을 자기 자신 및 Xtac 모두에 매핑한다.

실습을 다시 시작하면 프로세스 모니터에서 이전과 다른 캐시 파일이 MPC-HC WoW64 프로세스에 즉시 매핑되는 이벤트를 보게 된다. 그런 방식으로 에뮬레이터는 직접 실행하므로 결과와 같이 실행 시간이 더 빨라야한다. 물론 생성된 XTA 캐시 파일을 삭제해볼 수도 있다. XtaCache 서비스는 MPC-HC x86 애플리케이션을 다시 시작한 후 자동으로 캐시 파일을 재생성한다.

다만 %SystemRoot%\XtaCache 폴더는 XtaCache 서비스 자체가 소유한 잘 정의된 ACL을 통해 보호된다는 점을 기억해야 한다. 캐시 파일 경로에 액세스하려면 관리자 권한으로 명령 프롬프트 창을 열고 다음 명령을 입력해야 한다.

```
takeown /f c:\windows\XtaCache
icacls c:\Windows\XtaCache /grant Administrators:F
```

지팅과 실행

게스트 프로세스를 시작하고자 x86-on-ARM64 CPU 시뮬레이터는 x86 코드를 해석하거나 지팅하는 것 외에 다른 방법이 없다. 게스트 코드를 해석한다는 것은 한 번에 하나의 기계 명령을 번역하고 실행하는 것을 의미하며, 이는 느린 절차이므로 에뮬레이터는 지팅 정책만 지원한다. x86 코드를 ARM64로 동적 컴파일하고 다음의 특정 조건이 발생할 때까지 결과를 게스트 '코드 블록'에 저장한다.

- 잘못된 옵코드^{opcode}나 데이터 또는 명령 브레이크포인트가 감지됐다.
- 이미 방문한 블록을 대상으로 하는 분기 명령이 발견됐다.
- 블록이 미리 정해진 제한(512바이트)보다 크다.

시뮬레이션 엔진은 먼저 로컬 및 XTA 캐시에서 코드 블록(RVA에 의해 인덱싱됨)이 이미 존재하는지 확인하는 방식으로 동작한다. 블록이 캐시에 있는 경우 시뮬레이터는 ARM64 콘텍스트(호스트 레지스터 값 포함)를 빌드하는 디스패처 루틴을 사용해 블록을 직접 실행하고 64비트 스택에 저장한다. 그리고 32비트 스택으로 전환한 다음 게스트 x86 스레드 상태를 위해 준비한다. 또한 지팅된 x86 코드를 실행하고자 ARM64 레지스터도 준비한다(x86 콘텍스트 저장). 여기에는 잘 정의된 비표준 호출 규약이 존재한다. 디스패처는 CHPE에서 x86 콘텍스트로 실행을 전송하는 데 사용되는 팝 썽크와 유사하다.

코드 블록의 실행이 끝나면 디스패처는 반대로 작업을 수행한다. 즉, 32비트 스택에 새 x86 콘텍스트를 저장하고 64비트 스택으로 전환한 다음 시뮬레이터의 상태를 포함하는 이전 ARM64 콘텍스트를 복원한다. 디스패처가 종료되면 시뮬레이터는 실행이 중단된 정확한 x86 가상 주소를 알고 있으며 새 메모리 주소에서 시작하는 에뮬레이션을 다시 시작할 수 있다. 캐시된 항목과 유사하게 시뮬레이터는 전역 CHPE 비트맵 정보를 이용해 대상 주소가 CHPE 코드를 포함하는 메모리 페이지를 가리키는지 확인한다. 이 경우 시뮬레이터는 대상 함수에 대한 팝 썽크를 해결하고 해당 주소를 스레드의 로컬 캐시에 추가한 다음 직접 실행한다.

설명된 2가지 조건 중 하나가 검증되면 시뮬레이터는 네이티브 이미지를 실행하는 것과 유사한 성능을 가질 수 있다. 그렇지 않으면 네이티브 번역 코드 블록을 빌드하고자 컴파일러를 호출해야 한다. 컴파일 프로세스는 다음 세 단계로 나뉜다.

1. 구문 분석 단계는 코드 블록에 추가해야 하는 각 옵코드에 대한 명령 디스크립터를 빌드한다.
2. 최적화 단계는 명령 흐름을 최적화한다.
3. 마지막으로 코드 생성 단계에서는 새 코드 블록에 최종 ARM64 기계어 코드를 쓴다.

생성된 코드 블록은 스레드별 로컬 캐시에 추가된다. 시뮬레이터는 주로 보안 및 성능상의 이유로 XTA 캐시에 추가할 수 없다. 그렇지 않으면 공격자가 더 높은 권한을 가진 프로세스의 캐시를 오염시킬 수 있다(결과적으로 악성코드가 더 높은 권한의 프로세스 콘텍스트에서 실행될 수 있음). 게다가 시뮬레이터는 최적화 단계가 있더라도 애플리케이션의 응답성을 유지하면서 고도로 최적화된 코드를 생성하기에 충분한 CPU 시간이 없다.

그러나 x86 코드를 호스팅하는 바이너리의 ID와 함께 컴파일된 x86 블록에 대한 정보는 공유 추적 버퍼에 의해 매핑된 목록에 삽입된다. XTA 캐시의 지연 지터는 추적 버퍼 덕분에 시뮬레이터에서 지팅된 x86 코드를 컴파일해야 한다는 것을 알고 있다. 결과적으로 최적화된 코드 블록을 생성하고 시뮬레이터에 의해 직접 실행될 모듈에 대한 XTA 캐시 파일에 추가한다. 이런 과정으로 x86 프로세스의 첫 번째 실행에서는 일반적으로 다른 프로세스보다 느리다.

시스템 콜과 예외 디스패칭

x86-on-ARM64 CPU 시뮬레이터에서 x86 스레드가 시스템 콜을 수행할 때 시뮬레이디가 할당한 syscall 페이지에 있는 코드를 호출해 '0x2E' 예외를 발생시킨다. 각 x86 예외는 코드 블록을 강제로 종료한다. 코드 블록을 종료하는 동안 디스패처는 표준 WoW64 예외 핸들러나 시스템 콜 디스패처를 호출하는 것으로 끝나는 내부 함수를 통해 예외를 전달한다(예외 벡터 번호에 따라 다름). 이는 'AMD64 플랫폼에서 x86 시뮬레이션' 절에서 이미 설명한 내용이다.

실습: ARM64 환경에서 WoW64 디버깅

최신 릴리스의 WinDbg(윈도우 디버거)는 모든 시뮬레이터에서 실행되는 기계어 코드를 디버깅할 수 있다. 즉, ARM64 시스템에서는 기본 ARM64, ARM Thumb-2 및 x86 애플리케이션을 디버깅할 수 있는 반면 AMD64 시스템에서는 32비트 및 64비트 x86 프로그램만 디버깅할 수 있다. 디버거는 네이티브 64비트와 32비트 스택 사이를 쉽게 전환할 수 있어 유저가 네이티브(WoW64 계층 및 에뮬레이터 포함) 및 게스트 코드(디버거는 CHPE도 지원)를 모두 디버깅할 수 있다.

이 실습에서는 ARM64 장치를 사용해 x86 애플리케이션을 열고 ARM64, ARM Thumb-2 및 x86의 3가지 실행 모드 간에 전환해본다. 이 실습을 위해서는 WDK나 SDK에 포함돼 있는 최신 버전의 디버깅 도구를 설치해야 한다. 둘 중 하나에서 설치한 후 Windbg의 ARM64 버전을 연다(시작 메뉴에서 실행 가능).

디버그 세션을 시작하기 전에 데이터 정렬되지 않은 데이터나 인페이지 I/O 에러와 같이 XtaJit 에뮬레이터가 생성하는 예외를 비활성화해야 한다(이런 예외는 이미 에뮬레이터 스스로 처리함). 먼저 Debug 메뉴에서 Event Filters를 클릭한다. 목록에서 Data Misaligned 이벤트를 선택하고 Execution 그룹에서 Ignore 옵션 상자를 선택한다. 페이지 내 I/O 에러에 대해서도 동일한 작업을 반복한다. 최종적으로 다음 그림과 유사하게 구성돼야 한다.

Close를 클릭한 다음 메인 디버거 창의 File 메뉴에서 Open Executable을 선택하고, %SystemRoot%\SysWOW64 폴더에 있는 32비트 x86 실행 파일 중 하나를 선택한다(이 예에서는 notepad.exe를 사용했지만 어떤 x86 애플리케이션이든 상관없음). 그리고 View 메뉴에서 disassembly 창을 연다. 심볼이 정상 구성됐다면 k 명령으로 출력된 콜 스택에서 첫 번째 네이티브 Ntdll 브레이크포인트를 확인할 수 있다(심볼 설정에 대한 방법은 https://docs.microsoft.com/en-us/windows-hardware/drivers/debugger/symbol-path 웹페이지 참고).

```
0:000> k
# Child-SP RetAddr Call Site
00 00000000`001eec70 00007ffb`bd47de00 ntdll!LdrpDoDebuggerBreak+0x2c
01 00000000`001eec90 00007ffb`bd47133c ntdll!LdrpInitializeProcess+0x1da8
02 00000000`001ef580 00007ffb`bd428180 ntdll!_LdrpInitialize+0x491ac
03 00000000`001ef660 00007ffb`bd428134 ntdll!LdrpInitialize+0x38
04 00000000`001ef680 00000000`00000000 ntdll!LdrInitializeThunk+0x14
```

이 시점에서 시뮬레이터는 아직 로드되지 않는다. 네이티브 및 CHPE Ntdll은 NT 커널에 의해 대상 바이너리에 매핑된 반면 WoW64 코어 바이너리는

LdrpLoadWow64 함수를 통해 브레이크포인트 직전 네이티브 Ntdll에 의해 로드된 상태다. lm 명령으로 현재 로드된 모듈을 열거하고 .f+ 명령으로 스택의 다음 프레임으로 이동해 확인할 수 있다. disassembly 창에서는 다음과 같이 LdrpLoadWow64 루틴 호출이 표시돼야 한다.

```
00007ffb`bd47dde4 97fed31b bl ntdll!LdrpLoadWow64 (00007ffb`bd432a50)
```

이제 g 명령(또는 F5키)으로 실행을 재개한다. 프로세스 주소 공간에 여러 모듈이 로드되고 있는 것과 x86 콘텍스트에서 또 다른 브레이크포인트가 발생하는 것을 볼 수 있다. k 명령으로 스택을 다시 출력하면 새로운 열이 표시되는 것을 확인할 수 있는데, 디버거는 프롬프트에 x86 단어를 추가해 줬다.

```
0:000:x86> k
# Arch ChildEBP RetAddr
00 x86 00acf7b8 77006fb8 ntdll_76ec0000!LdrpDoDebuggerBreak+0x2b
01 CHPE 00acf7c0 77006fb8
ntdll_76ec0000!#LdrpDoDebuggerBreak$push_thunk+0x48
02 CHPE 00acf820 76f44054 ntdll_76ec0000!#LdrpInitializeProcess+0x20ec
03 CHPE 00acfad0 76f43e9c ntdll_76ec0000!#_LdrpInitialize+0x1a4
04 CHPE 00acfb60 76f43e34 ntdll_76ec0000!#LdrpInitialize+0x3c
05 CHPE 00acfb80 76ffc3cc ntdll_76ec0000!LdrInitializeThunk+0x14
```

새로운 스택과 이전 스택을 비교하면 스택 주소가 크게 변경됐음을 알 수 있다(현재 프로세스가 32비트 스택을 사용해 실행 중이기 때문). 일부 함수 앞에는 # 심볼이 있다는 점에 유의하자. WinDbg는 해당 심볼을 사용해 CHPE 코드가 포함된 함수를 나타낸다. 이 시점에서 일반 x86 운영체제에서와 같이 x86 코드를 단계별로 실행할 수 있다. 시뮬레이터는 에뮬레이션을 처리하고 모든 세부 사항을 숨긴다. 시뮬레이터가 어떻게 실행되는지 확인하려면 .effmach 명령을 사용해 64비트 콘텍스트로 이동해야 한다. 이 명령은 다른 매개변수를 허용한다(x86: 32비트 x86콘텍스트, arm64/amd64: 플랫폼별 네이티브 64비트 콘텍스트, arm: 32비트 ARM Thumb2 콘텍스트, CHPE: 32비트 CHPE 콘텍스트). 이번과 같은 경우 64비트 스택으로의 전환은 arm64 매개변수를 통해 이뤄진다.

```
0:000:x86> .effmach arm64
Effective machine: ARM 64-bit (AArch64) (arm64)
0:000> k
# Child-SP RetAddr Call Site
00 00000000`00a8df30 00007ffb`bd3572a8 wow64!Wow64pNotifyDebugger+0x18f54
01 00000000`00a8df60 00007ffb`bd3724a4 wow64!Wow64pDispatchException+0x108
02 00000000`00a8e2e0 00000000`76e1e9dc wow64!Wow64RaiseException+0x84
03 00000000`00a8e400 00000000`76e0ebd8 xtajit!BTCpuSuspendLocalThread+0x24c
04 00000000`00a8e4c0 00000000`76de04c8 xtajit!BTCpuResetFloatingPoint+0x4828
05 00000000`00a8e530 00000000`76dd4bf8 xtajit!BTCpuUseChpeFile+0x9088
06 00000000`00a8e640 00007ffb`bd3552c4 xtajit!BTCpuSimulate+0x98
07 00000000`00a8e6b0 00007ffb`bd353788 wow64!RunCpuSimulation+0x14
08 00000000`00a8e6c0 00007ffb`bd47de38 wow64!Wow64LdrpInitialize+0x138
09 00000000`00a8e980 00007ffb`bd47133c ntdll!LdrpInitializeProcess+0x1de0
0a 00000000`00a8f270 00007ffb`bd428180 ntdll!_LdrpInitialize+0x491ac
0b 00000000`00a8f350 00007ffb`bd428134 ntdll!LdrpInitialize+0x38
0c 00000000`00a8f370 00000000`00000000 ntdll!LdrInitializeThunk+0x14
```

두 스택에서 에뮬레이터가 CHPE 코드를 실행한 다음 LdrpDoDebuggerBreak x86 함수에 대한 시뮬레이션을 다시 시작하고자 푸시 썽크가 호출됐음을 알 수 있다. 이 함수는 Wow64pNotifyDebugger 루틴을 통해 디버거에 통지되는 예외(네이티브 Wow64RaiseException을 통해 관리됨)를 발생시켰다. Windbg의 .effmach 명령을 사용하면 네이티브, CHPE 및 x86 코드와 같은 여러 콘텍스트를 효과적으로 디버깅할 수 있다. g @$exentry 명령을 사용해 메모장의 x86 진입점으로 이동한 x86 코드나 에뮬레이터 자체의 디버그 세션을 계속할 수 있다. 그리고 SysArm32에 있는 앱을 디버깅하는 다른 환경에서도 이 실습을 진행해볼 수 있다.

객체 관리자

Vol.1의 2장에서 언급한 것처럼 윈도우는 이그제큐티브에 구현된 다양한 내부 서비스를 일관적이고 안전하게 액세스하기 위한 객체 모델을 수행한다. 이 절은 객체의 생성과 삭제, 보호, 추적을 책임지는 이그제큐티브 구성 요소인 윈도우 객체 관리자를 설명한다. 객체 관리자는 운영체제 여기저기에 산재돼 있었을 자원 제어 동작을 일원화한다. 객체 관리자는 다음 페이지에 있는 목표를 충족하도록 설계됐다.

실습: 객체 관리자 탐색하기

이번 절을 통해 객체 관리자 데이터베이스를 들여다보는 방법을 보여주는 실습을 할 때 다음 도구를 사용한다. 이 도구들에 익숙하지 않다면 먼저 숙지해야 한다.

- WinObj(시스인터널스에서 다운받을 수 있다)는 객체 관리자의 내부 네임스페이스와 객체 정보(참조 카운트와 오픈 핸들 수, 보안 디스크립터 등)를 표시한다. 깃허브에서 사용할 수 있는 WinObjEx64는 고급 기능을 갖춘 유사한 도구며 오픈소스지만 마이크로소프트에서 보증하거나 서명한 것은 아니다.
- 1장에서 소개한 시스인터널스의 Process Explorer와 핸들 도구 그리고 리소스 모니터는 프로세스의 오픈 핸들을 표시한다. 또 다른 도구인 Process Hacker는 오픈된 핸들을 표시하고 특정 종류의 객체에 대한 추가 세부 정보를 표시한다.
- 커널 디버거의 !handle 익스텐션은 @$curprocess와 같은 프로세스 아래의 Io.Handles 데이터 모델 객체와 마찬가지로 프로세스에 대한 열린 핸들을 표시한다.

WinObj나 WinObjEx64는 객체 관리자가 유지 관리하는 네임스페이스를 확인할 수 있는 방법을 제공한다(나중에 설명하겠지만 이름이 없는 객체도 있음). 2개의 도구 중 하나를 실행해 그림과 같이 실행 모습을 확인해보자.

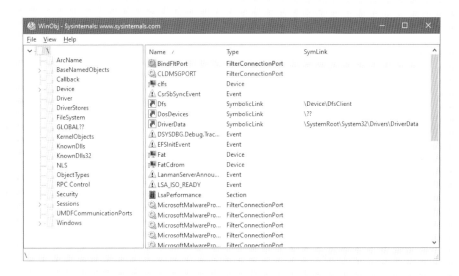

현재 시스템에 열려 있는 로컬 파일과 원격 파일을 나열하는 윈도우의
Openfiles /Query 명령을 사용하려면 maintain objects list라는 윈도우
전역 플래그를 활성화해야 한다(전역 플래그에 대한 자세한 내용은 10장의 뒷부분에 나오는 '윈도우
전역 플래그' 절을 참고한다). Openfiles /Local 명령을 입력하면 플래그의 활성화
여부를 알려준다. Openfiles /Local ON 명령으로 활성화할 수 있지만 설정
을 적용하려면 시스템을 재부팅해야 한다. Process Explorer, 핸들 및 리소
스 모니터는 모든 시스템 핸들을 쿼리하고 프로세스별 객체 목록을 만들기
때문에 객체 추적을 켤 필요가 없다. Process Hacker는 최신 윈도우 API를
사용해 프로세스별 핸들을 쿼리하며 플래그 설정도 필요하지 않다.

객체 관리자는 다음 목표를 달성하고자 설계됐다.

- 시스템 자원 사용에 대한 공통적이고 일관된 메커니즘을 제공한다.
- 객체 보안 구성 요소를 운영체제의 한 장소로 따로 분리해 단일화하고 일
  관된 객체 액세스 정책을 보장한다.
- 프로세스가 사용하는 객체를 측정하는 메커니즘을 제공해 시스템 자원 사
  용에 대한 제약을 둘 수 있게 한다.
- 디바이스와 파일, 파일 시스템의 디렉터리 같은 기존 객체와 그 밖의 독립

적인 객체 모임을 쉽게 통합할 수 있는 객체 명명 스키마를 구축한다.

- 프로세스가 상위 프로세스로부터 자원을 상속하는 기능(윈도우와 유닉스 애플리케이션 서브시스템에서 필요하다)과 대소문자 구분 파일 이름 생성 기능(유닉스 애플리케이션 서브시스템에서 필요하다)처럼 다양한 운영체제 환경이 요구하는 조건을 지원한다. 참고로 유닉스 애플리케이션용 서브시스템은 더 이상 존재하지 않지만 이런 기능은 리눅스용 윈도우 서브시스템을 개발할 때 유용했다.

- 객체 유지retention에 대한 일관적인 규칙을 확립한다. 즉, 모든 프로세스가 객체의 사용을 마칠 때까지 객체가 이용 가능하게 한다.

- 특정 세션에 대한 객체를 분리해 네임스페이스에 로컬 객체와 전역 객체 둘 다 둘 수 있게 한다.

- 심볼릭 링크를 통한 객체 이름 및 경로 리다이렉션을 허용하고 파일 시스템과 같은 객체 소유자가 자체 리다이렉션 메커니즘(예를 들어 NTFS 정선 포인트junction points)을 구현할 수 있게 한다. 이런 리다이렉션 메커니즘이 결합돼 리파싱reparsing 개념을 구성한다.

내부적으로 윈도우는 이그제큐티브 객체와 커널 객체, GDI/User 객체라는 3가지 유형의 객체를 가진다. 이그제큐티브 객체는 이그제큐티브의 다양한 구성 요소(프로세스 관리자와 메모리 관리자, I/O 서브시스템 등)에 의해 구현된 객체다. 커널 객체는 윈도우 커널에 의해 구현된 좀 더 근본적인 객체 집합이다. 이들 객체는 유저 모드 코드에서는 보이지 않으며 이그제큐티브에서만 생성되고 사용된다. 커널 객체는 동기화 같은 기본적인 기능을 제공한다. 이그제큐티브 객체는 커널 객체 위에 구축된다. 따라서 많은 이그제큐티브 객체는 하나 이상의 커널 객체를 그림 8-30처럼 캡슐화한다.

대부분의 GDI/User 객체는 윈도우 서브시스템(Win32k.sys)에 속하며 커널과 상호작용하지 않아 이 책에서는 다루지 않는다. 원한다면 윈도우 SDK에서 더 많은 정보를 얻을 수 있다. 커널과 상호작용하는 2가지 예외가 있는데, 이그제큐티브 객체로 래핑된 데스크톱 및 윈도우 스테이션 유저 객체와 동일하게 래핑된 대부분의 다이렉트X 객체(셰이더, 표면 컴포지션)가 이에 해당한다.

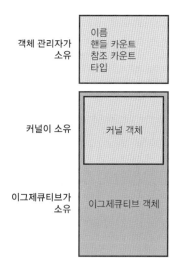

그림 8-30 커널 객체를 포함하는 이그제큐티브 객체

커널 객체 구조와 동기화를 구현하는 데 사용되는 방법에 대한 자세한 내용은 이 장의 뒷부분에서 설명한다. 이 절의 나머지 부분에서는 객체 관리자의 동작 방법과 이그제큐티브 객체의 구조체와 핸들, 핸들 테이블을 알아본다. 여기서는 객체가 윈도우 보안 액세스 검사 구현과 어떻게 관계돼 있는지를 간단히 기술한다. 윈도우 보안 액세스 검사 주제는 Vol.1의 7장에서 자세히 다룬다.

이그제큐티브 객체

윈도우의 각 환경 서브시스템은 상이한 운영체제의 이미지를 자신의 애플리케이션에 투영한다. 환경 서브시스템이 자신만의 객체 버전과 그 밖의 자원을 구축하는 데 사용하는 근본이 되는 것이 바로 이그제큐티브 객체와 객체 서비스다.

이그제큐티브 객체는 일반적으로 유저 애플리케이션을 위해 환경 서브시스템에 의해 생성되거나 다양한 운영체제의 구성 요소의 통상적인 동작으로 인해 생성된다. 예를 들어 파일을 생성하고자 윈도우 애플리케이션은 윈도우 서브시스템 DLL인 Kernelbase.dll에 구현된 윈도우 CreateFileW 함수를 호출한다. CreateFileW는 일부 유효성 검사와 초기화 이후에 이그제큐티브 파일 객체를 생성하고자 네이티브 윈도우 서비스 NtCreateFile을 호출한다.

환경 서브시스템이 자신의 애플리케이션에 제공하는 객체 집합은 이그제큐티브가 제공하는 집합보다 클 수도 또는 작을 수도 있다. 윈도우 서브시스템은 자신의 객체 집합(그중 많은 객체가 이그제큐티브 객체와 직접적으로 대응된다)을 익스포트하고자 이그제큐티브 객체를 사용한다. 예를 들어 윈도우 뮤텍스와 세마포어는 이그제큐티브 객체(이들 객체는 다시 대응하는 커널 객체를 기반으로 한다)에 직접 기반을 둔다. 또한 윈도우 서브시스템은 네임드 파이프^{named pipes}와 메일슬롯, 이그제큐티브 파일 객체를 기반으로 하는 자원을 제공한다. WSL(리눅스용 윈도우 서브시스템)을 활용할 때 서브시스템 드라이버(Lxcore.sys)는 리눅스 스타일의 프로세스, 파이프 및 기타 리소스를 애플리케이션에 제공하기 위한 기반으로 이그제큐티브 객체 및 서비스를 사용한다.

표 8-15는 이그제큐티브가 제공하는 주 객체의 목록으로, 이들 객체를 간단히 기술한다. 이그제큐티브 객체의 좀 더 자세한 사항은 관련 이그제큐티브 구성 요소를 기술하는 각 장을 참고하자. 윈도우에 직접 익스포트돼 있는 이그제큐티브 객체는 윈도우 API 참고 문서를 참고하자. 상승된 권한으로 실행된 WinObj에서 ObjectTypes 디렉터리를 탐색해보면 모든 객체 유형의 목록을 볼 수 있다.

> 이그제큐티브는 윈도우 버전에 따라 대략 69개의 객체 유형을 수행한다. 이런 객체의 일부는 이들을 정의하는 이그제큐티브 구성 요소에서 의해서만 사용되며, 윈도우 API를 통해 직접 액세스할 수 없다. 이런 객체의 예로는 Driver, Callback, Adapter가 있다.

표 8-15 윈도우 API에 노출된 이그제큐티브 객체

객체 유형	의미
Process	스레드 객체들의 실행을 위해 필요한 가상 주소 공간과 제어 정보다.
Thread	프로세스 내의 실행 가능 엔터티다.
Job	잡(job)을 통한 단일 엔터티로서 관리 가능한 프로세스의 모임이다.
Section	공유 메모리 영역(윈도우에서는 파일 매핑 객체라고 함)이다.
File	오픈된 파일 또는 파이프나 소켓과 같은 I/O 장치의 인스턴스다.

(이어짐)

객체 유형	의미
Token	프로세스 또는 스레드의 보안 프로파일(보안 ID, 유저 권한 등)이다.
Event, KeyedEvent	동기화나 알림에 사용될 수 있는 지속적인 상태(시그널 되던 되지 않던 간에)를 갖는 객체다. KeyedEvent는 기본 동기화 기본 요소를 참조하고자 전역 키를 사용할 수 있게 해서 메모리 사용을 방지하고 할당을 피함으로써 메모리 부족 상태에서 사용할 수 있게 한다.
Semaphore	정해진 최대 수만큼의 스레드가 세마포어에 의해 보호되는 자원을 액세스하게 허용함으로써 자원 게이트(gate)를 제공하는 카운터다.
Mutex	자원 액세스를 직렬화하는 데 사용되는 동기화 메커니즘이다.
Timer, IRTimer	일정 시간 기간이 경과했을 때 스레드에 알리는 메커니즘이다. 유휴 복원 타이머(RTimer)라는 객체는 UWP 애플리케이션 및 특정 서비스에서 연결 대기의 영향을 받지 않는 타이머 생성 시 사용한다.
IoCompletion, IoCompletionReserve	스레드가 I/o 동작 완료에 대한 동지를 대기열에 넣거나 제거하기 위한 방법으로 윈도우 API에서는 I/O 완료 포트라고 한다. IoCompletionReserve는 메모리 부족 상황을 대처하고자 포트를 미리 할당하는 방법이다.
Key	레지스트리의 데이터를 참조하는 메커니즘으로 키가 객체 관리자의 네임스페이스에 보일지라도 파일 객체가 파일 시스템 드라이버에 의해 관리되는 것과 유사한 방식으로 구성(configuration) 관리자에 의해 관리된다. 0 또는 그 이상의 키 값이 하나의 키 객체와 관련돼 있다. 키 값은 키에 관한 데이터를 포함한다.
Directory	객체 관리자의 네임스페이스에 있는 가상 디렉터리는 또 다른 객체나 객체 디렉터리를 포함하는 책임을 진다.
SymbolicLink	네임스페이스의 객체와 다른 객체 간의 리다이렉션 링크인 가상 이름이다. 예를 들어 C:는 \Device\HarddiskVolumeN의 심볼릭 링크다.

(이어짐)

객체 유형	의미
TpWorkerFactory	특정 작업 모임을 수행하고자 할당된 스레드 집합이다. 커널은 큐에서 수행될 워크 아이템의 수와 작업을 책임지는 스레드의 수, 작업자 스레드의 동적 생성과 종료, 호출자가 설정할 수 있는 한계를 관리할 수 있다. 윈도우는 스레드 풀을 통해 작업자 팩토리 객체를 제공한다.
TmRm(리소스 관리자), TmTx(트랜잭션), TmTm(트랜잭션 관리자), TmEn(등록)	리소스 관리자나 트랜잭션 관리자의 일부 작업인 다양한 트랜잭션과 등록을 위한 용도로 커널 트랜잭션 관리자(KTM)가 사용하는 객체다. 이 객체는 CreateTransactionManager, CreateResourceManager, CreateTransaction, CreateEnlistment API로 생성할 수 있다.
RegistryTransaction	전체 KTM 기능을 활용하지 않지만 여전히 레지스트리 키에 대한 간단한 트랜잭션 액세스를 허용하는 저수준의 경량 레지스트리 트랜잭션 API에서 사용하는 객체다.
WindowsStation	클립보드, 전역 아톰(atoms) 집합, 데스크톱 객체 그룹을 포함하는 객체다.
Desktop	윈도우 스테이션 내에 포함된 객체로, 데스크톱은 논리적 디스플레이 화면을 가지며 윈도우와 메뉴, 훅(hooks)을 포함한다.
PowerRequest	SetThreadExecutionState를 호출해 슬립 차단(예를 들어 재생 중인 영화 때문에) 같은 전원 변경을 요청하는 스레드와 연관된 객체다.
EtwConsumer	StartTrace API로 등록돼 연결된 ETW 실시간 유저를 나타낸다. ProcessTrace를 호출해 객체 큐에서 이벤트를 수신할 수 있다.
CoverageSampler	지정된 ETW 세션에서 코드 검사 추적을 활성화할 때 ETW에 의해 생성된다.
EtwRegistration	EventRegister API에 등록된 유저 모드나 커널 모드 ETW 공급자와 연관된 등록 객체를 나타낸다.
ActivationObject	Win32k.sys의 저수준 입력(Raw Input) 관리자가 관리하는 창 핸들들의 포어그라운드 상태를 추적하는 객체다.
ActivityReference	PLM(프로세스 수명 관리자)에서 관리하는 프로세스를 추적하며 연결된 대기 시나리오 동안 깨어 있어야 한다.

(이어짐)

객체 유형	의미
ALPC Port	ncalrpc 전송을 사용할 때 로컬 RPC(LRPC) 기능을 제공하고자 원격 프로시저 호출(RPC) 라이브러리에서 주로 사용한다. 프로세스와 커널 또는 프로세스나 커널 간의 일반 IPC 메커니즘으로 내부 서비스에서 사용할 수 있다.
Composition, DxgkCompositionObject, DxgkCurrentDxgProcessObject, DxgkDisplayManagerObject, DxgkSharedBundleObject, DxgkSharedKeyedMutexObject, DxgkShartedProtectedSessionObject, DgxkSharedResource, DxgkSwapChainObject, DxgkSharedSyncObject	고급 셰이더 및 GPGPU 기능의 일부로, 유저 공간의 다이렉트X 12 API에서 사용하는 이그제큐티브 객체로 기본 다이렉트X 핸들을 래핑한다.
CoreMessaging	자체 사용자 정의 네임스페이스 및 기능으로 ALPC를 래핑하는 CoreMessaging IPC 객체를 나타낸다.
EnergyTracker	UMPO(유저 모드 전원) 서비스를 통해 다양한 하드웨어에서 에너지 사용량을 추적 및 집계하고 애플리케이션별로 연결할 수 있다.
FilterCommunicationPort, FilterConnectionPort	필터 관리자 API에 의해 노출된 IRP 기반 인터페이스를 지원하는 기본 객체다. 이를 통해 유저 모드 서비스와 애플리케이션 그리고 FilterSendMessage를 사용하는 경우와 같이 필터 관리자에 의해 관리되는 미니필터 간에 통신할 수 있다.
Partition	메모리 관리자, 캐시 관리자 및 이그제큐티브가 스레드 관리, 기능, 페이징, 캐싱 등의 고유한 인스턴스를 제공해 관리 측면에서 나머지 시스템 RAM과 비교해 물리적 메모리 영역을 고유하게 처리할 수 있다. 주로 게임 모드 및 하이퍼V에서 시스템을 기본 작업량(workloads)과 더 잘 구별하고자 사용한다.
Profile	IP(명령 포인터)에서 PMU 카운터에 저장된 저수준 프로세서 캐싱 정보에 이르기까지 모든 것을 추적하는 실행에 대해 시간 기반 버킷 캡처를 허용하는 프로파일링 API에서 사용한다.

(이어짐)

객체 유형	의미
RawInputManager	마우스, 키보드 또는 태블릿과 같은 HID 장치에 바인딩된 객체를 나타내며 수신 중인 창 관리자 입력을 읽고 관리할 수 있다. Core Messaging이 관련된 경우와 같은 최신 UI 관리 코드에서 사용한다.
Session	메모리 관리자의 대화형 유저 세션 보기를 나타내고 타사 드라이버 사용 관련 연결/연결 해제/로그오프/로그온에 대한 I/O 관리자의 알림을 추적하는 객체다.
Terminal	TTM(Terminal Thermal Manager)이 활성화된 경우에만 동작하며, UMPO(유저 모드 전원 관리자)에 의해 관리되는 장치의 유저 단말을 나타낸다.
TerminalEventQueue	Terminal 객체 유형과 같이 TTM 시스템에서만 활성화되며 UMPO가 커널의 전원 관리자와 통신하는 장치의 터미널로 전달되는 이벤트를 나타낸다.
UserApcReserve	메모리 부족 상태에서 재사용할 데이터 구조를 미리 생성할 수 있다는 점에서 IoCompletionReserve와 유사하다. 이 객체는 APC 커널 객체(KAPC)를 이그제큐티브 객체로 캡슐화한다.
WaitCompletionPacket	유저 모드 스레드 풀 API에 도입된 새로운 비동기 대기 기능에서 사용하는 이 객체는 I/O 완료 포트에 전달할 수 있는 I/O 패킷으로 디스패처 대기 완료를 래핑한다.
WmiGuid	유저 모드나 커널 모드(예를 들어 IoWMIOpenBlock 사용)에서 GUID로 WMI 데이터 블록을 열 때 WMI(Windows Management Instrumentation) API에서 사용한다.

윈도우 NT는 처음에 OS/2 운영체제를 지원하기로 돼 있었으므로 뮤텍스는 기존의 OS/2 상호 배제 객체에 대한 설계(스레드는 객체를 양도하고 액세스 불가능한 채로 둘 수 있어야 한다)와 호환성을 가져야 했다. 이런 동작은 뮤텍스 객체의 경우에 일반적인 것은 아니었다. 따라서 또 하나의 커널 객체인 뮤턴트(mutant)가 생겨났다. 현재는 OS/2를 더 이상 지원하지 않게 됐고, 이 객체는 윈도우 32 서브시스템에 의해 뮤텍스라는 이름으로 사용하게 됐다. 하지만 내부적으로 여전히 뮤턴트로 불린다.

객체 구조체

그림 8-31에서 보듯이 각 객체는 객체 헤더와 객체 바디, 그리고 일부 푸터를 가진다. 객체 관리자는 객체 헤더를 제어하고, 객체를 소유하는 이그제큐티브 구성요소는 자신들이 생성하는 객체 유형의 객체 바디를 제어한다. 각 객체 헤더는 객체의 각 인스턴스에 공통적인 정보를 포함하는 타입 객체^{type object}로 불리는 특별한 객체를 가리킨다. 그리고 옵션으로 8개까지의 서브헤더(이름 정보 헤더와 쿼터^{quota} 정보 헤더, 프로세스 정보 헤더, 핸들 정보 헤더, 감사 정보 헤더, 패딩 정보 헤더, 확장 정보 헤더, 생성자 정보 헤더)가 있다. 확장 정보 헤더가 있는 경우는 객체에 푸터가 있고 헤더에는 이에 대한 포인터가 포함돼 있다는 의미를 갖는다.

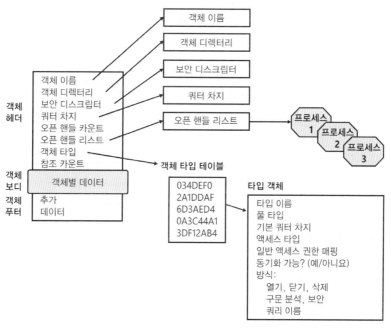

그림 8-31 객체 구조

객체 헤더와 바디

객체 관리자는 객체의 유형에 관계없이 객체를 관리하고자 객체 헤더에 저장된 데이터를 사용한다. 표 8-16은 객체 헤더 필드를 간략히 보여준다. 표 8-17은 옵션인 객체 서브헤더 내의 필드를 보여준다.

어떤 종류의 객체에도 적용되는 정보를 포함하는 객체 헤더와 더불어 서브헤더는 객체의 특정 부분에 관한 옵션 정보를 포함한다. 이들 구조체는 객체 헤더의 상단에서부터 여러 오프셋에 위치하며, 오프셋의 값은 메인 객체 헤더와 관련된 서브헤더 수에 달려있다. 앞서 언급했듯이 생성자 정보의 경우는 예외다. 각 서브헤더가 존재한다면 InfoMask 필드가 그 존재를 반영해 업데이트된다. 객체 관리자가 해당 서브헤더를 확인할 때는 InfoMask 안에 해당 비트가 설정됐는지 체크하고 나머지 비트는 ObpInfoMaskToOffset 테이블의 오프셋을 선택하는 데 사용한다. 이것으로 객체 헤더의 시작 위치에서 서브헤더까지의 오프셋을 찾을 수 있다.

표 8-16 객체 헤더 필드

필드	목적
핸들 카운트	객체에 대한 현재 오픈된 핸들의 수를 관리한다.
포인터 카운트	각 핸들에 대해 하나의 참조를 포함해 객체에 대한 참조 횟수를 관리한다(32비트 시스템의 경우 최대 32개, 64비트 시스템의 경우 최대 32,768개). 커널 모드 구성 요소는 핸들을 사용하지 않고 포인터로서 객체를 참조할 수 있다.
보안 디스크립터	누가 객체를 사용할 수 있고 객체로 무엇을 할 수 있는지 결정한다. 명명되지 않은 객체는 정의에 따라 보안 속성을 가질 수 없다.
객체 유형 인덱스	이 유형의 객체가 공통적으로 가진 속성들을 포함하고 있는 객체 유형에 대한 인덱스다. 모든 객체 유형을 보관하고 있는 테이블은 ObTypeIndexTable이다. 보안 완화를 목적으로 이 인덱스는 ObHeaderCookie에 저장된 동적으로 생성된 센티넬(sentinel) 값과 객체 헤더 자체 주소의 하위 8비트와 XOR된다.
인포 마스크(Info mask)	표 8-17에서 설명하는 부가적인 서브헤더 구조체 중 어떤 것인지 설명하는 비트마스크로 생성자 정보 서브헤더는 제외된다. 서브헤더는 존재한다면 항상 객체 앞에 있다. 비트마스크는 ObpInfoMaskToOffset 테이블을 사용해 음수 오프셋으로 변환되며, 각 서브헤더는 존재하는 다른 서브헤더에 상대적으로 배치되는 1바이트 인덱스와 연결된다.
플래그	객체의 특성과 속성. 객체의 모든 플래그 목록은 표 8-20을 참고하자.
락(Lock)	객체 헤더나 서브헤더에 속하는 필드가 수정될 때 객체별 락을 사용한다.
추적 플래그	추적 및 디버깅 기능과 연관된 특별한 추가 플래그로 표 8-20에 설명돼 있다.
객체 생성 정보	객체가 네임스페이스에 완전히 추가될 때까지 저장되는 객체 생성에 대한 임시 정보다. 이 필드는 객체 생성 후에 쿼터 블록에 대한 포인터로 변환된다.

이 오프셋은 서브헤더가 있을 수 있는 모든 조합만큼 존재하지만 서브헤더는 항상 고정된 위치에 일정한 순서로 할당되기 때문에 특정 헤더는 그 앞에 놓일 수 있는 서브헤더의 최대 개수만큼만 가능한 위치를 갖게 된다. 예를 들면 이름 정보 서브헤더는 항상 먼저 할당되기 때문에 하나의 가능한 오프셋을 갖고 있다. 하지만 세 번째로 할당되는 핸들 정보 서브헤더의 경우 3가지 기능한 위치가 있다. 쿼터 헤더 뒤에 할당될 수도 있고 이름 정보 바로 뒤에 할당될 수도 있다. 표 8-17 은 모든 부가적인 객체 서브헤더와 그 위치에 대한 설명이다. 생성자 정보의 경우 객체 헤더 플래그에 있는 값은 그 서브헤더의 존재 여부를 판단한다(이 플래그에 대한 정보는 표 8-20을 참고하자).

표 8-17 옵션인 객체 서브헤더

이름	목적	비트	오프셋
생성자 정보	객체를 동일한 유형의 모든 객체 리스트에 연결하고 객체를 생성한 프로세스를 역추적 정보(back trace)와 함께 기록한다.	0(0x1)	ObpInfoMaskToOffset[0])
이름 정보	객체 이름(공유를 목적으로 하는 다른 프로세스에게 객체가 보이게 한다)과 객체 디렉터리(객체 이름이 저장되는 곳으로서 계층적인 구조체다)에 대한 포인터를 포함한다.	1(0x2)	ObpInfoMaskToOffset[InfoMask & 0x3])
핸들 정보	객체에 대한 오픈 핸들(프로세스마다의 핸들 카운트와 더불어)을 갖는 프로세스 엔트리들(또는 단 하나의 엔트리)에 대한 데이터베이스를 포함한다.	2(0x4)	ObpInfoMaskToOffset[InfoMask & 0x7])
쿼터 정보	프로세스가 객체에 대한 핸들을 오픈할 때 프로세스에 할당한 자원량을 나열한다.	3(0x8)	ObpInfoMaskToOffset[InfoMask & 0xF])

(이어짐)

이름	목적	비트	오프셋
프로세스 정보	배타적인 객체라면 소유한 프로세스에 대한 포인터를 갖고 있다. 이 장 뒷부분에서 배타적인 객체에 대한 정보를 얻을 수 있다.	4(0x10)	ObpInfoMaskToOffset[InfoMask & 0x1F])
감사 정보	객체가 처음 생성될 때 사용된 원본 보안 디스크립터에 대한 포인터를 포함한다. 일관성 보장을 위해 감사가 활성화된 경우 파일 객체에 사용된다.	5(0x20)	ObpInfoMaskToOffset[InfoMask & 0x3F])
확장 정보	파일이나 사일로 콘텍스트 객체처럼 필요한 경우 객체 푸터의 포인터를 저장한다.	6(0x40)	ObpInfoMaskToOffset[InfoMask & 0x7F])
패딩 정보	아무것도 저장하지 않는 빈 공간이다. 캐시 경계에 대한 객체 바디를 정렬하는 데 사용한다.	7(0x80)	ObpInfoMaskToOffset[InfoMask & 0xFF])

이들 각 서브헤더는 옵션이며, 특정 조건하(시스템 부팅 과정이나 또는 객체 생성 시점)에서만 존재한다. 표 8-18은 이들 각 조건을 보여준다.

표 8-18 객체 서브헤더가 존재하기 위한 조건

이름	조건
생성자 정보	객체 유형에 유형 목록 유지(maintain type list) 플래그가 활성화돼 있어야 한다. 드라이버 객체는 드라이버 베리파이어가 활성화됐으면 플래그가 설정된다. 하지만 객체 유형 목록 유지 전역 플래그(앞서 설명했다)를 활성화한다는 것은 모든 객체에 대해 이 플래그를 활성화하는 것이다. 타입 객체에는 항상 플래그가 설정돼 있다.
이름 정보	객체가 이름을 갖고 생성돼야 한다.
핸들 정보	객체 유형에 핸들 카운트 유지(maintain handle count) 플래그가 활성화돼 있어야 한다. 파일 객체와 ALPC 객체, 윈도우 스테이션(WindowStation) 객체, 데스크톱(Desktop) 객체는 객체 유형 구조체에 이 플래그가 설정돼 있다.
쿼터 정보	초기(initial) 시스템 프로세스가 생성한 객체가 아니어야 한다.
프로세스 정보	객체는 배타적인 객체 플래그를 갖고 생성돼야 한다(표 8-20 객체 플래그 정보를 확인하자).

(이어짐)

이름	조건
감사 정보	반드시 파일 객체여야 하고 파일 객체를 위한 감사가 활성화돼야 한다.
확장 정보	폐기 정보(파일이나 키 객체에서 사용)를 처리하거나 확장 유저 콘텍스트 정보(사일로 콘텍스트 객체에서 사용)를 처리하고자 객체에 푸터가 필요하다.
패딩 정보	객체 유형에 캐시 정렬(cache aligned) 플래그가 설정돼야 한다. 프로세스와 스레드 객체에는 이 플래그가 설정돼 있다.

표시된 대로 확장 정보 헤더가 있는 경우 객체 푸터가 객체 바디의 꼬리에 할당된다. 객체 서브헤더와 달리 푸터는 가능한 모든 푸터 유형에 대해 미리 할당된 고정된 크기의 구조를 갖는다. 표 8-19에서 2개의 푸터를 보여준다.

표 8-19 객체 푸터가 존재하는 조건

이름	조건
핸들 폐기 정보	객체는 OB_EXTENDED_CREATION_INFO 구조체에서 AllowHandleRevocation을 전달하는 ObCreateObjectEx 함수로 생성돼야 한다. 파일과 키 객체는 이런 방식으로 생성된다.
확장 유저 정보	객체는 OB_EXTENDED_CREATION_INFO 구조체에서 AllowExtendedUserInfo를 전달하는 ObCreateObjectEx 함수로 생성돼야 한다. 사일로 콘텍스트 객체는 이런 방식으로 생성된다.

마지막으로 생성 시점이나 특정 동작 중에 다수의 플래그가 객체 행위를 결정한다. 객체 관리자는 새로운 객체가 생성될 때마다 **객체 속성**^{object attributes}으로 불리는 구조체를 통해 이들 플래그를 받는다. 이 구조체는 객체 이름과 객체가 위치할 루트 객체 디렉터리, 객체의 보안 디스크립터, 객체 속성 플래그를 정의한다. 표 8-20은 객체와 관련 있는 다양한 플래그를 보여준다.

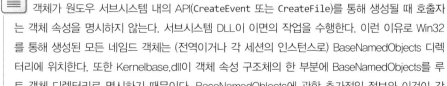
객체가 윈도우 서브시스템 내의 API(CreateEvent 또는 CreateFile)를 통해 생성될 때 호출자는 객체 속성을 명시하지 않는다. 서브시스템 DLL이 이면의 작업을 수행한다. 이런 이유로 Win32를 통해 생성된 모든 네임드 객체는 (전역이거나 각 세션의 인스턴스로) BaseNamedObjects 디렉터리에 위치한다. 또한 Kernelbase.dll이 객체 속성 구조체의 한 부분에 BaseNamedObjects를 루트 객체 디렉터리로 명시하기 때문이다. BaseNamedObjects에 관한 추가적인 정보와 이것이 각 세션 네임스페이스와 연관되는 방법은 이 장의 후반부에서 설명한다.

표 8-20 객체 플래그

속성 플래그	헤더 플래그 비트	용도
OBJ_lNHERIT	핸들 테이블 엔트리에 저장된다.	객체에 대한 핸들이 하위 프로세스로 상속될지 여부와 프로세스가 복사본을 만드는 데 DuplicateHandle을 사용할 수 있는지를 결정한다.
OBJ_PERMANENT	PermanentObject	이후에 설명할 참조 카운트와 관계된 객체 유지 동작을 정의한다.
OBJ_EXCLUSIVE	ExclusiveObject	객체는 자신을 생성한 프로세스에 의해서만 사용될 수 있다는 점을 명시한다.
OBJ_CASE_INSENSITIVE	저장 안 됨. 실행 시에 사용된다.	네임스페이스에서 이 객체를 찾을 때 대소문자 구별이 없어야 됨을 명시한다. 객체 유형 플래그인 대소문자 구분 안 함(caseinsensitive)에 의해 오버라이드될 수도 있다.
OBJ_OPENIF	저장 안 됨. 실행 시에 사용된다.	이 객체 이름에 대한 생성 동작은 객체가 존재하면 오픈이 되며, 존재하지 않는다면 실패됨을 나타낸다.
OBJ_OPENLINK	저장 안 됨. 실행 시에 사용된다.	객체 관리자는 대상(target)이 아닌 심볼릭 링크에 대한 핸들을 오픈해야 함을 나타낸다.
OBJ_KERNEL_HANDLE	KernelObject	이 객체에 대한 핸들이 커널 핸들(추후에 자세히 설명)이어야 함을 나타낸다.
OBJ_FORCE_ACCESS_CHECK	저장 안 됨. 실행 시에 사용된다.	객체가 커널 모드에서 오픈된다고 할지라도 완전한 액세스 검사가 이뤄져야 함을 나타낸다 .
OBJ_KERNEL_EXCLUSIVE	KernelOnlyAccess	유저 모드 프로세스의 객체 핸들 오픈을 하지 못하게 한다. \Device\PhysicalMemory와 \Win32kSessionGlobals 섹션 객체를 보호하는 데 사용된다.
OBJ_IGNORE_IMPERSONATED_DEVICEMAP	저장 안 됨. 실행 시에 사용된다.	토큰 가장(impersonation) 시 DOS 디바이스 맵을 사용하면 안 되고 객체 조회를 위해 현재 가장하는 프로세스의 DOS 디바이스 맵을 유지해야 함을 나타낸다. 이는 특정 유형의 파일 기반 리다이렉션 공격에 대한 보안 완화 목적이다.
OBJ_DONT_REPARSE	저장 안 됨. 실행 시에 사용된다.	모든 종류의 재분석(reparse) 상황(심볼릭 링크, NTFS 리파스 포인트, 레지스트리 키 리다이렉션)을 비활성화하고 이런 상황이 발생하면 STATUS_REPARSE_POINT_ENCOUNTERED를 반환한다. 이는 특정 유형의 경로 리다이렉션 공격에 대한 보안 완화 목적이다.

(이어짐)

속성 플래그	헤더 플래그 비트	용도
N/A	DefaultSecurityQuota	객체 보안 디스크립터가 디폴트 2KB 쿼터를 사용하고 있음을 나타낸다.
N/A	SingleHandleEntry	핸들 정보 서브헤더가 한 엔트리만을 포함하며 데이터베이스는 포함하지 않음을 나타낸다.
N/A	NewObject	객체가 생성됐지만 객체 네임스페이스에 아직 넣어지지 않았음을 나타낸다.
N/A	DeletedInline	객체가 지연된 삭제 작업자 스레드(deferred deletion worker)를 통해 삭제되지 않고 ObDereferenceObject(Ex) 호출을 통해 인라인으로 삭제됨을 나타낸다.

각 객체는 객체 헤더와 더불어 형식과 내용이 객체 유형에 따라 고유한 객체 본체를 가진다. 동일한 유형의 모든 객체는 동일한 객체 본체 형식을 공유한다. 이그제큐티브 구성 요소는 객체 유형을 생성하고 이에 대한 서비스를 제공함으로써 이 유형의 모든 객체 본체에 있는 데이터 조작을 제어할 수 있다. 객체 헤더는 정적이고 잘 알려진 크기를 가지므로 객체 관리자는 객체의 포인터에서 헤더 크기를 뺌으로써 객체의 객체 헤더를 쉽게 찾을 수 있다. 앞서 설명했듯이 객체 관리자는 서브헤더에 액세스하고자 객체 헤더의 포인터에서 추가적인 값을 한 번더 뺀다. 푸터의 경우 확장 정보 서브헤더를 사용해서 객체 푸터에 대한 포인터를 찾는다.

표준화된 객체 헤더와 서브헤더 덕택에 객체 관리자는 어떤 객체 헤더에 저장돼있는 속성이라도 조작할 수 있고 어떤 유형의 객체에도 사용될 수 있는(일부 범용 서비스는 특정 객체에는 맞지 않지만) 소수의 범용 서비스를 제공하면 된다. 이들 범용 서비스를 표 8-21에서 보여준다. 윈도우 서브시스템은 그중 일부를 윈도우 애플리케이션이 이용할 수 있게 한다.

이런 범용 객체 서비스가 모든 객체 유형에 지원될지라도 각 객체는 자신만의 생성과 열기, 쿼리^{query} 서비스를 가진다. 예를 들어 I/O 시스템은 자신의 파일 객체에 파일 생성$^{create\ file}$ 서비스를 구현하며, 프로세스 관리자는 자신의 프로세스 객체에 프로세스 생성$^{create\ process}$ 서비스를 수행한다.

그러나 일부 객체는 이런 서비스를 직접 노출하지 않고 어떤 유저 작업의 결과에 의해 내부적으로 생성될 수 있다. 예를 들어 유저 모드에서 WMI 데이터 블록을 열 때 `WmiGuid` 객체가 생성되지만 어떠한 닫기나 쿼리 서비스를 위해서든 애플리케이션에 핸들을 노출하지 않는다. 여기서 중요한 핵심 포인트는 단일 범용 생성 루틴이 없다는 점이다.

객체 생성 서비스를 하나만 구현할 수도 있겠지만 그렇게 했으면 꽤나 복잡해졌을 것이다. 파일 객체를 초기화하는 데 필요한 인자 집합과 프로세스 객체를 초기화하는 데 필요한 인자 집합이 현저하게 다르기 때문이다. 또한 객체 관리자는 스레드가 객체 서비스를 호출할 때마다 핸들이 참조하는 객체의 유형을 결정하고 적절한 서비스 버전을 호출하기 위한 추가적인 처리 오버헤드를 가졌을 것이다.

표 8-21 범용 객체 서비스

서비스	용도
닫기(Close)	객체의 핸들을 닫는다(나중에 설명).
복제(Duplicate)	핸들을 복사해 다른 프로세스에 줌으로써 객체를 공유한다(허용된 경우에 한함, 나중에 설명).
상속(Inheritance)	핸들이 상속 가능으로 표시됐고 하위 프로세스가 핸들 상속 가능으로 생성된 경우 복제(duplicate)와 동일하게 핸들을 복사해 객체를 공유한다.
유지 속성(Make permanent/temporary)	객체의 유지 속성을 변경한다(나중에 설명).
객체 쿼리(Query object)	객체의 표준 속성 정보와 객체 관리자 수준에서 관리되는 기타 세부 정보를 구한다.
보안 쿼리(Query security)	객체의 보안 디스크립터를 구한다.
보안 설정(Set security)	객체의 보호 설정을 변경한다.
단일 객체 대기(Wait for a single object)	대기 블록을 하나의 객체와 연결하면 스레드의 실행을 동기화하거나 대기 완료 패킷을 통해 I/O 완료 포트와 연결할 수 있다.
시그널 후 타 객체 대기(Signal an object and wait for another)	객체에 신호를 보내고 이를 지원하는 디스패처 객체를 깨운 후에 단일 객체를 기다린다(단일 객체 대기와 동일하게). 깨우기와 대기 작업은 스케줄러 관점에서 원자적으로 수행된다.

(이어짐)

서비스	용도
다중 객체 대기(Wait for multiple objects)	대기 블록을 최대한도(64)까지 하나 이상의 객체와 연결하면 스레드의 실행을 동기화하거나 대기 완료 패킷을 통해 I/O 완료 포트와 연결할 수 있다.

타입 객체

객체 헤더는 모든 객체에 공통적인 데이터를 포함하지만 객체의 각 인스턴스마다 다른 값을 가질 수 있다. 예를 들어 각 객체는 고유한 이름을 가지며 고유한 보안 디스크립터를 가질 수 있다. 하지만 객체는 특정 유형의 모든 객체에 대해서는 항상 변하지 않는 값을 갖기도 한다. 또는 어떤 유형의 객체 핸들을 오픈할 때 액세스 권한 집합에서 이 객체 유형에 고유한 권한을 선택할 수 있다. 이그제큐티브는 스레드 객체의 경우 여러 액세스 권한 중에 종료와 일시 중단된 액세스 권한을 제공하고, 파일 객체의 경우에는 읽기와 쓰기, 추가, 삭제 액세스 권한을 제공한다. 객체 유형 특정적인 속성의 또 다른 예로는 동기화가 있다.

객체 관리자는 메모리 절약을 위해 이들 정적이며 객체 유형 특정적인 속성을 새로운 객체 유형을 생성할 때 한 번만 저장한다. 객체 관리자는 이 데이터를 기록하고자 자신만의 객체와 타입 객체^{type object}를 사용한다. 그림 8-32에서 보여주는 것처럼 객체 추적^{object-tracking} 디버그 플래그(이 장 후반부에 '윈도우 전역 플래그' 절에서 설명한다)가 설정돼 있다면 타입 객체도 동일한 유형의 모든 객체끼리 서로 연결된다. 이는 객체 관리자가 필요하다면 이들을 찾고 열거하게 해준다. 이 기능은 앞서 설명한 생성자 정보 서브헤더를 이용함으로써 가능하다.

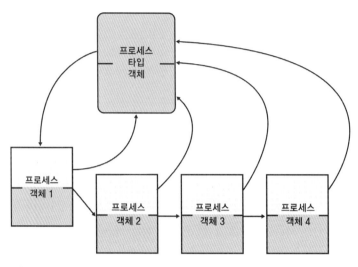

그림 8-32 프로세스 객체와 프로세스 타입 객체

실습: 객체 헤더와 타입 객체 살펴보기

dx @$cursession.Processes 디버거 데이터 모델 명령으로 프로세스 객체를 확인하면 커널 디버거에서 프로세스 객체 타입 데이터 구조체를 볼 수 있다.

```
lkd> dx -r0 &@$cursession.Processes[4].KernelObject
&@$cursession.Processes[4].KernelObject : 0xffff898f0327d300 [Type:
_EPROCESS *]
```

인자로 프로세스 객체의 주소를 지정하고 !object 명령을 실행한다.

```
lkd> !object 0xffff898f0327d300
Object: ffff898f0327d300 Type: (ffff898f032954e0) Process
    ObjectHeader: ffff898f0327d2d0 (new version)
    HandleCount: 6 PointerCount: 215645
```

32비트 윈도우에서 객체 헤더는 객체 바디 시작 0x18(10진수로 24)바이트 전에, 64비트 윈도우는 0x30(48)바이트 전에 시작한다. 이 크기는 객체 헤더 자체의 크기다. 다음 명령으로 객체 헤더를 확인할 수 있다.

```
lkd> dx (nt!_OBJECT_HEADER*)0xffff898f0327d2d0
(nt!_OBJECT_HEADER*)0xffff898f0327d2d0 : 0xffff898f0327d2d0 [Type:
_OBJECT_HEADER *]
    [+0x000] PointerCount    : 214943 [Type: __int64]
    [+0x008] HandleCount     : 6 [Type: __int64]
    [+0x008] NextToFree      : 0x6 [Type: void *]
    [+0x010] Lock            [Type: _EX_PUSH_LOCK]
    [+0x018] TypeIndex       : 0x93 [Type: unsigned char]
    [+0x019] TraceFlags      : 0x0 [Type: unsigned char]
    [+0x019 ( 0: 0)] DbgRefTrace       : 0x0 [Type: unsigned char]
    [+0x019 ( 1: 1)] DbgTracePermanent : 0x0 [Type: unsigned char]
    [+0x01a] InfoMask        : 0x80 [Type: unsigned char]
    [+0x01b] Flags           : 0x2 [Type: unsigned char]
    [+0x01b ( 0: 0)] NewObject         : 0x0 [Type: unsigned char]
    [+0x01b ( 1: 1)] KernelObject      : 0x1 [Type: unsigned char]
    [+0x01b ( 2: 2)] KernelOnlyAccess  : 0x0 [Type: unsigned char]
    [+0x01b ( 3: 3)] ExclusiveObject   : 0x0 [Type: unsigned char]
    [+0x01b ( 4: 4)] PermanentObject   : 0x0 [Type: unsigned char]
    [+0x01b ( 5: 5)] DefaultSecurityQuota : 0x0 [Type: unsigned char]
    [+0x01b ( 6: 6)] SingleHandleEntry : 0x0 [Type: unsigned char]
    [+0x01b ( 7: 7)] DeletedInline  : 0x0 [Type: unsigned char]
    [+0x01c] Reserved        : 0xffff898f [Type: unsigned long]
    [+0x020] ObjectCreateInfo : 0xfffff8047ee6d500 [Type:
_OBJECT_CREATE_INFORMATION *]
    [+0x020] QuotaBlockCharged : 0xfffff8047ee6d500 [Type: void *]
    [+0x028] SecurityDescriptor : 0xffffc704ade03b6a [Type: void *]
    [+0x030] Body [Type: _QUAD]
 ObjectType        : Process
 UnderlyingObject [Type: _EPROCESS]
```

이제 앞서 !object 명령으로 출력된 Type 항목의 포인터를 사용해서 객체
타입 데이터 구조체를 살펴보자.

```
lkd> dx (nt!_OBJECT_TYPE*)0xffff898f032954e0
(nt!_OBJECT_TYPE*)0xffff898f032954e0 : 0xffff898f032954e0 [Type:
_OBJECT_TYPE *]
    [+0x000] TypeList        [Type: _LIST_ENTRY]
    [+0x010] Name            : "Process" [Type: _UNICODE_STRING]
    [+0x020] DefaultObject   : 0x0 [Type: void *]
```

```
[+0x028] Index            : 0x7 [Type: unsigned char]
[+0x02c] TotalNumberOfObjects        : 0x2e9 [Type: unsigned long]
[+0x030] TotalNumberOfHandles        : 0x15a1 [Type: unsigned long]
[+0x034] HighWaterNumberOfObjects    : 0x2f9 [Type: unsigned long]
[+0x038] HighWaterNumberOfHandles    : 0x170d [Type: unsigned long]
[+0x040] TypeInfo [Type: _OBJECT_TYPE_INITIALIZER]
[+0x0b8] TypeLock [Type: _EX_PUSH_LOCK]
[+0x0c0] Key : 0x636f7250 [Type: unsigned long]
[+0x0c8] CallbackList [Type: _LIST_ENTRY]
```

실행 결과는 객체 유형의 이름이 포함돼 있는지 보여주고 해당 유형을 갖
는 활성화 객체의 전체 수를 추적한다. 그리고 핸들과 객체 유형의 최대
수를 보여준다. CallbackList는 이 객체 유형과 관련된 객체 관리자 필터
링 콜백을 관리한다. TypeInfo 필드는 객체 유형의 유형별 메서드에 대한
포인터와 더불어 이 객체 유형의 모든 객체에 공통적인 속성, 플래그, 설정
을 저장하는 데이터 구조체를 저장한다.

```
lkd> dx ((nt!_OBJECT_TYPE*)0xffff898f032954e0)->TypeInfo
((nt!_OBJECT_TYPE*)0xffff898f032954e0)->TypeInfo [Type:
_OBJECT_TYPE_INITIALIZER]
    [+0x000] Length            : 0x78 [Type: unsigned short]
    [+0x002] ObjectTypeFlags : 0xca [Type: unsigned short]
    [+0x002 ( 0: 0)] CaseInsensitive   : 0x0 [Type: unsigned char]
    [+0x002 ( 1: 1)] UnnamedObjectsOnly : 0x1 [Type: unsigned char]
    [+0x002 ( 2: 2)] UseDefaultObject  : 0x0 [Type: unsigned char]
    [+0x002 ( 3: 3)] SecurityRequired  : 0x1 [Type: unsigned char]
    [+0x002 ( 4: 4)] MaintainHandleCount : 0x0 [Type: unsigned char]
    [+0x002 ( 5: 5)] MaintainTypeList  : 0x0 [Type: unsigned char]
    [+0x002 ( 6: 6)] SupportsObjectCallbacks : 0x1 [Type: unsigned char]
    [+0x002 ( 7: 7)] CacheAligned      : 0x1 [Type: unsigned char]
    [+0x003 ( 0: 0)] UseExtendedParameters : 0x0 [Type: unsigned char]
    [+0x003 ( 7: 1)] Reserved    : 0x0 [Type: unsigned char]
    [+0x004] ObjectTypeCode    : 0x20 [Type: unsigned long]
    [+0x008] InvalidAttributes : 0xb0 [Type: unsigned long]
    [+0x00c] GenericMapping    [Type: _GENERIC_MAPPING]
    [+0x01c] ValidAccessMask   : 0x1fffff [Type: unsigned long]
    [+0x020] RetainAccess      : 0x101000 [Type: unsigned long]
    [+0x024] PoolType          : NonPagedPoolNx (512) [Type: _POOL_TYPE]
```

```
[+0x028] DefaultPagedPoolCharge     : 0x1000 [Type: unsigned long]
[+0x02c] DefaultNonPagedPoolCharge  : 0x8d8 [Type: unsigned long]
[+0x030] DumpProcedure              : 0x0 [Type: void (__cdecl*)
             (void *,_OBJECT_DUMP_CONTROL *)]
[+0x038] OpenProcedure   : 0xffffff8047f062f40 [Type: long (__cdecl*)
             (_OB_OPEN_REASON,char,_EPROCESS *,void *,unsigned long *,
             unsigned long)]
[+0x040] CloseProcedure  : 0xffffff8047F087a90 [Type: void (__cdecl*)
             (_EPROCESS *,void *,unsigned __int64,unsigned __int64)]
[+0x048] DeleteProcedure : 0xffffff8047f02f030 [Type: void
             (__cdecl*)(void *)]
[+0x050] ParseProcedure  : 0x0 [Type: long (__cdecl*)(void *,void *,
             _ACCESS_STATE *,char,unsigned long,_UNICODE_STRING *,
             _UNICODE_STRING *,void *, _SECURITY_QUALITY_OF_SERVICE *,
             void * *)]
[+0x050] ParseProcedureEx : 0x0 [Type: long (__cdecl*)(void *,void *,
             _ACCESS_STATE *, char,unsigned long,_UNICODE_STRING *,
             _UNICODE_STRING *,void *,_SECURITY_QUALITY_OF_SERVICE *,
             _OB_EXTENDED_PARSE_PARAMETERS *,void * *)]
[+0x058] SecurityProcedure : 0xffffff8047eff57b0 [Type: long (__cdecl*)
             (void *,_SECURITY_OPERATION_CODE,unsigned long *,void *,
             unsigned long *,void * *,_POOL_TYPE,_GENERIC_MAPPING *,
             char)]
[+0x060] QueryNameProcedure : 0x0 [Type: long (__cdecl*)(void *,
             unsigned char,_OBJECT_NAME_INFORMATION *,unsigned long,
             unsigned long *,char)]
[+0x068] OkayToCloseProcedure : 0x0 [Type: unsigned char (__cdecl*)
             (_EPROCESS *,void *,void *,char)]
[+0x070] WaitObjectFlagMask         : 0x0 [Type: unsigned long]
[+0x074] WaitObjectFlagOffset       : 0x0 [Type: unsigned short]
[+0x076] WaitObjectPointerOffset    : 0x0 [Type: unsigned short]
```

객체 관리자가 유저 모드에서 액세스하는 서비스를 제공하지 않기 때문에 유저 모드에서는 객체 유형을 다룰 수 없다. 하지만 어떤 네이티브 서비스와 윈도우 API를 통해 몇 가지 속성을 볼 수는 있다. 타입 이니셜라이저initializers 필드에 저장된 정보를 표 8-22에서 보여준다.

표 8-22 타입 이니셜라이저 필드

속성	용도
유형 이름	해당 유형의 객체 이름(프로세스, 이벤트, ALPC 포트 등)이다.
풀 유형(Pool type)	해당 유형의 객체가 페이지 또는 넌페이지드 메모리에서 할당돼야 하는지를 나타낸다.
디폴트 쿼터 차지(Default quota charges)	프로세스 쿼터에 지정할 디폴트 페이지드와 넌페이지드 값이다.
유효한 액세스 마스크(Valid access mask)	스레드가 해당 유형의 객체 핸들을 오픈할 때 요청할 수 있는 액세스 유형(읽기, 쓰기, 종료, 서스펜드 등)이다.
범용 액세스 권한 매핑(Generic access rights mapping)	유형 특정적인 액세스 권한에 대한 4가지 범용 액세스 권한(읽기, 쓰기, 실행, 모두) 사이의 매핑이다.
액세스 권한 유지(Retain access)	서드파티의 객체 관리자 콜백(앞서 설명한 콜백 목록의 일부)에서 제거할 수 없는 권한을 나타낸다.
플래그	객체에 이름이 없어야 하는지(프로세스 객체처럼), 이름이 대소문자를 구분하는지, 보안 디스크립터가 필요한지, 캐시 정렬돼야 하는지(패딩 서브헤더 필요), 객체 필터링 콜백을 지원하는지, 핸들 데이터베이스(핸들 정보 서브헤더)나 유형 목록 연결(생성자 정보 서브헤더)을 유지해야 하는지를 나타낸다. 디폴트 객체 사용 플래그는 이 표의 뒷부분에 나오는 디폴트 객체 필드에 대한 동작도 정의한다. 마지막으로 확장 매개변수 사용 플래그를 사용하면 나중에 설명하는 확장 구문 분석 절차 방법을 사용할 수 있다.
객체 유형 코드	객체의 유형을 설명하는 데 사용되는 것은 잘 알려진 값과 비교하는 것이다. 파일 객체는 1로 설정하고, 동기화 객체는 2로 그리고 스레드 객체는 4로 설정한다. 또한 이 필드는 메시지와 관련된 핸들 속성 정보를 저장하는 데 ALPC를 사용한다.
유효하지 않은 속성	해당 객체 유형에 유효하지 않은 객체 속성 플래그(표 8-20을 보자)를 명시한다.
디폴트 객체	객체 유형 생성자가 이벤트를 요청한다면 해당 객체를 대기하는 동안 사용돼야 할 내부 객체 관리자 이벤트를 명시한다. 파일이나 ALPC 포트 객체 같은 특정 객체에는 이미 임베디드된 디스패처 객체가 포함돼 있다. 이 경우 이 필드는 다음 대기 객체 마스크/오프셋/포인터 필드를 대신 사용해야 함을 나타내는 플래그가 된다.

속성	용도
대기 객체 플래그, 포인터, 오프셋	객체 관리자가 이전에 살펴본 일반 대기 서비스(WaitForSingleObject 등) 중 하나가 객체에서 호출될 때 동기화에 사용해야 하는 기본 커널 디스패처 객체를 범용으로 찾을 수 있게 한다.
메서드	객체 관리자가 객체 수명 동안의 특정 시점이나 특정 유저 모드 호출에 대한 응답으로 자동으로 호출하는 하나 이상의 루틴이다.

윈도우 애플리케이션에서 볼 수 있는 하나의 속성인 동기화는 객체가 한 상태에서 또 다른 상태로 변화하기를 기다림으로써 스레드가 자신의 실행을 동기화하는 기능이다. 스레드는 이그제큐티브 잡과 프로세스, 스레드, 파일, 이벤트, 세마포어, 뮤텍스, 타이머 객체를 포함한 다른 여러 종류의 객체로 동기화할 수 있다. 여타 이그제큐티브 객체는 동기화를 지원하지 않는다. 객체의 동기화 지원 능력은 3가지 가능성에 기반을 둔다.

- 이그제큐티브 객체는 임베디드된 디스패처 객체를 담고 있다. 디스패처 객체는 이번 장 후반부 '로우 IRQL 동기화' 절에서 다루는 커널 객체의 일종이다.
- 객체 유형의 생성자가 디폴트 객체를 요청해 객체 관리자가 디폴트 객체를 제공했다.
- 이그제큐티브 객체에는 객체 바디 내부에 이벤트와 같은 디스패처 객체가 포함돼 있다. 객체의 소유자는 객체 유형을 등록할 때 객체 관리자에 오프셋(또는 포인터)을 제공했다(표 8-14 참고).

객체 메서드

표 8-22의 마지막 속성인 메서드는 C++의 생성자나 소멸자(즉, 이들 루틴은 객체가 생성되고 파괴될 때 자동으로 호출된다)와 유사한 내부 루틴의 집합으로 이뤄졌다. 객체 관리자는 이 개념을 확장해 누군가가 객체 핸들을 오픈하거나 닫을 때, 객체의 보호 속성을 변경하고자 할 때처럼 여러 상황에서 객체 메서드를 호출한다. 객체 유형이 사용되는 방법에 따라 어떤 객체 유형은 메서드를 명시하는 반면 메서드를 명시하지 않는 객체 유형도 있다.

이그제큐티브 구성 요소가 새로운 객체 유형을 생성할 때 하나 이상의 메서드를 객체 관리자에 등록할 수 있다. 이후부터 객체 관리자는 메서드가 등록된 유형의 객체 수명 동안에 잘 정의된 시점(일반적으로 객체가 생성될 때나 어떤 식이든 변경될 때)에 메서드를 호출한다. 객체 관리자가 지원하는 메서드가 표 8-23에 나와 있다.

표 8-23 객체 메서드

메서드	메서드가 호출되는 시점
열기(Open)	객체 핸들이 생성, 오픈, 복제, 상속될 때
닫기(Close)	객체 핸들이 닫힐 때
삭제(Delete)	객체 관리자가 객체를 삭제하기 전
이름 쿼리(Query name)	스레드가 객체 이름을 요청할 때
구문 분석(Parse)	객체 관리자가 객체 이름을 찾을 때
덤프(Dump)	사용 안 됨
닫기에 적합(Okay to close)	객체 관리자가 핸들을 닫게 지시 받을 때
보안(Security)	프로세스가 보조 객체 네임스페이스에 존재하는 파일 같은 객체의 보호 속성을 읽거나 변경할 때

이들 객체 메서드의 타당성 중 하나는 지금까지 경험한 바로는 특정 객체 동작(close, duplicate, security 등)이 일반적이라는 점이다. 이들 일반적인 루틴을 완전히 범용화하려면 객체 관리자의 설계자가 모든 객체 유형을 예상해야만 한다. 하지만 이는 커널에 극도의 복잡성을 추가할 뿐만 아니라 객체 유형을 생성하는 루틴은 커널에 의해 익스포트돼 외부의 커널 구성 요소가 자신만의 객체 유형을 생성할 수 있다. 이로 인해 커널은 잠재적인 커스텀 행위를 예측할 수 없다. 이 기능이 드라이버 개발자를 위해 문서화되지는 않았지만 내부적으로 Pcw.sys, Dxgkrnl. sys, Win32k.sys, FltMgr.sys 및 기타 유저가 WindowStation, Desktop, PcwObject, Dxgk*, FilterCommunication/ConnectionPort, NdisCmState 등의 객체를 정의하는 데 사용된다. 객체 메서드 확장성을 통해 이런 드라이버는 삭제와 쿼리 같은 처리 동작을 위한 자신만의 루틴을 정의한다.

이런 방법을 사용하는 또 다른 이유는 객체의 수명 관리 측면에서 일종의 가상 생성자와 소멸자 메커니즘을 허용하기 쉽기 때문이다. 이렇게 하면 기본 구성 요소가 핸들 생성과 닫힘, 객체 소멸 중에 추가 작업을 수행할 수 있다. 예를 들어 Vol.1의 3장에서 설명한 보호 프로세스 메커니즘은 보호 수준이 낮은 프로세스가 보호 수준이 높은 프로세스로 핸들을 여는 것을 방지하고자 커스텀 핸들 생성 방법을 활용한다. 또한 이런 방법은 복제 및 상속과 같은 내부 객체 관리자 API에 대한 가시성을 제공하며 범용 서비스를 통해 제공된다.

마지막으로 이런 메서드는 구문 분석 및 이름 질의 기능도 재정의하므로 객체 관리자 범위 외부의 보조 네임스페이스를 구현하는 데 사용할 수 있다. 실제로 이것이 파일과 키 객체가 작동하는 방식이며 해당 네임스페이스는 파일 시스템에 의해 내부적으로 관리된다. 드라이버와 구성 관리자, 객체 관리자는 \REGISTRY 및 \Device\HarddiskVolumeN 객체만 바라본다. 잠시 후에 이런 각 방법에 대한 세부 정보와 예제를 제공할 것이다.

객체 관리자는 타입 이니셜라이저에서 포인터가 NULL로 설정되지 않는 경우에만 루틴을 호출한다. 단, 보안 루틴은 기본적으로 SeDefaultObjectMethod로 설정한다. 이 루틴은 객체에 대한 보안 디스크립터만 다루므로 객체의 내부 구조를 알 필요가 없고 보안 디스크립터에 대한 포인터도 객체 바디가 아닌 범용 객체 헤더에 저장된다. 객체에 자체적인 추가 보안 검사가 필요하다면 커스텀 보안 루틴을 정의할 수 있다. 이 루틴은 파일 시스템이나 구성 관리자가 직접 관리하는 방식으로 보안 정보를 저장하는 파일 및 키 객체와 함께 작동한다.

객체 관리자는 객체 핸들을 생성할 때마다 open 메서드를 호출한다. 즉, 객체가 생성되거나 오픈될 때 호출한다. WindowStation과 Desktop 객체도 open 메서드를 제공한다. 예를 들어 win32k.sys가 데스크톱 관련 메모리 풀의 역할을 하는 메모리를 프로세스와 공유할 수 있게 WindowStation 객체 유형은 open 메서드를 필요로 한다.

close 메서드를 사용하는 예로는 I/O 시스템을 들 수 있다. I/O 관리자가 파일 객체 유형에 대해 close 메서드를 등록하면 객체 관리자는 파일 객체 핸들을 닫을 때마다 close 메서드를 호출한다. close 메서드는 파일 핸들을 닫는 프로세스가 파일에 사용 중인 락을 소유하고 있는지를 검사한 후 소유하고 있다면 이 락을 제거한다. 파일 락을 검사하는 작업은 객체 관리자가 직접 할 수 있는 것도 아니며, 해서도 안 된다.

객체 관리자는 delete 메서드가 등록돼 있다면 메모리에서 임시 객체를 삭제하기 전에 호출한다. 예를 들어 메모리 관리자는 섹션에 의해 사용되고 있는 물리 페이지를 해제하는 section 객체 유형에 대해 delete 메서드를 등록한다. 또한 메모리 관리자는 자신이 섹션을 위해 할당한 내부 데이터 구조체가 해당 섹션 객체가 삭제되기 전에 해제되는지 검증한다. 객체 관리자는 메모리 관리자의 내부 동작에 관해 알지 못하기 때문에 이 작업을 할 수 없다. 또한 다른 객체 유형의 delete 메서드도 유사한 기능을 수행한다.

parse 메서드는 객체 관리자로 하여금 자신의 네임스페이스 외부에 존재하는 객체를 찾는다면 객체 찾기에 대한 제어를 보조^{secondary} 객체 관리자로 넘기게 한다. 이는 query name 메서드도 유사하다. 객체 관리자는 객체 이름을 찾을 때 그 경로에서 관련 parse 메서드를 갖는 객체를 만나면 탐색을 중지한다. 그리고 객체 관리자는 자신이 찾고 있는 객체 이름의 나머지 부분을 인자로 전달하면서 parse 메서드를 호출한다.

윈도우에는 객체 관리자 네임스페이스 외에도 2개의 네임스페이스가 더 있다. 구성 관리자가 구현하는 레지스트리 네임스페이스와 I/O 관리자가 파일 시스템 드라이버의 도움을 받아 구현하는 파일 시스템 네임스페이스가 그것이다. 구성 관리자는 10장에서 다루고, I/O 관리자와 파일 시스템 드라이버는 Vol.1의 6장에서 자세히 다룬다.

예를 들어 프로세스가 \Device\Floppy\docs\resume.doc라는 객체에 대한 핸들을 오픈할 때 객체 관리자는 FIoppy0란 디바이스 객체를 찾을 때까지 자신의 이름 트리를 탐색한다. 객체 관리자는 parse 메서드가 이 객체와 연관이 있음을 알고서 자신이 찾고 있었던 객체의 나머지 부분(이 경우에는 \docs\resume.doc 문자열이다)을 인자로 전달하면서 parse 메서드를 호출한다. I/O 관리자는 디바이스 객체 유형을 정의하고 이 유형에 대해 parse 메서드를 등록하기 때문에 디바이스 객체의 parse 메서드는 I/O 루틴이다. I/O 관리자의 parse 루틴은 이름 문자열을 구해 이를 적절한 파일 시스템으로 전달하면 파일 시스템은 디스크에서 해당 파일을 찾아 오픈한다.

I/O 시스템 역시 사용하는 security 메서드는 parse 메서드와 유사하다. 스레드가 파일을 보호하는 보안 정보를 쿼리하거나 변경하고자 할 때마다 security 메서드가 호출된다. 보안 정보는 메모리가 아닌 파일 자체에 저장돼 있기 때문에 이 정보는 파일의 경우와 그 외의 객체에 있어 서로 상이하다. 따라서 보안 정보를 찾아 읽거나 변경하고자 I/O 시스템이 호출돼야 한다.

마지막으로 okay-to-close 메서드는 시스템 용도로 사용되는 핸들을 악의적(또는 부정확한) 닫기로부터 보호하는 추가적인 계층으로 사용된다. 예를 들어 각 프로세스는 Desktop 객체(스레드 또는 스레드들은 이 객체를 통해 윈도우를 보이게 한다)에 대한 핸들을 하나 가진다. 표준적인 보안 모델하에서 프로세스는 자신의 객체에 대해 완전한 제어권을 가지므로 이들 스레드는 자신의 데스크톱에 대한 핸들을 닫을 수 있다. 이 시나리오라면 스레드는 자신과 연관된 데스크톱이 하나도 없게 되는데, 이는 윈도우잉 windowing 모델을 위반하는 것이다. win32k.sys는 이런 동작을 방지하고자 Desktop 과 WindowStation에 okay-to-close 루틴을 등록한다.

객체 핸들과 프로세스 핸들 테이블

프로세스는 이름을 사용해 객체를 생성하거나 오픈할 때 객체에 대한 자신의 액세스를 나타내는 핸들을 받는다. 객체 관리자는 이름 찾기 과정을 생략하고 객체를 직접 찾을 수 있기 때문에 객체 이름보다 객체의 핸들로 객체를 참조하는 편이 좀 더 빠르다. 앞서 간단히 언급했듯이 프로세스는 프로세스 생성 시점에 핸들을 상속받거나(생성자가 CreateProcess 호출 시에 핸들 상속 플래그를 명시하고 핸들이 상속 가능으로 표시돼 있었다면 상속 가능하다. 핸들은 생성될 때 또는 생성된 이후에 윈도우 SetHandleInformation 함수를 사용해 상속 가능으로 표시될 수 있다) 다른 프로세스에서 복사한 핸들(윈도우 DuplicateHandle 함수를 참고하자)을 받음으로써 객체에 대한 핸들을 구할 수 있다.

모든 유저 모드 프로세스는 자신의 스레드가 객체를 사용할 수 있으려면 객체에 대한 핸들을 소유해야 한다. 시스템 자원 조작에 핸들을 사용하는 것은 새로운 개념은 아니다. 예를 들어 C와 C++ 런타임 라이브러리는 오픈된 파일에 대한 핸들을 반환한다. 핸들은 시스템 자원에 대한 간접 포인터 역할을 한다. 이런 간접성은 애플리케이션 프로그램이 시스템 데이터 구조체를 직접 다루는 것을 방지해준다.

객체 핸들은 추가적인 이점이 있다. 첫째, 객체 핸들은 자신들이 참조하는 대상을 제외하면 파일 핸들과 이벤트 핸들, 프로세스 핸들 간에 차이가 없다. 이런 유사성은 객체의 유형에 관계없이 객체를 참조하는 일관적인 인터페이스를 제공한다. 둘째, 객체 관리자는 핸들을 생성하고 핸들이 참조하는 객체를 찾는 데 있어 독점적인 권한을 가진다. 이는 호출자의 보안 프로파일이 문제의 객체에 요청된 동작을 허용하는지 살펴보고자 객체에 영향을 주는 모든 유저 모드 행위를 객체 관리자가 검사할 수 있음을 의미한다.

> 이그제큐티브 구성 요소와 디바이스 드라이버는 커널 모드에서 실행해 시스템 메모리에 있는 객체 구조체에 액세스할 수 있기 때문에 직접 객체에 액세스한다. 하지만 이들은 참조 카운트를 증가시켜 객체에 대한 자신의 사용을 알려야 한다. 이렇게 해야만 객체는 여전히 사용되는 동안에 해제되지 않을 것이다. 좀 더 자세한 사항은 이 장 후반부 '객체 유지' 절을 참고한다. 하지만 성공적으로 이 객체를 사용하려면 디바이스 드라이버는 객체 내부 구조체의 정의를 알 필요가 있다. 하지만 대부분 객체의 경우 이들 정보는 제공되지 않으므로 디바이스 드라이버는 객체의 정보를 수정 또는 변경하고자 적절한 커널 API를 사용하게 권장된다. 예를 들어 디바이스 드라이버가 프로세스 객체(EPROCESS)의 포인터를 구할 수 있더라도 이 구조체는 공개된 것이 아니다. 따라서 대신 Ps* API를 사용해야 한다. 그 밖의 객체의 경우 유형 자체가 불명확하다. 디스패처 객체(예를 들어 이벤트나 뮤텍스)를 감싸는 대부분의 이그제큐티브 객체가 그렇다. 이들 객체의 경우 드라이버는 유저 모드 애플리케이션의 호출로 귀결되는 동일한 시스템 콜(ZwCreateEvent와 같은)을 사용해야 하며, 객체 포인터 대신 핸들을 사용해야 한다.

실습: 오픈 핸들 살펴보기

Process Explorer를 실행해 하단 창을 활성화해서 오픈 핸들이 보이게 구성한다(View 메뉴를 선택한 다음 Lower Pane View에서 Handles를 클릭한다). 이제 명령 프롬프트를 열어 Cmd.exe 프로세스의 핸들 테이블을 보자. 현재 디렉터리에 대한 오픈 파일 핸들을 볼 수 있을 것이다. 예를 들어 현재 디렉터리가 C:\Users\Public이라면 Process Explorer는 다음 그림처럼 보일 것이다.

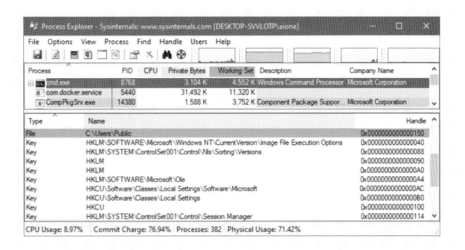

지금 스페이스 바를 누르거나 View 메뉴의 Update Speed, Pause를 선택해 Process Explorer를 일시 정지해보자. cd 명령으로 현재 디렉터리를 변경하고 F5키를 눌러 화면을 새로 고친다. Process Explorer를 통해 이전 디렉터리에서 닫힌 핸들과 현재 디렉터리의 새로 오픈된 핸들을 확인할 수 있다. 이전 핸들은 빨강으로 표시되고 새로 생성된 핸들은 녹색으로 표시된다.

Process Explorer의 하이라이트 기능으로 핸들 테이블의 변화를 쉽게 알아볼 수 있다. 예를 들어 프로세스가 핸들을 누수시킨다면 Process Explorer로 핸들 테이블을 살펴보면 오픈된 핸들과 오픈됐지만 닫히지 않은 핸들을 금방 알 수 있다. 프로그래머는 이 정보를 통해 핸들 누수를 찾는 데 도움을 받을 수 있다. 리소스 모니터는 프로세스 이름 옆에 있는 체크박스를 선택한 프로세스의 오픈된 핸들을 볼 수 있다. 명령 프롬프트의 오픈된 핸들은 다음과 같다.

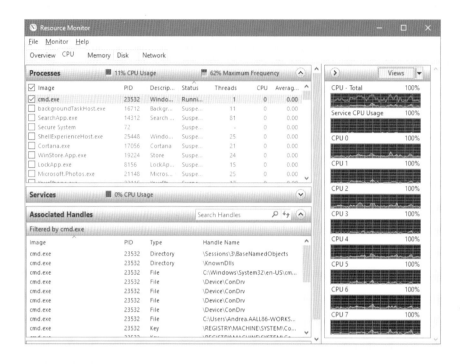

시스인터널스의 커맨드라인 도구인 Handle을 사용해 오픈 핸들 테이블을 볼 수도 있다. 예를 들어 디렉터리 변경 전후의 **Cmd.exe** 프로세스의 핸들 테이블에 위치한 파일 객체 핸들을 살펴보는 Handle 도구의 부분적인 출력 결과는 다음에 있다. 디폴트로 **Handle** 도구는 Process Explorer와 유사하게 프로세스 내의 모든 핸들을 표시하는 -a 스위치를 사용하지 않으면 파일 이외의 핸들을 필터링한다.

```
C:\Users\aione>\sysint\handle.exe -p 8768 -a users
Nthandle v4.22 - Handle viewer
Copyright (C) 1997-2019 Mark Russinovich
Sysinternals - www.sysinternals.com
cmd.exe        pid: 8768      type: File        150: C:\Users\Public
```

객체 핸들은 이그제큐티브 프로세스(EPROCESS) 블록(Vol.1의 3장에서 설명)이 가리키는 프로세스별 핸들 테이블에 대한 인덱스다. 특정 API 동작(예를 들어 I/O 완료 포트에 대한 알림 금지나 프로세스 디버깅 작동 방식 변경)에서 핸들의 하위 비트가 사용되므로 인덱스에 4를 곱한다(2비트 시프트).

따라서 첫 번째 핸들 인덱스는 4, 두 번째 핸들 인덱스는 8이며 이후도 동일하게 증가한다. 핸들 5, 6이나 7을 사용한다면 핸들 4와 동일한 객체를 참조하고 핸들 9, 10, 11은 핸들 8과 동일한 객체를 참조한다.

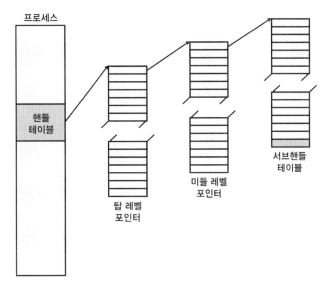

그림 8-33 윈도우 프로세스 핸들 테이블 아키텍처

프로세스의 핸들 테이블에는 프로세스가 현재 핸들을 열고 있는 모든 객체에 대한 포인터가 포함돼 있으며 핸들 값은 적극적으로 재사용되므로 다음의 새 핸들 인덱스는 가능한 경우 기존의 닫힌 핸들 인덱스를 재사용한다. 그림 8-33과 같이 핸들 테이블은 레거시 x86 메모리 관리 장치가 가상-물리 주소 변환을 구현한 방식과 유사하지만 호환성을 위해 24비트로 제한되는 3단계 체계로 구현된다. 결과적으로 프로세스당 최대 16,777,215($2^{24}-1$)개의 핸들이 생성된다. 그림 8-34는 윈도우의 핸들 테이블 엔트리 레이아웃을 보여준다. 커널 메모리 비용을 절약하고자 프로세스 생성 시 가장 낮은 수준의 핸들 테이블만 할당되고 다른 수준은 필요에 따라 생성된다. 서브핸들 테이블은 핸들 감사에 사용되는 하나의 엔트리를 뺀 페이지에 들어갈 수 있는 만큼의 엔트리로 구성된다. 예를 들어 64비트 시스템의 경우 페이지는 4,096바이트를 핸들 테이블 엔트리의 크기(16바이트)로 나눈 값인 256에서 1을 뺀 값이며 최하위 핸들 테이블에서 총 255개 엔트리가 된다. 미들 레벨 핸들 테이블에는 서브핸들 테이블에 대한 포인터의 전체 페이지가 포

함돼 있으므로 서브핸들 테이블의 수는 페이지 크기와 플랫폼에 대한 포인터 크기에 좌우된다. 다시 64비트 시스템을 예로 사용하면 4,096/8 또는 512개의 엔트리가 제공된다. 24비트 제한으로 인해 탑 레벨 포인터 테이블에는 32개의 엔트리만 허용된다. 이것들을 함께 곱해보면 32 × 512 × 255 또는 16,711,680 핸들이됨을 알 수 있다.

실습: 최대 수의 핸들 생성하기

시스인터널스의 테스트 프로그램인 Testlimit에는 더 이상의 핸들을 오픈할 수 없을 때까지 객체에 대한 핸들을 오픈하는 옵션이 있다. 시스템에서하나의 프로세스 내에 생성될 수 있는 핸들 수를 보려면 이 옵션을 사용할수 있다. 핸들 테이블은 페이지드 풀에서 할당되므로 한 프로세스 내에서생성될 수 있는 최대 핸들 수에 이르기 전에 페이지드 풀이 소진될 수도있다. 시스템에서 생성할 수 있는 핸들 수를 보려면 다음의 단계를 수행해보자.

1. https://docs.microsoft.com/en-us/sysinternals/downloads/testlimit
   에서 자신의 윈도우 플랫폼 32/64비트에 해당하는 Testlimit 실행
   파일을 다운로드한다.

2. Process Explorer를 실행해 View 메뉴의 System Information을 클릭
   한다. 현재 페이지드 풀의 최대 크기를 본다. 최대 풀 크기 값을
   표시하려면 Process Explorer는 커널 이미지인 Ntoskml.exe의 심볼
   에 액세스하기 알맞게 구성돼 있어야 한다. Testlimit 프로그램을
   실행할 때 풀 사용량을 볼 수 있도록 이 시스템 정보를 계속 보이게
   해두자.

3. 명령 프롬프트를 연다.

4. testlimit -h를 입력해 Testlimit 프로그램을 실행한다. Testlimit
   프로그램은 새로운 핸들 오픈에 실패하면 생성할 수 있었던 총 핸
   들 수를 표시한다. 이 수가 대략 16,000,000보다 작다면 이론적으로
   프로세스마다의 핸들 제한 수를 초과하기 전에 페이지드 풀이 소진
   된 것이다.

5. 명령 프롬프트 창을 닫는다. 이는 Testlimit 프로세스를 죽이고 따라서 모든 오픈 핸들은 닫힌다.

그림 8-34에서 볼 수 있듯이 32비트 시스템에서 각 핸들 엔트리는 2개의 32비트 멤버로 이뤄져 있다. 첫 번째는 객체를 가리키는 포인터고 하위 3비트는 3개의 플래그를 위해 예약돼 있다(0이 될 수 있음). 모든 객체는 8바이트로 정렬된다. 두 번째 부여된 액세스 마스크(일반 권한은 핸들 엔트리에 저장하지 않아 25비트만 필요)는 2개의 추가 플래그와 참조 사용 횟수가 결합된 형태로, 이를 간단히 설명할 것이다.

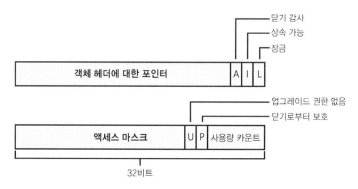

그림 8-34 32비트 핸들 테이블 엔트리 구조

64비트 시스템에서는 동일한 기본 데이터 조각이 있지만 다르게 인코딩된다. 예를 들어 객체 포인터를 인코딩하는 데 이제는 44비트가 필요하다(4레벨 페이징 및 48비트 가상 메모리가 있는 프로세서가 있다고 가정). 객체가 16바이트로 정렬돼 있으므로 하위 4비트는 이제 0으로 가정해도 된다. 앞에 표시한 것처럼 32비트 시스템에서 사용됐던 원래 3개의 플래그의 일부로 '닫기로부터 보호' 플래그를 인코딩해 총 4개의 플래그를 허용한다. 또 다른 변경 사항은 참조 사용 횟수가 액세스 마스크 옆이 아니라 포인터 옆의 나머지 16비트로 인코딩된다는 점이다. 마지막으로 '업그레이드 권한 없음' 플래그는 액세스 마스크 옆에 남아 있지만 나머지 6비트는 예비며 현재 32비트 정렬된 영역도 예비로 남아있다. 따라서 총 16바이트가 된다. 그리고 5단계 페이징이 있는 LA57 시스템에서는 상황이 또 다른데, 포인터가 53비트여야 하므로 사용 횟수가 7비트로 줄어든다.

다양한 플래그에 대해 언급했으므로 이제 플래그의 역할을 알아보자. 먼저 첫 번째 플래그는 '잠금lock' 비트로, 엔트리가 현재 사용 중인지 여부를 나타낸다. 엄밀히 말하면 '잠금 해제unlocked'라고 불리며, 이는 하단 비트가 정상적으로 설정된다고 예상해야 한다. 두 번째 플래그는 '상속 가능inheritable' 비트로, 이 프로세스에 의해 생성된 프로세스가 자신의 핸들 테이블에 이 핸들의 복사본을 가져올지 여부를 나타낸다. 이미 언급했듯이 핸들 상속은 핸들 생성 시나 나중에 SetHandleInformation 함수를 사용해 지정할 수 있다. 세 번째 플래그는 객체를 닫을 때 감사 메시지를 생성할지 여부를 나타낸다(이 플래그는 윈도우에 노출하지 않고 객체 관리자가 내부적으로 사용한다). 다음 '닫기로부터 보호protect from close' 비트는 호출자가 이 핸들을 닫을 수 있는지 여부를 나타낸다(이 플래그는 SetHandleInformation 함수로도 설정할 수 있다). 마지막으로 '업그레이드 권한 없음no right upgrade' 비트는 핸들이 더 높은 권한을 가진 프로세스에 복제되는 경우 액세스 권한을 업그레이드해야 하는지 여부를 나타낸다.

마지막 4개의 플래그는 ObReferenceObjectByHandle 같은 API에 전달되는 OBJECT_HANDLE_INFORMATION 구조체로 드라이버에 노출되며 OBJ_PROTECT_CLOSE(0x1), OBJ_INHERIT(0x2), OBJ_AUDIT_OBJECT_CLOSE(0x4), OBJ_NO_RIGHTS_UPGRADE(0x8) 플래그에 매핑된다. 이런 내부 값을 위해 객체 생성 시 설정 가능한 OBJ_로 시작하는 객체 속성object attribute 정의에는 비어 있는 값이 존재한다. 이와 같이 객체 속성은 런타임에 객체의 특정 동작과 해당 객체에 대한 주어진 핸들의 특정 동작을 모두 인코딩한다.

마지막으로 이러한 메서드는 구문 분석parse 및 이름 쿼리query name 기능도 재정의하므로 객체 관리자 범위 외부의 보조 네임스페이스를 구현하는 데 사용할 수 있다. 실제로 이것이 파일과 키 객체가 동작하는 방식이며 해당 네임스페이스는 파일 시스템에 의해 내부적으로 관리된다. 드라이버와 구성 관리자, 객체 관리자는 \REGISTRY 및 \Device\HarddiskVolumeN 객체만 본다. 잠시 후 이러한 각 방법에 대한 세부 정보와 예제를 살펴본다.

프로세스가 객체 사용을 완료하면 핸들을 역참조(핸들을 객체로 변환하는 윈도우 API를 호출해서)해 캐시된 참조 수를 삭제한다. 사용 횟수는 0에 도달할 때까지 1씩 감소하며 0이 되면 더 이상 추적하지 않는다. 이를 이용하면 특정 프로세스의 핸들을 통해 주어진 객체가 활용/액세스/관리된 횟수를 정확히 유추해볼 수 있다.

디버거 명령 !trueref를 -v 플래그로 실행하면 객체를 참조하는 각 핸들과 함께 정확히 몇 번 사용했는지 표시해준다(사용 횟수/사용 중단 횟수를 계산하는 경우). 다음 실습 중 하나에서 이 명령을 사용해 객체 사용법에 대한 추가 정보를 얻을 수 있다.

시스템 구성 요소와 디바이스 드라이버는 종종 유저 모드 애플리케이션이 액세스하지 못하는 객체에 대한 핸들을 오픈할 필요가 있다. 이는 커널 핸들 테이블(내부적으로 ObpKernelHandleTable이란 이름으로 참조된다) 내에 핸들을 생성함으로써 가능하다. 이 테이블 내의 핸들은 커널 모드라면 어떤 프로세스 콘텍스트에서도 액세스할 수 있다. 이는 커널 모드 함수가 성능에 영향을 주지 않고 어떤 프로세스 콘텍스트에서도 이 핸들을 참조할 수 있음을 의미한다.

객체 관리자는 핸들의 상위 비트가 설정될 때 커널 핸들 테이블에서 핸들 참조를 인지한다. 즉, 커널 핸들 테이블의 핸들에 참조가 있다면 핸들 값은 32비트 시스템에서는 0x80000000, 64비트 시스템에서는 0xFFFFFFFF80000000 이상의 값이 될 것이다(핸들은 데이터 유형이 포인터이므로 컴파일러는 부호 확장을 강제 실행한다).

또한 커널 핸들 테이블은 시스템 프로세스나 최소 프로세스에 대한 핸들 테이블 역할도 한다. 시스템 프로세스에 의해 생성(시스템 스레드에서 코드 실행과 같은)된 모든 핸들은 해당 프로세스의 EPROCESS 구조체 내의 ObjectTable 필드가 ObpKernelHandleTable 심볼로 설정되므로 자동으로 커널 핸들이 된다. 이론적으로 이는 권한이 충분한 유저 모드 프로세스가 DuplicateHandle API를 사용해 커널 핸들을 유저 모드로 빼낼 수 있음을 의미하지만 이 공격은 Vol.1에서 설명한 윈도우 비스타 이후 도입된 보호 프로세스로 인해 완화됐다.

또한 보안 완화 조치로 이전의 모드가 커널 모드인 커널 드라이버에 의해 생성된 핸들은 실수로 유저 공간 애플리케이션으로 누출되는 것을 방지하고자 최신 버전의 윈도우에서 자동으로 커널 핸들로 전환된다.

실습: 커널 디버거로 핸들 테이블 살펴보기

커널 디버거의 !handle 명령은 3개의 인자를 가진다.

```
!handle <handle index> <flags> <processid>
```

handle index는 핸들 테이블 내의 핸들 엔트리를 지정한다. 0은 모든 핸들을 표시한다. 첫 번째 핸들은 인덱스가 4며 두 번째 핸들의 인덱스는 8과 같은 방식이다. 예를 들어 !handle 4를 입력하면 현재 프로세스의 첫 번째 핸들을 보여준다.

개발자가 지정할 수 있는 **flags**는 비트마스크로, 비트 0은 핸들 엔트리의 정보만을, 비트 1은 해제된 핸들(사용되지 않는 핸들), 비트 2는 핸들이 참조하는 객체의 정보를 표시함을 의미한다. 다음 명령은 1D 0x1540인 프로세스의 핸들 테이블에 관한 모든 세부 사항을 표시한다.

```
lkd> !handle 0 7 1540

PROCESS ffff898f239ac440
    SessionId: 0 Cid: 1540      Peb: 1ae33d000 ParentCid: 03c0
    DirBase: 211e1d000 ObjectTable: ffffc704b46dbd40 HandleCount: 641.
    Image: com.docker.service

Handle table at ffffc704b46dbd40 with 641 entries in use

0004: Object: ffff898f239589e0 GrantedAccess: 001f0003 (Protected) (Inherit)
Entry: ffffc704b45ff010
Object: ffff898f239589e0 Type: (ffff898f032e2560) Event
    ObjectHeader: ffff898f239589b0 (new version)
        HandleCount: 1 PointerCount: 32766

0008: Object: ffff898f23869770 GrantedAccess: 00000804 (Audit) Entry:
ffffc704b45ff020
Object: ffff898f23869770 Type: (ffff898f033f7220) EtwRegistration
    ObjectHeader: ffff898f23869740 (new version)
        HandleCount: 1 PointerCount: 32764
```

이 모든 비트가 의미하는 바를 기억하고 프로세스 ID를 16진수로 변환하는 대신 디버거 데이터 모델을 사용해 프로세스의 **Io.Handles** 네임스페이스로 핸들에 액세스할 수도 있다. 예를 들어 **dx @$curprocess.Io.Handles[4]**를 입력하면 액세스 권한과 이름을 포함해 현재 프로세스의 첫 번째 핸들이 표시된다. 다음 명령은 PID 5440(즉, 0x1540)의 핸들에 대한 전체 세부 정보를 표시한다.

```
lkd> dx -r2 @$cursession.Processes[5440].Io.Handles
@$cursession.Processes[5440].Io.Handles
    [0x4]
        Handle        : 0x4
        Type          : Event
        GrantedAccess : Delete | ReadControl | WriteDac | WriteOwner | Synch
| QueryState | ModifyState
        Object        [Type: _OBJECT_HEADER]
    [0x8]
        Handle        : 0x8
        Type          : EtwRegistration
        GrantedAccess
        Object        [Type: _OBJECT_HEADER]
    [0xc]
        Handle        : 0xc
        Type          : Event
        GrantedAccess : Delete | ReadControl | WriteDac | WriteOwner | Synch
| QueryState | ModifyState
        Object        [Type: _OBJECT_HEADER]
```

디버거 데이터 모델을 LINQ 조건자와 함께 사용하면 읽기/쓰기로 매핑된
명명된 섹션 객체 찾는 것과 같이 더욱 흥미로운 검색을 수행할 수도 있다.

```
lkd> dx @$cursession.Processes[5440].Io.Handles.Where(h => (h.Type ==
"Section") && (h.GrantedAccess.MapWrite) && (h.GrantedAccess.MapRead)).
Select(h => h.ObjectName)
@$cursession.Processes[5440].Io.Handles.Where(h => (h.Type == "Section") &&
(h.GrantedAccess.MapWrite) && (h.GrantedAccess.MapRead)).Select(h =>
h.ObjectName)
    [0x16c]       : "Cor_Private_IPCBlock_v4_5440"
    [0x170]       : "Cor_SxSPublic_IPCBlock"
    [0x354]       : "windows_shell_global_counters"
    [0x3b8]       : "UrlZonesSM_DESKTOP-SVVLOTP$"
    [0x680]       : "NLS_CodePage_1252_3_2_0_0"
```

실습: 커널 디버거로 오픈 파일 찾기

오픈 파일 핸들을 찾는 데 Process Explorer와 OpenFiles.exe 도구를 사용할 수 있지만 크래시 덤프나 시스템을 원격 분석할 때 이 도구들을 사용할 수 없다. 하지만 특정 볼륨에 존재하는 파일에 대한 오픈 핸들을 찾는데 !devhandles 명령을 사용할 수 있다(디바이스와 파일, 볼륨에 관한 추가 정보는 11장을 참고한다).

1. 먼저 관심 있는 드라이브 문자를 고르고 이에 대한 디바이스 객체에 대한 포인터를 구해야 한다. 다음과 같이 !object 명령을 사용하면 된다.

```
lkd> !object \Global??\C:
Object: ffffc704ae684970 Type: (ffff898f03295a60) SymbolicLink
ObjectHeader: ffffc704ae684940 (new version)
HandleCount: 0 PointerCount: 1
Directory Object: ffffc704ade04ca0 Name: C:
Flags: 00000000 ( Local )
Target String is '\Device\HarddiskVolume3'
Drive Letter Index is 3 (C:)
```

2. 이제 볼륨 이름에 대한 디바이스 객체를 구하고자 !devobj를 사용한다.

```
1: kd> !object \Device\HarddiskVolume1
Object: FFFF898F0820D8F0 Type: (fffffa8000ca0750) Device
```

3. !devhandles 명령에 디바이스 객체 포인터를 사용한다.

```
lkd> !devhandles 0xFFFF898F0820D8F0

Checking handle table for process 0xffff898f0327d300
Kernel handle table at ffffc704ade05580 with 7047 entries in use

PROCESS ffff898f0327d300
    SessionId: none Cid: 0004 Peb: 00000000 ParentCid: 0000
    DirBase: 001ad000 ObjectTable: ffffc704ade05580 HandleCount: 7023.
    Image: System
```

```
        019c: Object: ffff898F080836a0 GrantedAccess: 0012019f (Protected)
(Inherit)
        (Audit) Entry: ffffc704ade28670
        Object: ffff898F080836a0 Type: (ffff898f032f9820) File
            ObjectHeader: ffff898F08083670 (new version)
                HandleCount: 1 PointerCount: 32767
                Directory Object: 00000000 Name: \$Extend\$RmMetadata\$TxfLog\
                                                $TxfLog.blf {HarddiskVolume4}
```

이 확장 명령은 잘 작동하지만 처음 몇 개의 핸들을 보기까지 약 30초에서 1분이 걸렸다는 것을 눈치 챘을 것이다. 대신 디버거 데이터 모델을 LINQ 조건자와 함께 사용하면 동일한 결과를 즉시 얻을 수 있다.

```
lkd> dx -r2 @$cursession.Processes.Select(p => p.Io.Handles.Where(h =>
    h.Type == "File").Where(f => f.Object.UnderlyingObject.DeviceObject ==
    (nt!_DEVICE_OBJECT*)0xFFFF898F0820D8F0).Select(f =>
    f.Object.UnderlyingObject.FileName))
@$cursession.Processes.Select(p => p.Io.Handles.Where(h => h.Type ==
"File"). Where(f => f.Object.UnderlyingObject.DeviceObject ==
(nt!_DEVICE_OBJECT*) 0xFFFF898F0820D8F0).Select(f =>
f.Object.UnderlyingObject.FileName))
[0x0]
[0x19c]    : "\$Extend\$RmMetadata\$TxfLog\$TxfLog.blf" [Type:
_UNICODE_STRING]
[0x2dc]    : "\$Extend\$RmMetadata\$Txf:$I30:$INDEX_ALLOCATION" [Type:
_UNICODE_STRING]
[0x2e0]    : "\$Extend\$RmMetadata\$TxfLog\$TxfLogContainer00000000000000000002"
             [Type: _UNICODE_STRING]
```

예약 객체

객체는 이벤트, 파일, 프로세스 간 메시지 등 어떤 것이라도 나타낼 수 있기 때문에 애플리케이션과 커널 코드가 객체를 생성하는 기능은 윈도우 코드 실행에 있어 필수적이다. 객체 할당이 실패하면 일반적으로 기능의 오동작(프로세스가 파일 오픈 실패), 데이터 손실, 충돌(프로세스 동기화 객체 할당 실패)을 발생시킨다. 더 안 좋은 상황은 특정 상황에서 에러를 보고하는 과정이 새로운 객체 할당을 시도하다가 객체 생성 실패를 유발할 수도 있다는 점이다. 윈도우에는 이런 상황을 처리하고자 APC 예약 객체와 I/O 완료 패킷 예약 객체라는 2개의 특별한 예약 객체가 있다. 객체 메커니즘은 확장 가능하고 새로운 윈도우 버전에서는 다른 예약 객체들이 추가될 것이다. 넓게 보면 예약 객체는 어떤 커널 데이터 구조라도 나중에 사용하기 위한 객체(연관된 핸들, 이름, 보안)를 래핑할 수 있게 해주는 메커니즘이다.

이번 장 초반에서 APC를 살펴봤다. APC는 중지, 종료, I/O 완료 같은 동작과 유저 모드 애플리케이션 간의 통신에서 비동기적 콜백을 제공하고자 사용된다. 유저 모드 애플리케이션이 다른 스레드를 타깃으로 유저 APC를 요청했을 때 NtQueueUserApcThread 시스템 콜을 일으키는 Kernelbase.dll의 QueueUserApc API 가 사용된다. 커널에서 시스템 콜은 APC와 연관된 KAPC 컨트롤 객체 구조체를 저장하고자 페이지드 풀 할당을 시도한다. 메모리가 부족한 상황에서는 할당이 실패하게 되고 APC가 어떤 동작에 사용됐는지에 따라 데이터 손실이나 결함이 발생할 수 있다.

메모리 부족을 방지하고자 유저 모드 애플리케이션은 시작 시점에 NtAIIocate ReserveObject 시스템 콜을 통해 미리 KAPC 구조체 할당을 요청할 수 있다. 이때 애플리케이션은 예약 객체를 위한 핸들을 저장하는 데 사용하는 추가된 매개변수 를 포함하고 있는 시스템 콜인 NtQueueUserApcThreadEx API를 사용한다. 커널은 새로운 구조체를 할당하는 대신 (InUse 비트를 true로 설정해) 예약 객체를 획득하고 KAPC 객체가 더 이상 필요하지 않을 때까지 사용한다. 사용 후에 예약 객체는 시스템으 로 반환된다. 현재 서드파티 개발자들이 시스템 리소스를 잘못 관리하는 것을 막 고자 운영체제 구성 요소만 내부적으로 시스템 콜을 통해 예약 객체 API를 사용할 수 있다, 예를 들면 RPC 라이브러리는 메모리가 부족한 상황에서 비동기 콜백의 반환을 보장하고자 예약 APC 객체를 사용한다.

이와 유사한 시나리오는 애플리케이션이 실패 없이 I/O 완료 포트 메시지나 패킷 을 보내야 할 때 발생할 수 있다. 일반적으로 패킷은 NtSetIoCompIetion 시스템 콜을 일으키는 Kemelbase.dll의 PostQueuedCompIetionStatus API를 통해 전송된 다. 유저 APC와 유사하게 커널은 완료 패킷 정보를 포함하는 I/O 관리자 구조체 를 할당해야 한다. 구조체 메모리 할당에 실패한다면 패킷은 생성될 수 없다. 애플리케이션은 시작 시점에 NtAIIocateReserveObject API를 사용해 커널이 I/O 완료 패킷을 미리 할당하게 할 수 있다. 그리고 예약 객체 핸들을 NtSetIo CompletionEx 시스템 콜에 전달해 실패 없는 실행을 보장할 수 있다. 유저 APC 예약 객체와 같이 이 기능은 시스템 구성 요소를 위한 것이고, RPC 라이브러리와 윈도우 피어-투-피어-브랜치캐시^{Peer to Peer BranchCache} 서비스가 비동기 I/O의 완료를 보장해줄 목적으로 사용한다.

객체 보안

파일을 오픈할 때 읽기 용도인지 쓰기 용도인지를 지정해야 한다. 읽기 액세스 권한으로 오픈된 파일에 쓰려고 하면 에러가 발생한다. 유사하게 이그제큐티브에서 프로세스가 객체를 생성하거나 기존 객체에 대한 핸들을 오픈할 때 프로세스는 요구 액세스 권한^{desired access rights}의 집합(즉, 객체에 대해 하고자 하는 일)을 지정해야 한다. 이 액세스 권한은 모든 객체 유형에 적용되는 표준 액세스 권한(읽기와 쓰기, 실행)이나 객체 유형마다 다른 특정 액세스 권한을 요청한다. 예를 들어 프로세스는 파일 객체에 삭제 액세스 권한이나 추가^{append} 액세스 권한을 요청할 수 있다. 또한 프로세스는 스레드 객체를 일시 정지시키거나 종료시킬 수 있는 권한을 필요로 한다.

프로세스가 객체에 대한 핸들을 오픈할 때 객체 관리자는 프로세스의 요구 액세스 권한을 전달하면서 보안 시스템의 커널 모드 부분인 보안 참조 모니터^{security reference monitor}를 호출한다. 보안 참조 모니터는 프로세스가 요청하는 액세스 유형을 객체의 보안 디스크립터가 허용하는지 검사한다. 허용한다면 보안 참조 모니터는 프로세스에게 승인된 액세스 권한^{granted access rights}의 집합을 반환하고 객체 관리자는 자신이 생성하는 객체 핸들에 이를 저장한다. 보안 시스템이 어떤 객체에 누가 액세스하는지를 결정하는 방법은 Vol.1의 7장에서 알아본다.

이제부터 프로세스의 스레드가 핸들을 사용할 때마다 객체 관리자는 핸들에 저장된 승인된 액세스 권한의 집합이 스레드가 호출한 객체 서비스에 내포된 사용에 적합한지를 빠르게 검사할 수 있다. 예를 들어 호출자가 읽기 액세스 용도의 섹션 객체에 쓰기 서비스를 호출하면 이 서비스는 실패한다.

실습: 객체 보안 살펴보기

Process Hacker나 Process Explorer, WinObj, WinObjEx64, AccessChk(이 모두 는 시스인터널스나 깃허브의 오픈소스 도구로 이용 가능한 도구다)를 사용해 객체의 다양한 승인 항목을 살펴볼 수 있다. 객체의 접근 제어 목록[ACL]을 표시하는 몇 가지 방 법을 알아보자.

- WinObj나 WinObjEx64 도구를 사용해 객체를 오른쪽 클릭하고 속 성[Properties]을 선택해 시스템에 존재하는 객체(객체 디렉터리를 포함해)를 살펴 볼 수 있다. 예를 들면 BaseNamedObjects 디렉터리의 속성을 선택 하고 보안[Security] 탭을 클릭하면 다음 그림과 유사한 대화상자가 보 일 것이다. WinObjEx64는 더 다양한 객체 유형을 지원하므로 더 많은 시스템 리소스 집합에서 이 대화상자를 사용할 수 있다.

대화상자의 설정 부분을 살펴보면 Everyone 그룹은 디렉터리에 대해 삭제 액세스 권한이 없지만 SYSTEM 계정은 삭제 액세스 권한을 가짐을 알 수 있다. SYSTEM 특권을 가진 세션 0 서비스가 자신들의 객체를 해당 디렉터 리에 저장하기 때문이다. Everyone은 객체 추가 특권을 갖더라도 세션 0

이외의 세션에서 실행할 때 이 디렉터리에 객체를 추가하려면 특별한 특권이 필요하다는 사실에 유의하자.

- 이 장 앞부분의 '오픈 핸들 살펴보기' 실습에서 봤듯이 WinObj나 WinObjEx64 대신 Process Explorer나 이와 비슷한 Process Hacker를 사용해 프로세스의 핸들 테이블을 볼 수 있다. Explorer.exe 프로세스의 핸들 테이블을 살펴보자. \Sessions\n\BaseNamedObjects 디렉터리에 대한 디렉터리 객체 핸들에 주목하자(각 세션의 네임스페이스는 잠시 후에 설명한다). 객체 핸들을 더블 클릭하고 보안 탭을 클릭하면 익숙한 대화상자(유저와 승인된 권한이 존재)가 보일 것이다.

- 마지막으로 다음의 출력에서 보듯이 AccessChk 도구에 -o 스위치를 사용해 객체의 보안 정보를 쿼리할 수 있다. AccessCheck를 사용하면 객체의 무결성 수준integrity level을 보여준다(무결성 수준과 보안 참조 모니터에 관한 추가 정보는 Vol.1의 7장을 참고한다).

```
C:\sysint>accesschk -o \Sessions\1\BaseNamedObjects

Accesschk v6.13 - Reports effective permissions for securable objects
Copyright (C) 2006-2020 Mark Russinovich
Sysinternals - www.sysinternals.com

\Sessions\1\BaseNamedObjects
    Type: Directory
    RW  Window Manager\DWM-1
    RW  NT AUTHORITY\SYSTEM
    RW  DESKTOP-SVVLOTP\aione
    RW  DESKTOP-SVVLOTP\aione-S-1-5-5-0-841005
    RW  BUILTIN\Administrators
    R   Everyone
        NT AUTHORITY\RESTRICTED
```

또한 윈도우는 액세스 마스크를 지정할 때 추가적인 인자를 줄 수 있는 Ex(확장) 버전의 API(CreateEventEx, CIeateMutexE, CreateSemaphoreEx)를 지원한다. 애플리케이션은 객체 핸들을 오픈하는 객체 생성 API를 사용할 수 있는 자신의 기능에 위배되지 않고 확장 API를 사용해 자신들의 객체 보안을 위해 임의의 접근 제어 목록^{DACLs}을 적절히 사용할 수 있다. 클라이언트 애플리케이션이 요구 액세스^{desired access} 인자를 지원하는 OpenEvent를 사용하지 않는 것에 의아할 수도 있을 것이다. 오픈 객체 API를 사용하면 오픈 호출 시의 실패(예를 들어 이벤트가 생성되기도 전에 클라이언트 애플리케이션이 이벤트 객체 오픈을 시도했을 때)를 처리할 때 내재된 레이스 컨디션^{race condition}을 초래할 수도 있다. 이런 종류의 많은 애플리케이션에 있어 실패가 발생하는 경우는 오픈 API가 생성 API보다 먼저 호출되는 경우다. 불행히도 이런 생성 동작을 단일 작업^{atomic}(한 번만 이뤄지게)으로 할 수 있는 보장된 방법은 없다.

실제로 여러 스레드(또는) 프로세스가 생성 API를 동시에 실행해 한 이벤트를 생성하려는 모든 시도가 동시에 일어날 수도 있다. 처리해야 할 이런 레이스 컨디션과 복잡성으로 인해 오픈 객체 API의 사용이 문제에 대한 적절한 해결책이 되지 못한다. 이것이 바로 Ex API를 사용해야 하는 이유다.

객체 유지

객체 유형에는 임시 객체와 영구 객체의 2가지 종류가 있다. 대부분의 객체는 임시 객체다. 즉, 이들은 사용 중인 동안 존재하며 더 이상 필요가 없을 때 해제된다. 영구 객체는 명시적으로 해제될 때까지 존재한다. 대부분의 객체가 임시 객체이므로 이번 절의 나머지 부분에서는 객체 관리자가 객체 유지^{object retention}(임시 객체가 사용 중인 동안에는 유지하고 더 이상 필요 없는 시점에 삭제하는)를 구현하는 방법을 알아본다. 객체에 액세스하는 모든 유저 모드 프로세스는 먼저 객체에 대한 핸들을 오픈해야 하므로 객체 관리자는 얼마나 많은 유저 모드 프로세스 그리고 어떤 프로세스가 객체를 사용하고 있는지를 쉽게 추적할 수 있다. 이들 핸들을 추적해봄으로써 객체 유지가 구현된 한 단면을 볼 수 있다. 객체 관리자는 두 단계에 걸쳐 객체 유지를 수행한다. 이름 유지^{name retention}로 불리는 첫 번째 단계는 존재하는 객체에 대한 오픈 핸들 수로 제어된다. 프로세스가 객체에 대한 핸들을 오픈할 때마다 객체 관리자는 객체 헤더에 있는 오픈 핸들 카운터를 증가시킨다. 프로세스가 객체 사용을 마치고 객체에 대한 핸들을 닫을 때 객체 관리자는 오픈 핸들 카운터를 감소시킨다. 카운터가 0이 되면 객체 관리자는 자신의 전역 네임스페이스에서 해당 객체의 이름을 삭제한다. 삭제가 되면 새로운 프로세스가 객체에 대한 핸들을 오픈하는 것은 더 이상 허용되지 않는다.

객체 유지의 두 번째 단계는 객체가 더 이상 사용되지 않을 때 객체를 보유하지 않는 것이다. 즉, 객체를 삭제한다. 운영체제 코드는 일반적으로 핸들 대신 포인터를 사용해 객체에 액세스하기 때문에 객체 관리자는 운영체제 프로세스가 사용하는 객체 포인터의 수도 기록해야 한다. 객체 관리자는 객체에 대한 포인터 참조가 발생할 때마다 객체의 참조 카운트를 증가시킨다. 커널 모드 구성 요소는 포인터 사용을 마칠 때 객체 관리자를 호출해 객체의 참조 카운트를 감소시킨다. 시스템은 핸들 카운트를 증가시킬 때 참조 카운트를 증가시키며, 핸들 카운트가 감소될 때 참조 카운트를 감소시킨다. 핸들도 추적해야만 하는 객체에 대한 참조이기 때문이다.

마지막으로 포인터 카운트에 캐시된 참조를 추가하고 프로세스가 핸들을 사용할 때마다 감소하는 사용 참조 카운트는 성능상의 이유로 윈도우 8부터 추가됐다. 커널은 핸들에서 객체 포인터를 구하는 요청(ObReferenceObjectByHandle 같은 API로 핸들에서 객체 포인터를 얻는 행위)을 받을 경우 전역 핸들 테이블에 대한 잠금 없이 이를 처리할 수 있다. 이는 최신 버전의 윈도우에서 이 장 앞부분의 '객체 핸들과 프로세스 핸들 테이블' 절에서 설명한 핸들 테이블 엔트리에 사용 참조 카운트가 포함돼 있어 가능하다. 이 카운터는 애플리케이션이나 커널 드라이버에서 객체의 핸들을 처음 사용할 때 초기화된다.

그림 8-35로 3개의 카운트를 살펴보자. 그림은 64비트 시스템에서 사용 중인 2개의 이벤트 객체를 보여준다. 프로세스 A는 첫 번째 이벤트를 만들고 이에 대한 핸들을 얻는다. 이벤트에 이름이 있으므로 객체 관리자는 올바른 디렉터리 객체(예를 들어 \BaseNamedObjects)에 이벤트를 삽입하고 초기 참조 카운트를 2로 할당하고 핸들 카운트를 1로 할당한다. 초기화가 완료된 후 프로세스 A는 커널이 핸들을 사용(또는 참조)할 수 있게 하는 첫 번째 이벤트를 기다린다. 이 작업은 핸들의 사용 참조 카운트를 32,767(16진수의 0x7FFF로 15비트를 1로 설정)로 할당한다. 이 값은 첫 번째 이벤트 객체의 참조 카운트에 추가되고 1씩 증가해 최종 값은 32,770이 된다(핸들 카운트는 여전히 1임).

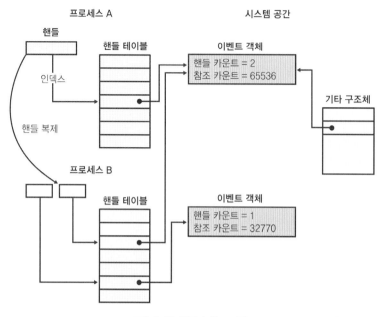

프로세스 A   시스템 공간

핸들

핸들 테이블   이벤트 객체

인덱스   핸들 카운트 = 2
참조 카운트 = 65536

기타 구조체

핸들 복제

프로세스 B

핸들 테이블   이벤트 객체

핸들 카운트 = 1
참조 카운트 = 32770

그림 8-35 핸들과 참조 카운트

프로세스 B가 초기화되면 두 번째 명명된 이벤트$^{named\ event}$를 만들고 이벤트를 시그널한다. 마지막 작업은 두 번째 이벤트를 사용(참조)해 참조 값 32,770에 도달할 수도 있다. 그런 다음 프로세스 B는 첫 번째 이벤트(프로세스 A에 의해 할당)를 오픈한다. 이 작업을 통해 커널은 새 핸들(프로세스B 주소 공간에서만 유효)을 생성할 수 있다. 이 핸들은 첫 번째 이벤트 객체에 핸들 카운트와 참조 카운트를 모두 추가해 해당 카운트를 2와 32,771로 만든다(새 핸들 테이블 엔트리는 아직 사용 참조 카운트가 초기화되지 않은 상태임을 기억하자). 프로세스 B는 첫 번째 이벤트를 시그널하기 전에 핸들을 3번 사용한다.

첫 번째 작업은 핸들의 사용 참조 카운트를 32,767로 초기화하는 것이다. 이 값은 객체 참조 카운트에 더해지며, 1씩 증가해 전체 값 65,539에 도달한다. 핸들에 대한 후속 작업은 객체의 참조 카운트를 건드리지 않고 단순히 사용 참조 카운트를 줄이는 것이다. 커널이 객체 사용을 마치면 항상 포인터를 역참조하는데, 이 작업은 커널 객체에 대한 참조 카운트를 해제하는 작업으로, 4번의 핸들 사용(이벤트 시그널 포함) 후에 첫 번째 객체는 핸들 카운트 2와 참조 카운트 65,535에 도달한다. 추가적으로 첫 번째 이벤트는 일부 커널 모드 구조체에서도 참조돼 최종 참조 카운트는 65,536이 된다.

프로세스가 객체의 핸들을 닫을 때(NtClose 루틴의 커널 작업) 객체 관리자는 객체의 참조 카운트에서 핸들 사용 참조 카운트를 빼야 한다는 것을 알고 있다. 이렇게 하면 핸들을 올바르게 역참조할 수 있다. 이 예에서 프로세스 A와 B가 모두 첫 번째 객체에 대한 핸들을 닫더라도 참조 카운트는 1이 되이므로 객체는 계속 존재한다(핸들 카운트 0). 그러나 프로세스 B가 두 번째 이벤트 객체에 대한 핸들을 닫으면 참조 횟수가 0에 도달하므로 해제된다.

객체의 오픈 핸들 카운터가 0이 된 이후일지라도 객체의 참조 카운트는 0보다 클 수 있다. 이는 운영체제가 여전히 객체를 사용 중임을 나타낸다. 최종적으로 참조 카운트가 0이 되면 객체 관리자는 메모리에서 객체를 삭제한다. 이 삭제는 특정 규칙을 고려해야 하고 어떤 경우에 있어서는 호출자와의 협력을 필요로 한다. 예를 들어 객체는 페이지드 또는 넌페이지드 풀 메모리(객체 유형에 있는 설정 값에 따라서)에 존재할 수 있다. 따라서 역참조가 디스패치 또는 그 이상의 IRQL 레벨에서 일어나 이 역참조로 인해 포인터 카운트가 0이 된다면 페이지드 풀 객체의 메모리를 즉시 해제하려는 시도로 인해 시스템이 크래시될 수도 있다. 페이지 폴트가 서비스되지 않는 상황에서의 이런 액세스는 불법임을 상기하자. 이 시나리오의 경우 객체 관리자는 패시브 레벨(IRQL 0)에서 실행하는 작업자 스레드에 이 동작을 큐잉하는 지연된 삭제deferred delete 동작을 할 것이다. 이 장 후반부에서 시스템 작업자 스레드에 관해 추가적으로 기술한다.

커널 트랜잭션 관리자KTM, Kernel Transaction Manager 객체를 다룰 때에도 지연된 삭제 또한 필요하다. 특정 드라이버가 객체와 연관된 락을 소유할 수 있는 상황에서 이 객체를 삭제하려고 하면 시스템이 객체와 연관된 락을 획득하려는 동작으로 이어지는 경우가 있다고 하자. 하지만 드라이버는 자신의 락을 해제할 기회를 전혀 갖지 못해 데드락을 유발할 수도 있다. KTM 객체를 다룰 때 드라이버 개발자는 IRQL 레벨에 관계없이 지연된 삭제를 강제하고자 ObDereferenceObjectDeferDelete를 사용해야 한다. 마지막으로 I/O 관리자 또한 객체 관리자가 객체를 삭제하는 것을 기다리는 대신 특정 I/O가 좀 더 빨리 완료할 수 있게 최적화 용도로 이 메커니즘을 사용한다.

객체 유지가 동작하는 방식에 따라 애플리케이션은 객체에 대한 핸들을 오픈함으로써 객체와 이름이 메모리에 남아있음을 보장할 수 있다. 협력이 필요한 2개 이상의 프로세스가 있는 애플리케이션을 작성하는 프로그래머는 한 프로세스가 객체 사용을 마치기 전에 나머지 한 프로세스가 객체를 삭제할 수도 있음을 염려하지 않아도 된다. 또한 운영체제가 여전히 객체를 사용하고 있다면 애플리케이션이 객체 핸들을 닫더라도 객체는 삭제되지 않는다. 예를 들어 한 프로세스가 백그라운드에서 프로그램을 실행하고자 두 번째 프로세스를 생성한 후 두 번째 프로세스에 대한 핸들을 즉시 닫을 수도 있다 운영체제는 프로그램을 실행하고자 두 번째 프로세스를 필요로 하기 때문에 프로세스 객체에 대한 참조를 유지한다. 백그라운드 프로그램이 실행을 마칠 때에만 객체 관리자는 두 번째 프로세스의 참조 카운트를 감소시킨 다음에 이 프로세스의 객체를 삭제한다.

객체 누수는 커널 풀 메모리 누수를 일으키고 결국 시스템 전역적으로 메모리 고갈을 일으키기 때문에 시스템이 위험해질 수 있다. 그리고 애플리케이션을 미묘하게 손상시킨다. 윈도우는 객체와 핸들을 모니터링, 분석, 디버깅할 수 있는 몇 가지의 디버깅 메커니즘을 제공한다. 또한 WinDbg는 이 메커니즘을 사용할 수 있는 2개의 익스텐션을 가졌고 쉬운 그래픽 분석을 제공한다. 표 8-24에서 자세히 보여준다.

표 8-24 객체 핸들의 디버깅 메커니즘

메커니즘	설정	커널 디버거 익스텐션
핸들 트레이싱 데이터베이스	Gflg.exe의 Stack Trace 옵션으로 프로세스별로 커널 스택 추적 설정	!htrace <handle value> <process ID>
객체 참조 추적	Gflag.exe 의 객체 참조 추적 옵션으로 프로세스 이름별 객체 유형별 풀 태그 설정	!obtrace <object pointer>
객체 참조 태깅	드라이버가 적절한 API 호출해야 함	N/A

애플리케이션이나 시스템에서 각 핸들이 어떻게 사용되는지 알고 싶을 때 핸들 추적 데이터베이스를 활성화하면 유용하다. !htrace 디버거 익스텐션은 특정 핸들이 열렸을 때 당시 스택 추적을 보여줄 수 있다. 핸들 릭[leak]을 발견했다면 스택

추적을 통해 각 핸들을 생성한 코드를 찾을 수 있고 CIoseHandle과 같은 함수를 어디서 놓쳤는지 분석할 수 있다. 객체 참조를 추적하는 !obtrace 명령은 핸들이 생성될 때뿐 아니라 커널이 객체를 사용할 때마다(객체가 열리고 복제되고 상속될 때도)의 스택 트레이스도 보여준다. 이 패턴들을 분석함으로써 시스템 레벨에서 객체를 잘못 사용하는 것을 더 쉽게 디버깅할 수 있다. 게다가 이 참조 추적은 시스템이 특정 객체를 어떻게 다루는지 알 수 있게 해준다. 예를 들어 프로세스를 추적하면 시스템에서 콜백 알림을 등록한 모든 드라이버(프로세스 모니터와 같은)를 볼 수 있고, 커널 모드에서 핸들을 참조하고 해제하지 않는 버그를 가진 서드파티 드라이버를 찾는 데 도움이 된다.

> 특정 객체 유형에 대한 객체 참조 추적이 활성화돼 있는 환경에서 dt 명령을 사용하면 OBJECT_TYPE 구조체의 키 멤버에서 풀 태그 이름을 확인할 수 있다. 시스템의 모든 객체 유형은 이 구조체를 가리키는 전역 변수를 갖고 있다. 예를 들면 PsProcessType이 그런 변수다. !object 명령을 사용하면 이 구조체를 가리키는 포인터를 보여준다.

이전 2개의 메커니즘과는 다르게 객체 참조 태깅은 전역 플래그나 디버거로 켜야 하는 디버깅 요소가 아니다. 오히려 디바이스 드라이버 개발자가 객체를 참조할 때 사용해야 하는 ObReferenceObjectWithTag나 ObDereferenceObjectWithTag 같은 API 세트가 있다. 풀 태깅과 유사하게(Vol.1의 5장에서 풀 태깅과 관련된 더 많은 정보를 확인할 수 있다) 이 API는 개발자로 하여금 4개 문자로 된 태그를 제공하게 함으로써 참조/해제의 쌍을 확인할 수 있게 한다. 방금 앞에서 설명한 !obtrace 명령을 사용하면 각 참조와 해제에 대한 태그를 볼 수 있다. 드라이버가 수천 번 이런 호출을 수행한 상황이라면 콜 스택만으로 릭[leak]이나 잘못된 참조 관리를 찾지 않고 태그도 활용할 수 있다.

자원 어카운팅

자원 어카운팅[resource accounting]은 객체 유지처럼 객체 핸들의 사용과 긴밀한 관계가 있다. 양수의 오픈 핸들 카운트는 어떤 프로세스가 해당 자원을 사용하고 있음을 나타낸다. 또한 객체가 차지하는 메모리가 해당 프로세스에 차지[charge]돼 있음을 나타낸다. 객체의 핸들 카운트와 참조 카운트가 0이 되면 객체를 사용했던 프로세스는 객체에 대한 차지가 더 이상 없다.

많은 운영체제는 프로세스의 시스템 자원 액세스를 제한하고자 쿼터^{quota} 시스템을 사용한다. 하지만 프로세스에 정해진 쿼터 유형은 때론 다양하고 복잡하며 쿼터를 추적하는 코드가 운영체제에 산재해 있다. 예를 들어 어떤 운영체제의 경우 프로세스가 오픈할 수 있는 파일의 수를 I/O 구성 요소가 기록하고 제한할 수도 있으며, 반면 메모리 구성 요소가 프로세스의 스레드가 할당할 수 있는 메모리 용량에 한계를 줄 수도 있다. 프로세스 구성 요소는 유저가 생성하는 프로세스의 최대 수와 한 프로세스 내의 최대 스레드 수를 제한할 수 있으며, 운영체제의 여러 부분에서 이들 각 제한 사항을 추적하고 강제할 수 있다.

반면 윈도우 객체 관리자는 자원 어카운팅에 대한 중앙 집중적인 기능을 제공한다. 각 객체 헤더는 쿼터 차지^{quota charges}로 불리는 속성을 포함한다. 이 속성은 프로세스 내의 스레드가 객체에 대한 핸들을 오픈할 때 프로세스에게 할당된 페이지드와 넌페이지드 풀 쿼터에서 객체 관리자가 얼마만큼을 빼는지 기록한다.

윈도우의 각 프로세스는 넌페이지드 풀과 페이지드 풀 페이지 파일 사용량에 대한 제한 값과 현재 값을 기록하는 쿼터 구조체를 가리킨다. 이들 쿼터는 디폴트로 0^(무제한)이지만 레지스트리 값을 수정할 수 있다. HKLM\SYSTEM\CurrentControlSet\Control\Session Manager\Memory Management 키의 NonPagedPoolQuota와 PagedPoolQuota, PagingFileQuota를 참고하자. 대화식 세션 내의 모든 프로세스는 동일한 쿼터 블록을 공유하지만 자신만의 쿼터 블록을 가진 프로세스를 생성할 수 있는 문서화된 방법이 없음에 유의하자.

객체 이름

여러 객체를 생성할 때 고려해야 할 중요한 점은 이들 객체를 추적할 성공적인 시스템을 고안할 필요가 있다는 점이다. 이런 작업에 도움이 되려면 객체 관리자는 다음 정보가 필요하다.

- 객체를 서로 구분할 수 있는 방법
- 특정 객체를 찾고 구할 수 있는 메서드

첫 번째 요구 조건은 객체에 이름을 부여함으로써 가능하다. 이는 대부분의 운영체제가 제공하는 확장 기능(예를 들어 선택된 자원과 파일, 파이프 또는 공유 메모리 블록에 이름을 부여하는 기능) 중 하나다. 반면 이그제큐티브는 객체로 표현되는 어떤 자원이라도 이름을 갖게끔 한다. 객체를 찾고 구하는 방법인 두 번째 요구 사항 역시 객체 이름으로 충족시킬 수 있다. 객체 관리자가 이름으로 객체를 저장한다면 객체의 이름을 찾아 객체를 발견할 수 있다.

또한 객체 이름은 프로세스로 하여금 객체를 공유하게 하는 세 번째 요구 조건을 충족시킨다. 이그제큐티브의 객체 네임스페이스는 전역적인 공간으로 시스템 내의 모든 프로세스가 볼 수 있다. 한 프로세스가 객체를 생성해 전역 네임스페이스에 객체 이름을 둘 수 있으며, 또 다른 프로세스는 첫 번째 프로세스가 생성한 객체의 이름을 지정해 객체에 대한 핸들을 오픈할 수 있다.

효율성을 높이고자 객체 관리자는 누군가가 객체를 사용할 때마다 객체의 이름을 찾지 않는다. 대신 객체 관리자는 2가지 상황에서만 이름을 찾는다. 첫 번째 상황은 프로세스가 네임드 객체를 생성할 때다. 객체 관리자는 전역 네임스페이스에 새로운 이름을 저장하기 전에 해당 이름이 이미 존재하지 않음을 검증하고자 이름을 조사한다. 두 번째 상황은 프로세스가 네임드 객체에 대한 핸들을 오픈할 때다. 객체 관리자는 이름을 조사하고 객체를 찾은 다음에 호출자에게 객체 핸들을 반환한다. 이후로부터 호출자는 객체를 참조하고자 핸들을 사용한다. 객체 관리자는 이름을 찾을 때 호출자로 하여금 대소문자를 구분할 것인지 구분 없이 탐색할 것인지 선택하게 한다. 이는 대소문자 구분 파일 이름을 사용하는 리눅스용 윈도우 서브시스템(WSL)과 그 밖의 환경을 지원하기 위한 기능이다.

객체 디렉터리

객체 디렉터리 객체는 이런 계층적인 명명 구조를 지원하기 위한 객체 관리자의 도구다. 이 객체는 파일 시스템 디렉터리와 유사하며 다른 객체의 이름(다른 객체 디렉터리도 가능)을 포함한다. 객체 디렉터리 객체는 이들 객체 이름을 객체 자체에 대한 포인터로 변환하기 위한 충분한 정보를 유지한다. 객체 관리자는 유저 모드 호출자에게 반환하는 객체 핸들을 구축하고자 이 포인터를 사용한다. 커널 모드 코드

(이그제큐티브 구성 요소와 디바이스 드라이버를 포함한)와 유저 모드 코드(서브시스템 같은)는 객체를 저장하기 위한 객체 디렉터리를 생성할 수 있다.

객체는 네임스페이스 어디에나 저장될 수 있지만 어떤 객체 유형은 특정 구성 요소에 의해 정해진 방법으로 생성되므로 항상 정해진 디렉터리에 나타난다. 예를 들어 I/O 관리자는 로드된 비파일 시스템 커널 모드 드라이버를 나타내는 객체 이름을 담는 \Driver 같은 객체 디렉터리를 생성한다. I/O 관리자는 **IoCreateDriver** API를 통해 드라이버 객체를 생성하는 유일한 구성 요소이므로 드라이버 객체만 해당 디렉터리에 존재해야 한다.

표 8-25에는 모든 윈도우 시스템에서 찾아볼 수 있는 표준 객체 디렉터리와 이들 디렉터리에 어떤 유형의 객체가 저장되는지 보여준다. 디렉터리 리스트에서 \AppContainerNamedObjects와 \BaseNamedObjects, \Global??만 문서화된 API인 표준 Win32나 UWP 애플리케이션을 통해 일반적으로 사용 가능하다(자세한 내용은 이 장의 뒷부분에 있는 '세션 네임스페이스' 절을 참고한다).

표 8-25 표준 객체 디렉터리

디렉터리	저장되는 객체 이름 유형
\AppContainerNamedObjects	세션 0이 아닌 대화식 세션인 경우 \Sessions 객체 디렉터리 아래에만 위치한다.
\ArcName	ARC 유형의 경로를 NT 유형의 경로로 매핑하는 심볼릭 링크다.
\BaseNamedObjects	전역 뮤텍스, 이벤트, 세마포어, 대기 타이머, 잡, ALPC 포트, 심볼릭 링크, 섹션 객체다.
\Callback	콜백 객체(드라이버만 생성 가능)다.
\Device	파일 시스템 및 필터 관리자 디바이스를 제외한 대부분의 드라이버가 소유한 디바이스 객체와 VolumesSafeForWriteAccess 이벤트, SystemPartition, BootPartition과 같은 특정 심볼릭 링크다. 커널 구성 요소가 RAM에 직접 액세스하게 해주는 PhysicalMemory 섹션 객체를 포함하며 Http.sys 가속기 드라이버에서 사용하는 Http 및 각 물리적 하드 드라이브에 대한 HarddiskN 디렉터리와 같은 특정 객체 디렉터리를 포함한다.

(이어짐)

디렉터리	저장되는 객체 이름 유형
\Driver	파일 시스템 드라이버나 파일 시스템 인식기(Recognizer) 유형이 아닌 드라이버 객체(SERVICE_FILE_SYSTEM_DRIVER나 SERVICE_RECOGNIZER_DRIVER)다.
\DriverStore(s)	운영체제 드라이버를 설치하고 관리할 수 있는 위치에 대한 심볼릭 링크가 있으며, 일반적으로 최소한 \SystemRoot를 가리키는 SYSTEM 이상이지만 윈도우 10X 디바이스에 더 많은 항목이 포함될 수 있다.
\FileSystem	파일 시스템 드라이버 객체(SERVICE_FILE_SYSTEM_DRIVER)와 파일 시스템 인식기(SERVICE_RECOGNIZER_DRIVER), 디바이스 객체가 있으며, 필터 관리자 역시 자신의 디바이스 객체를 필터 객체 디렉터리에 생성한다.
\GLOBAL??	MS-DOS 디바이스 이름을 나타내는 심볼릭 링크 객체(\Sessions\0\DosDevices\〈LUID〉\Global 디렉터리는 이 디렉터리에 대한 심볼릭 링크다)다.
\KernelObjects	커널 풀 리소스 상태, 특정 운영체제 작업 완료를 알리는 이벤트 객체, 각 대화형 세션을 나타내는 세션 객체(최소 Session0) 및 각 메모리 파티션에 대한 파티션 객체(최소 MemoryPartition0)가 포함돼 있다. 또한 BC(부팅 구성 데이터베이스) 액세스를 동기화하는 뮤텍스도 포함한다. 마지막으로 커스텀 콜백을 사용해 물리 메모리와 커밋 리소스 조건, 메모리 에러 감지에 대한 올바른 파티션을 참조하는 동적 심볼릭 링크도 포함한다.
\KnownDlls	시스템 시작 시 SMSS에 의해 매핑된 알려진 DLL에 대한 섹션 객체와 알려진 DLL의 경로가 포함된 심볼릭 링크다.
\KnownDlls32	64비트 윈도우 장치에서 \KnownDlls는 네이티브 64비트 바이너리를 갖고 있다. 그러므로 이 디렉터리는 그 DLL들의 Wow64 32비트 버전을 갖고 있다.
\NLS	매핑된 국제 언어 지원(NLS) 테이블을 위한 섹션 객체다.
\ObjetTypes	ObCreateObjectTypeEx에 의해 생성된 각 객체 유형에 대한 객체다.
\RPC Control	로컬 RPC(ncalrpc)를 사용할 때 원격 프로시저 호출(RPC)의 엔드포인트를 나타내는 ALPC 포트. 명시적으로 명명된 엔드포인트와 자동 생성된 COM(OLEXXXXX) 포트 이름, 명명되지 않은 포트(LRPC-XXXX를 포함한다. XXXX는 임의로 생성된 16진수 값)다.
\Security	보안 서브시스템 특정적인 객체에 의해 사용되는 ALPC 포트 및 이벤트다.
\Sessions	각 세션 네임스페이스 디렉터리다(다음 하위 절을 참고한다).

(이어짐)

디렉터리	저장되는 객체 이름 유형
\Silo	VM이 아닌 컨테이너와 함께 윈도우용 도커를 사용하는 것과 같이 하나 이상의 윈도우 서버 컨테이너가 생성된 경우 각 사일로(Silo) ID(컨테이너에 대한 루트 잡의 ID)의 디바이스 디렉터리가 포함되며 해당 사일로 로컬 객체 네임스페이스를 포함한다.
\UMDFCommunicationPorts	유저 모드 드라이버 프레임워크(UMDF)에 의해 사용되는 ALPC 포트다.
\WmSharedMemory	기존 Win32 애플리케이션을 시작할 때 윈도우 10X 디바이스의 Win32k.sys와 기타 윈도우 관리자 구성 요소의 가상 인스턴스(VAIL)에 의해 사용되는 섹션 객체로 연결의 다른 쪽을 나타내는 호스트 객체 디렉터리를 포함한다.
\Windows	WinStations 객체 디렉터리에 있는 윈도우 서브시스템 ALPC 포트와 공유 섹션, 윈도우 스테이션 객체 디렉터리다. 데스크톱 윈도우 관리자(DWM)는 세션 0이 아닌 세션에 대해 자신의 ALPC 포트와 이벤트, 공유 섹션을 이 디렉터리에 저장하며, 테마 서비스 객체도 저장한다.

객체 이름은 단일 컴퓨터(또는 멀티프로세서 컴퓨터상의 모든 프로세서)에 전역적이지만 네트워크 상에서는 볼 수 없다. 하지만 객체 관리자의 parse 메서드를 통해 다른 컴퓨터에 존재하는 명명된 객체에 액세스할 수 있다. 예를 들어 파일 객체 서비스를 제공하는 I/O 관리자는 원격 파일에 대한 객체 관리자의 기능을 확장한다. 객체 관리자는 원격 파일 객체의 오픈을 요청받으면 I/O 관리자로 하여금 요청을 가로채 이 요청을 네트워크 리다이렉터(네트워크상의 파일을 액세스하는 드라이버)로 전달하게끔 하는 parse 메서드를 호출한다. 원격 윈도우 시스템의 서버 코드는 해당 파일 객체를 찾아서 네트워크를 통해 정보를 다시 반환하고자 자신의 시스템에 있는 객체 관리자와 I/O 관리자를 호출한다.

뮤텍스와 이벤트, 세마포어, 대기 타이머, 섹션 같이 비앱 컨테이너 프로세스에 의해 생성된 커널 객체는 Win32 및 UWP API를 통해 단일 객체 디렉터리에 저장돼 있는 자신의 이름을 가진다. 이들 객체는 유형이 다르다고 할지라도 서로 동일한 이름을 가질 수 없다. 이 제약은 이름을 신중하게 선택해 이름 사이에 충돌이 없어야 함을 강조한다. 예를 들어 GUID를 이름 앞에 붙이거나 유저의 보안 식별자 SID를 이름과 조합한다(그럼에도 유저당 애플리케이션의 단일 인스턴스에만 도움이 된다).

이런 이름 충돌 문제가 별 문제가 아닌 것처럼 보일 수 있지만 네임드 객체를 다룰 때 주의해야 하는 보안 고려 사항은 악의적인 객체 이름 스쿼팅^{malicious object name squatting}에 대한 가능성이다. 다른 세션에서 객체 이름은 서로 보호되고 있지만 윈도우 표준 API로 설정할 수 있는 현재 세션 네임스페이스에서는 아무런 보호 장치가 없다. 이렇게 하면 앞서 '객체 보안' 절에서 설명한 것처럼 동일한 세션에서 실행 중인 특권 없는 애플리케이션이 마치 특권 있는 애플리케이션이 객체에 액세스하는 것처럼 동작할 수 있다. 불행히도 객체 생성자가 객체를 보호하려고 적절한 DACL을 사용하더라도 스쿼팅 공격을 막는 데 도움이 되지 않는다. 특권 있는 애플리케이션이 객체를 생성하기 전에 특권 없는 애플리케이션이 그 객체를 먼저 생성해 놓으면 특권 있는 애플리케이션이 액세스가 된다.

윈도우는 이 문제를 완화하고자 전용 네임스페이스^{private namespace} 개념을 제공한다. 유저 모드 애플리케이션은 CreatePrivateNamespace API를 통해 객체 디렉터리를 생성하고 CreateBoundaryDescriptor API를 통해 디렉터리를 보호하는 특별한 데이터 구조체인 경계 디스크립터^{boundary descriptors}와 디렉터리를 연결시킨다. 이 디스크립터는 어떤 보안 정책이 객체 디렉터리 액세스에 허용되는지를 나타내는 SID를 포함한다. 이런 방법으로 특권을 가진 애플리케이션은 자신의 객체에 대해 특권이 없는 애플리케이션이 서비스 거부 공격을 할 수 없다는 것을 확신할 수 있다_(특권이 있는 애플리케이션이 같은 방법으로 공격하면 막을 수 없지만 여기에도 논쟁의 여지가 있다). 또한 경계 디스크립터는 해당 애플리케이션과 같은 유저 계정이 가질 수 있는 객체를 보호하고자 그 프로세스의 무결성 레벨에 기반을 둔 무결성 레벨을 갖고 있다_(Vol.1의 7장에서 무결성 레벨을 자세히 다뤘다).

경계 디스크립터 스쿼팅 공격에 대한 효과적인 대응 방법 중 하나는 객체와 달리 경계 디스크립터의 액세스 권한_(SID 및 무결성 수준을 통해)을 경계 디스크립터 생성자가 갖는 것이다. 권한 없는 애플리케이션은 권한 없는 경계 디스크립터만 생성 가능하다. 이와 유사하게 애플리케이션이 전용 네임스페이스에서 객체를 오픈할 때도 객체 생성 시 사용한 것과 동일한 경계 디스크립터를 사용해 네임스페이스를 오픈해야 한다. 이런 이유로 권한이 있는 애플리케이션이나 서비스는 권한이 있는 경계 디스크립터를 제공하므로 권한이 없는 애플리케이션에서 생성한 것과 일치하지 않는다.

실습: 기본 네임드 객체와 전용 객체 보기

시스인터널스의 WinObj나 WinObjEx64 도구를 사용해 이름이 있는 기본 객체 목록을 볼 수 있다. 이 실습에서는 추가 객체 유형을 지원하고 전용 네임스페이스를 표시할 수 있는 WinObjEx64를 사용할 것이다. WinObjEx64. exe를 실행하고 다음과 같이 트리에서 BaseNamedObjects 노드를 클릭한다.

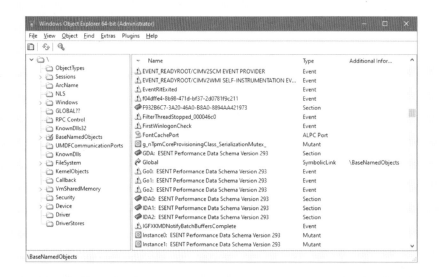

네임드 객체는 오른쪽에서 볼 수 있다. 아이콘은 객체 유형을 나타낸다.

- 뮤텍스는 중지stop 표시로 나타낸다.
- 섹션(윈도우 파일 매핑 객체)은 메모리칩으로 나타낸다.
- 이벤트는 느낌표로 나타낸다.
- 세마포어는 교통 신호를 닮은 아이콘으로 표시한다.
- 심볼릭 링크는 굽은 화살표로 나타낸다.
- 폴더는 객체 디렉터리를 나타낸다.
- 전원/네트워크 플러그는 ALPC 포트를 나타낸다.
- 타이머는 시계로 표시된다.
- 다양한 유형의 장치, 락과 칩과 같은 기타 아이콘은 기타 객체 유형에 사용된다.

이제 Extras 메뉴를 사용해 Private Namespaces를 선택하면 다음과 같은 목록이 표시된다.

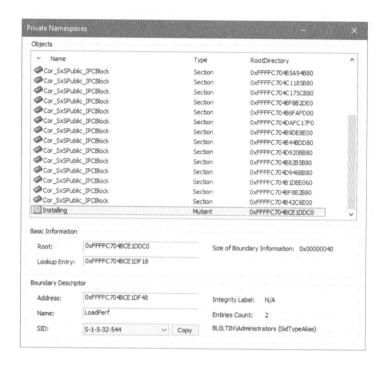

각 객체에 대해 경계 디스크립터의 이름(예를 들어 Installing 뮤텍스는 LoadPerf 경계의 일부임), SID 및 연관된 무결성 수준(이 경우 명시적 무결성은 설정되지 않고, SID는 Administrators 그룹에 대한 것임)을 볼 수 있다.

참고로 이 기능이 동작하려면 WinObjEx64가 WinDbg 로컬 커널 디버깅 드라이버를 사용해 커널 메모리를 읽어야 하므로 도구가 실행 중인 시스템(로컬 또는 원격)에서 커널 디버깅을 활성화해야 한다.

실습: 단일 인스턴스 속이기

윈도우 미디어 플레이어 같은 애플리케이션과 마이크로소프트 오피스 내의 애플리케이션은 네임드 객체를 통한 강제 단일 인스턴싱을 하는 일반적인 예다. Wmplayer.exe 실행 파일을 시작할 때 윈도우 미디어 플레이어는 단 한 번만 나타난다. 즉, 그 밖의 또 다른 시작은 앞서 실행 중인 윈도우 내로 포커스가 다시 올 뿐이다. Process Explorer를 사용해 핸들 목록을 조작함으로써 컴퓨터가 미디어 믹서를 실행하게 할 수 있다. 방법은 다음 과 같다.

1. 윈도우 미디어 플레이어와 Process Explorer를 실행한 다음에 View 와 Lower Pane View, Handler를 차례로 클릭해 핸들 테이블을 살펴 보자. `Microsoft_WMP_70_CheckForOtherInstanceMutex`를 포함하는 핸들을 볼 수 있을 것이다.

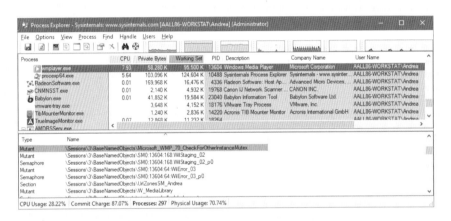

2. 핸들에서 마우스 오른쪽 클릭을 해 Close Handle을 선택한다. 경고 창이 뜨면 '예'를 선택한다. 참고로 다른 프로세스 핸들을 닫으려면 Process Explorer를 관리자 권한으로 실행해야 한다.

3. 이제 윈도우 미디어 플레이어를 다시 시작한다. 이번에는 두 번째 프로세스가 생성됨을 볼 수 있을 것이다.

4. 각 인스턴스에 다른 노래를 플레이해보자. 두 프로세스 중에서 어 느 프로세스의 볼륨을 크게 할 것인지를 선택하고자 시스템 트레이 에서 사운드 믹서를 사용할 수 있다. 효과적으로 믹싱 환경을 만든 것이다.

방금 실습한 것처럼 네임드 객체에 대한 핸들을 닫는 대신 어떤 애플리케이션이 윈도우 미디어 플레이어보다 먼저 실행돼 동일한 이름의 객체를 생성했을 가능성을 고려해보자. 이런 경우라면 윈도우 미디어 플레이어는 실행이 되지 않을 것이며, 자신은 이미 시스템에서 실행 중이라고 속는다.

심볼릭 링크

NTFS와 리눅스나 맥OS 같은 특정 파일 시스템에서 심볼릭 링크를 통해 사용되는 시점에는 운영체제에 의해 다른 파일 또는 디렉터리 이름으로 변환되는 파일 이름이나 디렉터리 이름을 유저가 생성할 수 있다. 심볼릭 링크를 사용하면 유저가 간접적으로 파일이나 디렉터리의 내용을 공유하고 일반적인 계층적 디렉터리 구조에서 디렉터리 간에 교차 링크^{cross-link} 생성을 간단한 방법으로 할 수 있다.

객체 관리자는 자신의 객체 네임스페이스에서 객체 이름과 유사한 기능을 수행하는 심볼릭 링크 객체로 불리는 객체를 수행한다. 심볼릭 링크는 객체 이름 문자열 내의 어디든 위치할 수 있다. 호출자가 심볼릭 링크 객체 이름을 명시하면 객체 관리자는 심볼릭 링크 객체에 도달할 때까지 자신의 객체 네임스페이스를 탐색한다. 객체 관리자는 심볼릭 링크를 본 후 해당 심볼릭 링크를 대체할 문자열을 찾는다. 그리고 나서 객체 관리자는 이름 찾기를 다시 시작한다.

이그제큐티브가 심볼릭 링크 객체를 사용하는 곳은 MS-DOS 유형의 디바이스 이름을 윈도우 내부 디바이스 이름으로 변환할 때다. 윈도우에서 유저는 C:와 D: 같은 이름을 사용해 하드디스크를 참조하고 COM1, COM2 같은 이름을 사용해 직렬 포트를 참조한다. 윈도우 서브시스템은 이들 심볼릭 링크 객체를 보호하며, 이들 객체를 객체 관리자 네임스페이스인 \GIobal?? 디렉터리에 위치시킴으로써 전역 데이터로 만든다. `DefineDosDevice` API로도 추가적인 드라이브 문자에 대한 연결을 처리할 수 있다.

어떤 경우에는 심볼릭 링크의 연결 대상이 고정된 것이 아니며 호출자의 콘텍스트에 따라 달라질 수 있다. 예를 들어 이전 버전의 윈도우는 \KernelObjects 디렉터리에 LowMemoryCondition이라는 이벤트를 갖고 있었지만 메모리 파티션의 도입으로 인해(Vol.1의 5장에서 설명) 이벤트 시그널이 호출자가 실행 중인 파티션(식별 가능한)에 따라 달라진다. 따라서 이제 각 메모리 파티션에 대한 LowMemoryCondition 이벤트가 존재하며 호출자는 해당 파티션에 대한 올바른 이벤트로 리다이렉션 돼야 한다. 이는 객체에 대한 특수 플래그, 부족한 대상 문자열, 객체 관리자가 링크를 구문 분석할 때마다 실행되는 심볼릭 링크 콜백을 통해 처리된다. WinObjEx64를 사용하면 그림 8-36의 스크린샷과 같이 등록된 콜백을 볼 수 있다(디버거를 이용해 !object \KernelObjects\LowMemoryCondition 명령을 수행한 다음 dx 명령으로 _OBJECT_SYMBOLIC_LINK 구조체를 덤프해 볼 수 있다).

그림 8-36 LowMemoryCondition 심볼릭 링크의 리다이렉션 콜백

세션 네임스페이스

서비스는 네임스페이스의 첫 번째 인스턴스 역할을 하는 전역 네임스페이스에 액세스할 수 있다. 일반 유저 애플리케이션은 전역 네임스페이스에 대한 읽기/쓰기(삭제 불가) 액세스 권한을 갖는다(몇 가지 예외는 곧 설명한다). 차례로 대화형 유저 세션은 로컬 네임스페이스로 알려진 네임스페이스에 대한 세션 전용 뷰session-private view를 가진다. 이 네임스페이스는 해당 세션 내에서 실행되는 모든 애플리케이션에서 기본 명명된 객체에 대한 전체 읽기/쓰기 액세스를 제공하고 액세스 권한을 갖고 있는 특정 윈도우 서브시스템 관련 객체를 분리하는 데 사용한다. 각 세션에 대해 지역화된 네임스페이스로는 \DosDevices와 \Windows, \BaseNamedObjects,

\AppContainerNamedObjects가 있다. 네임스페이스와 동일한 별도의 복사본을 만드는 작업을 "네임스페이스를 인스턴스한다."고 한다. \DosDevices를 인스턴스하면 각 유저는 상이한 네트워크 드라이브 문자와 직렬 포트 같은 윈도우 객체를 가질 수 있다. 윈도우에서 전역 \DosDevices 디렉터리는 \GIobal??로 명명돼 있으며 \DosDevices가 가리키는 바로 그 디렉터리다. 로컬 \DosDevices 디렉터리는 로그온 세션 ID로 식별된다.

\Windows 디렉터리는 win32k.sys가 대화식 윈도우 스테이션 \WinSta0를 생성하는 터미널 서비스 환경은 다수의 대화식 유저를 지원할 수 있지만 각 유저는 윈도우 내에 미리 정의된 대화식 윈도우 스테이션을 액세스한다는 착각을 계속 갖도록 각자의 \WinSta0 버전을 필요로 한다. 마지막으로 애플리케이션과 시스템은 \BaseNamedObjects에 이벤트와 뮤텍스 메모리 섹션을 포함하는 공유 객체를 생성한다. 두 유저가 네임드 객체를 생성하는 한 애플리케이션을 실행한다면 애플리케이션의 두 인스턴스가 동일한 객체를 액세스함으로써 발생하는 간섭을 없애고자 각 유저 세션은 해당 객체의 전용 버전을 가져야만 한다.

그러나 Win32 애플리케이션이 AppContainer에서 실행 중이거나 UWP 애플리케이션인 경우 샌드박싱 메커니즘은 \BaseNamedObjects에 대한 액세스를 막고 \AppContainerNamedObjects 디렉터리를 대신 사용한다. 해당 디렉터리에는 AppContainer의 패키지 SID에 해당하는 이름의 추가 하위 디렉터리가 존재한다 (AppContainer 및 윈도우 샌드박싱 모델에 대한 자세한 내용은 Vol.1의 7장을 참고한다).

객체 관리자는 유저 세션과 연관된 디렉터리 밑에 언급돼 있는 3개의 디렉터리에 대한 전용 버전을 \Sessionsm\n(n은 세션 식별자) 아래에 생성해 로컬 네임스페이스를 수행한다. 예를 들어 원격 세션2의 한 윈도우 애플리케이션이 네임드 객체를 생성할 때 Win32 서브시스템(Kernelbase.dll의 BaseGetNamedObjectDirectory API)은 \BaseNamedObjects의 객체 이름을 \Sessions\2\BaseNamedObjects의 이름으로 표시나지 않게 리다이렉션하며 AppContainer의 경우 \Session\2\AppContainerNamedObjects\<PackageSID>로 리다이렉션한다.

이름 객체에 액세스할 수 있는 또 다른 방법은 BNO^Base Named Object 격리라는 보안 기능을 사용하는 것이다. 상위 프로세스는 ProcThreadAttributeBnoIsolation 프로세스 속성을 사용해 자식을 시작할 수 있으며(프로세스의 시작 속성에 대한 자세한 내용은 Vol.1의 3장 참고) 커스텀 객체 디렉터리 접두사를 제공한다.

KernelBase.dll은 이를 지원하고자 디렉터리와 객체의 초기 세트(심볼릭 링크와 같은)를 생성하고 NtCreateUserProcess가 프로세스 속성의 네이티브 버전에 있는 데이터를 통해 하위 프로세스의 토큰 객체(특히 BnoIsolationHandlesEntry 필드)에 접두사와 관련 초기 핸들을 설정하게 한다.

나중에 BaseGetNamedObjectDirectory는 토큰 객체를 쿼리해 BNO 격리가 활성화된 경우 이 접두사를 명명된 객체 작업에 추가한다. 예를 들어 \Sessions\2\BaseNamedObjects는 \Sessions\2\BaseNamedObjects\IsolationExample이 된다. 이는 AppContainer 기능을 사용하지 않고도 프로세스에 대한 일종의 샌드박스를 만들 수 있게 해준다.

네임스페이스 관리와 연관된 모든 객체 관리자 함수는 인스턴스된 디렉터리를 알고서 비콘솔 세션이 콘솔 세션과 동일한 네임스페이스를 시용한다는 착각을 일으키게 한다. 윈도우 서브시스템 DLL은 윈도우 애플리케이션에 의해 전달되는 \DosDevices에 있는 객체를 참조하는 이름에 접두사 \??를 붙인다. 예를 들면 C:\Windows는 \??\C:\Windows가 된다. 객체 관리자가 특수한 \?? 접두사를 볼 때 취하는 조치는 윈도우 버전에 따라 다르지만 이그제큐티브 프로세스 객체(Vol.1의 3장에서 추가적으로 기술하는 EPROCESS)의 DeviceMap 필드에 의해 결정된다. DeviceMap 필드는 동일한 세션 내에서 다른 프로세스에 의해 공유되는 데이터 구조체를 가리킨다.

DeviceMap 구조체의 DosDevicesDirectory 필드는 프로세스의 로컬 \DosDevices를 나타내는 객체 관리자 디렉터리를 가리킨다. 객체 관리자는 \??에 대한 참조가 있다면 DeviceMap의 DosDevicesDirectory 필드를 이용해 프로세스의 로컬 \DosDevices를 찾는다. 객체 관리자가 이 디렉터리에서 객체를 발견하지 못하면 디렉터리 객체의 DeviceMap을 검사해 유효하다면 DeviceMap 구조체의 GIobal DosDevicesDirectory 필드가 가리키는 디렉터리(항상 \GIobal??이다)에서 객체를 찾는다.

특별한 상황에서 터미널 서비스 애플리케이션은 원격 세션에서 실행하더라도 콘솔 세션의 객체에 해야 할 필요가 있다. 이런 경우는 터미널 서비스 애플리케이션이 다른 원격 세션에서 실행하는 자신의 인스턴스나 콘솔 세션과의 동기화가 필요한 경우다. 이런 경우를 대비해 객체 관리자는 전역 네임스페이스에 액세스하기 위한 어떤 객체 이름에도 접두사로 붙일 수 있는 특별한 오버라이드인 \GIobal을 제공한다. 예를 들어 \GIobal\AppIicationInitialized라는 이름의 객체를 오픈하려는 세션 2의 애플리케이션은 \Sessions\2\BaseNamedObjects\ApplicationInitialized가 아닌 \BaseNamedObjects\ApplicationInitialized로 향하게 된다.

전역 \DosDevices 디렉터리 내의 객체에 액세스하려는 애플리케이션은 해당 객체가 자신의 로컬 \DosDevices 디렉터리에 존재하지 않는 한 \GIobal 접두사를 사용할 필요가 없다. 이는 객체 관리자가 로컬 디렉터리에서 객체를 찾을 수 없다면 자동으로 전역 디렉터리에서 해당 객체를 찾기 때문이다. 애플리케이션이 \GLOBALROOT를 사용하면 전역 디렉터리를 강제로 검사할 수 있다.

세션 디렉터리는 서로 격리돼 있지만 앞에서 언급했듯이 일반 유저 애플리케이션은 \Global 접두사를 사용해 전역 객체를 만들 수 있다. 하지만 여기에는 중요한 보안 완화 기능이 존재한다. 호출자가 세션 0에서 실행 중이 아니고 전역 객체 생성이라는 특수 권한이 없으면서 객체 이름이 '보안되지 않은 이름' 목록 (HKLM\SYSTEM\CurrentControlSet\Control\Session Manager\kernel의 ObUnsecureGlobalNames 값)의 일부가 아니라면 섹션 및 심볼릭 링크 객체를 전역으로 만들 수 없다. 기본적인 목록의 이름은 다음과 같다.

- netfxcustomperfcounters.1.0
- SharedPerfIPCBlock
- Cor_Private_IPCBlock
- Cor_Public_IPCBlock_

실습: 네임스페이스 인스턴스 살펴보기

로그인을 하자마자 세션 0의 네임스페이스와 여타 세션의 네임스페이스가 분리돼 있음을 알 수 있다. 첫 번째 콘솔 유저가 세션 1(반면에 서비스는 세션 0에서 실행된다)에 로그인되기 때문이다. Winobj.exe를 실행하고 \Sessions 디렉터리를 클릭하자. 각 액티브 세션에 번호가 붙은 이름을 가진 하위 디렉터리를 볼 수 있다. 이들 디렉터리 중 하나를 오픈하면 해당 세션의 로컬 네임스페이스 하위 디렉터리인 DosDevices와 Windows, AppContainerNamedObjects, BaseNamedObjects 같은 이름의 디렉터리를 볼 수 있다. 다음 화면은 로컬 네임스페이스를 보여준다.

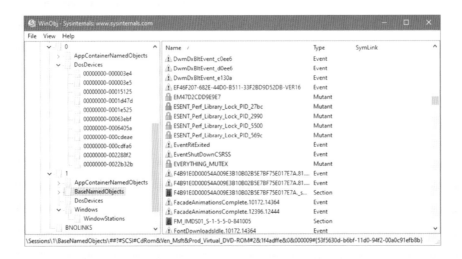

이번에는 Process Explorer를 실행하고 자신의 세션 내에 있는 한 프로세스 (Explorerexe와 같은)를 선택한 다음에 View 메뉴의 Lower Pane View, Handles를 차례대로 클릭해 핸들 테이블을 살펴보자. \Sessions\n(n은 세션 ID) 아래의 \Windows\WindowStations\WinSta0에 대한 핸들을 볼 수 있을 것이다.

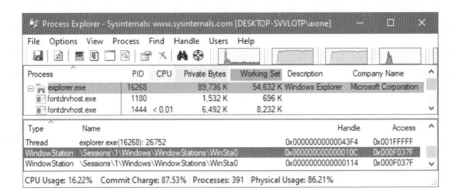

객체 필터링

윈도우는 10장에서 설명하는 파일 시스템 미니필터 모델 및 레지스트리 콜백과 유사한 필터링 모델을 객체 관리자 내에 갖고 있다. 이 필터링 모델의 가장 큰 이점은 기존 필터링 기술이 사용하는 고도^{altitude} 개념을 사용하는 것이다. 이는 여러 드라이버가 필터링 스택의 적절한 위치에서 객체 관리자의 이벤트를 필터링할 수 있음을 의미한다. 게다가 드라이버는 NtOpenThread와 NtOpenProcess 같은 호출을 가로챌 수 있고, 심지어 프로세스 관리자에서 요청되는 액세스 마스크를 수정할 수도 있다. 이는 오픈 핸들에 대한 특정 동작을 보호할 수 있다. 예를 들어 악성코드가 유익한 보안 프로세스를 종료하는 것을 방지하거나 패스워드 덤프 애플리케이션이 LSA 프로세스에 대한 읽기 메모리 권한을 얻지 못하게 막는다. 그러나 작업 관리자가 커맨드라인이나 프로세스의 이미지 이름을 쿼리하는 것을 차단하는 등의 호환성 문제로 오픈 동작을 완전히 차단할 수는 없다. 또한 드라이버는 특정 동작이 발생하기 전에 이에 대한 준비를 하거나 특정 동작이 발생한 이후에 대응하거나 정보를 마무리 짓게 해주는 사전 또는 사후 콜백을 이용할 수 있다. 이들 콜백은 각 동작(현재는 오픈, 생성, 복사가 지원된다)에 대해 지정될 수 있으며, 각 객체 유형(현재는 프로세스와 스레드 객체만이 지원된다)에 한정적이다. 각 콜백에 대해 드라이버는 드라이버에 대한 호출 간이나 선/후 쌍에 걸쳐 반환될 수 있는 자신만의 내부 콘텍스트 값을 지정할 수 있다. 이들 콜백은 ObRegisterCallback API로 등록 가능하며, ObUnregisterCallback API로 해제할 수 있다. 등록 해제가 됐음을 확인하는 것은 드라이버의 책임이다.

이들 API의 사용은 다음과 같은 특성을 지닌 이미지에 제한적이다.

- 이미지(32비트 컴퓨터인 경우에도)는 커널 모드 코드 사이닝^{KMCS, Kernel Mode Code Signing} 정책과 동일한 규칙에 따라 사인을 받아야 한다. 이미지는 PE 헤더에 IMAGE_DLLCHARACTERISTICS_FORCE_INTEGRITY 값을 설정하는 /integritycheck 링커 플래그를 사용해 컴파일돼야 한다. 이는 메모리 관리자로 하여금 통상적으로 검사를 하지 않는 디폴트 값에 관계없이 이미지의 서명을 검사하게 한다.

- 이미지는 실행 코드를 해시로 암호화한 각 페이지를 포함하는 카탈로그로

서명돼야 한다. 이는 시스템으로 하여금 이미지가 메모리에 로드된 이후에 이미지의 변경을 탐지하게 한다.

콜백이 실행되기 전에 객체 관리자는 콜백 함수의 포인터에 대해 MmVerifyCallbackFunction을 호출해 이 주소를 가진 모듈의 로더 데이터 테이블 엔트리를 찾아 LDRP_IMAGE_INTEGRITY_FORCED 플래그가 설정됐는지 확인한다.

동기화

상호 배제는 운영체제 개발에 있어 중요한 개념이다. 한 번에 하나의 스레드만 특정 리소스에 액세스할 수 있다는 것을 보장해주는 개념으로, 상호 배제는 리소스에 공유 액세스를 허락하지 않을 때나 리소스를 공유하는 것이 예측할 수 없는 결과를 야기할 수 있을 때 필요하다. 예를 들어 2개의 스레드가 동시에 프린터 포트에 파일을 복사하게 되면 이들 출력은 서로 뒤섞여 하나의 스레드가 메모리를 읽고 있을 때 다른 스레드가 메모리에 쓰게 되면 첫 번째 스레드는 예상하지 못한 결과를 받게 될 것이다. 일반적으로 수정할 수 없는 리소스는 공유할 수 있는 반면 수정할 수 있는 리소스는 제약 없이 공유돼서는 안 된다. 그림 8-37은 다른 프로세서에서 실행 중인 2개의 스레드가 모두 원형 큐에 데이터를 쓸 때 발생할 수 있는 일을 보여준다.

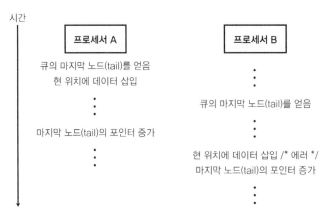

그림 8-37 잘못된 메모리 공유

첫 번째 스레드를 업데이트하기 전에 두 번째 스레드가 마지막 노드의 포인터를 얻었기 때문에 두 번째 스레드는 첫 번째 스레드가 사용했던 것과 동일한 위치에 데이터를 삽입했다. 따라서 데이터를 덮어쓰며 큐의 대기열 위치가 바뀐다. 그림 8-37이 멀티프로세서 시스템에서 발생하는 문제를 보여줬지만 단일 프로세서 시스템에서도 첫 번째 스레드가 큐의 마지막 노드를 업데이트하기 전에 두 번째 스레드에서 운영체제가 콘텍스트 전환을 일으키면 같은 문제가 발생할 수 있다.

공유할 수 없는 리소스에 액세스하는 코드 영역을 **임계 구역**critical sections이라 한다. 올바른 코드를 보장하고자 한 번에 하나의 스레드만 임계 구역 내에서 실행할 수 있다. 하나의 스레드가 파일에 쓰거나 데이터베이스를 업데이트하거나 공유 변수를 수정하는 동안 다른 스레드는 동일한 리소스에 액세스할 수 없다. 그림 8-37에 표시된 의사 코드pseudo code는 공유 데이터 구조체에 상호 배제 없이 잘못 액세스한 임계 구역이다.

상호 배제 문제는 모든 운영체제에서 중요하지만 특히 윈도우 같은 **대칭적 다중 처리**SMP, Symmetric MultiProcessing 운영체제에서 더 중요하다. 대칭적 다중 처리 운영체제에서는 동일한 시스템 코드가 하나 이상의 프로세서에서 전역 메모리에 저장된 데이터 구조체를 공유하면서 동시에 실행될 수 있다. 윈도우에서 2개의 스레드가 동시에 같은 데이터를 수정하는 것을 막고자 시스템 코드에서 사용할 수 있는 메커니즘을 커널이 제공한다. 커널은 전역 데이터 구조체에 대한 동기화를 위해 이그제큐티브에게 상호 배제 프리미티브를 제공한다.

스케줄러가 DPC/디스패치 레벨의 IRQL에서 데이터 구조체에 대한 액세스를 동기화하기 때문에 커널과 이그제큐티브는 페이지 폴트를 발생시킬 수 있거나 또는 IRQL이 DPC/디스패치 레벨이거나 더 높은 레벨(상승된 또는 높은 IRQL)에서 데이터 구조체에 대한 액세스를 동기화하는 작업의 제스케줄이 일어날 수 있는 메커니즘을 신뢰할 수 없다. 다음 절에서 IRQL이 높을 때 어떻게 커널과 이그제큐티브가 전역 데이터 구조체를 보호하고자 상호 배제를 이용하는지, IRQL이 낮을 때(DPC/디스패치 레벨보다 낮은 경우) 어떤 상호 배제와 동기화 메커니즘을 이용할 수 있는지 알 수 있을 것이다.

High-IRQL 동기화

커널은 실행 중 다양한 단계에 걸쳐 단 하나의 프로세서가 임계 구역 내에서 실행되는 것을 보장해줘야 한다. 커널 임계 구역은 커널 디스패처 데이터베이스나 DPC 큐와 같은 전역 데이터 구조체를 수정하는 코드 세그먼트다. 커널에서 스레드가 이러한 데이터 구조체에 상호 배타적으로 액세스하는 것을 운영체제가 보장해주지 않는다면 정상 작동할 수 없다.

가장 우려되는 부분은 인터럽트다. 예를 들어 커널에서 전역 데이터 구조체를 업데이트하려 할 때 인터럽트가 발생해 인터럽트 핸들러 루틴 또한 그 데이터를 수정할 수도 있다. 단일 프로세스 운영체제는 때때로 인터럽트가 전역 데이터에 액세스할 때마다 모든 인터럽트를 비활성화함으로써 이러한 시나리오를 방지한다. 하지만 윈도우 커널은 세련된 해결책을 갖고 있다. 전역 리소스를 사용하기 전에 커널은 일시적으로 핸들러에서 해당 리소스를 사용하는 인터럽트를 마스킹한다. 이는 프로세서의 IRQL을 전역 데이터에 액세스할 가능성이 있는 인터럽트 소스에서 사용하는 최고 수준으로 높임으로써 수행된다. 예를 들어 DPC/디스패치 레벨 인터럽트가 디스패처 데이터베이스를 사용하는 디스패처를 발생시킨다고 하자. 그러므로 디스패처 데이터베이스를 사용하는 커널의 다른 부분들은 디스패처 데이터베이스를 이용하기 전에 DPC/디스패치 레벨을 마스킹하고 IRQL을 DPC/디스패치 레벨까지 올린다.

이러한 정책은 단일 프로세서 시스템에서는 괜찮지만 멀티프로세서 시스템에는 적합하지 않다. 하나의 프로세서에서 IRQL을 올리는 것은 인터럽트가 다른 프로세서에서 발생하는 것을 방지할 수 없다. 커널은 여러 프로세서에서 상호 배타적인 액세스를 보장해야 한다.

인터락드 동작

동기화 메커니즘의 가장 단순한 형태는 멀티프로세서의 안전한 정수 값 조작 및 비교 수행을 위해 하드웨어 지원에 의존해 만들어졌다. InterlockedIncrement, InterlockedDecrement, InterlockedExchange, InterlockedCompareExchange와 같은 함수에 해당 기능이 포함돼 있다. 예를 들어 InterlockedDecrement 함수는 x86

및 x64 lock 명령 접두사(예를 들어 lock xadd)를 덧셈 작업 중 멀티프로세서 버스를 락^{lock}시키고자 사용한다. 따라서 원본 값을 감소시키려는 프로세서의 읽기 작업과 쓰기 작업이 진행되는 중에 감소 작업이 진행되는 메모리 위치를 수정하려는 다른 프로세서는 이 값을 수정할 수 없다. 이러한 기본적인 동기화 방식은 커널과 드라이버에서 사용된다. 최근 마이크로소프트 컴파일러 제품군에서 이러한 함수는 내장^{intrinsic} 함수라고 불린다. 이러한 함수 코드는 인라인 어셈블러의 컴파일 단계에서 직접 생성되기 때문이다(인자를 스택에 푸시한 후 함수를 호출하고 인자를 레지스터에 복사하고 인자를 다시 스택에서 빼고 호출자로 반환하는 일련의 과정은 비용이 많이 드는 작업이기 때문이다).

스핀락

커널이 멀티프로세서 상호 배제를 달성하고자 사용하는 메커니즘을 스핀락^{spinlock}이라고 한다. 스핀락은 그림 8-38에 표시된 DPC 큐와 같은 전역 데이터 구조체와 관련된 락킹 프리미티브^{locking primitive}다.

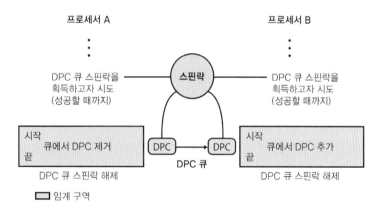

그림 8-38 스핀락 이용

그림 8-38에 표시된 임계 구역에 들어가기 전에 커널은 DPC 큐 보호와 연관된 스핀락을 획득해야 한다. 스핀락을 누군가 사용하고 있다면 커널은 락 획득을 성공할 때까지 계속 시도한다. 스핀락이라는 이름은 커널(및 프로세서)이 락을 획득할 때까지 '회전^{spinning}'하면서 대기한다는 사실에서 따왔다.

스핀락은 자신이 보호하는 데이터 구조체와 마찬가지로 시스템 주소 공간에 매핑된 넌페이지드^{nonpaged} 메모리에 상주한다. 스핀락을 획득하고 해제하는 코드는 속도를 높이면서 기본 프로세서 아키텍처가 제공하는 락 메커니즘을 활용하고자 어셈블리 언어로 작성됐다. 많은 아키텍처에서 스핀락은 락 변수의 값을 테스트하고 하드웨어에서 하나의 원자적 명령으로 락을 획득하게끔 테스트 및 설정 작업^{test-and-set}으로 구현된다. 하나의 명령에서 락을 테스트하고 획득하면 첫 번째 스레드가 변수를 테스트하고 락을 획득하는 사이에 두 번째 스레드가 락을 잡는 것을 방지할 수 있다. 또한 앞에서 언급한 lock 명령과 같은 하드웨어 명령을 테스트 및 설정 작업에 사용할 수도 있다. 즉, x86 및 x64 프로세서에서 결합된 lock bts 옵코드^{opcode}를 통해 멀티프로세서 버스를 락시킨다. 그렇지 않으면 둘 이상의 프로세서에서 작업이 원자적으로 수행될 수 있다(lock 명령이 없으면 작업은 현재 프로세서에서만 원자성으로 보장된다). 마찬가지로 ARM 프로세서에서는 ldrex 및 strex와 같은 명령을 비슷한 방식으로 사용할 수 있다.

윈도우의 모든 커널 모드 스핀락은 항상 DPC/디스패치 레벨 또는 그 이상의 레벨과 관련된 IRQL을 가진다. 따라서 스레드가 스핀락을 획득하려고 할 때 스핀락 IRQL 이하에서 이뤄지는 모든 작업은 해당 프로세서에서 중지된다. 스레드 디스패칭은 DPC/디스패치 레벨에서 발생하기 때문에 스핀락을 보유한 스레드는 절대로 선점되지 않는다. 스핀락 IRQL이 디스패칭 메커니즘을 마스크하기 때문이다. 이 마스킹을 사용하면 스핀락으로 보호되는 임계 구역에서 실행되는 코드가 계속 실행돼 락을 빠르게 해제할 수 있다. 커널은 스핀락을 보유하는 동안 실행하는 명령의 수를 최소화하면서 스핀락을 세심하게 사용한다. 스핀락 획득을 시도하는 모든 프로세서는 본질적으로 매우 바쁘며 무기한 대기한다. 또한 전력을 소비(활동 대기^{busy wait}, CPU를 100% 사용함)하지만 실제 작업을 수행하지는 않는다.

x86 및 x64 프로세서에서 특수한 어셈블리 명령인 pause는 활동 대기 루프에 삽입할 수 있으며, ARM 프로세서에서는 yield 명령이 이와 비슷한 기능을 제공한다. 이 명령은 처리 중인 루프 명령이 스핀락(또는 이와 유사한 구성) 획득 루프의 일부분이라는 힌트를 프로세서에게 제공한다. 이 명령은 3가지 이점을 제공한다.

- 지속적으로 루프를 도는 대신 코어를 약간 지연시켜 전력 사용량을 크게 줄인다.

- SMT 코어에서 CPU는 돌기만 하는 스피닝 '작업'을 수행하는 논리 코어가 그다지 중요하지 않다는 것을 알림으로써 대신 다른 논리 코어에 더 많은 CPU 시간을 할당한다.

- 활동 대기 루프가 돌고 있을 때는 대기 스레드에서 버스로 들어오는 읽기 요청이 폭풍처럼 발생하기 때문에(요청 순서가 잘못돼 있을 수도 있음) CPU는 쓰기 작업을 감지하는 즉시(즉, 소유 스레드가 락을 해제할 때) 잘못된 메모리 순서를 수정하려고 시도한다. 따라서 스핀락이 해제되자마자 CPU는 적절한 순서를 보장하고자 보류 중인 메모리 읽기 작업을 재정렬한다. 이렇게 재정렬하면 시스템 성능이 크게 저하되는데, 이를 pause 명령으로 피할 수 있다. 커널이 스핀락 엔라이트닝^{enlightenment}(9장에서 설명)을 지원하는 하이퍼V 호환 하이퍼바이저에서 실행 중임을 감지하면 스핀락 기능은 HvlNotifyLongSpinWait 라이브러리 함수를 사용할 수 있다. 스핀락이 현재 다른 CPU에서 소유하고 있음을 감지하면 연속적으로 스피닝하는 대신 pause 명령을 사용하는 것이다. 이 함수는 HvCallNotifyLongSpinWait 하이퍼콜을 내보내고 스핀을 에뮬레이트하는 대신 다른 VP가 대신하도록 하이퍼바이저 스케줄러에 알린다.

커널은 KeAcquireSpinLock 및 KeReleaseSpinLock을 포함한 일련의 커널 함수들을 통해 이그제큐티브의 다른 부분에서 스핀락을 사용할 수 있게 한다. 예를 들어 디바이스 드라이버의 한 부분(그리고 하나의 프로세서에서만)에서 장치 레지스터 및 기타 전역 데이터 구조체에 한 번에 하나만 액세스하는 것을 보장하고자 스핀락이 필요하다. 스핀락은 유저 모드 프로그램에서 사용하기 위한 것이 아니다. 유저 모드 프로그램은 다음 절에서 설명하는 객체를 사용해야 한다. 또한 디바이스 드라이버는 자신과 관련된 인터럽트로부터 자신의 데이터 구조체에 대한 액세스를 보호해야 한다. 스핀락 API는 일반적으로 IRQL을 DPC/디스패치 레벨까지만 올리기 때문에 인터럽트로부터 보호하기에는 충분하지 않다. 이러한 이유로 커널은 이 장의 시작 부분에서 다룬 KINTERRUPT 객체를 매개변수로 사용하는 KeAcquireInterruptSpinLock 및 KeReleaseInterruptSpinLock도 익스포트했다. 시스템은 인터럽트와 관련된 DIRQL 연관 인터럽트 객체 내부를 살펴보고 ISR과 공유하는 구조체에 대한 올바른 액세스를 보장하고자 IRQL을 적절한 레벨로 올린다.

또한 디바이스는 임계 구역 대신 KeSynchronizeExecution API를 사용해 ISR과 연관된 전체 함수를 동기화할 수 있다. 모든 경우에 인터럽트 스핀락으로 보호되는 코드는 매우 빠르게 실행돼야 한다. 지연이 발생하면 일반적인 인터럽트보다 긴 대기 시간이 발생하고 성능에 좋지 않은 심각한 영향을 준다.

커널 스핀락을 사용하는 코드는 제약을 수반한다. 앞서 설명한 것처럼 스핀락은 항상 DPC/디스패치 레벨 이상의 IRQL을 갖기 때문에 스핀락을 보유하는 코드에서 스케줄러가 디스패치 작업을 수행하게 하거나 페이지 폴트를 유발하는 경우 시스템에서 크래시가 발생한다.

큐드 스핀락

스핀락의 확장성을 증대시키고자 경쟁이 예상되고 공정성이 요구되는 상황에서는 표준 스핀락이 아닌 **큐드 스핀락**^{Queued spinlocks}이라고 하는 특수한 유형의 스핀락을 사용한다.

큐드 스핀락은 다음과 같이 작동한다. 프로세서가 현재 보유 중인 큐드 스핀락을 획득하고자 할 때 프로세서는 스핀락과 연관된 큐에 자신의 식별자를 배치한다. 스핀락을 보유하고 있는 프로세서가 락을 해제하면 큐에 배치된 식별자에 따라 다음 프로세서로 락을 넘긴다. 그동안 스핀락을 기다리는 프로세서는 스핀락 자체의 상태가 아니라 프로세서별 플래그(대기 중인 프로세서의 차례가 됐음을 나타내고자 큐에서 자신보다 앞선 프로세서가 설정한)의 상태를 확인한다.

큐드 스핀락이 전역 스핀락이 아닌 프로세서별 플래그에서 스핀한다는 사실은 2가지 효과가 있다. 첫 번째는 멀티프로세서 버스가 프로세서 간 동기화 작업으로 인해 트래픽이 치중되지 않게 한다. 또한 비트의 메모리 위치가 각 논리 프로세서의 캐시를 통해 스누핑돼야 하는 단일 NUMA 노드에 있지 않다는 것이다. 두 번째는 스핀락 획득을 대기하는 프로세서 그룹에서 임의의 프로세서가 스핀락을 획득하는 대신, 큐드 스핀락의 락 획득 순서가 FIFO(first-in, first-out)순서를 적용한다는 것이다. FIFO 순서는 동일한 락에 액세스하는 프로세서 간에 좀 더 일관된 성능(공정성)을 부여한다. 버스 트래픽 감소와 성능 개선은 큰 이점이지만 큐드 스핀락은 비용이 들어가는 별도의 인터락드 작업을 포함해 추가적인 오버헤드를 요구한다. 개발자는 큐드 스핀락을 사용할 만한 상황인지 결정하고자 관리 문제 및 이점의 균형을 신중하게 조정해야 한다.

윈도우는 2가지 유형의 큐드 스핀락을 사용한다. 첫 번째는 커널 내부에만 있고 두 번째는 외부 및 서드파티 드라이버에서도 사용할 수 있다. 먼저 윈도우는 각 프로세서의 PCR(프로세서 제어 영역)에 포함된 배열에 포인터를 저장해 여러 전역 큐드 스핀락을 정의한다. 예를 들어 x64 시스템에서 이들은 KPCR 데이터 구조체의 LockArray 필드에 저장된다.

전역 스핀락은 스핀락 포인터가 저장된 배열의 인덱스로 KeAcquireQueuedSpinLock 를 호출해 얻을 수 있다. 전역 스핀락의 수는 원래 각 운영체제가 릴리스될 때마다 증가했지만 시간이 지남에 따라 전역 프로세서별 락보다 효율적인 락 계층이 사용됐다. WDK 헤더 파일인 Wdm.h의 KSPIN_LOCK_QUEUE_NUMBER를 통해 이러한 락에 대한 인덱스 정의 테이블을 볼 수 있다. 하지만 디바이스 드라이버에서 이러한 큐드 스핀락 중 하나를 획득하는 것은 지원하지 않으며 권장하지 않는 작업이다. 앞서 말했듯이 이러한 락은 커널의 내부에서 사용하고자 예약돼 있다.

실습: 전역 큐드 스핀락 확인

!qlocks 커널 디버거 명령을 사용해 전역 큐드 스핀락(각 프로세서의 PCR에서 큐드 스핀락 배열이 가리키는 것)의 상태를 볼 수 있다. 다음 예에서는 어떤 프로세서에서 도 락이 획득되지 않았음을 확인할 수 있다. 이는 라이브 디버깅 중인 로컬 시스템의 일반적인 상황이다.

```
lkd> !qlocks
Key: O = Owner, 1-n = Wait order, blank = not owned/waiting, C = Corrupt

                              Processor Number
    Lock Name          0 1 2 3 4 5 6 7
  KE - Unused Spare
  MM - Unused Spare
  MM - Unused Spare
  MM - Unused Spare
  CC - Vacb
  CC - Master
```

```
EX - NonPagedPool
IO - Cancel
CC - Unused Spare
```

인스택 큐드 스핀락

디바이스 드라이버는 KeAcquireInStackQueuedSpinLock 및 KeReleaseInStackQueued
SpinLock 함수를 통해 동적으로 할당된 큐드 스핀락을 사용할 수 있다. 캐시 관리
자, 이그제큐티브 풀 관리자, NTFS를 포함한 여러 구성 요소에서 이러한 유형의
큐드 스핀락을 이용한다.

KeAcquireInStackQueuedSpinLock은 스핀락 데이터 구조체와 스핀락 큐 핸들에
대한 포인터가 필요하다. 스핀락 큐 핸들은 실제로 커널의 락 소유권과 락을 대기
중인 프로세서 큐를 포함하는 락 상태에 대한 정보를 저장하는 데이터 구조체다.
이러한 이유로 핸들은 전역 변수가 돼서는 안 된다. 일반적으로 호출자 스레드에
대한 지역성을 보장하는 스택 변수며, 스핀락 및 API 이름에 InStack이 들어가
있는 이유이기도 하다.

리더/라이터 스핀락

큐드 스핀락을 사용하면 경쟁이 심한 상황에서 대기 시간이 크게 향상된다.
하지만 윈도우는 많은 상황에서 잠재적으로 발생할 수 있는 경쟁을 처음부터
제거함으로써 더 큰 이점을 제공할 수 있는 또 다른 종류의 스핀락을 지원한다.
동시 읽기[multi-reader], 단독 쓰기[single-writer] 스핀락은 ExAcquireSpinLockExclusive,
ExAcquireSpinLockShared API 및 이에 대응되는 ExReleaseXxx API로 구현됐으며,
일반 스핀락보다 향상된 기능을 제공한다. 또한 고급 사용 케이스를 위해
ExTryAcquireSpinLockSharedAtDpcLevel 및 ExTryConvertSharedSpinLockToExclusive
함수가 존재한다.

이름에서 알 수 있듯이 이 유형의 락은 라이터[writer]가 없는 경우 경쟁 없이 공유해
스핀락을 획득하는 것을 허용한다. 라이터가 락에 관심이 있으면 리더[reader]는 결

국 락을 해제해야 하며 라이터가 활성 상태인 동안(추가 라이터도 마찬가지로) 더 이상의 리더는 허용되지 않는다. 예를 들어 드라이버 개발자가 종종 링크드 리스트 삽입 또는 제거하는 작업을 반복하는 경우 이러한 유형의 락은 대부분의 경우 경쟁을 없앨 수 있기 때문에 복잡한 큐드 스핀락의 사용을 없앨 수 있다.

이그제큐티브 인터락드 동작

커널은 단일 및 이중 링크드 리스트에서 추가 및 제거와 같은 고급 작업을 위해 스핀락을 기반으로 하는 몇 가지 간단한 동기화 기능을 제공한다. 예로는 단일 링크드 리스트의 경우 ExInterlockedPopEntryList 및 ExInterlockedPushEntryList가 있다. 이중 링크드 리스트의 경우 ExInterlockedInsertHeadList 및 ExInterlocked RemoveHeadList가 있다. ExInterlockedAddUlong 및 ExInterlockedAddLargeInteger 와 같은 몇 가지 다른 함수도 있다. 이러한 모든 함수는 매개변수로 표준 스핀락을 필요로 하며 커널 및 디바이스 드라이버 코드 전체에서 사용된다.

표준 API를 통해 스핀락 매개변수를 획득 및 해제하는 대신 이러한 함수는 필요한 코드를 인라인으로 배치하고 상이한 순서 지정 체계ordering scheme을 사용한다. Ke 스핀락 API가 먼저 비트를 테스트하고 설정해 락이 해제됐는지 확인한 다음 락을 획득하고자 테스트 및 설정test-and-set 작업을 원자적으로 수행한다. 이러한 루틴은 프로세서에서 인터럽트를 비활성화하고 즉시 테스트 및 설정 연산을 시도한다. 초기 시도가 실패하면 인터럽트가 다시 활성화되고 테스트 및 설정 작업이 0을 반환할 때(이 경우 함수 전체가 다시 재시작된다)까지 표준 비지busy 대기 알고리듬은 계속된다. 이러한 미묘한 차이 때문에 이그제큐티브 인터락드 함수에 사용되는 스핀락은 앞에서 논의한 표준 커널 API와 함께 사용해서는 안 된다. 당연히 비인터락드 리스트 연산은 인터락드 연산과 혼용해서는 안 된다.

> 특정 이그제큐티브 인터락드 연산은 가능한 경우 표시나지 않게 스핀락을 실제로 무시한다. 예를 들어 ExInterlockedIncrementLong 및 ExInterlockedCompareExchange API는 실제로 표준 인터락드 함수와 내장(intrinsic) 함수가 사용하는 동일한 lock 접두사를 사용한다. 이러한 함수는 lock 동작이 적합하지 않거나 이용 불가능한 오래된 시스템(또는 비x86시스템)에서 유용했다. 이러한 이유로 이러한 함수는 이제 더 이상 사용되지 않으며, 내장 함수를 위해 자동으로 인라인된다.

Low-IRQL 동기화

커널 외부의 이그제큐티브 소프트웨어도 멀티프로세서 환경에서 전역 데이터 구조체에 대한 액세스를 동기화해야 한다. 예를 들어 메모리 관리자에는 단 하나만 존재하는 페이지 프레임 데이터베이스가 있으며, 이는 전역 데이터 구조체다. 디바이스 드라이버는 그들의 디바이스에 배타적으로 액세스할 수 있는지 확인해야 한다. 커널 함수를 호출해 이그제큐티브는 스핀락을 생성하고 획득하고 해제할 수 있다.

그러나 스핀락의 동기화 메커니즘은 이그제큐티브의 요구 사항을 부분적으로만 충족한다. 스핀락을 대기하면 프로세서가 말 그대로 정지되기 때문에 스핀락은 다음과 같은 엄격하게 제한된 상황에서만 사용할 수 있다.

- 보호 리소스에 다른 코드와의 복잡한 상호작용 없이 신속하게 액세스해야 한다.
- 임계 구역 코드는 메모리에서 페이지 아웃될 수 없고 페이징 가능한 데이터를 참조할 수 없으며, 외부 프로시저(시스템 서비스 포함)를 호출할 수 없으며 인터럽트 또는 예외를 생성할 수 없다.

이러한 제약 사항은 제한적이며 모든 상황에서 충족될 수 없다. 또한 이그제큐티브는 상호 배제 외에도 다른 유형의 동기화를 수행해야 하며 유저 모드에 대한 동기화 메커니즘도 제공해야 한다.

스핀락이 적합하지 않을 때 사용할 수 있는 몇 가지 추가 동기화 메커니즘이 있다.

- 커널 디스패처 객체(뮤턴트, 세마포어, 이벤트, 타이머)
- 패스트 뮤텍스fast mutexes와 가드 뮤텍스guarded mutexes
- 푸시락pushlocks
- 이그제큐티브 리소스
- 일회성 초기화(InitOnce)

또한 낮은 IRQL에서도 실행되는 유저 모드 코드는 자신만의 락 프리미티브를 가질 수 있어야 한다. 윈도우는 다양한 유저 모드 전용의 프리미티브를 지원한다.

- 커널 디스패처 객체를 참고하는 시스템 콜
- 조건 변수(CondVars)
- 슬림 리더/라이터 락^{SRW Locks}
- 주소 기반 대기
- 일회성 초기화(InitOnce)
- 임계 구역

먼저 유저 모드 프리미티브를 보고 나중에 이들에 대한 하부의 커널 모드 지원을
살펴본다. 지금은 커널 모드 객체에 중점을 두고 살펴본다. 표 8-26은 이러한 메
커니즘의 기능과 커널 모드 APC 전달과의 상호작용을 비교하고 대조한다.

표 8-26 커널 동기화 메커니즘

	디바이스 드라이버 사용 목적으로 공개됨	일반 커널 모드 APC를 비활성화함	특수 커널 모드 APC를 비활성화함	재귀적 획득을 지원	공유 및 배타적 획득을 지원
커널 디스패처 뮤텍스	예	예	아니요	예	아니요
커널 디스패처 세마포어, 이벤트, 타이머	예	아니요	아니요	아니요	아니요
패스트 뮤텍스	예	예	예	아니요	아니요
가드 뮤텍스	예	예	예	아니요	아니요
푸시락	예	아니요	아니요	아니요	예
이그제큐티브 리소스	예	아니요	아니요	예	예
런다운 보호	예	아니요	아니요	예	예

커널 디스패처 객체

커널은 디스패처 객체로 알려진 커널 객체의 형태로 이그제큐티브에게 추가 동기화 메커니즘을 제공한다. 유저가 볼 수 있는 윈도우 API 동기화 객체는 커널 디스패처 객체에서 동기화 기능을 획득한 것이다. 유저가 볼 수 있는 각 동기화 지원 윈도우 API 객체는 적어도 하나 이상의 커널 디스패처 객체를 캡슐화한다. 이그제큐티브 동기화의 본질은 객체 관리자가 제공하는 유사한 시스템 서비스를 호출함으로써 윈도우 서브시스템이 구현한 WaitForSingleObject 및 WaitForMultipleObjects 함수를 통해 윈도우 프로그래머에게 보이는 것이다. 윈도우 애플리케이션의 스레드는 윈도우 프로세스, 스레드, 이벤트, 세마포어, 뮤텍스, 대기 타이머[waitable timer], I/O 완료 포트[completion port], ALPC 포트, 레지스트리 키 또는 파일 객체와 동기화할 수 있다. 사실 커널에 의해 공개된 거의 모든 객체는 대기할 수 있다. 그중 일부는 적절한 디스패처 객체인 반면 다른 것들은 내부에 (포트, 키, 파일 같은) 디스패처 객체를 포함한 더 큰 객체다. 표 8-27(이 장의 뒷부분에 나오는 '무엇이 객체를 시그널 시키는가?' 절)은 적절한 디스패처 객체를 보여주므로 윈도우 API가 대기하게 허용한 다른 객체는 내부적으로 이러한 프리미티브 중 하나를 포함할 것이다.

이그제큐티브 리소스와 푸시락은 서로 다른 2가지 유형의 이그제큐티브 동기화 메커니즘으로 주목할 가치가 있다. 이러한 메커니즘은 공유 읽기 액세스(다수의 리더가 읽기 전용 액세스를 허용하는 구조)뿐 아니라 배타적 액세스(뮤텍스와 같은)를 제공한다. 그러나 커널 모드 코드에서만 사용할 수 있으므로 윈도우 API에서는 액세스할 수 없다. 또한 이들은 진정한 객체가 아니다. 이들은 원시[raw] 포인터와 Ex API를 통해 공개된 API를 갖고 있으며 객체 관리자와 핸들 시스템은 연관돼 있지 않다. 나머지 하위 절에서는 디스패처 객체 대기의 세부 구현 사항을 설명한다.

디스패처 객체 대기

스레드가 디스패처 객체와 동기화할 수 있는 전통적인 방법은 객체의 핸들을 대기하거나 특정 유형의 객체에 대해 객체 포인터를 직접 대기하는 것이다. 유저 모드에도 공개된 NtWaitForXxx API 클래스는 핸들로 동작하는 반면 KeWaitForXxx API는 디스패처 객체를 직접 다룬다.

Nt API는 객체 관리자(ObWaitForXxx 함수 클래스)와 통신하기 때문에 이 장의 앞부분에 있는 '객체' 절에서 설명한 추상화 과정을 거친다. 예를 들어 Nt API를 사용하면 핸들을 파일 객체에 전달할 수 있다. 객체 관리자가 객체 유형 정보를 이용해 FILE_OBJECT 내부의 Event 필드로 대기를 리다이렉션하기 때문이다. 반면 Ke API는 실제 디스패처 객체, 즉 DISPATCHER_HEADER 구조체로 시작하는 객체에서만 작동한다. 액세스 방식에 관계없이 이러한 호출을 통해 궁극적으로 커널은 스레드를 대기 상태로 전환한다.

디스패처 객체를 대기하는 완전히 다른 최신 액세스 방식은 비동기식 대기와 연관이 있다. 이 액세스 방식은 기존 I/O 완료 포트 인프라를 활용한다. 대기 완료 패킷(wait completion packet)이라는 중간 객체를 통해 I/O 완료 포트를 지원하는 커널 큐와 디스패처 객체를 연결한다. 이 메커니즘 덕분에 스레드는 기본적으로 대기를 등록하지만 디스패처 객체를 직접 블로킹하지 않고 대기 상태에 들어가지 않는다. 대기가 만료될 때 I/O 완료 포트에 대기 완료 패킷이 삽입돼 I/O 완료 포트에서 항목을 가져오거나 기다리는 모든 대상에게 통지하는 역할을 한다. 이를 통해 하나 이상의 스레드가 다양한 객체에 대한 대기 표시를 등록할 수 있으며 각각의 스레드(또는 스레드 풀)가 기본적으로 대기할 수 있다. 짐작대로 이 메커니즘은 대기 콜백을 지원하는 CreateThreadPoolWait 및 SetThreadPoolWait와 같은 스레드 풀 API의 핵심이다.

마지막으로 비동기 대기 메커니즘은 현재 하이퍼V용으로 예약된 DPC 대기 이벤트 기능을 통해 확장됐고 윈도우 10의 최신 빌드에 구축됐다(API가 있지만 아직 공개되지 않음). 커널 모드 드라이버를 위한 디스패처 대기의 마지막 액세스 방식을 소개한다. 여기서 지연된 프로시저 호출DPC(이 장의 앞부분에서 설명)이 스레드와 I/O 완료 포트 대신 디스패처 객체와 연관될 수 있다. 앞에서 설명한 메커니즘과 유사하게 DPC는 객체에 등록되고 대기가 만료될 때 (드라이버가 이제 막 KeInsertQueueDpc를 호출한 것처럼) 현재 프로세서의 대기열에 들어간다. 디스패처 락이 해제되고 IRQL이 DISPATCH_LEVEL 아래로 내려가면 DPC는 현재 프로세서에서 실행된다. 이러한 드라이버가 제공하는 콜백은 객체의 시그널 상태에 반응할 수 있게 해준다.

대기 메커니즘에 관계없이 대기 중인 동기화 객체는 시그널 상태 또는 넌시그널 상태 중 하나일 수 있다. 스레드는 대기가 만료될 때까지 실행을 재개할 수 없다. 따라서 디스패처 객체가 넌시그널 상태에서 시그널 상태로의 상태 변경을 대기하는 스레드에서 이러한 상황이 발생한다(예를 들면 또 다른 스레드가 이벤트 객체를 시그널 상태로 바꿀 때와 같은 상황이다).

객체와 동기화하고자 스레드는 객체 관리자가 제공하는 대기 시스템 서비스 중하나를 호출해 동기화하려는 객체에 핸들을 전달한다. 스레드는 하나 또는 여러 객체를 대기할 수 있으며 특정 시간 내에 종료되지 않은 경우 대기를 취소하게 지정할 수도 있다. 커널이 객체를 시그널 상태로 설정할 때마다 커널의 시그널 루틴 중 하나는 이 객체를 대기하는 다른 스레드들이 있는지 그리고 시그널 상태로 변경된 다른 대기 객체들이 있는지 확인한다. 이에 해당한다면 대기 상태에 있는 하나 이상의 스레드를 해제해 계속 실행될 수 있게 한다.

객체가 시그널 상태가 되는 것을 비동기적으로 알리고자 스레드는 I/O 완료 포트를 생성한 다음 `NtCreateWaitCompletionPacket`을 호출해 대기 완료 패킷 객체를 생성하고 이에 대한 핸들을 다시 받는다. 그런 다음 `NtAssociateWaitCompletionPacket`을 호출해 I/O 완료 포트에 대한 핸들과 방금 생성한 대기 완료 패킷에 대한 핸들을 모두 전달하고 알림을 받고자 하는 객체에 대한 핸들과 결합한다. 커널이 객체를 시그널 상태로 설정할 때마다 시그널 루틴에서 현재 객체를 기다리는 스레드가 없는 경우 대신 I/O 완료 포트와 연결된 대기가 있는지 확인한다. 연결된 대기가 있다면 포트와 연결된 큐 객체가 시그널되고 현재 대기 중인 스레드가 깨어나 대기 완료 패킷을 처리하게 한다(또는 대안으로 스레드가 들어와 대기를 시도할 때까지 큐가 시그널 상태로 존재한다). 연결된 I/O 완료 포트가 없을 경우 DPC가 대신 연결돼 있는지 확인한다. 이 경우 DPC가 현재 프로세서의 큐에 추가된다. 이 부분은 앞에서 설명한 커널 전용 DPC 대기 이벤트 메커니즘에서 다룬다.

다음 이벤트 설정 예시는 동기화가 스레드 디스패칭과 어떻게 상호작용하는지 보여준다.

- 유저 모드 스레드는 이벤트 객체의 핸들을 대기한다.
- 커널은 스레드의 스케줄링 상태를 대기^{waiting} 상태로 변경한 후 이벤트를 대기하는 스레드 리스트에 스레드를 추가한다.

- 다른 스레드가 이벤트를 설정한다.
- 커널은 이벤트를 대기하는 스레드 리스트를 확인한다. 스레드의 대기 조건이 충족되면(다음 노트 참고), 커널은 해당 스레드를 스레드 대기 상태에서 해제한다. 가변 우선순위 스레드인 경우 커널은 실행 우선순위를 높일 수도 있다(스레드 스케줄링에 대한 자세한 내용은 Vol.1의 4장을 참고).

> 어떤 스레드는 둘 이상의 객체를 대기하고 있을 수도 있다. 따라서 이들 스레드는 WaitAny 대기(대기 중인 모든 객체가 아닌 한 객체만이라도 시그널된다면 그 즉시 대기 스레드를 깨운다)를 지정하지 않는다면 계속해서 대기해야 할 수도 있다.

무엇이 객체를 시그널시키는가?

시그널 상태는 객체에 따라 다르게 정의된다. 스레드 객체는 자신의 수명 동안에는 넌시그널 상태며, 스레드가 종료될 때 커널에 의해 시그널 상태로 설정된다. 유사하게 커널은 프로세스의 마지막 스레드가 종료될 때 프로세스 객체를 시그널 상태로 설정한다. 이에 반해 타이머 객체는 자명종처럼 특정 시간에 작동하게 설정된다. 시간이 만료되면 커널은 타이머 객체를 시그널 상태로 설정한다.

동기화 메커니즘을 선택할 때 프로그래머는 다른 동기화 객체들이 동작을 제어하는 규칙들을 고려해야 한다. 객체가 시그널 상태로 설정됐을 때 스레드의 대기가 종료되는지 여부는 표 8-27과 같이 스레드가 대기하는 객체의 유형에 따라 다르다.

표 8-27 시그널 상태에 대한 정의

객체 타입	시그널 상태로 변경되는 시점	대기 스레드에 미치는 영향
프로세스	마지막 스레드가 종료될 때	모두 해제된다.
스레드	스레드가 종료될 때	모두 해제된다.
이벤트(통지 타입)	스레드가 이벤트를 설정할 때	모두 해제된다.
이벤트(동기화 타입)	스레드가 이벤트를 설정할 때	하나의 스레드가 해제되고 우선순위가 올라갈 수 있다. 이벤트 객체가 리셋된다.

(이어짐)

객체 타입	시그널 상태로 변경되는 시점	대기 스레드에 미치는 영향
게이트(락 타입)	스레드가 게이트를 설정할 때	첫 번째 대기 중인 스레드가 해제되고 우선순위가 올라간다.
게이트(시그널 타입)	스레드가 타입을 설정할 때	첫 번째 대기 중인 스레드가 해제된다.
키드 이벤트	스레드가 키를 갖고 이벤트를 설정할 때	키를 대기하고 있고 시그널을 보낸 프로세스와 동일한 프로세스의 스레드가 해제된다.
세마포어	세마포어 카운트가 1 감소할 때	하나의 스레드가 해제된다.
타이머(통지 타입)	설정 시간이 됐거나 타임 간격이 만료될 때	모두 해제된다.
타이머(동기화 타입)	설정 시간이 됐거나 타임 간격이 만료될 때	하나의 스레드가 해제된다.
뮤텍스	스레드가 뮤텍스를 해제할 때	하나의 스레드가 해제되고 뮤텍스에 대한 소유권을 가진다.
큐	큐에 아이템이 들어올 때	하나의 스레드가 해제된다.

객체가 시그널 상태로 변경되면 대기 중인 스레드는 일반적으로 대기 상태에서 즉시 해제된다.

예를 들어 윈도우 API에서는 수동 리셋 이벤트^{manual reset event}라고도 불리는 통지^{notification} 이벤트 객체는 일부 이벤트의 발생을 알리는 데 사용된다. 이벤트 객체가 시그널 상태로 설정되면 이벤트를 대기하고 있는 모든 스레드가 해제된다. 하지만 한 번에 둘 이상의 객체를 대기하는 모든 스레드는 예외다. 이러한 스레드는 추가적인 객체가 시그널 상태에 도달할 때까지 계속 대기해야 할 수도 있다.

이벤트 객체와 달리 뮤텍스 객체는 (DPC 중에 획득하지 않았다면) 객체와 연관된 소유권을 가진다. 리소스에 대한 상호 배타적 액세스 권한을 얻고자 사용하고, 한 번에 하나의 스레드만 뮤텍스를 보유할 수 있다. 뮤텍스 객체가 해제되면 커널은 이를 시그널 상태로 설정한다. 그리고 다음에 실행할 대기 스레드 하나를 선택하는 동시에 적용된 우선순위 상승도 상속한다(우선순위 상승에 대한 자세한 내용은 Vol.1의 4장을 참고한다). 커널이 선택한 스레드는 뮤텍스 객체를 획득하고 다른 모든 스레드는 계속해서 대기한다.

현재 객체를 소유하고 있는 스레드가 종료되면 뮤텍스 객체도 버려질 수 있다. 스레드가 종료되면 커널은 스레드가 소유한 모든 뮤텍스를 열거하고 이를 버려진^{abandoned} 상태로 설정한다. 이는 뮤텍스의 소유권이 대기 중인 스레드로 넘어가면서 시그널 상태로 처리된다.

이 간단한 설명은 다양한 이그제큐티브 객체를 사용하는 모든 이유와 애플리케이션을 나열하기 위한 것이 아니라 기본 기능과 동기화 동작을 나열하기 위한 것이다. 이러한 객체를 윈도우 프로그램에서 사용하는 방법에 대한 정보는 동기화 객체에 대한 윈도우 참조 문서 또는 제프리 리치와 크리스토프 나자르e의 책『Windows via C/C++』(한빛미디어, 2019)를 참고한다.

객체가 없는 대기(스레드 알림)

객체가 시그널 상태가 되는 것을 대기하거나 이에 대한 알림을 받는 기능은 매우 강력하다. 프로그래머가 처리할 수 있는 다양한 디스패처 객체가 존재하지만 때로는 훨씬 간단한 액세스 방식이 필요할 때가 있다. 한 스레드가 특정 조건이 충족되기를 기다린다면 다른 스레드에서는 조건이 충족되면 시그널시켜야 한다. 이벤트를 조건에 맞게 연결시켜 원하는 결과를 얻을 수도 있지만 여기에는 리소스(예를 들면 메모리, 핸들)가 필요하며 리소스 획득과 생성은 시간이 걸리고 복잡하며 실패할 수도 있다. 윈도우 커널은 디스패처 객체에 연결하지 않는 동기화를 위한 2가지 메커니즘을 제공한다.

- 스레드 알림
- ID를 이용한 스레드 알림

이름은 비슷하지만 두 메커니즘은 서로 다른 방식으로 동작한다. 스레드 알림이 어떻게 동작하는지 살펴보자. 먼저 동기화하려는 스레드가 **SleepEx**를 사용해 알림 가능한 슬립 모드에 들어간다(궁극적으로는 NtDelayExecutionThread가 발생한다). 커널 스레드는 **KeDelayExecutionThread**를 사용할지 여부를 선택할 수도 있다. 이전에 소프트웨어 인터럽트 및 APC를 다루는 절에서 알림 가능성의 개념을 설명했다. 이 경우 스레드는 타임아웃 값을 지정하거나 영구적으로 슬립^{sleep} 상태로 들어갈 수 있다.

두 번째로, 다른 쪽은 NtAlertThread(또는 KeAlertThread) API를 사용해 스레드를 깨워 슬립 상태를 중단시키고 상태 코드 STATUS_ALERTED가 반환되게 한다. 완벽을 기하고자 스레드가 알림 가능한 슬립 상태에 들어가지 않게 선택할 수 있지만 대신 이후 원하는 시점에 NtTestAlert(또는 KeTestAlertThread) API를 호출할 수 있다는 점도 주목할 가치가 있다. 마지막으로 스레드는 자기 자신을 멈춤으로써(NtSuspendThread 또는 KeSuspendThread 호출) 알림 가능한 대기 상태에 진입하는 것을 피할 수도 있다. 이 경우 다른 쪽은 NtAlertResumeThread를 사용해 스레드를 깨워 다시 시작할 수 있다.

이 메커니즘은 우아하고 간단하지만 해당 알림이 대기와 관련된 것인지 식별할 방법이 없다는 사실을 포함해 몇 가지 문제가 있다. 첫째, 다른 스레드도 대기 스레드에 알림을 보낼 수 있으며 알림을 구별할 방법이 없다. 둘째, 알림 API는 공식적으로 공개돼 있지 않다. 즉, 내부 커널과 유저 서비스는 이 메커니즘을 활용할 수 있지만 서드파티 개발자는 알림을 사용할 수 없다. 셋째, 스레드가 알림을 받으면 펜딩 중인 큐드 APC 또한 실행을 시작한다(예를 들어 애플리케이션에서 이러한 알림 API가 사용된 유저 모드 APC가 있다). 그리고 마지막으로 NtAlertThread는 여전히 대상 스레드에 대한 핸들을 오픈해야 한다. 이 작업은 기술적인 관점에서 리소스 획득으로 간주되는 작업이기 때문에 실패할 수 있는 작업이다. 호출자는 이론적으로 미리 핸들을 오픈해 알림이 성공하도록 보장할 수는 있지만 여전히 전체 메커니즘에서 핸들 비용이 추가된다.

이러한 문제에 대응하고자 윈도우 커널은 윈도우 8부터 ID별 알림alert by ID 최신 메커니즘을 도입했다. 이 메커니즘을 사용하는 시스템 콜(NtAlertThreadByThreadId 및 NtWaitForAlertByThreadId)은 공개돼 있지 않지만 나중에 설명할 Win32 유저 모드 대기 API는 공개돼 있다. 이러한 시스템 콜은 스레드ID 입력만으로도 사용 가능하고 매우 간단해 리소스가 필요하지 않다. 물론 핸들이 없으면 보안 문제가 생길 수 있다. 따라서 이 API의 한 가지 단점은 현재 프로세스 내의 스레드와 동기화하는 데에만 사용할 수 있다는 것이다.

이 메커니즘의 동작을 설명하는 것을 매우 명확하다. 먼저 스레드가 NtWaitFor AlertByThreadId를 호출해 블로킹하고 타임아웃 시간을 전달한다. 타임아웃 시간은 선택적 정보다. 이렇게 하면 알림 가능성에 대한 문제없이 스레드가 실제 대기 상태가 된다. 사실 이러한 이름에도 이러한 유형의 대기는 설계상으로 알림이 불가능하다. 다음으로 다른 스레드는 NtAlertThreadByThreadId를 호출해 커널이 스레드ID를 조회하고 호출 프로세스에 속하는지 확인한 후 스레드가 NtWaitForAlertByThreadId 호출에 의해 블로킹된 상태인지 확인한다. 스레드가 이 상태에 있으면 깨어난 것이라 봐도 된다. 이 간단하고 우아한 메커니즘은 이 장의 뒷부분에 나오는 여러 유저 모드 동기화 프리미티브의 핵심이며 더 복잡한 동기화 방법에 이르는 모든 것을 구현하는 데 사용할 수 있다.

데이터 구조체

앞으로 설명할 3가지 데이터 구조체는 누가 대기하고 있는지, 어떻게 대기하는지, 무엇을 대기하고 있는지, 전체 대기 작업이 어떤 상태에 있는지 추적하는 데 중요하다. 이 3가지 구조체는 디스패처 헤더, 대기 블록 및 대기 상태 레지스터다. 앞 2개의 구조체는 WDK의 Wdm.h에 공개적으로 정의된 반면 마지막 하나는 공개되지 않았다. 하지만 KWAIT_STATUS_REGISTER 타입의 공용 심볼public symbol에서 볼 수 있다(Flags 필드는 KWAIT_STATE 열거enumeration에 해당한다).

디스패처 헤더dispatcher header는 정해진 크기의 구조체 내에 많은 정보를 갖고 있어야 하기 때문에 팩packed 구조체다(디스패처 헤더의 구조체 정의를 보려면 앞으로 나올 '실습: 대기 큐 실펴보기' 절을 참고한다). 이를 정의하고자 사용한 주요 기술 중 하나는 상호 배타적인 플래그를 구조체의 동일한 메모리 오프셋offset에 저장하는 것인데, 이를 프로그래밍 이론에서는 유니온union이라고 부른다. Type 필드를 사용해 커널은 이러한 필드 중 어느 것과 관련이 있는지 알 수 있다. 예를 들어 뮤텍스는 Abandoned 필드를 통해 상태를 설정할 수 있지만 타이머는 Absolute 필드를 통해 절대 시간인지 상대 시간인지를 표현할 수 있다. 유사하게 타이머는 Inserted 필드를 통해 타이머 리스트에 삽입됐는지를 알 수 있지만 DebugActive 필드는 프로세스에 대해서만 의미가 있다. 이러한 특정 필드 외에도 디스패처 헤더에는 디스패처 객체와 상관없는 의미 있는 정보가 포함돼 있다. 시그널 상태를 표현하는 SignalState 필드 및 대기 블록과 연관된 객체를 위한 WaitListHead 필드가 그런 정보다.

이러한 대기 블록[wait blocks]은 스레드(또는 비동기 대기의 경우 I/O 완료 포트)가 객체에 연결돼 있음을 나타낸다. 대기 상태에 있는 각 스레드에는 해당 스레드가 기다리고 있는 객체를 나타내는 최대 64개의 대기 블록 배열이 있다(잠재적으로 호출자가 지정한 타임아웃을 처리하기 위한 내부 스레드 타이머를 가리키는 대기 블록도 포함한다). 또는 ID를 통한 알림 프리미티브가 사용되는 경우 디스패처 기반 대기가 아니라는 특별한 표시가 있는 단일 블록이 있다. `NtWaitForAlertByThreadId`의 호출자에게 주기 위한 힌트로 `Object` 필드가 있다. 2가지 주요 목적을 위해 이 배열을 유지한다.

- 스레드가 종료될 때 대기하고 있던 모든 객체를 역참조해야 하며 대기 블록이 삭제되고 객체에서 연결이 끊어진다.
- 스레드가 대기 중인 객체 중 하나에 의해 깨어날 때(시그널 상태가 돼 대기가 끝날 때) 대기 중일 수 있는 다른 모든 객체는 역참조돼야 하고 대기 블록이 삭제되고 연결이 끊어진다.

앞서 언급했듯이 스레드가 대기 중인 모든 객체를 배열에 저장하고 있는 것처럼 각 디스패처 객체에는 연결된 대기 블록을 저장할 수 있는 링크드 리스트가 있다. 이 리스트를 통해 디스패처 객체가 시그널됐을 때 커널은 누가 이 객체를 기다리고 있는지(또는 어떤 I/O 완료 포트가 연결돼 있는지)를 빠르게 판단할 수 있고, 곧 설명할 대기 완료 논리를 적용할 수 있다.

마지막으로 각 CPU에서 실행되는 밸런스 세트 관리자(이에 대한 자세한 내용은 Vol.1의 5장 참고) 스레드는 각 스레드가 대기한 시간을 분석해야 하기 때문에(커널 스택을 페이지 아웃할지 여부를 결정하고자) 각 PRCB에는 해당 CPU에서 마지막으로 실행된 적격한[eligible] 대기 스레드 리스트가 있다. 스레드가 동시에 준비하고 대기할 수 없기 때문에 KTHREAD 구조체의 Ready List 필드를 재사용한다. 적격 스레드는 다음 3가지 조건을 충족해야 한다.

- 대기는 유저 모드의 대기 모드여야 한다(커널 모드 대기는 시간에 민감한 것으로 가정하며 스택 스와핑 비용이 들지 않는다).
- 스레드에는 `EnableStackSwap` 플래그가 설정돼 있어야 한다(커널 드라이버는 `KeSetKernelStackSwapEnable` API를 통해 이를 비활성화할 수 있다).

- 스레드의 우선순위는 Win32 실시간 우선순위 범위 이하여야 한다(실시간 프로세스 우선순위 클래스에 속하는 일반적인 스레드의 우선순위 기본값은 24다).

대기 블록 구조체는 항상 고정돼 있지만 대기 유형에 따라 일부 필드가 다른 방식으로 사용된다. 예를 들어 일반적으로 대기 블록에는 대기 중인 객체에 대한 포인터가 있지만 앞에서 나온 ID별 알림^{alert-by-ID} 대기인 경우 관련된 객체가 없다. 따라서 이 경우 포인터는 호출자가 지정한 힌트^{Hint}를 나타낸다. 비슷하게 대기 블록은 일반적으로 객체를 대기하는 스레드를 다시 가리키지만 대기 완료 패킷이 비동기 대기의 일부로서 객체와 연결된 경우 I/O 완료 포트의 큐를 가리킬 수도 있다.

그러나 wait type과 wait block 상태는 항상 유지되는 필드다. 또한 유형에 따라 wait key가 존재할 수도 있다. wait type은 5가지 가능한 대기 만료 체제 유형 중 사용할 수 있는 유형을 결정하기 때문에 대기 만료 동안 매우 중요하다. 예를 들어 wait any 대기 유형의 경우 커널은 다른 객체 중 적어도 하나(현재 객체)가 시그널 상태가 되면 다른 객체의 상태에 신경 쓰지 않는다. 반면 wait all의 경우 커널은 다른 모든 객체가 동시에 시그널 상태가 된 경우에만 스레드를 깨울 수 있으며, 이를 위해서는 대기 블록 및 관련 객체를 반복해서 확인해야 한다.

wait dequeue[KS2] 대기 유형은 디스패처 객체가 실제로 큐(I/O 완료 포트)이고 (KeRemoveQueue(Ex) 또는 (Nt)IoRemoveIoCompletion을 호출함으로써) 완료 패킷을 사용 가능하게 하는 큐를 대기 중인 스레드가 있는 상황에서 사용하는 특수한 경우라고 볼 수 있다. 큐에 연결된 대기 블록은 다른 디스패처 객체와 같은 FIFO 순서 대신 LIFO 순서로 동작한다. 따라서 큐가 시그널되면 올바른 조치를 취할 수 있게 된다(스레드는 여러 객체를 기다리고 있을 수 있으므로 여전히 주기적으로 처리해야 하는 wait any 또는 wait all 상태의 다른 대기 블록이 있을 수 있음을 명심한다).

wait notification의 경우 객체와 연결된 스레드가 전혀 없고 큐에 시그널될 연결된 I/O 완료 포트가 있는 비동기 대기라는 것을 커널에 알린다(큐 자체가 디스패처 객체이기 때문에 큐와 잠재적으로 대기 중인 모든 스레드에 대해 2차 대기 만료가 발생한다).

마지막으로 새로 도입된 대기 유형인 wait DPC는 커널에 이 대기와 관련된 스레드나 I/O 완료 포트가 없고 대신 DPC 객체가 있음을 알린다. 이 경우 포인터는 초기화된 KDPC 구조체를 나타내며, 커널은 디스패처 락이 삭제됐을 때 즉각적으로 실행하고자 현재 프로세서의 큐에 대기한다.

대기 블록은 현재 진행 중인 트랜잭션 대기 동작에서 이 대기 블록의 현재 상태를 정의하는 휘발성^{volatile} 대기 블록 상태^{wait block state}(KWAIT_BLOCK_STATE)를 포함하고 있다. 다양한 상태와 그 의미, 영향은 표 8-28에 설명돼 있다.

표 8-28 대기 블록 상태

상태	의미	영향
WaitBlockActive(4)	대기 블록은 대기 상태에 있는 스레드의 일부로서 객체에 연결돼 있다.	대기가 만료되는 동안 이 대기 블록은 대기 블록 리스트에서 빠진다.
WaitBlockInactive(5)	대기 블록과 연관된 스레드 대기가 만료됐다(또는 설정하는 동안 시간 초과로 이미 만료됐다).	대기가 만료되는 동안 이 대기 블록 리스트에서 빠지지 않는다. 액티브 상태일 때 이미 연결이 끊어졌어야 하기 때문이다.
WaitBlockSuspended(6)	대기 블록과 연결된 스레드가 가벼운 일시 중단(lightweight suspend) 작업을 진행 중이다.	기본적으로 WaitBlockActive와 동일하게 처리되지만 스레드를 재개할 때만 사용된다. 일반적인 대기 만료 시에는 무시된다(중단된 스레드도 무언가를 기다릴 수 있으므로).
WaitBlockBypassStart(0)	대기가 아직 커밋되지 않은 동안 시그널이 스레드에 전달되고 있다.	대기가 만료되는 동안(스레드가 실제 대기 상태에 들어가기 직전) 대기 중인 스레드는 대기 객체가 스택에 있을 수 있는 위험을 갖고 있기 때문에 시그널을 설정한 쪽에서 동기화해야 한다. 대기 블록을 비활성화로 표시하면 시그널을 설정한 쪽에서 스택에 액세스할 동안 기다리는 쪽에서 스택을 해제한다.
WaitBlockBypassComplete(1)	대기 블록과 연결된 스레드 대기가 이제 제대로 동기화됐으며(대기 만료가 완료됨) 우회 시나리오가 완료됐다.	이제 대기 블록은 기본적으로 비활성 대기 블록과 동일하게 처리된다(무시됨).

(이어짐)

상태	의미	영향
WaitBlockSuspendBypassStart(2)	가벼운 일시 중단이 아직 커밋되지 않은 동안 시그널이 스레드에 전달되고 있다.	대기 블록은 기본적으로 WaitBlock BypassStart와 동일하게 처리된다.
WaitBlockSuspendBypassComplete(3)	대기 블록과 관련된 가벼운 일시 중단이 이제 제대로 동기화됐다.	이제 대기 블록은 WaitBlockSuspended 처럼 작동한다.

마지막으로 대기 상태 레지스터^{wait status register}의 존재를 언급했다. 윈도우 7에서 전역 커널 디스패치 락이 제거되면 대기 작업이 설정되는 동안 스레드(또는 대기 시작에 필요한 객체)의 전체 상태가 변경될 수 있다. 더 이상 전역 상태 동기화가 없기 때문에 다른 논리 프로세서에서 실행 중인 다른 스레드가 대기 중인 객체 중 하나에 시그널 돼거나 해당 스레드에 알림을 보내거나 APC를 보내는 것을 막을 방법이 없다. 따라서 커널 디스패처는 대기 중인 각 스레드 객체의 몇 가지 추가 데이터 포인트를 추적한다. 스레드의 현재 세분화된 대기 상태(KWAIT_STATE, 대기 블록 상태와 혼동하지 말 것)와 진행 중인 대기 작업의 결과를 수정할 수 있는 펜딩 상태 변경이 그 포인트라고 할 수 있다. 이 두 데이터를 통해 대기 상태 레지스터(KWAIT_STATUS_REGISTER)를 구성한다.

스레드가 **WaitForSingleObject** 호출 등으로 인해 주어진 객체를 대기하라는 지시를 받으면 먼저 대기를 시작하면서 대기 상태로의 진입(WaitInProgress)을 시도한다. 이 작업은 현재 스레드에 펜딩 중인 알림이 없는 경우 성공한다(알림이 대기를 선점할 수 있는지 여부는 대기의 알림 가능성 및 대기의 현재 프로세서 모드를 기반으로 결정한다). 알림이 있다면 대기로 진입하지 않고 호출자는 적절한 상태 코드를 받는다. 그렇지 않으면 스레드는 이제 **WaitInProgress** 상태에 들어가며 이 시점부터 주 스레드 상태는 **Waiting**으로 설정되고 대기 이유와 대기 시간이 기록되며 지정된 타임아웃도 등록된다.

일단 대기가 시작되면 스레드는 필요에 따라 대기 블록을 초기화(및 프로세스에서 WaitBlockActive로 표시)한 후 이 대기에 포함된 모든 객체를 락할 수 있다. 각 객체에는 자체 락이 있다. 여러 프로세서가 **WaitForMultipleObjects**를 호출할 수 있으므로 많은 객체가 발생하는데, 이들로 구성된 대기 체인을 분석할 때 커널이 일관된 락 순서 체계를 유지할 수 있어야 한다. 커널은 이를 위해 주소 순서화^{address ordering}

라는 기술을 이용한다. 각 객체에는 고유한 정적 커널 모드 주소가 있으므로 객체를 단순하게 오름차순으로 정렬할 수 있다. 따라서 항상 모든 호출자가 동일한 순서로 락을 획득 및 해제하도록 보장한다. 즉, 호출자가 제공한 객체 배열이 복제되고 그에 따라 정렬된다.

다음 단계는 대기가 즉시 만료되는지 확인하는 것이다. 이는 스레드가 이미 해제된 뮤텍스나 이미 시그널이 설정된 이벤트를 기다리는 것과 같은 상황으로, 연결된 대기 블록의 연결을 해제하고(그러나 이 경우 대기 블록이 아직 삽입되지 않음) 대기 종료 수행(대기 상태 레지스터에 표시된 펜딩 중인 스케줄러 작업 처리)을 포함한 대기가 즉시 만료된다. 이 동작이 실패하면 커널은 다음으로 대기에 지정된 타임아웃이 있는지 확인하고, 있다면 이미 만료됐는지 확인한다. 이런 경우 대기는 만료가 아닌 타임아웃 처리돼 동일한 결과에도 종료 코드를 약간 더 빠르게 처리한다.

이러한 작업 중 어느 것도 효과적이지 않은 경우 대기 블록이 스레드의 대기 리스트에 삽입되고 스레드는 대기를 커밋하려고 시도한다(한편 객체 락이 해제돼 스레드가 대기를 시도해야 하는 객체에 대해 다른 프로세서가 객체의 상태를 수정할 수도 있다). 다른 프로세서가 이 스레드나 대기 객체에 관심이 없는 비경쟁적인 시나리오를 가정하면 대기 상태 레지스터에 표시된 펜딩 변경 사항이 없는 한 대기는 커밋된 상태로 전환된다. 커밋 작업은 PRCB 리스트에 대기 스레드를 연결한다. 필요한 경우 추가적인 대기 큐 스레드를 활성화하고 대기 타임아웃과 관련된 타이머가 있는 경우 이를 삽입한다. 이 시점까지 잠재적으로 많은 사이클이 경과했기 때문에 타임아웃이 이미 경과했을 수도 있다. 이 시나리오에서 타이머를 삽입하면 스레드를 즉시 시그널할 것이며 타이머 대기 만료가 일어나고 전반적으로는 대기 타임아웃이 될 것이다. 반면 더 일반적인 시나리오는 CPU가 실행 준비된 다음 스레드로 콘텍스트 전환하는 것이다(스케줄링에 대한 자세한 내용은 Vol.1의 4장을 참고한다).

멀티프로세서 시스템의 매우 치열한 경쟁 상황에서는 스레드가 대기를 커밋하는 중에 변경이 발생할 수 있다. 한 가지 가능한 시나리오로 기다리고 있던 객체 중하나가 막 시그널 상태가 된 것이다. 앞서 언급했듯이 이로 인해 연결된 대기 블록이 WaitBlockBypassStart 상태에 들어가고 스레드의 대기 상태 레지스터는 이제 WaitAborted 대기 상태를 나타낸다. 또 다른 가능한 시나리오로는 WaitAborted

상태로 설정하지는 않지만 대기 상태 레지스터의 대응하는 비트 중 하나를 설정하는 것이다. APC는 APC 유형, 대기 모드, 알림 가능성에 따라 대기를 중단할 수 있으므로 APC가 전달되고 대기가 중단된다. 전체 중단 사이클을 생성하지 않고 대기 상태 레지스터를 수정하는 작업에는 앞서 언급한 경우와 같이 커밋 실패로 인해 대기를 종료할 때 처리되는 스레드의 우선순위 또는 선호도에 대한 수정이 포함된다.

Vol.1의 4장에서 간략히 언급했듯이 최신 버전의 윈도우는 SuspendThread 및 ResumeThread에서 가벼운 일시 중단 메커니즘을 사용해 구현했다. 더 이상 APC를 큐에 넣지 않고 스레드 객체에 포함된 일시 중단 이벤트를 획득하지 않는다. 대신 다음 조건을 만족하면 기존 대기는 일시 중단 상태로 전환된다.

- KiDisableLightWeightSuspend가 0이다(관리자는 HKLM\SYSTEM\CurrentControlSet\Session Manager\Kernel에 있는 DisableLightWeightSuspend 레지스트리 값을 이용해 이 최적화를 끌 수 있다).
- 스레드의 상태가 Waiting으로, 이미 대기 상태에 있다.
- 대기 상태 레지스터가 WaitCommitted로 설정돼 있다. 즉, 스레드의 대기가 완전히 완료됐다.
- UMS^User-Mode Scheduling 기본 스레드나 예약된 스레드가 아니다(유저 모드 스케줄링에 대한 자세한 내용은 Vol.1의 4장 참고). 이는 스케줄러의 일시 중단 APC에서 구현된 추가적인 로직을 필요로 하기 때문이다.
- 스레드가 IRQL이 0(패시브 레벨)인 상태에서 대기 상태가 됐다. APC_LEVEL에서의 대기는 일시 중단 APC만 제공할 수 있는 특별한 처리가 필요하기 때문이다.
- 스레드에 현재 비활성화된 APC가 없고 진행 중인 APC도 없다. 이러한 상황에서는 스케줄러의 일시 중단 APC 전달만 달성할 수 있는 추가적인 동기화가 필요하기 때문이다.
- 스레드가 KeStackAttachProcess 호출을 통해 다른 프로세스에 연결돼 있지 않다. 앞서 언급한 것처럼 특별한 처리가 필요하기 때문이다.
- 스레드 대기와 관련된 첫 번째 대기 블록이 WaitBlockInactive 블록 상태가 아니라면 대기 타입은 반드시 WaitAll이어야 한다. 그렇지 않으면 최소 활성화된 WaitAny 블록이 하나 이상 있음을 의미한다.

앞에 나열한 목록이 암시하듯이 이 전환은 현재 활성 대기 블록을 가져와 대신 WaitBlockSuspended 상태로 전환하면서 발생한다. 대기 블록이 현재 객체를 가리키고 있으면 디스패처 헤더의 대기 리스트에서 연결이 해제된다. 더 이상 시그널을 통해 이 스레드가 깨어나지 않게 하기 위해서다. 스레드에 연결된 타이머가 있는 경우 해당 스레드는 취소되고 스레드의 대기 블록 배열에서 제거되며 완료 상태를 알리고자 플래그가 설정된다. 마지막으로 원래 대기 모드(커널 또는 유저)도 플래그에 보존된다.

더 이상 실제 대기 객체를 사용하지 않기 때문에 이 메커니즘에는 표 8-28에 있는 3가지 추가적인 대기 블록 상태와 4가지 새로운 대기 상태의 도입이 필요했다. 새로운 대기 상태는 WaitSuspendInProgress, WaitSuspended, WaitResumeInProgress, WaitResumeAborted다. 이러한 새로운 상태는 일반 상태와 유사한 방식으로 작동하지만 앞서 설명한 것과 동일한 경쟁 조건을 가벼운 일시 중단 작업 중에 해결한다.

예를 들어 스레드가 다시 시작되면 커널은 스레드가 가벼운 일시 중단 상태에 있는지 확인하고 하던 작업을 원복하고 대기 레지스터를 WaitResumeInProgress 상태로 설정한다. 그런 다음 각 대기 블록이 열거되고 WaitBlockSuspended 상태에 있는 모든 블록을 WaitBlockActive 상태로 배치하고 객체 디스패처 헤더의 대기 블록 리스트에 다시 연결한다. 그 동안 객체는 시그널되지 않아야 한다. 대신 이 경우 WaitBlockInactive 상태가 된다. 즉, 일반적으로 깨우는 작업과 동일하다. 마지막으로 스레드에 취소된 대기와 관련된 타임아웃이 설정된 경우 스레드 타이머는 타이머 테이블에 다시 삽입돼 원래 만료(타임아웃) 시간을 유지한다.

그림 8-39는 디스패처 객체, 대기 블록, 스레드, PRCB의 관계를 보여준다(스레드가 스택 스와핑에 적합하다고 가정한다). 이 예에서 CPU 0에는 2개의 커밋된 대기 스레드가 있다. 스레드 1은 객체 B를 대기하고 있으며 스레드 2는 객체 A와 B를 대기하고 있다. 객체 A가 시그널을 받으면 커널은 스레드 2도 다른 객체를 기다리고 있기 때문에 스레드 2가 실행될 준비가 될 수 없다는 것을 알게 된다. 반면 객체 B가 시그널을 받으면 커널은 스레드 1이 다른 객체를 기다리지 않기 때문에 스레드 1을 즉시 실행할 수 있다(또는 스레드 1이 다른 객체도 기다리고 있지만 대기 유형이 WaitAny라면 커널은 여전히 스레드 1을 깨울 수 있다).

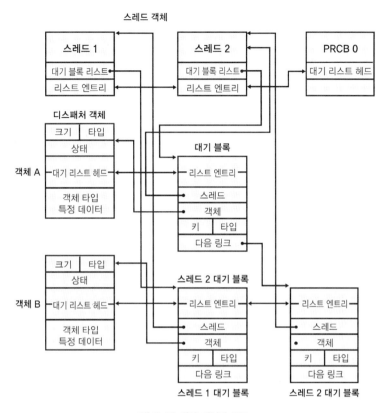

스레드 객체

그림 8-39 대기 데이터 구조

실습: 대기 큐 살펴보기

커널 디버거의 !thread 명령으로 스레드가 대기 중인 객체 리스트를 볼 수 있다. 예를 들어 !process 명령에서 발췌한 다음 결과물은 스레드가 이벤트 객체를 대기 중이라는 것을 보여준다.

```
lkd> !process 0 4 explorer.exe

    THREAD ffff898f2b345080 Cid 27bc.137c Teb: 00000000006ba000
    Win32Thread: 0000000000000000 WAIT: (UserRequest) UserMode Non-Alertable
        ffff898f2b64ba60 SynchronizationEvent
```

dx 명령으로 객체의 디스패처 헤더를 확인할 수 있다.

```
lkd> dx (nt!_DISPATCHER_HEADER*)0xffff898f2b64ba60
(nt!_DISPATCHER_HEADER*)0xffff898f2b64ba60: 0xffff898f2b64ba60 [Type:
_DISPATCHER_HEADER*]
    [+0x000] Lock         : 393217 [Type: long]
    [+0x000] LockNV       : 393217 [Type: long]
    [+0x000] Type         : 0x1 [Type: unsigned char]
    [+0x001] Signalling   : 0x0 [Type: unsigned char]
    [+0x002] Size         : 0x6 [Type: unsigned char]
    [+0x003] Reserved1    : 0x0 [Type: unsigned char]
    [+0x000] TimerType    : 0x1 [Type: unsigned char]
    [+0x001] TimerControlFlags  : 0x0 [Type: unsigned char]
    [+0x001 ( 0: 0)] Absolute   : 0x0 [Type: unsigned char]
    [+0x001 ( 1: 1)] Wake       : 0x0 [Type: unsigned char]
    [+0x001 ( 7: 2)] EncodedTolerableDelay : 0x0 [Type: unsigned char]
    [+0x002] Hand              : 0x6 [Type: unsigned char]
    [+0x003] TimerMiscFlags    : 0x0 [Type: unsigned char]
    [+0x003 ( 5: 0)] Index     : 0x0 [Type: unsigned char]
    [+0x003 ( 6: 6)] Inserted  : 0x0 [Type: unsigned char]
    [+0x003 ( 7: 7)] Expired   : 0x0 [Type: unsigned char]
    [+0x000] Timer2Type        : 0x1 [Type: unsigned char]
    [+0x001] Timer2Flags       : 0x0 [Type: unsigned char]
    [+0x001 ( 0: 0)] Timer2Inserted     : 0x0 [Type: unsigned char]
    [+0x001 ( 1: 1)] Timer2Expiring     : 0x0 [Type: unsigned char]
    [+0x001 ( 2: 2)] Timer2CancelPending : 0x0 [Type: unsigned char]
    [+0x001 ( 3: 3)] Timer2SetPending   : 0x0 [Type: unsigned char]
    [+0x001 ( 4: 4)] Timer2Running      : 0x0 [Type: unsigned char]
    [+0x001 ( 5: 5)] Timer2Disabled     : 0x0 [Type: unsigned char]
    [+0x001 ( 7: 6)] Timer2ReservedFlags : 0x0 [Type: unsigned char]
    [+0x002] Timer2ComponentId  : 0x6 [Type: unsigned char]
    [+0x003] Timer2RelativeId   : 0x0 [Type: unsigned char]
    [+0x000] QueueType          : 0x1 [Type: unsigned char]
    [+0x001] QueueControlFlags  : 0x0 [Type: unsigned char]
    [+0x001 ( 0: 0)] Abandoned          : 0x0 [Type: unsigned char]
    [+0x001 ( 1: 1)] DisableIncrement   : 0x0 [Type: unsigned char]
    [+0x001 ( 7: 2)] QueueReservedControlFlags : 0x0 [Type: unsigned char]
    [+0x002] QueueSize          : 0x6 [Type: unsigned char]
    [+0x003] QueueReserved      : 0x0 [Type: unsigned char]
    [+0x000] ThreadType         : 0x1 [Type: unsigned char]
    [+0x001] ThreadReserved     : 0x0 [Type: unsigned char]
```

```
[+0x002] ThreadControlFlags      : 0x6 [Type: unsigned char]
[+0x002 ( 0: 0)] CycleProfiling : 0x0 [Type: unsigned char]
[+0x002 ( 1: 1)] CounterProfiling   : 0x1 [Type: unsigned char]
[+0x002 ( 2: 2)] GroupScheduling    : 0x1 [Type: unsigned char]
[+0x002 ( 3: 3)] AffinitySet        : 0x0 [Type: unsigned char]
[+0x002 ( 4: 4)] Tagged             : 0x0 [Type: unsigned char]
[+0x002 ( 5: 5)] EnergyProfiling    : 0x0 [Type: unsigned char]
[+0x002 ( 6: 6)] SchedulerAssist    : 0x0 [Type: unsigned char]
[+0x002 ( 7: 7)] ThreadReservedControlFlags : 0x0 [Type: unsigned char]
[+0x003] DebugActive    : 0x0 [Type: unsigned char]
[+0x003 ( 0: 0)] ActiveDR7          : 0x0 [Type: unsigned char]
[+0x003 ( 1: 1)] Instrumented       : 0x0 [Type: unsigned char]
[+0x003 ( 2: 2)] Minimal            : 0x0 [Type: unsigned char]
[+0x003 ( 5: 3)] Reserved4          : 0x0 [Type: unsigned char]
[+0x003 ( 6: 6)] UmsScheduled       : 0x0 [Type: unsigned char]
[+0x003 ( 7: 7)] UmsPrimary         : 0x0 [Type: unsigned char]
[+0x000] MutantType     : 0x1 [Type: unsigned char]
[+0x001] MutantSize     : 0x0 [Type: unsigned char]
[+0x002] DpcActive      : 0x6 [Type: unsigned char]
[+0x003] MutantReserved : 0x0 [Type: unsigned char]
[+0x004] SignalState    : 0 [Type: long]
[+0x008] WaitListHead   [Type: _LIST_ENTRY]
[+0x000] Flink   : 0xffff898f2b3451c0 [Type: _LIST_ENTRY *]
[+0x008] Blink   : 0xffff898f2b3451c0 [Type: _LIST_ENTRY *]
```

이 구조체는 유니온이므로 주어진 객체 유형과 일치하지 않는 값은 무시해야 한다. 관련이 없기 때문이다. 안타깝게도 윈도우 커널 소스코드나 WDK 헤더 파일의 주석을 보는 것 외에는 어떤 필드가 어떤 유형과 관련이 있는지 알기 쉽지 않다. 편의를 위해 표 8-29에는 디스패처 헤더 플래그와 해당 플래그가 적용되는 객체가 나열돼 있다.

표 8-29 디스패처 헤더 플래그의 사용법과 의미

플래그	적용되는 객체	의미
Type	모든 디스패처 객체	디스패처 객체의 유형을 식별하는 KOBJECTS열 거형 값

(이어짐)

플래그	적용되는 객체	의미
Lock	모든 객체	상태 또는 연결을 수정해야 하는 대기 작업 중 객체 동기화에 사용한다. 실제로는 Type 필드의 비트 7(0x80)에 해당한다.
Signaling	게이트	게이트가 시그널 상태가 됐을 때 깨어난 스레드에 우선순위 상승을 적용해야 한다.
Size	이벤트, 세마포어, 게이트, 프로세스	단일 바이트에 맞게 4로 나눈 객체의 크기다.
Timer2Type	유휴 탄력적 타이머	Type 필드에 매핑된다.
Timer2Inserted	유휴 탄력적 타이머	타이머가 타이머 핸들 테이블에 삽입됐을 때 설정된다.
Timer2Expiring	유휴 탄력적 타이머	타이머가 만료될 때 설정된다.
Timer2CancelPending	유휴 탄력적 타이머	타이머가 취소될 때 설정된다.
Timer2SetPending	유휴 탄력적 타이머	타이머가 등록될 때 설정된다.
Timer2Running	유휴 탄력적 타이머	타이머의 콜백이 활성화됐을 때 설정된다.
Timer2Disabled	유휴 탄력적 타이머	타이머가 비활성화됐을 때 설정된다.
Timer2ComponentId	유휴 탄력적 타이머	타이머와 관련된 잘 알려진 구성 요소를 식별한다.
Timer2RelativeId	유휴 탄력적 타이머	앞에서 지정한 구성 요소 ID 안에서 이것이 어떤 타이머인지 식별한다.
TimerType	타이머	Type 필드에 매핑된다.
Absolute	타이머	만료 시간이 절대 시간이다. 즉, 상대 시간이 아니다.
Wake	타이머	깨울 수 있는 타이머다. 즉, 시그널 상태가 되면 대기를 종료해야 한다.
EncodedTolerableDelay	타이머	타이머가 예상 주기를 벗어날 때 지원할 수 있는 최대 허용 오차(2의 거듭제곱으로 시프트)다.

(이어짐)

플래그	적용되는 객체	의미
Hand	타이머	타이머 핸들 테이블에 대한 인덱스다.
Index	타이머	타이머 만료 테이블에 대한 인덱스다.
Inserted	타이머	타이머 핸들 테이블에 삽입 완료한 경우 설정된다.
Expired	타이머	타이머가 이미 만료됐을 때 설정된다.
ThreadType	스레드	Type 필드에 매핑된다.
ThreadReserved	스레드	사용하지 않음
CycleProfiling	스레드	이 스레드에 대해 CPU 사이클 프로파일링이 활성화됐다.
CounterProfiling	스레드	이 스레드에 대해 하드웨어 CPU 성능 카운터 모니터링/프로파일링이 활성화됐다.
GroupScheduling	스레드	이 스레드에 대해 스케줄링 그룹이 활성화돼 있으며, 예를 들어 DFSS(Distributed Fair-Share Scheduler) 모드에서 실행되거나 CPU 스로틀링(throttling)을 구현하는 작업 객체가 있을 경우다.
6AffinitySet	스레드	스레드에 연동된 CPU 세트가 있다.
Tagged	스레드	스레드에 속성 태그가 할당됐다.
EnergyProfiling	스레드	이 스레드가 속한 프로세스에 대해 에너지 추정(energy estimation)이 활성화된다.
SchedulerAssist	스레드	하이퍼V XTS(eXTended Scheduler)가 활성화되고 이 스레드는 VM 최소 프로세스 내부의 가상 프로세서(VP) 스레드에 속한다.
Instrumented	스레드	스레드에 유저 모드 계측 콜백이 있는지 여부를 지정한다.

(이어짐)

플래그	적용되는 객체	의미
ActiveDR7	스레드	하드웨어 브레이크포인트가 사용 중이므로 DR7이 활성 상태이며 콘텍스트 작업 중에 삭제돼야 한다. 이 플래그는 DebugActive라고도 한다.
Minimal	스레드	스레드가 최소 프로세스에 속한다.
AltSyscall	스레드	Pico Provider 또는 윈도우 CE PAL과 같이 이 스레드를 소유하는 프로세스에 대해 대체 시스템 콜 처리기가 등록됐다.
UmsScheduled	스레드	이 스레드는 UMS 작업자(scheduled) 스레드다.
UmsPrimary	스레드	이 스레드는 UMS 스케줄러(primary) 스레드다.
MutantType	뮤턴트	Type 필드에 매핑된다.
MutantSize	뮤턴트	사용하지 않음
DpcActive	뮤턴트	DPC 동안 획득한 뮤턴트다.
MutantReserved	뮤턴트	사용하지 않음
QueueType	큐	Type 필드에 매핑된다.
Abandoned	큐	큐에 더 이상 대기 중인 스레드가 없다.
DisableIncrement	큐	큐의 패킷을 처리하고자 깨어난 스레드의 우선순위 상승이 발생해서는 안 된다.

마지막으로 디스패처 헤더에는 앞서 언급한 **SignalState**와 **WaitListHead**도 있다. 대기 리스트의 헤드 포인터가 동일하면 대기 중인 스레드가 없거나 이 객체에 대해 하나의 스레드가 대기 중임을 의미할 수 있다. 동일한 포인터가 리스트 자체의 주소인 경우 대기 중인 스레드가 전혀 없음을 나타낸다. 이전 예에서 **0XFFFF898F2B3451C0**은 리스트의 주소가 아니므로 다음과 같이 대기 블록을 덤프할 수 있다.

```
lkd> dx (nt!_KWAIT_BLOCK*)0xffff898f2b3451c0
(nt!_KWAIT_BLOCK*)0xffff898f2b3451c0 : 0xffff898f2b3451c0 [Type: _KWAIT_BLOCK *]
    [+0x000] WaitListEntry        [Type: _LIST_ENTRY]
```

```
[+0x010] WaitType             : 0x1 [Type: unsigned char]
[+0x011] BlockState           : 0x4 [Type: unsigned char]
[+0x012] WaitKey              : 0x0 [Type: unsigned short]
[+0x014] SpareLong            : 6066 [Type: long]
[+0x018] Thread               : 0xffff898f2b345080 [Type: _KTHREAD *]
[+0x018] NotificationQueue    : 0xffff898f2b345080 [Type: _KQUEUE *]
[+0x020] Object               : 0xffff898f2b64ba60 [Type: void *]
[+0x028] SparePtr             : 0x0 [Type: void *]
```

이 경우 대기 유형은 **WaitAny**를 나타낸다. 이벤트를 블로킹하는 스레드가 있으며 해당 포인터를 알고 있다. 또한 대기 블록이 활성화됐음을 알 수 있다. 다음으로 스레드 구조체에서 몇 가지 대기와 관련된 필드를 조사할 수 있다.

```
lkd> dt nt!_KTHREAD 0xffff898f2b345080 WaitRegister.State WaitIrql WaitMode
        WaitBlockCount WaitReason WaitTime
   +0x070 WaitRegister    :
   +0x000 State           : 0y001
   +0x186 WaitIrql        : 0 ''
   +0x187 WaitMode        : 1 ''
   +0x1b4 WaitTime        : 0x39b38f8
   +0x24b WaitBlockCount  : 0x1 ''
   +0x283 WaitReason      : 0x6 ''
```

데이터를 통해 유저 모드의 대기 모드로 IRQL 0(패시브 레벨)에서 대기가 커밋 됐음을 알 수 있다. 또한 부팅 후 15ms 클럭 틱$^{clock tick}$에 유저 모드 애플리케이션 요청으로 대기했음을 알 수 있다. 그리고 이 스레드가 가진 유일한 대기 블록임을 알 수 있다. 즉, 다른 객체를 기다리지 않는다.

대기 리스트 헤드에 2개 이상의 항목이 있는 경우 대기 블록의 **WaitListEntry** 필드에 있는 두 번째 포인터 값에 대해 동일한 명령을 실행할 수 있다. 대기 블록의 스레드 포인터에 대해 **!thread**를 실행해 객체를 기다리고 있는 다른 스레드를 나열하고 확인할 수 있다. 해당 스레드가 둘 이상의 객체를 기다리고 있는 경우 **WaitBlockCount**를 보고 얼마나 많은 다른 대기 블록이 존재하는지 확인하고 **sizeof(KWAIT_BLOCK)**만큼 포인터를 계속 증가시켜야 한다.

또 다른 가능성은 대기 유형이 `WaitNotification`일 수 있다는 것이다. 이 시점에서 디스패처 객체인 큐(KQUEUE) 구조체를 덤프하는 대신 알림 큐 포인터를 사용했을 수 있다. 잠재적으로 비어 있지 않은 대기 블록 리스트가 있을 수 있다. 이는 객체가 시그널됐다는 알림을 비동기적으로 수신 받을 작업자 스레드와 연관된 대기 블록임을 나타냈을 수도 있다. 결국 어떤 콜백이 실행될 것인지 결정하려면 유저 모드 스레드 풀 데이터 구조체를 덤프해야 한다.

키드 이벤트

키드 이벤트keyed events라고 하는 동기화 객체는 유저 모드 배타적 동기화 프리미티브이고, ID를 통한 알림 프리미티브에서 수행하는 역할 때문에 특별히 언급한다. 곧 리눅스 운영체제(잘 연구된 컴퓨터 과학 개념)의 퓨텍스futex에 해당한다는 것을 알게 될 것이다. 원래 키드 이벤트는 곧 자세히 살펴볼 유저 모드 동기화 객체인 임계 구역을 사용할 때 프로세스가 메모리 부족 상황을 처리하는 데 도움을 주고자 구현됐다. 공개되지 않은 키드 이벤트를 사용하면 스레드가 대기하는 '키key'를 지정할 수 있다. 여기서 스레드는 동일한 프로세스의 다른 스레드가 동일한 키로 이벤트에 시그널할 때 깨어난다. 지적했듯이 이것이 알림 메커니즘에 유사하게 들릴 수 있는데, 키드 이벤트가 그 전조였기 때문에 그렇다.

경쟁이 있는 경우 `EnterCriticalSection`은 이벤트 객체를 동적으로 할당한다. 그리고 임계 구역을 획득하려는 스레드는 임계 구역을 소유한 스레드가 `Leave CriticalSection`으로 시그널하기를 기다린다. 그러나 이는 메모리가 부족한 환경에서 문제를 야기한다. 시스템에서 요구하는 이벤트 객체를 할당할 수 없는 경우 임계 구역 획득에 실패할 수 있다. 메모리 부족 상황 자체는 애플리케이션에서 임계 구역을 획득하려고 해서 발생했을 수 있으므로 이 상황에서는 시스템이 데드락deadlock 상태에 빠지게 된다. 메모리 부족만이 실패의 원인이 될 수 있는 유일한 시나리오는 아니다. 가능성이 적은 시나리오지만 핸들 소진 상황도 있을 수 있다. 프로세스가 핸들 제한에 도달하면 이벤트 객체에 대한 새로운 핸들을 얻는 것에 실패할 수 있다.

앞에서 이야기한 예약 객체와 유사한 전역 표준 이벤트 객체를 미리 할당해 놓으면 문제가 해결되는 것처럼 보일 수 있다. 그러나 프로세스에는 각각 고유한 락 상태를 가질 수 있는 여러 임계 구역이 있을 수 있다. 따라서 미리 얼마나 많은 이벤트 객체의 수를 할당해야 하는지 알 수 없으므로 이는 해결책이 될 수 없다. 키드 이벤트의 주요 기능은 다른 스레드 간에 서로를 구별하고자 각각 다른 키를 이용하는 것으로 단일 이벤트가 재사용될 수 있는 방법을 제공한다. 임계 구역 자체의 가상 주소를 키로 제공함으로써 여러 임계 구역(및 대기자)이 프로세스 시작 시점에 사전 할당될 수 있는 동일한 키드 이벤트 핸들을 효과적으로 사용할 수 있다.

스레드가 키드 이벤트에 시그널을 설정하거나 이벤트 대기를 수행할 때 키드 이벤트의 인스턴스를 식별할 수 있는 고유 식별자인 키를 사용한다. 이때 키드 이벤트는 단일 임계 구역에 연동돼 있다. 소유자 스레드가 키드 이벤트를 시그널링해 해제하면 키를 기다리고 있는 하나의 스레드만이 깨어난다. 즉, 통지^{notification} 이벤트가 아니라 동기화^{synchronization} 이벤트와 동일한 동작이다. 다시 주소를 키로 사용하는 임계 구역의 사용 사례로 돌아가서 가상 주소가 단일 프로세스 주소 공간에 분명히 존재하기 때문에 각 프로세스는 여전히 고유한 키드 이벤트가 필요하다. 그러나 커널은 현재 프로세스의 대기자만 깨울 수 있으므로 키는 프로세스 간에 독립적으로, 전체 시스템에 대해 단일 키드 이벤트 객체만 있을 수 있다.

따라서 EnterCriticalSection이 키드 이벤트 대기를 하고자 NtWaitForKeyedEvent를 호출할 때 키드 이벤트에 대한 매개변수로 NULL 핸들을 주어 키드 이벤트를 생성할 수 없음을 커널에 알린다. 커널은 이 동작을 인식하고 ExpCritSecOutOfMemoryEvent라는 전역 키드 이벤트를 사용한다. 주요 이점은 커널이 객체와 해당 참조를 추적하기 때문에 프로세스가 더 이상 명명된 키드 이벤트에 대한 핸들을 낭비할 필요가 없다는 것이다.

그러나 키드 이벤트는 메모리 부족 상황에 대한 대비책 그 이상의 가치를 갖게 됐다. 여러 대기자가 동일한 키를 대기 중이고 깨어나야 할 필요 있을 때 키는 여러 번 시그널 상태가 되며, 객체는 모든 대기자 리스트를 유지하며 각 대기자를 깨우는 작업을 수행할 수 있어야 한다(키드 이벤트를 시그널링한 결과는 동기화 이벤트를 시그널링한 결과와 동일하다는 것을 기억하라). 그러나 대기자 리스트에 스레드가 없더라도 스레드는 키드 이벤트에 시그널할 수 있다. 대신 이 시나리오에서 시그널링한 스레드는 이벤트 그 자체를 기다린다.

이런 수단이 없으면 시그널링한 스레드는 유저 모드 코드가 키드 이벤트를 시그널되지 않은 것을 보고 대기를 시도하는 동안 키드 이벤트에 시그널할 수 있다. 시그널링 스레드가 키드 이벤트에 시그널한 후 대기가 발생하면 펄스가 누락되고 대기 중인 스레드가 데드락 상태에 빠질 수 있다. 이 시나리오에서 시그널링 스레드를 강제로 대기하게 하면 시그널링 스레드는 누군가가 대기할 때 키드 이벤트를 실제로 시그널할 것이다. 이 동작으로 인해 리눅스의 퓨텍스와 유사하지만 동일하지는 않으며, SRW 락과 같은 여러 유저 모드 프리미티브에서 사용할 수 있다.

> 키드 이벤트 대기 코드 자체가 대기를 수행할 필요가 있을 때 KeyedWaitSemaphore라는 커널 모드 스레드 객체(ETHREAD)에 있는 내장 세마포어를 사용한다. 이 세마포어는 ALPC 대기 세마포어와 위치를 공유한다. 스레드 객체에 대한 자세한 내용은 Vol.1의 4장을 참고한다.

그러나 키드 이벤트는 임계 구역 구현에서 표준 이벤트 객체를 대체하지는 않았다. 윈도우 XP에서 키드 이벤트는 사용량이 많은 시나리오에서 확장 가능한 성능을 제공하지 못했기 때문이다. 설명된 모든 알고리듬은 성능과 확장성이 그다지 중요하지 않은 시나리오, 즉 매우 메모리가 부족할 수 있는 시나리오에서만 사용하기 위한 것임을 기억하자. 표준 이벤트 객체를 대체하는 것은 키드 이벤트를 다루는 부분에서 구현하지 않았던 부분 때문에 부담스러웠을 것이다. 성능 병목 현상을 일으키는 주된 이유는 키드 이벤트가 이중 링크드 리스트로 연결된 대기자 리스트를 유지하기 때문이다. 이런 종류의 리스트는 느린 탐색 시간을 가진다. 리스트 전체를 탐색하는 데 걸리는 시간이 길다는 것을 의미한다. 이 경우 탐색 시간은 대기자 스레드의 수에 따라 결정된다. 키드 이벤트는 전역 객체이기 때문에 수십 개의 스레드가 리스트에 있을 수 있으며, 키가 설정되거나 대기될 때마다 긴 탐색 시간이 필요하다.

리스트의 헤드는 키드 이벤트 객체에 보관된다. 하지만 스레드는 커널 모드 스레드 객체 (ETHREAD)의 KeyedWaitChain 필드(이중 링크드 리스트의 크기와 동일한 LARGE_INTEGER 유형으로 저장되는 스레드 종료 시간과 공유됨)를 통해 연결된다. 이 객체에 대한 자세한 내용은 Vol.1의 4장을 참고한다.

윈도우 비스타에서 대기자 스레드를 보관하고자 링크드 리스트 대신 해시 테이블을 사용해 키드 이벤트 객체의 성능을 향상시켰다. 이 최적화를 통해 윈도우는 잠시 후에 소개할 키드 이벤트에 의존하는 3가지의 부하가 적은 새로운 유저 모드 동기화 프리미티브를 포함할 수 있게 됐다. 하지만 임계 구역에서는 주로 애플리케이션 호환성과 디버깅을 위해 이벤트 객체를 계속 사용한다. 이벤트 객체와 내부는 잘 알려져 있고 공개돼 있는 반면 키드 이벤트는 내부를 알 수 없고 Win32 API에 공개돼 있지 않기 때문이다.

하지만 윈도우 8에서 스레드 ID를 통한 알림 기능이 도입되면서 시스템 전체에서 키드 이벤트를 사용하지 않게 변경됐다(하지만 일회성 초기화 동기화 상황에서는 여전히 키드 이벤트를 사용하는데, 이는 잠시 후에 설명한다). 그리고 시간이 지나면서 임계 구역 구조는 결국 일반 이벤트 객체의 사용을 중단하고 새로운 기능을 이용하는 방향으로 바뀌었다(필요한 경우 원래의 이벤트 객체를 사용하게 되돌릴 수 있는 애플리케이션 호환성 심을 포함한다).

패스트 뮤텍스와 가드 뮤텍스

이그제큐티브 뮤텍스라고도 알려진 패스트 뮤텍스는 일반적으로 뮤텍스 객체보다 더 나은 성능을 제공한다. 패스트 뮤텍스가 디스패처 객체(이벤트)를 기반으로 구축됐지만 디스패처를 통해 항상 획득을 시도하는 표준 뮤텍스와는 달리 경쟁이 있을 때에만 디스패처를 통해 대기를 수행하기 때문이다. 패스트 뮤텍스는 디바이스 드라이버에서 널리 사용된다.

그러나 패스트 뮤텍스는 일반 APC 전달만 차단하는 일반 뮤텍스 객체와 달리 모든 커널 모드 APC(이 장의 앞부분에서 설명) 전달을 비활성화할 수 있는 경우에만 적합하며 이러한 효율성에는 비용이 따른다. 이를 반영해 이그제큐티브는 이를 획득하기 위한 2가지 함수 ExAcquireFastMutex와 ExAcquireFastMutexUnsafe를 정의한다.

전자의 함수는 프로세서의 IRQL을 APC 수준으로 높여 모든 APC 전송을 차단한다. 후자의 Unsafe 함수는 모든 커널 모드 APC 전달이 이미 비활성화된 상태에서 호출될 것으로 예상되며 IRQL을 APC 수준으로 높여 수행할 수 있다. ExTryTo AcquireFastMutex는 첫 번째와 비슷하게 수행되지만 패스트 뮤텍스가 이미 보류돼 있는 경우 실제로 기다리지 않고 대신 FALSE를 반환한다. 패스트 뮤텍스의 또 다른 제약은 뮤텍스 객체와 달리 재귀적으로 뮤텍스를 획득할 수 없다.

윈도우 8 이상에서 가드 뮤텍스는 패스트 뮤텍스와 동일하지만 KeAcquireGuarded Mutex와 KeAcquireGuardedMutexUnsafe 함수로 획득한다. 패스트 뮤텍스와 마찬가지로 KeTryToAcquireGuardedMutex 함수가 있다.

윈도우 8 이전에는 이러한 함수에서 IRQL을 APC 레벨까지 올려 APC를 비활성화하지 못했다. 대신 가드 영역에 스레드 객체 구조체 속 특수 카운터를 설정해 앞에서 본 것처럼 영역이 종료될 때까지 APC 전달을 비활성화하는 방법을 이용했다. PIC가 있는 구형 시스템(이 장의 앞부분에서 설명)에서는 이 방법이 IRQL을 건드리는 방법보다 더 빠르다. 또한 가드 뮤텍스는 게이트^{gate} 디스패처 객체를 사용하는데, 이는 이벤트보다 살짝 더 빠르다. 그러나 이런 차이점은 이제는 사실이 아니다.

가드 뮤텍스의 또 다른 문제는 커널 함수인 KeAreApcsDisabled에 있었다. 윈도우 서버 2003 이전에 이 함수는 임계 구역에서 코드가 실행 중인지 확인해 일반 APC가 비활성화 상태인지를 나타냈다. 윈도우 서버 2003에서 이 함수는 코드가 임계 구역 또는 가드 영역에 있는지 여부를 나타내도록 변경됐으며, 특수 커널 APC도 비활성화된 경우 TRUE를 반환하도록 기능이 변경됐다.

특수 커널 APC가 비활성화일 때 드라이버에서 수행하지 말아야 하는 특정 작업들이 있기 때문에 KeGetCurrentIrql을 호출해 IRQL이 APC 레벨인지 아닌지 여부를 확인할 필요가 있었다. IRQL APC 레벨은 특수 커널 APC를 비활성화할 수 있는 유일한 방법이었다. 그러나 메모리 관리자에서도 많이 사용하던 가드 영역과 가드 뮤텍스는 IRQL을 올리지 않았기 때문에 이 검사는 실패했다. 따라서 드라이버는 특수 커널 APC를 비활성화하고자 KeAreAllApcsDisabled를 호출해야 했다. 그리고 가드 영역을 통해 특수 커널 APC가 비활성화됐는지 여부도 확인했다. 이러한 특징은 드라이버 베리파이어^{Driver Verifier}의 취약한 검사와 합쳐지면서 문제를 일으켰다. 따라서 결국 가드 뮤텍스를 모두 패스트 뮤텍스로 되돌리기를 결정했다.

이그제큐티브 리소스

이그제큐티브 리소스는 공유 및 배타 액세스를 지원하는 동기화 메커니즘이다. 패스트 뮤텍스와 마찬가지로 이그제큐티브 리소스는 획득되기 전에 모든 커널 모드 APC 전달이 비활성화돼야 한다. 또한 경쟁이 있을 때만 사용되는 디스패처 객체를 기반으로 한다. 이그제큐티브 리소스는 시스템 전체, 특히 파일 시스템 드라이버에서 사용된다. 이러한 드라이버는 읽기와 같은 I/O 작업에서 어느 정도 허용이 필요한 지속적 대기 시간을 갖는 경향이 있기 때문이다.

공유 액세스를 위해 이그제큐티브 리소스 획득을 대기하는 스레드는 해당 리소스와 연결된 세마포어를 대기한다. 그리고 배타적 액세스를 위해 이그제큐티브 리소스 획득을 대기하는 스레드는 이벤트를 대기한다. 공유 대기자 용도로는 개수 제한이 없는 세마포어를 이용한다. 배타적 소유자가 세마포어를 시그널해 리소스를 해제할 때 공유 대기자는 모두 깨어나서 해당 리소스에 대한 액세스를 승인받을 수 있기 때문에 스레드가 현재 소유한 리소스에 대해 배타적 액세스를 대기할 때 동기화 이벤트 객체를 대기한다. 오직 하나의 대기자만이 이벤트가 시그널됐을 때 깨어날 수 있기 때문이다. 이전 절의 동기화 이벤트에서 일부 이벤트 대기 취소 작업이 실제로 우선순위 상승을 유발할 수 있다고 언급했다. 이 시나리오는 이그제큐티브 리소스가 사용될 때 발생하며 뮤텍스처럼 소유권을 추적하는 이유 중 하나다(이그제큐티브 리소스 우선순위 상승에 대한 자세한 내용은 Vol.1의 4장을 참고한다).

공유 및 배타 액세스가 제공하는 유연성 때문에 리소스 획득을 위한 몇 가지 함수가 있다. ExAcquireResourceSharedLite, ExAcquireResourceExclusiveLite, ExAcquire SharedStarveExclusive, ExAcquireShareWaitForExclusive다. 이 함수들은 WDK 에 공개돼 있다.

최신 버전의 윈도우에는 동일한 API 이름을 사용하지만 ExAcquireFastResource Exclusive, ExReleaseFastResource 등과 같이 'Fast'라는 단어를 추가하는 빠른 이 그제큐티브 리소스도 추가됐다. 락 소유권의 처리 방식이 다르기 때문에 더 빨리 교체할 수 있다. 하지만 ReFS(복원 파일 시스템) 외에는 이를 사용하는 구성 요소가 없다.

경쟁이 치열한 파일 시스템 액세스 가운데 ReFS는 부분적으로 더 빠른 락 사용으로 인해 NTFS보다 약간 더 나은 성능을 보인다.

실습: 획득한 이그제큐티브 리소스 나열하기

커널 디버거 !locks 명령은 커널의 이그제큐티브 리소스 링크드 리스트를 이용하고 그들의 상태를 덤프한다. 기본적으로 이 명령은 현재 소유한 이그제큐티브 리소스만 나열하지만 -d 옵션은 모든 이그제큐티브 리소스를 나열하는 것으로 공개돼 있다. 그러나 안타깝게도 더 이상 그렇지 않다. 대신 -v 플래그를 사용해 모든 리소스에 대한 자세한 정보를 덤프할 수 있다. 다음은 이 명령의 출력 중 일부다.

```
lkd> !locks -v
**** DUMP OF ALL RESOURCE OBJECTS ****

Resource @ nt!ExpFirmwareTableResource (0xfffff8047ee34440)     Available
Resource @ nt!PsLoadedModuleResource (0xfffff8047ee48120)    Available
    Contention Count = 2
Resource @ nt!SepRmDbLock (0xfffff8047ef06350) Available
    Contention Count = 93
Resource @ nt!SepRmDbLock (0xfffff8047ef063b8) Available
Resource @ nt!SepRmDbLock (0xfffff8047ef06420) Available
Resource @ nt!SepRmDbLock (0xfffff8047ef06488) Available
Resource @ nt!SepRmGlobalSaclLock (0xfffff8047ef062b0) Available
Resource @ nt!SepLsaAuditQueueInfo (0xfffff8047ee6e010) Available
Resource @ nt!SepLsaDeletedLogonQueueInfo (0xfffff8047ee6ded0) Available
Resource @ 0xffff898f032a8550 Available
Resource @ nt!PnpRegistryDeviceResource (0xfffff8047ee62b00) Available
    Contention Count = 27385
Resource @ nt!PopPolicyLock (0xfffff8047ee458c0)      Available
    Contention Count = 14
Resource @ 0xffff898f032a8950 Available
Resource @ 0xffff898f032a82d0 Available
```

리소스 구조체에서 얻은 경합 횟수는 스레드가 리소스를 획득하려고 시도한 횟수와 이미 소유했기 때문에 대기해야 했던 횟수를 기록한다. 라이브 시스템에 디버거를 연결하면 다음 출력과 같이 몇 가지 보류된 리소스를 확인할 수 있을 수도 있다.

```
2: kd> !locks
**** DUMP OF ALL RESOURCE OBJECTS ****
KD: Scanning for held locks.....

Resource @ 0xffffde07a33d6a28 Shared 1 owning threads
    Contention Count = 28
        Threads: ffffde07a9374080-01<*>
KD: Scanning for held locks....

Resource @ 0xffffde07a2bfb350 Shared 1 owning threads
    Contention Count = 2
        Threads: ffffde07a9374080-01<*>
KD: Scanning for held
locks.........................................................

Resource @ 0xffffde07a8070c00 Shared 1 owning threads
    Threads: ffffde07aa3f1083-01<*> *** Actual Thread ffffde07aa3f1080
KD: Scanning for held locks..............................................

Resource @ 0xffffde07a8995900 Exclusively owned
    Threads: ffffde07a9374080-01<*>
KD: Scanning for held locks..............................................
    9706 total locks, 4 locks currently held
```

-v 스위치를 이용해 리소스 주소를 입력하면 리소스를 소유한 스레드와
리소스를 대기하고 있는 스레드를 포함한 특정 리소스 객체의 세부 정보를
확인할 수 있다. 예를 들어 스레드가 파일 시스템에서 읽기를 시도하는
동안 NTFS와 연관된 것으로 보이는 보류된 공유 리소스가 있다.

```
2: kd> !locks -v 0xffffde07a33d6a28

Resource @ 0xffffde07a33d6a28 Shared 1 owning threads
    Contention Count = 28
      Threads: ffffde07a9374080-01<*>

      THREAD ffffde07a9374080 Cid 0544.1494 Teb: 000000ed8de12000
      Win32Thread: 0000000000000000 WAIT: (Executive) KernelMode Non-Alertable
        ffff8287943a87b8 NotificationEvent
      IRP List:
```

```
    ffffde07a936da20: (0006,0478) Flags: 00020043 Mdl: ffffde07a8a75950
    ffffde07a894fa20: (0006,0478) Flags: 00000884 Mdl: 00000000
Not impersonating
DeviceMap                 ffff8786fce35840
Owning Process            ffffde07a7f990c0  Image:      svchost.exe
Attached Process          N/A        Image: N/A
Wait Start TickCount      3649       Ticks: 0
Context Switch Count      31             IdealProcessor: 1
UserTime                  00:00:00.015
KernelTime                00:00:00.000
Win32 Start Address 0x00007ff926812390
Stack Init ffff8287943aa650 Current ffff8287943a8030
Base ffff8287943ab000 Limit ffff8287943a4000 Call 0000000000000000
Priority 7 BasePriority 6 PriorityDecrement 0 IoPriority 0 PagePriority 1
Child-SP          RetAddr           Call Site
ffff8287`943a8070 fffff801`104a423a nt!KiSwapContext+0x76
ffff8287`943a81b0 fffff801`104a5d53 nt!KiSwapThread+0x5ba
ffff8287`943a8270 fffff801`104a6579 nt!KiCommitThreadWait+0x153
ffff8287`943a8310 fffff801`1263e962 nt!KeWaitForSingleObject+0x239
ffff8287`943a8400 fffff801`1263d682 Ntfs!NtfsNonCachedIo+0xa52
ffff8287`943a86b0 fffff801`1263b756 Ntfs!NtfsCommonRead+0x1d52
ffff8287`943a8850 fffff801`1049a725 Ntfs!NtfsFsdRead+0x396
ffff8287`943a8920 fffff801`11826591 nt!IofCallDriver+0x55
```

푸시락

푸시락pushlocks은 이벤트 객체를 기반으로 하는 또 다른 최적화된 동기화 메커니즘이다. 패스트 뮤텍스와 가드 뮤텍스처럼 락에 대한 경쟁이 있을 때에만 이벤트를 대기한다. 그러나 이그제큐티브 리소스와 마찬가지로 공유 또는 배타 모드에서도 획득할 수 있다는 점에서 장점이 있다. 그리고 이그제큐티브 리소스와 비교해 크기로 인한 추가적인 장점이 있다. 리소스 객체는 104바이트지만 푸시락은 포인터 크기다. 이 때문에 푸시락은 할당이나 초기화가 필요하지 않으며 메모리가 부족한 환경에서도 잘 동작하도록 보장된다. 커널 내부의 많은 구성 요소가 이그제큐티브 리소스에서 푸시락으로 변경됐으며 최신 서드파티 드라이버들도 모두 푸시락을 사용한다.

푸시락에는 일반^{normal}, 캐시 어웨어^{cache-aware}, 자동 확장^{auto-expand}, 주소 기반^{address-based}의 4가지 유형이 있다. 일반 푸시락은 저장소에 포인터 크기만 필요하다. 즉, 32비트 시스템에서는 4바이트, 64비트 시스템에서는 8바이트가 필요하다. 스레드가 일반 푸시락을 획득하면 푸시락 코드는 푸시락이 현재 소유되지 않은 경우 푸시락을 소유된 것으로 표시한다. 푸시락이 배타적으로 소유되거나 스레드가 배타적으로 스레드를 획득하기를 원하고 푸시락이 공유 기반으로 소유되는 경우 스레드는 스레드의 스택에 대기 블록을 할당하고 대기 블록에서 이벤트 객체를 초기화하고 대기 블록을 푸시락과 연관된 대기 리스트에 추가한다. 스레드가 푸시락을 해제할 때 대기자가 존재한다면 스레드는 대기자의 대기 블록에 있는 이벤트를 시그널해 대기자를 깨운다.

푸시락은 포인터 크기이기 때문에 자신의 상태를 설명하는 다양한 비트를 가진다. 푸시락이 경쟁에서 비경쟁으로 변경됨에 따라 이러한 비트들의 의미가 변경된다. 초기 상태에서 푸시락은 다음 구조를 가진다.

- 1개의 락^{lock} 비트는 락이 획득되면 1로 설정된다.
- 1개의 대기^{waiting} 비트는 락이 경쟁 상태라 누군가가 락을 대기할 때 1로 설정된다.
- 1개의 깨우기^{waking} 비트는 락이 스레드에 주어져 대기자가 리스트를 최적화해야 하는 경우 1로 설정된다.
- 1개의 다중 공유^{multiple shared} 비트는 푸시락이 공유되고 현재 여러 스레드에서 획득한 경우 1로 설정된다.
- 28개^(32비트 윈도우의 경우) 또는 60개^(64비트 윈도우의 경우)의 공유 카운트^{share count} 비트는 푸시락을 획득한 스레드 수를 포함한다.

앞서 설명한 것처럼 스레드가 배타적으로 푸시락을 획득하는 동안 푸시락이 이미 여러 리더^{reader} 및 라이터^{writer}에 의해 획득되면 커널은 푸시락 대기 블록을 할당한다. 이때 푸시락 값 자체의 구조가 변경된다. 이제 공유 카운트 비트는 대기 블록에 대한 포인터가 된다. 이 대기 블록은 스택에 할당되고 헤더 파일에는 16바이트로 정렬되게 강제하는 특수 정렬 지시자가 포함돼 있기 때문에 푸시락 대기 블록 구조의 최하위 4비트는 모드 0이 된다. 따라서 이러한 비트는 포인터 역참조 용도에서는 무시된다. 대신 앞서 소개한 4비트가 포인터 값과 결합된다. 이 정렬로 인해 공유 카운트 비트가 없어지게 되므로 이제 공유 카운트는 대기 블록에 대신 저장된다.

캐시 어웨어 푸시락은 시스템의 각 프로세서에 푸시락을 할당하고 캐시 어웨어 푸시락과 연결해 일반(기본) 푸시락에 레이어를 추가한다. 스레드가 공유 액세스를 위해 캐시 어웨어 푸시락을 획득하려고 할 때 현재 프로세서에 할당된 푸시락을 획득하기만 하면 된다. 캐시 어웨어 푸시락을 배타적으로 얻고자 스레드는 배타적 모드에 있는 각 프로세서에서 푸시락을 획득한다.

하지만 알다시피 현재 윈도우에서는 최대 2,560의 프로세서로 구성된 시스템을 지원한다. 따라서 캐시 어웨어 푸시락의 잠재적인 캐시 패딩^{cache-padded} 슬롯 수는 프로세서가 거의 없는 시스템에서도 엄청난 고정 할당을 필요로 한다. 프로세서의 동적 핫 애드^{hot-add} 지원은 기술적으로 2,560개의 슬롯을 미리 할당하면서 다중 KB 락 구조를 생성하므로 문제를 더욱 어렵게 만든다. 이를 해결하고자 최신 버전의 윈도우에서는 자동 확장^{auto-expand} 푸시락을 수행한다. 이름에서 알 수 있듯이 이러한 유형의 캐시 어웨어 푸시락은 경쟁 및 프로세서 수를 기반으로 필요에 따라 캐시 슬롯 수를 동적으로 늘릴 수 있다. 또한 자동 확장 푸시락을 할당할 때 전달된 플래그에 따라 페이지드 풀 또는 넌페이지드 풀을 결정하며, 이를 미리 예약하는 이그제큐티브 슬롯 할당자를 활용해 앞으로의 진행을 보장한다.

하지만 안타깝게도 서드파티 개발자에게는 캐시 어웨어(및 자동 확장) 푸시락이 공식적으로 공개돼 있지 않아 사용이 어렵다. 하지만 윈도우 10 21H1 이상에서 FCB 헤더와 같은 일부 데이터 구조체는 불투명하게 사용할 수 있다(자세한 FCB 구조체에 대한 정보는 11장에서 확인할 수 있다). 자동 확장 푸시락이 사용되는 커널의 내부 부분에는 메모리 관리자가 주소 윈도우 확장^{AWE, Address Windowing Extension} 데이터 구조체를 보호하고자 사용하는 부분도 포함된다.

마지막으로 문서화되지 않았지만 익스포트된 푸시락은 주소 기반 푸시락이다. 유저 모드에서 곧 보게 될 주소 기반 대기와 유사한 메커니즘으로 구현됐다. 다른 종류의 푸시락과 달리 주소 기반 푸시락은 용법에 따라 더 많이 인터페이스를 참조한다. 한쪽 끝에서 호출자는 `ExBlockOnAddressPushLock`을 사용해 푸시락에서 관심 있는 일부 변수의 가상 주소, 변수의 크기(최대 8바이트), 변수의 예상되는 또는 원하는 변수 값을 포함하는 비교 주소를 전달한다. 변수에 현재 예상되는 값이 없으면 ExTimedWaitForUnblockPushLock으로 대기가 초기화된다. 이는 경쟁 푸시락 획득과 유사하게 작동하지만 타임아웃 값을 지정할 수 있다는 차이점이 있다. 다른 한쪽 끝에서는 호출자가 값이 변경됐음을 대기자에게 알리고자 모니터링 중인 주소를 변경한 후 ExUnblockOnAddressPushLockEx를 사용한다. 이 기술은 락 또는 인터락드 동작으로 보호되는 데이터의 변경 사항을 처리할 때 특히 유용하다. 따라서 리더는 락 외부에서 변경이 완료됐다고 알리는 라이터를 대기할 수 있다. 훨씬 작은 메모리 공간을 사용한다는 점 외에 푸시락이 이그제큐티브 리소스와 비교해 갖는 큰 장점 중 하나는 비경쟁 상황에서 획득 또는 해제를 수행하고자 긴 계산 및 정수 연산을 필요로 하지 않는다는 것이다. 푸시락은 포인터 크기이므로 커널은 원자적 CPU 명령을 이용해 이러한 작업을 수행할 수 있다(예를 들어 x86 및 x64 프로세서에서 lock cmpxchg 명령을 통해 이전 락과 새로운 락을 원자적으로 비교하고 교환할 수 있다). 원자적 비교 및 교환이 실패하면 락에 호출자가 예상하지 못한 값이 포함된다(호출자는 일반적으로 락이 사용되지 않거나 공유로 획득될 것이라고 예상한다). 그런 다음 더 복잡한 경쟁 버전에 대한 호출이 이뤄진다.

성능을 향상시키고자 커널은 푸시락 기능을 인라인 함수로 공개했다. 즉, 비경쟁 획득 중에 함수가 호출되지 않으며 어셈블리 코드가 각 함수에 직접 삽입된다. 이렇게 하면 코드 크기가 약간 증가하지만 함수 호출로 인한 성능 저하를 방지할 수 있다. 마지막으로 푸시락은 락 컨보이lock convoys(동일한 우선순위의 여러 스레드가 모두 어떤 한 락을 대기함으로써 실제로는 어떤 일도 이뤄지지 않을 때의 상황)를 피하고자 여러 알고리듬 트릭을 사용하며 자체 최적화도 수행한다. 푸시락을 대기하는 스레드 리스트는 푸시락이 해제될 때 더 공정한 동작을 제공하고자 주기적으로 재배열된다.

주소 기반 푸시락을 포함한 푸시락 획득에 적용할 수 있는 또 다른 성능 최적화는 푸시락 대기 블록 이벤트에서 디스패처 객체 대기를 수행하기 전에 경쟁 가운데 기회주의적인 스핀락과 유사한 동작이다. 시스템에 다른 언파킹된 프로세서가 하나 이상 있는 경우(코어 파킹에 대한 자세한 내용은 Vol.1의 4장 참고) 커널은 스핀락과 마찬가지로 ExpSpinCycleCount 주기로 타이트한 스핀 기반 루프에 들어가지만 IRQL을 올리지 않고 (x86/x64의 pause 같은) yield 명령을 매 반복마다 실행한다. 반복 중에 푸시락이 해제된 것으로 나타나면 푸시락을 획득하기 위한 인터락드 동작을 수행한다.

스핀 주기 시간이 초과되거나 인터락드 동작이 실패한 경우 또는 시스템에 추가로 언파킹된 프로세서가 하나도 존재하지 않으면 푸시락 대기 블록 이벤트 객체에 KeWaitForSingleObject가 사용된다. ExpSpinCycleCount는 둘 이상의 논리 프로세서가 있는 시스템에서 10,240 사이클로 설정되며 이는 별도로 설정할 수 없는 값이다. MWAITT(MWAIT 타이머) 사양을 구현하는 AMD 프로세서가 있는 시스템의 경우 스핀 루프 대신 monitorx 및 mwaitx 명령이 사용된다. 해당 하드웨어 기반 기능을 사용하면 CPU 레벨에서 루프에 들어갈 필요 없이 주소 값이 변경될 때까지 대기할 수 있지만 대기 시간이 무한하지 않게 타임아웃 값을 제공할 수 있다(이는 커널이 ExpSpinCycleCount를 기반으로 제공한다).

마지막으로 자동 상승^{AutoBoost} 기능(Vol.1의 4장에서 설명) 도입과 함께 푸시락은 호출자가 기능을 비활성화하는 EX_PUSH_LOCK_FLAG_DISABLE_AUTOBOOST 플래그를 전달할 수 있는 최신 ExXxxPushLockXxxEx 함수(공식적으로 공개돼 있지 않음)를 사용하지 않는 한 기본적으로 이 기능을 활용한다. 기본적으로 Ex가 아닌 함수는 새로운 Ex 함수를 호출하지만 플래그를 제공하지 않는다.

주소 기반 대기

키드 이벤트를 통해 학습한 내용을 바탕으로 윈도우 커널이 유저 모드에 공개한 중요 동기화 프리미티브는 ID를 통한 알림^{alert-by-ID} 시스템 콜과 이에 대응하는 ID를 통한 알림 대기^{wait-alert-by-ID}임을 알 수 있다. 이 2가지 간단한 시스템 콜은 메모리 또는 핸들 할당이 필요하지 않으므로 프로세스 로컬 동기화를 원하는 만큼 만들 수 있다. 여기에는 임계 구역이나 SRW 락과 같은 다른 프리미티브뿐만 아니라 우리가 보게 될 주소 기반 대기 메커니즘이 포함된다.

주소 기반 대기는 공개된 3가지 Win32 API 호출인 WaitOnAddress, WakeByAddressSingle, WakeByAddressAll을 기반으로 한다. KernelBase.dll에 있는 이 함수들은 Ntdll.dll에 전달하는 역할에 불과하며, 여기서 실제 구현은 런타임 라이브러리를 나타내는 Rtl로 시작하는 유사한 이름의 함수에서 구현됐다. Wait API는 관심 있는 값을 가리키는 주소, 값의 크기(최대 8바이트), 비교할 다른 값(undesired)의 주소, 타임아웃 값을 받는다. `Wait` API는 주소만 받는다.

먼저 `RtlWaitOnAddress`는 스레드 ID와 주소를 추적하는 로컬 주소 대기 블록을 빌드하고 이를 PEB(프로세스 환경 블록)에 있는 프로세스별 해시 테이블에 삽입한다. 이는 호출자가 푸시락 포인터를 어딘가에 저장해야 했기 때문에 해시 테이블이 필요하지 않았다는 점을 제외하고는 앞에서 본 것처럼 `ExBlockOnAddressPushLock`이 수행한 작업을 반영한다. 다음으로 커널 API와 마찬가지로 `RtlWaitOnAddress`는 대상 주소가 비교 값과 다른 값을 갖고 있는지 확인하고, 그렇다면 주소 대기 블록을 제거하고 `FALSE`를 반환한다. 그렇지 않으면 블로킹할 내부 함수를 호출한다.

사용 가능한 파킹되지 않은 프로세서가 2개 이상 있는 경우 블로킹 함수는 먼저 1,024로 하드코딩된 `RtlpWaitOnAddressSpinCount` 값을 기반으로 사용성^{availability}을 나타내는 주소 대기 블록 비트 값을 스핀하면서 유저 모드에서 커널에 진입하는 것을 방지하려고 시도한다. 대기 블록이 여전히 경쟁 상태인 경우 이제 `NtWaitForAlertByThreadId`를 사용해 커널에 대한 시스템 콜이 이뤄지며 주소와 타임아웃 값을 힌트 매개변수로 전달한다.

타임아웃으로 함수가 반환된 경우 `STATUS_TIMEOUT`을 반환하며 타임아웃을 나타내고자 주소 대기 블록에 플래그가 설정되며 이 블록은 제거된다. 그러나 타임아웃이 발생한지 몇 사이클 지나지 않아 호출자가 `Wake` 함수를 호출했을 수도 있는 미묘한 경쟁 상황이 있다. 대기 블록 플래그가 비교 교환^{compare-exchange} 명령으로 수정되기 때문에 코드는 이를 감지할 수 있고 실제로 이번에는 타임아웃 없이 `NtWaitForAlertByThreadId`를 두 번째로 호출한다. 깨우는 작업을 진행 중이라는 것을 알기 때문에 반환을 보장한다. 타임아웃이 아닌 경우에는 대기 블록을 제거할 필요가 없다. 깨우는 작업이 이미 완료됐기 때문이다.

라이터 측에서 `RtlWakeOnAddressSingle`과 `RtlWakeOnAddressAll`을 이 절의 앞부분에서 소개한 것과 동일하게 PEB의 해시 테이블에 입력 주소를 해시하고 입력 주소를 찾는 일을 수행하는 헬퍼 함수로 활용한다. 비교 교환 명령과 조심스럽게 동기화해 해시 테이블에서 주소 대기 블록을 제거한다. 그리고 대기자를 깨우게 커밋된 경우 동일한 주소에 대해 일치하는 모든 대기 블록을 반복해 찾고 각각에 대해 `NtAlertThreadByThreadId`를 호출한다. `RtlWakeOnAddressAll` API의 경우 모든 대기 블록에 대해 호출하지만 RtlWakeOnAddressSingle API의 경우 첫 번째로 찾은 대기 블록에 대해서만 호출한다.

이로 인해 기본적으로 단일 전역 객체가 아니면서 커널 객체 또는 핸들에 의존하지 않는 키드 이벤트의 유저 모드 구현이 가능해졌다. 그리고 리소스가 부족한 조건에서 발생할 수 있는 모든 에러를 완전히 제거할 수 있게 됐다. 커널이 담당하는 유일한 일은 스레드를 대기 상태로 두거나 해당 대기 상태에서 스레드를 깨우는 일이다.

다음 몇 개의 절에서는 이 기능을 활용해서 경쟁 중에 동기화를 제공하는 다양한 프리미티브를 다룬다.

임계 구역

임계 구역은 윈도우가 커널 기반 동기화 프리미티브뿐만 아니라 유저 모드 애플리케이션 개발자에게 제공하는 주요 동기화 프리미티브 중 하나다. 임계 구역과 나중에 보게 될 다른 유저 모드 프리미티브는 커널에 비해 한 가지 주요 이점이 있다. 바로 락이 경쟁 중이지 않은 경우 커널 모드로의 왕복$^{\text{round-trip}}$ 시간(일반적으로 99% 이상의 시간 소요)을 절약할 수 있다는 것이다. 하지만 경쟁 상태라면 여전히 커널 호출이 필요하다. 이러한 객체가 작동하는 데 필요한 복잡한 깨우기 작업 및 디스패치 로직을 수행할 수 있는 곳은 커널이기 때문이다.

임계 구역은 로컬 비트를 사용해 푸시락과 매우 유사한 주요 배타적 락킹 로직을 제공할 수 있고 유저 모드에 남아있을 수 있다. 비트가 0이면 임계 구역을 획득할 수 있으며 소유자는 비트를 1로 설정한다. 이 작업은 커널을 호출할 필요가 없지만 앞에서 설명한 인터락드 CPU 명령을 사용한다. 임계 구역을 해제하는 것은 비트 값이 인터락드 작업으로 1에서 0으로 변경되는 것과 유사하게 동작한다. 반면 비트가 이미 1이고 다른 호출자가 임계 구역을 획득하려고 시도할 때에는 스레드를 대기 상태로 만들고자 커널을 호출해야 한다.

푸시락 및 주소 기반 대기와 유사하게 임계 구역은 커널에 진입하는 것을 피하고자 추가적인 최적화를 구현했다. 이는 스피닝^{spinning}이라고 하는 스핀락(IRQL 0의 패시브 레벨이라고 할지라도)의 락 비트와 유사하다. 기본적으로 2,000 사이클로 설정돼 있지만 생성 시점에 InitializeCriticalSectionEx 또는 InitializeCriticalSectionAndSpinCount API를 호출하거나 나중에 SetCriticalSectionSpinCount를 호출해 다르게 구성할 수 있다.

> 앞서 말했듯이 WaitForAddressSingle은 기본적으로 1,024 사이클을 사용하도록 최적화돼 구현됐기 때문에 기본적으로 스피닝할 때 3,024 사이클이 소요된다(커널에 진입하기 전에 먼저 임계 구역의 락 비트에서, 다음으로 대기 주소 블록 주소의 락 비트에서 스피닝이 발생한다).

실제 경쟁 경로를 입력해야 할 경우 임계 구역은 처음 호출될 때 LockSemaphore 필드를 초기화하려고 시도한다. 최신 버전의 윈도우에서는 RtlpForceCSToUse Events가 설정된 경우에만 수행되며 이는 현재 프로세스의 애플리케이션 호환성 데이터베이스에 KACF_ALLOCDEBUGINFOFORCRITSECTIONS(0x400000) 플래그가 설정된 경우다. 그러나 플래그가 설정되면 기본 디스패처 이벤트 객체가 생성된다(필드는 세마포어를 참조하더라도 실제 객체는 이벤트다). 그런 다음 이벤트가 생성됐다고 가정하고 WaitForSingleObject 호출이 수행돼 임계 구역에서 막히게 된다(일반적으로 데드락 상태의 디버깅을 돕고자 프로세스당 구성 가능한 타임아웃 값을 사용해 대기를 재시도한다).

애플리케이션 호환성 심이 요청되지 않았거나 심이 요청됐지만 이벤트를 생성할 수 없을 정도로 메모리가 부족한 환경의 경우 임계 구역은 더 이상 이벤트를 사용하지 않는다(앞에서 설명한 키드 이벤트도 마찬가지다). 대신 앞에서 설명한 주소 기반 대기 메커니즘을 직접 활용한다(또한 이전에 설명한 데드락 감지 타임아웃 메커니즘을 사용한다). 로컬 비트의 주소는 WaitOnAddress 호출 시에 제공되며 LeaveCriticalSection에 의해 임계 구역이 해제되자마자 이벤트 객체에서 SetEvent를 호출하거나 로컬 비트에서 WakeAddress Single을 호출한다.

> API를 Win32 이름에서 참조했지만 실제로 임계 구역은 Ntdll.dll에서 구현됐다. KernelBase.dll 은 런타임 라이브러리의 일부이기 때문에 Rtl로 시작하는 동일한 함수로 전달한다. 따라서 RtlLeaveCriticalSection은 NtSetEvent를 호출한다. RtlWakeAddressSingle 등의 함수도 마찬 가지다.

마지막으로 임계 구역은 커널 객체가 아니기 때문에 제약 사항이 있다. 가장 중요한 것은 임계 구역에 대한 커널 핸들을 얻을 수 없다는 것이다. 따라서 보안, 객체 네이밍^{naming}, 기타 객체 관리자 기능을 임계 구역에 적용할 수 없다. 두 프로세스는 작업을 조정하고자 동일한 임계 구역을 사용할 수 없으며 복제 또는 상속을 사용할 수 없다.

유저 모드 리소스

유저 모드 리소스는 커널 프리미티브보다 더 세분화된 락킹 메커니즘을 제공한다. 리소스는 공유 모드 또는 배타적 모드로 획득할 수 있다. 이는 데이터베이스와 같은 데이터 구조에 대해 동시 읽기^{multiple-reader}(공유), 단독 쓰기^{single-writer}(배타) 락과 같은 기능을 가능하게 해준다. 공유 모드로 리소스를 획득하고 다른 스레드에서 동일한 리소스를 획득하려고 시도하면 대기 중인 스레드가 없기 때문에 커널로의 진입이 발생하지 않는다. 리소스를 배타적인 액세스로 획득했거나 리소스가 이미 배타적인 소유자에 의해 락이 걸렸을 때만 그런 일이 발생한다.

커널에서 본 것과 동일한 디스패치 및 동기화 메커니즘을 사용하고자 리소스는 기존 커널 프리미티브를 사용한다. 리소스 데이터 구조체(RTL_RESOURCE)에는 2개의 커널 세마포어 객체 핸들이 포함돼 있다. 둘 이상의 스레드에 의해 배타적으로 획득된 리소스는 오직 한 명의 소유자만 허용되기 때문에 단일 해제 카운트^{release count}로 배타적 세마포어를 해제한다. 둘 이상의 스레드가 공유 모드에서 리소스를 획득하면 리소스는 공유 소유자 수만큼 해제 카운트로 공유 세마포어를 해제한다. 자세한 내용은 일반적으로 프로그래머에게는 숨겨져 있고, 이러한 내부 객체를 직접 사용해선 안 된다.

리소스는 원래 SAM(또는 Vol.1의 7장에서 설명하는 보안 계정 관리자)을 지원하고자 구현됐으며 표준 애플리케이션용 윈도우 API를 통해 공개돼 있지 않다. 앞으로 설명할 슬림 리더/라이터^{SRW, Slim Reader-Writer} 락^{Locks}이 이와 유사한데, 공개된 API이며 고도로 최적화된 락킹 프리미티브를 사용하도록 구현됐다. 그렇지만 일부 시스템 구성 요소는 여전히 리소스 메커니즘을 사용한다.

조건 변수

조건 변수^{condition variables}는 조건부 테스트 결과를 대기하는 여러 스레드를 동기화하기 위한 윈도우 네이티브 구현을 제공한다. 이 작업은 다른 유저 모드 동기화 방법으로도 가능했지만 조건부 테스트의 결과를 확인하고 결과의 변경을 대기하기 시작하는 원자적 메커니즘은 없었다. 따라서 이러한 코드 주위에 추가적인 동기화가 필요하게 됐다.

유저 모드 스레드는 InitializeConditionVariable을 호출해 초기 상태를 설정하고 조건 변수를 초기화한다. 변수 대기를 시작하려는 경우 임계 구역(스레드가 반드시 초기화돼야 함)을 사용해 변수 변경을 대기하는 SleepConditionVariableCS를 호출할 수 있다. 또는 슬림 리더/라이터 락을 사용하는 SleepConditionVariableSRW를 호출할 수 있다. SRW 락은 다음에 설명할 것이며 호출자에게 배타(라이터) 획득의 공유(리더)가 가능하다는 이점이 있다.

한편 설정 스레드는 변수를 수정한 후 WakeConditionVariable 또는 WakeAllConditionVariable을 호출해야 한다. 어떤 함수가 호출되느냐에 따라 하나 또는 모든 대기 스레드의 임계 구역 또는 SRW 락이 해제된다. 이것이 주소 기반 대기처럼 들린다면 원자적 비교 및 대기^{compare-and-wait} 작업에 대한 추가 보장이 있기 때문이다. 또한 조건 변수는 주소 기반 대기 이전(따라서 ID를 통한 알림 이전)에 구현됐으며 원하는 동작과 유사했던 키드 이벤트에 의존해야 했다.

조건 변수 이전에는 통지 이벤트 또는 동기화 이벤트(윈도우 API에서 이들은 자동 리셋 또는 수동 리셋으로 부른다)를 사용해 작업자 큐의 상태 같은 변수 변경을 시그널하는 것이 일반적이었다. 변경을 대기하려면 임계 구역을 획득한 후 해제해야 했고 이벤트를 대기해야 했다. 또한 대기 후 임계 구역을 다시 획득해야 했다. 이러한 일련의 획득 및 해제 과정 중에 스레드가 콘텍스트를 전환하고 스레드 중 하나가 PulseEvent를 호출한다면 문제가 발생할 수 있다. 이는 대기자가 없는 경우 키드 이벤트가 시그널링 스레드를 강제로 대기시키는 것과 유사한 문제다. 조건 변수를 사용하면 SleepConditionVariableCS/SRW가 호출되는 동안 애플리케이션에서 임계 구역 또는 SRW 락의 획득을 유지할 수 있으며 실제 작업이 완료된 후에만 해제될 수 있다. 이는 작업 큐 코드(및 유사한 구현) 작성을 훨씬 간단하고 추측 가능하게 만든다.

하지만 SRW 락과 임계 구역이 주소 기반 대기 프리미티브로 이동함에 따라 조건 변수는 이제 `NtWaitForAlertByThreadId`를 직접 활용하고 스레드를 직접 시그널 하며 앞에서 설명한 주소 대기 블록과 구조적으로 유사한 조건 변수 대기 블록을 구축할 수 있다. 따라서 키드 이벤트가 필요하지 않으며 이전 버전과의 호환성을 위해서만 유지된다.

슬림 리더/라이터 락

조건 변수는 동기화 메커니즘이지만 전적으로 프리미티브 락 객체는 아니다. 락킹 동작에서 암시적인 값 비교를 수행하고 상위 레벨의 추상화(즉, 락)에 의존하기 때문 이다. 한편, 주소 기반 대기는 프리미티브 동작이지만 진정한 의미의 락 동작이 아니라 기본적인 동기화 동작만을 제공한다. 이 2가지 사이 윈도우에는 푸시락과 거의 동일한 진정한 락킹 프리미티브인 슬림 리더/라이터 락이 존재한다.

커널과 마찬가지로 SRW 락은 포인터 크기며 획득 및 해제에 원자적 작업을 사 용한다. 또한 대기자 리스트를 재정렬하고 락 컨보이 상황에서 보호하며 공유 및 배타 모드에서 모두 획득할 수 있다. 푸시락과 마찬가지로 SRW 락은 공유 모드에서 배타 모드로 업그레이드 또는 변환이 가능하다. 반대도 마찬가지다. 그리고 재귀적 획득에는 마찬가지로 제약이 있다. 둘의 유일한 차이점은 SRW 락이 유저 모드 코드 전용인 반면 푸시락은 커널 모드 코드 전용이라는 것이며, 둘은 서로 공유될 수 없으며 서로 다른 레이어로 공개할 수 없다. SRW 락은 `NtWaitForAlertByThreadId` 프리미티브를 사용하기 때문에 메모리 할당이 필요하 지 않으며 잘못 사용하는 경우를 제외하고는 절대 실패하지 않는다.

SRW 락은 애플리케이션 코드의 임계 구역을 완전히 대체할 수 있을 뿐만 아니 라 큰 크기의 `CRITICAL_SECTION` 구조체(이전에는 이벤트 객체 생성도 필요했음)를 할당할 필요 성을 줄여준다. 또한 동시 읽기, 단독 쓰기 기능도 제공한다. SRW 락은 먼저 `InitializeSRWLock`으로 초기화해야 하거나 센티넬sentinel 값을 이용해 정적으로 초기화 해야 한다. 그런 다음 적절한 API를 사용해 배타 또는 공유 모드에서 획득하거나 해제 할 수 있다. 사용하는 API로는 `AcquireSRWLockExclusive`, `ReleaseSRWLockExclusive`, `AcquireSRWLockShared`, `ReleaseSRWLockShared`가 있다. 또한 API는 락을 획득하려고 시도하다가 블로킹이 발생하지 않게 보장하며 락을 다른 모드로 변환하는 작업도 보장한다.

> 대부분의 다른 윈도우 API와 달리 SRW 락 함수는 값을 반환하지 않는다. 대신 락을 획득할 수 없는 경우 예외를 발생시킨다. 이렇게 하면 획득이 실패했음을 분명히 알 수 있으므로 성공을 가정하는 코드가 잠재적으로 유저 데이터를 손상시키지 않고 종료된다. SRW 락은 리소스 고갈로 인해 실패하지 않으므로 유일하게 발생할 수 있는 예외는 공유 모드에서 비공유 SRW 락이 잘못 해제되는 경우 발생하는 STATUS_RESOURCE_NOT_OWNED다.

윈도우 SRW 락은 리더와 라이터 어느 한쪽을 위한 것이 아니므로 두 경우 모두 성능이 동일해야 한다. 따라서 라이터 전용 또는 배타적 동기화 메커니즘인 임계 구역을 훌륭하게 대체하고 리소스에 대해 최적화된 대안을 제공한다. SRW 락이 리더에게 최적화됐다면 배타적 전용 락이 될 수 있지만 그렇게 구현되지 않았다. 앞서 조건 변수가 SleepConditionVariableSRW API로 SRW 락을 사용할 수도 있다고 언급한 이유가 바로 이 때문이다. 즉, 키드 이벤트는 CS(임계 구역) 메커니즘에서는 사용되지만 더 이상 SRW 메커니즘에서는 사용되지 않기 때문에 주소 기반 대기는 코드 크기 및 공유 잠금과 독점 잠금 기능을 제외한 대부분의 이점을 상실했다. 그럼에도 이전 버전의 윈도우를 대상으로 하는 코드는 SRW 락을 사용해 여전히 키드 이벤트를 사용하는 커널에서 향상된 이점을 보장해야 한다.

일회성 초기화

메모리 할당, 특정 변수 초기화 또는 객체 생성 요청 같은 종류의 초기화 작업을 수행하는 코드 일부를 원자적 실행이 되게 보장하는 기술은 멀티스레드 프로그래밍에서 일반적인 문제다. 여러 스레드에서 동시에 호출할 수 있는 코드(좋은 예는 DLL을 초기화하는 DllMain 루틴)에서 초기화 작업을 정확하고 원자적이며 고유하게 실행되도록 보장하는 여러 방법이 있다.

이 시나리오에서 윈도우는 일회성 초기화(내부적으로 한 번 초기화 후 실행run once initialization이라고도 불림)를 수행한다. API는 이전에 본 다른 모든 메커니즘과 마찬가지로 Ntdll.dll의 런타임 라이브러리(Rtl)를 호출하는 Win32 함수와 Ntoskrnl.exe에서 커널 프로그래머에게 공개된 **Rtl** API 세트로 존재한다(유저 모드 개발자는 Win32를 우회해 Rtl 함수를 직접 호출할 수 있지만 권장하지 않는다). 두 구현 간의 유일한 차이점은 커널이 동기화를 위해 이벤트 객체를 사용하는 반면 유저 모드는 키드 이벤트를 사용한다는 점이다(실제로는 임계 구역에서 언급했던 메모리 부족 상황에서 사용하는 키드 이벤트를 이용하고자 NULL 핸들을 전달한다).

> 최신 버전의 윈도우는 유저 모드의 주소 기반 대기 프리미티브뿐만 아니라 커널 모드에서 주소 기반 푸시락을 구현했으므로 Rtl 라이브러리는 **RtlWakeAddressSingle** 및 **ExBlockOnAddress PushLock**을 사용하도록 업데이트될 수 있다. 미래의 윈도우 버전에서는 이렇게 될 것이다. 키드 이벤트는 이전 윈도우 버전의 디스패처 이벤트 객체와 더 유사한 인터페이스를 제공했을 뿐이다. 항상 그렇듯이 이 책에 있는 내부 세부 정보는 변경될 수 있으므로 너무 의존하지 말자.

일회성 초기화 메커니즘은 특정 코드의 동기(다른 스레드 초기화가 완료될 때까지 대기해야 함) 실행 과 비동기(다른 스레드가 자체 초기화 및 경쟁을 시도할 수 있음) 실행을 모두 허용한다. 동기 메커니즘 을 설명한 다음 비동기 실행의 로직을 살펴본다.

동기 실행의 경우 개발자는 전용 함수에서 전역 변수를 다시 확인한 후 정상적으 로 실행되는 코드를 작성한다. 이 루틴에 필요한 모든 정보는 초기화 루틴이 허용 하는 매개변수를 통해 전달할 수 있다. 모든 출력 정보는 콘텍스트 변수를 통해 반환된다(초기화 자체의 상태는 불리언으로 반환된다). 개발자는 **InitOnceInitialize** API로 **INIT_ ONCE** 객체를 초기화한 후 매개변수와 콘텍스트 및 일회성 함수 포인터를 사용해 서 **InitOnceExecuteOnce**를 호출해 적절한 실행을 보장해야 한다. 나머지는 시스 템이 처리한다.

비동기 모델을 사용하려는 애플리케이션의 경우 스레드는 **InitOnceBeginInitialize** 를 호출하고 불리언 값인 펜딩 상태와 콘텍스트를 받는다. 펜딩 상태가 **FALSE**면 초기화가 이미 수행됐음을 의미하며 스레드는 콘텍스트 값을 결괏값으로 사용한 다(함수가 초기화에 실패했음을 의미하는 FALSE를 반환하는 것도 가능하다). 그러나 펜딩 상태가 **TRUE**라면 스레드는 객체를 생성하는 첫 번째 스레드가 되고자 경쟁해야 한다. 다음으로 올 코드는 객체 생성 또는 메모리 할당과 같은 초기화 작업이 필요한 모든 작업에서 수행한다. 이 작업이 완료되면 스레드는 작업 결과를 콘텍스트로 사용해서 **InitOnceComplete**를 호출하고 불리언 상태 값을 받는다. 상태 값이 **TRUE**라면 스 레드가 경쟁에서 이겼고 스레드가 생성하거나 할당한 객체가 전역 객체가 된다.

스레드는 이제 사용법에 따라 이 객체를 저장하거나 호출자에게 반환할 수 있다.

스레드가 경쟁에서 졌을 경우 상태 값은 FALSE며 더 복잡한 시나리오가 된다. 스레드는 수행했던 모든 작업(객체 삭제 또는 메모리 해제와 같은 작업)을 되돌린 후 InitOnceBeginInitialize를 다시 호출해야 한다. 하지만 처음처럼 경쟁을 시작하도록 요청하는 대신 자신이 경쟁에서 졌다는 사실을 INIT_ONCE_CHECK_ONLY 플래그를 사용해 알리고 승리자의 콘텍스트(예를 들어 승리자가 생성하거나 할당한 객체나 메모리)를 요청한다. TRUE 또는 FALSE를 반환하는데, TRUE는 콘텍스트가 유효하며 사용한 후 호출자에게 반환돼야 함을 의미한다. FALSE는 초기화에 실패했고 아무도 작업을 수행할 수 없었음(예를 들어 메모리 부족 상황)을 의미한다.

두 경우 모두 일회성 초기화 메커니즘은 조건 변수 및 SRW 락 메커니즘과 유사하다. 일회성 초기화 구조체는 포인터 크기다. 비경쟁 경우에는 SRW 획득/해제 코드의 인라인 어셈블리 버전이 사용되는 반면 경쟁 발생 시 키드 이벤트가 사용된다(메커니즘이 동기 모드에서 사용될 때 발생한다). 다른 스레드는 초기화를 대기해야 한다. 비동기의 경우 공유 모드에서 락을 사용하므로 여러 스레드가 동시에 초기화를 수행할 수 있다. ID를 통한 알림 프리미티브만큼 효율적이지는 않지만 키드 이벤트를 사용하면 대부분의 메모리 고갈 상황에서도 일회성 초기화 메커니즘이 작동하는 것을 보장한다.

고급 로컬 프로시저 호출

모든 최신 운영체제에는 하나 이상의 유저 모드 프로세스 사이 그리고 커널 서비스와 클라이언트 사이에서 데이터를 안전하고 효율적으로 전송하기 위한 메커니즘이 필요하다. 일반적으로 메일슬롯, 파일, 명명된 파이프, 소켓과 같은 유닉스 메커니즘은 이식성을 위해 사용된다. 반면 다른 경우에는 개발자가 Win32 그래픽 애플리케이션에서 사용하는 유비쿼터스 창 메시지와 같은 운영체제 특화된 기능을 사용할 수도 있다. 또한 윈도우는 고급(또는 비동기) 로컬 프로시저 호출 또는 ALPC라고 하는 내부 IPC 메커니즘을 수행한다. ALPC는 임의의 크기의 메시지를 전달하는 확장 가능하고 안전한 기능이다.

ALPC는 LPC라고 하는 윈도우 NT의 최초 커널 설계에 따라 구현된 구형 IPC 메커니즘의 대체품으로, 특정 변수, 필드, 함수들이 최근에도 여전히 LPC를 참조할 수 있다. 이제는 LPC가 호환성을 위해 ALPC의 최상부에서 에뮬레이션돼 커널에서 제거됐다(레거시 시스템 콜이 여전히 존재하며 ALPC 호출로 래핑된다).

ALPC는 비공개이므로 타사 개발자가 사용할 수 없지만 윈도우의 다양한 분야에서 널리 사용한다.

- 윈도우 애플리케이션에서 원격 프로시저 호출^{RPC}을 사용하는 경우(문서화된 API) 로컬-RPC를 ncalrpc 전송으로 지정해 시스템 내 프로세스 간 통신에 사용되는 RPC의 형태를 간접적으로 사용해 ALPC를 사용한다. 이는 거의 모든 RPC 클라이언트의 기본 전송 방식이다. 또한 윈도우 드라이버가 커널 모드 RPC를 활용하는 경우 이는 ALPC를 암시적으로 사용하며 유일하게 허용된 전송 방식이다.
- 윈도우 프로세스 및 스레드가 시작될 때마다 그리고 윈도우 서브시스템이 동작할 때마다 ALPC를 통해 서브시스템 프로세스(CSRSS)와 통신한다. 모든 서브시스템은 ALPC를 통해 세션 관리자(SMSS)와 통신한다.
- 윈도우 프로세스에서 예외가 발생하면 커널의 예외 디스패처는 ALPC를 사용해 윈도우 에러 보고(WER) 서비스와 통신한다. 프로세스 또한 처리되지 않은 예외 처리 핸들러에서와 같이 자체적으로 WER과 통신할 수 있다(WER은 10장에서 다룬다).
- Winlogon은 ALPC를 사용해 로컬 보안 인증 프로세스인 LSASS와 통신한다.
- 보안 참조 모니터(Vol.1의 7장에서 설명했던 실행 구성 요소)는 ALPC를 사용해 LSASS 프로세스와 통신한다.
- 유저 모드 전원 관리자 및 전원 모니터는 ALPC를 통해 커널 모드 전원 관리자와 통신한다(예를 들어 LCD 밝기가 변경될 때마다).
- 유저 모드 드라이버 프레임워크^{UMDF}에서는 유저 모드 드라이버가 ALPC를 사용해 커널 모드 리플렉터 드라이버와 통신할 수 있다.
- CoreUI 및 최신 UWP UI 구성 요소에서 사용하는 새로운 핵심 메시징 메커니즘은 ALPC를 사용해 코어 메시징 레지스터^{Core Messaging Registrar}에 등록

하거나 직렬화된 메시지 객체를 보내는데, 이는 기존 Win32 윈도우 메시지 모델을 대체한다.

- 자격증명 보호가 활성화된 경우 격리된 LSASS 프로세스는 ALPC를 통해 LSASS와 통신한다. 마찬가지로 보안 커널은 ALPC을 통해 트러스틀릿trustlet 크래시 덤프 정보를 WER로 전송한다.

- 이러한 사례에서 볼 수 있듯이 ALPC 통신은 가능한 모든 유형의 보안 경계를 넘나든다. 권한이 없는 애플리케이션에서 커널로, VTL 1 트러스틀릿에서 VTL 0 서비스로, 그리고 모든 것 사이에서의 경계를 넘나든다. 따라서 설계상의 보안과 성능이 매우 중요한 요구 사항이었다.

연결 모델

일반적으로 서버 프로세스와 하나 또는 그 이상의 클라이언트 프로세스 사이에서 ALPC 메시지를 사용한다. ALPC 연결은 둘 이상의 유저 모드 프로세스 사이 또는 커널 모드 구성 요소와 하나 이상의 유저 모드 프로세스, 심지어는 두 커널 모드 구성 요소 사이에서 이뤄질 수 있다(이것이 가장 효율적인 통신 방법은 아닐지라도). ALPC는 통신에 필요한 상태를 유지하고자 포트 객체라고 불리는 실행 객체를 제공한다. 이는 하나의 객체일 뿐이지만 다음과 같이 여러 종류의 ALPC 포트로 나타날 수 있다.

- **서버 연결 포트:** 서버에 연결을 요청하는 명명된 포트다. 클라이언트는 이 포트에 연결해 서버에 연결할 수 있다.
- **서버 통신 포트:** 서버가 클라이언트 중 하나와 통신하는 데 사용하는 이름 없는 포트다. 서버에는 하나의 활성 클라이언트마다 이런 포트가 있다.
- **클라이언트 통신 포트:** 각 클라이언트가 서버와 통신하는 데 사용하는 이름 없는 포트다.
- **연결되지 않은 통신 포트:** 클라이언트가 자체적으로 로컬 통신에 사용할 수 있는 명명되지 않은 포트다. 이 모델은 LPC에서 ALPC로 이동하면서 폐기됐지만 기존 LPC 호환성을 위해 에뮬레이션된다.

ALPC는 BSD 소켓 프로그래밍을 연상시키는 연결 및 통신 모델을 따른다. 서버는 먼저 서버 연결 포트(NtAlpcCreatePort)를 생성하고, 클라이언트는 연결을 시도한다 (NtAlpcConnectPort). 서버가 (NtAlpcSendWaitReceivePort를 사용해) 수신 대기 상태에 있는 경우 연결 요청 메시지를 수신하고 이를 수락할지 선택할 수 있다(NtAlpcAcceptConnectPort). 이렇게 해서 클라이언트와 서버 통신 포트를 모두 생성하고 각각의 엔드포인트 프로세스는 통신 포트에 대한 핸들을 받는다. 그런 다음 이 핸들을 통해 메시지를 전송한다(여전히 NtAlpcSendWaitReceivePort 사용). 서버는 계속 동일한 API를 사용해 메시지를 수신한다. 따라서 가장 간단한 시나리오에서 단일 서버 스레드는 **NtAlpcSendWaitReceivePort**를 호출하고 연결 요청을 수신하는 루프 상태에 있다. 그리고 연결 요청을 수락하거나 메시지를 처리하고 여전히 응답할 수 있다. 서버는 모든 메시지의 맨 위에 있고 메시지 유형을 포함하는 **PORT_HEADER** 구조체를 읽어 각 메시지를 구별할 수 있다. 다양한 메시지 유형을 표 8-30에서 보여준다.

표 8-30 ALPC 메시지 유형

유형	의미
LPC_REQUEST	잠재적으로 동기적 응답이 있는 일반 ALPC 메시지다.
LPC_REPLY	이전 데이터그램에 대한 비동기 응답으로 전송하는 ALPC 메시지 데이터그램이다.
LPC_DATAGRAM	즉시 해제되고 동기적으로 응답할 수 없는 ALPC 메시지 데이터그램이다.
LPC_LOST_REPLY	더 이상 사용 안 한다. 레거시 LPC응답 API에서 사용했다.
LPC_PORT_CLOSED	ALPC 포트의 마지막 핸들이 닫힐 때 보내지며 상대편이 더 이상 존재하지 않음을 클라이언트와 서버에 알리는 메시지다.
LPC_CLIENT_DIED	레거시 LPC를 사용해 프로세스 관리자(PspExitThread)가 스레드에 등록된 종료 포트 및 프로세스에 등록된 예외 포트로 전송한다.
LPC_EXCEPTION	유저 모드 디버깅 프레임워크(DbgkForwardException)가 레거시 LPC를 통해 예외 포트로 전송한다.
LPC_DEBUG_EVENT	더 이상 사용 안 한다. 레거시 유저 모드 디버깅 서비스가 윈도우 서브시스템 일부였을 때 사용했다.
LPC_ERROR_EVENT	유저 모드에서 하드 에러(NtRaiseHardError)가 발생할 때마다 전송하며 레거시 LPC를 사용해 대상 스레드의 예외 포트(있는 경우, 그렇지 않은 경우 일반적으로 CSRSS가 소유한 포트)로 전송한다.

(이어짐)

유형	의미
LPC_ERROR_EVENT	유저 모드에서 하드 에러(NtRaiseHardError)가 발생할 때마다 전송하며 레거시 LPC를 사용해 대상 스레드의 예외 포트(있는 경우, 그렇지 않은 경우 일반적으로 CSRSS가 소유한 포트)로 전송한다.
LPC_CONNECTION_REQUEST	클라이언트가 서버의 연결 포트에 연결하려는 시도를 나타내는 ALPC 메시지다.
LPC_CONNECTION_REPLY	서버가 NtAlpcAcceptConnectPort를 호출해 클라이언트의 연결 요청을 수락할 때 보내는 내부 메시지다.
LPC_CANCELED	클라이언트나 서버가 기다리고 있던 메시지가 취소됐다는 응답 메시지다.
LPC_UNREGISTER_PROCESS	현재 프로세스에 대한 예외 포트가 다른 것으로 교체될 때 프로세스 관리자가 보낸다. 소유자(일반적으로 CSRSS)가 스레드의 구조체 데이터를 등록 취소하고 포트를 다른 포트로 전환할 수 있게 한다.

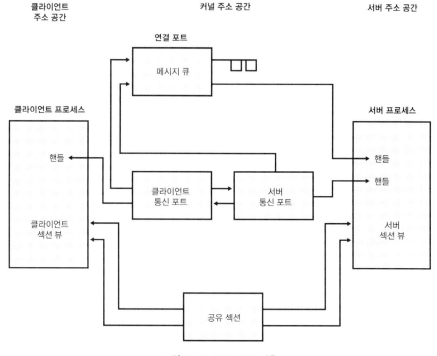

그림 8-40 ALPC 포트 사용.

서버는 보안상의 이유 또는 단순히 프로토콜이나 버전 문제로 연결을 거부할 수 있다. 이는 클라이언트가 연결 요청과 함께 유저 지정 페이로드를 보낼 수 있기 때문에 올바른 클라이언트 또는 단 하나의 클라이언트가 서버와 통신하고 있는지 확인하고자 다양한 서비스에서 사용한다. 이상이 발견되면 서버는 연결을 거부할 수 있고 클라이언트가 거부된 이유에 대한 정보를 담은 페이로드를 반환할 수 있다(클라이언트가 정상 동작하게 하고, 가능하다면 디버깅 목적으로 사용한다).

일단 연결이 이뤄지면 연결 정보 구조체(실제로는 blob이나 간단히 설명하기 위해)는 그림 8-40 과 같이 다른 모든 포트 간의 연결을 저장한다.

메시지 모델

ALPC를 사용할 때 클라이언트와 스레드는 블록킹 메시지를 사용해 NtAlpcSend WaitReceivePort 시스템 콜하는 루프를 차례로 수행한다. 즉, 한쪽이 요청을 보내고 응답을 기다리는 동안 반대편은 그 반대로 동작한다. 그러나 ALPC는 비동기 메시지를 지원하기 때문에 어느 쪽이든 멈추지 않고 다른 런타임 작업을 수행하고 메시지를 나중에 확인하는 것을 선택하는 것이 가능하다(이러한 방법 중 일부는 곧 설명할 것이다). ALPC는 메시지와 함께 전송하는 페이로드를 교환하는 다음과 같은 방법을 지원한다.

- 표준 이중 버퍼링 메커니즘을 통해 메시지를 다른 프로세스로 보낼 수 있다. 이 방식에서는 커널이 메시지 복사본(소스 프로세스에서 복사)을 유지 관리하고 타깃 프로세스로 전환해 커널 버퍼에서 데이터를 복사한다. 호환성을 위해 레거시 LPC를 사용하는 경우엔 이 방법으로 최대 256바이트의 메시지만 보낼 수 있지만 ALPC는 메시지를 위해 최대 64KB 크기의 확장 버퍼를 할당할 수 있다.
- 메시지는 클라이언트와 서버 프로세스가 뷰로 매핑한 ALPC 섹션 객체에 저장할 수 있다(섹션 매핑에 대한 자세한 내용은 Vol.1의 5장을 참고한다).

비동기 메시지를 보내는 기능의 중요한 부작용은 메시지가 취소될 수 있다는 것이다. 예를 들어 요청이 너무 오래 걸리거나 유저가 취소하고 싶다고 표시한 경우 구현하는 작업이다. ALPC는 NtAlpcCancelMessage 시스템 콜을 통해 이를 지원한다.

ALPC 메시지는 ALPC 포트 객체에 의해 구현된 5가지 다른 큐 중 하나에 있다.

- **메인 큐:** 메시지가 전송됐으며 클라이언트가 처리 중이다.
- **펜딩**^{Pending} **큐:** 메시지가 전송됐고 호출자가 응답을 기다리고 있지만 아직 응답을 보내지 않았다.
- **큰 메시지 큐:** 메시지가 전송됐지만 호출자의 버퍼가 너무 작아서 받을 수 없다. 호출자가 더 큰 버퍼를 할당해 다시 메시지 페이로드를 요청할 수 있는 기회를 준다.
- **취소 큐:** 포트로 전송했지만 이후에 취소된 메시지다.
- **직접 큐:** 직접 이벤트가 첨부된 상태로 전송된 메시지다.

대기 큐라고 하는 여섯 번째 큐는 메시지를 연결하지 않는 대신 메시지를 기다리는 모든 스레드를 연결한다는 것에 유의하라.

실습: 서브시스템 ALPC 포트 객체 보기

시스인터널스의 WinObj 도구 또는 깃허브의 WinObjEx64 도구를 이용해 명명된 ALPC 포트 객체를 볼 수 있다. 두 도구 중 하나를 관리자 권한으로 실행하고 루트 디렉터리를 선택한다. WinObj의 톱니바퀴 아이콘과 아래에 표시된 것처럼 WinObjEx64의 전원 플러그 아이콘을 통해 포트 객체를 식별할 수 있다(또한 타입 필드를 클릭해 타입별로 모든 객체를 쉽게 정렬할 수 있다).

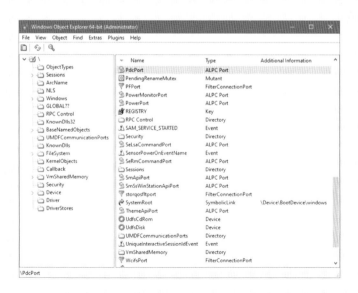

전원 관리자, 보안 관리자, 기타 윈도우 내부 서비스에서 사용하는 ALPC 포트를 볼 수 있다. RPC에서 사용하는 ALPC 포트 객체를 보려면 \RPC Control 디렉터리를 선택한다. 로컬 RPC를 제외한 주요 ALPC 유저 중 하나는 윈도우 서브시스템으로, ALPC를 사용해 모든 윈도우 프로세스에 있는 서브시스템 DLL과 통신한다. CSRSS는 각 세션에 한 번씩 로드되기 때문에 다음과 같이 \Sessions\X\Windows 디렉터리 아래의 ALPC 포트 객체를 찾을 수 있다.

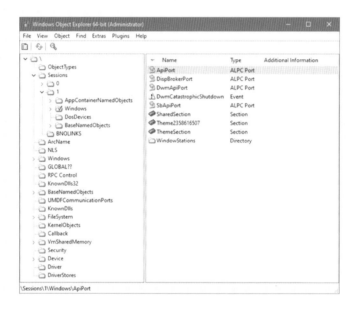

비동기 작업

ALPC의 동기 모델은 초기 NT 설계의 원래 LPC 아키텍처와 연관돼 있으며, Mach 포트와 같은 다른 동기 IPC 메커니즘과 유사하다. 설계는 간단하지만 블로킹 IPC 알고리듬에는 데드락에 대한 많은 가능성이 포함되며 이러한 시나리오를 해결하고자 복잡한 코드를 필요로 했기 때문에 좀 더 유연한 비동기(넌블로킹) 모델에 대한 지원이 필요했다. 이와 같이 ALPC는 기본적으로 비동기 작업도 지원하게 설계됐지만 유저 모드 드라이버에서 보류 중인 I/O 지원과 같은 확장 가능한 RPC 및 기타 용도에 대한 요구 사항도 있다. ALPC에는 원래 LPC에는 없었던 타임아웃 매개변수를 가진 블로킹 호출을 할 수도 있다. 이는 레거시 애플리케이션이 특정 데드락 시나리오를 피할 수 있게 한다.

그러나 ALPC는 비동기 메시지에 최적화돼 있으며 서로 다른 3가지의 비동기 알림 모델을 제공한다. 첫 번째는 실제로 클라이언트나 서버에 알리지 않고 단순히 데이터 페이로드를 복사한다. 이 모델에서 신뢰할 수 있는 동기화 방법을 선택하는 것은 구현자의 몫이다. 예를 들어 클라이언트와 서버는 통지 이벤트 객체를 공유하거나 클라이언트가 데이터의 도착을 폴링할 수도 있다. 이 모델에서 사용하는 데이터 구조체는 ALPC 완료 리스트다(윈도우 I/O 완료 포트와 혼동하면 안 된다). ALPC 완료 리스트는 클라이언트 사이에서 데이터를 원자적으로 전달할 수 있게 하는 효율적인 넌블로킹 데이터 구조다. 그 내부 구조는 이후 '성능' 절에서 설명한다.

다음 통지 모델은 윈도우 완료 포트 메커니즘을 사용하는 대기 모델이다(ALPC 완료 리스트 맨 위에 있음). 이를 통해 스레드가 한 번에 여러 페이로드를 받을 수 있고 최대 동시 요청 수를 제어할 수 있으며 완료 포트 본연의 기능을 활용할 수 있다. 유저 모드 스레드 풀을 구현해 프로세스가 이 모델을 사용해 구현한 작업자 스레드와 동일한 기반에서 ALPC 메시지를 관리하는 데 사용하는 내부 API를 제공한다. 윈도우의 RPC 시스템은 로컬 RPC(ncalrpc를 통해)를 사용할 때도 이 기능을 사용한다. 또한 Msrpc.sys의 커널 모드 RPC 런타임처럼 커널의 지원을 활용해 효율적으로 메시지를 전달하고자 이 기능을 사용한다.

마지막으로 드라이버는 임의의 콘텍스트에서 실행될 수 있고 일반적으로 작동을 위한 전용 시스템 스레드를 생성하지 않기 때문에 ALPC 또한 좀 더 기본적인 커널 기반 실행 콜백 객체를 사용하는 통지 메커니즘을 제공한다. 드라이버는 **NtSet InformationAlpcPort**를 통해 자신의 콜백과 콘텍스트를 등록하면 이후 메시지가 수신될 때마다 해당 콜백이 호출된다. 예를 들면 커널의 전원 연관 관리자^{Power Dependency Coordinator}(Pdc.sys)는 클라이언트와 통신하고자 이 메커니즘을 사용한다. 실행 콜백 객체를 사용하면 성능 측면에서 잠재적인 이점이 있다(뿐만 아니라 보안 위험도 있다). 콜백은 블로킹 형태(한 번 신호를 받은 경우)로 실행되고 신호를 주는 코드 내부에서 동작하므로 항상 ALPC 메시지 발신자(즉, NtAlpcSendWaitReceivePort를 호출하는 유저 모드 스레드

(내부) 콘텍스트에서 실행한다. 이는 커널 구성 요소가 콘텍스트 스위칭 없이 클라이언트의 상태를 검사할 수 있는 기회를 가질 수 있으며 잠재적으로 발신자의 콘텍스트에서 페이로드를 사용할 수 있음을 의미한다.

그러나 이것이 절대적으로 보장되지 않는 이유는(또한 구현자가 이를 모른다면 위험이 된다) 여러 클라이언트가 동시에 포트에 메시지를 보낼 수 있기 때문이다. 또한 서버가 실행 콜백 객체를 등록하기 전에 클라이언트가 보낸 메시지가 있을 수도 있다. 그리고 서버가 여전히 첫 번째 메시지를 처리하는 동안 다른 클라이언트가 또 다른 메시지를 보내는 것도 가능하다. 이 모든 경우에 서버는 메시지를 보낸 클라이언트 중 하나의 콘텍스트에서 실행되지만 또 다른 클라이언트가 보낸 메시지를 분석하고 있을 수 있다. 서버는 이런 상황을 구별해야 한다(발신자의 클라이언트 ID가 메시지의 PORT_HEADER에 인코딩돼 있기 때문에). 그리고 올바른 발신자의 상태에 연결해 분석해야 한다(이는 잠재적인 콘텍스트 전환 비용이 있다).

뷰, 영역, 섹션

각각의 두 프로세스 간에 메시지 버퍼를 보내는 대신 서버와 클라이언트는 좀 더 효율적인 데이터 전달 메커니즘을 선택할 수 있다. 윈도우 메모리 관리자의 핵심인 섹션 객체다(더 자세한 정보는 Vol.1의 5장에서 볼 수 있다). 이렇게 하면 메모리를 공유로 할당하고 클라이언트와 서버 모두가 이 메모리에 대한 일관되고 동일한 뷰를 갖게 한다. 이 시나리오에서는 메모리에 들어갈 수 있는 만큼의 데이터를 전송할 수 있으며 단지 데이터를 한 주소 범위에 복사하면 다른 쪽에서 즉시 사용할 수 있다. 불행히도 공유 메모리 통신은 전통적으로 제공되는 LPC와 마찬가지로, 특히 보안의 영향을 고려해야 하는 단점이 있다. 하나 예를 들면 클라이언트와 서버 모두 공유 메모리에 액세스할 수 있어야 하기 때문에 권한이 없는 클라이언트가 이를 이용해 서버의 공유 메모리를 손상시키고 잠재적인 익스플로잇을 위한 실행 가능 페이로드를 만들 수도 있다. 또한 클라이언트는 서버 데이터의 위치를 알고 있기 때문에 이 정보를 사용해 ASLR 보호를 우회할 수 있다(자세한 내용은 Vol.1의 5장을 참고한다).

ALPC는 섹션 객체가 제공하는 기능 위에 자체적인 보안을 제공한다. ALPC를 사용하면 특정 ALPC 섹션 객체는 반드시 적절한 **NtAlpcCreatePortSection** API로 생성돼야 한다. 이를 통해 포트에 대한 올바른 참조를 만들고 섹션에 대한 자동적인 가비지 컬렉션도 가능해진다(물론 삭제를 위한 수동 API도 있다). ALPC 섹션 객체의 소유자가 섹션을 사용하기 시작하면 할당된 청크가 섹션 내에서 사용되는 주소 범위를 나타내고 메시지에 대한 참조를 추가하는 ALPC 영역으로 생성된다. 마지막으로 공유 메모리 범위 내에서 클라이언트는 주소 공간 내의 로컬 매핑을 나타내는 이 메모리에 대한 뷰를 얻는다.

또한 영역은 몇 가지 보안 옵션을 지원한다. 첫째, 영역은 보안 모드 또는 비보안 모드 중 하나를 사용해 매핑할 수 있다. 보안 모드에서는 이 영역에 대해 2개의 뷰(매핑)만 허용한다. 일반적으로 서버가 단일 클라이언트와 데이터를 비공개로 공유하고자 할 때 사용한다. 또한 주어진 공유 메모리 범위에 대해 주어진 포트의 콘텍스트 내에서 하나의 영역만 다음에서 열 수 있다. 마지막으로 하나의 프로세스 콘텍스트(서버)만 뷰에 대한 쓰기 액세스 권한을 가질 수 있도록 쓰기 액세스 보호로 해당 영역을 표시할 수도 있다(MmSecureVirtualMemoryAgainstWrites를 사용해). 한편 다른 클라이언트는 읽기 전용 액세스 권한만 갖는다. 이러한 설정은 공유 메모리에 대한 공격으로 인해 발생할 수 있는 많은 권한 상승 공격을 완화하고 ALPC를 일반적인 IPC 메커니즘보다 견고하게 만든다.

속성

ALPC는 단순한 메시지 전달 이상을 제공한다. 또한 특정 콘텍스트 정보를 각 메시지에 추가해 커널이 그 정보의 유효성, 수명주기, 구현을 추적하게 한다. ALPC 유저는 자신의 사용자 정의 콘텍스트 정보도 할당할 수 있다. 그 속성이 시스템 관리 또는 유저 관리인지 여부는 ALPC가 이 데이터 속성을 호출해 구분한다. 다음은 커널이 관리하는 7가지 속성이다.

- **보안 속성:** 클라이언트의 도용impersonation을 허용하는 주요 정보를 가진 보안 속성 및 고급 ALPC 보안 기능이다(나중에 설명).
- **데이터 뷰 속성:** ALPC 섹션의 영역과 관련된 다양한 뷰 관리를 담당한다. 또한 자동 해제 플래그와 같이 메시지에 응답할 때 뷰를 수동으로 매핑 해제하게 플래그를 설정하는 데 사용한다.

- **콘텍스트 속성**: 유저 관리 콘텍스트 포인터를 포트 및 포트를 통해 전송된 특정 메시지에 배치할 수 있다. 또한 시퀀스 번호, 메시지 ID 및 콜백 ID를 콘텍스트 속성에 저장하고 커널에서 관리하므로 고유성, 메시지 기반 해싱 및 시퀀싱을 ALPC 유저가 구현할 수 있다.
- **핸들 속성**: 메시지가 어떤 핸들과 관련돼 있는지에 대한 정보를 포함한다 ('전달 처리' 절 참고).
- **토큰 속성**: 메시지 발신자의 토큰 ID, 인증 ID, 수정된 ID 정보를 보안 속성 전체를 사용하지 않고도 가져오는 데 사용할 수 있다(그러나 자체적으로 도용을 허용하지 않는다).
- **다이렉트 속성**: 연관된 동기화 객체를 가진 다이렉트 메시지를 보낼 때 사용한다('직접 이벤트' 절 참고).
- **대리 작업**work-on-behalf-of **속성**: 더 나은 전력과 리소스 관리 결정을 위해 사용하는 작업 티켓을 인코딩하는 데 사용한다('전원 관리' 절 참고).

이러한 속성 중 일부는 메시지가 전송될 때 서버나 클라이언트가 처음에 전달하고 커널 자체의 내부 ALPC 표현으로 변환한다. ALPC 유저가 이 데이터를 다시 요청하면 커널은 이를 안전하게 다시 표시된다. 일부 경우에는 서버나 클라이언트가 항상 속성을 요청할 수 있다. ALPC 내부적으로 속성을 메시지와 연관시키며 항상 사용할 수 있게 하기 때문이다(예를 들어 콘텍스트 및 토큰 속성). 다음에 설명하는 이러한 모델을 구현하고 자체 내부 핸들 테이블과 결합을 통해 ALPC는 커널 모드에서 실제 포인터를 유지 관리함에도 클라이언트와 서버 간에 중요한 데이터를 불투명하게 유지할 수 있다.

속성을 올바르게 정의하고자 `AlpcInitializeMessageAttribute` 및 `AlpcGetMessage Attribute` 같은 내부 ALPC 유저를 위한 다양한 API를 사용할 수 있다.

블롭, 핸들, 리소스

ALPC 서브시스템은 하나의 객체 관리자 객체 유형(포트)만 노출하지만 내부적으로는 ALPC 메커니즘에서 요구하는 작업을 수행할 수 있게 여러 데이터 구조를 관리해야 한다. 예를 들어 ALPC는 각 포트와 관련된 메시지를 할당하고 추적해야 하며, 메시지 속성의 수명 기간 동안 이를 추적해야 한다. 데이터 관리를 위한 객체 관리자의 루틴을 사용하는 대신 ALPC는 자체적으로 블롭^{blob}이라는 경량 객체를 수행한다. 객체와 마찬가지로 블롭은 자동으로 할당되고 가비지 콜렉트 가능하며, 참조가 추적되고 동기화를 통해 잠글 수 있다. 또한 블롭은 유저 지정 할당 및 해제 콜백을 가질 수 있다. 이 콜백을 통해 소유자가 각 블롭에 대해 추적할 수 있는 추가 정보를 제어할 수 있게 한다. 마지막으로 ALPC는 이그제큐티브의 핸들 테이블 구현(객체 및 PID/TID에 사용)을 이용해 블롭에 대한 ALPC 전용 핸들 테이블을 생성해 포인터 대신 핸들을 사용할 수 있게 한다.

예를 들어 ALPC 모델에서 메시지는 블롭이고 해당 생성자는 메시지 ID를 생성한다. 그 메시지 ID 자체가 ALPC의 핸들 테이블에 대한 핸들이다. 다른 ALPC 블롭에는 다음과 같은 것이 있다.

- **커넥션 블롭:** 클라이언트 및 서버 통신 포트 그리고 서버 연결 포트 및 ALPC 핸들 테이블을 저장한다.
- **보안 블롭:** 클라이언트 도용을 가능하게 하는 데 필요한 보안 데이터를 저장한다. 보안 속성을 저장한다.
- **섹션, 영역, 뷰 블롭:** ALPC의 공유 메모리 모델을 기술한다. 뷰 블롭은 궁극적으로 데이터 뷰 속성을 저장하는 역할을 담당한다.
- **예약 블롭:** ALPC 예약 객체에 대한 지원을 수행한다(이 장의 앞부분에 있는 '예약 객체' 절 참고).
- **핸들 데이터 블롭:** ALPC의 핸들 속성 지원을 위한 정보를 가진다.

블롭은 페이징 가능한 메모리에 할당되기 때문에 적절한 시기에 블롭을 삭제하는지 주의 깊게 추적해야 한다. 특정 종류 블롭의 경우는 쉽다. 예를 들어 ALPC 메시지가 해제되면 그 안에 포함된 블롭도 삭제된다. 그러나 특정 블롭은 단일 ALPC 메시지에 첨부된 수많은 속성을 나타낼 수 있고 커널은 그 수명주기를 적절하게 관리해야 한다. 예를 들어 메시지에 연결된 여러 뷰가 있을 수 있기 때문에(많은 클라이언트가 동일한 공유 메모리에 액세스할 경우) 뷰는 그것을 참조하는 메시지로 추적해야 한다. ALPC는 리소스 개념을 사용해 이 기능을 수행한다. 각 메시지는 리소스 리스트와 연결돼 있고 블롭이 할당된 메시지와 연결될 때마다(단순한 포인터는 아님) 블롭 또한 메시지의 리소스로도 추가된다. 차례로 ALPC 라이브러리는 관련 리소스를 조회, 플러시, 삭제하는 기능을 제공한다. 보안 블롭, 예약 블롭, 뷰 블롭은 모두 리소스로 저장된다.

핸들 전달

리눅스 및 맥OS에서 IPC 메커니즘으로 가장 많이 사용되는 가장 복잡한 유닉스 도메인 소켓 및 Mach 포트의 주요 기능은 각각 파일 디스크립터를 인코딩하는 메시지를 보낸 후 수신한 프로세스에서 복제해 유닉스 스타일 파일에 대한 액세스 권한을 부여하는 기능이다(이 파일은 파이프, 소켓 또는 실제 파일 시스템 위치와 같은 것이다). 윈도우는 이제 ALPC에 의해 노출된 핸들 속성을 갖고 있는 이 모델의 이점을 ALPC로 누릴 수 있다. 이 속성을 이용해 객체 유형, 핸들 복제 방법에 대한 일부 정보 및 발신자의 핸들 테이블 인덱스 등을 인코딩할 수 있다. 발신자가 보내고자 하는 객체 유형과 핸들 인덱스가 일치하는 경우 그 순간 복제된 핸들이 시스템(커널) 핸들 테이블에 생성된다. 이 첫 번째 부분은 발신자가 진정으로 자신이 보내고자 하는 것을 보내고 있으며 보장한다. 그리고 이 시점에서 발신자가 해야 할 모든 작업은 핸들이나 그 아래의 객체를 무효화하지 않는 것이다.

다음으로 수신자는 핸들 속성을 노출하도록 요청해 예상하는 객체 유형을 지정한다. 일치하는 항목이 있다면 커널 핸들이 다시 한 번 복제된다. 이번에는 수신자의 유저 모드 핸들 테이블(그리고 커널 복사본은 이제 닫힌다)에 생성된다. 이제 핸들 전달이 완료됐으며 수신자는 발신자가 참조하는 것과 정확히 동일한 객체에 대한 핸들을 갖고 있으며, 수신자가 기대하는 유형과 같음을 보장한다. 또한 복제는 커널에서 수행되기 때문에 권한이 있는 서버가 권한이 없는 클라이언트에게 메시지를 보낼 수 있음을 의미한다. 그리고 추후에 발신자 프로세스에 대한 어떤 유형의 액세스 요청도 필요 없다.

이 핸들 전달 메커니즘이 처음 구현됐을 때 윈도우 서브시스템(CSRSS)에서 주로 사용했다. CSRSS는 기존 윈도우 프로세스에서 실행하는 모든 하위 프로세스를 인식할 필요가 있다. 따라서 생성된 하위 프로세스가 실행할 차례가 됐을 때 이미 생성된다는 것을 상위 프로세스로부터 알고 있는 CSRSS와 성공적으로 연결할 수 있다. 그러나 하나 이상의 핸들을 전송하지 못하는 등의 여러 문제가 있었다(그리고 확실히 하나 이상의 객체 유형 또한 동일하다). 또한 메시지에 처음 연결된 핸들이 있어야 하는 경우라면 수신자가 미리 알지 못하는 상태에서 항상 포트의 메시지와 관련된 핸들을 수신하게 강요한다.

이러한 문제를 수정하고자 윈도우 8 이상에서는 이제 간접 핸들 전달 메커니즘을 수행한다. 이 메커니즘을 통해 서로 다른 유형의 여러 핸들을 보낼 수 있고 수신자가 메시지에 기반을 둔 핸들을 수동으로 가져올 수 있다. 포트가 이러한 간접 핸들을 수락하고 활성화하면(비RPC 기반 ALPC 서버는 통상 간접 핸들을 사용하지 않음) 핸들은 더 이상 핸들 속성 기반으로 자동 복제되지 않는다. 이 핸들 속성은 `NtAlpcSendWaitReceivePort`로 새 메시지를 수신할 때 전달된다. 대신 ALPC 클라이언트와 서버는 주어진 메시지에 얼마나 많은 핸들을 갖고 있는지 수동으로 질의해야 한다. 그리고 핸들 값과 해당 유형을 수신하기에 충분한 데이터 구조체를 할당한 후 모든 핸들에 대한 복제를 요청한다. 또한 `NtAlpcQueryInformationMessage`를 사용해 예상한 유형과 일치하는 핸들들에 대한 파싱(반면 기대하지 않은 것들은 닫거나 버린다)을 요청한다.

이 새로운 방식은 보안 이점도 제공한다. 호출자가 일치하는 유형의 핸들 속성을 지정하는 즉시 핸들을 자동으로 복제하는 대신, 메시지에 기반을 두고 요청할 때만 핸들을 복제한다. 서버는 메시지 A에 대한 핸들을 기대하고 있지만 다른 모든 메시지에 대해 반드시 그런 것은 아니기 때문에 서버가 메시지 B 또는 C를 파싱하는 동안이라도 이런 가능한 핸들을 닫는 것을 고려하지 않는다면 이런 비간접 핸들의 사용은 문제가 될 수 있다. 간접 핸들을 사용하면 서버는 이러한 메시지에 대해 `NtAlpcQueryInformationMessage`를 호출하지 않으며 핸들을 복제하지 않을 것이다(또는 필요한 경우 이를 닫음).

이러한 개선으로 인해 ALPC 핸들 전달 메커니즘은 이제 극히 제한된 사례에 대해서만 설명하며 RPC 런타임 및 IDL 컴파일러에 통합됐다. 이제는 `system_handle (sh_type)` 구문을 사용해 RPC 런타임이 클라이언트에서 서버로(또는 그 반대로) 마샬링할 수 있는 20개 이상의 서로 다른 핸들 타입을 지정할 수 있다. 게다가 앞서 설명한 것처럼 커널의 관점에서 타입 검사를 ALPC가 제공하지만 RPC 런타임 자체도 추가적인 타입 검사를 수행한다. 예를 들어 명명된 파이프, 소켓 및 실제 파일이 모두 '파일 객체'(따라서 'File' 타입의 핸들)이지만 RPC 런타임은 IDL 파일에 `system_handle` (`sh_pipe`) 타입으로 지정됐을 때를 예로 들면 전달되는 핸들이 소켓 핸들인지 여부를 구체적으로 탐지하고자 마샬링 및 언마샬링 검사를 수행할 수 있다(이는 `GetFileAttribute`, `GetDeviceType` 등과 같은 API를 호출해서 할 수 있다).

이 새로운 기능은 `AppContainer` 기반에서 크게 활용하고, 이를 통해 `WinRT` API가 다양한 브로커가 연 핸들을 (가능한지 검사한 후에) 전달하거나 샌드박스 애플리케이션에서 직접적인 사용을 위해 다시 복제하는 데 사용하는 핵심적인 방법이다. 이 기능을 활용하는 또 다른 RPC 서비스에는 DNS 클라이언트가 있다. 이는 `GetAddrInfoEx` API의 `ai_resolutionhandle` 필드를 추가하고자 해당 기능을 활용한다.

보안

ALPC는 전체 보안 경계에 몇 가지 보안 메커니즘을 구현하고 일반적인 IPC 파싱 버그가 있는 경우에 대한 공격을 방지하기 위한 완화 기능을 수행한다. 기본적인 수준에서는 ALPC 포트 객체는 객체 보안을 관리하는 객체 관리자와 동일한 인터페이스로 관리된다. ACL을 사용해 권한이 없는 애플리케이션이 서버 포트에 대한 핸들을 얻는 것을 방지한다. 또한 ALPC는 원래 LPC 설계에서 상속한 SID 기반의 신뢰 모델을 제공한다. 이 모델을 통해 클라이언트는 자신이 연결하는 서버를 단순히 포트 이름에 의존하는 것 이상으로 확인할 수 있다. 보안 포트를 사용하면 클라이언트 프로세스가 끝점 쪽에서 예상하는 서버 프로세스의 SID를 커널에 전달한다. 접속할 때 커널은 클라이언트가 실제로 예상 서버에 연결하는지를 확인해 신뢰할 수 없는 서버가 스푸핑하고자 포트를 생성하는 네임스페이스 스쿼팅 공격을 완화한다.

또한 ALPC는 클라이언트와 서버 모두가 각 메시지를 담당하는 스레드와 프로세스를 원자적으로 고유하게 식별할 수 있게 한다. 또한 `NtAlpcImpersonateClientThread` API를 통해 전체 윈도우 모방 모델을 지원한다. 다른 API를 통해 ALPC 서버가 연결된 모든 클라이언트의 SID와 클라이언트 보안 토큰의 로컬 고유 식별자(LUID, locally unique identifier)를 조회할 수 있는 기능을 제공한다(Vol.1의 7장에서 자세히 설명).

ALPC 포트 소유권

ALPC 포트 소유권의 개념은 연관된 클라이언트 및 서버에 다양한 보안 보증을 제공하기 때문에 중요하다. 무엇보다 ALPC 연결 포트의 소유자만 포트에서 연결을 수락할 수 있다. 이렇게 하면 포트 핸들이 어떻게든 다른 프로세스로 상속되거나 복제됐더라도 들어오는 연결을 불법적으로 수락할 수 없게 된다. 또한 핸들 속성을 사용할 때(직접 또는 간접) 현재 메시지를 파싱하는 사람이 누구인지에 관계없이 항상 포트 소유자 프로세스의 콘텍스트에서 핸들을 복제한다.

이러한 검사는 커널 구성 요소가 ALPC를 통해 클라이언트와 통신할 때와 관련성이 높다. 커널 구성 요소는 현재 완전히 다른 프로세스에 연결될 수 있다(또는 심지어 ALPC 포트 메시지를 소비하는 시스템 스레드에서 시스템 프로세스의 일부로 동작 중일 수도 있다). 그리고 포트 소유자에 대해 알고 있는 것은 ALPC가 현재 프로세스에 잘못 의존하지 않는다는 것을 의미한다.

그러나 반대로 커널 구성 요소가 현재 프로세스에 관계없이 포트로 들어오는 연결을 임의로 수락하는 것이 유리할 수 있다. 이 문제의 한 가지 중요한 예는 실행 콜백 객체를 메시지 전달에 사용하는 경우다. 이 시나리오에서는 콜백이 하나 또는 그 이상의 발신자 프로세스 콘텍스트에서 동기적으로 호출된다. 반면 커널 연결 포트는 시스템 콘텍스트에서 실행하는 동안 생성될 가능성이 있다(예를 들어 DriverEntry). 이 경우 포트 연결을 수락하는 시점에서 현재 프로세스와 포트 소유자 프로세스가 일치하지 않을 수 있다. ALPC는 (커널 호출자만 사용할 수 있는) 특수 포트 속성 플래그를 제공해 연결 포트를 시스템 포트로 사용한다는 것을 표시한다. 이러한 경우 포트 소유자 검사는 무시된다.

포트 소유권의 또 다른 중요한 사용 사례는 클라이언트가 요청할 경우 서버 SID 유효성 검사를 수행하는 경우다. 이는 앞서 '보안' 절에서 설명한 바와 같다. 이 유효성 검사는 누가 현재 포트에서 메시지를 수신하는지에 관계없이 항상 연결 포트 소유자의 토큰에 대해 확인한다.

성능

ALPC는 성능을 향상시키고자 여러 정책을 사용하는데, 먼저 앞서 간략하게 설명한 완료 리스트를 지원하는 것이다. 커널 레벨에서 완료 리스트는 본질적으로 유저 메모리 디스크립터 리스트^{MDL}로, 프로브^{probe}와 잠금^{lock}이 이뤄진 다음 주소로 매핑된다(MDL에 대한 자세한 내용은 Vol.1의 5장을 참고한다). MDL(물리적 페이지를 추적함)과 연결돼 있기 때문에 클라이언트가 서버에 메시지를 보낼 때 물리적 수준에서 페이로드 복사를 직접 할 수 있다. 이 정책은 다른 IPC 메커니즘에서는 일반적으로 커널이 메시지를 이중으로 버퍼링하게 요구하는 점과 다르다.

완료 리스트 자체는 완료된 항목의 64비트 큐로 구현되며 유저 모드 및 커널 모드 양쪽 모두에서 원자적 비교-교환 연산을 통해 큐에 항목을 추가 및 제거할 수 있다. 또한 할당을 단순화하고자 MDL이 초기화되면 비트맵을 이용해 아직 대기 중인 새로운 메시지를 저장하는 데 사용 가능한 메모리 영역을 식별한다. 또한 비트맵 알고리듬은 프로세서의 기본 잠금 명령을 사용해 완료 목록에서 사용할 수 있는 물리적 메모리 영역의 원자 할당 및 할당 해제 기능을 제공한다. 완료 목록은 `NtAlpcSetInformationPort`로 설정할 수 있다.

마지막 최적화 정책은 데이터가 전송되자마자 복사하는 대신 커널에 지연된 복사에 대한 페이로드를 구성해 필요한 정보만 캡처하고 복사하지 않는 정책이다. 이후 수신자가 메시지를 요청하는 경우에만 메시지 데이터를 복사한다. 물론 공유 메모리를 사용하는 경우라면 이 방법에는 이점이 없지만 비동기적 커널 버퍼 메시지 전달에서는 취소 처리 및 높은 트래픽 처리에 대한 최적화 시나리오로 사용할 수 있다.

전원 관리

이전에 봤듯이 모바일 플랫폼과 같이 전력이 제한된 환경에서 사용하는 경우 윈도우는 전력 소비와 프로세서 가용성을 더 잘 관리하고자 여러 기술을 사용한다. 지원하는 아키텍처(예를 들어 ARM64의 big.LITTLE)에서 이기종 프로세싱$^{heterogeneous\ processing}$을 수행하고 사용량이 적은 경우 유저 시스템의 전력을 더욱 줄이기 위한 방법으로 연결된 대기 모드^{Connected Standby}를 구현하는 등 다양한 기술을 사용해 전력 소비 및 프로세서 가용성을 더 잘 관리하게 한다.

이러한 메커니즘을 잘 활용하고자 ALPC는 2가지 추가 기능을 수행한다. 첫째, 클라이언트가 ALPC 서버의 깨우기 채널에 대한 참조를 추가할 수 있는 기능과 속성을 대체하는 작업을 도입하는 것이다. 둘째, 발신자가 원하는 대로 요청을 현재의 작업 티켓에 연결하거나 발신자 스레드를 기술하는 새 작업 티켓을 생성 하는 것을 선택할 수 있는 특징이다.

이러한 작업 티켓은 예를 들어 발신자가 현재 잡 객체의 일부일 때 사용된다 (즉, 윈도우 컨테이너 사일로 내부에 있거나 이기종 스케줄링 또는 연결된 대기 시스템의 일부가 되기 때문). 그리고 작업 티켓과 스레드의 연결로 인해 CPU 주기, I/O 요청 패킷, 디스크/네트워크 대역폭 속성 및 에너지 추정 등 다양한 시스템 속성이 동작 중인 스레드가 아닌 '대리자' 스레드와 연관돼야 한다.

또한 포그라운드 우선순위 양보 및 기타 스케줄링 단계가 **big.LITTLE**의 우선순위 역전 문제를 피하고자 수행된다. 여기에서 RPC 스레드가 단순히 백그라운드 서비스라는 이유로 작은 코어에 고착돼 버린다. 작업 티켓을 사용하면 스레드가 큰 코어에 강제로 예약되고 포그라운드 부스트를 부여받는다.

마지막으로 깨우기 참조는 Vol.1의 6장에서 설명한 것처럼 시스템이 연결된 대기 상태(최신 대기 상태)로 들어갈 때 또는 UWP 애플리케이션이 중지 대상이 됐을 때 시스템이 데드락으로 빠지는 것을 피하고자 사용한다. 이러한 깨우기 참조를 통해 ALPC 포트를 소유하는 프로세스의 수명주기를 고정할 수 있으므로 프로세스 수명 관리자^{PLM}가 강제로 중지, 딥 프리즈 상태로 전환하는 것을 방지할 수 있다(또는 전원 관리자는 Win32 애플리케이션에 대해서도 동일하게 처리). 메시지가 전달되고 처리되고 나면 깨우기 참조를 제거할 수 있으므로 필요한 경우 프로세스를 중지할 수 있다(종료된 프로세스 /닫힌 포트로 메시지를 보내면 오지 않을 응답을 막는 대신 PORT_CLOSED라는 특별한 응답으로 발신자를 즉시 깨우기 때문에 종료에 대해서는 문제가 되지 않는다는 점을 기억하라).

ALPC 다이렉트 이벤트 속성

ALPC는 클라이언트와 서버가 통신하기 위한 2가지 메커니즘을 제공한다는 것을 상기하라. 양방향이며 응답을 필요로 하는 요청^{requests}과 단방향이며 동기적 응답이 없는 데이터그램이다. 이 둘의 중간 지점인 데이터그램 형식 메시지가 유리할 것이다. 이 메시지는 응답을 할 수는 없지만 수신자가 메시지에 반응했는가를 확인하는 방식으로 발신자가 수신 여부를 확인할 수 있다. 사실 이것이 다이렉트 이벤트 속성이 제공하는 것이다.

발신자가 커널 이벤트 객체에 대한 핸들(CreateEvent를 통해)을 ALPC 메시지에 연결해서 다이렉트 이벤트 속성은 이벤트 핸들에 따른 KEVENT를 캡처하고 참조를 추가해 KALPC_MESSAGE 구조체에 저장한다. 그런 다음 수신 프로세스가 메시지를 받으면 이 다이렉트 이벤트 속성을 노출해 시그널 상태로 만든다. 클라이언트는 완료 대기 패킷^{Wait Completion Packet}을 I/O 완료 포트와 연결하거나 WaitForSingleObject와 같이 이벤트 핸들을 동기적으로 대기할 수도 있다. 그리고 완료 통지를 받거나 대기 조건을 만족하면 비로소 메시지가 성공적으로 전달됐다는 것을 알 수 있다.

이전의 RPC 런타임에서는 이러한 기능을 클라이언트가 RpcNotificationTypeEvent 유형으로 RpcAsyncInitializeHandle을 호출하고 비동기 RPC 메시지와 이벤트 객체에 대한 핸들을 연결하는 방식으로 수동 제공했다. 요청 메시지에 대한 응답을 상대측의 RPC 런타임에 강제하는 대신 발신자 측의 RPC 런타임이 완료 시그널에 지역적인 이벤트 시그널을 처리한다. 따라서 ALPC는 이 메시지를 직접 이벤트 속성으로 캡처해 일반 메시지 큐 대신 다이렉트 메시지 큐에 저장한다. ALPC 서브시스템에서는 추가적인 홉^{hop} 및 콘텍스트 전환 없이 효율적으로 커널 모드에서 시그널을 처리할 수 있다.

디버깅과 추적

커널의 체크 빌드에서 ALPC 메시지를 로깅할 수 있다. 모든 ALPC 속성, 블롭, 메시지 영역, 디스패치 트랜잭션을 개별적으로 로깅할 수 있으며 문서화되지 않은 !alpc 명령으로 WinDbg에서 로그를 덤프할 수 있다. 일반 유저 시스템에서는

IT 관리자와 문제 해결사는 ALPC 메시지를 모니터링하기 위한 NT 커널 로거의 ALPC 이벤트를 활성화할 수 있다(ETW로도 알려진 윈도우 이벤트 추적 기능으로, 10장에서 다룬다). ETW 이벤트에는 페이로드 데이터를 포함하지는 않지만 연결, 연결 끊기, 정보 보내기/받기, 대기/해제 정보를 갖고 있다. 마지막으로 일반 유저 시스템에서도 특정 !alpc 명령으로 ALPC 포트와 메시지에 대한 정보를 얻을 수 있다.

실습: 연결 포트 덤프

이 실습에서는 세션 1에서 실행되는 윈도우 프로세스에 대한 CSRSS API 포트를 사용한다. 세션 1은 콘솔 유저를 위한 일반적인 대화식 세션이다. 윈도우 애플리케이션은 시작할 때마다 적절한 세션의 CSRSS API 포트에 연결한다.

1. !object 명령을 사용해 연결 포트에 대한 포인터를 얻는 것으로 시작 한다.

```
lkd> !object \Sessions\1\Windows\ApiPort
Object: ffff898f172b2df0 Type: (ffff898f032f9da0) ALPC Port
    ObjectHeader: ffff898f172b2dc0 (new version)
    HandleCount: 1 PointerCount: 7898
    Directory Object: ffffc704b10d9ce0 Name: ApiPort
```

2. !alpc /p를 사용해 포트 객체 자체에 대한 정보를 덤프한다. 예를 들어 CSRSS는 포트 소유자임을 확인할 수 있다.

```
lkd> !alpc /P ffff898f172b2df0
Port ffff898f172b2df0
    Type                      : ALPC_CONNECTION_PORT
    CommunicationInfo         : ffffc704adf5d410
        ConnectionPort        : ffff898f172b2df0 (ApiPort), Connections
        ClientCommunicationPort : 0000000000000000
        ServerCommunicationPort : 0000000000000000
    OwnerProcess              : ffff898f17481140 (csrss.exe), Connections
    SequenceNo                : 0x0023BE45 (2342469)
    CompletionPort            : 0000000000000000
    CompletionList            : 0000000000000000
```

```
ConnectionPending     : No
ConnectionRefused     : No
Disconnected          : No
Closed                : No
FlushOnClose          : Yes
ReturnExtendedInfo    : No
Waitable              : No
Security              : Static
Wow64CompletionList   : No

5 thread(s) are waiting on the port:

    THREAD ffff898f3353b080 Cid 0288.2538 Teb: 00000090bce88000
    Win32Thread: ffff898f340cde60 WAIT
    THREAD ffff898f313aa080 Cid 0288.19ac Teb: 00000090bcf0e000
    Win32Thread: ffff898f35584e40 WAIT
    THREAD ffff898f191c3080 Cid 0288.060c Teb: 00000090bcff1000
    Win32Thread: ffff898f17c5f570 WAIT
    THREAD ffff898f174130c0 Cid 0288.0298 Teb: 00000090bcfd7000
    Win32Thread: ffff898f173f6ef0 WAIT
    THREAD ffff898f1b5e2080 Cid 0288.0590 Teb: 00000090bcfe9000
    Win32Thread: ffff898f173f82a0 WAIT
    THREAD ffff898f3353b080 Cid 0288.2538 Teb: 00000090bce88000
    Win32Thread: ffff898f340cde60 WAIT

    Main queue is empty.

    Direct message queue is empty.

    Large message queue is empty.

    Pending queue is empty.

    Canceled queue is empty.
```

3. 이번에는 모든 윈도우 프로세스를 포함해 포트에 연결된 클라이언 트를 확인할 수 있다. 문서화되지 않은 !alpc /lpc 명령을 이용하 거나 최신 버전 WinDbg의 경우 ApiPort 옆에 있는 연결 링크를 클릭만 하면 된다. 또한 각 연결의 서버 및 클라이언트 통신 포트 및 특정 큐에서 보류 중인 메시지도 확인할 수 있다.

```
lkd> !alpc /lpc ffff898f082cbdf0
```

```
ffff898f082cbdf0('ApiPort') 0, 131 connections
ffff898f0b971940 0 ->ffff898F0868a680 0 ffff898f17479080('wininit.exe')
ffff898f1741fdd0 0 ->ffff898f1742add0 0 ffff898f174ec240('services.exe')
ffff898f1740cdd0 0 ->ffff898f17417dd0 0 ffff898f174da200('lsass.exe')
ffff898f08272900 0 ->ffff898f08272dc0 0 ffff898f1753b400('svchost.exe')
ffff898f08a702d0 0 ->ffff898f084d5980 0 ffff898f1753e3c0('svchost.exe')
ffff898f081a3dc0 0 ->ffff898f08a70070 0 ffff898f175402c0('fontdrvhost.ex')
ffff898F086dcde0 0 ->ffff898f17502de0 0 ffff898f17588440('svchost.exe')
ffff898f1757abe0 0 ->ffff898f1757b980 0 ffff898f17c1a400('svchost.exe')
```

4. 다른 세션이 있다면 해당 세션에서 동일한 실습을 반복할 수 있다
   (시스템 세션인 세션 0도 마찬가지). 결국 컴퓨터의 윈도우 프로세스 목록을 얻
   을 것이다.

윈도우 알림 기능

윈도우 알림 기능^{WNF, Windows Notification Facility}은 등록이 필요 없는 최신 게시/구독 메커
니즘의 핵심 토대다. 이 메커니즘은 어떤 행동, 이벤트, 상태 및 이 상태 변경과
관련된 데이터 페이로드를 관심 있는 상대방에게 통지해주기 위한 아키텍처의
부족에 따른 요구에 맞춰 윈도우 8에 추가됐다.

이를 위해 다음 시나리오를 고려해보자. 서비스 A는 잠재적 클라이언트인 B, C,
D에게 디스크가 검사를 완료했으며 이제 쓰기 액세스에 안전하며 또한 스캔 중에
감지된 불량 섹터 수(있다면)에 대한 정보를 알리고 싶다고 가정하자. B, C, D가 A
다음에 시작한다는 보장은 없다. 사실 더 일찍 시작할 수 있는 기회가 있긴 하다.
이 경우 실행을 계속하는 것은 안전하지 않으며 A가 실행돼 디스크가 쓰기 액세
스에 안전하다고 보고할 때까지 기다려야 한다. 그러나 A가 실행 중이 아닌 경우
라면 처음에는 어떻게 기다려야 할까?

일반적인 솔루션은 다음과 같다. B가 CAN_I_WAIT_FOR_A_YET 이벤트를 생성한다.
그런 다음 A가 시작하면서 이 이벤트를 살펴보고 A_SAYS_DISK_IS_SAFE 이벤트를

생성한 다음 CAN_I_WAIT_FOR_A_YET 이벤트를 시그널한다. 이제 B에게 A_SAYS_ DISK_IS_SAFE 이벤트를 기다리는 것이 안전하다는 것을 알릴 수 있다. 단일 클라이언트에서는 이 시나리오가 실현 가능하지만 클라이언트 C와 D가 추가된다면 상황이 훨씬 더 복잡해지는데, 모두 이 동일한 로직으로 CAN_I_WAIT_FOR_A_YET 이벤트를 경쟁적으로 생성할 수 있기 때문에 이 시점에서 기존 이벤트(이 예제에서는 B가 생성함)를 열고 이벤트가 시그널될 때까지 기다릴 수도 있다. 이것이 가능하지만 B가 생성한 이벤트가 진정으로 보장하는 것은 무엇일까? 이제 악의적으로 이름을 선점하는 '스쿼팅' 및 서비스 거부 공격이 일어날 수도 있다. 궁극적으로 이에 대해 안전한 프로토콜을 설계할 수 있겠지만 A, B, C, D 개발자에게 많은 복잡성을 필요로 하며, 불량 섹터의 수를 얻는 방법은 아직 논의하지도 않았다.

WNF 기능

이전에 설명한 시나리오는 운영체제 설계의 일반적인 시나리오다. 그리고 이를 명확하게 해결하기 위한 올바른 패턴을 개별 개발자에게 맡겨서는 안 된다. 운영체제가 해야 할 일은 이러한 일반적인 아키텍처 문제에 대해 간단하고 확장 가능하며 성능이 뛰어난 솔루션을 제공하는 것으로, WNF는 다음의 기능을 최신 윈도우 플랫폼에 제공하는 것을 목표로 한다.

- 상태 이름을 정의하고 임의의 프로세스가 이를 구독하거나 게시할 수 있으며 표준 윈도우 보안 디스크립터(DACL 및 SACL 포함)로 액세스를 보호할 수 있는 기능
- 이러한 상태 이름에는 최대 4KB의 페이로드와 연결할 수 있으며 상태 변경에 대한 구독(상태가 변경되면 게시되는)을 통해 이를 알아내는 기능
- 운영체제에서 잘 알려진 상태 이름을 제공하고 제작자가 잠재적으로 유저와 경쟁적으로 이를 만들 필요가 없어야 하는 기능. 그러면 제작자가 아직 시작하지 않은 경우에도 유저는 상태 변경 알림을 대기할 것이다.
- 재부팅 이후 제작자가 아직 실행되지 않은 경우라고 하더라도 유저가 이전의 게시된 지속 상태 데이터를 볼 수 있게 유지하는 기능
- 유저가 재부팅 이후에도 알 수 있게 각 상태 이름에 상태 변경 타임스탬프

를 할당하는 기능. 즉, 활성 유저 없이 새로운 데이터가 게시된 경우(및 이전에 게시된 데이터에 대해 조치를 취할지 여부)

- 동일한 상태 이름에 범위를 할당하는 기능. 이를테면 대화형 세션 ID, 서버 사일로(컨테이너), 특정 유저 및 심지어는 개별 프로세스와 같은 여러 인스턴스가 존재할 수 있다.
- 마지막으로 WNF 상태 이름의 모든 게시 및 소비를 커널/유저 경계를 넘어 수행하는 기능. 즉, 양쪽에 구성 요소가 서로 상호작용할 수 있다.

WNF 유저

독자가 알 수 있듯이 이러한 모든 의미를 제공하면 풍부한 서비스 세트를 이용할 수 있고 WNF를 활용해 수백 개의 클라이언트에 알림 및 기타 상태 변경 시그널을 제공하는 커널 구성 요소가 이용 가능해진다(이는 다양한 시스템 라이브러리 및 대규모 프로세스에 이르기까지 잘 세분화된 개별 API가 될 수 있다). 사실 몇 가지 주요 시스템 구성 요소와 인프라는 이제 다음과 같은 WNF를 사용한다.

- 전원 관리자^{Power Manager} 및 다양한 관련 구성 요소는 WNF를 사용해 덮개의 닫기 및 닫기, 배터리 충전 상태, 모니터 끄기 및 켜기, 유저 존재 탐지 등과 같은 동작을 알린다.
- 셸과 해당 구성 요소는 WNF를 사용해 애플리케이션 시작, 유저 활동, 화면 잠금 동작을 작업 표시줄 동작, 코타나^{Cortana} 사용 및 시작 메뉴 동작을 추적한다.
- 시스템 이벤트 브로커^{SEB, System Events Broker}는 UWP 애플리케이션 및 브로커에서 활용하는 오디오 입력 및 출력과 같은 시스템 이벤트에 대한 알림을 수신하는 전체 인프라다.
- 프로세스 관리자는 프로세스별 임시 WNF 상태 이름을 사용해 프로세스 수명 관리자^{PLM, Process Lifetime Manager}에서 사용하는 깨우기 채널을 구현해 특정 이벤트가 일시 중단(딥 프리즈^{DeepFreeze})으로 표시된 프로세스를 강제로 깨울 수 있는 메커니즘 부분을 수행한다.

6,000개 이상의 서로 다른 대표적인 잘 알려진 상태 이름이 사용되기 때문에 WNF의 모든 유저를 나열하자면 이 책으로는 부족하다. 또한 다양한 임시 이름(예를 들어 프로세스별 깨우기 채널)도 만들어진다. 그러나 이후의 실습에서는 시스템의 모든 WNF를 열거하고 각 이벤트 및 해당 데이터에 상호작용할 수 있게 해주는 도구인 **wnfdump**의 사용법을 알아본다. 윈도우 디버깅 도구에서 제공하는 !wnf 확장 기능 또한 같은 목적으로 사용할 수 있는데, 이는 다음의 실습에서 보여준다. 한편 표 8-31은 주요 WNF 상태 이름의 접두사와 그 용도 중 일부를 설명한다. 윈도우 폰에서 Xbox에 이르기까지 WNF 메커니즘의 풍부함과 충만함을 보여주는 수많은 윈도우 구성 요소와 다양한 윈도우 SKU에 걸친 코드명을 만날 수 있을 것이다.

표 8-31 WNF 상태 이름 접두사

접두사	이름 개수	사용처
9P	2	플랜9 리다이렉터
A2A	1	앱 간 통신
AAD	2	애저 액티브 디렉터리
AA	3	할당된 액세스
ACC	1	접근성
ACHK	1	부팅 디스크 무결성 검사(Autochk)
ACT	1	활동
AFD	1	보조 기능 드라이버(Winsock)
AI	9	애플리케이션 설치
AOW	1	윈도우용 안드로이드(사용 중단됨)
ATP	1	마이크로소프트 디펜더 ATP
AUDC	15	오디오 캡처
AVA	1	음성 활성화
AVLC	3	볼륨 제한 변경
BCST	1	앱 방송 서비스

(이어짐)

접두사	이름 개수	사용처
BI	16	브로커 인프라
BLTH	14	블루투스
BMP	2	백그라운드 미디어 플레이어
BOOT	3	부트 로더
BRI	1	밝기
BSC	1	브라우저 구성, 레거시 IE(사용 중단됨)
CAM	66	기능 액세스 관리자
CAPS	1	중앙 액세스 정책
CCTL	1	호출 제어 브로커
CDP	17	커넥티드 장치 플랫폼(프로젝트 'Rome'/애플리케이션 핸드오프)
CELL	78	셀룰러 서비스
CERT	2	인증서 캐시
CFCL	3	비행 모드 설정 변경
CI	4	코드 무결성
CLIP	6	클립보드
CMFC	1	환경설정 관리 기능 구성
CMPT	1	호환성
CELL	10	셀룰러 네트워킹(데이터)
CONT	1	컨테이너
CSC	1	클라이언트 측 캐싱
CSHL	1	구성 가능한 셀
CSH	1	사용자 정의 셀 호스트
CXH	6	클라우드 유저 경험 개선 호스트
DBA	1	장치 브로커 액세스

(이어짐)

접두사	이름 개수	사용처
DCSP	1	진단 로그 CSP
DEP	2	배포, 윈도우 설치
DEVM	3	장치 관리
DICT	1	사전(Dictionary)
DISK	1	디스크
DISP	2	디스플레이
DMF	4	데이터 마이그레이션 프레임워크
DNS	1	DNS
DO	2	배포 최적화
DSM	2	장치 상태 관리자
DUMP	2	크래시 덤프
DUSM	2	데이터 사용 구독 관리
DWM	9	데스크톱 창 관리자
DXGK	2	다이렉트X 커널
DX	24	다이렉트X
EAP	1	확장 가능 인증 프로토콜
EDGE	4	엣지 브라우저
EDP	15	기업 데이터 보호
EDU	1	교육
EFS	2	암호화 파일 서비스
EMS	1	응급 관리 서비스
ENTR	86	엔터프라이즈 그룹 정책
EOA	8	접근성 개선
ETW	1	윈도우용 이벤트 추적

(이어짐)

접두사	이름 개수	사용처
EXEC	6	실행 구성 요소, 발열 모니터링
FCON	1	기능 구성
FDBK	1	피드백
FLTN	1	비행 모드 알림
FLT	2	필터 관리자
FLYT	1	비행 ID
FOD	1	온디맨드 기능
FSRL	2	파일 시스템 런타임(FsRtl)
FVE	15	전체 볼륨 암호화
GC	9	게임 코어
GIP	1	그래픽
GLOB	3	국제화
GPOL	2	그룹 정책
HAM	1	호스트 활동 관리자
HAS	1	호스트 증명 서비스
HOLO	32	홀로그램 서비스
HPM	1	사람 감지 관리자
HVL	1	하이퍼바이저 라이브러리(Hvl)
HYPV	2	하이퍼V
IME	4	입력기 편집기
IMSN	7	몰입형 셸 알림
IMS	1	권한
INPUT	5	입력
IOT	2	사물인터넷

(이어짐)

접두사	이름 개수	사용처
ISM	4	입력 상태 관리자
IUIS	1	몰입형 UI 스케일
KSR	2	커널 소프트 재부팅
KSV	5	커널 스트리밍
LANG	2	언어 기능
LED	1	LED 알림
LFS	12	위치 기반 서비스
LIC	9	라이선스
LM	7	라이선스 관리자
LOC	3	위치 정보
LOGN	8	로그온
MAPS	3	지도
MBAE	1	MBAE
MM	3	메모리 관리자
MON	1	모니터 장치
MRT	5	마이크로소프트 리소스 관리자
MSA	7	마이크로소프트 계정
MSHL	1	최소 셸
MUR	2	미디어 UI 요청
MU	1	알려지지 않음
NASV	5	자연스러운 인증 서비스
NCB	1	네트워크 연결 브로커
NDIS	2	커널 NDIS
NFC	1	근거리 무선 통신(NFC) 서비스

(이어짐)

접두사	이름 개수	사용처
NGC	12	차세대 암호화
NLA	2	네트워크 위치 인식
NLM	6	네트워크 위치 관리자
NLS	4	다국어 서비스
NPSM	1	현재 재생 중 세션 관리자
NSI	1	네트워크 스토어 인터페이스 서비스
OLIC	4	운영체제 라이선스
OOBE	4	즉시 사용 가능 환경
OSWN	8	운영체제 스토리지
OS	2	기본 운영체제
OVRD	1	윈도우 재정의
PAY	1	결제 브로커
PDM	2	인쇄 장치 관리자
PFG	2	펜 우선 제스처
PHNL	1	전화 라인
PHNP	3	개인 전화
PHN	2	전화
PMEM	1	영구 메모리
PNPA-D	13	플러그앤플레이 관리자
PO	54	전원 관리자
PROV	6	런타임 프로비저닝
PS	1	커널 프로세스 관리자
PTI	1	푸시 설치 서비스
RDR	1	커널 SMB 리다이렉터

(이어짐)

접두사	이름 개수	사용처
RM	3	게임 모드 리소스 관리자
RPCF	1	RPC 방화벽 관리자
RTDS	2	런타임 트리거 데이터 저장소
RTSC	2	권장 문제 해결 클라이언트
SBS	1	보안 부팅 상태
SCH	3	보안 채널(SChannel)
SCM	1	서비스 제어 관리자
SDO	1	간단한 기기 방향 변경
SEB	61	시스템 이벤트 브로커
SFA	1	2차 인증
SHEL	138	셸
SHR	3	인터넷 연결 공유(ICS)
SIDX	1	검색 색인기
SIO	2	로그인 옵션
SYKD	2	스카이 드라이브, 마이크로소프트 원드라이브
SMSR	3	SMS 라우터
SMSS	1	세션 관리자
SMS	1	SMS 메시지
SPAC	2	저장 공간
SPCH	4	말하기
SPI	1	시스템 매개변수 정보
SPLT	4	서비스 지원
SRC	1	시스템 라디오 변경
SRP	1	시스템 복제

(이어짐)

접두사	이름 개수	사용처
SRT	1	시스템 복원, 윈도우 복구 환경
SRUM	1	수면 연구
SRV	2	서버 메시지 블록(SMB/CIFS)
STOR	3	저장소 공간
SUPP		고객 지원
SYNC	1	전화 동기화
SYS	1	시스템
TB	1	시간 브로커
TEAM	4	TeamOS 플랫폼
TEL	5	마이크로소프트 디펜더 ATP 원격 분석
TETH	2	테더링
THME	1	테마
TKBN	24	터치 키보드 브로커
TKBR	3	토큰 브로커
TMCN	1	태블릿 모드 제어 알림
TOPE	1	터치 이벤트
TPM	9	신뢰할 수 있는 플랫폼 모듈(TPM)
TZ	6	표준 시간대
UBPM	4	유저 모드 전원 관리자
UDA	1	유저 데이터 액세스
UDM	1	유저 장치 관리자
UMDF	2	유저 모드 드라이버 프레임워크
UMGR	9	유저 관리자
USB	8	범용 직렬 버스(USB) 스택

(이어짐)

접두사	이름 개수	사용처
USO	16	업데이트 관리자(Orchestrator)
UTS	2	유저가 신뢰 시그널
UUS	1	알려지지 않음
UWF	4	통합 쓰기 필터
VAN	1	가상 영역 네트워크
VPN	1	가상 사설 네트워크
VTSV	1	보관 서비스
WAAS	2	서비스형 윈도우
WBIO	1	윈도우 생체 인식
WCDS	1	무선 랜
WCM	6	윈도우 연결 관리자
WDAG	2	윈도우 디펜더 애플리케이션 가드
WDSC	1	윈도우 디펜더 보안 설정
WEBA	2	웹 인증
WER	3	윈도우 에러 보고
WFAS	1	윈도우 방화벽 애플리케이션 서비스
WFDN	3	WiFi 디스플레이 연결, 미라캐스트
WFS	5	윈도우 가족 보호
WHTP	2	윈도우 HTTP 라이브러리
WIFI	15	윈도우 무선 네트워크 스택(WiFi)
WIL	20	윈도우 관리 도구 라이브러리
WNS	1	윈도우 알림 서비스
WOF	1	윈도우 오버레이 필터
WOSC	9	윈도우 원 설정 구성

(이어짐)

접두사	이름 개수	사용처
WPN	5	윈도우 푸시 알림
WSC	1	윈도우 보안 센터
WSL	1	리눅스용 윈도우 서브시스템
WSQM	1	윈도우 소프트웨어 품질 측정(SQM)
WUA	6	윈도우 업데이트
WWAN	5	무선 유선 영역 네트워크(WWAN) 서비스
XBOX	116	Xbox 서비스

WNF 상태 이름과 저장소

WNF 상태 이름은 0xAC41491908517835와 같이 무작위 64비트 식별자로 표시된다. 그다음 WNF_AUDC_CAPTURE_ACTIVE와 같은 C 전처리기 매크로를 사용해 친숙한 이름으로 정의한다. 그러나 실제로 이러한 숫자에는 버전 번호(1), 이름 수명(영구 또는 임시), 데이터 범위(프로세스 인스턴스, 컨테이너 인스턴스, 유저 인스턴스, 세션 인스턴스 또는 장치 인스턴스), 영구 데이터 플래그 그리고 잘 알려진 상태 이름의 경우 고유 시퀀스 번호 앞에 상태 이름의 소유자를 식별하는 접두사를 가진다. 그림 8-41은 이 형식을 보여준다.

소유자 태그	시퀀스 번호	영구 데이터	데이터 범위	이름 수명	버전
32비트	21비트	1비트	4비트	2비트	4비트

그림 8-41 WNF 상태 이름의 형식

앞서 언급했듯이 잘 알려진 상태 이름도 있다. 이는 임의의 비순차적인 이름을 사용하고자 미리 제공됐다는 것을 의미한다. WNF는 레지스트리를 백업 저장소로 사용해 이를 달성한다. HKLM\SYSTEM\CurrentControlSet\Control\Notifications 레지스트리 키에 보안 디스크립터, 최대 데이터 크기, 유형 ID(있는 경우)를 인코딩해 저장한다. 각 상태 이름에는 그에 대한 64비트 인코딩한 WNF 상태 식별자 값이 저장된다.

또한 지속적인 WNF 상태 이름을 등록할 수 있다. 즉, 등록하는 프로세스 수명주기에 관계없이 시스템 가동 시간 동안 지속적으로 남아 있음을 의미한다. 이 장의 '객체 관리자' 절에서 설명한 영구 객체와 유사하며, 마찬가지로 이러한 상태 이름을 등록하려면 SeCreatePermanentPrivilege 권한이 필요하다. 이들 WNF 상태 이름도 HKLM\SOFTWARE \Microsoft\Windows NT\CurrentVersion\VolatileNotifications 레지스트리 하위 키에 저장된다. 하지만 레지스트리의 휘발성 플래그 기능을 활용해 간단히 장치가 재부팅되면 사라진다. '휘발성' 레지스트리 키가 '지속적인' WNF 데이터에 사용되는 것이 혼란스러울 수 있다. 방금 지적한 것처럼 여기의 지속성은 부팅 세션에 종속적이다(반면 임시 WNF는 프로세스 수명에 종속적이다. 이는 나중에 다룬다).

게다가 재부팅해도 지속될 수 있는 영구적인 WNF 상태 이름을 등록할 수 있다. 이것이 앞서 기대했던 '지속성'의 유형이다. HKLM\SOFTWARE\Microsoft\Windows NT\CurrentVersion\Notifications 레지스트리 하위에 또 다른 키를 사용해 저장한다. 그러나 이번에는 휘발성 플래그를 설정하지 않는다. 이 수준의 지속성에도 SeCreatePermanentPrivilege가 필요하다는 것이다. 이러한 유형의 WNF 상태의 경우 레지스트리 아래에 Data라는 추가 레지스트리 키가 있다. 여기에는 64비트로 인코딩한 WNF 상태 이름 식별자, 마지막 변경 타임스탬프 및 이진 데이터가 들어있다. WNF 상태 이름이 한 번도 컴퓨터에 기록되지 않은 경우 후자의 정보는 누락될 수 있다.

실습: 레지스트리에서 WNF 상태 이름 및 데이터 보기

이 실습에서는 레지스트리 편집기를 사용해 다음과 같이 잘 알려진 WNF 이름과 영구적이거나 지속적인 이름의 몇 가지 사례를 살펴본다. 레지스트리 바이너리 로우 데이터를 살펴보면 데이터와 보안 디스크립터 정보를 볼 수 있다.

레지스트리 편집기를 열고 HKEY_LOCAL_MACHINE\SYSTEM\CurrentControlSet\Control\Notifications 키로 이동한다.

다음 스크린샷과 같이 표시되는 값을 살펴보자.

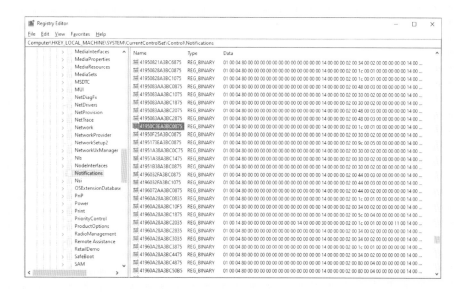

41950C3EA3BC0875(WNF_SBS_UPDATE_AVAILABLE) 값을 더블 클릭해 레지스트리 로우 데이터 바이너리 편집기를 연다.

다음 그림에서 보안 디스크립터(강조 표시된 SID S-1-5-18을 포함하는 바이너리 데이터)와 최대 데이터 크기(0바이트)를 볼 수 있다.

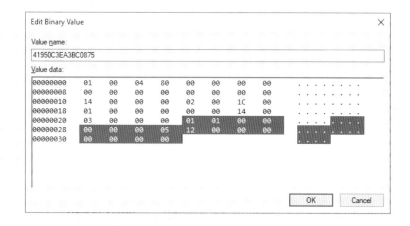

시스템을 작동 불능으로 만들거나 공격까지 할 수 있으므로 표시되는 어떤 값도 변경하지 않도록 주의해야 한다.

마지막으로 영구적인 WNF 상태의 몇 가지 예를 보려면 레지스트리 편집기를 사용해 HKEY_LOCAL_MACHINE\SOFTWARE\Microsoft\Windows NT\CurrentVersion\Notifications\Data 키를 찾고, 418B1D29A3BC0C75(WNF_DSM_DSMAPPINSTALLED) 값을 확인한다. 다음 그림에서 보여주는 예는 마지막으로 시스템에 설치된 애플리케이션을 볼 수 있다(MicrosoftWindows.UndockedDevKit).

마지막으로 완전히 임의의 상태 이름을 임시 이름으로 등록할 수 있다. 그러한 이름에는 지금까지 본 것과 다른 몇 가지 차이점이 있다. 첫째, 이름이 미리 알려지지 않았기 때문에 유저와 제작자가 식별자를 서로에게 전달하는 방법이 필요하다. 일반적으로 누구나 일치하는 레지스트리 키를 사용해 내부적으로 데이터를 생성하고 저장하는 것을 끝내는 대신 상태 데이터를 먼저 소비하거나 상태 데이터를 생성하려고 시도할 수 있다. 하지만 임시 WNF 상태 이름을 사용하는 경우 이름이 단순히 증가하는 시퀀스 번호에 기반을 두기 때문에 불가능하다.

둘째, 이런 사실과도 연관된 것으로 임시 상태 이름을 인코딩하는 데 레지스트리를 사용하지 않는다. 상태 이름의 주어진 인스턴스를 등록한 프로세스에 종속되며 모든 데이터는 커널 풀에만 저장된다. 예를 들어 앞서 설명한 프로세스별 깨우기 채널을 구현하는 데 이러한 유형의 이름을 사용한다. 다른 용도로는 전원 관리자 알림 및 SCM에서 사용하는 직접 서비스 트리거가 있다.

WNF 게시 및 구독 모델

제작자가 WNF를 활용하려면 상태 이름을 등록하는 표준 패턴에 따라 (잘 알려지지 않은 상태 이름의 경우) 노출하려는 특정 데이터를 게시하면 된다. 또한 데이터를 게시하지 않고 단순히 0바이트 버퍼를 제공하게 할 수도 있다. 이는 데이터가 저장되지 않았지만 이 상태를 '표시'하고 유저에게 신호를 보내는 수단으로 활용할 수 있다.

반면 유저는 WNF 등록을 사용해 주어진 WNF 상태 이름에 대한 콜백과 연동한다. 변경 사항이 게시될 때마다 이 콜백이 활성화된다. 커널 모드의 경우 호출자는 적절한 WNF API를 호출해 상태 이름과 관련된 데이터를 검색해야 한다(버퍼 크기가 제공되므로 호출자는 필요에 따라 풀을 할당하거나 스택을 사용하도록 선택할 수 있다). 반면 유저 모드의 경우 Ntdll.dll 내부의 WNF 알림 메커니즘은 힙 기반 버퍼를 할당하고 유저가 등록한 콜백에 데이터 포인터를 직접 제공해 전달한다.

두 경우 모두 콜백에서 변경 타임스탬프도 제공하는데, 이를 단순한 고유 시퀀스 번호로 활용해 누락된 게시 데이터를 감지하는 데 사용할 수 있다(유저가 어떤 이유로 비활성화된 경우에 제작자가 계속해서 변경 사항을 생성할 때). 또한 콜백에 사용자 정의 콘텍스트를 연결할 수 있어 C++ 환경에서 정적 함수 포인터를 해당 클래스와 연결하는 데 유용하다.

> WNF는 주어진 WNF 상태 이름이 등록됐는지 여부를 조회하기 위한 API를 제공한다(이를 통해 유저가 제작자의 활성 상태 여부를 탐지하는 특정 로직을 구현하는 것도 가능하다). 뿐만 아니라 주어진 상태 이름에 대해 현재 활성화된 구독이 있는지 여부를 쿼리하는 API도 제공한다(이를 통해 이전 상태 데이터를 변경할 수 있는 추가 데이터 게시를 지연시키는 특정 로직을 제작자가 구현할 수도 있다).

WNF는 데이터 구조체를 커널/유저 모드 구독과 연결하며 수천 개가 될 수 있는 구독을 관리한다. 그리고 주어진 WNF 상태 이름과 모든 구독을 함께 묶는다. 이런 식으로 상태 이름이 게시될 때 구독 목록을 구문 분석하고 유저 모드에서는 전달할 페이로드를 링크드 리스트에 추가한다. 그런 다음 프로세스별 알림 이벤트를 시그널한다. 이는 Ntdll.dll의 WNF 전달 코드에 API를 호출해 페이로드(그리고 그 동안 목록에 추가된 모든 기타 추가 전달 페이로드)를 처리하게 한다. 커널 모드의 경우 메커니즘이 더 간단하다. 콜백은 제작자의 콘텍스트에서 동기적으로 실행된다.

데이터 알림 모드와 메타알림 모드 2가지 모드로 알림을 구독할 수 있다는 것을 참고한다. 전자는 새로운 데이터가 WNF 상태 이름과 연결된 경우 콜백을 실행하는 작업을 수행한다는 것을 예상할 수 있다. 후자는 새로운 유저가 활성 또는 비활성 상태로 바뀌거나, 제작자가 종료됐을 때도 알림을 보내기 때문에 더 흥미롭다(휘발성 상태 이름의 경우 그러한 개념이 존재하는 경우에).

마지막으로 유저 모드 구독에는 해결해야 하는 추가적인 문제가 있다는 점을 언급할 필요가 있다. Ntdll.dll은 전체 프로세스에 대한 WNF 알림을 관리하기 때문에 동적 라이브러리/DLL과 같은 여러 구성 요소가 WNF 상태 이름은 같지만 서로 다른 사유와 서로 다른 콘텍스트에 대해 각자의 콜백을 요청하는 것이 가능하기 때문이다. 이 상황에서 Ntdll.dll 라이브러리는 각 모듈과 등록 콘텍스트를 연결해서 프로세스별 전달 페이로드를 적절한 콜백으로 전달한다. 그리고 요청된 전달 모드가 유저의 알림 유형과 일치하는 경우에만 전달한다.

실습: WnfDump 도구를 사용해 WNF 상태 이름 덤프

이번 실습에서는 이 책의 도구 중 하나인 WnfDump를 사용해, `WNF_SHEL_DESKTOP_APPLICATION_STARTED`의 상태 이름과 `WNF_AUDC_RENDER` WNF 상태 이름에 대한 구독을 등록한다.

다음의 커맨드라인 플래그를 사용해 `wnfdump`를 실행한다.

```
-i WNF_SHEL_DESKTOP_APPLICATION_STARTED -v
```

이 도구는 상태 이름에 대한 정보를 표시하고 다음 출력과 같이 해당 데이터를 읽어온다.

```
C:\>wnfdump.exe -i WNF_SHEL_DESKTOP_APPLICATION_STARTED -v
WNF State Name                          | S | L | P | AC | N | CurSize | MaxSize
-------------------------------------------------------------------------
WNF_SHEL_DESKTOP_APPLICATION_STARTED | S | W | N | RW | I | 28      |    512
  65 00 3A 00 6E 00 6F 00-74 00 65 00 70 00 61 00  e.:.n.o.t.e.p.a.
  64 00 2E 00 65 00 78 00-65 00 00 00 00 00        d...e.x.e...
```

이 이벤트는 데스크톱 애플리케이션을 시작하는 탐색기(셸)와 연결돼 있으므로 탐색기에서 더블 클릭하거나 시작 메뉴 또는 실행 메뉴, 일반적으로 ShellExecute API를 사용해 실행된 모든 것 중에서 마지막으로 실행된 애플리케이션 중 하나를 찾아볼 수 있다. 변경 타임스탬프도 표시되는데, 윈도우 부팅 이후 시작된 데스크톱 애플리케이션의 수에 대한 카운터로 표현된다(이는 지속적인 그러나 영구적이 아닌 이벤트이기 때문이다).

시작 메뉴를 사용해 그림판과 같은 새 데스크톱 애플리케이션을 시작하고 wnfdump 명령을 다시 실행해보자. 변경 타임스탬프가 증가하고 새 이진 데이터가 표시될 것이다.

WNF 이벤트 기반 수집

WNF 자체로도 클라이언트와 서비스가 상태 정보를 교환하고 서로의 상태를 통보받을 수 있는 강력한 방법을 제공한다. 하지만 특정 클라이언트/유저는 하나 이상의 WNF 상태 이름에 관심이 있을 수 있다.

예를 들어 화면 배경 조명이 꺼질 때마다 그리고 무선 랜 카드의 전원이 꺼질 때 그리고 유저가 물리적으로 부재중일 때 게시되는 3개의 WNF 상태 이름이 있다고 하자. 어떤 유저가 이러한 모든 WNF 상태 이름이 게시될 때 알림을 원할 수 있다. 그러나 또 다른 유저는 첫 번째 2가지 또는 마지막 것 중 하나가 발행되면 알림이 필요할 수 있다.

불행히도 Ntdll.dll이 유저 모드 클라이언트에 제공하는 WNF 시스템 콜 및 인프라(그리고 커널에서 제공하는 API 형태)는 단일 WNF 상태 이름에서만 동작한다. 따라서 주어진 예제의 종류는 각 유저가 구현해야 하는 상태 장치를 통해 수동으로 처리해야한다.

이 공통 요구 사항을 만족하고자 상태 장치의 복잡성을 처리하고 간단한 API를 제공하는 구성 요소가 유저 및 커널 모드 모두에 있다. 이 공통 이벤트 수집기[CEA, Common Event Aggregator] 구성 요소는 커널 모드를 위한 CEA.SYS와 유저 모드를 위한

EventAggregation.dll에 구현돼 있다. 이러한 라이브러리는 API 세트(예를 들어 EaCreateAggregatedEvent, EaSignalAggregatedEvent)를 활용해 인터럽트 형식의 동작(WNF 상태가 true 일 때 start 콜백, false일 때 stop 콜백)이 가능해진다. 또한 이런 조건의 AND, OR, NOT과 같은 조합 연산도 가능해진다.

CEA를 사용하는 것 중에는 USB 스택과 윈도우 드라이버 프레임워크WDF도 포함된다. 이들은 WNF 상태 이름 변경에 대한 프레임워크 콜백을 제공한다. 또한 전력 공급 코디네이터(Pdc.sys)도 CEA를 사용해 이 절의 시작 부분에 있는 예제와 같은 전원 상태 시스템을 구축한다. 9장에서 설명하는 통합 백그라운드 프로세스 관리 자UBPM, Unified Background Process Manager도 CEA를 사용해 저전력 또는 유휴 상태를 기반 으로 서비스 시작 및 중지와 같은 기능을 수행한다.

마지막으로 WNF는 시스템 이벤트 브로커SEB, System Event Broker라고 하는 서비스에 통합돼 있다. 이는 SystemEventsBroker.dll에 구현돼 있고 클라이언트 라이브러 리는 SystemEventsBrokerClient.dll에 있다. 후자는 SebRegisterPrivateEvent, SebQueryEventData, SebSignalEvent와 같은 API를 제공하는데, 이 API들은 이후 RPC 인터페이스를 통해 서비스로 전달한다. 유저 모드에서 SEB는 범용 윈도우 플랫폼UWP, Universal Windows Platform의 기반이 되며, 또한 시스템 상태를 질의하는 다양 한 API 및 WNF가 제공하는 특정 상태 변경을 기반으로 해서 스스로를 트리거하 는 서비스의 기반이 된다.

특히 윈도우 휴대폰과 Xbox 같은 단일 코어 파생 시스템(앞서 봤듯이 최소한 수백 개 이상의 알려진 WNF 상태 이름으로 구성됨)에서 SEB는 시스템 알림 기능의 핵심 역할을 하므로 레거시 윈도우 관리자가 WM_DEVICEARRIVAL, WM_SESSIONENDCHANGE, WM_POWER 및 기타 메시 지를 통해 제공한 역할을 대체할 수 있다.

SEB는 UWP 애플리케이션에서 사용하는 브로커 인프라BI, Broker Infrastructure로 연결되 며, 이를 통해 AppContainer 환경에서 실행되는 애플리케이션이 시스템 전체 상태 에 매핑되는 WNF 이벤트에 액세스할 수 있다. WinRT 애플리케이션의 Windows. ApplicationModel.Background 네임스페이스에는 IBackgroundTrigger를 구현하 는 SystemTrigger 클래스를 제공한다. 이 클래스는 궁극적으로 WNF_SEB_XXX 이벤 트 상태 이름으로 변환되는 특정한 잘 알려진 시스템 이벤트에 대해 SEB의 RPC

서비스와 C++ API를 연결한다. 이는 WNF와 같이 거의 문서화되지 않고 내부적인 것이 궁극적으로 최신 UWP 애플리케이션 개발을 위한 높은 수준의 문서화된 API의 핵심이 되는 것이 어떻게 가능한지 보여주는 완벽한 사례다. SEB는 UWP가 제공하는 많은 브로커 중 하나일 뿐이며, 백그라운드 작업 및 브로커 인프라에 대해 이 장의 끝에서 자세히 설명한다.

유저 모드 디버깅

유저 모드 디버깅 지원은 3가지 다른 모듈로 나뉜다. 첫 번째는 커널 이그제큐티브 자체에 디버깅 프레임워크를 나타내는 접두사 Dbgk를 가진 형태로 있다. 그것은 디버그 이벤트 등록 및 수신, 디버그 객체 관리 및 유저 모드의 상대방이 사용하고자 정보를 패키징하는 데 필수적인 내부 함수를 제공한다. Dbgk와 직접 통신하는 유저 모드 구성 요소는 네이티브 시스템 라이브러리 Ntdll.dll에 접두사 DbgUi를 가진 API 세트로 제공된다. 이러한 API는 기본 디버그 객체 구현(비공개)을 래핑하는 역할을 한다. 그리고 이를 통해 모든 서브시스템 애플리케이션이 DbgUi 구현과 관련된 자체 API를 래핑해 디버깅을 이용할 수 있다. 마지막으로 유저 모드 디버깅의 세 번째 구성 요소는 서브시스템 DLL에 속해 있다. 그것은 문서화된 API(KernelBase.dll에 위치한 윈도우 서브시스템)를 제공한다. 이 API는 각 서브시스템이 다른 애플리케이션의 디버깅을 수행하는 것을 지원한다.

커널 지원

커널은 앞서 언급한 디버그 객체를 통해 유저 모드 디버깅을 지원한다. 그것은 일련의 시스템 콜을 제공하는데, 해당 시스템 콜은 대부분 윈도우 디버깅 API에 직접 매핑돼 있고 일반적으로는 먼저 DbgUi 계층을 통해 액세스된다. 디버그 객체 자체는 상태를 결정하는 일련의 플래그, 디버거 이벤트가 있음을 대기자에게 알리는 이벤트, 처리 대기 중인 디버그 이벤트의 이중 연결 리스트 그리고 객체를 잠그기 위한 패스트 뮤텍스로 간단히 구성돼 있다. 이는 커널이 디버거 이벤트를 성공적으로 수신하고 전송하는 데 필요한 모든 정보다. 그리고 각 디버기 프로세스에는 이그제큐티브 프로세스 구조체에 이 디버그 객체를 가리키는 디버그 포트 멤버가 있다.

프로세스에 관련된 디버그 포트가 있으면 표 8-32에 설명된 이벤트가 이벤트 리스트에 추가돼 디버그 이벤트가 발생할 수 있다.

표 8-32 커널 모드 디버깅 이벤트

이벤트 식별자	의미	트리거 대상
DbgKmExceptionApi	예외가 발생함	KiDispatchException이 유저 모드 예외로 인해 발생
DbgKmCreateThreadApi	새로운 스레드가 생성됨	유저 모드 스레드 시작
DbgKmCreateProcessApi	새로운 프로세스가 생성	EPROCESS의 CreateReported 플래그가 설정되지 않은 프로세스의 첫 번째 유저 모드 스레드 시작
DbgKmExitThreadApi	스레드가 종료됨	ETHREAD의 ThreadInserted 플래그가 설정된 유저 모드 스레드 종료
DbgKmExitProcessApi	프로세스가 종료됨	ETHREAD의 ThreadInserted 플래그가 설정된 마지막 유저 모드 스레드 종료
DbgKmLoadDllApi	DLL이 로드됨	TEB의 SuppressDebugMsg 플래그가 설정되지 않은 스레드에서 NtMapViewOfSection이 이미지 파일(물론 exe도 포함)에 대해 발생
DbgKmUnloadDllApi	DLL이 언로드됨	TEB의 SuppressDebugMsg 플래그가 설정되지 않은 스레드에서 NtUnmapViewOfSection이 이미지 파일(물론 exe도 포함)에 대해 발생
DbgKmErrorReportApi	유저 모드 예외가 WER로 전달돼야 함	디버그 객체가 아닌 ALPC로 메시지로 전달되는 특수한 경우로, DbgKmExceptionApi 메시지가 DBG_EXCEPTION_NOT_HANDLED를 반환할 경우 WER이 예외 처리를 넘겨받는다.

표에 언급된 것 이외에도 일반적인 시나리오를 벗어나 디버거 객체가 처음으로 프로세스와 연결될 때 발생하는 몇 가지 특별한 경우가 있다. 첫 번째 디버거가 연결될 때 프로세스 생성 및 스레드 생성 메시지가 수동으로 전달된다. 먼저 프로세스 자체와 메인 스레드에 대한 메시지가 전달되고, 다음으로 프로세스에서 생성하는 다른 스레드에 대한 메시지가 뒤따른다. 마지막으로 디버깅 중인 실행 파일

에 대한 dll 로드 이벤트가 발생한다. Ntdll.dll로 시작해 디버깅 중인 프로세스에서 현재 로드한 모든 DLL에 대한 이벤트가 전달된다. 비슷하게 디버거가 이미 연결돼 있는 프로세스에서 복제된 프로세스(fork)가 생성되면 클론의 첫 번째 스레드에 대해 동일한 이벤트가 전송된다(Ntdll.dll 및 다른 모든 DLL도 클론의 주소 공간에 존재하기 때문이다).

또한 스레드를 생성하는 동안 또는 동적으로 스레드에 설정할 수 있는 특수 플래그인 디버거에서 숨기기라는 플래그가 있다. 이 플래그가 켜져 있으면 결과적으로 TEB의 HideFromDebugger 플래그가 설정되므로 디버그 포트에 현재 스레드가 수행하는 모든 작업이 디버거 메시지에 표시되지 않는다.

디버거 객체가 프로세스와 연결되면 프로세스는 딥 프리즈 상태로 들어가는데, 이 상태는 UWP 애플리케이션에도 사용된다. 참고로 이렇게 하면 모든 스레드가 일시 중단되고 새 원격 스레드 생성도 불가능해진다. 이 시점에서 해당 디버그 이벤트를 통해 요청을 전달하기 시작하는 것은 디버거의 책임이다. 디버거는 일반적으로 디버그 객체에 대한 대기를 통해 디버그 이벤트를 다시 유저 모드로 보내도록 요청한다. 이는 디버그 이벤트 목록을 반복해 호출한다. 각 요청을 목록에서 빼내고 해당 내용을 내부 DBGK 구조체의 다음 계층에서 이해할 수 있는 기본 구조로 변환한다. 보다시피 이 구조체는 Win32 구조체와는 다르므로 또 다른 계층 간 변환이 일어난다. 심지어 디버거가 보류 중인 모든 디버그 메시지 처리를 완료한 이후에도 커널은 자동으로 프로세스를 재개하지 않는다. 실행을 재개하려면 디버거가 반드시 ContinueDebugEvent 함수를 호출해야 한다.

특정한 멀티스레딩 이슈의 복잡한 처리를 제외하고 이 프레임워크의 기본 모델은 커널 내에서 디버그 이벤트를 생성하는 제작자와 이러한 이벤트를 기다리고 수신을 확인하는 디버거와 같은 유저로 이뤄졌다.

네이티브 지원

유저 모드 디버깅을 위한 기본 프로토콜은 매우 간단하지만 윈도우 애플리케이션이 이를 직접 사용할 수는 없다. 대신 Ntdll.dll의 DbgUi 함수로 래핑된다. 이 추상화는 다른 서브시스템뿐만 아니라 네이티브 애플리케이션도 이러한 루틴을 사용할 수 있게 하는 데 필요하다(Ntdll.dll 내부의 코드에는 종속성이 없기 때문이다). 이 구성 요소가 제공하는 기능은 대부분 윈도우 API 함수 및 관련 시스템 콜과 유사하다. 이 코드는 내부적으로 스레드와 연관된 디버그 객체를 만드는 데 필요한 기능을 제공한다. 디버그 객체에 대해 생성된 핸들은 제공하지 않는다. 대신 연결을 수행하는 디버거의 스레드 환경 블록^{TEB}에 저장된다(TEB에 대한 자세한 내용은 Vol.1의 4장을 참고한다). 이 값은 DbgSsReserved[1] 필드에 저장된다.

프로세스에 디버거가 연결되면 프로세스 내부로 진입할 것이다. 즉, 프로세스에 int 3(브레이크포인트)가 주입된 스레드가 생성돼 동작할 것이다. 이 동작이 발생하지 않는다면 디버거는 실제로 프로세스를 제어할 수 없고 단순히 지나가는 디버그 이벤트를 참고할 뿐이다. Ntdll.dll에서 해당 스레드를 대상 프로세스에 생성한다. 이 스레드는 커널이 TEB에 특수 플래그를 설정해 생성한다. 결과적으로 SkipThreadAttach 플래그가 설정돼 DLL_THREAD_ATTACH 알림 및 TLS 슬롯 사용을 방지하는데, 디버거가 프로세스에 침투할 때마다 원치 않는 부작용이 발생할 수 있기 때문이다.

마지막으로 Ntdll.dll은 디버그 이벤트에 대한 네이티브 구조체를 윈도우 API가 해석할 수 있는 구조체로 변환하는 API도 제공한다. 이는 표 8-33의 변환에 따라 수행된다.

표 8-33 네이티브에서 Win32로의 변환

네이티브 상태 변경	Win32 상태 변경	세부 사항
DbgCreateThreadStateChange	CREATE_THREAD_DEBUG_EVENT	
DbgCreateProcessStateChange	CREATE_PROCESS_DEBUG_EVENT	lpImageName은 항상 NULL이며 fUnicode는 항상 TRUE다.
DbgExitThreadStateChange	EXIT_THREAD_DEBUG_EVENT	
DbgExitProcessStateChange	EXIT_PROCESS_DEBUG_EVENT	
DbgExceptionStateChange DbgBreakpointStateChange DbgSingleStepStateChange	OUTPUT_DEBUG_STRING_EVENT, RIP_EVENT 또는 EXCEPTION_DEBUG_EVENT	예외 코드 기반으로 결정된다(DBG_PRINTEXCEPTION_C/DBG_PRINTEXCEPTION_WIDE_C, DBG_RIPEXCEPTION 및 기타 등등).

(이어짐)

네이티브 상태 변경	Win32 상태 변경	세부 사항
DbgLoadDllStateChange	LOAD_DLL_DEBUG_EVENT	fUnicode는 항상 TRUE
DbgUnloadDllStateChange	UNLOAD_DLL_DEBUG_EVENT	

실습: 디버거 객체 보기

커널 모드 디버깅을 수행하고자 WinDbg를 사용해왔지만 이를 사용해 유저 모드 프로그램을 디버깅할 수도 있다. 다음 단계를 따라 디버거가 연결된 상태에서 Notepad.exe를 시작해보자.

1. WinDbg를 실행한 다음 File, 실행 파일 열기를 클릭한다.
2. \Windows\System32\ 디렉터리로 이동해 Notepad.exe를 선택한다.
3. 디버깅은 하지 않을 것이므로 어떤 문제가 발생하더라도 무시하라. 명령 창에 **g**를 입력해 WinDbg가 Notepad를 계속 실행하게 지시할 수 있다.

이제 Process Explorer를 실행해 아래쪽 창이 활성화되고 열린 핸들을 표시하게 구성돼 있는지 확인한다(View 메뉴에서 Show Lower Pane View를 선택하고, Handles를 선택한다). 또한 이름 없는 핸들을 확인하려면 View 메뉴에서 Show Unnamed Handles and Mappings를 선택하면 된다.

그런 다음 Windbg.exe(WinDbg 프리뷰 버전을 사용하는 경우 EngHost.exe) 프로세스를 클릭해 핸들 테이블을 살펴본다. 디버그 객체에 대한 이름 없는 핸들이 열린 것이 표시될 것이다(이 항목을 더 쉽게 찾을 수 있게 유형별로 테이블을 구성할 수 있다). 다음과 같은 화면을 볼 수 있을 것이다.

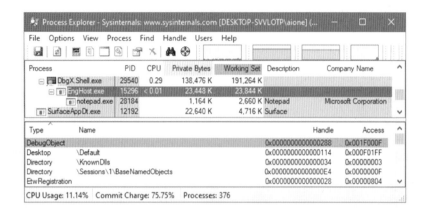

핸들을 마우스 오른쪽 버튼으로 클릭해 닫을 수 있다. 메모장이 사라지고
다음 메시지가 WinDbg에 나타날 것이다.

```
ERROR: WaitForEvent failed, NTSTATUS 0xC0000354
This usually indicates that the debuggee has been
killed out from underneath the debugger.
You can use .tlist to see if the debuggee still exists
```

실제로 제공되는 **NTSTATUS** 코드에 대한 설명을 보면 "작업을 처리하는 포
트가 삭제됐기 때문에 디버그 포트에서 수행하려는 시도한 작업을 실패했
다."는 텍스트를 볼 수 있는데, 이는 핸들을 닫았을 경우와 동일하다.

보다시피 네이티브 **DbgUi** 인터페이스는 프레임워크를 지원하고자 이러한 추상화를
제외하고는 많은 작업을 수행하지 않는다. 가장 복잡한 작업은 네이티브와 Win32
사이의 디버거 구조체 변환 작업이다. 이는 구조체에 대한 몇 가지 추가 변경 사
항을 포함한다.

윈도우 서브시스템 지원

마이크로소프트 비주얼 스튜디오 또는 WinDbg 같은 디버거가 유저 모드 애플리
케이션을 디버깅할 수 있는 최종 구성 요소는 KernelBase.dll에 있다. 이는 문서화
된 윈도우 API를 제공한다. 하나의 함수 이름을 다른 이름으로 바꾸는 사소한

변환과는 별개로, 디버깅 인프라에서 담당하는 하나의 중요한 관리 작업이 있다. 즉, 복제된 파일 및 스레드 핸들을 관리하는 것이다.

DLL 로드 이벤트를 전달할 때마다 이미지 파일에 대한 핸들이 커널에 의해 복제된다는 점을 상기하라. 또한 프로세스 생성 이벤트를 처리할 때, 실행 가능 프로세스에 대한 핸들이 이벤트 구조로 전달되는 경우에도 동일하다. 각 대기 함수 처리 중에 KernelBase.dll은 해당 이벤트가 커널에서 복제된 새 프로세스 및 스레드 핸들에 대한 이벤트인지 확인한다(2개의 이벤트 생성). 그렇다면 이 이벤트와 관련된 프로세스 ID, 스레드 ID, 스레드 및 프로세스 핸들을 저장하는 구조체를 할당할 것이다. 이 구조체는 TEB의 첫 번째 **DbgSsReserved** 배열 인덱스와 연결돼 있다. 여기에 디버그 객체 핸들이 저장된다고 앞서 언급했다. 마찬가지로 KernelBase. dll은 종료 이벤트도 확인한다. 이러한 이벤트를 탐지하면 데이터 구조체에 핸들을 '표시'한다.

핸들 사용을 완료하고 디버거가 계속 호출을 수행하면 KernelBase.dll은 이러한 구조체를 파싱하고 종료된 스레드 핸들을 찾아 해당 핸들을 닫는다. 그렇지 않으면 실행 중인 디버거가 핸들을 열고 있기 때문에 해당 스레드와 프로세스는 항상 종료되지 않는다.

패키지 애플리케이션

윈도우 8부터는 스마트폰, Xbox 및 본격적인 개인용 컴퓨터까지 다양한 종류의 장치에서 실행되는 일부 API가 필요해졌다. 윈도우는 실제로 서로 다른 플랫폼과 CPU 아키텍처(예를 들어 ARM)를 사용하는 새로운 장치 유형에도 적합하게 설계되기 시작했다. 플랫폼에 구애받지 않는 새로운 애플리케이션 아키텍처인 윈도우 런타임("WinRT")은 윈도우 8에서 처음 도입됐다. WinRT는 C++, 자바스크립트 및 관리 언어(C#, VB.Net 등)를 COM에 기반을 두고 지원하며 x86, AMD64 및 ARM 프로세서의 네이티브 코드를 지원한다. 유니버설 윈도우 플랫폼[UWP]는 WinRT의 진화된 버전이다. UWP는 WinRT의 몇 가지 제한 사항을 극복하게 설계됐으며 WinRT 위에 구축됐다. UWP 애플리케이션은 지원하는 운영체제 버전을 매니페스트에 더 이상 표시할 필요가 없다. 대신 하나 또는 다수 장치 제품군을 지원 대상으로 한다.

UWP는 모든 장치 제품군에서 지원을 보장하는 범용 장치 제품군 API와 장치별로 다른 확장 API를 제공한다. 개발자는 하나의 기기 유형을 타깃팅해 개발하고 매니페스트의 확장 SDK를 추가할 수 있다. 또한 런타임에 API의 존재 여부를 조건부로 테스트해 그에 따라 앱의 동작을 조정할 수 있다. 이러한 방식으로 스마트폰에서 실행된 UWP 앱이 해당 기기가 데스크톱 컴퓨터나 도킹 스테이션에 연결되면 PC에서 실행되는 것과 같은 방식으로 동작할 수 있다.

UWP는 앱에 다음의 여러 서비스를 제공한다.

- **적응형 컨트롤 및 입력:** 화면의 크기와 DPI에 대응해 그래픽 요소의 레이아웃과 스케일을 조정한다. 또한 입력 처리는 하위에 있는 앱으로 추상화된다. 즉, UWP 앱은 다양한 화면과 터치, 펜, 마우스, 키보드 또는 Xbox 컨트롤러와 같은 다양한 종류의 입력 장치에서도 잘 동작한다는 것을 의미한다.
- 모든 UWP 앱에 대한 하나의 중앙 집중식 스토어를 통해 원활한 설치, 제거, 업그레이드를 경험할 수 있다.
- Fluent(비주얼 스튜디오에 통합됨)라는 통합 디자인 시스템
- 앱 컨테이너라는 샌드박스 환경

앱 컨테이너^{AppContainers}는 원래 WinRT용으로 설계됐으나 UWP 애플리케이션에도 여전히 사용된다. Vol.1의 7장에서 앱 컨테이너의 보안 측면을 다뤘다.

UWP 애플리케이션을 정상 실행하고 관리하고자 윈도우는 내부적으로 앱모델 ^{AppModel}이라 하고 '모던 애플리케이션 모델'을 의미하는 새로운 애플리케이션 모델을 내장하고 있다. 모던 애플리케이션 모델은 각 운영체제 릴리스를 통해 진화했으며 여러 번 변경됐다. 이 책에서는 윈도우 10 모던 애플리케이션 모델을 분석한다. 여러 구성 요소는 새로운 모델의 일부며 패키지 애플리케이션 및 백그라운드 동작 상태를 에너지 효율적인 방식으로 올바르게 관리하고자 협력한다.

- **호스트 활동 관리자**^{HAM, Host Activity Manager}: 호스트 활동 관리자는 윈도우 10에서 도입된 새로운 구성 요소로, UWP 앱의 수명(및 상태)을 제어하는 많은 기존 구성 요소(프로세스 수명 관리자, 포그라운드 관리자, 리소스 정책 및 리소스 관리자)를 대체하고 통합

한다. 호스트 활동 관리자는 백그라운드 태스크 인프라 서비스(브로커 인프라)에 있다. 이는 프로세스 상태 관리자와 긴밀하게 연결돼 작동하며 백그라운드 브로커 인프라 구성 요소와 혼동하지 말아야 한다. 이것은 클라이언트(Rmclient.dll)와 서버(PsmServiceExtHost.dll) 인터페이스를 나타내는 2개의 서로 다른 라이브러리에서 구현돼 있다.

- **프로세스 상태 관리자**PSM, Process State Manager: PSM은 부분적으로 HAM으로 대체돼 HAM의 일부라고 고려된다(실제로 PSM은 HAM 클라이언트가 됐다). PSM은 패키지 애플리케이션의 각 호스트 상태를 유지하고 저장한다. HAM과 동일한 서비스 브로커인프라BrokerInfrastructure지만 다른 DLL인 Psmsrv.dll에 구현돼 있다.

- **애플리케이션 활성화 관리자**AAM, Application Activation Manager: AAM은 패키지 애플리케이션의 여러 종류와 유형의 활성화를 담당하는 구성 요소다. 이는 유저 관리자 서비스에 있는 ActivationManager.dll 라이브러리에 구현돼 있다. 애플리케이션 활성화 관리자는 HAM 클라이언트다.

- **뷰 관리자**VM, View Manager: VM은 UWP 유저 인터페이스 이벤트 및 활동을 감지하고 관리하며, UI 애플리케이션을 포그라운드 상태 및 일시 중단 불가 상태로 유지하고자 HAM과 통신한다. 또한 VM을 통해 HAM은 UWP 애플리케이션이 백그라운드 상태로 전환되는 것을 감지할 수 있다. 뷰 관리자는 CoreUiComponents.dll .Net 관리 라이브러리에 구현돼 있다. 이는 모던 실행 관리자 클라이언트 인터페이스(ExecModelClient.dll)를 사용해 적절하게 HAM에 등록한다. 두 라이브러리 모두 **Sihost** 프로세스(서비스는 UI 이벤트를 적절하게 관리해야 함)에서 실행되는 유저 관리자 서비스에 있다.

- **백그라운드 브로커 인프라**BI, Broker Infrastructure: BI는 애플리케이션 백그라운드 작업의 실행 정책 및 이벤트를 관리한다. 코어 서버는 주로 bisrv.dll 라이브러리에 구현돼 있는데, 브로커가 생성하는 이벤트를 관리하고 백그라운드 작업의 실행 여부를 결정하기 위한 정책을 평가한다. 백그라운드 브로커 인프라는 **BrokerInfrastructure** 서비스에 있는데, 이 글을 쓰는 시점에서 센테니얼 애플리케이션에서는 사용하지 않는다.

이 외에도 새로운 애플리케이션 모델을 구성하는 몇 가지 다른 사소한 구성 요소가 있지만 이 책의 범위를 벗어나므로 여기에서는 언급하지 않는다.

윈도우 10 S와 같은 보안 장치에서도 표준 Win32 애플리케이션을 실행하는 것을 목표로 하고 이전 애플리케이션을 새 모델로 변환하는 것을 목표로 하고자 마이크로소프트는 데스크톱 브리지(내부적으로 센테니얼이라 함)를 설계했다. 비주얼 스튜디오 또는 데스크톱 앱 컨버터를 통해 개발자가 브리지를 사용할 수 있다. Win32 애플리케이션을 앱 컨테이너에서 실행하는 것도 가능하긴 하다. 다만, 표준 Win32 애플리케이션은 앱 컨테이너에서 훨씬 축소된 것보다 더 넓은 시스템 API에 액세스하게 설계됐기 때문에 이를 권장하지 않는다.

UWP 애플리케이션

Vol.1의 7장에서 UWP 애플리케이션의 소개와 보안 환경에 대한 설명을 다뤘다. 이 장에서 표현된 개념을 더 잘 이해하고자 모던 UWP 애플리케이션의 몇 가지 기본 속성을 정의할 필요가 있다. 윈도우 8 부터 상당히 중요한 새 프로세스 속성을 도입했다

- 패키지 ID
- 애플리케이션 ID
- 앱 컨테이너
- 모던 UI

앱 컨테이너에 대해서는 이미 광범위하게 분석했다(Vol.1의 7장 참고). 유저가 모던 UWP 애플리케이션을 다운로드할 때 애플리케이션은 보통 AppX 패키지로 캡슐화돼 제공된다. 패키지에는 동일한 작성자가 게시하고 함께 연결된 서로 다른 애플리케이션이 포함될 수 있다. 패키지 ID는 패키지를 고유하게 정의하는 논리적 구조다. 이름, 버전, 아키텍처, 리소스 ID, 제작자의 5가지 부분으로 구성돼 있다. 패키지 ID를 다음과 같은 2가지 방법으로 나타낼 수 있다. 첫 번째는 패키지 ID의 모든 단일 부분을 밑줄 문자로 연결한 패키지 전체 이름(이전에는 패키지 모니커Package Moniker로 알려짐)을 사용하는 것이다. 두 번째는 패키지 이름과 제작자를 포함하는 또 다른 문자열인 패키지 패밀리 이름을 사용하는 것이다. 제작자는 두 경우 모두 전체 제작자 이름을 Base32 인코딩한 문자열을 사용해 표시된다. UWP 세계에서

'패키지 ID'와 '패키지 전체 이름'이라는 용어는 같은 의미다. 예를 들어 어도비 포토샵 패키지는 다음과 같은 전체 이름으로 배포된다.

AdobeSystemsIncorporated.AdobePhotoshopExpress_2.6.235.0_neutral_split.scale-125_ynb6jyjzte8ga

여기서 각 항목은 다음과 같다.

- AdobeSystemsIncorporated.AdobePhotoshopExpress는 패키지 이름이다.
- 2.6.235.0은 버전이다.
- neutral은 대상 아키텍처다.
- split_scale은 리소스 ID다.
- ynb6jyjzte8ga는 제작자를 base32 인코딩한 것이다(Crockford의 변형으로, 숫자와 혼동을 피하고자 i, l, u, o 문자를 제외함).

패키지 패밀리 이름은 "AdobeSystemsIncorporated.AdobePhotoshopExpress_ynb6jyjzte8ga"로 더 간단한 문자열이다.

패키지를 구성하는 모든 애플리케이션은 애플리케이션 ID로 표시된다. 애플리케이션 ID는 윈도우, 프로세스, 바로 가기, 아이콘 및 실제 구현에 관계없이 단일 유저 대면 프로그램을 구성하는 기능 모음을 고유하게 식별한다(즉, UWP 세계에서는 단일 애플리케이션을 동일한 애플리케이션 ID를 가진 서로 다른 프로세스로 구성할 수 있다는 것을 의미한다). 애플리케이션 ID는 간단한 문자열로 표현된다(UWP 세계에서는 패키지 상대 애플리케이션 ID라고 하며 종종 PRAID로 약칭한다). 후자는 항상 패키지 패밀리 이름과 결합해 애플리케이션 유저 모델 ID(종종 AUMID로 축약)를 구성한다. 예를 들어 윈도우 모던 시작 메뉴 애플리케이션은 Microsoft.Windows.ShellExperienceHost_cw5n1h2txyewy!App과 같은 AUMID가 있다. 여기서 App 부분은 PRAID다.

패키지 전체 이름과 애플리케이션 ID는 모두 WIN://SYSAPPID 토큰의 보안 속성을 가진다. 이는 모던 애플리케이션 보안 콘텍스트를 설명하는 토큰이다. UWP 애플리케이션이 실행되는 보안 환경에 대한 더 자세한 설명은 Vol.1의 7장을 참고한다.

센테니얼 애플리케이션

윈도우 10부터 새로운 애플리케이션 모델은 표준 Win32 애플리케이션과 호환된다. 개발자가 해야 하는 유일한 절차는 데스크톱 앱 컨버터라는 마이크로소프트의 특별한 설치 도구 프로그램을 실행하는 것이다. 데스크톱 앱 컨버터는 샌드박스 서버 사일로(내부적으로 아르곤^{Argon} 컨테이너라고 함)에서 설치 프로그램을 실행한다. 그리고 애플리케이션 패키지를 생성하는 데 필요한 모든 파일 시스템과 레지스트리 I/O를 가로채서 모든 파일을 VFS(가상 파일 시스템) 비공개 폴더에 저장한다. 데스크톱 앱 컨버터 애플리케이션 전체를 설명하는 것은 이 책의 범위를 벗어난다. 윈도우 컨테이너 및 사일로에 대한 더 자세한 내용은 Vol.1의 3장에서 찾을 수 있다.

센테니얼 런타임은 UWP 애플리케이션과는 다르게 센테니얼 프로세스가 실행되는 샌드박스를 생성하지 않는다. 다만 그 위에 간단한 가상화 계층만을 적용한다. 결과적으로 센테니얼 애플리케이션은 표준 Win32 프로그램에 비해 더 낮은 보안 권한을 갖지 않으며 낮은 무결성 수준 토큰으로 실행되지도 않는다. 심지어 센테니얼 애플리케이션은 관리자 계정으로 실행할 수도 있다. 이러한 종류의 애플리케이션은 애플리케이션 사일로(내부적으로 헬륨^{Helium} 컨테이너)에서 실행되는데, 호환성을 유지하면서 상태 분리를 제공하는 것을 목표로 하고자 레지스트리 리다이렉션 및 VFS라는 2가지 형태의 '자일^{jails}'을 제공한다. 그림 8-42는 칼리 리눅스^{Kali Linux} 센테니얼 애플리케이션의 사례를 보여준다.

패키지를 활성화할 때 시스템은 애플리케이션에 레지스트리 리다이렉션을 적용하고 메인 시스템 하이브와 센테니얼 애플리케이션 레지스트리 하이브를 병합한다. 각 센테니얼 애플리케이션이 유저 워크스테이션에 설치될 때 registry.dat, user.dat, (선택적으로) userclasses.dat라는 3개의 서로 다른 레지스트리 하이브를 포함할 수 있다. 데스크톱 컨버터에 의해 생성된 레지스트리 파일은 '불변의' 하이브 파일이므로 설치할 때만 작성돼 변경되지 않는다. 애플리케이션을 시작할 때 센테니얼 런타임은 불변의 하이브를 실제 시스템 레지스트리 하이브와 병합한다(실제로는 각 하이브에는 상대적인 값이 저장돼 있기 때문에 센테니얼 런타임은 저장된 각 값이 상대 값을 재조립하는 과정을 수행한다).

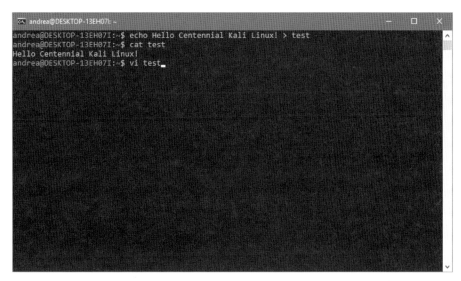

그림 8-42 윈도우 스토어에 배포된 칼리 리눅스는 센테니얼 애플리케이션의 대표적인 사례다.

레지스트리 병합 및 가상화 서비스는 NT 커널(구성 관리자)에 통합된 가상 레지스트리 네임스페이스 필터 드라이버(WscVReg)에서 제공한다. 패키지를 활성화할 때 유저 모드 AppInfo 서비스는 센테니얼 애플리케이션의 레지스트리 활동을 병합하고 리다이렉션하고자 VRegDriver 장치와 통신한다. 이 모델에서 앱이 가상화된 하이브에 있는 레지스트리 값을 읽으려고 하면 실제로 I/O는 패키지 하이브로 리다이렉션된다. 이러한 종류의 값에 대한 쓰기 작업은 허용되지 않는다. 가상 하이브에 아직 값이 없다면 어떤 리다이렉션도 없이 실제 하이브에서 생성된다. 반면 HKEY_CURRENT_USER 루트 키에는 다른 종류의 리다이렉션이 대신 적용된다. 이 키에서 각각의 새로운 하위 키나 값은 C:\ProgramData\Packages\<패키지 이름>\<유저 ID>\SystemApp Data\Helium\Cache 경로에 저장된 하이브에만 저장된다. 표 8-34는 센테니얼 애플리케이션에 적용된 레지스트리 가상화를 요약해 보여준다.

표 8-34 센테니얼 애플리케이션에 적용된 레지스트리 가상화

작업	결과
HKEY_LOCAL_MACHINE\Software 읽기 또는 열거	패키지 하이브와 로컬 시스템의 것을 동적으로 병합해 반환한다. 패키지 하이브에 존재하는 레지스트리 키 및 값이 이미 존재하는 로컬 시스템의 키와 값에 대해 항상 우선권을 가진다.

(이어짐)

작업	결과
HKEY_CURRENT_USER에 대한 모든 쓰기	센테니얼 패키지 가상화 하이브로 리다이렉션된다.
패키지 내부의 모든 쓰기	레지스트리 값이 패키지 하이브 중 하나에 있는 경우 HKEY_LOCAL_MACHINE\Software에 대한 쓰기가 허용되지 않는다.
패키지 외부의 모든 쓰기	레지스트리 값이 패키지 하이브 중 하나에 이미 존재하지 않는 한 HKEY_LOCAL_MACHINE\Software에 대한 쓰기가 허용된다.

센테니얼 런타임은 사일로 애플리케이션 컨테이너를 구성할 때 패키지의 VFS 폴더에 있는 모든 파일과 디렉터리를 탐색한다. 이 절차는 패키지 활성화가 제공하는 센테니얼 가상 파일 시스템의 일부다. 센테니얼 런타임에는 표 8-35와 같이 VFS 디렉터리에 있는 각 폴더에 대한 매핑 목록이 포함된다.

표 8-35 센테니얼 앱의 가상화 시스템 폴더 목록

폴더 이름	리다이렉션 대상	아키텍처
SystemX86	C:\Windows\SysWOW64	32비트/64비트
System	C:\Windows\System32	32비트/64비트
SystemX64	C:\Windows\System32	64비트 전용
ProgramFilesX86	C:\Program Files (x86)	32비트/64비트
ProgramFilesX64	C:\Program Files	64비트 전용
ProgramFilesCommonX86	C:\Program Files (x86)\Common Files	32비트/64비트
ProgramFilesCommonX64	C:\Program Files\Common Files	64비트 전용
Windows	C:\Windows	중립
CommonAppData	C:\ProgramData	중립

파일 시스템 가상화는 다음의 3가지 다른 드라이버에 의해 제공되는데, 특히 아르곤 컨테이너에서 많이 사용한다.

- **윈도우 바인드 미니필터 드라이버(BindFlt):** 센테니얼 애플리케이션의 파일 리다이렉션을 관리한다. 즉, 센테니얼 앱이 기존 가상화된 파일 중 하나를

읽거나 쓰려는 경우 I/O는 파일의 원래 위치로 리다이렉션된다. 반면 애플리케이션이 가상화된 폴더 중 하나에 있는 파일(예를 들어 C:\Windows)을 생성하는 경우 이미 존재하지 않는 경우라면 허용되고(유저에게 필요한 권한이 있다고 가정한다) 리다이렉션이 적용되지 않는다.

- **윈도우 컨테이너 격리 미니필터 드라이버(Wcifs):** 서로 다른 가상화된 폴더(레이어라고 함)의 콘텐츠를 병합하고 고유한 뷰를 생성하는 것을 담당한다. 센테니얼 애플리케이션은 이 드라이버를 사용해 로컬 유저의 애플리케이션 데이터 폴더(일반적으로 C:\Users\<유저 이름>\AppData)와 C:\Users\<유저 이름>\AppData\Packages\<패키지 전체 이름>\LocalCache에 있는 앱의 애플리케이션 캐시 폴더의 내용을 병합한다. 드라이버는 여러 패키지의 병합을 관리할 수도 있는데, 각 패키지가 병합된 폴더에 대해 개인적인 비공개 뷰에서 동작할 수 있음을 의미한다. 이 기능을 지원하고자 드라이버는 각 패키지의 레이어 ID를 대상 복구 지점^{Reparse Point}에 저장한다. 이런 식으로 메모리에 레이어 맵을 구성할 수 있고 서로 다른 개인 영역(내부적으로 스크래치 영역이라고 함)에서 동작할 수 있다. 이 글을 쓰는 시점에서 이 고급 기능은 관련된 세트에 한해서만 구성돼 있었다. 이에 대해서는 이 장의 뒷부분에서 설명한다.
- **윈도우 컨테이너 이름 가상화 미니필터 드라이버(Wcnfs):** Wcifs 드라이버가 여러 폴더를 병합하는 동안 Wcnfs는 센테니얼 앱에서 유저 애플리케이션 데이터 폴더의 이름을 리다이렉션하는 데 사용한다. 이전의 경우와 달리 앱이 가상화된 애플리케이션 데이터 폴더에 새로운 파일이나 폴더를 생성할 때 파일이 이미 존재하는지 여부에 관계없이 해당 파일은 실제의 것이 아닌 애플리케이션 캐시 폴더에 저장된다.

한 가지 명심해야 할 중요한 개념은 BindFlt 필터가 단일 파일에 대해 동작하는 반면 Wcnfs와 Wcifs 드라이버는 폴더에 대해 동작한다는 점이다. 센테니얼은 미니필터의 커뮤니케이션 포트를 사용해 적절한 가상 파일 시스템 인프라를 구성한다. 메시지 기반 커뮤니케이션 시스템을 사용해 설치 프로세스가 완료된다(센테니얼 런타임이 미니필터에 메시지를 보내고 응답을 기다린다). 표 8-36은 센테니얼 애플리케이션에 적용된 파일 시스템 가상화에 대한 요약을 보여준다.

표 8-36 센테니얼 애플리케이션에 적용된 파일 시스템 가상화

동작	결과
잘 알려진 윈도우 폴더를 읽거나 열거	해당 작업은 로컬 시스템에 대응하는 VFS 폴더의 동적 병합해 반환한다. VFS 폴더에 존재하는 파일이 항상 로컬 시스템에 이미 존재하는 파일보다 우선한다.
애플리케이션 데이터 폴더에 쓰기	애플리케이션 데이터 폴더에 대한 모든 쓰기는 로컬 센테니얼 애플리케이션 캐시 폴더로 리다이렉션된다.
패키지 폴더 내부의 모든 쓰기	쓰기 금지. 읽기 전용이다.
패키지 폴더 외부의 모든 쓰기	유저에게 권한이 있는 경우 허용된다.

호스트 활동 관리자

윈도우 10은 조정되지 않은 방식으로 패키지 애플리케이션의 상태와 상호작용하는 다양한 구성 요소를 통합했다. 결과적으로 호스트 활동 관리자^{HAM}라는 새로운 구성 요소가 새로운 핵심 구성 요소이자 패키지 애플리케이션의 상태를 관리하며 모든 클라이언트에 통합 API 세트를 제공하는 유일한 구성 요소가 됐다.

이전 버전과 달리 호스트 활동 관리자는 활동 기반 인터페이스를 클라이언트에 제공한다. 호스트는 애플리케이션 모델에서 인식하는 가장 작은 격리 단위를 나타내는 객체다.

리소스, 일시 중단/재개 및 동결 상태, 우선순위는 단일 관리 단위로 관리된다. 이 관리 단위는 패키지 애플리케이션을 나타내는 윈도우 작업 객체(잡 객체)에 해당한다. 작업 객체는 간단한 애플리케이션의 경우 단일 프로세스만 포함하지만 여러 백그라운드 작업이 있는 애플리케이션(예를 들어 멀티미디어 플레이어)의 경우 다른 여러 프로세스를 포함할 수도 있다.

새로운 최신 애플리케이션 모델에는 3가지 작업 유형이 있다.

- 혼합형 포그라운드 활동과 백그라운드 활동이 혼합돼 있지만 일반적으로 포그라운드 활동과 관련돼 있다. 백그라운드 작업을 포함하는 애플리케이션(예를 들어 음악 재생 또는 인쇄)은 이러한 종류의 잡 유형을 사용한다.

- 퓨어형 백그라운드 작업에만 사용되는 호스트다.
- 시스템형 애플리케이션을 대신해 윈도우 코드를 실행하는 호스트(예를 들어 백그라운드 다운로드)다.

활동은 항상 호스트에 속하며 윈도우, 백그라운드 작업, 작업 완료 등과 같은 클라이언트별 개념에 대한 일반 인터페이스를 나타낸다. 작업이 동결되지 않고 실행 중인 활동이 하나 이상 있는 호스트는 '활성'으로 간주된다. HAM 클라이언트는 활동의 수명을 제어하고 상호작용하는 구성 요소다. 여러 구성 요소가 HAM의 클라이언트다. 뷰 관리자, 브로커 인프라, 다양한 셸 구성 요소(예를 들어 Shell Experience Host), AudioSrv, 작업 완료, 심지어는 서비스 제어 관리자도 HAM의 클라이언트다.

모던 애플리케이션의 수명주기는 실행 중^{Running}, 일시 중단 중^{Suspending}, 일시 중단 완료$^{Suspend-complete}$, 일시 중단됨^{Suspend}의 4가지 상태로 구성돼 있다(상태 및 상호작용은 그림 8-43에서 보여준다).

- **실행 중:** 일시 중단 중일 때를 제외하고 애플리케이션이 코드의 일부를 실행하는 상태다. 애플리케이션은 '실행 중' 상태일 수 있다. 포그라운드 상태뿐 아니라 백그라운드 작업, 음악 재생, 인쇄 또는 기타 여러 백그라운드 시나리오를 수행하는 경우를 포함한다.
- **일시 중단 중:** 이 상태는 HAM에서 애플리케이션으로 일시 중단 요청이 발생하는 시간제한된 전환 상태를 나타낸다. HAM은 몇 가지 경우에 이를 요청할 수 있는데, 애플리케이션이 포커스를 잃거나, 시스템이 제한된 리소스를 가지거나, 배터리 절전 모드에 들어갈 때 또는 단순히 앱이 일부 UI 이벤트를 기다리고 있는 경우다. 이런 일이 발생하면 앱은 제한된 시간 이내에 일시 중단 상태로 전환해야 하며(일반적으로 최대 5초) 그렇지 않으면 앱이 종료된다.
- **일시 중단 완료:** 이 상태는 애플리케이션이 일시 중단을 완료했음을 시스템에 알린다. 따라서 일시 중단 절차가 완료된 것으로 간주된다.
- **일시 중단됨:** 앱이 일시 중단을 완료하고 시스템에 알리면 시스템은 `NtSetInformationJobObject` API(JobObjectFreezeInformation 정보 클래스)를 호출해 애플리케이션의 잡 객체를 동결 상태로 만들고 결과적으로 어떤 앱 코드도 실행할 수 없다.

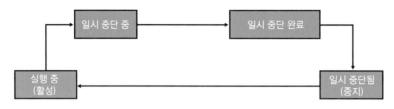

그림 8-43 패키지 애플리케이션의 수명주기 체계.

호스트 활동 관리자는 시스템 효율성을 유지하고 시스템 자원을 절약한다는 목표를 위해 기본적으로 항상 애플리케이션에 일시 중단할 것을 요구한다. HAM 클라이언트는 HAM에 애플리케이션을 활성 상태를 유지해야 한다. 포그라운드 애플리케이션의 경우 뷰 관리자 활성 상태 유지를 담당하는 구성 요소다. 백그라운드 작업에도 동일하게 적용된다. 브로커 인프라는 백그라운드 활동을 호스팅하는 프로세스가 남아 있어야 하는지를 결정하는 구성 요소다(그리고 HAM에 애플리케이션을 활성 상태로 유지하게 요청할 것이다).

패키지 애플리케이션에는 종료됨 상태가 없다. 이는 애플리케이션이 Exit 또는 Terminate 상태에 대한 실제 개념을 갖고 있지 않으며 자신을 종료하려고 해서도 안 된다. 실제 모델에서 패키지 애플리케이션을 종료하려면 먼저 일시 중단되고, 필요한 경우 HAM은 애플리케이션의 잡 객체에 대한 NtTerminateJobObject API를 호출한다. HAM은 자동으로 앱 수명을 관리하고 필요한 경우에만 프로세스를 종료한다. HAM은 애플리케이션을 종료할지 스스로 결정하지 않는다. 대신 클라이언트가 결정해야 한다(뷰 관리자 또는 애플리케이션 활동 관리자가 좋은 예). 패키지 애플리케이션은 일시 중단됐는지 종료됐는지 구분할 수 없다. 이렇게 하면 윈도우는 애플리케이션이 종료됐거나 시스템이 재부팅된 경우에도 이전 상태를 자동으로 복원할 수 있다. 결과적으로 패키지 애플리케이션 모델은 표준 Win32 애플리케이션 모델과 완전히 다르다.

패키지 애플리케이션을 적절하게 일시 중단하고 재개하고자 호스트 활동 관리자는 PsFreezeProcess 및 PsThawProcess라는 새로운 커널 API를 사용한다. 프로세스의 동결 및 해동 작업은 일시 중단 및 재개 작업과 비슷하지만 다음 2가지 주요 차이점이 있다.

- 완전히 동결된 프로세스의 콘텍스트에 주입되거나 생성된 새 스레드는

CREATE_SUSPENDED 플래그 없이 생성하거나 또는 스레드를 시작하고자 NtResumeProcess API를 호출하더라도 스레드가 실행되지 않는다.

- 새로운 동결 카운터가 EPROCESS 데이터 구조체에 구현된다. 이는 프로세스가 여러 번 동결될 수 있음을 의미한다. 프로세스가 해동될 수 있게 하려면 총 해동 요청 횟수는 동결 요청의 수와 같아야 한다. 이 경우에만 중지되지 않은 스레드를 실행할 수 있다.

상태 저장소

모던 애플리케이션 모델은 패키지 애플리케이션의 설정, 패키지 종속성 및 일반 애플리케이션 데이터를 저장하는 새로운 방법을 도입했다. 상태 저장소^{State Repository}는 이 모든 종류의 데이터를 갖는 새로운 중앙 저장소며 모든 모던 애플리케이션의 관리에 중요한 중심 규칙이 있다. 스토어에서 애플리케이션을 다운로드, 설치, 활성화 또는 제거할 때마다 새 데이터를 저장소에 읽거나 쓴다. 상태 저장소의 고전적인 사용 예는 유저가 시작 메뉴에서 타일을 클릭하는 경우가 대표적이다. 시작 메뉴는 애플리케이션의 활성화 파일(Vol.1의 7장에서 이미 봤듯이 EXE 또는 DLL일 수 있음)의 전체 경로를 저장소에서 읽어 해석한다(이는 실제로 단순화된 것으로 ShellExecutionHost 프로세스가 초기화 시점에 모든 모던 애플리케이션을 열기 때문이다).

상태 저장소는 주로 Windows.StateRepository.dll 및 Windows.StateRepositoryCore. dll이라는 두 라이브러리에 구현돼 있다. 상태 저장소 서비스가 저장소의 서버 부분을 실행하고 UWP 애플리케이션은 Windows.StateRepositoryClient.dll 라이브러리를 사용해 저장소와 통신한다(모든 저장소 API는 완전 신뢰 상태에 있기에 WinRT 클라이언트가 서버와 정상적으로 통신하려면 프록시가 필요하다. 이는 Windows.StateRepositoryPs.dll이라는 다른 DLL의 규칙이다). 상태 저장소 루트의 위치는 HKLM\SOFTWARE\Microsoft\Windows\CurrentVersion\Appx\ PackageRepositoryRoot 레지스트리 값에 저장되는데, 일반적으로 C:\ProgramData\ Microsoft\Windows\AppRepository 경로를 가리킨다.

상태 저장소는 파티션이라고 하는 여러 데이터베이스에 걸쳐 구현된다. 데이터베이스의 테이블을 엔터티라고 한다. 파티션에는 다양한 액세스 및 수명주기 제약이 있다.

- **장치:** 이 데이터베이스에는 패키지에 대한 정의를 가진다. 애플리케이션의 데이터 및 ID, 기본 및 보조 타일(시작 메뉴에서 사용)이며, 누가 어떤 패키지에 액세스할 수 있는가를 정의하는 마스터 레지스트리다. 이 데이터는 다양한 구성 요소(예를 들어 탐색기 및 시작 메뉴에서 다양한 타일을 관리하는 데 사용되는 TileDataRepository 라이브러리)에서 사용된다. 그러나 주로 AppX 배포에 의해 작성된다(드물게는 다른 마이너에 컴포넌트에서). Machine 파티션은 일반적으로 상태 저장소 루트 폴더에 StateRepository-Machine.srd라는 파일에 저장된다.
- **배포:** 새 패키지가 시스템에 등록되거나 제거될 때 배포 서비스(AppxSvc)에서 주로 사용되는 장치로, 전체 데이터를 저장한다. 여기에는 애플리케이션 파일 목록 및 각 최신 애플리케이션의 매니페스트 파일 사본을 포함한다. 배포 파티션은 일반적으로 StateRepository-Deployment.srd라는 파일에 저장된다.

모든 파티션은 SQLite 데이터베이스로 저장된다. 윈도우는 자체 버전의 SQLite를 StateRepository.Core.dll 라이브러리에 컴파일한다. 이 라이브러리는 상태 저장소 데이터 액세스 계층(또한 DAL로 알려진) API를 제공한다. 이 API는 주로 내부 데이터베이스 엔진에 대한 래퍼며 상태 저장소 서비스에서 호출한다.

때로는 다양한 구성 요소가 상태 저장소의 일부 데이터가 기록되거나 수정되는 시점을 알아야 한다. 윈도우 10 1주년 업데이트에서 상태 저장소는 변경 및 이벤트 추적을 지원하게 업데이트됐다. 이는 다양한 시나리오를 관리할 수 있다.

- 특정 구성 요소가 특정 엔터티에 대한 데이터 변경 사항을 구독으로 등록할 수 있다. 해당 구성 요소는 SQL 트랜잭션을 사용해 구현된 데이터 변경에 대한 콜백을 받는다. 다중 SQL 트랜잭션은 배포 작업의 일부다. 각 데이터베이스 트랜잭션이 끝날 때 상태 저장소는 배포 작업이 완료됐는지 확인해서 완료됐다면 등록된 각 유저의 콜백를 호출한다.
- 프로세스가 시작되거나 일시 중단에서 깨어나면 마지막으로 통지받거나 또는 확인한 이후 변경된 데이터를 검색해야 한다. 상태 저장소는 ChangeId 필드를 이용해 이 요청을 충족할 수 있다. 이 필드는 해당 기능을 지원하는 테이블에서 레코드의 고유한 임시 식별자를 나타낸다.

- 프로세스는 상태 저장소에서 데이터를 검색하고 마지막으로 검사한 이후 데이터가 변경됐는지 알아야 한다. 데이터 변경 사항은 변경 로그라는 새로운 테이블을 통해 항상 호환 가능한 엔터티에 기록된다. 후자는 항상 시간 및 데이터 생성 이벤트의 변경 ID 그리고 가능하다면 삭제한 이벤트의 변경 ID도 기록한다.

최신 시작 메뉴는 상태 저장소의 변경 및 이벤트 추적 기능을 사용해 적절하게 동작한다. ShellExperienceHost 프로세스가 시작될 때마다 타일이 수정, 생성 또는 제거될 때마다 해당 컨트롤러(NotificationController.dll)에게 알리도록 상태 저장소에 요청한다. 유저가 스토어를 통해 최신 애플리케이션을 설치하거나 제거할 때 애플리케이션 배포 서버는 타일을 삽입하거나 제거하기 위한 DB 트랜잭션을 실행한다. 상태 저장소는 마지막 트랜잭션에서 컨트롤러를 깨우는 이벤트를 시그널한다. 이러한 방식으로 시작 메뉴는 거의 실시간으로 그 모습을 수정할 수 있다.

> 비슷한 방식으로 설치된 모든 새 표준 Win32 애플리케이션에 대한 항목을 최신 시작 메뉴에 자동으로 추가하거나 제거할 수 있다. 애플리케이션 설치 프로그램은 일반적으로 클래식 시작 메뉴 폴더 위치 중 하나에 하나 이상의 바로 가기를 만든다(시스템 경로: C:\ProgramData\Microsoft\Windows\Start Menu 또는 유저별 경로: C:\Users\<UserName>\AppData\Roaming\Microsoft\Windows\Start Menu). 최신 시작 메뉴는 AppResolver 라이브러리에서 제공하는 서비스를 사용해 모든 시작 메뉴 폴더에 대한 변경 알림을 파일 시스템에 등록한다(ReadDirectoryChangesW Win32 API를 통해). 이러한 방식으로 모니터링되는 폴더에 새 바로 가기가 생성될 때마다 라이브러리 콜백이 호출돼 시작 메뉴에 자신을 다시 그리도록 신호를 보낸다.

실습: 상태 저장소 찾아보기

선호하는 SQLite 브라우저 애플리케이션을 사용해 상태 저장소의 각 파티션을 상당히 쉽게 열 수 있다. 이 실습을 위해서는 http://sqlitebrowser.org/에서 다운로드할 수 있는 SQLite용 오픈소스 DB 브라우저 같은 SQLite 브라우저를 다운로드해 설치해야 한다. 상태 저장소 경로는 표준 유저가 액세스할 수 없다. 또한 각 파티션의 파일은 액세스하는 그 순간에 사용 중일 수 있다. 따라서 SQLite 브라우저로 열기 전에 데이터베이스 파일을 복사해 다른 폴더에 저장해야 한다. 관리자 권한 명령 프롬프트(코타나 검색 상자에 cmd를 입력하고 명령 프롬프트 레이블을 마우스 오른쪽 버튼으로 클릭한 후 관리자 권한으로 실행을 선택한다)를 열고 다음 명령을 입력한다.

```
C:\WINDOWS\system32>cd "C:\ProgramData\Microsoft\Windows\AppRepository"
C:\ProgramData\Microsoft\Windows\AppRepository>copy
StateRepository-Machine.srd "%USER PROFILE%\Documents"
```

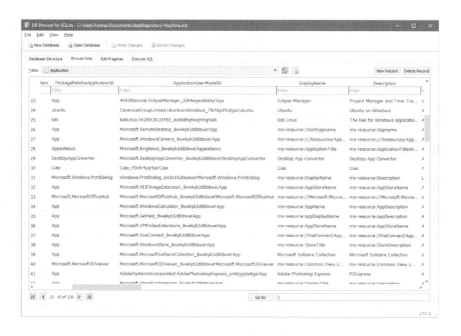

이러한 방식으로 상태 저장소의 장치 파티션을 문서 폴더에 복사했다. 다음 단계는 이 파일을 여는 것으로, 시작 메뉴에 생성된 링크 또는 코타나 검색 상자를 사용해 데이터베이스 열기 버튼을 클릭해 SQLite용 DB 브라우저를 시작한다. 문서 폴더에서 파일 형식 콤보상자(상태 저장소 데이터베이스는 표준 SQLite 파일 확장자를 사용하지 않음)에서 모든 파일(*)을 선택한 후 복사한 StateRepository-machine.srd 파일을 연다. SQLite용 DB 브라우저의 메인 화면은 데이터베이스 구조 보기다. 이 실습을 위해 데이터 찾아보기 시트를 선택해 패키지, 애플리케이션, 패키지 위키 및 주요 타일과 같은 테이블을 탐색해야 한다.

애플리케이션 활성화 관리자^{Application Activation Manager} 및 모던 애플리케이션의

기타 여러 구성 요소 모델은 표준 SQL 쿼리를 사용해 상태 저장소에서 필요한 데이터를 추출한다. 예를 들어 모던 애플리케이션의 패키지 위치와 실행 파일 이름을 추출하려면 다음과 같은 SQL 쿼리를 사용할 수 있다.

```
SELECT p.DisplayName, p.PackageFullName, pl.InstalledLocation,
a.Executable, pm.Name FROM Package AS p
INNER JOIN PackageLocation AS pl ON p._PackageID=pl.Package
INNER JOIN PackageFamily AS pm ON p.PackageFamily=pm._PackageFamilyID
INNER JOIN Application AS a ON a.Package=p._PackageID
WHERE pm.PackageFamilyName="<Package Family Name>"
```

DAL(데이터 액세스 계층)은 유사한 쿼리를 사용해 클라이언트에 서비스를 제공한다.

테이블의 총 레코드 수를 주석으로 달고 스토어에서 새 애플리케이션을 설치할 수 있다. 배포 프로세스가 완료된 후 데이터베이스 파일을 다시 복사하면 레코드 수가 변경됐음을 알 수 있다. 이는 여러 테이블에서 변경된다. 특히 새 앱이 새 타일을 설치한 경우 **PrimaryTile** 테이블도 시작 메뉴에서 나타난 새 타일에 대한 레코드를 추가한다.

종속성 미니 저장소

SQLite 데이터베이스를 열고 SQL 쿼리를 통해 필요한 정보를 추출하는 것은 값비싼 작업일 수 있다. 또한 현재 아키텍처에는 일부 RPC를 통해 수행되는 프로세스 간 통신이 필요하다. 이 2가지 제약 조건은 때때로 너무 제한적이므로 만족할 수 없다. 고전적인 예는 유저가 커맨드라인 콘솔을 통해 새 애플리케이션(실행 앨리어스 alias일 수 있음)을 시작하는 것으로 나타난다. 시스템이 새 프로세스를 생성할 때마다 상태 저장소를 확인하는 것은 큰 성능 문제를 야기한다. 이러한 문제를 해결하고자 애플리케이션 모델은 모던 애플리케이션 정보를 포함하는 미니 저장소인 종속성 미니 저장소DMR, Dependency Mini Repository를 도입했다.

상태 저장소와 달리 종속성 미니 저장소는 데이터베이스지만 모든 파일 시스템의 모든 보안 콘텍스트에서 액세스할 수 있는 마이크로소프트 전용 바이너리 형식으로 데이터를 저장한다(심지어 커널 모드 드라이버도 DMR 데이터를 구문 분석할 수 있음).

상태 저장소 루트 경로에서 Packages라는 폴더로 표시되는 시스템 메타데이터 디렉터리에는 설치된 모든 패키지에 대해 하나씩 하위 폴더 목록을 포함한다. 종속성 미니 저장소는 유저의 SID로 명명된 .pckgdep 파일로 표시된다. DMR 파일은 유저에 대한 패키지가 등록될 때 배포 서비스에 의해 생성된다(자세한 내용은 이 장 뒷부분의 '패키지 등록' 절 참고).

종속성 미니 저장소는 시스템이 패키지 애플리케이션에 속하는 프로세스를 생성할 때 많이 사용한다(AppX Pre-CreateProcess 확장에서). 따라서 Win32 kernelbase.dll(kernel. appcore.dll에 일부 스텁 함수 포함)에서 완전히 구현된다. 프로세스를 생성할 때 상위 프로세스에서 DMR 파일을 열어 읽고 구문 분석하고, 메모리에 매핑한다. 이후 하위 프로세스가 생성되면 로더 코드가 하위 프로세스에도 이를 매핑한다. DMR 파일에는 다음과 같은 다양한 정보를 포함한다.

- ID, 전체 이름, 전체 경로 및 제작자 같은 패키지 정보
- 애플리케이션 정보: 애플리케이션 유저 모델 ID 및 상대 ID, 설명, 표시 이름 및 그래픽 로고
- **보안 콘텍스트**: AppContainer SID 및 기능

- 대상 플랫폼 및 패키지 종속성 그래프(패키지가 하나 또는 그 이상의 다른 패키지에 종속된 경우 사용)

DMR 파일은 필요한 경우 향후 윈도우 버전에서도 추가 데이터를 포함하도록 설계됐다. DMR 파일을 사용하면 프로세스 생성이 충분히 빠르며 상태 저장소에 쿼리할 필요가 없다. 주목할 점은 프로세스 생성 후 DMR 파일이 닫힌다. 따라서 .pckgdep 파일을 다시 작성해 모던 애플리케이션이 실행 중인 동안에도 선택적 패키지를 추가할 수 있다. 이러한 방식으로 유저는 재시작 없이 모던 애플리케이션에 기능을 추가할 수 있다. 패키지 미니 저장소의 일부 작은 부분(대부분 패키지 전체 이름 및 경로만)은 더 빠른 액세스를 위해 캐시로 레지스트리 키에 복제된다. 캐시는 흔히 일반적인 작업에도 사용한다(패키지 존재 여부를 인식하는 것과 같은).

백그라운드 작업 및 브로커 인프라

UWP 애플리케이션은 일반적으로 백그라운드에서 코드의 일부를 실행하는 방법이 필요하다. 이 코드는 메인 포그라운드 프로세스와 상호작용할 필요가 없다. UWP는 메인 프로세스가 일시 중단되거나 실행되지 않는 경우에도 동작하는 기능을 애플리케이션에게 제공하는 백그라운드 작업을 지원한다. 애플리케이션이 백그라운드 작업을 사용할 수 있는 여러 가지 이유가 있다. 실시간 통신, 메일, IM, 멀티미디어 음악, 비디오 플레이어 등이다. 백그라운드 작업은 트리거 및 조건과 연관될 수 있다. 트리거는 발생하면 백그라운드 작업의 시작 신호를 보내는 전역 시스템 비동기 이벤트다. 이 시점의 백그라운드 작업은 적용된 조건에 따라 시작되거나 그렇지 않을 수 있다. 예를 들어 IM 애플리케이션에서 사용하는 백그라운드 작업은 유저가 로그온(시스템 이벤트 트리거) 및 인터넷 연결이 가능한 경우에만(조건) 시작될 수 있다.

윈도우 10에는 2가지 유형의 백그라운드 작업이 있다.

- **인프로세스**In-process **백그라운드 작업**: 애플리케이션의 코드와 백그라운드 작업이 동일한 프로세스에서 실행된다. 개발자의 관점에서 이러한 종류의 백그라운드 작업은 구현하기가 더 쉽지만 코드에 버그가 있다면 전체 애

플리케이션이 크래시되는 큰 단점이 있다. 인프로세스 백그라운드 작업은 아웃 오브 프로세스 백그라운드 작업에 사용할 수 있는 모든 트리거를 지원하지 않는다.

- **아웃 오브 프로세스**^{Out-of-process} **백그라운드 작업:** 애플리케이션의 코드와 백그라운드 작업은 다른 프로세스(프로세스는 다른 작업 객체에서도 실행될 수 있음)에서 실행된다. 이 유형의 백그라운드 작업은 더 탄력적이며 backgroundtaskhost.exe 호스트 프로세스에서 실행되고 모든 트리거와 조건을 사용할 수 있다. 백그라운드 작업에 버그가 있어도 전체 애플리케이션이 종료되지 않는다. 주요 단점은 서로 다른 프로세스 간의 프로세스 간 통신을 수행하고자 실행해야 하는 모든 RPC 코드의 성능에서 비롯된다.

유저에게 최상의 경험을 제공하고자 모든 백그라운드 작업에는 총 30초의 실행 시간제한이 있다. 25초 후 백그라운드 브로커 인프라 서비스는 작업의 취소 핸들러(WinRT에서는 이를 OnCanceled 이벤트라고 함)를 호출한다. 이 이벤트가 발생하면 백그라운드 작업을 완전히 정리하고 종료하는 데 5초가 주어진다. 그렇지 않으면 백그라운드 작업 코드가 포함된 프로세스가 종료된다(아웃 오브 프로세스에선 BackgroundTaskHost.exe, 그외의 경우엔 애플리케이션 프로세스가 될 수 있음). 개인 또는 비즈니스 개발자가 이 제한을 제거한 UWP 애플리케이션을 만들 수 있지만 이러한 애플리케이션은 마이크로소프트 스토어에 게시할 수 없다.

백그라운드 브로커 인프라^{BI}는 모든 백그라운드 작업을 관리하는 중심 구성 요소다. 이 구성 요소는 주로 bisrv.dll(서버 측)에 구현되며 브로커 인프라 서비스에 존재한다. 클라이언트는 2가지 유형의 백그라운드 브로커 인프라에서 제공하는 서비스를 사용할 수 있다. 표준 Win32 애플리케이션 및 서비스는 bi.dll 백그라운드 브로커 인프라 클라이언트 라이브러리를 참조할 수 있다. WinRT 애플리케이션은 항상 모던 애플리케이션에 대한 WinRT API를 제공하는 라이브러리인 biwinrt.dll에 연결된다. 백그라운드 브로커 인프라는 브로커 없이는 존재할 수 없다. 브로커는 백그라운드 브로커 서버가 사용하는 이벤트를 생성하는 구성 요소다. 브로커에는 여러 종류가 있다. 가장 중요한 것은 다음과 같다.

- **시스템 이벤트 브로커:** 네트워크 연결 상태 변경, 유저 로그온 및 로그오프,

시스템 배터리 상태 변경 등과 같은 시스템 이벤트에 대한 트리거를 제공한다.

- **타임 브로커:** 반복 또는 일회용 타이머를 지원한다.
- **네트워크 연결 브로커:** UWP 애플리케이션이 특정 포트에 연결되는 경우 이벤트를 받을 수 있는 방법을 제공한다.
- **장치 서비스 브로커:** 장치 연결 트리거를 제공한다(유저가 장치를 연결하거나 연결을 끊을 때). 커널에서 시작된 Pnp 이벤트를 수신해 동작한다.
- **모바일 광대역 환경 브로커:** 전화 및 SIM에 대한 중요한 모든 트리거를 제공한다.

브로커의 서버 부분은 윈도우 서비스로 구현된다. 모든 브로커는 각각 다르게 구현된다. 대부분은 윈도우 커널에 의해 게시되는 WNF 상태를 구독해 동작한다(자세한 내용은 이 장의 앞부분에 있는 '윈도우 알림 기능' 절 참고). 타임 브로커와 같은 다른 것은 표준 Win32 API로 구성돼 있다. 브로커의 모든 구현 세부 사항을 다루는 것은 이 책의 범위를 벗어난다. 브로커는 다른 곳(윈도우 커널과 같이)에서 생성된 이벤트를 단순히 전달하거나 일부 다른 조건 및 상태를 기반으로 새 이벤트를 생성할 수 있다. 브로커는 WNF를 통해 관리되는 이벤트를 전달한다. 각 브로커는 백그라운드 인프라가 구독하는 WNF 상태 이름을 생성한다. 이러한 방식으로 브로커가 새로운 상태 데이터를 게시하면 수신 대기 중인 브로커 인프라가 깨어나 이벤트를 해당하는 클라이언트로 전달한다.

각 브로커는 클라이언트 인프라인 WinRT 및 Win32 라이브러리도 포함한다. 백그라운드 브로커 인프라와 그 브로커는 다음의 3가지 API를 클라이언트에 제공한다.

- **비신뢰 API:** 일반직으로 AppContainer 또는 샌드박스 환경에서 실행되는 WinRT 구성 요소에서 사용된다. 추가적인 보안 검사가 이뤄진다. 이런 종류의 API 호출자는 다른 패키지 이름을 지정하거나 다른 유저를 대신해 동작할 수 없다(즉, BiRtCreateEventForApp).
- **부분 신뢰 API:** 중간 무결성 수준Medium-IL 환경에 있는 Win32 구성 요소에서 사용한다. 이런 종류의 API 호출자는 모던 애플리케이션의 패키지 전체

이름을 지정할 수는 있지만 다른 유저를 대신해 동작할 수 없다(즉, BiPtCreateEventForApp).

- **완전 신뢰 API:** 높은 권한의 시스템 또는 관리자 Win32 서비스에서만 사용된다. 이런 API의 호출자는 다른 유저를 대신해 다른 패키지에서 작동할 수 있다(즉, BiCreateEventForPackageName).

브로커의 클라이언트는 특정 브로커가 제공하는 이벤트를 직접 구독하거나 또는 백그라운드 브로커 인프라를 구독하는 것을 결정할 수 있다. WinRT는 항상 후자의 방법을 사용한다. 그림 8-44는 모던 애플리케이션에 대한 타임 트리거 초기화의 예를 보여준다.

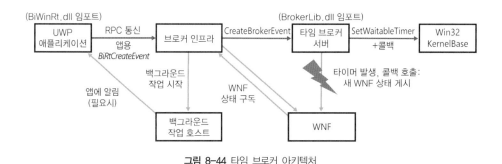

그림 8-44 타임 브로커 아키텍처

백그라운드 브로커 인프라가 브로커와 클라이언트에 제공하는 또 다른 중요한 서비스에는 백그라운드 작업을 위한 스토리지 기능이 있다. 이는 유저가 시스템을 종료하고 다시 시작할 때 등록된 모든 백그라운드 작업이 복원되고 시스템이 다시 시작되기 전과 같이 예약이 재조정된다. 이를 제대로 수행하려면 시스템 부팅 이후 서비스 제어 관리자(서비스 제어 관리자에 대한 자세한 내용은 10장 참고)가 시작된 이후 브로커 인프라 서비스를 시작하고 초기화의 일부로 루트 스토리지 GUID를 할당한다. 그리고 **NtLoadKeyEx** 네이티브 API를 사용해 백그라운드 브로커 레지스트리 하이브의 비공개 사본을 로드한다. 해당 서비스는 NT 커널에 특수 플래그(REG_APP_HIVE)를 사용해 하이브의 비공개 사본을 로드하도록 요청한다. BI 하이브는 C:\Windows\System32\Config\BBI 파일에 있다. 하이브의 루트 키는 \Registry\A\<Root Storage GUID>로 마운트되며 브로커 인프라 서비스의 프로세스에서만 액세스할 수 있다(이 경우 브로커 인프라는 공유 서비스 호스트 svchost.exe에서 실행된다). 브로커 인프라 하이브에는 GUID

를 사용해 정렬되고 식별되는 이벤트 및 작업 항목 목록을 갖고 있다.

- **이벤트는 백그라운드 작업의 트리거를 나타낸다.** 이는 브로커 ID(이벤트 유형을 제공하는 브로커를 나타냄), 패키지 전체 이름 및 연관된 UWP 애플리케이션의 유저 및 일부 기타 매개변수와 관련돼 있다.
- **작업 항목은 예약된 백그라운드 작업을 나타낸다.** 여기에는 이름, 조건 목록, 작업 진입점 및 관련 트리거 이벤트 GUID를 가진다.

BI 서비스는 각 하위 키를 열거한 다음 모든 트리거 및 백그라운드 작업을 복원한다. 그리고 고아 이벤트(작업 항목과 관련되지 않은 것)를 정리한다. 그런 다음 마지막으로 WNF 준비 상태 이름을 게시한다. 이런 식으로 모든 브로커가 깨어나 초기화를 마칠 수 있다.

백그라운드 브로커 인프라는 UWP 애플리케이션에서 많이 사용된다. 심지어 일반 Win32 애플리케이션 및 서비스에서도 Win32 클라이언트 라이브러리를 통해 BI 및 브로커를 사용할 수 있다. 일부 주목할 만한 사례는 작업 스케줄러 서비스, 백그라운드 인텔리전트 전송 서비스, 윈도우 푸시 알림 서비스 및 AppReadiness 서비스다.

패키지 애플리케이션 설치와 시작

패키지 애플리케이션 수명은 표준 Win32 애플리케이션과 다르다. Win32 세상에서 애플리케이션의 설치 절차는 실행 파일을 복사해 붙여 넣는 것부터 복잡한 설치 프로그램을 실행하는 것까지 다양하다. 애플리케이션을 실행하는 것이 단지 실행 파일을 실행하는 문제일지라도 윈도우 로더는 모든 작업을 세심하게 처리한다. 반면 모던 애플리케이션의 설치는 주로 윈도우 스토어를 통하는 잘 정의된 절차다. 개발자 모드에서는 심지어 관리자가 외부 .Appx 파일에서 모던 애플리케이션을 설치할 수도 있다. 그러나 패키지 파일은 디지털 서명이 필요하다. 이 패키지 등록 절차는 복잡하고 여러 구성 요소와 관련돼 있다.

패키지 등록을 자세히 알아보기 전에 모던 애플리케이션의 또 다른 핵심 개념인 패키지 활성화를 이해하는 것이 중요하다. 패키지 활성화는 모던 애플리케이션을 시작하는 과정으로, 유저에게 GUI를 표시할 수 있거나 표시할 수 없을 수 있다. 이 과정은 모던 애플리케이션의 유형에 따라 다르며 다양한 시스템 구성 요소에 연관돼 있다.

패키지 활성화

유저가 .exe 파일을 실행하는 것만으로는 UWP 애플리케이션을 시작할 수 없다(이러한 이유로 생성된 새로운 앱 실행 앨리어스는 예외다. 앱 실행 앨리어스는 이 장의 뒷부분에서 설명한다). 모던 애플리케이션을 정상적으로 활성화하려면 유저는 모던 메뉴에서 타일을 클릭하거나, 탐색기에서 구문 분석할 수 있는 특수 링크 파일을 사용하거나, 다른 활성화 지점을 사용해야 한다(애플리케이션의 문서 더블 클릭, 특정 URL 호출 등). ShellExperienceHost 프로세스는 애플리케이션의 유형에 따라 수행되는 활성화를 결정한다.

UWP 애플리케이션

활성화의 유형을 관리하는 메인 구성 요소는 활성화 관리자로, ActivationManager. dll에 구현돼 있고 유저의 데스크톱과 상호작용해야 하기 때문에 sihost.exe 서비스에서 실행된다. 활성화 관리자는 뷰 관리자와 엄격하게 상호 동작한다. 모던 메뉴는 RPC를 통해 활성화 관리자를 호출한다. 후자는 그림 8-45에서 보여주는 활성화 절차를 시작한다.

- 활성화가 필요한 유저의 SID, 패키지 제품군 ID 및 패키지의 PRAID를 가져온다. 이러한 방식으로 패키지가 실제로 시스템에 등록됐는지 확인할 수 있다(종속성 미니 저장소 및 해당 레지스트리 캐시를 사용해).
- 이전 검사에서 패키지를 등록해야 한다는 결과가 나오면 AppX 배포 클라이언트를 실행하고 패키지 등록을 시작한다. '주문형 등록' 패키지의 경우 패키지 등록이 필요할 수 있다. 이는 애플리케이션이 다운로드됐지만 완전히 설치되지 않음을 의미한다(특히 기업 환경에서 시간을 절약한다). 또는 애플리케이션을 업데이트해야 하는 경우에도 필요할 수 있다. 활성화 관리자는 상태 저장소를 통해 2가지 경우 중 하나가 발생하는지 여부를 알고 있다.

- 애플리케이션을 HAM에 등록하고 새 패키지 및 해당 패키지의 초기 활동에 대한 HAM 호스트를 생성한다.

- 활성화 관리자는 새 세션의 GUI 활성화를 시작하고자 뷰 관리자(RPC를 통해)와 통신한다(백그라운드 활성화의 경우에도 뷰 관리자에 항상 알려야 함).

- 활성화는 DcomLaunch 서비스에서 계속 진행된다. 이 단계에서 활성화 관리자는 WinRT 클래스를 사용해 저수준의 프로세스 생성을 시작하기 때문이다.

- DcomLaunch 서비스는 객체 활성화 요청에 대한 응답으로 COM, DCOM, WinRT 서버를 시작하는 역할을 담당한다. 이는 rpcss.dll 라이브러리에 구현돼 있다. DcomLaunch 서비스는 활성화 요청을 캡처하고 CreateProcessAsUser Win32 API 호출을 준비한다. 그 전에 이렇게 하려면 적절한 프로세스 속성(예를 들어 패키지 전체 이름)을 설정해야 하고, 유저가 애플리케이션을 시작할 수 있는 적절한 라이선스가 있는지 확인하며, 유저 토큰을 복제해 낮은 무결성 수준을 새 수준으로 변경하고 이를 필요한 보안 속성으로 스탬프를 찍는다(DcomLaunch 서비스는 TCB 권한이 있는 시스템 계정으로 실행된다는 것을 주목하자. 이런 종류 토큰 조작에는 TCB 권한이 필요하다. 자세한 내용은 Vol.1의 7장 참고). 이 시점에서 DcomLaunch 서비스는 CreateProcessAsUser를 호출하고 프로세스 속성 중 하나에 패키지 전체 이름을 전달한다. 이렇게 해서 일시 중단된 프로세스가 생성된다.

- 나머지 활성화 프로세스는 Kernelbase.dll에서 계속된다. DcomLaunch 서비스에 의해 생성된 토큰은 여전히 앱 컨테이너가 아닌 UWP 보안 특성을 가진다. CreateProcessInternal 함수의 특별한 코드는 종속성 미니 저장소의 레지스트리 캐시를 이용해 패키지 애플리케이션에 대한 다음의 정보를 수집한다. 루트 폴더, 패키지 상태, 앱 컨테이너 패키지 SID 및 애플리케이션 기능의 목록이다. 그것은 라이선스가 변조되지 않았는지 검증한다(특히 게임에서 광범위하게 사용되는 기능). 이 시점에서 종속성 미니 저장소 파일은 상위 프로세스에 매핑되고 UWP 애플리케이션 DLL의 대체 로드 경로가 처리된다.

- 앱 컨테이너 토큰의 객체 네임스페이스 및 심볼릭 링크는 BasepCreateLowBox 함수에서 만들어지는데, 대부분의 작업을 유저 모드에서 수행한다. 단, NtCreateLowBoxToken 커널 함수를 이용해 실제 앱 컨테이너

토큰을 생성하는 것은 예외다. 이미 Vol.1의 7장에서 앱 컨테이너 토큰을 다뤘다.

- 커널 프로세스 객체는 **NtCreateUserProcess** 커널 API를 사용해 평소와 같이 생성된다.
- CSRSS 서브시스템에 알린 이후 **BasepPostSuccessAppXExtension** 함수에서 하위 프로세스의 PEB에 종속성 미니 저장소를 매핑하고 상위 프로세스의 매핑을 해제한다. 그런 다음 메인 스레드를 재개해 마침내 새 프로세스를 시작할 수 있다.

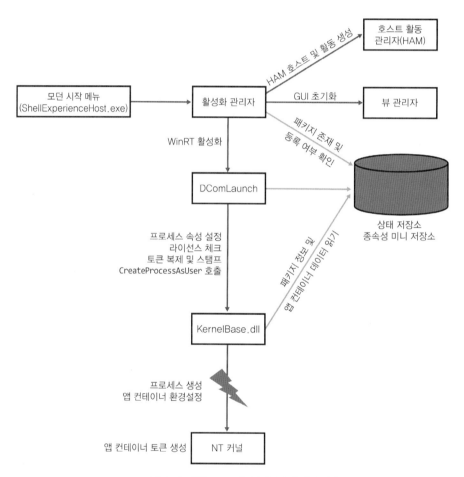

그림 8-45 최신 UWP 애플리케이션 활성화 체계

센테니얼 애플리케이션

센테니얼 애플리케이션 활성화 프로세스는 UWP 활성화와 유사하지만 완전히 다른 방식으로 구현된다. 모던 메뉴, ShellExperienceHost는 이런 유형의 활성화를 위해 항상 탐색기를 호출한다. Daxexec.dll, Twinui.dll, Windows.Storage.dll과 같은 여러 라이브러리가 센테니얼 활성화 유형에 관여하며 탐색기에 매핑된다. 탐색기가 활성화 요청을 수신하면 패키지 전체 이름과 애플리케이션 ID를 가져오고 RPC를 통해 상태 저장소에서 메인 애플리케이션의 실행 경로 및 패키지 속성을 가져온다. 그런 다음 UWP 활성화에서 동일한 단계(2~4)를 실행한다. 주요 차이점은 DcomLaunch 서비스를 이용하는 대신 센테니얼 활성화는 이 단계에서 Shell32 라이브러리의 ShellExecute API를 사용해 프로세스를 시작한다. ShellExecute 코드가 센테니얼 애플리케이션을 인식하고 COM을 통해 Windows.Storage.dll에 있는 특수 활성화 절차를 사용하게 업데이트됐다. 후자의 라이브러리는 AppInfo 서비스에 있는 RAiLaunchProcessWithIdentity 함수를 RPC 호출을 통해 사용한다. AppInfo는 애플리케이션의 라이선스, 모든 파일의 무결성 및 호출하는 프로세스의 토큰을 검증하고자 상태 저장소를 사용한다. 그런 다음 필요한 보안 속성으로 토큰을 스탬프 처리하고 마지막으로 프로세스를 일시 중단된 상태로 생성한다. AppInfo는 PROC_THREAD_ATTRIBUTE_PACKAGE_FULL_NAME 프로세스 속성을 사용해 패키지 전체 이름을 CreateProcessAsUser API에 전달한다.

UWP 활성화와 달리 앱 컨테이너는 전혀 생성되지 않으며, AppInfo는 센테니얼 애플리케이션의 가상화 계층(레지스트리 및 파일 시스템) 초기화를 위해 DaxExec.dll의 PostCreateProcess DesktopAppXActivation 함수를 호출한다. 자세한 내용은 이 장 앞부분의 '센테니얼 애플리케이션' 절을 참고한다.

실습: 커맨드라인을 통해 모던 애플리케이션 활성화

이 실습으로 UWP와 센테니얼의 차이점을 더 잘 이해할 수 있을 것이다. 그리고 센테니얼 애플리케이션 활성화를 위해 ShellExecute API 사용을 선택하는 이유를 알 수 있다. 이 실습을 위해서는 하나 이상의 센테니얼 애플리케이션을 설치해야 한다. 이 책을 쓰는 시점에는 이런 종류의 애플리케이션을 인식하는 간단한 방법은 윈도우 스토어를 이용하는 것이었다. 스토어에서 대상 애플리케이션을 선택한 후 아래로 스크롤해 '추가 정보' 섹션을 선택한다. '지원 언어' 섹션 앞에 '이 앱은 모든 시스템 리소스를 사용할 수 있음'이 표시되는 경우 애플리케이션이 센테니얼 유형이란 것을 의미한다.

이 실습에서는 Notepad++를 사용한다. 윈도우 스토어에서 '(비공식) Notepad++' 애플리케이션을 검색해 설치한다. 그런 다음 카메라 애플리케이션과 Notepad++를 연다. 관리자 권한 명령 프롬프트(코타나 검색 상자에 cmd를 입력하고 명령 프롬프트 레이블을 마우스 오른쪽 버튼으로 클릭한 후 '관리자 권한으로 실행'을 선택)를 연다. 다음 명령을 사용해 실행 중인 두 패키지 애플리케이션의 전체 경로를 찾아보자.

```
wmic process where "name='WindowsCamera.exe'" get ExecutablePath
wmic process where "name='notepad++.exe'" get ExecutablePath
```

이제 다음 명령을 사용해 두 애플리케이션의 실행 파일에 대한 링크를 만들 수 있다.

```
mklink "%USERPROFILE%\Desktop\notepad.exe" "<Notepad++ 실행파일 전제 경로>"
mklink "%USERPROFILE%\Desktop\camera.exe" "<WindowsCamera 실행파일 전제 경로>
```

<와 > 사이의 내용은 앞서 실행한 두 명령에서 찾아낸 실제 실행 경로로 대체해야 한다.

이제 명령 프롬프트와 두 애플리케이션을 닫을 수 있다. 바탕 화면에 2개의 새 링크를 만들어야 한다. Notepad.exe 링크와 달리 카메라 애플리케이션을 바탕 화면에서 실행하려고 하면 활성화가 실패하고 윈도우에서 다음과 같은 에러 대화상자를 표시한다.

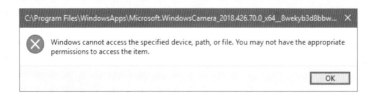

이것은 윈도우 탐색기가 Shell32 라이브러리를 사용해 실행 가능한 링크를 활성화하기 때문에 발생한다. UWP의 경우 Shell32 라이브러리는 실행할 실행 파일이 UWP 애플리케이션인지 알지 못한다. 따라서 패키지 ID를 지정하지 않고 CreateProcessAsUser API를 호출한다. Shell32를 다른 방식으로 사용해 센테니얼 애플리케이션을 식별할 수 있다. 이 경우 전체 활성화 프로세스가 실행되고 애플리케이션이 정상적으로 시작된다. 명령 프롬프트를 사용해 앞선 두 링크를 실행하려고 하면 어떤 애플리케이션도 정상적으로 시작되지 않는다. 이는 명령 프롬프트가 Shell32를 전혀 사용하지 않기 때문임을 설명한다. 대신 자체 코드에서 직접 CreateProcess API를 호출한다. 이는 각각의 다른 패키지 애플리케이션 유형의 활성화를 보여준다.

윈도우 10 크리에이터 업데이트(RS2)부터 모던 애플리케이션 모델은 옵션 패키지(내부적으로 RelatedSet이라고 함)의 개념을 지원한다. 옵션 패키지는 DLC(또는 확장)까지 지원하는 게임 패키지에서 많이 사용된다. 그리고 제품군으로 묶여있는 패키지에서도 많이 사용하는데, 마이크로소프트 오피스가 좋은 예다. 유저가 워드를 다운로드하고 설치하면 모든 오피스 공통 코드를 포함한 프레임워크 패키지를 암묵적으로 설치한다. 유저가 추가로 엑셀도 설치하려는 경우 배포 작업에서 메인 프레임워크 패키지 다운로드를 건너뛸 수 있다. 워드는 오피스 메인 프레임워크 패키지의 옵션 패키지이기 때문이다.

옵션 패키지와 메인 패키지의 관계는 매니페스트 파일을 통해 알 수 있다. 매니페스트 파일에 메인 패키지에 대한 종속성 선언이 들어있다(AMUID 사용). 옵션 패키지 아키텍처를 자세히 설명하는 것은 이 책의 범위를 벗어난다.

앱 실행 앨리어스

이전에 설명했듯이 패키지 애플리케이션은 해당 애플리케이션의 실행 가능 파일을 통해 직접 활성화할 수 없다. 이는 특히 새로운 모던 콘솔 애플리케이션의 경우 큰 제한을 의미한다. 커맨드라인을 통해 최신 앱(센테니얼 및 UWP) 실행을 가능하게 하고자 윈도우 10 가을 크리에이터 업데이트(빌드 1709)부터 모던 애플리케이션 모델에는 앱 실행AppExecution 앨리어스의 개념을 도입했다. 이 새로운 기능을 통해 유저는 엣지 또는 다른 모든 모던 애플리케이션을 콘솔 커맨드라인으로 시작할 수 있다. 앱 실행 앨리어스는 기본적으로 C:\Users\<유저명>\AppData\Local \Microsoft\ WindowsApps(그림 8-46 참고)에 있는 0바이트 길이의 실행 파일을 호출한다. 해당 위치는 시스템 실행 파일 검색 경로 목록(PATH 환경 변수를 통해)에 추가된다. 결과적으로 유저는 전체 경로 없이 이 폴더에 있는 실행 파일 이름을 지정해 모던 애플리케이션을 실행할 수 있다(예를 들어 실행 대화상자 또는 콘솔 커맨드라인).

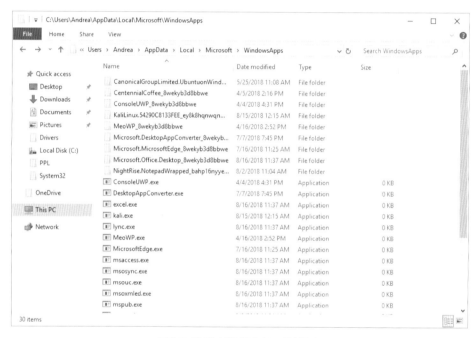

그림 8-46 앱 실행 앨리어스 메인 폴더.

시스템이 어떻게 0바이트 파일을 실행할 수 있을까? 그 해답은 잘 알려지지 않은 파일 시스템 기능인 리파스 포인트^{reparse points}에 있다. 리파스 포인트는 일반적으로 심볼릭 링크 생성에 사용되지만 심볼릭 링크 정보뿐만 아니라 어떤 데이터든 저장할 수 있다. 모던 애플리케이션 모델은 이 기능을 사용해 패키지 애플리케이션의 활성화 데이터(패키지 제품군 이름, 애플리케이션 유저 모델 ID 및 애플리케이션 경로)를 리파스 포인트에 직접 저장한다.

유저가 앱 실행 앨리어스 실행 파일을 실행하면 CreateProcess API가 평소와 같이 사용된다. 커널 모드 프로세스 생성을 조율하는 데 사용되는 NtCreateUserProcess

시스템 콜(자세한 내용은 Vol.1 3장의 'CreateProcess 흐름' 절 참고)은 파일의 내용이 비어 있기 때문에 실패한다. 파일 시스템은 정상적인 프로세스 생성 과정의 일부로 대상 파일을 열고 (IoCreateFileEx API를 통해) 리파스 포인트 데이터를 발견하면 (경로의 마지막 노드를 구문 분석하는 과정에서) STATUS_REPARSE 코드를 호출자에게 반환한다. NtCreateUserProcess는 이 코드를 STATUS_IO_REPARSE_TAG_NOT_HANDLED 에러로 변환하고 종료된다. CreateProcess API는 이제 프로세스 생성이 실패했음을 알고 잘못된 리파스 포인트로 인해 ApiSetHost.AppExecutionAlias.dll 라이브러리를 로드하고 호출한다. 이 라이브러리에는 모던 애플리케이션의 리파스 포인트를 구문 분석하는 코드가 포함돼 있다.

라이브러리의 코드는 리파스 포인트를 구문 분석하고 패키지 애플리케이션의 활성화 데이터를 가져오고 필요한 보안 속성으로 토큰을 올바르게 스탬핑하고자 AppInfo 서비스를 호출한다. AppInfo 서비스는 유저가 패키지 애플리케이션을 실행하기 위한 올바른 라이선스를 갖고 있는지 검증하고 파일의 무결성을 확인한다(상태 저장소를 통해). 실제 프로세스 생성은 호출한 프로세스에서 이뤄진다. CreateProcess API는 재분석 에러를 감지하고 올바른 패키지 실행 경로(일반적으로 C:\Program Files\WindowsApps\에 있음)로 실행을 재시작한다. 이번에는 프로세스와 앱 컨테이너 토큰을 올바르게 생성하거나 또는 센테니얼의 경우 가상화 계층을 초기화한다(실제로 이 경우 AppInfo 서비스에 대한 또 다른 RPC가 다시 사용된다). 또한 해당 애플리케이션에 필요한 HAM 호스트 및 활동을 생성한다. 이 시점에서 활성화가 완료된다.

실습: 앱 실행 앨리어스 데이터 읽기

이 실습에서는 0바이트 실행 파일에서 앱 실행 앨리어스 데이터를 추출할 것이다. FsReparser 도구(이 책의 다운로드 자료에 있음)를 사용해 리파스 포인트 또는 NTFS 파일 시스템의 확장 속성을 구문 분석할 수 있다. 명령 프롬프트 창에 READ 명령 매개변수를 지정해 이 도구를 실행하기만 하면 된다.

```
C:\Users\Andrea\AppData\Local\Microsoft\WindowsApps>fsreparser read
MicrosoftEdge.exe

File System Reparse Point / Extended Attributes Parser 0.1
Copyright 2018 by Andrea Allievi (AaLl86)
```

```
Reading UWP attributes...
Source file: MicrosoftEdge.exe.

The source file does not contain any Extended Attributes.

The file contains a valid UWP Reparse point (version 3).
Package family name: Microsoft.MicrosoftEdge_8wekyb3d8bbwe
Application User Model Id:
Microsoft.MicrosoftEdge_8wekyb3d8bbwe!MicrosoftEdge
UWP App Target full path: C:\Windows\System32\SystemUWPLauncher.exe
Alias Type: UWP Single Instance
```

도구의 출력에서 볼 수 있듯이 CreateProcess API는 모던 애플리케이션의 활성화를 적절하게 실행하기 위한 모든 정보를 추출할 수 있다. 이를 통해 커맨드라인에서 엣지를 시작할 수 있는 이유를 설명할 수 있다.

패키지 등록

유저가 모던 애플리케이션을 설치하려고 할 때 일반적으로 앱 스토어를 열고 애플리케이션을 찾은 다음 설치하기(Get) 버튼을 클릭한다. 이 작업은 여러 파일을 포함하는 아카이브의 다운로드를 시작한다. 패키지 매니페스트 파일, 애플리케이션 디지털 서명 및 디지털 서명에 포함된 인증서의 신뢰 체인을 나타내는 블록 맵 파일 등이다. 아카이브는 처음에는 C:\Windows \SoftwareDistribution\Download 폴더에 저장된다. 앱 스토어 프로세스(WinStore.App.exe)는 다운로드 요청을 관리하는 윈도우 업데이트 서비스(wuaueng.dll)와 통신한다.

다운로드한 파일은 모던 애플리케이션의 모든 파일 목록이 포함된 매니페스트다. 애플리케이션 종속성, 라이선스 데이터 및 패키지를 정상 등록하는 데 필요한 단계에 대한 파일을 포함한다. 윈도우 업데이트 서비스는 다운로드 요청이 모던 애플리케이션에 대한 것임을 인식하고 호출한 프로세스 토큰(앱 컨테이너여야 함)을 검증한다. 그리고 AppXDeploymentClient.dll 라이브러리가 제공하는 서비스를 통해 패키지가 시스템에 이미 설치돼 있는지 확인한다. 그런 다음 AppX 배포 요청을 만들고 RPC를 통해 AppX 배포 서버로 요청을 보낸다. 후자는 공유 서비스 호스트

414

프로세스에서 PPL 서비스로 실행된다(클라이언트 라이선스 서비스와 동일한 보호 수준으로 실행된다). 배포 요청은 큐에 추가돼 비동기적으로 관리된다. AppX 배포 서버가 요청을 확인하면 큐에서 꺼내 실제 모던 애플리케이션 배포 프로세스를 시작하는 스레드를 생성한다.

> 윈도우 8.1부터 UWP 배포 스택은 번들 개념을 지원한다. 번들은 서로 다른 언어 또는 특정 지역만을 위해 설계된 기능과 같은 여러 리소스를 포함하는 패키지다. 배포 스택은 유저 프로파일 및 시스템 설정을 확인해 압축된 번들 중 필요한 부분만 다운로드할 수 있는 적응성 로직을 수행한다.

모던 애플리케이션 배포 프로세스에는 복잡한 이벤트 시퀀스가 연관된다. 여기서는 3가지 주요 단계의 전체 배포 프로세스를 요약해 설명한다.

1단계: 패키지 준비

윈도우 업데이트가 애플리케이션 매니페스트를 다운로드한 후 AppX 배포 서버는 모든 패키지 종속성이 충족되는지 확인한다. 그리고 지원 대상 장치 제품군(폰, 데스크톱, Xbox 등)과 같은 애플리케이션의 전제 조건을 확인한다. 또한 대상 볼륨이 지원되는 파일 시스템인지 확인한다. 애플리케이션에 필요한 모든 전제 조건은 각 종속성 정보와 함께 매니페스트 파일에 표시돼 있다. 모든 검사를 통과하면 준비 절차는 패키지 루트 디렉터리 및 하위 폴더를 생성한다(일반적으로 C:\Program Files\WindowsApps\<패키지 전체 이름>). 또한 모든 패키지 폴더에 적절한 ACL을 적용해 보호한다. 모던 애플리케이션이 센테니얼 유형이라면 daxexec.dll 라이브러리를 로드해 필요한 VFS 리파스 포인트를 생성한다. 이는 애플리케이션 데이터 폴더를 올바르게 가상화하고자 윈도우 컨테이너 격리 미니필터 드라이버에서 사용된다(이장 앞부분의 '센테니얼 애플리케이션' 절 참고). 마지막으로 패키지 루트 경로를 HKLM\SOFTWARE\Classes\LocalSettings\Software\Microsoft\Windows\CurrentVersion\AppModel\PackageRepository\Packages\<패키지 전체 이름> 레지스트리 키에 Path 값으로 저장한다.

그런 다음 준비 절차는 디스크에 애플리케이션의 파일을 미리 할당하고 최종 다운로드 크기를 계산한 다음 모든 패키지 파일(AppX 파일로 압축)이 포함된 서버 URL을 추출한다. 마지막으로 다시 윈도우 업데이트 서비스를 사용해 원격 서버에서 최종 AppX를 다운로드한다.

2단계: 유저 데이터 준비

이 단계는 유저가 애플리케이션을 업데이트하는 경우에만 실행된다. 이 단계는 단순히 이전 패키지의 유저 데이터를 가져와 새 애플리케이션 경로에 저장해 복원한다.

3단계: 패키지 등록

배포의 가장 중요한 단계는 패키지 등록이다. 이 복잡한 단계는 AppXDeployment Extensions.onecore.dll(그리고 데스크톱별로 배포되는 부분은 AppXDeploymentExtensions.desktop.dll) 라이브러리에서 제공하는 서비스를 사용한다. 이것을 패키지 코어 설치라고 한다. 이 단계에서 AppX 배포 서버는 주로 상태 저장소를 업데이트한다. 그리고 패키지를 구성하는 하나 이상의 애플리케이션, 새 타일, 패키지 권한, 애플리케이션 라이선스 등에 새로운 패키지에 대한 항목을 생성한다. 이를 위해 AppX 배포 서버는 데이터베이스 트랜잭션을 사용해 이전에 에러가 발생하지 않은 경우에만 최종적으로 커밋한다(그렇지 않으면 버려진다). 상태 저장소 배포 작업을 구성하는 모든 데이터베이스 트랜잭션이 완료되면 상태 저장소는 알림 요청을 등록한 리스너[listeners]를 호출할 수 있다(상태 저장소의 변경 및 이벤트 추적 기능에 대한 자세한 내용은 이 장의 '상태 저장소' 절을 참고).

패키지 등록을 위한 마지막 단계에는 종속성 미니 저장소 파일 생성 및 상태 저장소에 저장된 새 데이터를 반영하도록 장치 레지스트리를 업데이트하는 것이다. 이것으로 배포 프로세스는 종료된다. 이제 새 애플리케이션을 활성화하고 실행할 준비가 됐다.

> 가독성을 위해 배포 프로세스를 크게 간소화했다. 예를 들어 설명된 준비 단계에서 일부 초기 하위 단계를 생략했다. AppX 매니페스트 파일을 구문 분석하는 인덱싱 단계, 작업 계획을 작성하고 패키지 종속성을 분석하는 데 사용되는 종속성 관리자 단계, PLM과 통신해 패키지가 이미 설치돼 사용 중인지 검증하는 사용 중인 패키지 단계를 생략했다. 또한 작업이 실패하면 배포 스택은 모든 변경 작업을 되돌릴 수 있어야 한다. 이전 절에서 다른 되돌리기 단계는 설명하지 않았다.

결론

8장에서는 윈도우 이그제큐티브를 구성하는 데 사용된 주요 기본 시스템 메커니즘을 알아봤다. 9장에서는 전반적인 시스템 보안을 향상시키고 가상 장치에 대한 빠른 실행 환경을 제공하며, 격리된 컨테이너와 보안 엔클레이브를 제공하고자 윈도우가 지원하는 가상화 기술을 소개한다.

09

가상화 기술

물리 장치에서 다양한 운영체제를 실행하는 가장 중요한 기술 중 하나는 가상화다. 현 시점에서는 다양한 하드웨어 제조사의 여러 종류의 가상화 기술이 있다. 이는 오랜 시간에 걸쳐 발전해왔다. 가상화 기술들은 하나의 물리 장치에 여러 운영체제를 실행하는 데만 사용되지 않는다. 중요한 보안 기술은 가상 보안 모드 VSM, Virtual Secure Mode 그리고 하이퍼바이저로 보호되는 코드 무결성HCVI, Hypervisor-Enforced Code Integrity과 같은 기술 기반으로, 하이퍼바이저 없이 동작할 수 없다.

9장에서는 윈도우 가상화 솔루션에 대한 전체적인 그림을 보여준다. 이는 하이퍼V라고 불린다. 하이퍼V는 하이퍼바이저로 구성돼 있는데, 하이퍼바이저는 플랫폼 의존적인 가상화 하드웨어와 가상화 스택을 다룬다. 내부 하이퍼V 아키텍처를 소개하고 구성 요소를 간략히 소개한다(메모리 관리자, 가상화 프로세서, 인터셉트, 스케줄러 등). 가상화 스택은 하이퍼바이저 위에서 구성된다. 그리고 루트와 게스트 파티션에 대한 다른 서비스를 제공한다. 이러한 가상화 스택 구성 요소도 설명한다(VM 작업자 프로세스, 가상 머신 관리 서비스, VID드라이버, VMBus 등). 그리고 다른 하드웨어 에뮬레이션도 다룬다.

윈도우 하이퍼바이저

하이퍼V 하이퍼바이저(윈도우 하이퍼바이저라고도 함)는 Type-1(네이티브 또는 베어메탈) 하이퍼바이저로, 작은 운영체제로써 기능한다. 호스트 하드웨어 위에서 직접 동작하며 단일 루트 그리고 하나 이상의 게스트 운영체제를 동작시킨다. Type-2(호스트되는) 하이퍼바이저의 경우에는 다른 애플리케이션들처럼 OS 위에서 동작한다. 윈도우 하이퍼바이저는 루트 OS를 추상화한다. 루트 OS는 하이퍼바이저의 존재 유무를 인식하며 하나 이상의 가상 게스트 머신들의 실행을 위해 하이퍼바이저와 통신한다. 하이퍼바이저가 운영체제의 일부분으로 하이퍼바이저 내부 게스트 관리 및 게스트와 상호작용해 운영체제의 표준 관리 메커니즘인 WMI 및 서비스들과 모두 통합돼 있다. 이 경우에 루트 OS에는 몇 가지 인라이튼먼트^{enlightenments}가 포함돼 있다. 인라이튼먼트는 커널과 가능한 디바이스 드라이버에 대한 특별한 최적화인데, 코드가 하이퍼바이저에서 가상화되고 실행 중임을 말한다. 결과적으로 특정한 작업들을 다르게 수행하거나 더 효율적으로 수행한다. 이때 환경을 고려한다.

그림 9-1은 윈도우 가상화 스택의 기본적인 아키텍처를 보여준다. 자세한 내용은 나중에 다룬다.

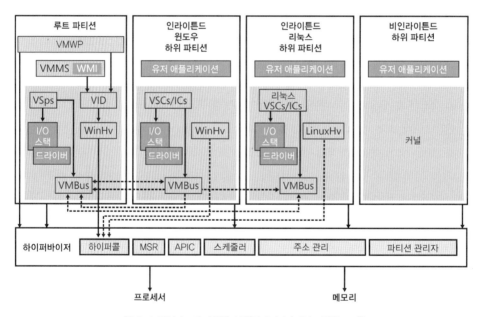

그림 9-1 하이퍼V 아키텍처 스택(하이퍼바이저와 가상화 스택)

아키텍처의 가장 밑단에는 하이퍼바이저가 있는데, 시스템 부팅 과정 중 가장 일찍 수행되고 가상화 스택을 사용할 서비스를 제공해준다(하이퍼콜 인터페이스를 통해 사용할 수 있다). 하이퍼바이저의 제일 이른 초기화 단계는 12장에서 다룬다. 하이퍼바이저의 시작은 윈도우 로더에 의해 시작된다. 윈도우 로더는 하이퍼바이저를 시작할지 말지, 보안 커널을 시작할지 말지를 결정한다. 하이퍼바이저와 보안 커널이 시작되면 하이퍼바이저는 Hvloader.dll의 서비스들을 이용해서 정확한 하드웨어 플랫폼을 감지한다. 그리고 알맞은 버전의 하이퍼바이저를 로드하고 시작한다. 인텔과 AMD(그리고 ARM64) 프로세서들이 하드웨어에 의해 지원되는 가상화 구현이 다르기 때문에 다른 하이퍼바이저를 가진다. 부팅 과정에서 프로세서가 CPUID를 통해 질의하고 나서 정확한 것을 선택한다. 인텔 시스템에서 Hvix64.exe가 로드된다. AMD 시스템에서는 Hvax64.exe 이미지가 사용된다. 윈도우 10 5월 2019 업데이트(19H1)부터 ARM64 버전의 윈도우에서도 자체 하이퍼바이저를 Hvaa64.exe 이미지로 지원한다.

상위 단계에서 하이퍼바이저에 의한 하드웨어 가상화 확장은 OS 커널과 프로세서 사이에 상주하는 슬림 레이어다. 해당 레이어는 OS에 의해 수행되는 동작들을 안전하고 조심하게 다루며 OS 커널 레벨보다 더 높은 권한으로 동작한다(인텔은 이 모드를 VMXROOT라고 한다. 대부분의 책에서 VMXROOT 시큐리티 도메인을 '링-1'이라고 정의한다). OS의 동작이 가로 채졌을 때 프로세서는 OS 코드 동작을 멈추고 높은 권한 레벨에서 하이퍼바이저로 실행 전환한다. 이러한 동작은 **VMEXIT** 이벤트라고 한다. 같은 방식으로 하이퍼바이저가 가로채는 동작을 멈췄을 때 물리 CPU가 OS 코드를 수행하는 것을 재개할 수 있게 하는 방법이 필요하다. 새로운 옵코드들이 하드웨어 가상화 확장에 의해 정의되고 **VMENTER** 이벤트가 발생하면 CPU가 원래 권한 레벨로 OS 코드를 재시작한다.

파티션, 프로세스, 스레드

윈도우 하이퍼바이저의 핵심 아키텍처 구성 요소 중 하나는 파티션 개념이다. 파티션은 기본적으로 운영체제 설치의 인스턴스인 주요 격리 단위를 나타내며, 전통적으로 **호스트** 또는 **게스트**라고 불리는 것을 말한다. 윈도우 하이퍼바이저 모델에서는 이 2가지 용어가 사용되지 않고 대신 **루트 파티션** 또는 하위 **파티션**이라고 한다. 파티션은 일부 물리적 메모리와 로컬 가상 APIC 및 타이머가 있는 하나 이상의 가상 프로세서(VP, Virtual Processors)로 구성된다(글로벌 용어에서 파티션에는 가상 마더보드와 여러 가상 주변 장치도 포함된다. 이는 하이퍼바이저에 속하지 않는 가상화 스택 개념이다).

최소한, 하이퍼V 시스템은 루트 파티션, 가상화 스택과 연관된 구성 요소들을 가진다. 가상화 환경에서 동작하는 각각의 운영체제는 하위 파티션을 나타내며 몇 가지 추가적인 도구가 필요하다. 하드웨어에 대한 접근을 최적화시키거나 운영체제의 관리를 가능케 해준다. 파티션은 계층으로 구성된다. 루트 파티션은 각각의 하위에 대한 제어를 가지며 몇 가지 알림(인터셉트)을 받는다. 이는 하위에서 발생한 특정한 종류의 이벤트다. 루트에서 발생하는 물리 하드웨어 접근은 보통 하이퍼바이저에 의해 생략된다. 이는 상위 파티션이 하드웨어에 직접적으로 통신할 수 있음을 의미한다(몇 가지 예외는 있다). 반대로 하위 파티션은 물리 하드웨어와 직접 통신이 불가능하다(예외 사항으로 '가상화 스택' 절에서 다룬다). 각각의 I/O는 하이퍼바이저에 의해 가로채지고 필요하다면 루트로 다시 리다이렉션된다.

윈도우 하이퍼바이저의 가장 중요한 목표는 가능하면 작고 모듈러스하게 구성하는 것이다. 이는 마이크로커널과 같다. 하이퍼바이저 드라이버 또는 완전한 단일 모듈을 구성할 필요가 없다. 대개의 가상화 작업은 별개의 가상화 스택에 의해 이뤄진다(그림 9-1 참고). 하이퍼바이저는 존재하는 윈도우 드라이버 아키텍처를 사용한다. 그리고 실제 윈도우 디바이스 드라이버와 통신한다. 이러한 아키텍처는 일부 구성 요소가 **가상화 스택**이라고 불리는 동작을 하게 한다. 하이퍼바이저가 부팅 디스크에 의해 읽히고 루트 OS 존재 이전에 윈도우 로더에 의해 수행될지라도 전체 가상화 스택을 제공하는 책임은 상위 파티션에 있다. 이러한 것들이 마이크로소프트 구성 요소며 윈도우 장치만 루트 파티션이 될 수 있기 때문이다. 루트 파티션에 존재하는 윈도우 OS는 시스템 하드웨어의 디바이스 드라이버를 제공할 책임과 가상화 스택을 동작시킬 책임이 있다. 또한 하위 파티션들에 대한 관리 지점이기도 하다. 루트 파티션에 제공하는 주요 구성 요소들은 그림 9-2에서 볼 수 있다.

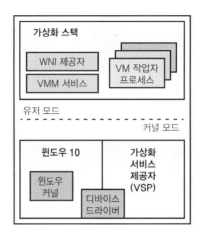

그림 9-2 루트 파티션의 구성 요소들

하위 파티션

하위 파티션은 상위 파티션과 병렬로 동작하는 운영체제의 인스턴스를 말한다(하위 파티션 상태를 저장하고 멈출 수 있기 때문에 반드시 실행 중일 필요는 없다). 상위 파티션과는 다르게 하위 파티션들은 보안과 관리적인 이유로 그들의 주소 공간에 대한 제한적인 접근을 가진다(게스트 물리 주소. 즉 GPA는 하이퍼바이저에 의해 관리된다). 그리고 하드웨어에 직접적인 접근을 할 수 없다(몇 가지 종류의 디바이스에 대해서는 직접적인 접근이 가능하다. '가상화 스택' 절에서 자세히 다룬다). 하이퍼바이저 접근 때문에 하위 파티션은 통지와 상태 변화에 대해 제한적이다. 예를 들면 하위 파티션은 다른 파티션을 제어할 수 없다(그리고 새로운 것을 만들 수도 없다).

하위 파티션은 상위 파티션보다 훨씬 더 적은 수의 가상화 구성 요소를 가진다. 가상화 스택을 실행하는 것이 아니라 스택과의 통신만 담당한다. 또한 해당 구성 요소는 선택적으로 간주된다. 성능상 이점을 가져다 줄 수 있지만 사용에 있어 필수적이지는 않기 때문이다. 그림 9-3은 전형적인 윈도우 하위 파티션을 보여준다.

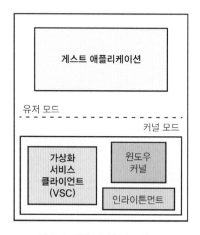

그림 9-3 하위 파티션의 구성 요소

프로세스와 스레드

윈도우 하이퍼바이저는 파티션 데이터 구조를 가진 가상 머신을 말한다. 앞 절에서 설명한 것처럼 파티션은 일부 메모리(게스트 물리적 메모리)와 하나 이상의 가상 프로세서(VP, Virtual Processor)로 구성된다. 하이퍼바이저 내부에서 각 가상 프로세서는 스케줄링 가능한 엔터티며 표준 NT 커널과 마찬가지로 하이퍼바이저에는 스케줄러가 포함돼 있다. 스케줄러는 서로 다른 파티션에 속하는 가상 프로세서의 실행을 각 물리적 CPU에 할당한다(이 장 뒷부분의 '하이퍼V 스케줄러' 절에서 여러 유형의 하이퍼바이저 스케줄러를 다룬다). 하이퍼바이저 스레드(TH_THREAD 데이터 구조체)는 가상 프로세서와 해당 스케줄링 가능한 유닛을 연결하는 연결고리 역할을 한다. 그림 9-4는 현재 물리적 실행 콘텍스트를 나타내는 데이터 구조체를 보여준다. 여기에는 스레드 실행 스택, 스케줄링 데이터, 스레드의 가상 프로세서에 대한 포인터, 스레드 디스패치 루프의 진입점(나중에 설명) 그리고 가장 중요한 것으로 스레드가 속한 하이퍼바이저 프로세스에 대한 포인터가 포함돼 있다.

그림 9-4 하이퍼바이저의 스레드 데이터 구조

하이퍼바이저는 생성한 가상 프로세서마다 스레드를 만들어낸다. 그리고 새로운 스레드와 가상 프로세서 구조체(VM_VP)를 연관시킨다.

하이퍼바이저 프로세스(그림 9-5의 TH_PROCESS 데이터 구조체)는 파티션을 나타낸다. 그리고 물리 주소 공간(그리고 가상 주소 공간)의 컨테이너다. (가상 프로세서에 의해 지원되는) 스레드 리스트, 스케줄링 데이터(프로세스가 동작하는 물리 CPU의 우선순위) 그리고 기본 메모리 데이터 구조체들에 대한 포인터(메모리 보관, 예약 페이지, 페이지 디렉터리 루트 등)를 포함한다. 프로세스는 보통 하이퍼바이저가 파티션을 빌드할 때 만들어진다(VM_PARTITION 데이터 구조체). 이는 새로운 가상 머신을 대표하는 구조체다.

그림 9-5 하이퍼바이저 프로세스 데이터 구조체

인라이튼먼트

인라이튼먼트Enlightments는 윈도우 가상화 기술이 이점을 얻게 되는 가장 중요한 최적화 기술 중 하나다. 윈도우 커널 코드를 직접 수정해서 운영체제가 하위 파티션에서 수행되는지 감지해 다르게 동작하게 한다. 보통 이러한 최적화는 하드웨어에 밀접하게 엮여있거나 하이퍼콜을 사용해서 하이퍼바이저에 전달하게 된다.

예시 중 하나가 하이퍼바이저에게 아주 오랫동안의 바쁜 대기 루프를 통지하는 것이다. 하이퍼바이저는 루프 대기에 대한 상태를 유지한다. 그리고 대기가 만족되기 전까지 같은 물리 프로세서 내의 다른 VP를 스케줄한다. 인터럽트 상태에 들어가고 나가는 것과 APIC에 대한 접근은 하이퍼바이저에 의해 조절된다.

또 다른 예로는 메모리 관리가 있는데, 특히 TLS 플러싱을 들 수 있다(Vol.1의 5장에서 더 자세히 다뤘다). 보통 운영체제는 CPU 명령을 수행해 하나 이상의 TLB 엔트리를 플러시한다. 이는 단일 프로세서에 영향을 끼친다. 멀티프로세서 시스템에서는 보통 TLB 엔트리가 모든 활성화된 프로세서 캐시로부터 플러싱돼야 한다(이러한 목적을 달성하고자 시스템은 프로세서 간 인터럽트를 전달한다). 그러나 하위 파티션이 다른 하위 파티션들과 물리 CPU를 공유할 수 있고 일부가 TLB가 초기화되는 때인 다른 VM의 가상 프로세서를 수행할 수 있기 때문에 해당 동작은 VM들을 위해 정보를 플러싱해야 한다. 게다가 가상 프로세서는 TLB 플러싱 IPI를 수행하기 위해서만 리스케줄될 수 있다. 이는 눈에 띄는 성능 저하를 가져온다. 하이퍼바이저에 의해 윈도우가 동작한다면 하위 파티션에 속한 특정 정보만을 하이퍼바이저가 플러싱할 수 있게 하이퍼콜을 전달한다.

파티션의 특권, 속성, 버전 기능

파티션이 처음에 만들어질 때(보통 VID 드라이버에 의해 만들어진다) 어떤 가상 프로세서와도 연관돼 있지 않다. 이때에는 VID 드라이버가 파티션 특권을 더하거나 없애는 것이 자유롭다. 특히 파티션이 처음 만들어질 때 하이퍼바이저는 기본 특권을 할당한다. 이는 타입에 따라 달라진다.

파티션 특권은 어떤 동작(보통 하이퍼콜 또는 MSR로 표현된다)이 파티션 대신 수행돼야 하는지를 기술한다. 예를 들어 접근 루트 스케줄러 권한은 하위 파티션이 루트 파티션에게 이벤트가 생겼음을 통지한다. 그리고 게스트 VP가 리스케줄될 수 있다(보통 게스트 VP 스레드들의 우선순위를 높인다). 접근 VSM 권한은 대신 파티션이 VLT1을 활성화시킬 수 있게 한다. 그리고 자신의 속성과 설정에 접근 가능하게 한다(보통 완전히 내부 레지스터 를 통해서만 노출된다). 표 9-1은 하이퍼바이저에 의해 할당되는 기본 권한을 나열해 놓은 것이다.

표 9-1 파티션 특권

파티션 타입	기본 특권
루트와 하위 파티션	VP 런타임 카운터 읽기/쓰기
	현재 파티션 참조 시간 읽기
	SyncIC 타이머와 레지스터 접근
	VP 가상 APIC 보조 페이지 질의와 설정
	MSR 읽기/쓰기 하이퍼콜
	VP 인덱스 읽기
	하이퍼콜 코드 영역 매핑 또는 언매핑
	VP 에뮬레이트 TSC와 빈도 읽기
	파티션 TSC 리인라이트먼트(re-enlightment) 에뮬레이션 제어
	VSM 내부 레지스터 읽기/쓰기
	VP VTL별 레지스터 읽기/쓰기
	AP 가상 프로세서 시작
	파티션의 빠른 하이퍼콜 지원 활성화
루트 파티션	하위 파티션 생성
	ID로 파티션 찾기와 참조
	파티션 구획으로부터 메모리 보증/철회
	연결 포트에 메시지 전송
	연결 포트 파티션에 이벤트 전달
	파티션의 연결 포트의 속성 얻기, 생성/삭제
	파티션 연결 포트에 연결/연결 해제
	하이퍼바이저 통계 페이지 매핑/언매핑(VP, LP 파티션 설명 또는 하이퍼바이저 관련)
	하이퍼바이저 디버거 파티션 사용
	하위 파티션의 VP 스케줄과 SyncIC 내부 MSR 접근
	Enlighten 시스템 재설정
	파티션의 하이퍼바이저 디버거 옵션 읽기
하위 파티션	루트 파티션의 확장된 하이퍼콜 인터셉트 생성
	루트 스케줄러의 VP 스레드가 이벤트를 받았는지 통지
EXO 파티션	없음

파티션 특권은 파티션이 만들어지기 전이나 VP들을 시작하기 전에 설정된다. 파티션에서 하나의 VP가 수행된 후에는 특권 설정이 불가능하다. 파티션 속성은 특권과 유사하다. 하지만 제한이 없다. 어떤 타이밍에서든지 설정되고 질의될 수 있다. 파티션에 대해 설정하고 질의할 수 있는 다른 종류의 속성 그룹들이 있다.

표 9-2는 속성 그룹들을 보여준다.

표 9-2 파티션 속성

속성 그룹	설명
스케줄링 속성	클래식 또는 코어 스케줄러와 연결된 속성 설정/질의(Cap, Weight, Reserve)
시간 속성	파티션 멈춤/재개
디버깅 속성	하이퍼바이저 디버거 런타임 설정 변경
자원 속성	가상 하드웨어 플랫폼 파티션 속성 질의(TLB 크기, SGX 지원 등)
호환성 속성	기본 호환성 속성과 같은 가상 하드웨어 플랫폼 속성 질의

파티션이 만들어질 때 VID는 하이퍼바이저에 대한 호환 레벨을 제공한다(이는 가상 머신의 설정 파일에 명시돼 있다). 호환 레벨에 기초해서 하이퍼바이저는 특정 하드웨어 기능을 활성화하거나 비활성화한다. VM 호환성 레벨에 기초해서 VP가 어떻게 동작할지 정하는 다양한 기능이 있다. 좋은 예 중 하나는 하드웨어 페이지 속성 테이블PAT, Page Attribute Table로, 가상 메모리에 대한 캐싱 타입을 설정할 수 있다. 윈도우 10 애니버서리 업데이트(RS1) 이전에 게스트 VM들은 게스트 VM에서 PAT를 사용할 수 없었다. VM이 호환성 레벨을 윈도우 10 RS1이 지정하는 것과는 무관하게 하이퍼바이저는 PAT 레지스터를 게스트 OS에 공개하지 않았다. 윈도우 10 RS1보다 호환성 레벨이 높은 경우 하이퍼바이저는 VM에 제공한다. 루트 파티션이 부팅 타임에 생성될 때 하이퍼바이저는 가장 높은 호환성 레벨로 초기화한다. 따라서 루트 OS의 경우에는 물리 하드웨어가 제공하는 기능을 모두 사용할 수 있다.

하이퍼바이저 시작

12장에서는 UEFI 기반의 워크스테이션이 부팅 방식을 분석하고 정확한 버전의 하이퍼바이저 바이너리를 로딩하고 시작하는 과정의 구성 요소를 분석한다. 이번 절에서는 HvLoader 모듈이 하이퍼바이저로 전송한 후 시스템에서 어떤 일이 발생하는지 간략하게 설명한다.

HvLoader는 하이퍼바이저 바이너리 이미지(CPU 제조사에 의존적이다)의 정확한 버전을 로드한다. 그리고 하이퍼바이저 로더 블록을 생성한다. 최소의 프로세서 콘텍스트를 캡처한다. 이는 첫 가상 프로세서를 시작하기 위함이다. HvLoader는 방금 생성된 새로운 주소 공간으로 전환하고 KiSystemStartup 진입점을 호출함으로써 수행을 전환한다. 이는 하이퍼바이저를 동작시키는 데 프로세서를 준비시키고 CPU_PLS 데이터 구조체를 초기화시킨다. CPU_PLS는 물리 프로세서를 나타내는데, NT 커널에서 PRCB와 같은 역할을 한다. 하이퍼바이저는 GS 세그먼트를 이용해서 빠르게 찾아낼 수 있다. NT 커널과는 다르게 KiSystemStartup은 부팅 프로세서에 의해서만 호출된다(애플리케이션 프로세서 시작 과정은 '애플리케이션 프로세서 시작' 절의 후반부에서 다룬다). BmpInitBootProcessor라는 함수를 사용해 초기화를 지연시킨다.

BmpInitBootProcessor는 복잡한 초기화 과정을 수행한다. 함수는 시스템을 검사하고 CPU에게 지원하는 가상화 기능을 질의한다(EPT 및 VPID와 같은 질의되는 기술들은 플랫폼 의존적이며 인텔, AMD 그리고 ARM의 하이퍼바이저는 버전마다 다르다). 그리고 하이퍼바이저 스케줄러를 결정한다. 이는 하이퍼바이저가 가상 프로세서를 스케줄하는 방식을 결정하게 한다. 인텔과 AMD 서버 시스템의 경우에 기본 스케줄러는 코어 스케줄러다. 반면 루트 스케줄러가 클라이언트 시스템에서는 기본이다(ARM64도 마찬가지다). 스케줄러 타입은 hypervisorschedulertype BCD 옵션을 사용해 바꿀 수 있다(다른 하이퍼바이저 스케줄러는 이 장 후반부에 다룬다).

중첩된 최적화가 초기화된다. 중첩된 인라이튼먼트들은 하이퍼바이저가 중첩된 설정을 통해 수행된다. 루트 하이퍼바이저(L0 하이퍼바이저라고도 함)는 실제 하드웨어를 관리하고 다른 하이퍼바이저(L1 하이퍼바이저라고도 함)는 가상 머신에서 수행된다. 해당 단계 후에 BmpInitBootProcessor 루틴은 다음 구성 요소들의 초기화를 수행한다.

- 메모리 관리자(PFN 데이터베이스와 루트 컴파트먼트compartment)
- 하이퍼바이저 하드웨어 추상화 계층HAL, Hardware Abstraction Layer
- 하이퍼바이저의 프로세스와 스레드 서브시스템(스케줄러 타입 선택에 따라 달라짐). 시스템 프로세스와 초기 스레드가 생성된다. 해당 프로세스는 특별하다(어떠한 파티션과 하이퍼바이저 코드를 수행하는 호스트 스레드에도 속하지 않는다)
- VMX 가상화 추상화 계층VAL, Virtualization Abstraction Layer. VAL의 목적은 지원되는 모든 하드웨어 가상화 확장(인텔, AMD, ARM64) 간의 차이점을 추상화하는 것이

다. 여기에는 하이퍼바이저에서 사용 중인 머신의 가상화 기술의 플랫폼별 기능에서 동작하는 코드가 포함된다(예를 들어 인텔 플랫폼에서 VAL 계층은 '제한 없는 게스트' 지원, EPT, SGX, MBEC 등을 관리한다).

- 가상 인터럽트 컨트롤러(SynIC) 그리고 입출력 메모리 관리 유닛^{IOMMU}
- 주소 관리자^{AM, Address Manager}, 파티션에 할당된 물리 주소 관리를 책임지는 구성 요소다(게스트 물리 메모리 또는 GPA라고 한다). 그리고 이것을 실제 물리 주소로 해석한다(시스템 물리 주소라고도 한다). 최초 구현은 하이퍼V의 섀도우 페이지 테이블(주소 해석을 하는 소프트웨어 기술)이었지만 윈도우 8.1 이후로 주소 관리자가 플랫폼 의존적인 코드를 사용해서 하드웨어에 의해 지원되는 하이퍼바이저 주소 해석 동작을 수행했다(인텔의 경우에는 확장된 페이지 테이블, AMD의 경우에는 중첩된 페이지 테이블). 하이퍼바이저 용어로 파티션의 물리 주소는 주소 도메인이라고 한다. 플랫폼 독립적인 물리 주소 해석은 보통 두 번째 계층 주소 변환^{SLAT, Second Layer Address Translation}이라고 한다. 해당 용어는 인텔의 EPT, AMD의 NPT 그리고 ARM의 2단계 주소 변환 메커니즘이다.

하이퍼바이저는 부팅 프로세서와 연관되는 **CPU_PLS** 데이터를 갖추는 것을 마치게 되는데, 초기 하드웨어 의존적인 가상 머신 제어 구조체(인텔의 VMCS, AMD의 VMCB)를 할당하고 **VMXON** 옵션으로 가상화를 활성화시킴으로써 마치게 된다. 마지막으로 프로세서별 인터럽트 매핑 데이터 구조체가 초기화된다.

실습: 하이퍼바이저 디버거 연결

이번 실습에서는 하이퍼바이저 디버거를 연결해서 하이퍼바이저의 초기화 작업을 분석한다. 이는 이전 절에서 다룬 내용이다. 하이퍼바이저 디버거는 시리얼 또는 네트워크 포트를 통해서만 지원된다. 물리 머신을 통해서 하이퍼바이저 디버깅을 하거나 중첩된 가상화 기능이 활성화된 가상 머신에서만 가능하다. 후자의 경우에는 L1 하이퍼바이저에 대한 시리얼 디버깅만 가능하다.

이번 실습을 위해 별도의 가상화 확장 기능을 지원하고, 하이퍼V가 설치되고 활성화된 물리 장비가 필요하다. 이 장비를 디버깅되는 시스템으로 이용할 것이며 호스트 시스템에 의해 디버깅된다. 아니면 중첩 VM을 설치하는 것도 가능하다.

첫 번째로 윈도우를 위한 디버깅 도구를 호스트 시스템에 설치한다. 이는 윈도우 SDK(또는 WDK)를 다운로드하면 된다(https://developer.microsoft.com/en-us/windows/downloads/windows-10-sdk). 또는 WinDbgX를 이용할 수 있다. Windbg Preview를 윈도우 스토어에서 검색해 사용할 수 있다.

디버깅되는 시스템은 시큐어부트^{SecureBoot}가 꺼져야 한다. 하이퍼바이저 디버깅은 시큐어부트와 호환되지 않는다. 매뉴얼을 참고해서 이를 비활성화시키자(보통 UEFI 바이오스에서 설정할 수 있다). 하이퍼바이저 디버거를 활성화시키려면 관리 커맨드 창을 띄워야 한다(코타나 검색 상자에 cmd를 입력하고 관리자 권한으로 실행한다).

네트워크 카드로 하이퍼바이저를 디버깅하길 원한다면 다음의 명령을 입력해야 한다. <HostIp>에 호스트 시스템의 IP 주소를 넣는다. <HostPort>에 유효한 호스트의 포트를 입력한다(49152번부터 입력). 그리고 <NetCardBusParams>에 디버깅되는 시스템의 네트워크 카드의 버스 매개변수를 XX.YY.ZZ 형태로 입력한다(XX는 버스 번호, YY는 디바이스 번호, ZZ는 함수 번호다). 장치관리자 프로그램이나 윈도우 SDK에서 제공하는 KDNET.exe를 통해 버스 매개변수를 확인할 수 있다.

```
bcdedit /hypervisorsettings net hostip:<HostIp> port:<HostPort>
bcdedit /set {hypervisorsettings} hypervisordebugpages 1000
bcdedit /set {hypervisorsettings} hypervisorbusparams <NetCardBusParams>
bcdedit /set hypervisordebug on
```

다음 제시되는 그림은 네트워크 인터페이스를 사용하는데, 버스 매개변수로 0.25.0이 입력됐다. 그리고 IP는 192.168.0.56이며 포트 번호는 58010이다.

반환된 디버깅 키에 주목하자. 디버깅하는 시스템을 리부팅하고 나서 Windbg에 다음 명령을 입력한다.

```
windbg.exe -d -k net:port=<HostPort>,key=<DebuggingKey>
```

하이퍼바이저를 디버깅할 수 있어야 하며 시작 과정을 따라가야 한다. 이때 마이크로소프트가 하이퍼바이저 모듈의 심볼을 제공하지 않았을 수 있다.

중첩된 가상화 기능이 켜진 VM에서 L1 하이퍼바이저 디버거를 활성화할

수 있다. 이때 다음의 시리얼 포트를 이용한 명령으로 가능하다.

```
bcdedit /hypervisorsettings SERIAL DEBUGPORT:1 BAUDRATE:115200
```

루트 파티션 생성과 가상 부팅 프로세서

전체 초기화된 하이퍼바이저가 첫 번째 동작은 루트 파티션을 생성하는 작업과 시스템을 시작한 첫 번째 가상 프로세서(BSP VP라고 함)를 생성하는 작업이다. 루트 파티션을 생성하는 것은 하위 파티션들과 같은 룰이 적용된다. 여러 계층의 파티션은 하나씩 초기화된다.

1. VM 계층이 허용되는 최대 VTL 개수를 초기화하고 파티션 타입에 따라 파티션 특권을 설정한다(더 자세한 내용은 이전 절을 살펴보자). 그리고 VM 계층이 명시된 파티션의 호환성 레벨에 기초해서 허용되는 파티션의 기능을 결정한다. 루트 파티션은 최대 허용 가능한 기능을 지원한다.

2. VP 계층이 가상화된 CPUID 데이터를 초기화한다. 이는 게스트 운영체제에서 CPUID 요청이 왔을 때 가상 프로세서가 사용하는 데이터다. VP 계층은 파티션을 책임지는 하이퍼바이저 프로세스를 생성한다.

3. 주소 관리자는 (AM) 플랫폼 의존적인 코드를 사용해서 파티션의 최초 물리 주소를 초기화한다(인텔의 경우 EPT, AMD의 경우 NPT). 구성되는 물리 주소는 파티션 타입에 의존한다. 루트 파티션은 ID 매핑을 사용하는데, 모든 게스트 물리 주소가 시스템 물리 주소와 일치함을 말한다(더 자세한 내용은 뒤에 나오는 '파티션의 물리 주소 공간' 절을 참고한다).

마지막으로 SynIC, IOMMU 그리고 가로채진 공유되는 페이지들이 파티션에 따라 설정된 후에 하이퍼바이저는 루트 파티션의 BSP 프로세서를 만들고 구동시킨다. 이는 부팅 프로세스를 재시작하는 데 사용된다.

하이퍼바이저 가상 프로세서[VP]는 큰 데이터 구조체(VM_VP)에 의해 나타나며, 그림 9-6과 같다. **VM_VP** 데이터 구조체는 가상 프로세서의 상태를 추적하는 데 사용되는 데이터를 유지한다. 플랫폼 의존적인 레지스터 상태(일반 목적, 디버그, XSAVE 영역 그리고 스택) 그리고 VP의 전용 주소 공간 및 VM_VPLC 구조체의 배열과 같은 것이다. 이것들은 가상 프로세서의 가상 신뢰 수준^{VTL, Virtual Trust Level}의 상태를 추적하는 데 사용된다. VM_VP는 VP의 배킹 스레드^{backing thread}와 포인터를 가진다. 그리고 현재 VP가 수행되는 물리 프로세서 포인터도 가진다.

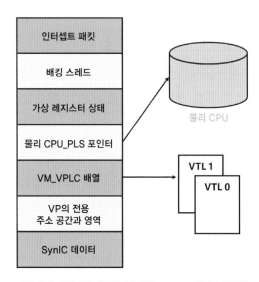

그림 9-6 가상 프로세서를 나타내는 VM_VP 데이터 구조체

파티션의 경우에 BSP 가상 프로세서를 생성하는 것은 일반 가상 프로세서를 만드는 과정과 유사하다. VmAllocateVp는 파티션의 공간으로부터 필요한 메모리를 할당하고 초기화하는 함수 역할을 한다. 해당 공간들은 VM_VP 데이터를 저장하고 플랫폼 의존적인 부분과 VM_VLPC 배열(요소 각각이 VTL을 지원한다)을 갖고 있다. 하이퍼바이저는 초기 프로세서 콘텍스트를 복사하는데, 이는 HvLoader에 의해 부팅 타임에 명시된다. 복사는 VM_VP 구조체에다 하게 된다. 그리고 VP의 전용 주소 공간을 만들고 활성화한다(이 경우에는 주소 공간 격리가 활성화돼 있다). 마지막으로 VP에 동작하는 스레드를 생성한다. 이 과정은 중요한 과정으로, 가상 프로세서의 구성은 이 스레드의 콘텍스트에서 이뤄지기 때문이다. 하이퍼바이저의 매인 시스템 스레드는 새로운 BSP VP가 완전히 초기화되기 전까지 대기한다. 대기는 하이퍼바이저 스케줄러가 새로 생성되는 스레드를 선택하게 한다. 이때 ObConstructVp를 수행한다. 이는 새로운 스레드의 콘텍스트에서 VP가 구성되게 한다.

ObConstructVp는 파티션들에서의 방식과 유사하게 가상 프로세서의 각 계층을 구성하고 초기화한다. 다음과 같은 식이다.

1. 가상화 관리자^{VM, Virtualization Manager} 계층이 물리 프로세서 데이터 구조체(CPU_PLS)를 VP에 붙인다. 그리고 VLT 0을 활성화시킨다.

2. VAL 계층이 플랫폼 의존적인 VP의 부분들을 초기화시킨다. 레지스터, XSAV 구역, 스택 그리고 디버그 데이터가 있다. 게다가 지원되는 VTL마다 **VMCS** 데이터 구조체를 할당하고 초기화한다(AMD 경우에 VMCB다). 이는 가상 머신 상태를 추적하는 데 하드웨어에서 사용된다. 그리고 VTL의 SLAT 페이지 테이블에서 사용된다. 후자는 VTL가 각각 격리되는 데 사용된다(VTL에 대한 자세한 내용은 '가상 신뢰 수준 레벨(VTL)과 가상 보안 모드(VSM)' 절에서 다룬다). 마지막으로 VAL 계층은 VTL을 활성화시키고 제로화(0)를 설정한다. 플랫폼 특징적인 **VMCS**(AMD의 경우는 VMCB)는 완전히 컴파일된다. VLT 0의 SLAT 테이블은 활성화된다. 그리고 리얼 모드 에뮬레이터가 초기화된다. VMCS의 호스트 상태 부분은 하이퍼바이저의 VAL 디스패치 루프를 가리키도록 설정된다. 해당 루틴은 하이퍼바이저의 가장 중요한 부분인데, 이는 게스트 각각이 발생시키는 **VMEXIT** 이벤트를 다루기 때문이다.

3. VP 계층은 VP의 하이퍼콜 페이지를 할당한다. 그리고 각각의 VTL마다 메시지 페이지들을 구성하고 가로채기도 한다. 해당 페이지들은 하이퍼바이저가 게스트 운영체제 코드와 데이터를 공유하고자 사용한다.

ObConstructVp가 작업을 마쳤을 때 VP의 디스패치 스레드는 가상 프로세서를 활성화시킨다. 그리고 합성 인터럽트 컨트롤러(SynIC)도 활성화시킨다. VP가 루트 파티션의 첫 번째 것이라면 디스패치 스레드는 **VM_VP** 데이터에 저장되니 VP의 콘텍스트를 복원한다. 이때 **VMCS**(또는 VMCB)에 있는 플랫폼 의존적인 저장된 레지스터를 사용하게 된다. 디스패치 스레드는 마지막으로 VP 초기화 작업의 완료를 알린다(결론적으로 메인 시스템 스레드가 유휴 상태 루프에 빠진다). 그리고 플랫폼 의존적인 VAL 디스패치 루프에 빠진다. VAL 디스패치 루프는 VP가 새로운 것을 알아내고 첫 수행을 준비한다. 그리고 **VMLAUNCH** 인스트럭션을 수행함으로써 새로운 가상 머신을 시작한다. 새로운 VM은 **HvLoader**가 하이퍼바이저에 수행을 넘긴 포인터에서 정확히 다시 시작한다. 부팅 프로세스는 계속 진행한다. 그러나 새로운 하이퍼바이저 파티션의 콘텍스트에서 실행된다.

하이퍼바이저 메모리 관리자

하이퍼바이저 메모리 관리자는 상대적으로 NT, 보안 커널 메모리 관리자에 비해 단순하다. 물리 메모리 페이지를 다루는 엔터티는 하이퍼바이저 메모리 부분이다. 하이퍼바이저가 시작 동작을 하기 전에 하이퍼바이저 로더(Hvloader.dll)는 하이퍼바이저 로드 블록을 할당한다. 그리고 루트 파티션을 만들고 수행할 하이퍼바이저에 의해 사용될 가능한 최대의 물리 페이지 수를 먼저 계산한다. 페이지 수는 IOMMU가 메모리 범위 구조체, 시스템 PFN 데이터베이스, SLAT 페이지 테이블, HAL VA 공간을 저장하는 데 사용하는 페이지에 달려있다. 하이퍼바이저 로더는 물리 페이지의 계산된 수만큼 미리 할당하고 예약해 놓는다. 그리고 로드 블록에 페이지 리스트 배열을 넣는다. 후에 하이퍼바이저가 시작하면 하이퍼바이저 로더에 의해 할당된 페이지 리스트를 사용하는 루트 부분을 생성하는 데 사용한다.

그림 9-7은 메모리 데이터 구조체의 구성을 나타낸다. 구조체는 컴파트먼트에 있는 물리 페이지의 총수를 추적한다. 물리 페이지는 어디선가 할당되고 해제될 수 있다. 컴파트먼트는 NUMA 노드에 의해 나열되는 다른 리스트의 물리 페이지를 저장하는데, 리스트의 헤드만 컴파트먼트에 저장된다. 물리 페이지의 상태와 NUMA 리스트에 있는 해당 링크는 PFN 데이터베이스의 엔트리들 때문에 유지된다. 또한 컴파트먼트는 루트와의 관계를 추적한다. 새로운 컴파트먼트는 상위(루트)에 속하는 물리 페이지를 사용할 때 생성된다. 유사하게 컴파트먼트가 삭제됐을 때 남아 있는 물리 페이지는 모두 상위 페이지로 반환된다.

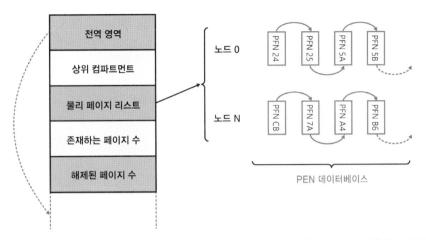

그림 9-7 하이퍼바이저 메모리 컴파트먼트. 전역 영역의 가상 주소 공간이 컴파트먼트 데이터 구조체의 끝에서부터 예약된다.

하이퍼바이저가 어떤 동작을 위해 물리 메모리를 필요로 할 때 활성화된 컴파트 먼트로부터 할당한다(파티션에 의존적이다). 이는 할당 실패가 있을 수 있음을 의미한다. 실패 시나리오에는 2가지가 있다.

- 하이퍼바이저 내부의 서비스를 위해 할당이 요청됐다면(보통 루트 파티션 대신이다) 실패는 일어나서는 안 된다. 그럴 경우 시스템 크래시가 발생한다(이는 첫 번째로 루트 컴파트먼트가 필요로 하는 페이지가 미리 잘 계산돼야 함을 의미한다).
- 하위 파티션 대신 할당이 요청됐다면(보통 하이퍼콜을 통해 발생) 하이퍼바이저는 INSUFFICIENT_MEMORY 상태를 통해 요청을 실패시킨다. 루트 파티션은 에 러를 감지하고 물리 페이지의 할당을 수행한다(더 자세한 내용은 '가상 스택' 절에서 다룬 다). 해당 페이지는 HvDepositMemory 하이퍼콜을 통해 하위 컴파트먼트에 저장된다. 해당 동작은 마지막으로 다시 수행된다(보통은 성공한다).

컴파트먼트로부터 할당되는 물리 페이지는 보통 가상 주소를 사용해 하이퍼바이 저에 매핑된다. 컴파트먼트가 만들어졌을 때 가상 주소 범위(4~8GB, 컴파트먼트가 루트이거 나 하위 인지에 따라서 달라진다)가 새로운 컴파트먼트, PDE 비트맵 그리고 해당 전역 영역을 매핑하려는 목적으로 할당된다.

하이퍼바이저 영역은 전용 VA 범위에 대한 것을 캡슐화한다. 이는 전체 하이퍼바 이저 주소 공간에 공유되지 않는다(이번 장의 마지막 절에서 다루는 격리된 주소 공간을 살펴보자). 하이퍼바이저는 단일 루트 페이지 테이블로 수행한다(NT 커널과 다른데, KVA 섀도잉을 사용한다). 루트 페이지 테이블에서 2개의 엔트리가 예약되는데, 개별 영역과 가상 프로세서 주소 공간으로 동적 전환하려는 목적 때문이다.

파티션의 물리 주소 공간

이전 절에서 다뤘던 것처럼 파티션은 최초 만들어질 때 하이퍼바이저가 이를 위한 물리 주소 공간을 할당해준다. 물리 주소 공간은 파티션의 게스트 물리 주소GPA, Guest Physical Address를 시스템 물리 주소SPA, system Physicak Address로 변환하는 데 사용하는 구조체들을 포함한다. 두 번째 수준 주소 변환SLAT, Second Level Address Translation은 해석을 수행할 수 있는 하드웨어 기능을 일컫는다. SLAT 관련 용어는 플랫폼 종속이다. 하드웨어 벤더들은 다른 용어를 사용할 수 있다. 인텔은 EPT라고 부르고 AMD는 NPT라고 부르며 ARM은 2단계의 주소 변환이라고 간단히 부른다.

SLAT은 보통 x64 페이지 테이블과 유사하게 구현되는데, 레벨 4의 주소 해석을 지원한다(x64 가상 주소 해석은 Vol. 1의 5장에서 자세히 다룬다). 파티션에서 동작하는 OS는 베어메탈 하드웨어에서 동작하는 것과 같은 가상 주소 해석을 사용한다. 그러나 물리 프로세서가 사실상 두 단계의 해석을 하게 된다. 하나는 가상 주소, 하나는 물리 주소를 위해서다. 그림 9-8은 SLAT가 게스트 파티션을 위해 구성한 것을 보여준다. 게스트 파티션에서 GPA는 다른 SPA로 해석된다. 루트 파티션의 경우는 그렇지 않다.

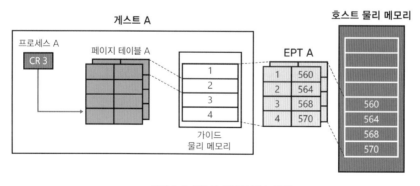

그림 9-8 게스트 파티션 주소 해석

하이퍼바이저가 루트 파티션을 만들 때 ID 매핑을 통해 최초 물리 주소 공간을 만든다. 해당 모델의 경우 각각의 GPA는 같은 SPA를 나타낸다(예를 들어 루트 파티션의 게스트 프레임 0X1000은 베어메탈 물리 프레임 0x1000에 매핑된다). 하이퍼바이저는 머신의 전체 물리 주소 공간을 매핑하는 데 필요한 메모리를 미리 할당한다(이는 UEFI 서비스를 사용하는 윈도우 로더에 의해 이뤄진다. 자세한 내용은 12장을 참고한다). 그리고 가용한 루트 파티션의 가상 신뢰 수준 VTL에 넣는다(루트 파티션은 보통 2개의 VTL을 지원한다). VTL의 SLAT 페이지 테이블은 GPA와 SPA 엔트리들이 같다. 하지만 보통 보호 레벨은 다르다. 각 파티션의 물리 프레임에 적용되는 보호 레벨은 다른 시큐리티 도메인을 갖게 해준다. 이는 각각을 격리시켜준다. VTL은 '보안 커널' 절에서 자세히 다룬다. 하이퍼바이저 페이지는 하드웨어 예약으로 표시한다. 그리고 파티션의 SLAT 테이블에 매핑되지 않는다(사실상 더미 PFN을 가리키는 유효하지 않은 엔트리로 매핑된다).

> 성능상의 이유로 하이퍼바이저는 물리 메모리 매핑을 하면서 큰 단위의 물리 메모리를 감지할 수 있다. 그리고 가상 메모리에 대해 큰 페이지 단위로 매핑할 수 있다. 어떤 이유로 파티션이 동작하는 운영체제가 더 세밀한 단위의 물리 페이지 보호를 적용하고 싶다면 하이퍼바이저는 SLAT 테이블의 큰 페이지를 나누는 메모리를 예약해야만 한다.
>
> 초기 버전의 하이퍼바이저는 파티션의 물리 공간을 매핑할 수 있는 다른 기술을 지원했는데, 섀도우 페이징이다. 섀도우 페이징은 SLAT 지원 없이 가능했다. 이 기술은 성능적인 문제가 있었고 결과적으로 현재 더 이상 지원하지 않는다(SLAT를 지원하지 않으면 하이퍼바이저는 시작하지 않는다).

루트의 SLAT 테이블은 파티션이 생성되는 시점에 만들어진다. 그러나 게스트 파티션의 경우에는 상황이 다르다. 하위 파티션이 만들어질 때 하이퍼바이저는 초기 물리 주소 공간을 만들어낸다. 그러나 루트 페이지 테이블(PML4)만 각 파티션의 VTL을 위해 만든다. 새로운 VM이 시작하기 전에 VID 드라이버(가상화 스택의 일부)가 VM에 필요한 물리 페이시를 예약한다(VM 메모리 크기에 따라 개수가 달라진다). 물리 페이지는 루트 파티션에서 할당한다(기억할 것은 물리 메모리에 대해 얘기하고 있다는 점이다. 드라이버만 물리 페이지를 할당할 수 있다). VID 드라이버는 물리 페이지 리스트를 관리한다. 이는 큰 페이지로 분리되고 하이퍼바이저가 HvMapGapPage Rep 하이퍼콜을 통해 전달된다.

맵 요청을 보내기 전에 VID 드라이버는 하이퍼바이저로 하여금 필요한 SLAT 페이지 테이블을 만들고 내부 물리 메모리 공간을 위한 구조체를 만들게 한다. 각각의

SLAT 페이지 테이블 계층이 파티션의 가능한 VTL마다 할당된다(이 동작을 프리커밋 pre-commit이라 한다). 동작이 실패할 수 있는데, 각각의 새로운 파티션의 컴파트먼트가 충분한 물리 페이지를 갖고 있지 않을 때다. 이 경우에는 이전 절에서 설명한 대로 VID 드라이버가 루트 파티션에서 메모리를 더 할당한다. 그리고 하위 파티션의 컴파트먼트에 이를 옮긴다. 이 단계에서 VID 드라이버는 자유롭게 하위 파티션의 물리 페이지를 매핑할 수 있다. 하이퍼바이저는 필요한 SLAT 페이지 테이블을 만들고 VTL 레벨에 따라 다른 보호를 적용한다(큰 페이지는 하나 더 적은 우회 레벨을 필요로 한다). 이에 따라 하위 파티션의 물리 메모리 공간 생성이 완료된다.

주소 공간 격리

추측성 실행 취약점(스펙터Spectre, 멜트다운Meltdown, 포섀도우Foreshadow가 있다)은 공격자로 하여금 CPU 캐시에 위치한 오래된 유효하지 않은 데이터를 더 상승된 권한으로 읽어 비밀 데이터를 얻어낼 수 있게 한다. 이는 게스트 VM에서 수행되는 소프트웨어가 하이퍼바이저 또는 루트 파티션의 데이터를 읽는 게 가능하다는 것을 의미한다. 자세한 스펙터, 멜트다운, 서브채널 취약점 공격들과 윈도우가 이를 어떻게 회피하는지는 8장에서 자세히 다뤘다.

하이퍼바이저는 HyperClear 회피 기법을 통해 공격을 회피한다. HyperClear 회피는 VM 간의 강한 격리를 가능하게 하는 중요 구성 요소에 의존하는데, 코어 스케줄러, 가상 프로세서 주소 공간 격리, 민감한 데이터 수정 기술이 있다. 현대 멀티코어 CPU에서 다른 SMT 스레드들은 같은 CPU 캐시를 공유한다(코어 스케줄러와 대칭 멀티스레딩에 자세한 내용은 '하이퍼V 스케줄러' 절에서 다룬다). 가상 환경에서 코어의 SMT 스레드는 독립적으로 그들의 활동에 의거해 하이퍼바이저 콘텍스트에 진입하고 나가기도 한다. 예를 들어 인터럽트가 SMT 스레드를 게스트 가상 프로세서 콘텍스트로부터 나가게 해서 하이퍼바이저 콘텍스트 수행을 할 수 있게 된다. 이는 SMT 스레드마다 일어난다. 따라서 하나의 SMT 스레드가 하이퍼바이저 콘텍스트에서 수행 중이면 다른 SMT 스레드는 게스트 가상 프로세서 콘텍스트에서 수행할 수 있다. 공격자는 가상 프로세서 콘텍스트에서 수행해 하이퍼바이저 콘텍스트에서 수행하는 SMT 스레드의 민감한 데이터를 얻어낼 수 있다.

하이퍼바이저는 각각 게스트 SMT 스레드마다 격리된 가상 주소 공간을 유지함으로써 악성 게스트 VM으로부터 데이터를 보호한다. 특정 SMT 스레드에서 하이퍼바이저 콘텍스트로 들어갔을 때 어떠한 비밀 데이터도 조회 불가하다. CPU 캐시에 불러올 수 있는 것은 현재 게스트 가상 프로세서와 연결된 데이터거나 공유하는 하이퍼바이저 데이터를 나타내는 데이터뿐이다. 그림 9-9에서 보면 VP에서 동작하는 SMP 스레드가 하이퍼바이저로 들어갔다. 루트 스케줄러에 의해 같은 VM의 형제 LP는 다른 VP에서 동작하게 된다. 게다가 어떠한 비밀 데이터도 하이퍼바이저에 의해 매핑되지 않는다. 하이퍼바이저가 비밀 데이터에 접근하는 경우에는 다른 어떤 VP도 형제 SMT 스레드에 의해 스케줄링되지 않는다.

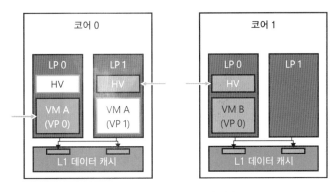

그림 9-9 HyperClear 회피 기법

NT 커널과 다르게 하이퍼바이저는 하나의 루트 페이지 테이블에서 동작하고 단일한 전역 가상 주소 공간을 만들어낸다. 그리고 하이퍼바이저는 전용 주소 공간의 개념을 정의했다. 사실상 하이퍼바이저에는 2개의 전역 루트 페이지 테이블 엔트리가 있다(PML4 엔트리며, 1TB의 가상 주소 공간을 다룬다). 이는 전용 주소 공간에 매핑과 언매핑을 다룬다. 하이퍼바이저가 VP를 구성할 때 2개의 전용 루트 페이지 테이블 엔트리를 할당한다. 이는 VP의 비밀 데이터를 매핑하는 데 사용하는데, 스택과 같은 전용 데이터를 다루는 공간이다. 주소 공간을 스위칭하는 것은 2개의 엔트리를 전역 루트 페이지 테이블에 쓰는 것을 의미한다(이는 전용 주소 공간이 헷갈리는 이름인지에 대한 것이다. 사실상 이는 전용 주소 범위다). 하이퍼바이저는 전용 주소 공간을 2가지 경우에 스위치하는데, 새로운 가상 프로세서가 만들어질 때 그리고 스레드가 스위치될 때다.

전용 주소 공간에 비밀 데이터를 매칭하는 것은 메모리 영역을 통해 가능한데, MM_ZONE 데이터 구조체로 대표된다. 메모리 영역은 전용 주소 공간의 VM 범위를 캡슐화하는데, 하이퍼바이저가 VP당 비밀 데이터를 유지하는 곳이다.

메모리 영역은 전용 주소 공간과 유사하게 동작한다. 루트 페이지 테이블 엔트리를 전역 루트 페이지 테이블에 매핑하는 대신 메모리 영역은 전용 주소 공간에 사용되는 전용 페이지 디렉터리를 매핑한다. 메모리 영역은 페이지 디렉터리의 배열을 유지한다. 이는 전용 주소 공간에 매핑되고 언매핑된다. 그리고 페이지 테이블에 의해 사용되는 내역을 비트맵에 유지한다. 그림 9-10은 메모리 영역과 전용 주소 공간의 관계를 보여준다. 메모리 영역은 필요에 따라 매핑되고 언매핑된다. 보통 VP 생성 시점에 스위칭된다. 하이퍼바이저는 스레드 스위칭 중에 스위칭을 할 필요가 없다. 가상 주소 공간은 메모리 영역에 의해 나타내는 VA 범위를 캡슐화한다.

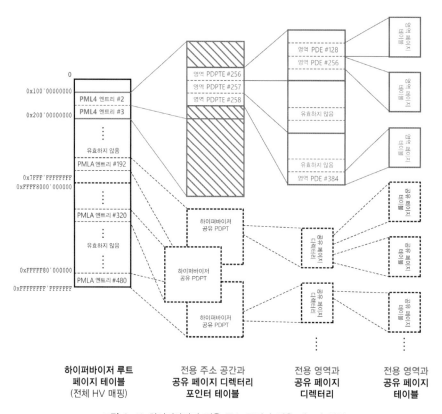

그림 9-10 하이퍼바이저 전용 주소 공간과 전용 메모리 영역

그림 9-10에서 전용 주소 공간과 연관된 페이지 테이블 구조는 패턴에 따라 채워져 있다. 메모리 영역과 연관된 곳은 회색으로 표시돼 있고 하이퍼바이저에 속하는 공유 영역은 점선으로 그려져 있다. 전용 주소 공간은 상대적으로 값싼 연산이다. 하이퍼바이저 루트 페이지 테이블에 있는 2개의 PML4 엔트리의 변경을 필요로 한다. 전용 주소에서 메모리 영역을 붙이고 떼는 것은 영역의 PDPTE만 변경하면 된다(영역 VA 크기는 다양하다. PDPTE는 언제나 연속적으로 할당돼 있다).

동적 메모리

가상 머신은 할당된 물리 메모리의 일부를 쓴다. 예를 들어 일부 가상 머신은 게스트 물리 메모리에 할당된 작은 양을 쓴다. 많은 메모리를 해제된 상태나 0으로 초기화된 상태로 둔다. 이 경우에 가상 머신의 성능이 메모리 부족으로 인해 문제가 된다. 이런 상황을 막고자 하이퍼바이저와 가상화 스택은 동적 메모리라는 개념을 제공한다. 동적 메모리는 가상 머신의 물리 메모리를 동적으로 할당하고 제거할 수 있는 개념이다. 이 기능은 여러 구성 요소에 의해 제공된다.

- **NT 커널 메모리 관리자**: 부팅된 후에 물리 메모리를 추가하거나 제거할 수 있다.
- **하이퍼바이저의 SLAT**(메모리 관리자에 의해 관리된다)
- **VM 작업자 프로세스**: 해당 구성 요소는 Vmdynmem.dll이라는 동적 메모리 제어 모듈을 사용한다. 해당 모듈은 VMBus 동적 메모리 VSC 드라이버(Dmvsc.sys)와 연결돼 있으며 해당 드라이버는 하위 파티션에서 동작한다.

적절하게 동적 메모리를 기술하고자 NT 커널의 PFN 데이터베이스 페이지 프레임 번호가 어떻게 생성되는지 볼 것이다. PFN 데이터베이스는 윈도우가 물리 메모리를 추적하는 데 사용된다(Vol.1의 5장에서 자세히 다뤘다). PFN 데이터베이스를 만들고자 NT 커널은 이론적으로 가능한 높은 물리 메모리를 먼저 계산한다(64비트 시스템의 경우 256TB). 그리고 매핑할 VA 영역을 예약 상태로 둔다(베이스 주소를 MmPfnDatabase 전역 변수에 저장한다). 명심할 점은 VA 영역은 아직 페이지 테이블에 할당돼 있지 않다는 점이다. 부팅 관리자(UEFI 서비스)에 의해 발견된 각각의 물리 메모리 디스크립터 사이에 NT 커널 사이클은 가능한 한 그것들을 긴 영역으로 병합한다. 그리고 큰 페이지를 사용해 PFN 데이터베이스 엔트리를 매핑한다. 이것이 가진 중요한 의미는 그림 9-11에서 확인할 수 있다. PFN 데이터베이스는 물리 메모리의 가능한 한 많은 양을 가진다. 그렇지만 실제 물리 페이지의 작은 부분집합만 매칭된다(스파스 메모리 기술이라고 한다).

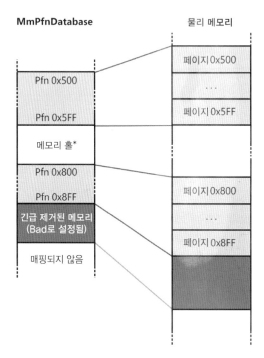

그림 9-11 일부 물리 메모리가 제거된 PFN 데이터베이스의 예

물리 메모리가 더해지고 제공되는 것은 해당 법칙에 의해 동작한다. 새로운 물리 메모리가 더해졌을 때 플러그앤플레이 메모리 드라이버(Pnpmem.sys)는 이것을 감지하고 `MmAddPhysicalMemory` 루틴을 호출한다. 이는 NT 커널에서 제공한다. 해당 루틴은 새로운 범위 내의 정확한 페이지 수를 계산하는 복잡한 루틴이다. 그리고 어떤 Numa 노드에 속하는지 살핀다. 그리고 예약된 VA 영역에 필요한 페이지 테이블을 생성해 PFN 엔트리를 매핑한다. 새로운 물리 메모리는 해제 리스트에 더해진다(Vol.1의 5장에서 자세히 다뤘다).

일부 물리 메모리가 제거됐을 때 시스템은 역과정을 수행한다. 페이지가 물리 페이지 리스트에 있는지 살핀다. 내부 메모리 카운터를 업데이트한다(물리 메모리의 개수와 같은), 마지막으로 일치하는 PFN 엔트리를 해제한다. 즉, 'Bad'라고 표시한다. 메모리 관리자는 더 이상 해당 페이지를 사용하지 않는다. 실제 가상 주소는 PFN 데이터베이스에서 언매핑된다. 해제된 PFN으로 기술된 물리 메모리는 후에 다시 추가된다.

인라이튼드된 VM이 시작되면 동적 메모리 드라이버(Dmvsc.sys)는 하위 VM이 동적으로 메모리를 더하는 기능이 있는지를 살핀다. 있다면 VSP의 VMBus 채널과 프로토콜을 정해 연결할 작업자 스레드를 만든다('가상화 스택' 절에서 VSC와 VSCP를 자세히 다룬다). VMBus 연결 채널은 하위 파티션의 동적 메모리 드라이버와 가상 메모리 제어 모듈(Vmdynmem.dll)을 연결한다. 제어 모듈은 루트 파티션의 VM 작업자 프로세스에 매핑돼 있다. 메시지 교환 프로토콜이 시작된다. 1초마다 하위 파티션은 메모리 관리자에 의해 제공되는 다른 여러 성능 카운터를 질의해서 메모리 부족 상황 보고서 정보(전체 페이지 파일 사용량, 할당 가능한 양, 커밋 가능한 양, 더티 페이지 양, 초당 페이지 폴트, 해제된 또는 0으로 초기화된 페이지 리스트의 페이지 수)를 얻는다. 해당 정보는 루트 파티션에 전송된다.

루트 파티션의 VM 작업자 프로세스는 VMMS 밸런서(VmCXompute 서비스의 구성 요소)에 의해 제공되는 기능을 사용한다. 이를 통해 동적으로 메모리 추가를 할지에 대한 결정을 하게 된다. 추가할 것이라고 결정된다면 VMMS 밸런서는 하위 파티션에 있는 페이지 수를 계산하고 VM 작업자 프로세스(COM을 통해)에게 콜백을 전달한다. VID 드라이버의 도움을 받아 메모리를 추가하는 다음과 같은 동작을 한다.

1. 루트 파티션에 적절한 물리 메모리양을 예약한다.
2. 적절한 보호 메커니즘을 적용해서 루트 파티션에 의해 예약된 물리 메모리를 게스트 물리 메모리에 매핑되도록 하이퍼바이저를 호출한다.
3. 하이퍼바이저에 의해 매핑된 게스트 영역의 물리 페이지를 더하는 동작을 동적 메모리 드라이버에 메시지를 보냄으로써 수행한다.

하위 파티션의 동적 메모리 드라이버는 NT 커널이 제공하는 `MmAddPhysicalMemory` API를 통해 메모리 추가 동작을 한다. 결과적으로 새로운 게스트의 PFN 데이터베이스에 있는 물리 메모리를 매핑한다.

이와 유사하게 VMMS 밸런서는 하위 VM이 충분한 물리 페이지가 있는지를 살펴는데, 하위 파티션이 물리 페이지를 제거하게 하는 동작을 할 수 있다. 이때는 MmRemovePhysicalMemory API를 사용한다. NT 커널은 각각의 페이지 범위가 0으로 초기화되거나 또는 해제되는 리스트에 있는지 살핀다. 또는 페이지 아웃된 스택에 있는지를 살핀다. 모든 조건이 맞다면 동적 메모리 드라이버는 '메모리 제거' 요청을 VM 작업자 프로세스에 보낸다. VID 드라이버로 하여금 하위 파티션의 물리 페이지를 언매핑하고 이를 NT 커널에 반환하게 한다.

 동적 메모리는 중첩된 가상화 기능이 켜져 있으면 제공되지 않는다.

하이퍼V 스케줄러

하이퍼바이저는 루트 파티션의 OS(윈도우)에서 동작하는 마이크로운영체제로, 어떤 스레드가 (프로세서를 뒷받침하는) 물리 프로세서에 수행될지를 결정한다. 특히 워크스테이션의 물리 프로세서 개수보다 많은 가상 프로세서가 동작할 때 더욱 해당되는 얘기다. 하이퍼바이저 스케줄러의 역할은 현재 수행되는 스레드가 끝나고 다음에 스레드가 어떤 물리 CPU에서 동작할지를 결정하는 것이다. 하이퍼V는 3개의 스케줄러가 있다. 서로 다른 스케줄러를 적절히 운용하고자 하이퍼바이저는 스케줄러 API를 제공한다. 해당 API는 특정 스케줄러의 구현을 이용하게 하는 리다이렉션 API로서의 성격을 가진다.

실습: 하이퍼바이저의 스케줄러 타입 제어

클라이언트 버전의 윈도우는 루트 스케줄러를 기본으로 가진다. 윈도우 서버 2019는 코어 스케줄러를 사용한다. 이번 절에서 어떤 하이퍼바이저 스케줄러를 사용하는지 살펴보고 다음번 부팅에서 다른 종류의 스케줄러를 사용하게 할 수 있게 한다.

윈도우 하이퍼바이저는 어떤 스케줄러를 사용할지 결정한 후에도 로그를 남긴다. 이벤트 뷰어 도구를 통해 이벤트를 살펴볼 수 있다. 코타나 검색 상자에서 eventvwr를 입력한다. 애플릿이 시작되면 윈도우 로고 키를 누르고 **시스템 로그** 키를 누른다. ID 2번 이벤트를 본다. 그리고 하이퍼V 하이퍼 바이저로 설정된 것을 보자. 이는 오른쪽 창에 있는 Filter Current Log 버튼을 누르거나 Event ID 열을 클릭함으로써 가능하다. 후자는 ID 오름차순으로 이벤트를 나열해준다(해당 동작은 시간이 좀 걸린다). 찾은 이벤트를 더블 클릭하면 다음과 같은 창을 볼 수 있다.

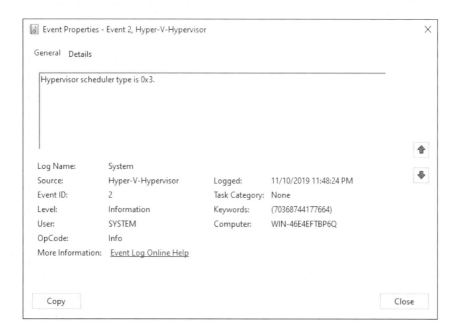

시작 이벤트 ID 2는 하이퍼바이저 스케줄러 타입을 가리킨다.

1 = 클래식 스케줄러, SMT 비활성화

2 = 클래식 스케줄러

3 = 코어 스케줄러

4 = 루트 스케줄러

샘플은 윈도우 서버 시스템에서 얻은 것이다. 기본 모드가 코어 스케줄러다. 스케줄러의 타입을 예전 것으로(또는 루트) 변경하려면 명령 창을 열어(코타나 검색 상자에 cmd를 입력하고 관리자 권한으로 실행한다) 다음의 명령을 입력한다.

```
bcdedit /set hypervisorschedulertype <Type>
```

<Type>에 Classic을 입력하면 클래식 스케줄러 선택이며, Core를 입력하면 코어 스케줄러 선택이고, Root를 입력하면 루트 스케줄러를 선택하게 된다. 이후 시스템을 재시작해야 한다. 새로 생성된 하이퍼V 하이퍼바이저 이벤트 ID가 2인 것을 확인할 수 있다. 다음 파워셸 창의 관리자 명령을 입력해 현재 활성화된 하이퍼바이저 스케줄러를 확인할 수 있다.

```
Get-WinEvent -FilterHashTable @{ProviderName="Microsoft-Windows-Hyper-V-
Hypervisor"; ID=2} -MaxEvents 1
```

시스템 이벤트 로그에서 마지막 이벤트 ID 2를 추출한다.

클래식 스케줄러

클래식 스케줄러는 최초로 배포된 이후에 모든 하이퍼V 버전에서 기본 스케줄러로 사용됐다. 기본 설정 값의 클래식 스케줄러는 간단한 라운드로빈 정책을 구현한다. 해당 정책은 현재 실행 상태의 어떤 가상 프로세서든 동등하게 디스패치될 수 있는 정책이다. 클래식 스케줄러는 가상 프로세서의 우선순위 설정을 지원하고 물리 프로세서의 NUMA 노드를 고려해서 스케줄링을 결정한다. 클래식 스케줄러는 어떤 게스트 VP가 수행 중인지 모른다. 유일한 예외는 스핀락 인라이튼먼트에 의해 정의된다. 파티션에서 동작 중인 윈도우 커널이 스핀락에서 활성화된 대기 상태를 수행 중일 때 하이퍼바이저에 알릴 수 있는 목적의 하이퍼콜을 수행한다(높은 IRQL 동기화 메커니즘은 8장에서 다뤘다). 클래식 스케줄러는 현재 수행 중인 가상 프로세서를 선점한다(할당된 시간 단위를 아직 소진하지 않은 상태다). 그리고 다른 것으로 스케줄한다. 이러한 방식으로 활성화된 CPU 스핀 사이클을 저장한다.

클래식 스케줄러의 기본 설정은 각각의 VP마다 동일한 타임 슬라이스를 할당한다. 높은 워크로드의 다양한 가상 프로세서가 실행 중인 시스템과 물리 프로세서는 굉장히 바쁜 상태임을 의미한다. 성능이 빠르게 급감할 수 있다. 문제를 해결하고자 클래식 스케줄러는 세밀하게 조정할 수 있는 다양한 옵션을 지원한다(그림 9-12를 살펴보자). 내부 스케줄링 결정 방식에 변경을 가한다.

- **VP 예약:** 유저는 CPU 수용량을 게스트 머신에 대신해서 미리 예약할 수 있다. 예약은 물리 프로세서의 가용량 비율로 설정된다. 이는 게스트 머신에서 언제든지 스케줄돼 사용될 수 있는 양이다. 결과적으로 하이퍼V가 VP를 CPU 가용량의 최솟값이 채워지면 스케줄한다.

- **VP 한계:** VP 예약과 유사하다. 유저는 물리 CPU 사용량을 VP에 대해 제한할 수 있다. 이것이 의미하는 바는 높은 워크로드 시나리오에서 VP에 할당되니 사용 가능한 시간을 줄임을 의미한다.

- **VP 가중치:** 예약이 이미 맞춰졌을 때 VP가 스케줄될 가능성을 조정한다. 기본 설정에서 각각의 VP는 같은 확률로 실행된다. 유저가 가상 머신에 할당된 VP의 가중치를 조정하면 스케줄링 결정이 유저가 선택한 상대적 가중치 요소에 의해 정해진다. 예를 들어 동시에 3개의 가상 머신을 동작시키는 4개의 CPU를 가진 시스템을 생각해보자. 첫 번째 VM은 100의 가중치를 갖고 있다. 두 번째는 200, 그리고 세 번째는 300이다. 모든 시스템의 물리 프로세서가 균등한 수의 VP를 할당받았다고 생각해보자. 첫 번째 VM의 VP가 디스패치될 가능성의 17%다. 두 번째 VM은 33%다. 세 번째는 50%다.

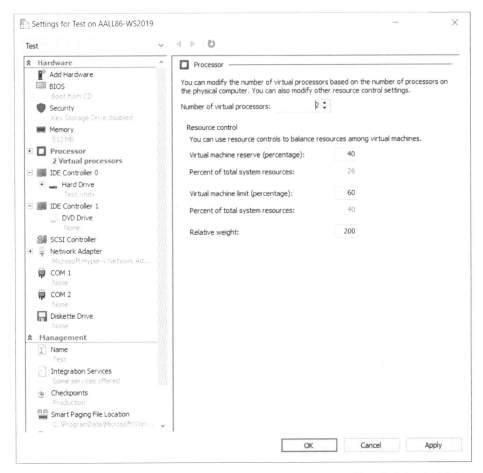

그림 9-12 클래식 스케줄러가 활성화됐을 때 확인 가능한 클래식 스케줄러의 세밀한 조정 설정 속성 페이지.

코어 스케줄러

일반적으로 클래식한 CPU의 코어는 인스트럭션의 흐름을 하나씩 수행하는 단일 실행 파이프라인을 갖고 있다. 인스트럭션은 파이프로 진입하고 몇 가지 단계를 거친다(예를 들어 데이터 로드, 데이터 계산, 데이터 저장). 그리고 파이프를 끝낸다. 여러 종류의 인스트럭션은 다른 CPU 코어 부분들을 사용한다. 현대 CPU 코어는 여러 인스트럭션을 비순차적으로 실행한다(인스트럭션이 파이프라인에 진입한 순서대로 수행하는 것이 아니다). 비순차적으로 실행을 지원하는 현대 CPU는 대칭형 멀티스레딩SMT, Symmetric MultiThreading을 지원한다. CPU 코어가 2개의 파이프라인을 갖고 있고 시스템에 1개 이상의 논리 프로세서를 사용 가능케 한다. 2개의 인스트럭션 흐름이 하나의 공유되는 실행 엔진에 의해 수행된다(캐시와 같은 자원이 공유된다). 지금부터 독립적인 CPU로 윈도우에 노출되는 SMT 코어의 실행 파이프라인을 **논리 프로세서**(간단히 LP)라는 용어로 언급할 것이다(SMT는 Vol.1의 2장과 4장에서 다뤘다).

하드웨어 구현은 많은 보안 문제를 발생시킨다. 공유되는 논리 CPU에 의해 수행되는 하나의 인스트럭션은 다른 형제 LP의 인스트럭션 수행에 영향을 끼치고 방해하기도 한다. 게다가 물리 코어의 캐시 메모리가 공유된다. 하나의 LP는 캐시의 내용을 바꿀 수 있다. 다른 형제 CPU는 같은 캐시 라인에 존재하는 메모리에 접근하는 시간을 확인해 데이터를 탐색할 수 있다. 이를 이용해 비밀 데이터도 얻어낼 수 있다(이는 8장의 '하드웨어 서브채널 취약점' 절에서 다뤘다). 클래식 스케줄러는 보통 다른 VM에 속한 2개의 스레드를 선택한다. 해당 스레드는 같은 프로세서 코어의 2개 LP에 의해 실행된다. 이는 분명 허용되지 않는다. 첫 번째 가상 머신이 다른 것에 있는 데이터를 읽을 수 있기 때문이다.

이러한 문제를 극복하고자 그리고 예상할 수 있는 성능을 가진 SMT가 켜진 VM을 동작시키고자 윈도우 서버 2016은 코어 스케줄러를 소개했다. 코어 스케줄러는 SMT의 격리를 지원하고 게스트 VP 간의 강한 보안 구역을 지원한다. 코어 스케줄러 기능이 켜졌을 때 하이퍼V는 가상 코어를 물리 코어에 스케줄링한다. 게다가 다른 VM에 속한 VP들이 물리 코어의 형제 SMT 스레드들에 스케줄링되지 않는다는 것을 보장한다. 코어 스케줄러는 SMT를 활용하고자 가상 머신을 활성화시킨다. VM에 노출된 VP들은 SMT 집합의 부분이 된다. 게스트 가상 머신에서 동작하는 OS와 애플리케이션들은 SMT 동작을 사용하고 API를 활용해 SMT 스레드들에 있는 작업들을 분배한다. 이는 마치 가상화되지 않은 것처럼 동작하는 것이다.

그림 9-13은 SMT 시스템의 예를 보여준다. 4개의 논리 프로세시가 2개의 CPU 코어에 분배돼 있다. 그림에서는 3개의 VM이 동작한다. 첫 번째, 두 번째 VM은 4개의 VP를 소유한다. 2개의 그룹에서 각각 2개씩이다. 반면 세 번째 것은 하나의 할당된 VP만 갖고 있다. VM상의 VP들의 그룹은 A에서 E로 이름이 매겨져 있다. 유휴 상태의 그룹에 있는 단일 VP들은 어두운 색으로 표시됐다.

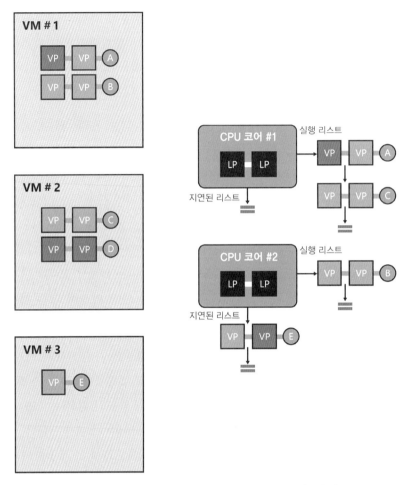

그림 9-13 2개 프로세서에 3개의 VM이 동작하는 SMT 시스템 예

각각의 코어는 VP의 그룹들을 포함하는 실행 리스트를 갖고 있는데, 실행 대기 상태다. 그리고 동작 준비 중인 지연된 리스트의 VP 그룹도 있다. 아직 코어의 실행 리스트에는 포함되지 않은 상태다. VP 그룹은 물리 코어에서 동작한다. 그룹에 있는 VP들이 유휴 상태가 되면 VP 그룹은 스케줄되지 않으며, 실행 리스트에서 나타나지 않는다(그림 9-13에서는 그룹 D의 VP를 나타낸다). 그룹 E의 유일한 VP는 유휴 상태로 남겨져 있다. VP는 CPU 코어 2에 할당돼 있다. 그림에서 더미 형제 VP가 확인된다. 코어 2의 SP는 다른 VP를 스케줄링하지 않기 때문이다. 반면 코어의 형제 LP는 VM 3에 속한 VP를 수행한다. 이러한 방식으로 다른 어떤 VP들도 물리 프로세서에 스케줄링되지 않는다. LP 그룹에 있는 하나의 VP가 유휴 상태가 되고

452

다른 것들이 여전히 수행 중 상태인 경우에는 말이다(예를 들어 그룹 A와 같은 상태). 각각의 코어는 실행 리스트 헤드의 VP 그룹을 수행한다. 수행할 VP 그룹이 없다면 코어는 유휴 상태가 되고 VP 그룹이 지연된 실행 리스트에서 빠지기를 기다린다. 해당 상태가 발생하면 코어는 유휴 상태를 깨우고 지연 실행 리스트를 비운다. 그리고 그 내용을 실행 리스트로 옮긴다.

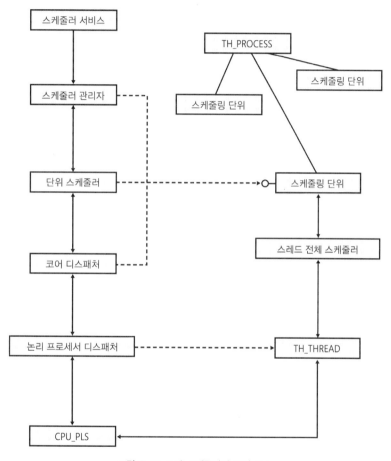

그림 9-14 코어 스케줄러의 구성 요소

코어 스케줄러는 각각 확실하게 역할이 분배된 여러 개의 구성 요소(그림 9-14)로 구현돼 있다. 코어 스케줄러의 핵심은 스케줄링 단위로, SMT VP에서의 그룹이나 가상 코어를 나타낸다(SMT VM이 아닌 경우에는 단일 VP다). VM의 타입에 따라 스케줄링 단위는 1개나 2개의 스레드가 여기에 붙어 있다. 하이퍼바이저의 프로세스는 스케줄링 단위의 리스트를 소유한다. VM에 속한 VP들을 보조하는 스레드들을 소유한 스케줄링 단위들을 갖고 있다. 스케줄링 단위는 코어 스케줄러에게 하나의 스케줄링 단위다. 스케줄링 설정에서 (예약, 가중치, 역할과 같은) 실행 시간에 적용 가능한 대상이다. 스케줄링 단위는 시간 단위 동안 활성화된 상태로 머물러있고, 멈춰지고, 멈춤이 풀릴 수 있다. 그리고 다른 물리 프로세서 코어 간에 이주가 가능하다. 중요한 개념은, 스케줄링 단위는 클래식 스케줄러에의 스레드와 유사하다는 것이다. 그러나 스택이나 VP 콘텍스트를 갖고 있지 않다. 스케줄링 단위에는 스레드 중 하나가 바운드된다. 그리고 물리 프로세서에서 동작한다. 스레드 전체 스케줄러Thread Gang Scheduler는 각각의 스케줄러 단위를 조정해준다. 물리 프로세서 코어에서 수행되는 LP의 스케줄링 단위로부터 어떤 스레드가 수행될지 결정한다. 스레드 우선순위를 결정하고 스케줄링 정책을 적용한다. 그리고 각각 스레드에 연관된 카운터를 업데이트한다.

물리 프로세서 코어의 각 LP는 논리 프로세서 디스패처와 연관돼 있다. 논리 프로세서 디스패처는 스레드 스위칭, 타이머 관리, VMCS 플러싱을 담당한다(또는 VMCB를 담당하는데, 아키텍처에 의존적이다). 논리 프로세서 디스패처는 코어 디스패처에 의해 소유된다. 코어 디스패처는 물리 단일 프로세서 코어를 나타내고 정확히 2개의 SMT LP를 소유한다. 코어 디스패처는 현재 활성화된 스케줄링 단위를 관리한다. 단위 스케줄러는 자신의 코어 디스패처에 묶여 있는데, 단위 스케줄러가 속한 다음번 코어 스케줄러 실행 여부를 결정한다. 마지막으로 중요한 코어 스케줄러의 구성 요소는 스케줄러 관리자다. 시스템의 모든 단위 스케줄러를 갖고 있고 스케줄러의 상태를 살핀다. 단위 스케줄러에 로드밸런싱과 최적의 코어 할당 서비스를 제공한다.

루트 스케줄러

루트 스케줄러는 **통합 스케줄러**로 알려져 있는데, 윈도우 10 2018년 4월 업데이트 RS4에 소개됐다. 게스트 파티션에 속한 가상 프로세서들을 스케줄하도록 루트 파티션을 허용해주려는 목적이다. 루트 스케줄러는 윈도우 디펜더 애플리케이션 가드에 의해 사용되는 가벼운 컨테이너를 위해 만들어졌다. 내부적으로는 바르셀로나Barcelona 또는 크립톤Krypton 컨테이너라고 불리는데, 이 컨테이너들은 루트 파티션에 의해 관리된다. 그리고 적은 양의 메모리와 하드디스크 공간을 사용해야 한다(크립톤 컨테이너를 자세히 설명하는 것은 책의 내용을 벗어난다. Vol.1의 3장에서 서버 컨테이너에 대한 내용을 찾을 수 있다). 또한 루트 OS 스케줄러는 컨테이너 내부에 있는 CPU 사용 워크로드에 대한 수치를 쉽게 모을 수 있다. 그리고 시스템 내의 다른 워크로드들에 적용되는 스케줄링 정책에 대한 입력으로 데이터를 활용한다.

루트 파티션 OS 인스턴스의 NT 스케줄러는 시스템 LP들에 대한 모든 측면의 스케줄링을 관리한다. 이를 위해 VID 드라이버 내부에서 통합 스케줄러의 루트 구성 요소는 VP 디스패치 스레드를 루트 파티션 내부에 만든다(새로운 VMMEM 프로세서 콘텍스트 내에서). 이를 개별 게스트 VP에 대해 하게 된다. 루트 파티션의 NT 스케줄러는 VP 디스패치 스레드들을 일반 스레드로 스케줄한다. 이들은 추가적인 VM/VP 특정적인 스케줄링 정책들과 최적화에 종속된다. 각 VP 디스패치 스레드는 VID 드라이버가 일치하는 VP를 종료할 때까지 VP 디스패치 루프를 동작시킨다.

VP 디스패치 스레드는 VID 드라이버에 의해 만들어지는데, VM 작업자 프로세스 VMWP가 파티션과 VP들의 요청을 SETUP_PARTITION IOCTL을 통해서 한 후다. VMWP는 이번 장의 '가상 스택' 절에서 다룬다. VID 드라이버는 WinHvr 드라이버와 통신한다. 결과적으로 하이퍼바이저의 게스트 파티션 생성을 초기화한다(HCreatePartition 하이퍼콜을 통해서다). 이 경우에 만들어진 파티션은 VA에 의해 사용되는 VM을 나타낸다. 또는 시스템이 루트 스케줄러를 활성화시킨 경우에 VID 드라이버는 NT 커널로 진입한다(커널 익스텐션을 활용한다). 이는 VMMEM 미니멀 프로세스를 만들기 위함인데, 연관된 새로운 게스트 파티션과 연결돼 있다. VP 디스패치 스레드는 VMMEM 프로세스 콘텍스트에서 수행되는데, 커널 모드다(VMMEM에는 유저 모드 코드가 없다). 그리고 VID 드라이버에서 구현된다(그리고 WinHvr). 그림 9-15에서 보듯이 각각의 VP 디스패치 스레드는 VP 디스패치 루프를 수행하는데, VID가 일치하는 VP를 종료시킬 때까지 또는 게스트 파티션에서 인터셉트가 생성될 때까지다.

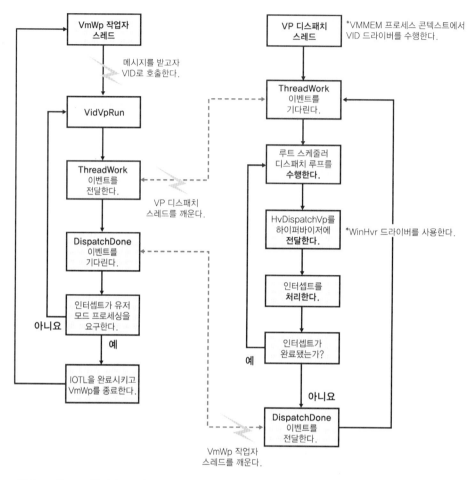

그림 9-15 루트 스케줄러의 VP 디스패치 스레드와 하이퍼바이저의 메시지를 처리하는 연관된 VMWP 작업자 스레드

1. 하이퍼바이저의 새로운 HvDispatchVp 하이퍼콜 인터페이스를 호출해서 현재 프로세서의 VP를 디스패치한다. 각각의 HvDispatchVp 하이퍼콜마다 하이퍼바이저는 현재 루트 VP에서 명시된 게스트 VP로 스위치한다. 그리고 게스트 코드를 수행한다. 가장 중요한 하이퍼콜의 특성은 코드가 PASSIVE_LEVEL_IRQL에서 동작해야 된다는 것이다. 하이퍼바이저는 게스트 VP가 동작해서 VP가 자발적으로 멈출 때까지 또는 VP가 루트에 인터셉트를 발생하거나 루트 VP를 대상으로 한 인터럽트가 있을 때까지 동작한다. 게스트 VP가 할당된 시간을 다 쓸 때 VP에 의해 사용되는 스레드는 NT 스케줄러에 의해 선점된다. 이러한 3개의 이벤트 중 아무거나 하이퍼바이저는

456

루트 VP로 스위치하고 **HvDispatchVp** 하이퍼콜을 완료한다. 그리고 루트 파티션으로 복귀한다.

2. 하이퍼바이저에서 해당 VP가 차단된 경우 VP 블록 이벤트에서 차단한다. 게스트 VP가 자발적으로 차단되며 하이퍼바이저가 해당 게스트 VP의 차단을 해제하고 VID 드라이버에 알릴 때까지 VP 디스패치 스레드는 VP 디스패치 이벤트에서 스스로를 차단한다. VID 드라이버는 VP 디스패치 이벤트에 메시지를 보내고 NT 스케줄러는 다른 **HvDispatchVp** 하이퍼콜을 생성할 수 있는 VP 디스패치 스레드 차단을 해제한다.

3. 디스패치 하이퍼콜에서 리턴된 하이퍼바이저에 의한 인터셉트를 처리한다. 게스트 VP가 루트를 위해 인터셉트를 만들었다면 VP 디스패치 스레드는 **HvDispatchVp** 하이퍼콜에서 리턴된 인터셉트 요청을 처리한다. 그리고 또 다른 **HvDispatchVp** 요청을 만드는데, VID가 인터셉트를 처리하는 것을 완료시킨 후다. 각각의 인터셉트는 다르게 다뤄진다. 인터셉트가 유저 모드 VMWP 프로세스에서 프로세싱을 요구한다면 WinHvr 드라이버는 루프를 나가고 VID로 리턴한다. 이를 통해 **VmWp** 스레드에 이벤트를 전달한다. 그리고 루프들을 재시작하기 전에 VMWP 프로세서에 의해 처리되는 인터셉트 메시지를 기다린다.

적절하게 하이퍼바이저에서 루트로 VP 디스패치 스레드에게 시그널을 전달하고자 통합 스케줄러는 스케줄러 메시지 교환 메커니즘을 제공한다. 하이퍼바이저는 스케줄러 메시지를 루트 파티션에 보내는데, 공유되는 페이지를 이용한다. 새로운 메시지가 전달을 위해 준비되면 하이퍼바이저는 SINT 인터럽트를 루트에 삽입한다. 그리고 루트는 이를 ISR 핸들러에 전달하는데, WinHvr 드라이버에 존재한다. 그리고 VID 인터셉트 콜백에 메시지를 전달한다(VidInterceptIsrCallback). 인터셉트 콜백은 VID 드라이버에서 메시지를 직접 인터셉트한다. 직접적인 핸들링이 불가능한 경우 동기화 이벤트가 보내지면 디스패치 루프를 끝날 때까지 수행한다. 그리고 **VmWp** 작업자 스레드 중 하나가 유저 모드의 인터셉트를 디스패치하게 한다.

루트 스케줄러가 켜진 콘텍스트 스위치는 하이퍼바이저 스케줄러 구현과 비교하면 훨씬 비싸다. 시스템이 2개의 VP 사이에서 스위치할 때 루트 파티션에 2개의 종료를 전달한다. 통합 스케줄러는 하이퍼바이저의 루트 VP 스레드를 다루고 게스트 VP 스레드를 다르게 다룬다(그들은 내부적으로 TH_THREAD 데이터 구조체로 함께 다뤄진다).

- 루트 VP 스레드만이 게스트 VP 스레드를 물리 프로세서에 넣을 수 있다. 루트 VP 스레드는 게스트 VP 스레드와 비교해서 우선순위를 높게 갖고 있다. 루트 VP가 막히지 않는다면 통합 스케줄러는 루트 VP 스레드로 가능한 한 빠르게 스위치한다.
- 게스트 VP 스레드는 2개의 상태가 있다. 내부 스레드 상태 그리고 스레드 루트 상태다. 스레드 루트 상태는 VP 디스패치 스레드의 상태를 반영한다. 이러한 하이퍼바이저는 루트 파티션과 통신할 수 있다. 통합 스케줄러는 각 게스트 VP 스레드의 상태를 관리해서 일치하는 VP 디스패치 스레드를 루트로 전달할 시기를 판단해 시그널을 전달한다.

루트 VP만이 프로세서를 위한 게스트 VP 디스패치를 시작한다. HvDispatchVp 하이퍼콜(이 경우에는 하이퍼바이저가 외부 작업을 수행한다고 한다) 또는 타깃 게스트 VP에 동기적인 요청을 전달하는 것을 요구하는 다른 하이퍼콜을 통해서 한다. 게스트 VP가 현재 프로세서에서 마지막으로 동작하면 스케줄러는 게스트 VP 스레드를 당장 디스패치할 수 있다. 그렇지 않다면 스케줄러는 플러시 요청을 프로세서로 보낸다. 그리고 VP 콘텍스트를 외부 프로세서가 플러시할 때까지 기다린다. 마지막 경우는 마이그레이션으로 정의돼 있다. 그리고 하이퍼바이저가 추적할 상황이다.

실습: 루트 스케줄러

NT 스케줄러는 VM에 속한 가상 프로세서를 선택하고 수행하는 것을 결정한다. 그리고 얼마나 수행할지도 결정한다. 이번 실습은 이전에 언급한 것들을 실습할 것이다. 모든 VP 디스패치 스레드는 VMMEM 프로세스 콘텍스트에서 수행된다. VMMEM 프로세스는 VID 드라이버에 의해 만들어진다. 실습에서는 적어도 윈도우 10 2018 4월 업데이트 RS4가 설치돼 있는 워크스테이션이 필요하다. 하이퍼V가 켜져 있고 사용 가능한 운영체제가 설치돼 있어야 한다. VM을 만드는 과정의 자세한 사항은 웹 사이트 (https://docs.microsoft.com/en-us/virtualization/hyper-v-on-windows/quick-start/quick-create-virtual-machine)에서 확인할 수 있다.

먼저 루트 스케줄러가 켜져 있는지 살핀다. 자세한 사항은 '하이퍼바이저의 스케줄러 타입 조절'이라는 이전 실습에서 볼 수 있다. 테스트에 사용되는 VM이 켜져 있어야 한다

작업표시줄에서 오른쪽 마우스 버튼을 눌러 **작업 관리자**를 선택한다. 자세히 보기를 클릭해 얼마나 많은 VMMEM 프로세스가 수행 중인지를 살펴본다. VM이 돌지 않고 있다면 아무것도 없을 것이다. 윈도우 디펜더 애플리케이션 가드^{WDAG, Windows Defender Application Guard}가 설치돼 있다면 VMMEM 프로세스 인스턴스가 있을 텐데, 이는 WDAG 컨테이너에 의해 수행된 것이다 _(이러한 종류의 VM은 'VA에 의해 다뤄지는 가상 머신' 절에서 살펴본다). VMMEM 프로세스 인스턴스가 종료되면 PID를 기억한다.

하이퍼V 관리자를 열어 코타나 검색 상자에 **Hyper-V Manager**를 입력한다. 그리고 가상 머신을 수행한다. VM이 게스트 운영체제에서 성공적으로 부팅되면 작업 관리자로 전환해서 새로운 VMMEM 프로세스를 찾는다. VMMEM 프로세스를 선택하고 유저 이름 열을 확장하면 VM의 GUID로 된 유저 이름 기반의 토큰과 프로세스를 연결시킬 수 있다. VM GUID는 관리자 파워셀 창에서 다음 명령을 수행해보자_(<VmName>을 VM 이름으로 바꿔 입력한다).

```
Get -VM -VmName "<VmName" | ft VMName, VmId
```

VMID와 VMMEM 프로세서의 유저 이름이 같아야 한다. 다음 그림과 같다.

Process Explorer를 설치한다(https://docs.microsoft.com/en-us/sysinternals/downloads/process-explorer에서 다운로드).

그리고 관리자 권한으로 실행한다. 올바른 VMMEM 프로세서의 PID를 찾는다. 예제에서는 27312다. 마우스 오른쪽 버튼을 누른 다음에 중단을 선택한다. 이제 CPU 탭에 있는 VMMEM 프로세스는 '중단'을 나타내고 CPU 시간을 보여주지 않는다.

VM으로 돌아가보면 응답이 없고 멈춰 있을 것이다. VM에 속한 가상 프로세서의 스레드들을 멈춘 효과를 나타내기 때문이다. 이렇게까지 하는 것은 NT 커널이 스레드를 스케줄링해 WinHvr 드라이버로 하여금 HvDispatchVp 하이퍼콜을 수행해 VP 수행을 재개시키지 않게 하기 위해서다.

멈춘 VMMEM 프로세스를 마우스 오른쪽 버튼으로 클릭한 후 재시작을 선택한다. 그러면 다시 VM이 동작한다.

하이퍼콜과 하이퍼바이저 TLFS

하이퍼콜은 하이퍼바이저로부터 루트에서 동작하는 운영체제 또는 하위 파티션으로 하여금 서비스를 요청할 수 있게 한다. 하이퍼콜은 잘 정의된 입력과 출력 매개변수로 구성돼 있다. 하이퍼바이저의 가장 높은 단계의 함수 정의[TLFS, Top Level Functional Specification]는 온라인으로 확인할 수 있다(https://docs.microsoft.com/en-us/virtualization/hyper-v-on-windows/reference/tlfs). 매개변수들을 정의하면서 서로 다른 콜링 규약을 정의한다. 게다가 공식적으로 가능한 하이퍼바이저 기능, 파티션의 속성, 하이퍼바이저와 VSM 인터페이스를 나열한다.

하이퍼콜이 가능한 것은 플랫폼에 독립적인 옵코드로 인해서다(인텔 시스템에서는 VMCALL, AMD에서는 VMMCALL, ARM64에서는 HVC). 언제나 VM_EXIT를 하이퍼바이저로 하여금 수행하게 한다. VM_EXIT는 하이퍼바이저 권한 레벨에서 자신의 코드를 다시 시작하게 한다. 하이퍼바이저 특권 권한은 시스템에서 동작하는 어떤 소프트웨어보다 높은 권한이다(펌웨어의 SMM 콘텍스트는 제외). 이때 VP는 멈춰져 있는 상태다. VM_EXIT는 다양한 이유로 만들어질 수 있다. 플랫폼 의존적인 VMCS(또는 VMCB) 데이터에서는 VM_EXIT의 종료 원인을 명시한다. 하이퍼바이저는 인덱스를 얻고 호출자에 의해 명시된 하이퍼콜 입력을 얻는다(일반적으로 CPU의 일반 레지스터다. 64비트 인텔과 AMD시스템에서는 RCX다). 하이퍼콜 입력값(그림 9-16)은 하이퍼콜 코드, 속성, 하이퍼콜에 의해 사용되는 호출 규약을 명시한 64비트의 값이다. 3가지의 호출 규약이 가능하다.

- **표준 하이퍼콜**: 입력과 출력 매개변수를 8바이트 단위로 맞춰진 게스트 물리 주소[GPA]에 저장한다. OS는 주소를 전달하는데, 일반 레지스터를 활용한다(인텔과 AMD에서는 RDX와 R8).
- **빠른 하이퍼콜**: 보통 출력 매개변수를 허용하지 않으며, 표준 하이퍼콜에서 입력 매개변수를 하이퍼바이저에게 전달하기 위한 2개의 일반 레지스터를 사용한다(16비트 크기까지).
- **확장된 빠른 하이퍼콜(또는 XMM 빠른 하이퍼콜)**: 빠른 하이퍼콜과 유사하지만 추가적인 6개의 부동소수점 레지스터를 활용해서 호출자가 입력 매개변수를 112바이트까지 전달하게 한다.

63:60	59:48	47:44	43:32	31:27	26:17	16	15:0
RsvdZ (4비트)	리피트 시작 인덱스 (12비트)	RsvdZ (4비트)	리피트 카운트 (12비트)	RsvdZ (5비트)	가변 헤더 크기 (9비트)	Fast 여부 (1비트)	호출 코드 (16비트)

그림 9-16 하이퍼콜 입력값(하이퍼바이저 TLFS로부터)

2가지 클래스 종류의 하이퍼콜이 있다. 심플^{Simple}과 리피트^{Rep}(반복을 의미)다. 심플 하이퍼콜은 단일 동작을 수행하고 고정된 크기의 입력과 출력 매개변수가 있다. 리피트 하이퍼콜은 일련의 심플 하이퍼콜로 동작한다. 호출자가 처음에 리피트 하이퍼콜을 호출할 때 리피트 개수를 명시해서 입력과 출력 매개변수 리스트의 개수를 알린다. 또한 호출자는 리피트 시작 인덱스들을 명시해서 다음번에 사용될 입력 또는 출력 요소를 정한다.

하이퍼콜은 64비트의 값을 돌려주는데, 하이퍼콜 결괏값이라고 한다(그림 9-17). 일반적으로 결괏값은 연산의 결과다. 리피트 하이퍼콜의 경우에는 완료된 반복 횟수를 말한다.

63:40	43:32	31:16	15:0
Rsvd (20비트)	리피트 완료 (12비트)	Rsvd (16비트)	결과 (16비트)

그림 9-17 하이퍼콜 결괏값(하이퍼바이저 TLFS)

하이퍼콜은 완료될 때까지 시간이 필요하다. 인터럽트를 받지 않는 물리 CPU를 유지하는 것은 호스트 OS에 위험하다. 예를 들어 윈도우는 CPU가 16밀리초 이상의 기간 동안 클록 틱 인터럽트를 받지 않았는지 확인하는 메커니즘이 있다. 이 조건이 충족되면 시스템은 BSOD로 멈춘다. 그러므로 하이퍼바이저는 하이퍼콜 진행 메커니즘을 신뢰해야 한다. 하이퍼콜이 기술된 시간제한에 완료되지 않으면 (보통 50밀리초) 제어는 호출자로 넘어간다(VM_ENTRY라는 연산을 통해). 하이퍼콜을 호출한 명령을 지나 인스트럭션 포인트는 설정되지 않는다. 이는 멈춘 인터럽트가 다뤄지게 하고 다른 가상 프로세서가 스케줄되게 한다. 원래 호출 스레드가 실행을 재개할 때 하이퍼콜 명령을 즉시 실행해서 연산을 완료시키도록 진행한다.

드라이버는 보통 플랫폼 의존적인 옵코드를 통해 하이퍼콜을 직접적으로 호출하지 않는다. 대신 윈도우 하이퍼바이저에서 드라이버와 통신하는 인터페이스 서비스를 이용한다. 2개의 다른 버전이 있다.

- **WinHvr.sys**: 루트 파티션에서 OS가 동작한다면 시스템 시작 시점에 로드되고 루트와 하위 파티션에 하이퍼콜을 노출시킨다.
- **WinHv.sys**: OS가 하위 파티션에 동작할 때만 로드되고 하위 파티션에만 하이퍼콜을 노출시킨다.

윈도우 하이퍼바이저 인터페이스 드라이버에 의해 노출된 루틴과 구조체는 가상화 스택에 광범위하게 사용된다. 특히 VID 드라이버에 의해 사용된다. 전체 하이퍼V 플랫폼에서 중요한 역할을 맡는다.

인터셉트

루트 파티션은 수정되지 않은 게스트 OS를 허용하는 가상 환경을 만들 수 있어야 한다. 이는 물리 하드웨어를 수행하고자 만들어졌고 하이퍼바이저의 게스트 파티션에서 동작한다. 레거시 게스트는 하이퍼바이저 파티션에 존재하지 않는 물리 장치에 접근하려고 시도한다(예를 들어 특정 MSR에 쓰는 또는 특정 I/O 포트에 접근하는 방법으로). 이러한 경우에 있어 하이퍼바이저는 호스트 인터셉트 기능을 활용한다. 게스트 VM의 VP가 특정 명령을 수행하고 특정 예외를 만들어낸다. 인가된 루트 파티션은 이벤트를 가로채 가로채진 명령의 효과를 바꾼다.

인터셉트 이벤트가 하위 파티션에서 일어날 때 VP는 멈춘다. 그리고 인터셉트 메시지가 가상 인터럽트 컨트롤러^{SynIC}에 의해 루트 파티션에 전달된다(SynIC는 나중에 자세히 살펴본다). 메시지는 하이퍼바이저의 가상 ISR(인터럽트 서비스 루틴)에 의해 받아진다. NT 커널이 시작 단계의 0번 과정에서 설치를 하는 경우다. 이때 시스템이 활성화 되고 하이퍼바이저 아래에서 동작한다(자세한 사항은 12장 참고). 하이퍼바이저 가상 ISR(KiHvInterrupt)은 보통 0x30 벡터에 설치되고 실행을 외부 콜백으로 옮긴다. 해당 콜백은 VID 드라이버가 시작할 때 등록한 것이다(노출된 HvRegisterInterruptCallback NT 커널 API를 통해서다).

VID 드라이버는 인터셉트 드라이버로, 하이퍼바이저에 호스트 인터셉트를 등록할 수 있고 하위 파티션에서 발생한 이벤트를 받을 수 있다. 파티션이 초기화된 이후에 WM 작업자 프로세스는 다양한 가상화 스택 구성 요소를 위한 인터셉트를 등록한다(예를 들어 가상 마더보드는 VM의 각 COM 포트를 위해 I/O 인터셉트를 등록한다). IOCTL을 VID 드라이버에 보내는데, `HvInstallIntercept` 하이퍼콜은 하위 파티션에 인터셉트를 등록하는 데 사용한다. 하위 파티션이 인터셉트를 일으켰을 때 하이퍼바이저는 VP를 멈추고 루트 파티션에 가상 인터럽트를 삽입한다. 이는 `KiHvInterrupt` IST에 의해 다뤄진다. 뒤의 루틴에서의 실행을 등록된 VID 인터셉트 콜백으로 옮긴다. 해당 콜백은 이벤트를 다루고 VP를 재시작시킬 때 멈춘 VP의 인터셉트를 초기화한다.

하이퍼바이저는 하위 파티션에서 다음 이벤트들의 인터셉션을 지원한다.

- I/O 포트로의 접근(읽기 또는 쓰기)
- VP의 MSR 접근(읽기 또는 쓰기)
- CPUID 명령 수행
- 예외
- 일반 레지스터로의 접근
- 하이퍼콜

가상 인터럽트 컨트롤러(SynIC)

하이퍼바이저는 인터럽트와 예외를 가상화한다. 이때 루트와 게스트 파티션의 가상 인터럽트 컨트롤러^{SynIC, Synthetic Interrupt Controller}를 이용하는데, 이는 가상화된 지역 APIC다(인텔 또는 AMD 소프트웨어 개발자 매뉴얼에서 APIC의 상세 내용을 확인해보자). SyncIC는 가상 인터럽트를 가상 프로세서^{VP}로 디스패칭하는 역할을 한다. 파티션으로 전달된 인터럽트는 2개의 카테고리(외부 또는 가상)로 나뉜다(내부 또는 간단히 가상 인터럽트로 알려져 있다). 외부 인터럽트는 다른 파티션 또는 디바이스에서 온다. 가상 인터럽트는 하이퍼바이저 자체에서 온다. 그리고 파티션의 VP를 대상으로 한다.

파티션의 VP가 만들어질 때 하이퍼바이저는 지원되는 VTL을 위한 SynIC를 만들고 초기화한다. VTL 0의 SynIC를 시작한다. 이는 VMCS(또는 VMCB) 하드웨어 구조체에서 물리 CPU의 APIC 가상화를 활성화함을 의미한다. 하이퍼바이저는 3가지 종류 APIC 가상화를 지원하고 외부 하드웨어 인터럽트도 다룬다.

- 표준 설정에서 APIC는 하드웨어 지원에 의한 이벤트 삽입을 통해 가상화된다. 이는 파티션이 VP의 지역 APIC 레지스터, I/O 포트 또는 MSR에 접근할 때(x2APIC의 경우) VMEXIT 이벤트를 만들어 하이퍼바이저 코드가 인터럽트를 SynIC로 디스패치하게 한다. 그리고 결과적으로 올바른 게스트 VP에 이벤트를 삽입하는 데 VMCS/VMCB의 필드를 활용한다.

- APIC 에뮬레이션 모드는 표준 설정과 비슷하게 동작한다. 하드웨어에 의해 보내진 모든 물리 인터럽트(보통은 IOAPIC를 통해서다)는 VMEXIT을 발생시킨다. 그러나 하이퍼바이저는 모든 이벤트를 삽입할 필요는 없다. 대신 가상 APIC 페이지를 변경하는데, 이는 프로세서가 APIC 레지스터에 접근하는 것을 가상화하고자 사용된다. 하이퍼바이저가 이벤트를 삽입하기 원할 때 가상 APIC 페이지에 연결된 가상 레지스터를 변경한다. 이벤트는 VMENTRY가 발생할 때마다 하드웨어에 의해 전달된다. 동시에 VP가 특정 부분의 지역 APIC를 변경한다면 VMEXIT 이벤트를 만들지 않는다. 변경은 가상 APIC 페이지에 저장된다.

- 게시된 인터럽트는 VMEXIT 이벤트를 만들지 않고 가상 파티션에 직접적으로 전달돼 특정 종류의 외부 인터럽트를 허용한다. VMEXIT에 의해 만들어진 성능 저하 이슈 없이 가상 파티션에 직접적으로 디바이스가 연결되게 한다. 물리 프로세서는 가상 APIC 페이지에 멈춰있게 해서 가상 인터럽트를 처리한다(자세한 사항은 인텔 또는 AMD 소프트웨어 개발자 매뉴얼을 참고한다).

하이퍼바이저가 프로세서를 시작할 때 물리 프로세서를 위한 가상 인터럽트 컨트롤러 모듈을 초기화한다(이는 CPU_PLS 구조체로 나타난다). 물리 프로세서의 SynIC 모듈은 인터럽트 디스크립터의 배열이다. 물리 인터럽트와 가상 인터럽트 사이에 연결고리를 만든다. 하이퍼바이저 인터럽트 디스크립터(IDT 엔트리)는 그림 9-18에서 볼 수 있는데, SynIC가 정상적으로 인터럽트를 디스패치할 수 있게 하는 데이터를 갖고 있다. 특히 인터럽트가 전달되는 엔터러, 인터럽트 벡터, 대상 VTL 그리고 다른 인터럽트 특성들을 갖고 있다.

그림 9-18 하이퍼바이저 물리 인터럽트 디스크립터

기본 설정에서 모든 인터럽트는 VTL 0의 루트 파티션에게 전달된다. 또는 하이퍼바이저 자신에게 전달된다(두 번째의 경우에는 인터럽트 엔트리가 하이퍼바이저 예약 영역이다). 외부 인터럽트는 게스트 파티션에 전달되는데, 직접 접근되는 디바이스가 하위 파티션에 연결돼 있을 경우다. NVMe 장치가 대표적인 예다.

매번 VP를 가진 스레드가 실행될 때 하이퍼바이저는 가상 인터럽트가 전달돼야 하는지를 확인한다. 이전에 다뤘듯이 가상 인터럽트는 어떤 하드웨어에서도 만들어지지 않는다. 보통 하이퍼바이저 자신에서 만들어진다(특정 조건에서는). 그리고 SynIC에 의해 다뤄지는데, 가상 인터럽트를 올바른 VP로 전달한다. NT 커널에 의해 범용적으로 활용될지라도(인라이튼드 클록 타이머가 좋은 예다) 가상 인터럽트는 가상 보안 모드[VSM, Virtual Secure Mode]에 필수적이다. 이에 관해서는 '보안 커널' 절에서 다룬다.

루트 파티션은 맞춤형 가상 인터럽트를 하위로 보낸다. 이때 HvAssertVirtualInterrupt 하이퍼콜을 사용한다(TLFS에 문서화돼 있다).

파티션 간의 통신

가상 인터럽트 컨트롤러는 파티션 간의 통신 기능을 가상 머신에 제공하는 데 중요한 역할을 한다. 하이퍼바이저는 2개의 주요 메커니즘이 있는데, 메시지와 이벤트다. 2개 모두 통지가 대상 VP에게 보내지는데, 가상 인터럽트를 활용한다. 메시지와 이벤트는 소스 파티션에서 대상 파티션으로 미리 할당된 연결을 통해 보내진다. 이는 대상 포트와 연관돼 있다.

SynIc에 의해 제공되는 파티션 간 통신 서비스에서 가장 중요한 구성 요소는 VMBus다(VMBus 아키텍처는 뒤의 '가상화 스택' 절에서 다룬다). 루트의 VMBus 루트 드라이버는 포트 ID를 할당한다(포트는 32비트 ID로 식별된다). 그리고 하위 파티션에 포트를 만드는데, HvCreatePort 하이퍼콜을 통해 만드는데, WinHv 드라이버에 의해 제공되는 서비스다.

수신자의 메모리 풀에서 하이퍼바이저에 포트가 만들어진다. 포트가 만들어질 때는 하이퍼바이저가 16개의 메시지 버퍼를 포트 메모리에서 만든다. 메시지 버퍼는 가상 프로세서에서 SynIC의 가상 인터럽트SINT, Synthetic INTerrupt 소스와 연관된 큐에서 유지된다. 하이퍼바이저는 16개의 인터럽트 소스를 노출시킨다. VMBus 루트 드라이버가 최대 16개의 메시지 큐를 다루게 한다. 가상 메시지는 256바이트의 고정된 크기를 가진다. 그리고 240바이트만을 전달한다(16바이트는 헤더다). HvCreatePort 하이퍼콜 호출자는 어떤 가상 프로세서인지 그리고 대상 SINT는 무엇인지를 명시한다.

정확하게 메시지를 받고자 WinHv 드라이버는 가상 인터럽트 메시지 페이지SIMP, Synthetic Interrupt Message Page를 할당한다. 이는 하이퍼바이저에 의해 공유된다. 메시지가 대상 파티션에 넣어질 때 하이퍼바이저는 메시지를 복사해 내부 큐에서 보정된 SINT와 일치하는 SIMP 슬롯으로 보낸다. VMBus 루트 드라이버는 이때 연결고리를 만든다. 그리고는 대상 VM에서 부모로 포트를 연결시킨다. 이때 HvConnetPort 하이퍼콜을 이용한다. 자식이 정확한 SINT 슬롯에 가상 인터럽트를 받는 곳을 활성화시키면 통신이 시작된다. 송신자는 메시지를 클라이언트로 보내는데, 대상 포트 ID를 명시한다. 그리고 HvPostMessage 하이퍼콜을 호출한다. 하이퍼바이저는 가상 인터럽트를 대상 VP로 삽입한다. 이는 메시지 내용의 메시지 페이지(SIMP)에서 읽을 수 있다.

하이퍼바이저는 3가지 종류의 포트와 연결을 지원한다.

- **메시지 포트:** 240바이트의 메시지를 파티션으로부터 파티션에 전달한다. 메시지 포트는 부모와 자식의 단일 SINT와 연관돼 있다. 메시지는 순서대로 단일 포트 메시지 큐로 전달된다. 해당 특성은 VMBus 채널 수립과 해제에 적합하다(더 자세한 사항은 이 장의 '가상화 스택' 절에서 자세히 다룬다).
- **이벤트 포트:** 플래그와 함께 단순한 인터럽트를 수신한다. 플래그는 하이퍼바이저가 반대편에서 HvSignalEvent 하이퍼콜을 호출할 때 설정되는 값

이다. 이러한 종류의 포트는 보통 동기화 메커니즘으로 사용된다. VMBus 는 예를 들어 이벤트 포트를 사용해 특별한 채널에 의해서 기술되는 링 버퍼에 메시지가 게시됐다는 사실을 알린다. 이벤트 인터럽트가 특정 파 티션에 전달되면 수신자는 이벤트와 연관된 플래그에 의해 어떤 채널로 인터럽트가 전달되는지를 알 수 있다.

- **모니터 포트**: 이벤트 포트를 최적화한 것이다. 매 HvSignalEvent 하이퍼콜 마다 VMEXIT와 VM 콘텍스트 스위치를 유발하는 것은 비용이 많이 드는 작업이다. 모니터 포트는 공유 페이지를 할당함으로써 설정된다. (하이퍼바이 저와 파티션 사이에서) 공유 페이지는 어떤 이벤트 포트가 모니터링되는 특정 통지 플래그와 연관돼 있는지를 알 수 있게 해준다. 이러한 방식으로 소스 파티 션이 동기 인터럽트를 보내려고 할 때 공유 페이지에 일치하는 플래그를 설정한다. 그리고 하이퍼바이저는 공유 페이지에 비트를 설정하고 이벤트 포트에 인터럽트를 보낸다.

윈도우 하이퍼바이저 플랫폼 API와 EXO 파티션

윈도우는 점점 하이퍼V를 사용해 VM들에 기능을 제공하려 한다. 특히 앞서 언급 했듯이 현대 윈도우의 중요한 보안 구성 요소인 VSM으로 하여금 하이퍼바이저가 높은 수준의 격리 기능을 제공해주고 패스워드와 같은 비밀 정보를 다룰 수 있게 한다. 해당 기능을 활성화시키려면 하이퍼바이저가 머신에서 기본적으로 동작할 필요가 있다.

외부 가상화 제품인 VMWare, Qemu, VirtualBox, 안드로이드 에뮬레이터 그리고 다른 많은 것이 자신의 하이퍼바이저를 빌드하려는 하드웨어에 의해 제공되는 가상화 확장 기능을 사용하는데, 소프트웨어가 제대로 동작하려면 반드시 필요하 다. 이는 하이퍼V와 호환되지 않는다. 하이퍼V는 하이퍼바이저를 윈도우 커널 시작 전에 시작시키고 루트 파티션에서 이를 동작시킨다(윈도우 하이퍼바이저는 네이티브 또는 베어메탈 하이퍼바이저다).

하이퍼V를 위해 외부 가상화 기술은 하이퍼바이저로 구성돼 있다. 하이퍼바이저 는 일반적인 저수준의 프로세서 실행에 대한 추상화를 제공하고 VM의 메모리 관리 기능을 제공한다. 그리고 가상화 스택을 제공한다. 이는 VM을 위한 에뮬레이트된 환경을 제공하는 가상화 기술의 구성 요소를 참조한다(마더보드, 펌웨어, 저장소 컨트롤러, 장치 등이 있을 수 있다).

윈도우 하이퍼바이저 플랫폼 API(https://docs.microsoft.com/en-us/virtualization/api/에 문서화) 는 윈도우 하이퍼바이저에서 서드파티 가상화 기술을 활성화시키는 주요한 목적이 있다. 특히 서드파티 가상화 제품은 VM을 만들고, 없애고, 멈출 수 있어야 한다. 이때 가상화 스택에 정의된 특성을 통해 할 수 있어야 한다. 서드파티 가상화 스택은 관리 인터페이스와 함께 윈도우의 루트 파티션에서 동작한다. 클라이언트 VM으로 하여금 바꾸게 할 수 없다.

그림 9-19에서 보여주듯이 모든 윈도우 하이퍼바이저 플랫폼 API는 유저 모드에서 동작한다. 그리고 VID와 WinHvr 드라이버의 2개 라이브러리 위에서 구현된다. 라이브러리는 WinHvPlatform.dll과 WinHvEmulation.dll이다(후자의 것은 MMIO를 위한 명령 에뮬레이터를 구현했다).

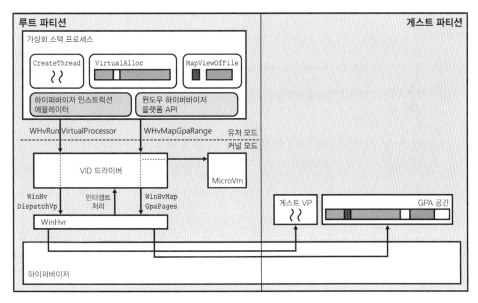

그림 9-19 윈도우 하이퍼바이저 플랫폼 API 아키텍처

VM과 연관된 가상 프로세서를 만들기 원하는 유저 모드 애플리케이션은 보통 다음을 따라야 한다.

1. VID 라이브러리(Vid.dll)에서 파티션을 만든다. 이때 `WHvCreatePartition` API를 사용한다.

2. 다양한 내부 파티션의 속성을 설정한다(가상 프로세서 개수, APIC 에뮬레이션 모드, 요청된 VMEXIT 종류 등). 이때 `WHvSetPartitionProperty` API를 사용한다.

3. `WHvSetupPartition` API를 활용해 VID 드라이버와 하이퍼바이저에 파티션을 만든다(이러한 종류의 하이퍼바이저 파티션을 EXO 파티션이라고 한다). 또한 API는 파티션의 가상 프로세서를 만드는데, 중지된 상태로 만든다.

4. `WHvCreateVirtual` 프로세서 API를 통해 VID 라이브러리 내에 일치하는 가상 프로세서를 만든다. 해당 단계가 중요한 것은 API가 유저 모드 애플리케이션에 메시지 버퍼를 만들어 연결시키기 때문에 해당 버퍼는 가상 CPU에서 동작하는 하이퍼바이저와 스레드 간의 비동기 통신 수단이다.

5. `VirtualAlloc` 함수를 써서 큰 가상 메모리 영역을 예약해 파티션의 주소 공간을 할당한다(자세한 사항은 Vol.1의 5장에서 다뤘다). 그리고 `WHvMapGpaRange` API를 통해 하이퍼바이저에 이것을 연결시킨다. 세분화된 게스트 물리 메모리의 보호 동작은 명시되는데, 예약된 가상 메모리 영역을 게스트 가상 주소 공간에 게스트 물리 메모리를 할당할 때다.

6. 만들어진 메모리에 페이지 테이블을 만들고 초기 펌웨어 코드를 복사한다.

7. `WHvSetVirtualProcessorRegisters` API를 사용해 초기의 VP 레지스터 내용을 설정한다.

8. `WHvRunVirtualProcessor` 블로킹 API를 호출해 가상 프로세서를 동작시킨다. 함수가 리턴하는데, 게스트 코드가 가상 스택 내에서 핸들링이 필요한 연산을 수행할 때다(하이퍼바이저의 VMEXIT가 명시적으로 요구되는데, 이는 서드파티 가상화 스택에 의해 관리된다). 또는 외부 요청에 의해서다(가상 프로세서를 파기하는 것이 그 예다).

윈도우 하이퍼바이저 플랫폼 API는 보통 초기화 시 VID 드라이버에 의해 생성되는 `\Device\VidExo` 디바이스 객체에 다양한 IOCTL을 전송해 하이퍼바이저의 서비스를 요청할 수 있는데, 이는 `HKLM\System\CurrentControlSet\Services\Vid\Parameters\ExoDeviceEnabled` 레지스트리 값이 1로 설정된 경우에만 가능하고 설정되지 않으면 시스템은 하이퍼바이저 API에 대한 지원 기능을 활성화하지 않는다.

일부 성능에 민감한 하이퍼바이저 플랫폼 API(좋은 예는 WHvRunVirtualProcessor에서 제공된다)는 유효하지 않은 특별한 게스트 물리적 페이지인 도어벨doorbell 페이지 때문에 유저 모드에서 하이퍼바이저로 직접 호출할 수 있고 이 페이지에 접근하면 항상 VMEXIT를 발생시켜 윈도우 하이퍼바이저 플랫폼 API는 VID 드라이버에서 도어벨 페이지의 주소를 받고 사용자 모드에서 하이퍼콜을 내보낼 때마다 도어벨 페이지에 기록한다. 하이퍼바이저는 SLAT 페이지 테이블에서 'special'로 표시된 도어벨 페이지의 물리적 주소 때문에 오류를 식별하고 이를 다르게 처리하는데, 일반 하이퍼콜과 마찬가지로 VP의 레지스터에서 하이퍼콜의 코드와 파라미터를 읽고 최종적으로 하이퍼콜의 핸들러 루틴으로 처리해 전달한다. 이후 실행이 완료되면 하이퍼바이저는 마지막으로 가상에서 재실행해 오류가 발생한 명령어 다음 명령으로 넘어간다. 이렇게 하면 더 이상 하이퍼콜을 내보내고자 커널로 들어갈 필요가 없는 게스트 VP를 지원하는 스레드로 많은 클록 사이클이 단축된다. 또한 VMCALL 및 이와 유사한 옵코드를 실행하려면 반드시 커널 권한이 필요하다.

새로운 서드파티 VM의 가상 프로세서들은 루트 스케줄러에 의해 디스패치된다. 루트 스케줄러가 비활성화된 경우에 하이퍼바이저에서 플랫폼 API의 어떤 기능도 동작할 수 없다. 하이퍼바이저에서 만들어진 파티션은 EXO 파티션이다. EXO 파티션은 어떠한 함수 기능도 포함하지 않은 작은 파티션이다. 그리고 최적의 서드파티 VM을 만들기 위한 특정한 속성도 있다.

- 언제나 VA에 의해 보존되는 타입이다(VA에 의해 보존되는 것으로, 마이크로VM에 대한 자세한 사항은 '가상화 스택' 절에서 다룬다). 파티션의 메모리 호스팅 프로세스는 유저 모드 애플리케이션이다. VM을 만들었던 애플리케이션이며, VMMEM 프로세서의 새로운 인스턴스는 아니다.
- 파티션의 특권 또는 0가 아닌 어떤 VTL(가상 신뢰 수준)을 지원하지 않는다. 모든 전통적인 파티션의 권한은 가상 동작 기능을 언급한다. 보통, 하이퍼바이저에 의해 하이퍼V 가상화 스택으로 노출되는 기능이다. EXO 파티션은 서드파티 가상화 스택에 의해 사용된다. 그것들은 전통적인 파티션의 특권에 의해 얻어지는 기능을 필요로 하지 않는다.
- 타이밍을 다룬다. 하이퍼바이저는 EXO 파티션을 위한 가상 클록 인터럽트 소스를 제공하지 않는다. 서드파티 가상화 스택은 이를 제공하는 것

이상의 책임을 필요로 한다. 모든 가상 프로세서의 시간 기록 카운터를 읽는 것은 하이퍼바이저에서 **VMEXIT**를 유발할 수 있음을 의미한다. 이는 VP를 동작시키는 유저 모드 스레드에 인터셉트를 전달한다.

> EXO 파티션은 전통적인 하이퍼바이저 파티션과 비교해서 작은 차이점이 있지만, 논의에 작은 차이점은 중요하지 않다. 따라서 다루지 않는다.

중첩된 가상화

큰 서버와 클라우드 공급자는 때로 컨테이너를 동작시킬 수 있어야 하고, 게스트 파티션 내부의 추가적인 가상 머신을 필요로 한다. 그림 9-20은 이 시나리오를 설명한다. 베어메탈 하드웨어 위에서 동작하는 하드웨어는 L0 하이퍼바이저로 표시돼 있다(L0는 레벨 0를 나타낸다). 이는 게스트 VM을 만들고자 하드웨어에 의해 제공되는 가상화 확장 기능을 사용한다. 게다가 L0 하이퍼바이저는 프로세서의 가상화 확장 기능을 에뮬레이트한다. 그리고 게스트 VM으로 하여금 사용할 수 있게 한다(가상화 확장 기능을 사용하게 제공해주는 기능을 중첩 가상화라고 한다). 게스트 VM은 다른 하이퍼바이저를 또 동작시킬지 결정한다(이 경우에는 L1 하이퍼바이저로 표시된 것이다. L1은 레벨 1을 나타낸다). 이때 L0 하이퍼바이저에 의해 제공되는 에뮬레이트된 가상 확장 기능을 이용한다. L1 하이퍼바이저는 중첩된 루트 파티션을 만들고 L2 루트 운영체제를 이 안에서 시작한다. 이와 유사하게 L2 루트는 L1 하이퍼바이저가 중첩된 게스트 VM을 시작하는 것과 함께 동작한다. 설정에서 마지막 게스트 VM이 L2 게스트의 이름을 얻는다.

중첩된 가상화는 소프트웨어로의 구성이다. 하이퍼바이저는 가상화 확장 기능을 에뮬레이트하고 관리할 수 있어야 한다. 가상화 명령마다 L1 게스트 VM에 의해 수행되면서 **VMEXIT**를 L0 하이퍼바이저로 전달한다. 이때 에뮬레이터를 하는데, 명령을 재구성하고 이것을 에뮬레이트하고자 필요한 일을 수행한다. 현재 시점에서는 인텔과 AMD 하드웨어에서만 지원된다. 중첩 가상화 기능은 L1 가상화 머신에서 명시적으로 활성화돼야 한다.

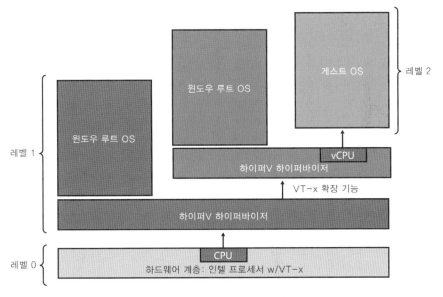

그림 9-20 중첩된 가상화 구성

그렇지 않다면 L0 하이퍼바이저는 가상화 명령이 게스트 운영체제에 의해 수행되는 VM에 일반 보호 예외 처리를 주입하게 해야 한다.

인텔 하드웨어에서 하이퍼V는 중천 가상화를 허용하는데, 2개의 주요 개념 때문이다.

- VT-x 가상화 확장 기능의 에뮬레이션
- 중첩 주소 해석

이전에 다뤘던 것처럼 인텔 하드웨어에서 가상 머신을 다루는 기초적인 구조체는 가상 머신 제어 구조체(VMCS)다. L1 VM을 나타내는 표준 물리 VMCS와는 다르게 L0 하이퍼바이저가 중첩 가상화를 지원하는 파티션에 속하는 VP를 만들 때 중첩 **VMCS** 구조체를 만든다(가상 VMCS와 헷갈리면 안 된다. 다른 개념이다). 중첩 **VMCS**는 소프트웨어 디스크립터로, L0 하이퍼바이저가 L2 파티션을 위한 중첩 VP를 시작하고 동작시키고자 필요하다. '하이퍼바이저 시작' 절에서 간단히 언급했던 대로 가상화 환경에서 동작하는지를 감지한다. 그렇다면 다양한 중첩 인라이튼드 기능을 활성화시킨다. 인라이튼드 VMCS 또는 직접적인 가상 플러시가 있다(이는 나중에 다룬다).

그림 9-21에서 볼 수 있듯이 매 중첩 **VMCS**마다 L0 하이퍼바이저는 가상 VMCS를 할당하고 하드웨어 물리 VMCS를 할당한다. 2개의 유사한 구조체는 L2 가상 머신에서 동작하는 VP를 나타낸다. 가상 VMCS는 중첩 가상 데이터를 다루는 중요한 역할이 있기 때문에 핵심적이다. 물리 VMCS는 L0 하이퍼바이저에 의해 로드되는데, L2 가상 머신이 시작할 때 로드된다. L0 하이퍼바이저가 L1 하이퍼바이저에 의해서 수행된 **VMLAUNCH**를 인터셉트할 때 발생한다.

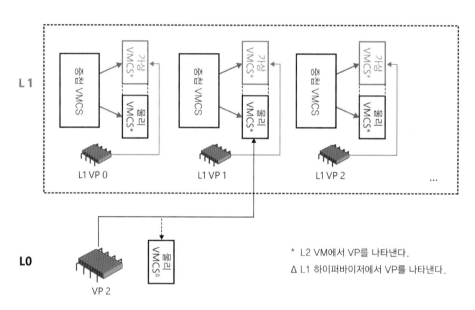

그림 9-21 가상 프로세서 2의 L2 VM에서 동작하는 L0 하이퍼바이저

샘플 그림에서 L0 하이퍼바이저는 중복 가상 프로세서 1을 통해 L1 하이퍼바이저가 관리하는 L2 VM을 실행하도록 VP 2를 스케줄링했다. L1 하이퍼바이저는 가상 VMCS에 복제된 가상화 데이터에 대해서만 동작할 수 있다.

VT-x 가상화 확장 기능의 에뮬레이션

인텔 하드웨어에서 L0 하이퍼바이저는 인라이튼드와 비인라이튼드 L1 하이퍼바이저를 둘 다 지원한다. 유일한 공식 지원 설정은 하이퍼V 위에서 실행되는 하이퍼V다.

비인라이튼드 하이퍼바이저에서는 L1 게스트에서 동작하는 모든 VT-x 명령이

474

VMEXIT를 만들어낸다. L1 하이퍼바이저가 새로운 L2 VM을 기술하기 위한 게스트 물리 VMCS를 할당한 이후에 이를 활성화 상태로 표시한다(인텔 하드웨어에서 VMPTRLD 명령을 통해서다). L0 하이퍼바이저는 연산을 인터셉트하고 L1 하이퍼바이저에 의해 명시된 게스트 물리 VMCS와 할당된 중첩 VMCS를 연관시킨다. 게다가 가상 VMCS를 위해 초깃값을 채운다. 그리고 중첩된 VMCS를 현재 VP를 위해 활성 상태로 만든다(물리 VMCS를 바꾸지는 않는다. 실행 콘텍스트는 L1 하이퍼바이저를 남긴다). L1 하이퍼바이저에 의해 수행되는 물리 VMCS에 대한 읽기 또는 쓰기 요청은 L0 하이퍼바이저에 의해 인터셉트된다. 그리고 가상 VMCS로 변환된다(그림 9-21 참고).

L1 하이퍼바이저가 VM을 시작시킬 때(VMENTRY라고 불리는 연산을 수행) 특별한 하드웨어 명령을 수행한다(인텔 하드웨어에서는 VMLAUNCH다). L0 하이퍼바이저에 의해 인터셉트된다. 비인라이튼드 시나리오에서 L0 하이퍼바이저는 가상 VMCS의 게스트 필드를 L2 VM을 나타내는 물리 VMCS로 복사하고 호스트 필드가 L0 하이퍼바이저 진입점을 가리키게 한다. 그리고 이를 활성화 상태로 둔다(인텔 플랫폼에서 VMPTRLD 하드웨어 명령을 사용한다). L1 하이퍼바이저가 두 번째 레벨 주소 해석 방식(인텔 하드웨어의 경우 EPT)을 쓰는 경우에 L0 하이퍼바이저는 현재 활성화된 L1 확장된 페이지 테이블을 숨긴다(자세한 내용은 다음 절을 살펴본다). 마지막으로 실제 VMENTRY를 특정한 하드웨어 명령으로 수행한다. 결론적으로 하드웨어는 L2 VM 코드를 실행한다.

L2 VM을 수행하면서 VMEXIT를 유발한 각각의 연산은 실행 콘텍스트를 L0 하이퍼바이저로 돌린다(L1을 사용하는 대신). 이로 인해 L0 하이퍼바이저는 다른 VMENTRY를 수행하는데, L1 하이퍼바이저 콘텍스트를 나타내는 원래 물리 VMCS에서 수행한다. 그리고 인조적인 VMEXIT 이벤트를 주입한다. L1 하이퍼바이저는 수행을 시작하고 인터셉트된 이벤트를 일반적인 중첩되지 않은 VMEXIT로 다룬다. L1이 인조 VMEXIT 이벤트를 다루는 것을 마치고 나서 VMRESUME 동작을 수행한다. 이는 다시 L0 하이퍼바이저에 의해 인터셉트되고 앞서 기술했던 초기의 VMENTRY 연산과 유사하게 관리된다.

VMEXIT를 만들어낼 때마다 L1 하이퍼바이저가 가상 명령을 수행하는 것은 비용이 많이 드는 연산으로, L2 VM의 일반적인 속도 저하 원인이 된다. 이를 극복하고자 하이퍼바이저는 인라이튼드된 VMCS를 지원한다. 이는 L1 하이퍼바이저가 L1과

L0 하이퍼바이저 사이에 공유되는 메모리 페이지에서 가상 데이터를 로드하고, 읽고, 쓰게 해준다. 공유되는 페이지는 인라이튼드 VMCS라고 부른다. L1 하이퍼바이저가 L2 VM에 속하는 가상 데이터를 하드웨어 명령 대신 바꿔 **VMEXIT**를 L0 하이퍼바이저로 전달할 때 인라이튼드 VMCS에서 직접 읽고 쓴다. 이는 L2 VM의 성능을 상당 수준 향상시킨다.

인라이튼드 시나리오에서 L0 하이퍼바이저는 **VMENTRY**와 **VMEXIT** 연산만을 인터셉트한다(현재 설명에서 다른 것은 관계가 없다). L0 하이퍼바이저는 **VMENTRY**를 유사한 시나리오로 인라이튼드가 아닌 시나리오에서도 다룬다. 그러나 앞서 언급한 것들을 하기 전에 공유된 인라이튼드 VMCS 메모리 페이지에 있는 데이터를 L2 VM을 나타내는 가상 VMCS로 복사한다.

> 비인라이튼드 시나리오에서 L0 하이퍼바이저가 중첩된 가상 데이터를 다루는 동안 **VMEXIT** 이벤트를 방지하는 기술을 섀도우 VMCS라고 한다. 섀도우 VMCS는 인라이튼드 VMCS의 하드웨어 최적화 기술과 유사하다.

중첩 주소 해석

앞서 파티션 물리 주소에 대해 설명한대로 하이퍼바이저는 SLAT를 사용해 VM에 격리된 물리 주소 공간을 제공한다. 그리고 GPA를 실제 SPA로 변환한다. 중첩 가상 머신은 기존 2가지 것 위에 다른 하드웨어 해석 레이어를 필요로 한다. 중첩 가상화를 지원하고자 새로운 레이어는 L2 GPA를 L1 GPA로 변환할 수 있어야 한다. 3단계 레이어 해석에 대한 프로세서 MMU를 만드는데, 전자적인 복잡성이 올라가기 때문에 하이퍼V 하이퍼바이저는 다른 종류의 추가적인 주소 해석 레이어를 채택했는데, 섀도우 중첩 페이지 테이블이라고 불린다. 섀도우 중첩 페이지 테이블은 섀도우 페이징이라고 하는 기술과 유사한 것을 사용한다(이전에 살펴봤다). 해당 기술로 L2 GPA를 SPA로 변환한다.

중첩 가상화를 지원하는 파티션이 만들어질 때 L0 하이퍼바이저는 중첩 페이지 테이블 섀도우 도메인을 할당하고 초기화한다. 데이터 구조체는 섀도우 중첩 페이지 테이블과 연관된 다른 파티션에서 만들어진 L2 VM들의 리스트를 저장하는 데 사용된다. 게다가 파티션의 활성화된 도메인 생성 숫자를 저장하는 데도 사용한다(이는 나중에 다룬다). 그리고 중첩 메모리 통계를 저장하는 데도 사용된다.

L0 하이퍼바이저가 L2 VM 시작을 위한 초기 VMENTRY를 수행할 때 VM과 연관된 새도우 중첩 페이지 테이블을 할당하고 빈 값으로 초기화한다(결론적으로 물리 주소 공간이 비어 있게 된다). L2 VM이 코드 수행을 시작할 때 즉시 VMEXIT를 생성해서 L0 하이퍼바이저에 전달한다. 이는 중첩 페이지 폴트 때문이다(인텔 하드웨어에서는 EPT 위반이다). L0 하이퍼바이저는 L1에 폴트를 삽입하는 대신 L1 하이퍼바이저에 의해 만들어진 게스트의 중첩 페이지 테이블을 순회한다. 특정 L2 GPA에 대한 유효한 엔트리를 찾는다면 일치하는 L1 GPA를 읽고, 이를 SPA로 변환한다. 그리고 L2 VM에 연관시키고자 필요한 새도우 중첩 페이지 테이블 계층을 만들어내고 말단의 테이블 엔트리를 유효한 SPA로 채운다(하이퍼바이저는 새도우 중첩 페이지를 연관시키기 위한 페이지를 사용한다). 또한 L2 VM에 수행을 재개시키고 중첩된 VMCS를 활성화시킨다.

중첩 주소 해석이 잘 동작하게 하고자 L0 하이퍼바이저는 L1 중첩 페이지 테이블에 발생한 변화를 알고 있어야 한다. 그렇지 않다면 L2 VM은 맞지 않는 오래된 엔트리들로 동작한다. 구현은 플랫폼 의존적이다. 보통 하이퍼바이저가 L2 중첩 페이지 테이블의 읽기 접근을 보호한다. 이러한 방식으로 L1 하이퍼바이저가 변형시켰을 때 이를 알 수 있다. 하이퍼V 하이퍼바이저는 더 똑똑한 정책을 사용한다. L2 VM을 기술하는 새도우 중첩 페이지 테이블이 언제나 최신화돼 있다고 보장한다. 다음 2개의 전제 때문이다.

- L1 하이퍼바이저가 L2 중첩 페이지 테이블에 새로운 엔트리를 추가할 때 중첩 VM에 다른 동작을 수행한지 않는다(L0 하이퍼바이저에 인터셉트가 만들어지지 않는다). 새도우 중첩 페이지 테이블의 엔트리는 중첩 페이지 폴트가 VMEXIT를 L0 하이퍼바이저에 유발할 때 더해진다(시나리오는 이전에 다뤘다).
- 중첩 VM이 아닌 경우에 중첩 페이지 테이블의 엔트리가 수정되거나 지워질 때 하이퍼바이저는 반드시 정확히 하드웨어 TLB를 플러시하고자 TLB 플러시를 해야 한다. 중첩 가상화의 경우에는 L1 하이퍼바이저가 TLB 플러시를 만들어낼 때 L0는 요청을 인터셉트한다. 그리고 새도우 중첩 페이지 테이블을 완전히 무효화시킨다. L0 하이퍼바이저는 가상 TLB 개념을

유지한다. 새도우 VMCS와 중첩 페이지 테이블 도메인 2개에 저장된 생성 ID로 이것이 가능하다(가상 TLB 아키텍처에 대해 다루는 것은 이 책의 범위에 포함되지 않는다).

변환된 단일 주소를 위한 새도우 중첩 페이지 테이블을 완전히 무효화시키는 것은 중복된 일이다. 그러나 하드웨어 지원에 따라 다르다(인텔 하드웨어에서는 INVEPT 명령이 단일 GPA가 TLB로부터 제거되는 것을 명시적으로 허용하지 않는다). 이전 VM에서는 문제가 되지 않는다. 물리 주소 변환이 자주 발생하지 않기 때문이다. 이전 VM이 시작할 때는 모든 메모리가 할당된다('가상 스택' 절에서 더 자세히 다룬다). VA가 지원되는 VM과 VSM에서는 맞지 않는 얘기다.

전통적이지 않은 중첩 VM과 VSM 시나리오에서 성능을 향상시키고자(다음 절에서 더 자세히 다룬다) 하이퍼바이저는 '직접적인 가상 플러시' 인라이튼드먼트를 지원한다. TLB를 직접적으로 무효화시키고자 L1 하이퍼바이저에 2개의 하이퍼콜을 지원한다. 특히 HvFlushGuestPhysicalAddressList 하이퍼콜(TLFS에 문서화돼 있다)은 L1 하이퍼바이저가 새도우 중첩 페이지 테이블에서 단일 엔트리를 무효화시킬 수 있게 한다. 결과적으로 새도우 중첩 페이지 테이블을 플러시하는 것과 연관된 성능 페널티를 없앤다. 그리고 다중 VMEXIT에 대한 것도 없앤다.

실습: 하이퍼V에서 중첩 가상화 활성화

앞에서 설명했듯이 L1 하이퍼V VM으로 가상 머신을 동작시키려면 호스트 시스템에서 중첩 가상화 기능을 켜야 한다. 실습을 위해 인텔 또는 AMD CPU 그리고 윈도우 10이나 윈도우 2019가 설치돼야 한다(RS1 업데이트 최소 버전이 요구된다). 타입 2 VM을 설치해야 하는데, 이때 하이퍼V 관리자 또는 윈도우 파워셸을 4GB 메모리로 동작시켜야 한다. 실습에서 만들어진 VM에서 중첩 L2 VM을 만든다. 따라서 메모리가 충분히 필요하다.

VM이 시작하고 최초 설정 후에 VM을 닫고 관리자 파워셸 윈도우를 연다(코타나 검색 상자에서 Windows PowerShell을 입력한다. 그리고 파워셸 아이콘을 오른쪽 클릭하고 관리자 권한으로 실행을 클릭한다). 그런 후 다음 명령을 입력한다. <VmName>은 가상 머신 이름으로 변경하면 된다.

```
Set-VMProcessor -VMName "<VmName>" -ExposeVirtualizationExtension $true
```

적절히 중첩 가상화 기능이 활성화됐는지를 확인하려면 다음의 명령이 Ture를 반환하는지 살펴본다.

```
$(Get-VMProcessor -VMName "<VmName>").ExposeVirtualizationExtensions
```

중첩 가상화 기능이 활성화된 이후에 VM을 재시작할 수 있다. 가상 머신에서 L1 하이퍼바이저를 동작시키기 전에 제어 패널에서 필요한 구성 요소를 넣어야 한다. VM에서는 제어 패널을 코타나 검색 상자에서 입력하고 연 후에 프로그램을 클릭한다. 그리고 Windows 기능 켜기/끄기 기능을 선택한다. 전체 하이퍼V 트리를 확인해야 한다. 다음 그림과 같다.

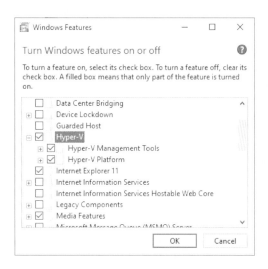

OK를 선택한다. 과정이 끝난 후에 **재시작**을 선택해서 가상 머신을 재시작한다(이 과정이 꼭 필요하다). VM이 재시작된 후에 L1 하이퍼바이저를 시스템 정보 애플리케이션을 통해 확인할 수 있다(코타나 검색 상자에서 msinfo32를 입력한다. 'VBS 감지와 제공 서비스' 실습을 참고해서 자세한 사항을 확인할 수 있다). 하이퍼바이저가 몇 가지 이유로 시작되지 않는다면 VM에서 관리자 명령을 통해 강제 시작할 수 있다(코타나 검색 상자에서 cmd를 치고 관리자 권한으로 수행을 선택한다). 그리고 다음 명령을 삽입한다.

```
bcdedit /set {current} hypervisorlaunchtype Auto
```

이 단계에서 하이퍼V 관리자 또는 윈도우 파워셸이 L2 게스트를 가상 머신에서 직접 실행되게 한다. 결과는 다음 그림과 같은 모양이다.

L2 루트 파티션으로부터 L1 하이퍼바이저 디버거를 활성화할 수 있다. 앞에서 다룬 '하이퍼바이저 디버거에 연결' 실습과 유사하다. 현재 시점에서 제약 사항은 중첩 설정을 통해 네트워크 디버깅이 안 된다는 것이다. L1 하이퍼바이저 디버깅 설정으로 가능한 것은 시리얼 포트만이다. 호스트 시스템에서는 L1 VM에서 2개이고 가상 시리얼 포트를 활성화시켜야 한다(하나는 하이퍼바이저를 위한 것이고 다른 하나는 L2 루트 파티션을 위함이다). 그리고 그것을 명명된 파이프로 붙인다. 타입 2 가상 머신에서 파워셸 명령을 쳐서 2개의 시리얼 포트를 L1 VM에 설정한다(이전 명령에서처럼 <VMNmae>을 가상 머신 이름으로 바꾼다).

```
Set-VMComPort -VMName "<VMName>" -Number 1 -Path \\.\pipe\HV_dbg
Set-VMComPort -VMName "<VMName>" -Number 2 -Path \\.\pipe\NT_dbg
```

이후에 하이퍼바이저 디버거가 COM1 시리얼 포트로 붙게 한다. NT 커널 디버거는 COM2 시리얼 포트에 붙어야 한다.

ARM64 윈도우 하이퍼바이저

하드웨어 가상화 지원이 처음 설계되고 한참 후에 추가된 x86 및 AMD64 아키텍처와 달리 ARM64 아키텍처는 하드웨어 가상화 지원과 함께 설계됐다. 특히 그림 9-22에서 볼 수 있듯이 ARM64 실행 환경은 3개의 보안 도메인으로 나눠진다(예외 레벨EL, Exception Levels이라고도 불린다). EL은 특권 레벨을 결정한다. EL이 높을수록 더 특권화된 코드가 수행된다. 유저 모드 애플리케이션이 모두 EL0로 수행된다고 하더라도 NT 커널(그리고 커널 모드 드라이버)은 보통 EL1에서 동작한다. 일반적으로 소프트웨어는 단일 예외 레벨에서 동작한다. EL2는 하이퍼바이저를 동작시키고자 만들어졌다(ARM64에서는 '가상 머신 관리자'라고도 불린다). 그리고 이 법칙에 예외적이다. 하이퍼바이저는 가상화 서비스를 지원한다. 그리고 EL2와 EL1에서 안전하지 않게 동작한다(EL2는 안전한 곳에 있지 않다. ARM 트러스트 영역은 뒤에서 다룬다).

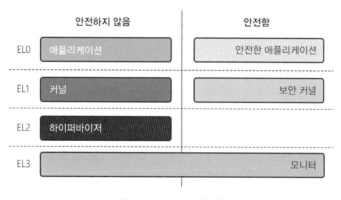

그림 9-22 ARM64 실행 환경

커널 콘텍스트로부터의 CPU가 루트 모드로 진입하는 AMD64 아키텍처와 다르게 (하이퍼바이저가 동작하는 실행 도메인) 그리고 특정 가정이 있는 상황에서 표준 ARM64가 부팅되면 UEFI 펌웨어와 부팅 관리자는 EL2에서 수행된다. 이러한 장치에서 하이퍼바이저 로더(안전 시작 장치, 부팅 흐름에 달려있다)는 하이퍼바이저를 직접 시작할 수 있다. 그리고 후에 예외 레벨을 EL1으로 낮춘다(ERET라고 불리는 예외 명령을 통해서다).

예외 레벨 위에서 신뢰 영역 기술은 시스템이 2개의 실행 안전 상태 사이에서 분리되게 한다. 안전한 상태와 안전하지 않은 상태가 있다. 안전한 소프트웨어는 일반적으로 안전하거나 안전하지 않은 메모리, 자원에 모두 접근된다. 반면 일반 소프트웨어는 안전하지 않은 메모리와 자원에만 접근할 수 있다. 안전하지 않은 상태는 일반 상태라고 불린다. 이는 OS가 안전한 OS와 동시에 동작하도록 활성화하고 소프트웨어와 하드웨어 공격에 대해 보호를 제공한다. 안전한 상태는 보통 안전한 장치를 동작시킨다(그 자체의 펌웨어와 IOMMU 범위). 그리고 일반적으로 안전한 상태를 위해 프로세서가 동작하기 위한 것들을 다룬다.

안전 상태와 정확히 통신하고자 안전하지 않은 OS는 안전한 방식 호출^{SMC, Secure Method Calls}을 발생시키는데, 일반 OS 시스템 콜과 비슷한 메커니즘이다. SMC는 신뢰 영역에 의해 다뤄진다. 신뢰 영역은 보통 일반과 안전한 상태를 얇은 메모리 보호 레이어로 구분해서 격리를 제공한다. 이는 잘 정의된 하드웨어 보호 단위다(퀄컴은 XPU라고 한다). XPU는 펌웨어에 의해 설정되고 특정 실행 환경이 특정 메모리 영역에만 접근하게 한다(보안 메모리는 일반 소프트웨어에 의해 접근되지 않는다).

ARM64 서버 머신에서 윈도우는 하이퍼바이저를 직접 시작시킨다. 클라이언트 장치는 종종 XPU를 갖고 있지 않다. 신뢰 영역이 활성화되지 않아도 마찬가지다(대부분의 ARM64 클라이언트 윈도우 장치는 퀄컴에 의해 제공돼 동작한다). 클라이언트 장치에서 안전 상태와 보통 상태의 구분은 하이퍼바이저 영역에서 제공되는데, QHEE라고 불린다. 이는 2단계 메모리 해석에 의해 제공되는 메모리 격리 기능을 제공한다(이 계층은 윈도우 하이퍼바이저에 의해 제공되는 SLAT 계층과 같다). QHEE는 동작하는 OS에 의해서 발생한 SMC를 가로챈다. 그리고 SMC를 신뢰 영역으로 전달한다(이때 접근 권한을 살펴본다). 그리고 대신에 몇 가지 작업을 한다. 이 장치 들에서 신뢰 영역은 장치 펌웨어의 무결성을 로드하고 검증할 역할을 가진다. 그리고 QHEE와 맞춰 알맞은 안전 실행 부팅 방식을 만들어낸다.

윈도우 안전 상태가 일반적으로 사용되지 않을지라도(안전/안전하지 않은 것은 이미 VTL 레벨을 통해 구분된다) 하이퍼V 하이퍼바이저는 여전히 EL2에서 동작한다. 이는 QHEE 하이퍼바이저와 호환되지 않는다. 이 역시 EL2에서 동작한다. 문제를 정확히 해결하고자 윈도우는 특별한 부팅 정책을 채택했다. 보안 실행 프로세스는 QHEE 도움으로 동작한다. 보안 실행이 종료될 때 QHEE 하이퍼바이저는 윈도우 하이퍼바이저에 대한 실행을 언로드하고 끝낸다. 하이퍼바이저는 보안 실행에 의한 부분으로 로드됐다. 이후 부팅 단계에서 안전한 커널이 시작되고 SMSS는 첫 번째 유저 모드 세션을 만들어낸다. 그리고 새로운 특수한 트러스트렛^{Trustlet}(신뢰할 수 있는 프로세스)이 만들어진다(퀄컴은 'QcExt'라고 한다). 신뢰된 앱은 원래의 ARM64 하이퍼바이저처럼 동작한다. SMC 요청을 가로채고, 그것의 무결성을 검증하고, 필요한 메모리 격리 기능을 제공한다(안전한 커널에 의해 만들어진 서비스를 통해서다). 그리고 EL3 안전 모니터로부터 명령을 전달하고 받아낸다.

SMC 인터셉션 아키텍처는 NT 커널과 ARM64 트러스트렛에서 둘 다 구현된다. 그리고 이 책의 범위에 포함되지 않는다. 새로운 트로스트렛에 대한 소개는 대다수의 클라이언트 ARM64 머신이 보안 실행을 하고, 가상 보안 모드가 기본적으로 켜질 수 있게 했다(VSM은 나중에 더 자세히 다룬다).

가상화 스택

하이퍼바이저는 격리와 가상화 하드웨어를 관리하는 저수준$^{low-level}$의 서비스를 제공하지만 가상 머신의 모든 고수준$^{high-level}$ 구현은 가상화 스택에서 제공한다. 가상화 스택은 VM의 상태를 관리하고 VM에 메모리를 제공하며 가상 마더보드, 시스템 펌웨어와 여러 종류의 가상 장치(에뮬레이터, 가상^{synthetic}, 다이렉트 액세스$^{direct\ access}$)를 제공해 하드웨어를 가상화한다. 또한 가상화 스택은 VMBus를 제공한다. VMBus는 게스트 VM과 루트 파티션 간의 고속 통신 채널을 제공하고 커널 모드 클라이언트 라이브러리$^{KMCL,\ Kernel\ Mode\ Client\ Library}$ 추상화 계층을 통해 접근할 수 있는 중요한 구성 요소다.

이 절에서는 가상화 스택이 제공하는 몇 가지 중요한 서비스를 살펴보고 해당 구성 요소를 분석한다. 그림 9-23은 가상화 스택의 주요 구성 요소를 보여준다.

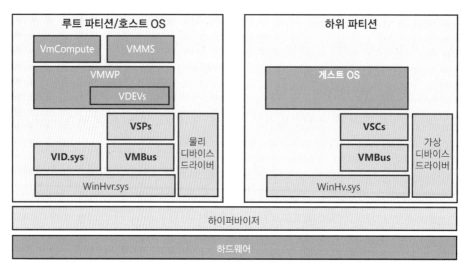

그림 9-23 가상화 스택의 구성 요소

가상 머신 관리자 서비스와 작업자 프로세스

가상 머신 관리자 서비스(Vmms.exe)는 루트 파티션에 WMI^{Windows Management Instrumentation} 인터페이스를 제공하는 역할을 하며, MMC^{Microsoft Management Console} 플러그인이나 파워셸을 통해 하위 파티션을 관리할 수 있다. VMMS 서비스는 시작^{start}, 전원 끄기 power off, 종료^{shutdown}, 일시 중지^{pause}, 다시 시작^{resume}, 재부팅^{reboot} 등과 같이 수신된 요청(GUID를 통해 내부적으로 식별됨)을 관리한다. 하위 파티션에 표시되는 장치와 각 파티션에 대해 메모리와 프로세서 할당을 어떻게 정의하는지와 같은 설정을 제어한다. VMMS는 장치 추가와 제거를 관리한다. 또한 VMMS는 가상 머신이 시작될 때 해당 가상 머신 작업자 프로세스(VMWP.exe)를 생성하는 중요한 역할도 수행한다. VMMS는 VM이 실행 중인 경우에 스냅숏 요청을 VMWP 프로세스로 리다이렉션하거나 스냅숏을 직접 생성함으로써 VM 스냅숏을 관리한다.

VMWP는 일반적인 모놀리식^{monolithic} 하이퍼바이저가 수행하는 다양한 가상화 작업을 수행한다(소프트웨어 기반 가상화 솔루션 작업과 유사하다). 즉, 주어진 하위 파티션에 대한 상태 머신 관리(스냅숏과 상태 전환 같은 기능 지원 허용), 하이퍼바이저에서 들어오는 다양한 알림에 대한 응답, 하위 파티션에 노출된 특정 장치의 에뮬레이션 수행(에뮬레이터 장치를 말함), VM 서비스와 설정 구성 요소의 공통 작업을 수행한다. 작업자 프로세스는 가상 마더보드를 시작하고 VM에 속한 각 가상 장치의 상태를 유지하는 중요한 역할을 한다. 여기에는 가상화 스택의 원격 관리를 담당하는 구성 요소와 원격 데스크톱 클라이언트를 사용해 모든 하위 파티션에 연결하고 원격으로 유저 인터페이스를 보며 상호작용할 수 있게 해주는 RDP 구성 요소도 포함된다. VM 작업자 프로세스는 특정 가상 머신을 나타내는 VMWP 인스턴스와 통신하고자 VMMS와 VmCompute 서비스에서 사용하는 인터페이스인 COM 객체를 제공한다.

Vmcompute.exe와 Vmcompute.dll 바이너리에서 구현된 VM 호스트 컴퓨팅 서비스는 VM 관리자 서비스에 구현되지 않은 대부분의 계산 작업을 호스팅하는 중요한 구성 요소다. VM의 메모리 보고서 분석(동적 메모리용), VHD와 VHDX 파일 관리, 컨테이너용 기본 레이어 생성과 같은 작업은 VM 호스트 컴퓨팅 서비스에서 구현된다. 작업자 프로세스와 VMMS는 호스트 컴퓨팅 서비스가 제공한 COM 객체 덕분에 호스트 컴퓨팅 서비스와 통신할 수 있다.

가상 머신 관리자 서비스, 작업자 프로세스와 VM 컴퓨팅 서비스는 시스템에서 생성된 모든 가상 머신 목록과 각각의 구성을 알려주는 여러 구성 파일을 열고 파싱을 할 수 있다. 특히 다음의 2가지가 가능하다.

- 구성 리포지터리^{configuration repository}는 시스템에 설치된 가상 머신 목록, 이름, 구성 파일과 GUID를 C:\ProgramData\Microsoft\Windows 하이퍼V에 있는 data.vmcx 파일에 저장한다.
- VM 호스트 컴퓨팅 서비스의 일부인 VM 데이터 저장소 리포지터리는 가상 장치 목록과 가상 하드웨어 설정이 포함된 VM 구성 파일(일반적으로 '.vmcx' 확장자 사용)을 열고, 읽고 쓸 수 있다.

VM 데이터 저장소 리포지터리는 VM 저장 상태 파일을 읽고 쓰는 데에도 사용된다. VM 상태 파일은 VM을 일시 중지하는 동안 생성되며, 나중에 복원할 수 있게 실행 중 VM의 저장 상태(파티션 상태, VM의 메모리 내용, 각 가상 장치의 상태)를 포함한다. 구성 파일은 키/값의 한 쌍을 XML 형식으로 지정한다. 일반 XML 데이터는 전용 바이너리 형식을 사용해 압축된 상태로 저장되며, 여기에는 전원 장애에 대한 대비책인 쓰기 저널^{write-journal} 로직이 추가된다. 바이너리 형식에 대한 문서화는 이 책에서 다루지 않는다.

VID 드라이버와 가상화 스택 메모리 관리자

가상 인프라 드라이버(VID.sys)는 가장 중요한 구성 요소일 것이다. 이 드라이버는 하위 파티에서 실행되는 가상 머신에 파티션, 메모리와 프로세서 관리 서비스를 제공해 루트에 있는 VM 작업자 프로세스에게 보여준다. 윈도우 하이퍼바이저 인터페이스 드라이버(WinHv.sys와 WinHvr.sys)에 구현된 VID 드라이버를 가져오는 인터페이스 덕분에 VM 작업자 프로세스와 VMMS 서비스는 VID 드라이버를 사용해 하이퍼바이저와 통신한다. 이러한 인터페이스에는 하이퍼바이저의 하이퍼콜 관리를 지원하고 운영체제(또는 일반 커널 모드 드라이버)가 하이퍼콜 대신 표준 윈도우 API 호출을 사용해 하이퍼바이저에 액세스할 수 있게 하는 모든 코드가 포함된다.

VID 드라이버에는 가상화 스택 메모리 관리자도 포함돼 있다. 앞 절에서는 하이퍼바이저 자체의 물리와 가상 메모리를 관리하는 하이퍼바이저 메모리 관리자에 대해 설명했다. VM 게스트 물리 메모리는 가상화 스택 메모리 관리자를 통해 할당되고 관리된다. VM이 시작되면 생성된 VM 작업자 프로세스(VMWP.exe)는 게스트 VM의 RAM을 구성하고자 메모리 관리자(IMemoryManager COM 인터페이스에 정의됨) 서비스를 호출한다. VM에 대한 메모리 할당은 2단계로 진행된다.

1. VM 작업자 프로세스는 (VMMS 프로세스의 메모리 밸런서 서비스를 이용해) 전역 시스템의 메모리 상태에 대한 보고서를 얻고, 사용 가능한 시스템 메모리를 기반으로 VID 드라이버에 요청할 물리 메모리 블록의 크기를 결정한다(VID_RESERVE IOCTL을 통해 가능하다. 블록 크기는 64MB에서 최대 4GB까지 다양하다). 블록은 VID 드라이버의 MDL 관리 함수(특히 MmAllocatePartitionNodePagesForMdlEx)를 통해 할당된다. 성능상의 이유와 메모리 단편화를 피하고자 VID 드라이버는 표준 소형 페이지가 아닌 거대하고 큰 물리 페이지(1GB와 2MB)를 할당하는 최선의 알고리듬을 구현한다. 메모리 블록이 할당된 후 해당 페이지는 VID 드라이버가 유지와 관리하는 내부 '예약reserve' 버킷에 보관된다. 버킷에는 서비스 품질QoS, Quality of Service에 따라 배열로 정렬된 페이지 리스트가 포함돼 있다. QoS는 페이지 유형(거대huge, 대형large, 소형small)과 해당 페이지가 속한 NUMA 노드에 따라 결정된다. VID 명명법에서 이 프로세스를 '물리 메모리 예약'이라고 한다(NT 메모리 관리자의 개념인 '가상 메모리 예약'이라는 용어와 혼동하지 말자).

2. 가상화 스택 관점에서 물리 메모리 커밋은 버킷의 예약된 페이지를 비우고 VID 드라이버의 서비스를 사용해 VM 작업자 프로세스에서 생성하고 소유하는 VID 메모리 블록(VSMM_MEMORY_BLOCK 데이터 구조체)으로 이동하는 과정이다. 메모리 블록을 생성하는 과정에서 VID 드라이버는 먼저 하이퍼바이저에 (Winhvr 드라이버와 HvDepositMemory 하이퍼콜을 통해) 추가 물리 페이지를 배치한다. VM의 SLAT 테이블 페이지 계층을 생성하려면 추가 페이지가 필요하다. 그 후 VID 드라이버는 전체 게스트 파티션의 RAM을 설명하는 물리 페이지를 매핑하도록 하이퍼바이저에 요청한다. 하이퍼바이저는 SLAT 테이블에 유효한 엔트리를 삽입하고 적절한 권한을 설정한다. 파티션의 게스트 물리 주소 공간이 생성된다. GPA 범위는 VID 파티션에 속하는 리스트에 삽입된다. VID 메모리 블록은 VM 작업자 프로세스가 소유한다. 또한 게스트 메모리와 DAX 파일 지원 메모리 블록을 추적하는 데 사용된다(DAX 볼륨과 PMEM에 대한 자세한 내용은 11장을 참고한다). VM 작업자 프로세스는 나중에 여러 목적으로 메모리 블록을 사용할 수 있다(예를 들어 에뮬레이트된 장치를 관리하는 동안 일부 페이지에 액세스하는 경우).

가상 머신(VM)의 탄생

주로 VMMS와 VMWP 프로세스가 가상 머신을 시작하는 프로세스를 관리한다. VM 시작 요청(내부적으로 GUID를 통해 식별됨)이 VMMS 서비스에 (파워셸 또는 하이퍼V 관리자 GUI 애플리케이션을 통해) 전달되면 VMMS 서비스는 데이터 저장소 리포지터리에서 VM 구성을 읽어 프로세스를 시작한다. VM 구성에는 VM의 GUID와 가상 하드웨어를 구성하는 모든 가상 장치(VDEVs) 목록이 있다. 그런 다음 VM의 가상 하드디스크를 나타내는 VHD(또는 VHDX)가 포함된 경로에 올바른 접근 제어 목록^{ACL, Access Control List}(자세한 내용은 추후에 제공)이 있는지 확인한다. VM 구성에 지정된 ACL이 올바르지 않은 경우 (SYSTEM 계정으로 실행되는) VMMS 서비스는 새 VMWP 프로세스 인스턴스와 호환되는 새 서비스를 다시 사용한다. VMMS는 COM 서비스를 사용해 호스트 컴퓨팅 서비스와 통신하고 새 VMWP 프로세스 인스턴스를 생성한다.

호스트 컴퓨팅 서비스는 윈도우 레지스트리(HKCU\CLSID\{f33463e0-7d59-11d9-9916-0008744f51f3} 키)

에 있는 COM 등록 데이터를 쿼리해 VM 작업자 프로세스의 경로를 가져온다. 그런 다음 가상 머신 SID를 소유자로 이용해 빌드한 잘 정의된 액세스 토큰을 사용해 새 프로세스를 만든다. 실제로 윈도우 보안 모델의 NT 권한은 VM을 식별하고자 잘 알려진 하위 권한 값(83)을 정의한다(시스템 보안 구성 요소에 대한 자세한 정보는 Vol.1의 7장 참고). 호스트 컴퓨팅 서비스는 VMWP 프로세스가 초기화를 완료할 때까지 기다린다(이 과정에서 제공된 COM 인터페이스가 준비 상태가 된다). VMMS 서비스로 돌아가 실행되며 최종적으로 VM 시작을 (IVirtualMachine COM 인터페이스를 통해) VMWP 프로세스에 요청할 수 있다.

그림 9-24에서 볼 수 있듯이 VM 작업자 프로세스는 VM에 대해 '콜드 스타트^{cold start}' 상태 전환을 수행한다. VM 작업자 프로세스는 '가상 마더보드'가 제공한 서비스를 통해 전체 VM을 관리한다. 가상 마더보드는 1세대 VM에서 인텔 i440BX 마더보드를 에뮬레이트하는 반면 2세대에서는 전용 마더보드를 에뮬레이터한다. 가상 장치 목록을 관리 및 유지하고 각각에 대한 상태 전환을 수행한다. 다음 절에서 자세히 다루겠지만 각 가상 장치는 DLL에서 COM 객체(IVirtualDevice 인터페이스)로 구현된다. 가상 마더보드는 VM 구성에서 각 가상 장치를 열거하고 장치를 나타내는 상대적 COM 객체를 로드한다.

VM 작업자 프로세스는 각 가상 장치에 필요한 리소스를 예약해 컴퓨터 시작^{startup} 절차를 진행한다. 그런 다음 VID 드라이버를 통해 루트 파티션에서 물리 메모리를 할당해 VM 게스트 물리 주소 공간(가상 RAM)을 구성한다. 이 단계에서 가상 마더보드의 전원을 켤 수 있다. 가상 마더보드는 각 VDEV 전원을 켠다. 전원 켜기 절차는 장치마다 다르다. 예를 들어 가상^{synthetic} 장치는 일반적으로 초기 설정을 위해 자체 VSP(가상화 서비스 공급자)와 통신한다.

더 깊게 다룰 법한 가상 장치 중 하나는 가상 BIOS(Vmchipset.dll 라이브러리에서 구현됨)다. 전원을 켤 때 VM은 부트스트랩 VP가 시작될 때 실행되는 초기 펌웨어를 포함할 수 있다. BIOS VDEV는 자체 백업 라이브러리의 리소스 섹션에서 VM에 대한 적절한 펌웨어(1세대 VM의 경우 레거시 BIOS, 그렇지 않은 경우 UEFI)를 추출하고 펌웨어의 휘발성 구성 파트(ACPI와 SRAT 테이블)를 빌드한다. 그리고 VID 드라이버에서 제공하는 서비스를 사용해 적절한 게스트 물리 메모리에 삽입한다. VID 드라이버는 실제로 VM 작업자 프로세스에서 액세스할 수 있는 유저 모드 메모리의 VID 메모리 블록으로 설명된 메모리 범위를 매핑할 수 있다. 이 절차를 내부적으로 '메모리 애퍼처 생성memory aperture creation'이라고 한다.

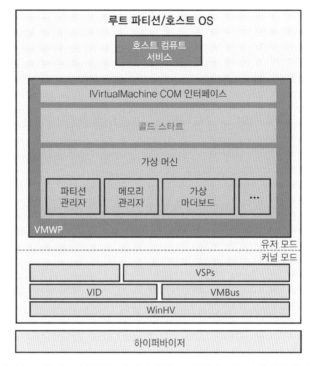

그림 9-24 VM의 콜드 스타트를 수행하기 위한 VM 작업자 프로세스와 해당 인터페이스

모든 가상 장치의 전원이 성공적으로 켜진 후 VM 작업자 프로세스는 적절한 IOCTL을 VID 드라이버에 보내 VM의 부트스트랩 가상 프로세서를 시작할 수 있다. 여기서 VID 드라이버와 VM 작업자 프로세스 간에 메시지를 교환하려고 사용하는 VP와 해당 메시지 펌프를 시작한다.

실습: VM 작업자 프로세스와 가상 하드디스크 파일의 보안 이해

앞 절에서는 VM 시작 요청이 WMI를 통해 VMMS 프로세스에 전달될 때 호스트 컴퓨팅 서비스(Vmcompute.exe)에서 VM 작업자 프로세스를 시작하는 방법을 설명했다. 호스트 컴퓨팅 서비스와 통신하기 전에 VMMS는 새 작업자 프로세스 인스턴스에 대한 보안 토큰을 생성한다.

가상 머신을 적절하게 지원하고자 윈도우 보안 모델에 3가지 새로운 엔터티가 추가됐다(윈도우 보안 모델은 Vol.1의 7장에서 폭넓게 다뤘다).

- S-1-5-83-0 보안 식별자로 식별되는 '가상 머신' 보안 그룹
- VM 고유 식별자(GUID)를 기반으로 하는 가상 시스템 SID(보안 식별자). VM SID는 VM 작업자 프로세스를 위해 생성된 보안 토큰의 소유자가 된다.
- VM 작업자 프로세스 보안 기능. 앱 컨테이너에서 실행되는 애플리케이션이 VM 작업자 프로세스에서 필요한 하이퍼V 서비스에 접근할 수 있게 하고자 사용된다.

이 실습에서는 현재 유저와 관리자 그룹만 접근할 수 있는 위치에 하이퍼V 관리자를 통해 새 가상 머신을 만들고 VM 파일와 VM 작업자 프로세스의 보안이 어떻게 변경되는지 확인한다.

먼저 관리자 권한으로 명령 프롬프트를 열고 다음 명령을 사용해 워크스테이션의 볼륨 중 하나에 폴더를 만든다. 예제에서는 C:\TestVm을 사용했다.

```
md c:\TestVm
```

그런 다음 상속된 모든 ACE^{Access control entries}(접근 제어 항목, 자세한 내용은 Vol.1의 7장 참고)를 제거하고 관리자 그룹과 현재 로그온한 유저에 대한 전체 접근 허용 ACE를 추가해야 한다. 다음 명령은 설명된 작업을 수행한다. C:\TestVm을 디렉터리 경로로 바꾸고 <UserName>을 현재 로그온한 유저 이름으로 바꿔야 한다.

```
icacls c:\TestVm /inheritance:r
icacls c:\TestVm /grant Administrators:(CI)(OI)F
icacls c:\TestVm /grant <UserName>:(CI)(OI)F
```

폴더에 올바른 ACL이 있는지 확인하려면 파일 탐색기를 열고(키보드에서 시작 버튼 + E) 폴더를 마우스 오른쪽 버튼으로 클릭한 후 속성을 선택한다. 그 후 마지막으로 보안 탭을 클릭했을 때 다음과 같은 창이 표시돼야 한다.

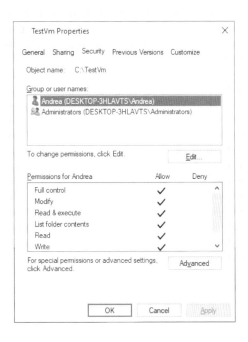

하이퍼V 관리자를 열어 VM(와 해당 가상 디스크)을 생성하고 새로 생성된 폴더에 저장한다(자세한 절차는 https://docs.microsoft.com/en-us/virtualization/hyper-v-on-windows/quick-start/create-virtual-machine을 참고). 이 실습에서는 VM에 OS를 설치할 필요가 없다. 새 가상 머신 마법사가 종료되면 VM을 시작해야 한다. 이 예제에서 VM은 VM1이다.

Process Explorer를 관리자 권한으로 열고 vmwp.exe 프로세스를 찾는다. 마우스 오른쪽 버튼을 클릭한 후 속성을 선택한다. 예상대로 상위 프로세스가 vmcompute.exe(호스트 컴퓨터 서비스)임을 알 수 있다. 보안 탭을 클릭하면 VM SID가 프로세스 소유자로 설정되고 토큰이 가상 머신 그룹에 속하는 것을 볼 수 있다.

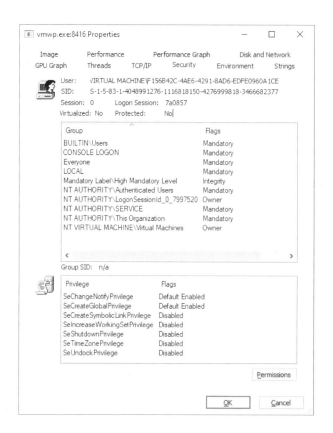

SID는 VM GUID를 반영해 구성된다. 예제에서 VM의 GUID는 {F156B42C-4AE6-4291-8AD6-EDFE0960A1CE}다(이 장의 앞부분에 있는 '루트 스케줄러 사용' 실습에서 설명한 것처럼 파워셸을 사용해 확인할 수도 있다). GUID는 32비트(4바이트) 정수 1개, 16비트(2바이트) 정수 2개와 최종 8바이트로 구성된 16바이트 시퀀스다. 예제의 GUID는 다음과 같이 구성된다.

- 0xF156B42C는 첫 번째 32비트 정수로, 10진수로는 4048991276이다.

- 0x4AE6과 0x4291은 2개의 16비트 정수로, 하나의 32비트 값으로 결합되면 0x42914AE6 또는 10진수로 1116818150이다(시스템이 리틀 엔디안 little endian이므로 덜 중요한 바이트가 하위 주소에 있음을 기억하라).

- 최종 바이트 시퀀스는 0x8A, 0xD6, 0xED, 0xFE, 0x09, 0x60, 0xA1과 0xCE다(사람이 읽을 수 있는 GUID인 8AD6의 세 번째 파트는 16비트 값이 아닌 바이트 시퀀스다). 2개

의 32비트 값으로 결합하면 0xFEEDD68A와 0xCEA16009 또는 10진수로 4276999818과 3466682377이다.

계산된 모든 10진수를 NT 권한(S-1-5)과 VM 기반 RID(83)에서 내보낸 일반 SID 식별자와 결합하면 Process Explorer에 표시된 것과 동일한 SID를 얻어야 한다(예제의 S-1-5-83-4048991276-1116818150-4276999818-3466682377).

Process Explorer에서 볼 수 있듯이 VMWP 프로세스의 보안 토큰은 관리자 Administrators 그룹을 포함하지 않으며 로그온한 유저를 대신해 생성되지 않았다. 그렇다면 VM 작업자 프로세스가 가상 하드디스크와 VM 구성 파일에 접근할 수 있는 방법은 무엇일까?

해답은 VMMS 프로세스에 있다. 이 프로세스는 VM 생성 시 VM 경로의 각 구성 요소를 스캔하고 필요한 폴더와 파일의 DACL을 수정한다. 특히 VM의 루트 폴더(루트 폴더는 VM과 동일한 이름을 가지므로 생성된 디렉터리에서 VM과 동일한 이름의 하위 폴더를 찾아야 함)에 추가된 가상 머신 보안 그룹 ACE 덕분에 접근이 가능하다. 가상 머신의 SID를 대상으로 하는 접근 허용 ACE 덕분에 가상 하드디스크 파일에 대신 접근할 수 있다.

파일 탐색기를 사용해 이를 확인할 수 있다. VM의 가상 하드디스크 폴더(가상 하드디스크라고 하며 VM 루트 폴더에 있음)를 열고, VHDX(또는 VHD) 파일을 마우스 오른쪽 버튼으로 클릭하고 속성을 선택한 다음 보안 페이지를 클릭한다. 처음에 설정한 것 외에 2개의 새 ACE가 표시돼야 한다. 하나는 가상 머신 ACE고 다른 하나는 앱 컨테이너용 VmWorker 프로세스 ACE다.

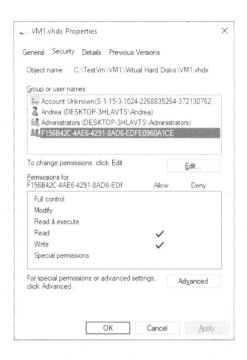

VM을 중지하고 파일에서 가상 머신 ACE를 삭제하면 VM을 더 이상 시작할 수 없음을 확인 가능하다. 가상 하드디스크에 올바른 ACL을 복원하려면 https://gallery.technet.microsoft.com/Hyper-V-Restore-ACL-e64dee58에서 지원하는 파워셸 스크립트를 실행하면 된다.

VMBus

VMBus는 VM 간의 파티션 통신을 제공하고자 하이퍼V 가상화 스택에서 보여주는 메커니즘으로, 게스트와 호스트 사이에 채널을 설정하는 가상 버스 장치다. 이러한 채널은 파티션 간에 데이터를 공유하고 반가상화(가상synthetic이라고도 함) 장치를 설정하는 기능을 제공한다.

루트 파티션은 VMBus를 통해 통신하는 가상화 서비스 공급자VSP, Virtualization Service Providers를 호스팅해 하위 파티션의 장치 요청을 처리한다. 다른 쪽 끝에서 하위 파티션(또는 게스트)은 가상화 서비스 소비자VSC, Virtualization Service Consumers를 사용해

494

VMBus를 통해 VSP로 장치 요청을 리다이렉션한다. 하위 파티션에는 반가상화 장치 스택을 사용하기 위한 VMBus와 VSC 드라이버가 필요하다(가상 하드웨어 지원에 대한 자세한 내용은 이 장의 '가상 하드웨어 지원' 절 뒷부분에서 설명한다). VMBus 채널을 사용하면 VSC와 VSP가 주로 업스트림upstream과 다운스트림downstream이라는 2개의 링 버퍼를 통해 데이터를 전송한다. 이러한 링 버퍼는 하이퍼바이저를 통해 두 파티션에 모두 매칭된다. 하이퍼바이저는 이전에 설명한 것처럼 SynIC를 통해 파티션 간 통신 서비스를 제공한다.

VM의 전원을 켜는 동안 작업자 프로세스가 시작하는 첫 번째 VDEV(가상 장치) 중 하나는 VMBus VDEV(Vmbusvdev.dll에서 구현됨)다. 전원을 켜는 루틴에서는 VMBus 루트 장치(\Device\RootVmBus)에 **VMBUS_VDEV_SETUP** IOCTL을 전송해 VM 작업자 프로세스를 VMBus 루트 드라이버(Vmbusr.sys)에 연결한다. VMBus 루트 드라이버는 하위 VM과의 양방향 통신 상위 끝점을 조정한다. 대상 VM의 전원이 아직 켜져 있지 않을 때 호출되는 초기 설정 루틴은 **XPartition** 데이터 구조체를 생성하는 중요한 역할을 한다. **XPartition** 데이터 구조체는 하위 VM의 VMBus 인스턴스를 나타내는 데 사용되며, 또한 필요한 SynIC 가상 인터럽트 소스(SINT라고도 하며 이 장의 앞부분에 있는 '가상 인터럽트 컨트롤러' 절을 참고)를 연결하는 데 사용된다. 루트 파티션에서 VMBus는 2개의 가상 인터럽트 소스를 사용한다. 하나는 초기 메시지 핸드셰이킹(채널이 생성되기 전에 발생)을 위한 것이고 다른 하나는 링 버퍼에서 신호를 보내는 가상 이벤트용이다. 그러나 하위 파티션은 하나의 SINT만 사용한다. 설치 루틴에서 하위 VM에 기본 메시지 포트를 할당하고 루트에는 대응하는 연결을 할당한다. 그리고 VM에 속한 각 가상 프로세서에 대해 이벤트 포트와 하위 VM에서 가상 이벤트를 수신하는 데 사용하는 연결을 할당한다.

2개의 가상 인터럽트 소스는 **KiVmbusInterrupt0**와 **KiVmbusInterrupt1**이라는 2개의 ISR 루틴을 사용해 매칭된다. 이 2가지 루틴 덕분에 루트 파티션은 하위 VM에서 가상 인터럽트와 메시지를 받을 준비가 된다. 메시지(또는 이벤트)를 받으면 ISR은 메시지가 유효한지 확인하는 지연된 프로시저 호출DPC, Deferred Procedure Call을 큐에 넣는다. 패시브 IRQL 레벨의 시스템에서 나중에 처리할 작업 항목(메시지 큐에 추가적인 영향을 줌)을 큐에 넣는다.

루트 파티션의 VMBus가 준비되면 루트의 각 VSP 드라이버는 VMBus 커널 모드 클라이언트 라이브러리가 제공하는 서비스를 사용해 VMBus 채널을 하위 VM에 할당하고 제공할 수 있다. VMBus 커널 모드 클라이언트 라이브러리(약칭 KMCL)는 채널 생성 시간(VSP가 VmbChannelAllocate API를 호출할 때)에 할당되고 초기화되는 직관적인 KMODE_CLIENT_CONTEXT 데이터 구조체를 통해 VMBus 채널을 나타낸다. 그러면 루트 VSP는 일반적으로 VmbChannelEnabled API를 호출해 하위 VM에 채널을 제공한다. 이 함수는 채널을 열어 루트와의 실제 연결을 설정하는 함수다. KMCL은 2개의 드라이버로 구현된다. 하나(Vmbkmclr.sys)는 루트 파티션에서 실행되고 다른 하나(Vmbkmcl.sys)는 하위 파티션에서 로드된다.

루트에서 채널을 제공하는 것은 다음 단계를 포함하는 비교적 복잡한 작업이다.

1. KMCL 드라이버는 VDEV 전원 켜기 루틴에서 초기화된 파일 객체를 통해 VMBus 루트 드라이버와 통신한다. VMBus 드라이버는 하위 파티션을 나타내는 XPartition 데이터 구조체를 얻고 채널 제공 프로세스를 시작한다.

2. VMBus 드라이버가 제공하는 저수준 서비스는 단일 '채널 제안channel offer'을 나타내는 LOCAL_OFFER 데이터 구조체를 할당 및 초기화하고 일부 SynIC 사전 정의 메시지를 미리 할당한다. 그런 다음 VMBus는 루트에 가상 이벤트 포트를 생성한다. 이 포트에서 하위 VM은 링 버퍼에 데이터를 쓴 후 시그널 이벤트에 연결할 수 있다. 제공된 채널을 나타내는 LOCAL_OFFER 데이터 구조체가 내부 서버 채널 리스트에 추가된다.

3. VMBus가 채널을 생성한 후 VMBus는 새로운 채널을 알리기 위한 목적으로 하위 VM에게 OfferChannel 메시지를 보내려고 시도한다. 그러나 이 단계에서 다른 쪽 하위 VM이 아직 준비되지 않았고 초기 메시지 핸드셰이크를 시작하지 않았기 때문에 VMBus가 실패한다.

모든 VSP가 채널 제공을 완료하며 모든 VDEV의 전원이 켜진 후(자세한 내용은 이전 절 참고) VM 작업자 프로세스가 VM을 시작한다. 채널이 완전히 초기화되고 연결이 시작되려면 게스트 파티션이 VMBus의 하위 드라이버(Vmbus.sys)를 로드하고 시작해야 한다.

초기 VMBus 메시지 핸드셰이킹

윈도우에서 VMBus 하위 드라이버는 PNP 관리자에 의해 열거되고 시작되며 ACPI 루트 열거자에 있는 WDF 버스 드라이버다(다른 버전의 VMBus 하위 드라이버도 리눅스에서 사용할 수 있다. 그러나 리눅스용 VMBus는 이 책에서 다루지 않는다). 하위 VM에서 NT 커널이 시작되면 VMBus 드라이버는 자체 내부 상태(필요한 데이터 구조체와 작업 항목 할당을 의미)를 초기화하고 \Device\VmBus 루트 펑션 디바이스 객체(FDO)를 생성해 실행한다. 그 후 PNP 관리자는 VMBus의 리소스 할당 처리 루틴을 호출한다. 후자는 (WinHv 드라이버를 통해 HvRegisterSint 레지스터 중 하나에서 HvSetVpRegisters 하이퍼콜을 내보냄으로써) 올바른 SINT 소스를 구성하고 이를 KiVmbusInterrupt2 ISR에 연결한다. 또한 루트 파티션과 가상 메시지를 주고받는 데 사용되는 SIMP 페이지를 얻고(자세한 내용은 이 장의 앞부분에 있는 '가상 인터럽트 컨트롤러' 절 참고) 부모(루트 파티션)를 나타내는 XPartition 데이터 구조체를 만든다.

PNP 관리자에서 VMBus의 FDO 시작 요청이 올 때 VMBus 드라이버는 초기 메시지 핸드셰이킹handshaking을 시작한다. 이 단계에서 각 메시지는 WinHv 드라이버를 통해 HvPostMessage 하이퍼콜을 내보내 하이퍼바이저가 대상 파티션(이 경우 대상은 파티션)에 가상 인터럽트를 주입할 수 있게 한다. 수신자는 SIMP 페이지에서 읽기만 하면 메시지를 얻을 수 있다. 수신자는 새 메시지 유형을 MessageTypeNone으로 설정해 큐에서 메시지를 읽었음을 알린다(자세한 내용은 하이퍼바이저 TLFS를 참고한다). 초기 메시지 핸드셰이크를 그림 9-25처럼 2단계로 나눠진 프로세스로 생각해보자.

첫 번째 단계는 VM 수명주기 동안 한 번 전달되는 연결 시작Initiate Contact 메시지다. 이 메시지는 양쪽에서 지원하는 VMBus 프로토콜 버전을 협상하는 것을 목표로 하위 VM에서 루트로 전송된다. 이 책을 쓰는 시점에는 5가지 주요 VMBus 프로토콜 버전이 있으며 약간의 추가 변형이 있다. 루트 파티션은 메시지를 구문 분석하고 (프로토콜에서 지원하는 경우) 클라이언트가 힐딩한 모니터 페이지를 매핑하도록 하이퍼바이저에 요청한다. 그리고 제안된 프로토콜 버전을 수락해 응답한다. 그렇지 않은 경우(즉, 루트 파티션에서 실행 중인 윈도우 버전이 하위 VM에서 실행 중인 버전보다 낮은 경우) 하위 VM은 호환되는 버전이 설정될 때까지 VMBus 프로토콜 버전을 다운그레이드해 프로세스를 다시 시작한다. 이 시점에서 하위 VM은 제안 요청Request Offers 메시지를 보낼 준비가 됐으며 VSP에서 이미 제공한 모든 채널 리스트를 루트 파티션에서 보내게 한다.

이렇게 하면 하위 파티션이 나중에 핸드셰이킹 프로토콜에서 채널을 열 수 있다.

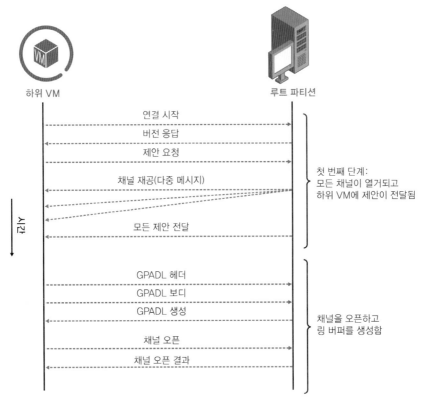

그림 9-25 VMBus 초기 메시지 핸드셰이크

그림 9-25에서는 VMBus 채널을 설정하고자 하이퍼바이저로 전달되는 다양한 가
상 메시지를 강조한다. 루트 파티션은 서버 채널 리스트(이전에 설명한 LOCAL_OFFER 데이터
구조체)에 있는 제공된 채널 리스트를 탐색하고 각 채널에게 채널 제공$^{Offer\ Channel}$ 메
시지를 VM으로 보낸다. 이 메시지는 이전 'VMBus' 절에서 다룬 채널 제공 프로토
콜의 마지막 단계에서 전송된 메시지와 동일하다. 따라서 초기 메시지 핸드셰이
크의 첫 번째 단계는 VM 수명당 한 번만 발생한다. 하지만 두 번째 단계는 채널이
제공되면 언제든지 시작할 수 있다. 채널 제공 메시지에는 채널 유형 및 인스턴스
GUID와 같이 채널을 고유하게 식별하고자 사용되는 중요한 데이터가 포함된다.
VDEV 채널의 경우 PNP 관리자에서 연결된 가상 장치를 올바르게 식별하기 위해
2개의 GUID를 사용한다.

하위 VM은 채널을 나타내는 클라이언트 LOCAL_OFFER 데이터 구조체와 XInterrupt 객체를 할당하고 채널에서 생성할 물리 디바이스 객체^{PDO, Physical Device Object}가 필요한지 결정해 메시지에 응답한다. 이는 일반적으로 VDEV 채널에서 항상 해당되는 과정이다. 이 경우 VMBus 드라이버는 새 채널을 나타내는 인스턴스 PDO를 생성한다. 생성된 장치는 시스템과 관리자 계정에서만 접근할 수 있도록 보안 디스크립터를 통해 보호된다. 새 PDO에 연결된 VMBus 표준 장치 인터페이스는 (LOCAL_OFFER 데이터 구조체를 통해) 새 VMBus 채널과 디바이스 객체 간의 연결을 유지한다. PDO가 생성된 후 PNP 관리자는 VDEV 유형과 채널 제공 메시지에 포함된 인스턴스 GUID를 통해 올바른 VSC 드라이버를 식별하고 로드할 수 있다. 이러한 인터페이스는 새 PDO의 일부가 되며 장치 관리자를 통해 볼 수 있다. 자세한 내용은 다음 실습 내용을 참고한다. 그런 다음 VSC 드라이버가 로드되면 일반적으로 (이전에 설명한 KMCL이 제공하는) VmbEnableChannel API를 호출해 채널을 '열고^{open}' 최종적으로 링 버퍼를 생성한다.

실습: VMBus를 통해 노출된 가상 장치(VDEV) 열거

각 VMBus 채널은 유형과 인스턴스 GUID로 식별된다. VDEV에 속하는 채널 역시 유형과 인스턴스 GUID를 통해 노출된 디바이스를 식별한다. VMBus 하위 드라이버가 인스턴스 PDO를 생성할 때 인스턴스 경로, 하드웨어 ID와 호환 가능한 ID 같은 여러 디바이스 속성 채널의 유형과 인스턴스 GUID를 포함한다. 이 실습은 VMBus 위에 구축된 모든 VDEV를 열거하는 방법을 보여준다.

이 실습에서는 하이퍼V 관리자를 통해 윈도우 10 가상 머신을 구축하고 시작해야 한다. 가상 머신이 시작되고 실행되면 장치 관리자를 연다(예를 들어 코타나 검색 상자에 이름을 입력한다). 장치 관리자 애플릿에서 보기 메뉴를 클릭하고 연결별 디바이스를 선택한다. VMBus 버스 드라이버는 ACPI 열거자를 통해 열거되고 시작되므로 다음 그림과 같이 ACPI x64-based PC 루트 노드를 확장한 다음, Microsoft ACPI-Compliant System 하위 노드에 있는 ACPI Module Device를 확장해야 한다.

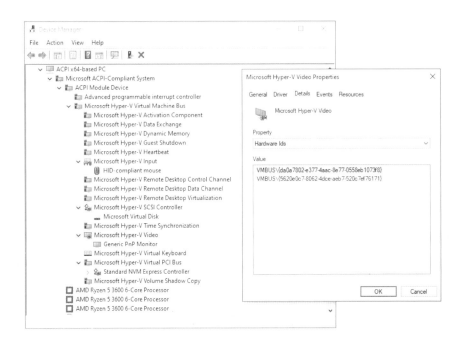

ACPI Module Device를 열고 루트 VMBus PDO를 나타내는 마이크로소프트 하이퍼V 가상 머신 버스^{Microsoft Hyper-V Virtual Machine Bus}라는 다른 노드를 찾아야 한다. 해당 노드 아래에서 장치 관리자는 루트 파티션에 해당 VMBus 채널이 제공된 후 VMBus FDO에 의해 생성된 모든 인스턴스 장치를 표시한다.

이제 마이크로소프트 하이퍼V 비디오 장치^{Microsoft Hyper-V Video device}와 같은 장치 중 하나를 마우스 오른쪽 버튼으로 클릭하고 속성을 선택한다. 가상 장치를 지원하는 VMBus 채널의 유형과 인스턴스 GUID를 표시하려면 속성 창의 세부 정보^{Details} 탭을 연다. 장치 인스턴스 경로^{Device Instance path}, 하드웨어 ID, 호환 가능 ID라는 3가지 장치 속성에는 채널 유형과 인스턴스 GUID (다양한 형식으로 노출됨)가 포함된다. 호환 가능한 ID에는 VMBus 채널 유형 GUID (그림의 {da0a7802-e377-4aac-8e77-0558eb1073f8})만 포함되지만 하드웨어 ID와 장치 인스턴스 경로에는 유형과 인스턴스 GUID가 모두 포함된다.

VMBus 채널 열기와 링 버퍼 생성

파티션 간 통신을 올바르게 시작하면서 링 버퍼를 생성하려면 채널을 열어야 한다. 일반적으로 VSC는 (VmbChannelAllocate를 통해) 클라이언트 측 채널을 할당한 후 KMCL 드라이버에서 제공하는 **VmbChannelEnable** API를 호출한다. 이전 절에서 소개한 것처럼 하위 파티션의 이 API는 이미 루트에서 제공한 VMBus 채널을 연다. KMCL 드라이버는 VMBus 드라이버와 통신하며 채널 매개변수(예를 들어 채널 유형, 인스턴스 GUID와 사용된 MMIO 공간)를 얻고 수신된 패킷에 대한 작업 항목을 생성한다. 그 후 그림 9-26에서 보여주는 것과 같은 링 버퍼를 할당한다. 링 버퍼의 크기는 일반적으로 KMCL에서 제공하는 **VmbClientChannelInitSetRingBufferPageCount** API를 호출해 VSC에서 지정한다.

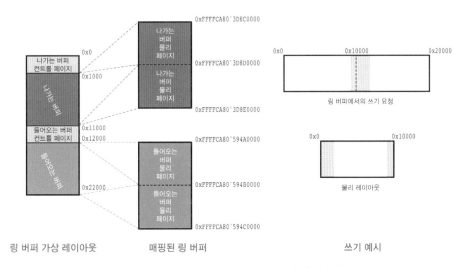

그림 9-26 하위 파티션에 할당된 16페이지 링 버퍼의 예

링 버퍼는 하위 VM의 넌페이지드 풀에서 할당되며 이중 매핑이라는 기술을 사용해 MDL^{Memory Descriptor List}을 통해 매칭된다(MDL은 Vol.1의 5장 참고). 이 기술에서 할당된 MDL은 들어오는(또는 나가는) 버퍼의 물리 페이지의 2배를 갖고 있다. MDL의 PFN 배열은 버퍼의 물리 페이지를 포함해 2번(배열 전반부에 1번, 후반부에 1번)에 걸쳐 채워진다. 이러한 과정으로 '링 버퍼'를 생성한다.

예를 들어 그림 9-26에서 들어오는^{incoming} 버퍼와 나가는^{outgoing} 버퍼는 16페이지

(0x10) 크기다. 나가는 버퍼는 주소 **0xFFFFCA803D8C0000**에 매칭된다. 발신자가 버퍼 끝과 가까운 위치에 1KB VMBus 패킷을 쓰는 경우(예를 들어 오프셋 0x9FF00에서) 쓰기는 성공하지만(액세스 위반 예외가 발생하지 않음) 데이터는 부분적으로 끝 부분과 첫 부분에 기록된다. 그림 9-26에서 버퍼 끝에 256(0x100) 바이트만 기록되는 반면 시작 부분에는 나머지 768(0x300) 바이트가 기록된다.

들어오는 버퍼와 나가는 버퍼 모두 컨트롤 페이지^{control page}로 둘러싸여 있다. 페이지는 두 끝점 간에 공유되며 VM 링 제어 블록을 구성한다. 이 데이터 구조체는 링 버퍼에 기록된 마지막 패킷의 위치를 추적하는 데 사용한다. 또한 패킷을 전달해야 할 때 인터럽트를 보낼지 여부를 제어하는 몇 가지 비트를 포함하고 있다.

링 버퍼가 생성된 후 KMCL 드라이버는 IOCTL을 VMBus에 전송해 GPADL(GPA 디스크립터 리스트) 생성을 요청한다. GPADL은 MDL과 매우 유사한 데이터 구조며 물리 메모리 청크^{chunk}를 설명하는 데 사용된다. MDL과 달리 GPADL에는 게스트 물리 주소 배열(MDL에 포함된 PFN과 달리 항상 64비트 숫자로 표현되는 GPA)이 포함된다. VMBus 드라이버는 들어오는 링 버퍼와 나가는 링 버퍼를 모두 나타내는 전체 GPADL을 전송하고자 루트 파티션에 다른 메시지를 보낸다(앞서 설명한 것처럼 가상 메시지의 최대 크기는 240바이트다). 루트 파티션은 전체 GPADL을 재구성하고 내부 리스트에 저장한다. GPADL은 하위 VM이 최종 채널 오픈 메시지를 보낼 때 루트에 매칭된다. 루트 VMBus 드라이버는 수신된 GPADL을 구문 분석하고 (VM 물리 주소 공간을 구성하는 메모리 블록 범위 리스트를 유지하는) VID 드라이버가 제공하는 서비스를 사용해 자체 물리 주소 공간에 매핑한다.

이 단계에서 채널이 준비된다. 하위 파티션과 루트 파티션은 링 버퍼에 데이터를 읽거나 쓰는 것만으로도 통신할 수 있다. 발신자가 데이터 쓰기를 마치면 KMCL 드라이버가 제공하는 **VmbChannelSendSynchronousRequest** API를 호출한다. 이 API는 VMBus 서비스를 호출해 채널과 연결된 **Xinterrupt** 객체의 모니터 페이지에서 이벤트 시그널을 보낸다(이전 버전의 VMBus 프로토콜은 각 채널에 해당하는 비트가 포함된 인터럽트 페이지를 사용했다). 또는 필요한 대기 시간이 명확한 채널의 이벤트 포트에 VMBus가 직접 이벤트 시그널을 보낼 수도 있다.

VSC 이외의 다른 구성 요소는 VMBus를 사용해 고수준 인터페이스를 구현한다. 2개의 커널 모드 라이브러리(Vmbuspipe.dll와 Vmbuspiper.dll)에서 구현됐으며 VMBus 드라이버의 IOCTL을 통해 제공된 서비스를 이용하는 VMBus 파이프가 좋은 예다. 하이퍼V 소켓(HvSockets이라고도 함)은 표준 네트워크 인터페이스(소켓)를 사용해 고속 파티션 간 통신을 허용한다. 클라이언트는 대상 IP 주소와 포트 대신 하이퍼V 소켓의 서비스 등록 GUID와 대상 VM의 GUID를 지정해 AF_HYPERV 소켓 유형을 대상 VM에 연결한다(HvSockets를 사용하려면 두 끝점이 모두 HKLM\SOFTWARE\Microsoft\Windows NT\CurrentVersion\ Virtualization\GuestCommunicationServices 레지스트리 키에 등록돼 있어야 한다). 하이퍼V 소켓은 여러 드라이버로 구현된다. HvSocket.sys는 소켓 인프라에서 사용할 저수준 서비스를 제공하는 트랜스포트transport 드라이버다. HvSocketControl.sys는 VMBus 인터페이스가 시스템에 없는 경우 HvSocket 공급자를 로드하는 데 사용되는 공급자 제어 드라이버다. HvSocket.dll은 유저 모드 애플리케이션에서 호출할 수 있는 보조 소켓 인터페이스(하이퍼V 소켓에 연결)를 제공하는 라이브러리다. 하이퍼V 소켓과 VMBus 파이프의 내부 인프라를 설명하는 것은 이 책의 범위를 벗어나지만 둘 다 마이크로소프트 문서에 문서화돼 있다.

가상 하드웨어 지원

가상 머신을 정상적으로 실행하려면 가상화 스택에서 가상화된 장치를 지원해야 한다. 하이퍼V는 가상화 스택의 여러 구성 요소에서 구현되는 다양한 종류의 가상 장치를 지원한다. 가상 장치와의 I/O는 주로 루트 OS에서 조정한다. I/O에는 스토리지, 네트워킹, 키보드, 마우스, 시리얼 포트와 GPU(그래픽 처리 장치)가 포함된다. 가상화 스택은 게스트 VM에 3가지 종류의 장치를 제공한다.

- **에뮬레이터 장치:** 업계 표준 형식으로는 완전히 가상화된 장치로 알려져 있다.
- **가상 장치:** 반가상화 장치라고도 한다.
- **하드웨어 가속 장치:** 다이렉트 액세스direct-access 디바이스라고도 한다.

물리 장치에 대한 I/O를 수행하고자 프로세서는 일반적으로 장치에 속하는 입출력 포트(I/O 포트)에서 데이터를 읽고 쓴다. CPU는 2가지 방법으로 I/O 포트에 접근할 수 있다.

- 물리 메모리 주소 공간과 구별되는 별도의 I/O 주소 공간을 통해 접근한다. AMD64 플랫폼에서는 개별적으로 주소를 지정할 수 있는 64,000개의 I/O 포트가 구성돼 있다. 이 방법은 오래됐고 일반적으로 레거시 장치에 사용된다.
- 메모리 맵 I/O를 통해 접근한다. 메모리 구성 요소처럼 응답하는 장치는 프로세서의 물리 메모리 주소 공간을 통해 접근할 수 있다. 이는 CPU가 표준 명령을 통해 메모리에 접근한다는 것을 의미한다. 기본 물리 메모리는 장치에 매칭된다.

그림 9-27은 가상 프로세서와 데이터를 주고받고자 메모리 맵 I/O를 사용하는 에뮬레이터 장치(1세대 VM에서 사용되는 가상 IDE 컨트롤러)의 예를 보여준다.

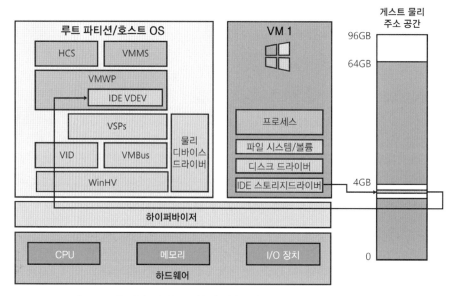

그림 9-27 에뮬레이트된 I/O를 사용해 데이터 전송을 수행하는 가상 IDE 컨트롤러

이 모델에서 가상 프로세서가 장치 MMIO 공간을 읽거나 쓸 때마다 또는 I/O 포트에 접근하기 위한 명령을 내보낼 때마다 하이퍼바이저에서 **VMEXIT**가 발생한다. 하이퍼바이저는 VID 드라이버에 디스패치되는 적절한 인터셉트 루틴을 호출한다. VID 드라이버는 VID 메시지를 작성하고 내부 큐에 넣는다. 큐는 내부 VMWP 스레드에 의해 비워지는데, 이 스레드는 VID 드라이버에서 수신한 VP 메시지를

기다리고 디스패치한다. 이 스레드를 메시지 펌프 스레드라고 하며, 이 스레드는 VMWP 생성 시 초기화되는 내부 스레드 풀에 속한다. VM 작업자 프로세스는 적절한 가상 장치(VDEV)와 연결된 **VMEXIT**를 유발하는 물리 주소를 식별하고 VDEV 콜백(일반적으로 읽기 또는 쓰기 콜백) 중 하나를 호출한다. VDEV 코드는 명령 에뮬레이터에서 제공하는 서비스를 사용해 에러가 있는 명령을 가상 장치(예제에서는 IDE 컨트롤러)에 적절하게 에뮬레이트한다.

> VM 작업자 프로세스에 있는 전체 명령 에뮬레이터는 다른 작업에도 사용된다. 예를 들어 하위 파티션에서 인터셉트 집약적인 코드의 속도를 높이기 위한 목적으로 사용한다. 이 경우 에뮬레이터를 사용하면 VMEXIT에 심각한 성능 오버헤드가 생길 수 있기 때문에 인터셉트 사이에 실행 콘텍스트가 작업자 프로세스에 머무를 수 있다. 이전 버전의 하드웨어 가상화 익스텐션extension은 가상 머신에서 리얼 모드real-mode 코드를 실행하는 것을 금지한다. 이럴 때 가상화 스택은 VM에서 리얼 모드 코드를 실행하고자 에뮬레이터를 사용하고 있었다.

반가상화 장치

에뮬레이터 장치는 항상 **VMEXIT**를 생성하며 매우 느리다. 그림 9-28은 가상synthetic 또는 반가상화Paravirtualized 장치 중 하나인 가상 스토리지 어댑터를 보여준다. 가상 장치는 가상화 환경에서 실행된다는 것을 인지하고 있다. 이렇게 하면 가상 장치의 복잡성이 줄어들고 더 높은 성능을 얻을 수 있다. 일부 가상 장치는 가상 형태로만 존재하며 실제 물리적 하드웨어를 에뮬레이트하지 않는다(가상 RDP가 그 예다).

반가상화 장치에는 일반적으로 3가지 주요 구성 요소가 있어야 한다.

- 가상화 서비스 공급자VSP, Virtualization Service Provider 드라이버는 루트 파티션에서 실행되며 VMBus에서 제공하는 서비스를 통해 게스트에게 가상화별 인터페이스를 제공한다(VMBus에 대한 자세한 내용은 이전 절을 참고한다).
- 가상 VDEV는 VM 작업자 프로세스에서 매핑되며 일반적으로 가상 장치의 시작, 종료, 저장과 복원 작업에만 관여한다. 일반적으로 장치의 정규 작업 중에는 사용되지 않는다. 가상 VDEV는 장치별 리소스를 초기화하고 할당하지만(예에서 SynthStor VDEV는 가상 스토리지 어댑터를 초기화함) VSP가 게스트 VSC에 VMBus 통신 채널을 제공할 수 있게 허용한다. 채널은 루트와의 통신과

하이퍼바이저를 통한 장치별 알림 신호에 사용된다.

- VSC(가상화 서비스 소비자) 드라이버는 하위 파티션에서 실행되고 VSP가 제공하는 가상화별 인터페이스를 이해한다. 그리고 VSP의 VMBus를 통해 제공되는 공유 메모리에서 메시지와 알림을 읽고 쓴다. 이렇게 하면 가상 장치가 에뮬레이터 장치보다 빠르게 하위 VM에서 실행될 수 있다.

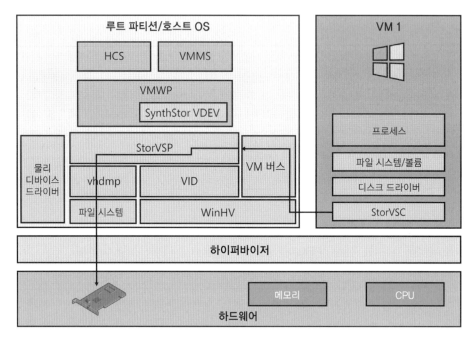

그림 9-28 스토리지 컨트롤러 반가상화 장치

하드웨어 가속 장치

서버 SKU에서 하드웨어 가속 장치(다이렉트 액세스 디바이스라고도 함)를 사용하면 VPCI 인프라에서 제공하는 서비스를 통해 게스트 파티션에 물리 장치를 다시 매핑할 수 있다. 물리 장치가 단일 루트 입출력 가상화SR IOV, Single-Root Input/Output Virtualization 또는 개별 디바이스 할당DDA, Discrete Device Assignment과 같은 기술을 지원하는 경우 게스트 파티션에 매핑할 수 있다. 게스트 파티션은 장치와 연결된 MMIO 공간에 직접 액세스할 수 있으며 하이퍼바이저의 인터셉트 없이 게스트 메모리에서 직접 DMA를 수행할 수 있다. IOMMU는 필요한 보안을 제공하고 장치가 가상 머신에 속한 물리 메모리에서만 DMA 전송을 시작할 수 있게 한다.

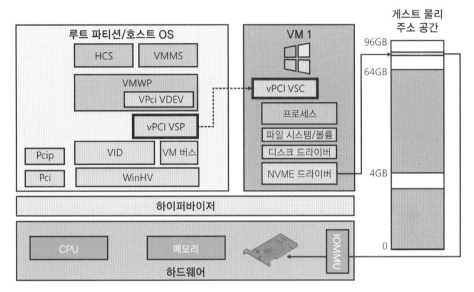

그림 9-29 하드웨어 가속 장치

그림 9-29는 하드웨어 가속 장치를 관리하는 구성 요소를 보여준다.

- **VPci** VDEV(Vpcievdev.dll)는 VM 작업자 프로세스에서 실행된다. 하는 일은 VM 구성 파일에서 하드웨어 가속 장치 리스트를 추출하고 VPCI 가상 버스를 설정하고 장치를 VSP에 할당하는 것이다.

- PCI 프록시 드라이버(Pcip.sys)는 루트 파티션에서 DDA 호환 물리 장치의 마운트 해제와 마운트를 담당한다. 또한 MMIO 공간 및 인터럽트와 같은 장치에서 (SR-IOV 프로토콜을 통해) 사용하는 리소스 목록을 얻는 데 중요한 역할을 한다. 프록시 드라이버는 장치의 물리 구성 공간에 대한 액세스를 제공하고 '마운트 해제된' 장치를 호스트 OS에 액세스할 수 없게 만든다.

- VPCI 가상 서비스 공급자(Vpcivsp.sys)는 하나 이상의 하드웨어 가속 장치 (VPCI VSP에서는 가상 장치라고 함)와 연결된 가상 버스 객체를 만들고 유지 관리한다. 가상 장치는 VSP가 생성하고 게스트 파티션의 VSC에 제공되는 VMBus 채널을 통해 게스트 VM에 노출된다.

- VPCI 가상 서비스 클라이언트(Vpci.sys)는 게스트 VM에서 실행되는 WDF

버스 드라이버다. VSP가 제공하는 VMBus 채널에 연결하고 VM에 노출된 다이렉트 액세스 디바이스와 해당 리소스의 목록을 받고 각각에 대해 PDO(물리 디바이스 객체)를 생성한다. 그러면 가상화되지 않은 환경과 동일한 방식으로 디바이스 드라이버가 PDO에 연결할 수 있다.

유저가 하드웨어 가속 장치를 VM에 매핑하려는 경우 특정 파워셀 명령(자세한 내용은 다음 실습 참고)을 사용한다. 이 명령은 루트 파티션에서 장치를 '마운트 해제unmounting'하며 시작한다. 이 작업은 VMMS 서비스가 (PciControl이라고 하는 장치를 통해) 표준 PCI 드라이버와 통신하게 한다. VMMS 서비스는 (버스, 디바이스, 함수 ID 형태의) 디바이스 디스크립터를 제공해 PCIDRIVE_ADD_VMPROXYPATH IOCTL을 PCI 드라이버에 보낸다. PCI 드라이버는 디스크립터를 확인하고 검증이 성공하면 HKLM\System\CurrentControlSet\Control\PnP\Pci\VmProxy 레지스트리 값에 추가한다. 그 후 VMMS는 PNP 관리자가 제공하는 서비스를 사용해 PNP 디바이스 (재)열거를 시작한다. 열거 단계에서 PCI 드라이버는 새 프록시 장치를 찾고 장치가 가상화 스택용으로 예약됐다고 표시한다. 그리고 호스트 운영체제에서는 보이지 않게 하는 PCI 프록시 드라이버(Pcip.sys)를 로드한다.

두 번째 단계에서는 장치를 VM에 할당해야 한다. 이 경우 VMMS는 VM 구성 파일에 디바이스 디스크립터를 쓴다. VM이 시작되면 VPCI VDEV(vpcievdev.dll)는 VM 구성에서 다이렉트 액세스 디바이스의 디스크립터를 읽고 VPCI VSP(Vpcivsp.sys)가 주로 조정하는 복잡한 구성 단계를 시작한다. 실제로 '전원 켜기' 콜백에서 VPCI VDEV는 가상 버스 생성과 게스트 VM에 하드웨어 가속 장치 할당을 목표로, 서로 다른 IOCTL을 (루트 파티션에서 실행되는) VPCI VSP에 전송한다.

'가상 버스virtual bus'는 루트 파티션, 게스트 VM과 할당된 다이렉트 액세스 디바이스 간의 연결을 유지하고자 VPCI 인프라에서 '글루glue'로 사용하는 데이터 구조체다. VPCI VSP는 게스트 VM에 제공되는 VMBus 채널을 할당 및 시작하고 이를 가상 버스에 캡슐화한다. 또한 가상 버스에는 양방향 통신에 사용하고자 할당된 VMBus 패킷, 게스트 전원 상태 등과 같은 중요한 데이터 구조체에 대한 포인터가 포함돼 있다. 가상 버스가 생성된 후 VPCI VSP는 장치 할당을 수행한다.

하드웨어 가속 장치는 내부적으로 LUID로 식별되며 VPCI VSP에서 할당하는 가상 디바이스 객체로 표시된다. 장치의 LUID를 기반으로 VPCI VSP는 Mux 드라이버라고 불리는 프록시 드라이버(일반적으로 Pcip.sys)를 찾는다. VPCI VSP는 프록시 드라이버에서 SR-IOV 또는 DDA 인터페이스를 쿼리하고 이를 사용해 다이렉트 액세스 디바이스의 플러그앤플레이 정보(하드웨어 디스크립터)를 얻고 리소스 요구 사항(MMIO 공간, BAR 레지스터, DMA 채널)을 수집한다. 이 시점에서 장치는 게스트 VM에 연결할 준비를 마쳤다. VPCI VSP는 WinHvr 드라이버가 제공하는 서비스를 사용해 **HvAttachDevice** 하이퍼콜을 하이퍼바이저로 내보내고, 하이퍼바이저는 게스트 파티션에서 장치의 주소 공간을 매핑하고자 시스템 IOMMU를 재구성한다.

게스트 VM은 VPCI VSC(Vpci.sys)를 통해 매핑된 장치를 인식한다. VPCI VSC는 게스트 VM에 있는 VMBus 버스 드라이버가 열거하고 시작한 WDF 버스 드라이버다. 이 드라이버는 VM 부팅 시 생성되는 펑션 디바이스 객체(FDO, Functional Device Object)와 게스트 VM에서 다시 매핑된 물리 다이렉트 액세스 디바이스를 나타내는 하나 이상의 물리 디바이스 객체(PDO, Physical Device Objects)라는 2가지 주요 요소로 구성된다. VPCI VSC 버스 드라이버는 게스트 VM에서 실행될 때 VSP와 메시지를 교환하는 데 사용되는 VMBus 채널의 클라이언트 파트를 생성하고 시작한다. '버스 관계 전송(Send bus relations)'은 VMBus 채널을 통해 VPCI VSC에서 보내는 첫 번째 메시지다. 루트 파티션의 VSP는 현재 VM에 연결된 하드웨어 가속 장치를 설명하는 하드웨어 ID 목록을 보내 회신한다. PNP 관리자가 VPCI VSC에 대해 새 장치 관계를 요구할 때 후자는 발견된 모든 다이렉트 액세스 디바이스에 대해 새 PDO를 생성한다. VSC 드라이버는 PDO에서 사용할 리소스를 요청하고자 VSP에 또 다른 메시지를 보낸다.

초기 설정이 완료된 후에 VSC와 VSP는 장치 관리에 거의 관여하지 않는다. 게스트 VM에 있는 특정 하드웨어 가속 장치의 드라이버는 상대 PDO에 연결돼 마치 물리 시스템에 설치된 것처럼 주변 장치를 관리한다.

실습: 하드웨어 가속 NVMe 디스크를 VM에 매핑

이전 절에서 설명한 것처럼 SR-IOV와 DDE 기술을 지원하는 물리 장치는 윈도우 서버 2019 호스트에서 실행되는 게스트 VM에 직접 매핑될 수 있다. 이 실습에서는 PCI-Ex 버스를 통해 시스템에 연결되고 DDE를 지원하는 NVMe 디스크를 윈도우 10 VM에 매핑한다(윈도우 서버 2019는 그래픽 카드의 직접 할당도 지원하지만 이 실습의 범위를 벗어난다).

https://docs.microsoft.com/en-us/virtualization/community/team-blog/2015/20151120-discrete-device-assignment-machines-and-devices에 설명된 대로 재할당을 위해 장치는 메시지 시그널message-signaled 인터럽트와 메모리 맵 I/O 지원과 같은 특정 특성을 가져야 한다. 또한 하이퍼바이저가 실행되는 시스템은 SR-IOV를 지원하고 적절한 I/O MMU가 있어야 한다. 이 실습의 경우 시스템 BIOS에서 SR-IOV 스탠더드가 활성화돼 있는지 확인하는 것부터 시작해야 한다(절차는 컴퓨터 제조업체에 따라 다르기 때문에 여기서는 설명하지 않는다).

다음은 NVMe 컨트롤러가 DDA Discrete Device Assignment와 호환되는지 확인하는 파워셸 스크립트를 다운로드하는 것이다. https://github.com/MicrosoftDocs/Virtualization-Documentation/tree/master/hyperv-samples/benarm-powershell/DDA에서 survey-dda.ps1을 다운로드해야 한다. 코타나 검색 상자에 **PowerShell**을 입력하고 관리자 권한으로 실행을 선택해 관리자 권한으로 파워셸 창을 열고 Get-ExecutionPolicy 명령을 실행해 파워셸 스크립트 실행 정책이 Unrestricted로 설정돼 있는지 확인한다. 명령에서 Unrestricted와 다른 결과가 나올 경우 Set-ExecutionPolicy -Scope LocalMachine -ExecutionPolicy Unrestricted 명령을 입력한 후 Enter를 누른다. Y로 마무리한다.

다운로드한 survey-dda.ps1 스크립트를 실행하면 출력을 통해 NVMe 장치를 게스트 VM에 재할당할 수 있는지 여부를 알 수 있다. 다음은 유효한 출력 예다.

```
Standard NVM Express Controller
Express Endpoint -- more secure.
    And its interrupts are message-based, assignment can work.
PCIROOT(0)#PCI(0302)#PCI(0000)
```

경로(예제에서는 PCIROOT(0)#PCI(0302)#PCI(0000) 문자열)를 기록해둔다. 이제 대상 VM에 대한 자동 중지 작업을 꺼짐^{turned-off}(DDA에 필요한 단계)으로 설정하고 장치를 분리한다. 이 예에서 VM 이름은 'Vibranium'이다. 파워셸 창에서 다음 명령을 작성한다. 단, 샘플 VM 이름과 장치 위치는 자신의 것으로 대체한다.

```
Set-VM -Name "Vibranium" -AutomaticStopAction TurnOff
Dismount-VMHostAssignableDevice -LocationPath
"PCIROOT(0)#PCI(0302)#PCI(0000)"
```

마지막 명령에서 작업 실패 에러가 발생한다면 장치를 비활성화하지 않았기 때문일 수 있다. 장치 관리자를 열고 NVMe 컨트롤러(이 예에서는 Standard NVMe Express Controller)를 찾아 마우스 오른쪽 버튼으로 클릭하고 **장치 비활성화**를 선택한다. 그런 다음 마지막 명령을 다시 입력한다. 이번에는 성공해야 한다. 그 후 다음 명령을 입력해 장치를 VM에 할당한다.

```
Add-VMAssignableDevice -LocationPath "PCIROOT(0)#PCI(0302)#PCI(0000)"
-VMName "Vibranium"
```

마지막 명령을 통해 호스트에서 NVMe 컨트롤러를 완전히 제거해야 한다. 호스트 시스템에서 장치 관리자를 열어 이를 확인해야 한다. 이제 VM의 전원을 켤 차례다. 하이퍼V 관리자 도구 또는 파워셸을 사용할 수 있다. VM을 시작하고 다음과 같은 에러가 발생하면 BIOS가 SR-IOV을 제공하도록 제대로 구성되지 않았거나 I/O MMU에 필요한 특성이 없기 때문일 것이다(대부분 I/O 재매핑을 지원하지 않는다).

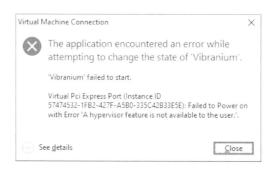

이러한 경우가 아니라면 VM은 예상대로 부팅돼야 한다. 이 경우 하위 VM

의 장치 관리자 애플릿에 나열된 NVMe 컨트롤러와 NVMe 디스크를 모두 볼 수 있어야 한다. 디스크 관리 도구를 사용해 호스트 OS에서와 동일한 방식으로 하위 VM에 파티션을 생성할 수 있다. NVMe 디스크는 성능 저하 없이 최고 속도로 실행된다. 이는 디스크 벤치마크 도구를 사용해 확인할 수 있다.

VM에서 장치를 정상적으로 제거하고 다시 호스트 OS에 마운트하려면 먼저 VM을 종료한 후 다음 명령을 사용해야 한다(항상 가상 머신 이름과 NVMe컨트롤러 위치를 변경해야 한다).

```
Remove-VMAssignableDevice -LocationPath "PCIROOT(0)#PCI(0302)#PCI(0000)"
 -VMName "Vibranium"
Mount-VMHostAssignableDevice -LocationPath "PCIROOT(0)#PCI(0302)#PCI(0000)"
```

마지막 명령 후에 NVMe 컨트롤러가 호스트 OS의 장치 관리자에 다시 나타나야 한다. 호스트에서 NVMe 디스크를 사용하려면 다시 활성화시키면 된다.

VA-backed VM

가상 머신은 다양한 용도로 사용되고 있다. 그중 하나는 컨테이너라고 하는 격리된 환경에서 기존 소프트웨어를 적절하게 실행하는 것이다(2가지 유형의 컨테이너인 서버와 애플리케이션 사일로silos는 Vol.1의 3장에서 설명했다). (내부적으로 Xenon과 Krypton이라고 명명된) 완전히 격리된 컨테이너는 빠른 시작 타입, 낮은 오버헤드와 가능한 한 가장 적은 메모리를 얻을 수 있게 할 필요가 있다. 이 유형의 VM 게스트 물리 메모리는 일반적으로 여러 컨테이너 간에 공유된다. 컨테이너의 좋은 예로 컨테이너를 이용한 브라우저 완전 격리를 제공하는 윈도우 디펜더 애플리케이션 가드 또는 컨테이너를 이용한 완전 격리 가상 환경을 제공하는 윈도우 샌드박스가 있다. 일반적으로 컨테이너는 동일한 VM의 펌웨어, 운영체제와 종종 그 안에서 실행되는 일부 애플리케이션을 공유한다(공유되는 구성 요소들은 컨테이너의 기본 레이어를 구성한다). 전용 게스트 물리 메모리 공간에서 각 컨테이너를 실행하는 것은 실현 불가능하며 물리 메모리를 많이 낭비한다.

이 문제를 해결하고자 가상화 스택에서는 VA-backed 가상 머신을 제공한다. VA-backed VM은 호스트 운영체제의 메모리 관리자를 이용해 메모리 중복 제거, 메모리 트리밍trimming, 다이렉트 맵, 메모리 복제와 페이징 같은 게스트 파티션의 물리 메모리 고급 기능을 제공한다(언급한 모든 개념은 Vol.1의 5장에서 광범위하게 다뤘다). 기존 VM 의 경우 호스트에서 시스템 물리 페이지를 정적으로 할당하고 가상 프로세서가 실행할 기회를 갖기 전에 VM의 GPA 공간에 매핑해 VID 드라이버가 게스트 메모리를 할당한다. 그러나 VA-backed VM의 경우 GPA 공간과 SPA 공간 사이에 새로운 간접 계층이 추가된다. SPA 페이지를 GPA 공간에 직접 매핑하는 대신 VID는 처음에 비어 있는 GPA 공간을 만들고 VA 공간을 호스팅하기 위한 유저 모드 최소 프로세스VMMEM user mode minimal process를 만든다. 그리고 MicroVM을 사용해 GPA에서 VA로의 매핑을 설정한다. MicroVM은 VA에서 SPA로의 매핑(NT 메모리 관리자가 유지함)으로 GPA에서 VA로의 매핑(VID가 유지함)을 구성한다. MicroVM은 궁극적으로 GPA에서 SPA로의 매핑 관리를 담당하는 NT 메모리 관리자와 긴밀하게 통합된 NT 커널의 새로운 구성 요소다.

새로운 간접 계층을 통해 VA-backed VM은 윈도우 프로세스에 제공되는 대부분의 메모리 관리 기능을 활용할 수 있다. 앞 절에서 설명한 것처럼 VM 작업자 프로세스는 VM을 시작할 때 VID 드라이버에 파티션의 메모리 블록을 생성하도록 요청한다. VA-backed VM의 경우 메모리 블록 범위Memory Block Range GPA 매핑 비트맵을 생성하는데, 이는 새 VM의 RAM을 지원하고자 할당된 가상 페이지를 추적할 때 사용한다. 그 후 VA 공간이 참조하는 파티션의 RAM 메모리를 생성한다. VA 공간은 일반적으로 할당된 VM의 RAM 메모리양만큼 크며(필수 조건은 아님, 다른 VA범위는 다른 GPA 범위로 매핑될 수 있음) 네이티브 API인 NtAllocateVirtualMemory를 사용하는 VMMEM 프로세스의 콘텍스트에서 예약된다.

'지연된 커밋' 최적화가 활성화되지 않은 경우(자세한 내용은 다음 절 참고) VID 드라이버는 전체 VA 범위 커밋을 목표로 NtAllocateVirtualMemory API 호출을 수행한다. Vol.1의 5장에서 설명한 것처럼 메모리 커밋양은 시스템 커밋 제한이 있지만 여전히 물리 페이지는 할당하지 않는다(전체 범위를 설명하는 모든 PTE 엔트리는 유효하지 않은 요청 제로 demand-zero PTE다). 이 단계에서 VID 드라이버는 Winhvr를 사용해 하이퍼바이저에 전체 파티션의 GPA 공간을 특수하게 유효하지 않은Special Invalid SPA에 매핑하게 요청한다(표준 파티션에 사용되는 것과 동일한 HvMapGpaPages 하이퍼콜을 이용한다). 게스트 파티션이 특수하게 유효하지 않은 SPA에 의해 SLAT 테이블에 매핑된 게스트 물리 메모리에 액세스하면 하이퍼바이저에 **VMEXIT**가 발생하고 하이퍼바이저는 특수 값을 인식하고 루트 파티션에 메모리 인터셉트를 주입한다.

VID 드라이버는 **VmCreateMemoryRange** 루틴을 호출해 마침내 MicroVM에 새로운 VA-backed GPA 범위를 알린다(NT 커널이 커널 익스텐션을 통해 MicroVM 서비스를 VID 드라이버에 제공한다). MicroVM은 2가지 중요한 RB 트리를 포함하는 **VM_PROCESS_CONTEXT** 데이터 구조체를 할당하고 초기화한다. 트리 중 하나는 VM에 할당된 GPA 범위를 설명하고 다른 하나는 루트 파티션의 해당 시스템 가상 주소^{SVA, System Virtual Address} 범위를 설명한다. 할당된 데이터 구조체에 대한 포인터는 VMMEM 인스턴스의 **EPROCESS**에 저장된다.

VM 작업자 프로세스가 VA-backed VM의 메모리에 쓰기를 원하거나 GPA에서 SPA로의 잘못된 변환으로 인해 메모리 인터셉트가 발생하면 VID 드라이버는 MicroVM 페이지 폴트 핸들러(VmAccessFault)를 호출한다. 핸들러는 2가지 중요한 작업을 수행한다. 먼저 폴트가 발생한 가상 페이지에 해당하는 페이지 테이블에 유효한 PTE를 삽입해 폴트를 해결한다(자세한 내용은 1권의 5장을 참고한다). 그런 다음 (또 다른 HvMapGpaPages 하이퍼콜을 내보내는 WinHvr 드라이버를 호출해) 하위 VM의 SLAT 테이블을 업데이트한다. 이후에는 전용 프로세스 메모리가 일반적으로 페이징 가능하기 때문에 VM의 게스트 물리 페이지를 페이징할 수 있다. 이는 패시브^{passive} IRQL에서 동작하려면 대부분 MicroVM 함수가 필요하다는 것을 의미하므로 중요하다. NT 메모리 관리자의 여러 서비스는 VA-backed VM에서 사용할 수 있다. 특히 템플릿 복제를 사용하면 2개의 서로 다른 VA-backed VM의 메모리를 빠르게 복제할 수 있다. 다이렉트 맵을 이용하면 공유 실행 가능 이미지^{shared executable images} 또는 데이터 파일이 VMMEM 프로세스와 해당 VA 영역을 가리키는 GPA 범위에 매핑된 섹션 객체를 가질 수 있다. 밑에 있는 물리 페이지는 서로 다른 VM과 호스트 프로세스 간에 공유할 수 있으므로 메모리 밀도가 향상된다.

VA-backed VM 최적화

앞 절에서 소개했듯이 현재 지원되지 않거나 필요한 권한을 부여하지 않고 동적으로 지원되는 메모리에 대한 게스트 액세스 비용은 상당한 비용이 들어간다. 게스트 액세스 시도가 액세스할 수 없는 메모리에서 발생하면 하이퍼바이저가 게스트 VP를 일시 중단하고 루트 파티션의 VP를 예약하고 메모리 인터셉트 메시지를 주입해야 하는 **VMEXIT**가 발생한다. VID의 인터셉트 콜백 핸들러는 높은 IRQL에서 호출되지만 요청을 처리하고 MicroVM으로 호출하는 작업은 **PASSIVE_LEVEL**에서 실행돼야 한다. 따라서 DPC 큐로 처리된다. DPC 루틴은 인터셉트 처리를 담당하는 스레드를 깨우도록 이벤트를 설정한다. MicroVM 페이지 폴트 핸들러가 폴트를 해결하고 SLAT 항목을 업데이트하고자 (또 다른 VMEXIT를 생성하는 다른 하이퍼콜을 통해) 하이퍼바이저를 호출한 후 게스트의 VP를 재개한다.

런타임 시 생성된 많은 수의 메모리 인터셉트로 인해 성능 저하가 발생한다. 이를 방지하고자 게스트 최적화(또는 간단한 구성) 형태로 여러 최적화 방식을 구현했다.

- 메모리 제로화 구현
- 메모리 액세스 힌트
- 확인된 페이지 폴트
- 지연된 커밋과 기타 최적화

메모리 제로화 구현

루트 파티션이나 다른 VM에서 이전에 사용했던 메모리 아티팩트의 VM 정보 공개를 방지하고자 메모리 배킹memory-backing 게스트 RAM은 게스트 액세스를 위해 매핑되기 전에 제로(0)가 된다. 일반적으로 운영체제는 부팅하는 동안 모든 물리 메모리를 제로로 만든다. 물리 시스템에서는 내용이 비결정적이기 때문이다. VM의 경우 메모리가 2번 비워질 수 있다. 가상화 호스트에서 1번, 게스트 운영체제에서 1번 비워지는 것을 뜻한다. 물리 backed VMphysically backed VM의 경우 이는 기껏해야 CPU 사이클 낭비다. VA-backed VM의 경우 게스트 OS에 의한 제로화는 비용이 많이 드는 메모리 인터셉트를 발생시킨다. 낭비되는 인터셉트를 피하고자 하이퍼바이저는 메모리 제로화 구현을 제공한다.

윈도우 로더^{Windows Loader}는 주 운영체제를 로드할 때 UEFI 펌웨어에서 제공하는 서비스를 사용해 시스템의 물리 메모리 맵을 가져온다. 하이퍼바이저는 VA-backed VM을 시작하면 HvGetBootZeroedMemory 하이퍼콜을 제공한다. 이 하이퍼콜은 실제로 이미 제로가 된 물리 메모리 범위 리스트를 윈도우 로더가 쿼리할 때 사용할 수 있다. NT 커널에서 실행하기 전에 윈도우 로더는 이미 얻은 제로 범위를 EFI 서비스를 통해 얻거나 또는 로더 블록에 저장돼 있는 물리 메모리 디스크립터 목록과 병합한다(시작 메커니즘에 대한 자세한 내용은 12장에서 확인할 수 있다). NT 커널은 초기 메모리 제로화를 건너뛰고 제로 페이지 목록에 병합된 디스크립터를 직접 삽입한다.

비슷한 방식으로 하이퍼바이저는 간단한 구현으로 핫 애드^{hot-add} 메모리 제로화 구현을 지원한다. 동적 메모리 VSC 드라이버(dmvsc.sys)가 물리 메모리를 NT 커널에 추가하라는 요청을 시작할 때 MM_ADD_PHYSICAL_MEMORY_ALREADY_ZEROED 플래그를 지정한다. 이는 메모리 관리자^{MM, Memory Manager}가 새로운 페이지를 제로가 된 페이지 목록에 직접 추가하도록 지시할 수 있다.

메모리 액세스 힌트

물리 backed VM의 경우 루트 파티션은 게스트 MM이 물리 페이지를 사용하려는 방식에 대한 정보를 매우 제한적으로 갖고 있다. 이러한 VM의 경우 VM이 시작될 때 거의 모든 메모리와 GPA 매핑이 생성된 상태며 정적으로 매핑된 상태로 유지되기 때문에 정보는 대부분 관련이 없다. VA-backed VM의 경우 호스트 메모리 관리자가 VM의 메모리(VMMEM)를 포함하는 최소 프로세스의 작업 집합^{working set}을 관리하기 때문에 이 정보는 매우 유용할 수 있다.

핫 힌트^{hot hint}를 통해 게스트는 곧 또는 자주 액세스되는 물리 페이지 세트가 게스트에 매핑돼야 한다는 것을 알게 된다. 이는 페이지가 최소 프로세스의 작업 집합에 추가됨을 말한다. VID는 물리 페이지에 즉시 폴트를 발생시키고 VMMEM 프로세스의 작업 집합에서 제거하지 않도록 MicroVM에게 지시해 힌트를 처리한다.

비슷한 방식으로 콜드 힌트^{cold hint}를 통해 게스트는 곧 사용되지 않아 게스트에서 매핑을 해제해야 하는 물리 페이지 세트를 알 수 있다. VID 드라이버는 작업 집합에서 페이지를 즉시 제거하도록 MicroVM에 힌트를 전달해 처리한다. 일반적으로 게스트는 백그라운드 제로 페이지 스레드가 제로화한 페이지에 대해 콜드 힌트를 사용한다(자세한 내용은 Vol.1의 5장을 참고한다).

VA-backed 게스트 파티션은 HvMemoryHeatHint 하이퍼콜을 사용해 페이지에 대한 메모리 힌트를 지정한다.

확인된 페이지 폴트

확인된 페이지 폴트[EPF, Enlightened Page Fault] 처리는 VA-backed GPA 페이지에 메모리 인터셉트를 일으킨 VP 스레드를 VA-backed 게스트 파티션이 다시 예약할 수 있게 하는 기능이다. 일반적으로 이러한 페이지에 대한 메모리 인터셉트는 루트 파티션의 액세스 폴트를 동기적으로 해결하고 액세스 폴트 완료 시 VP를 재개해 처리된다. EPF가 활성화돼 있을 때 VA-backed GPA 페이지 메모리 인터셉트가 발생하면 루트 파티션의 VID 드라이버는 백그라운드 작업자 스레드를 생성한다. 이 스레드는 MicroVM 페이지 폴트 핸들러를 호출하고 게스트 VP에게 동기 예외를 전달한다(이를 비동기 인터럽트와 혼동하지 말자). 이를 통해 현재 스레드가 메모리 인터셉트를 유발했음을 알린다.

게스트가 스레드를 다시 예약한다. 한편 호스트는 액세스 폴트를 처리하고 있다. 액세스 폴트가 완료되면 VID 드라이버는 원래 폴트가 발생한 GPA를 완료 큐에 추가하고 게스트에 비동기 인터럽트를 전달한다. 인터럽트로 인해 게스트는 완료 큐를 확인하고 EPF 완료를 대기하던 모든 스레드의 차단을 해제한다.

지연된 커밋과 기타 최적화

지연된 커밋은 VID 드라이버가 처음으로 액세스할 때까지 각 배킹[backing] 페이지를 커밋하지 않게 하는 최적화 방식이다. 이렇게 하면 페이지 파일의 크기를 늘리지 않고도 더 많은 VM을 동시에 실행할 수 있지만 배킹 VA 공간은 예약만 되고 커밋되지 않기 때문에 VM은 루트 파티션에서 커밋 제한에 도달해 런타임 충돌이 발생한다. 이 경우 더 이상 사용 가능한 메모리가 없게 된다.

MicroVM 페이지 폴트 핸들러에 의해 할당될 페이지의 크기를 작거나 또는 큰 크기로 설정하고 처음 액세스할 때 배킹 페이지를 고정하고자 다른 최적화를 사용할 수 있다. 이렇게 하면 에이징^{aging}과 트리밍^{trimming}이 방지돼 일반적으로 좀 더 일관된 성능을 얻을 수 있지만 더 많은 메모리를 소비하고 메모리 밀도가 감소한다.

VMMEM 프로세스

VMMEM 프로세스는 주로 2가지 이유 때문에 존재한다.

- 루트 스케줄러가 활성화된 경우 게스트 VP 예약 단위를 나타내는 VP 디스패치 스레드 루프를 호스팅한다.
- VA-backed VM을 위한 VA 공간 호스팅

VM의 파티션을 생성하는 동안 VID 드라이버가 VMMEM 프로세스를 생성한다. 일반 파티션의 경우(자세한 내용은 이전 절 참고) VM 작업자 프로세스는 IOCTL로 VID를 호출하는 VID.dll 라이브러리로 VM 설정을 초기화한다. VID 드라이버에서 새 파티션이 VA-backed라는 것을 감지하면 VsmmNtSlatMemoryProcessCreate 함수로 MicroVM을 호출해 최소 프로세스를 생성한다. MicroVM은 PsCreateMinimalProcess 함수를 사용해 프로세스를 할당하고 주소 공간을 생성하며 프로세스 목록에 프로세스를 삽입한다. 그런 다음 다이렉트 매핑된 이미지가 없는지 확인하고자 하단 4GB의 주소 공간을 예약한다(이렇게 하면 게스트의 엔트로피와 보안을 감소시킬 수 있다). VID 드라이버는 특정 보안 디스크립터를 새 VMMEM 프로세스에 적용한다. SYSTEM과 VM 작업자 프로세스만 액세스할 수 있다(VM 작업자 프로세스는 특정 토큰으로 시작되며, 토큰의 소유자는 VM의 고유한 GUID에서 생성된 SID로 설정된다). VMMEM 프로세스의 가상 주소 공간은 다른 사람이 액세스할 수 있기 때문에 중요하다. 프로세스 가상 메모리를 읽음으로써 악의적인 유저는 VM 전용 게스트 물리 메모리를 읽을 수 있다.

가상화 기반 보안(VBS)

이전에 설명한 것처럼 하이퍼V는 윈도우 시스템에서 가상 머신을 관리하고 실행하는 데 필요한 서비스를 제공한다. 하이퍼바이저는 각 파티션 간에 필요한 격리를 보장하며 이런 방식으로 가상 머신은 다른 가상 머신의 실행을 방해할 수 없다. 이번 절에서는 윈도우 가상화 인프라의 또 다른 중요한 구성 요소인 가상화 기반 보안을 위한 기본 서비스를 제공하는 보안 커널을 살펴본다.

먼저 보안 커널이 제공하는 서비스와 요구 사항을 나열하고 아키텍처 및 기본 구성 요소와 일부 기본 내부 데이터 구조체를 설명한다. 그리고 하이퍼바이저에 종속성이 높은 보안 커널과 가상 보안 모드 시작 방법을 다룬다. 마지막으로 격리된 유저 모드, 하이퍼바이저 적용 코드 무결성, 보안 소프트웨어 엔클레이브, 보안 장치, 윈도우 커널 핫패칭과 마이크로코드 서비스 같이 보안 커널 위에 구축된 구성 요소를 분석하는 것으로 마무리한다.

가상 신뢰 수준(VTL)과 가상 보안 모드(VSM)

이전에 설명한 것처럼 하이퍼바이저는 SLAT를 사용해서 각 파티션을 자체 메모리 공간에 유지한다. 파티션에서 실행되는 운영체제는 표준 방식(페이지 테이블을 사용해서 게스트 가상 주소를 게스트 물리 주소로 변환)으로 메모리에 접근한다. 이런 방식에서 하드웨어는 모든 파티션 GPA를 실제 SPA로 변환한 다음 실제 메모리에 접근한다. 이런 마지막 변환 레이어는 파티션별로 별도의 SLAT 테이블을 사용하는 하이퍼바이저에 의해 유지된다. 유사한 방식으로 하이퍼바이저는 SLAT를 사용해 단일 파티션에서로 다른 보안 도메인을 생성할 수 있다. 이 기능 덕분에 마이크로소프트는 가상 보안 모드의 기반이 되는 보안 커널을 설계할 수 있었다.

전통적으로 운영체제는 단일 물리 주소 공간을 가지며 링 0(커널 모드)에서 실행되는 소프트웨어는 모든 물리 메모리 주소에 접근할 수 있다. 이로 인해 슈퍼바이저 모드에서 실행되는 소프트웨어(커널, 드라이버 등)에서 문제가 발생하면 전체 시스템도 망가졌다. 하지만 가상 보안 모드VSM, Virtual Secure Mode는 하이퍼바이저를 활용해 시스템 소프트웨어에 대한 새로운 신뢰 경계를 제공한다. VSM을 사용하면 슈퍼바이저 모드 코드가 접근할 수 있는 리소스를 제한하는 보안 경계(SLAT를 사용하는 하이퍼바이저에서 설명한다)를 배치할 수 있다. 따라서 VSM을 사용하면 슈퍼바이저 모드 코드에 문제가 발생하더라도 전체 시스템이 망가지지 않는다.

VSM은 가상 신뢰 수준^{VTL, Virtual Trust Level}이라는 개념을 통해 이러한 경계를 제공한다. 기본적으로 VTL은 물리 메모리에 대한 접근 보호며, 각 VTL은 서로 다른 접근 보호 집합을 가질 수 있다. 이런 방식으로 VTL을 사용해 메모리를 격리할 수 있다. VTL의 메모리 접근 보호는 VTL이 접근할 수 있는 물리 메모리를 제한하도록 구성할 수 있다. VSM을 사용하면 가상 프로세서가 항상 특정 VTL에서 실행되고 하이퍼바이저 SLAT를 통해 접근 가능한 것으로 표시된 물리 메모리에만 접근할 수 있다. 예를 들어 프로세서가 VTL 0에서 실행 중인 경우 VTL 0 관련 메모리 접근 보호로 제어되는 메모리에만 접근할 수 있다. 이런 메모리 접근 적용은 게스트 물리 메모리 변환 수준에서 발생하므로 파티션 내 슈퍼바이저 모드 코드에 의해 변경되지 않는다.

VTL은 계층 구조로 구성된다. 높은 수준은 낮은 수준보다 더 많은 권한을 가지며 높은 수준은 낮은 수준에 대한 메모리 접근 보호를 변경할 수 있다. 따라서 VTL 1에서 실행되는 소프트웨어는 VTL 0의 접근 가능한 메모리를 제한하고자 VTL 0의 메모리 접근 보호를 변경할 수 있다. 이를 통해 VTL 1의 소프트웨어는 VTL 0에서 메모리를 숨길 수도 있다. 이것이 VSM의 기초가 되는 중요한 개념이다. 현재 하이퍼바이저는 2개의 VTL만 지원한다. VTL 0은 유저가 상호작용하는 일반 OS 실행 환경을 나타낸다. VTL 1은 보안 커널^{Secure Kernel}과 격리된 유저 모드^{IUM,} ^{Isolated User Mode}가 실행되는 보안 모드^{Secure Mode}를 나타낸다. VTL 0은 표준 운영체제와 애플리케이션이 실행되는 환경이므로 일반 모드^{normal mode}라고 한다.

> VSM 아키텍처는 처음에 최대 16개의 VTL을 지원하도록 설계됐다. 이 글을 쓰는 시점에 하이퍼바이저는 2개의 VTL만 지원하지만 앞으로 마이크로소프트는 하나 이상의 새로운 VTL을 추가할 수 있다. 예를 들어 애저(Azure)에서 실행되는 최신 버전의 윈도우 서버는 VTL 2에서 호스트 호환성 계층(HCL)을 실행하는 기밀(Confidential) VM도 지원한다.

각 VTL에는 다음과 같은 특성이 있다.

- **메모리 접근 보호:** 이미 설명했듯이 각 가상 신뢰 수준에는 소프트웨어가 메모리에 접근할 수 있는 방법을 정의하는 게스트 물리 메모리 접근 보호 집합이 있다.

- **가상 프로세서 상태:** 하이퍼바이저의 가상 프로세서는 각 VTL과 일부 레지스터를 공유하지만 다른 레지스터는 각 VTL마다 전용이다. VTL의 개인 가상 프로세서 상태는 하위 VTL에서 실행되는 소프트웨어에서 접근할 수 없다. 이를 통해 VTL 간에 프로세서 상태를 격리할 수 있다.
- **인터럽트 서브시스템:** 각 VTL에는 고유한 인터럽트 서브시스템(하이퍼바이저 가상 인터럽트 컨트롤러에 의해 관리됨)이 있다. VTL의 인터럽트 서브시스템은 하위 VTL에서 실행되는 소프트웨어에 의해 접근할 수 없다. 이를 통해 낮은 VTL이 예기치 않은 인터럽트나 마스킹 인터럽트를 생성할 위험 없이 특정 VTL에서 인터럽트를 안전하게 관리할 수 있다.

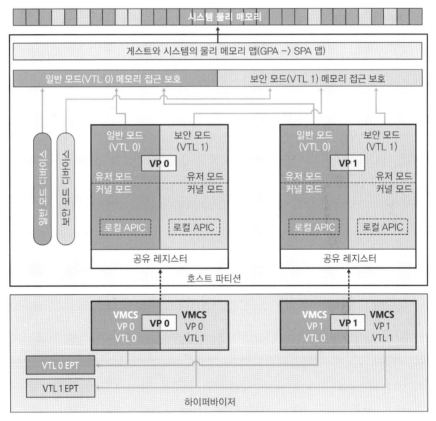

그림 9-30 하이퍼바이저가 VSM에 제공하는 메모리 보호 아키텍처 체계

그림 9-30은 하이퍼바이저가 가상 보안 모드에 제공하는 메모리 보호 체계를 보여준다. 하이퍼바이저는 특정 SLAT 테이블을 포함하는 다른 VMCS 데이터 구조체

(자세한 내용은 이전 절 참고)를 통해 가상 프로세서의 각 VTL을 나타낸다. 이런 방식으로 특정 VTL에서 실행되는 소프트웨어는 해당 레벨에 할당된 물리 메모리 페이지에만 접근할 수 있다. 중요한 개념은 SLAT 보호가 표준 페이지 테이블에 의해 보호되는 가상 페이지가 아니라 물리 페이지에 적용된다는 점이다.

VSM에서 제공하는 서비스와 요구 사항

하이퍼바이저 위에 구축된 가상 보안 모드는 윈도우 생태계에 다음과 같은 서비스를 제공한다.

- **격리:** IUM은 VTL 1에서 실행되는 각 소프트웨어에 대해 하드웨어 기반 격리 환경을 제공한다. 보안 커널에 의해 관리되는 보안 장치는 시스템의 나머지 부분과 분리돼 VTL 1 유저 모드에서 실행된다. VTL 1에서 실행되는 소프트웨어는 일반적으로 VTL 0에서 가로채거나 공개할 수 없는 민감한 정보를 갖고 있으며 주로 자격증명 가드에서 많이 사용된다. 자격증명 가드는 VTL 1 유저 모드에서 실행되는 **LsaIso**의 신뢰할 수 있는 프로세스의 메모리 주소 공간에 모든 시스템 자격증명을 저장하는 기능이다.

- **VTL 0 제어:** 하이퍼바이저 적용 코드 무결성^{HVCI, Hypervisor Enforced Code Integrity}은 일반 OS가 로드하고 실행하는 각 모듈의 무결성과 서명을 확인한다. 무결성 검사는 VTL 1(모든 VTL 0 물리 메모리에 대한 접근 권한 소유)에서 완전히 수행되며 VTL 0 소프트웨어는 서명 확인을 방해할 수 없다. 또한 HVCI는 실행 코드가 포함된 모든 일반 모드 메모리 페이지가 쓰기 불가능으로 표시되게 보장한다(이 기능을 W^X라고 하며 HVCI와 W^X에 관한 내용은 Vol.1의 7장을 참고한다).

- **보안 인터셉트:** VSM은 상위 VTL이 중요한 시스템 리소스를 잠그고 하위 VTL의 접근을 막는 메커니즘을 제공한다. 보안 인터셉트는 운영체제의 중요한 구성 요소에 대한 악의적인 수정을 막아 VTL 0 커널에 또 다른 보호 계층을 제공하는 하이퍼가드에서 광범위하게 사용된다.

- **VBS 기반 엔클레이브:** 보안 엔클레이브는 유저 모드 프로세스의 주소 공간 내 격리된 메모리 영역이다. 엔클레이브 메모리 영역은 더 높은 권한 수준에서도 접근할 수 없다. 원래 이 기술은 하드웨어 기능을 사용해서 프로세

스 메모리를 적절하게 암호화하는 것이었으며, VBS 기반 엔클레이브는 VSM 기반의 격리를 보장하는 보안 엔클레이브를 말한다.

- **커널 제어 흐름 가드**: VSM은 HVCI가 활성화되면 NT 커널을 포함한 일반적인 환경에서 로드된 각 커널 모듈에 제어 흐름 가드[CFG, Control Flow Guard]를 제공한다. 일반 환경에서 실행되는 커널 모드 소프트웨어는 비트맵에 대한 읽기 전용 접근 권한을 가지므로 익스플로잇이 비트맵을 수정할 수 없다. 이런 이유로 윈도우의 커널 CFG는 보안 컨트롤 CFG[SKCFG, Secure Kernel CFG]라고도 한다.

> CFG는 다양한 악의적인 공격이 프로그램 실행 흐름을 리다이렉션하는 것을 방지하는 기술인 제어 흐름 무결성을 윈도우에서 구현한 것으로 유저와 커널 모드 CFG 모두 Vol.1의 7장에서 자세히 설명했다.

- **보안 디바이스**: 보안 디바이스는 VTL 1의 보안 커널에 의해 완전히 매핑되고 관리되는 새로운 종류의 장치다. 이러한 종류의 디바이스용 드라이버는 온전하게 VTL 1 유저 모드에서 동작하며 보안 커널에서 제공하는 서비스를 사용해 디바이스 I/O 공간을 매핑한다.

이것이 정상적으로 활성화돼 동작하려면 VSM에 몇 가지 하드웨어 요구 사항이 있다. 호스트 시스템은 가상화 확장(인텔 VT-x, AMD SVM 또는 ARM TrustZone)과 SLAT를 지원해야 한다. 이전 하드웨어 기능 중 하나가 시스템 프로세서에 없으면 VSM이 작동하지 않는다. 일부 다른 하드웨어 기능은 꼭 필요한 것은 아니지만 이러한 기능이 없는 경우 VSM의 일부 보안 전제가 보장되지 않을 수 있다.

- 물리 장치 DMA 공격으로부터 보호하려면 IOMMU가 필요하다. 시스템 프로세서에 IOMMU가 없다면 VSM이 계속 동작할 수 있지만 이런 물리 장치 공격에 취약해진다.
- 보안 부팅이 활성화된 UEFI BIOS는 하이퍼바이저와 보안 커널의 시작으로 이어지는 부팅 체인을 보호하는 데 필요하다. 보안 부팅이 활성화되지 않은 경우 시스템은 부팅 공격에 취약해져 하이퍼바이저와 보안 커널이 실행되기 전에 무결성을 수정할 수 있다.

일부 다른 구성 요소는 선택 사항이지만 이러한 구성 요소가 있으면 시스템의 전반적인 보안과 응답성이 향상되며 TPM이 좋은 예다. 보안 커널에서 마스터 암호화 키를 저장하고 보안 시작(DRTM이라고도 함, 자세한 내용은 12장 참고)을 수행하는 데 사용된다. VSM 응답성을 향상시킬 수 있는 또 다른 하드웨어 구성 요소는 프로세서의 모드 기반 실행 제어(MBEC, Mode-Based Execute Control) 하드웨어 지원이다. MBEC는 HVCI가 활성화된 경우 커널 모드에서 유저 모드 페이지의 실행 상태를 보호하는 데 사용한다. 하드웨어 MBEC를 사용하면 하이퍼바이저는 특정 VTL의 CPL(커널이나 유저) 도메인을 기반으로 물리 메모리 페이지의 실행 가능한 상태를 설정할 수 있다. 이런 방식으로 유저 모드 애플리케이션에 속한 메모리는 유저 모드 코드에 의해서만 실행 가능하도록 물리적으로 표시될 수 있다(커널 공격은 더 이상 유저 모드 애플리케이션의 메모리에 있는 자신의 코드를 실행할 수 없다). MBEC 하드웨어가 없는 경우 하이퍼바이저는 VTL 0에 대해 2개의 다른 SLAT 테이블을 사용하고 코드 실행이 CPL 보안 도메인을 변경할 때 이를 전환해 에뮬레이터해야 한다(이 경우 유저 모드에서 커널 모드로 또는 그 반대로 이동하면 VMEXIT를 생성한다). HVCI에 대한 자세한 내용은 Vol.1의 7장에서 다뤘다.

실습: VBS와 VBS를 제공하는 서비스 감지

12장에서는 VSM 시작 정책을 다루고 가상화 기반 보안을 수동으로 활성화하거나 비활성화하는 지침을 설명한다. 이 실습에서는 하이퍼바이저와 보안 커널이 제공하는 다양한 기능의 상태를 확인한다. VBS는 유저에게 직접적으로 보이지 않는 기술이지만 기본 윈도우 설치와 함께 배포되는 시스템 정보 도구는 보안 커널과 관련 기술에 대한 세부 정보를 표시할 수 있다. 코타나 검색 상자에 msinfo32를 입력해 시작할 수 있으며 특정 세부 정보는 전체 권한이 있는 유저 계정이 필요하므로 반드시 관리자 권한으로 실행해야 한다.

다음 그림은 활성화돼 있는 VBS와 HVCI(하이퍼바이저 코드 무결성으로 지정됨), UEFI 런타임 가상화(UEFI 읽기 전용으로 지정됨), MBEC(모드 기반 실행 제어로 지정됨)를 보여준다. 하지만 예제에 설명된 시스템에는 활성화된 보안 부팅이 포함돼 있지 않고 작동하는 IOMMU가 없다(가상화 기반 보안 사용 가능한 보안 속성 행에서 DMA 보호로 지정됨).

VBS 구성을 활성화, 비활성화하거나 락을 거는 방법에 대한 자세한 내용은 12장의 'VSM 정책 이해' 실습에서 확인할 수 있다.

보안 커널

보안 커널은 주로 securekernel.exe 파일에 구현돼 있으며 하이퍼바이저가 성공적으로 시작되면 윈도우 로더에 의해 시작된다. 그림 9-31과 같이 보안 커널은 VTL 0의 일반 커널과 함께 엄격하게 동작하는 작은 OS다. 모든 일반 OS에서 보안 커널은 VTL 1의 CPL 0(링 0 또는 커널 모드)에서 실행되며 주로 시스템 콜을 통해 서비스를 VTL 1의 CPL 3(링 3 또는 유저 모드)의 격리된 유저 모드^{IUM}에 제공한다. 보안 커널은 외부의 공격을 줄이는 것을 목표로 최대한 작게 설계됐으며 일반 커널과 같은 외부 디바이스 드라이버로 확장할 수는 없다. 기능 확장을 위한 다음 커널 모듈은 VSM 시작 전에 윈도우 로더에 의해 로드되고 securernel.exe에서 가져온다.

- **Skci.dll:** 보안 커널의 하이퍼바이저 적용 코드 무결성 부분을 구현한다.
- **Cng.sys:** 보안 커널에 암호화 엔진을 제공한다.

- **Vmsvcext.dll:** 인텔 TXT(신뢰 가능한 부팅) 환경에서 보안 커널 구성 요소의 증명 을 지원한다(신뢰 가능한 부팅에 대한 자세한 내용은 12장 참고).

보안 커널은 확장할 수 없지만 격리된 유저 모드에는 트러스트렛^{Trustlets}(신뢰할 수 있는 프로세스)이라는 특수 프로세스가 포함된다. 트러스트렛은 서로 격리돼 있으며 특수 디지털 서명을 요구한다. 시스템 콜을 통해 보안 커널과 통신하고 메일슬롯와 ALPC를 통해 일반적인 통신을 할 수 있다. 격리된 유저 모드는 이 장의 뒷부분에 서 설명한다.

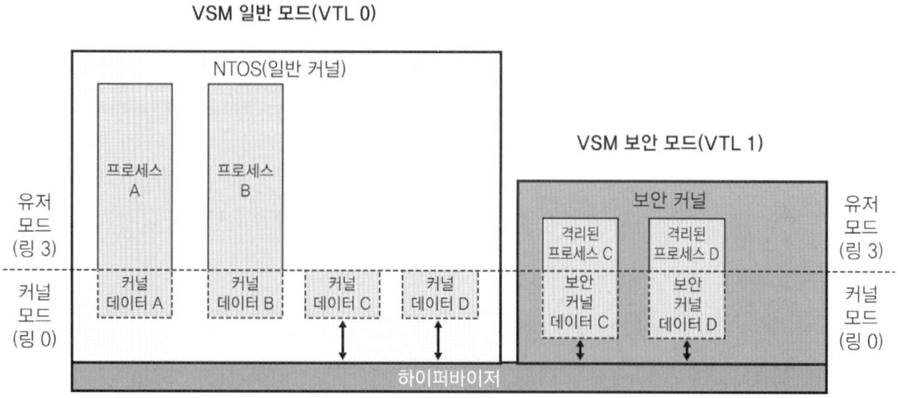

그림 9-31 하이퍼바이저 기반의 가상 보안 모드 아키텍처 구조

가상 인터럽트

하이퍼바이저가 기본 가상 파티션을 구성할 때 실제 프로세서는 물리적인 APIC에 의해 외부 인터럽트가 발생할 때마다 **VMEXIT**를 생성해야 한다. 하드웨어의 가상 머신 익스텐션을 통해 하이퍼바이저는 게스트 파티션에 가상 인터럽트를 주입할 수 있다(자세한 내용은 인텔, AMD와 ARM 유저 매뉴얼 참고). 이 2가지 기능 덕분에 하이퍼바이저는 가상 인터럽트 컨트롤러^{SynIC, Synthetic Interrupt Controller} 개념을 구현할 수 있게 됐다. SynIC는 두 종류의 인터럽트를 관리할 수 있다. 먼저 가상 인터럽트는 게스트 파 티션의 가상 APIC에 전달되는 인터럽트로 실제 하드웨어에 의해 생성되는 물리적 인 하드웨어 인터럽트를 나타내며 연관돼 있다. 다음으로 가상 인터럽트는 특정 종류의 이벤트에 대한 응답으로 하이퍼바이저 자체에서 생성되는 가상 인터럽트

를 나타낼 수 있다. 그리고 SynIC는 실제 인터럽트를 가상 인터럽트에 매핑할 수 있는데, VTL에는 VTL이 실행되는 각 가상 프로세서와 연결된 SynIC가 있다. 이 글을 쓰는 시점에 하이퍼바이저는 16개의 서로 다른 가상 인터럽트 벡터를 지원하도록 설계됐다(실제로는 2개만 사용 중).

시스템이 시작되면(NT 커널 초기화의 1단계) ACPI 드라이버는 HAL에서 제공하는 서비스를 사용해 각 인터럽트를 올바른 벡터에 매핑한다. NT HAL은 개선돼 VSM에서 실행 중인지 여부를 알 수 있다. 실행 중인 경우 각 실제 인터럽트를 자체 VTL에 매핑하고자 하이퍼바이저를 호출한다. 보안 커널도 동일한 작업을 수행할 수 있다. 이 글을 쓰는 시점에는 보안 커널과 관련된 실제 인터럽트는 없다(이는 나중에 변경될 수 있으며 하이퍼바이저는 이미 이 기능을 지원한다). 대신 보안 커널은 하이퍼바이저에 보안 타이머, 가상 인터럽트 알림 지원VINA, Virtual Interrupt Notification Assist과 보안 인터셉트 같은 가상 인터럽트만 수신하도록 요청한다.

> 하이퍼바이저는 외부 유형의 인터럽트 관리 중에 VMEXIT를 생성하려면 기본 하드웨어가 필요하다는 점을 이해해야 한다. 예외(Exceptions)는 프로세서가 실행 중인 동일 VTL에서 여전히 관리된다(VMEXIT가 생성되지 않음). 어떤 명령이 예외를 발생시키면 후자는 현재 VTL에 있는 SEH(구조적 예외 처리) 코드에 의해 여전히 관리된다.

3가지 종류의 가상 인터럽트를 이해하려면 먼저 하이퍼바이저의 인터럽트 관리 방법을 알아야 한다.

하이퍼바이저에서 각 VTL은 자신과 연결된 장치에서 인터럽트를 안전하게 수신하고 비보안 VTL에 의한 인터럽트를 방지하는 보안 타이머 기능을 가지며, 더 높은 VTL에서 코드를 실행하는 동안 더 낮은 VTL로 향하는 인터럽트를 방지할 수 있게 설계됐다. 또한 VTL은 IPI 인터럽트를 다른 프로세서에 보낼 수 있어야 하는데, 이러한 디자인으로 다음 시나리오가 만들어진다.

- 특정 VTL에서 실행할 때 현재 VTL을 대상으로 하는 인터럽트 수신은 표준 인터럽트 처리(VP의 가상 APIC 컨트롤러에 의해 결정됨)를 초래한다.
- 상위 VTL을 대상으로 하는 인터럽트가 수신되면 상위 VTL에 대한 IRQL 값으로 인해 인터럽트가 제공될 수 있는 경우 인터럽트를 수신하면 인터

럽트 대상이 되는 상위 VTL로 전환된다. 상위 VTL의 IRQL 값이 인터럽트 전달을 허용하지 않으면 현재 VTL을 전환하지 않고 인터럽트가 대기열에 추가된다. 이 동작을 통해 더 높은 VTL은 더 낮은 VTL로 돌아갈 때 인터럽트를 선택적으로 마스크할 수 있다. 이는 더 높은 VTL이 인터럽트 서비스 루틴을 실행하고 인터럽트 처리를 지원하고자 더 낮은 VTL로 돌아가야 하는 경우에 유용할 수 있다.

- 가상 프로세서의 현재 실행 중인 VTL보다 낮은 VTL을 대상으로 하는 인터럽트가 수신되면 인터럽트는 더 낮은 VTL로의 추후 전달을 위해 대기한다. 더 낮은 VTL을 대상으로 하는 인터럽트는 현재 VTL의 실행을 선점하지 않는다. 대신 가상 프로세서가 다음에 대상 VTL로 전환할 때 인터럽트가 표시된다.

낮은 VTL로 향하는 인터럽트를 방지하는 것이 항상 좋은 해결책은 아니다. 미션 크리티컬하거나 게임 환경을 포함한 많은 경우 정상적인 OS에서 실행 속도가 느려질 수 있다. 이런 조건을 더 잘 관리하고자 VINA가 도입됐다. 일반 이벤트 디스패치 루프의 일부로, 하이퍼바이저는 하위 VTL에 대기 중인 보류 인터럽트가 있는지 확인해서 있는 경우 현재 실행 중인 VTL에 VINA 인터럽트를 주입한다. 보안 커널에는 가상 IDT의 VINA 벡터에 대해 등록된 핸들러가 있다. 핸들러인 **ShvlVinaHandler** 함수는 VTL 0에 대한 일반 호출(NORMALKERNEL_VINA)을 실행한다(일반 및 보안 호출은 이 장의 뒷부분에서 설명). 이 호출은 하이퍼바이저가 일반 커널(VTL 0)로 전환하게 한다. VTL이 전환되는 상황에서는 대기 중인 모든 인터럽트가 올바르게 전달된다. 일반 커널은 **SECURKERNEL_RESUMETHREAD** 보안 호출을 내보냄으로써 VTL 1에 다시 진입한다.

보안 IRQL

VINA 핸들러가 VTL 1에서 항상 실행되는 것은 아니다. NT 커널과 유사하게 코드가 실행될 때의 실제 IRQL에 따라 다르다. 현재 실행 중인 코드의 IRQL은 자신보다 작거나 같은 IRQL과 관련된 모든 인터럽트를 마스킹한다. 인터럽트 벡터와 IRQL 간의 매핑은 실제 물리적 APIC의 경우와 같이 가상 APIC의 작업 우선순위 레지스터^{TPR, Task Priority Register}에 의해 유지된다(자세한 내용은 인텔 아키텍처 매뉴얼 참고). 그림 9-32와 같이 보안 커널은 일반 커널과 다른 수준의 보안 IRQL을 지원한다.

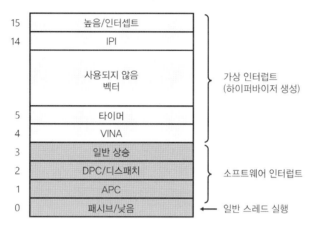

그림 9-32 보안 커널 인터럽트 요청 레벨(IRQL)

처음 3개의 보안 IRQL은 일반적인 유사한 방식으로 보안 커널이 관리한다. 일반 APC와 DPC(VTL 0 대상)는 하이퍼바이저를 통해 VTL 1에서 실행되는 코드를 선점할 수 없지만 VINA 인터럽트는 여전히 보안 커널로 전달된다(운영체제는 대상 프로세서의 APIC 작업 우선순위 레지스터에 VMEXIT를 하이퍼바이저에 발생시키는 작업을 기록함으로써 3가지 소프트웨어 인터럽트를 관리한다. APIC TPR에 대한 자세한 내용은 인텔, AMD, ARM 매뉴얼을 참고한다). 일반 모드 DPC가 VTL 1 코드(디스패치보다 작아야 하는 호환 가능한 보안 IRQL에서)를 실행하는 동안 프로세서를 대상으로 하는 경우 VINA 인터럽트는 전달되고 실행 콘텍스트를 VTL 0으로 전환한다. 사실 이는 일반적으로 잠시 동안 일반 커널의 IRQL을 디스패치 레벨로 올려 DPC를 실행하는 것이다. DPC 대기열이 처리돼 비워지면 일반 커널의 IRQL은 내려간다. VslpEnterIumSecureMode 루틴에 있는 VSM 통신 루프 코드는 보안 커널에서 시작된 각 일반 호출을 처리하며 이 루프로 인해 실행 흐름도 보안 커널로 돌아가게 된다.

보안 커널은 처음 3개의 보안 IRQL을 일반의 동일한 IRQL에 매핑한다. 일반의 특정 IRQL(디스패치 레벨보다 작거나 같음)에서 실행되는 코드에서 보안 호출이 만들어지면 보안 커널은 자체 보안 IRQL을 동일한 수준으로 전환한다. 그 반대의 경우 보안 커널이 NT 커널에 진입하고자 일반 호출을 실행할 때 일반 커널의 IRQL을 자신의

IRQL과 동일한 수준으로 전환한다. 처음 세 수준에서만 이렇게 작동한다.

일반적인 레벨 상승은 NT 커널이 DPC 레벨보다 높은 IRQL에서 보안에 사용한다. 보안 커널은 DPC에 있는 모든 일반 IRQL을 보안과 일치시킨다. 이 IRQL 레벨에서 실행되는 보안 커널 코드는 일반 커널에서 모든 종류의 소프트웨어 IRQL에 대해 VINA를 수신할 수 없다(하드웨어 인터럽트에 대해서는 VINA를 수신할 수 있음). NT 커널이 DPC보다 높은 일반 IRQL로 보안에 들어갈 때마다 보안 커널은 보안 IRQL을 동일하게 상승시킨다.

VINA와 같거나 더 높은 보안 IRQL은 일반적인 어떤 코드도 절대 선점할 수 없다. 보안 커널은 이를 위해 보안, 비선점형 타이머와 보안 인터셉트의 개념을 지원한다. 보안 타이머는 하이퍼바이저의 클록 인터럽트 서비스 루틴ISR, Interrupt Service Routine에서 생성된다. 이 ISR은 NT 커널에 가상 클록 인터럽트를 주입하기 전에 만료된 보안 타이머가 하나 이상 있는지 확인하고 VTL 1에 가상 보안 타이머 인터럽트를 삽입한다. 그런 다음 클럭 틱 인터럽트를 일반 VTL로 전달한다.

보안 인터셉트

보안 커널은 낮은 VTL에서 실행되는 NT 커널이 특정한 중요 시스템 리소스에 접근하려는 것을 방지해야 할 수 있다. 예를 들어 일부 프로세서의 MSR에 대한 쓰기는 잠재적으로 하이퍼바이저를 비활성화하거나 보호 기능의 일부를 파괴하는 공격을 시작하는 데 사용할 수 있다. VSM은 상위 VTL이 중요한 시스템 리소스를 잠그고 하위 VTL이 접근하지 못하게 하는 보안 인터셉트 메커니즘을 제공한다.

보안 인터셉트는 보안 커널에서 하이퍼바이저에서 제공하는 가상 인터럽트를 등록하는 방식으로 구현된다(보안 커널에서 벡터 0xF0으로 다시 매핑됨). 하이퍼바이저는 특정 이벤트로 인해 VMEXIT가 발생하면 인터셉트를 트리거한 가상 프로세서의 상위 VTL에 가상 인터럽트를 삽입한다. 이 글을 쓰는 시점에서 보안 커널은 다음 유형의 가로채기 이벤트를 하이퍼바이저에 등록한다.

- 일부 중요한 프로세서의 MSR(AMD64 아키텍처 기반 Star, Lstar, Cstar, Efer, Sysenter, Ia32Misc와 APIC)과 특수 레지스터(GDT, IDT, LDT)에 쓰기

- 특정 제어 레지스터(CR0, CR4와 XCR0)에 쓰기
- 일부 I/O 포트에 쓰기(포트 0xCF8과 0xCFC가 좋은 예며 인터셉트는 PCI 장치의 재구성을 관리함)
- 보호된 게스트 물리 메모리에 대한 잘못된 접근

VTL 0 소프트웨어가 VTL 1에 인터셉트를 유발하면 보안 커널은 인터럽트 서비스 루틴에서 인터셉트 유형을 인식해야 한다. 이를 위해 보안 커널은 '인터셉트' 가상 인터럽트 소스에 대해 SynIC가 할당한 메시지 대기열을 사용한다(SynIC와 SINT에 대한 자세한 내용은 앞의 '파티션 간 통신' 절 참고). 보안 커널은 하이퍼바이저에 의해 가상화된 SIMP 가상 MSR을 확인해 물리 메모리 페이지를 검색하고 매핑할 수 있다. 물리 페이지의 매핑은 VTL 1에서 보안 커널 초기화 시간에 실행된다. 보안 커널 시작에 대한 부분은 이 장의 뒷부분에서 설명한다.

인터셉트는 일반 NT 커널의 민감한 부분을 보호하기 위한 목적으로 하이퍼가드에서 광범위하게 사용한다. NT 커널에 설치된 악성 루트킷이 보호 레지스터(예를 들어 syscall 핸들러, CSTAR와 LSTAR 또는 모델별 MSR 레지스터)에 특정 값을 기록해 시스템을 수정하려고 하면 보안 커널 인터셉트 핸들러(ShvlpInterceptHandler)는 새 레지스터의 값을 필터링해 허용되지 않는 값이면 VLT 0의 NT 커널에 GPF(일반 보호 에러) 마스크 불가 예외를 주입한다. 이로 인해 즉각적인 버그체크가 발생하며 시스템이 중지된다. 허용되는 값이면 보안 커널은 HvSetVpRegisters 하이퍼콜을 통해 하이퍼바이저를 사용해 레지스터의 새 값을 쓴다(이 경우 보안 커널은 레지스터에 대한 접근을 대리 처리한다).

하이퍼콜 제어

보안 커널이 하이퍼바이저에 등록하는 마지막 인터셉트 유형은 하이퍼콜 인터셉트다. 하이퍼콜 인터셉트의 핸들러는 VTL 0 코드가 하이퍼바이저로 보낸 하이퍼콜이 합법적이고, 일부 외부 모듈을 통하지 않고 운영체제 자체에서 시작된 것인지 확인한다. 설계상 VTL에서 하이퍼콜이 발생할 때마다 하이퍼바이저에서 **VMEXIT**가 발생한다. 하이퍼콜은 각 VTL의 커널 구성 요소가 서로 간에(그리고 하이퍼바이저 자체에) 서비스를 요청하는 데 사용하는 기본 서비스다. 하이퍼바이저는 하이퍼바이저에 직접 서비스를 요청하는 데 사용하는 하이퍼콜에 대해서만 상위 VTL에 가상 인터셉트 인터럽트를 주입하고 보안 커널에 대한 보안 및 일반 호출에 사용

하는 모든 하이퍼콜을 건너뛴다.

하이퍼콜이 유효한 것으로 인식되지 않으면 실행되지 않는다. 이 경우 보안 커널은 하이퍼콜 에러를 알리기 위한 목적으로 하위 VTL의 레지스터를 업데이트한다. 이로 인한 시스템 중단은 발생하지 않는다(이 동작은 나중에 변경될 수 있다). 호출자 쪽 코드에서 에러를 관리하는 방법을 결정할 수 있다.

VSM 시스템 콜

이전에 소개했듯이 VSM은 하이퍼콜을 사용해 보안 커널에 서비스를 요청한다. 하이퍼콜은 원래 하이퍼바이저에 서비스를 요청하는 방식으로 설계됐지만 VSM에서는 새로운 유형의 시스템 콜을 지원하도록 확장됐다.

- 보안 호출은 보안 커널에 대한 서비스를 요구하고자 VTL 0의 일반 NT 커널에서 발생한다.
- 일반 호출은 VTL 0에서 실행되는 NT 커널이 제공하는 서비스가 필요할 때 VTL 1의 보안 커널에 의해 요청된다. 또한 그중 일부는 IMU에서 실행되는 보안 프로세스(트러스트렛)에 의해 보안 커널이나 일반 NT 커널에서 서비스를 요청하고자 사용한다.

이러한 종류의 시스템 콜은 하이퍼바이저, 보안 커널과 일반 NT 커널에서 구현된다. 하이퍼바이저는 HvVtlCall과 HvVtlReturn 같은 서로 다른 VTL 간의 전환을 위한 2가지 하이퍼콜을 정의한다. 보안 커널과 NT 커널은 보안 및 일반 호출을 디스패치하는 데 사용되는 디스패치 루프를 정의한다.

또한 보안 커널은 다른 유형의 시스템 콜인 보안 시스템 콜을 구현하는데, IUM에서 실행되는 보안 프로세스(트러스트렛)에만 서비스를 제공한다. 이러한 시스템 콜은 일반 NT 커널에 노출되지 않으며 보안 시스템 콜을 처리하는 동안 하이퍼바이저는 전혀 관여하지 않는다.

가상 프로세스 상태

보안 및 일반 호출 아키텍처를 살펴보기 전에 가상 프로세서가 VTL 전환을 관리하는 방법을 분석해보자. 보안 VTL은 페이징이 활성화된 상태에서 항상 롱 모드 long mode(CPU가 64비트 전용 명령과 레지스터에 접근하는 AMD64 프로세서의 실행 모델)에서 작동하며 다른 실행 모델은 지원되지 않는다. 이는 보안 VTL의 실행과 관리를 단순화하고 보안 모드에서 실행되는 코드에 대한 추가 보호 수준을 제공한다(다른 중요한 의미는 이 장의 뒷부분에서 설명한다).

효율성을 위해 가상 프로세서에는 VTL 간에 공유되는 레지스터와 각 VTL에 전용 private 레지스터가 있다(VTL 간에 전환할 때 공유 레지스터의 상태는 변경되지 않음). 이를 통해 VTL 간에 소량의 정보를 빠르게 전달할 수 있으며 VTL 간에 전환할 때 콘텍스트 전환 오버헤드도 줄일 수 있다. 각 VTL에는 해당 VTL에서만 접근할 수 있는 자체 전용 레지스터 인스턴스가 있다. 하이퍼바이저는 VTL 간에 전환할 때 해당 전용 레지스터의 내용을 저장하고 복원하는 작업을 처리한다. 따라서 가상 프로세서에서 VTL을 입력할 때 전용 레지스터의 상태에는 가상 프로세서가 해당 VTL을 마지막으로 실행했을 때와 동일한 값이 포함된다.

대부분의 가상 프로세서 레지스터 상태는 VTL 간에 공유된다. 특히 범용 레지스터, 벡터 레지스터, 부동소수점 레지스터는 RIP 및 RSP 레지스터와 같은 몇 가지 예외를 제외하고 모든 VTL 간에 공유된다. 전용 레지스터에는 일부 제어 레지스터, 일부 아키텍처 레지스터, 하이퍼바이저 가상 MSR이 포함된다. 보안 인터셉트 메커니즘(자세한 내용은 앞 절 참고)은 보안 환경이 일반 모드 환경에서 접근 가능한 MSR을 제어하는 데 사용된다. 표 9-3에는 VTL 간에 공유되는 레지스터와 각 VTL에 대해 전용 레지스터가 요약돼 있다.

표 9-3 VTL별 가상 프로세서 레지스터 상태

유형	범용 레지스터	MSR
공유(Shared)	Rax, Rbx, Rcx, Rdx, Rsi, Rdi, Rbp CR2 R8 – R15 DR0 – DR5 X87 부동소수점 상태 XMM 레지스터 AVX 레지스터 XCR0(XFEM) DR6(프로세서 의존적)	HV_X64_MSR_TSC_FREQUENCY HV_X64_MSR_VP_INDEX HV_X64_MSR_VP_RUNTIME HV_X64_MSR_RESET HV_X64_MSR_TIME_REF_COUNT HV_X64_MSR_GUEST_IDLE HV_X64_MSR_DEBUG_DEVICE_OPTIONS HV_X64_MSR_BELOW_1MB_PAGE HV_X64_MSR_STATS_PARTITION_RETAIL_PAGE HV_X64_MSR_STATS_VP_RETAIL_PAGE MTRR과 PAT MCG_CAP MCG_STATUS
전용(Private)	RIP, RSP RFLAGS CR0, CR3, CR4 DR7 IDTR, GDTR CS, DS, ES, FS, GS, SS, TR, LDTR TSC DR6(프로세서 의존적)	SYSENTER_CS, SYSENTER_ESP, SYSENTER_EIP, STAR, LSTAR, CSTAR, SFMASK, EFER, KERNEL_GSBASE, FS.BASE, GS.BASE HV_X64_MSR_HYPERCALL HV_X64_MSR_GUEST_OS_ID HV_X64_MSR_REFERENCE_TSC HV_X64_MSR_APIC_FREQUENCY HV_X64_MSR_EOI HV_X64_MSR_ICR HV_X64_MSR_TPR HV_X64_MSR_APIC_ASSIST_PAGE HV_X64_MSR_NPIEP_CONFIG HV_X64_MSR_SIRBP HV_X64_MSR_SCONTROL HV_X64_MSR_SVERSION HV_X64_MSR_SIEFP HV_X64_MSR_SIMP HV_X64_MSR_EOM HV_X64_MSR_SINT0 ? HV_X64_MSR_SINT15 HV_X64_MSR_STIMER0_CONFIG ? HV_X64_MSR_STIMER3_CONFIG HV_X64_MSR_STIMER0_COUNT -HV_X64_MSR_STIMER3_COUNT Local APIC registers(CR8/TPR 포함)

보안 호출

NT 커널이 보안 커널에서 제공하는 서비스가 필요할 때 `VslpEnterIumSecureMode`라는 특수 함수를 사용한다. 이 함수는 작업 종류(서비스 호출, TB 플러시, 스레드 재개 또는 엔클레이브enclave 호출), 보안 호출 번호와 최대 12개의 8바이트 매개변수를 위한 104바이트 데이터 구조체(SKCALL이라고 함)를 받는다. 이 함수는 필요한 경우 프로세서의 IRQL을 높이고 보안 스레드 쿠키의 값을 결정한다. 이 값은 보안 스레드가 요청을 처리할 보안 커널과 통신한다. 그런 다음 보안 호출 디스패치 루프를 (재)시작한다. 각 VTL의 실행 가능성 상태는 다른 VTL에 의존하는 상태 머신이다.

`VslpEnterIumSecureMode` 함수에서 설명한 이 루프는 VTL 0에서 그림 9-33의 왼쪽에 표시된 모든 작업을 관리한다(보안 인터럽트는 제외). NT 커널은 보안 커널로 진입하기로 결정할 수 있고 보안 커널은 일반 NT 커널로 진입하기로 결정할 수 있다. 루프는 `HvlSwitchToVsmVtl1` 함수(호출자가 요청한 작업 지정)를 통해 보안 커널에 들어가는 것으로 시작한다. 보안 커널이 VTL 스위치를 요청할 경우에만 리턴되는 후자의 함수는 모든 공유 레지스터를 저장하고 일부 잘 정의된 CPU 레지스터(RBX와 SSE 레지스터 XMM10 ~ XMM15)에 전체 **SKCALL** 데이터 구조체를 복사한다. 마지막으로 하이퍼바이저에 **HvVtlCall** 하이퍼콜을 내보낸다. 하이퍼바이저는 대상 VTL로 전환하고(저장된 VTL별 VMCS를 로드해) VTL 보안 호출 진입 이유를 VTL 제어 페이지에 쓴다. 실제로 보안 VTL이 입력된 이유를 결정할 수 있도록 하이퍼바이저는 각 보안 VTL이 공유하는 정보 메모리 페이지를 유지 관리한다. 이 페이지는 하이퍼바이저와 가상 프로세서의 보안 VTL에서 실행되는 코드 간의 양방향 통신에 사용된다.

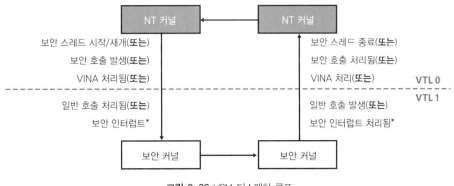

그림 9-33 VSM 디스패치 루프

가상 프로세서는 보안 커널의 `SkCallNormalMode` 함수에서 VTL 1 콘텍스트에서 실행을 다시 시작한다. 함수의 코드는 VTL 진입 이유를 읽고 보안 인터럽트가 아닌 경우 현재 프로세서 SKPRCB(보안 커널 프로세서 제어 블록)를 로드하고 실행할 스레드를 선택한 다음(보안 스레드 쿠키에서 시작) 공유된 CPU에서 `SKCALL` 데이터 구조체의 내용을 메모리 버퍼에 복사한다. 마지막으로 `IumInvokeSecureService` 디스패처 루틴을 호출한다. 이 루틴은 요청된 보안 호출을 처리할 호출을 올바른 함수에 디스패치해 처리한다(VTL 1에서 디스패치 루프의 일부를 구현함).

이해해야 할 중요 개념은 보안 커널이 VTL 0 메모리를 매핑하고 접근할 수 있으므로 하나 이상의 매개변수가 가리키는 최종 데이터 구조체를 VTL 1 메모리에 마샬링하고 복사할 필요가 없다는 것이다. 이 개념은 다음 절에서 다룰 일반 호출에는 적용되지 않는다.

이전에 살펴봤듯이 보안 인터럽트(와 인터셉트)는 VTL 0에서 실행되는 모든 코드를 선점하는 하이퍼바이저에 의해 전달된다. 이 경우 VTL 1 코드가 실행을 시작하면 인터럽트를 올바른 ISR에 전달한다. ISR이 완료된 후 보안 커널은 즉시 `HvVtlReturn` 하이퍼콜을 내보낸다. 결과적으로 VTL 0의 코드는 보안 호출 디스패치 루프에 없는 이전에 중단된 지점에서 실행을 재개한다. 따라서 보안 인터럽트는 VTL 스위치를 생성하더라도 디스패치 루프의 일부가 아니다.

일반 호출

일반 호출은 보안 호출과 유사(VTL 1에 비슷한 디스패치 루프인 일반 호출 루프 존재)하게 관리되지만 몇 가지 중요한 차이점이 있다.

- 모든 공유 VTL 레지스터는 보안 커널에 의해 안전하게 정리된 후 하이퍼바이저로 `HvVtlReturn`을 전송해 VTL을 전환한다. 이렇게 하면 모든 종류의 보안 데이터가 일반 모드로 유출되는 것을 방지할 수 있다.
- 일반 NT 커널은 보안 VTL 1의 메모리를 읽을 수 없다. 정상적인 호출에 필요한 `syscall` 매개변수와 데이터 구조를 올바르게 전달하려면 보안 커널과 일반 커널이 공유할 수 있는 메모리 버퍼가 필요하다. 보안 커널은 `ALLOCATE_VM` 일반 호출(매개변수로 포인터를 전달할 필요가 없음)을 사용해 이 공유 버퍼

를 할당한다. 이는 NT 일반 커널의 MmAllocateVirtualMemory 함수로 전달된다. 할당된 메모리는 동일한 가상 주소의 보안 커널에서 다시 매핑되고 보안 프로세스에서 공유 메모리 풀의 일부가 된다.

- 이 장의 뒷부분에서 설명하겠지만 IMU는 원래 특별한 Win32 실행 파일을 실행할 수 있게 설계됐다. 수정되지 않은 표준 Ntdll.dll과 KernelBase.dll 라이브러리는 IUM에서도 매칭된다. 이 사실은 보안 커널에 의해 프록시되는 거의 모든 기본 NTAPI(Kernel32.dll과 기타 많은 유저 모드 라이브러리가 의존하는)를 요구한다는 중요한 문제를 야기한다.

이런 문제를 올바르게 처리하고자 보안 커널에는 공유 버퍼의 NT API 매개변수가 가리키는 데이터 구조체를 식별하고 정상적으로 복사하는 마샬러가 포함돼 있다. 마샬러는 보안 프로세스 메모리 풀에서 할당될 공유 버퍼의 크기를 결정할 수 있다. 보안 커널은 다음 3가지 유형의 일반 호출을 정의한다.

- **비활성화된 일반 호출**은 보안 커널에서 구현되지 않으며 IUM에서 호출될 경우 STATUS_INVALID_SYSTEM_SERVICE 종료 코드와 함께 실패한다. 이런 종류의 호출은 보안 커널 자체에서 직접 호출할 수 없다.
- **활성화된 일반 호출**은 NT 커널에서만 구현되며 Ntdll.dll을 통해 원래 Nt 또는 Zw 버전의 IUM에서 호출할 수 있다. 보안 커널도 활성화된 일반 호출을 요청할 수 있지만 일반 호출 번호를 로드하는 약간의 스텁 코드를 통해서만 해당 번호에서 가장 높은 비트를 설정하고 일반 호출 디스패처(IumGenericSyscall 루틴)를 호출한다. 최상위 비트는 IUM에 로드된 Ntdll.dll 모듈이 아닌 보안 커널 자체에 필요한 일반 호출을 식별한다.
- **특수 일반 호출**은 원래 함수의 결과를 필터링하거나 코드를 완전히 재설계할 수 있는 보안 커널(VTL 1)에서 부분적 또는 완전히 구현된다.

활성화나 특수 일반 호출은 KernelOnly로 표시될 수 있다. 후자의 경우 일반 호출은 보안 커널 자체에서만 요청할 수 있으며 보안 프로세스에서는 요청할 수 없다. Vol.1의 3장에서 활성화된 특수 일반 호출(VSM에서 실행되는 소프트웨어에서 호출할 수 있음) 목록을 '트러스트렛 접근 가능 시스템 콜' 절에서 이미 제공했다.

그림 9-34는 특수 일반 호출의 예에서 LsaIso 트러스트렛은 NtQueryInformation
Process 기본 API를 호출해 특정 프로세스의 정보를 요청했다. IUM에 매핑된
Ntdll.dll은 시스템 콜 번호를 준비하고 보안 커널(VTL 1)에 있는 KiSystemService
Start 전역 시스템 콜 디스패처로 실행 흐름을 전송하는 SYSCALL 명령을 실행한
다. 전역 시스템 콜 디스패처는 시스템 콜 번호가 일반 호출에 속하는 것으로 인
식하고 해당 번호를 사용해 일반 호출 디스패치 테이블을 나타내는 IumSyscall
DispatchTable 배열에 접근한다.

일반 호출 디스패치 테이블에는 보안 커널 시작(이 장의 뒷부분에서 설명)의 단계 0에서
생성되는 압축된 항목의 배열이 포함돼 있다. 각 항목에는 대상 함수에 대한 오프
셋(테이블 자체와 관련해 계산됨)과 인수 개수(일부 플래그 포함)가 포함된다. 테이블의 모든 오프셋
은 초기에 일반 호출 디스패처 루틴(IumGenericSyscall)을 가리키게 계산된다. 첫 번째
초기화 주기 후에 보안 커널 시작 루틴은 특수 호출을 나타내는 각 항목을 패치
한다. 새 오프셋은 보안 커널에서 일반 호출을 구현하는 코드 부분을 가리킨다.

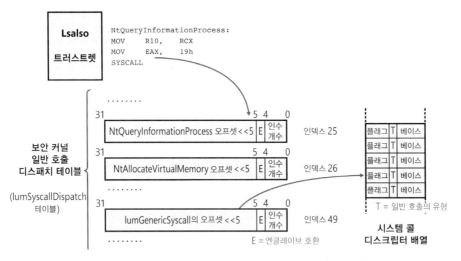

그림 9-34 NtQueryInformationProcess API에 대한 특수한 일반 호출을 수행하는 트러스트렛

결과적으로 그림 9-34에서 전역 시스템 콜 디스패처는 보안 커널에 구현된
NtQueryInformationProcess 함수 부분으로 실행을 전송한다. 디스패처는 요청된
정보 클래스가 보안 커널에 노출된 작은 하위 집합 중 하나인지 확인하고 작은
스텁 코드를 사용해 일반 호출 디스패처 루틴(IumGenericSyscall)을 호출한다.

그림 9-35는 **NtQueryInformationProcess** API에 대한 **syscall** 셀렉터 번호를 보여준다. 스텁은 시스템 콜 번호의 최상위 비트(N비트)를 설정해 보안 커널에서 일반 호출을 요청했음을 나타낸다. 일반 호출 디스패처는 매개변수를 확인하고 각 인수를 마샬링하고 공유 버퍼의 오른쪽 오프셋에 복사할 수 있는 마샬러를 호출한다. 셀렉터에는 일반 호출과 보안 시스템 콜을 구분하는 또 다른 비트가 있다. 이는 이 장의 뒷부분에서 설명한다.

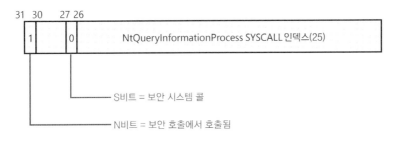

그림 9-35 보안 커널의 Syscall 셀렉터 번호

마샬러는 각각의 일반 호출을 설명하는 2가지 중요한 배열, 즉 셀렉터 배열(그림 9-34의 오른쪽에 표시됨)과 인수 디스크립터 배열을 통해 동작한다. 마샬러는 필요한 모든 정보를 이 배열에서 가져올 수 있다. 일반 호출 유형, 마샬링 함수 인덱스, 인수 유형, 크기와 가리키는 데이터 유형(인수가 포인터인 경우) 등이 이에 포함된다.

공유 버퍼가 마샬러에 의해 올바르게 채워진 후 보안 커널은 **SKCALL** 데이터 구조체를 컴파일하고 일반 호출 디스패처 루프(SkCallNormalMode)에 진입한다. 루프의 이 부분은 모든 공유 가상 CPU 레지스터를 저장하거나 지우고, 인터럽트를 비활성화하고, 스레드 콘텍스트를 PRCB 스레드로 이동시킨다(스레드 스케줄링에 대한 자세한 내용은 이 장의 뒷부분에 설명한다). 그런 다음 일부 공유 레지스터에 있는 **SKCALL** 데이터 구조체의 내용을 복사한다. 마지막 단계로 **HvVtlReturn** 하이퍼콜을 통해 하이퍼바이저를 호출한다.

이제 VTL 0의 보안 호출 디스패치 루프에서 코드 실행이 다시 시작되며 대기열에 보류 중인 인터럽트가 있고 허용 IRQL 상태면 정상적으로 처리된다. 루프는 정상적인 호출 작업 요청을 인식하고 VTL 0에 구현된 **NtQueryInformationProcess** 함수를 호출한다. 함수가 처리를 완료하면 루프가 다시 시작되고 보안 호출의 경우

HvlSwitchToVsmVtl1 루틴을 통해 보안 커널로 재진입한다. 다만 스레드 재개 Resume thread 요청의 경우는 다르다. 이름에서 알 수 있듯이 보안 커널이 원래 보안 스레드로 전환하고 일반 호출을 실행하고자 선점된 실행을 계속할 수 있게 한다.

활성화된 일반 호출의 구현은 해당 호출이 일반 호출 디스패처 루틴인 IumGeneric Syscall을 직접 가리키는 일반 호출 디스패치 테이블에 항목이 있다는 점을 제외 하면 동일하다. 이런 방식으로 코드는 보안 커널의 API 구현 코드를 건너뛰고 핸들러로 직접 전달된다.

보안 시스템 콜

보안 커널에서 사용할 수 있는 마지막 유형인 이 시스템 콜은 NT 커널이 VTL 0 유저 모드 소프트웨어에 제공하는 표준 시스템 콜과 유사하다. 보안 시스템 콜은 보안 프로세스(신뢰할 수 있는 프로세스)에 서비스를 제공하기 위해서만 사용된다. VTL 0 소프트웨어는 보안 시스템 콜을 어떤 방식으로든 발생시킬 수 없다. 이 장의 뒷부 분에 나오는 '격리된 유저 모드' 절에서 설명하겠지만 모든 트러스트렛(신뢰할 수 있는 프로세스)은 주소 공간에서 IUM 기본 계층 Dll인 Iumdll.dll을 매핑한다. Iumdll.dll은 VTL 0의 Ntdll.dll과 동일한 작업(유저 모드 애플리케이션에 대한 기본 시스템 콜 스텁 기능을 구현)을 수행 한다. 스텁은 레지스터의 syscall 번호를 복사하고 SYSCALL 명령을 발생시킨다 (명령은 플랫폼에 따라 다른 옵코드를 사용한다).

보안 시스템 콜 번호는 항상 28번째 비트가 1로 설정돼 있다(AM64 아키텍처에서는 ARM64가 16번째 비트를 사용). 이런 방식으로 전역 시스템 콜 디스패처(KiSystemServiceStart)는 시스템 콜 번호가 보안 시스템 콜(일반 호출이 아님)에 속한다는 것을 인식하고 보안 시스템 콜 디스패치 테이블을 나타내는 SkiSecureServiceTable로 전환한다. 일반 호출의 경 우와 마찬가지로 전역 디스패처는 호출 번호가 유효한지 확인하고 필요한 경우 매개변수용 스택 공간을 할당한다. 그런 다음 시스템 콜의 최종 주소를 계산하고 코드 실행을 전달한다.

전반적으로 코드 실행은 VTL 1에 남아 있지만 가상 프로세서의 현재 권한 수준은 3(유저 모드)에서 0(커널 모드)으로 상승한다. 보안 시스템 콜을 위한 디스패치 테이블은 보안 커널 시작의 0단계에서 일반 호출 디스패치 테이블과 유사하게 압축되지만 테이블의 모든 항목은 유효하며 보안 커널에서 구현된 기능을 가리킨다.

보안 스레드와 스케줄링

'격리된 유저 모드' 절에서 설명하겠지만 VSM의 실행 단위는 보안 프로세스에서 설명하는 주소 공간에 있는 보안 스레드다. 보안 스레드는 커널 모드나 유저 모드 스레드일 수 있다. VSM은 각 유저 모드 보안 스레드와 VTL 0에 있는 일반 스레드 간의 엄격한 관계를 유지한다.

실제로 보안 커널 스레드 스케줄링은 일반 NT 커널에 완전히 의존한다. 보안 커널은 설계적으로는 공격 표면을 줄이고자 독립적인 스케줄러를 포함하지 않는다. Vol.1의 3장에서 NT 커널이 프로세스와 관련 초기 스레드를 생성하는 방법을 설명했으며, 4단계인 '초기 스레드, 스택 및 콘텍스트 생성' 절에서는 스레드 생성이 두 부분으로 수행된다고 설명했다.

- 실행 스레드 객체가 생성되고 커널과 유저 스택이 할당된다. KeInitThread 루틴은 유저 모드 스레드에 대한 초기 스레드 콘텍스트를 설정하고자 호출된다. KiStartUserThread는 새 스레드의 콘텍스트에서 실행될 첫 번째 루틴으로, 스레드의 IRQL을 낮추고 PspUserThreadStartup을 호출한다.
- 실행 제어는 NtCreateUserProcess로 반환되며 이후 단계에서 PspInsertThread 를 호출해 스레드 초기화를 완료하고 이를 객체 관리자의 네임스페이스에 추가한다.

작업의 일부로 PspInsertThread에서 스레드가 보안 프로세스에 속해 있음을 감지하면 VslCreateSecureThread를 호출한다. 이 스레드는 이름에서 알 수 있듯이 스레드 생성 보안 서비스 호출을 사용해 연결된 보안 스레드를 생성하도록 보안 커널에 요청한다. 보안 커널은 매개변수를 확인하고 프로세스의 보안 이미지 데이터 구조체를 가져온다(자세한 내용은 이 장의 뒷부분에서 설명한다). 그런 다음 보안 스레드 객체와 해당 TEB를 할당하고 초기 스레드 콘텍스트(실행될 첫 번째 루틴은 SkpUserThreadStartup)를 만든 다음 마지막으로 스레드를 스케줄링 가능하게 만든다. VTL 1의 보안 서비스 핸들러는 스레드를 실행할 준비가 된 것으로 표시한 후 ETHREAD 데이터 구조체에 저장된 특정 스레드 쿠키 값을 반환한다.

새 보안 스레드는 여전히 VTL 0에서 시작한다. Vol.1 3장의 '7단계' 절에서 설명한 대로 PspUserThreadStartup은 새 콘텍스트에서 유저 스레드의 최종 초기화를 수행한다. 스레드의 소유 프로세스가 트러스트렛으로 결정되면 PspUserThreadStartup은 VTL 0의 VslpEnterIumSecureMode 루틴을 통해 보안 호출 디스패치 루프를 호출하는 VslStartSecureThread 함수를 호출한다(스레드 생성 보안 서비스 핸들러에서 반환된 보안 스레드 쿠키 전달). 디스패치 루프가 보안 커널에 요청하는 첫 번째 작업은 HvVtlCall 하이퍼콜을 통해 보안 스레드의 실행을 재개하는 것이다.

보안 커널은 VTL 0으로 전환하기 전에는 일반 호출 디스패처 루프(SkCallNormalMode)에서 코드를 실행하고 있었으며, 일반 커널에 의해 실행된 하이퍼콜은 동일한 루프 루틴에서 실행을 다시 시작한다. VTL 1 디스패처 루프는 새 스레드 재개 요청을 인식해서 실행 콘텍스트를 새로운 보안 스레드로 전환하고 주소 공간에 연결해 실행 가능하게 만든다. 콘텍스트 전환의 일부로 이전에 스레드 생성 보안 호출로 초기화된 새 스택이 선택된다. 이 스택은 첫 번째 보안 스레드 시스템 함수인 SkpUserThreadStartup의 주소를 포함하며 일반 NT 스레드의 경우와 유사하게 초기 썽크 콘텍스트^{thunk context}를 설정해 이미지 로더 초기화 루틴(Ntdll.dll의 LdrInitializeThunk)을 실행한다.

생성된 보안 스레드는 시작된 이후에 2가지 중요한 이유로 인해 일반 모드로 돌아갈 수 있다. VTL 0에서 처리해야 하는 일반 호출을 내보내거나 VINA 인터럽트가 코드 실행을 선점하는 경우다. 두 경우는 약간 다른 방식으로 처리되지만 둘 다 정상적인 호출 디스패처 루프(SkCallNormalMode)를 실행한다.

Vol.1의 4장에서 설명한 것처럼 NT 스케줄러는 시스템 클록이 실행될 때마다(보통 15.6밀리초) 인터럽트를 생성하는 프로세서 클록 덕분에 작동한다. 클록 인터럽트 서비스 루틴은 프로세서 시간을 업데이트하고 스레드 퀀텀이 만료되는지 여부를 계산한다. 인터럽트는 VTL 0을 대상으로 하므로 가상 프로세서가 VTL 1에서 코드를 실행할 때 하이퍼바이저는 그림 9-36과 같이 보안 커널에 VINA 인터럽트를 주입한다. VINA 인터럽트는 현재 실행 중인 코드를 선점하고 IRQL을 이전 선점된 코드의 IRQL 값으로 낮추고 VTL 0을 입력하기 위한 VINA 일반 호출을 발생시킨다.

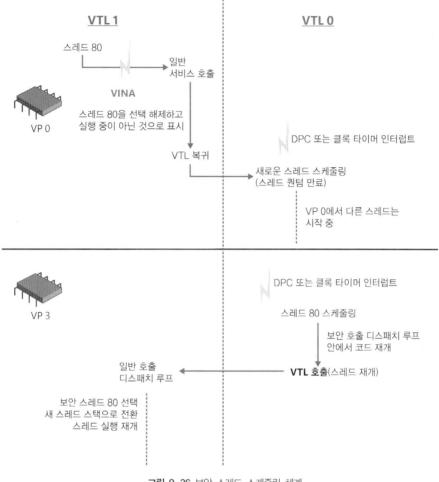

VTL 1

스레드 80

일반
서비스 호출

VINA

VP 0

스레드 80을 선택 해제하고
실행 중이 아닌 것으로 표시

VTL 복귀

VTL 0

DPC 또는 클록 타이머 인터럽트

새로운 스레드 스케줄링
(스레드 퀀텀 만료)

VP 0에서 다른 스레드는
시작 중

VP 3

DPC 또는 클록 타이머 인터럽트

스레드 80 스케줄링

보안 호출 디스패치 루프
안에서 코드 재개

일반 호출
디스패치 루프

VTL 호출(스레드 재개)

보안 스레드 80 선택
새 스레드 스택으로 전환
스레드 실행 재개

그림 9-36 보안 스레드 스케줄링 체계

일반 호출 디스패치의 표준 절차로 보안 커널이 **HvVtlReturn** 하이퍼콜을 내보내기 전에 가상 프로세서의 PRCB에서 현재 실행 스레드를 선택 해제한다. 이는 중요한 부분인데, VTL 1의 VP는 더 이상 스레드 콘텍스트에 연결되지 않으며 다음 루프 주기에서 보안 커널은 다른 스레드로 전환하거나 현재 스레드의 실행 스케줄링을 다시 정할 수 있다.

VTL 전환 후 NT 커널은 보안 호출 디스패치 루프에서 실행을 재개하고 동일하게 새 스레드의 콘텍스트에서 실행된다. 코드를 실행하기 전에 클록 인터럽트 서비스 루틴에 의해 선점될 경우 새로운 퀀텀 값을 계산해서 만료된 경우 다른 스레드의 실행으로 전환될 수 있다. 콘텍스트 전환이 발생하고 다른 스레드가 VTL 1에 진입하면 일반 호출 디스패치 루프는 보안 스레드 쿠키의 값에 따라 다른 보안 스레드를 예약한다.

- 일반 NT 커널이 보안 호출을 전달하고자 VTL 1에 입력한 경우 보안 스레드 풀의 보안 스레드(이 경우 보안 스레드 쿠키는 0임).
- 스레드가 실행을 위해 다시 스케줄링된 경우 새로 생성된 보안 스레드(보안 스레드 쿠키는 유효한 값임). 그림 9-36에서 볼 수 있듯이 새 스레드는 다른 가상 프로세서(예제에서는 VP3)에 의해 다시 스케줄링될 수 있다.

앞서 소개한 스키마에서는 모든 스케줄링 결정이 VTL 0에서만 수행되고 보안 호출 루프와 일반 호출 루프가 연동돼 VTL 1에서 보안 스레드 콘텍스트를 정상적으로 변경한다. 모든 보안 스레드는 일반 커널에 관련된 스레드를 사용하지만 그 반대인 경우에는 다르고 VTL 0의 일반 스레드가 보안 호출을 수행하기로 판단하면 보안 커널은 스레드 풀에서 임의의 스레드 콘텍스트를 사용해 요청을 수행한다.

하이퍼바이저 적용 코드 무결성

하이퍼바이저 적용 코드 무결성(HVCI, Hypervisor Enforced Code Integrity)은 디바이스 가드(Device Guard)를 강화하고 VTL 0 커널 메모리의 W∧X(더블유 엑스 또는 엑스라고 발음) 특성을 제공하는 기능이다. NT 커널은 보안 커널의 도움 없이 커널 모드에서 모든 종류의 실행 가능한 메모리를 매핑하고 실행할 수 없다. 보안 커널은 적절한 디지털 서명 드라이버만 시스템 커널에서 실행할 수 있게 한다. 다음 절에서 설명하는 것처럼 보안 커널은 일반 NT 커널에 할당된 모든 가상 페이지를 추적한다. NT 커널에서 실행 가능한 것으로 표시된 메모리 페이지는 권한 있는 페이지로 간주된다. SKCI 모듈이 내용을 올바르게 확인한 후에는 보안 커널만 페이지를 변경할 수 있다.

HVCI에 대한 자세한 내용은 Vol.1 7장의 '디바이스 가드'와 '자격증명 가드' 절에서 확인할 수 있다.

UEFI 런타임 가상화

보안 커널에서 제공하는 또 다른 서비스(HVCI가 활성화된 경우)는 UEFI 런타임 서비스를 가상화하고 보호하는 기능이다. 12장에서 설명하겠지만 UEFI 펌웨어 서비스는 주로 커다란 함수 포인터 테이블을 사용해 구현된다. OS가 제어권을 갖고 **ExitBootServices** 함수를 호출한 후 테이블의 일부가 메모리에서 삭제되지만 런타임 서비스를 나타내는 테이블의 다른 부분은 OS가 이미 시스템을 완전히 제어한 후에도 매핑된 상태를 유지한다. 실제로 이는 OS가 UEFI 구성 및 서비스와 상호작용해야 할 때 필요하다.

모든 하드웨어 공급업체는 자체적으로 UEFI 펌웨어를 구현한다. HVCI 환경에서는 펌웨어가 실행 가능한 각 메모리 페이지의 쓰기 불가능 상태를 제공하고자 협력해야 한다(펌웨어 페이지는 읽기, 쓰기와 실행 상태로 VTL 0에 매핑될 수 없음). UEFI 펌웨어가 있는 메모리 범위는 EFI 메모리 맵에 있는 여러 **MEMORY_DESCRIPTOR** 데이터 구조체로 기술된다. 윈도우 로더는 UEFI 펌웨어의 메모리를 적절하게 보호하고자 이 데이터를 파싱한다. 불행히도 UEFI의 원래 구현에서는 코드와 데이터가 단일 섹션이나 여러 섹션에 혼합돼 저장되고 연관된 메모리 디스크립터를 통해 기술된다. 또한 일부 디바이스 드라이버는 UEFI의 메모리 영역에서 구성 데이터를 직접 읽거나 쓴다. 물론 이런 행위는 HVCI와 호환되지 않는다.

이 문제를 극복하고자 보안 커널은 다음 2가지 정책을 사용한다.

- UEFI 펌웨어의 새 버전(UEFI 2.6 이상 사양 준수)은 메모리 속성 테이블(MAT, Memory Attribute Table)이라고 하는 새 구성 테이블(부팅 서비스 테이블에 연결됨)을 유지 관리한다. MAT는 EFI 메모리 맵에 의해 정의된 메모리 디스크립터의 하위 섹션인 UEFI 메모리 영역의 세분화된 섹션을 정의한다. 각 섹션은 실행 및 쓰기 가능한 보호 속성 모두 포함하지 않는다.
- 이전 펌웨어의 경우 보안 커널은 읽기 전용 접근 권한으로 전체 UEFI 펌웨어 영역의 물리적 메모리를 VTL 0에 매핑한다.

첫 번째 정책에서는 부팅 시 윈도우 로더가 EFI 메모리 맵과 MAT 모두에서 찾은 정보를 병합해 전체 펌웨어 영역을 정확하게 설명하는 메모리 디스크립터 배열을 만든다. 그리고 VTL 1(최대 절전 모드에서 사용)에 있는 예약된 버퍼에 복사하고 각 펌웨어 섹션이 W^X 가정을 위반하지 않는지 확인한다. 문제가 없다면 보안 커널이 시작될 때 기본 UEFI 펌웨어 영역에 속한 모든 페이지에 적절한 SLAT 보호를 적용한다. 물리 페이지는 SLAT에 의해 보호되지만 VTL 0의 가상 주소 공간은 여전히 완전한 RWX로 표시된다. 가상 메모리의 RWX 보호를 유지하는 것은 MAT 항목에 적용된 보호가 변경될 수 있는 시나리오에서 보안 커널이 최대 절전 모드에 다시 시작을 지원해야 하기 때문에 중요하다. 또한 이는 쓰기가 올바른 섹션에서 수행된다는 가정하에 UEFI 메모리 영역에서 직접 읽거나 쓰는 이전 드라이버와의 호환성을 유지한다(또한 UEFI 코드는 VTL 0에 매핑된 자체 메모리에 쓸 수 있어야 한다). 이 정책을 사용하면 보안 커널이 VTL 1의 펌웨어 코드 매핑을 피할 수 있다. VTL 1에 남아 있는 펌웨어의 유일한 부분은 런타임 기능 테이블 자체다. VTL 1에 테이블을 유지하면 최대 절전 모드에서 다시 시작하는 코드가 UEFI 런타임 서비스의 함수 포인터를 직접 갱신할 수 있다.

두 번째 정책은 최적이 아니며 HVCI가 활성화된 상태에서 이전 시스템을 실행하기 위해서만 사용한다. 보안 커널이 펌웨어에서 MAT를 찾지 못하면 VTL 1에서 전체 UEFI 런타임 서비스 코드를 매핑하는 것 외에는 선택의 여지가 없다. 역사적으로 UEFI 펌웨어 코드(특히 SMM에서)에서 여러 버그가 발견된다. VTL 1에서 펌웨어를 매핑하는 것은 위험할 수 있지만 HVCI와 호환되는 유일한 해결책이다(이전에 언급한 대로 새 시스템은 VTL 1에서 UEFI 펌웨어 코드를 매핑하지 않는다). 시작 시 NT Hal은 HVCI가 켜져 있고 펌웨어가 VTL 1에 완전히 매핑됐음을 감지한다. 따라서 내부 EFI 서비스 테이블의 포인터를 UEFI 래퍼 테이블이라는 새 테이블로 전환한다. 래퍼 테이블의 항목에는 `INVOKE_EFI_RUNTIME_SERVICE` 보안 호출을 사용해 VTL 1에 입력하는 스텁 루틴이 포함돼 있다. 보안 커널은 매개변수를 마샬링하고 펌웨어 호출을 실행하며 결과를 VTL 0에 제공한다. 이 경우 전체 UEFI 펌웨어를 설명하는 모든 물리 메모리는 여전히 VTL 0에서 읽기 전용 모드로 매칭된다. 이것의 목표는 드라이버가 UEFI 펌웨어 메모리 영역(예를 들어 ACPI 테이블)에서 정보를 정상적으로 읽을 수 있게 하는 것이다. UEFI 메모리 영역에 직접 쓰는 이전 드라이버는 이 시나리오에서 HVCI와 호환되지 않는다.

보안 커널이 최대 절전 모드에서 다시 시작되면 새 서비스의 위치를 가리키게 메모리 내 UEFI 서비스 테이블을 갱신한다. 또한 새로운 UEFI 펌웨어가 있는 시스템에서 보안 커널은 VTL 0에 매핑된 각 메모리 영역에 SLAT 보호를 다시 적용한다(윈도우 로더는 필요한 경우 해당 영역의 가상 주소를 변경할 수 있음).

VSM 시작

12장에서 윈도우의 시작과 종료 메커니즘을 전체적으로 설명하지만 이 절에서는 보안 커널과 모든 VSM 인프라가 시작되는 방식을 설명한다. 보안 커널은 하이퍼바이저, 윈도우 로더와 NT 커널이 제대로 시작돼야 동작한다. 윈도우 로더와 하이퍼바이저 로더, 보안 커널이 VTL 0에서 이 두 모듈에 의해 초기화되는 준비 단계는 12장에서 다룬다. 이 절에서는 securekernel.exe 바이너리에서 구현되는 VSM 시작 방법을 중점적으로 설명한다.

securekernel.exe 바이너리에 의해 실행된 첫 번째 코드는 VTL 0에서 실행된다. 이미 하이퍼바이저는 시작됐고 VTL 1에 사용된 페이지 테이블은 구축이 완료된 상태다. 보안 커널은 VTL 0에서 다음 구성 요소를 초기화한다.

- 메모리 관리자의 초기화 기능은 VTL 0 루트 레벨 페이지 구조체의 PFN을 저장하고 코드 무결성 데이터를 저장하며 HVCI, 모드 기반 실행 제어[MBEC], 커널 CFG와 핫패칭을 활성화한다.
- GDT 및 IDT와 같은 공유 아키텍처별 CPU 구성 요소
- 일반 호출과 보안 시스템 콜 디스패치 테이블(초기화와 압축)
- 부팅 프로세서로, 부팅 프로세서를 시작하는 프로세스에는 보안 커널이 커널과 인터럽트 스택을 할당해야 한다. 서로 다른 프로세서(예를 들어 TSS) 간에 공유할 수 없는 아키텍처별 구성 요소를 초기화하고 프로세서의 SKPRCB를 할당한다. SKPRCB는 VTL 0의 PRCB 데이터 구조체와 마찬가지로 각 CPU와 관련된 중요한 정보를 저장하는 데 사용되는 중요한 데이터 구조체다.

이제 보안 커널 초기화 코드는 처음으로 VTL 1에 들어갈 준비가 됐다. 하이퍼바이저 서브시스템 초기화 기능(ShvlInitSystem 루틴)은 하이퍼바이저 CPUID 클래스를 통해

하이퍼바이저에 연결하고(자세한 내용은 이전 절 참고) 지원되는 개선 사항을 확인한다. 그런 다음 VTL 1의 페이지 테이블(이전에 윈도우 로더에 의해 생성됨)과 할당된 하이퍼콜 페이지(하이퍼콜 매개변수를 유지하는 데 사용됨)를 저장한다. 그리고 마지막으로 다음과 같은 방식으로 VTL 1을 초기화한다.

1. **HvEnablePartitionVtl** 하이퍼콜을 통해 현재 하이퍼바이저 파티션에 VTL 1을 활성화한다. 하이퍼바이저는 일반 VTL의 기존 SLAT 테이블을 VTL 1에 복사하고 파티션에 MBEC와 새 VTL 1을 활성화한다.

2. **HvEnableVpVtl** 하이퍼콜을 통해 부팅 프로세서에 대해 VTL 1을 활성화한다. 하이퍼바이저는 새로운 레벨별 **VMCS** 데이터 구조체를 초기화하고 컴파일한 다음 SLAT 테이블을 설정한다.

3. 하이퍼바이저를 통해 플랫폼 종속 **VtlCall** 및 **VtlReturn** 하이퍼콜 코드의 위치를 확인한다. VSM 호출을 수행하는 데 필요한 CPU 명령(opcode)은 보안 커널 구현 내에 숨겨져 있다. 이를 통해 대부분의 보안 커널 코드는 플랫폼에 독립적으로 동작한다. 마지막으로 보안 커널은 **HvVtlCall** 하이퍼콜을 통해 VTL 1로 전환한다. 하이퍼바이저는 새 VTL에 대한 **VMCS**를 로드하고 이것으로 변경한다(활성화로 표시). 이를 통해 새로운 VTL을 실행 가능하게 만든다.

보안 커널은 VTL 1에서 복잡한 초기화 절차를 시작한다. 이 절차는 여전히 윈도우 로더와 NT 커널에 의존한다. 이 단계에서 VTL 1 메모리는 VTL 0 안에서 동일하게 매핑된다. 보안 커널과 그 종속 모듈은 여전히 일반 환경으로 접근할 수 있다. VTL 1로 전환한 후에 보안 커널은 부팅 프로세서를 다음과 같이 초기화한다.

1. 하이퍼바이저와 VTL 1 코드 간에 데이터를 공유하고자 하이퍼바이저에서 제공하는 가상 인터럽트 컨트롤러 공유 페이지, TSC와 VP 지원 페이지의 가상 주소를 가져오고 VTL 1의 하이퍼콜 페이지를 매핑한다.

2. 다른 시스템 가상 프로세서가 더 낮은 VTL에 의해 시작될 가능성을 차단하고 하이퍼바이저로 재부팅할 때 메모리가 0으로 채워지도록 요청한다.

3. 부팅 프로세서 인터럽트 디스크립터 테이블IDT, Interrupt Descriptor Table을 초기화하고 설정한다. IPI, 콜백 및 보안 타이머 인터럽트 핸들러를 구성하고 현

재 보안 스레드를 기본 **SKPRCB** 스레드로 설정한다.

4. 부팅 테이블 매핑을 생성하고 VTL 1에서 부팅 로더의 메모리를 매핑하는 VTL 1 보안 메모리 관리자를 시작한다. 그리고 보안 PFN 데이터베이스와 시스템 하이퍼스페이스를 생성하고 보안 메모리 풀 지원을 초기화한 후 VTL 0 로더 블록을 읽어 보안 커널의 임포트 이미지(Skci.dll, Cnfsys, Vmsvcext. sys)의 모듈 디스크립터를 복사한다. 마지막으로 NT 로드 모듈 목록을 탐색해 각 드라이버 상태를 설정하고 각각에 대해 NAR(일반 주소 범위) 데이터 구조체를 만든 후 부트 드라이버 섹션을 구성하는 모든 페이지에 대해 일반 테이블 항목^{NTE, Normal Table Entry}을 컴파일한다. 또한 보안 메모리 관리자 초기화 기능은 각 드라이버 섹션에 올바른 VTL 0 SLAT 보호를 적용한다.

5. HAL, 보안 스레드 풀, 프로세스 서브시스템, 가상 APIC, 보안 PNP와 보안 PCI를 초기화한다.

6. 보안 커널 페이지에 대해 읽기 전용 VTL 0 SLAT 보호를 적용하고 MBEC를 구성하며 부팅 프로세서에서 VINA 가상 인터럽트를 활성화한다.

초기화 중 이 단계가 끝나면 보안 커널은 부팅 로드 메모리를 매핑 해제한다. 다음 절에서 다룰 보안 메모리 관리자는 VTL 1 메모리를 할당하고 해제할 수 있는 VTL 0 메모리 관리자에 따라 다르다.

VTL 1은 물리 메모리를 소유하지 않으므로 이 단계에서 메모리 할당 요청을 충족시키고자 이전에 윈도우 로더에 의해 할당된 물리 페이지에 의존한다. NT 커널이 나중에 시작될 때 보안 커널은 VTL 0 메모리 관리자에 메모리 서비스를 요청하는 일반적인 호출을 수행한다. 결과적으로 보안 커널 초기화의 일부는 NT 커널이 시작된 후로 연기돼야 한다. 실행 흐름은 VTL 0의 윈도우 로더로 복귀하며 NT 커널을 로드하고 시작한다. 보안 커널 초기화의 마지막 부분은 NT 커널 초기화의 0단계와 1단계에서 발생한다(자세한 내용은 12장 참고).

NT 커널 초기화의 0단계에는 여전히 사용할 수 있는 메모리 서비스가 없지만 보안 커널이 일반 환경을 완전히 신뢰하는 마지막 순간이다. 부팅 로드 드라이버는 아직 초기화되지 않았으며 초기 부팅 프로세스는 이미 보안 부팅으로 보호돼 있어야 한다. **PHASE3_INIT** 보안 호출 핸들러는 보안 커널과 종속 모듈에 속하는 모든 물리 페이지의 SLAT 보호를 수정해 VTL 0에 접근할 수 없게 만들고 커널 CFG 비트맵에 읽기 전용 보호를 적용한다. 이 단계에서 보안 커널은 페이지 파일 무결성을 지원하고 초기 시스템 프로세스와 주소 공간을 생성하며 공유 CPU 레지스터(IDT, GDT, Syscall MSR 등)의 모든 '신뢰할 수 있는' 값을 저장한다. 그리고 NTE 데이터베이스를 이용해 공유 레지스터가 가리키는 데이터 구조체를 검증한다. 마지막으로 보안 스레드 풀이 시작되고 객체 관리자, 보안 코드 무결성 모듈(Skci.dll)와 하이퍼가드(HyperGuard)가 초기화된다(하이퍼가드에 대한 자세한 내용은 Vol.1의 7장을 참고한다).

실행 흐름이 VTL 0로 반환되면 NT 커널은 다른 모든 AP(응용 프로세서)를 시작할 수 있다. 보안 커널이 활성화되면 AP 초기화는 약간 다른 방식으로 발생한다(AP 초기화는 다음 절에서 설명).

NT 커널 초기화에서 1단계의 일부로 시스템은 I/O 관리자를 시작한다. Vol.1의 6장에서 다룬 I/O 관리자는 I/O 시스템의 핵심이며 I/O 요청이 디바이스 드라이버에 전달되는 모델을 정의한다. I/O 관리자의 임무 중 하나는 부팅 로드와 ELAM 드라이버를 초기화하고 시작하는 것이다. 유저 모드 시스템 DLL을 매핑하기 위한 특수 섹션을 생성하기 전에 I/O 관리자 초기화 기능은 보안 커널의 마지막 초기화 단계를 시작하고자 **PHASE4_INIT** 보안 호출을 발생시킨다. 이 단계에서 보안 커널은 더 이상 VTL 0을 신뢰하지 않지만 NT 메모리 관리자가 제공하는 서비스를 사용할 수 있다. 보안 커널은 보안 유저 공유 데이터 페이지(VTL 1 유저 모드와 커널 모드 모두에서 매핑됨)의 내용을 초기화하고 이그제큐티브 서브시스템 초기화를 완료한다. 부팅 과정 동안 예약된 리소스를 회수하고 각각의 종속된 모듈의 진입점(특히 일반 부트 드라이버보다 먼저 시작되는 cng.sys와 vmsvcext.sys)을 호출한다. 그리고 최대 절전 모드, 크래시 덤프, 페이징 파일 및 메모리 페이지 무결성의 암호화에 필요한 리소스를 할당한다. 마지막으로 VTL 1 메모리에서 API 세트 스키마 파일을 읽고 매핑한다. 이 단계에서 VSM은 완전히 초기화된다.

응용 프로세서(AP) 시작

보안 커널이 제공하는 보안 기능 중 하나는 시스템 부팅에 사용되지 않는 응용 프로세서(AP, Application Processor)의 시작이다. 시스템이 시작될 때 x86 및 AMD64 아키텍처의 인텔 및 AMD 사양은 다중 프로세서 시스템에서 부팅 스트랩 프로세서^{BSP,} ^{BootStrap Processor}를 선택하는 정확한 알고리듬을 정의한다. 부팅 프로세서는 항상 16비트 리얼 모드(실제 메모리의 1MB에만 접근할 수 있음)에서 시작하고 일반적으로 특정 물리 메모리 위치(재설정 벡터라고 부름)에 있어야 하는 시스템의 펌웨어 코드(대부분의 경우 UEFI)를 실행한다. 부팅 프로세서는 OS, 하이퍼바이저와 보안 커널의 거의 모든 초기화를 실행한다. 다른 비부팅 프로세서를 시작하려면 시스템이 각 프로세서에 속한 로 컬 APIC에 특수 IPI(프로세서 간 인터럽트)를 전달해야 한다. 시작 IPI^{SIPI} 벡터에는 프로세 서 시작 블록의 물리 메모리 주소가 포함돼 있으며, 이는 다음 기본 작업을 수행하 기 위한 명령을 포함하는 코드 블록이다.

1. GDT를 로드하고 16비트 리얼 모드에서 32비트 보호 모드로 전환한다(페이 징이 활성화되지 않음).

2. 기본 페이지 테이블을 설정하고 페이징을 활성화한 다음 64비트 롱 모드 ^{long mode}로 들어간다.

3. 64비트 IDT와 GDT를 로드하고 적절한 프로세서 레지스터를 설정한 다음 OS 시작 함수(KiSystemStartup)로 분기한다.

이런 과정은 악의적인 공격에 취약하며 프로세서 시작 코드는 AP 프로세서에서 실행되는 동안 외부에 의해 수정될 수 있다(이 시점에서 NT 커널은 제어할 수 없음). 이 경우 VSM이 제공하는 모든 보안에 대한 보장은 쉽게 깨질 수 있다. 하이퍼바이저와 보안 커널이 활성화되면 애플리케이션 프로세서는 여전히 NT 커널에 의해 시작 되지만 하이퍼바이저를 사용한다.

모든 AP 시작을 목표로 NT 커널 초기화(자세한 내용은 12장 참고)의 1단계에서 호출되는 함수인 KeStartAllProcessors는 공유 IDT를 생성하고 다중 APIC 디스크립션 테이 블^{MADT}을 참조해 사용 가능한 모든 프로세서를 열거한다. 발견된 각 프로세서에 대 해 PRCB에 대한 메모리 및 커널과 DPC 스택에 대한 모든 고유 CPU 데이터 구조체 를 할당한다. VSM이 활성화되면 보안 커널에 **START_PROCESSOR** 보안 호출을 전송해 AP를 시작한다. 그리고 프로세서 레지스터와 시작 루틴(KiSystemStartup)의 초깃값을 포 함해 새 프로세서에 할당되고 채워진 모든 데이터 구조체가 유효한지 확인하고 AP 시작이 프로세서당 한 번만 순차적으로 발생하게 한다. 그런 다음 새 애플리케이션 프로세서(특히 SKPRCB)에 필요한 VTL 1 데이터 구조체를 초기화한다. 새 프로세서의 콘텍스트에서 보안 호출을 디스패치하는 데 사용되는 PRCB 스레드가 시작되고 VTL 0 CPU 데이터 구조체는 SLAT를 사용해 보호된다. 보안 커널은 마침내 새로운 애플리케이션 프로세서에 대해 VTL 1을 활성화하고 HvStartVirtualProcessor 하이퍼콜을 사용해 이를 시작한다. 하이퍼바이저는 이 절의 시작 부분에서 설명한 것과 유사하게 시작 IPI를 전송하는 방식으로 AP를 시작하지만 AP는 하이퍼바이저 콘텍스트에서 실행을 시작하고 64비트 롱 모드 실행으로 전환한 다음 VTL 1로 돌아간다.

애플리케이션 프로세서가 실행하는 첫 번째 기능은 VTL 1에 있다. 보안 커널의 CPU 초기화 루틴은 프로세서별 VP 지원 페이지와 SynIC 제어 페이지를 매핑하고 MBEC를 구성하고 VINA를 활성화한다. 그런 다음 HvVtlReturn 하이퍼콜을 통해 VTL 0로 돌아간다. VTL 0에서 실행되는 첫 번째 루틴은 NT 커널이 AP를 관리하는 데 필요한 데이터 구조체를 초기화하고, HAL을 초기화하고, 유휴 루프로 점프하는 KiSystemStartup이다(자세한 내용은 12장 참고). 보안 호출 디스패치 루프는 나중에 첫 번째 보안 호출이 실행될 때 일반 NT 커널에 의해 초기화된다.

이런 방식에서 공격자는 프로세서 시작 블록이나 CPU 레지스터와 데이터 구조체의 초깃값을 수정할 수 없다. 앞서 설명한 보안 AP 시작과 함께 보안 커널에 의해 변조 행위가 탐지되며 시스템 버그를 확인해 공격으로부터 보호한다.

보안 커널 메모리 관리자

보안 커널 메모리 관리자는 NT 메모리 관리자(와 시작 코드에 대한 윈도우 로더 메모리 관리자)에 크게 의존한다. 보안 커널 메모리 관리자를 완전히 설명하는 것은 이 책의 범위를 벗어나므로 여기서는 보안 커널에서 사용되는 가장 중요한 개념과 데이터 구조체에 대해서만 설명한다.

이전 절에서 언급했듯이 보안 커널 메모리 관리자 초기화는 3단계로 나눠지며 가장 중요한 1단계에서 다음을 수행한다.

1. VTL 1의 부팅 로더 펌웨어 메모리 디스크립터 목록을 매핑하고 목록을

검사한 후 초기 시작에 필요한 메모리 할당에 사용할 첫 번째 물리 페이지를 결정한다(이 메모리 유형을 SLAB라고 함). 정확히 VTL 1의 페이지 테이블 512GB 앞에 위치한 가상 주소에 VTL 0의 페이지 테이블을 매핑한다. 이를 통해 보안 커널은 NT 가상 주소와 보안 커널의 주소 간에 빠른 변환을 수행할 수 있다.

2. PTE 범위 데이터 구조체를 초기화한다. PTE 범위에는 할당된 가상 주소 범위의 각 정크를 설명하고 보안 커널이 자체 주소 공간에 대한 PTE를 할당하는 데 필요한 비트맵이 포함된다.

3. 보안 PFN 데이터베이스를 생성하고 메모리 풀을 초기화한다.

4. 희소^{sparse} NT 주소 테이블을 초기화한다. 부팅 로드된 각 드라이버에 대해 NAR을 생성하고 채우며 바이너리의 무결성을 확인하고, 핫 패치 정보를 채우고, HVCI가 켜져 있는 경우 SLAT를 사용해 드라이버의 각 실행 가능한 섹션을 보호한다. 그런 다음 메모리 이미지의 각 PTE 사이를 순환하고 NT 주소 테이블에 NT 주소 테이블 항목^{NTE}을 쓴다.

5. 페이지 번들을 초기화한다.

보안 커널은 일반 NT 커널이 사용하는 메모리를 추적한다. 보안 커널 메모리 관리자는 실행 코드가 포함된 커널 가상 주소 범위를 설명하고자 NAR 데이터 구조체를 사용한다. NAR에는 범위에 대한 일부 정보(예를 들어 기본 주소와 크기)와 VTL 0에 로드된 런타임 드라이버를 설명하는 데 사용되는 SECURE_IMAGE 데이터 구조체에 대한 포인터(일반적으로 트러스트렛에 사용되는 유저 모드 이미지를 포함한 보안 HVCI로 검증된 이미지)가 포함돼 있다. 부팅 로드 드라이버는 NT 메모리 관리자에 의해 실행 코드가 포함된 개인 페이지로 처리되기 때문에 SECURE_IMAGE 데이터 구조체를 사용하지 않는다. 이 데이터 구조체에는 진입점 주소, 재배치 테이블 사본(레트폴린^{Retpoline}과 임포트 최적화^{Import Optimization} 처리에도 사용), 포인터와 같은 NT 커널(SKCI에서 검증)에 로드된 이미지에 대한 정보가 포함된다. 공유 프로토타입 PTE에 대한 포인터, 핫 패치 정보와 메모리 페이지의 승인된 사용을 지정하는 데이터 구조체를 포함한다. SECURE_IMAGE 데이터 구조체는 보안 커널에서 런타임 드라이버가 사용하는 공유 메모리 페이지를 추적하고 확인하는 데 사용되기 때문에 매우 중요하다.

VTL 0 커널 전용 페이지를 추적하기 위해 보안 커널은 NTE 데이터 구조체를 사용한다. 보안 커널의 감독이 필요한 VTL 0 주소 공간의 모든 가상 페이지에 대해 NTE가 존재하며 전용 페이지에 자주 사용된다. NTE는 VTL 0 가상 페이지의 PTE를 추적하고 페이지 상태와 보호 정보를 저장한다. HVCI가 활성화되면 NTE 테이블은 모든 가상 페이지를 권한 있는 페이지와 권한 없는 페이지로 구분한다. 특권 페이지는 SLAT로 보호되는 일반적인 실행 가능한 페이지 또는 커널 CFG 읽기 전용 페이지여서 NT 커널이 직접 건드릴 수 없는 메모리 페이지를 나타낸다. 비특권 페이지는 NT 커널이 완전히 제어할 수 있는 그 외 모든 유형의 메모리 페이지를 나타낸다. 보안 커널은 비특권 페이지를 나타내고자 유효하지 않은 NTE를 사용한다. HVCI가 꺼져 있으면 모든 전용 페이지는 비특권 페이지가 된다(실제로 NT 커널은 모든 페이지를 완전히 제어한다).

HVCI가 활성된 시스템에서는 NT 메모리 관리자가 보호된 페이지를 수정할 수 없다. 수정 시도 시 하이퍼바이저에서 EPT 위반 예외가 발생해 시스템 크래시가 발생한다. 해당 시스템이 부팅 단계를 완료하면 보안 커널은 읽기와 쓰기 접근에 대해서만 SLAT 보호를 통해 실행할 수 없는 모든 물리 페이지를 처리한 상태가 된다. 이 시나리오에서는 대상 코드가 보안 HVCI에 의해 검증된 경우에만 새로운 실행 페이지를 할당할 수 있다.

시스템과 애플리케이션 또는 플러그앤플레이 관리자가 새 런타임 드라이버를 로드해야 하는 경우 NT와 보안 커널 메모리 관리자를 포함하는 복잡한 절차가 시작된다. 다음은 이 절차를 요약해서 설명한 것이다.

1. NT 메모리 관리자는 섹션 객체를 만들고 새 제어 영역을 할당하고 채운 다음 바이너리의 첫 번째 페이지를 읽고 새로 로드된 모듈을 설명하는 상대적인 보안 이미지를 생성하는 것을 목표로 보안 커널을 호출한다(NT 메모리 관리자에 대한 자세한 내용은 Vol.1의 5장 참고).

2. 보안 커널은 **SECURE_IMAGE** 데이터 구조체를 생성하고 바이너리 파일의 모든 섹션을 파싱해서 보안 프로토타입 PTE 배열을 채운다.

3. NT 커널은 실행 불가능한 공유 메모리(제어 영역의 프로토타입 PTE가 가리키는)에서 전체 바이너리를 읽는다. 보안 HVCI를 사용해 바이너리 이미지의 각 섹션

554

사이를 돌며 최종 이미지 해시를 계산하는 보안 커널을 호출한다.

4. 계산된 파일 해시가 디지털 서명에 저장된 해시와 일치하면 NT 메모리는 전체 이미지를 탐색하고 각 페이지에 대해 검증하는 보안 커널을 호출한다(각 페이지 해시는 이전 단계에서 이미 계산됨). 필요한 재배치(ASLR, 레트폴린와 임포트 최적화)를 적용하고 새로운 SLAT 보호를 적용해 페이지를 실행할 수 있지만 더 이상 쓸 수 없게 한다.

5. 이제 섹션 객체는 생성된 상태다. NT 메모리 관리자는 주소 공간에서 드라이버를 매핑해야 한다. 드라이버의 가상 주소 범위를 설명하는 데 필요한 권한 있는 PTE를 할당하고자 보안 커널을 호출한다. 보안 커널은 NAR 데이터 구조체를 생성하고 `MiMapSystemImage` 루틴을 사용해 이전에 확인된 드라이버의 물리 페이지를 매핑한다.

> 런타임 드라이버에 대해 NAR이 초기화되면 새 드라이버 주소 공간을 설명하고자 NTE 테이블의 일부가 채워진다. NTE는 런타임 드라이버의 가상 주소 범위를 추적하는 데 사용되지 않는다(해당 가상 페이지는 공유되고 비공개가 아님). 따라서 NT 주소 테이블의 상대적인 부분은 유효하지 않은 '예약된' NTE로 채워진다.

VTL 0 커널 가상 주소 범위는 NAR 데이터 구조체를 사용해 표현되지만 보안 커널은 보안 VAD(가상 주소 디스크립터)를 사용해 VTL 1에서 유저 모드 가상 주소를 추적한다. 보안 VAD는 새로운 전용 가상 할당이 만들어질 때마다 생성되고 바이너리 이미지가 트러스트렛의 주소 공간에 매핑되고(보안 프로세스), VBS 엔클레이브가 생성되거나 모듈이 해당 주소 공간에 매핑될 때마다 생성된다. 보안 VAD는 NT 커널의 VAD와 유사하며 VA 범위의 디스크립터, 참조 카운터, 일부 플래그와 SKCI에서 만든 보안 섹션에 대한 포인터를 포함한다(보안 섹션 포인터는 전용 가상 할당을 설명하는 보안 VAD의 경우 0으로 설정). 트러스트렛과 VBS 기반 엔클레이브에 대한 자세한 내용은 이 장의 뒷부분에서 설명한다.

페이지 ID와 보안 PFN 데이터베이스

드라이버가 로드되고 VTL 0 메모리에 올바르게 매핑된 후 NT 메모리 관리자는 메모리 페이지를 관리할 수 있어야 한다(페이징 가능한 드라이버 섹션에서 페이징 아웃, 전용 페이지 생성, 전용 애플리케이션 수정 등과 다양한 이유며, 자세한 내용은 Vol.1의 5장을 참고한다). NT 메모리 관리자가 보호된 메모리에서 작동할 때마다 보안 커널과의 협력이 필요하다. 2가지 주요 보안 서비스가 NT 메모리 관리자에 제공돼 권한 있는 메모리로 작동하는 데 보호된 페이지 복사와 보호된 페이지 제거다.

PAGE_IDENTITY 데이터 구조체는 보안 커널이 다른 모든 종류의 페이지를 추적할 수 있게 하는 글루다. 데이터 구조체는 주소 콘텍스트와 가상 주소의 두 필드로 구성된다. NT 커널이 권한 있는 페이지에서 작동하고자 보안 커널을 호출할 때마다 물리 페이지가 사용되는 대상을 설명하는 유효한 PAGE_IDENTITY 데이터 구조체와 함께 물리 페이지 번호를 지정해야 한다. 이 데이터 구조체를 통해 보안 커널은 요청된 페이지 사용을 확인하고 요청을 허용할지 여부를 결정할 수 있다.

표 9-4는 PAGE_IDENTITY 데이터 구조체(두 번째와 세 번째 열)와 다른 메모리 페이지에서 보안 커널이 수행하는 모든 유형의 검증을 보여준다.

- 보안 커널이 런타임 드라이버의 공유 실행 페이지를 복사하거나 해제하라는 요청을 받으면 보안 이미지 핸들(호출자가 지정)을 확인하고 관련 데이터 구조체(SECURE_IMAGE)를 가져온다. 그런 다음 상대 가상 주소^{RVA, Relative Virtual Address}를 보안 프로토타입 배열에 대한 인덱스로 사용해 드라이버 공유 페이지의 물리 페이지 프레임^{PPF, Physical Page Frame}을 얻는다. 해당 PFN이 호출자가 지정한 것과 같으면 보안 커널이 요청을 허용하고 다르면 차단한다.
- 유사한 방식으로 NT 커널이 트러스트렛이나 엔클레이브 페이지에서 작동하도록 요청하면(이 둘에 대한 자세한 내용은 이 장의 뒷부분에서 설명) 보안 커널은 호출자의 지정된 가상 주소를 사용해 보안 프로세스 페이지 테이블의 보안 PTE에 올바른 PFN이 포함돼 있는지 확인한다.
- 앞서 '보안 커널 메모리 관리자' 절에서 소개한 것처럼 전용 커널 페이지의 경우 보안 커널은 호출자가 지정한 가상 주소에서 시작해 NTE를 찾고 호출자가 지정한 것과 동일한 올바른 PFN이 포함돼 있는지 확인한다.
- 플레이스홀더^{Placeholder} 페이지는 SLAT로 보호되는 자유 페이지다. 보안 커널은 PFN 데이터베이스를 사용해 플레이스홀더 페이지의 상태를 확인한다.

표 9-4 보안 커널에서 관리하는 다양한 페이지 ID

페이지 유형	주소 콘텍스트	가상 주소	검증 구조체
커널 공유	보안 이미지 핸들	페이지 RVA	보안 프로토타입 PTE
트러스트렛/엔클레이브	보안 프로세스 핸들	보안 프로세스의 가상 주소	보안 PTE
커널 전용	0	페이지의 커널 가상 주소	NT주소 테이블 엔트리(NTE)
플레이스홀더	0	0	PFN 엔트리

보안 커널 메모리 관리자는 PFN 데이터베이스를 각 물리 페이지의 상태를 나태내고자 관리한다. 보안 커널의 PFN 항목은 NT에 비해 훨씬 작고, 기본적으로 페이지 상태와 공유 카운터를 포함한다. 보안 커널 관점에서 물리 페이지는 유효하지 않음, 해제됨, 공유됨, I/O, 안전함, 이미지(보안 NT 커널 전용) 상태 중 하나일 수 있다.

보안 상태는 보안 커널(NT 커널 절대 요구 불가능)에 비공개인 물리 페이지 또는 NT 커널에 의해 할당된 물리 페이지에 사용되며, 추후 보안 HVCI에 의해 검증된 실행 코드를 저장하고자 보안 커널에 의해 보호되는 SLAT에서 사용된다. 또한 보안된 비공개 물리 페이지만 페이지 ID를 가진다.

NT 커널이 보호된 페이지를 페이지 아웃하려고 할 때 보안 커널에 페이지 제거 작업을 요청한다. 보안 커널은 지정된 페이지 ID를 분석하고 앞서 설명대로 검증을 수행한다. 페이지 ID가 엔클레이브 또는 트러스트렛 페이지를 참조하는 경우 보안 커널은 페이지의 콘텐츠를 암호화한 다음 NT 커널에 릴리스한 다음 페이징 파일에 페이지를 저장한다. 이런 방식으로 NT 커널은 비공개 메모리의 실제 내용을 가로챌 수 없다.

보안 메모리 할당

이전 절에서 설명한 것처럼 보안 커널은 처음 시작할 때 자체 사용을 위한 물리 메모리 할당이 가능할 수 있도록 펌웨어의 메모리 디스크립터 목록을 파싱한다. 초기화 1단계에서 보안 커널은 NT 커널에서 제공하는 메모리 서비스를 사용할 수 없으므로(NT 커널은 아직 초기화 전) 2MB SLAB를 예약하고자 펌웨어 메모리 디스크립터 목록의 비어있는 항목을 사용한다. SLAB는 하이퍼바이저의 단일 중첩 페이지 테이블 디렉터리 항목으로 매핑되는 2MB인 연속적인 물리 메모리다. 모든 SLAB 페이지에는 동일한 SLAT 보호 기능이 있으며 성능을 고려해 설계됐다. 하이퍼바이저의 단일 중첩 페이지 항목을 사용해 2MB의 물리 메모리 청크를 매핑하면 추가적인 하드웨어 메모리 주소 변환이 더 빨라지고 SLAT 테이블에서 캐시 누락이 감소한다.

첫 번째 보안 커널 페이지 번들은 1MB의 할당된 SLAB 메모리로 채워진다. 페이지 번들은 그림 9-37에 표시된 데이터 구조체로, 여기에는 연속적인 사용 가능한 물리 페이지 프레임 번호^{PFN, Page Frame Number} 목록이 포함돼 있다. 보안 커널이 자체 목적을 위해 메모리가 필요할 때 번들 PFN 배열의 꼬리에서 하나 이상의 해제 페이지 프레임을 제거해 페이지 번들에서 물리 페이지를 할당한다. 이 경우 보안 커널은 번들이 완전히 소모될 때까지 펌웨어 메모리 디스크립터 목록을 확인할 필요가 없다. 보안 커널 초기화의 3단계가 완료되면 NT 커널의 메모리 서비스를 사용할 수 있으므로 보안 커널은 이전에 번들에 있던 물리 메모리 페이지를 유지하면서 부팅 메모리 디스크립터 목록을 해제한다.

이후 보안 메모리 할당은 NT 커널에서 제공하는 일반 호출을 사용한다. 페이지 번들은 메모리 할당에 필요한 일반 호출 수를 최소화하도록 설계됐다. 번들이 완전히 할당되면 페이지를 포함하지 않고(모든 페이지가 이미 할당됨) NT 커널에 1MB의 연속적인 물리 페이지(ALLOC_PHYSICAL_PAGES 일반 호출을 통해)를 요청해 새 번들이 생성된다. 실제 메모리는 적절한 SLAB에서 NT 커널에 의해 할당된다.

같은 방식으로 보안 커널은 전용 메모리의 일부를 해제할 때마다 PFN 배열을 256개의 해제 페이지 제한까지 늘려 해당 물리 페이지를 올바른 번들에 저장한다. 배열이 완전히 채워지고 번들이 비워지면 새 작업 항목이 대기열에 추가된다. 작업 항목은 모든 페이지를 0으로 만들고 FREE_PHYSICAL_PAGES 일반 호출을 내보낸 다음 NT 메모리 관리자의 MmFreePagesFromMdl 함수를 실행한다.

충분한 페이지가 번들 안팎으로 이동할 때마다 SLAT를 사용해 VTL 0에서 완전히 보호된다(이 절차를 '번들 보안'이라고 함). 보안 커널은 서로 다른 SLAB에서의 모든 메모리 할당에 대해 접근 불가^{No access}, 읽기 전용^{Read-Only}, 읽기와 실행^{Read-Execute}의 3가지 종류의 번들을 지원한다.

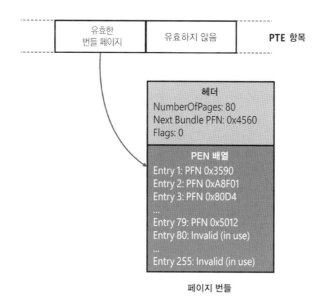

그림 9-37 80개의 사용 가능한 페이지가 있는 보안 페이지 번들. 번들은 헤더와 해제 PFN 배열로 구성됨

핫 패치

몇 년 전, 32비트 버전의 윈도우는 운영체제 구성 요소 중 하나로 핫 패치를 지원했다. 패치 가능한 함수는 프롤로그에 중복된 2바이트 옵코드와 함수 앞에 위치한 일부 패딩 바이트를 포함했다. 이를 통해 NT 커널은 초기 옵코드를 패딩으로 확보한 여유 공간을 사용해 동적으로 간접 분기로 교체해 코드 흐름을 다른 모듈에 있는 패치된 기능으로 전환할 수 있었다. 이 기능은 시스템을 바로 재부팅할 필요 없이 시스템을 업데이트할 수 있는 윈도우 업데이트에서 많이 사용됐지만 64비트 아키텍처로 이동하면서 다양한 문제로 인해 더 이상 사용할 수 없게 됐다. 커널 패치 보호^{Kernel patch protection}가 좋은 예다. 더 이상 보호된 커널 모드 바이너리를 수정하거나 전용 인터페이스 일부의 노출 없이 패치 가드를 업데이트할 수 있는 신뢰할 만한 방법이 없었고 노출되는 인터페이스는 보호 기능을 무력화하려는 공격자가 쉽게 악용할 수 있었다.

보안 커널은 64비트 아키텍처와 관련된 모든 문제를 해결했으며 커널 바이너리를 핫 패치하는 기능을 OS에 다시 도입했다. 보안 커널이 활성화돼 있는 동안 다음 유형의 실행 이미지를 핫 패치할 수 있다.

- VTL 0 유저 모드 모듈(실행 파일와 라이브러리 모두)
- 커널 모드 드라이버, HAL와 NT 커널 바이너리(패치 가드에 의해 보호되거나 보호되지 않음)
- VTL 1 커널 모드에서 실행되는 보안 커널 바이너리와 종속 모듈
- 하이퍼바이저(인텔, AMD와 ARM 버전)

VTL 0에서 실행되는 소프트웨어를 대상으로 생성된 패치 바이너리는 일반 패치라고 하고 나머지는 보안 패치라고 한다. 보안 커널이 활성화되지 않은 경우에는 유저 모드 애플리케이션만 패치할 수 있다.

핫 패치 이미지는 패치 기능을 추적하는 데 사용되는 데이터 구조체인 핫 패치 테이블을 포함하는 표준 이동식 실행 파일PE, Portable Executable 바이너리다. 핫 패치 테이블은 이미지 로드 구성 데이터 디렉터리를 통해 바이너리에 링크된다. 여기에는 체크섬 및 타임스탬프로 식별되는 패치 가능한 각 기본 이미지를 설명하는 하나 이상의 디스크립터가 포함된다(이렇게 하면 핫 패치는 올바른 기본 이미지에만 호환되며 시스템은 잘못된 이미지를 패치하지 않는다). 핫 패치 테이블에는 기본 또는 패치 이미지에서 업데이트해야 하는 함수나 전역 데이터 청크 목록도 포함돼 있다. 곧 패치 엔진도 설명할 것이다. 이 목록의 모든 항목에는 기본 및 패치 이미지의 함수 오프셋과 대체될 기본 함수의 원래 바이트가 포함된다.

기본 이미지에 여러 패치를 적용할 수 있지만 패치 적용은 여러 번 하더라도 결과는 동일하다(멱등성). 따라서 동일한 패치를 여러 번 적용하거나 다른 패치를 순서대로 적용할 수 있다. 그럼에도 마지막으로 적용된 패치가 기본 이미지의 최종적인 활성 패치가 된다. 시스템은 핫 패치 적용 시 핫 패치를 설치, 제거, 관리하는 데 사용되는 NtManageHotPatch 시스템 콜을 사용한다(시스템 콜은 가능한 모든 작업을 설명하고자 다양한 '패치 정보' 클래스를 지원한다). 핫 패치는 전체 시스템에 대해 전역적으로 설치할 수 있으며 패치가 유저 모드 코드(VTL 0)용인 경우 특정 유저 세션에 속한 모든 프로세스에 대해서도 설치할 수 있다.

시스템이 패치 적용을 요청할 때 NT 커널은 패치 바이너리에서 핫 패치 테이블을 찾아 유효성을 검사한다. 그런 다음 DETERMINE_HOT_PATCH_TYPE 보안 호출을 사용해 패치 유형을 안전하게 결정한다. 보안 패치의 경우 보안 커널만 적용할 수 있

으므로 APPLY_HOT_PATCH 보안 호출을 사용하며 NT 커널에 의한 다른 처리는 필요 없다. 다른 모든 경우에 NT 커널은 먼저 커널 드라이버에 패치를 적용하려고 시도한다. 로드된 각 커널 모듈 사이를 돌면서 패치 이미지의 핫 패치 디스크립터 중 하나에 기술된 동일한 체크섬을 가진 기본 이미지를 검색한다.

HKEY_LOCAL_MACHINE\SYSTEM\CurrentControlSet\Control\Session Manager\Memory Management\HotPatchTableSize 레지스트리 값이 표준 메모리 페이지 크기(4,096)의 배수인 경우에만 핫 패치가 활성화된다. 실제로 핫 패치가 활성화되면 가상 주소 공간에 매핑되는 모든 이미지는 이미지 영역 뒤에 일정량의 가상 주소 공간을 예약 해야 한다. 이 예약된 공간은 이미지의 핫 패치 주소 테이블(HPAT, Hot Patch Address Table)(핫 패치 테이블과 혼동하지 말 것)에 사용된다. HPAT는 패치된 이미지에 새 함수의 주소를 저장해 패치할 각 함수에 필요한 패딩의 양을 최소화하는 데 사용된다. 함수를 패치할 때 HPAT 위치는 기본 이미지의 원래 함수에서 패치 이미지의 패치된 함수로 간접 분 기를 수행하는 데 사용된다(레트폴린 호환성을 위해 간접 분기 대신 다른 종류의 레트폴린 루틴이 사용된다).

NT 커널이 패치에 적합한 커널 모드 드라이버를 찾으면 커널 주소 공간에서 패치 바이너리를 로드 및 매핑하고 관련 로더 데이터 테이블 항목을 생성한다(자세한 내용은 12장 참고). 그런 다음 기본 및 패치 이미지의 각 메모리 페이지를 스캔하고 핫 패치 와 관련된 메모리를 잠근다(이것이 중요한데, 이렇게 패치 적용이 진행되는 동안에는 페이지를 디스크로 페이지 아웃할 수 없다). 마지막으로 APPLY_HOT_PATCH 보안 호출을 발생시킨다.

실제 패치 적용 절차는 보안 커널에서 시작된다. 패치 이미지의 핫 패치 테이블을 캡처 및 확인하고(VTL 1에서도 패치 이미지를 다시 매핑) 기본 이미지의 NAR을 찾는다(NAR에 대한 자세한 내용은 이전의 '보안 커널 메모리 관리자' 절 참고). 이미지가 패치 가드에 의해 보호되는지 여부 도 보안 커널에 알려준다. 그런 다음 보안 커널은 이미지 HPAT에서 사용 가능한 예약 공간이 충분한지 확인하고 예약된 공간에 매핑될 하나 이상의 사용 가능한 물리 페이지(보안 번들에서 가져오거나 ALLOC_PHYSICAL_PAGES 일반 호출 사용)를 할당한다. 이때 기본 이미지가 보호되면 보안 커널은 패치된 새 이미지에 대한 패치 가드의 내부 상태 를 업데이트하고 마지막으로 패치 엔진을 호출하는 복잡한 절차를 시작한다.

커널의 패치 엔진은 다음과 같은 상위 수준 작업을 수행하며 모두 핫 패치 테이블 의 다른 항목 유형으로 설명된다.

1. 기본 이미지의 해당 함수로 분기하는 것을 목표로 패치 이미지의 패치된 함수의 모든 호출을 패치한다. 이렇게 하면 패치되지 않은 모든 코드가 항상 원래 기본 이미지에서 실행된다. 예를 들어 함수 A가 기본 이미지에서 B를 호출하고 패치가 함수 A를 변경하지만 함수 B는 변경하지 않는 경우 패치 엔진은 기본 이미지의 함수 B로 분기하도록 패치의 함수 B를 업데이트한다.

2. 기본 이미지의 해당 전역 변수를 가리키도록 패치된 함수의 전역 변수에 대한 필수 참조를 패치한다.

3. 기본 이미지에서 해당 IAT 항목을 복사해 패치 이미지에서 필요한 IAT(가져오기 주소 테이블) 참조를 패치한다.

4. 기본 이미지에서 필요한 함수를 원자적으로 패치해 패치 이미지의 해당 함수로 분기한다. 기본 이미지의 주어진 함수에 대해 이 작업이 완료되는 즉시 해당 함수의 모든 새 호출은 패치 이미지에서 패치된 새 함수 코드를 실행한다. 패치된 함수가 반환되면 기본 이미지에 있는 원래 함수의 호출자에게 반환된다.

새 함수의 포인터는 64비트(8바이트) 크기이므로 패치 엔진은 바이너리의 끝에 있는 HPAT에 각 포인터를 삽입한다. 이런 식으로 각 함수의 시작 부분에 있는 패딩 공간에 간접 점프를 배치하는 데 5바이트만 필요하도록 절차가 단순해졌다(레트폴린 호환 핫 패치에는 호환 레트폴린이 필요하며, HPAT는 코드와 데이터 페이지로 나뉜다).

그림 9-38에서 볼 수 있듯이 패치 엔진은 여러 종류의 바이너리와 호환된다. NT 커널이 패치 가능한 커널 모드 모듈을 찾지 못하면 모든 유저 모드 프로세스를 통해 검색을 다시 시작하고 호환 가능한 유저 모드 실행 파일이나 라이브러리를 핫 패치하는 것과 유사한 절차를 적용한다.

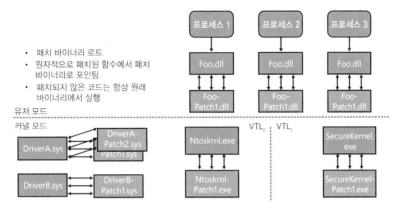

그림 9-38 다른 유형의 바이너리에서 실행되는 핫 패치 엔진 체계

격리된 유저 모드

보안 커널이 보안 프로세스인 트러스트렛에 제공하는 격리된 유저 모드[IUM, Isolated User Mode] 서비스와 트러스트렛 일반 아키텍처는 Vol.1의 3장에서 다뤘다. 이 절에서는 거기서 다룬 내용에서부터 계속해서 보안 장치와 VBS 엔클레이브 같이 격리된 유저 모드에서 제공하는 일부 서비스를 설명한다.

Vol.1의 3장에서 설명한 것처럼 VTL 1에서 트러스트렛이 생성되면 일반적으로 주소 공간에 다음 라이브러리를 매핑한다.

- **Iumdll.dll**: IUM 네이티브 계층 DLL은 보안 시스템 콜 스텁을 구현한다. VTL 0의 Ntdll.dll과 동일하다.

- **Iumbase.dll**: IUM 기본 계층 DLL은 VTL 1 소프트웨어에서만 사용하는 대부분의 보안 API를 구현하는 라이브러리다. 보안 식별, 통신, 암호화, 보안 메모리 관리 등 각 보안 프로세스에 다양한 서비스를 제공한다. 트러스트렛은 일반적으로 보안 시스템 콜을 직접 호출하지 않지만 VTL 0의 kernelbase.dll에 해당하는 Iumbase.dll을 통해 전달한다.

- **IumCrypt.dll**: 서명 및 무결성 검증에 사용되는 공개/비공개 키 암호화 기능을 제공한다. VTL 1에 노출된 대부분의 암호화 기능은 Iumbase.dll에서 구현된다. `IumCrypt`에서는 소수의 특수 암호화 루틴만 구현된다. `LsaIso`

는 다른 많은 트러스트렛에 로드되지 않는 IumCrypt에 의해 노출되는 서비스의 주요 소비자다.

- **Ntdll.dll, Kernelbase.dll, Kernel32.dll**: 트러스트렛은 VTL 1과 VTL 0에서 모두 실행되도록 설계할 수 있다. 이 경우 표준 VTL 0 API 수준의 구현된 루틴만 사용해야 한다. VTL 0에서 사용할 수 있는 모든 서비스가 VTL 1에서도 구현되는 것은 아니다. 예를 들어 트러스트렛은 레지스트리 I/O와 파일 I/O를 수행할 수 없지만 동기화 루틴, ALPC, 스레드 API와 구조적 예외 처리를 사용할 수 있으며 가상 메모리와 섹션 객체를 관리할 수 있다. kernelbase와 kernel32 라이브러리에서 제공하는 거의 모든 서비스는 Ntdll.dll을 통해 시스템 콜을 수행한다. VTL 1에서 이런 종류의 시스템 콜은 일반 호출에서 '변환'되고 VTL 0 커널로 리다이렉션된다(이 장의 앞부분에서 일반 호출에 대해 자세히 설명했음). 일반 호출은 종종 IUM 기능과 보안 커널 자체에서 사용된다. 이것이 ntdll.dll이 항상 모든 트러스트렛에 매핑되는 이유기도 하다.
- **Vertdll.dll**: VSM 엔클레이브 런타임 DLL은 VBS 엔클레이브의 수명을 관리하는 DLL이다. 보안 영역에서 실행되는 소프트웨어에 의해 제한된 서비스만 제공된다. 이 라이브러리는 소프트웨어 엔클레이브에 노출된 모든 엔클레이브 서비스를 구현하며, 일반적으로 표준 VTL 1 프로세스에 대해 로드되지 않는다.

앞서 설명한 내용을 기초로 3장에서 자세히 설명했던 VTL 0의 CreateProcess API부터 시작해 트러스트렛 프로세스 생성과 관련된 내용을 살펴볼 것이다.

트러스트렛 생성

이전 절에서 여러 번 설명한 것처럼 보안 커널은 다양한 작업을 수행하고자 NT 커널에 의존한다. 트러스트렛 생성 역시 동일한 규칙을 따르며 이는 보안 커널과 NT 커널 모두에서 관리하는 작업이다. Vol.1의 3장에서는 트러스트렛 구조와 서명 요구 사항을 제시하고 중요한 정책 메타데이터를 설명했다. 또한 트러스트렛 생성의 시작점인 CreateProcess API의 세부 흐름을 설명했다.

트러스트렛을 적절하게 생성하려면 애플리케이션이 CreateProcess API를 호출할 때 CREATE_SECURE_PROCESS 생성 플래그를 지정해야 한다. 내부적으로 플래그는 네이티브 속성인 PS_CP_SECURE_PROCESS로 변환되고 NtCreateUserProcess 네이티브 API에 전달된다. NtCreateUserProcess가 실행할 이미지를 성공적으로 오픈한 후에는 메모리 관리자에게 보안 HVCI를 사용해 내용을 확인하도록 지시하는 특수 플래그를 지정해 이미지의 섹션 객체를 생성한다. 이를 통해 보안 커널은 보안 HVCI를 통해 검증된 PE 이미지를 설명하는 데 사용되는 SECURE_IMAGE 데이터 구조체를 생성할 수 있다.

NT 커널은 일반 프로세스와 마찬가지로 필요한 프로세스의 데이터 구조체와 초기 VTL 0 주소 공간(페이지 디렉터리, 하이퍼스페이스와 작업 집합)을 생성하고 새 프로세스가 트러스트렛이면 CREATE_PROCESS 보안 호출을 발생시킨다. 보안 커널은 보안 프로세스 객체와 관련 데이터 구조체(SEPROCESS)를 생성해 관리한다. 보안 커널은 일반 프로세스 객체(EPROCESS)를 새로운 보안 객체와 연결하고 보안 페이지 테이블을 할당한 다음 상위 절반에 보안 주소 공간의 커널 부분을 설명하는 루트 항목을 복제해 초기 보안 주소 공간을 생성한다.

NT 커널은 빈 프로세스 주소 공간의 설정을 완료하고 Ntdll 라이브러리를 여기에 매핑한다(자세한 내용은 Vol.1 3장의 3D 단계 참고). 보안 프로세스 처리가 진행되는 동안 NT 커널은 INITIALIZE_PROCESS 보안 호출을 호출해 VTL 1에서 설정을 완료한다. 보안 커널은 프로세스 생성 시 지정된 트러스트렛 ID와 속성을 새 보안 프로세스에 복사하고 보안 핸들 테이블을 생성한 다음 보안 공유 페이지를 주소 공간에 매핑한다.

보안 프로세스에 필요한 마지막 단계는 보안 스레드를 생성하는 것이다. 초기 스레드 객체는 NT 커널에서 일반 프로세스와 같이 생성된다. NtCreateUserProcess가 PspInsertThread를 호출할 때 이미 스레드 커널 스택을 할당하고 KiStartUserThread 커널 함수에서 시작하는 데 필요한 데이터를 삽입한 상태다(자세한 내용은 Vol.1 3장의 4단계 참조). 프로세스가 트러스트렛이면 NT 커널은 최종 보안 스레드를 생성하고자 CREATE_THREAD 보안 호출을 발생시킨다. 보안 커널은 새로운 보안 프로세스의 주소 공간에 연결하고 보안 스레드 데이터 구조체, 스레드의 보안 TEB와 커널 스택을 할당하고 초기화한다. 보안 커널은 스레드 우선의 커널 초기화 루틴인 SkpUserThreadStart를 삽입해 스레드의 커널 스택을 채운다. 그런 다음 실제 이미지 시작 주소와 첫 번째 유저 모드 루틴의 주소를 지정하는 보안 스레드에 대한 머신 종속적인 하드웨어 콘텍스트를 초기화한다. 마지막으로 일반 스레드 객체를 새로 생성된 보안 객체와 연결하고 해당 스레드를 보안 스레드 목록에 삽입한 다음 스레드를 실행 가능한 것으로 표시한다.

NT 커널 스케줄러에 의해 실행되도록 일반 스레드 객체가 선택되면 VTL 0의 KiStartUserThread 함수에서 실행이 계속된다. 이는 스레드의 IRQL을 낮추고 시스템 초기 스레드 루틴(PspUserThreadStartup)을 호출한다. NT 커널이 초기 썽크 콘텍스트를 설정할 때까지 일반 스레드와 동일하게 실행이 진행되며 VslpEnterIumSecureMode 루틴을 호출하고 RESUMETHREAD 보안 호출을 지정해 보안 커널 디스패치 루프를 시작한다. 루프는 스레드가 종료될 때 종료된다. 초기 보안 호출은 VTL 1의 일반 호출 디스패처 루프에 의해 처리된다. 이 루프는 VTL 1에 대한 '스레드 재개' 요청 이유를 식별하고, 새 프로세스의 주소 공간에 연결하고, 새 보안 스레드 스택으로 전환한다. 이 경우 보안 커널은 초기 스레드 함수가 스택에 있다는 것을 알고 있기 때문에 IumInvokeSecureService 디스패처 함수를 호출하지 않고 단순히 스택에 있는 주소로 돌아가며 VTL 1 보안 초기 루틴인 SkpUserThreadStart를 가리킨다.

SkpUserThreadStart는 표준 VTL 0 스레드와 유사하게 초기 썽크 콘텍스트를 설정해 이미지 로더 초기화 루틴(Ntdll.dll의 LdrInitializeThunk)과 시스템 전체 스레드 시작 스텝(Ntdll.dll의 RtlUserThreadStart)을 실행한다. 이런 단계는 스레드 콘텍스트를 제자리에서 편집한 다음 특수하게 조작된 유저 콘텍스트를 로드하고 유저 모드로 돌아가는 시스템 서비스 작업 종료를 실행해 수행된다. 새로 생성된 보안 스레드 초기화는 일반 VTL 0 스레드와 동일하게 진행된다. LdrInitializeThunk 루틴은 로더와 필요한 데이터 구조체를 초기화하고 함수가 반환되면 NtContinue는 새 유저 콘텍스트를 복원하는 것으로 스레드 실행이 시작된다. RtlUserThreadStart는 실제 이미지 진입점의 주소와 시작 매개변수를 사용해서 애플리케이션의 진입점을 호출한다.

> 주의 깊은 독자는 보안 커널이 새 트러스트렛의 바이너리 이미지를 보호하고자 아무것도 하지 않는다는 것을 알아차렸을 것이다. 이는 트러스트렛의 기본 바이너리 이미지를 설명하는 공유 메모리가 설계에 따라 VTL 0에 계속 접근할 수 있기 때문이다. 트러스트렛이 이미지의 전역 데이터에 있는 전용 데이터를 쓰기 원한다고 가정해보자. 이미지 전역 데이터의 쓰기 가능한 데이터 섹션을 매핑하는 PTE는 카피 온 라이트(copy-on-write)로 표시될 것이므로 프로세서에서 액세스 폴트(access fault)가 발생한다. 이 폴트는 유저 모드 주소 범위에 속한다(공유 페이지를 추적하는 데 NAR이 사용되지 않음을 기억하자). 보안 커널 페이지 폴트 핸들러는 일반 호출을 통해 이 실행을 NT 커널로 전달한다. NT 커널은 새 페이지를 할당하고 이전 페이지의 내용을 복사한 다음 SLAT를 통해 보호한다. 여기에는 보호된 복사 작업이 사용된다(자세한 내용은 이 장의 앞부분에 있는 '보안 커널 메모리 관리자' 절을 참고한다).

실습: 트러스트렛 디버깅

유저 모드 디버거로 트러스트렛을 디버깅하는 것은 트러스트렛이 정책 메타데이터를 통해 명시적으로 허용하는 경우에만 가능하다(.tPolicy 섹션에 저장). 이 실습에서는 커널 디버거를 통해 트러스트렛을 디버깅할 것이다. 테스트 시스템에 연결된 커널 디버거가 필요하며(로컬 커널 디버거도 가능) VBS가 활성화돼 있어야 한다. HVCI는 필수가 아니다.

먼저 LsaIso.exe 트러스트렛을 찾는다.

```
lkd> !process 0 0 lsaiso.exe
PROCESS ffff8904dfdaa080
    SessionId: 0  Cid: 02e8  Peb: 8074164000   ParentCid: 0250
    DirBase: 3e590002    ObjectTable: ffffb00d0f4dab00   HandleCount: 42.
    Image: LsaIso.exe
```

프로세스의 PEB를 분석하면 일부 정보가 0으로 설정돼 있거나 읽을 수 없음을 알 수 있다.

```
lkd> .process /P ffff8904dfdaa080
lkd> !peb 8074164000
PEB at 0000008074164000
    InheritedAddressSpace:      No
    ReadImageFileExecOptions:   No
    BeingDebugged:              No
```

```
ImageBaseAddress:          00007ff708750000
NtGlobalFlag:              0
NtGlobalFlag2:             0
Ldr                        0000000000000000
*** unable to read Ldr table at 0000000000000000
SubSystemData:             0000000000000000
ProcessHeap:               0000000000000000
ProcessParameters:         0000026b55a10000
CurrentDirectory:          'C:\Windows\system32\'
WindowTitle:     '< Name not readable >'
ImageFile:       '\\C:\Windows\system32\lsaiso.exe'
CommandLine:     '\\C:\Windows\system32\lsaiso.exe'
DllPath:         '< Name not readable >'lkd
```

프로세스 이미지 시작 주소에서 읽기가 성공할 수 있지만 VTL 0 주소 공간에 매핑된 LsaIso 이미지가 이미 접근됐는지 여부에 따라 다르다. 이는 일반적으로 첫 번째 페이지의 경우다(메인 이미지의 공유 메모리는 VTL 0에서 접근할 수 있다). 이 시스템에서는 첫 번째 페이지는 매핑되고 유효하지만 세 번째 페이지는 유효하지 않다

```
lkd> db 0x7ff708750000 l20
00007ff7`08750000 4d 5a 90 00 03 00 00 00-04 00 00 00 ff 00 00 00 MZ..............
00007ff7`08750010 b8 00 00 00 00 00 00 00-40 00 00 00 00 00 00 00 ........@.......
lkd> db (0x7ff708750000 + 2000) l20
00007ff7`08752000 ?? ?? ?? ?? ?? ?? ?? ??-?? ?? ?? ?? ?? ?? ?? ?? ????????????????
00007ff7`08752010 ?? ?? ?? ?? ?? ?? ?? ??-?? ?? ?? ?? ?? ?? ?? ?? ????????????????
lkd> !pte (0x7ff708750000 + 2000)
1: kd> !pte (0x7ff708750000 + 2000)
                   VA 00007ff708752000
PXE at FFFFD5EAF57AB7F8  PPE at FFFFD5EAF56FFEE0 PDE at FFFFD5EADFFDC218
contains 0A0000003E58D867 contains 0A0000003E58E867 contains 0A0000003E58F867
pfn 3e58d ---DA--UWEV pfn 3e58e ---DA--UWEV pfn 3e58f ---DA--UWEV
PTE at FFFFD5BFFB843A90
contains 0000000000000000
not valid
```

프로세스의 스레드를 덤프하면 이전 절에서 설명했던 중요한 정보를 확인할 수 있다.

```
!process ffff8904dfdaa080 2
PROCESS ffff8904dfdaa080

    SessionId: 0 Cid: 02e8 Peb: 8074164000 ParentCid: 0250
    DirBase: 3e590002 ObjectTable: ffffb00d0f4dab00 HandleCount: 42.
    Image: LsaIso.exe

        THREAD ffff8904dfdd9080 Cid 02e8.02f8 Teb: 0000008074165000
        Win32Thread: 0000000000000000 WAIT: (UserRequest) UserMode
            Non-Alertable ffff8904dfdc5ca0 NotificationEvent

        THREAD ffff8904e12ac040 Cid 02e8.0b84 Teb: 0000008074167000
        Win32Thread: 0000000000000000 WAIT: (WrQueue) UserMode Alertable
            ffff8904dfdd7440 QueueObject

lkd> .thread /p ffff8904e12ac040
Implicit thread is now ffff8904`e12ac040
Implicit process is now ffff8904`dfdaa080
.cache forcedecodeuser done
lkd> k
    *** Stack trace for last set context - .thread/.cxr resets it
    # Child-SP RetAddr Call Site
00 ffffe009`1216c140 fffff801`27564e17 nt!KiSwapContext+0x76
01 ffffe009`1216c280 fffff801`27564989 nt!KiSwapThread+0x297
02 ffffe009`1216c340 fffff801`275681f9 nt!KiCommitThreadWait+0x549
03 ffffe009`1216c3e0 fffff801`27567369 nt!KeRemoveQueueEx+0xb59
04 ffffe009`1216c480 fffff801`27568e2a nt!IoRemoveIoCompletion+0x99
05 ffffe009`1216c5b0 fffff801`2764d504 nt!NtWaitForWorkViaWorkerFactory+0x99a
06 ffffe009`1216c7e0 fffff801`276db75f nt!VslpDispatchIumSyscall+0x34
07 ffffe009`1216c860 fffff801`27bab7e4 nt!VslpEnterIumSecureMode+0x12098b
08 ffffe009`1216c8d0 fffff801`276586cc nt!PspUserThreadStartup+0x178704
09 ffffe009`1216c9c0 fffff801`27658640 nt!KiStartUserThread+0x1c
0a ffffe009`1216cb00 00007fff`d06f7ab0 nt!KiStartUserThreadReturn
0b 00000080`7427fe18 00000000`00000000 ntdll!RtlUserThreadStart
```

스택은 실행이 VTL 0의 **KiStartUserThread** 루틴에서 시작됨을 명확하게 보여준다. **PspUserThreadStartup**이 보안 호출 디스패치 루프를 호출했는데, 이 루프는 종료되지 않고 대기 작업에 의해 중단됐다. 커널 디버거는 보안 커널의 데이터 구조체나 트러스트렛 전용 데이터를 표시할 수는 없다.

보안 디바이스

VBS는 드라이버가 보안 환경에서 코드의 일부를 실행할 수 있는 기능을 제공한다. 보안 커널 자체는 공격 표면이 너무 커질 수 있어 커널 드라이버를 지원하도록 확장할 수 없다. 또한 마이크로소프트는 외부 회사가 보안 목적의 구성 요소에 버그를 도입할 가능성을 허용하지 않는다.

유저 모드 드라이버 프레임워크^{UMDF, User-Mode Driver Framework}는 유저 모드 VTL 0 또는 VTL 1에서 모두 실행할 수 있는 드라이버 컴패니언 개념을 도입해 문제를 해결하는데, 이 경우 보안 컴패니언의 이름을 사용한다. 보안 컴패니언은 IUM 같은 다른 모드에서 실행해야 하는 드라이버 코드의 하위 집합을 가져와 기본 KMDF 드라이버의 확장 또는 컴패니언으로 로드한다. 물론 표준 WDM 드라이버 역시 지원한다. 여전히 VTL 0 커널 모드에서 실행되는 주 드라이버는 장치의 PNP와 전원 상태를 계속 관리하지만 IUM에서 수행해야 하는 작업을 수행하고자 컴패니언에게 연락할 수 있는 기능이 필요하다.

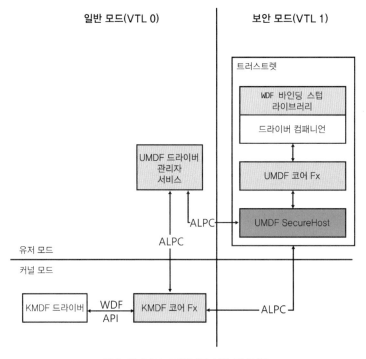

그림 9-39 WDF 드라이버의 보안 컴패니언

Vol.1의 3장에서 언급한 보안 드라이버 프레임워크^{SDF, Secure Driver Framework}는 더 이상 사용되지 않지만 그림 9-39는 VTL 0 유저 모드에서 사용되는 동일한 UMDF 코어 프레임워크(Wudfx02000.dll) 위에 구축되는 새로운 UMDF 보안 컴패니언 모델의 아키텍처를 보여준다. 이는 DLL을 통해 배포되는 드라이버 컴패니언 로드와 관리를 위해 UMDF 보안 컴패니언 호스트(WUDFCompanionHost.exe)에서 제공하는 서비스를 활용한다. UMDF 보안 컴패니언 호스트는 보안 컴패니언의 수명을 관리하고, 특히 IUM 환경을 처리하는 많은 UMDF 기능을 캡슐화한다.

보안 컴패니언은 일반적으로 VTL 0 커널에서 실행되는 기본 드라이버와 연결돼 제공된다. 모든 트러스트렛과 마찬가지로 서명에 IUM EKU를 포함해 적절하게 서명돼야 하고 메타데이터 섹션에서 해당 기능을 선언해야 한다. 보안 컴패니언은 관리되는 디바이스에 대한 완전한 소유권을 갖는다(이것이 해당 디바이스가 종종 보안 디바이스라고 불리는 이유다). 보안 컴패니언에 의한 보안 디바이스 컨트롤러는 다음 기능을 지원한다.

- **보안 DMA:** 드라이버는 VTL 0에 접근할 수 없는 보호된 VTL 1 메모리에서 직접 DMA 전송을 수행하도록 장치에 지시할 수 있다. 보안 컴패니언은 DMA 인터페이스를 통해 송수신되는 데이터를 처리한 다음 표준 KMDF 통신 인터페이스(ALPC)를 통해 데이터의 일부를 VTL 0 드라이버로 전송할 수 있다. Iumbase.dll을 통해 노출되는 **IumGetDmaEnabler**와 **IumDmaMapMemory** 보안 시스템 콜을 통해 보안 컴패니언은 VTL 1 유저 모드에서 물리적 DMA 메모리 범위를 직접 매핑할 수 있다.
- **메모리 매핑된 IO**^{MMIO, Memory Mapped IO}: 보안 컴패니언은 장치에 VTL 1(유저 모드)에서 접근 가능한 MMIO 범위를 매핑하도록 요청할 수 있다. 그런 다음 IUM에서 직접 메모리 매핑된 장치의 레지스터에 접근할 수 있다. **MapSecureIo** 및 **ProtectSecureIo** API는 이 기능을 지원한다.
- **보안 섹션:** 컴패니언은 **CreateSecureSection** API를 통해 보안 섹션을 만들고 매핑할 수 있다. 이 섹션은 VTL 0에서 실행되는 기본 드라이버와 트러스트렛 간에 공유할 수 있는 메모리를 나타낸다. 또한 보안 컴패니언은 보안 장치를 통해(DMA 또는 MMIO 이용) 메모리에 접근하는 경우 다른 유형의 SLAT 보호를 지정할 수 있다.

보안 컴패니언은 VTL 0의 관련 커널 모드 드라이버에서 매핑 및 관리해야 하는 장치 인터럽트에 직접 응답할 수 없다. 같은 방식으로 커널 모드 드라이버는 수신된 모든 IOCTL을 관리해 시스템 및 유저 모드 애플리케이션에 대한 상위 수준 인터페이스로 잘 작동해야 한다. 메인 드라이버는 WDF 프레임워크에 의해 노출된 ALPC 기능을 내부적으로 사용하는 UMDF 작업 대기열 객체를 사용해 WDF 작업을 전송하고 보안 컴패니언과 통신한다.

일반적인 KMDF 드라이버는 INF 지시문으로 컴패니언을 등록한다. WDF는 UMDF 드라이버 관리자 서비스에 ALPC 메시지를 전송해 **WdfDeviceCreate**에 대한 드라이버 호출 콘텍스트(플러그앤플레이 드라이버의 경우 일반적으로 AddDevice 콜백)에서 드라이버의 컴패니언을 자동으로 시작한다. 메시지는 **NtCreateUserProcess** 네이티브 API 호출을 통해 새로운 WUDFCompanionHost.exe 트러스트렛을 생성한다. 그런 다음 UMDF 보안 컴패니언 호스트는 주소 공간에 보안 컴패니언 DLL을 로드한다. 또 다른 ALPC 메시지는 UMDF 드라이버 관리자에서 **WUDFCompanionHost**로 전송되며 실제로 보안 컴패니언을 시작하는 것을 목표로 한다. 컴패니언의 **DriverEntry** 루틴은 드라이버의 보안 초기화를 수행하고 고전적인 **WdfDriverCreate** API를 통해 **WDFDRIVER** 객체를 생성한다.

그런 다음 프레임워크는 일반적으로 새로운 **WdfDeviceCompanionCreate** UMDF API를 통해 컴패니언의 디바이스를 생성하는 VTL 1에서 컴패니언의 **AddDevice** 콜백 루틴을 호출한다. 이는 보안 커널로 실행을 전송하고(IumCreateSecureDevice 보안 시스템 콜을 통해) 새 보안 디바이스를 생성한다. 이 시점부터 보안 컴패니언은 관리되는 장치에 대한 완전한 소유권을 갖는다. 일반적으로 보안 디바이스를 만든 후 컴패니언이 가장 먼저 하는 일은 연결된 VTL 0 드라이버가 요청하는 작업을 처리하기 위한 작업 대기열 객체(WDFTASKQUEUE)를 만드는 것이다. 그러면 실행 제어는 새 작업을 보안 컴패니언에 보낼 수 있는 커널 모드 드라이버로 반환된다.

이 모델은 WDM 드라이버에서도 지원된다. WDM 드라이버는 디바이스 스택의 저수준 위치에 연결된 특수 필터 드라이버인 WdmCompanionFilter.sys와 KMDF의 미니포트 모드로 상호작용할 수 있다. **Wdm** 컴패니언 필터를 사용하면 WDM 드라이버가 작업 대기열 객체를 사용해 보안 컴패니언으로 작업을 보낼 수 있다.

VBS 기반 엔클레이브

Vol.1의 5장에서는 보호된 메모리 엔클레이브 생성을 허용하는 하드웨어 기술인 소프트웨어 가드 확장$^{SGX, Software Guard eXtension}$을 살펴봤다. 이 기술은 엔클레이브 외부에서 실행되는 코드로부터 코드와 데이터가 하드웨어에 의해 보호(암호화)되는 프로세스 주소 공간의 보안 영역이다. 6세대 인텔 코어 프로세서(스카이레이크)에 처음 도입된 이 기술은 광범위한 채택을 방해하는 몇 가지 문제를 겪었다(또한 AMD는 SGX와 호환되지 않는 보안 암호화된 가상화$^{Secure Encrypted Virtualization}$라는 또 다른 기술을 출시했다). 이런 문제를 극복하고자 마이크로소프트는 VSM 인프라를 사용해 격리 보장이 제공되는 보안 엔클레이브인 VBS 기반 엔클레이브를 출시했다. VBS 기반 엔클레이브 내부의 코드와 데이터는 엔클레이브 자체와 VSM 보안 커널에서만 볼 수 있으며 시스템에서 실행 중인 NT 커널, VTL 0 프로세스와 보안 트러스트렛에는 접근할 수 없다.

보안 VBS 기반 엔클레이브는 일반 프로세스 내에서 단일 가상 주소 범위를 설정해 생성된다. 그런 다음 코드와 데이터가 엔클레이브에 로드되고 그 후 보안 커널을 통해 진입점으로 제어를 전송해 엔클레이브에 처음으로 진입한다. 보안 커널은 먼저 모든 코드와 데이터가 인증되고 엔클레이브 이미지에 대한 이미지 서명 확인을 사용해 엔클레이브 내부에서 실행할 권한이 있는지 확인한다. 서명 검사를 통과하면 실행 제어가 엔클레이브의 모든 코드와 데이터에 접근할 수 있는 엔클레이브 진입점으로 전송된다. 기본적으로 시스템은 적절히 서명된 엔클레이브의 실행만 지원한다. 이는 서명되지 않은 멀웨어가 엔클레이브의 내용을 검사할 수 없는 멀웨어 방지 소프트웨어가 볼 수 없는 시스템에서 실행될 수 있는 가능성을 배제한다.

실행 중에 제어는 엔클레이브와 그것을 포함한 프로세스 사이에서 왔다 갔다 할 수 있다. 엔클레이브 내부에서 실행되는 코드는 엔클레이브의 가상 주소 범위 내의 모든 데이터에 접근할 수 있다. 또한 보안되지 않은 프로세스 주소 공간을 포함하는 읽기와 쓰기 접근 권한이 있다. 엔클레이브의 가상 주소 범위 내의 모든 메모리는 포함된 프로세스에 접근할 수 없다. 단일 호스트 프로세스 내에 다중 엔클레이브가 존재하는 경우 각 엔클레이브는 자신의 메모리와 호스트 프로세스에 접근 가능한 메모리에만 접근할 수 있다.

하드웨어 엔클레이브의 경우 코드가 엔클레이브에서 실행될 때 VBS 엔클레이브의 격리 보장으로 코드가 실행되고 있는지 확인하고자 타사 엔터티에서 사용할 수 있는 봉인된 엔클레이브 보고서를 얻을 수 있다. 이는 실행 중인 특정 버전의 코드를 확인하는 데 사용된다. 이 보고서에는 호스트 시스템, 엔클레이브 자체와 엔클레이브에 로드됐을 수 있는 모든 DLL에 대한 정보 및 엔클레이브가 디버깅 기능이 활성화된 상태에서 실행 중인지 여부를 나타내는 정보가 포함된다.

VBS 기반 엔클레이브는 다음과 같은 특정 특징을 갖는 DLL로 배포된다.

- 인증 코드^{Authenticode} 서명으로 서명되며 리프^{leaf} 인증서에는 이미지를 엔클레이브로 실행할 수 있는 유효한 EKU가 포함된다. 디지털 인증서를 내보낸 루트 기관은 마이크로소프트이거나 마이크로소프트에서 연대 서명한 인증서 매니페스트가 적용되는 타사 서명 기관이어야 한다. 이는 서드파티 회사가 자체 영역에 서명하고 운영할 수 있음을 의미한다. 유효한 디지털 서명 EKU는 내부 윈도우 서명된 엔클레이브용 IUM EKU(1.3.6.1.4.1.311.10.3.37) 또는 모든 타사 엔클레이브용 Enclave EKU(1.3.6.1.4.1.311.10.3.42)다.
- 엔클레이브 구성 섹션(IMAGE_ENCLAVE_CONFIG 데이터 구조체로 구성)이 포함돼 있으며 이 섹션은 엔클레이브에 대한 정보를 설명하고 해당 이미지의 로드 구성 데이터 디렉터리에 링크된다.
- 올바른 제어 플로 가드^{CFG, Control Flow Guard} 계측기가 포함된다.

엔클레이브의 구성 섹션은 엔클레이브를 적절히 실행하고 봉인하는 데 필요한 중요 정보를 포함하므로 중요하다. 엔클레이브 작성자가 지정하고 엔클레이브 바이너리, 보안 버전 번호와 엔클레이브의 정책 정보(예상 가상 크기, 실행할 수 있는 최대 스레드 수, 엔클레이브의 디버깅 가능성 등)를 식별하는 고유한 패밀리 ID와 이미지 ID가 이에 해당한다. 또한 엔클레이브의 구성 섹션에는 엔클레이브에서 가져올 수 있는 이미지 목록이 포함돼 있으며 해당 이미지의 ID 정보가 포함돼 있다. 엔클레이브의 임포트된 모듈은 패밀리 ID와 이미지 ID의 조합으로 식별하거나 바이너리 해시로부터 계산돼 생성된 고유 ID와 엔클레이브 서명에 사용되는 인증서에서 파생된 작성자 ID의 조합으로 식별할 수 있다(이 값은 엔클레이브를 구성한 사람의 ID를 나타낸다). 임포트된 모듈 디스크립터는 최소 보안 버전 번호도 포함해야 한다.

보안 커널은 엔클레이브 주소 공간에 매핑되는 VBS 엔클레이브 런타임 DLL인 Vertdll.dll을 통해 엔클레이브에 몇 가지 기본 시스템 서비스를 제공한다. 이런 서비스에는 표준 C 런타임 라이브러리의 제한된 하위 집합, 엔클레이브의 주소 범위 내에서 보안 메모리를 할당하거나 해제하는 기능, 동기화 서비스, 구조화된 예외 처리 지원, 기본 암호화 기능 및 데이터 봉인 기능이 포함된다.

실습: 엔클레이브 구성 덤프하기

이 실습에서는 윈도우 SDK와 WDK에 포함된 마이크로소프트 인크리멘털 링커(link.exe)를 사용해 소프트웨어 엔클레이브 구성 데이터를 덤프한다. 두 패키지 모두 웹에서 다운로드할 수 있다. 필요한 모든 도구가 포함돼 있고 설치가 필요하지 않은 EWDK를 사용할 수도 있다(https://docs.microsoft.com/en-us/windows-hardware/drivers/download-the-wdk).

코타나 검색 상자나 EWDK의 Iso 이미지에 포함된 LaunchBuildEnv.cmd 스크립트 파일을 실행해 비주얼 스튜디오 개발자 명령 프롬프트를 연다. `link.exe /dump/loadconfig` 명령을 사용해 그림 9-40에 나와 있고 이 장의 뒷부분에서 설명할 시스템 가드 루틴 인증^{System Guard Routine Attestation} 엔클레이브의 구성 데이터를 분석한다.

명령의 출력이 많으므로 그림에 표시된 예에서는 SgrmEnclave_secure_loadconfig.txt 파일로 출력이 리다이렉션된다. 생성된 출력 파일을 열면

바이너리 이미지에 CFG 테이블이 포함돼 있고 다음 데이터를 대상으로 하는 유효한 엔클레이브 구성 포인터가 포함돼 있음을 알 수 있다.

```
Enclave Configuration

        00000050 size
        0000004C minimum required config size
        00000000 policy flags
        00000003 number of enclave import descriptors
        0004FA04 RVA to enclave import descriptors
        00000050 size of an enclave import descriptor
        00000001 image version
        00000001 security version
0000000010000000 enclave size
        00000008 number of threads
        00000001 enclave flags

        family ID : B1 35 7C 2B 69 9F 47 F9 BB C9 4F 44 F2 54 DB 9D
         image ID : 24 56 46 36 CD 4A D8 86 A2 F4 EC 25 A9 72 02

ucrtbase_enclave.dll

        0 minimum security version
        0 reserved

    match type : image ID
     family ID : 00 00 00 00 00 00 00 00 00 00 00 00 00 00 00 00
      image ID : F0 3C CD A7 E8 7B 46 EB AA E7 1F 13 D5 CD DE 5D
unique/author ID : 00 00 00 00 00 00 00 00 00 00 00 00 00 00 00 00
               00 00 00 00 00 00 00 00 00 00 00 00 00 00 00 00

bcrypt.dll

        0 minimum security version
        0 reserved

    match type : image ID
     family ID : 00 00 00 00 00 00 00 00 00 00 00 00 00 00 00 00
      image ID : 20 27 BD 68 75 59 49 B7 BE 06 34 50 E2 16 D7 ED
unique/author ID : 00 00 00 00 00 00 00 00 00 00 00 00 00 00 00 00
               00 00 00 00 00 00 00 00 00 00 00 00 00 00 00 00

...
```

구성 섹션에는 바이너리 이미지의 엔클레이브 데이터(패밀리 ID, 이미지 ID와 보안 버전 번호 같은)와 기본 엔클레이브의 바이너리가 안전하게 의존할 수 있는 라이브러리가 있는 보안 커널과 통신하는 임포트 디스크립터 배열이 포함된다. Vertdll.dll 라이브러리와 시스템 가드 루틴 인증 엔클레이브에서 가져온 모든 바이너리로도 다시 실습해볼 수 있다.

엔클레이브 수명주기

Vol.1의 5장에서는 하드웨어 엔클레이브(SGX 기반)의 수명주기를 살펴봤다. VBS 기반 엔클레이브의 수명주기 역시 비슷하다. 마이크로소프트는 새로운 유형의 VBS 기반 엔클레이브를 지원하고자 이미 사용 가능한 엔클레이브 API를 향상시켰다.

1단계: 생성 애플리케이션은 CreateEnclave API에 ENCLAVE_TYPE_VBS 플래그를 지정해 VBS 기반 엔클레이브를 생성한다. 호출자는 엔클레이브의 소유자를 식별하는 소유자 ID를 지정해야 한다. 하드웨어 엔클레이브와 동일한 방식으로 엔클레이브 생성 코드는 결국 커널에서 NtCreateEnclave를 호출한다. 이는 매개변수를 확인하고 전달된 구조체를 복사하며 엔클레이브가 호출자와 다른 프로세스에서 생성되는 경우 대상 프로세스에 연결한다. MiCreateEnclave 함수는 엔클레이브 가상 메모리 범위를 설명하는 엔클레이브 유형 VAD를 할당하고 호출자에 의해 지정되지 않은 경우 기본 가상 주소를 선택한다. 커널은 메모리 관리자의 VBS 엔클레이브 데이터 구조체와 프로세스별 엔클레이브 해시 테이블을 할당하며 해당 번호로 시작하는 엔클레이브의 빠른 조회에 사용한다. 엔클레이브가 프로세스에 대해 처음 생성된 경우 시스템은 CREATE _PROCESS 보안 호출을 사용해 VTL 1에 빈 보안 프로세스(엔클레이브의 컨테이너 역할)도 생성한다(사세한 내용은 이전의 '트러스트렛 생성' 절 참고).

VTL 1의 CREATE_ENCLAVE 보안 호출 핸들러는 엔클레이브 생성의 실제 작업을 수행한다. 보안 엔클레이브 키 데이터 구조체(SKMI_ENCLAVE)를 할당하고 컨테이너 보안 프로세스(NT 커널에 의해 바로 생성된)에 대한 참조를 설정한다. 그리고 전체 엔클레이브 가상 주소 공간을 설명하는 보안 VAD를 생성한다(보안 VAD는 VTL 0의 VAD와 유사한 정보를 포함한다). 이 VAD는 포함된 프로세스의 VAD 트리(엔클레이브 자체가 아님)에 추가된다. 엔클레이브에 대한 빈 가상 주소 공간은 포함된 프로세스와 동일한 방식으로 생성되며 페이지 테이블 루트는 시스템 항목으로만 채워진다.

2단계: 엔클레이브에 모듈 로드 하드웨어 기반 엔클레이브와 달리 상위 프로세스는 모듈만 엔클레이브에 로드할 수 있지만 임의의 데이터는 로드할 수 없다. 이렇게 하면 이미지의 각 페이지가 VTL 1의 주소 공간에 복사되고 VTL 1 엔클레이브의 각 이미지 페이지는 전용 사본이 된다. 적어도 하나의 모듈(메인 엔클레이브 이미지로 작용함)이 엔클레이브에 로드돼야 하며 그렇지 않으면 엔클레이브를 초기화할 수 없다. VBS 엔클레이브가 생성된 후 애플리케이션은 엔클레이브에 로드돼야 하는 모듈의 이름 및 엔클레이브 베이스 주소를 지정해 `LoadEnclaveImage` API를 호출한다. Ntdll.dll에 있는 윈도우 로더 코드는 지정된 DLL 이름을 검색하고 바이너리 파일을 열어 유효성을 검사하고 호출 프로세스에서 읽기 전용 접근 권한으로 매핑되는 섹션 객체를 만든다.

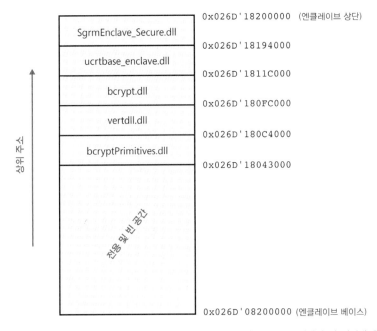

그림 9-40 시스템 가드 런타임 증명 보안 엔클레이브(엔클레이브 하단의 빈 영역에 유의).

로더는 섹션을 매핑한 후 종속 모듈(임포트, 지연 로드와 포워드) 목록을 생성하고자 이미지의 임포트 주소 테이블을 파싱한다. 발견된 각 모듈에 대해 로더는 엔클레이브에 매핑을 위한 충분한 공간이 있는지 확인하고 올바른 이미지 베이스 주소를 계산한다. 시스템 가드 런타임 증명 엔클레이브를 나타내는 그림 9-40에서 볼 수 있듯이 엔클레이브의 모듈은 하향식 정책을 사용해 매칭된다. 즉, 메인 이미지는 가능한 한 가장 높은 가상 주소에 매핑하고 모든 종속 이미지는 하위 주소에 차례로 매핑한다. 이 단계에서 윈도우 로더는 각 모듈에 대해 NtLoadEnclaveData 커널 API를 호출한다.

VBS 엔클레이브에 지정된 이미지를 로드하고자 커널은 섹션 객체의 공유 페이지가 VTL 1에 있는 엔클레이브의 전용 페이지에 복사되도록 허용하는 복잡한 절차를 시작한다. MiMapImageForEnclaveUse 함수는 섹션 객체의 제어 영역을 가져와 SKCI를 통해 유효성을 검사한다. 유효성 검사가 실패하면 프로세스가 중단되고 호출자에게 에러가 반환된다(모든 엔클레이브의 모듈은 이전에 언급한 대로 정상적으로 서명돼야 한다). 검사에 성공하면 시스템은 보안 시스템 프로세스에 연결하고 VTL 0의 주소 공간에 이미지의 섹션 객체를 매핑한다. 현재 모듈의 공유 페이지는 유효하거나 유효하지 않을 수 있다(자세한 내용은 Vol.1의 5장을 참고한다). 그런 다음 포함된 프로세스에서 모듈의 가상 주소 공간을 커밋한다. 이렇게 하면 수요가 0인 PTE에 대한 전용 VTL 0 페이징 데이터 구조가 생성되며, 이는 나중에 이미지가 VTL 1에 로드될 때 보안 커널에 의해 채워진다.

VTL 1의 LOAD_ENCLAVE_MODULE 보안 호출 핸들러는 새 모듈(SKCI에서 생성)의 SECURE_IMAGE를 획득하고 이미지가 VBS 기반 엔클레이브에서 사용하기에 적합한지 여부를 확인한다(디지털 서명 특성 확인을 통해). 그런 다음 VTL 1의 보안 시스템 프로세스에 연결하고 NT 커널에 의해 이전에 매핑된 동일한 가상 주소에 보안 이미지를 매핑한다. 이를 통해 VTL 0에서 프로토타입 PTE를 공유할 수 있다. 그리고 보안 커널은 모듈을 설명하는 보안 VAD를 생성하고 이를 엔클레이브의 VTL 1 주소 공간에 삽입한다. 마지막으로 각 모듈의 섹션 프로토타입 PTE를 돌며 확인한다. 존재하지 않는 각 프로토타입 PTE에 대해 보안 시스템 프로세스에 연결하고 GET_PHYSICAL_PAGE 일반 호출을 사용해 공유 페이지를 메모리에 가져오는 NT 페이지 폴트 핸들러(MmAccessFault)를 호출한다. 보안 커널은 이전에 VTL 0의 NT 커널에서 디멘드 제로demand-zero PTE에 의해 커밋된 전용 엔클레이브 페이지에 대해 유사한 절차를 수행한다. 이 경우 NT 페이지 폴트 핸들러는 0이 된 페이지를 할당한다.

보안 커널은 공유된 각 물리 페이지의 내용을 각각의 새로운 전용 페이지에 복사하고 필요하다면 적절한 전용 재배치를 적용한다.

이제 VBS 기반 엔클레이브에서 모듈의 로딩이 완료됐다. 보안 커널은 전용 엔클레이브 페이지에 SLAT 보호를 적용하고(NT 커널은 엔클레이브의 이미지 코드와 데이터에 접근할 수 없음) 보안 시스템 프로세스에서 공유 섹션의 매핑을 해제하고 NT 커널에 실행을 양보한다. 이를 통해 로더는 다음 모듈을 처리할 수 있다.

3단계: 엔클레이브 초기화 모든 모듈이 엔클레이브에 로드된 후 애플리케이션은 InitializeEnclave API를 사용해 엔클레이브를 초기화하고 엔클레이브에서 지원하는 최대 스레드 수를 지정한다(이는 포함된 프로세스에서 엔클레이브 호출을 수행할 수 있는 스레드에 바인딩된다). 보안 커널의 INITIALIZE_ENCLAVE 보안 호출 핸들러는 엔클레이브 생성 중에 지정된 정책이 기본 이미지의 구성 정보에 표시된 정책과 호환되는지 확인하고 엔클레이브의 플랫폼 라이브러리(Vertdll.dll)가 로드됐는지 확인한 다음 엔클레이브의 최종 256비트 해시를 계산한다(엔클레이브 밀봉 보고서$^{sealed\ report}$ 생성에 사용됨). 그리고 모든 보안 엔클레이브 스레드를 생성한다. 실행 제어가 VTL 0의 윈도우 로더 코드로 반환되면 시스템은 플랫폼 DLL의 초기화 코드를 실행하는 첫 번째 엔클레이브 호출을 수행한다.

4단계: 엔클레이브 호출(인바운드와 아웃바운드) 엔클레이브가 올바르게 초기화된 후 애플리케이션은 엔클레이브에 임의의 수의 호출을 만들 수 있다. 또한 엔클레이브의 모든 호출 가능한 함수를 익스포트해야 한다. 애플리케이션은 표준 GetProcAddress API를 호출해 엔클레이브의 함수 주소를 얻은 다음 CallEnclave 루틴을 사용해 보안 엔클레이브에 실행 제어를 전송할 수 있다. 인바운드 호출을 설명하는 이 시나리오에서 NtCallEnclave 커널 루틴은 다음 규칙에 따라 호출 VTL 0 스레드를 엔클레이브 스레드에 바인딩하는 스레드 선택 알고리듬을 수행한다.

- 일반 스레드가 이전에 엔클레이브에 의해 호출되지 않은 경우(엔클레이브는 중첩 호출을 지원함) 임의의 유휴 엔클레이브 스레드가 실행을 위해 선택된다. 사용 가능한 유휴 엔클레이브 스레드가 없는 경우 엔클레이브 스레드가 사용 가능해질 때까지 호출이 차단된다(호출자에 의해 지정된 경우며 그렇지 않으면 호출은 단순히 실패한다).

- 일반 스레드가 이전에 엔클레이브에 의해 호출된 경우 엔클레이브에 대한 호출은 호스트에 대한 이전 호출을 발생시킨 동일한 엔클레이브 스레드에 서 이뤄진다.

엔클레이브 스레드의 디스크립터 목록은 NT와 보안 커널 모두에서 유지 관리된 다. 일반 스레드가 엔클레이브 스레드에 바인딩될 때 엔클레이브 스레드는 바인 딩된 스레드 목록이라고 하는 다른 목록에 삽입된다. 이를 통해 추적된 엔클레이 브 스레드는 현재 실행 중이며 더 이상 사용할 수 없다.

스레드 선택 알고리듬이 성공한 후 NT 커널은 CALLENCLAVE 보안 호출을 발생시 킨다. 보안 커널은 엔클레이브에 대한 새 스택 프레임을 생성하고 유저 모드로 돌아간다. 엔클레이브의 콘텍스트에서 실행되는 첫 번째 유저 모드 기능은 RtlEnclaveCallDispatcher다. 이는 엔클레이브 호출이 처음 발생한 경우 실행을 VSM 엔클레이브 런타임 DLL(Vertdll.dll)의 초기화 루틴으로 전송한다. 이 루틴은 CRT와 로더, 엔클레이브에 제공된 모든 서비스를 초기화한다. 마지막으로 엔클레 이브의 메인 모듈과 모든 종속 이미지의 DllMain 함수를 호출한다(DLL_PROCESS_ATTACH 사유로 지정해).

엔클레이브 플랫폼 DLL이 이미 초기화된 일반적인 상황에서 엔클레이브 디스패 처는 DLL_THREAD_ATTACH 사유로 지정해 각 모듈의 DllMain을 호출하고 대상 엔클 레이브 함수의 지정된 주소가 유효한지 여부를 확인한 다음 해당 함수를 호출한 다. 대상 엔클레이브의 루틴이 실행을 완료하면 포함된 프로세스를 다시 호출해 VTL 0로 돌아간다. 이를 위해 NtCallEnclave 커널 루틴을 다시 호출하는 엔클레이 브 플랫폼 DLL에 여전히 의존한다. 이는 보안 커널에서 약간 다르게 구현되지만 VTL 0로 돌아가고자 유사한 정책을 채택한다. 엔클레이브 자체는 비보안 프로세스 의 콘텍스트에서 일부 기능을 실행하기 위한 엔클레이브 호출을 발생시킬 수 있다. 아웃바운드 호출을 설명하는 이 시나리오에서 엔클레이브 코드는 CallEnclave 루 틴을 사용하고 포함된 프로세스의 기본 모듈에서 익스포트한 함수의 주소를 지정 한다.

5단계: 종료와 소멸 TerminateEnclave API를 통해 전체 엔클레이브의 종료가 요청 되면 엔클레이브 내부에서 실행되는 모든 스레드는 강제로 VTL 0에 돌아가게 된다. 엔클레이브의 종료가 요청되면 엔클레이브에 대한 모든 추가 호출은 실패한다. 스레드가 종료되면 VTL 1 스레드 상태(스레드 스택 포함)가 소멸된다. 모든 스레드가 실행을 중지하면 엔클레이브가 소멸될 수 있다. 엔클레이브가 소멸될 때 엔클레이브와 관련된 모든 나머지 VTL 1 상태도 소멸되고(전체 엔클레이브 주소 공간 포함) 모든 페이지는 VTL 0에서 해제된다. 마지막으로 엔클레이브 VAD가 삭제되고 커밋된 모든 엔클레이브 메모리가 해제된다. 포함된 프로세스가 엔클레이브의 주소 범위를 기준으로 VirtualFree를 호출할 때 소멸이 트리거된다. 엔클레이브가 종료됐거나 초기화되지 않은 경우가 아니면 소멸은 불가능하다.

이전에 말한 것처럼 엔클레이브 주소 공간에 매핑되는 모든 메모리 페이지는 전용(private)이며 여기에는 여러 가지 의미가 있다. VTL 0의 포함된 프로세스에 속하는 메모리 페이지는 엔클레이브 주소 공간에 매핑되지 않는다(포함된 프로세스의 할당을 설명하는 VAD도 존재하지 않는다). 그렇다면 엔클레이브는 포함하는 프로세스의 모든 메모리 페이지에 어떻게 접근할 수 있을까?

대답은 보안 커널 페이지 폴트 핸들러(SkmmAccessFault)에 있다. 폴트 핸들러는 에러가 발생한 프로세스가 엔클레이브인지 여부를 확인하고 엔클레이브가 해당 영역 외부의 일부 코드를 실행하려고 시도해서 에러가 발생했는지 확인한다. 이에 해당할 경우 접근 위반 에러(access violation error)가 발생한다. 에러가 엔클레이브의 주소 공간 외부의 읽기나 쓰기 접근에 의한 것이면 보안 페이지 폴트 핸들러는 GET_PHYSICAL_PAGE 일반 서비스를 내보내고 결과적으로 VTL 0 액세스 폴트 핸들러가 호출된다. VTL 0 핸들러는 포함된 프로세스 VAD 트리를 확인하고 필요한 경우 메모리에 가져와 PTE에서 페이지의 PFN을 얻은 다음 VTL 1로 반환한다. 이 단계에서 보안 커널은 물리 페이지를 동일한 가상 주소(엔클레이브 자체의 속성으로 사용 가능하게 보장됨)에 매핑하는 데 필요한 페이징 구조체를 만들고 실행을 재개할 수 있다. 페이지는 이제 보안 엔클레이브의 콘텍스트에서 유효하다.

봉인과 증명

하드웨어 기반 엔클레이브와 같은 VBS기반 엔클레이브는 데이터의 봉인^{sealing}과 증명^{attestation}을 모두 지원한다. 봉인이라는 용어는 엔클레이브의 코드에 표시되지 않지만 보안 커널에 의해 관리되고 머신 및 엔클레이브의 ID에 연결된 하나 이상의 암호화 키를 사용해 임의의 데이터를 암호화하는 것을 말한다. 엔클레이브는 해당 키에 접근할 수 없는 대신 보안 커널은 엔클레이브에 의해 지정된 적절한 키를 사용해(EnclaveSealData와 EnclaveUnsealData API를 통해) 임의의 콘텐츠를 봉인 및 봉인 해제하는 서비스를 제공한다. 데이터가 봉인될 때 어떤 엔클레이브가 데이터 봉인을 해제하도록 허용되는지를 제어하는 매개변수 세트가 제공된다.

지원되는 정책은 다음과 같다.

- **보안 커널과 기본 이미지의 보안 버전 번호**^{SVN, Security Version Number}: 어떤 엔클레이브도 엔클레이브 또는 보안 커널의 이후 버전에 의해 봉인된 데이터를 봉인 해제할 수 없다.
- **해제 코드:** 데이터는 그것을 봉인한 엔클레이브의 동일한 모듈을 매핑하는 엔클레이브에 의해서만 봉인 해제될 수 있다. 보안 커널은 적절한 봉인 해제를 허용하고자 엔클레이브에 매핑된 모든 이미지의 고유 ID 해시를 확인한다.
- **동일한 이미지, 패밀리 또는 작성자:** 데이터는 작성자 ID, 패밀리 ID 또는 이미지 ID가 동일한 엔클레이브에 의해서만 봉인 해제될 수 있다.
- **런타임 정책:** 데이터는 봉인 해제 엔클레이브가 원래의 것과 동일한 디버깅 정책(디버깅 가능 또는 불가)을 가진 경우에만 봉인을 해제할 수 있다.

모든 엔클레이브는 VBS 엔클레이브 아키텍처가 제공하는 모든 보호 기능을 갖춘 VBS 엔클레이브로 실행되고 있음을 제3자에게 증명할 수 있다. 엔클레이브 증명 보고서는 특정 엔클레이브가 보안 커널의 제어하에 실행되고 있다는 증거를 제공한다. 증명 보고서에는 엔클레이브에 로드된 모든 코드의 ID와 엔클레이브가 실행되는 방식을 제어하는 정책이 포함된다.

엔클레이브는 EnclaveGetAttestationReport API를 통해 증명 보고서를 생성할 수 있다. API에 의해 반환된 메모리 버퍼는 EnclaveVerifyAttestationReport 함수를 통해 증명 보고서를 확인함으로써 원래의 엔클레이브가 실행됐던 환경의 무결성을 '증명'할 수 있는 다른 엔클레이브에 전송될 수 있다. 봉인과 증명 작업의 내부 세부 사항은 이 책의 범위를 벗어나므로 생략한다.

시스템 가드 런타임 증명

시스템 가드 런타임 증명^{SGRA, System Guard Runtime Attestation}은 원격 증명 서비스 구성

요소와 함께 앞서 언급한 VBS 영역을 활용해 실행 환경에 대한 강력한 보증을 제공하는 운영체제 무결성 구성 요소다. 이 환경은 런타임 시 민감한 시스템 속성을 검증하는 데 사용되며, 시스템이 제공하는 보안 약속의 위반을 관찰할 수 있다. 이 새로운 기술의 첫 번째 구현은 윈도우 10 2018년 4월 업데이트(RS4)에 도입됐다.

SGRA를 사용하면 애플리케이션이 장치의 보안 상태에 대한 설명을 볼 수 있으며 세 부분으로 구성된다.

- 장치의 입증 가능한 부팅 시간 속성을 설명하는 보안 수준이 포함된 세션 보고서
- 장치의 런타임 상태를 설명하는 런타임 보고서
- 보고서를 확인하는 데 사용할 수 있는 서명된 세션 인증서

SGRA 서비스인 SgrmBroker.exe는 보안 기능의 런타임 위반에 대해 시스템을 지속적으로 검증하는 VBS 엔클레이브로, VTL 1에서 실행되는 구성 요소(SgrmEnclave_secure.dll)를 호스팅한다. 이러한 검증은 런타임 보고서에 표시되며 연관된 기능에 의해 백엔드에서 검증될 수 있다. 검증이 별도의 신뢰 도메인에서 실행되기 때문에 런타임 보고서의 내용을 직접 공격하는 것은 어렵다.

SGRA 내부

그림 9-41은 다음 클라이언트 측 구성 요소로 구성된 윈도우 디펜더 시스템 가드 Windows Defender System Guard 런타임 증명 아키텍처의 상위 수준 개요를 보여준다.

- VTL-1 검증 엔진: SgrmEnclave_secure.dll
- VTL-0 커널 모드 에이전트: SgrmAgent.sys
- 검증 엔진을 호스팅하는 VTL-0 WinTCB 보호 브로커 프로세스: SgrmBroker.exe
- WinTCBPP 브로커 프로세스가 네트워킹 스택과 상호작용하는 데 사용하는 VTL-0 LPAC 프로세스: SgrmLpac.exe

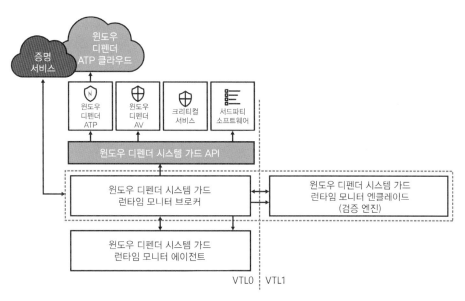

그림 9-41 윈도우 디펜더 시스템 가드 런타임 검증 아키텍처

위협에 신속하게 대응할 수 있도록 SGRA에는 VTL 1 엔클레이브에서 실행되는 검증 메커니즘의 핵심인 동적 스크립팅 엔진(Lua)이 포함돼 있다. 이는 빈번한 검증 로직assertion logic의 업데이트를 가능하게 하기 위함이다.

VBS 엔클레이브에서 제공하는 격리로 인해 VTL 1에서 실행되는 스레드는 VTL 0 NT API에 접근할 수 있는 능력이 제한된다. 따라서 SGRA의 런타임 구성 요소가 의미 있는 작업을 수행하려면 제한된 VBS 엔클레이브 API 사용을 해결하는 방법이 필요하다.

에이전트 기반 접근 방식은 VTL 0의 함수를 VTL 1에서 실행되는 로직에 제공한다. 이러한 기능을 어시스트assists라고 하며 **SgrmBroker** 유저 모드 구성 요소 또는 VTL 0 커널 모드(SgrmAgent.sys)에서 실행되는 에이전트 드라이버에 의해 서비스된다. 엔클레이브에서 실행되는 VTL 1 로직은 NT 커널 동기화 프리미티브, 페이지 매핑 기능 등을 포함한 다양한 기능을 제공하는 지원 요청을 목표로 이러한 VTL 0의 구성 요소를 호출할 수 있다.

이 메커니즘이 작동하는 방식의 예로, SGRA는 VTL 1 검증 엔진이 VTL 0 소유의 물리 페이지를 직접 읽을 수 있게 할 수 있다. 엔클레이브는 어시스트를 통해 임의의 페이지 매핑을 요청한다. 그러면 페이지가 잠기고 **SgrmBroker** VTL 0의 주소 공간에 상주하도록 매칭된다. VBS 엔클레이브는 호스트 프로세스 주소 공간에 직접 접근할 수 있으므로 보안 로직은 매핑된 가상 주소에서 직접 읽을 수 있다. 이러한 읽기는 VTL 0 커널 자체와 동기화돼야 한다. VTL 0 상주 브로커 에이전트 (SgrmAgent.sys 드라이버)도 동기화를 수행하는 데 사용된다.

검증 로직

앞서 언급했듯이 SGRA는 런타임에 시스템 보안 속성을 검증한다. 이러한 검증은 VBS 기반 엔클레이브에서 호스팅되는 검증 엔진 내에서 실행된다. 검증 로직을 설명하는 서명된 Lua 바이트코드는 시작하는 동안 검증 엔진에 제공된다.

검증은 주기적으로 실행된다. 검증 시 속성 위반이 발견되면(즉, 검증이 실패하면) 실패가 기록되고 엔클레이브 내에 저장된다. 이 실패는 엔클레이브 내에서 생성되고 서명된 (세션 인증서로) 런타임 보고서의 신뢰 당사자에게 노출된다.

SGRA에서 제공하는 검증 기능의 예로는 실행 중인 프로세스의 주기적인 열거와 보호된 프로세스 정책을 제어하는 프로세스의 보호 비트 상태 검증과 같은 다양한 실행 프로세스 객체 속성을 둘러싼 검증이 있다.

이 검사를 수행하는 검증 엔진의 대략적인 흐름은 다음과 같다.

1. VTL 1 내에서 실행되는 검증 엔진은 VTL 0 호스트 프로세스(SgrmBroker)를 호출해 커널에서 실행 프로세스 객체를 참조하도록 요청한다.
2. 브로커 프로세스는 이 요청을 커널 모드 에이전트(SgrmAgent)로 전달한다. 커널 모드 에이전트는 요청된 실행 프로세스 객체에 대한 참조를 얻어 요청을 처리한다.
3. 에이전트는 요청이 처리됐음을 브로커에게 알리고 필요한 메타데이터를 브로커로 전달한다.
4. 브로커는 이 응답을 요청하는 VTL 1의 검증 로직에 전달한다.
5. 로직은 참조된 실행 프로세스 객체를 지원하는 물리 페이지를 잠그고 접근 가능한 주소 공간에 매핑하도록 선택할 수 있다. 이는 1 ~ 4단계와 유사

한 흐름을 사용해서 엔클레이브를 호출해 수행된다.

6. 페이지가 매핑되면 VTL 1 엔진은 페이지를 직접 읽고 내부적으로 보유된 콘텍스트에 대해 실행 프로세스 객체 보호 비트를 확인할 수 있다.

7. VTL 1 로직은 다시 VTL 0을 호출해 페이지 매핑 및 커널 객체의 참조를 해제한다.

보고서와 신뢰 구축

신뢰 당사자가 SGRA 세션 인증서와 서명된 세션 및 런타임 보고서를 얻을 수 있게 WinRT 기반 API가 노출된다. 이 API는 공개되지 않으며 NDA에 따라 마이크로소프트 바이러스 이니셔티브^{MVI, Microsoft Virus Initiative}의 공급업체에서 사용할 수 있다(마이크로소프트 디펜더 지능형 위협 방지^{Microsoft Defender Advanced Threat Protection}는 현재 이 API를 통해 SGRA과 직접 인터페이스하는 유일한 기본 구성 요소다).

SGRA에서 신뢰할 수 있는 명령문을 가져오는 흐름은 다음과 같다.

1. 신뢰 당사자와 SGRA 사이에 세션이 생성된다. 세션 확립에는 네트워크 접속이 필요하다. SgrmEnclave 검증 엔진(VTL 1에서 실행)은 공개-개인 키 쌍을 생성하고 SgrmBroker 보호 프로세스는 TCG 로그와 VBS 증명 보고서를 취득해 이전 단계에서 생성된 키의 공개 구성 요소와 함께 마이크로서비스 시스템 가드 검증 서비스로 전송한다.

2. 검증 서비스는 TCG 로그(TPM 제공)와 VBS 증명 보고서(로직이 VBS 엔클레이브 내에서 실행되고 있다는 것을 전제로)를 확인하고 장치의 검증된 부팅 시간 속성을 설명하는 세션 보고서를 생성한다. 런타임 보고서를 확인하는 데 사용할 인증서를 생성하고자 SGRA 검증 서비스의 중간 키로 공개 키에 서명한다.

3. 세션 보고서와 인증서가 신뢰 딩사자에게 반환된다. 이 시점부터 신뢰 당사자는 세션 보고서와 런타임 인증서의 유효성을 확인할 수 있다.

4. 신뢰 당사자는 주기적으로 설정된 세션을 사용해 SGRA에서 런타임 보고서를 요청할 수 있다. SgrmEnclave 검증 엔진은 실행된 검증의 상태를 설명하는 런타임 보고서를 생성한다. 보고서는 세션 생성 중에 생성된 페어링된 개인 키를 사용해 서명되고 신뢰 당사자에게 반환된다(개인 키는 절대 엔클레

5. 신뢰 당사자는 이전에 획득한 런타임 인증서에 대해 런타임 보고서의 유효성을 확인하고 세션 보고서(부팅 시 검증된 상태)와 런타임 보고서(검증된 상태)의 내용을 모두 기반으로 해서 정책을 결정할 수 있다.

SGRA는 신뢰 당사자가 특정 시점의 장치 상태를 검증하는 데 사용할 수 있는 일부 API를 제공한다. API는 윈도우 디펜더 시스템 가드 런타임 검증이 시스템의 보안 상태에서 찾아낸 문제점을 자세히 설명하는 런타임 보고서를 반환한다. 이런 문제점에는 중요한 시스템 속성에 대한 런타임 검증 내용이 포함된다. 예를 들어 앱은 윈도우 디펜더 시스템 가드에게 하드웨어 지원 엔클레이브에서 시스템 보안을 검증하고 보고서를 제공하도록 요청할 수 있다. 이 보고서의 세부 정보는 앱에서 민감한 금융 거래를 수행하는지 또는 개인 정보를 표시하는지 여부를 결정하는 데 사용할 수 있다.

이전 절에서 설명한 것처럼 VBS 기반 엔클레이브는 VBS 특정 서명 키로 서명된 엔클레이브 검증 보고서를 노출할 수 있다. 윈도우 디펜더 시스템 가드는 VSM이 활성화된 상태에서 호스트 시스템이 실행되고 있다는 증거를 얻을 수 있는 경우 서명된 세션 보고서와 함께 이 증거를 사용해 특정 엔클레이브가 실행 중인지 확인할 수 있다. 따라서 런타임 보고서의 신뢰성을 보장하는 데 필요한 신뢰를 설정하려면 다음 내용이 필요하다.

1. 머신의 부팅 상태를 검증한다. OS, 하이퍼바이저와 보안 커널 바이너리는 마이크로소프트에서 서명하고 보안 정책에 따라 구성해야 한다.
2. TPM과 하이퍼바이저 상태 간의 신뢰를 연결해 측정된 부팅 로그Measured Boot Log에 대한 신뢰를 제공한다.
3. 측정된 부팅 로그에서 필요한 키(VSM IDK)를 추출하고 이를 사용해 VBS 엔클레이브 서명을 확인한다(자세한 내용은 12장 참고).
4. 세션 인증서를 발행하고자 신뢰할 수 있는 인증기관으로 엔클레이브 내에서 생성된 임시 키 쌍의 공개 구성 요소에 서명한다.
5. 임시 개인 키로 런타임 보고서를 서명한다.

엔클레이브와 윈도우 디펜더 시스템 가드 검증 서비스 간의 네트워킹 호출은 VTL 0에서 이뤄진다. 그러나 증명 프로토콜의 설계는 신뢰할 수 없는 전송 메커니즘에서도 변조에 대해 어느 정도 대비할 수 있게 한다.

앞에서 설명한 신뢰 체인이 충분히 구축되려면 수많은 기본 기술이 필요하다. 특정 구성에서 기대할 수 있는 런타임 보고서의 신뢰 수준을 신뢰 당사자에게 알리고자 각 윈도우 디펜더 시스템 가드 검증 서비스 서명 세션 보고서에 보안 수준이 할당된다. 보안 수준은 플랫폼에서 활성화된 기본 기술을 반영하고 플랫폼의 기능을 기반으로 신뢰 수준을 지정한다. 마이크로소프트는 다양한 보안 기술의 활성화를 보안 수준에 매핑하고 있으며 서드파티를 위해 API가 제공될 경우 이를 공유한다. 최고 수준의 신뢰성을 제공하려면 최소한 다음 기능이 필요하다.

- VBS 지원 하드웨어와 OEM 구성
- 부팅 시 동적 신뢰 기반 측정
- 하이퍼바이저, NT와 SK 이미지를 확인하기 위한 보안 부팅
- 하이퍼바이저 적용 코드 무결성(HVCI, Hypervisor Enforced Code Integrity) 및 커널 모드 코드 무결성(KMCI, Kernel Mode Code Integrity)을 보장하는 보안 정책, 테스트 서명과 커널 디버깅 비활성화
- ELAM 드라이버 사용

결론

윈도우는 VM에서 실행되는 다양한 운영체제를 지원하는 하이퍼V 하이퍼바이저와 가상화 스택 덕분에 여러 VM을 관리하고 실행할 수 있다. 수년에 걸쳐 두 구성 요소는 중첩된 가상화, 가상 프로세서용 다중 스케줄러, 다양한 유형의 가상 하드웨어 지원, VMBus, VA 지원 VM 등과 같은 VM에 대한 더 많은 최적화와 고급 기능을 제공하도록 발전했다.

가상화 기반 보안은 더 이상 루트 운영체제의 메모리에서 개인 및 기밀 정보를 훔칠 수 없는 멀웨어와 은밀한 루트킷에 대한 새로운 수준의 보호를 루트 운영체

제에 제공한다. 보안 커널은 윈도우 하이퍼바이저에서 제공하는 서비스를 사용해 보호되고, 기본 OS에서 실행되는 소프트웨어에 접근할 수 없는 새로운 실행 환경(VTL 1)을 생성한다. 또한 보안 커널은 좀 더 안전한 환경을 유지하는 데 도움이 되는 여러 서비스를 윈도우 생태계에 제공한다.

보안 커널은 유저 모드 코드가 트러스트렛, 보안 장치와 엔클레이브를 통해 새로운 보호 환경에서 실행될 수 있게 하는 격리된 유저 모드를 정의한다. 9장은 워크스테이션의 실행 환경을 측정하고 무결성에 대한 강력한 보장을 제공하고자 보안 커널에 의해 노출된 서비스를 사용하는 구성 요소인 시스템 가드 런타임 검증을 분석하는 것으로 마무리했다.

10장에서는 윈도우의 관리와 진단 구성 요소를 살펴보고 레지스트리, 서비스, 작업 스케줄러, 윈도우 관리 도구^{WMI}, 커널 이벤트 추적 등 인프라와 관련된 중요한 메커니즘을 살펴본다.

10 관리, 진단, 추적

10장에서는 윈도우 운영체제의 관리와 구성에 중요한 기본 메커니즘을 살펴본다. 특히 윈도우 레지스트리, 서비스, 통합 백그라운드 프로세스 관리자, 윈도우 관리 도구WMI, Windows Management Instrumentation를 살펴본다. 또한 윈도우용 이벤트 추적ETW, Event Tracing for Windows, 윈도우 알림 기능WNF, Windows Notification Facility, 윈도우 에러 보고WER, Windows Error Reporting와 같은 진단 및 추적 목적에 사용되는 몇 가지 기본 구성 요소를 살펴본다. 마지막으로 윈도우 전역 플래그를 살펴보고 커널과 유저 심Shim 엔진을 간략히 소개한다.

레지스트리

레지스트리는 윈도우 시스템의 구성과 제어에 있어 핵심 역할을 한다. 레지스트리는 시스템 전역 설정과 각 유저 설정 모두를 위한 저장소다. 대부분의 사람들은 레지스트리를 하드디스크에 저장돼 있는 정적 데이터라고 생각하지만 이번 절에서 알 수 있듯이 레지스트리는 윈도우 이그제큐티브와 커널에 의해 유지되는 메모리에 존재하는 다양한 구조체에 대한 창window이기도 하다.

레지스트리 구조체의 개요를 알아보고 레지스트리가 지원하는 데이터 유형, 윈도우가 레지스트리에 유지하는 핵심 정보를 간단히 살펴본다. 그 이후에 레지스트리 데이터베이스의 구현을 책임지는 이그제큐티브 구성 요소인 구성 관리자의 내부를 살펴본다. 여기서 다루는 주제 중에는 레지스트리에 대한 디스크상의 내부 구조체와 애플리케이션이 구성 정보를 요청할 때 윈도우가 이 정보를 구하는 방법, 이런 중요한 시스템 데이터베이스를 보호하고자 취하는 조치 등이 있다.

레지스트리 보기와 변경

일반적으로 레지스트리를 직접 편집할 필요가 없다. 변경이 필요할 수도 있는 레지스트리에 저장돼 있는 애플리케이션과 시스템 설정은 변경을 제어할 수 있는 상응하는 유저 인터페이스가 존재해야 한다. 하지만 이 책에서 여러 번 언급했듯이 일부 고급 설정과 디버그 설정에는 편집을 위한 유저 인터페이스가 없다. 따라서 윈도우에는 레지스트리를 보고 변경할 수 있는 GUI와 커맨드라인 도구가 모두 들어 있다.

윈도우에는 레지스트리 편집을 위한 GUI 도구인 Regedit.exe와 다수의 커맨드라인 레지스트리 도구가 있다. 예를 들어 Reg.exe에는 키와 값을 비교하고 수정, 삭제하며 키를 임포트, 익스포트, 백업, 복구할 수 있는 기능이 있다. 또한 이 둘은 UAC 가상화에서 사용되는 플래그를 설정하거나 질의할 수도 있다. 반면 Regini. exe는 아스키^{ASCII} 코드나 유니코드^{Unicode} 구성 데이터를 포함하는 텍스트 파일에 기반을 두고 레지스트리 데이터를 가져올 수 있다.

또한 윈도우 드라이버 키트^{WDK, Windows Driver Kit}는 오프라인 레지스트리 라이브러리를 호스팅하는 재배포 가능한 구성 요소인 Offregs.dll을 제공한다. 이 라이브러리는 자신의 2진 형식으로 레지스트리 하이브 파일(이 장의 '하이브' 절에서 설명)을 로드하고 그 파일에 동작을 적용하며, 레지스트리 동작에 윈도우가 필요로 하는 일반적인 논리적 로딩과 매핑을 우회하게 해준다. 이 라이브러리의 주 사용처는 무결성과 유효성 검사 목적인 오프라인 레지스트리 접근을 보조해주는 것이다. 또한 레지스트리 시스템 호출 대신 로컬 파일 I/O를 통해 액세스가 수행돼 기본 데이터가 시스템에 표시되지 않아야 하는 경우 성능상의 이점을 제공한다.

레지스트리 사용

구성 데이터를 읽는 4가지 중요한 시점은 다음과 같다.

- 초기 부팅 과정 중에 부트 로더는 커널을 초기화하기 전에 구성 데이터와 메모리로 로드할 부트 디바이스 드라이버의 목록을 읽는다. 부팅 구성 데이터베이스^{BCD, Boot Configuration Database}가 실제로 레지스트리 하이브에 저장돼 있기 때문에 부팅 관리자가 운영체제 목록을 표시할 때 레지스트리 액세스는 더 이전에 이뤄진다고 할 수 있다.

- 커널 부팅 과정 중에 커널은 로드할 디바이스 드라이버 및 메모리 관리자와 프로세스 관리자 같은 다양한 서브시스템이 자신을 구성하고 시스템 행위를 조정하고자 지정한 설정을 읽는다.

- 로그온 동안에 익스플로러와 그 밖의 윈도우 구성 요소는 레지스트리에서 네트워크 드라이버 문자 매핑과 데스크톱 배경 화면, 스크린 세이버, 메뉴 동작, 아이콘 배치 등의 각 유저 설정을 읽는다. 가장 중요한 설정은 시작해야 할 시작 프로그램과 가장 최근에 접근된 파일에 관한 내용일 것이다.

- 애플리케이션 시작 중에 애플리케이션은 메뉴와 툴바의 위치 그리고 가장 최근에 접근된 문서 목록을 포함할 수도 있는 각 유저 설정뿐만 아니라 선택적으로 설치되는 구성 요소의 목록과 라이선스 데이터 같은 시스템 전역 설정을 읽는다.

하지만 레지스트리 값 또는 키의 변경에 대한 응답의 경우처럼 레지스트리는 또 다른 시점에도 읽힌다. 레지스트리는 변경 통지를 받고자 선호되는 방법인 비동기 콜백을 지원함에도 일부 애플리케이션은 폴링을 통해 자신의 레지스트리 구성 설정을 계속 감시하고 갱신된 설정을 자동으로 고려한다. 하지만 일반적으로 유휴 시스템에서는 레지스트리 행위가 없으며, 이런 애플리케이션은 모범사례를 위배한다(시스인터널스의 프로세스 모니터는 결함 발생 시 애플리케이션을 추적하는 유용한 도구다).

레지스트리는 흔히 다음의 경우에 변경된다.

- 변경은 없지만 레지스트리의 초기 구조체와 많은 디폴트 설정은 새로운 설치 시에 복사되는 윈도우 설정 미디어에 배포된 레지스트리의 프로토타입 버전에 의해 정의된다.

- 애플리케이션 설정 도구는 디폴트 애플리케이션 설정 그리고 설치 구성 선택을 반영하는 설정을 생성한다.

- 디바이스 드라이버 설치 중에 플러그앤플레이 시스템은 I/O 관리자에게 드라이버 시작 방법을 알려주는 설정을 레지스트리에 생성하며, 드라이버 동작을 구성하는 그 밖의 설정을 생성한다(디바이스 드라이버 설치 방법은 Vol.1의 6장 참고).
- 유저 인터페이스를 통해 애플리케이션이나 시스템 설정을 변경할 때 변경 사항은 레지스트리에 흔히 저장된다.

레지스트리 데이터 유형

레지스트리는 디스크 볼륨의 구조와 유사한 구조를 갖는 데이터베이스다. 레지스트리는 디스크 디렉터리와 유사한 키, 디스크의 파일에 비교되는 값을 포함한다. 키는 또 다른 키(하위 키)나 값으로 이뤄질 수 있는 컨테이너다. 반면 값은 데이터를 저장한다. 최상위 키를 루트 키root keys라고 한다. 이번 절에서는 하위 키와 키를 서로 구분하지 않고 사용한다.

키와 값의 명명 규약은 파일 시스템 규칙을 따랐다. 따라서 이름이 trade\mark라면 trade 키에 저장된 mark라는 이름의 고윳값을 식별할 수 있다. 이러한 이름 규칙의 예외는 각 키에 이름 없이 존재하는 값이다. Regedit는 이름이 없는 값을 기본값으로 표시한다.

값은 다양한 종류의 데이터를 저장하는데, 표 10-1에 나열된 12개의 유형 중 하나가 될 수 있다. 레지스트리 값의 대부분은 REG_DWORD 또는 REG_BINARY, REG_SZ 유형이다. REG_DWORD 유형의 값은 수 또는 불리언(참/거짓 값)을 저장할 수 있다. REG_BINARY 값은 32비트보다 큰 수 또는 암호화된 패스워드와 같은 로raw 데이터를 저장할 수 있다. REG_SZ 값은 이름과 파일 이름, 경로, 유형 같은 항목을 나타낼 수 있는 문자열(유니코드)을 저장한다.

표 10-1 레지스트리 값 유형

값 유형	설명
REG_NONE	값 유형이 없음
REG_SZ	고정 길이의 유니코드 문자열

(이어짐)

값 유형	설명
REG_EXPAND_SZ	환경 변수를 포함할 수 있는 가변 길이의 유니코드 문자열
REG_BINARY	임의의 길이를 갖는 바이너리 데이터
REG_DWORD	32비트 수
REG_DWORD_BIG_ENDIAN	높은 바이트가 우선인 32비트 수
REG_LINK	유니코드 심볼릭 링크
REG_MULTI_SZ	NULL로 끝나는 유니코드 문자열 배열
REG_RESOURCE_LIST	하드웨어 리소스 디스크립션
REG_FULL_RESOURCE_DESCRIPTOR	하드웨어 리소스 디스크립션

REG_LINK 유형은 키가 다른 키나 값을 투명하게 가리키는 매우 흥미로운 유형이다. 링크를 통해 레지스트리를 탐색할 때 경로 탐색은 링크의 대상에서 계속된다. 예를 들어 \Root1\Link가 REG_LINK 값 \Root2\RegKey를 갖고 RegKey는 값 RegValue를 포함한다면 두 경로, 즉 \Root1\Link\RegValue와 \Root2\RegKey\RegValue는 RegValue를 식별한다. 다음 절에서 설명하겠지만 윈도우는 명백히 레지스트리 링크를 사용한다. 6개의 레지스트리 루트 키 중 3개는 링크다. 이것들은 링크가 아닌 나머지 3개의 루트 키 내에 존재하는 하위 키를 가리키는 링크다.

레지스트리의 논리적 구조

레지스트리에 저장된 데이터를 통해 레지스트리의 구조를 도식화할 수 있다. 표 10-2에서 보듯이 정보를 저장하는 9개의 루트 키가 있다. 새로운 루트 키를 추가하거나 기존 루트 키를 제거할 수도 있다.

표 10-2 9개의 루트 키

루트 키	설명
HKEY_CURRENT_USER	현재 로그온한 유저와 관련된 데이터를 저장한다.
HKEY_CURRENT_USER_LOCAL_SETTINGS	현재 로그온한 유저와 관련된 데이터(로컬이고 로밍 유저 프로파일에서 제외된)를 저장한다.
HKEY_USERS	머신의 모든 계정에 관한 정보를 저장한다.
HKEY_CLASSES_ROOT	파일 연관성과 COM(Component Object Model) 객체 등록 정보를 저장한다.
HKEY_LOCAL_MACHINE	시스템 관련 정보를 저장한다.
HKEY_PERFORMANCE_DATA	성능 정보를 저장한다.
HKEY_PERFORMANCE_NLSTEXT	시스템이 실행되는 지역의 현지 언어로 성능 카운터를 설명하는 문자열을 저장한다.
HKEY_PERFORMANCE_TEXT	미국 영어로 성능 카운터를 설명하는 문자열을 저장한다.
HKEY_CURRENT_CONFIG	현재 하드웨어 프로파일에 관한 일부 정보를 저장한다(사용되지 않음).

루트 키 이름은 왜 'H'로 시작할까? 루트 키의 이름은 키(KEY)에 대한 윈도우 핸들(H)을 나타내기 때문이다. Vol.1의 1장에서 언급한 것처럼 HKLM은 **HKEY_LOCAL_MACHINE**의 약어로 사용된다. 표 10-3은 모든 루트 키와 그의 약어를 설명한다. 다음 절에서는 이들 루트 키의 각 내용과 용도를 자세히 설명한다.

표 10-3 레지스트리 루트 키

루트 키	약어	설명	링크
HKEY_CURRENT_USER	HKCU	현재 로그온된 유저의 유저 프로파일을 가리킨다.	현재 로그온된 유저에 해당하는 HKEY_USERS 아래의 하위 키
HKEY_CURRENT_USER_LOCAL_SETTINGS	HKCULS	현재 로그온된 유저의 로컬 설정을 가리킨다.	HKCU\Software\Classes\Local Settings의 링크
HKEY_USERS	HKU	로드된 모든 유저 프로파일에 대한 하위 키를 포함한다.	링크가 아님

(이어짐)

루트 키	약어	설명	링크
HKEY_CLASSES_ROOT	HKCR	파일 연관성과 COM 등록 정보를 포함한다.	직접적인 링크라기보다는 HKLM\SOFTWARE\Classes 와 HKEY_USERS\<SID>\ SOFTWARE\Classes의 합쳐진 뷰
HKEY_LOCAL_MACHINE	HKLM	머신에 대한 전역 설정	링크가 아님
HKEY_CURRENT_CONFIG	HKCC	현재 하드웨어 프로파일	HKLM\SYSTEM\Current ControlSet\Hardware Profiles\Current
HKEY_PERFORMANCE_DATA	HKPD	성능 카운터	링크가 아님
HKEY_PERFORMANCE_NLSTEXT	HKPNT	성능 카운터 문자열(현지 언어)	링크가 아님
HKEY_PERFORMANCE_TEXT	HKPT	성능 카운터 문자열(미국 영어)	링크가 아님

HKEY_CURRENT_USER

HKCU 루트 키는 로컬로 로그온한 유저의 기본 설정과 소프트웨어 구성에 관한 데이터가 포함된다. HKCU는 현재 로그온한 유저의 유저 프로파일(하드디스크 \Users \<유저이름>\Ntuser.dat에 위치한다)을 가리킨다. 루트 키가 하드디스크상의 파일에 매핑되는 방법은 10장 후반부의 '레지스트리 내부' 절을 살펴보자. 로그온 시점이나 서비스 프로세스가 특정 유저 이름의 콘텍스트하에서 실행할 때처럼 유저 프로파일이 로 드될 때마다 **HKEY_USERS** 아래의 유저 키로 매핑하기 위한 HKCU가 생성된다(여러 유저가 로그온된 환경에서는 각자가 서로 다른 HKCU를 보게 된다). 표 10-4는 HKCU의 일부 하위 키를 나열한다.

표 10-4 HKEY_CURRENT_USER 하위 키

서브 키	설명
AppEvents	사운드/이벤트 관련 키
Console	명령 윈도우 설정(예를 들면 너비와 높이, 색상)
Control Panel	접근성 및 지역성 설정과 더불어 스크린 세이버와 데스크톱 구조, 키보드, 마우스 설정

(이어짐)

서브 키	설명
Environment	환경 변수 정의
EUDC	엔드 유저가 정의한 문자 정보
Keyboard Layout	키보드 배치 설정(예를 들어 미국식이나 영국식)
Network	네트워크 드라이브 매핑과 설정
Printers	프린터 연결 설정
Software	유저 특정적인 소프트웨어 기본 설정
Volatile Environment	휘발성(Volatile) 환경 변수 정의

HKEY_USERS

HKU에는 시스템에 로드된 각 유저 프로파일과 시스템의 유저 클래스 등록 데이터베이스에 대한 하위 키가 들어있다. 또한 HKU는 시스템에 대한 프로파일 링크인 HKU\.DEFAULT 하위 키(로컬 시스템 계정하에서 실행하는 프로세스에 의해 사용된다. 10장 후반부 '서비스' 절에서 좀 더 자세히 다룬다)를 포함한다. 이 프로파일은 Winlogon에 의해 사용되는 프로파일로, 이 프로파일 내의 데스크톱 백그라운드 설정을 변경하면 로그온 스크린에 반영된다. 유저가 최초로 시스템에 로그온하고 그 계정이 로밍 도메인roaming domain 프로파일에 의존하지 않을 때(즉, 유저의 프로파일이 도메인 컨트롤러 지시 아래 중앙 네트워크 위치로부터 구해진다) 시스템은 %SystemDrive%\Users\Default에 저장돼 있는 프로파일에 기반을 두고 유저 계정에 대한 프로파일을 생성한다.

시스템이 프로파일을 저장하는 위치는 레지스트리 값 HKLM\Software\Microsoft\Windows NT\CurrentVersion\ProfileList\ProfilesDirectory에 의해 정의된다. 이 값은 디폴트로 %SystemDrive%\Users로 설정된다. ProfileList 키 역시 시스템에 존재하는 프로파일 목록을 저장한다. 각 프로파일의 정보는 프로파일과 대응하는 계정의 보안 식별자 SID를 반영하는 이름을 갖는 하위 키 아래에 존재한다. SID에 관한 추가 정보는 Vol.1의 7장을 참고한다. 프로파일 키에 저장되는 데이터로는 LocalProfileLoadTimeLow 값에 프로파일의 마지막 로드 시간과 Sid 값에 계정 SID의 바이너리 표현, ProfileImagePath 값의 디렉터리에 프로파일의 디스크 하이브(Ntuser.dat 파일로 10장 후반부의 '하이브' 절에서 설명)에 대한 경로가 있다. 그림 10-1에서 보듯이 윈도우는 유저 프로파일 관리 대화상자에서 시스템에 저장된 프로파일의 목록을 보여준다. 이 대화상자는 제어판의 유저 계정에서 고급 유저 프로파일 속성 구성을 클릭하면 표시된다.

그림 10-1 유저 프로파일 관리 대화상자

실습: 프로파일 로드와 언로드 살펴보기

머신에 현재 로그온되지 않은 계정에서 프로세스를 시작하고자 Runas 명령을 사용해보면 레지스트리 내로 프로파일이 로드된 다음에 언로드되는 것을 볼 수 있다. 새 프로세스가 실행하는 동안 Regedit를 실행하고 HKEY_USERS 아래에 로드된 프로파일 키를 주목하자. 프로세스를 종료시킨 후 F5키를 눌러 Regedit에 새로 고침을 수행하면 해당 프로파일은 더 이상 존재하지 않아야 한다.

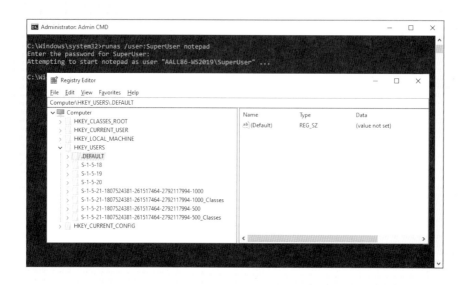

HKEY_CLASSES_ROOT

HKCR은 3가지 유형의 정보로 이뤄졌다. 이 3가지 유형은 파일 확장 연관성과 COM 클래스 등록, 유저 계정 제어^{UAC, User Account Control}를 위한 가상화 레지스트리 루트다. UAC에 관한 추가 정보는 Vol.1의 7장을 참고한다. 등록된 모든 파일 이름 확장자에 대해 키가 존재한다. 대부분의 키는 HKCR 내의 또 다른 키(확장자가 나타내는 파일 클래스에 대한 연관 정보를 포함한다)를 가리키는 **REG_SZ** 값을 갖는다.

예를 들어 HKCR\.xls는 마이크로소프트 오피스 엑셀 파일에 대한 정보를 가리키며, 기본값으로 엑셀 COM 객체를 인스턴스화하는 데 사용하는 **HKCUExcel.Sheet.8** 값을 갖는다. 또 다른 키는 시스템에 등록된 COM 객체에 대한 세부적인 구성 정보를 포함한다. UAC 가상화 레지스트리는 **VirtualStore** 키에 위치한다. 이 키는 HKCR에 저장된 그 밖의 다른 종류의 데이터와는 관련이 없다.

HKEY_CLASSES_ROOT 아래의 데이터는 2가지 소스에서 온다.

- **HKCU\SOFTWARE\CIasses** 내의 각 유저 클래스 등록 데이터(하드디스크의 파일 \Users\〈유저이름〉\AppData\Local\Microsoft\Windows\Usrclass.dat에 매핑된다)

- **HKLM\SOFTWARE\CIasses** 내의 시스템 전역적인 클래스 등록 데이터

각 유저 등록 데이터와 시스템 전역적인 등록 데이터를 분리하는 이유는 로밍 프로파일에 맞춰 포함할 수 있게 하기 위해서다. 권한이 없는 유저와 애플리케이션은 시스템 전역 데이터를 읽을 수 있고 시스템 전역 데이터에 새로운 키나 값을 추가(자신의 각 유저 데이터에 미러링된다)할 수 있지만 개인 데이터의 기존 키나 값만을 수정할 수 있다. 또한 다음의 보안 취약점도 없앨 수 있는데, 권한이 없는 유저는 시스템 전역 버전인 HKEY_CLASSES_ROOT 내의 키를 변경하거나 삭제할 수 없으므로 시스템의 애플리케이션 동작에 영향을 줄 수 없다.

HKEY_LOCAL_MACHINE

HKLM은 시스템 전역적인 모든 구성 하위 키인 BCD00000000, COMPONENTS(필요시 동적으로 로드되는), HARDWARE, SAM, SECURITY, SOFTWARE, SYSTEM을 포함하는 루트 키다.

HKLM\BCD00000000 하위 키는 레지스트리 하이브로 로드되는 부팅 구성 데이터베이스 정보를 포함한다. 이 데이터베이스는 윈도우 비스타 이전에 사용됐던 Boot.ini 파일을 대체하며, 설치된 각 부트 구성 데이터에 대해 좀 더 뛰어난 유연성과 독립성을 지원한다. BCD00000000 하위 키는 UEFI 시스템에서 \EFI\Microsoft\Boot에 있는 숨겨진 BCD 파일에 의해 지원된다. BCD에 관한 추가 정보는 12장을 참고한다.

윈도우 설치나 설치에 대한 커맨드라인 설정 같은 BCD 내의 각 엔트리는 GUID에 의해 참조되는 객체(부트 엔트리의 경우)나 항목element으로 불리는 숫자 하위 키 중의 하나로, 객체 하위 키에 저장된다. 대부분의 이 항목들은 MSDN Docs의 BCD 참고 문헌에 문서화돼 있으며, 다양한 커맨드라인 설정이나 부트 인자를 정의한다. 각 항목 하위 키와 연관된 값은 각기 커맨드라인 플래그나 부트 인자에 대한 값과 대응한다.

BCDEdit 커맨드라인 도구로 항복과 객체에 대한 심볼릭 이름을 사용하는 BCD를 수정할 수 있다. 또한 이 도구는 이용 가능한 모든 부트 옵션에 대한 광범위한 도움말을 지원한다. 레지스트리 하이브는 원격으로 오픈하거나 하이브 파일에서 가져올 수 있으며 레지스트리 편집기를 사용해 원격 컴퓨터의 BCD를 수정하거나 읽을 수 있다. 다음 실습은 레지스트리 편집기를 사용해 커널 디버깅을 활성화하는 방법을 보여준다.

실습: 원격 BCD 편집

bcdedit /store 명령을 사용해 오프라인 BCD 저장소를 수정할 수 있다. 이 실습에서는 레지스트리에서 BCD를 편집하는 방법으로 디버깅을 활성화한다. 이 실습의 목적상 BCD의 로컬 복사본을 편집하지만 이 기술의 핵심은 어떤 BCD 하이브에 대해서도 사용될 수 있다는 점이다 /DEBUG 커맨드라인 플래그를 추가하고자 다음 단계를 따른다.

1. 레지스트리 편집기를 열고 HKLM\BCD00000000 키를 찾는다. 각 'EIements' 키의 숫자 식별자가 완전히 보이게 각 하위 키를 확장한다.

2. 유형 값 0x10200003을 갖는 Description 값을 찾아 독자의 윈도우 설치본에 대한 부트 엔트리를 식별한 후 EIements 트리에서 ID 값이 0x12000004인지를 검사한다. 이들 하위 키의 EIement 값에서 윈도우 10과 같은 윈도우 버전 이름을 찾아야 한다. 최신 환경에서 독자의 머신에 하나 이상의 윈도우 설치본이나 윈도우 복구 환경, 윈도우 앱 다시 시작^{Windows Resume Application}이 있다면 \Windows와 같은 경로를 포함하고 있는 0x22000002 EIement를 검사할 필요가 있다.

3. 윈도우 설치본에 대한 정확한 GUID를 찾았으므로 이 GUID의 EIements 하위 키 아래에 새로운 하위 키를 하나 생성하고 0x260000a0으로 명명한다. 이 하위 키가 이미 존재한다면 이 하위 키를 살펴보자. 찾은 GUID는 bcdedit /v 명령으로 표시되는 윈도우 부트 로더 섹션 아래의 식별자 값과 일치해야 한다(/store 커맨드라인 옵션을 사용해 오프라인 저장소 파일을 살펴볼 수 있다).

4. 3단계에서 새로운 하위 키를 생성했다면 이 하위 키에 EIement 이름의 바이너리 값을 생성한다.

5. 이 값을 편집해 01로 설정한다. 이로써 커널 모드 디버깅이 활성화됐다. 다음 그림은 이런 변경의 결과를 보여준다.

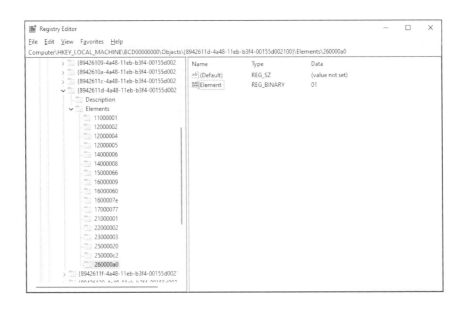

ID 0x12000004는 BcdLibraryString_ApplicationPath에 대응하며 ID 0x22000002는 BcdOSLoaderString_SystemRoot에 대응한다. 마지막으로 우리가 추가한 ID 0x260000a0은 BcdOSLoaderBoolean_KernelDebuggerEnabled에 대응한다. 이 값들은 마이크로소프트 Docs의 BCD 참고 문헌에 문서화돼 있다.

HKLM\COMPONENTS 하위 키는 구성 요소 기반 서비스 스택과 관련된 정보를 저장한다. 이 스택은 윈도우 설치 이미지(자동화 설치 키트 또는 OEM 사전 설치 키트에 의해 사용되는)의 일부분인 다양한 파일과 자원 또는 액티브 설치를 포함한다. 서비스 목적으로 존재하는 CBS API는 설치된 구성 요소와 이들의 구성 정보를 식별하고자 이 키에 위치한 정보를 사용한다. 이 정보는 구성 요소가 설치 또는 갱신, 제거될 때마다 개별적(유 닛으로 불린다) 또는 그룹(패키지로 불린다) 중의 한 형태로 사용된다. 이 키는 꽤 커질 수 있기 때문에 시스템 자원을 최적화하고자 CBS 스택이 요청을 서비스하는 경우 필요에 따라 동적으로만 로드되고 언로드된다. 이 키는 \Windows\system32\config 경로에 위치한 COMPONENTS 하이브 파일을 통해 지원된다.

HKLM\HARDWARE 하위 키는 시스템의 레거시 하드웨어의 디스크립션과 일부 하드웨어의 디바이스 드라이버 매핑 정보를 관리한다. 최근 시스템에서는 소수의 주변 장치(키보드, 마우스, ACPI BIOS 데이터 같은)만이 여기에 해당된다. 장치 관리자 도구로 레지스트리 하드웨어 정보를 볼 수 있으며, 이때 이 도구는 하드웨어 키(주로 HKLM\SYSTEM\CurrentControlSet\Enum 트리에서 읽는다)에서 값을 읽어 보여준다.

HKLM\SAM은 유저 암호와 그룹 정의 도메인 관련 정보 같은 로컬 계정과 그룹 정보를 가진다. 도메인 컨트롤러로서 동작하는 윈도우 서버 시스템은 도메인 전역 설정과 정보를 저장하는 데이터베이스인 액티브 디렉터리에 도메인 계정과 그룹을 저장한다. 액티브 디렉터리는 이 책에서 소개하지 않는다. 디폴트로 SAM 키에 대한 보안 디스크립터는 관리자 계정이라도 접근할 수 없게 구성된다.

HKLM\SECURITY는 시스템 전역 보안 정책과 유저 권한 할당 정보를 저장한다. HKLM\SAM은 HKLM\SECURITY\SAM 아래의 SECURITY 하위 키로 연결돼 있다. 디폴트로 HKLM\SECURITY 또는 HKLM\SAM\SAM의 내용은 볼 수 없다. 이들 키의 보안 설정은 시스템 계정만이 접근하게 돼 있기 때문이다. 시스템 계정은 Vol.1의 4장에서 좀 더 자세히 설명했다. 이들 보안 디스크립터를 변경해 관리자가 읽을 수 있게 할 수 있으며, 보안 설정 내부를 들여다보고 싶다면 로컬 시스템 계정에서 Regedit를 실행하고자 PsExe를 사용할 수도 있다. 하지만 이렇게 살펴보더라도 그렇게 많은 정보를 얻을 수는 없다. 데이터는 문서화돼 있지 않으며 패스워드는 단방향 매핑으로 암호화돼 있기 때문이다. 암호화된 형태로는 패스워드를 알 수 없다. SAM과 SECURITY 하위 키는 부트 파티션의 \Windows\system32\config 경로에 위치한 SAM과 SECURITY 하이브 파일을 통해 지원된다.

HKLM\SOFTWARE는 윈도우가 시스템 부팅에 필요 없는 시스템 전역 구성 정보를 저장하는 곳이다. 또한 서드파티 애플리케이션도 애플리케이션 파일과 디렉터리에 대한 경로와 라이선스 및 만료일 정보 같은 자신들의 시스템 전역 설정을 이곳에 저장한다.

HKLM\SYSTEM은 로드해야 할 디바이스 드라이버와 어떤 서비스를 시작해야 하는지 같은 시스템 부팅에 필요한 시스템 전역 구성 정보를 포함한다. 이 키는 \Windows\system32\config 경로에 위치한 SYSTEM 하이브 파일을 통해 지원된다. 윈도우 로더는 SYSTEM 하이브를 읽고 탐색할 수 있도록 부트 라이브러리에서 지원하는 레지스트리 서비스를 사용한다.

HKEY_CURRENT_CONFIG

HKEY_CURRENT_CONFIG는 HKLM\SYSTEM\CunentControlSet\Hardware Profiles\Current 아래에 저장돼 있는 현재 하드웨어 프로파일에 대한 단순한 링크다. 하드웨어 프로파일은 더 이상 윈도우에서 지원되지 않지만 이 키는 계속 존재해 이 키에 의존할 수도 있는 레거시 애플리케이션을 지원한다.

HKEY_PERFORMANCE_DATA와 HKEY_PERFORMANCE_TEXT

레지스트리는 윈도우의 성능 카운터 값(운영체제 구성 요소 또는 서버 애플리케이션의 값일 수 있다)에 접근하기 위한 메커니즘이다. 레지스트리를 통한 성능 카운터의 접근이 지원하는 이점의 한 측면은 일반적인 레지스트리 API를 통해 손쉽게 원격으로 레지스트리에 접근할 수 있기 때문에 원격 성능 모니터링 작업이 별다른 작업 없이 가능하다는 점이다.

HKEY_PERFORMANCE_DATA라는 특수한 키를 오픈해 이 키 아래의 값을 질의해 직접 레지스트리 성능 카운터 값에 접근할 수 있다. 레지스트리 편집기에서는 이 키를 찾을 수 없다. 이 키는 RegQueryValueEx 같은 윈도우 레지스트리 함수를 통한 프로그램적으로만 접근할 수 있다. 성능 정보는 실제로 레지스트리에 저장되지 않는다. 레지스트리 함수는 성능 데이터 공급자에서 얻은 실시간 성능 정보로 이 키 아래의 접근을 리다이렉션한다.

HKEY_PERFORMANCE_TEXT는 성능 카운터 정보(보통 이름과 설명)를 얻는 데 사용되는 또 다른 특수 키다. 특수 Counter 레지스트리 값에서 데이터를 쿼리해 성능 카운터의 이름을 얻을 수 있다. 이 특수 레지스트리 값은 모든 카운터 설명을 대신 생성한다. 특수 키를 통해 반환된 정보는 영어로 돼 있으며 HKEY_PERFORMANCE_NLSTEXT는 OS가 실행되는 언어로 성능 카운터 이름과 설명을 지원한다.

성능 데이터 도우미 API(Pdh.dll)를 통해 이용 가능한 PDH 함수를 사용해 성능 카운터 정보에도 접근할 수 있다. 그림 10-2는 성능 카운터 정보 접근에 관계되는 구성 요소를 보여준다.

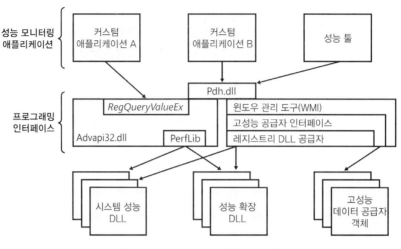

그림 10-2 레지스트리 성능 카운터 아키텍처

그림 10-2와 같이 이 레지스트리 키는 Advapi32.dll에 정적으로 연결된 성능 라이 브러리(Perflib)에 의해 추상화된다. 윈도우 커널은 HKEY_PERFORMANCE_DATA 레지스 트리 키의 내용을 알지 못하므로 이 키는 레지스트리 편집기에 표시되지 않는다.

애플리케이션 하이브

애플리케이션은 일반적으로 전역 레지스트리에서 데이터를 읽고 쓸 수 있다. 애플 리케이션이 레지스트리 키를 열 때 윈도우 커널은 해당 프로세스의 액세스 토큰(가 짜 스레드^{impersonated thread}는 스레드 토큰이며 자세한 내용은 Vol.1의 7장 참고)과 특정 키에 포함된 ACL에 대해 접근이 유효한지 검사한다. 애플리케이션은 RegSaveKeyEx 및 RegLoadKeyEx API를 사용해 레지스트리 하이브^{registry hive}를 로드하고 저장할 수도 있다. 이러한 시나리오에서 애플리케이션은 자신과 동일하거나 더 높은 권한으로 실행되는 다 른 프로세스가 간섭할 수 있는 데이터 위에서 동작한다. 게다가 하이브를 로드하 고 저장하려면 애플리케이션에서 백업 및 복원 권한을 활성화해야 하는데, 이 두 권한은 관리자 계정으로 실행되는 프로세스에만 부여된다.

이는 자신의 설정을 저장하고자 개인 저장소에 접근하려는 대부분의 애플리케이션 에 대한 분명한 제약 사항이었다. 이를 해결하고자 윈도우 7에는 애플리케이션 하이 브 개념이 도입됐다. 애플리케이션 하이브는 요청한 애플리케이션에서만 볼 수 있게 마운트되는 표준 하이브 파일(적절한 로그 파일에 연결됨)이다. 개발자는 RegSaveKeyEx API(하이브 파일의 일반 레지스트리 키 내용을 내보냄)를 사용해 기본 하이브 파일을 만들 수 있다. 그런 다음 애플리케이션은 RegLoadAppKey 함수를 사용해 비공개로 하이브를 탑재할 수 있다(REG_PROCESS_APPKEY 플래그를 지정하면 다른 애플리케이션이 동일한 하이브에 접근하는 것을 방지할 수 있음). 내부적으로 함수는 다음 작업을 수행한다.

1. 임의의 GUID를 만들어 \Registry\A\<Random Guid> 형식으로 전용 네임스페이스private namespace에 할당한다(\Registry는 이 장의 뒷부분에 나오는 '레지스트리 네임스페이스 및 작업' 절에서 설명하는 NT 커널 레지스트리 네임스페이스를 구성한다).

2. 지정된 하이브 파일 이름의 DOS 경로를 NT 형식으로 변환하고 적절한 매개변수 세트를 사용해 NtLoadKeyEx 기본 API를 호출한다.

NtLoadKeyEx 함수는 일반 레지스트리 콜백을 호출한다. 하지만 대상이 애플리케이션 하이브라는 것을 감지하면 CmLoadAppKey를 사용해 다른 애플리케이션에서 열거할 수 없고 호출 프로세스의 수명과 연결된 전용 네임스페이스에 하이브(및 관련 로그 파일)를 로드한다(하이브와 로그 파일은 여전히 '레지스트리 프로세스'에서 매핑된다. 레지스트리 프로세스는 이 장의 뒷부분에 나오는 '시작 및 레지스트리 프로세스' 절에서 설명한다). 애플리케이션은 애플리케이션 하이브에 저장되는 자체 개인 설정을 표준 레지스트리 API를 사용해 읽고 쓸 수 있다. 애플리케이션이 종료되거나 키에 대한 마지막 핸들이 닫히면 애플리케이션 하이브는 자동으로 언로드된다.

애플리케이션 하이브는 애플리케이션 호환성 텔레메트리 에이전트(CompatTelRunner. exe) 및 최신 애플리케이션 모델과 같은 다양한 윈도우 구성 요소에서 사용된다. UWP(유니버설 윈도우 플랫폼) 애플리케이션은 인스턴스화할 수 있고 애플리케이션 전용인 inRT 클래스의 정보를 저장하고자 애플리케이션 하이브를 사용한다. 하이브는 ActivationStore.dat라는 파일에 저장되며 애플리케이션이 시작될 때(더 정확하게는 '활성화'될 때) 활성화 관리자에 의해 주로 사용된다. 최신 애플리케이션 모델의 백그라운드 인프라 구성 요소는 백그라운드 작업 정보를 저장하고자 하이브에 저장된 데이터를 사용한다. 그런 식으로 백그라운드 작업 타이머가 경과하면 작업 코드가 있는 애플리케이션 라이브러리(및 활성화 유형 및 스레딩 모델)를 정확히 알 수 있다.

또한 최신 애플리케이션 스택은 UWP 개발자에게 애플리케이션이 실행되는 장치(이 경우 데이터 컨테이너를 로컬이라고 함)에 로컬일 수 있는 설정을 저장하는 데 사용할 수 있는 애플리케이션 데이터 컨테이너의 개념을 지원한다. 이는 애플리케이션이 설치된 모든 유저 장치 간에 자동으로 공유된다. 두 종류의 컨테이너는 Windows. Storage. ApplicationData.dll WinRT 라이브러리에서 구현되며, UWP 애플리케이션에서 만든 설정을 저장하고자 애플리케이션에 로컬인 애플리케이션 하이브(백업 파일은 settings.dat라고 함)를 사용한다.

settings.dat 및 ActivationStore.dat 하이브 파일은 모두 최신 애플리케이션 모델의 배포 프로세스(앱 설치 시)에 의해 생성되며, 이는 8장에서 광범위하게 다뤘다. 애플리케이션 데이터 컨테이너는 https://docs.microsoft.com/en-us/windows/uwp/get-started/settings-learning-track에 설명돼 있다.

트랜잭션 레지스트리(TxR)

커널 트랜잭션 관리자(KTM, Kernel Transaction Manager)(추가 정보는 8장의 KTM 관련 절을 참고) 덕분에 개발자는 (파일이나 데이터베이스 동작 같이 비레지스트리 작업과 연관될 수 있는) 레지스트리 동작을 수행할 때 강력한 에러 복구 기능을 구현할 수 있게 해주는 간단한 API를 사용할 수 있게 됐다.

RegCreateKeyTransacted, RegOpenKeyTransacted, RegDeleteKeyTransacted API가 레지스트리의 트랜잭션 수정을 지원한다. 트랜잭션 핸들 인자가 새롭게 추가된 것을 제외하고 이들 새로운 루틴은 트랜잭션을 지원하지 않는 자신의 이전 함수와 동일한 인자를 가진다. 개발자는 KTM 함수 CreateTransaction을 호출해 이 핸들을 지원한다.

트랜잭션 생성 동작이나 오픈 동작 이후에 키 내의 값을 생성하거나 삭제, 변경하는 것과 같은 모든 후속 레지스트리 동작 역시 트랜잭션이 이뤄진다. 하지만 트랜잭션 키의 하위 키에 대한 동작은 자동으로 트랜잭션이 되지는 않는다. 이것이 바로 RegDeleteKeyTransacted API가 존재하는 이유다. 이 API는 RegDeleteKeyEx가 일반적으로 하지 못하는 하위 키의 트랜잭션 삭제를 허용한다.

이들 트랜잭션 동작에 대한 데이터는 여타 KTM 동작과 유사하게 일반 로깅 파일 시스템(CLFS, Common Logging File System) 서비스를 사용하는 로그 파일에 써진다. 트랜잭션 자체가 커밋되거나 롤백되기 전(이 두 작업은 프로그램적으로나 전원 실패, 시스템 크래시의 결과로 이뤄지며 트랜잭션의 상태에 따라 결정된다)까지는 해당 트랜잭션 핸들로 수행한 키와 값, 그 밖의 레지스트리 변경은 넌트랜잭션 API를 통해 외부 애플리케이션에 보이지 않는다. 또한 트랜잭션은 서로 분리된다. 즉, 한 트랜잭션 내에서 이뤄진 변경은 트랜잭션이 커밋되기 전까지 다른 트랜잭션 내부나 해당 트랜잭션 외부에서 보이지 않는다.

> 넌트랜잭션 라이터(writer)는 충돌이 발생할 경우 트랜잭션을 무효화시킨다. 예를 들면 한 트랜잭션 내에 값이 생성되고 이 트랜잭션이 여전히 액티브한 동안 넌트랜잭션 라이터가 동일한 키에 어떤 값을 생성하고자 한다면 이 넌트랜잭션 동작은 성공하고 충돌 트랜잭션에서의 모든 동작은 무효화된다.

TxR^Transactional Registry 리소스 관리자의 의해 구현된 격리 수준(ACID에서의 'I')은 read-commit이다. 이는 커밋된 직후 다른 리더^readers(트랜잭션이든 아니든 간에)에 의해 변경이 가능하다는 것을 의미한다. 이 메커니즘은 데이터베이스에서 트랜잭션에 익숙한 사람들에게는 중요하다. 데이터베이스의 경우 격리 수준이 predictable-reads (또는 데이터베이스에서 사용하는 용어인 cursor-stability)다. 격리 수준이 predictable-reads라면 트랜잭션 내의 값을 읽은 후에 후속하는 읽기는 동일한 데이터를 반환한다. read-commit 격리 수준은 이를 보장하지 않는다. 한 가지 중요한 점은 레지스트리 트랜잭션은 레지스트리 값에 대해 '원자적' 증가/감소 연산에 사용될 수 없다는 점이다.

트랜잭션 핸들을 사용해온 애플리케이션이 레지스트리를 영구적으로 변경하려면 KTM 함수 CommitTransaction을 호출해야 한다. 애플리케이션이 어떤 실패를 처리하는 과정에서 변경을 원복하려면 RollbackTransaction API를 호출하면 된다. CommitTransaction을 호출한 이후에는 일반적인 레지스트리 API를 통해 변경된 사항을 볼 수 있다.

> CreateTransaction으로 생성한 트랜잭션 핸들들이 트랜잭션이 커밋되기 전에 닫힌다면(물론 이 트랜잭션에 대해 오픈된 다른 핸들들이 없어야 한다) 시스템은 해당 트랜잭션을 롤백한다.

TxR은 KTM이 지원하는 CLFS 지원을 사용하기도 하며 또한 시스템 볼륨의 %SystemRoot%\System32\Config\Txr 폴더에 자신만의 내부 로그 파일을 저장한다. 이들 파일은 확장자 .regtrans-ms를 가지며 디폴트로 숨겨져 있다. 부팅 시점에 마운트된 모든 하이브를 서비스하는 전역 레지스트리 리소스 관리자^{RM, Resource Manager}가 하나 존재한다. 명시적으로 마운트된 모든 하이브마다 한 RM이 생성된다. 레지스트리 트랜잭션을 사용하는 애플리케이션에게는 RM의 생성이 보이지 않는다. 이는 동일한 트랜잭션에 관여하는 모든 RM이 두 단계인 커밋/중단^{commit/abort} 프로토콜로 조정됨을 KTM이 보장하기 때문이다. 전역 레지스트리 RM의 경우 CLFS 로그 파일이 앞서 언급한 것처럼 System32\Config\Txr에 저장된다. 그밖의 하이브의 경우 하이브와 나란히 동일 디렉터리에 저장된다. 이들은 숨겨져 있으며 .regtrans-ms 확장자로 끝나는 동일한 이름 규약을 따른다. 로그 파일 이름은 자신과 대응하는 하이브의 이름을 접두사로 가진다.

레지스트리 행위 모니터링

시스템과 애플리케이션은 자신의 행위를 정하는 데 있어 구성 설정에 매우 의존하기 때문에 레지스트리 데이터 또는 보안 설정을 변경함으로써 시스템이나 애플리케이션이 실패할 수도 있다. 시스템이나 애플리케이션이 항상 접근할 수 있을 것이라고 여기는 설정을 읽지 못할 때 이들은 정상적으로 동작하지 않을 수 있으며, 근본 원인이 아닌 에러 메시지를 표시하거나 심지어 크래시될 수도 있다. 실패가 발생한 시스템이나 애플리케이션이 레지스트리를 어떤 방식으로 접근하는지를 이해하지 않고서는 어떤 레지스트리 키와 값이 잘못 구성됐는지 알 수 없다. 이런 경우 Windows Sysinternals(https://docs.microsoft.com/en-us/sysinternals/)의 프로세스 모니터^{Process Monitor} 도구가 그 해답을 줄 수 있다.

프로세스 모니터를 통해 발생하는 레지스트리 행위를 모니터링할 수 있다. 프로세스 모니터는 각 레지스트리 접근에 대해 접근 시각과 유형, 접근 결과를 포함해 접근을 수행한 프로세스와 접근 시점의 스레드 스택을 보여준다. 이 정보는 애플리케이션과 시스템이 레지스트리를 어떤 방식으로 의존하고 있는지와 애플리케이션 및 시스템이 구성 설정을 저장하는 위치를 파악하고, 존재하지 않는 레지스트리 키와 값으로 인해 문제가 있는 애플리케이션을 해결하는 데 유용하다. 프로세스 모니터는 고급 필터링과 하이라이트 기능을 갖고 있어 특정 키나 값과 연관된 행위 또는 특정 프로세스의 행위를 집중 모니터링할 수 있다.

프로세스 모니터의 내부 구조

프로세스 모니터는 실행 시에 자신의 실행 이미지에서 추출해 시작하는 디바이스 드라이버의 도움을 받는다. 처음 프로세스 모니터를 실행하려면 프로세스 모니터의 실행 계정은 Load Driver와 Debug 특권을 가져야 한다. 동일한 부트 세션에서 이 다음부터 실행하는 프로세스 모니터의 경우 Debug 특권만 있으면 되는데, 드라이버는 한 번 로드되면 메모리에 계속 상주하기 때문이다.

실습: 유휴 시스템의 레지스트리 행위 살펴보기

레지스트리는 애플리케이션이 레지스트리를 폴링하지 않고서 레지스트리의 변경에 대한 통지를 요청하는 데 사용할 수 있는 RegNotifyChangeKey 함수로 구현한다. 따라서 유휴 시스템에서 프로세스 모니터를 실행하는 경우 동일한 레지스트리 키나 값에 대한 반복적인 접근이 없어야 한다. 이런 행위가 있다면 시스템 전체 성능에 부정적인 영향을 주는 잘못 작성된 애플리케이션이 있음을 나타낸다.

프로세스 모니터를 실행하고 툴바에서 레지스트리 활동 보기^{Show Registry Activity} 아이콘만 활성화한다(파일 시스템, 네트워크, 프로세스나 스레드 활동 로그는 보지 않기 위함이다). 몇 초만 출력 로그를 살펴보면 폴링 행위가 있는지를 알 수 있다. 프로세스가 수행하는 행위를 상세히 보려면 폴링과 관계있는 출력 줄에서 오른쪽 클릭하고 콘텍스트 메뉴에서 프로세스 속성을 선택하면 된다.

실습: 프로세스 모니터를 사용해 애플리케이션 레지스트리 설정 찾기

일부 문제 해결 시나리오의 경우 시스템이나 애플리케이션이 특정 설정을 저장한 레지스트리의 위치를 파악해야 할 때도 있다. 이번 실습은 프로세스 모니터를 사용해 메모장의 설정 위치를 찾아본다. 대부분의 윈도우 애플리케이션처럼 메모장도 실행 간에 단어 넘김^{word-wrap}과 글꼴, 글꼴 크기, 윈도우 위치 같은 유저 기본 설정을 저장한다. 메모장이 자신의 설정을 읽거나 쓸 때 프로세스 모니터로 모니터링하면 설정이 저장돼 있는 레지스트리를 식별할 수 있다. 이 작업을 다음 단계처럼 진행해보자.

1. 프로세스 모니터 트레이스로 쉽게 찾을 수 있는 메모장 설정을 저장한다. 이는 메모장을 실행하고 글꼴을 Times New Roman으로 설정한 다음 메모장을 종료함으로써 간단히 할 수 있다.

2. 프로세스 모니터를 실행한다. 필터 대화상자를 오픈하고 프로세스 네임 필터에 일치시킬 문자열로 notepad.exe를 입력하고 Add 버튼을 클릭한다. 이 단계는 프로세스 모니터가 notepad.exe 프로세스의 행위만을 로깅하게 지정하는 것이다.

3. 메모장을 다시 실행해 시작된 이후에 프로세스 모니터의 파일 메뉴에 있는 캡처 이벤트를 토글시켜 프로세스 모니터의 이벤트 캡처를 중지한다.

4. 결과 로그의 맨 상위 줄로 스크롤해 그것을 선택한다.

5. Ctrl + F를 눌러 Find 대화상자를 열고 times new를 탐색한다. 프로세스 모니터는 그림에서 보여주는 것처럼 메모장이 레지스트리에서 글꼴 값을 읽고 있음을 나타내는 한 라인을 강조 표시해 보여준다. 바로 근처의 다른 동작은 메모장의 또 다른 설정과 연관된 것이다.

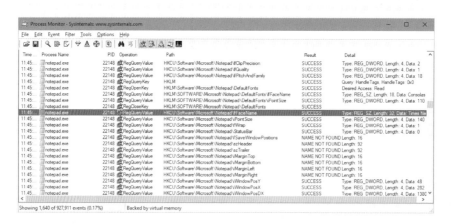

6. 마지막으로 강조 줄을 선택하고 Event 메뉴에서 Jump To를 선택한다. 이제 프로세스 모니터는 Regedit(아직 실행되지 않았다면)를 실행하고 Regedit를 탐색해 **Notepadreferenced** 레지스트리 값을 선택하게 할 것이다.

레지스트리 내부

이번 절에서는 구성 관리자(레지스트리를 구현하는 이그제큐티브 서브시스템)가 레지스트리의 디스크 파일을 어떤 구조로 갖고 있는지 알아본다. 애플리케이션과 그 밖의 운영체제 구성 요소가 레지스트리 키와 값을 읽고 변경할 때 구성 관리자가 레지스트리를 어떻게 관리하는지도 알아본다. 또한 레지스트리가 변경 중인 동안에 시스템이 크래시되더라도 레지스트리가 항상 복구 가능한 상태라는 것을 구성 관리자가 보장하기 위한 메커니즘도 설명한다.

하이브

디스크상에서 레지스트리는 단순한 하나의 파일이 아니라 하이브로 불리는 독립된 파일의 집합이다. 각 하이브는 레지스트리 트리를 포함한다. 이 트리는 루트, 즉 트리의 시작 지점 역할을 하는 하나의 키를 가진다. 하위 키와 그 값은 루트 밑에 존재한다. 레지스트리 편집기에 보이는 루트 키가 하이브에 있는 루트 키와 서로 연관이 있을 것이라고 생각하겠지만 그렇지 않다. 표 10-5는 레지스트리 하이브와 그의 디스크상 파일 이름을 보여준다. 유저 프로파일을 제외한 모든 하이브의 경로 이름은 구성 관리자에 코딩돼 있다. 구성 관리자가 시스템 프로파일을 포함한 하이브를 로드할 때 HKLM\SYSTEM\CurrentControlSet\Control\Hivelist 하위 키 아래에 값으로 존재하는 하이브의 각 경로에 주목해 하이브가 언로드됐다면 이 경로를 제거한다. 구성 관리자는 루트 키를 생성해 독자에게 익숙하며 레지스트리 편집기가 보여주는 레지스트리 구조를 만들고자 이들 하이브를 함께 연결 한다.

표10-5 레지스트리 경로에 대응하는 디스크상의 파일

하이브 레지스트리 경로	하이브 파일 경로
HKEY_LOCAL_MACHINE\BCD00000000	\EFI\Microsoft\Boot
HKEY_LOCAL_MACHINE\COMPONENTS	%SystemRoot%\System32\Config\Components
HKEY_LOCAL_MACHINE\SYSTEM	%SystemRoot%\System32\Config\System
HKEY_LOCAL_MACHINE\SAM	%SystemRoot%\System32\Config\Sam
HKEY_LOCAL_MACHINE\SECURITY	%SystemRoot%\System32\Config\Security
HKEY_LOCAL_MACHINE\SOFTWARE	%SystemRoot%\System32\Config\Software
HKEY_LOCAL_MACHINE\HARDWARE	휘발성 하이브
HKEY_LOCAL_MACHINE\ WindowsAppLockerCache	%SystemRoot%\System32\AppLocker\AppCache.dat
HKEY_LOCAL_MACHINE\ELAM	%SystemRoot%\System32\Config\Elam
HKEY_USERS\<로컬 서비스 계정 SID>	%SystemRoot%\ServiceProfiles\LocalService\Ntuser.dat
HKEY_USERS\<네트워크 서비스 계정 SID>	%SystemRoot%\ServiceProfiles\NetworkService\NtUser.dat
HKEY_USERS\<유저명 SID>	\Users\<username>\Ntuser.dat
HKEY_USERS\<유저명 SID>_Classes	\Users\<username>\AppData\Local\Microsoft\Windows\ Usrclass.dat
HKEY_USERS\.DEFAULT	%SystemRoot%\System32\Config\Default
가상 HKEY_LOCAL_MACHINE\SOFTWARE	가상화된 경로로 보통 센테니얼용으로 사용 \ProgramData\Packages\<PackageFullName>\<UserSid>\ SystemAppData\Helium\Cache\<RandomName>.dat
가상 HKEY_CURRENT_USER	가상화된 경로로 보통 센테니얼용으로 사용 \ProgramData\Packages\<PackageFullName>\<UserSid>\ SystemAppData\Helium\User.dat
가상 HKEY_LOCAL_MACHINE\SOFTWARE\ Classes	가상화된 경로로 보통 센테니얼 용으로 사용 \ProgramData\Packages\<PackageFullName>\<UserSid>\ SystemAppData\Helium\UserClasses.dat

표 10-5에 나열된 일부 하이브는 휘발성이며 관련 파일을 갖지 않음에 주목하자.
시스템은 이들 하이브를 전적으로 메모리에 생성해 관리한다. 따라서 하이브는

일시적인 것이다. 시스템은 부팅 때마다 매번 휘발성 하이브를 생성한다. 휘발성 하이브의 예로는 HKLM\HARDWARE 하이브가 있다. 이 하이브는 물리 장치와 그 장치에 할당된 자원 정보를 저장한다. 자원 할당과 하드웨어 탐지는 시스템 부팅 때마다 이뤄지므로 따라서 이 데이터를 디스크에 저장하지 않는다. 또한 테이블의 마지막 세 항목은 가상화된 하이브를 나타낸다. 윈도우 10 1주년 업데이트^{Anniversary Update}로부터 NT 커널은 헬륨^{Helium} 컨테이너에서 실행되는 센테니얼^{Centennial} 패키지 애플리케이션를 지원하는 것을 목표로 VReg(가상 레지스트리)를 지원한다. 유저가 센테니얼 애플리케이션(예를 들어 최신 Skype)을 실행할 때마다 시스템은 필요한 패키지 하이브를 탑재한다. 센테니얼 애플리케이션과 현대 애플리케이션 모델은 8장에서 광범위하게 살펴봤다.

실습: 수동으로 하이브 로드/언로드하기

Regedit에는 파일 메뉴를 통해 독자가 접근하는 하이브를 로드할 수 있는 기능이 있다. 부팅이 불가능한 시스템 또는 백업 장치의 하이브를 보거나 편집해야 하는 문제 해결 상황에서 이 기능은 유용하다. 이번 실습에서는 Regedit를 사용해 윈도우 설정이 설치 과정에서 생성하는 HKLM\SYSTEM 하이브의 한 버전을 로드해보자.

1. 하이브는 HKLM이나 HKU 아래에만 로드될 수 있으므로 Regedit를 열어 HKLM을 선택해서 Regedit 파일 메뉴의 하이브 로드를 선택한다.
2. 하이브 로드 대화상자에서 %SystemRoot%\System32\Config\RegBak 디렉터리를 찾아 System을 선택해 오픈한다. 일부 최신 시스템은 RegBack 폴더에 파일이 없을 수 있는데, 이 경우 Config 폴더에 있는 ELAM 하이브를 열어 동일하게 실습을 진행해보자. 키 이름 입력 대화상자가 나타나면 하이브를 로드할 키 이름으로 Test를 입력한다.
3. 새로 생성한 HKLM\Test 키를 오픈해 하이브의 내용을 조사해보자.
4. HKLM\SYSTEM\CurrentControlSet\Control\Hivelist\Registry\Machine\Test 엔트리를 찾자. 이 엔트리는 구성 관리자가 Hivelist 키 내에 로드된 하이브를 어떻게 나열하는지를 보여준다.

5. HKLM\Test를 선택하고 Regedit 파일 메뉴의 하이브 언로드를 선택해
   하이브를 언로드한다.

하이브 크기의 제한

일부 경우 하이브 크기에 제한이 있다. 예를 들어 윈도우는 HKLM\SYSTEM 하이브의 크기에 제한을 둔다. 가상 메모리 페이징이 활성화되지 않은 상태의 부트 과정 시작 시점에서 Winload는 전체 HKLM\SYSTEM 하이브를 물리 메모리에 읽기 때문에 그렇다. 또한 Winload는 Ntoskrnl과 부트 디바이스 드라이버를 물리 메모리로 로드한다. 따라서 Winload는 HKLM\SYSTEM에 할당되는 물리 메모리의 양을 제한해야 한다. 시작 과정에서 Winload의 수행 역할에 관한 추가 정보는 12장을 참고한다. 32비트 시스템의 경우 Winload는 하이브의 크기를 400MB 또는 시스템 물리 메모리의 절반 중에 작은 값까지 허용한다. x64 시스템의 경우 하한 값은 2GB다.

시작과 레지스트리 프로세스

윈도우 8.1 이전에 NT 커널은 로드된 모든 하이브 파일의 내용을 저장하고자 페이징 풀을 사용했다. 시스템에 로드된 대부분의 하이브는 시스템이 종료될 때까지 메모리에 남아 있었다(좋은 예로 시스템 시작의 1단계가 완료된 후 세션 관리자에 의해 로드되고 때로는 수백 MB 크기가 될 수 있는 SOFTWARE 하이브가 있다). 페이지된 풀 메모리는 일정 시간 동안 접근하지 않는 경우 메모리 관리자의 균형 집합 관리자balance set manager에 의해 페이지 아웃될 수 있다(자세한 내용은 Vol.1의 5장 참고). 이는 하이브의 사용되지 않은 부분이 작업 집합에 오랫동안 남아 있지 않음을 의미한다. 커밋된 가상 메모리는 페이지 파일에 의해 지원되므로 시스템 커밋 비용을 높여 다른 목적으로 사용될 수 있는 가상 메모리 양을 줄여야 한다.

이 문제를 극복하고자 윈도우 10 2018년 4월 업데이트(RS4)는 섹션 지원 레지스트리에 대한 지원을 도입했다. NT 커널 초기화의 1단계에서 구성 관리자 시작 루틴은 캐시, 작업자 스레드, 트랜잭션, 콜백 지원 등 레지스트리의 여러 구성 요소를 초기화한다. 그런 다음 키 객체 유형을 만들고 필요한 하이브를 로드하기 전에

레지스트리 프로세스를 만든다. 레지스트리 프로세스는 완전히 보호되며(SYSTEM 프로세스와 동일한 WinSystem 수준의 보호) 구성 관리자가 오픈된 레지스트리 하이브에서 대부분의 I/O를 수행하는 데 사용하는 최소 프로세스minimal process다. 초기화 시 구성 관리자는 레지스트리 프로세스에서 미리 로드된 하이브를 매핑한다. 미리 로드된 하이브(SYSTEM 및 ELAM)는 계속해서 넌페이지드 메모리에 상주한다(커널 주소를 사용해 매핑됨). 나중에 부팅 프로세스에서 세션 관리자는 NtInitializeRegistry 시스템 함수를 호출해 소프트웨어 하이브를 로드한다.

'SOFTWARE' 하이브 파일을 통해 섹션 객체가 생성된다. 구성 관리자는 파일을 2MB 청크로 나누고 각각에 대해 레지스트리 프로세스의 유저 모드 주소 공간에 예약된 매핑을 생성한다(NtMapViewOfSection 네이티브 API를 사용하며 예약된 매핑은 유효한 VAD에 의해 추적되지만 실제 페이지는 할당되지 않는다. 자세한 내용은 Vol.1의 5장을 참고한다). 각 2MB 뷰는 읽기 전용으로 보호된다. 구성 관리자가 하이브에서 일부 데이터를 읽으려고 할 때 뷰의 페이지에 접근하고 접근 에러를 생성해 메모리 관리자가 공유 페이지를 메모리로 가져오게 한다. 이때 시스템 작업 집합의 비용은 증가하지만 커밋 비용은 증가하지 않는다(페이지는 페이지 파일이 아닌 하이브 파일 자체에 의해 지원된다).

초기화 시 구성 관리자는 64MB의 레지스트리 프로세스에 대한 하드 작업 집합hard-working set 제한을 설정한다. 즉, 과도한 메모리 사용 시나리오에서도 레지스트리가 64MB 이하의 작업 집합만 사용하는 것이 보장된다. 애플리케이션이나 시스템이 API를 사용해 레지스트리에 접근할 때마다 구성 관리자는 레지스트리 프로세스 주소 공간에 연결돼 필요한 작업을 수행하고 결과를 반환한다. 구성 관리자가 항상 주소 공간을 전환할 필요는 없다. 애플리케이션이 이미 캐시에 있는 레지스트리 키에 접근하려고 할 때(키 제어 블록이 이미 존재함) 구성 관리자는 프로세스 연결을 건너뛰고 캐시된 데이터를 반환한다. 레지스트리 프로세스는 주로 저수준 하이브 파일에서 I/O를 수행하는 데 사용된다.

시스템이 하이브에 저장된 레지스트리 키와 값을 쓰거나 수정할 때 카피 온 라이트 작업을 수행한다(먼저 2MB 뷰의 메모리 보호를 PAGE_WRITECOPY로 변경). 카피 온 라이트로 표시된 메모리에 쓰는 것은 새로운 전용 페이지를 생성하고 시스템 커밋 비용을 증가시킨다. 레지스트리 업데이트가 요청되면 시스템은 즉시 하이브 로그에 새 항목을 기록하지만 기본 하이브 파일에 속한 실제 페이지의 쓰기는 연기된다. 더티 하이 브^{Dirty hive}의 페이지는 모든 일반 메모리 페이지와 마찬가지로 디스크로 페이지 아 웃될 수 있다. 이런 페이지는 하이브가 언로드되거나 조정자^{Reconciler}에 의해 기본 하이브 파일에 기록된다. 구성 관리자의 지연 쓰기^{lazy writer} 스레드 중 하나는 기본 적으로 매 시간마다 실행된다(시간 간격은 HKLM\SYSTEM\CurrentControlSet\Control\Session Manager\ Configuration Manager\RegistryLazyReconcileInterval 레지스트리 값으로 설정 가능).

조정자와 증분 로깅은 이 장의 뒷부분에 나오는 '증분 로깅' 절에서 설명한다.

레지스트리 심볼릭 링크

심볼릭 링크로 알려진 특수한 유형의 키를 통해 구성 관리자는 레지스트리를 구 조화하고자 키를 연결할 수 있다. 심볼릭 링크는 구성 관리자를 다른 키로 리다이 렉션시키는 키다. 따라서 HKLM\SAM 키는 SAM 하이브의 루트 키에 대한 심볼릭 링 크다. RegCreateKey나 RegCreateKeyEx에 REG_CREATE_LINK 인자를 지정해 심볼릭 링크를 생성한다. 내부적으로 구성 관리자는 대상 키에 대한 경로를 포함하는 SymbolicLinkValue로 불리는 REG_LINK 값을 생성한다. 이 값은 REG_SZ가 아닌 REG_LINK이므로 Regedit로 볼 수 없다. 하지만 이 값은 디스크상의 레지스트리 하이브의 일부분이다.

실습: 하이브 핸들 살펴보기

구성 관리자는 커널 핸들 테이블(8장에서 다뤘다)을 사용해 하이브를 오픈하므 로 어떤 프로세스 콘텍스트에서든 하이브에 접근할 수 있다. 드라이버나 이그제큐티브 구성 요소를 사용해 시스템 프로세스에서 유저 프로세스로 부터 보호돼야 하는 핸들에만 접근하는 방법보다는 커널 핸들 테이블을 사용하는 것이 효율적이다. 관리자 권한으로 Process Explorer를 사용해 하이브 핸들(시스템 프로세스에서 오픈돼 있는 것처럼 표시된다)을 볼 수 있다. 시스템 프로세 스를 선택한 다음 View 메뉴의 Lower Pane View 메뉴 엔트리에서 Handles 를 선택한다. 핸들을 유형별로 정렬하고 하이브 파일이 보일 때까지 스크 롤하면 다음과 같은 화면을 볼 수 있을 것이다.

하이브 구조

파일 시스템이 디스크를 클러스터로 나누는 것과 동일한 방식으로 구성 관리자는 논리적으로 하이브를 블록blocks이라 불리는 할당 단위로 나눈다. 정의에 의하면 레지스트리 블록 크기는 4096바이트(4KB)다. 새로운 데이터가 하이브를 확장시키면 하이브는 항상 블록 단위로 증가한다. 하이브의 첫 번째 블록은 베이스 블록이다.

베이스 블록은 파일을 하이브로 식별하는 서명(regi)과 2개의 갱신 시퀀스 번호, 하이브에 쓰기 동작이 시작됐던 마지막 시간을 보여주는 타임스탬프, Winload가 수행한 레지스트리 복원이나 복구에 관한 정보, 하이브 형식 버전 번호, 체크섬, 하이브 파일의 내부 파일 이름(예를 들어 \Device\HarddiskVolume1\WINDOWS\SYSTEM32\CONFIG\SAM)을 포함하는 전역 정보를 포함한다. 데이터가 하이브 파일에 써지는 방법을 기술할 때 2개의 갱신 시퀀스 번호와 타임스탬프의 중요성을 한 번 더 설명한다.

하이브 형식 버전 번호는 하이브 내의 데이터 형식을 명시한다. 구성 관리자는 윈도우 2000과의 로밍 프로파일 호환성을 위한 시스템 및 소프트웨어를 제외한 모든 하이브에 대해 하이브 형식 버전 1.6을 사용한다. 이 버전은 1MB보다 큰 값을 지원하며 향상된 검색(이름의 처음 4개 문자를 캐싱하는 이전 방식이 아닌 전체 이름 해시를 사용해 충돌을 줄임)을 지원한다. 또한 구성 관리자는 컨테이너 지원을 위해 도입된 디퍼런싱 하이브differencing hive를 지원한다. 이 하이브 역시 1.6 버전을 사용한다.

윈도우는 하이브가 셀cells로 불리는 컨테이너에 저장하는 레지스트리 데이터를 구조화한다. 셀은 키와 값, 보안 디스크립터, 하위 키의 목록, 키 값의 목록을 가질 수 있다. 셀 데이터의 시작 4바이트 문자 태그는 서명으로 데이터 유형을 기술한다. 표 19-6은 각 셀 데이터 유형을 자세히 보여준다. 셀의 헤더는 셀의 크기를 1의 보수로 명시하는 필드다(현재 CM_structures에는 존재하지 않는다). 셀이 하이브와 합쳐져서 하이브가 해당 셀을 포함하게 확장돼야 한다면 시스템은 빈bin으로 불리는 할당 단위를 생성한다.

빈은 바로 다음 블록이나 페이지 경계 중의 큰 값으로 반올림되는 새로운 셀의 크기를 가진다. 시스템은 셀의 끝과 빈의 끝 사이 공간을 다른 셀에 할당할 수 있는 자유 공간으로 간주한다. 빈 또한 서명signature과 hbin, 빈에 대한 하이브 파일 내의 오프셋과 빈의 크기를 기록하는 필드를 포함하는 헤더를 가진다.

표 10-6 셀 데이터 유형

데이터 유형	구조체 유형	설명
키 셀(Key cell)	CM_KEY_NODE	키 노드로 불리는 레지스트리 키를 포함하는 셀이다. 키 셀은 서명(키의 경우 kn, 링크 노드의 경우 kl)과 키에 대한 가장 최근의 갱신 타임스탬프, 키의 상위 키 셀에 대한 셀 키의 하위 키를 식별하는 하위 키 리스트 셀의 셀 인덱스, 키의 보안 디스크립터 셀에 대한 셀 인덱스, 키의 클래스 이름을 명시하는 문자열 키에 대한 셀 인덱스, 키의 이름(예를 들어 CurrentControlSet)을 포함한다. 키 셀은 또한 가장 긴 키 이름의 크기와 값 이름 값 데이터, 이 키 아래 하위 키의 클래스 이름 같은 정보와 더불어 키 아래 하위 키의 개수와 같은 캐시된 정보를 저장한다.

(이어짐)

데이터 유형	구조체 유형	설명
값 셀(Value cell)	CM_KEY_VALUE	키의 값에 관한 정보를 포함하는 셀이다. 이 셀은 서명(kv)과 값의 유형(예를 들어 REG_DWORD나 REG_BINARY), 값의 이름(예를 들어 Boot-Execute)을 포함한다. 또한 값 셀은 값의 데이터를 포함하는 셀의 셀 인덱스를 포함한다.
큰 값 셀(Big Value cell)	CM_BIG_DATA	16KB보다 큰 값을 나타내는 셀이다. 셀 내용은 레지스트리 값의 청크를 포함하는 16KB 셀을 각각 가리키는 셀 인덱스의 배열이다.
하위 키 리스트 셀(Subkey-list cell)	CM_KEY_INDEX	공통 상위 키의 모든 하위 키인 키 셀에 대한 셀 인덱스의 리스트로 이뤄진 셀이다.
값 리스트 셀 (Value-list cell)	CM_KEY_INDEX	공통 상위 키의 모든 값인 값 셀에 대한 셀 인덱스의 리스트로 이뤄진 셀이다.
보안 디스크립터 셀 (Security-descript or cell)	CM_KEY_SECURITY	보안 디스크립터를 포함하는 셀이다. 보안 디스크립터 셀은 셀 헤더에 서명(ks)을 포함하고 또한 보안 디스크립터를 공유하는 키 노드의 수를 기록하는 참조 카운터를 포함한다. 여러 키 셀이 보안 디스크립터 셀을 공유할 수 있다.

윈도우는 레지스트리의 액티브 부분을 추적하고자 셀 대신 빈을 사용함으로써 일부 관리 작업을 최소화한다. 예를 들어 시스템은 일반적으로 빈을 할당하고 해제하는 작업을 셀에 대해 하는 것보다 훨씬 덜 자주한다. 이는 구성 관리자로 하여금 메모리를 좀 더 효율적으로 관리하게 해준다. 구성 관리자가 레지스트리 하이브를 메모리로 읽을 때 비어 있는 빈을 포함해 하이브 전체를 읽지만 이후에 비어 있는 빈을 버리도록 선택할 수 있다. 시스템이 하이브에 셀을 추가하고 삭제할 때 하이브는 액티브 빈 사이에 산재해 있는 비어 있는 빈을 포함할 수 있다. 이 상황은 시스템이 디스크에 파일을 생성하고 삭제할 때 발생하는 디스크 단편화와 유사하다. 빈이 비어 있게 되면 구성 관리자는 비어있는 빈을 가능한 한 비어있는 연속된 큰 공간을 만들고자 인접한 비어 있는 빈과 합친다. 또한 구성 관리자는 좀 더 큰 프리^{free} 셀을 만들고자 인접한 삭제 셀을 병합한다. 구성 관리자는 하이브 끝에 있는 빈이 해제^{free}될 때에만 하이브를 줄인다. 윈도우 백업 도구가 사용하는 윈도우 RegSaveKey와 RegReplaceKey 함수를 사용해 레지스트리를 백업하고 복원함으로써 레지스트리를 밀집하게 만들 수 있다. 또한 시스템은 나중에 설명할 재구성^{Reorganization} 알고리듬을 사용해 하이브 초기화 시간에 빈을 압축한다.

하이브 구조를 생성하는 링크를 셀 인덱스$^{cell\ index}$라고 한다. 셀 인덱스는 베이스 블록의 크기를 뺀 하이브 파일 내의 셀 오프셋이다. 따라서 셀 인덱스는 구성 관리자가 하이브의 시작 위치에 대해 상대적으로 해석하는 하나의 셀에서 다른 셀로의 포인터와 같다. 예를 들어 표 10-6에서 봤듯이 키를 기술하는 셀은 자신의 상위 키의 셀 인덱스를 명시하는 필드를 포함한다. 또한 하위 키에 대한 셀 인덱스는 명시된 하위 키에 종속적인 하위 키를 기술하는 셀을 지정한다. 하위 키 리스트 셀은 하위 키의 키 셀을 참조하는 셀 인덱스의 리스트를 포함한다. 따라서 예를 들어 하위 키 A(A의 부모는 키 B)의 키 셀을 찾고자 한다면 먼저 키 B의 셀에 있는 하위 키 리스트 셀 인덱스를 사용해 키 B의 하위 키 리스트를 포함하는 셀을 찾아야 한다. 그런 다음 하위 키 리스트 셀에 있는 셀 인덱스의 리스트를 사용해 키 B의 각 하위 키 셀을 찾아야 한다. 각 하위 키 셀에 대해 하위 키의 이름(키 셀이 저장하는 이름)이 찾고자 하는 이름(이 경우 하위 키 A)인지를 검사해야 한다.

셀과 빈, 블록 간의 차이는 혼란스러울 수도 있으므로 이런 차이점을 명확히 하고자 간단한 레지스트리 하이브 배치를 예로 살펴보자. 그림 10-3의 샘플 레지스트리 하이브 파일은 하나의 베이스 블록과 2개의 빈을 포함한다.

첫 번째 빈은 비어있으며 두 번째 빈은 여러 셀을 포함한다. 논리적으로 예제의 하이브는 루트 키인 Root와 Root의 하위 키인 Sub라는 단 2개의 키만을 가진다. Root는 Val 1과 Val 2라는 2개의 값을 가진다. 하위 키 리스트 셀은 루트 키의 하위 키 위치를 찾으며, 값 리스트 셀은 루트 키의 값의 위치를 찾는다. 두 번째 빈의 해제된 공간은 비어 있는 셀이다. 그림 10-3에서 두 키에 대한 보안 셀(하이브에 존재할 수도 있다)은 보이지 않는다.

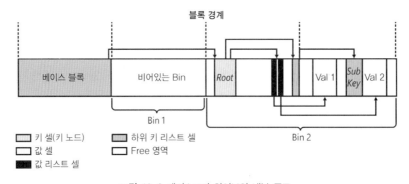

그림 10-3 레지스트리 하이브의 내부 구조

구성 관리자는 값과 하위 키의 탐색을 최적화하고자 하위 키 리스트 셀을 알파벳 순으로 정렬한다. 따라서 구성 관리자는 하위 키 리스트에서 특정 하위 키를 찾을 때 이진 탐색을 수행할 수 있다. 구성 관리자는 리스트의 중간에서부터 하위 키를 검사한다. 구성 관리자가 찾고 있는 하위 키의 이름이 알파벳순으로 볼 때 가운데 하위 키의 이름보다 이전에 있다면 대상 키는 하위 키 리스트의 앞쪽 절반 부분에 존재하고, 가운데 하위 키의 이름보다 후에 있다면 하위 키 리스트의 뒤쪽 부분에 존재하는 것이다. 이런 이분 분리 과정은 구성 관리자가 하위 키를 찾거나 일치하는 하위 키가 없음을 알 때까지 계속된다. 값 리스트 셀은 정렬이 되지 않으므로 새로운 값은 항상 리스트의 후반부에 있다는 것을 알 수 있다.

셀 맵

하이브가 절대로 증가하지 않는다면 구성 관리자는 하이브가 마치 파일인 것처럼 하이브의 인메모리^{in-memory} 버전에 대해 모든 레지스트리 관리를 수행할 수 있을 것이다. 셀 인덱스 덕택에 구성 관리자는 인메모리 하이브 이미지의 베이스에 단순히 셀 인덱스(하이브 파일 오프셋이다)를 더함으로써 메모리 내의 셀 위치를 계산할 수 있었다. 시스템 부팅 후 이른 시점에 Winload가 SYSTEM 하이브에 바로 이 과정을 수행한다. Winload는 읽기 전용 하이브로 전체 SYSTEM 하이브를 메모리에 읽어서 셀의 위치를 찾고자 셀 인덱스를 인메모리 하이브 이미지에 더한다. 불행히도 하이브는 새로운 키와 값을 가짐에 따라 증가한다. 이는 시스템이 반드시 새로운 예약된 뷰를 할당하고 추가된 키와 값을 포함할 새로운 빈을 저장하기 위한 하이브 파일을 확장해야 함을 의미한다. 따라서 메모리에 레지스트리 데이터를 보관하는 예약된 뷰는 반드시 연속적일 필요는 없다.

구성 관리자는 메모리 내의 하이브 데이터를 참조하는 불연속적인 메모리 주소를 다루고자 윈도우 메모리 관리자가 가상 메모리 주소를 물리 메모리 주소로 매핑하는 것과 유사한 정책을 사용한다. 셀 인덱스는 하이브 파일의 오프셋일 뿐이지만 구성 관리자는 그림 10-4에서 보여주는 것처럼 레지스트리 프로세스에서 매핑된 뷰를 통해 하이브를 나타날 때 두 단계의 체계를 사용해 입력으로 셀 인덱스(즉, 하이브 파일 오프셋)를 받고 출력으로 셀 인덱스가 존재하는 블록의 메모리 주소와 셀이 존재하는 블록의 메모리 주소를 반환한다. 빈은 하나 이상의 블록을 포함할 수 있으며 하이브는 빈을 통해 증가한다는 점을 상기해보면 윈도우는 항상 연속적인 메모리 영역으로 빈을 나타낸다. 결국 하나의 빈 내에 있는 모든 블록은 동일한 2MB 하이브의 매핑된 뷰 내에 존재한다.

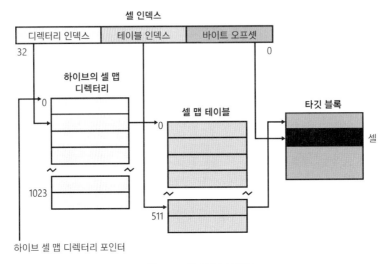

그림 10-4 셀 인덱스의 구조

구성 관리자는 이런 매핑을 구현하고자 메모리 관리자가 가상 주소를 여러 필드로 나누는 방식과 동일하게 셀 인덱스를 논리적으로 여러 필드로 나눈다. 윈도우는 셀 인덱스의 첫 필드를 하이브 셀 맵 디렉터리에 대한 인덱스로 해석한다. 셀 맵 디렉터리는 1,024개의 엔트리를 가지며 각 엔트리는 512개의 맵 엔트리를 갖는 셀 맵 테이블을 참조한다. 이 셀 맵 테이블 내의 엔트리는 셀 인덱스의 두 번째 필드에 의해 지정된다. 이 엔트리는 빈과 셀의 블록 메모리 주소를 지정한다. 모든 빈이 반드시 메모리에 매핑될 필요는 없다. 셀 검색 결과로서 주소가 0이라면 구성 관리자는 해당 빈을 메모리에 매핑한다.

변환 과정의 마지막 단계에서 구성 관리자는 메모리 내에서 셀을 정확하게 찾고자 셀 인덱스의 마지막 필드를 식별된 블록의 오프셋으로 해석한다. 하이브가 초기화될 때 구성 관리자는 하이브의 각 블록에 대한 맵 엔트리를 갖는 매핑 테이블을 동적으로 생성하며, 하이브가 필요로 하는 크기가 변함에 따라 셀 디렉터리에 테이블을 추가하고 삭제한다.

하이브 개편

실제 파일 시스템의 경우 레지스트리 하이브는 단편화 문제를 겪는다. 빈^{bin}의 셀이 해제되고 연속적인 방식으로 셀을 병합할 수 없는 경우 여유 공간의 조각난 작은 청크가 다양한 빈으로 생성된다. 새 셀에 사용할 수 있는 연속 공간이 충분하지 않은 경우 새 빈이 하이브 파일 끝에 추가되는 반면 조각난 빈은 거의 용도가 변경되지 않는다. 이를 극복하고자 윈도우 8.1부터 구성 관리자는 하이브 파일을 마운트할 때마다 하이브의 재구성이 필요한지 여부를 확인한다. 구성 관리자는 하이브의 기본 블록에 마지막 재구성 시간을 기록한다. 하이브에 유효한 로그 파일이 있고 휘발성이 아니며 이전 재구성 후 경과된 시간이 7일 이상인 경우 재구성 작업이 시작된다. 재구성 작업은 하이브 파일 축소 및 최적화라는 2가지 주요 목표를 갖는다. 이 작업은 원래와 동일하지만 셀이 포함돼 있지 않은 빈 하이브를 새로 만드는 것으로 시작한다. 생성된 클론은 원본 하이브의 루트 키를 모든 값(하위 키는 제외)이 함께 복사하는 데 사용한다. 재구성의 복잡한 알고리듬을 통해 모든 하위 키를 분석한다. 실제로 일반 활동 중에 구성 관리자는 특정 키에 접근했는지 여부를 기록하고 접근한 경우 운영체제의 현재 런타임 단계(Boot나 Normal)를 나타내는 인덱스를 키 셀에 저장한다.

재구성 알고리듬은 먼저 OS가 정상적으로 실행되는 동안 접근한 키를 복사한 다음 부팅 단계에서 접근한 키를 복사하고 마지막으로 마지막 재구성 이후 전혀 접근하지 않은 키를 복사한다. 이 작업은 하이브 파일의 인접한 빈에 있는 모든 다른 키를 그룹화한다. 복사 작업은 정의에 따라 단편화되지 않은 하이브 파일을 생성한다(각 셀은 빈에 순차적으로 저장되고 새 빈은 항상 파일 끝에 추가됨). 또한 새로운 하이브는 연속된 큰 청크에 저장된 핫 및 콜드 키 클래스를 포함하는 특성이 있다. 이 결과는 레지스트리에서 데이터를 읽을 때 운영체제의 부팅 및 런타임 딘계를 훨씬 빠르게 렌더링한다.

끝으로 알고리듬은 새로 복사된 모든 셀의 접근 상태를 재설정한다. 이러한 방식으로 시스템은 중립 상태에서 다시 시작해 하이브의 키 사용을 추적할 수 있다. 새 사용 통계는 7일 후에 시작되는 다음 재구성에서 사용된다. 구성 관리자는 재구성 주기의 결과를 그림 10-5와 같이 HKLM\SYSTEM\CurrentControlSet\

Control\Session Manager\Configuration Manager\Defrag 레지스트리 키에 저장한다. 샘플 스크린샷에서 마지막 재구성은 2019년 4월 10일에 실행됐으며 10MB의 조각난 하이브 공간을 절약했다.

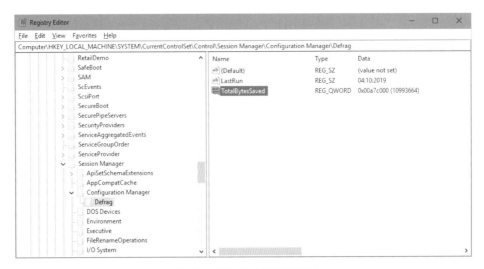

그림 10-5 레지스트리 재구성 데이터

레지스트리 네임스페이스와 동작

구성 관리자는 레지스트리의 네임스페이스를 커널의 일반 네임스페이스와 통합하고자 키 객체라는 객체 유형을 정의한다. 구성 관리자는 레지스트리라는 이름의 키 객체를 윈도우 네임스페이스의 루트에 삽입한다. 이 이름은 레지스트리의 진입점 역할을 한다. Regedit는 키 이름을 HKEY_LOCAL_MACHINE\SYSTEM\ CurrentControlSet과 같은 형식으로 보여주지만 윈도우 서브시스템은 이런 이름을 자신들의 객체 네임스페이스 형식(예를 들어 \Registry\Machine\System\CurrentControlSet)으로 변환한다. 윈도우 객체 관리자는 이 이름을 파싱할 때 가장 먼저 **Registry**라는 이름의 키 객체를 보게 되며, 이 이름을 제외한 나머지 부분을 구성 관리자에게 전달한다. 이제 구성 관리자가 이름 파싱을 책임지며 원하는 키나 값을 찾고자 자신의 내부 하이브 트리를 탐색한다. 전형적인 레지스트리 동작 시의 제어 흐름을 기술하기 전에 키 객체와 키 제어 블록^{key control blocks}을 먼저 언급할 필요가 있다. 애플리케이션이 레지스트리 키를 오픈하거나 생성할 때마다 객체 관리자는 애플리케이션이 키 참조에 사용하는 핸들을 애플리케이션에 지원한다. 핸들은 구성 관리자가 객체 관리자의 도움을 받아 할당한 키 객체에 대응된다. 객체 관리자의 객체 지원 기능을 통해 구성 관리자는 객체 관리자가 지원하는 보안과 참조 카운팅 기능을 이용한다.

또한 각 오픈 레지스트리 키에 대해 구성 관리자는 키 제어 블록을 할당한다. 키 제어 블록은 키의 이름을 저장하며 제어 블록이 참조하는 키 노드의 셀 인덱스를 포함하고, 해당 키의 마지막 핸들이 닫힐 때 구성 관리자가 키 제어 블록이 참조하는 키 셀을 삭제해야 할 필요가 있는지를 나타내는 플래그를 가진다. 윈도우는 이름으로 기존 키 제어 블록을 빠르게 탐색하고자 모든 키 제어 블록을 해시 테이블에 위치시킨다. 키 객체는 자신과 대응하는 키 제어 블록을 가리킨다. 따라서 두 애플리케이션이 동일한 레지스트리 키를 오픈한다면 각 애플리케이션은 각기 하나의 키 객체를 받게 되며, 이들 두 키 객체는 공통의 키 제어 블록을 가리킬 것이다.

애플리케이션이 기존 레지스트리 키를 오픈할 때 제어의 흐름은 객체 관리자의 이름 파싱 루틴을 호출하는 레지스트리 API에 키 이름을 지정하는 애플리케이션에서 시작한다. 객체 관리자는 네임스페이스에서 구성 관리자의 레지스트리 키 객체를 발견하면 경로 이름을 구성 관리자로 넘긴다. 구성 관리자는 키 제어 블록 해시 테이블의 탐색을 수행한다. 관련 키 제어 블록이 이 테이블에서 발견되면 추가적으로 할 작업은 더 이상 없고 레지스트리 프로세스에 대한 연결도 불필요하다. 발견하지 못하는 경우에 구성 관리자는 탐색 대상 키와 가장 근접한 키 제어 블록을 받게 되며, 명시된 키를 찾고자 레지스트리 프로세스에 연결해서 인메모리 하이브 데이터 구조체를 통해 키와 하위 키를 찾는 탐색이 계속 진행된다. 구성 관리자는 키 셀을 발견하면 키가 오픈돼(같은 애플리케이션 또는 다른 애플리케이션에 의해) 있는지를 보고자 키 제어 블록 트리를 탐색한다. 탐색 루틴은 이미 오픈된 키 제어 블록을 가진 가장 근접한 조상에서부터 항상 시작하도록 최적화된다. 예를 들어 애플리케이션이 \Registly\Machine\Key1\Subkey2를 오픈하고 \Registly\Machine이 이미 오픈돼 있다면 파싱 루틴은 시작 지점으로 \Registly\Machine의 키 제어 블록을 사용한다. 키가 오픈돼 있다면 구성 관리자는 기존 키 제어 블록의 참조 카운트를 증가시킨다. 키가 오픈돼 있지 않다면 구성 관리자는 새로운 키 제어 블록을 할당하고 이를 트리에 삽입한다. 그런 다음에 구성 관리자는 키 객체(키 제어 블록을 가리킨다)를 할당하고 레지스트리 프로세스에서 연결 해제 후 제어를 객체 관리자로 반환한다. 객체 관리자는 애플리케이션으로 핸들을 반환한다.

애플리케이션이 새로운 레지스트리 키를 생성할 때 구성 관리자는 먼저 새로운 키의 부모에 대한 키 셀을 찾는다. 그런 다음에 구성 관리자는 새로운 키 셀을 수용할 만큼 충분한 셀이 존재하는 지를 결정하고자 새로운 키가 들어갈 하이브의 프리 셀 리스트를 탐색한다. 충분한 크기의 프리 셀이 없다면 구성 관리자는 새로운 빈을 할당해 이 빈을 셀을 위해 사용한다. 즉, 프리 셀 리스트의 끝에 있는 빈의 임의의 공간에 셀을 위치시킨다. 새로운 키 셀이 키의 이름을 포함한 관련 정보로 가득차면 구성 관리자는 키 셀을 상위 키의 하위 키 리스트 셀의 하위 키 리스트에 추가한다. 최종적으로 시스템은 새로운 하위 키의 키 셀에 상위 셀의 셀 인덱스를 저장한다.

구성 관리자는 키 제어 블록을 언제 삭제할 것인지를 결정하는 데 키 제어 블록의 참조 카운트를 사용한다. 키 제어 블록 내의 한 키를 참조하는 모든 핸들이 닫힐 때 참조 카운트는 0이 되며, 이는 키 제어 블록이 더 이상 필요 없음을 나타낸다. 키를 삭제하고자 API를 호출하는 애플리케이션이 삭제 플래그를 설정한다면 구성 관리자는 키를 오픈하고 있는 애플리케이션이 없다는 사실을 알기 때문에 키의 하이브에서 관련 키를 삭제할 수 있다.

실습: 키 제어 블록 살펴보기

커널 디버거의 !reg openkeys 명령으로 시스템에 할당돼 있는 모든 키 제어 블록을 나열할 수 있다. 특정 오픈 키의 키 제어 블록을 보고자 한다면 !reg querykey 명령을 사용하면 된다.

```
0: kd> !reg querykey \Registry\machine\software\microsoft

Found KCB = ffffae08c156ae60 :: \REGISTRY\MACHINE\SOFTWARE\MICROSOFT

Hive       ffffae08c03b0000
KeyNode    00000225e8c3475c
```

```
[SubKeyAddr]            [SubKeyName]
225e8d23e64             .NETFramework
225e8d24074             AccountsControl
225e8d240d4             Active Setup
225ec530f54             ActiveSync
225e8d241d4             Ads
225e8d2422c             Advanced INF Setup
225e8d24294             ALG
225e8d242ec             AllUserInstallAgent
225e8d24354             AMSI
225e8d243f4             Analog
225e8d2448c             AppServiceProtocols
225ec661f4c             AppV
225e8d2451c             Assistance
225e8d2458c             AuthHost
...
```

그런 다음 !reg kcb 명령을 사용해 보고된 키 제어 블록을 검사할 수 있다.

```
kd> !reg kcb ffffae08c156ae60

Key                 : \REGISTRY\MACHINE\SOFTWARE\MICROSOFT
RefCount            : 1f
Flags               : CompressedName, Stable
ExtFlags            :
Parent              : 0xe1997368
KeyHive             : 0xe1c8a768
KeyCell             : 0x64e598 [cell index]
TotalLevels         : 4
DelayedCloseIndex   : 2048
MaxNameLen          : 0x3c
MaxValueNameLen     : 0x0
MaxValueDataLen     : 0x0
LastWriteTime       : 0x1c42501:0x7eb6d470
KeyBodyListHead     : 0xe1034d70 0xe1034d70
SubKeyCount         : 137
ValueCache.Count    : 0
KCBLock             : 0xe1034d40
KeyLock             : 0xe1034d40
```

`FIags` 필드는 이름이 압축된 형태로 저장돼 있음을 나타내고 `SubKeyCount` 필드는 키가 137개의 하위 키를 가진 것을 보여준다.

안전한 저장소

비휘발성 레지스트리 하이브(디스크상의 파일)가 항상 복구 가능한 상태로 존재하게 하고자 구성 관리자는 로그 하이브$^{log\ hives}$를 사용한다. 각 비휘발성 하이브는 연관된 하나의 로그 하이브를 가진다. 로그 하이브는 하이브와 동일한 기본 이름을 가지며 확장자가 logN인 숨겨진 파일이다. 구성 관리자는 순방향 진행을 보장하고자 이중 로깅 체계를 사용한다. 잠재적으로 .log1과 .Iog2의 두 로그 파일이 존재한다. .log1은 써졌지만 어떤 이유로 인해 변경 데이터를 주 로그 파일에 쓰는 중에 실패가 발생했다면 다음번의 플러시가 이뤄질 때 누적된 변경 데이터에 대해 .log2로의 전환이 일어난다. 물론 .log1로의 쓰기가 실패한다면 누적된 변경 데이터(.log1의 데이터와 실패한 사이에 변경된 데이터)는 .log2에 저장된다. 결과적으로 주 로그 파일로의 성공적인 쓰기 동작이 이뤄질 때까지 .log1은 다음번에 다시 사용된다. 실패가 발생하지 않는다면 .log1만이 사용된다.

예를 들어 숨겨진 파일과 폴더 보기 옵션을 선택하고 **보호된 운영체제 파일 숨기기 옵션**을 선택 해제하고 %SystemRoot%\System32\Config 디렉터리를 본다. System.log1과 Sam.log1, .log1, .log2 파일을 볼 수 있다. 하이브가 초기화될 때 구성 관리자는 각 비트가 하이브의 512바이트 영역(즉, 섹터)을 나타내는 비트 배열을 생성한다. 배열에 설정돼 있는 비트는 시스템이 메모리에 있는 하이브의 해당 섹터를 수정했으며, 이 섹터를 하이브 파일에 다시 기록해야 함을 의미하기 때문에 이 배열을 **더티 섹터 배열**$^{dirty\ sector\ array}$이라고 부른다. 설정되지 않은 비트는 해당 섹터가 인메모리 하이브의 내용으로 갱신돼 있음을 의미한다.

새로운 키나 값을 생성할 때 또는 기존 키나 값의 변경이 이뤄질 때 구성 관리자는 하이브의 더티 섹터 배열에서 변경되는 하이브 섹터를 주시한다. 그런 다음 구성 관리자는 지연 쓰기 동작이나 로그 동기화를 스케줄한다. 하이브 지연 라이터^{lazy}

시스템 스레드는 하이브를 동기화하고자 요청이 발생한 1분 후에 깨어나서 더티 섹터 배열의 유효한 비트가 참조하는 메모리 내 하이브 섹터에서 새 로그 항목을 생성하고 디스크의 하이브 로그 파일에 기록한다. 시스템은 하이브 동기화가 요청된 시점과 하이브 동기화가 일어나는 시점 사이에 발생하는 모든 레지스트리 변경을 동시에 플러시시킨다. 지연 라이터는 우선순위가 낮은 I/O를 사용하며 더티 섹터를 기본 하이브가 아닌 디스크의 로그 파일에 기록한다. 하이브 동기화가 발생한다면 다음번의 하이브 동기화는 1분 후에 또 이뤄진다.

지연 라이터가 모든 하이브의 더티 섹터를 하이브 파일에 쓰는 동작 중에 시스템이 크래시됐다면 하이브 파일은 모순되며 (손상된) 회복 불가능한 상태로 있게 될 것이다. 이런 사고를 방지하고자 지연 라이터는 먼저 하이브의 더티 섹터 배열과 모든 더티 섹터를 하이브의 로그 파일에 덤프하며, 이때 필요하다면 로그 파일의 크기를 증가시킨다. 하이브의 베이스 블록에는 2개의 시퀀스 번호가 있으며 구성 관리자는 첫 번째 플러시 작업 후(다음 플러시에서는 아님) 2개의 시퀀스 번호 중 하나를 업데이트한다. 따라서 시스템이 하이브에 쓰는 동작 중에 크래시된다면 다음 리부팅 시에 구성 관리자는 하이브의 베이스 블록에 있는 두 시퀀스 번호가 일치하지 않음을 알게 된다. 구성 관리자는 하이브를 과거 시점으로 롤백하고자 하이브의 로그 파일에 있는 더티 섹터로 하이브를 갱신할 수 있다. 하이브는 이제 갱신돼 일관적이게 된다.

하이브의 로그에 로그 항목을 기록한 후 지연 라이터는 더티 섹터 배열에서 해당하는 유효한 비트를 클리어하지만 이 비트를 또 다른 중요한 벡터인 미일치 배열 unreconciled array에 삽입한다. 이 배열은 구성 관리자가 기본 하이브에 기록할 로그 항목을 이해하는 데 사용한다. 나중에 설명할 새로운 증분 로깅 지원 덕분에 운영체제의 런타임 실행 중에 기본 하이브 파일은 거의 작성되지 않는다. 하이브의 동기화 프로토콜(로그 동기화와 혼동하지 말 것)은 메모리나 로그 내 레지스트리의 모든 수정 사항을 기본 하이브 파일에 기록하고 하이브에 2개의 시퀀스 번호를 설정하는 데 사용하는 알고리듬이다. 이는 여러 단계에 걸친 비용이 많이 드는 작업이며 나중에 설명한다.

지연 라이터 시스템 스레드의 또 다른 유형인 조정자는 1시간에 한 번 깨어나서

로그를 멈추고 기본 하이브 파일에 모든 더티 로그 항목을 기록한다. 조정 알고리듬은 더티 섹터와 미일치 배열 덕분에 인메모리 하이브의 어느 부분을 기본 파일에 쓸지 알고 있지만 드물게 정리 작업이 발생한다. 시스템이 크래시되더라도 구성 관리자는 이미 로그 파일에 기록된 로그 항목 덕분에 하이브를 재구성하는데 필요한 모든 정보를 갖고 있다. 그런 이유로 레지스트리 조정을 시간당 한 번만 수행하면(또는 로그 크기가 하이브가 있는 볼륨 크기에 따라 달라지는 임곗값보다 작은 경우) 성능이 크게 향상될 수 있다. 하이브에서 일부 데이터 손실이 발생할 수 있는 유일한 구간은 로그 플러시 도중이다.

조정은 아직 주 하이브 파일의 두 번째 시퀀스 번호를 업데이트하지 않았다. 두 시퀀스 번호는 시스템이 종료될 때 하이브의 언로드 시간(애플리케이션이 RegUnloadKey API를 호출할 때)에만 발생하는 '검증validation' 단계(또 다른 형태의 하이브 플러싱)나 하이브가 처음 로드될 때만 동일한 값으로 업데이트된다. 이는 운영체제의 수명 대부분에서 기본 레지스트리 하이브가 더티 상태에 있고 로그 파일을 정상적으로 읽어야 함을 의미한다.

윈도우 부트 로더 또한 레지스트리의 신뢰성과 연관된 일부 코드를 포함한다. 예를 들어 윈도우 부트 로더는 커널이 로드되기 전에 System.log 파일을 파싱해 일관성을 유지하게 정정할 수 있다. 게다가 하이브 손상(베이스 블록이나 빈, 셀이 일관성 검사를 통과하지 못하는 데이터를 포함하는 경우처럼)의 특별한 경우에 있어 구성 관리자는 손상된 데이터 구조체를 재초기화하고(이 과정에서 하위 키를 삭제할 수도 있다) 정상 동작을 계속할 수 있다. 구성 관리자는 반드시 자가 치료 동작의 도움을 받아야 한다면 유저에게 통지하고자 시스템 에러 대화상자를 표시한다.

증분 로깅

이전 절에서 설명한 것처럼 윈도우 8.1에서 등장한 증분 로깅 덕분에 하이브 동기화 알고리듬의 성능이 크게 향상됐다(윈도우 8.1 이전의 알고리듬은 하나 이상의 셀이 수정된 후 5초 후에 실행됐다).

일반적으로 하이브 파일의 셀은 다음 4가지 상태를 갖는다.

- **클린**Clean: 셀의 데이터는 기본 하이브 파일에 있으며 수정되지 않음
- **더티**Dirty: 셀의 데이터가 수정됐지만 메모리에만 있음

- **미일치**^{Unreconciled}: 셀의 데이터가 수정돼 로그 파일에 정상적으로 기록됐지만 아직 기본 파일에는 없음
- **더티/미일치**^{Dirty/Unreconciled}: 셀이 로그 파일에 기록된 후 다시 수정됐음. 첫 번째 수정 사항만 로그 파일에 있고 마지막 수정 사항은 메모리에만 있다.

알고리듬은 다음 4단계로 요약할 수 있다.

1. 구성 관리자는 더티 벡터를 통해 확인된 모든 수정 셀을 로그 파일의 단일 항목에 기록한다.
2. 하이브의 베이스 블록을 무효화한다(한 개의 시퀀스 번호만 증분된 값으로 업데이트).
3. 수정된 모든 데이터를 기본 하이브 파일에 기록한다.
4. 기본 하이브의 유효성 검사를 수행한다(기본 하이브 파일 내에 있는 2개의 시퀀스 번호를 동일한 값으로 설정).

하이브의 무결성과 복구 가능성을 유지하려면 알고리듬은 각 단계 후에 파일 시스템 드라이버에 플러시 작업을 수행해 손상을 방지해야 한다. 임의 액세스 데이터에 대한 플러시 작업은 비용이 매우 많이 들 수 있다(특히 HDD 같은 표준 회전 디스크에서).

증분 로깅은 이러한 성능 문제를 해결했다. 레거시 알고리듬에서는 여러 하이브 유효성 검사 사이에 모든 더티 데이터를 포함하는 단일 로그 항목이 작성됐지만 증분 모델은 이 가정을 깨뜨렸다. 새로운 동기화 알고리듬은 지연 플러셔^{lazy flusher}가 실행될 때마다 단일 로그 항목을 작성한다. 이는 이전에 설명한 것처럼 처음 실행될 때만 기본 하이브의 베이스 블록을 무효화한다. 후속 플러시는 계속해서 하이브의 기본 파일을 건드리지 않고 새 로그 항목을 작성한다. 매 시간 또는 로그의 공간이 소진되면 조정자는 유효성 검사 단계를 수행하지 않고 로그 항목에 저장된 모든 데이터를 기본 하이브 파일에 기록한다. 이러한 방식으로 로그 파일의 공간은 하이브의 복구 가능성을 유지하면서 회수된다. 이 단계에서 시스템에 크래시가 발생하면 로그에는 하이브 로드 시 다시 적용되는 원래 항목이 포함된다. 그렇지 않으면 새 항목이 로그 시작 부분에 다시 적용되고 나중에 시스템이 크래시되는 경우 하이브 로드 시간에 로그의 새 항목만 적용된다.

그림 10-6은 발생 가능한 크래시 상황과 이를 증분 로깅 체계가 관리하는 방법을

보여준다. 사례 A의 경우 시스템은 메모리의 하이브에 새 데이터를 기록했고 지연 플러셔는 해당 항목을 로그에 기록했다(조정은 발생하지 않음). 시스템이 다시 시작되면 복구 절차에서 모든 로그 항목을 기본 하이브에 적용하고 하이브 파일의 유효성을 다시 확인한다. 사례 B의 경우 조정자는 크래시 전에 로그 항목에 저장된 데이터를 기본 하이브에 이미 기록했다(하이브 유효성 검사가 발생하지 않음). 시스템 재부팅 시 복구 절차는 기존 로그 항목을 다시 적용하지만 기본 하이브 파일은 수정되지 않는다. 사례 C는 사례 B와 유사한 상황을 보여주지만 조정 후 새 항목이 로그에 기록됐다. 이 경우 복구 절차는 기본 파일에 없는 마지막 수정 사항만 기록한다.

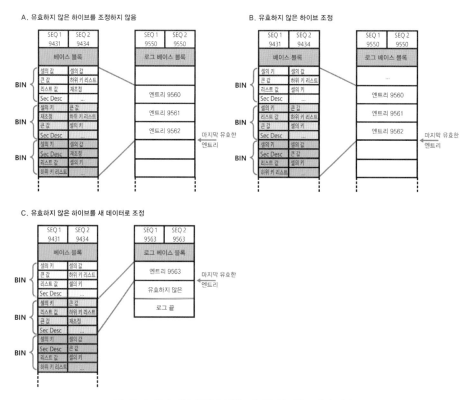

그림 10-6 서로 다른 시간에 발생 가능한 시스템 크래시 결과

하이브의 유효성 검사는 특정 경우에만 드물게 수행된다. 하이브가 언로드되면 시스템에서 조정을 수행한 다음 하이브의 기본 파일을 확인한다. 유효성 검사가 끝나면 하이브 기본 파일의 두 시퀀스 번호를 동일한 새 값으로 설정하고 메모리에서 하이브를 언로드하기 전에 마지막 파일 시스템 플러시 작업을 요청한다. 시

634

스템이 다시 시작되면 하이브 로드의 코드는 동일한 두 시퀀스 번호를 통해 기본 하이브가 깨끗한 상태에 있음을 감지하고 어떠한 하이브 복구 절차도 시작하지 않는다. 새로운 증분 동기화 프로토콜 덕분에 운영체제는 더 이상 이전 레거시 로깅 프로토콜로 인한 성능 저하를 겪지 않게 됐다.

> 윈도우 8.1이나 최신 운영체제에서 만든 하이브를 이전 시스템에 로드하는 것은 하이브의 기본 파일이 깨끗하지 않은 상태인 경우 문제가 될 수 있다. 윈도우 7 같은 이전 OS는 새 로그 파일을 처리하는 방법을 모른다. 이러한 이유로 마이크로소프트는 윈도우 ADK(평가 및 배포 키트)를 통해 배포되는 RegHiveRecovery 미니필터 드라이버를 만들었다. RegHiveRecovery 드라이버는 레지스트리 콜백을 사용해 시스템의 '하이브 로드' 요청을 가로채고 하이브의 기본 파일에 복구가 필요한지 여부와 증분 로그를 사용하는지 여부를 결정한다. 필요하다면 시스템이 읽기 전에 복구를 수행하고 하이브의 기본 파일을 수정한다.

레지스트리 필터링

윈도우 커널 내의 구성 관리자는 레지스트리 필터링에 대한 강력한 모델을 구현한다. 이 모델은 프로세스 모니터와 같은 도구로 레지스트리 행위를 감시할 수 있게 해준다. 드라이버는 콜백 메커니즘을 사용할 때 구성 관리자에 콜백 함수를 등록한다. 구성 관리자는 레지스트리 시스템 서비스의 실행 전후에 드라이버의 콜백 함수를 실행해 드라이버가 레지스트리 접근을 모두 볼 수 있고 접근에 대한 제어를 갖게 한다. 바이러스 검사를 위해 레지스트리 데이터를 조사하거나 인가되지 않은 프로세스가 레지스트리를 변경하는 것을 막아주는 안티바이러스 제품도 콜백 메커니즘을 사용한다.

레지스트리 콜백 역시 고도^{altitudes} 개념과 연관이 있다. 고도는 서로 다른 벤더가 레지스트리 필터링 스택에 '높낮이'를 등록하는 방식으로, 시스템이 각 콜백 루틴을 호출하는 순서를 결정하는 것이다. 이는 암호화 제품이 키를 디코딩하고자 자신의 콜백을 실행하기 전에 안티바이러스 제품이 암호화된 키를 먼저 검사하지 않게 해준다. 윈도우 레지스트리 콜백 모델에서 두 유형(이 경우 암호화와 검사)의 도구에는 자신이 수행하는 필터링 유형에 대응하는 기본 고도가 할당돼 있다. 이런 유형의 도구를 만드는 회사는 마이크로소프트에 등록을 해 자신의 그룹 내에서 비슷하거나 또는 경쟁 제품 간에 충돌이 발생하지 않게 해야 한다.

또한 필터링 모델에는 레지스트리 동작에 대한 처리를 완전히 대신할 수 있거나(구성 관리자를 우회해 구성 관리자가 요청을 처리하지 못하게 한다) 동작을 다른 동작으로 리다이렉션시키는 (wow64의 레지스트리 리다이렉션이 한 예다) 기능이 있다. 게다가 레지스트리 동작의 반환값뿐만 아니라 출력 인자도 변경할 수 있다.

마지막으로 드라이버는 자신의 용도에 맞게끔 키마다 또는 동작마다 드라이버가 정의한 정보를 할당하고 태깅할 수 있다. 드라이버는 이런 콘텍스트 데이터를 생성 또는 오픈 동작 시에 생성해 할당할 수 있다. 구성 관리자는 키에 대해 후속된 각 동작 중에 이 콘텍스트 데이터를 기억해 반환한다.

레지스트리 가상화

윈도우 10 1주년 업데이트(RS1)에서는 Argon 및 Helium 컨테이너에 대한 레지스트리 가상화와 새로운 하이브 버전 1.6을 준수하는 차이점 하이브를 로드할 수 있는 가능성을 도입했다. 레지스트리 가상화는 구성 관리자와 VReg 드라이버(윈도우 커널에 통합됨) 모두에서 지원되며, 두 구성 요소는 다음 서비스를 지원한다.

- **네임스페이스 리다이렉션:** 애플리케이션은 가상 키의 내용을 호스트의 실제 키 콘텐츠로 리다이렉션할 수 있다. 애플리케이션은 호스트의 루트 키로 병합되는 차이점 하이브에 속한 키로 가상 키를 리다이렉션할 수도 있다.
- **레지스트리 병합:** 다른 하이브는 기본 하이브와의 차이점 집합으로 해석된다. 기본 하이브는 변경할 수 없는 레지스트리 뷰가 포함된 기본 계층을 나타낸다. 차이점 하이브의 키는 기본 키에 추가하거나 빼는 것이 될 수 있으며 **썸스톤**thumbstone 키라고 한다.

구성 관리자는 OS 초기화의 1단계에서 **VRegDriver** 디바이스 객체(SYSTEM 및 관리자 접근만 허용하는 적절한 보안 디스크립터 포함)와 네임스페이스 리다이렉션 및 컨테이너에 속한 하이브 병합 추적에 사용되는 사일로Silo 콘텍스트에 대한 **VRegConfigurationContext** 객체를 생성한다. 서버 사일로는 Vol.1의 3장에서 이미 설명했다.

네임스페이스 리다이렉션

레지스트리 네임스페이스 리다이렉션은 사일로 컨테이너(서버와 애플리케이션 사일로 모두)에서만 활성화할 수 있다. 애플리케이션은 사일로를 만들고 시작하기 전에 초기화 IOCTL을 **VReg** 디바이스 객체에 보내고 핸들을 사일로에 전달한다. **VReg** 드라이버는 빈 구성 콘텍스트를 생성하고 이를 사일로 객체에 연결한다. 그런 다음 모든 컨테이너가 동일한 뷰를 공유하므로 컨테이너의 \Registry\WC 루트 키를 호스트 키로 다시 매핑하는 단일 네임스페이스 노드를 만든다. \Registry\WC 루트 키는 사일로 컨테이너에 대해 가상화된 모든 하이브를 탑재하고자 생성된다.

VReg 드라이버는 네임스페이스 리다이렉션을 정상적으로 구현하고자 레지스트리 콜백 메커니즘을 사용하는 레지스트리 필터 드라이버다. 애플리케이션이 네임스페이스 리다이렉션을 처음 초기화할 때 **VReg** 드라이버는 기본 RegistryCallback 알림 루틴을 등록한다(CmRegisterCallbackEx와 유사한 내부 API를 통해). 루트 키에 네임스페이스 리다이렉션을 적절하게 추가하고자 애플리케이션은 네임스페이스 노드 생성^{Create Namespace Node} IOCTL을 **VReg**의 장치로 보내고 가상 키 경로(컨테이너에서 볼 수 있음)와 실제 호스트 키 경로, 컨테이너의 작업 핸들을 지정한다. 이에 대한 응답으로 **VReg** 드라이버는 새 네임스페이스 노드(키의 데이터와 일부 플래그를 포함하는 작은 데이터 구조체)를 생성하고 이를 사일로의 구성 콘텍스트에 추가한다.

애플리케이션이 컨테이너에 대한 모든 레지스트리 리다이렉션 구성을 완료한 후 자기 프로세스(또는 새로 생성된 프로세스)를 AssignProcessToJobObject 함수로 사일로 객체에 연결한다(자세한 내용은 Vol.1의 3장 참고). 이 시점부터 컨테이너화된 프로세스에서 내보낸 각 레지스트리 I/O는 **VReg** 레지스트리 미니필터에 의해 가로채진다. 예를 들어 네임스페이스 리다이렉션이 작동하는 방식은 다음과 같다.

최신 애플리케이션 프레임워크가 센테니얼 애플리케이션에 대해 여러 레지스트리 네임스페이스 리다이렉션을 설정했다고 가정해보자. 특히 리다이렉션 노드 중 하나는 키를 HKCU에서 호스트 \Registry\WC\a20834ea-8f46-c05f-46e2-a1b71f9f2f9cuser_sid 키로 리다이렉션한다. 특정 시점에서 센테니얼 애플리케이션은 HKCU\Software\Microsoft 상위 키에 AppA라는 새 키를 생성하려고 한다. 프로세스가 RegCreateKeyEx API를 호출하면 **VReg** 레지스트리 콜백이 요청을 가로

채서 작업의 구성 콘텍스트를 가져온다. 그런 다음 호출자가 지정한 키 경로에 가장 가까운 네임스페이스 노드를 콘텍스트에서 검색한다. 아무것도 찾지 못했다면 객체를 찾을 수 없음^{object not found} 에러가 반환되며 컨테이너에 대해 가상화되지 않은 경로에서 작업할 수 없게 된다. 루트 HKCU 키를 설명하는 네임스페이스 노드가 콘텍스트에 존재하고 노드가 HKCU\Software\Microsoft 하위 키의 부모라고 가정하면 VReg 드라이버는 원래 가상 키의 상대 경로를 상위 호스트 키 이름으로 바꾸고 구성 관리자에게 요청을 전달한다. 따라서 이 경우 구성 관리자는 실제로 \Registry\WC\a20834ea-8f46-c05f-46e2-a1b71f9f2f9cuser_sid\Software\Microsoft\AppA 생성 요청을 확인하고 성공하게 된다. 컨테이너화된 애플리케이션은 이 과정에서 실제로 어떤 차이도 감지하지 못한다. 애플리케이션 입장에서 보면 레지스트리 키는 호스트 HKCU에 있는 것이다.

차이점 하이브

네임스페이스 리다이렉션은 VReg 드라이버에서 구현되고 컨테이너화된 환경에서 레지스트리 병합은 전역적으로 작동할 수 있으며 주로 구성 관리자 자체에서 구현된다(그러나 VReg 드라이버는 여전히 진입점으로 사용돼 기본 키에 차이점 하이브를 포함할 수 있다). 이전 절에서 설명한 대로 차이점 하이브는 하이브 버전 1.5와 매우 유사하지만 키 차분에 대한 메타데이터를 지원하는 하이브 버전 1.6을 사용한다. 하이브 버전을 높이면 레지스트리 가상화를 지원하지 않는 시스템에 하이브가 탑재될 가능성도 방지된다.

애플리게이션은 차이점 하이브^{Differencing hives}를 만들고 VReg 장치에 IOCTL을 보내 시스템 또는 사일로 컨테이너에 전역적으로 탑재할 수 있다. 그러나 백업 및 복원 권한이 필요하므로 관리자 권한의 애플리케이션만 차이점 하이브를 관리할 수 있다. 차이점 하이브를 탑재하고자 애플리케이션은 기본 키의 이름(기본 계층이라고 함. 기본 계층은 차이점 하이브에 포함된 모든 하위 키와 값이 적용되는 루트 키임)과 차이점 하이브 경로, 마운트 지점으로 데이터 구조체를 채운다. 그런 다음 VR_LOAD_DIFFERENCING_HIVE 제어 코드를 통해 데이터 구조체를 VReg 드라이버로 전송한다. 마운트 지점에는 차이점 하이브에 포함된 데이터와 기본 계층에 포함된 데이터의 병합이 포함된다.

VReg 드라이버는 해시 테이블에 로드된 모든 차이점 하이브 목록을 유지 관리한다. 이를 통해 VReg 드라이버는 여러 마운트 지점에 차이점 하이브를 탑재할 수 있다. 이전에 소개한 것처럼 현대 애플리케이션 모델^{Moderen Application Model}은 독립적인 센테니얼 애플리케이션에 차이점 하이브를 탑재하고자 \Registry\WC 루트 키에서 임의의 GUID를 사용한다. 해시 테이블의 항목이 생성된 후 VReg 드라이버는 단순히 요청을 구성 관리자의 내부 함수인 CmLoadDifferencingKey로 전달하며 이를 통해 대부분의 작업을 수행한다. 레지스트리 콜백이 호출돼 차이점 하이브는 로드된다. 하이브 생성은 일반적인 하이브와 유사한 방법으로 진행된다. 구성 관리자의 하위 계층에서 하이브가 생성된 후 키 제어 블록^{Key Control Block} 데이터 구조체도 생성된다. 생성된 키 제어 블록은 기본 계층의 키 제어 블록에 연결된다.

마운트 지점으로 사용된 키나 그 하위의 값을 열거나 읽도록 요청이 올 때 구성 관리자는 연결된 키 제어 블록이 차이점 하이브를 나타낸다는 것을 알고 있다. 따라서 구문 분석 절차는 차이점 하이브에서 시작된다. 구성 관리자가 차이점 하이브에서 하위 키를 발견하면 구문 분석 절차를 중지하고 차이점 하이브에 저장된 키와 데이터를 생성한다. 차이점 하이브에서 데이터를 찾을 수 없는 경우 구성 관리자가 기본 하이브에서 구문 분석 절차를 다시 시작한다. 또 다른 경우 차이점 하이브에서 썸스톤 키가 있는지 확인한다. 구성 관리자는 검색된 키를 숨기고 데이터(또는 에러)를 반환하지 않는다. 기본 하이브에서 삭제된 키를 표시하는 데 실제로 썸스톤이 사용된다.

시스템은 다음과 같은 3가지 종류의 차이점 하이브를 지원한다.

- 변경 가능 하이브^{Mutable hives}는 변경할 수 있다. 마운트 지점(또는 해당 하위 키)에 대한 모든 쓰기 요청은 차이점 하이브에 저장된다.
- 변경 불가능 하이브^{Immutable hives}는 변경할 수 없다. 즉, 차이점 하이브에 있는 키에 대한 모든 변경 요청은 실패한다.
- 쓰기 전달 하이브^{Write-through hive}는 변경 불가능한 차이점 하이브를 나타내지만 마운트 지점이나 해당 하위 키에 대한 쓰기 요청은 변경 가능한 기본 계층으로 리다이렉션된다.

NT 커널과 애플리케이션은 차이점 하이브를 탑재한 다음 마운트 지점 상단에 네임스페이스 리다이렉션을 적용할 수 있다. 이를 통해 센테니얼 애플리케이션(그림

10-7 참고)에 사용되는 것과 같은 복잡한 가상화된 구성을 구현할 수도 있다. 현대 애플리케이션 모델과 센테니얼 애플리케이션의 아키텍처는 8장에서 다뤘다.

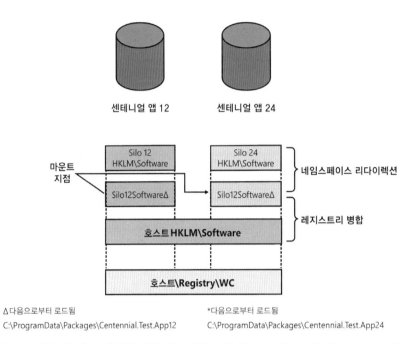

그림 10-7 센테니얼 애플리케이션용 현대 애플리케이션 모델에서 소프트웨어 하이브의 레지스트리 가상화

레지스트리 최적화

구성 관리자는 주목할 만한 몇 가지 성능 최적화를 수행한다. 먼저 실질적으로 모든 레지스트리 키는 키의 접근을 보호하는 보안 디스크립터를 가진다. 하지만 동일한 보안 설정이 종종 레지스트리의 전체 하위 트리에 적용되기 때문에 하이브 내의 모든 키에 대해 고유한 보안 디스크립터 복사본을 저장하는 것은 상당히 비효율적이다. 시스템이 키에 보안을 적용할 때 구성 관리자는 새로운 보안이 적용되는 바로 그 키와 동일한 하이브 내에서 사용되는 고유한 보안 디스크립터 풀을 검사하고 해당 키에 대해 존재하는 어떤 디스크립터라도 공유하며, 하이브 내의 모든 고유한 보안 디스크립터에 대해 적어도 하나의 복사본이 존재함을 보장한다.

또한 구성 관리자는 키와 값 이름을 하이브에 저장하는 방식을 최적화한다. 레지스트리가 완전한 유니코드 적용이 가능하고 유니코드 규약을 사용해 모든 이름을 지정하더라도 이름이 아스키코드 문자만을 포함한다면 구성 관리자는 하이브에 아스키코드 형태로 이름을 저장한다. 구성 관리자는 이름을 읽을 때(이름 검색을 수행하는 경우처럼) 구성 관리자는 메모리에서 이 이름을 유니코드 형태로 변환한다. 이름을 아스키코드 형태로 저장하면 하이브의 크기를 상당히 줄일 수 있다.

메모리 사용량을 최소화하고자 키 제어 블록은 전체 키 레지스트리 경로 이름을 저장하지 않고 대신 키 이름만을 참조한다. 예를 들어 \Registry\System\Control 을 참조하는 키 제어 블록은 전체 경로가 아닌 Control 이름을 사용한다. 추가적인 메모리 최적화를 위해 구성 관리자는 키 이름 저장에 키 이름 제어 블록을 사용하고 동일한 이름을 가진 키에 대한 모든 키 제어 블록은 동일한 키 이름 제어 블록을 공유한다. 성능 최적화를 위해 구성 관리자는 빠른 탐색이 가능하게끔 키 제어 블록 이름을 해시 테이블에 저장한다.

키 제어 블록의 접근을 빠르게 하고자 구성 관리자는 자주 접근되는 키 제어 블록을 해시 테이블로 구성돼 있는 캐시 테이블에 저장한다. 구성 관리자는 키 제어 블록을 탐색해야 할 때 먼저 캐시 테이블을 검사한다. 마지막으로 구성 관리자는 또 다른 캐시인 지연된 닫기 테이블을 가진다. 이 테이블은 애플리케이션이 최근에 닫은 키를 재빨리 다시 오픈할 수 있게끔 애플리케이션이 닫은 키 제어 블록을 저장한다. 구성 관리자는 가장 최근에 닫힌 블록을 테이블에 추가하면서 지연된 닫기 테이블에서 가장 오래된 키 제어 블록을 제거한다.

윈도우 서비스

거의 모든 운영체제에는 시스템을 시작할 때 대화형 유저와 연결되지 않은 채로 프로세스를 시작하는 메커니즘이 있다. 윈도우에서는 이러한 프로세스를 서비스 또는 윈도우 서비스라고 한다. 서비스는 유닉스 데몬 프로세스와 유사하며 종종 클라이언트/서버 프로그램의 서버 측으로 구현된다. 윈도우 서비스의 예로 웹 서버가 있다. 웹 서버는 컴퓨터에 로그온했는지 여부와 상관없이 실행되며, 시스템이 시작될 때 실행돼야 관리자가 별도로 기억할 필요가 없어지기 때문이다.

윈도우 서비스는 서비스 애플리케이션, 서비스 제어 프로그램^{SCP, Service Control} Program, 서비스 제어 관리자^{SCM, Service Control Manager}로 구성된다. 먼저 서비스 애플리케이션, 서비스 계정, 유저 및 패키지 서비스, SCM의 모든 작업을 살펴본다. 그런 다음 시스템 부팅 중에 자동 시작 서비스가 시작되는 방법을 살펴본다. 또한 서비스 시작 중 서비스가 실패할 때 SCM이 어떤 단계를 거치는지 살펴보고 SCM이 서비스를 종료하는 방법을 다룬다. 마지막으로 공유 서비스 프로세스를 설명하고 보호 서비스가 시스템에서 관리되는 방법을 다룬다.

서비스 애플리케이션

웹 서버와 같은 서비스 애플리케이션은 윈도우 서비스로 실행될 하나 이상의 실행 파일로 구성된다. 서비스를 시작, 중지 또는 구성하려는 유저는 SCP를 사용한다. 윈도우는 가장 일반적인 커맨드라인 도구인 sc.exe 및 services.msc MMC 스냅인에서 지원하는 유저 인터페이스와 같은 내장 SCP를 통해 일반적인 시작, 중지, 일시 중지, 재시작 기능을 지원한다. 하지만 일부 서비스 애플리케이션에는 관리자가 관리하는 서비스에 특정한 구성 설정을 지정할 수 있는 자체 SCP가 포함돼 있다.

서비스 애플리케이션은 SCM의 명령을 받고 애플리케이션의 상태를 SCM에 다시 전달하는 코드를 가진 단순한 윈도우 실행 파일(GUI 또는 콘솔)이다. 대부분의 서비스에는 유저 인터페이스가 없기 때문에 콘솔 프로그램으로 구현된다.

서비스가 포함된 애플리케이션을 설치할 때 애플리케이션의 설치 프로그램(일반적으로 SCP 역할도 함)은 시스템에 서비스를 등록해야 한다. 서비스를 등록하고자 설치 프로그램은 Advapi32.dll(%SystemRoot%\System32\Advapi32.dll)에서 지원하는 서비스 관련 함수인 윈도우 **CreateService** 함수를 호출한다. 고급 API DLL인 **Advapi32**는 클라이언트 측 SCM API의 일부만이 구현돼 있다. 가장 중요한 대다수의 SCM 클라이언트 API는 SCM 및 LSA 클라이언트 API용 호스트 라이브러리인 Sechost.dll에서 구현된다. Advapi32.dll에서 구현되지 않은 모든 SCM API는 Sechost.dll로 전달된다. 대부분의 SCM 클라이언트 API는 RPC를 통해 서비스 제어 관리자와 통신한다. SCM은 Services.exe 바이너리에서 구현된다. 자세한 내용은 '서비스 제어 관리자' 절의 뒷부분에서 설명한다.

설치 프로그램이 CreateService를 호출해 서비스를 등록하면 대상 시스템에서 실행 중인 SCM 인스턴스에 대한 RPC 호출이 이뤄진다. 그런 다음 SCM은 HKLM\SYSTEM\CurrentControlSet\Services 하위에 서비스 레지스트리 키를 만든다. 서비스 키는 SCM 데이터베이스의 비휘발성 표현이다. 각 서비스의 개별 키에서 서비스의 매개변수 및 구성 옵션을 포함하는 실행 가능한 이미지의 경로를 정의한다.

서비스를 생성한 후 설치 및 관리 애플리케이션은 StartService 함수를 통해 서비스를 시작할 수 있다. 일부 서비스 기반 애플리케이션은 부팅 프로세스 중에 초기화해야 작동하기 때문에 설치 프로그램이 서비스를 자동 시작 서비스로 등록하고 유저에게 시스템을 재부팅해 설치를 완료하도록 요청한다. 시스템이 부팅될 때 SCM이 서비스를 시작하는 일은 흔한 일이다.

프로그램에서 CreateService를 호출할 때 서비스의 특성을 설명하는 여러 매개변수를 지정해야 한다. 특성에는 여러 가지가 있다. 서비스 유형(다른 서비스와 프로세스를 공유하는 서비스가 아니라 자체 프로세스에서 실행되는 서비스인지 여부), 서비스 실행 이미지 파일의 위치, 디스플레이 이름(선택적 매개변수), 계정 이름 및 암호(특정 계정의 보안 콘텍스트에서 실행할 때 사용됨. 선택적 매개변수), 시스템이 부팅될 때 서비스가 자동으로 시작되는지 또는 SCP의 지시에 따라 수동으로 시작되는지를 나타내는 시작 유형, 시작될 때 서비스가 에러를 감지하는 경우 시스템이 어떻게 반응해야 하는지를 나타내는 에러 코드, 서비스가 자동으로 시작되는 경우 다른 서비스와 관련해 서비스가 시작되는 시기를 지정하는 선택적 정보가 있다. 지연 로드[delay-loaded] 서비스는 윈도우 비스타부터 지원되지만 윈도우 7은 하나 이상의 특정 이벤트가 확인될 때 시작되거나 중지되는 트리거 서비스 지원을 도입했다. SCP는 ChangeServiceConfig2 API를 통해 트리거 이벤트 정보를 지정할 수 있다.

서비스 애플리케이션은 서비스 프로세스에서 실행된다. 서비스 프로세스는 하나 이상의 서비스 애플리케이션을 호스트할 수 있다. SCM이 서비스 프로세스를 시작할 때 프로세스는 타임아웃이 만료되기 전에 즉시 StartServiceCtrlDispatcher 함수를 호출해야 한다(자세한 내용은 '서비스 로그온' 절을 참고한다). StartServiceCtrlDispatcher는 프로세스의 각 서비스에 대해 하나의 진입점을 가진 서비스 진입점 리스트를 허용한다. 각 진입점은 진입점에 대응하는 서비스의 이름으로 식별한다. SCM(파이프 역할)에 로컬 RPC(ALPC) 통신 연결을 생성한 후 StartServiceCtrlDispatcher는 SCM에서 파이프를 통해 오는 명령을 루프에서 대기한다. 연결에 이용한 핸들은 SCM이 내부 리스트에 저장하며, 이는 올바른 프로세스에게 서비스 명령을 보내고 받을 때 사용한다. SCM은 프로세스가 소유한 서비스를 시작할 때마다 서비스 시작 명령을 보낸다. 명령을 수신하고 각 시작 명령에 대해 StartServiceCtrlDispatcher 함수는 서비스 스레드라고 하는 스레드를 만들어 시작 서비스의 진입점(ServiceMain)을 호출하고 서비스의 명령 루프를 구현한다. StartServiceCtrlDispatcher는 SCM의 명령을 무기한 대기하고 프로세스의 모든 서비스가 중지된 경우에만 프로세스의 메인 함수에 제어를 반환해 서비스 프로세스가 종료하기 전에 리소스를 정리할 수 있게 한다.

서비스 진입점(ServiceMain)의 첫 번째 작업은 RegisterServiceCtrlHandler 함수를 호출하는 것이다. 이 함수는 SCM으로부터 받은 다양한 명령을 처리하고자 서비스가 구현한 컨트롤 핸들러 함수들의 포인터를 받고 저장한다. RegisterService CtrlHandler는 SCM과 통신하지 않지만 StartServiceCtrlDispatcher 함수를 위해 로컬 프로세스 메모리에 함수를 저장한다. 서비스 진입점은 초기화 작업을 계속하는데, 메모리 할당 및 통신 끝점 생성, 레지스트리에서 전용 구성 데이터 읽기 등의 작업을 한다. 앞에서 설명한 대로 대부분의 서비스가 따르는 규칙은 Parameters라는 서비스 레지스트리 키의 하위 키 아래에 매개변수를 저장하는 것이다.

진입점이 서비스를 초기화하는 동안 서비스 시작이 이렇게 진행되고 있는지를 나타내는 상태 메시지를 SetServiceStatus 함수로 SCM에 주기적으로 보내야 한다. 진입점의 초기화 작업을 완료한 후 서비스는 SERVICE_RUNNING 상태를 통해 SCM에 이를 알리며 서비스 스레드는 일반적으로 클라이언트 애플리케이션의 요청을 대기하는 루프에 있다. 예를 들어 웹 서버는 TCP 수신 소켓을 초기화하고 인바운드 HTTP 연결 요청을 대기한다.

StartServiceCtrlDispatcher 함수에서 실행되는 서비스 프로세스의 메인 스레드는 프로세스의 서비스 SCM 명령을 받고 대상 서비스의 컨트롤 핸들러 함수(RegisterServiceCtrlHandler에 저장됨)를 호출한다. SCM 명령에는 중지, 일시 중지, 재개, 쿼리, 종료 또는 애플리케이션 정의 명령이 포함된다. 그림 10-8은 서비스 프로세스의 내부 조직, 즉 하나의 서비스를 호스팅하는 프로세스를 구성하는 메인 스레드와 서비스 스레드를 보여준다.

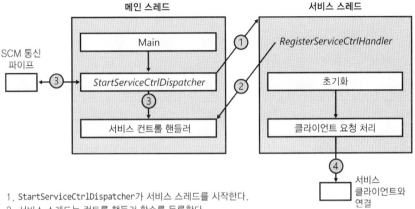

1. StartServiceCtrlDispatcher가 서비스 스레드를 시작한다.
2. 서비스 스레드는 컨트롤 핸들러 함수를 등록한다.
3. StartServiceCtrlDispatcher는 SCM 명령에 따라 핸들러를 호출한다.
4. 서비스 스레드는 클라이언트 요청을 처리한다.

그림 10-8 서비스 프로세스 내부

서비스 특성

SCM은 서비스의 레지스트리 키에 각 특성을 값으로 저장한다. 그림 10-9는 서비스 레지스트리 키의 예를 보여준다.

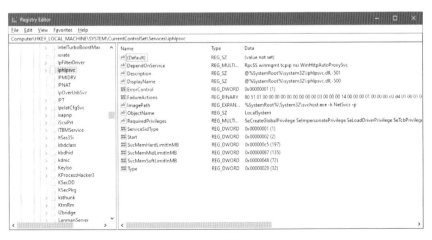

그림 10-9 서비스 레지스트리 키의 예

표 10-7에는 모든 서비스 특성이 나열돼 있으며 그중 많은 부분이 디바이스 드라이버에도 적용된다(모든 특성이 모든 유형의 서비스 또는 디바이스 드라이버에 적용되는 것은 아니다).

SCM은 서비스가 삭제될 때까지 서비스의 Parameters 하위 키에 접근하지 않는다. SCM은 서비스를 삭제할 때 Parameters와 같은 하위 키를 포함해 서비스의 전체 키를 삭제한다.

표 10-7 서비스 및 드라이버 레지스트리 매개변수

값 설정	값 이름	값 설정 설명
Start	SERVICE_BOOT_START(0x0)	부팅 시점에 메모리에 있도록 Winload가 미리 로드한다. 이러한 드라이버는 SERVICE_SYSTEM_START 직전에 초기화된다.
	SERVICE_SYSTEM_START(0x1)	드라이버는 SERVICE_BOOT_START 드라이버가 초기화된 후 커널 초기화 중 로드 및 초기화된다.
	SERVICE_AUTO_START(0x2)	SCM은 SCM 프로세스인 Services.exe가 시작된 후 드라이버 또는 서비스를 시작한다.
	SERVICE_DEMAND_START(0x3)	SCM은 요청 시 드라이버 또는 서비스를 시작한다(클라이언트가 StartService를 호출해 트리거가 시작되거나 다른 시작 서비스에 종속된 경우일 때).
	SERVICE_DISABLED(0x4)	드라이버나 서비스는 로드 또는 초기화될 수 없다.
ErrorControl	SERVICE_ERROR_IGNORE(0x0)	드라이버나 서비스가 반환하는 모든 에러는 무시되고 경고가 기록되거나 표시되지 않는다.
	SERVICE_ERROR_NORMAL(0x1)	드라이버나 서비스가 에러를 보고하면 이벤트 로그 메시지가 기록된다.
	SERVICE_ERROR_SEVERE(0x2)	드라이버나 서비스가 에러를 반환하고 마지막으로 성공한 구성이 사용되고 있지 않다면 마지막으로 성공한 구성으로 재부팅한다. 그렇지 않으면 이벤트 메시지를 기록한다.
	SERVICE_ERROR_CRITICAL(0x3)	드라이버나 서비스가 에러를 반환하고 마지막으로 성공한 구성이 사용되고 있지 않다면 마지막으로 성공한 구성으로 재부팅한다. 그렇지 않으면 이벤트 메시지를 기록한다.

(이어짐)

값 설정	값 이름	값 설정 설명
Type	SERVICE_KERNEL_DRIVER(0x1)	디바이스 드라이버
	SERVICE_FILE_SYSTEM_DRIVER(0x2)	커널 모드 파일 시스템 드라이버
	SERVICE_ADAPTER(0x4)	사용되지 않음
	SERVICE_RECOGNIZER_DRIVER(0x8)	파일 시스템 인식 드라이버
	SERVICE_WIN32_OWN_PROCESS(0x10)	서비스는 하나의 서비스만 호스팅하는 프로세스에서 실행된다.
	SERVICE_WIN32_SHARE_PROCESS(0x20)	서비스는 여러 서비스를 호스팅하는 프로세스에서 실행된다.
	SERVICE_USER_OWN_PROCESS(0x50)	서비스는 자신의 프로세스에 로그인한 유저의 보안 토큰으로 실행된다.
	SERVICE_USER_SHARE_PROCESS(0x60)	서비스는 여러 서비스를 호스팅하는 프로세스에 로그인한 유저의 보안 토큰으로 실행된다.
	SERVICE_INTERACTIVE_PROCESS(0x100)	서비스는 콘솔에 창을 표시하고 유저 입력을 수신할 수 있지만 다른 세션의 유저/콘솔 애플리케이션과 상호작용하는 것을 방지하고자 콘솔 세션(0)에서만 가능하다. 이 옵션은 더 이상 사용되지 않는다.
Group	그룹 이름	드라이버나 서비스는 해당 그룹이 초기화될 때 초기화된다.
Tag	태그 숫자	그룹 초기화 순서에서 지정된 위치. 이 매개변수는 서비스에 적용되지 않는다.
ImagePath	서비스 또는 드라이버 실행 파일의 경로	ImagePath가 지정되지 않은 경우 I/O 관리자는 %SystemRoot%\System32\Drivers에서 드라이버를 찾는다. 윈도우 서비스의 필수 정보다.
DependOnGroup	그룹 이름	지정된 그룹의 드라이버나 서비스가 로드되지 않으면 드라이버나 서비스가 로드되지 않는다.

(이어짐)

값 설정	값 이름	값 설정 설명
DependOnService	서비스 이름	지정된 서비스가 로드될 때까지 서비스가 로드되지 않는다. 이 매개변수는 시작 유형이 SERVICE_AUTO_START 또는 SERVICE_DEMAND_START와 다른 디바이스 드라이버나 서비스에 적용되지 않는다.
ObjectName	일반적으로 LocalSystem이지만 .\Administrator와 같은 계정 이름도 될 수 있다.	서비스가 실행될 계정을 지정한다. ObjectName이 지정되지 않으면 LocalSystem 계정이 사용된다. 이 매개변수는 디바이스 드라이버에 적용되지 않는다.
DisplayName	서비스 이름	서비스 애플리케이션은 이 이름으로 서비스를 표시한다. 이름을 지정하지 않으면 서비스의 레지스트리 키 이름이 해당 이름이 된다.
DeleteFlag	0 또는 1(TRUE 또는 FALSE)	서비스가 삭제되게 표시할 때 SCM이 설정하는 임시 플래그다.
Description	서비스 설명	최대 32,767바이트의 서비스 설명이다.
FailureActions	서비스 프로세스가 예기치 않게 종료될 때 SCM이 취해야 하는 조치에 대한 설명이다.	장애 조치에는 서비스 프로세스 재시작, 시스템 재부팅 및 지정된 프로그램 실행이 있다. 이 값은 드라이버에 적용되지 않는다.
FailureCommand	프로그램 커맨드라인	SCM은 FailureActions에서 서비스 실패 시 프로그램을 실행하도록 지정한 경우에만 이 값을 읽는다. 이 값은 드라이버에 적용되지 않는다.
DelayedAutoStart	0 또는 1(TRUE 또는 FALSE)	SCM이 시작된 이후 특정 시언 시간이 경과한 후에 이 서비스를 시작하도록 SCM에 알린다. 이렇게 하면 시스템 시작 시 동시에 시작되는 서비스 수가 줄어든다.
PreshutdownTimeout	밀리초 단위의 타임아웃	이 값을 사용하면 서비스가 preshutdown 통지 타임아웃 값인 180초를 오버라이드할 수 있다. 이 타임아웃 이후에도 서비스가 아직 응답하지 않은 경우 SCM은 서비스 종료 작업을 수행한다.

(이어짐)

648

값 설정	값 이름	값 설정 설명
ServiceSidType	SERVICE_SID_TYPE_ NONE(0x0)	하위 호환성 설정
	SERVICE_SID_TYPE_ UNRESTRICTED(0x1)	SCM은 서비스 프로세스 토큰이 생성될 때 서비스 프로세스 토큰에 그룹 소유자로 서비스 SID를 추가한다.
	SERVICE_SID_TYPE_ RESTRICTED(0x3)	SCM은 쓰기 제한 토큰으로 서비스를 실행해 서비스 SID를 서비스 프로세스의 제한된 SID 목록에 추가하고 월드, 로그온 및 쓰기 제한 SID를 추가한다.
Alias	문자열	서비스 별칭의 이름이다.
RequiredPrivileges	특권 목록	이 값에는 서비스가 동작하는 데 필요한 특권 목록이 포함된다. SCM은 이 서비스와 연관된 공유 프로세스가 있다면 이들에 대한 토큰을 생성할 때 이들의 합집합을 구한다.
Security	보안 디스크립터	이 값에는 SCM이 내부적으로 생성한 서비스 객체에 대해 접근 권한이 있는 유저를 정의하는 선택적인 보안 디스크립터가 포함된다. 이 값이 생략되면 SCM은 기본 보안 디스크립터를 적용한다.
LaunchProtected	SERVICE_LAUNCH_PROTECT ED_ NONE(0x0)	SCM은 보호되지 않은 서비스를 시작한다(기본값).
	SERVICE_LAUNCH_PROTECTED_ WINDOWS(0x1)	SCM은 윈도우 보호 프로세스에서 서비스를 시작한다.
	SERVICE_LAUNCH_PROTECTED_ WINDOWS_LIGHT(0x2)	SCM은 윈도우 보호 프로세스 라이트에서 서비스를 시작한다.
	SERVICE_LAUNCH_PROTECTED_ ANTIMALWARE_LIGHT(0x3)	SCM은 멀웨어 방지 보호 프로세스 라이트에서 서비스를 시작한다.
	SERVICE_LAUNCH_PROTECTED_ APP_LIGHT(0x4)	SCM은 앱 보호 프로세스 라이트(내부 전용)에서 서비스를 시작한다.

(이어짐)

값 설정	값 이름	값 설정 설명
UserServiceFlags	USER_SERVICE_FLAG_DSMA_ALLOW(0x1)	기본 유저가 서비스를 시작할 수 있게 허용한다.
	USER_SERVICE_FLAG_NONDSMA_ALLOW(0x2)	기본 유저가 서비스를 시작할 수 있게 허용하지 않는다.
SvcHostSplitDisable	0 또는 1(TRUE 또는 FALSE)	1로 설정하면 SCM이 Svchost 분할을 활성화하는 것을 금지한다. 이 값은 공유 서비스에만 적용된다.
PackageFullName	문자열	패키지 서비스의 패키지 전체 이름이다.
AppUserModelId	문자열	패키지 서비스의 애플리케이션 유저 모델 ID (AUMID)다.
PackageOrigin	PACKAGE_ORIGIN_UNSIGNED(0x1) PACKAGE_ORIGIN_INBOX(0x2) PACKAGE_ORIGIN_STORE(0x3) PACKAGE_ORIGIN_DEVELOPER_UNSIGNED(0x4) PACKAGE_ORIGIN_DEVELOPER_SIGNED(0x5)	이 값은 AppX 패키지의 출처(이를 생성한 엔터티)를 식별한다.

Type 값은 디바이스 드라이버에 적용되는 3가지 값, 즉 디바이스 드라이버, 파일 시스템 드라이버, 파일 시스템 인식자를 포함한다. 이들은 윈도우 디바이스 드라이버에서 사용하며 해당 매개변수노 서비스 레지스트리 키에 레지스트리 데이터로 저장한다. SCM은 Start 값이 SERVICE_AUTO_START 또는 SERVICE_DEMAND_START인 비PNP 드라이버를 시작하므로 SCM 데이터베이스에 드라이버가 포함되는 것은 당연하다. 서비스는 상호 배타적으로 사용해야 하는 SERVICE_WIN32_OWN_PROCESS 및 SERVICE_WIN32_SHARE_PROCESS 타입도 사용한다.

하나의 서비스만 호스팅하는 실행 파일은 SERVICE_WIN32_OWN_PROCESS 타입을 사용한다. 비슷한 방식으로 여러 서비스를 호스팅하는 실행 파일은 SERVICE_WIN32_SHARE_PROCESS를 사용한다. 단일 프로세스에서 여러 서비스를 호스팅하면 여러 서비스 프로세스를 시작할 때 오버헤드로 소비될 시스템 리소스를 절약할 수 있다. 잠재적인 단점은 동일한 프로세스에서 실행 중인 컬렉션의 서비스 중 하나가 프로세스를 종료하는 에러를 발생시킬 경우 해당 프로세스의 모든 서비스가 종료된다는 것이다. 또한 모든 서비스가 동일한 계정으로 실행돼야 한다는 제약 사항이 있다(그러나 서비스가 서비스 보안 강화 메커니즘을 활용하는 경우 악의적인 공격에 대한 노출을 일부 제한할 수 있다). SERVICE_USER_SERVICE 플래그가 추가되면 현재 로그온한 유저의 신원으로 실행되는 서비스 타입임을 나타낸다.

트리거 정보는 일반적으로 SCM이 TriggerInfo라는 다른 하위 키 아래에 저장한다. 각 트리거 이벤트는 이벤트 인덱스라고 하는 하위 키에 0부터 시작해 저장된다(예를 들어 세 번째 트리거 이벤트는 TriggerInfo\2 하위 키에 저장된다). 표 10-8은 트리거 정보를 구성하는 사용 가능한 모든 레지스트리 값을 나열한다.

표 10-8 트리거 서비스 레지스트리 매개변수

값 설정	값 이름	값 설정 설명
Action	SERVICE_TRIGGER_ACTION_ SERVICE_START(0x1)	트리거 이벤트가 발생하면 서비스를 시작한다.
	SERVICE_TRIGGER_ACTION_ SERVICE_STOP(0x2)	트리거 이벤트가 발생하면 서비스를 중지한다.
Type	SERVICE_TRIGGER_TYPE_ DEVICE_INTERFACE_ARRIVAL (0x1)	지정된 디바이스 인터페이스 클래스의 디바이스가 도착하거나 시스템이 시작될 때 존재한다면 트리거되는 이벤트를 지정한다.
	SERVICE_TRIGGER_TYPE_IP_ ADDRESS_AVAILABILITY(0x2)	네트워크 스택에서 IP 주소를 사용할 수 있거나 사용할 수 없을 때 트리거되는 이벤트를 지정한다.
	SERVICE_TRIGGER_TYPE_ DOMAIN_JOIN(0x3)	컴퓨터가 도메인에 가입하거나 탈퇴할 때 트리거되는 이벤트를 지정한다.
	SERVICE_TRIGGER_TYPE_ FIREWALL_PORT_EVENT(0x4)	방화벽 포트가 열리거나 닫힐 때 트리거되는 이벤트를 지정한다.
	SERVICE_TRIGGER_TYPE_ GROUP_POLICY(0x5)	시스템 또는 유저 정책 변경이 발생할 때 트리거되는 이벤트를 지정한다.
	SERVICE_TRIGGER_TYPE_ NETWORK_ENDPOINT(0x6)	특정 네트워크 프로토콜에 패킷이나 요청이 온 경우 트리거되는 이벤트를 지정한다.

(이어짐)

값 설정	값 이름	값 설정 설명
Type	SERVICE_TRIGGER_TYPE_ CUSTOM(0x14)	ETW 공급자가 생성한 유저 지정 이벤트를 지정한다.
Guid	트리거 하위 유형 GUID	트리거 이벤트 하위 유형을 식별하는 GUID다. GUID는 트리거 유형에 따라 다르다.
Data[Index]	트리거 세부 데이터	서비스 트리거 이벤트에 대한 트리거별 데이터다. 이 값은 트리거 이벤트 유형에 따라 다르다.
DataType[Index]	SERVICE_TRIGGER_DATA_ TYPE_BINARY(0x1)	트리거별 데이터는 바이너리 형식이다.
	SERVICE_TRIGGER_DATA_ TYPE_STRING(0x2)	트리거별 데이터는 문자열 형식이다.
	SERVICE_TRIGGER_DATA_ TYPE_LEVEL(0x3)	트리거별 데이터는 바이트 값이다.
	SERVICE_TRIGGER_DATA_ TYPE_KEYWORD_ANY(0x4)	트리거별 데이터는 64비트(8바이트) 부호 없는 정수 (unsinged integer) 값이다.
	SERVICE_TRIGGER_DATA_ TYPE_KEYWORD_ALL(0x5)	트리거별 데이터는 64비트(8바이트) 부호 없는 정수 값이다.

서비스 계정

서비스의 보안 콘텍스트는 프로세스가 접근할 수 있는 리소스를 지정하기 때문에 시스템 관리자뿐만 아니라 서비스 개발자에게도 중요한 고려 사항이다. 대부분의 내장 서비스는 적절한 서비스 계정(다음 절에 설명된 대로 액세스 권한이 제한돼 있음)의 보안 콘텍스트에서 실행된다. 서비스 설치 프로그램이나 시스템 관리자가 서비스를 생성할 때 일반적으로 로컬 시스템 계정의 보안 콘텍스트(간혹 SYSTEM으로 또는 LocalSystem으로 표시됨)를 지정하는데, 이는 매우 강력하다. 다른 2개의 내장 계정은 네트워크 서비스와 로컬 서비스 계정이다. 이러한 계정은 보안 관점에서 로컬 시스템 계정보다 기능이 적다. 다음 절에서는 모든 서비스 계정의 특별한 특성을 설명한다.

로컬 시스템 계정

로컬 시스템 계정은 세션 관리자(%SystemRoot%\System32\Smss.exe), 윈도우 서브시스템 프로세스(Csrss.exe), 로컬 보안 인증 프로세스(%SystemRoot%\System32\Lsass.exe) 및 로그온 프로세스(%SystemRoot%\System32\Winlogon.exe) 같은 윈도우 유저 모드 운영체제 핵심 구성 요소가 실행되는 것과 동일한 계정이다. 이러한 프로세스에 대한 자세한 설명은 Vol.1의 7장을 참고한다.

보안 관점에서 로컬 시스템 계정은 매우 강력하다. 로컬 시스템의 보안 기능과 관련해 로컬 또는 도메인 계정보다도 강력하다. 이 계정에는 다음과 같은 특징이 있다.

- 로컬 관리자 그룹의 구성원이다. 표 10-9는 로컬 시스템 계정이 속한 그룹을 보여준다(객체 접근 검사에서 그룹 구성원이 사용하는 방법에 대한 정보는 Vol.1의 7장을 참고한다).

- 보안 토큰 생성과 같이 로컬 관리자 계정에 일반적으로 부여되지 않는 특권을 포함한 모든 특권을 활성화할 수 있는 권한이 있다. 로컬 시스템 계정에 할당된 특권 목록은 표 10-10을 참고한다(Vol.1의 7장에서 각 특권의 사용법을 설명했다).

- 대부분의 파일과 레지스트리 키는 로컬 시스템 계정에 대해 모든 접근 권한을 부여한다. 모든 접근 권한을 부여하지 않더라도 로컬 시스템 계정으로 실행되는 프로세스는 소유권을 가져와 접근 권한을 얻을 수 있다.

- 로컬 시스템 계정으로 실행되는 프로세스는 기본 유저 프로파일(HKU\.DEFAULT)로 실행된다. 따라서 명시적으로 LoadUserProfile API를 사용하지 않는 한 다른 계정의 유저 프로파일에 저장된 구성 정보를 직접 접근할 수 없다.

- 시스템이 윈도우 도메인의 구성원인 경우 로컬 시스템 계정에는 서비스 프로세스가 실행 중인 컴퓨터의 시스템 SID(보안 식별자)가 포함된다. 따라서 로컬 시스템 계정에서 실행되는 서비스는 해당 컴퓨터 계정을 사용한 동일한 포리스트forest의 다른 컴퓨터에서 자동으로 인증된다(포리스트는 도메인의 한 그룹이다).

- 시스템 계정에 리소스(네트워크 공유, 네임드 파이프와 같은)에 대한 접근 권한이 특별히 부여되지 않은 경우 프로세스는 자격증명이 필요 없는 null 세션 연결을 허용하는 네트워크 리소스에 접근할 수 있다. HKLM\SYSTEM\CurrentControlSet\

Services\LanmanServer\Parameters 아래의 **NullSessionPipes** 및 **Null Session Shares** 레지스트리 값에서 **null** 세션을 허용하는 특정 컴퓨터의 공유 및 파이프를 지정할 수 있다.

표 10-9 서비스 계정 그룹 구성원 자격(및 무결성 수준)

로컬 시스템	네트워크 서비스	로컬 서비스	서비스 계정
Administrators Everyone Authenticated users	Everyone Users Authenticated users Local Network service Console logon	Everyone Users Authenticated users Local Local service Console logon UWP capabilities groups	Everyone Users Authenticated users Local Local service All services Write restricted Console logon
시스템 무결성 수준	시스템 무결성 수준	시스템 무결성 수준	높은 무결성 수준

표 10-10 서비스 계정 특권

로컬 시스템	로컬 서비스/네트워크 서비스	서비스 계정
SeAssignPrimaryTokenPrivilege SeAuditPrivilege SeBackupPrivilege SeChangeNotifyPrivilege SeCreateGlobalPrivilege SeCreatePagefilePrivilege SeCreatePermanentPrivilege SeCreateSymbolicLinkPrivilege SeCreateTokenPrivilege SeDebugPrivilege SeDelegateSessionUser ImpersonatePrivilege SeImpersonatePrivilege SeIncreaseBasePriorityPrivilege SeIncreaseQuotaPrivilege SeIncreaseWorkingSetPrivilege SeLoadDriverPrivilege SeLockMemoryPrivilege	SeAssignPrimaryTokenPrivilege SeAuditPrivilege SeChangeNotifyPrivilege SeCreateGlobalPrivilege SeImpersonatePrivilege SeIncreaseQuotaPrivilege SeIncreaseWorkingSetPrivilege SeShutdownPrivilege SeSystemtimePrivilege SeTimeZonePrivilege SeUndockPrivilege (client only)	SeChangeNotifyPrivilege SeCreateGlobalPrivilege SeImpersonatePrivilege SeIncreaseWorkingSetPrivilege SeShutdownPrivilege SeTimeZonePrivilege SeUndockPrivilege

(이어짐)

654

로컬 시스템	로컬 서비스/네트워크 서비스	서비스 계정
SeManageVolumePrivilege SeProfileSingleProcessPrivilege SeRestorePrivilege SeSecurityPrivilege SeShutdownPrivilege SeSystemEnvironmentPrivilege SeSystemProfilePrivilege SeSystemtimePrivilege SeTakeOwnershipPrivilege SeTcbPrivilege SeTimeZonePrivilege SeTrustedCredManAccessPrivilege SeRelabelPrivilege SeUndockPrivilege (client only)		

네트워크 서비스 계정

네트워크 서비스 계정은 로컬 시스템 계정과 마찬가지로 컴퓨터 계정을 사용해 네트워크의 다른 시스템에 인증하려는 서비스에서 사용하기 위한 것이지만 관리자 그룹의 구성원이거나 로컬 시스템 계정에 할당된 많은 특권을 사용할 필요는 없다. 네트워크 서비스 계정은 관리자 그룹에 속하지 않기 때문에 기본적으로 네트워크 서비스 계정에서 실행되는 서비스는 로컬 시스템 계정에서 실행되는 서비스보다 훨씬 적은 수의 레지스트리 키, 파일 시스템 폴더, 파일에 접근할 수 있다. 또한 적은 특권을 할당하기 때문에 네트워크 서비스 프로세스의 손상 범위가 제한된다. 예를 들어 네트워크 서비스 계정에서 실행 중인 프로세스는 디바이스 드라이버를 로드하거나 임의의 프로세스를 오픈할 수 없다.

네트워크 서비스와 로컬 시스템 계정의 또 다른 차이점은 네트워크 서비스 계정에서 실행되는 프로세스가 네트워크 서비스 계정의 프로파일을 사용한다는 것이다. 네트워크 서비스 프로파일의 레지스트리 구성 요소는 HKU\S-1-5-20 하위에 로드되고 구성 요소를 구성하는 파일 및 디렉터리는 %SystemRoot%\Service Profiles\NetworkService에 있다.

네트워크 서비스 계정에서 실행되는 서비스로는 DNS 이름을 변환하고 도메인 컨트롤러를 찾는 DNS 클라이언트가 있다.

로컬 서비스 계정

로컬 서비스 계정은 네트워크 서비스 계정과 거의 동일하지만 익명 유저의 접근을 허용하는 네트워크 리소스에만 접근 가능하다는 중요한 차이점이 있다. 표 10-10은 네트워크 서비스 계정이 로컬 서비스 계정과 동일한 특권을 갖고 있음을 나타낸다. 표 10-9는 네트워크 서비스 그룹이 아닌 로컬 서비스 그룹에 속하는 것을 제외하면 이 둘이 동일한 그룹에 속한다는 것을 보여준다. 로컬 서비스에서 실행 중인 프로세스가 사용하는 프로파일은 HKU\S-1-5-19에서 로드되고 %SystemRoot%\ServiceProfiles\LocalService에 저장된다.

로컬 서비스 계정에서 실행되는 서비스로는 로컬 시스템의 레지스트리에 대한 원격 접근을 허용하는 원격 레지스트리 서비스^{Remote Registry Service}와 NetBIOS 이름 변환을 수행하는 LmHosts 서비스가 있다.

대체 계정으로 서비스 실행

방금 설명한 제약 사항 때문에 일부 서비스는 유저 계정의 보안 자격증명으로 실행돼야 한다. 서비스가 생성될 때 또는 윈도우 서비스 MMC 스냅인을 사용해 서비스가 실행돼야 할 계정과 암호를 지정해 대체 계정^{alternate account}에서 실행되도록 서비스를 구성할 수 있다. 서비스 스냅인에서 서비스를 마우스 오른쪽 버튼으로 클릭하고 속성을 선택해 로그온 탭을 클릭한 후 그림 10-10과 같이 계정 지정 옵션을 선택한다.

서비스가 시작할 때 해당 계정으로 로그온돼 있지 않더라도 대체 계정으로 실행되는 서비스는 항상 대체 계정 자격증명을 사용해 시작된다. 즉, 유저가 로그온하지 않은 경우에도 유저 프로파일이 로드된다. 이 장의 뒷부분("유저 서비스" 절)에서 설명하는 유저 서비스는 이 문제를 해결할 수 있게 설계됐다. 이 서비스는 유저가 로그온할 때만 로드된다.

그림 10-10 서비스 계정 설정

최소 특권으로 실행

서비스 프로세스는 일반적으로 전부가 아니면 아무것도 없는 모델^{all-or-nothing model}의 적용을 받는다. 즉, 서비스 프로세스가 실행 중인 계정에서 사용할 수 있는 모든 특권이 해당 특권 중 일부만을 필요로 하는 프로세스에서 실행 중인 서비스에서도 사용할 수 있음을 의미한다. 윈도우에서 서비스에 필요한 권한만을 할당하는 최소 특권의 원칙을 좀 더 잘 준수하고자 개발자는 서비스에 필요한 특권을 지정할 수 있으며 SCM은 해당 특권을 포함하는 보안 토큰을 만든다.

서비스 개발자는 **ChangeServiceConfig2** API(SERVICE_CONFIG_REQUIRED_PRIVILEGES_INFO 정보 수준 지정)를 사용해 원하는 특권 목록을 나타낸다. API는 해당 정보를 레지스트리의 루트 서비스 키에 있는 **RequiredPrivileges** 값에 저장한다(표 10-7 참고). 서비스가 시작되면 SCM은 키를 읽어 해당 특권을 서비스가 실행 중인 프로세스의 토큰에 추가한다.

RequiredPrivileges 값이 있으며 서비스가 독립형^{stand-alone} 서비스(전용 프로세스로 실행)인 경우 SCM은 서비스에 필요한 특권만 포함하는 토큰을 생성한다. 공유 서비스 프로세스(윈도우의 일부인 서비스 부분집합)의 일부로 실행되며 필요한 특권을 지정하는 서비스의 경우 SCM은 이러한 특권들의 합집합을 계산하고 서비스 호스팅 프로세스의 토큰에 반영한다. 즉, 동일한 서비스 프로세스 내에서 호스팅되는 서비스에 지정되지 않은 특권들은 제거된다. 레지스트리 값이 존재하지 않는 경우 SCM은 서비스가 최소의 특권으로는 호환되지 않거나 또는 동작하고자 모든 특권을 필요로 한다고 가정할 수밖에 없다. 이 경우 모든 특권을 포함하는 전체 토큰이 생성되며 이 모델은 추가 보안을 지원하지 않는다. 거의 모든 특권을 제거하고자 서비스는 'Change Notify' 특권만 지정할 수 있다.

 서비스가 지정하는 특권은 서비스가 실행되는 서비스 계정에서 사용할 수 있는 특권의 일부여야 한다.

실습: 서비스가 필요로 하는 특권 살펴보기

서비스 제어 도구인 sc.exe와 qprivs 옵션을 사용해 서비스에 필요한 특권을 볼 수 있다. 또한 Process Explorer도 시스템에 있는 모든 서비스 프로세스의 보안 토큰 정보를 표시할 수 있으므로 sc.exe에서 반환된 정보를 토큰의 특권과 비교할 수 있다. 다음 단계는 시스템에서 가장 잘 락다운 되는 일부 서비스에 대해 이 작업을 하는 방법을 보여준다.

1. CryptSvc에 지정된 필수 특권을 확인하고자 명령 프롬프트에 sc.exe를 이용한 나음 명령을 입력한다.

   ```
   sc qprivs cryptsvc
   ```

   요청된 3가지 특권인 SeChangeNotifyPrivilege, SeCreateGlobalPrivilege, SeImpersonatePrivilege를 볼 수 있다.

2. Process Explorer를 관리자 권한으로 실행한 후 프로세스 목록을 확인한다.
   컴퓨터에서 서비스를 호스팅하는 여러 Svchost.exe 프로세스가 표시돼야 한다(Svchost 분할이 활성화된 경우 Svchost 인스턴스의 수는 더 많다). Process

Explorer는 이를 분홍색으로 강조한다.

3. CryptSvc는 공유 호스팅 프로세스에서 실행되는 서비스다. 윈도우 10에서는 작업 관리자를 통해 적합한 프로세스 인스턴스를 쉽게 찾을 수 있다. HKLM\SYSTEM\CurrentControlSet\Services\CryptSvc\Parameters 레지스트리 키에 나열된 서비스 DLL의 이름을 알 필요는 없다.

4. 작업 관리자를 실행해 서비스 탭을 확인한다. CryptSvc 호스팅 프로세스의 PID 정보를 쉽게 찾을 수 있다.

5. Process Explorer로 돌아와 동일한 PID를 가진 Svchost.exe 프로세스를 더블 클릭한 후 속성 대화상자를 오픈한다.

6. 서비스 탭에 CryptSvc 서비스가 포함돼 있는지 다시 확인한다. 서비스 분할이 활성화된 경우 하나의 서비스만 포함해야 한다. 그렇지 않은 경우 여러 서비스가 포함돼 있다. 그런 다음 보안 탭을 클릭한다. 다음 그림과 유사한 보안 정보가 표시돼야 한다.

서비스가 로컬 서비스 계정의 일부로 실행되고 있지만 윈도우가 이 서비스에 할당한 특권 목록은 표 10-10에 표시된 로컬 서비스 계정에서 사용할 수 있는 목록보다 훨씬 적다.

서비스 호스팅 프로세스의 경우 토큰의 특권 부분은 이 프로세스 내에서 실행 중인 모든 서비스가 요청한 특권의 합집합이므로 DnsCache 및 Lanman Workstation과 같은 서비스가 Process Explorer에 표시된 특권 이외의 특권을 요청하지 않았음을 의미한다. 다른 서비스에서도 Sc.exe를 실행해 이를 확인할 수 있다(단, Svchost 서비스 분할이 비활성화된 경우에만 가능하다).

서비스 격리

서비스가 접근할 수 있는 특권을 제한하면 손상된 서비스 프로세스가 다른 프로세스를 손상시키는 상황을 줄이는 데 도움이 되지만 정상적인 상황에서 실행 중인 계정이 접근할 수 있는 리소스를 서비스에서 격리시키지는 못한다. 앞서 언급했듯이 로컬 시스템 계정은 시스템의 중요한 시스템 파일, 레지스트리 키 및 기타 보안 객체에 대한 완전한 접근 권한을 가진다. 접근 제어 목록ACL, Access Control List이 해당 계정에 권한을 부여하기 때문이다.

때때로 이러한 리소스 중 일부에 접근하는 것은 서비스 운영에 중요하지만 서비스가 보호해야 하는 객체도 있다. 이전에는 로컬 시스템 계정에서 실행되는 것을 피하면서 필요한 리소스에 대한 접근 권한을 얻고자 서비스가 표준 유저 계정으로 실행되면서 시스템 객체에 ACL을 추가했다. 하지만 이는 시스템을 공격하는 악성코드의 위험을 크게 증가시켰다. 또 다른 해결책으로 전용 서비스 계정을 만들어 서비스와 연결된 각 계정에 대해 특정 ACL을 설정하는 방법이 있었다. 하지만 이 접근 방식으로 인해 관리가 번거로워졌다.

윈도우는 이제 이 2가지 접근 방식을 훨씬 더 관리하기 쉬운 해결책으로 통합했다. 즉, 서비스가 특권이 없는 계정에서 실행될 수 있지만 해당 객체의 보안을 낮추지 않고 특정 특권이 있는 리소스에 계속 접근할 수 있다. 실제로 객체의 ACL은 이제 서비스에 대한 권한을 직접 설정할 수 있지만 전용 계정이 필요하지 않다. 대신 윈도우는 서비스를 나타내는 서비스 SID를 생성하고 이 SID를 이용해 레지스트리 키 및 파일과 같은 리소스의 사용 권한을 설정할 수 있다.

SCM은 다양한 방식으로 서비스 SID를 사용한다. 서비스가 가상 서비스 계정(NT SERVICE\ 도메인)을 사용해 시작하도록 구성된 경우 서비스 SID가 생성되고 새 서비스 토큰의 기본 유저로 할당된다. 또한 토큰은 NT **SERVICE\ALL SERVICES** 그룹의 일부이기도 하다. 시스템에서는 이 그룹을 이용해 모든 서비스에서 보안 객체에 접근할 수 있게 한다. 공유 서비스의 경우 SCM은 서비스 호스팅 프로세스(둘 이상의 서비스를 포함하는 프로세스)를 만든다. 이때 사용하는 토큰은 프로세스와 연결된 서비스 그룹의 일부인 모든 서비스의 서비스 SID를 포함하며, 아직 시작되지 않은 서비스를 포함한다(토큰이 생성된 이후에는 새 SID를 추가할 방법이 없기 때문에 아직 시작하지 않은 서비스도 포함한다). 제한된 서비스와 제한이 없는 서비스(다음 절에서 설명)에는 항상 호스팅 프로세스의 토큰에 서비스 SID가 있다.

실습: 서비스 SID 이해하기

9장에서는 시스템이 다른 VM 작업자 프로세스에 대해 VM SID를 생성하는 방법을 보여주는 실습('VM 작업자 프로세스 및 가상 하드디스크 파일의 보안 이해하기')을 진행했다. VM 작업자 프로세스와 유사하게 시스템은 잘 정의된 알고리듬을 사용해 서비스 SID를 생성한다. 이 실습은 Process Explorer를 사용해 서비스 SID를 표시하고 시스템이 이를 생성하는 방법을 설명한다.

먼저 가상 서비스 계정 또는 제한/비제한 접근 토큰으로 실행되는 서비스를 선택해야 한다. 코타나 검색 상자에 **regedit**를 입력해 레지스트리 편집기를 열고 **HKLM\SYSTEM\CurrentControlSet\Services** 레지스트리 키로 이동한다. 그런 다음 편집 메뉴에서 찾기를 선택한다. 이 절의 앞부분에서 설명한 것처럼 서비스 계정은 **ObjectName** 레지스트리 값에 저장된다. 그러나 가상 서비스 계정(해당 계정은 NT SERVICE\ 가상 도메인으로 시작)에서 실행되는 서비스를 많이 찾을 수 없으므로 제한된 토큰(제한이 없는 토큰도 작동)을 살펴보는 것이 좋다. **ServiceSidType**(서비스가 제한된 토큰으로 실행돼야 하는지 또는 제한이 없는 토큰으로 실행돼야 하는지 여부에 따라 값이 저장됨)을 입력하고 다음 찾기 버튼을 클릭한다.

이 실습에서는 제한된 서비스 계정(ServiceSidType 값이 3으로 설정됨)을 찾고 있지만 제한이 없는 서비스(ServiceSidType 값이 1로 설정됨)도 잘 작동한다. 값이 일치하지 않으면 F3 키를 사용해 다음 서비스를 찾을 수 있다. 이 실습에서는 BFE 서비스를 사용한다.

Process Explorer를 열고 BFE 호스팅 프로세스를 검색해 더블 클릭한다(프로세스를 찾는 방법을 확인하려면 이전 실습을 참고한다). 보안 탭을 선택하고 NT **SERVICE\BFE** 그룹(사람이 읽을 수 있는 서비스 SID 표기법) 또는 다른 서비스 SID를 선택한 경우 해당 서비스의 서비스 SID를 클릭한다. 그룹 리스트 아래에 표시되는 확장된 그룹 SID를 확인하면 다음과 같다. 서비스가 가상 서비스 계정으로 실행 중인 경우 서비스 SID는 Process Explorer에서 보안 탭의 두 번째 줄에 대신 표시된다.

S-1-5-80-1383147646-27650227-2710666058-1662982300-1023958487

NT authority(ID 5)는 서비스 기반 RID(80)와 서비스 이름의 대문자 UTF-16 유니코드 문자열의 SHA-1 해시를 사용해 서비스 SID를 생성한다. SHA-1 은 160비트(20바이트) 값을 생성하는 알고리듬이다. 윈도우 보안에서 이는 SID에 5(4바이트) 하위 권한 값이 있음을 의미한다. 유니코드(UTF-16) BFE 서비스 이름의 SHA-1 해시는 다음과 같다.

7e 28 71 52 b3 e8 a5 01 4a 7b 91 a1 9c 18 1f 63 d7 5d 08 3d

생성된 해시를 8개의 16진수로 구성된 5개 그룹으로 나누면 다음을 확인할 수 있다.

- **0x5271287E**(첫 번째 DWORD 값)은 10진수로 1383147646과 같다(윈도우는 리틀 엔디언임을 기억하자).
- **0x01A5E8B3**(두 번째 DWORD 값)은 10진수로 27650227과 같다.
- **0xA1917B4A**(세 번째 DWORD 값)는 10진수로 2710666058과 같다.
- **0x631F189C**(네 번째 DWORD 값)는 10진수로 1662982300과 같다.
- **0x3D085DD7**(세 번째 DWORD 값)은 10진수로 1023958487과 같다.

숫자를 조합해 서비스 SID 권한 값과 첫 번째 RID(S-1-5-80)를 추가하면 Process Explorer에서 보여주는 것과 동일한 SID를 생성하게 된다. 이는 시스템이 서비스 SID를 생성하는 방법을 보여준다.

각 서비스가 SID를 갖게 되면서 접근을 세밀하게 제어할 수 있게 됐고, 이는 시스템의 다양한 객체에 대해 ACL 엔트리 및 권한을 추가하는 것 이상의 확장성을 갖게 됐다. 앞서 어떤 계정이 접근할 수 있는 시스템의 특정 객체는 계정 내에서 실행하는 서비스로부터 보호돼야 하는 경우를 다뤘다. 지금까지의 설명을 살펴보면 서비스 SID는 서비스 SID와 연관된 Deny 엔트리를 보안이 필요한 각 객체에 위치시킴으로써 이런 문제를 방지한다. 이 방법은 확실히 관리하기 힘든 접근법이다.

서비스가 실행되는 유저 계정이 접근하는 리소스를 서비스가 접근하지 못하게 하는 한 방법으로 Deny 접근 제어 엔트리ACE, Access Control Entry를 사용하지 않기 위한 두 유형의 서비스 SID가 있다. 제한된 서비스 SID(SERVICE_SID_TYPE_RESTRICTED)와 제한이 없는 서비스 SID (SERVICE_SID_TYPE_UNRESTRICTED)로 후자가 디폴트며 지금까지 살펴본 사례다. 이 경우 이름에 약간 오해의 소지가 있다. 서비스 SID는 이전 실습처럼 항상 같은 방식으로 생성된다. 다른 방식으로 생성되는 호스팅 프로세스의 토큰이다.

제한이 없는 서비스 SID는 기본적으로 활성화돼 그룹 소유자 SID로 생성되며 또한 프로세스 토큰은 서비스 로그온 SID에 모든 권한을 지원하는 새로운 ACE를 받게 된다. 이 ACE를 통해 서비스가 SCM과 계속해서 통신할 수 있게 된다(이는 서비스 시작 또는 종료 중에 프로세스 내부의 서비스 SID를 활성화 또는 비활성화하는 데 주로 사용된다). 제한이 없는 토큰으로 시작된 SYSTEM 계정에서 실행한 서비스는 표준 SYSTEM 서비스보다 훨씬 강력하다.

한편 제한된 서비스 SID는 서비스 호스팅 프로세스의 토큰을 쓰기 제한write-restricted 토큰으로 변경한다. 토큰에 대한 자세한 내용은 Vol.1의 7장을 참고한다. 제한된 토큰은 일반적으로 시스템이 보안 객체에 접근하는 동안 2가지 접근 검사를 수행해야 한다. 하나는 표준 토큰의 활성화된 SID 목록을 사용하는 것이고 다른 하나는 제한된 SID 목록을 사용하는 것이다. 일반적인 제한된 토큰의 경우 두 접근 검사에서 모두 요청된 접근 권한을 허용하는 경우에만 접근이 허용된다. 반면 일 반적으로 CreateRestrictedToken API에 WRITE_RESTRICTED 플래그를 지정해 생성되는 쓰기 제한 토큰은 쓰기 요청에 대해서만 이중 접근 검사를 수행한다. 읽기 전용 접근 요청은 일반 토큰과 마찬가지로 토큰의 활성화된 그룹 SID에 대해 한 번만 접근 검사를 수행한다.

쓰기 제한 토큰으로 실행되는 서비스 호스트 프로세스는 실행 중인 계정과 상관 없이 서비스 SID 및 호환성을 위해 추가된 다음 3가지 추가 SID에 대해 명시적 쓰기 접근 권한을 부여하는 객체에만 쓰기가 가능하다. 이 때문에 해당 프로세스 내에서 실행되는 모든 서비스(동일 서비스 그룹의 일부)에는 제한된 SID 유형이 있어야 한 다. 그렇지 않으면 제한된 SID 유형을 가진 서비스가 시작되지 않는다. 쓰기 제한 이 된 토큰은 호환성을 위해 3개의 SID가 더 추가된다.

- 일반적으로 누구나 접근할 수 있는 객체, 특히 로드 경로의 특정 DLL에 대한 쓰기 접근을 허용하고자 월드 SID가 추가됐다.
- 서비스 로그온 SID가 추가돼 서비스가 SCM과 통신할 수 있다.
- 쓰기 제한 SID가 추가돼 객체가 쓰기 제한 서비스에 대해 쓰기 접근을 명시적으로 허용할 수 있다. 예를 들어 ETW는 쓰기 제한 서비스가 이벤트 를 생성할 수 있게 객체에서 이 SID를 사용한다.

그림 10-11은 제한된 서비스 SID를 가진 것으로 표시된 서비스를 포함하는 서비 스 호스팅 프로세스의 예를 보여준다. 예를 들어 윈도우 방화벽 필터링 규칙을 적용하는 베이스 필터링 엔진^{BFE, Base Filtering Engine}은 이 호스팅 프로세스의 일부다. 서비스가 손상될 경우 악의적인 쓰기 접근으로부터 보호돼야 하는 레지스트리 키에 방화벽 규칙들이 저장돼 있기 때문이다. 예를 들어 서비스 익스플로잇이 아 웃바운드 트래픽 방화벽 규칙을 비활성화해 공격자와 양방향 통신을 가능하게 할 수 있다.

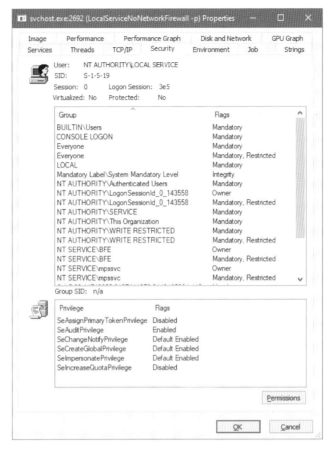

그림 10-11 제한된 서비스 SID를 가진 서비스

객체에 대한 쓰기 접근을 차단함으로써(이런 차단이 없다면 서비스가 실행하는 계정의 권한을 상속해 객체는 서비스에 의해 쓰기가 가능해진다) 특권 계정에서 실행하는 서비스가 중요한 시스템 파일이나 레지스트리 키, 그 밖의 객체에 접근하지 못하게(이렇게 하면 손상됐을 수도 있는 서비스에 대한 공격 노출을 제한시켜준다) 하는 데 있어 유저가 아무것도 할 필요가 없기 때문에 제한된 서비스 SID는 최초 언급한 문제를 해결한다.

또한 윈도우는 표 10-11에 기술된 3가지 행위 중 하나에 연결되는 서비스 SID를 참조하는 방화벽 규칙을 허용한다.

표 10-11 네트워크 제한 규칙

시나리오	예	제한
네트워크 접근이 차단됐다.	셸 하드웨어 탐지 서비스 (ShellHWDetection)	모든 네트워크 통신이 차단된다(모든 송수신).
정적으로 할당된 포트에 대해 네트워크 접근이 제한적이다.	RPC 서비스(Rpcss)는 포트 135(TCP 및 UDP)에서 동작한다.	특정 TCP 및 UDP 포트에서 네트워크 통신이 제한적이다.
동적으로 할당된 포트에 대해 네트워크 접근이 제한적이다.	DNS 서비스(Dns)는 가변 포트 (UDP)에서 리슨(listen)한다.	구성 가능한 TCP 및 UDP 포트에서 네트워크 통신이 제한적이다.

가상 서비스 계정

이전 절에서 소개한 것처럼 서비스 SID는 가상 서비스 계정 콘텍스트에서 실행되는 서비스 토큰의 소유자로 설정할 수 있다. 가상 서비스 계정으로 실행되는 서비스는 LocalService 또는 NetworkService 서비스 유형(특권 목록은 표 10-10 참고)보다 적은 특권을 가지며 네트워크를 통해 인증할 수 있는 자격증명이 없다. 서비스 SID는 토큰의 소유자며 토큰은 Everyone, Users, Authenticated Users, All Services 그룹의 일부다. 이는 서비스가 제한된 서비스 SID가 아닌 이상 표준 유저에 속하는 객체를 읽거나 쓸 수 있음을 말한다. 하지만 관리자 또는 시스템 그룹과 같은 높은 특권에 속하는 객체는 읽을 수 없다. 다른 유형과 달리 가상 서비스 계정으로 실행되는 서비스에는 일반 서비스와 유사하게 서비스 로그온 중에 ProfSvc 서비스(Profsvc.dll)에 의해 로드되는 개인 프로파일이 있다(자세한 내용은 '서비스 로그온' 절 참고). 이 프로파일은 %SystemRoot%\ServiceProfiles 경로에 있는 서비스와 이름이 같은 폴더를 사용해 처음 서비스 로그온을 할 때 처음 만들어진다. 서비스 프로파일이 로드되면 해당 레지스트리 하이브는 HKEY_USERS 루트 키의 가상 서비스 계정의 사람이 읽을 수 있는 SID('서비스 SID 이해하기' 실습에서 설명된 S-1-5-80으로 시작하는 SID)로 명명된 키 하위에 마운트된다.

유저는 로그온 계정을 NT SERVICE\<ServiceName>으로 설정해 서비스에 가상 서비스 계정을 쉽게 할당할 수 있다. 여기서 <ServiceName>은 서비스 이름이다. 로그온할 때 SCM은 로그온 계정이 가상 서비스 계정임을 인식하고(NT SERVICE 로그온 공급자를 통해) 계정 이름이 서비스 이름과 일치하는지 확인한다. 서비스는 다른

666

계정에 속한 가상 서비스 계정을 사용해 시작할 수 없으며, 이는 SCM 내부의
ScIsValidAccountName 함수를 통해 실행된다. 호스트 프로세스를 공유하는 서비
스는 가상 서비스 계정으로 실행할 수 없다.

보안 객체로 작업하는 동안 유저는 가상 서비스에 대한 접근을 허용하거나 거부
하는 ACE인 서비스 로그온 계정(NT SERVICE\<ServiceName> 형식)을 사용해 객체에 ACL을
추가할 수 있다. 그림 10-12와 같이 시스템은 가상 서비스 계정의 이름을 적절한
SID로 변환할 수 있으므로 서비스에서 객체에 대해 세분화된 접근 제어를 설정할
수 있다(이는 이전 절에서 설명한 것처럼 시스템이 아닌 계정으로 실행되는 일반 서비스에서도 작동한다).

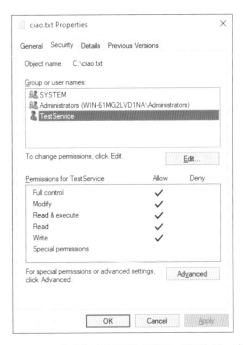

그림 10-12 TestService에 대해 전체 접근을 허용하는 ACE가 있는 파일(보안 객체)

대화식 서비스와 세션 0 격리

윈도우에 항상 존재하는 적절한 서비스 계정, 로컬 시스템, 로컬 서비스 및 네트워
크 서비스 계정에서 실행되는 서비스가 갖는 한 가지 제약 사항은 대화식 유저
데스크톱에 대화상자나 창을 표시할 수 없다는 점이다. 이 제약은 이러한 계정으
로 실행한 직접적인 결과가 아니라 윈도우 서브시스템이 윈도우 스테이션에 서비

스 프로세스를 할당하는 방식의 결과다. 이 제약은 세션 0 격리라는 모델에서 세션을 사용해 더욱 강화됐으며, 그 결과 서비스는 유저의 데스크톱과 직접 상호작용할 수 없다.

윈도우 서브시스템은 모든 윈도우 프로세스를 윈도우 스테이션과 연결한다. 윈도우 스테이션은 데스크톱을 포함하고 있으며 데스크톱은 창을 포함한다. 한 번에 하나의 윈도우 스테이션만 볼 수 있으며 유저의 마우스 및 키보드 입력을 수신할 수 있다. 터미널 서비스 환경에서는 세션당 하나의 윈도우 스테이션이 표시되지만 서비스는 모두 숨겨진 세션 0의 일부로 실행된다. 윈도우는 보이는 윈도우 스테이션의 이름을 WinSta0으로 지정하고 모든 대화식 프로세스는 WinSta0에 접근한다.

별다른 지시가 없으면 윈도우 서브시스템은 적절한 서비스 계정 또는 로컬 시스템 계정 내에서 실행되는 서비스를 모든 비대화식 서비스가 공유하는 Service-0x0-3e7$라는 이름의 보이지 않는 윈도우 스테이션과 연결한다. 이 이름의 숫자인 3e7은 로그온 세션 식별자를 나타낸다. 이 식별자는 로컬 보안 인증 프로세스(LSASS)가 SCM이 로컬 시스템 계정에서 실행하는 비대화식 서비스를 위해 사용하는 로그온 세션에 할당한 것이다. 이와 유사하게 로컬 서비스 계정에서 실행되는 서비스는 로그온 세션 3e5에서 생성된 윈도우 스테이션과 연결되는 반면 네트워크 서비스 계정에서 실행되는 서비스는 로그온 세션 3e4에서 생성된 윈도우 스테이션과 연결된다.

유저 계정(로컬 시스템 계정이 아님)으로 실행되게 구성된 서비스는 서비스의 로그온 세션에 할당된 LSASS 로그온 식별자로 명명된 다른 보이지 않는 윈도우 스테이션에서 실행된다. 그림 10-13은 시스인터널스의 WinObj 도구로 윈도우가 윈도우 스테이션 객체를 배치하는 객체 관리자 디렉터리를 보여주는 예다. 대화식 윈도우 스테이션(WinSta0)과 3개의 비대화식 서비스 윈도우 스테이션이 표시된다.

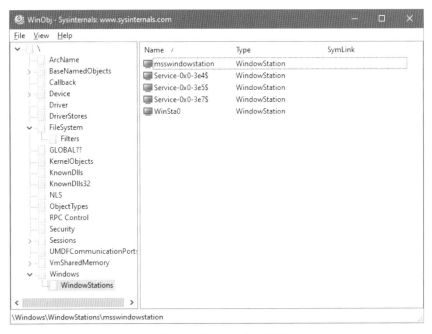

그림 10-13 윈도우 스테이션 목록

서비스가 유저 계정, 로컬 시스템 계정, 로컬 또는 네트워크 서비스 계정 중 어디에서 실행되는지 여부와 관계없이 보이는 윈도우 스테이션에서 실행되지 않는 서비스는 유저로부터 입력을 수신하거나 보이는 창을 표시할 수 없다. 실제로 서비스가 모달 대화상자를 표시하는 경우 서비스가 중단된 것으로 나타난다. 이는 유저가 대화상자를 볼 수 없기 때문인데, 유저가 키보드 또는 마우스 입력을 통해 이 대화상자를 없애고 서비스를 계속 실행하게 할 수 없기 때문이다.

서비스에서 대화상자나 창을 통해 유저와 상호작용을 해야 하는 이유가 있을 수 있다. 서비스 레지스트리 키의 Type 매개변수에서 SERVICE_INTERACTIVE_PROCESS 플래그를 사용해 구성된 서비스는 대화식 WinSta0 윈도우 스테이션에 연결된 호스팅 프로세스와 함께 시작된다(유저 계정으로 실행되게 구성된 서비스는 대화식으로 표시할 수 없다). 유저 프로세스가 서비스와 동일한 계정에서 실행된다면 WinSta0과의 연결은 서비스가 대화상자와 창을 표시하고 대화식 서비스와 윈도우 스테이션을 공유하기 때문에 해당 창이 유저 입력에 응답할 수 있게 한다. 그러나 시스템 및 윈도우 서비스가 소유한 프로세스만 세션 0에서 실행된다. 콘솔 유저를 포함해 다른 모든 로그온 세션은 다른 세션에서 실행된다. 따라서 세션 0의 프로세스가 표시하는 창은 유저에게 표시되지 않는다.

이러한 추가적인 제약은 '새터 공격^{shatter attacks}'을 방지하기 위해서다. 새터 공격은 낮은 특권의 애플리케이션이 동일한 윈도우 스테이션에서 볼 수 있는 창으로 메시지를 전송해 해당 창을 소유하고 있는 더 높은 특권의 프로세스가 가진 버그를 악용해 더 많은 특권이 있는 프로세스에서 코드를 실행할 수 있게 한다. 과거 윈도우에는 세션 0의 **WinSta0** 윈도우 스테이션의 기본 데스크톱에 서비스가 표시될 때 유저에게 알리는 대화식 서비스 탐지 서비스(UI0Detect)가 포함됐다. 이렇게 하면 유저가 세션 0의 윈도우 스테이션으로 전환해 대화식 서비스가 제대로 실행되게 할 수 있다. 보안을 위해 이 기능은 비활성화됐다. 윈도우 10 2018년 4월 업데이트(RS4) 이후로 완전히 제거됐다.

결과적으로 SCM에서 대화식 서비스를 계속 지원하더라도(HKLM\SYSTEM\CurrentControlSet\Control\Windows\NoInteractiveServices 레지스트리 값을 0으로 설정하는 경우) 이제 더는 세션 0에 접근할 수 없다. (문서화되지 않은 해킹 없이는) 어떤 서비스도 더 이상 창을 표시할 수 없다.

SCM

SCM의 실행 파일은 %SystemRoot%\System32\Services.exe며, 대부분의 서비스 프로세스와 마찬가지로 윈도우 콘솔 프로그램으로 실행된다. **Wininit** 프로세스는 시스템 부팅 초기에 SCM을 시작한다(부팅 과정에 대한 자세한 내용은 12장을 참고한다). SCM의 시작 함수인 **SvcCtrlMain**은 자동 시작으로 구성된 서비스들의 시작을 조율한다.

SvcCtrlMain 함수는 우선 프로세스 보안 완화와 처리되지 않은 예외 필터를 설정하고 잘 알려진 SID를 인메모리 형태로 생성함으로써 자체 초기화를 수행한다. 그런 다음 **SvcctrlStartEvent_A3752DX**라는 이름과 **SC_AutoStartComplete**라는 이름의 다른 2가지 동기화 이벤트를 만든다. 둘 다 넌시그널드 상태로 초기화한다. 첫 번째 이벤트는 SCP에서 명령을 수신하는 데 필요한 모든 단계가 완료된 후 SCM이 시그널드 상태로 설정한다. 두 번째 이벤트는 SCM의 전체 초기화가 완료되면 시그널드 상태가 된다. 이벤트는 시스템이나 다른 유저가 SCM의 다른 인스턴스를 시작하는 것을 방지하는 데 사용된다. SCP가 SCM과의 대화를 설정하는 데 사용하는 함수는 OpenSCManager다. OpenSCManager는 SvcctrlStartEvent_A3752DX가 시그널드 상태가 될 때까지 대기해 SCM이 초기화되기 전에 SCP가 SCM에 연결을 시도하는 것을 방지한다.

다음으로 SvcCtrlMain은 적절한 보안 디스크립터를 생성하고 SCM의 내부 서비스 데이터베이스를 구축하는 함수인 ScGenerateServiceDB를 호출한다. ScGenerateServiceDB는 정의된 서비스 그룹의 이름과 순서를 나열하는 REG_MULTI_SZ 값인 HKLM\SYSTEM\CurrentControlSet\Control\ServiceGroupOrder\List의 내용을 읽고 저장한다. 서비스 또는 디바이스 드라이버가 다른 그룹의 서비스와 관련해 시작 순서를 제어해야 하는 경우 서비스의 레지스트리 키에는 Group 값이 포함된다. 예를 들어 윈도우 네트워킹 스택은 아래에서 위로 구축되므로 네트워킹 서비스는 네트워킹 디바이스 드라이버보다 나중에 시작되도록 Group 값을 지정해야 한다. SCM은 레지스트리에서 읽는 그룹의 순서를 유지하는 그룹 리스트를 내부적으로 생성한다. 그룹에는 NDIS, TDI, Primary Disk, Keyboard Port, Keyboard Class, Filters 등이 포함되지만 이에 국한되지 않는다. 애드온[Add-on] 및 서드파티 애플리케이션은 자체 그룹을 정의하고 리스트에 추가할 수도 있다. 예를 들어 마이크로소프트 트랜잭션 서버는 MS Transactions라는 그룹을 추가한다.

이제 ScGenerateServiceDB는 HKLM\SYSTEM\CurrentControlSet\Services의 내용을 검색해 각 키에 대해 서비스 데이터베이스 내에 엔트리('서비스 레코드'라고 함)를 생성한다. 데이터베이스 항목에는 서비스에 대해 정의된 모든 서비스 관련 매개변수와 서비스 상태를 추적하는 필드가 포함된다. SCM은 자동 시작[auto-start]으로 표시된 서비스와 드라이버를 시작시키기 때문에 서비스뿐만 아니라 디바이스 드라이버에 대한 엔트리도 추가한다. 또한 boot-start와 system-start로 표시된 드라이버의 시작 실패도 탐지한다. SCM은 애플리케이션이 드라이버의 상태를 쿼리할 수 있는 수단을 지원한다. I/O 관리자는 유저 모드 프로세스가 실행하기 전에 boot-start와 system-start로 표시된 드라이버를 로드한다. 따라서 boot-start와 system-start 시작 유형을 가진 드라이버는 SCM이 시작되기 전에 로드된다.

ScGenerateServiceDB는 그룹에서 서비스의 멤버십을 결정하고자 서비스의 **Group** 값을 읽어 이 값을 앞서 생성한 그룹 목록에 있는 그룹의 엔트리와 연결한다. 이 함수는 또한 **DependOnGroup** 및 **DependOnService** 레지스트리 값을 쿼리해 데이터 베이스에서 서비스의 그룹과 서비스 종속성을 읽고 기록한다. 그림 10-14는 SCM 이 서비스 엔트리 및 그룹 순서 목록을 어떻게 구성하는지 보여준다. 서비스 목록 은 알파벳순으로 정렬돼 있다. 이 목록이 알파벳순으로 정렬된 이유는 SCM이 서 비스 레지스트리 키에서 목록을 만들고 윈도우가 레지스트리 키를 알파벳순으로 열거하기 때문이다.

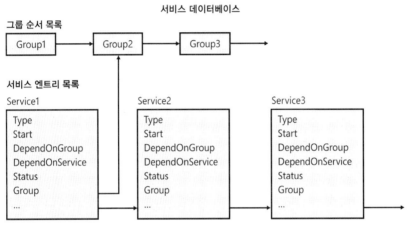

그림 10-14 서비스 데이터베이스 구조

서비스 시작 중에 SCM은 LSASS을 호출하므로 (예를 들어 비로컬 시스템 계정으로 서비스에 로그온하기 위해) SCM은 LSASS가 초기화를 완료할 때 수행하는 **LSA_RPC_SERVER_ACTIVE** 동기화 이벤트가 시그널될 때까지 기다린다. Wininit은 또한 LSASS 프로세스를 시작하므 로 LSASS의 초기화는 SCM의 초기화와 동시에 이뤄지며, LSASS와 SCM이 초기화를 마치는 순서는 다를 수 있다. SCM은 **DeleteFlag** 레지스트리 값을 통해 삭제된 것으로 표시되는 모든 서비스(데이터베이스가 아닌 레지스트리에서)를 정리하고 데이터베이스 의 각 서비스 레코드에 대한 종속성 목록을 생성한다. 이를 통해 SCM은 어떤 서비 스가 특정 서비스 레코드에 종속돼 있는지 알 수 있다. 이는 레지스트리에 저장된 것과 반대되는 종속성 정보다.

이후 SCM은 시스템이 안전 모드에서 시작됐는지 여부를 쿼리한다(HKLM\System\

CurrentControlSet\Control\Safeboot\Option\OptionValue 레지스트리 값을 확인한다). 이는 나중에 서비스를 시작해야 하는지 여부를 결정하는 데 필요하다(자세한 내용은 이 장의 뒷부분에 나오는 '자동 시작 서비스 시작' 절을 참고한다). 그런 다음 \Pipe\Ntsvcs라는 이름의 원격 프로시저 호출[RPC, Remote Procedure Call] 네임드 파이프를 생성하고, RPC는 SCP에서 전송하는 메시지를 받기 위한 파이프를 리슨하는 스레드를 시작한다. SCM은 초기화 완료 이벤트인 SvcctrlStartEvent_A3752DX에 시그널한다. RegisterServiceProcess를 통해 콘솔 애플리케이션 종료 이벤트 핸들러를 등록하고 윈도우 서브시스템 프로세스에 등록하면 SCM이 시스템 종료를 준비하게 된다.

자동 시작 서비스를 시작하기 전에 SCM은 몇 가지 단계를 수행한다. UMDF 드라이버 관리를 담당하는 UMDF 드라이버 관리자를 초기화한다. 윈도우 10 가을 크리에이터 업데이트(RS3) 이후로 SCM의 일부가 됐으며 알려진 DLL이 완전히 초기화될 때까지 대기한다(세션 관리자가 시그널하는 \KnownDlls\SmKnownDllsInitialized 이벤트를 대기한다).

실습: 서비스 로깅 활성화

SCM은 일반적으로 비정상적인 에러 조건을 감지한 경우에만 ETW 이벤트를 기록한다(예를 들어 서비스 시작 또는 구성 변경에 실패한 경우를 말한다). 이 동작은 다른 종류의 SCM 이벤트를 수동으로 활성화하거나 비활성화해 재정의할 수 있다. 이 실습에서는 서비스 상태 변경을 디버깅하는 데 특히 유용한 2가지 종류의 이벤트를 활성화한다. 이벤트 7036 및 7042는 서비스 상태가 변경되거나 STOP 제어 요청이 서비스로 전송될 때 발생한다.

이 두 이벤트는 서버 SKU에서 기본적으로 활성화되지만 윈도우 10 클라이언트 버전에서는 활성화되지 않는다. 윈도우 10 머신을 사용해 레지스트리 편집기는 열고(코타나 검색 상자에 regedit.exe를 입력) 다음 HKLM\SYSTEM\CurrentControlSet\Control\ScEvents 레지스트리 키로 이동해야 한다. 마지막 하위 키가 존재하지 않으면 Control 하위 키에서 마우스 오른쪽 버튼을 클릭한 후 새로 만들기를 선택해 키를 생성한다.

이제 2개의 DWORD 값을 만들고 이름을 7036과 7042로 지정해야 한다. 두 값의 데이터를 1로 설정한다(0으로 설정하면 서버 SKU에서도 이러한 이벤트가 생성되지 않게 할 수 있다). 다음 그림과 같은 레지스트리 상태여야 한다.

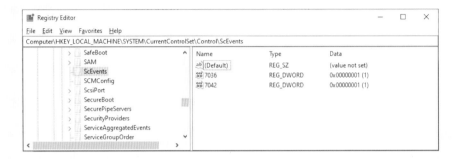

워크스테이션을 다시 시작한 후 관리자 권한으로 명령 프롬포트를 열고 sc.exe 도구를 사용해서 다음 명령을 입력해 서비스를 시작 및 중지한다(예로 AppXSvc를 사용함).

```
sc stop AppXSvc
sc start AppXSvc
```

이벤트 뷰어를 열고(코타나 검색 상자에 eventvwr를 입력) 윈도우 로그로 이동한 후 시스템으로 이동한다. 이벤트 ID가 7036 및 7042인 SCM의 이벤트에 주목한다. 다음 그림과 같이 상단에서 AppXSvc 서비스가 생성한 중지 이벤트를 찾는다.

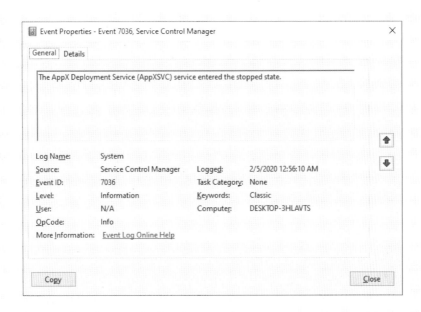

SCM은 기본적으로 시스템 시작 시 자동으로 시작된 서비스가 생성한 모든 이벤트를 기록한다. 이로 인해 시스템 이벤트 로그가 플러딩돼 의도치 않게 많은 양의 이벤트가 생성될 수 있다. 이 문제를 완화하려면 `HKLM\System\CurrentControlSet\Control` 키에 `EnableAutostartEvents`라는 레지스트리 값을 생성하고 0으로 설정해 SCM 자동 시작 이벤트를 비활성화하면 된다 (해당 값은 암묵적으로 클라이언트와 서버 SKU 모두 1이 기본값이다). 결과적으로 대상이 되는 서비스를 시작, 일시 중지 또는 중지할 때 서비스 애플리케이션에서 생성한 이벤트만 기록한다.

네트워크 드라이브 문자

SCM은 서비스 인터페이스로서의 역할 외에도 이와 완전히 다른 또 다른 역할이 있다. 시스템이 네트워크 드라이브 문자 연결을 생성하거나 삭제할 때마다 시스템의 GUI 애플리케이션에게 알리는 역할이다. SCM은 애플리케이션이 원격 네트워크 공유에 드라이브 문자를 할당하거나 원격 공유 드라이브 문자 할당을 삭제할 때마다 다중 공급자 라우터^{MPR, Multiple Provider Router}가 `\BaseNamedObjects\ScNetDrvMsg`라는 네임드 이벤트에 시그널하기를 기다린다. MPR이 이벤트에 시그널하면 SCM은 GetDriveType이라는 윈도우 함수를 호출해 연결된 네트워크 드라이브 문자 목록을 쿼리한다. 이벤트 시그널 중 목록이 변경되면 SCM은 WM_DEVICECHANGE 유형의 윈도우 브로드캐스트 메시지를 보낸다. SCM은 DBT_DEVICEREMOVECOMPLETE 또는 DBT_DEVICEARRIVAL을 메시지의 하위 유형으로 사용한다. 이 메시지는 주로 윈도우 탐색기를 위한 것으로 열려 있는 모든 컴퓨터 창을 업데이트해 네트워크 드라이브 문자의 존재 여부를 표시한다.

서비스 제어 프로그램

이전의 '서비스 애플리케이션' 절에서 소개한 것처럼 서비스 제어 프로그램[SCP]은 CreateService, OpenService, StartService, ControlService, QueryServiceStatus, DeleteService와 같은 SCM 서비스 관리 함수를 사용하는 표준 윈도우 애플리케이션이다. SCM 함수를 사용하려면 SCP는 먼저 OpenSCManager 함수를 호출해 수행하려는 작업 유형을 지정해 SCM과의 통신 채널을 오픈해야 한다. 예를 들어 SCP가 단순히 SCM 데이터베이스에 있는 서비스를 열거하고 보여주려는 경우 OpenSCManager를 호출해 열거 서비스[enumerate-service] 접근을 요청한다. 초기화하는 동안 SCM은 SCM 데이터베이스를 나타내는 내부 객체를 만들고, 윈도우 보안 기능을 사용해 어떤 계정이 어떤 접근 권한으로 객체를 열 수 있는지 지정하는 보안 디스크립터로 객체를 보호한다. 예를 들어 보안 디스크립터에서 Authenticated Users 그룹이 열거 서비스 접근 권한으로 SCM 객체를 열 수 있게 설정돼 있다. 그러나 서비스를 생성하거나 삭제할 때 필요한 접근 권한이 있는 객체는 관리자만이 열 수 있다.

SCM 데이터베이스와 마찬가지로 SCM은 서비스 자체에 보안을 구현한다. SCP가 CreateService 함수를 사용해 서비스를 생성할 때 SCM이 서비스 데이터베이스의 서비스 엔트리와 내부적으로 연결하는 보안 디스크립터를 지정한다. SCM은 서비스의 레지스트리 키 중 Security에 보안 디스크립터를 저장하고 초기화 중에 레지스트리의 Services 키를 스캔할 때 해당 값을 읽어 보안 설정이 재부팅 후에도 유지되게 한다. SCP가 OpenSCManager를 호출할 때 SCM 데이터베이스에 대해 원하는 접근 유형을 지정해야 하는 것과 같은 방식으로 SCP는 OpenService 호출에서 서비스에 대해 원하는 접근 유형을 SCM에 알려야 한다. SCP가 요청할 수 있는 접근에는 서비스 상태를 쿼리하고 서비스를 구성, 중지, 시작하는 기능이 포함된다.

가장 친숙한 SCP는 %SystemRoot%\System32\Filemgmt.dll에 있는 윈도우에 포함된 서비스 MMC 스냅인일 것이다. 윈도우에는 여러 번 언급한 커맨드라인 서비스 제어 프로그램인 Sc.exe(서비스 제어 도구)도 포함돼 있다.

SCP는 때때로 SCM이 구현한 것 위에 서비스 정책을 계층화한다. 서비스를 수동으로 시작할 때 서비스 MMC 스냅인이 구현하는 타임아웃이 좋은 예다. 스냅인은 서비스 시작 진행률을 나타내는 진행 표시줄을 표시한다. 서비스는 시작 명령과 같은 SCM 명령에 응답할 때 진행 상황을 반영하도록 구성 상태를 설정해 SCP와 간접적으로 상호작용한다. SCP는 QueryServiceStatus 함수로 상태를 쿼리한다. 서비스가 능동적으로 상태를 업데이트할 때와 서비스가 중단된 것으로 보일 때를 알 수 있으며, SCM은 서비스가 수행 중인 작업에 대해 유저에게 알리는 적절한 조치를 취할 수 있다.

자동 시작 서비스 시작

SvcCtrlMain은 SCM 함수 ScAutoStartServices를 호출해 Start 값이 autostart로 지정된 모든 서비스를 시작한다(지연된 자동 시작 및 유저 서비스는 제외한다). ScAutoStartServices는 auto-start 드라이버도 시작한다. 혼동을 피하고자 달리 명시되지 않는 한 서비스라는 용어는 서비스 및 드라이버를 의미한다고 가정한다. ScAutoStartServices는 플러그앤플레이 하드웨어를 관리하고자 시스템에 필요한 플러그앤플레이(Umpnpmgr.dll 라이브러리에서 구현됨) 및 전원(Umpo.dll 라이브러리에서 구현됨)이라는 2가지의 중요하며 기본적인 서비스를 시작한다. 두 라이브러리는 플러그앤플레이 하드웨어 및 전원 인터페이스를 관리하고자 시스템에서 필요하다. 그 후 SCM은 Autostart WNF 상태를 등록한다. 이는 현재 자동 시작 단계를 전원 및 기타 서비스에 표시하고자 사용한다.

ScAutoStartService 루틴은 다른 서비스의 시작 전에 ScGetBootAndSystem DriverState 함수를 호출해서 서비스 데이터베이스를 검색해 boot-start 및

system-start 디바이스 드라이버 엔트리를 찾는다. ScGetBootAndSystemDriver State는 \Driver라는 객체 관리자 네임스페이스 디렉터리에서 이름을 조회해 시작 유형이 부팅 시작(Boot Start) 또는 시스템 시작(System Start)으로 설정된 드라이버가 성공적으로 시작됐는지 여부를 결정한다. 디바이스 드라이버가 성공적으로 로드되면 I/O 관리자는 이 디렉터리 아래의 네임스페이스에 드라이버 객체를 삽입한다. 이름이 없으면 로드되지 않은 것이다. 그림 10-15는 Driver 디렉터리의 내용을 표시하는 WinObj다. ScGetBootAndSystemDriverState는 시작하지 못한 드라이버의 이름을 현재 프로파일에 있는 ScStoppedDrivers라는 이름의 리스트에 기록한다. 이 리스트는 SCM 초기화가 끝날 때 시작에 실패한 부트 드라이버 리스트를 시스템 이벤트 로그(ID 7036)에 기록하고자 사용한다.

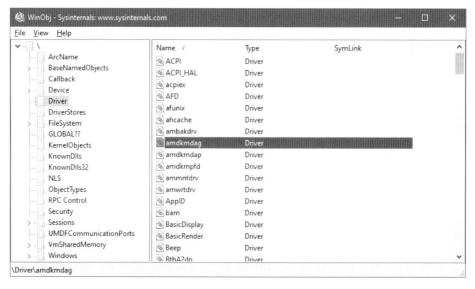

그림 10-15 드라이버 객체 리스트

ScAutoStartServices가 올바른 순서로 서비스를 시작하기 위한 알고리듬은 단계적으로 진행된다. 각 단계는 그룹별로 진행되며 HKLM\SYSTEM\CurrentControlSet\Control\ServiceGroupOrder\List 레지스트리 값에 저장된 그룹 순서에 정의된 순서로 진행된다. 그림 10-16에 표시된 List 값에는 SCM이 시작해야 하는 순서대로 그룹 이름이 나열돼 있다. 따라서 그룹에 서비스를 할당하는 것은 다른 그룹에 속한 다른 서비스와의 시작 순서만을 조정하는 것이다.

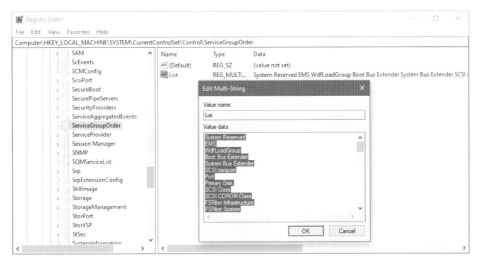

그림 10-16 ServiceGroupOrder 레지스트리 키

각 단계가 시작할 때 ScAutoStartServices는 해당 단계의 그룹에 속하는 모든 서비스 엔트리를 시작해야 할 서비스로 표시한다. 그 뒤 ScAutoStartServices는 표시된 서비스를 루프하면서 각 서비스를 시작시킬 수 있는지를 살펴본다. 이 검사에서 서비스가 지연된 자동 시작 또는 유저 템플릿 서비스로 표시돼 있는지를 살펴본다. 두 경우 모두 SCM은 이후의 단계에서 시작한다(지연된 자동 시작 서비스는 반드시 그룹을 해제해야 한다. 유저 서비스는 나중에 '유저 서비스' 절에서 설명한다). 또 다른 검사는 서비스 레지스트리 키의 DependOnGroup 값에 지정된 대로 서비스가 다른 그룹에 종속성이 있는지 여부를 확인하는 것이다. 종속성이 존재하는 경우 서비스가 종속된 그룹은 이미 초기화돼 있어야 하며 해당 그룹의 서비스가 하나 이상은 성공적으로 시작됐어야 한다. 그룹 시작 순서에 있어 어떤 서비스가 자신이 속한 서비스의 그룹보다 이후에 시작하는 그룹에 종속된다면 SCM은 '순환 종속성' 에러를 기록한다. ScAutoStartServices가 윈도우 서비스 또는 자동 시작 디바이스 드라이버를 고려한다면 이들 서비스가 하나 이상의 다른 서비스에 종속돼 있는지 확인한다. 종속된 경우 해당 서비스가 이미 시작됐는지 여부를 판별한다. 서비스 종속성은 서비스 레지스트리 키의 DependOnService 값으로 표시된다. 서비스가 나중에 ServiceGroupOrder\List에서 뒤에 나오는 그룹에 속하는 다른 서비스에 종속된다면 SCM은 '순환 종속성' 에러를 생성하고 서비스를 시작시키지 않는다. 서비스가 동일 그룹에 속하되 아직 시작하지 않은 서비스에 종속된 경우 서비스를 건너뛴다.

서비스의 종속성이 충족되면 ScAutoStartServices는 서비스를 시작하기 전에 서비스가 현재 부팅 구성의 일부인지 여부를 최종 확인한다. 시스템이 안전 모드에서 부팅될 때 SCM은 서비스가 적절한 안전 부팅 레지스트리 키의 이름 또는 그룹으로 식별됨을 보장한다. HKLM\SYSTEM\CurrentControlSet\Control\SafeBoot 아래에 Minimal과 Network라는 2개의 안전 부팅 키가 존재하며, SCM이 검사하는 것은 유저가 어떤 안전 모드로 부팅했느냐에 따라 다르다. 유저가 최신 또는 레거시 부팅 메뉴에서 **명령 프롬프트 사용 안전 모드** 또는 **안전 모드**를 선택한 경우 SCM은 Minimal 키를 참조한다. 유저가 네트워킹 안전 모드를 선택한다면 SCM은 Network 키를 참조한다. SafeBoot 키 아래에 Option 문자열 값이 있다면 시스템이 안전 모드로 부팅했음과 더불어 유저가 선택한 안전 모드 유형도 나타낸다. 안전 모드 부팅에 대한 자세한 내용은 12장의 '안전 모드' 절을 참고한다.

서비스 시작

SCM은 서비스를 시작하려 한다면 StartInternal을 호출한다. 이 함수에는 디바이스 드라이버와 다른 단계를 수행한다. StartInternal은 윈도우 서비스를 시작할 때 먼저 서비스의 레지스트리 키에서 ImagePath 값을 읽어 서비스 프로세스를 실행하는 파일의 이름을 결정한다. 서비스 파일이 LSASS.exe라면 SCM은 제어 파이프를 초기화하고 이미 실행 중인 LSASS 프로세스에 연결해 LSASS 프로세스의 응답을 기다린다. 파이프가 준비되면 LSASS 프로세스는 기존 StartServiceCtrlDispatcher 루틴을 호출해 SCM에 연결한다. 그림 10-17에서 볼 수 있듯이 Credential Manager 또는 Encrypting File System과 같은 일부 서비스는 LSASS와 협력이 필요하다. 일반적으로 LSASS는 로컬 시스템 정책(예를 들어 암호, 특권 및 보안 감사)에 대한 암호화 작업을 수행하기 위한 것이다. 자세한 내용은 Vol.1의 7장을 참고한다.

그럼 다음 SCM은 서비스가 중요한지(FailureAction 레지스트리 값을 분석해) 또는 WoW64에서 실행되고 있는지 확인한다(서비스가 32비트 서비스인 경우 SCM은 파일 시스템 리다이렉션을 적용해야 한다. 자세한 내용은 8장의 'WoW64' 절을 참고한다). 또한 서비스의 Type 값을 확인한다. 다음 조건이 적용되는 경우 SCM은 내부 이미지 레코드 데이터베이스에서 검색을 시작한다.

그림 10-17 로컬 보안 인증 서브시스템 서비스(LSASS) 프로세스가 호스팅하는 서비스

- 서비스 유형 값에는 SERVICE_WINDOWS_SHARE_PROCESS(0x20)가 포함된다.
- 에러가 발생한 후에는 서비스가 다시 시작되지 않는다.
- 서비스에 대해 Svchost 서비스 분할이 허용되지 않는다(자세한 내용은 이 장의 뒷부분에 나오는 'Svchost 서비스 분할' 절 참고).

이미지 레코드는 하나 이상의 서비스를 호스팅하는 시작된 프로세스를 보여주는 데이터 구조다. 위 조건이 적용되는 경우 SCM은 프로세스 실행 파일의 이름이 새 서비스 ImagePath 값과 동일한 이미지 레코드를 검색한다.

SCM이 ImagePath 데이터와 일치하는 기존 이미지 데이터베이스 항목을 찾으면 서비스를 공유할 수 있으며 호스팅 프로세스 중 하나는 이미 실행 중이다. SCM은 발견된 호스팅 프로세스가 시작 중인 서비스와 동일한 계정을 사용해서 로그온했는지 확인한다(이는 서비스가 LocalService 계정과 같은 잘못된 계정으로 구성되지 않았는지 확인하고 LocalSystem으로 실행되는 netsvcs와 같이 실행 중인 Svchost를 가리키는 이미지 경로로 구성됐는지를 확인하기 위한 것이다). 서비스의

ObjectName 레지스트리 값은 서비스가 실행돼야 하는 유저 계정을 저장한다. ObjectName이 없거나 ObjectName이 LocalSystem인 서비스는 로컬 시스템 계정에서 실행된다. 프로세스는 하나의 계정으로만 로그온할 수 있다. 따라서 이미 동일한 프로세스에서 시작한 다른 서비스가 있다면 이 서비스와 다른 계정으로 지정했을 때 SCM은 에러를 보고한다.

이미지 레코드가 있을 경우 새 서비스를 실행하기 전에 또 다른 최종 확인이 필요하다. SCM은 현재 실행 중인 호스트 프로세스의 토큰을 열어 필요한 서비스 SID가 토큰에 있는지 확인하고 필요한 모든 특권이 활성화돼 있는지 확인한다. 이조건을 만족하지 못할 경우 SCM은 에러를 보고한다. 다음 절에서 설명하겠지만 공유 서비스의 경우 호스트된 서비스의 모든 SID가 토큰 생성 시 추가된다. 토큰이 이미 생성된 후에는 유저 모드 구성 요소에서 그룹 SID를 추가할 수 없다.

이미지 데이터베이스에 새 서비스 ImagePath 값에 대한 엔트리가 없다면 SCM은 엔트리를 새롭게 생성한다. SCM은 새 엔트리를 만들 때 서비스에 사용된 로그온 계정 이름과 서비스의 ImagePath 값 데이터를 저장한다. SCM을 사용하려면 서비스에 ImagePath 값이 있어야 한다. 서비스에 ImagePath 값이 없으면 SCM은 서비스의 경로를 찾을 수 없으며 서비스를 시작할 수 없다는 에러를 보고한다. SCM은 이미지 레코드를 생성할 후 서비스 계정에 로그온하고 새 호스팅 프로세스를 시작한다(절차는 다음 절에서 설명한다).

서비스가 로그인되고 호스트 프로세스가 잘 시작된 후 SCM은 서비스의 초기 '연결' 메시지를 대기한다. 서비스는 SCM RPC 파이프('SCM' 절에서 설명한 \Pipe\Ntsvcs) 및 LogonAndStartImage 루틴을 통해 구축한 채널 콘텍스트 데이터 구조를 통해 SCM에 연결한다. SCM이 첫 번째 메시지를 수신하면 서비스 프로세스에 SERVICE_CONTROL_START 메시지를 보내 서비스 시작을 진행한다. 설명된 통신 프로토콜은 항상 SCM에 연결하는 서비스다.

서비스 애플리케이션은 StartServiceCtrlDispatcher API에 있는 메시지 루프를 통해 메시지를 처리할 수 있다(자세한 내용은 이 장의 앞부분에 있는 '서비스 애플리케이션' 절을 참고한다). 서비스 애플리케이션은 필요한 경우 토큰에서 서비스 그룹 SID를 활성화하고, 서비스 Main 함수를 실행하는 새로운 서비스 스레드를 생성한다. 그 후 새 서비스 핸들을 생성하고자 SCM을 다시 호출한다. 그리고 StartServiceCtrlDispatcher API 입력값인 서비스 테이블과 유사한 내부 데이터 구조체(INTERNAL_DISPATCH_TABLE)에 핸들을 저장한다. 이 데이터 구조체는 호스팅 프로세스에서 활성화된 서비스를 추적하는 데 사용한다. 서비스가 타임아웃 내에 시작 명령에 응답하지 않으면 SCM은 포기하고 서비스가 적시에 시작되지 않았음을 나타내는 에러를 이벤트 로그에 기록한다.

SCM이 StartInternal 호출로 시작한 서비스의 Type 레지스트리 값이 SERVICE_KERNEL_DRIVER 또는 SERVICE_FILE_SYSTEM_DRIVER인 경우 해당 서비스는 실제 디바이스 드라이버임을 나타낸다. 따라서 StartInternal은 SCM 프로세스에 로드 드라이버 보안 특권을 부여한 후 커널 서비스 NtLoadDriver를 호출해 드라이버 레지스트리 키의 ImagePath 값을 전달한다. 서비스와 달리 드라이버는 ImagePath 값을 지정할 필요가 없으며, 해당 값이 없을 경우 %SystemRoot%\System32\Drivers\ 문자열에 드라이버 이름을 추가해 이미지 경로를 만든다.

> 시작 값이 SERVICE_AUTO_START 또는 SERVICE_DEMAND_START인 디바이스 드라이버는 런타임 드라이버로 SCM에 의해 시작된다. 이는 결과적으로 로드된 이미지가 공유 페이지를 사용하며 이와 연관된 제어 영역이 있음을 의미한다. 이는 윈도우 로더가 로드하며 I/O 관리자가 시작하는 SERVICE_BOOT_START 또는 SERVICE_SYSTEM_START 시작 값을 가진 드라이버와는 다르다. 이러한 드라이버는 모두 전용 페이지를 사용하며 공유할 수도 없고 연결된 제어 영역도 없다. 자세한 내용은 Vol.1의 5장에서 확인할 수 있다.

ScAutoStartServices는 모든 서비스가 시작되거나 종속성 에러가 나올 때까지 그룹에 속한 서비스를 계속해서 루프를 돌며 실행한다. SCM은 이 루프를 통해 DependOnService 종속성에 따라 그룹 내에서 서비스의 순서를 자동으로 맞춘다. SCM은 HKLM\SYSTEM\CurrentControlSet\Services 키의 하위 키에서 볼 수 있는 윈도우 서비스의 Tag 값을 무시한다. I/O 관리자는 Tag 값을 이용해 boot-start 및 system-start 드라이버 그룹 내에서 디바이스 드라이버 시작을 진행한다. SCM은 ServiceGroupOrder\List 값에 나열된 모든 그룹에 대해 단계를 완료하면 값에 나열되지 않은 그룹에 속하는 서비스에 대해 단계를 수행한 후 그룹이 없는 서비스에 대해 마지막 단계를 수행한다.

자동 시작 서비스를 처리한 후 SCM은 `ScInitDelayStart` 함수를 호출한다. 이 호출은 `ScAutoStartServices`가 (DelayedAutostart 레지스트리 값을 통해) 지연된 자동 시작^{delayed autostart}으로 표시돼 건너뛴 모든 서비스를 처리하는 작업자 스레드와 관련된 지연된 워크 아이템^{work item}을 큐에 넣는다. 이 작업자 스레드는 지연 후에 실행된다. 기본 지연 값은 120초지만 HKLM\SYSTEM\CurrentControlSet\Control에 `AutoStartDelay` 값을 만들어 변경할 수 있다. SCM은 지연되지 않은 자동 시작 서비스를 시작할 때 실행되는 작업과 동일한 작업을 수행한다.

SCM이 모든 자동 시작 서비스 및 드라이버 시작과 지연된 자동 시작 워크 아이템 설정을 마치면 SCM은 `\BaseNamedObjects\SC_AutoStartComplete` 이벤트를 시그널한다. 이 이벤트는 윈도우 설치 프로그램에서 설치 중 시작 진행률을 측정하는 데 사용한다.

서비스 로그온

시작 절차 중에 SCM이 기존 이미지 레코드를 찾지 못하면 호스트 프로세스를 만들어야 함을 의미한다. 새로운 서비스는 공유할 수 없거나, 가장 먼저 실행되는 경우이거나, 다시 시작됐거나 또는 유저 서비스다. 프로세스를 시작하기 전에 SCM은 서비스 호스트 프로세스에 대한 접근 토큰을 생성해야 한다. `LogonAndStartImage` 함수의 목표는 토큰을 만들고 서비스 호스트 프로세스를 시작하는 것이다. 절차는 시작할 서비스 유형에 따라 다르다.

유저 서비스(더 정확하게는 유저 서비스 인스턴스)는 현재 로그온한 유저 토큰을 검색해(UserMgr. dll 라이브러리에 구현된 함수를 통해) 시작한다. 이 경우 `LogonAndStartImage` 함수는 유저 토큰을 복제하고 'WIN://ScmUserService' 보안 속성을 추가한다(속성 값은 일반적으로 0으로 설정된다). 이 보안 속성은 서비스에서 연결 요청을 수신할 때 SCM이 주로 사용한다. SCM은 서비스 SID(또는 서비스가 로컬 시스템 계정에서 실행 중인 경우 시스템 계정 SID)를 통해 클래식 서비스를 호스팅하는 프로세스를 인식할 수 있지만 SCM 보안 속성을 사용해 유저 서비스를 호스팅하는 프로세스를 식별한다.

다른 모든 유형의 서비스에 대해 SCM은 `ObjectName` 레지스트리 값에서 서비스가 시작될 계정을 읽고 `ScCreateServiceSids`를 호출해 새 프로세스에서 호스팅할 각 서비스에 대해 서비스 SID를 만든다(SCM은 내부 서비스 데이터베이스의 각 서비스를 순환한다). 서비스가 **LocalSystem** 계정(제한^restricted 또는 제한이 없는^unrestricted SID가 아님)으로 실행되는 경우이 단계가 실행되지 않는다.

SCM은 LSASS 함수인 **LogonUserExEx**를 호출해 시스템 계정에서 실행되지 않는 서비스에 로그온한다. **LogonUserExEx**에는 일반적으로 암호를 요구하지만 SCM은 암호가 레지스트리의 **HKLM\SECURITY\Policy\Secrets** 키 아래에 서비스의 LSASS 'secret'로 저장됐음을 LSASS에게 알린다(SECURITY의 내용은 기본 보안 설정상 시스템 계정에서만 접근을 허용하기 때문에 일반적으로 보이지 않는다). SCM이 **LogonUserExEx**를 호출할 때 로그온 유형으로 서비스 로그온을 지정하므로 LSASS는 **_SC_<서비스 이름>** 형식을 가진 **Secrets** 하위 키에서 암호를 찾는다.

> 가상 서비스 계정으로 실행되는 서비스는 LSA 서비스에서 서비스 토큰을 생성할 때 암호가 필요하지 않다. 이러한 서비스의 경우 SCM은 LogonUserExEx API에 암호를 지원하지 않는다.

SCP가 서비스 로그온 정보를 구성할 때 **LsaStorePrivateData** 함수를 사용해 로그온 암호를 비밀로 저장하도록 SCM이 LSASS에게 요청한다. 로그온이 성공하면 **LogonUserEx**는 호출자에게 접근 토큰 핸들을 반환한다. SCM은 반환된 토큰에 필요한 서비스 SID를 추가하고 새 서비스가 제한된 SID를 사용하는 경우 **ScMakeServiceTokenWriteRestricted** 함수를 호출해 토큰을 쓰기 제한 토큰으로 변환한다(적절한 제한된 SID를 추가해). 윈도우는 접근 토큰을 사용해 유저의 보안 콘텍스트를 나타내고 SCM은 서비스를 구현하는 프로세스와 접근 토큰을 연결한다.

다음으로 SCM은 유저 환경 블록과 보안 디스크립터를 생성해 새로운 서비스 프로세스와 연결한다. 시작할 서비스가 패키지 서비스인 경우 SCM은 레지스트리에서 모든 패키지 정보(패키지 전체 이름, 출처 및 애플리케이션 유저 모델 ID)를 읽고 **Appinfo** 서비스를 호출한다. **Appinfo** 서비스는 필요한 **AppModel** 보안 속성으로 토큰을 스탬프 처리하고 최신 패키지 활성화를 위해 서비스 프로세스를 준비하는 서비스다(AppModel에 대한 자세한 내용은 8장의 '패키지 애플리케이션' 절을 참고한다).

로그온에 성공한 후 SCM은 계정 프로파일 정보를 로드한다. 아직 로드되지 않은 경우 유저 프로파일 기본^User Profile Basic API DLL(%SystemRoot%\System32\Profapi.dll)의

LoadProfileBasic 함수를 호출한다. HKLM\SOFTWARE\Microsoft\Windows NT\ CurrentVersion\ProfileList\<유저 프로파일 키>\ProfileImagePath 값에는 LoadUser Profile이 레지스트리로 로드하는 레지스트리 하이브의 디스크 위치가 포함돼 있으며, 하이브의 HKEY_CURRENT_USER 키에 서비스 정보를 만든다.

다음 단계로 LogonAndStartImage는 서비스 프로세스를 시작한다. SCM은 일시 중단된 상태에서 CreateProcessAsUser 윈도우 함수를 사용해 서비스를 시작한다 (표준 CreateProcess API를 통해 생성된 로컬 시스템 계정으로 서비스를 호스팅하는 프로세스는 제외한다. SCM은 이미 SYSTEM 토큰으로 실행되므로 다른 로그온은 필요 없다).

프로세스가 재개되기 전에 SCM은 서비스 애플리케이션과 SCM이 비동기 RPC를 통해 통신할 수 있도록 통신 데이터 구조체를 생성한다. 데이터 구조체에는 제어 시퀀스, 제어 및 응답 버퍼에 대한 포인터, 서비스 및 호스팅 프로세스 데이터(PID, 서비스 SID 등), 동기화 이벤트, 비동기 RPC 상태에 대한 포인터가 포함된다.

SCM은 ResumeThread 함수로 서비스 프로세스를 재개하고 서비스가 SCM 파이프에 연결될 때까지 기다린다. 레지스트리 값 HKLM\SYSTEM\CurrentControlSet\ Control\ServicesPipeTimeout이 존재하는 경우 서비스가 StartServiceCtrlDispatcher를 호출하고 연결하고자 SCM이 서비스를 포기하고 프로세스를 종료하고 서비스를 시작이 실패한 것으로 결론짓기 전에 대기하는 시간을 결정한다(이 경우 SCM은 서비스가 시작 요청에 응답하지 않을 때와 달리 프로세스를 종료한다. '서비스 시작' 절에 이 내용을 다뤘다). ServicesPipe Timeout이 존재하지 않으면 SCM은 기본값으로 30초를 사용한다. SCM은 모든 서비스 통신에 대해 동일한 타임아웃 값을 사용한다.

지연된 자동 시작 서비스

지연된 자동 시작 서비스^{Delayed autostart services}를 사용하면 윈도우에서 유저가 로그온할 때 시작되는 많은 서비스에 대응할 수 있다. 서비스가 많아지면 부팅 프로세스가 느려지고 유저가 데스크톱에서 응답을 얻고자 대기하는 시간이 길어질 수 있기 때문이다. 자동 시작 서비스의 설계는 부팅 과정 초기 단계에서 다른 서비스들이 종속적이기 때문에 필요한 서비스를 주로 염두에 둔 것이다. RPC 서비스가 좋은 예인데, 그 밖의 모든 서비스가 RPC 서비스에 종속적이기 때문이다. 다른 용도는 윈도우 업데이트 서비스처럼 유저의 간섭이 없는 서비스 시작을 가능하게 하는 것이다. 많은 자동 시작 서비스가 이 두 번째 범주에 속하기 때문에 지연된 자동 시작으로 표시하면 중요한 서비스가 더 빨리 시작되고 유저가 부팅 직후 로그온할 때 유저의 데스크톱이 더 빨리 준비될 수 있다. 또한 이러한 서비스는 스레드, I/O 및 메모리 우선순위를 낮추는 백그라운드 모드에서 실행된다. 지연된 자동 시작 서비스를 구성하려면 ChangeServiceConfig2 API를 호출해야 한다. sc.exe의 qc 옵션을 사용하면 서비스 플래그 상태를 확인할 수 있다.

> 지연되지 않은 자동 시작 서비스가 지연된 자동 시작 서비스에 종속적인 경우 지연된 자동 시작 플래그가 무시되고 종속성을 충족시키고자 서비스가 즉시 시작된다.

트리거 시작 서비스

일부 서비스는 특정 시스템 이벤트가 발생한 후 요청을 받아 시작해야 한다. 이러한 이유로 윈도우 7에는 트리거 시작^{Triggered-start} 서비스 개념이 도입됐다. 서비스 제어 프로그램은 하나 이상의 시스템 이벤트가 발생한 후 시작(또는 중지)되도록 수동 시작^{demand-start} 서비스를 구성하고자 ChangeServiceConfig2 API(SERVICE_CONFIG_TRIGGER_INFO 정보 레벨 지정)를 사용할 수 있다. 시스템 이벤트의 예는 다음과 같다.

- 특정 장치 인터페이스가 시스템에 연결된다.
- 시스템이 도메인에 가입하거나 탈퇴한다.
- 시스템 방화벽에서 TCP/IP 포트가 열리거나 닫힌다.
- 시스템 또는 유저 정책이 변경된다.
- 네트워크 TCP/IP 스택의 IP 주소를 사용할 수 있게 되거나 사용할 수 없게 된다.
- RPC 요청 또는 네임드 파이프 패킷이 특정 인터페이스에 도달한다.
- 시스템에서 ETW 이벤트가 생성된다.

트리거 시작 서비스의 첫 번째 구현은 통합 백그라운드 프로세스 관리자에 의존적이었다(자세한 내용은 다음 절을 참고). 윈도우 8.1은 최신 앱을 대상으로 여러 시스템 이벤트를 관리하는 브로커 인프라$^{Broker\ Infrastructure}$를 도입했다. 따라서 이전에 나열된 모든 이벤트는 주로 3가지 브로커에 의해 관리되기 시작했다. 데스크톱 활동 브로커$^{Desktop\ Activity\ Broker}$, 시스템 이벤트 브로커$^{System\ Event\ Broker}$, 이벤트 수집$^{Event\ Aggregation}$은 모두 브로커 인프라의 일부다$_{(이벤트\ 수집은\ 예외)}$. 브로커 인프라에 대한 자세한 내용은 8장의 '패키지 애플리케이션' 절에서 확인할 수 있다.

ScAutoStartServices의 첫 번째 단계가 완료된 후$_{(일반적으로\ HKLM\backslash SYSTEM\backslash CurrentControlSet\backslash}$ $_{Control\backslash EarlyStartServices\ 레지스트리\ 값에\ 나열된\ 중요\ 서비스를\ 시작함)}$ SCM은 각 트리거 시작 서비스에 트리거를 등록하는 함수인 **ScRegisterServicesForTriggerAction**을 호출한다. 이 루틴은 SCM 데이터베이스에 있는 각 Win32 서비스 사이를 순환한다. 각 서비스에 대해 함수는 적절한 보안 디스크립터로 보호된 임시 WNF 상태 이름을 생성하고$_{(NtCreateWnfStateName\ 네이티브\ API\ 사용)}$ 상태 데이터로 저장된 서비스 상태와 함께 게시한다$_{(WNF\ 아키텍처는\ 8장의\ '윈도우\ 알림\ 기능'\ 절을\ 참고한다)}$. 이 WNF 상태 이름은 서비스 상태 변경 사항을 게시하는 데 사용된다. 그런 다음 루틴은 **TriggerInfo** 레지스트리 키에서 모든 서비스 트리거를 쿼리해 유효성을 확인한 후에 트리거가 없는 경우 중단한다.

> 지원되는 트리거 목록과 매개변수는 https://docs.microsoft.com/en-us/windows/win32/
> api/winsvc/ns-winsvc-service_trigger에 설명돼 있다.

확인이 성공하면 SCM은 각 트리거에 대해 모든 트리거 정보$_{(예를\ 들어\ 대상\ 서비스\ 이름,}$ $_{SID,\ 브로커\ 이름\ 및\ 트리거\ 매개변수)}$를 포함하는 내부 데이터 구조체를 빌드하고 트리거 유형에 따라 적절한 트리거를 결정한다. 외부 장치 이벤트는 시스템 이벤트 브로커에서 관리하는 반면 다른 모든 유형의 이벤트는 데스크톱 활동 브로커에서 관리한다. 이 단계에서 SCM은 적절한 브로커 등록 루틴을 호출할 수 있다. 등록 프로세스는 비공개며 브로커에 따라 다르다. 각 트리거 및 조건에 대해 여러 비공개 WNF 상태 이름$_{(브로커별)}$이 생성된다.

이벤트 집계 브로커는 두 브로커와 SCM이 게시한 전용 WNF 상태 이름 사이의 매개체다. 이 브로커는 트리거 및 조건에 해당하는 모든 WNF 상태 이름을 **RtlSubscribeWnfStateChangeNotification** API를 사용해 구독한다. 충분한 WNF 상태 이름이 시그널되면 이벤트 집계는 트리거 시작 서비스를 시작하거나 중지할 수 있는 SCM을 다시 호출한다.

각 트리거에 사용되는 WNF 상태 이름과 달리 SCM은 서비스가 일부 트리거를 등록했는지 여부와 상관없이 항상 각 Win32 서비스에 대해 WNF 상태 이름을 독립적으로 게시한다. SCP는 서비스 상태의 WNF 상태 이름을 구독하는 NotifyServiceStatusChange API를 호출해 지정된 서비스 상태가 변경될 때 알림을 받을 수 있기 때문이다. SCM이 서비스 상태를 변경하는 이벤트를 발생할 때마다 SCM은 '서비스 상태 변경' WNF 상태에 새 상태 데이터를 게시해 SCP의 상태변경 콜백 기능을 실행하는 스레드를 깨운다.

시작 에러

SCM의 시작 명령에 대한 응답으로 드라이버나 서비스가 에러를 보고하면 서비스레지스트리 키의 ErrorControl 값에 따라 SCM이 어떻게 대처할지 결정된다. ErrorControl 값이 SERVICE_ERROR_IGNORE(0)이거나 ErrorControl 값이 지정되지 않은 경우 SCM은 에러를 무시하고 서비스 시작 과정을 계속 진행한다. ErrorControl 값이 SERVICE_ERROR_NORMAL(1)이면 SCM은 "다음 에러로 인해 <서비스 이름> 서비스를 시작하지 못했습니다."라는 이벤트를 시스템 이벤트 로그에기록한다. SCM은 이벤트 로그 기록에 서비스 시작 실패 원인으로 SCM에 반환한윈도우 에러 코드에 대한 설명을 포함한다. 그림 10-18은 서비스 시작 에러를보고하는 이벤트 로그 항목을 보여준다.

ErrorControl 값이 SERVICE_ERROR_SEVERE(2) 또는 SERVICE_ERROR_CRITICAL(3)인 서비스가 시작 에러를 보고하면 SCM은 이벤트 로그에 기록한 다음 ScRevertToLastKnownGood 내부 함수를 호출한다. 이 함수는 마지막으로 성공한 구성 기능이 활성화돼 있는지 확인하고, 활성화된 경우 시스템의 레지스트리 구성을 시스템이 마지막으로 부팅에 성공한 '마지막으로 성공한 구성'의 버전으로 전환시킨다. 그런 다음이 함수는 이그제큐티브에 구현돼 있는 NtShutdownSystem 시스템 서비스를 사용해 시스템을 다시 시작한다. 시스템이 이미 마지막으로 성공한 구성으로 부팅 중이거나 마지막으로 성공한 구성 기능이 활성화되지 않은 경우 SCM은 로그 이벤트를내보내는 것 외에는 아무것도 하지 않는다.

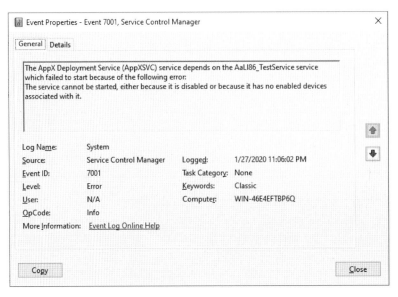

그림 10-18 서비스 시작 실패 이벤트 로그 항목

부팅 및 마지막 정상 승인 확인

서비스를 시작하는 것 이외에도 시스템은 SCM을 통해 시스템 레지스트리인 HKLM\SYSTEM \CurrentControlSet 키가 마지막으로 알려진 성공한 구성으로 저장해야 하는 시점을 결정한다. CurrentControlSet 키는 Services 키를 하위 키로 포함하므로 CurrentControlSet 키에는 SCM 데이터베이스를 레지스트리로 표현한다. 또한 많은 커널 모드 및 유저 모드 서브시스템 구성 설정을 저장하는 Control 키가 포함돼 있다. 기본적으로 성공적인 부팅은 자동 시작 서비스의 성공적인 시작과 성공적인 유저 로그온으로 구성된다. 부팅하는 동안 디바이스 드라이버가 시스템 크래시를 일으켜 시스템이 멈추거나 또는 자동 시작 서비스가 ErrorControl 값에 SERVICE_ERROR_SEVERE 또는 SERVICE_ERROR_CRITICAL 시작 에러 값을 보고하면 부팅은 실패한다.

마지막으로 성공한 구성 기능은 일반적으로 클라이언트 버전의 윈도우에서 비활성화 돼 있다. HKLM\SYSTEM\CurrentControlSet\Control\Session Manager\Configuration Manager\Last KnownGood\Enabled 레지스트리 값을 1로 설정해 활성화할 수 있다. 서버 단위의 윈도우에서 이 값은 기본적으로 활성화돼 있다.

SCM은 자동 시작 서비스의 성공적인 시작을 완료한 시점을 알 수 있지만 Winlogon(%SystemRoot%\System32\Winlogon.exe)은 로그온이 성공했을 때 이를 SCM에 알려야 한다. Winlogon은 유저가 로그온할 때 NotifyBootConfigStatus 함수를 호출하고 이 함수는 SCM에 메시지를 보낸다. 자동 시작 서비스의 성공적인 시작 또는 NotifyBootConfigStatus에서 메시지를 수신한 경우(둘 중 마지막 시점에) 마지막으로 성공한 구성 기능이 활성화된 경우 SCM은 시스템 함수인 NtInitializeRegistry 함수를 호출해 현재 레지스트리의 시작 구성을 저장한다.

서드파티 소프트웨어 개발자는 성공적인 로그온에 대한 Winlogon의 정의를 자신의 정의로 대체할 수 있다. 예를 들어 마이크로소프트 SQL 서버를 실행하는 시스템은 SQL 서버가 트랜잭션을 수락하고 처리할 수 있어야만 부팅이 성공적인 것으로 고려할 수 있다. 개발자는 부팅 확인 프로그램을 작성해 프로그램의 디스크상 위치를 HKLM\SYSTEM\ CurrentControlSet\Control\BootVerifica tionProgram 레지스트리 키에 저장해 설치하는 방식으로 성공적인 부팅을 재정의할 수 있다. 또한 부팅 확인 프로그램을 설치할 때 반드시 HKLM\SOFTWARE\Microsoft\Windows NT\CurrentVersion\Winlogon\ReportBootOk를 0으로 설정해 NotifyBootConfigStatus에 대한 Winlogon의 호출을 비활성화해야 한다. 부팅 확인 프로그램이 설치되면 SCM은 자동 시작 서비스를 마친 이후 마지막으로 성공한 컨트롤 세트를 저장하기 전에 확인 프로그램을 시작하고 프로그램이 NotifyBootConfigStatus 함수를 호출하기를 기다린다.

윈도우는 CurrentControlSet의 여러 복사본을 유지 관리하며 CurrentControlSet는 실제로는 복사본 중 하나를 가리키는 레지스트리 심볼릭 링크다. 컨트롤 세트의 이름은 HKLM\SYSTEM\ControlSet*nnn* 형식으로, 여기서 *nnn*은 001 또는 002와 같은 숫자다. HKLM\SYSTEM\Select 키에는 각 컨트롤 세트의 역할을 식별하는 값이 포함된다. 예를 들어 CurrentControlSet가 ControlSet001을 가리키는 경우 Select 하위의 Current 값은 1이다. Select 하위의 LastKnownGood 값에는 마지막으로 성공한 구성의 컨트롤 세트의 숫자가 포함된다. 이는 마지막으로 성공적으로 부팅하는 데 사용된 컨트롤 세트의 숫자다. Select 하위에 있는 또 다른 값에는 Failed 값이 있는데, 이는 부팅이 실패한 것으로 간주되거나 마지막으로 성공한 부팅 시도를 위해 중단된 컨트롤 세트의 숫자를 가리킨다. 그림 10-19는 윈도우 서버 시스템의 컨트롤 세트 및 Select 값을 보여준다.

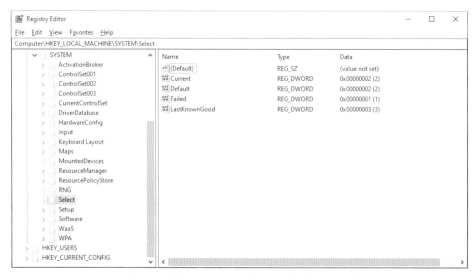

그림 10-19 윈도우 서버 2019의 컨트롤 세트와 Select 키.

NtInitializeRegistry 함수는 마지막으로 성공한 컨트롤 세트의 내용을 가져와서 CurrentControlSet 키의 트리와 동기화시킨다. 시스템의 첫 번째 성공적인 부팅인 경우라면 마지막으로 성공한 구성은 없으며, 시스템은 이에 대한 새로운 컨트롤 세트를 생성한다. 마지막으로 성공한 구성이 있는 경우에 시스템은 단순히 그것과 CurrentControlSet 사이의 차이점만을 갱신한다.

마지막으로 성공한 구성은 HKLM\SYSTEM\Control 하위의 시스템 성능 조정 값을 수정하거나 서비스 또는 디바이스 드라이버 추가와 같은 컨트롤 세트의 변경으로 인해 부팅 실패가 발생하는 상황에서 유용하다. 그림 10-20은 최신 부팅 메뉴의 시작 설정을 보여준다. 실제로 마지막으로 성공한 기능이 활성화돼 있으며 시스템 부팅 과정 도중에 유저는 최신 시작 부팅 메뉴에서 (또는 윈도우 복구 환경에서) **문제 해결하기** 항목을 선택할 수 있다. 그리고 부팅 메뉴를 통해 마지막으로 성공한 컨트롤 세트를 사용해 부팅하도록 다른 메뉴를 불러올 수도 있다(시스템이 여전히 레거시 부팅을 사용하는 경우에는 유저가 F8 키를 눌러 고급 부팅 옵션 메뉴를 활성화해야 한다). 그림과 같이 **마지막으로 성공한 구성 활성화** 옵션을 선택하면 시스템이 성공적으로 부팅된 마지막 시간으로 레지스트리 구성을 되돌려서 시스템이 부팅된다. 12장에서 최신 부팅 메뉴, 윈도우 복구 환경 및 시스템 시작 문제를 해결하기 위한 기타 복구 메커니즘에 대해 자세히 설명한다.

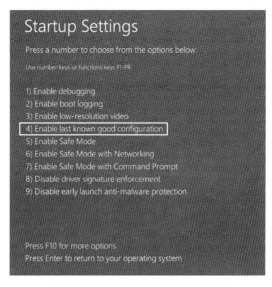

그림 10-20 마지막으로 성공한 구성 활성화

서비스 실패

서비스는 서비스 시작 도중에 사용되는 FailureActions 및 FailureCommand 같은 추가 옵션 값을 레지스트리 키에 저장된 SCM 레코드에 가질 수 있다. SCM은 서비스 프로세스가 종료될 때 SCM에 통지를 보내도록 시스템에 등록한다. 서비스 프로세스가 예기치 않게 종료되면 SCM은 어떤 프로세스가 문제되는지 확인해 서비스 장애 관련 항목에 지정된 복구 단계를 수행한다. 또한 서비스 크래시 및 예기치 않은 종료 이외에도 메모리 누수와 같은 다른 문제로 인해 서비스 실패가 발생하는 것에 대한 복구 작업을 요청할 수도 있다.

서비스가 SERVICE_STOPPED 상태에 들어갔는데, SCM에 반환된 에러 코드가 ERROR_SUCCESS가 아닌 경우 SCM은 서비스에 FailureActionsOnNonCrashFailures 플래그가 있는지 확인하고 서비스 크래시가 발생한 것과 동일한 복구를 수행한다. 이 기능을 사용하려면 ChangeServiceConfig2 API를 통해 서비스를 구성하거나 시스템 관리자가 Sc.exe 도구의 `FailureFlag` 매개변수로 사용해 `Failure` `ActionsOnNonCrashFailures` 값을 1로 설정할 수 있다. 기본값인 0이면 SCM은 계속해서 다른 모든 서비스에 대한 이전 버전의 윈도우와 동일한 동작을 유지한다.

서비스가 SCM에 설정할 수 있는 작업에는 서비스 다시 시작, 프로그램 실행, 컴퓨터 재부팅을 선택할 수 있다. 또한 서비스 프로세스가 처음 실패할 때, 두 번째 및 이후에 실패할 때에 대한 장애 조치를 다르게 지정하거나, 서비스를 다시 시작하게 요청한 경우 SCM이 서비스를 다시 시작하기 전에 대기 시간을 지정해 재시작 주기를 설정할 수도 있다. 그림 10-21과 같이 서비스 MMC 스냅인에 있는 서비스 속성 대화상자의 복구 탭을 사용해 서비스에 대한 복구 작업 관리할 수 있다.

그림 10-21 서비스 복구 옵션.

다음번 실패에 대한 복구 조치가 컴퓨터를 재부팅하는 경우 SCM은 서비스를 시작한 후에 `NtSetInformationProcess` 네이티브 API를 `ProcessBreakOnTermination` 정보 클래스로 호출해 크리티컬 프로세스로 표시한다는 점에 주목하자. 크리티컬 프로세스가 예기치 않게 종료되면 `CRITICAL_PROCESS_DIED` 버그체크 코드로 시스템 크래시가 발생한다(Vol.1의 2장에서 이미 설명했다).

694

서비스 종료

Winlogon이 ExitWindowsEx 함수를 호출하면 ExitWindowsEx는 Csrss 서브시스템 프로세스에 메시지를 전달해 Csrss의 종료 루틴을 호출한다. Csrss는 모든 활성 프로세스에 대해 시스템이 종료되고 있음을 알린다. Csrss는 SCM을 제외한 모든 시스템 프로세스에 대해 HKCU\Control Panel\Desktop\WaitToKillTimeout에 지정된 시간(밀리 초, 기본값은 5초)까지 각각의 프로세스 종료를 대기한다. 그러나 이 과정에서 SCM 프로세스를 만나면 시스템이 종료되고 있음을 알리고 SCM에서 특정한 대기 시간을 적용한다. Csrss는 SCM 초기화 중에 RegisterServicesProcess 함수를 사용해 Csrss에 등록한 프로세스 ID를 사용해 SCM을 인식한다. SCM의 경우 각 서비스들이 시스템이 종료될 때 수행해야 하는 정리 작업을 지원해야 하기 때문에 다른 프로세스의 타임아웃과 다르다. 따라서 관리자는 SCM의 대기 시간에 대한 조정이 필요할 수 있다. SCM의 대기 시간 값(밀리초)은 HKLM\SYSTEM\CurrentControlSet\Control\WaitToKillServiceTimeout 레지스트리 값에 설정되며 기본값은 20초다.

SCM의 종료 핸들러는 SCM으로 초기화할 때 종료 알림을 요청한 모든 서비스에 종료 알림을 보내는 역할을 담당한다. SCM의 ScShutdownAllServices 함수는 먼저 HKLM\SYSTEM\CurrentControlSet\Control\ShutdownTimeout 값을 쿼리한다(값이 존재하지 않는 경우 기본값을 20초로 설정한다). 그런 다음 SCM 서비스 데이터베이스에 대한 루프를 수행한다. 각 서비스에 대해 최종 서비스 트리거 등록을 해제하고 시스템 종료 알림 수신을 원하는 경우 서비스에 시스템 종료 명령(SERVICE_CONTROL_SHUTDOWN)을 전달한다. 모든 알림은 스레드 풀 작업 스레드를 사용해 병렬로 서비스에 전송되는 점에 주목하자. 종료 명령을 보내는 각 서비스에 대해 SCM은 각 서비스가 SCM에 등록할 때 지정하는 서비스의 대기 힌트[hint] 값을 기록한다. SCM은 수신한 대기 힌트의 최댓값을 추적한다(최대 대기 힌트 값이 ShutdownTimeout 레지스트리 값에 지정된 종료 대기 시간보다 작은 경우 시스템 종료 타임아웃을 최대 대기 힌트로 간주한다). 시스템 종료 메시지를 보낸 후 SCM은 종료를 통지한 모든 서비스가 종료될 때까지 대기하거나 또는 가장 큰 대기 힌트에 의해 지정된 시간이 경과할 때까지 대기한다.

SCM이 모든 서비스를 종료하도록 지시하고 서비스가 종료되기를 기다리고자 바쁜 동안에 Csrss는 SCM이 종료되기를 대기한다. 모든 서비스가 종료되지 않고 대기 힌트가 만료되면 SCM은 종료되고 Csrss 시스템 종료 프로세스를 계속한다. SCM이 종료되지 않고 Csrss의 대기가 종료되는 경우(WaitToKillServiceTimeout 대기 시간 만료) Csrss는 SCM을 강제 종료하고 시스템 종료 프로세스를 계속한다. 따라서 적정한 시간 내에 종료되지 않는 서비스는 강제 종료된다. 이러한 논리를 통해 결함이 있는 설계의 결과로 종료를 완료하지 않는 서비스가 있다고 하더라도 시스템을 종료할 수 있다. 뿐만 아니라 이는 종료 작업에 5초 이상이 소요되는 서비스는 종료 작업을 완료할 수 없다는 것을 의미한다.

또한 종료 순서가 결정된 것이 아니기 때문에 다른 서비스에 의존적인 서비스가 먼저 종료돼야 하는 서비스(종료 종속성이라고 함)를 SCM에 알릴 방법이 없으며, 따라서 정리 작업의 기회가 없을 수도 있다.

이러한 요구 사항을 해결하고자 윈도우는 사전 종료 알림 및 종료 순서 구현의 2가지 시나리오로 문제를 해결한다. 사전 종료 알림은 **SetServiceStatus** API를 통해 요청한 (SERVICE_ACCEPT_PRESHUTDOWN 제어 허용) 서비스로 종료 알림과 동일한 메커니즘을 사용해 전달된다. 사전 종료 알림은 **Wininit**이 종료되기 전에 전달된다. SCM은 일반적으로 이 알림이 승인될 때까지 대기한다.

이러한 알림에 대한 아이디어는 핵심 서비스(예를 들어 데이터베이스 서버 서비스)가 정리 작업을 수행하는 데 시간이 오래 걸릴 수 있으므로 더 많은 시간을 지원해야 한다는 것에 기반을 둔다. SCM은 진행 상황 쿼리 요청을 보내고 서비스가 이 알림에 응답할 때까지 10초 동안 기다린다. 서비스가 이 시간 내에 응답하지 않는 경우라면 이 서비스는 시스템 종료 과정에서 강제 종료된다. 서비스가 SCM에 계속 응답하는 한 필요한 만큼 계속 실행할 수 있다.

사전 종료에 관여하는 서비스는 다른 사전 종료 서비스와 관련된 종료 순서를 지정할 수도 있다. 다른 서비스에 의존적인 서비스를 먼저 종료하고자(예를 들어 그룹 정책 서비스는 윈도우 업데이트가 완료될 때까지 대기해야 함) **HKLM\SYSTEM\CurrentControlSet\Control\PreshutdownOrder** 레지스트리 값에 종료 종속성을 지정할 수 있다.

공유 서비스 프로세스

서비스가 프로세스를 공유하게 하는 대신에 가능한 자체 프로세스에서 모든 서비스를 실행하는 것은 시스템 자원을 낭비한다. 그러나 프로세스를 공유하는 것은 프로세스에 있는 서비스 중 하나라도 프로세스를 종료하는 버그가 있다면 해당 프로세스의 모든 서비스가 종료된다.

윈도우 기본 서비스 중 일부는 자체 프로세스에서 실행되고 일부는 다른 서비스와 프로세스를 공유한다. 예를 들어 LSASS 프로세스에는 다음과 같은 보안 관련 서비스가 포함된다. 계정 관리자(SamSs) 서비스, 넷 로그온(Netlogon) 서비스, 파일 시스템 암호화EFS, Encrypting File System 서비스 및 차세대 암호화CNG, Crypto Next Generation 키 격리(KeyIso) 서비스 등이 있다.

서비스 호스트(SvcHost - %SystemRoot%\System32\Svchost.exe)라는 여러 서비스를 포함한 일반 서비스 프로세스도 있다. SvcHost의 여러 인스턴스는 서로 다른 프로세스로 실행된다. SvcHost 프로세스에서 실행되는 서비스에는 전화 통신(TapiSrv), 원격 프로시저 호출(RpcSs) 및 원격 액세스 연결 관리자(RasMan) 등이 포함된다. 윈도우는 SvcHost에서 DLL로 실행되는 서비스를 구현하고 %SystemRoot%\System32\svchost.exe -k netsvcs 형식의 ImagePath 정의를 서비스의 레지스트리 키에 갖고 있다. 서비스의 레지스트리 키의 Parameters 하위 키에는 서비스의 DLL 파일을 가리키는 ServiceDll이라는 레지스트리 값도 있어야 한다.

동일한 SvcHost 프로세스를 공유하는 모든 서비스는 동일한 매개변수를 지정한다(예를 들면 -k netsvcs 구문을 가진 매개변수). 따라서 이 서비스들은 SCM의 이미지 데이터베이스에서 단일 항목을 갖고 있다. SCM이 서비스를 시작하는 도중에 특정 매개변수가 있는 SvcHost의 ImagePath를 갖고 있는 첫 번째 서비스를 발견하면 새 이미지 데이터베이스 항목을 생성하고 해당 매개변수를 사용해 SvcHost 프로세스를 시작한다. -k 스위치로 지정된 매개변수는 서비스 그룹의 이름이다. 전체 커맨드라인은 새로운 공유 호스팅 프로세스를 생성하는 동안 SCM에 의해 해석된다. '서비스 로그온' 절에서 설명했던 것과 같이 서비스 데이터베이스에서 서로 다른 서비스가 동일한 ImagePath 값을 공유하는 경우 해당 서비스 SID를 새 호스팅 프로세스의 그룹 SID 목록에 추가한다.

커맨드라인에 지정된 서비스 그룹을 갖는 새로운 SvcHost 프로세스는 HKLM\
SOFTWARE\Microsoft\Windows NT\CurrentVersion\Svchost 하위에 같은 이름을 가
진 값들을 검색한다. SvcHost는 이 값의 내용을 읽어 서비스 이름 목록으로 해석
한 후 SvcHost가 SCM에 등록할 때 해당 서비스를 호스팅하고 있다는 것을 SCM에
알린다.

SCM이 서비스를 시작하는 과정 중에 ImagePath가 이미 이미지 데이터베이스에
있는 항목과 일치하는 다른 공유 서비스를 발견했다면(서비스 유형 값을 확인해) 두 번째
프로세스를 시작하지 않고 단지 해당 ImagePath 값에 대해 이미 시작돼 있는
SvcHost에게 서비스에 대한 시작 명령을 보낸다. 기존 SvcHost 프로세스는 서비
스의 레지스트리 키에서 ServiceDll 매개변수를 읽어 해당 토큰의 새 서비스 그
룹 SID를 활성화하고 서비스를 시작하고자 DLL을 프로세스에 로드 한다.

표 10-12에는 윈도우의 모든 기본 서비스 그룹과 각 그룹에 등록된 일부 서비스가
나열돼 있다.

표 10-12 주요 서비스 그룹

서비스 그룹	서비스	비고
LocalService	네트워크 저장소 인터페이스, 윈도우 진단 호스트, 윈도우 시간, COM+ 이벤트 시스템, HTTP 자동 프록시 서비스, 소프트웨어 보호 플랫폼 UI 알림, 스레드 순서 서비스, LLDT 검색, SSL, FDP 호스트, 웹 클라이언트	로컬 서비스 계정으로 실행되는 서비스로, 다양한 포트에 대한 네트워크를 사용하거나 네트워크를 전혀 사용하지 않을 수도 있다(따라서 제한 없음).
LocalServiceAndNoImpersonation	UPnP, SSDP, 스마트카드, TPM, 글꼴 캐시, 기능 검색, AppID, qWAVE, Windows Connect Now, 미디어 센터 확장, 적응형 밝기	로컬 서비스 계정으로 실행되는 서비스로, 고정된 포트 집합의 네트워크를 사용하며 쓰기 제한된 토큰으로 실행된다.
LocalServiceNetworkRestricted	DHCP, 이벤트 로거, 윈도우 오디오, NetBIOS, 보안 센터, 자녀 보호, 홈 그룹 공급자	로컬 서비스 계정으로 실행되는 서비스로, 고정된 포트 집합의 네트워크를 사용한다.

(이어짐)

서비스 그룹	서비스	비고
LocalServiceNoNetwork	진단 정책 엔진, 기본 필터링 엔진, 성능 로깅 및 경고, 윈도우 방화벽, WWAN 자동 구성	로컬 서비스 계정으로 실행되는 서비스지만 네트워크를 전혀 사용하지 않으며 제한된 토큰으로 실행된다.
LocalSystemNetworkRestricted	DWM, WDI 시스템 호스트, 네트워크 연결, 분산 링크 추적, 윈도우 오디오 끝점, 유선/WLAN 자동 구성, Pnp-X, HID 접근, 유저 모드 드라이버 프레임워크 서비스, 슈퍼패치, 휴대용 장치 열거자, 홈 그룹 리스너, 태블릿 입력, 프로그램 호환성, 오프라인 파일	로컬 시스템 계정으로 실행되는 서비스로, 고정된 포트 집합의 네트워크를 사용한다.
NetworkService	암호화 서비스, DHCP 클라이언트, 터미널 서비스, 워크스테이션, 네트워크 접근 보호, NLA, DNS 클라이언트, 전화 통신, 윈도우 이벤트 수집기, WinRM	네트워크 서비스 계정으로 실행되는 서비스며, 다양한 포트의 네트워크를 사용한다(또는 강제 네트워크 제한이 없다).
NetworkServiceAndNoImpersonation	DTC용 KTM	네트워크 서비스 계정으로 실행되는 서비스며, 고정된 포트 집합의 네트워크를 사용하고 쓰기 제한된 토큰으로 실행된다.
NetworkServiceNetworkRestricted	IPSec 정책 에이전트	네트워크 서비스 계정으로 실행되는 서비스며, 고정된 포트 집합의 네트워크를 사용한다.

Svchost 서비스 분할

이전에 설명한 것처럼 공유 호스트 프로세스에서 서비스를 실행하면 시스템 리소스가 절약되지만 서비스에서 단 하나의 에러가 처리되지 않은 경우 호스팅 프로세스를 공유하는 다른 모든 서비스가 강제 종료된다는 큰 단점이 있다. 이 문제를 극복하고자 윈도우 10 크리에이터 업데이트(RS2)는 **Svchost** 서비스 분할 기능을 도입했다.

SCM이 시작되면 서비스 전역 커밋 제한(낮음, 중간, 최대로 구분)을 나타내는 3개의 값을 레지스트리에서 읽는다. SCM은 시스템 메모리가 부족한 상황일 경우 '리소스 부족' 메시지를 보내는 데 이 값을 사용한다. 그런 다음 HKLM\SYSTEM\Current ControlSet\Control\SvcHostSplit ThresholdInKB 레지스트리 값에서 Svchost 서비스 분할 임곗값을 읽는다. 이 값에는 Svchost 서비스 분할을 활성화하는 데 필요한 시스템 물리적 메모리의 최소량(KB로 표시)을 갖고 있다(기본값은 클라이언트 시스템에서 3.5GB 정도, 서버 시스템의 경우 3.7GB 정도다). 그런 다음 SCM은 GlobalMemoryStatusEx API를 사용해 시스템의 전체 물리 메모리 크기를 얻은 다음 앞서 레지스트리에서 읽은 임곗값과 이를 비교한다. 전체 물리 메모리가 임곗값을 초과하면 Svchost 서비스 분할 기능을 활성화한다(내부 전역 변수에 설정함).

Svchost 서비스 분할이 활성화되면 SCM이 공유 서비스 호스트 프로세스인 Svchost를 시작하는 동작이 수정된다. 이 장의 앞부분에 있는 '서비스 시작' 절에서 이미 설명한 것처럼 서비스 분할이 허용되는 경우 SCM은 데이터베이스에서 기존 이미지 레코드를 검색하지 않는다. 즉, 서비스가 공유 가능한 것으로 표시돼 있어도 개별 호스팅 프로세스를 사용해 서비스를 시작한다(그리고 유형이 SERVICE_WIN32_OWN_PROCESS로 변경됨). 서비스 분할은 다음 조건이 적용되는 경우에만 허용된다.

- Svchost 서비스 분할은 전역적으로 활성화된다.
- 서비스가 크리티컬로 표시되지 않아야 한다. 다음 복구 작업이 시스템을 재부팅하게 지정된 서비스의 경우 크리티컬로 표시된다('서비스 실패' 절에서 다뤘다).
- 서비스 호스트 프로세스 이름은 Svchost.exe다.
- 서비스 분할은 서비스 제어 키의 SvcHostSplitDisable 레지스트리 값을 통해 명시적으로 비활성화되지 않는다.

메모리 압축 및 결합과 같은 메모리 관리자의 기술은 가능한 한 많은 시스템 작업 집합을 아낄 수 있다. 이는 Svchost 서비스 분할을 활성화하게 되는 동기 중 하나가 된다. 메모리 관리자는 시스템에 많은 새로운 프로세스가 생성되더라도 호스팅 프로세스의 모든 물리적 페이지가 공유된 상태로 유지하고 가능한 한 적은 시스템 리소스를 소비되도록 보장한다. 메모리 결합, 압축 및 메모리 공유는 Vol.1의 5장에서 자세히 설명했다.

실습: Svchost 서비스 분할 사용

4GB 이상의 메모리가 장착된 윈도우 10 워크스테이션을 사용하는 경우 작업 관리자를 열면 현재 많은 Svchost.exe 프로세스 인스턴스가 실행 중임을 알 수 있다. 이 절에서 설명했듯이 이는 메모리 낭비 문제를 일으키지 않지만 Svchost 분할을 비활성화하는 데 관심이 있을 수도 있다. 먼저 작업 관리자를 열어 현재 시스템에서 실행 중인 Svchost 프로세스 인스턴스의 개수를 세어보자. 윈도우 10 2019년 5월 업데이트(19H1) 시스템의 경우약 80개의 Svchost 프로세스 인스턴스가 있을 것이다. 관리자 파워셸 창을 열고 다음 명령을 입력하면 쉽게 계산할 수 있다.

```
(get-process ?Name "svchost" | measure).Count
```

샘플로 테스트한 시스템에서 이 명령은 85를 반환했다.

레지스트리 편집기를 열어(코타나 검색 상자에 regedit.exe를 입력) HKLM\SYSTEM\Current ControlSet\Control 키를 찾아보자. 현재 SvcHostSplitThresholdInKB 값은 DWORD 값임을 주목하라. Svchost 서비스 분할을 전역적으로 비활성화하려면 이 레지스트리 값을 0으로 수정해야 한다(레지스트리 값을 더블 클릭해 0을 입력한다). 레지스트리 값을 수정한 후 시스템을 다시 시작하고 이전과 마찬가지로 Svchost 프로세스 인스턴스의 수를 계산해보자. 이제 훨씬 적은 수의 인스턴스가 시스템에 실행 중이다.

```
PS C:\> (get-process -Name "svchost" | measure).Count
26
```

이전 상태로 돌아가려면 SvcHostSplitThresholdInKB 레지스트리 값을 이전 값으로 복원해야 한다. 레지스트리 DWORD 값을 수정해 Svchost 분할이 적절하게 활성화되는데 필요한 물리적 메모리의 양을 미세 조정할 수도 있다.

서비스 태그

서비스 호스팅 프로세스를 사용할 때의 단점 중 하나는 특정 서비스에서 사용하는 CPU 시간과 리소스 사용량을 알아내기가 훨씬 더 어렵다는 것이다. 각 서비스가 메모리 주소 공간, 핸들 테이블 및 프로세스별 CPU 통계 번호 등을 동일한 서비스 그룹의 다른 서비스들과 공유하기 때문이다. 물론 호스팅 프로세스 내부에는 항상 특정 서비스에 속하는 스레드가 있지만 이 연결 관계를 항상 쉽게 알아낼 수는 없다. 예를 들어 서비스가 작업자 스레드를 사용해 작업을 수행할 수도 있고 스레드의 시작 주소와 스택은 서비스의 DLL 이름을 나타내지 않기 때문에 스레드가 어떤 종류의 작업을 하고 있고 어떤 서비스에 속해 있는지 알아내기 어렵다.

윈도우는 서비스 태그라는 속성을 지원한다(드라이버 태그와 혼동하지 말자). SCM은 서비스가 새로 생성되거나 시스템 부팅 중 서비스 데이터베이스를 생성하는 과정에서 **ScGenerateServiceTag** 함수를 호출해 서비스 태그를 생성한다. 이 속성은 단순히 서비스를 식별하는 인덱스다. 서비스 태그는 각 스레드 환경 블록^{TEB, Thread Environment Block}의 **SubProcessTag** 필드에 저장된다(TEB에 대한 자세한 내용은 Vol.1의 3장 참고). 그리고 이 값은 주 서비스 스레드가 생성하는 모든 스레드에 전파된다(스레드 풀 API에 의해 간접적으로 생성된 스레드는 제외).

서비스 태그는 SCM 내부에 유지되지만 Netstat.exe와 같은 여러 윈도우 도구(네트워크에서 어떤 프로그램이 어떤 포트를 열었는지 표시하는 데 사용할 수 있는 도구)는 문서화되지 않은 API를 사용해 서비스 태그를 조회하고 서비스 이름에 매핑한다. 서비스 태그를 조회할 수 있는 또 다른 도구로는 Winsider Seminars & Solutions Inc.에서 지원하는 ScTagQuery를 사용할 수 있다(www.winsiderss.com/tools/sctagquery/sctagquery.htm). 이 도구는 모든 서비스 태그의 매핑에 대해 SCM을 쿼리할 수 있고 시스템 전체 또는 프로세스별로 표시할 수 있다. 또한 서비스 호스팅 프로세스 내부의 모든 스레드가 서비스하는 서비스 이름을 표시할 수 있다(이는 모든 스레드가 적절한 서비스 태그와 연결돼 있는 경우에 한정된다). 이렇게 하면 CPU 시간을 많이 소비하는 불특정(제어 안 되는) 서비스가 있을 때, 스레드 시작 주소 또는 스택에서 서비스 DLL과 관련된 명백한 정보가 없을 때에도 문제 서비스를 찾아낼 수 있다.

유저 서비스

'대체 계정으로 서비스 실행' 절에서 설명한 것처럼 로컬 시스템 유저의 계정을 사용해 서비스를 시작할 수 있다. 그렇게 구성된 서비스는 유저가 현재 로그온했는지 여부에 관계없이 항상 지정된 유저 계정을 사용한다. 이는 현재 로그온한 유저 접근 토큰으로 서비스를 실행해야 하는 다중 유저 환경에서 한계를 드러낼 수 있다. 또한 악의적인 유저가 서비스 프로세스에 잠정적으로 인젝션을 수행하고 토큰을 사용해 접근해서는 안 되는 리소스에 접근할 수 있다(네트워크 인증도 가능할 수 있음).

윈도우 10 크리에이터 업데이트(RS2)에서 사용할 수 있는 유저 서비스 기능을 사용하면 서비스를 현재 로그온한 유저의 토큰으로 실행할 수 있다. 유저 서비스는 표준 서비스와 마찬가지로 단독 프로세스에서 실행되거나 또는 동일한 로그온 유저 계정에서 실행 중인 하나 이상의 다른 서비스를 공유해 사용하는 공유 프로세스에서 실행될 수 있다. 이런 서비스는 유저가 대화형 로그온을 수행할 때 시작되고 유저가 로그오프할 때 중지된다. SCM은 내부적으로 SERVICE_USER_SERVICE(64)와 USERSERVICE_INSTANCE(128)의 2가지 추가 유형 플래그를 지원한다(유저 서비스 템플릿과 유저 서비스 인스턴스를 의미한다).

Winlogon 유한 상태 머신의 상태 중 하나는 대화형 로그온이 시작될 때 실행된다 (Winlogon과 부팅 프로세스에 대한 자세한 내용은 12장 참고). 이 상태는 새로운 유저의 로그온 세션, 윈도우 스테이션, 데스크톱 및 환경을 생성하고 HKEY_CURRENT_USER 레지스트리 하이브를 매핑하고, 로그온 이벤트를 구독자(LogonUI 및 유저 관리자)에게 알린다. 유저 관리자 서비스(Usermgr.dll)는 RPC를 통해 SCM이 WTS_SESSION_LOGON 세션 이벤트를 전달하도록 호출할 수 있다.

SCM은 ScCreateUserServicesForUser 함수를 통해 메시지를 처리하는데, 현재 로그온한 유저의 토큰을 얻고자 유저 관리자를 재호출한다. 그런 다음 SCM 데이터베이스에서 유저 서비스 템플릿의 목록을 조회해 각각의 서비스에 대해 유저 인스턴스 서비스의 새 이름을 생성한다.

실습: 유저 서비스 관찰

커널 디버거는 프로세스 토큰의 보안 속성을 쉽게 표시할 수 있다. 이 실습에서는 커널 디버거가 활성화돼 호스트에 연결된 윈도우 10 시스템이 필요하다(로컬 디버거 역시 가능하다). 이 실습에서는 유저 서비스 인스턴스를 선택하고 호스팅하는 프로세스의 토큰을 분석한다. 코타나 검색 상자를 이용해 서비스 관리 도구를 연다. 서비스 관리 도구는 표준 서비스 및 유저 서비스 인스턴스를 표시한다(하지만 로컬 시스템을 유저 계정으로 표시하는 문제도 있다). 표시된 이름에는 로컬 고유 ID(LUID, 유저 관리자가 생성함)가 함께 표시된다. 이 예제에서 연결된 장치 유저 서비스는 서비스 관리 도구에서 연결된 장치 유저 서비스 _55d01:로 표시된다.

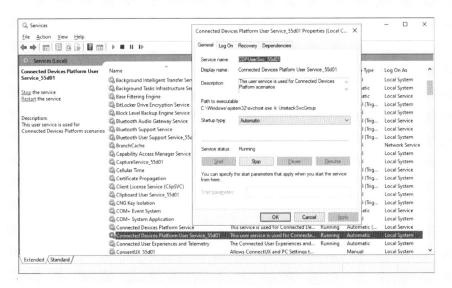

관리 도구에서 식별된 서비스를 더블 클릭하면 유저 서비스 인스턴스(예제에서는 CDPUserSvc_55d01)의 실제 이름이 표시된다. 서비스가 예제에서 선택한 항목처럼 공유 프로세스에서 호스팅되는 경우 레지스트리 편집기를 사용해 해당 유저 서비스 템플릿의 서비스 루트 키를 찾아보면 LUID를 제외한 서비스 인스턴스와 같은 이름을 갖고 있다(이 예제에서 유저 서비스 템플릿 이름은 CDPUserSvc다). '서비스 권한 특권 확인' 실습에서 설명한 대로 Parameters 하위 키에 서비스 DLL 이름이 저장된다. DLL 이름은 Process Explorer를 이용해 호스팅

프로세스의 정확한 PID를 찾을 때 필요하다(또는 최신 윈도우 10 버전의 작업 관리자에서 간단히 알 수 있다).

호스팅 프로세스의 PID를 찾은 후 커널 디버거로 들어가서 다음 명령을 실행한다(<ServicePid> 부분을 서비스의 호스팅 프로세스의 PID로 입력).

```
!process <ServicePid> 1
```

디버거는 연관된 보안 토큰 객체의 주소를 포함해 여러 정보를 보여준다.

```
Kd: 0> !process 0n5936 1
Searching for Process with Cid == 1730
PROCESS ffffe10646205080
    SessionId: 2 Cid: 1730   Peb: 81ebbd1000 ParentCid: 0344
    DirBase: 8fe39002 ObjectTable: ffffa387c2826340 HandleCount: 313.
    Image: svchost.exe
    VadRoot ffffe1064629c340 Vads 108 Clone 0 Private 962. Modified 214.
Locked 0.
    DeviceMap          ffffa387be1341a0
    Token              ffffa387c2bdc060
    ElapsedTime        00:35:29.441
    ...
    <지면 관계상 생략>
```

토큰의 보안 속성을 표시하려면 !token 명령 뒤에 이전 명령에서 반환된 토큰 객체의 주소를 입력하면 된다(내부적으로 _TOKEN 데이터 구조체로 표시됨). 프로세스가 유저 서비스를 호스팅하는지 여부를 확인하려면 다음과 같이 WIN:// ScmUserService 보안 속성을 갖고 있는지 여부를 통해 쉽게 확인할 수 있다.

```
0: kd> !token ffffa387c2bdc060
_TOKEN 0xffffa387c2bdc060
TS Session ID: 0x2
User: S-1-5-21-725390342-1520761410-3673083892-1001
User Groups:
 00 S-1-5-21-725390342-1520761410-3673083892-513
    Attributes - Mandatory Default Enabled

... <지면 관계상 생략> ...
```

```
OriginatingLogonSession: 3e7
PackageSid: (null)
CapabilityCount: 0         Capabilities: 0x0000000000000000
LowboxNumberEntry: 0x0000000000000000
Security Attributes:
 00 Claim Name   : WIN://SCMUserService
    Claim Flags  : 0x40 - UNKNOWN
    Value Type   : CLAIM_SECURITY_ATTRIBUTE_TYPE_UINT64
    Value Count  : 1
    Value[0]     : 0
 01 Claim Name   : TSA://ProcUnique
    Claim Flags  : 0x41 - UNKNOWN
    Value Type   : CLAIM_SECURITY_ATTRIBUTE_TYPE_UINT64
    Value Count  : 2
    Value[0]     : 102
    Value[1]     : 352550
```

Process Explorer와 유사한 시스템 도구인 Process Hacker도 유사한 정보를 추출할 수 있고 https://processhacker.sourceforge.io/에서 구할 수 있다.

앞에서 설명한 것처럼 유저 서비스 인스턴스의 이름은 서비스의 원래 이름과 유저 관리자가 유저의 대화식 세션 식별(내부적으로 콘텍스트 ID라고 함)하고자 생성한 로컬 고유 ID^{LUD, Local Unique ID}를 결합해 생성된다. 대화형 로그온 세션은 HKLM\SOFTWARE\Microsoft\Windows NT\CurrentVersion\Winlogon\VolatileUserMgrKey\<Session ID>\<User SID>\contextLuid 휘발성 레지스트리 값에 저장되며, 여기서 <Session ID> 및 <User SID>는 로그온 세션 ID와 유저 SID를 식별한다. 레지스트리 편집기를 열고 이 키를 찾아가면 유저 서비스 인스턴스 이름을 생성하는 데 사용된 것과 동일한 콘텍스트 ID 값을 찾을 수 있다.

그림 10-22는 현재 로그온한 유저의 토큰을 사용해 실행되는 클립보드 유저 서비스^{Clipboard User Service} 인스턴스의 예를 보여준다. 세션 1에 대해 생성된 콘텍스트 ID는 0x3a182로, 유저 관리자 휘발성 레지스트리 키로 표시된다(자세한 내용은 이전의 실습 참고). 그런 다음 SCM은 ScCreateService 함수를 호출해 SCM 데이터베이스의 서비스 레코드를 생성한다. 새로운 서비스 레코드는 새로운 유저 서비스 인스턴스를

나타내며 일반 서비스와 마찬가지로 레지스트리에 저장된다. 서비스 보안 디스크
립터, 모든 종속 서비스 및 트리거 정보는 유저 서비스 템플릿으로부터 새 유저
서비스 인스턴스로 복사된다.

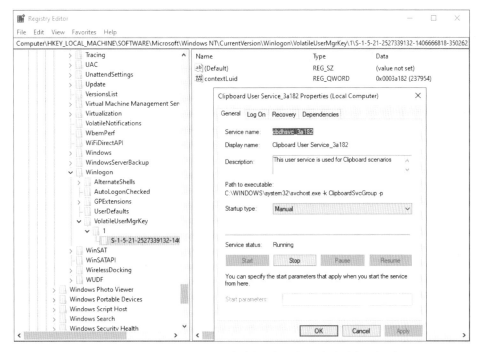

그림 10-22 콘텍스트 ID 0x3a182에서 실행 중인 클립보드 유저 서비스 인스턴스

SCM은 최종 서비스 트리거를 등록하고(자세한 내용은 이 장의 앞부분에서 '트리거 시작 서비스' 절 참고)
그런 다음 서비스를 시작한다(시작 유형이 SERVICE_AUTO_START로 설정된 경우). '서비스 로그온' 절
에서 설명한 것처럼 SCM이 유저 서비스를 호스팅하는 프로세스를 시작할 때는
현재 로그온한 유저의 토큰을 할당하고, 프로세스가 실제로 서비스를 호스팅하고
있음을 인식하고자 SCM에서 사용하는 `WIN://ScmUserService` 보안 속성을 할당한
다. 그림 10-23은 유저가 시스템에 로그인한 이후 인스턴스 및 템플릿 하위 키는
동일한 유저 서비스를 나타내는 서비스 루트 키에 저장되는 것을 보여준다. 인스
턴스 하위 키는 유저 로그오프 시 삭제되며 시스템 시작 시에 존재하는 경우엔
무시된다.

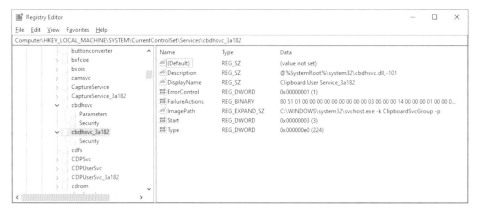

그림 10-23 유저 서비스 인스턴스 및 템플릿 레지스트리 키

패키지 서비스

'서비스 로그온' 절에서 간략히 소개한 것처럼 윈도우 10 1주년 업데이트(RS1) 이후 서비스 관리자는 패키지 서비스를 지원한다. 패키지 서비스는 서비스 유형에 **SERVICE_PKG_SERVICE**(512) 플래그가 설정된 것으로 구별된다. 패키지 서비스는 주로 표준 Win32 데스크톱 애플리케이션을 (연관된 서비스를 실행할 수 있는) 새로운 모던 애플리케이션 모델로 변환하는 것을 지원하고자 설계됐다. 데스크톱 앱 변환기Desktop App Converter는 실제로 Win32 앱을 센테니얼 앱Centennial App으로 변환할 수 있는데, 내부적으로 헬륨Helium이라고 하는 경량 컨테이너에서 실행된다. 모던 애플리케이션 모델에 대한 자세한 내용은 8장의 '패키지 애플리케이션' 절에서 찾아볼 수 있다.

SCM은 패키지 서비스를 시작할 때 레지스트리에서 패키지 정보를 읽고 표준 센테니얼 애플리케이션과 같이 **AppInfo** 서비스를 호출한다. 후자는 상태 저장소에 있는 패키지 정보를 검증하고 모든 애플리케이션 패키지 파일의 무결성을 검증한다. 그런 다음 새 서비스의 호스트 프로세스의 토큰을 올바른 보안 속성으로 확인 처리한다. 그다음 해당 프로세스는 **CreateProcessAsUser** API(패키지 전체 이름 속성 포함)를 사용해 중단된 상태로 실행되며, 일반 센테니얼 애플리케이션과 마찬가지로 레지스트리 리다이렉션 및 가상 파일 시스템VFS, Virtual File System을 적용할 헬륨 컨테이너가 생성된다.

보호된 서비스

보호 프로세스 및 보호 프로세스 라이트^{PPL, Protected Processes Light}의 아키텍처에 대해서는 Vol.1의 3장에서 자세히 설명했다. 윈도우 8.1 SCM은 보호된 서비스를 지원한다. 이 책을 쓰는 시점에 서비스는 4단계의 보호 수준(윈도우, 윈도우 라이트, 멀웨어 라이트, 앱 보호 수준)을 가질 수 있었다. 서비스 제어 프로그램은 Change ServiceConfig2 API (SERVICE_CONFIG_LAUNCH_PROTECTED 정보 설정)를 사용해 서비스 보호를 지정할 수 있다. 보호된 서비스로 실행되는 서비스의 주 실행 파일(공유 서비스의 경우 라이브러리 파일)은 보호된 프로세스와 동일한 규칙을 사용해 정상적으로 서명해야 한다(즉, 시스템이 디지털 서명의 EKU 및 루트 인증서를 검증하고 Vol.1의 3장에서 설명한 것처럼 최대 서명자 수준을 생성한다).

보호 프로세스로 시작된 서비스의 호스팅 프로세스는 보호되지 않는 다른 프로세스에 대해 일정 수준의 보호를 보장한다. 보호 수준에 따라 보호된 서비스의 호스팅 프로세스에 접근할 때 일부 접근 권한을 얻을 수 없다(이 메커니즘은 표준 보호 프로세스와 동일하다. 전형적인 예는 비보호 프로세스가 보호된 서비스의 프로세스에 모든 종류의 코드를 주입할 수 없는 것이다).

그림 10-24 서비스 제어 관리자의 주 실행 파일(service.exe)의 디지털 인증서

SYSTEM 계정으로 시작된 프로세스라도 보호된 프로세스에 접근할 수 없다. 하지만 SCM은 보호된 서비스의 호스팅 프로세스에 모든 권한으로 접근할 수 있어야 한다. 따라서 Wininit.exe는 SCM을 최대 유저 모드 보호 수준인 WinTcb Light를 지정해 실행한다. 그림 10-24는 SCM의 주 실행 파일인 services.exe가 윈도우 TCB 구성 요소 EKU(1.3.6.1.4.1.311.10.3.23)를 포함한 디지털 서명을 갖고 있음을 보여준다.

두 번째 부분의 보호는 SCM이 지원한다. SCM은 클라이언트가 보호된 서비스에 대한 작업을 요청할 경우 클라이언트가 서비스에 요청된 작업을 수행할 수 있는 충분한 접근 권한이 있는지 확인하고자 ScCheckServiceProtectedProcess 함수를 호출한다. 표 10-13은 시스템에서 보호되지 않는 프로세스가 보호 서비스에 대해 요청할 때 거부되는 작업을 나열한다.

표 10-13 보호되지 않는 클라이언트에서 요청하는 작업 중 거부되는 목록

관련 API 이름	작업	설명
ChangeServiceConfig[2]	서비스 설정을 변경한다.	보호된 서비스에 대한 설정 변경을 거부한다.
SetServiceObjectSecurity	새 보안 디스크립터를 서비스에 설정한다.	보호된 서비스에 새로운 보안 디스크립터 적용을 거부한다(서비스 공격 표면을 낮출 수 있다).
DeleteService	서비스를 삭제한다.	보호되지 않은 프로세스는 보호된 서비스를 삭제할 수 없다.
ControlService	서비스에 제어 코드를 전송한다.	서비스 정의 제어 코드와 SERVICE_CONTROL_INTERROGATE 컨트롤 코드만 보호되지 않은 호출자에게 허용된다. SERVICE_CONTROL_STOP은 멀웨어 방지를 제외한 모든 보호 수준에 대해 허용한다.

ScCheckServiceProtectedProcess 함수는 보호된 프로세스가 아니라면 호출자별 서비스 핸들에서 서비스 레코드를 조회해 허용된 접근 권한을 부여한다. 그러나 보호된 서비스의 경우 클라이언트 프로세스 토큰을 가장해 해당 프로세스 보호 수준을 얻고 다음 규칙을 구현한다.

- 서비스 중지 요청이고, 대상 서비스가 멀웨어 방지 보호 수준이 아닌 경우

접근 권한을 부여한다(멀웨어 방지 보호 서비스는 보호되지 않은 프로세스에서 중지할 수 없다).

- TrustedInstaller 서비스 SID가 클라이언트의 토큰 그룹이나 토큰 유저로 지정된 경우 SCM은 클라이언트의 프로세스 보호와 관련된 접근 권한을 부여한다.

- 그 외에 RtlTestProtectedAccess 함수를 호출해 보호된 프로세스를 위해 구현된 것과 동일한 검사를 수행한다. 클라이언트 프로세스가 대상 서비스의 수준과 호환되는 보호 수준을 가진 경우에만 접근이 허용된다. 예를 들어 윈도우 보호 프로세스는 항상 모든 보호된 서비스 수준에 대해 동작할 수 있는 반면 멀웨어 방지 PPL은 멀웨어 방지 수준과 앱 수준의 보호된 서비스에 대해 동작할 수 있다.

주목할 만한 것은 설명된 것들 중 마지막 검사는 TrustedInstaller 가상 서비스 계정으로 실행되는 클라이언트 프로세스에 대해서는 실행되지 않는다는 점이다. 이는 의도적으로 설계된 것이다. 윈도우 업데이트를 설치하면 강력한 디지털 서명으로 서명할 필요 없이 모든 종류의 서비스를 시작, 중지, 제어할 수 있어야 한다(이는 윈도우 업데이트가 원치 않는 공격에 노출될 수 있다).

작업 스케줄링과 UBPM

운영체제 기능의 복잡성이 증가함에 따라 앞에서 설명한 서비스 관리자부터 DCOM 서버 런처 및 WMI 제공까지 다양한 윈도우 구성 요소가 전통적으로 호스트 또는 백그라운드 작업에 대한 관리를 담당했다(이 모든 것은 아웃 오브 프로세스out-of-process 호스팅 코드의 실행을 담당한다). 최신 버전의 윈도우는 백그라운드 브로커 인프라를 사용해 모던 애플리케이션의 백그라운드 작업 대부분을 관리한다(자세한 내용은 8장 참고). 그러나 작업 스케줄러는 여전히 Win32 작업을 관리하는 주요 구성 요소다. 윈도우는 통합 백그라운드 프로세스 관리자UBPM, Unified Background Process Manager를 구현해 작업 스케줄러에서 관리하는 작업들을 다룬다.

작업 스케줄러 서비스는 Schedsvc.dll 라이브러리에 구현되며 공유 Svchost 프로세스로 시작한다. 작업 스케줄러 서비스는 작업 데이터베이스를 유지 관리하며

UBPM을 호스팅한다. UBPM은 작업을 시작하거나 중지하고 작업의 동작 및 트리거를 관리한다. UBPM은 작업 트리거가 생성될 때 알림을 받고자 데스크톱 활동 브로커^{DAB, Desktop Activity Broker}, 시스템 이벤트 브로커^{SEB, System Events Broker}, 리소스 관리자에서 제공하는 서비스를 사용한다(DAB와 SEB는 모두 시스템 이벤트 브로커 서비스에 호스팅되며, 리소스 관리자는 브로커 인프라 서비스에 호스팅된다). 작업 스케줄러 및 UBPM 둘 다 RPC를 통해 노출되는 공용 인터페이스를 지원한다. 외부 애플리케이션은 COM 객체를 사용해 해당 인터페이스에 연결하고 일반 Win32 작업과 상호작용할 수 있다.

작업 스케줄러

작업 스케줄러는 각 작업에 대한 저장소를 지원하는 작업 저장소를 구현한다. 또한 시스템이 유휴 상태에 들어가거나 나올 때를 감지할 수 있는 스케줄러 유휴 서비스를 호스팅한다. 또한 작업 스케줄러가 시스템 변경 시 작업을 시작하는 데 도움이 되는 이벤트 트랩 공급자를 호스팅한다. 그리고 상태 및 내부 이벤트 로그 트리거 시스템을 지원한다. 작업 스케줄러에는 또 다른 구성 요소인 UBPM 프록시를 포함하고 있는데, 이는 모든 작업의 동작과 트리거를 수집하고 해당 디스크립터를 UBPM이 이해할 수 있는 형식으로 변환해 UBPM으로 보낸다.

작업 스케줄러 아키텍처의 개요는 그림 10-25에서 보여준다. 그림에서 강조한 것과 같이 작업 스케줄러는 UBPM과 긴밀하게 협력해 작동한다(두 구성 요소 모두 공유 svchost.exe 프로세스에서 호스팅하는 작업 스케줄러 서비스에서 실행된다). UBPM은 작업 상태를 관리하고 WNF 상태를 통해 SEB, DAB, 리소스 관리자에서 알림을 받는다.

작업 스케줄러는 COM 작업 스케줄러의 API 서버를 노출하는 중요한 역할을 한다. 작업 제어 프로그램이 이러한 API 중 하나를 호출하면 COM 엔진에 의해 작업 스케줄러 COM API 라이브러리(Taskschd.dll)가 애플리케이션의 주소 공간에 로드된다. 라이브러리는 RPC 인터페이스를 통해 작업 제어 프로그램을 대신해 작업 스케줄러에 서비스를 요청한다.

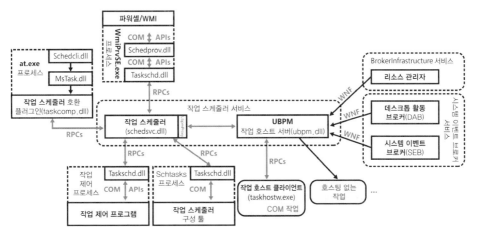

그림 10-25 작업 스케줄러 아키텍처.

비슷한 방식으로 작업 스케줄러 WMI 공급자(Schedprov.dll)는 작업 스케줄러 COM API 라이브러리와 통신할 수 있는 COM 클래스와 메서드를 구현한다. 이 속성과 이벤트는 윈도우 파워셸에서 스케줄 작업 cmdlet을 통해 호출할 수 있다(https://docs.microsoft.com/en-us/powershell/module/scheduledtasks/에 문서화됨). 작업 스케줄러는 AT 명령과 같은 레거시 애플리케이션이 작업 스케줄러와 같이 동작할 수 있도록 호환성 플러그인도 포함하고 있다는 점을 유념하자. 2019년 5월에 업데이트된 윈도우 10(19H1) 에디션부터 AT 도구가 제거돼 더 이상 사용되지 않으며 대신 schtasks.exe 를 사용해야 한다.

초기화

SCM에 의해 작업 스케줄러 서비스가 시작되면 초기화 절차를 시작한다. 매니페스트 기반 ETW 이벤트 공급자(DE7B24EA-73C8-4A09-985D-5BDADCFA9017 GUID) 등록을 시작한다. 작업 스케줄러에 의해 생성된 모든 이벤트는 UBPM에 의해 사용된다. 그런 다음 자격증명 관리자 및 작업 저장소에 의해 저장된 유저의 자격증명을 안전하게 접근하는 데 사용하는 구성 요소인 자격증명 저장소를 초기화한다. 후자는 작업 저장소의 보조 섀도 복사본에 있는 모든 XML 작업 디스크립터(호환성을 위해 유지되며 일반적으로 %SystemRoot%\System32\Tasks 경로에 있음)와 작업 저장소 캐시에 있는 작업 디스크립터를 동기화했는지 확인한다. 작업 저장소 캐시는 HKLM\SOFTWARE\Microsoft\Windows

NT\CurrentVersion\Schedule\TaskCache 하위의 여러 레지스트리 키로 표현된다.

작업 스케줄러 초기화의 다음 단계는 UBPM을 초기화하는 것이다. 작업 스케줄러 서비스는 UBPM의 핵심 구성 요소를 시작하고자 UBPM.dll에 노출된 UbpmInitialize API를 사용한다. 이 함수는 스케줄러 이벤트 공급자의 ETW 소비자를 등록하고 리소스 관리자에 연결한다. 리소스 관리자는 프로세스 상태 관리자(Psmsrv.dll, 브로커 인프라 서비스의 콘텍스트에 있음)에 의해 로드된 구성 요소로, 시스템 상태 및 전역 리소스 사용량에 기반을 둔 리소스별 정책을 추진한다. 리소스 관리자는 UBPM이 유지 관리 작업을 관리하는 것을 돕는다. 이런 작업 유형은 게임 모드가 꺼져 있고, 유저가 실제로 존재하지 않는 등 워크스테이션 CPU 사용량이 낮을 때와 같이 특정 시스템 상태에서만 실행된다. UBPM 초기화 코드는 시스템 이벤트 브로커의 작업 조건을 나타내는 WNF 상태 이름을 검색한다. 이런 상태에는 AC 전원, 유휴 워크스테이션, IP 주소 또는 사용 가능한 네트워크, 워크스테이션이 배터리 전원으로 전환되는 것 등이 있다(그 조건들은 작업 스케줄러 MMC 플러그인의 작업 만들기 대화상자에 있는 조건 시트에 표시된다).

UBPM은 내부 스레드 풀 작업자 스레드를 초기화하고, 시스템 전원 기능을 확보하고, 유지 관리 목록 및 중요 작업 목록(HKLM\System\CurrentControlSet\Control\Ubpm 레지스트리 키 및 그룹 정책 설정에 있음)을 읽고 시스템 전원 설정 알림을 등록한다(그런 식으로 UBPM은 시스템이 전원 상태를 변경하는 시점을 알 수 있다).

실행 흐름은 작업 스케줄러로 돌아와 최종적으로 그 자신과 UBPM에 대한 전역 RPC 인터페이스를 등록한다. 이러한 인터페이스는 작업 스케줄러 API 클라이언트 측 DLL(Taskschd.dll)에서 사용돼 클라이언트 프로세스가 작업 스케줄러 COM 인터페이스를 통해 작업 스케줄러와 상호작용할 수 있는 방법을 제공한다. 이 인터페이스는 https://docs.microsoft.com/en-us/windows/win32/api/taskschd/에 문서화돼 있다.

초기화가 완료된 후 작업 저장소는 시스템에 설치된 모든 작업을 열거하고 각각을 시작한다. 작업은 부팅, 로그온, 일반, 유지 보수 작업이라는 4개 그룹의 캐시에 저장된다. 각 그룹에는 작업 저장소의 루트 레지스트리 키에 있는 인덱스 그룹 작업 키라고 하는 관련 하위 키가 있다(이전에 소개된 것처럼 HKLM\SOFTWARE\Microsoft\Windows NT\CurrentVersion\Schedule\TaskCache 키). 각 인덱스 작업 그룹 키는 각 작업당 하나의 GUID Global Unique Identifier 하위 키로 식별할 수 있다. 작업 스케줄러는 모든 그룹의 하위 키 및 각 하위 키의 이름을 열거해 작업 저장소 루트 레지스트리 키의 작업 하위 키에 위치한 각 상대 작업의 마스터 키를 연다. 그림 10-26은 {0C7D8A27-9B28-49F1-979C-AD37C4D290B1} GUID를 갖는 부팅 작업의 사례를 보여준다. 그림의 작업 GUID는 부트 인덱스 그룹 키의 첫 번째 항목 중 하나로 나열된다. 또한 이 그림은 바이너리를 저장하는 마스터 작업 키도 보여준다. 이는 작업을 완전히 설명하기 위한 레지스트리에 저장된 바이너리 데이터다.

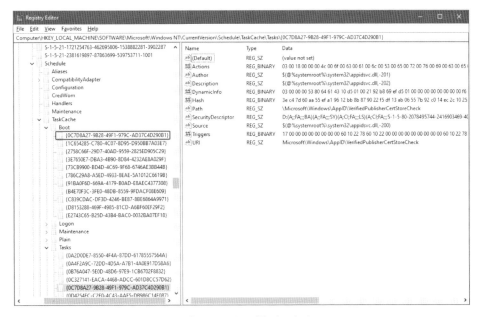

그림 10-26 부트 작업 마스터 키

작업 마스터 키는 작업을 설명하는 모든 정보를 갖고 있다. 작업의 속성 중에서 작업을 트리거할 조건을 설명하는 **Triggers** 속성 및 작업이 실행될 때 어떤 일이 발생하는지 설명하는 **Actions** 속성이 가장 중요하다. 두 속성은 모두 바이너리 레지스트리 값(그림 10-26과 같이 'Triggers' 및 'Actions'로 명명됨)에 저장된다. 작업 스케줄러는 먼저 전체 작업 디스크립터의 해시(Hash 레지스트리 값에 저장됨) 값을 읽은 후 트리거 및 활동에 대한 이진 데이터와 작업의 모든 설정 데이터를 읽는다. 이 데이터를 구문 분석한 후 식별된 트리거 및 활동 디스크립터에 대한 각 항목을 내부 목록에 추가한다.

그런 다음 작업 스케줄러는 새 작업 디스크립터의 SHA256 해시(레지스트리에서 읽은 모든 데이터에 대한 해시)를 다시 계산해 예상 값과 비교한다. 두 해시가 일치하지 않는 경우 작업 스케줄러는 저장소 섀도우 복사본(%SystemRoot%\System32\Tasks 폴더)에 있는 작업과 연관된 XML 파일을 연다. 그리고 해당 데이터를 구문 분석하고 새 해시를 다시 계산해 마지막으로 레지스트리의 작업 디스크립터를 교체한다. 실제로 작업은 레지스트리 및 XML 파일의 이진 데이터로 설명할 수 있다. 이는 https://docs.microsoft.com/en-us/windows/win32/taskschd/task-scheduler-schema에 문서화돼 잘 정의된 스키마를 보여준다.

실습: 작업의 XML 디스크립터 살펴보기

이 절에 소개된 작업 디스크립터는 XML 파일 및 레지스트리의 2가지 형식으로 작업 저장소에 저장된다. 이 실습에서는 2가지 형식 모두 살펴볼 것이다. 먼저 코타나 검색 상자에 taskschd.msc를 입력해 작업 스케줄러 애플릿을 실행한다. 작업 스케줄러 라이브러리 노드를 확장한 후 Microsoft\Windows 폴더에 도달할 때까지 모든 하위 노드를 확장한다. 각각의 하위 노드로 이동 및 탐색해 **작업** 탭이 커스텀 핸들러로 설정된 작업을 검색한다. 작업 유형은 COM 호스팅 작업을 설명하는 데 사용되는데, 이는 작업 스케줄러 애플릿에서는 지원하지 않는다. 이 에서는 MemoryDiagnostics 폴더 아래에서 찾을 수 있는 `ProcessMemoryDiagnosticEvents`를 고려하지만 `Actions`가 `Custom Handler`로 설정된 모든 작업은 잘 작동한다.

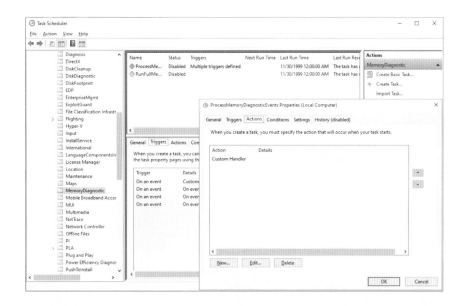

관리자 명령 프롬프트 창을 열어(코타나 검색 상자에 CMD를 입력하고 관리자 권한으로 실행을 선택) 다음 명령을 입력한다(작업 경로는 선택에 따라 대체할 수 있다).

```
schtasks /query /tn "Microsoft\Windows\MemoryDiagnostic\
ProcessMemoryDiagnosticEv ents" /xml
```

이 명령의 출력에는 작업의 XML 디스크립터를 보여준다. 여기에는 작업의 보안 디스크립터(무단 신원에 의해 열리는 작업을 보호하고자 사용됨), 작업의 작성자 및 설명, 작업을 실행해야 하는 보안 주체, 작업 트리거, 작업 내용 등이 포함돼 있다.

```xml
<?xml version="1.0" encoding="UTF-16"?>
<Task xmlns="http://schemas.microsoft.com/windows/2004/02/mit/task">
    <RegistrationInfo>
        <Version>1.0</Version>
        <SecurityDescriptor>D:P(A;;FA;;;BA)(A;;FA;;;SY)(A;;FR;;;AU)
        </SecurityDescriptor>
        <Author>$(@%SystemRoot%\system32\MemoryDiagnostic.dll,-600)
        </Author>
        <Description>$(@%SystemRoot%\system32\MemoryDiagnostic.dll,-603)
        </Description>
```

```xml
            <URI>
                \Microsoft\Windows\MemoryDiagnostic\ProcessMemoryDiagnosticEvents
            </URI>
        </RegistrationInfo>
        <Principals>
            <Principal id="LocalAdmin">
                <GroupId>S-1-5-32-544</GroupId>
                <RunLevel>HighestAvailable</RunLevel>
            </Principal>
        </Principals>
        <Settings>
            <AllowHardTerminate>false</AllowHardTerminate>
            <DisallowStartIfOnBatteries>true</DisallowStartIfOnBatteries>
            <StopIfGoingOnBatteries>true</StopIfGoingOnBatteries>
            <Enabled>false</Enabled>
            <ExecutionTimeLimit>PT2H</ExecutionTimeLimit>
            <Hidden>true</Hidden>
            <MultipleInstancesPolicy>IgnoreNew</MultipleInstancesPolicy>
            <StartWhenAvailable>true</StartWhenAvailable>
            <RunOnlyIfIdle>true</RunOnlyIfIdle>
            <IdleSettings>
                <StopOnIdleEnd>true</StopOnIdleEnd>
                <RestartOnIdle>true</RestartOnIdle>
            </IdleSettings>
            <UseUnifiedSchedulingEngine>true</UseUnifiedSchedulingEngine>
        </Settings>
        <Triggers>
            <EventTrigger>
                <Subscription>&lt;QueryList&gt;&lt;Query Id="0"
Path="System"&gt;&lt;Select Path="System"&gt;*[System[Provider[@Name=
'Microsoft-Windows-WER-SystemErrorReporting'] and (EventID=1000 or
EventID=1001 or EventID=1006)]]&lt;/Select&gt;&lt;/Query&gt;&lt;/
QueryList&gt;</Subscription>
            </EventTrigger>
            . . . [cut for space reasons] . . .
        </Triggers>
        <Actions Context="LocalAdmin">
            <ComHandler>
                <ClassId>{8168E74A-B39F-46D8-ADCD-7BED477B80A3}</ClassId>
```

718

```
        <Data><![CDATA[Event]]></Data>
      </ComHandler>
    </Actions>
  </Task>
```

ProcessMemoryDiagnosticEvents 작업의 경우 여러 ETW 트리거가 있다(특정 진단 이벤트가 생성될 때만 작업이 실행되게 한다. 실제로 트리거 디스크립터는 XPath 형식으로 지정된 ETW 쿼리를 포함한다). 등록된 유일한 작업은 **ComHandler**로, 작업을 의미하는 COM 객체의 CLSID(클래스 ID)만을 가진다. 레지스트리 편집기를 열어 **HKEY_LOCAL_MACHINE\SOFTWARE\Classes\CLSID**로 이동한다. 그리고 편집 메뉴에서 찾기를 선택해 작업 디스크립터의 ClassID XML 태그 뒤에 있는 CLSID를 복사해 붙여 넣는다(중괄호 포함 또는 제외). 그러면 작업 호스트 클라이언트 애플리케이션에서 호스팅되는(Taskhostw.exe, 나중에 '작업 호스트 클라이언트' 절에 설명함) **TaskHandler** 인터페이스로 구현된 작업을 나타내는 DLL을 찾을 수 있다:

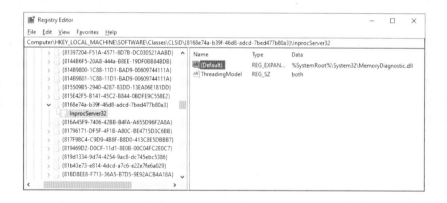

또한 **HKLM\SOFTWARE\Microsoft\Windows NT\CurrentVersion\Schedule\TaskCache\Tasks** 레지스트리 키를 찾아가면 작업 저장소 캐시에 저장된 작업 니스크립터의 GUID도 찾을 수 있을 것이다. 이를 찾으려면 작업의 URI를 사용해 검색해야 한다. 실제로 작업의 GUID는 XML 구성 파일에 저장되지 않는다. 레지스트리에 있는 작업 디스크립터에 속하는 데이터는 저장소의 섀도우 복사본(%systemroot%\System32\Tasks\Microsoft\Windows\MemoryDiagnostic\ProcessMemoryDiagnosticEvents)에 있는 XML설정 파일에 저장된 것과 동일하다. 단지 저장된 바이너리의 형식만 달라진다.

활성화된 작업은 UBPM에 등록해야 한다. 작업 스케줄러는 먼저 UBPM 프록시의 **RegisterTask** 함수를 호출해 작업을 시작하는 데 필요한 자격증명을 가져오고자 자격증명 저장소에 연결하는 작업을 수행한다. 그런 다음 모든 작업 및 트리거 목록(내부 목록에 저장됨)을 처리하고 UBPM이 이해할 수 있는 형식으로 변환한다. 마지막으로 UBPM.dll에 노출된 **UbpmTriggerConsumerRegister** API를 호출한다. 올바른 조건이 확인되면 작업을 실행할 준비가 된 것이다.

UBPM

전통적으로 UBPM은 주로 작업의 라이프사이클과 상태(시작, 중지, 활성화/비활성화 등), 통지 지원, 트리거 지원을 담당한다. 윈도우 8.1부터 브로커 인프라를 도입했고 트리거 및 알림 관리를 모던 애플리케이션 및 표준 Win32 애플리케이션에서 사용되는 각각의 다른 브로커로 옮겨왔다. 따라서 윈도우 10에서 UBPM은 표준 Win32 작업에서 트리거의 프록시 역할을 하며 컨슈머가 요청한 트리거를 올바른 브로커로 전달한다. UBPM은 여전히 다음과 같은 애플리케이션에 사용할 수 있는 COM API 지원을 담당한다.

- 트리거 소비자 등록 및 등록 취소 그리고 그에 따른 핸들 열기 및 닫기
- 알림 또는 트리거 생성
- 트리거 공급자에게 명령 보내기

작업 스케줄러의 아키텍처와 유사하게 UBPM은 호스트 서버 및 클라이언트, COM 기반 작업 호스트 라이브러리 및 이벤트 관리자와 같은 다양한 내부 구성 요소로 구성된다.

작업 호스트 서버

시스템 브로커 중 하나가 UBPM 트리거 소비자에 의해 등록된 이벤트를 발생시키는 경우(WNF 상태 변경 게시를 통해) **UbpmTriggerArrived** 콜백 함수가 실행된다. UBPM은 등록된 작업의 트리거 목록(WNF 상태 이름 기반)을 검색하고 올바른 트리거를 찾으면 작업의 동작을 처리한다. 이 글을 쓰는 시점에는 실행 파일을 실행하는 동작만

지원된다. 이 동작은 호스팅된 실행 파일과 호스팅되지 않은 실행 파일을 모두 지원한다. 호스팅되지 않은 실행 파일은 UBPM과 직접 상호작용하지 않는 일반 Win32 실행 파일이다. 호스팅된 실행 파일은 UBPM과 직접 상호작용하며 작업 호스트 클라이언트 프로세스에서 호스팅돼야 하는 COM 클래스다. 호스트 기반 실행 파일(taskhostw.exe)이 실행된 이후 연관된 토큰에 따라 다른 작업을 호스트할 수 있다(호스트 기반 실행 파일은 공유 Svchost 서비스와 매우 유사하다).

SCM과 마찬가지로 UBPM은 작업의 호스트 프로세스에 대해 다양한 유형의 로그온 보안 토큰을 지원한다. **UbpmTokenGetTokenForTask** 함수는 작업 디스크립터에 저장된 계정 정보를 기반으로 새 토큰을 생성할 수도 있다. UBPM에 의해 생성된 작업에 대한 보안 토큰은 등록된 유저 계정, 가상 서비스 계정, 네트워크 서비스 계정 또는 로컬 서비스 계정 중 하나의 소유자를 사용할 수 있다. SCM과는 달리 UBPM은 대화형 토큰을 완전히 지원한다. UBPM은 유저 관리자(Usermgr.dll)에서 노출한 서비스를 사용해 현재의 활성 대화형 세션을 열거한다. 각 세션에 대해 작업 디스크립터에 지정된 유저 SID와 대화형 세션의 소유자를 비교한다. 2가지가 일치하면 UBPM은 대화형 세션에 첨부된 토큰을 복제하고 이를 사용해 새로운 실행 파일을 로그온한다. 결과적으로 대화형 작업은 표준 유저 계정으로 실행할 수 있다(비대화형 작업은 이전에 나열된 모든 계정 유형으로 실행할 수 있다).

토큰이 생성된 후 UBPM은 작업의 호스트 프로세스를 시작한다. 작업이 COM 작업으로 호스팅된 경우 **UbpmFindHost** 함수는 내부의 Taskhostw.exe(작업 호스트 클라이언트) 프로세스 인스턴스 목록을 검색한다. 새 작업과 동일한 보안 콘텍스트로 실행되는 프로세스를 찾으면 단순히 작업 시작 명령(COM 작업 이름 및 CLSID 포함)을 보내기만 하면 된다. 이는 로컬 RPC 연결을 호스팅하고 첫 번째 응답을 기다리는 작업 호스트를 통해 이뤄진다. 작업 호스트 클라이언트 프로세스와 UBPM은 정적 RPC 채널(ubpmtaskhostchannel)로 연결돼 있고, SCM에서 구현된 것과 유사한 연결 프로토콜을 사용한다.

적절한 클라이언트 프로세스 인스턴스가 발견되지 않았거나 작업의 호스트 프로세스가 COM이 아닌 일반 실행 파일일 경우 UBPM은 새 환경 블록을 빌드하고 커맨드라인을 구문 분석하고 **CreateProcessAsUser** API를 사용해 일시 중단된 상태의 새 프로세스를 실행한다. UBPM은 각 작업의 호스트 프로세스를 잡 객체 내에서 실행한다. 그에 따라 여러 작업의 상태를 빠르게 설정하고 백그라운드 작업에 할당된 리소스를 미세 조정할 수 있게 된다. UBPM은 동일한 세션 ID 및 동일한 유형의 작업들(일반, 중요, COM 기반, 호스팅되지 않는)에 소속된 호스트 프로세스들이 포함된 잡 객체의 내부 목록을 검색한다. 적절한 잡 객체를 찾으면 단순히 새 프로세스를 잡 객체에 할당하면 된다(AssignProcessToJobObject API를 사용). 찾지 못했다면 잡 객체를 새로 생성하고 내부 목록에 추가한다.

잡 객체가 생성되고 나면 마침내 작업을 시작할 준비가 된 것이다. 프로세스의 초기 스레드가 재개된다. COM 호스팅 작업의 경우 UBPM은 작업 호스트 클라이언트의 초기 연결을 기다린다(클라이언트가 UBPM으로 RPC 통신 채널을 열고자 할 때 수행되는데, 서비스 제어 애플리케이션이 SCM에 대한 채널을 여는 것과 유사하다). 그리고 작업 시작 명령을 보낸다. 마지막으로 UBPM은 작업 호스트 프로세스에 대한 대기 콜백을 등록해 작업 호스트 프로세스가 예기치 않게 종료되는 것을 감지할 수 있다.

작업 호스트 클라이언트

작업 호스트 클라이언트 프로세스는 스케줄러 서비스에 있는 UBPM(작업 호스트 서버 Task Host Server)에서 명령을 받는다. 초기화 시점에 작업 호스트 클라이언트는 로컬 RPC 인터페이스에 연결한다. 이 인터페이스는 UBPM이 초기화 동안 생성했고 무한 루프를 돌면서 채널을 통해 들어오는 명령을 기다린다. 현재는 **TaskHostSend ResponseReceiveCommand** RPC API를 통해 전송되는 4가지 명령을 지원한다.

- 호스트 중지
- 작업 시작
- 작업 중지
- 작업 종료

모든 작업 기반 명령은 일반 COM 작업 라이브러리에 의해 내부적으로 구현돼 본질적으로 COM 구성 요소의 생성과 소멸이 발생한다. 특히 호스팅된 작업은 **ITaskHandler** 인터페이스를 상속한 COM 객체다. 후자는 여러 작업의 상태 전환에 해당하는 Start, Stop, Pause, Resume이라는 4개의 필요한 메서드만 제공한다. UBPM이 작업 시작 명령을 클라이언트 호스트 프로세스에 보낼 때 후자(Taskhostw. exe)는 작업에 대한 새로운 스레드를 만든다. 새 작업자 스레드는 **CoCreateInstance** 함수를 사용해 작업을 나타내는 **ITaskHandler** COM 객체의 인스턴스를 만들고 시작 메서드를 호출한다. UBPM은 특정 작업을 식별하는 CLSID(클래스 고유 ID)를 정확히 알고 작업의 CLSID는 작업 설정의 작업 저장소에 저장되며 작업 등록 시점에 지정된다. 또한 호스팅된 작업은 **ITaskHandlerStatus** COM 인터페이스에서 노출된 함수를 사용해 현재 실행 상태를 UBPM에 알린다. 이 인터페이스는 RPC를 사용해서 **UbpmReportTaskStatus**를 호출해 새 상태를 UBPM에 다시 보고한다.

실습: COM 호스팅된 작업 확인하기

이 실습에서는 작업 호스트 클라이언트 프로세스가 작업을 구현하는 COM 서버 DLL을 로드하는 방법을 살펴본다. 이 실습을 하려면 디버깅 도구가 컴퓨터에 설치돼 있어야 한다(디버깅 도구는 윈도우 SDK의 일부로 찾을 수 있다. 이 도구는 https:// developer.microsoft.com/en-us/windows/downloads/windows-10-sdk/에서 받을 수 있다). 다음 단계에 따라 작업 시작에 대한 디버거 브레이크포인트를 활성화할 수 있다.

1. Windbg를 기본 디버거로 설정해야 한다(이미 커널 디버거를 시스템에 연결됐다면 이 단계는 넘어가도 된다). 그렇게 하려면 관리자 명령 프롬프트를 열고 다음 명령을 입력한다

```
cd "C:\Program Files (x86)\Windows Kits\10\Debuggers\x64"
windbg.exe /I
```

C:\Program Files (x86)\Windows Kits\10\Debuggers\x64는 디버깅 도구의 경로인데, 디버거의 버전과 설치 프로그램에 따라 바뀔 수 있다는 점에 유의하자.

2. Windbg가 실행되면서 성공을 확인하는 다음 메시지가 표시돼야 한다.

WinDbg가 성공적으로 기본 사후 디버거로 설정됐다.

3. 확인 버튼을 클릭하면 WinDbg가 자동으로 종료된다.

4. 작업 스케줄러 애플릿을 연다(명령 프롬프트에 taskschd.msc를 입력).

5. 커널 디버거가 연결된 경우를 제외하고는 비대화식 작업에 초기 작업 브레이크포인트를 설정할 수 없다는 점을 유념하라. 커널 디버거가 아니라면 디버거 창이 다른 비대화식 세션에서 생성되기 때문에 디버거 창에 접근할 수 없다.

6. 다양한 작업을 살펴보면(이전의 '작업의 XML 디스크립터 찾아보기' 실습에서 자세한 내용을 참고) \Microsoft\Windows\Wininet 경로 아래에서 대화식 COM 작업(CacheTask)을 찾을 수 있다. 작업의 동작Actions 페이지에 사용자 정의 핸들러Custom Handler로 나와야 한다는 점을 기억하자. 그렇지 않다면 해당 작업은 COM 작업이 아니다.

7. 레지스트리 편집기를 열고(명령 프롬프트 창에 regedit를 입력한다) HKLM\SOFTWARE\Microsoft\Windows NT\CurrentVersion\Schedule 레지스트리 키로 이동한다.

8. Schedule 키에서 마우스 오른쪽 버튼을 클릭해 새로 만들기New 메뉴를 선택한 후 다중 문자열Multi-String 값을 선택해 새 레지스트리 값을 생성한다.

9. 새 레지스트리 값의 이름을 EnableDebuggerBreakForTaskStart로 지정한다. 작업의 초기 디버거 브레이크포인트를 활성화하려면 작업의 전체 경로를 입력해야 한다. 이 실습에서 전체 경로는 \Microsoft\Windows\Wininet\CacheTask다. 이전 실습에서 작업 경로는 작업의 URI라고 언급했다.

10. 레지스트리 편집기를 닫고 작업 스케줄러로 다시 전환한다.

11. **CacheTask** 작업을 마우스 오른쪽 버튼으로 클릭해 실행을 선택한다.

12. 모든 것이 정상적으로 구성됐으면 새 WinDbg 창이 나타난다.

13. 파일 메뉴에서 심볼 파일 경로 항목을 선택하고 유효한 윈도우 심볼 서버 경로를 입력해 디버거에서 사용되는 심볼을 구성한다(더 자세한 정보는 https://docs.microsoft.com/en-us/windows-hardware/drivers/debugger/microsoft-public-symbols을 참고).

14. **k** 명령을 사용해 프로세스가 중단되기 바로 직전의 Taskhostw.exe 프로세스의 호출 스택을 엿볼 수 있다.

```
0:000> k
 # Child-SP          RetAddr           Call Site
00 000000a7`01a7f610 00007ff6`0b0337a8
taskhostw!ComTaskMgrBase::[ComTaskMgr]::StartComTask +0x2c4
01 000000a7`01a7f960 00007ff6`0b033621 taskhostw!StartComTask+0x58
02 000000a7`01a7f9d0 00007ff6`0b033191
taskhostw!UbpmTaskHostWaitForCommands+0x2d1
3 000000a7`01a7fb00 00007ff6`0b035659 taskhostw!wWinMain+0xc1
04 000000a7`01a7fb60 00007ffa`39487bd4
taskhostw!__wmainCRTStartup+0x1c9
05 000000a7`01a7fc20 00007ffa`39aeced1
KERNEL32!BaseThreadInitThunk+0x14
06 000000a7`01a7fc50 00000000`00000000 ntdll!RtlUserThreadStart+0x21
```

15. 스택을 보면 UBPM에 의해 작업 호스트 클라이언트가 방금 생성됐으며 작업을 시작하고자 시작Start 명령을 받았다는 것을 알 수 있다.

16. Windbg 콘솔에 ~. 명령을 입력하고 엔터 키를 누른다. 현재 실행 중인 스레드 ID를 주목한다.

17. 이제 다음의 명령을 이용해 **CoCreateInstance** COM API에 브레이크포인트를 설정하고 실행을 재개한다.

```
bp combase!CoCreateInstance
g
```

18. 디버거가 중단되면 Windbg 콘솔에 ~. 명령을 다시 입력하고 엔터 키를 누르면 스레드 ID가 완전히 바뀌었다는 것을 확인할 수 있다.

19. 이것은 작업 호스트 클라이언트가 새로운 스레드를 생성해 작업의 진입점을 호출한다는 것을 보여준다. 매개변수로 지정된 특정 CLSID와 연관된 클래스의 단일 COM 객체를 생성하고자 문서화된 **CoCreateInstance** 함수를 사용된다. 이 실습에서는 2개의 GUID가 흥미로운데, 하나는 작업을 나타내는 COM 클래스의 GUID이고 나머지는 COM 객체에 구현된 인터페이스의 ID다.

20. 64비트 시스템에서 호출 규칙은 처음 4개의 함수 매개변수가 레지스터를 통해 전달되므로 해당 GUID를 쉽게 추출할 수 있다.

```
0:004> dt combase!CLSID @rcx
  {0358b920-0ac7-461f-98f4-58e32cd89148}
    +0x000 Data1       : 0x358b920
    +0x004 Data2       : 0xac7
    +0x006 Data3       : 0x461f
    +0x008 Data4       : [8] "???"
0:004> dt combase!IID @r9
  {839d7762-5121-4009-9234-4f0d19394f04}
    +0x000 Data1       : 0x839d7762
    +0x004 Data2       : 0x5121
    +0x006 Data3       : 0x4009
    +0x008 Data4       : [8] "???"
```

출력에서 볼 수 있듯이 COM 서버 CLSID는 {0358b920-0ac7-461f98f4-58e32cd89148}이다. 이 GUID가 **CacheTask** 작업의 XML 디스크립터에 있는 COM 동작의 GUID에 해당하는지 확인할 수 있다(자세한 내용은 이전 실습 참고). 요청된 인터페이스 ID는 {839d7762-5121-4009-9234-4f0d19394f04}다. 이는 COM 작업 핸들러 동작 인터페이스(ITaskHandler)의 GUID에 해당한다.

작업 스케줄러 COM 인터페이스

이전 절에서 설명한 것처럼 COM 작업은 잘 정의된 인터페이스를 준수해야 한다. 그리고 UBPM은 이 인터페이스를 이용해 작업의 상태 전환을 관리한다. UBPM이 작업의 시작 시점을 결정하고 모든 상태를 관리한다. 한편 작업을 등록, 제거 또는 단순히 수동으로 작업을 시작, 중지하고자 사용하는 다른 모든 인터페이스는 클라이언트 측 DLL(Taskschd.dll)에 있는 작업 스케줄러에 의해 구현된다.

ITaskService 인터페이스는 클라이언트가 작업 스케줄러에 연결해 등록된 작업을 열거하는 것과 같은 여러 작업을 수행할 수 있는 중앙 인터페이스다. 작업 저장소의 인스턴스를 가져올 수 있고(ITaskFolder COM 인터페이스), 작업을 활성화, 비활성화, 삭제할 수 있고 작업 및 작업과 관련된 트리거 및 동작(ITaskDefinition COM 인터페이스 사용)을 등록할 수 있다. 클라이언트 애플리케이션이 COM을 통해 작업 스케줄러 API를 처음 호출할 때 시스템은 작업 스케줄러 클라이언트 측 DLL(Taskschd.dll)을 클라이언트 프로세스의 주소 공간에 로드한다(COM 규약에 따른 것으로 작업 스케줄러 COM 객체는 in-proc COM 서버로 있다). COM API는 요청을 RPC 호출을 통해 작업 스케줄러 서비스로 라우팅하는 식으로 구현된다. 각 요청을 처리하고 필요한 경우 UBPM으로 전달한다. 유저는 작업 스케줄러 COM 아키텍처를 통해 파워셸(예약 작업의 cmdlet을 통해) 및 VBScript와 같은 스크립팅 언어로 작업 스케줄러와 상호작용할 수 있다.

윈도우 관리 도구

윈도우 관리 도구(WMI, Windows Management Instrumentation)는 DMTF(일종의 산업 컨소시엄)가 정의하는 표준인 웹 기반의 엔터프라이즈 관리(WBEM, Web-Based Enterprise Management)로 한 구현이다. WBEM 표준은 로컬 및 임의의 구성 요소를 포함하는 원격 시스템 관리에 필요한 유연성과 확장성을 갖는 광범위한 엔터프라이즈 데이터 수집과 데이터 관리 기능의 설계를 포괄한다.

WMI 아키텍처

WMI는 그림 10-27에서 보는 것처럼 관리 애플리케이션과 WMI 인프라, 공급자, 관리 객체(managed objects)라는 4개의 주요 구성 요소로 이뤄졌다.

관리 애플리케이션은 관리 객체에 관해 구한 데이터를 접근하고 표시하거나 처리하는 윈도우 애플리케이션이다. 관리 애플리케이션의 간단한 예로는 성능 정보를 구하고자 성능 API를 사용하기보다는 WMI에 의존하는 성능 도구를 들 수 있다. 다소 복잡한 예로는 관리자가 자신의 회사 내에 있는 모든 컴퓨터의 소프트웨어와 하드웨어를 구성해 자동으로 목록 조사가 이뤄지게 하는 엔터프라이즈 관리 도구를 들 수 있다.

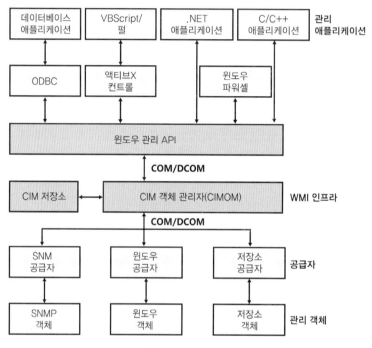

그림 10-27 WMI 아키텍처

개발자는 일반적으로 특정 객체에서 데이터를 수집하고 관리할 관리 애플리케이션을 정해야 한다. 객체는 네트워크 어댑터 디바이스 같은 구성 요소를 나타내기도 하며 컴퓨터(컴퓨터 객체는 네트워크 어댑터 객체를 포함할 수도 있다)와 같이 구성 요소의 모임을 나타내기도 한다. 공급자는 관리 애플리케이션이 관심을 두는 객체의 표현을 정의하고 익스포트할 필요가 있다. 예를 들어 네트워크 어댑터 벤더는 관리 애플리케이션이 지시하는 대로 어댑터의 상태와 행위를 질의하고 설정하는 것과 같은 어댑터 특정적인 속성을 윈도우가 포함하고 있는 네트워크 어댑터 WMI 지원에 추가하려 할 수도 있다. 어떤 경우(예를 들어 디바이스 드라이버의 경우) 마이크로소프트는 자신의 API를 갖는 공급자를 제공해 개발자로 하여금 최소의 코딩 작업으로 자신의 관리 객체에 대해 공급자의 구현을 이용하게 한다.

일반 정보 모델^{CIM, Common Information Model} 객체 관리^{CIMOM, CIM Object Manager}의 핵심을 이루는 WMI 인프라는 관리 애플리케이션과 공급자를 결합하는 접착제 역할을 한다 (CIM은 이 장의 뒷부분에서 설명한다). 또한 WMI 인프라는 객체 클래스 저장소의 역할을 하며 어떤 경우에는 지속적인 객체 프로퍼티에 대한 저장소 관리자 역할을 하기도 한다. WMI는 CIMOM 객체 리포지터리로 불리는 디스크상의 데이터베이스 저장소를 구현한다. WMI는 자신의 인프라의 일부분으로 여러 API를 지원한다. 이 API를 통해 관리 애플리케이션은 객체 데이터에 접근하고, 공급자는 데이터와 클래스 정의를 지원한다.

윈도우 프로그램은 직접적으로 WMI와 연동하고자 주요 관리 API인 WMI COM API를 사용한다. 그 밖의 API가 COM API 상위에 자리 잡고 있는데, 이런 API로는 마이크로소프트 접근 데이터베이스 애플리케이션을 위한 개방형 데이터베이스 연결^{ODBC, Open DataBase Connectivity} 어댑터를 들 수 있다. 데이터베이스 개발자는 자신의 데이터베이스에 객체 데이터에 대한 참조를 넣고자 WMI ODBC 어댑터를 사용한다. 이후부터 개발자는 WMI 기반의 데이터를 포함하는 데이터베이스 질의로 보고서를 쉽게 생성할 수 있다. WMI 액티브X 컨트롤은 또 다른 계층적인 API를 지원한다. 웹 개발자는 액티브X 컨트롤을 사용해 WMI 데이터에 대한 웹 기반의 인터페이스를 구축한다. 기타 관리 API로는 스크립트 기반의 애플리케이션과 마이크로소프트 비주얼 베이직 프로그램에서 사용되는 WMI 스크립팅 API가 있다. WMI 스크립팅 지원은 모든 마이크로소프트 프로그래밍 언어 기술을 위해 존재한다.

WMI COM 인터페이스는 관리 애플리케이션을 위한 것이므로 공급자를 위한 주요 API로 이뤄진다. 하지만 COM 클라이언트인 관리 애플리케이션과 달리 공급자는 COM이나 분산 COM^{DCOM, Distributed COM} 서버다. 즉, 공급자는 WMI가 연동하는 COM 객체를 구현한다. WMI 공급자의 가능한 구현체로는 WMI의 관리자 프로세스로 로드되는 DLL이나 독립 형태의 윈도우 애플리케이션, 윈도우 서비스를 들수 있다. 마이크로소프트는 성능 API와 레지스트리, 이벤트 관리자, 액티브 디렉터리, SNMP, 최신의 디바이스 드라이버와 같이 잘 알려진 출처에서 데이터를 지원하는 다수의 내장된 공급자를 포함하고 있다. 개발자는 WMI SDK를 통해 서드파티 WMI 공급자를 개발할 수 있다.

WMI 공급자

WBEM의 핵심은 DMTF가 설계한 CIM 사양이다. CIM은 시스템 관리 측면에서 관리 시스템이 컴퓨터에서부터 컴퓨터의 애플리케이션이나 디바이스에 이르기까지를 어떻게 나타낼지 지정한다. 공급자 개발자는 자신이 관리를 활성화하고자 하는 애플리케이션의 일부를 이루는 구성 요소를 나타내고자 CIM을 사용한다. 개발자는 CIM 표현을 구현하고자 관리 객체 형식$^{\text{MOF, Managed Object Format}}$ 언어를 사용한다.

객체를 나타내는 클래스 정의뿐만 아니라 공급자는 객체에 대한 WMI 인터페이스 역할을 해야 한다. WMI는 공급자가 제공하는 인터페이스 기능에 따라 공급자를 분류한다. 표 10-14는 WMI 공급자 분류 목록이다. 공급자는 하나 이상의 기능을 구현할 수 있다는 점에 유의하자. 따라서 예를 들어 공급자는 클래스와 이벤트 공급자 둘 다 될 수 있다. 표 10-14에서 기능 정의를 명확히 하고자 이들 몇 가지 기능을 구현하는 공급자를 살펴보자. 이벤트 로그$^{\text{Event Log}}$ 공급자는 이벤트 로그 컴퓨터와 이벤트 로그 레코드, 이벤트 로그 파일을 포함하는 다수의 객체를 지원한다. 이벤트 로그는 자신의 여러 클래스에 대해 다수의 인스턴스를 정의할 수 있기 때문에 인스턴스 공급자다. 이벤트 로그 공급자가 다수의 인스턴스를 정의하는 클래스로는 이벤트 로그 파일 클래스$^{\text{(Win32\_NTEventlogFile)}}$가 있다. 이벤트 로그 공급자는 시스템의 각 이벤트 로그에 이 클래스의 인스턴스를 정의한다(즉, 시스템 이벤트 로그와 애플리케이션 이벤트 로그, 보안 이벤트 로그).

표 10-14 공급자 분류

분류	설명
클래스(Class)	공급자 특정적인 클래스를 지원, 수정, 삭제, 열거할 수 있다. 또한 쿼리 처리를 지원한다. 액티브 디렉터리는 클래스 공급자인 서비스의 드문 예다.
인스턴스(Instance)	시스템과 공급자 특정적인 클래스의 인스턴스를 지원, 수정, 삭제, 열거할 수 있다. 인스턴스는 관리 객체를 나타낸다. 또한 쿼리 처리를 지원한다.
프로퍼티(Property)	각 객체 프로퍼티 값을 지원하고 수정할 수 있다.
메서드(Method)	공급자 특정적인 클래스에 대한 메서드를 지원한다.
이벤트(Event)	이벤트 통지를 생성한다.
이벤트 소비자(Event consumer)	이벤트 통지를 지원하고자 물리적인 소비자를 논리적인 소비자로 매핑한다.

이벤트 로그 공급자는 인스턴스 데이터를 정의하고 관리 애플리케이션으로 하여 금 레코드를 열거하게 한다. 관리 애플리케이션이 이벤트 로그 파일을 백업하고 복구하고자 WMI를 사용하도록 이벤트 로그 공급자는 이벤트 로그 파일 객체에 대한 백업 메서드와 복구 메서드를 구현한다. 이렇게 함으로써 이벤트 로그 공급 자를 메서드 공급자로 만든다. 마지막으로 관리 애플리케이션은 새로운 레코드가 이벤트 로그에 기록될 때마다 통지를 받게 등록할 수 있다. 따라서 이벤트 로그 공급자는 이벤트 로그 레코드가 도착했음을 WMI에게 알려주고자 WMI 이벤트 통지를 사용하는데, 이때는 이벤트 공급자로서 역할을 하는 것이다.

CIM과 MOF 언어

CIM은 C++와 자바 같은 객체지향적인 언어의 단계를 따르는데, 이는 모델 설계자 가 클래스로서 표현을 설계하는 것을 말한다. 클래스로 작업하는 것은 개발자로 하여금 상속과 구축이라는 강력한 모델링 기법을 사용할 수 있게 해준다. 하위 클래스는 상위 클래스의 속성을 상속할 수 있으며 자신만의 특성을 추가하고 상 위 클래스에서 상속받은 특성을 오버라이드할 수 있다. 다른 클래스에서 속성을 상속받는 클래스는 그 클래스에서 구동된 것이다. 또한 클래스는 구성이 가능하 다. 즉, 개발자는 다른 클래스를 포함하는 클래스를 만들 수 있다. CIM 클래스는 속성과 메서드로 구성되는데, 속성은 WMI 관리 리소스의 구성 및 상태이고 메서 드는 WMI 관리 리소스상에서 작업을 수행하는 기능이다.

DMTF는 WBEM 표준의 일부로서 여러 클래스를 제공한다. 이들 클래스는 CIM의 기본 언어며, 모든 관리 분야에 적용되는 객체를 표현한다. 클래스는 CIM 핵심 모델의 부분을 이룬다. 핵심 클래스의 예로 CIM_ManagedSystemEIement가 있다. 이 클래스는 하드웨어 디바이스 같은 물리적인 구성 요소와 프로세스 및 파일 같은 논리 구성 요소를 식별하는 몇 가지 기본적인 프로퍼티를 포함한다. 프로퍼 티는 캡션과 설명, 설치 날짜, 상태를 포함한다. 따라서 CIM_LogicalEIement와 CIM_PhysicalEIement 클래스는 CIM_ManagedSystemEIement 클래스의 속성을 상속 한다. 또한 이들 두 클래스는 CIM 핵심 모델의 일부이기도 하다. WBEB 표준은 이들 클래스를 **추상** 클래스라고 부른다. 이들 클래스는 다른 클래스가 상속하는 클래스로서만 존재하기 때문이다(즉, 추상 클래스의 객체 인스턴스는 존재하지 않는다). 따라서 추상 클래스를 다른 클래스에서 사용하고자 프로퍼티를 정의하는 템플릿으로 간주할 수 있다.

클래스의 두 번째 범주는 관리 분야에 특정적이지만 특정 구현에는 독립적인 객체를 표현한다. 이들 클래스는 공통 모델을 구성하는 요소며 핵심 모델의 확장으로 볼 수 있다. 공통 모델 클래스의 예로는 CIM_FileSystem 클래스가 있다. 이 클래스는 CIM_LogicalEIement의 속성을 상속한다. 실제로 윈도우와 리눅스, 기타 다양한 유닉스를 포함해 모든 운영체제는 파일 시스템 기반의 구조화된 저장소에 의존하므로 CIM_FileSystem 클래스는 공통 모델의 적절한 구성 요소라 할 수 있다.

마지막 클래스 범주인 확장 모델은 공통 모델에 기술 특정적인 부분을 추가한 것이다. 윈도우는 윈도우 환경에 특정적인 객체를 나타내고자 이런 다수의 클래스를 정의한다. 모든 운영체제는 파일에 데이터를 저장하기 때문에 CIM 공통 모델은 CIM_LogicalFile 클래스를 포함한다. CIM_DataFile 클래스는 CIM_LogicalFile 클래스를 상속하며, 윈도우는 이들 윈도우 파일 유형에 대해 Win32_PageFile과 Win32_ShortcutFile 파일 클래스를 추가한다.

윈도우에는 관리자가 WMI 네임스페이스 및 클래스와 상호작용할 수 있는 다양한 WMI 관리 애플리케이션이 포함돼 있다. WMI 커맨드라인 도구(WMIC.exe) 및 윈도우 파워셸은 WMI에 연결하고 쿼리를 실행하며 WMI 클래스 객체 메서드를 호출할 수 있다. 그림 10-28은 이벤트 로그 공급자의 일부인 Win32_NTEventlog File 클래스의 정보를 추출하는 파워셸 창을 보여준다. 이 클래스는 상속을 광범위하게 사용하고 CIM_DataFile에서 유도된다. 이벤트 로그 파일은 로그 파일 이름(LogfileName)과 파일이 포함하는 레코드의 수(NumberOfRecords) 같은 이벤트 로그 특정적인 속성을 부가적으로 갖는 데이터 파일이다. 클래스 브라우저가 보여주는 트리는 Win32_NTEventlogFile이 여러 상속 계층에 기반을 두고 있음을 보여준다. 즉, CIM_DataFile은 CIM_LogicalFile에서 유도된 것이며 CIM_LogicalFile은 CIM_LogicalElement에서, CIM_LogicalElement는 CIM_ManagedSystemEIement에서 유도된 것이다.

그림 10-28 파워셸을 이용한 Win32_NTEventlogFile 클래스 정보 추출

앞서 언급한 것처럼 WMI 공급자의 개발자는 MOF 언어로 자신의 클래스를 작성한다. 다음 출력은 그림 10-28에서 쿼리한 이벤트 로그 공급자의 Win32_NTEventlogFile 정의를 보여준다.

```
[dynamic: ToInstance, provider("MS_NT_EVENTLOG_PROVIDER"): ToInstance, SupportsUpdate,
Locale(1033): ToInstance, UUID("{8502C57B-5FBB-11D2-AAC1-006008C78BC7}"): ToInstance]
class Win32_NTEventlogFile : CIM_DataFile
{
    [Fixed: ToSubClass, read: ToSubClass] string LogfileName;
    [read: ToSubClass, write: ToSubClass] uint32 MaxFileSize;
    [read: ToSubClass] uint32 NumberOfRecords;
    [read: ToSubClass, volatile: ToSubClass, ValueMap{"0", "1..365", "4294967295"}:
        ToSubClass] string OverWritePolicy;
    [read: ToSubClass, write: ToSubClass, Range("0-365 | 4294967295"): ToSubClass]
        uint32 OverwriteOutDated;
    [read: ToSubClass] string Sources[];
    [ValueMap{"0", "8", "21", ".."}: ToSubClass, implemented, Privileges{
        "SeSecurityPrivilege", "SeBackupPrivilege"}: ToSubClass]
            uint32 ClearEventlog([in] string ArchiveFileName);
    [ValueMap{"0", "8", "21", "183", ".."}: ToSubClass, implemented, Privileges{
```

```
    "SeSecurityPrivilege", "SeBackupPrivilege"}: ToSubClass]
        uint32 BackupEventlog([in] string ArchiveFileName);
};
```

출력에서 MOF 파일이 보여주는 **Win32_NTEventlogFile** 클래스를 설명하는 지시자인 **dynamic**이라는 단어를 살펴볼 필요가 있다. **dynamic**이 의미하는 것은 관리 애플리케이션이 객체의 프로퍼티를 질의할 때마다 WMI 인프라가 WMI 공급자에게 해당 클래스의 객체와 연관된 프로퍼티의 값을 요청한다는 것이다. 정적^{static} 클래스는 WMI 리포지터리에 있는 클래스다. WMI 인프라는 값을 공급자에게 요청하는 대신 값을 구하고자 리포지터리를 참조한다. 리포지터리를 갱신하는 것은 상대적으로 비용이 많이 드는 동작이므로 자주 변하는 프로퍼티를 갖는 객체의 경우 동적 공급자가 좀 더 효율적이다.

실습: WMI 클래스의 MOF 정의 살펴보기

윈도우에서 지원하는 WbemTest(WMI 관리 도구 테스터) 도구를 사용해 모든 WMI 클래스의 MOF 정의를 살펴볼 수 있다. 이 실습을 통해 **Win32_NTEventLogFile** 클래스에 대한 MOF 정의를 살펴보자.

1. 코타나 검색 상자에서 **Webmtest**를 입력해 도구를 실행한다.
2. Connect 버튼을 클릭해 네임스페이스를 **root\cimv2**로 변경하고 연결한다. 다음 그림처럼 모든 명령 버튼이 활성화돼야 한다.

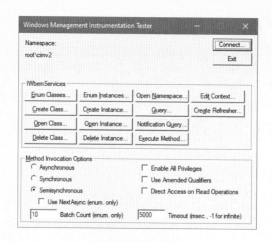

3. Enum 클래스를 선택하고 Recursive 옵션 버튼을 선택한 다음에 OK 를 클릭한다.

4. 클래스 목록에서 Win32_NTEventLogFile을 선택한 다음에 클래스 속성을 보려면 이 클래스를 더블 클릭한다.

5. Show MOF 버튼을 클릭해 MOF 텍스트를 표시하는 윈도우를 오픈 한다.

WMI 개발자는 MOF로 클래스를 구축한 이후에 여러 방식으로 WMI에 클래스 정의를 지원할 수 있다. WDM 드라이버 개발자는 MOF 파일을 MOF 파일보다 더욱 간결한 바이너리 표현을 갖는 바이너리 MOF^{BMOF, Binary MOF} 파일로 컴파일한 후 BMF 파일을 WDM 인프라에 동적으로 지원하거나 BMF 파일을 드라이버 바이너리에 정적으로 포함시키든가 둘 중 하나를 선택할 수 있다. 다른 방법으로는 공급자가 MOF를 컴파일하고 WMI COM API를 사용해 WMI 인프라에 그 정의를 넘겨준다. 마지막으로 공급자는 MOF 컴파일러(Mofbomp.exe) 도구를 사용해 직접 WMI 인프라에 컴파일된 클래스 표현을 지원할 수 있다.

> 윈도우 7까지는 WMI 관리 도구와 함께 제공되는 WMI CIM Studio라는 그래픽 도구를 지원했다. 이 도구는 WMI 네임스페이스, 클래스, 속성 및 메서드를 그래픽으로 표시할 수 있다. 현재 이 도구는 윈도우 파워셸의 WMI 기능으로 대체돼 지원하지 않으며 다운로드할 수 없다. 파워셸은 GUI로 실행되지 않는 스크립팅 언어며 일부 타사 도구는 CIM Studio와 유사한 인터페이스를 지원한다. 그중 하나는 https://github.com/vinaypamnani/wmie2/releases에서 다운로드할 수 있는 WMI 탐색기다.

CIM 리포지터리는 %SystemRoot%\System32\wbem\에 리포지터리 경로와 다음 내용을 저장한다.

- Index.btr: 이진트리 인덱스 파일
- MappingX.map: 트랜잭션 제어 파일(X는 1부터 시작하는 숫자)
- Objects.data: 관리 자원 정의가 저장되는 CIM 리포지터리

WMI 네임스페이스

클래스는 WMI 공급자에 의해 지원되는 객체를 정의하며 객체는 시스템에 있는 클래스 인스턴스다. WMI는 객체를 구조화하고자 계층적으로 여러 하위 네임스페이스를 포함하는 네임스페이스를 사용한다. 관리 애플리케이션은 네임스페이스 내의 객체에 접근하려면 먼저 네임스페이스에 연결해야 한다.

WMI는 네임스페이스의 최상위 디렉터리를 루트로 부른다. WMI 설치는 루트 밑에 존재하는 4개의 미리 정의된 네임스페이스인 CIMV2와 Default, Security, WMI를 가진다. 이들 네임스페이스의 일부는 자신의 네임스페이스 내에 다른 네임스페이스를 가진다. 예를 들어 CIMV2는 하위 네임스페이스로 Applications와 ms_409 네임스페이스를 가진다. 공급자는 종종 자신만의 네임스페이스를 정의한다. 윈도우에서는 루트 아래에서 WMI 네임스페이스(윈도우 디바이스 드라이버 WMI 공급자가 정의한 것이다)를 볼 수 있다.

디렉터리와 파일의 계층을 이루고 있는 파일 시스템 네임스페이스와는 달리 WMI 네임스페이스는 한 레벨 깊이만 존재한다. 파일 시스템처럼 이름을 사용하는 대신 WMI는 객체를 식별하고자 키로 정의한 객체 속성을 사용한다. 관리 애플리케이션은 네임스페이스에서 특정 객체를 찾고자 키 이름으로 클래스 이름을 지정한다. 따라서 클래스의 각 인스턴스는 자신의 키 값으로 고유하게 식별 가능해야 한다. 예를 들어 이벤트 로그 공급자는 Win32_NTLogEvent 클래스를 사용해 이벤트 로그에서 레코드를 표현한다. 이 클래스는 문자열 형식의 Logfile과 양수의 RecordNumber인 두 키를 가진다. 이벤트 로그 레코드의 인스턴스를 WMI에 질의하는 관리 애플리케이션은 레코드를 식별하는 공급자 키 쌍에서 이들 레코드를 구한다. 애플리케이션은 다음 예제의 객체 경로 이름에서 볼 수 있는 구문을 사용해 레코드를 참조한다.

```
\\ANDREA-LAPTOP\root\CIMV2:Win32_NTLogEvent.Logfile="Application",
                                              RecordNumber="1"
```

이름의 첫 번째 요소(\\ANDREA-LAPTOP)는 객체가 위치하는 컴퓨터를 식별하며, 두 번째 요소(\root\CIMV2)는 객체가 존재하는 네임스페이스다. 클래스 이름 다음에는 콜론이 위치하며, 마침표 다음에는 키 이름 및 이들 이름과 연관된 값이 위치한다. 콤마는 키 값을 구분한다.

WMI는 애플리케이션이 특정 클래스 내의 모든 객체를 열거하거나 질의 기준에 일치하는 클래스의 인스턴스를 반환하는 질의를 할 수 있는 인터페이스를 제공한다.

클래스 연관화

많은 객체 유형이 어떤 방식으로든지 서로 관련돼 있다. 예를 들어 컴퓨터 객체는 프로세서와 소프트웨어, 운영체제. 액티브 프로세스 등을 가진다. WMI는 서로 다른 두 클래스 간의 논리적 연결을 표현하고자 공급자로 하여금 연관 클래스[association class]를 구축하게 한다. 연관 클래스는 한 클래스를 다른 클래스와 연관시킨다. 따라서 이들 연관 클래스는 클래스 이름과 Ref 변경자[modifier]의 두 프로퍼티만을 가진다. 다음 출력은 이벤트 로그 공급자의 MOF 파일이 Win32_NTLogEvent 클래스와 Win32_ComputerSystem 클래스를 연관시킬 때의 연관성을 보여준다. 관리 애플리케이션은 한 객체에 대해 관련된 객체를 질의할 수 있다. 이런 방식으로 공급자는 객체 계층을 정의한다.

```
[dynamic: ToInstance, provider("MS_NT_EVENTLOG_PROVIDER"): ToInstance,
EnumPrivileges{"SeSecurityPrivilege"}: ToSubClass,
Privileges{"SeSecurityPrivilege"}: ToSubClass, Locale(1033):
ToInstance, UUID("{8502C57F-5FBB-11D2-AAC1-006008C78BC7}"): ToInstance,
Association: DisableOverride ToInstance ToSubClass]
class Win32_NTLogEventComputer
{
    [key, read: ToSubClass] Win32_ComputerSystem ref Computer;
    [key, read: ToSubClass] Win32_NTLogEvent ref Record;
};
```

그림 10-29는 CIMV2 네임스페이스에 있는 첫 번째 Win32_NTLogEventComputer 클래스 인스턴스를 표시하는 파워셸 창이다. 유저는 연관된 클래스 인스턴스 집합에서 Win32_ComputerSystem 객체 인스턴스인 WIN-46E4EFTBP6Q를 쿼리할 수 있다. 이 인스턴스는 애플리케이션 로그 파일에 레코드 번호 1031인 이벤트를 생성했다.

그림 10-29 Win32_NTLogEventComputer 연관 클래스

실습: WMI 스크립트를 사용해 시스템 관리하기

WMI의 강력한 측면은 스크립팅 언어를 지원한다는 점이다. 마이크로소프트는 유저 계정과 파일 레지스트리, 프로세스, 하드웨어 디바이스를 관리하는 통상적인 관리 작업을 수행하는 수많은 스크립트를 만들었다. 마이크로소프트 테크넷 스크립팅 센터 웹 사이트는 마이크로소프트 스크립트의 중심지 역할을 한다. 스크립팅 센터로부터 스크립트를 사용하는 것은 인터넷 브라우저에서 텍스트를 복사하는 만큼이나 쉬운데, 이는 스크립트를 .vbs 확장자를 가진 파일로 저장해 cscrlpt *script*.vbs 명령으로 실행하면 된다. 여기서 *script*는 독자의 스크립트 이름이다. cscript는 윈도우 스크립트 호스트^{WSH, Windows Script Host}에 대한 커맨드라인 인터페이스다.

다음은 Win32_Process 객체 인스턴스가 생성될 때 이벤트(프로세스가 시작할 때마다

738

발생한다)를 받도록 등록하고 객체가 나타내는 프로세스의 이름을 프린트하는 TechNet 스크립트 샘플이다.

```
strComputer = "."
Set objWMIService = GetObject("winmgmts:" _
    & "{impersonationLevel=impersonate}!\\" & strComputer & "\root\cimv2")
Set colMonitoredProcesses = objWMIService. _
    ExecNotificationQuery("SELECT * FROM __InstanceCreationEvent " _
        & " WITHIN 1 WHERE TargetInstance ISA 'Win32_Process'")
i = 0
Do While i = 0
    Set objLatestProcess = colMonitoredProcesses.NextEvent
    Wscript.Echo objLatestProcess.TargetInstance.Name
Loop
```

ExecNotificationQuery를 호출하는 줄은 select문을 포함하는 인자를 사용한다. 이는 WMI 유저가 WMI 공급자로부터 자신이 추출하고자 하는 정보를 유연하게 지정하기 위한 WQL로 알려져 있는 ANSI 표준 SQL, 구조화된 쿼리 언어의 읽기 전용 부분에 대한 WMI 지원을 나타내는 것이다. Cscript 명령으로 샘플 스크립트를 실행하고 메모장을 시작하면 다음 출력을 얻을 수 있다.

```
C:\>cscript monproc.vbs
Microsoft (R) Windows Script Host Version 5.812
Copyright (C) Microsoft Corporation. All rights reserved.

NOTEPAD.EXE
```

파워셸은 Register-WmiEvent 및 Get-Event 명령으로 동일한 기능을 지원한다.

```
PS C:\> Register-WmiEvent -Query ""SELECT * FROM __InstanceCreationEvent
WITHIN 1 WHERE TargetInstance ISA 'Win32_Process'" -SourceIdentifier
"TestWmiRegistration"

PS C:\> (Get-Event)[0].SourceEventArgs.NewEvent.TargetInstance |
Select-Object -Property ProcessId, ExecutablePath

ProcessId ExecutablePath
```

```
--------- --------------
   76016 C:\WINDOWS\system32\notepad.exe

PS C:\> Unregister-Event -SourceIdentifier "TestWmiRegistration"
```

WMI 구현

WMI 서비스는 로컬 시스템 계정에서 실행하는 공유 Svchost 프로세스에서 실행한다. WMI 서비스는 wmipwse.exe 공급자 호스팅 프로세스(RPC 서비스인 DCOM 런처 프로세스의 자식으로 시작한다) 내부로 공급자를 로드한다. WMI는 공급자 구현을 나타내는 WMI Win32Provider 객체 인스턴스의 HostingModel 프로퍼티 값에 따라 로컬 시스템이나 로컬 서비스, 네트워크 서비스 계정에서 wmiprvse를 실행한다. Wmiprvse 프로세스는 자신이 받은 마지막 공급자 요청이 있은 후 1분이 지나 공급자가 캐시에서 제거된 이후에 종료된다.

실습: WmiPrvSE 생성 살펴보기

Process Explorer나 Wmic를 실행해 WmiPrvSE의 생성을 살펴볼 수 있다. WmiPrvSE 프로세스는 DCOM 런처 서비스를 호스트하는 Svchost 프로세스 아래에 보일 것이다. Process Explorer의 잡job 강조 기능이 활성화돼 있다면 WmiPrvSE는 강조색으로 보일 것이다. 이렇게 보이는 이유는 잘못된 공급자가 시스템의 모든 가상 메모리 자원을 소진하지 못하도록 WmiPrvSE는 생성할 수 있는 하위 프로세스의 수와 잡의 각 프로세스 및 모든 프로세스가 할당할 수 있는 가상 메모리의 양을 제한하는 잡 객체에서 실행하기 때문이다(잡 객체에 관한 추가 정보는 Vol.1의 5장 참고).

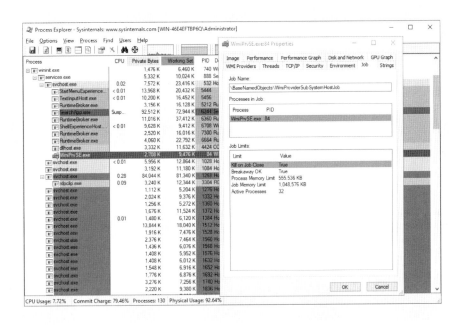

윈도우 MOF 파일과 내장된 공급자 DLL, 관리 애플리케이션 WMI DLL을 포함해 대부분의 WMI 구성 요소는 디폴트로 %SystemRoot%\System32와 %SystemRoot%\System32\Wbem에 존재한다. %SystemRoot%\System32\Wbem을 보면 이벤트 로그 공급자 MOF 파일인 Ntevt.mof를 볼 수 있다. 또한 이벤트 로그 공급자의 DLL인 Ntevt.dll(WMI 서비스가 사용한다)도 볼 수 있다.

공급자는 보통 지정된 인터페이스 집합을 구현한 COM 서버를 노출하는 DLL(동적 연결 라이브러리)로 구현된다(IWbemServices가 중심이며 일반적으로 단일 공급자는 단일 COM 서버로 구현). WMI에는 윈도우 운영체제 제품군에 대한 많은 기본 지원 공급자가 포함돼 있다. 표준 공급자로 불리는 기본 지원 공급자는 Win32 서브시스템, 이벤트 로그, 성능 카운터, 레지스트리와 같은 잘 알려진 운영체제 소스의 데이터 및 관리 기능을 지원한다. 표 10-15는 윈도우에 포함된 몇 가지 표준 WMI 공급자다.

표 10-15 윈도우에 포함된 표준 WMI 공급자

공급자	바이너리	네임스페이스	설명
액티브 디렉터리	dsprov.dll	root\directory\ldap	액티브 디렉터리 객체를 WMI에 매핑
이벤트 로그	ntevt.dll	root\cimv2	윈도우 이벤트 로그 관리(예, 읽기, 백업, 비우기, 복사, 삭제, 감시, 이름 변경, 압축 및 해제, 이벤트 로그 설정 변경)
성능 카운터	wbemperf.dll	root\cimv2	원시(raw) 성능 데이터에 대한 접근
레지스트리	stdprov.dll	root\default	레지스트리 키/값에 대한 읽기, 쓰기, 열거, 감시, 생성, 삭제
가상화	vmmsprox.dll	root\virtualization\v2	vmms.exe에 구현된 가상화 서비스 접근 (호스트의 가상 머신 관리 및 게스트 VM에서 호스트 주변 장치의 정보 검색 등)
WDM	wmiprov.dll	root\wmi	WDM 장치 드라이버 정보 접근
Win32	cimwin32.dll	root\cimv2	컴퓨터, 디스크, 주변 장치, 파일, 폴더, 파일 시스템, 네트워킹 구성 요소, 운영 체제, 프린터, 프로세스, 보안, 서비스, 공유, SAM 사용자 및 그룹 등에 대한 정보 지원
윈도우 인스톨러	msiprov.dll	root\cimv2	설치된 소프트웨어 정보

이벤트 로그 공급자 DLL인 Ntevt.dll은 HKLM\Software\Classes\CLSID 레지스트리 키에 {F55C5B4C-517D-11d1-AB57-00C04FD9159E} CLSID로 등록된 COM 서버로, MOF 디스크립터에서 찾을 수 있다. %SystemRoot%\System32\Wbem 경로 아래에는 리포지터리와 로그 파일, 서드파티 MOF 파일이 저장된다. WMI는 적절한 마이크로소프트 JET 데이터베이스 엔진을 사용해 CIMOM이라는 리포지터리를 구현한다. 데이터베이스 파일은 디폴트로 %SystemRoot%\System32\Wbem\Repository\에 존재한다.

WMI는 특정 인자에 대한 임곗값이나 최댓값 같은 서비스의 HKLM\SOFTWARE\Microsoft\WBEM\CIMOM 레지스트리 키가 저장하는 다수의 레지스트리 설정을 최대한 반영한다.

디바이스 드라이버는 WMI에 데이터를 지원하고 WMI로부터 명령(WMI 시스템 제어 명령으로 불린다)을 받고자 특수한 인터페이스를 사용한다. 이들 인터페이스는 Vol.1의 6장에서 설명한 WDM의 일부다. 이들 인터페이스는 크로스플랫폼용이므로 \root\WMI 네임스페이스에 존재한다.

WMI 보안

WMI는 네임스페이스 수준에서 보안을 구현한다. 관리 애플리케이션이 성공적으로 네임스페이스에 연결된다면 해당 네임스페이스에 있는 모든 객체의 프로퍼티를 보고 접근할 수 있다. 관리자는 WMI 제어 애플리케이션을 사용해 어떤 유저가 네임스페이스에 접근할 수 있는지를 제어할 수 있다. 내부적으로 이 보안 모델은 접근 검사를 구현하는 표준 윈도우 보안 모델의 일부분인 ACL과 보안 디스크립터를 사용해 구현된다(접근 검사에 관한 추가 정보는 Vol.1의 7장을 참고한다).

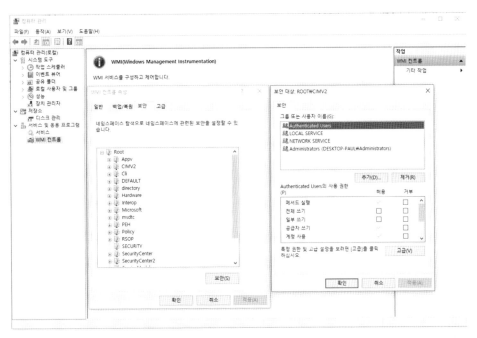

그림 10-30 WMI 컨트롤 속성과 root\CIMV2 네임스페이스의 보안 탭

WMI 제어 애플리케이션을 시작하려면 코타나 검색 상자에 **컴퓨터 관리**를 입력한

다. 이제 서비스 및 애플리케이션 항목에서 WMI 컨트롤을 오른쪽 클릭해 속성을 선택해서 그림 10-30에서 보이는 WMI 컨트롤 속성 대화상자를 나타낸다. 네임스페이스에 대한 보안을 설정하려면 보안 탭을 클릭하고 네임스페이스를 선택한 후 보안 버튼을 클릭한다. WMI 컨트롤 속성 대화상자에 있는 다른 탭을 통해 레지스트리에 저장되는 성능이나 백업 설정을 수정할 수 있다(원서의 root\virtualization\v2는 가상화 설정에 따라 없을 수 있어 기본 네임스페이스인 root\CIMV2 를 대상으로 번역했다. - 옮긴이).

윈도우 이벤트 추적(ETW)

윈도우 이벤트 추적은 커널 모드 드라이버와 애플리케이션에 추적 이벤트 관련 로그를 지원, 소비, 관리를 도와주는 주요 기능이다. 이벤트는 로그 파일이나 원형 큐에 저장된다. 또는 실시간으로 소비된다. 해당 기능은 드라이버, .NET.CLR과 같은 프레임워크 또는 애플리케이션을 디버깅하는 데 사용된다. 그리고 성능 문제와 같은 잠재적인 문제가 있는지 이해하기 위해서도 사용된다. ETW 기능은 주로 NT 커널에서 구현된다. 그러나 애플리케이션은 전용 로거를 사용할 수도 있다. 커널 모드로 전혀 전환되지 않게 된다. ETW를 사용하는 애플리케이션은 다음의 카테고리 중 하나에 속한다.

- **컨트롤러**Controller: 컨트롤러는 이벤트 추적 세션을 시작 및 중지하고 버퍼 풀의 크기를 관리하며, 공급자가 세션에 이벤트를 기록할 수 있도록 활성화한다. 컨트롤러의 예로는 윈도우 성능 툴킷으로 안정성을 확인하는 성능 모니터와 XPerf가 있다(현재 윈도우 평가 및 배포 키트에 포함돼 있으며 https://docs.microsoft. com/en-us/windows-hardware/get-started/adk-install에서 다운로드할 수 있음).
- **공급자**Provider: 공급자는 이벤트 모니터링 계측 기능이 포함된 애플리케이션 또는 드라이버다. 공급자는 생성 가능한 이벤트를 식별하는 공급자의 GUID(전역 고유 식별자)를 ETW에 제공한다. 설정이 완료되면 공급자는 이벤트를 생성할 수 있으며 컨트롤러 애플리케이션은 연결된 트레이스 세션으로 이벤트를 활성화 또는 비활성화할 수 있다.
- **소비자**Consumer: 소비자는 추적 데이터를 읽길 원하는 하나 또는 그 이상의

추적 세션을 선택하는 애플리케이션이다. 소비자는 로그 파일, 원형 버퍼 또는 실시간으로 이벤트를 전달하는 세션으로부터 저장된 이벤트를 받을 수 있다.

언급할 주요 부분은 ETW에서, 모든 공급자, 세션, 특성 그리고 공급자의 그룹이 GUID로 표현된다는 것이다(GUID 개념들과 연관된 더 많은 정보는 이후 절에서 다룬다). 이벤트를 지원하는 데 사용되는 4개의 다른 기술은 ETW 위에서 만들어진다. 그것들은 이벤트를 저장하고 정의하는 방식에서 크게 다르다(다른 차이점도 있다).

- MOF(또는 클래식) 공급자는 전통적인 것 중 하나로, 주로 WMI에 의해 사용된다. MOF 공급자는 이벤트 디스크립터를 MOF 클래스에 저장한다. 그 결과로 소비자는 그것들을 어떻게 소비할지 알 수 있다.
- 윈도우 소프트웨어 추적 프로세서(WSTP, Windows Software Trace Processor) 공급자는 애플리케이션 또는 드라이버의 연산을 추적하는 데 사용된다(그것들은 WMI 이벤트 트레이싱의 확장 기능이다). 그리고 TMF(추적 메시지 포맷)를 사용한다. TMF는 소비자가 추적 이벤트를 디코드하는 데 사용된다.
- 매니페스트 기반 공급자는 XML 매니페스트 파일을 사용해서 이벤트를 정의하는데, 이는 소비자에 의해 해석된다.
- 추적 로깅 공급자는 WPP 공급자들이 드라이버 애플리케이션의 빠른 추적 연산을 위해 사용되는 것과 같이 스스로를 기술하는 이벤트를 사용한다. 이것들은 컨트롤러에 의한 소비를 위해 필요한 모든 정보를 포함하고 있다.

설치되면 윈도우는 이미 몇 개의 공급자를 포함하고 있는데, 이것들은 각각 OS에서 진단 이벤트와 성능 추적 로깅을 위한 구성 요소에서 사용된다. 예를 들어 하이퍼V는 여러 공급자를 갖고 있다. 이를 통해 하이퍼바이저, 동적 메모리, Vid 드라이버 그리고 가상화 스택을 위한 추적 이벤트를 지원한다. 그림 10-31에서 볼 수 있듯이 ETW는 다른 구성 요소에서 구현된다.

- 대부분의 ETW 구현(전역 세션 생성, 제공자 등록 및 활성화, 주요 로거 스레드)은 NT 커널에 있다.
- 호스트 SCM/SDDL/LSA 룩업 API 라이브러리(sechost.dll)는 애플리케이션에

주요한 유저 모드 API를 지원한다. 이는, ETW 세션을 생성하고, 공급자를 활성화하고, 이벤트를 소비하는 데 사용되는 API다. Sechost는 NT 커널에서 **Ntdll**로 ETW를 호출하는 데 지원되는 서비스를 사용한다. 일부 ETW 유저 모드 API는 **Ntdll** 내에서 직접 구현된다(Sechost에서 구현되지 않는다).

- 이벤트 추적 디코딩 헬퍼 라이브러리(TDH.dll)는 소비자가 ETW 이벤트를 디코딩하는 데 가용한 서비스를 구현한다.

- 이벤트 소비와 설정 라이브러리(WevtApi.dll)는 윈도우 이벤트 로그 API를 구현한다(Evt API로 알려졌다). 이는 소비 애플리케이션으로 하여금 공급자를 관리하는 데 쓰인다. 그리고 로컬과 원격 머신 이벤트를 관리하는 데 사용한다. 윈도우 이벤트 로그 API는 Xpath 1.0을 지원한다. 또는 구조화된 XML 쿼리를 지원해서 ETW 세션에 의해 생산되는 이벤트를 파싱하기도 하는 데 사용한다.

- 보안 커널은 기초 보안 서비스를 구현해서 NT 커널의 ETW와 통신한다. VTL 0에 위치해 있다. 이는 트러스트렛을 허용하고 보안 커널이 ETW 로깅을 사용해서 스스로의 보안 이벤트를 로깅하는 데 사용된다.

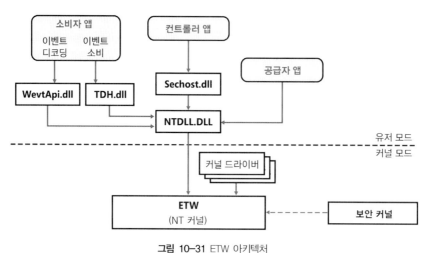

그림 10-31 ETW 아키텍처

ETW 초기화

ETW 초기화는 NT 커널 시작 시점 초기에 시작한다(NT 커널 초기화에 대한 자세한 정보는 12절을 참고한다). 이는 내부 **EtwInitialize** 함수에서 3개의 단계로 조정된다. 0번째 단계는 NT 커널 초기화가 **EtwInitizlie**를 호출해서 적절히 ETW 데이터 구조체를 초기화하는 것이다. 이 데이터 구조체는 전역 ETW 세션을 나타내는 로거 콘텍스트 정보의 배열을 저장한다(더 자세한 사항은 'ETW 세션' 절을 참고한다). 최대 개수의 전역 세션은 HKLM\System\CurrentControlSet\Control\WMI\EtwMaxLogger 레지스트리 값으로 알 수 있으며, 32와 256 사이 값 중 하나다(레지스트리 값이 없다면 64가 기본 숫자다).

나중에 NT 커널 시작에서 1단계의 **IoInitSystemPreDriver** 루틴이 ETW의 초기화를 진행한다. 다음과 같은 과정으로 구성된다.

1. 시스템 시작 시간, 참조 시스템 시간을 획득하고 QPC 빈도를 계산한다.
2. ETW 보안 키를 초기화하고 기본 세션과 공급자의 보안 디스크립터를 읽는다.
3. PRCB에 위치한 프로세서당 전역 추적 구조체를 초기화한다.
4. 실시간 ETW 소비자 객체 타입(EtwConsumer라고 불린다)을 만든다. 이는 유저 모드 실시간 소비자 프로세스가 주요 ETW 로그 스레드에 연결하는 데 사용되고 ETW 등록 객체 타입에 사용된다(내부적으로 EtwRegistration이라고 불린다). 이는 공급자가 유저 모드 애플리케이션에서 등록되게 한다.
5. ETW 버그체크 콜백을 등록하고 버그체크 덤프에서 로거 세션들의 데이터를 덤프하는 데 사용된다.
6. 전역 로거와 자동 로거 세션들을 초기화하고 시작한다. 이것들은 자동 로거와 전역 로거 레지스트리 키에 의해 제어된다. HKLM\System\Current ControlSet\Control\WMI 루트 키 하위에 위치한다.
7. **EtwRegister** 커널 API를 사용해서 다양한 NT 커널 이벤트 공급자를 등록하는 데 사용한다. 커널 이벤트 추적, 일반적인 이벤트 공급자, 프로세스 네트워크, 디스크, 파일 이름 I/O와 메모리 관리자 등이 있다.
8. ETW 서브시스템이 초기화됐다는 것을 지칭하는 초기화된 WNF 상태 이름을 발행한다.
9. 전역 추적 로깅과 일반적인 이벤트 공급자에 시스템 시작 이벤트를 쓴다. 그림 10-32에서 볼 수 있는 이벤트가 대략적인 OS 시작 시간을 기록한다.

10. 필요하다면 `FileInfo` 드라이버를 로드한다. 이를 통해 슈퍼패치[superfetch]에 대한 파일 I/O에 필요한 정보를 지원한다(슈퍼패치에 대한 더 자세한 정보는 1장 5절의 '사전 예방적인 메모리 관리' 절을 참고한다).

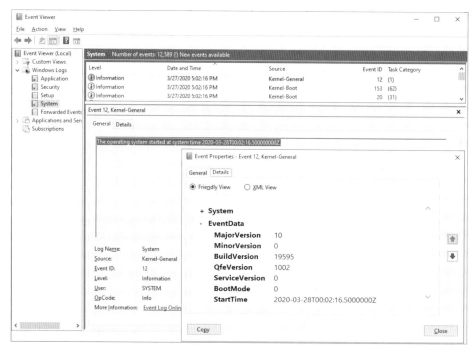

그림 10-32 이벤트 뷰어에 의해 표시되는 시스템 시작 ETW 이벤트

초기 부트 시점에서 윈도우 레지스트리와 I/O 서브시스템은 완전히 초기화되지 않는다. 따라서 ETW는 직접적으로 로그 파일을 쓸 수 없다. 부트 프로세서의 마지막에 세션 관리자(SMSS.exe)가 소프트웨어 하이브를 정확히 초기화한 이후에 마지막 단계의 ETW 초기화가 발생한다. 이 단계의 목적은 각각의 미리 등록된 전역 ETW 세션에 파일 시스템이 준비됐다는 것을 알려주는 것이다. 그 결과로 그것들은 ETW 버퍼에 저장된 모든 데이터를 로그 파일에 플러시한다.

ETW 세션

가장 중요한 ETW 실체 중의 하나는 세션이다(내부적으로 로거 인스턴스라고 불린다). 이것은 공급자과 소비자 2개를 연결한다. 이벤트 트레이싱 세션은 이벤트를 기록하는데,

하나 또는 그 이상의 공급자를 통해 기록한다. 일반적으로 세션에는 특정 공급자가 기록할 이벤트와 이벤트 처리 방식에 대한 모든 정보가 포함된다. 예를 들어 세션은 마이크로소프트 윈도우 하이퍼V 하이퍼바이저 공급자에 의한 이벤트를 받아들이도록 설정될 수 있다(내부적으로는 {52fc89f8- 995e-434c-a91e-199986449890} GUID로 식별된다). 유저는 필터를 설정할 수 있다. 공급자에 의해 생성되는 각 이벤트는 이벤트 레벨에 기초해서 필터링된다(정보, 경고, 에러, 또는 치명적인 에러), 이벤트 키워드, 이벤트 ID 그리고 다른 특성들도 필터를 걸 수 있는 방법이다. 세션 설정은 다양한 세션의 세부 사항들을 정의할 수 있다. 어떤 시간 소스가 이벤트 타임 기록을 위해 사용돼야만 하는지(예를 들어 QPC, TSC 또는 시스템 시간), 어떤 이벤트가 스택 트레이스를 캡처해야만 하는지 등이 있을 수 있다. 세션에는 중요한 규칙이 있는데, ETW 로그 스레드를 다루는 방법이다. 해당 스레드는 로그 파일에 이벤트를 플러시하는 주요한 엔터티고, 실시간 유저에게 이를 전달하기도 한다.

세션들은 StartTrace API로 개발되며 ControlTrace와 EnableTraceEx2로 설정된다. Xperf, logman, tracelog 그리고 wevutil과 같은 커맨드라인 도구는 해당 API를 사용해서 추적 세션을 시작하거나 제어한다. 세션을 만든 프로세스에 종속적일지 여부도 설정할 수 있다. 이러한 경우에 ETW는 공급자와 같이 동작하는 같은 애플리케이션에 의해서만 이벤트를 소비하는 데 사용할 수 있다. 따라서 애플리케이션은 커널 모드 전환과 연관된 오버헤드를 제거한다. 전용 ETW 세션은 프로세스가 실행하는 스레드에 대한 이벤트만 기록하고 실시간 전달로는 사용할 수 없다. 이 책에서는 전용 ETW의 내부 구조에 대해서는 다루지 않겠다.

전역 세션이 만들어질 때 StartTrace API는 매개변수를 검증하고 그것을 데이터 구조체에 복사하며 데이터 구조체를 통해 NtTraceControl API는 커널에서 내부의 EtwpStartLogger 함수를 호출하는 데 사용한다. ETW 세션은 이벤트가 기록되는 세션 메모리 버퍼에 대한 중요한 포인터가 포함된 ETW_LOGGER_CONTEXT 데이터 구조체를 통해 내부적으로 동작한다. 'ETW 초기화' 절에서 설명했듯이 시스템은 제한된 숫자의 etw 세션을 지원하며 전역 SILO당 구조체 내의 배열에 저장된다. EtwpStartLogger는 전역 배열을 확인해서 빈 공간이 있는지 또는 세션이 같은 이름이 존재하는지를 확인한다. 맞다면 종료하고 에러를 전달한다. 그렇지 않다면(호출자에 의해 지정되지 않았다면) 세션 GUID를 생성해서 할당하고 세션을 나타내는 데이터 구조체인 ETW_LOGGER_CONTEXT 구조체를 초기화해 인덱스를 할당하고 silo당 배열에 삽입한다.

ETW는 세션 보안 디스크립터를 질의한다. 이는 HKLM\System\CurrentControlSet\Control\Wmi\Security 레지스트리 키에 위치한다. 그림 10-33에서 볼 수 있듯이 키마다의 레지스트리 값은 세션 GUID로 이름이 지어진다(그러나 레지스트리 키는 역시 공급자의 GUID를 포함한다). 그리고 자신과 연관된 보안 디스크립터의 바이너리 표현도 포함한다. 세션을 위한 가상 디스크립터가 존재하지 않는다면 기본값이 세션에 전달된다(나중에 'ETW 세션의 기본 보안 디스크립터 살펴보기' 실습에서 자세히 다룬다).

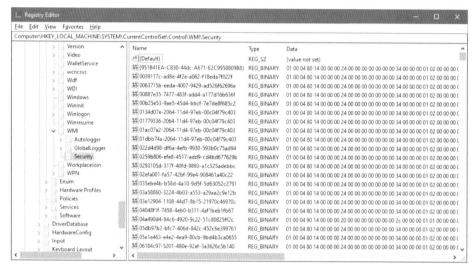

그림 10-33 ETW 보안 레지스트리 키

EtwpStartLogger 함수는 세션의 보안 디스크립터에 대해 접근 확인을 수행해서 TRACELOG_GUID_ENABLE 접근 권한을 요청한다(그리고 로그 파일 모드에 따라 TRACELOG_CREATE_REALTIME 또는 TRACELOG_CREATE_ONDISK일 수 있다). 이때 현재 프로세스의 접근 토큰을 사용한다. 확인이 성공하면 루틴은 기본 크기와 이벤트 버퍼의 개수를 계산한다. 이 값들은 시스템 물리 메모리에 따라 계산된다(기본 버퍼 크기는 8, 16 또는 64KB다). 버퍼의 개수는 시스템 프로세서의 개수에 의존한다. 그리고 EVENT_TRACE_NO_PER_PROCESSOR_BUFFERING 로거 모드 플래그의 존재에 의존한다. 이는 이벤트(다른 프로세서에 의해 생성된)가 프로세서당 버퍼에 쓰이는 것을 막는다.

ETW는 세션의 초기 참조 타임스탬프(쿼리 성능 카운터$^{QPC, Query Performance Counter}$라고 하며, 시스템 클록에 의해 영향을 받지 않는 고해상도 타임스탬프다)를 획득한다. 3개의 클록 해상도가 지원되며 시스템 시간과 CPU 사이클 카운터가 있다. **EtwpAllocateTraceBuffer** 함수는 로그 세션과 연관된 각각의 버퍼를 할당하는 데 사용된다(버퍼의 개수는 유저로부터 입력이 명시되거나 그전에 계산된다). 버퍼는 로깅 모드에 따라 페이지드풀, 넌페이지드풀 또는 대용량 페이지에서 직접 할당받는다. 각각의 버퍼는 여러 내부 세션당 리스트에 저장되며 ETW 메인 로거와 ETW 공급자에 빠른 룩업 기능을 지원할 수 있다. 마지막으로 로그 모드가 원형 버퍼에 설정되지 않으면 **EtwpStartLogger** 함수는 주요 ETW 로거 스레드를 시작한다. 해당 스레드는 실시간 소비자 또는 로그 파일에 세션과 연관된 공급자에 의해 써진 이벤트들을 플러시할 목적을 갖고 있다. 메인 스레드가 실행되면 ETW는 등록된 세션 알림 공급자(GUID 2a6e185b-90de-4fc5-826c- 9f44e608a427)에 세션 알림을 전송하는데, 이 공급자는 새 세션 생성 또는 소멸, 새 로그 파일 생성 또는 로그 오류 발생 등 특정 ETW 이벤트가 발생할 때 소비자에게 알림을 제공하는 특수 공급자다.

실습: ETW 세션 열거

윈도우 10에서는 활성화된 ETW 세션들을 나열할 수 있는 다양한 방법이 있다. ETW와 관련된 이번 실습과 앞으로의 실습에서 XPERF 도구를 사용할 것이다. 이는 윈도우 성능 툴킷으로서 윈도우 평가, 개발 도구$^{ADK, Assessment and Deployment Kit}$에 배포되며 https://docs.microsoft.com/en-us/windows-hardware/get-started/adk-install에서 다운로드할 수 있다.

활성화된 ETW 세션들을 나열하는 것은 다양한 방법으로 이뤄진다. XPERF가 해당 동작을 하며, 다음의 명령으로 이뤄진다(보통 XPERF는 C:\Program Files (x86)\Windows Kits\10\Windows Performance Toolkit에 설치된다).

```
xperf -Logers
```

해당 명령의 출력은 굉장히 크다. 따라서 출력을 TXT 파일로 리다이렉트하는 것을 추천한다.

```
xperf -Loggers > ETW_Sessions.txt
```

해당 도구는 세션 설정 데이터에서 사람이 읽을 수 있는 형태로 해석해서 보여준다. 다음은 EventLog-Application 세션으로부터 주어진 내용이다. 이벤트 로거^{Event Logger} 서비스(Wevtsvc.dll)에 의해 사용되며 이벤트 뷰어에서 보여주는 Application.evtx에 이벤트를 쓴다.

```
Logger Name               : EventLog-Application
Logger Id                 : 9
Logger Thread Id          : 000000000000008C
Buffer Size               : 64
Maximum Buffers           : 64
Minimum Buffers           : 2
Number of Buffers         : 2
Free Buffers              : 2
Buffers Written           : 252
Events Lost               : 0
Log Buffers Lost          : 0
Real Time Buffers Lost    : 0
Flush Timer               : 1
Age Limit                 : 0
Real Time Mode            : Enabled
Log File Mode             : Secure PersistOnHybridShutdown PagedMemory
IndependentSession NoPerProcessorBuffering
Maximum File Size         : 100
Log Filename              :
Trace Flags               : "Microsoft-Windows-CertificateServicesClient-
Lifecycle-User":0x8000000000000000:0xff+"Microsoft-Windows-SenseIR":0x800
0000000000000:0xff+
... (지면 문제로 이하 생략)
```

이 도구는 세션에서 활성화된 각 공급자 이름과 공급자가 세션에 기록해야 하는 이벤트 카테고리의 비트마스크도 해석할 수 있다. 비트마스크(Trece Flags 아래에 보인다)의 해석은 공급자에게 달려있다. 예를 들어 공급자는 카테고리 1(0번 비트에 설정됨)이 초기화와 정리 과정에서 이벤트가 발생된다는 것을 나타낸다. 카테고리 2(1번 비트에 설정됨)는 레지스트리의 I/O가 수행됐을 때 이벤트가 발생한다는 것을 나타낸다. 추적 플래그는 시스템 세션에서 다르게 해석된다(자세한 내용은 '시스템 로거' 절에서 자세히 볼 수 있다). 이 경우에 플래그는 활성화된 커널 플래그에 의해 해석되는데, 이는 어떤 종류의 커널 이벤트를 시스템 세션이 로그해야 하는지를 명시한다.

윈도우 성능 모니터는 시스템 성능 카운터를 다루기도 하고 쉽게 EWT 세션들을 나열할 수 있다. 성능 모니터를 열자(카타나 검색 상자에 perfmon을 입력). 데이터 모음 세트를 확장한다. 그리고 이벤트 추적 세션을 클릭한다. 애플리케이션은 XPERF에 의해 나열된 것과 같은 세션들을 나열할 수 있어야 한다. 마우스 오른쪽 버튼으로 세션의 이름을 클릭하고 속성을 선택하면 세션의 설정들을 살펴볼 수 있다. 특히 보안 속성 시트는 ETW 세션의 보안 디스크립터를 해석한다.

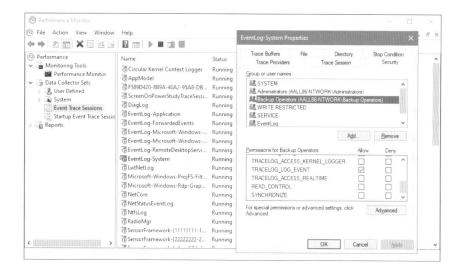

마지막으로 마이크로소프트 로그맨 콘솔 도구(%SystemRoot%\System32\logman. exe)를 사용할 수 있다. 이를 통해 활성화된 ETW 세션을 나열할 수 있다(-ets 커맨드라인 인자를 사용함으로써 가능하다).

ETW 공급자

이전 절에서 설명했듯이 공급자는 이벤트를 생산하는 구성 요소다(공급자를 포함하는 애플리케이션이 이벤트 추적 기능을 포함하지만 말이다). ETW는 다른 종류의 공급자를 지원하며 유사한 프로그래밍 모델을 공유한다(그것들은 이벤트를 인코드하는 방식에 주요 차이점이 있다). 공급자는 새로운 이벤트를 만들기 전에 ETW로 초기에 등록돼야 한다. 유사한 방식으로, 조정 애플리케이션은 공급자를 지원해야 하고 ETW 세션과 연관시켜서 공급자로부터 이벤트를 받을 수 있어야 한다. 어떤 세션이든 공급자를 활성화시키지 않는다면 공급자는 이벤트를 생성하지 않으며 공급자는 자신의 해석이 활성화되거나 비활성화될 수 있게 제공한다.

일반적으로 활성화된 공급자는 이벤트를 발생시키고 비활성화된 공급자는 그럴 수 없다.

공급자 등록

각 공급자의 타입은 자신의 API를 갖고 있다. 이는 공급자 애플리케이션(또는 드라이버)이 공급자를 등록하는 데 호출된다. 예를 들어 매니페스트에 근거한 공급자는 **EventRegister** API에 의존해서 유저 모드 등록을 하게 한다. 그리고 **EtwRegister**를 커널 모드 등록에 활용한다. 모든 등록자 타입은 내부 **EtwpRegisterProvider** 함수를 호출하는 것으로 끝난다. 결과적으로는 실제 등록 프로세스를 수행한다(그리고 이것은 NT 커널과 NTDLL 모두 구현된다). 후자는 **ETW_GUID_ENTRY** 데이터 구조체를 할당하고 초기화한다. 이는 공급자를 나타낸다(같은 데이터 구조체는 통지와 특성에 사용된다). 구조체는 중요한 정보를 포함하고 있다. 공급자 GUID, 보안 디스크립터, 참조 카운터, 활성화 정보(공급자가 활성화시키는 각각의 ETW 세션을 위해) 그리고 공급자의 등록 리스트가 그 예다.

유저 모드 공급자 등록을 위해 NT 커널은 호출 프로세스의 토큰에 대한 접근 확인을 수행한다. 그리고 **TRACELOG_REGISTER_GUIDS** 접근 권한을 요청한다. 확인이 성공한 경우 또는 등록 요청이 커널 코드에서 온 경우에 ETW는 새로운 **ETW_GUID_ENTRY** 구조체를 전역 ETW 사일로당 구조체의 해시 테이블에 넣는다. 공급자의 GUID 해시를 테이블의 키로 사용한다(이는 시스템에 등록된 모든 공급자의 빠른 검색을 가능케 한다). 같은 GUID의 엔트리가 해시 테이블에 이미 존재하는 경우에 ETW는 존재하는 엔트리를 새로운 것 대신 사용한다. GUID는 다음과 같은 2가지 이유로 해시 테이블에 이미 존재할 수 있다.

- 다른 드라이버 또는 애플리케이션이 실제 등록이 되기 전에 공급자를 활성화시켰다('공급자 활성화' 절에서 더 자세히 다룬다).
- 공급자가 이미 등록됐다. 같은 공급자의 GUID로 여러 번의 등록이 지원된다.

공급자가 성공적으로 전역 리스트에 추가한 이후로 ETW는 ETW 등록 객체를 만들고 초기화시킨다. 이는 단일 등록을 나타낸다. 객체는 ETW_REG_ENTRY 구조체를 압축화한다. 이로써 등록을 요청한 프로세스 및 세션과 공급자를 묶는다(또한 ETW는 다른 세션들의 등록을 지원한다). 객체는 ETW_GUID_ENTRY에 위치한 리스트에 삽입된다(EtwRegistration 객체 타입은 이번에 생성되고 ETW 초기화 시점에 NT 객체 관리자에 의해 등록된다). 그림 10-34는 2개의 데이터 구조체를 보여준다. 그리고 그들의 관계를 보여준다. 그림에서 공급자의 프로세스(프로세스 A는 세션 4에 존재한다. 그리고 프로세스 B는 세션 16에 존재한다)는 공급자 1을 위해 등록됐다. 그러므로 2개의 ETW_REG_ENTRY 구조체가 생성되고 공급자 1을 나타내는 ETW_GUID_ENTRY와 연결된다.

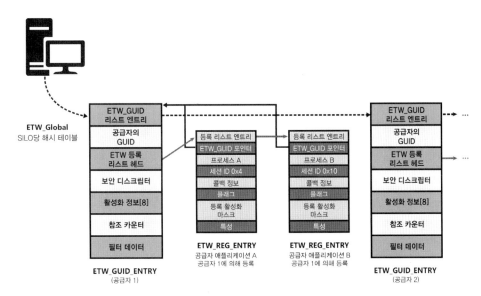

그림 10-34 ETW_GUID_ENTRY 구조체와 ETW_REG_ENTRY 구조체

이 단계에서 공급자가 등록되고 세션에서 활성화될 준비를 한다(EnableTrace API를 통해). 등록 전에 적어도 하나의 세션에서 공급자가 활성화됐다면 ETW는 이를 활성화시킨 다(이는 나중에 더 자세히 살펴본다). 그리고 Enablement 콜백을 호출한다. 이는 EventRegieter (또는 EtwRegister) API의 호출자에 의해 명시된다. 호출자는 등록 프로세스를 시작한 주체다.

실습: ETW 공급자 나열

ETW 세션을 위해 XPERF는 현재 등록된 공급자의 리스트를 열거한다(윈도우 에 의해 설치되는 WEVTUTIL 도구도 같은 동작을 한다). 관리자 명령 프롬프트 창을 열어 윈도 우 성능 툴킷 경로에 옮긴다. 등록된 공급자를 나열하려면 -providers 명 령 옵션을 사용해야 한다. 옵션은 다른 플래그들을 지원한다. 이번 실습에 서는 I와 R 플래그에 주목한다. 이는 XPERF 도구가 설치 또는 등록된 공급 자를 나열한다. '이벤트 해석' 절에서 다루겠지만 차이점은 공급자가 GUID 를 명시함으로써 등록될 수 있지만 HKLM\SOFTWARE\Microsoft\Windows\ CurrentVersion\WINEVT\Publishers 레지스트리 키에 설치되지 않는 것이 다. 이는 TDH 루틴을 사용해서 소비자가 이벤트를 해석하는 것을 막는다. 명령은 다음과 같다.

```
cd /d "C:\Program Files (x86)\Windows Kits\10\Windows Performance Toolkit"
xperf -providers R > registered_providers.txt
xperf -providers I > installed_providers.txt
```

유사한 정보의 텍스트 파일 2개를 만들어낸다. Registered_priovideres.txt 파 일을 열면 GUID와 이름이 섞인 내용을 확인할 수 있다. 이름은 Publisher 레지스트리 키에 설치된 공급자를 보여준다. 반면 GUID는 EventRegister API를 통해 등록한 공급자를 나타낸다. 존재하는 모든 이름은 installed_ providers.txt 파일에서 개별 GUID로 확인할 수 있다. 그러나 설치된 공급자 리스트에 첫 번째 텍스트 파일에 리스트된 GUID를 찾을 수 없을 것이다.

또한 XPERF는 모든 커널 플래그를 나열하고 시스템 로거에 의해 지원되는 그룹을 나열한다(나중의 '시스템 로거' 절에서 다룬다). 이때 K 플래그를 사용한다(KF, KG 플래그의 부분집합이다).

공급자 활성화

이전 절에서 소개했듯이 공급자는 이벤트를 만드는 ETW 세션과 연관돼야 한다. 이러한 연관을 **공급자 활성화**라고 하는데, 2가지 방식으로 가능하다. 공급자가 등록되기 전과 후로 가능하다. 제어 애플리케이션은 **EnableTraceEx** API로 세션에서 공급자를 활성화시킬 수 있다. API는 세션이 받길 원하는 카테고리의 이벤트를 결정하는 키워드의 비트마스크를 정할 수 있게 한다. 같은 방식으로 API는 다른 종류의 데이터에 대해 향상된 필터를 지원한다. 이벤트를 생성한 프로세스 ID, 패키지 ID, 실행 파일 이름 등이 있다(더 많은 정보는 https://docs.microsoft.com/en-us/windows/win32/api/evntprov/ns-evntprov-event_filter_descriptor에서 찾을 수 있다).

공급자 활성화는 커널 모드에서 ETW에 의해 관리되는데, **EtwpEnableGuid** 내부 함수를 통해 이뤄진다. 유저 모드 요청을 위해 함수는 세션과 공급자 보안 디스크립터에 대해 접근 확인을 수행한다. 그리고 **TRACELOG_GUID_ENABLE** 접근 권한을 호출 프로세스의 토큰을 대신해서 요청한다. 로거 세션이 **SECURITY_TARCE** 플래그를 포함하면 **EtwpEnableGuid**는 호출 프로세스에게 PPL을 요구한다('ETW 보안' 절을 참고한다). 확인이 성공하면 함수는 공급자 등록을 위해 이전에 설명한 것과 유사한 방식의 동작을 수행한다.

- **ETW_GUID_ENTRY** 구조체를 할당하고 초기화한다. 해당 구조체는 공급자를 나타낸다. 또는 공급자가 이미 등록된 경우에 전역 ETW silo당 구조체에 연결된 것을 사용한다.
- 공급자를 로거 세션과 연결시킨다. 연관된 세션 활성화 정보를 **ETW_GUID_ENTRY**에 더함으로써 수행한다.

공급자가 이전에 등록되지 않은 경우에 어떤 ETW 등록 객체도 **ETW_GUID_ENTRY** 구조체에 연결돼 존재하지 않는다. 그 결과로 과정이 중단된다(공급자는 첫 번째로 등록된 후에 활성화된다). 그렇지 않다면 공급자는 활성화된다.

레거시 MOF 공급자들과 WPP 공급자들이 하나의 세션에서 한 번에 활성화될 수 있는 반면 매니페스트 기반과 추적 로깅 공급자들은 8개의 세션을 최대로 활성화할 수 있다. 그림 10-32에서 보여줬듯이 **ETW_GUID_ENTRY** 구조체는 활성화 정보를 포함한다. 이는 각각의 가능한 ETW 세션당 존재하며, 공급자를 활성화시킨 세션이다(최대 8개로). 활성화된 세션들에 기초해서 **EtwpEnableGrid** 함수는 새로운 세션 활성화 마스크를 계산할 수 있다. 그리고 이를 **ETW_REG_ENTRY** 구조체에 저장한다(공급자 등록을 나타낸다). 마스크는 매우 중요한데, 이벤트 생성의 중요한 키이기 때문이다. 애플리케이션이나 드라이버가 공급자에게 이벤트를 쓸 때 확인이 이뤄진다. 활성화 마스크의 비트가 1과 같으면 특정 ETW 세션에 의해 유지되는 버퍼에 이벤트가 쓰여야 함을 의미한다. 그렇지 않다면 세션이 스킵되고 이벤트가 버퍼에 써지지 않는다.

공급자 등록을 하는 세션 활성화 마스크를 업데이트하기 전에 안전한 세션을 위해 접근 확인이 수행돼야 한다. ETW 세션의 보안 디스크립터는 호출한 프로세스의 접근 토큰에 대한 **TRACELOG_LOG_EVENT** 접근 권한을 허락해야 한다. 아니라면 활성화 마스크에서 상대적인 비트가 1로 설정되지 않는다(대상 ETW 세션은 공급자 등록으로부터 어떠한 이벤트도 받지 않는다). 안전한 세션들에 대한 더 많은 정보는 이번 장의 '안전한 로거와 ETW 보안' 절에서 확인할 수 있다.

공급자 이벤트

하나 이상의 ETW 공급자를 등록한 후 공급자 애플리케이션이 이벤트 생성을 시작한다. 제어 애플리케이션이 ETW 세션에서 공급자를 설정하지 않은 경우에도 이벤트가 생성될 수 있다. 애플리케이션이나 드라이버가 이벤트를 생성하는 방법은 공급자의 타입에 달려있다. 예를 들어 매니페스트 기반의 공급자들에게 이벤트를 쓰는 애플리케이션들은 보통 이벤트 디스크립터를 직접 만든다(XML 매니페스트를 참고한다). 그리고 **EventWrite** API를 사용해서 공급자가 활성화시킨 ETW 세션들에 이벤트를 쓴다. MOF와 WPP 공급자들을 다루는 애플리케이션은 **TraceEvent** API에 대신 의존한다. 매니페스트 기반의 공급자에 의해 생성된 이벤트들은 'ETW 세션' 절에서 다뤘듯이 여러 방식으로 필터링될 수 있다. ETW는 **ETW_GUID_ENTRY** 구조체를 공급자 등록 객체로부터 위치시킨다. 이는 핸들을 통해 애플리케이션으로부터 지원된다. 내부 **EtwpEventWriteFull** 함수는 공급자의 등록 세션 활성화 마스크를 사용해서 공급자(ETW_LOGGER_CONTEXT로 표시됨)와 연관된 모든 활성화 ETW 세션들 사이에서 사이클을 돈다. 각각의 세션에 대해 이벤트가 모든 필터를 만족시키는지를 확인한다. 그렇다면 이벤트 페이로드의 전체 크기를 계산하고 세션의 현재 버퍼에 충분한 빈 공간이 있는지를 확인한다.

활용 가능한 공간이 없다면 ETW는 확인해서 세션에 빈 버퍼가 있는지를 본다. 빈 버퍼는 FIFO^{First-In, First-Ou}(우선순위) 큐에 저장된다. 빈 버퍼가 있다면 ETW는 예전 버퍼를 'dirty'이라고 표시한다. 그리고 새로운 빈 버퍼로 변경한다. 이러한 방식으로 로거 스레드는 모든 버퍼를 로그 파일에 쓸 수 있게 깨우고 플러시할 수 있다. 또는 이를 실시간 유저에게 전달할 수 있다. 세션의 로그 모드가 원형 로거라면 어떠한 로거 스레드도 생성되지 않는다. ETW는 간단하게 예전의 꽉찬 버퍼를 빈 버퍼들의 큐 뒤로 연결시킨다(결과적으로 큐가 비게 된다). 그렇지 않고 큐에 빈 버퍼가 없다면 ETW는 호출자에게 에러를 전달하기 전에 추가적인 버퍼를 할당하려고 한다.

버퍼에서 충분한 공간이 찾아진 후에 `EtwpEventWriteFull`은 원자적으로 전체 이벤트 페이로드를 버퍼에 쓰고 종료한다. 세션 활성화 마스크가 0인 경우를 생각해 보라. 이것이 의미하는 바는 어떠한 세션들도 공급자와 연관되지 않는다는 것이다. 결과적으로 이벤트가 유실되고 어떤 곳에도 로깅되지 않는다.

MOF와 WPP 이벤트들은 유사한 과정을 거친다. 그러나 단일 ETW 세션만 지원한다. 그리고 일반적으로 더 적은 필터들을 지원한다. 이러한 종류의 공급자를 위해 추가적인 확인이 연관된 세션에 수행돼야 한다. 제어 애플리케이션이 세션을 안전하다고 표시하면 어떠한 것도 이벤트를 쓸 수 없다. 이 경우에 에러가 호출자에게 전달된다(안전한 세션은 '안전한 로거와 ETW 보안' 절에서 다룬다).

실습: ETW를 사용해서 프로세스 열거하기

이번 실습에서는 ETW를 사용해서 프로세스들의 활동을 관찰한다. 윈도우 10은 2개의 공급자를 갖고 있는데, 마이크로소프트 윈도우 커널 프로세스와 `PROC_THREAD` 커널 플래그를 통한 NT 커널 로거다. 일단 첫 번째 것을 사용할 것이다. 이는 전통적인 공급자로, 이벤트를 해석할 수 있는 모든 정보를 이미 갖고 있다. 여러 가지 도구를 활용해서 추적 내용을 캡처할 수 있는데, XPERF를 활용해볼 것이다(윈도우 성능 모니터도 역시 사용할 것이다).

명령 창을 열고 다음의 내용을 입력한다.

```
cd /d "C:\Program Files (x86)\Windows Kits\10\Windows Performance Toolkit"
xperf -start TestSession -on Microsoft-Windows-Kernel-Process -f
c:\process_trace.etl
```

명령은 TestSession이라는 ETW를 시작한다(이름을 변경할 수 있다). 이는 커널 프로세스 공급자에 의해 생성된 이벤트를 소비한다. 그리고 C:\process_trace.etl 파일에 저장한다(이 파일 이름을 변경할 수 있다).

세션이 사실상 시작된 것을 검증하고자 'ETW 세션 나열' 실습에서 언급된 과정을 반복한다(TestSession 추적 세션은 XPERF와 윈도우 성능 모니터 2개에 의해 나열돼야만 한다). 먼저 새로운 프로세스들과 애플리케이션을 시작해야 한다(메모장 또는 그림판이 그 예다).

ETW 세션을 멈추려면 다음 명령을 입력한다.

```
xperf -stop TestSession
```

ETL 파일을 해석하고자 사용되는 과정은 뒤에 나오는 'ETL 파일 해석' 실습에서 다룬다. 윈도우는 모든 구성 요소에 대해 공급자들을 포함하고 있다. 예를 들어 마이크로소프트 윈도우 그림판 공급자는 그림판 기능에 근거한 이벤트들을 생성한다. 그림판 공급자로부터의 이벤트를 캡처해서 이번 실습을 다시 시도해볼 수 있다.

ETW 로그 스레드

ETW 로그 스레드는 ETW에서 가장 중요한 엔터티 중 하나다. 주요한 역할은 이벤트를 로그 파일에 플러시하거나 실시간 유저에게 전달하는 것이다. 그리고 전달되거나 유실된 이벤트들의 수를 추적하는 것이다. 로거 스레드는 ETW 세션이 초기에 생성될 때마다 시작된다. 그러나 세션이 원형 로그 모드를 사용하지 않는 경우에 한해서 만이다. 실행 로직은 간단하다. 시작한 후에 자기 자신을 ETW_LOGGER_CONTEXT 구조체에 연결한다. 이는 연관된 ETW 세션을 나타낸다. 그리고 2개의 주요 동기화 객체에 대해 대기한다. 플러시 이벤트가 ETW에 의해 깨워지는데, 세션에 속한 버퍼가 꽉 찰 때마다이다('이벤트 공급' 절에서 설명한 대로 공급자에 의해 새로운 이벤트가 생성된 후에 가능하다). 이때는 새로운 실시간 소비자가 연결을 요청할 때 또는 로거 세션이 멈출 때다. 타임아웃 타이머는 유효한 값(보통 1초다)으로 초기화되는데, 세션이 실시간이거나 유저가 명시적으로 요청할 때다. 이때는 StartTrace API를 사용해서 새로운 세션 생성을 요청한다.

2개의 동기화 객체 중 하나가 켜지면 로그 스레드는 다시 동기화 객체를 초기화시키고 파일 시스템이 준비될 때까지 확인한다. 그렇지 않다면 메인 로그 스레드는 다시 휴면한다(어떠한 세션들도 초기 부트 단계에서 플러시되면 안 된다). 그렇지 않다면 세션의 로그 파일 또는 실시간 유저에게 속한 각각의 버퍼에 플러시를 시작한다.

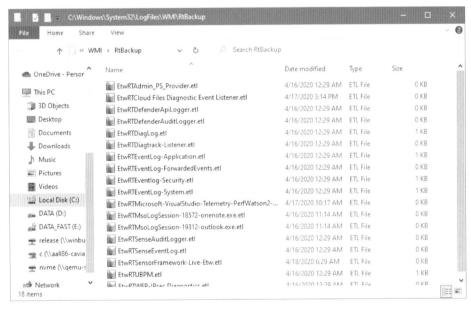

그림 10-35 실시간 임시 ETL 로그 파일

실시간 세션들에 대해 로그 스레드는 우선 임시적인 세션당 ETL 파일을 %SystemRoot%\System32\LogFiles\WMI\RtBackup 폴더에 만든다(그림 10-35 참고). 로그 파일 이름은 EtwRT 접두사를 실시간 세션의 이름에 더해 생성된다. 파일은 임시 이벤트를 저장하는 데 사용되는데, 실시간 유저에게 전달되기 전이다(로그 파일은 유실 이벤트를 저장할 수 있다. 유실 이벤트는 적당한 시간 프레임의 유저에게 전달되지 않은 것이다). 시작할 때 실시간 자동 로거들은 로그 파일에서 유실 이벤트를 보완한다. 이는 그들의 유저에게 전달하려는 목적이다.

로그 스레드는 실시간 소비자와 세션 간의 연결을 설정할 수 있는 유일한 엔터티다. 소비자가 실시간 세션에서 이벤트를 수신하고자 ProcessTrace API를 최초 호출하면 ETW는 새로운 RealTimeConsumer 객체를 설정하고 소비자와 실시간 세션 간의 링크를 생성하고자 객체를 사용한다. 객체는 NT 커널 내부의 ETW_REALTIME_CONSUMER 구조체를 이용해서 이벤트가 소비자 프로세스의 주소 공간에 주입되게 한다(다른 유저 모드 버퍼가 소비자 애플리케이션에 의해 지원된다).

실시간 세션이 아닌 경우에 로거 스레드는 최초 ETL 로그 파일을 연다(파일이 없는 경우에는 생성하기도 한다). 이는 세션을 생성한 엔터티에 의해 명시된다. 또한 로그 스레드는 새로운 로그 파일을 세션 로그 모드가 EVENT_TRACE_FILE_MODE_NEWFILE 플래그를 명시한 경우에 생성한다. 그리고 현재 로그 파일이 최대 크기에 도달했을 경우에도 생성한다.

이 단계에서 ETW 로그 스레드는 현재 로그 파일의 세션과 연관된 모든 버퍼에 대해 플러시를 시작한다(실시간 세션을 위한 임시적인 것이다). 플러시는 버퍼에 있는 각각의 이벤트에 대해 이벤트 헤더를 더함으로써 수행된다. 그리고 NtWriteFile API를 사용해서 바이너리 내용을 ETL 로그 파일에 씀으로써 수행된다.

실시간 세션마다 또는 로그 스레드가 깨울 때마다 임시 로그 파일에 저장된 모든 이벤트를 대상 유저 모드 실시간 소비 애플리케이션에 주입할 수 있다. 그러므로 실시간 세션마다 ETW 이벤트는 동기로 전달되지 않는다.

이벤트 소비

ETW에서 이벤트 소비는 소비자 애플리케이션에 의해 유저 모드로 완전히 수행된다. 이는 Sechost.dll에 의해 지원된 서비스 때문이다. 소비자 애플리케이션은 OpenTrace API를 사용해 ETL 로그 파일을 여는 데 사용한다. 이는 주 로그 스레드에 의해 생산된다. 또는 실시간 로거에 대한 연결 수립을 위해 사용된다. 애플리케이션은 이벤트 콜백 함수를 명시한다. 이는 ETW가 단일 이벤트를 소비할 때마다 호출된다. 게다가 실시간 세션에 대해 애플리케이션은 옵션으로 버퍼 콜백 함수를 지원한다. 이는 ETW를 플러시한 각 버퍼에 대해 통계를 받는다. 그리고 단일 버퍼가 찰 때마다 호출되고 유저에게 전달된다.

실제 이벤트 소비는 ProcessTrace API에 의해 시작된다. API는 표준과 실시간 세션에 대해 동작한다. 이는 이전에 OpenTrace에 전달된 로그 파일 모드 플래그들에 달려있다.

실시간 세션에 대해 API는 커널 모드 서비스를 사용한다(NtTraceControl 시스템 콜을 통해 접근한다). 이는 ETW 세션이 실제로 실시간임을 검증한다. NT 커널은 ETW 세션의 보안 디스크립터가 호출자 프로세스 토큰의 TRACELOG_ACCESS_REALTIME 접근 권한을 허락하는지를 검증한다. 접근할 수 없다면 API는 실패한다. 그리고 제어 애플리케이션에게 에러를 전달한다. 그렇지 않다면 임시적인 유저 모드 버퍼를 할당하고 이벤트를 받기 위한 비트맵도 할당한다. 그리고 주 로거 스레드에 연결한다(관련된 EtwConsumer 객체를 만든다. 'ETW 로거 스레드' 절에서 더 자세히 다룬다). 연결이 수립되면 API는 세션의 로그 스레드로부터 새로운 데이터가 오는지를 기다린다. 데이터가 오면 API는 이벤트를 나열하고 이벤트 콜백을 호출한다.

일반적인 실시간이 아닌 ETW 세션을 위해 ProcessTrace API는 유사한 과정을 수행한다. 그러나 로거 스레드에 연결하는 대신 ETL 로그 파일을 열고 파싱한다. 찾아지는 이벤트에 대한 이벤트 콜백을 호출하고 버퍼를 하나씩 읽어낸다(이벤트는 연대순으로 정렬된다). 시간마다 소비되는 실시간 로거와는 달리 이 경우에 API는 OpenTrace API에 의해 생성되는 여러 개의 추적 핸들과 함께 동작할 수 있다. 이는 다른 ETL 로그 파일들로부터 이벤트를 파싱할 수 있음을 의미한다.

원형 큐 버퍼를 사용하는 ETW 세션에 속한 이벤트들은 묘사된 방식으로 처리되지 않는다(사실 어떤 이벤트든 덤프할 수 있는 로거 스레드가 존재하지 않는다). 보통 제어 애플리케이션은 FlushTrace API를 사용하는데, 로그 파일에 원형 버퍼를 사용하도록 설정된 ETW 세션에 속한 현재 버퍼의 스냅숏을 덤프하기를 원할 때 사용한다. API는 NT 커널을 NtTraceControl 시스템 콜로 호출한다. ETW 세션을 찾고 호출 프로세스의 접근 토큰에 대한 TRACELOG_CREATE_ONDISK 접근 권한을 허가하는 보안 디스크립터를 검증한다. 검증이 되고 제어 애플리케이션이 유효한 특정 로그 파일 이름을 명시하면 NT 커널은 내부 EtwoBufferingModeFlush 루틴을 사용한다. 이는 새로운 ETL 파일을 만들고, 적절한 헤더를 더하고, 세션과 연관된 버퍼를 쓴다. 소비 애플리케이션은 일찍이 설명했던 OpenTrace와 ProcessTrace API를 사용해 새로운 로그 파일에 써진 이벤트를 파싱할 수 있다.

이벤트 디코딩

ProcessTrace API가 ETW 버퍼에 있는 새로운 이벤트를 검증할 때 이벤트 콜백을 호출한다. 이는 일반적으로 소비자 애플리케이션에 의해 위치해 있다. 이벤트를 적절하게 처리하고자 소비 애플리케이션은 이벤트 페이로드를 디코딩할 수 있어야 한다. 이벤트 트레이스 디코딩 헬퍼 라이브러리(TDH.dll)는 이벤트 디코딩을 위해 소비자 애플리케이션에 서비스를 지원한다. 이전에 설명한 대로 공급자 애플리케이션(또는 드라이버)은 등록된 공급자에 의해 생성된 이벤트를 디코딩할 수 있는 방법에 관한 정보를 포함해야만 한다.

이 정보는 공급자 타입에 기초해서 다르게 인코딩된다. 예를 들어 매니페스트 기반 공급자는 이벤트의 XML 디스크립터를 바이너리 파일로 컴파일해 공급자 애플리케이션(또는 드라이버)의 리소스 섹션에 저장한다. 공급자 등록 단계에서 설정 애플리케이션은 공급자의 바이너리를 HKLM\SOFTWARE\Microsoft\Windows\CurrentVersion\WINEVT\Publishers 레지스트리 키에 등록해야만 한다. 이는 특히 다음과 같은 이유로 이벤트 디코딩에 중요하다.

- 시스템은 공급자의 이름을 GUID(ETW 관점에서 보면 공급자는 이름이 없다)로 바꿀 때 발행자의 키를 협상해야 한다. 이는 Xperf와 같은 도구가 GUID 대신에 식별할 수 있는 공급자의 이름을 보여준다.
- 트레이스 디코딩 헬퍼 라이브러리는 공급자의 바이너리 파일에서 얻어진 키를 협상하고, 자신의 리소스 섹션을 파싱하고, 이벤트 디스크립터의 바이너리 내용을 읽는다.

이벤트 디스크립터가 얻어진 다음에 트레이스 디코딩 헬퍼 라이브러리는 이벤트를 해석하고자 필요한 모든 정보를 획득한다(바이너리 디스크립터를 파싱해서). 그리고 소비자 애플리케이션이 TdhGetEventInformation API를 사용해 이벤트 페이로드를 구성하는 모든 필드를 획득하게 한다. 또한 그들과 연관 데이터에 대한 정확한 해석도 얻는다. TDH는 MOF와 WPP 공급자를 위한 과정과 유사하다(추적 로깅이 표준 바이너리 포맷을 따르는 이벤트 페이로드에 있는 해석 데이터를 합치는 점은 다르다).

모든 이벤트는 기본적으로 ETW에 의해 ETL 로그 파일에 저장된다. 해당 로그 파일은 잘 정의된 압축되지 않은 바이너리 형식이다. 그리고 이벤트 디코딩 정보를 포함하고 있지 않다. 이는 ETL 파일이 추적을 획득하지 않은 다른 시스템에 의해 열릴 경우 이벤트를 해석할 수 없을 확률이 높음을 의미한다. 이러한 이슈를 해결하고자 이벤트 뷰어는 다른 바이너리 형식인 EVTX를 사용한다. 해당 형식은 모든 이벤트를 포함하고 있으며, 그들의 디코딩 정보를 갖고 있고, 애플리케이션에 의해 쉽게 파싱될 수 있다. 애플리케이션은 EvtExportLog 윈도우 이벤트 로그 API를 사용해서 ETL 파일에 포함된 이벤트를 디코딩 정보와 함께 EVTX 파일에 저장할 수 있다.

실습: ETL 파일 디코딩

윈도우는 EvtExportLog API를 사용해서 자동으로 ETL 로그 파일을 변환하고 모든 디코딩 정보를 포함하는 다양한 도구를 갖고 있다. 이번 실습에서는 netsh.exe를 사용한다. TraceRpt.exe도 역시 적용된다.

1. 명령 창을 열고 이전 실습('ETW를 사용해서 프로세스들의 활동 열거')에서 만들어진 ETL 파일이 있던 폴더로 옮겨간다.

```
netsh trace convert input=process_trace.etl output=process_trace.txt
dump=txt overwrite=yes
```

2. process_trace.etl은 입력이 되는 로그 파일이고 process_trace.txt는 해석될 텍스트 파일의 이름이다.

3. 텍스트 파일을 열어보면 디코딩된 모든 정보를 확인할 수 있다. 다음과 같다.

```
[2]1B0C.1154::2020-05-01 12:00:42.075601200
[Microsoft-Windows-Kernel-Process]
Process 1808 started at time 2020 - 05 - 01T19:00:42.075562700Z by
parent 6924 running in session 1 with name \Device\HarddiskVolume4\
Windows\System32\notepad.exe.
```

4. 로그를 보면 일부 이벤트가 해석이 완전히 돼 있지 않고 어떤 정보도 포함하지 않음을 알 수 있다. 공급자 매니페스트가 필요한 정보를 포함하지 않기 때문이다(좋은 예는 ThreadWorkOnBehalfUpdate 이벤트다). 이 키워드를 포함하지 않은 트레이스를 획득해서 이벤트를 제거할 수 있다. 이벤트 키워드는 CSV 또는 EVTX 파일에 저장된다.

5. Netsh.exe를 사용해 EVTX 파일을 다음의 명령으로 만들자.

```
netsh trace convert input=process_trace.etl
output=process_trace.evtx dump=evtx overwrite=yes
```

6. 이벤트 뷰어를 연다. 왼쪽 창의 콘솔 트레이에서 마우스 오른쪽 버튼으로 이벤트 뷰어(로컬) 루트 노드를 클릭하고 저장된 로그를 선택한다. 방금 생성된 process_trace.evtx 파일을 선택해서 연다.

7. 저장된 로그 칭에서 로그에 이름을 넣어야 한다. 그리고 폴더가 이를 보여줄 수 있게 한다(예에서는 기본 이름인 process_trace를 사용했고 기본 저장된 로그 폴더를 사용했다).

8. 이벤트 뷰어는 로그 파일에 위치한 각각의 이벤트를 보여줘야 한다. 날짜와 시간 열을 선택해서 날짜와 시간에 따라 오름차순(오래된 것부터 최신 순으로)으로 정렬되게 한다. Notepad.exe 프로세스 생성을 나타내는 이벤트를 찾고자 ProcessStart를 Ctrl+F로 찾는다.

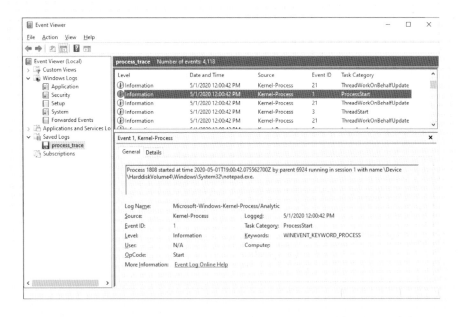

9. ThreadWorkOnBehalfUpdate 이벤트는 사용자가 확인할 수 없는 정
   보가 너무 많은 노이즈가 발생되기 때문에 트레이스에서 제거해야
   하며, 이러한 이벤트 중 하나를 클릭하고 세부 정보 탭을 열어 확인
   하면 시스템 노드에서 특정 비트 마스크가 0x8000000000002000으
   로 설정된 WINEVENT_KEYWORD_WORK_ON_BEHALF 범주에 속하는 이벤
   트를 확인할 수 있다(특정 상위 16비트는 마이크로소프트에서 지정한 것으로 예약돼 있음을
   참고하자). 0x8000000000002000 64비트 값의 비트 단위 NOT 연산은
   0x7FFFFFFFFFFFDFFF이다.

10. 이벤트 뷰어를 닫고 다른 트레이스를 XPERF로 캡처한다. 이때 다
    음 명령을 활용한다.

    ```
    xperf -start TestSession -on Microsoft-Windows-Kernel-Process:
    0x7FFFFFFFFFFFDFFF -f c:\process_trace.etl
    ```

11. 메모장 또는 다른 애플리케이션을 열고 'ETW를 활용해서 프로세
    스 활동 열거' 실습에서 설명한 트레이스를 멈춘다. ETL 파일을
    EVTX로 변환한다. 이번에는 얻은 해석된 로그의 크기가 작아야 한

다. 그리고 `ThreadWorkOnBehalfUpdate` 이벤트를 포함하지 않고 있어야 한다.

시스템 로그

지금까지 살펴본 것은 일반적인 ETW 세션과 공급자가 동작하는 방식이다. 윈도우 XP 이후로 ETW는 시스템 로거라는 개념을 지원했다. NT 커널이 전역으로 로그 이벤트를 발생시키는데, 이는 어떤 공급자에도 속하지 않고 성능 측정을 위해 사용된다. 이 책을 쓰는 시점에는 2개의 주요 시스템 로거가 존재하는데, NT 커널 로거와 원형 커널 콘텍스트 로거다(전역 로거는 NT 커널 로거의 하위 부분 집합이다). NT 커널은 최대 8개의 시스템 로거 세션을 지원한다. 시스템 로거로부터 이벤트를 받는 모든 세션은 시스템 세션으로 간주된다.

시스템 세션을 시작하려면 애플리케이션은 `StartTrace` API를 사용해야 한다. 그러나 `EVENT_TRACE_SYSTEM_LOGGER_MODE` 플래그 또는 시스템 로거 세션의 GUID를 입력 매개변수로 명시해야 한다. 표 10-16은 시스템 로그와 GUID를 보여준다. NT 커널에서 `EtwpStartLogger` 함수는 플래그를 인지하거나 특별한 GUID를 인지한다. 그리고 NT 커널 로거 보안 디스크립터에 대해 부가적인 체크를 수행한다. 호출 프로세스 액세스 토큰을 대신해 `TRACELOG_GUID_ENABLE` 접근 권한을 요청하게 된다. 체크가 통과하면 ETW는 시스템 로거의 인덱스를 계산한다. 그리고 로거 그룹 마스크와 시스템 전역 성능 그룹 마스크를 업데이트한다.

표 10-16 시스템 로거

인덱스	이름	GUID	심볼
0	NT 커널 로거	{9e814aad-3204-11d2-9a82-006008a86939}	SystemTraceControlGuid
1	전역 로거	{e8908abc-aa84-11d2-9a93-00805f85d7c6}	GlobberLoggerGuid
2	원형 커널 콘텍스트 로거	{54dea73a-ed1f-42a4-af71-3e63d056f174}	CKCLGuid

마지막 단계는 시스템 로거를 구동시키는 중요한 단계다. 다양한 저수준 시스템

함수들은 높은 IRQL에서 동작할 수 있다(Context Swapper가 좋은 예다). 이 함수들은 성능 그룹 마스크를 분석하고 시스템 로거에 이벤트를 쓸지 결정한다. 제어 애플리케이션은 **StartTrace** API와 **ControlTrace** API에 의해 사용되는 **EnableFlags** 비트마스크를 변경함으로써 시스템 로거에 의해 로깅되는 이벤트를 활성화하거나 비활성화할 수 있다. 시스템 로거에 의해 로깅되는 이벤트들은 내부적으로 잘 정의된 순서대로 전역 성능 그룹 마스크에 내부적으로 저장된다. 마스크는 8개의 32비트 값 배열로 구성된다. 각각의 배열 인덱스는 이벤트들의 집합을 나타낸다. 시스템 이벤트 집합(Groups라고도 불린다) XPERF 도구를 사용해 목록화할 수 있다. 표 10-17은 시스템 로거 이벤트들과 해당 그룹의 분류를 보여준다. 대부분의 시스템 로거 이벤트는 웹 사이트(https://docs.microsoft.com/en-us/windows/win32/api/evntrace/ns-evntrace-event_trace_properties)에 문서화돼 있다.

표 10-17 시스템 로거 이벤트(커널 플래그들)와 그 그룹

이름	설명	그룹
ALL_FAULTS	하드, 카피 온 라이트, 디맨드-0 폴트 등	없음
ALPC	향상된 로컬 절차 호출	없음
CACHE_FLUSH	캐시 플러시 이벤트	없음
CC	캐시 관리자 이벤트	없음
CLOCKINT	클록 인터럽트 이벤트	없음
COMPACT_CSWITCH	압축된 콘텍스트 스위치	Diag
CONTMEMGEN	지속적인 메모리 생성	없음
CPU_CONFIG	NUMA 구조, 프로세스 그룹, 프로세서 인덱스	없음
CSWITCH	콘텍스트 스위치	IOTrace
DEBUG_EVENTS	디버거 스케줄링 이벤트	없음
DISK_IO	디스크 I/O	SysProf, ReferenceSet, Network를 제외하고 전부
DISK_IO_INT	디스크 I/O 시작	없음

(이어짐)

이름	설명	그룹
DISPATCHER	CPU 스케줄러	없음
DPC	DPC 이벤트	Diag, DiagEasy, Latency
DPC_QUEUE	DPC 큐 이벤트	없음
DRIVERS	드라이버 이벤트	없음
FILE_IO	파일 시스템 연산 끝 시간과 결과	FileIO
FILE_IO_INIT	파일 시스템 연산(생성/열기/닫기/읽기/쓰기)	FileIO
FILENAME	파일 이름(예시 파일 이름 생성/삭제/런다운)	없음
FLT_FASTIO	미니필터 fastio 콜백 완료	없음
FLT_IO	미니필터 콜백 완료	없음
FLT_IO_FAILURE	미니필터 콜백 완료 실패	없음
FLT_IO_INIT	미니 필터 콜백 시작	없음
FOOTPRINT	흔적 분석 지원	ReferenceSet
HARD_FAULTS	하드 페이지 폴트	SysProf, Network를 제외하고 전부
HIBERRUNDOWN	Hibernate 중 런다운	없음
IDLE_STATES	CPU 유휴 상태	없음
INTERRUPT	인터럽트 이벤트	Diag, DiagEasy, Latency
INTERRUPT_STEER	인터럽트 스티어링 이벤트	Diag, DiagEasy, Latency
IPI	프로세서 간 이벤트	없음
KE_CLOCK	클록 설정 이벤트	없음
KQUEUE	커널 큐 인큐/디큐	없음
LOADER	커널과 유저 모드 이미지 로드/언로드 이벤트	Base
MEMINFO	메모리 리스트 정보	Base, ResidentSet, ReferenceSet
MEMINFO_WS	작업 집합 정보	Base, ReferenceSet

(이어짐)

이름	설명	그룹
MEMORY	메모리 추적	ResidentSet, ReferenceSet
NETWORKTRACE	네트워크 이벤트	Network
OPTICAL_IO	옵티컬 I/O	없음
OPTICAL_IO_INIT	옵티컬 I/O 시작	없음
PERF_COUNTER	프로세스 성능 카운터	Diag, DiagEasy
PMC_PROFILE	PMC 샘플링 이벤트	없음
POOL	풀 추적	없음
POWER	파워 관리 이벤트	ResumeTrace
PRIORITY	우선순위 변경 이벤트	없음
PROC_THREAD	프로세스와 스레드 생성/삭제	Base
PROFILE	CPU 샘플링 프로파일	SysProf
REFSET	흔적 분석 지원	ReferenceSet
REG_HIVE	레지스트리 하이브 추적	없음
REGISTRY	레지스트리 추적	없음
SESSEION	세션 런다운/생성/삭제 이벤트	ResidentSet, ReferenceSet
SHOULDYIELD	DPC 협력 메커니즘 추적	없음
SPINLOCK	스핀락 충돌	없음
SPLIT_IO	Split I/O	없음
SYSCALL	시스템 콜	없음
TIMER	타이머 설정과 만료	없음
VAMAP	MapFile 정보	ResidentSet, ReferenceSet
VIRT_ALLOC	가상 할당 예약과 해제	ResidentSet, ReferenceSet
WDF_DPC	WDF DPC 이벤트	없음
WDF_INTERRUPT	WDF 인터럽트 이벤트	없음

시스템 세션이 시작할 때 이벤트는 즉시 로깅된다. 활성화가 필요한 공급자는 없다. 이는 소비자 애플리케이션이 일반적으로 이벤트를 디코딩할 방법이 없음을 의미한다. 시스템 로거 이벤트는 정확한 이벤트 인코딩 형식(NTPERF라고 불린다)을 사용한다. 이는 이벤트 타입에 의존적이다. 그러나 다른 NT 커널 로거 이벤트를 나타내는 데이터 구조체의 대부분은 보통 윈도우 플랫폼 SDK에 문서화돼 있다.

실습: 커널 로거로 TCP/IP 추적

이번 실습에서는 윈도우 성능 모니터를 사용하는 시스템 로거에 의해 생성된 네트워크 활동 이벤트를 추적한다. 'ETW 세션 나열' 실습에서 소개했듯이 그래픽 도구는 시스템 성능 카운터에서 데이터를 획득하는 데만 사용하지 않고 ETW 세션을 시작, 멈춤, 관리하는 데 사용할 수 있다. 커널 로거를 활성화시키고 TCP/IP 활동을 로그 파일에 생성하고자 다음의 과정을 따라야 한다.

1. 성능 모니터를 작동시킨다(코타나 검색 상자에서 perfmon을 입력한다). 그리고 데이터 콜렉터 세트, 사용자 정의를 클릭한다.
2. 사용자 정의를 클릭해 New를 선택한다. 그리고 데이터 콜렉터 세트를 선택한다.
3. 창이 나타나면 데이터 콜렉터 세트에 대한 이름을 입력한다(실습에서는 experiment). 그리고 Next를 클릭하기 전에 Create Manually (Advanced)를 선택한다.
4. 대화상자가 나타나면 Create Data logs를 선택하고 Event Trace Data를 체크한다. 그리고 Next를 클릭한다. 공급자 구역에서 Add를 클릭하고 Windows Kernel Trace를 위치시킨다. OK를 클릭한다. 속성 목록에서 Keywords(Any)를 선택한다. 그리고 Edit를 클릭한다.

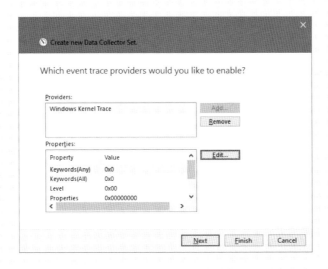

5. 속성 창에서 Automatic을 선택하고 네트워크 TCP/IP만을 체크한다. 그리고 OK를 클릭한다.

6. Next를 클릭해서 파일이 저장될 곳을 선택한다. 기본적으로 위치는 %SystemDrive%\PerfLogs\Admin\experiment\다. 이는 데이터 콜렉터 세트에 대한 이름을 지정한 그대로다. Next를 클릭하고 Run As 편집 상자에서 관리자 권한 이름과 맞는 패스워드를 넣는다. Finish 를 클릭한다. 다음 보이는 것과 같은 창이 나타날 것이다.

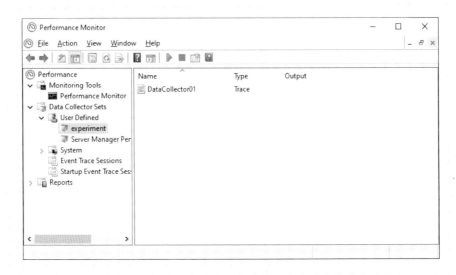

7. 마우스 오른쪽 버튼으로 데이터 콜렉터 세트 이름을 클릭한다(이번 실습의 예). 그리고 Start를 클릭한다. 브라우저를 열어 웹 사이트를 방문해서 네트워크 활동을 유발한다.

8. 데이터 콜렉터 세트 노드를 마우스 오른쪽 버튼으로 클릭하고 Stop을 클릭한다.

'ETL 파일 디코딩' 실습의 단계를 따라 ETL 추적 로그 파일을 디코딩하려면 결과를 읽을 수 있는 최상의 방법이 CSV 파일 타입임을 알 수 있다. 시스템 세션은 이벤트에 대한 디코딩 정보를 갖고 있지 않기 때문이다. 따라서 netsh.exe는 EVTX 파일에 이벤트를 나타내는 데이터 구조를 커스터마이즈해서 인코딩할 방법이 없다.

마지막으로 XPERF를 사용해서 다음 명령을 입력한다(선택적으로 c:\network. etl 파일을 원하는 이름으로 바꿔도 된다).

```
xperf -on NETWORKTRACE -f c:\network.etl
```

시스템 추적 세션을 멈춘 후에 얻어진 추적 파일을 변경할 수 있다. 성능 모니터로 얻어진 것과 유사한 이벤트를 얻을 수 있다.

전역 로거와 자동 로거

특정 로거 세션들은 시스템이 부팅될 때 자동으로 시작된다. 전역 로거 세션은 운영체제의 부트 과정에서 일어난 이벤트들을 기록한다. NT 커널 로거에 의해 생성된 이벤트를 포함한다(전역 로거는 사실상 시스템 로거다. 이는 표 10-16에서 확인할 수 있다). 애플리케이션과 디바이스 드라이버들은 전역 로거 세션을 사용해서 유저가 로그인하기 전의 추적들을 캡처할 수 있다(디스크 디바이스 드라이버와 같은 일부 디바이스 드라이버는 전역 로거 세션이 시작할 때 로드되지 않는다). 전역 로거가 대개 NT 커널 공급자에 의해 생성되는 이벤트를 캡처하는 데 사용되는 반면(표 10-17 참고), 자동 로거는 전통적인 ETW 공급자에 의한 추적을 캡처하는 데 사용된다(NT 커널 로거는 제외된다).

'ETW 초기화' 절에서 언급했듯이 ETW는 전역 로거와 자동 로거를 동시에 시작하는데, NT 커널 시작의 1단계 동안에서 일어나는 일이다. **EtwStartAutoLogger** 내부 함수는 레지스트리에서 로거의 설정 데이터를 확인한다. 그리고 **EtwpStartLogger** 루틴을 사용해 로거 세션을 생성한다. 이는 'ETW 세션' 절에서 다뤘다. 전역 로거 는 시스템 로거다. 세션이 생성된 후에 더 이상 다른 공급자들이 활성화되지 않는 다. 전역 로거와는 다르게 자동 로거는 공급자가 활성화되도록 지원한다. 자동 로거는 각각의 세션 이름을 나열함으로써 시작되는데, 이때 자동 로거의 레지스 트리 키를 활용한다. 세션이 생성된 후에 ETW는 세션에서 활성화돼야 할 공급자 들을 나열한다. 이는 자동 로거 키의 하위 키로 나열돼 있다(공급자는 GUID로 구분된다). 그림 10-36은 다양한 공급자가 이벤트 로그 시스템 세션에서 활성화된 것을 보여 준다. 해당 세션은 윈도우 이벤트 뷰어에 의해 보여주는 윈도우 로그 중 주요한 내용이다(이벤트 로거 서비스에 의해 캡처된다).

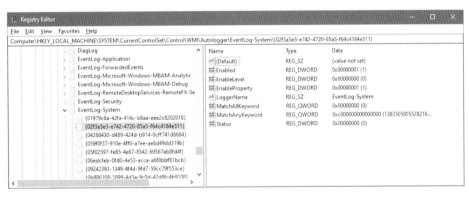

그림 10-36 자동 로거에 활성화된 공급자들 이벤트 로그 시스템

공급자의 설정 데이터가 검증된 후에 공급자는 내부의 **EtwpEnableTrace** 함수에 의해 활성화된다. 이는 전통적인 ETW 세션들과 같다.

ETW 보안

ETW 세션을 시작하고 멈추는 것은 높은 권한의 연산이라고 간주된다. 시스템 무결성을 해칠 수 있는 시스템 데이터들을 이벤트가 포함하기 때문이다(시스템 로거의 경우는 특히 더하다). 윈도우 보안 모델은 ETW 보안을 지원하도록 확장돼왔다. 이전에 소개했듯이 각각의 ETW에 의해 수행되는 연산은 잘 정의된 접근 권한이 필요하

다. 이는 세션, 공급자, 공급자의 그룹을 보호하는 보안 디스크립터에 의해 획득된
다(연산에 따라서 다르다). 표 10-18은 ETW를 위해 소개된 새로운 접근 권한과 그 사용법
을 보여준다.

표 10-18 ETW 보안 접근 권한과 사용법

값	설명	적용되는 곳
WMIGUID_QUERY	추적 세션에 대해 유저가 정보를 질의하는 것을 허용	세션
WMIGUID_NOTIFICATION	세션의 알림 공급자에 대해 유저가 알림을 전달하는 것을 허용	세션
TRACELOG_CREATE_REALTIME	실시간 세션을 시작하고 업데이트하는 것을 허용	세션
TRACELOG_CRETATE_ONDISK	로그 파일에 이벤트를 기록하는 세션을 시작하고 업데이트 하는 것을 허용	세션
TRACELOG_GUID_ENABLE	공급자를 활성화하는 것을 허용	공급자
TRACELOG_LOG_EVENT	세션이 안전 모드로 동작한다면 추적 세션에 이벤트를 로깅 하는 것을 허용	세션
TRACELOG_ACCESS_REALTIME	실시간 이벤트를 소비하는 소비 애플리케이션을 허용	세션
TRACELOG_REGISTER_GUIDS	공급자를 유저가 등록하는 것을 허용(EtwRegistration 객체를 만드는데, ETW_REG_ENTRY 구조체에 의해 지원된다)	공급자
TRACELOG_JOIN_GROUP	유저가 매니페스트 기반의 혹은 추적 로깅 공급자를 공급자 그룹(ETW 속성의 부분 중 하나다. 이 책에서 다뤘음)에 삽입 하는 것을 허용	공급자

대개의 ETW 접근 권한은 자동으로 시스템 계정에 관리자의 멤버, 로컬 서비스,
네트워크 서비스 그룹에 대해 허락된다. 이는 일반 유저는 ETW와 상호작용이
되지 않는다는 의미다(명시적인 세션 그리고 공급자 보안 디스크립터가 허락하지 않는 이상). 이 문제를 극
복하고자 윈도우는 성능 로그 유저 그룹을 포함했다. 이는 일반 유저가 ETW와
상용작용하게 한다(특히 추적 세션을 제어하고자 사용된다). 모든 ETW 접근 권한이 성능 로그
유저 그룹에 대한 기본 보안 식별자에 의해 허가되지만 윈도우는 다른 그룹도
지원하는데, 성능 모니터 유저다. 이는 세션 통지 공급자에게 통지를 받거나 또는
보내는 용도로 만들어졌다. 그룹은 시스템 성능 카운터에 접근하고자 만들어졌고
성능 모니터와 자원 모니터 같은 도구에 의해 나열되고 전체 ETW 이벤트에 접근

하지 않게 만들어졌다. 2개의 도구는 1권 1장의 '성능 측정과 자원 측정' 절에서 다뤘다.

'ETW 세션' 절에서 소개했듯이 ETW 보안 디스크립터는 바이너리 형식으로 `HKLM\System\CurrentControlSet\Control\Wmi\Security` 레지스트리 키에 저장된다. ETW에서 GUID에 의해 나타나는 모든 것은 커스텀된 보안 디스크립터에 의해 보호된다. ETW 보안을 다루고자 애플리케이션들은 레지스트리에 저장된 보안 디스크립터와 직접 상호작용을 하지 않는다. Sechost.dll에 구현된 `EventAccessControl`과 `EventAccessQuery` API를 사용한다.

실습: ETW 세션의 기본 보안 디스크립터 살펴보기

커널 디버거는 ETW 세션들과 연관된 기본 보안 디스크립터를 쉽게 살펴볼 수 있다. 이번 실습에서는 호스트 시스템에 커널 디버거가 부착되고 연결된 윈도우 10 머신이 필요하다. 그렇지 않다면 로컬 커널 디버거나 LiveKd(https://docs.microsoft.com/en-us/sysinternals/downloads/livekd에서 다운로드할 수 있다)를 활용할 수 있다. 심볼이 잘 설정되면 다음 명령으로 SD를 덤프할 수 있다.

```
!sd poi(nt!EtwpDefaultTraceSecurityDescriptor)
```

출력 내용은 다음의 내용과 유사하다.

```
->Revision : 0x1
->Sbz1    : 0x0
->Control : 0x8004
          SE_DACL_PRESENT
          SE_SELF_RELATIVE
->Owner   : S-1-5-32-544
->Group   : S-1-5-32-544
->Dacl    :
->Dacl    : ->AclRevision: 0x2
->Dacl    : ->Sbz1      : 0x0
->Dacl    : ->AclSize    : 0xf0
->Dacl    : ->AceCount   : 0x9
```

```
->Dacl     : ->Sbz2      : 0x0
->Dacl     : ->Ace[0]: ->AceType: ACCESS_ALLOWED_ACE_TYPE
->Dacl     : ->Ace[0]: ->AceFlags: 0x0
->Dacl     : ->Ace[0]: ->AceSize: 0x14
->Dacl     : ->Ace[0]: ->Mask : 0x00001800
->Dacl     : ->Ace[0]: ->SID: S-1-1-0

->Dacl     : ->Ace[1]: ->AceType: ACCESS_ALLOWED_ACE_TYPE
->Dacl     : ->Ace[1]: ->AceFlags: 0x0
->Dacl     : ->Ace[1]: ->AceSize: 0x14
->Dacl     : ->Ace[1]: ->Mask : 0x00120fff
->Dacl     : ->Ace[1]: ->SID: S-1-5-18

->Dacl     : ->Ace[2]: ->AceType: ACCESS_ALLOWED_ACE_TYPE
->Dacl     : ->Ace[2]: ->AceFlags: 0x0
->Dacl     : ->Ace[2]: ->AceSize: 0x14
->Dacl     : ->Ace[2]: ->Mask : 0x00120fff
->Dacl     : ->Ace[2]: ->SID: S-1-5-19

->Dacl     : ->Ace[3]: ->AceType: ACCESS_ALLOWED_ACE_TYPE
->Dacl     : ->Ace[3]: ->AceFlags: 0x0
->Dacl     : ->Ace[3]: ->AceSize: 0x14
->Dacl     : ->Ace[3]: ->Mask : 0x00120fff
->Dacl     : ->Ace[3]: ->SID: S-1-5-20

->Dacl     : ->Ace[4]: ->AceType: ACCESS_ALLOWED_ACE_TYPE
->Dacl     : ->Ace[4]: ->AceFlags: 0x0
->Dacl     : ->Ace[4]: ->AceSize: 0x18
->Dacl     : ->Ace[4]: ->Mask : 0x00120fff
->Dacl     : ->Ace[4]: ->SID: S-1-5-32-544

->Dacl     : ->Ace[5]: ->AceType: ACCESS_ALLOWED_ACE_TYPE
->Dacl     : ->Ace[5]: ->AceFlags: 0x0
->Dacl     : ->Ace[5]: ->AceSize: 0x18
->Dacl     : ->Ace[5]: ->Mask : 0x00000ee5
->Dacl     : ->Ace[5]: ->SID: S-1-5-32-559

->Dacl     : ->Ace[6]: ->AceType: ACCESS_ALLOWED_ACE_TYPE
->Dacl     : ->Ace[6]: ->AceFlags: 0x0
->Dacl     : ->Ace[6]: ->AceSize: 0x18
->Dacl     : ->Ace[6]: ->Mask : 0x00000004
->Dacl     : ->Ace[6]: ->SID: S-1-5-32-558
```

Psgetsid 도구(https://docs.microsoft.com/en-us/sysinternals/downloads/psgetsid에서 다운로드
할 수 있다)를 사용할 수도 있다. 이를 통해 SID를 사람이 이해할 수 있는 내용
으로 볼 수 있다. 앞의 출력 내용으로 봤을 때 모든 ETW 접근이 SYSTEM
(S-1-5-18), LOCAL SERVICE(S-1-5-19), NETWORK SERVICE(S-1-5-18) 그리고 관리자 그
룹(S-1-5-32-544)에 허가됐음을 알 수 있다. 이전에 설명했듯이 성능 로그 유저
그룹(S-1-5-32-559)은 거의 모든 ETW 접근 권한을 갖고 있다. 반면 성능 모니
터 유저 그룹(S-1-5-32-558)은 세션의 기본 보안 디스크립터에 의해 허가되는
WMIGUID_NOTIFICATION 접근 권한만을 가진다.

```
C:\Users\andrea>psgetsid64 S-1-5-32-559

PsGetSid v1.45 - Translates SIDs to names and vice versa
Copyright (C) 1999-2016 Mark Russinovich

Sysinternals - www.sysinternals.com

Account for AALL86-LAPTOP\S-1-5-32-559:
Alias: BUILTIN\Performance Log Users
```

보안 감사 로거

보안 감사 로그는 보안 Lsass 공급자에 의해 생성되는 이벤트들을 감시하는 윈도우
이벤트 로거 서비스(wevtsvc.dll)에 의한 ETW 세션이다. 보안 Lsass 공급자({54849625-
5478-4994-a5ba-3e3b0328c30d} GUID)는 NT 커널에서 ETW 초기화 시점에만 등록될 수 있다.
그리고 전역 공급자 해시 테이블에 삽입될 수 없다. EnableSecurityProvider 레
지스트리 값이 1로 설정되면 보안 감사 로거와 자동 로거들이 보안 Lsass 공급자
에 의한 이벤트를 수신할 수 있다. EtwStartAutoLogger 내부 함수가 1로 값이 설
정된 것을 인지하면 SECURITY_TRACE 플래그를 연관된 ETW 세션에 대해 활성화시
킨다. 이를 통해 보안 감사 이벤트를 받을 수 있는 로거들에 세션을 추가한다.

보안 로거

전통적인(MOF) 그리고 WPP 공급자들은 매니페스트 기반과 추적 로깅 공급자를

위해 보안 기능을 지원하도록 설계되지 않았기 때문에 자동 로거 또는 일반적인 ETW 세션은 EVENT_TRACE_SECURE_MODE 플래그를 통해 생성된다. 이 보안 세션은 신뢰할 수 있는 계정에서만 이벤트를 받도록 하는 것을 목적으로 한다. 이 플래그는 2개의 주요 효과가 있다.

- MOF와 WPP 공급자들이 안전한 세션에 이벤트를 쓰는 것을 막는다. 전통적인 공급자가 보안 섹션에서 활성화되면 공급자는 이벤트를 생성하지 않는다.
- 추가적인 TRACELOG_LOG_EVENT 접근 권한을 요청한다. 이는 세션 보안 디스크립터에 의해 허가된다.

TRACE_LOG_EVENT 접근 권한을 사용하면 세션의 보안 디스크립터에 좀 더 자세한 보안을 적용할 수 있다. 보안 디스크립터가 TRACELOG_GUID_ENABLE만 신뢰하지 않는 유저에 대해 허가되고, ETW 세션이 다른 엔터티에 의해 안전하게 생성되면(커널 드라이버 또는 권한이 높은 애플리케이션) 신뢰되지 않는 유저는 보안 섹션에 대해 공급자를 활성화시킬 수 없다. 섹션이 안전하지 않게 생성되면 신뢰되지 않는 유저는 공급자를 여기에 활성화시킬 수 있다.

동적 트레이스(DTrace)

이전에 설명한 것처럼 윈도우 이벤트 트레이싱[Event Tracing]은 운영체제에 통합된 강력한 트레이스 기술이지만 정적 기술이다. 이는 최종 유저가 운영체제 또는 타사 프레임워크 애플리케이션에 속하는 잘 정의된 구성 요소에 의해 생성된 이벤트로 트레이스 및 로깅을 할 수 있다(예를 들면 .NET CLR). 이 한계를 극복하고자 2019년 5월, 윈도우 10 업데이트(19H1)에서는 윈도우에 내장된 동적 트레이스 기능인 DTrace가 추가됐다. DTrace은 실행 중인 시스템의 관리자가 유저 프로그램과 운영체제 자체의 동작을 확인하는 데 사용한다. DTrace은 솔라리스[Solaris] 운영체제(및 그 하위인 일루모스[illumos], 둘 다 유닉스 기반)용으로 개발됐고 윈도우 이외의 여러 운영체제에 적용된 오픈소스 기술이다.

DTrace는 프로브[probes]라고 하는 특정 대상 위치에서 운영체제와 유저 애플리케이션의 일부를 동적으로 트레이스할 수 있다. 프로브는 메시지 로깅, 스택 추적 기록, 타임스탬프 추적과 같은 일련의 작업을 수행하도록 요청을 묶어 실행할 수 있는 바이너리 코드 로케이션 또는 작업이다. 프로브가 실행되면 DTrace는 프로브에서 데이터를 수집하고 조사와 관련된 작업을 하며 프로브와 동작은 모두 D 프로그래밍 언어를 사용해 스크립트 파일에서(또는 커맨드라인을 통해 DTrace 애플리케이션에서 직접) 정의한다. 프로브 지원은 공급자providers라는 커널 모듈에 의해 지원된다. 오리지널 일루모스 DTrace는 유닉스 기반 OS에 깊숙이 연결돼 있는 약 20개의 공급자를 지원한다. 이 책을 쓰는 시점에 윈도우는 다음과 같은 공급자를 지원한다.

- **SYSCALL:** 유저 모드 애플리케이션과 커널 모드 드라이버(Zw* API를 통해)에서 호출된 OS 시스템 콜(시작 및 종료 시 모두)을 트레이스할 수 있다.
- **FBT(기능 경계 트레이스):** 시스템 관리자는 FBT를 통해 NT 커널에서 실행되는 모든 모듈에 구현된 개별 기능 실행을 트레이스할 수 있다.
- **PID(유저 모드 프로세스 트레이스):** 공급자는 FBT와 유사하며 유저 모드 프로세스와 애플리케이션의 개별 기능을 트레이스할 수 있다.
- **ETW(윈도우의 이벤트 트레이스):** DTrace는 이 공급자를 사용해 ETW 엔진에서 발생하는 매니페스트 기반 트레이스 로깅 이벤트와 연결된다. DTrace는 새 ETW 공급자를 정의하고 **etw_trace** 작업(공급자의 일부가 아님)을 통해 관련 ETW 이벤트를 지원한다.
- **PROFILE:** 지정된 시간 간격마다 발생하는 시간 기반 인터럽트와 관련된 프로브를 지원한다.
- **DTRACE:** 기본 공급자는 DTrace 엔진에서 암묵적으로 활성화된다.

열거된 공급자를 통해 시스템 관리자가 윈도우 운영체제 및 유저 모드 애플리케이션의 거의 모든 구성 요소를 동적으로 트레이스할 수 있다.

> 2019년 5월 윈도우 10 업데이트에 배포된 윈도우용 최초 버전의 DTrace와 현재의 안정된 릴리스 버전(이 책을 쓰는 시점에 윈도우 10의 2021년 5월 에디션에서 배포) 사이에는 큰 차이가 있다. 가장 주목할 만한 차이점 중 하나는 첫 번째 릴리스에서 FBT 공급자를 실행하려면 커널 디버거를 설정해야 한다는 점이다. 또한 ETW 공급자는 DTrace의 첫 번째 릴리스에서 완전히 사용할 수 없었다.

실습: DTrace 활성화 및 설치된 공급자 목록

이 실습에서는 DTrace를 설치하고 활성화하고 다양한 윈도우 구성 요소를 동적으로 트레이스하는 데 사용할 수 있는 공급자를 보여준다. 윈도우 10 5월 2020 업데이트(20H1) 이상이 설치된 시스템이 필요하다. https://docs.microsoft.com/en-us/windows-hardware/drivers/devtest/dtrace의 마이크로소프트 문서에 설명된 대로 먼저 DTrace를 활성화시켜야 한다. 관리 명령 프롬프트를 열고 다음 명령을 입력한다(비트라커가 활성화된 경우 비활성화해야 함).

```
bcdedit /set dtrace ON
```

명령이 성공하면 https://www.microsoft.com/download/details.aspx?id=100441에서 DTrace 패키지를 다운로드해 설치할 수 있다. 컴퓨터(또는 가상 머신)를 다시 시작하고 관리 명령 프롬프트를 연다(코타나 검색 상자에 CMD를 입력한 후 관리자 권한으로 실행한다). 다음 명령을 입력한다(필요한 경우 providers.txt를 다른 파일 이름으로 바꾼다).

```
cd/d "C:\Program Files\DTrace"
dtrace -l>providers.txt
```

생성된 파일(예를 들어 providers.txt)을 연다. DTrace가 성공적으로 설치되고 활성화되면 프로브 및 공급자(DTrace, syscall 및 ETW) 목록이 출력 파일에 나열된다. 프로브는 ID와 사람이 읽을 수 있는 이름으로 구성된다. 사람이 읽을 수 있는 이름은 4부분으로 구성돼 있다. 각 부분은 공급자에 따라 존재하거나 존재하지 않을 수 있다. 일반적으로 공급자는 가능한 한 규칙을 따르려고 하지만 경우에 따라 각 부분의 의미가 다른 것으로 부여될 수 있다.

- **Provider**: 프로브를 게시하는 DTrace 공급자의 이름이다.
- **Module**: 프로브가 특정 프로그램의 위치에 해당하는 경우 프로브가 위치한 모듈의 이름이다. 이 모듈은 PID(dtrace -l 명령에 의해 생성된 출력에는 표시되지 않음) 및 ETW 공급자에게만 사용된다.
- **Function**: 프로브가 특정 프로그램의 위치에 해당하는 경우 프로브

가 위치한 프로그램 기능의 이름이다.

- Name: 프로브 이름의 마지막 구성 요소는 BEGIN 또는 END와 같은 프로브의 의미적인 이름이다.

사람이 읽을 수 있는 형식의 프로브 전체 이름을 내보낼 때 이름의 모든 부분이 콜론으로 구분된다. 예를 들면 다음과 같다.

```
syscall::NtQuerySystemInformation:entry
```

syscall 공급자가 지원하는 NtQueryInformation 함수 엔트리에 프로브를 지정한다. 이 경우 syscall 공급자가 이름을 지정하지 않으므로 모듈 이름은 비어 있다(모든 syscall은 NT 커널에 의해 암묵적으로 지원된다).

대신 PID 및 FBT 공급자는 이들이 적용되는 프로세스나 커널 이미지를 기반으로(및 현재 사용 가능한 심볼을 기반으로) 프로브를 동적으로 생성한다. 예를 들어 프로세스의 PID 프로브를 바로 열거하려면 먼저 분석할 프로세스의 프로세스 ID$^{PID, Process ID}$를 알아야 한다(작업 관리자를 열고 고급 속성 시트를 선택하면 된다. 이 예제에서 테스트 시스템의 PID가 8020으로 동일한 메모장을 사용한다). 이후 다음 명령을 사용해 DTrace를 실행한다.

```
dtrace -ln pid8020 ::: entry > pid_notepad.txt
```

메모장 프로세스애 대해 PID 공급자가 생성한 함수 엔트리에 모든 프로브가 열거된다. 출력에는 많은 항목이 포함된다. 심볼 저장소 경로가 설정되지 않은 경우 출력에 전용 함수에 의해 생성된 프로브가 포함되지 않는다. 출력 결과를 제한하려면 모듈 이름을 추가할 수 있다.

```
dtrace.exe -ln pid8020:kernelbase::entry>pid_kernelbase_notepad.txt
```

이렇게 하면 메모장에 매핑된 kernelbase.dll 모듈의 함수 엔트리에 대해 생성된 모든 PID 프로브가 생성된다. 다음 명령으로 심볼 저장소 경로를 설정한 후 이전 두 명령을 반복하면 다음과 같다.

```
set _NT_SYMBOL_PATH=srv*C:\symbols*http://msdl.microsoft.com/download/symbols
```

출력이 크게 다르다는 것을 알 수 있다(개인 함수에 대한 프로브).

이 장의 뒷부분에 나오는 '함수 경계 트레이스(FBT) 및 프로세스(PID) 공급자' 절에 설명된 대로 PID 및 FBT 공급자는 함수 코드의 모든 오 프셋을 적용할 수 있다. 다음 명령은 PID 공급자가 Kernelbase.dll의 **SetComputerNameW** 함수로 프로브를 생성할 수 있는 모든 오프셋(항상 명령 경계 에 있음)이 반환된다.

```
dtrace.exe -ln pid8020:kernelbase:SetComputerNameW:
```

내부 아키텍처

이 장의 앞부분에서 설명한 'DTrace 활성화 및 설치된 공급자 목록' 실습에서 설명한 것처럼 윈도우 10 5월 2020 업데이트(20H1)에서는 DTrace의 일부 구성 요소를 외부 패키지로 설치할 필요가 있다. 이후 윈도우 버전에서 DTrace가 OS 이미지에 완전히 통합될 수 있다. DTrace는 운영체제에 긴밀하게 통합돼 있지만 제대로 작동하려면 3가지 외부 구성 요소가 필요하다. 여기에 NT별 구현과 https://github.com/microsoft/DTrace-on-Windows/tree/windows에서 다운로드할 수 있는 무료 공동 개발 및 배포 라이선스CDDL, Common Development and Distribution License에 따라 출시돼 DTrace 코드가 모두 포함된다.

그림 10-37과 같이 윈도우의 DTrace는 다음 구성 요소로 구성된다.

- **DTrace.sys**: DTrace 확장 드라이버는 프로브와 관련 작업을 수행하고 유저 모드 애플리케이션이 IOCTL을 통해 검색하는 순환 버퍼에 결과를 저장하는 주요 구성 요소다.
- **DTrace.dll**: 이 모듈은 DTrace 유저 모드 엔진인 **LibDTrace**를 압축한다. D 스크립트를 위한 컴파일러를 구현하고 IOCTL을 DTrace 드라이버로 보내고 순환 DTrace 버퍼(DTrace 드라이버가 출력을 저장하는 위치)의 주요 소비자다.
- **DTrace.exe**: 가능한 모든 명령(커맨드라인에서 지정)을 **LibDTrace**에 디스패치하는

진입점entry point 실행 파일이다.

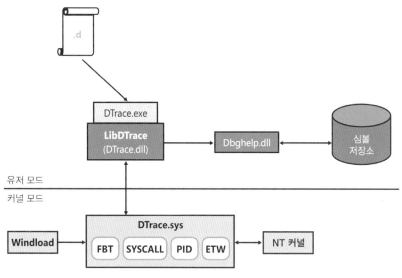

그림 10-37 DTrace 내부 아키텍처

윈도우 커널, 드라이버 또는 유저 모드 애플리케이션의 동적 트레이스를 시작하려면 유저는 명령 또는 외부 D 스크립트를 지정해 DTrace.exe 기본 실행 파일을 호출한다. 두 경우 모두 명령이나 파일에 D 프로그래밍 언어로 표현된 하나 이상의 조사 및 추가 작업이 포함돼 있다. DTrace.exe는 입력 커맨드라인에서 구문 분석에 맞게 요청을 LibDTrace(DTrace.dll에 구현됨)로 전달한다. 예를 들어 하나 이상의 프로브를 활성화하고자 DTrace 실행 파일이 시작되면 LibDtrace에 구현된 내부 `dtrace_program_fcompile` 함수를 호출해 D 스크립트를 컴파일하고 출력 버퍼에서 DTrace 중간 형식DIF, DTrace Intermediate Format 바이트코드를 생성한다.

> DIF 바이트코드 세부 사항과 D 스크립트(또는 D 명령)를 컴파일하는 방법을 설명하지 않겠다. 관심 있는 독자는 오픈 DTrace 설명서(OpenDTrace Specification, 케임브리지 대학교에서 발행, https://www.cl.cam.ac.uk/techreports/UCAM-CL-TR-924.pdf)에서 자세한 내용을 확인할 수 있다.

D 컴파일러는 LibDTrace 유저 모드로 모두 구현되지만 컴파일된 DIF 바이트코드를 실행하고자 LibDtrace 모듈은 DIF 가상 머신이 구현되도록 DTrace 드라이버로

DTRACIOC_ENABLE IOCTL을 호출한다. DIF 가상 머신은 바이트코드로 표현된 각 D 구절을 평가해 이와 관련해 선택적 작업을 실행할 수 있다. 네이티브 코드를 통해 실행되며 D 가상 머신을 통해 해석되지 않는 제한된 작업 세트를 사용할 수 있다.

그림 10-37에서 설명한 것처럼 DTrace 확장 드라이버는 모든 공급자를 구현한다. 기본 공급자가 어떻게 작동하는지 설명하기 전에 윈도우 OS에서 DTrace 초기화 의 개요를 알아본다.

DTrace 초기화

DTrace 초기화는 윈도우 로더가 커널이 정상적으로 구동하는 데 필요한 모든 모듈을 로딩하는 초기 부팅 단계에서 이뤄진다. 로드하고 검증하는 중요한 부분 중 하나는 윈도우 시스템의 주요 구성 요소인 API 세트 파일(apisetschema.dll)이다 (API 세트는 Vol.1의 3장에서 설명했다). 부팅 항목(0x26000145, dtrace 식별 가능한 이름을 통해 설정, BCD 객체에 대한 자세한 내용은 12장 참고)에 DTRACE_ENABLED BCD 항목이 설정돼 있으면 윈도우 로더는 %SystemRoot%\System32\Drivers 경로에 dtrace.sys 드라이버가 존재하는지 확인 한다. 이 경우 ext-ms-win-ntos-trace-l1-1-0이라는 새 API 세트 스키마 확장을 빌드한다. 스키마는 Dtrace.sys 드라이버를 대상으로 시스템 API 세트 스키마 (OslApiSetSchema)에 합쳐진다.

부팅 프로세스의 후반부에서 NT 커널이 초기화의 1단계를 시작하면 TraceInitSystem 함수가 호출돼 동적 트레이스 서브시스템을 초기화한다. API는 ext-ms-win- ntos-trace-l1-1-0.dll API 세트 스키마를 통해 NT 커널에서 가져오게 된다. 이는 DTrace가 윈도우 로더에 의해 활성화되지 않은 경우 이름 확인이 실패하고 함수 가 기본적으로 무시 처리[noop]됨을 의미한다.

TraceInitSystem은 트레이스 프로브가 실행될 때 NT 커널에 의해 호출될 함수를 포함해 트레이스 호출 배열의 내용을 계산하는 중요한 역할을 한다. 이 배열은 나중에 악의적인 드라이버가 시스템 루틴의 실행 흐름을 불법적으로 리디렉션하 지 못하도록 패치가드에 의해 보호되는 KiDynamicTraceCallouts 전역 심볼에 저 장된다. 마지막으로 TraceInitSystem 함수를 통해 NT 커널은 DTrace 드라이버에 다른 중요 배열을 보낸다. 이 배열에는 DTrace 드라이버가 프로브를 적용하는 데 사용하는 개인 시스템 인터페이스가 포함돼 있다(배열은 트레이스 확장 콘텍스트 데이터 구조로 지원된다). DTrace 드라이버와 NT 커널이 모두 개인 인터페이스를 교환하는 이런 종류의 초기화는 DTrace 드라이버가 확장 드라이버라고 불린다.

PNP 관리자는 나중에 부트 드라이버로 시스템에 설치된 DTrace 드라이버를 시작하고 해당 메인 진입점(DriverEntry)을 호출한다. 이 루틴은 \Device\DTrace 제어 장치와 해당 심볼릭 링크(\GLOBAL?\DTrace)를 등록한다. 이후 내부 DTrace 상태를 초기화하고 첫 번째 DTrace 내부 공급자를 만든다. 마지막으로 각 공급자의 초기화 함수를 호출해 사용 가능한 모든 공급자를 등록한다. 초기화 방법은 각 공급자에 따라 다르며 일반적으로 Dtrace 프레임워크에 공급자를 등록하는 내부 dtrace_register 함수를 호출한다. 공급자 초기화의 또 다른 일반적인 조치는 제어 장치의 핸들러를 등록하는 것이다. 유저 모드 애플리케이션은 가상 파일(핸들러)을 공급자에 지원해 DTrace 제어 장치를 통해 DTrace 및 공급자 간 통신할 수 있다. 예를 들면 유저 모드 LibDTrace는 \\.\DTrace\Fasttrap 가상 파일(핸들러)에 대한 핸들을 열어 PID 공급자와 직접 통신한다.

syscall 공급자

syscall 공급자가 활성화되면 DTrace는 프로브에 지정된 시스템 콜의 콜백을 활성화하고자 KeSetSystemServiceCallback 루틴을 호출한다. NT 시스템 인터페이스 배열 방식으로 DTrace 드라이버에 제공된다. 이후 NT 커널에 의해 DTrace 초기화 시 컴파일되고(자세한 내용은 앞 절 참고) 내부적으로 KiDynamicTraceContext라는 확장 콘텍스트 데이터 구조체에 캡슐화된다. KeSetSystemServiceCallback이 처음 호출될 때 이 루틴에 사용 가능한 모든 syscall 디스크립터를 포함하는 RB Red-Black 트리인 전역 서비스 트레이스 테이블(KiSystemServiceTraceCallbackTable)을 생성하는 중요 작업이 있다. 각 디스크립터에는 syscall의 이름, 주소, 콜백 엔트리나 종료 시 활성화 여부를 나타내는 매개변수 및 플래그 수의 해시 정보가 포함된다. NT 커널에는 KiServicesTab 내부 배열을 통해 배포되는 syscall의 정적 목록이 포함돼 있다.

전역 서비스 트레이스 테이블이 가득 차면 KeSetSystemServiceCallback은 프로브가 지정한 syscall 이름의 해시를 계산하고 RB 트리에서 해시를 검색한다. 일치하는 항목이 없으면 프로브가 잘못된 syscall 이름을 지정했기 때문에 함수는 에러 알림을 종료한다. 그렇게 하지 않으면 함수는 발견된 syscall의 디스크립터에 있는 활성화 플래그를 변경해 활성화된 트레이스 콜백(내부 변수에 저장됨)의 수를 늘린다.

첫 번째 DTrace syscall 콜백이 활성화되면 NT 커널은 전역 `KiDynamicTraceMask` 비트마스크에 syscall 비트를 설정한다. 이는 시스템 콜 핸들러(KiSystemCall164)가 전역 트레이스 핸들러를 호출할 수 있기 때문에 매우 중요하다(시스템 콜 및 시스템 서비스 디스패치는 8장에서 자세히 설명했다).

이 설계를 통해 DTrace는 성능 저하 없이 시스템 콜을 처리하는 메커니즘이 있다. 활성 상태인 DTrace syscall 프로브가 없으면 트레이스 핸들러는 호출되지 않는다. 트레이스 핸들러는 syscall의 시작 및 종료 시에 호출될 수 있다. 간단한 이 기능은 전역 서비스 트레이스 테이블을 스캔해 syscall 디스크립터를 찾는다. 디스크립터를 찾으면 활성화 플래그가 설정돼 있는지 확인해 설정된 경우 정상 콜아웃을 호출한다(이전에 지정한 전역 동적 트레이스 호출 배열인 KiDynamicTraceCallouts에 포함된다). DTrace 드라이버에 구현된 호출은 일반 내부 **dtrace_probe** 함수를 사용해 syscall 프로브를 실행하고 관련 작업을 실행한다.

함수 경계 트레이스(FBT) 및 PID 공급자

FBT, PID 공급자 모두 함수의 시작점과 종료점(반드시 syscall일 필요는 없음)에서 프로브를 활성화할 수 있기 때문에 유사하다. 대상 함수는 NT 커널에 있거나 드라이버의 일부로 있을 수 있으며(이 경우 FBT 공급자가 사용됨) 또는 프로세스가 실행하는 유저 모드 모듈에 있을 수 있다(PID 공급자는 유저 모드 애플리케이션을 트레이스할 수 있다). FBT 또는 PID 프로브는 대상 함수의 코드에 직접 기록되는 브레이크포인트 옵코드들opcodes(x86에서는 INT 3, ARM64에서는 BRK)을 통해 시스템에서 활성화된다. 이것에는 다음과 같은 중요한 의미가 있다.

- PID 또는 FBT 프로브가 발생하면 DTrace는 대상 함수를 콜백하기 전에 대체된 명령을 다시 실행할 수 있어야 한다. 이를 위해 DTrace는 명령 에뮬레이터를 사용하며, 이 에뮬레이터는 AMD64 및 ARM64 아키텍처와 호

환된다. 에뮬레이터는 NT 커널에 구현되며 일반적으로 브레이크포인트 예외를 처리할 때 시스템 예외 핸들러에 의해 호출된다.

- DTrace에는 함수를 이름으로 식별하는 방법이 필요한데, 함수의 이름을 통해 최종 바이너리로 컴파일되지 않는다(지원된 함수 제외). DTrace는 이것을 실현하고자 여러 기술을 사용한다. 이는 이 장의 뒷부분에 나오는 'DTrace 타입 라이브러리' 절에서 다룬다.

- 단일 함수는 여러 코드 분기에서 여러 가지 방법으로 종료(반환)할 수 있다. 종료 지점exit points을 확인하려면 함수 명령을 디스어셈블disassemble해 각 종료 지점을 찾기 위한 함수 그래프 분석기가 필요하다. 원래 함수 그래프 분석기가 솔라리스 코드의 일부였지만 윈도우의 DTrace 구현은 최적화된 새로운 버전을 사용하며 LibDtrace 라이브러리(DTrace.dll)에 여전히 존재한다. 유저 모드 함수는 함수 그래프 분석기에 의해 분석되지만 DTrace는 PDATA v2 해제 정보를 사용해 커널 모드 함수의 종료 지점을 신뢰할 수준으로 찾는다(함수 해제 및 예외 디스패치에 대한 자세한 내용은 8장을 참고). 커널 모드 모듈이 PDATA v2 해제 정보를 이용하지 않는 경우 FBT 공급자는 함수 리턴으로 프로브를 생성하지 않는다.

DTrace는 NT 시스템 인터페이스 배열을 통해 지원된 NT 커널의 KeSetTracepoint 함수를 호출해 FBT 또는 PID 프로브를 설치한다. 이 함수는 매개변수(특히 콜백 포인터)를 검증하고 커널 대상의 경우 대상 함수가 알려진 커널 모드 모듈의 실행 가능 코드 섹션에 있는지 검증한다. syscall 공급자와 마찬가지로 KI_TRACEPOINT_ENTRY 데이터 구조체가 구축돼 활성화된 트레이스 지점을 트레이스하는 데 사용된다. 데이터 구조체에는 자신의 프로세스, 접근 모드 및 대상 함수 주소가 포함된다. 이는 FBT 또는 PID 프로브가 처음 활성화될 때 할당되는 전역 해시 테이블 KiTpHashTable에 삽입된다. 마지막으로 대상 코드에 있는 단일 명령을 구문 분석(에뮬레이터로 가져오기)하고 브레이크포인트 옵코드로 대체한다. 전역 KiDynamicTraceMask 비트마스크의 트랩 비트가 설정된다.

커널 모드 대상의 경우 가상화 기반 보안VBS, Virtualization Based Security이 활성화된 경우에만 브레이크포인트 교체가 발생할 수 있다. MmWriteSystemImageTracepoint 루틴은 대상 함수와 연관된 로더 데이터 테이블 항목을 찾고 SECURESERVICE_SET_

TRACEPOINT 보안 호출을 호출한다. 보안 커널은 하이퍼가드와 함께 작동해 브레이크포인트 애플리케이션을 합법적인 코드 변경으로 만들 수 있는 유일한 엔터티다. Vol.1의 7장에서 설명한 대로 커널 패치 보호(패치 가드라고도 함)는 NT 커널 및 일부 중요한 커널 드라이버에서 코드 변경이 수행되지 않게 방지한다. 시스템에서 VBS가 활성화돼 있지 않고 디버거가 연결돼 있지 않으면 에러 코드가 반환되고 시도된 애플리케이션이 실패한다. 커널 디버거가 연결된 경우 NT 커널은 MmDbgCopyMemory 함수를 통해 브레이크포인트 옵코드가 적용된다(디버깅된 시스템에서는 패치 가드가 활성화되지 않는다).

DTrace의 FTB 또는 PID 프로브 시작으로 인해 발생할 수 있는 디버거 예외가 호출되면 시스템 예외 처리기^{exception handler}(KiDispatchException)는 전역 KiDynamicTraceMask 비트마스크에 '트랩^{trap}' 비트가 설정돼 있는지 확인한다. 이 경우 예외 처리기는 KiTpHandleTrap 함수를 호출한다. 이 함수는 KiTpHashTable을 검색해 등록된 FTB 또는 PID 프로브를 시작해 예외가 발생했는지 확인한다. 유저 모드 시도의 경우 함수는 프로세스 콘텍스트가 예상된 것인지 여부를 확인한다. 또는 프로브가 커널 모드인 경우 함수는 DTrace 콜백 FbtpCallback을 직접 호출해 프로브와 관련 조치를 실행한다. 콜백이 완료되면 핸들러는 에뮬레이터를 호출해 실행 콘텍스트를 에뮬레이트하기 전에 대상 함수의 원래 첫 번째 명령을 에뮬레이트한다.

실습: 동적 메모리 트레이스

이 실습에서는 VM에 적용된 동적 메모리를 동적 트레이스한다. 하이퍼V 관리자를 사용해 2세대 가상 머신을 생성하고 최소 768MB 및 최대 용량의 동적 메모리를 적용해야 한다(동적 메모리 및 하이퍼V에 대한 자세한 내용은 9장 참고). VM에는 윈도우 10 이상의 2019년 5월(19H1) 또는 2020년 5월(20H1) 업데이트와 DTrace 패키지(이 장의 앞부분에서 설명한 'DTrace 활성화 및 설치된 공급자 목록' 실습에서 설명한 대로 활성화돼야 함)가 설치돼 있어야 한다.

이 책의 다운로드 가능한 리소스에 있는 dynamic_memory.d 스크립트는 DTrace 디렉터리에 복사하고 관리 명령 프롬프트 창에 다음 명령을 입력해 시작해야 한다.

```
cd /d "c:\Program Files\DTrace"
```

```
dtrace.exe -s dynamic_memory.d
```

위 명령만 사용하면 DTrace는 다음과 유사한 에러로 인해 스크립트 컴파일이 에러가 발생한다.

```
dtrace: failed to compile script dynamic_memory.d: line 62: probe description
fbt:nt:MiRemovePhysicalMemory:entry does not match any probes
```

표준 구성에 심볼 저장소 경로가 설정되지 않았기 때문이다. 이 스크립트는 FBT 공급자를 NT 커널 바이너리에서 지원되는 **MmAddPhysicalMemory**와 공용 WDK에서 지원되지만 제공되지 않는 **MiRemovePhysicalMemory**의 2가지 OS 함수와 연결한다. 후자의 경우 FBT 공급자는 시스템의 주소를 계산할 방법이 없다.

DTrace는 이 장의 뒷부분에 나오는 'DTrace 타입 라이브러리' 절에서 설명한 것처럼 다양한 소스에서 타입 및 심볼 정보를 얻을 수 있다. FBT 공급자가 내부 OS 기능을 올바로 사용할 수 있게 하려면 다음 명령을 사용해 심볼 저장 경로를 마이크로소프트 공용 심볼 서버를 가리키게 설정해야 한다.

```
set _NT_SYMBOL_PATH=srv*C:\symbols*http://msdl.microsoft.com/download/symbols
```

심볼 저장소 경로를 설정한 후 dynamic_memory.d 스크립트를 대상으로 DTrace를 다시 시작하면 정상적으로 컴파일되고 다음과 같이 출력된다.

```
The Dynamic Memory script has begun.
```

다음 메모리 부족 시나리오를 시뮬레이션해야 한다. 이는 여러 가지 방법을 사용할 수 있다. 예를 들면 원하는 브라우저를 실행해 많은 탭을 열거나 3D 게임을 시작하거나 **TestLimit** 도구와 **-d** 명령 스위치를 사용해 모든 리소스가 소진될 때까지 시스템이 메모리를 계속 할당하고 쓸 수 있다. 루트 파티션의 VM 작업자 프로세스는 시나리오를 감지하고 하위 VM에 새 메모리를 삽입해야 한다. 이는 DTrace에 의해 감지된다.

```
Physical memory addition request intercepted. Start physical address
0x00112C00, Number of pages: 0x00000400.
    Addition of 1024 memory pages starting at PFN 0x00112C00 succeeded!
```

마찬가지로 게스트 VM의 모든 애플리케이션을 닫고 호스트 시스템에서 메모리 부족 시나리오를 다시 만들면 스크립트가 동적 메모리 삭제 요청을 인터셉트할 수 있다.

```
Physical memory removal request intercepted. Start physical address
0x00132000, Number of pages: 0x00000200.
    Removal of 512 memory pages starting at PFN 0x00132000 succeeded!
```

Ctrl + C를 사용해 DTrace를 일시 중단한 후 스크립트는 여러 통계를 출력한다.

```
Dynamic Memory script ended.
Numbers of Hot Additions: 217
Numbers of Hot Removals: 1602
Since starts the system has gained 0x00017A00 pages (378 MB).
```

메모장을 사용해 dynamic_memory.d 스크립트를 열면 총 6개의 프로브(4개의 FBT와 기본 지원 2개)가 설치돼 로깅 및 카운트 작업이 수행됨을 알 수 있다. 예를 들면 다음과 같다.

```
fbt:nt:MmAddPhysicalMemory:return
/ self->pStartingAddress != 0 /
```

함수의 진입점에서 얻은 시작 물리 주소가 0이 아닌 경우에만 **MmAdd PhysicalMemory** 함수의 종료 지점에 프로브를 설치한다. DTrace에 적용되는 D 프로그래밍 언어에 대한 자세한 내용은 http://dtrace.org/guide/preface.html에서 무료로 접근할 수 있는 『The illumos Dynamic Tracing Guide』 책을 참고한다.

ETW 공급자

DTrace는 특정 공급자가 특정 ETW 이벤트를 생성할 때 프로브를 실행할 수 있는 ETW 공급자와 DTrace 스크립트가 새로운 사용자 정의된 TraceLogging ETW 이벤트를 생성할 수 있는 etw_trace 작업을 모두 지원한다. etw_trace 동작은 LibDTrace에 구현돼 TraceLogging API를 사용해 새 ETW 공급자를 동적으로 등록하고 이와 연관된 이벤트를 생성한다. ETW에 대한 자세한 내용은 이 장 앞부분의 '윈도우 이벤트 추적(ETW)' 절을 참고한다.

ETW 공급자는 DTrace 드라이버에 실행된다. 트레이스 엔진이 PNP 관리자에 의해 초기화되면 모든 공급자가 DTrace 엔진에 등록된다. 등록 시 ETW 공급자는 DTraceLoggingSession이라는 ETW 세션을 구성한다. 이는 순환 버퍼에 이벤트를 쓰도록 설정돼 있다. DTrace가 커맨드라인에서 시작되면 IOCTL이 DTrace 드라이버로 전송된다. IOCTL 핸들러는 각 공급자의 지원 함수를 호출한다. DtEtwpCreate 내부 함수는 EtwEnumTraceGuidList 함수 코드를 사용해 NtTraceControl API를 호출한다. 이를 통해 DTrace는 시스템에 등록된 모든 ETW 공급자를 열거하고 각 프로브를 만들 수 있다(dtrace -1은 ETW 프로브를 표시할 수 있다).

ETW 공급자를 대상으로 하는 D 스크립트가 컴파일되고 실행되면 하나 이상의 ETW 프로브를 활성화하고자 내부 DtEtwEnable 루틴이 호출된다. 아직 실행 중이지 않은 경우 등록 시 구성된 로깅 세션이 시작된다. 트레이스 확장 콘텍스트(앞에서 본 것처럼 개인 시스템 인터페이스 포함)를 통해 DTrace는 DTrace 로깅 세션에 새 이벤트가 기록될 때마다 호출되는 커널 모드 콜백을 등록할 수 있다. 세션이 처음 시작될 때 이와 연관된 공급자는 없다. syscall 및 FBT 공급자와 마찬가지로 DTrace는 프로브별로 트레이스 데이터 구조를 만들고 모든 유효한 ETW 프로브를 나타내는 전역 RB 트리(DtEtwpProbeTree)에 삽입한다. 트레이스 데이터 구조는 ETW 공급자 및 이와 연관된 프로브 사이의 링크를 나타내기 때문에 중요하다. DTrace는 공급자의 올바른 활성화 수준과 키워드 비트마스크를 계산한다(자세한 내용은 이 장 앞부분의 '공급자 활성화' 절 참고). NtTraceControl API를 호출해 세션에서 공급자를 활성화한다.

이벤트가 생성되면 ETW 서브시스템은 콜백 루틴을 호출하고 콜백 루틴은 전역

ETW 프로브 트리를 검색해 콘텍스트 데이터 구조를 검색하는 콜백 루틴을 호출한다. 찾으면 DTrace는 프로브를 실행하고(내부 dtrace_probe 함수 계속 사용) 연관된 모든 작업을 실행할 수 있다.

DTrace 타입 라이브러리

DTrace는 타입으로 작동한다. 시스템 관리자는 내부 운영체제 데이터 구조를 검사하고 D 구절에서 프로브와 관련된 작업을 설명하는 데 사용할 수 있다. 또한 DTrace는 표준 D 프로그래밍 언어에서 지원되는 데이터 타입과 비교해 보충 데이터 타입을 지원한다. 복잡한 OS 종속 데이터 타입을 처리하고 FBT 및 PID 공급자가 내부 OS 및 애플리케이션 기능에 프로브를 설정할 수 있도록 DTrace는 여러 소스에서 정보를 가져온다.

- 함수 이름, 서명 및 데이터 타입은 익스포트 테이블 및 디버깅 정보와 같은 실행 파일 바이너리(Portable Executable 파일 형식에 따름)에 포함된 정보에서 먼저 추출한다.
- 원래 DTrace 프로젝트를 위해 솔라리스 운영체제는 실행 가능 바이너리 파일(ELF^{Executable and Linkable Format} 준수)에 컴팩트 C 타입 형식^{CTF, Compact C Type Format} 지원이 포함돼 있다. 이를 통해 OS는 DTrace가 모듈에 직접 실행하는 데 필요한 디버그 정보를 저장할 수 있었다(디버그 정보는 deflate 압축 형식을 사용해 저장할 수도 있다). 윈도우 버전의 DTrace는 **LibDtrace** 라이브러리(Dtrace.dll)의 리소스 섹션으로 추가돼 CTF를 부분적으로 계속 지원한다. **LibDTrace** 라이브러리의 CTF는 공용 윈도우 드라이버 키트^{WDK, Windows Driver Kit} 및 소프트웨어 개발 키트^{SDK, Software Development Kit}에 포함된 타입 정보를 저장해 DTrace가 심볼 파일을 사용하지 않고 기본 OS 데이터 타입을 처리할 수 있게 한다.
- 대부분의 개인 타입 및 내부 OS 함수 시그니처는 PDB 심볼에서 가져온다. 운영체제 모듈의 대부분 공용 PDB 심볼은 마이크로소프트 공용 심볼 저장소에서 다운로드할 수 있다(이 심볼은 윈도우 디버거에서 사용되는 심볼과 동일하다). 심볼은 FBT 공급자가 내부 OS 함수를 정상 식별하고 DTrace가 각 시스템 콜 및 함수의 올바른 타입을 갖는 매개변수를 얻을 수 있게 한다.

DTrace 심볼 서버

DTrace에는 마이크로소프트 공용 심볼 저장소에서 PDB 심볼을 다운로드하고 DTrace 서브시스템에서 사용할 수 있는 자율 심볼 서버가 포함돼 있다. 심볼 서버는 주로 LibDTrace에 구현되며 역호출 모델을 사용해 DTrace 드라이버에서 쿼리할 수 있다. 공급자 등록의 일부로 DTrace 드라이버는 SymServer 의사 공급자pseudo-provider를 등록한다. 후자는 실제 공급자가 아니라 DTrace 제어 장치에 symsrv 핸들러를 등록할 수 있는 단축키일 뿐이다.

커맨드라인에서 DTrace를 실행하면 LibDTrace 라이브러리는 \\.\dtrace\symsrv 제어 장치에 대한 핸들을 열어 심볼 서버를 시작한다(표준 CreateFile API 사용). 요청은 심볼 서버 IRP 핸들러를 통해 DTrace 드라이버에 의해 처리된다. 이 핸들러는 유저 모드 프로세스를 등록하고 심볼 서버 프로세스의 내부 목록에 추가한다. 그런 다음 LibDTrace는 새 스레드를 시작해 더미 IOCTL을 DTrace 심볼 서버 장치로 전송하고 드라이버의 응답을 무한 대기한다. 드라이버는 IRP를 보류 중으로 표시하고 공급자(또는 DTrace 서브시스템)가 새 심볼 분석을 요청한 경우에만 IRP를 완료한다.

드라이버가 보류 중인 IRP를 완료할 때마다 DTrace 심볼 서버 스레드가 시작되고 윈도우 이미지 도우미 라이브러리(Dbghelp.dll)에서 게시한 서비스를 사용해 필요한 심볼을 정상 다운로드하고 구문 분석한다. 그런 다음 드라이버는 심볼 스레드에서 새 더미 IOCTL이 전송될 때까지 기다린다. 이번에는 새 IOCTL에 심볼 구문 분석 프로세스의 결과가 포함된다. 유저 모드 스레드는 DTrace 드라이버가 요청할 때만 다시 깨어난다.

윈도우 에러 보고(WER)

윈도우 에러 보고WER, Windows Error Reporting는 유저 모드 프로세스 크래시와 커널 모드 시스템 크래시 정보를 자동 전송하는 고급 메커니즘이다. 유저 모드 프로세스, 보호된 프로세스protected process, 트러스트렛trustlet이 커널에서 크래시될 때 생성되는 보고서를 지원하고자 여러 시스템 구성 요소가 설계됐다.

윈도우 10은 이전 버전과는 달리 애플리케이션이 크래시가 발생될 때 윈도우 에러 보고를 받아 마이크로소프트(또는 시스템 관리자가 구성한 내부 서버)로 세부 정보를 보내는 유저가 확인할 수 있는 그래픽 대화상자는 지원하지 않는다. 그림 10-38과 같이 윈도우 10에서 제어판 보안 및 유지 관리 애플릿은 애플리케이션(또는 커널)이 크래시될 때 윈도우 에러 보고에 의해 생성된 보고서의 내용을 유저가 볼 수 있다. 애플릿은 보고서에 포함된 몇 가지 기본 정보를 확인할 수 있다.

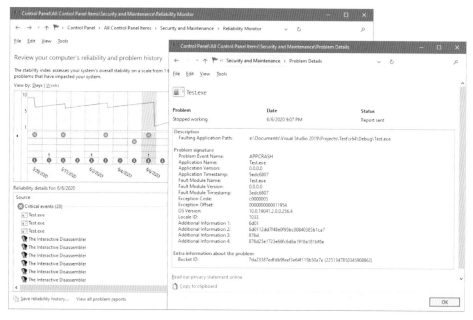

그림 10-38 제어판 보안과 유지 보수 애플릿의 안정성 모니터

윈도우 에러 보고 기능은 운영체제의 여러 구성 요소로 구현되는데, 주로 여러 종류의 크래시를 해결해야 하기 때문이다.

- 윈도우 에러 보고 서비스(WerSvc.dll)는 유저 모드 프로세스, 보호된 프로세스 또는 트러스트렛이 크래시될 때 보고서 작성 및 전송하는 기본 서비스다.
- 윈도우 에러 보고 및 보안 에러 보고(WerFault.exe 및 WerFaultSecure.exe)는 주로 크래시가 발생하는 애플리케이션의 스냅숏을 캡처하고 보고서 생성과 마이크로소프트 온라인 크래시 분석 사이트(또는 내부 에러 보고 서버로 설정된 경우)로 전송하는 데 사용된다.

- 보고서의 실제 생성과 전송은 윈도우 에러 보고 DLL(Wer.dll)에 의해 실행된다. 이 라이브러리는 WER 엔진에서 내부적으로 사용하는 모든 함수와 애플리케이션이 윈도우 에러 보고(https://docs.microsoft.com/en-us/windows/win32/api/_wer/에서 설명)와 연관된 작업을 하는 데 사용할 수 있는 API가 포함돼 있다. 일부 WER API는 Kernelbase.dll과 Faultrep.dll에 포함돼 있다.
- 윈도우 유저 모드 크래시 보고 DLL(Faultrep.dll)에는 유저 모드 애플리케이션이 크래시되거나 중단될 때 시스템 모듈(Kernel32.dll, WER 서비스 등)에서 사용하는 일반적인 WER 스텁 코드가 포함돼 있다. 여기서 크래시 서명을 만들고 WER 서비스에 대한 중단을 보고하는 서비스가 포함돼 있고 보고서 작성 및 전송을 위한 보안 콘텍스트(보안 토큰으로 WerFault 실행 파일 생성 포함)를 관리한다.
- 윈도우 에러 보고 덤프 인코딩 라이브러리(Werenc.dll)는 보안 에러 보고에서 트러스트렛이 크래시될 때 생성되는 덤프 파일을 암호화하는 데 사용된다.
- 윈도우 에러 보고 커널 드라이버(WerKernel.sys)는 라이브 커널 메모리 덤프를 캡처하고 마이크로소프트 온라인 크래시 분석 사이트로 제출하는 기능을 하는 커널 라이브러리다. 또한 드라이버는 커널 모드 드라이버에서 유저 모드 장애 보고서를 만들고 제출하기 위한 API가 포함돼 있다.

WER의 전체 아키텍처 설명은 하지 않는다. 이번 절에서는 주로 유저 모드 애플리케이션과 NT 커널(또는 커널 드라이버) 크래시에 대한 에러 보고서를 설명한다.

유저 애플리케이션 크래시

Vol.1의 3장에서 설명한 것처럼 윈도우의 모든 유저 모드 스레드는 Ntdll에 있는 RtlUserThreadStart 함수로 시작된다. 이 함수는 구조화된 예외 핸들러로 실제 스레드 시작 루틴을 호출한다(구조화 예외 처리는 8장에서 설명했다). 실제 시작 루틴을 보호하는 핸들러는 유저 모드 스레드에서 발생하는 예외를 관리할 수 있는 마지막 핸들러이기 때문에(스레드가 아직 처리하지 않은 경우) 내부적으로 처리되지 않은 예외 핸들러라고 한다. 핸들러가 실행될 때 일반적으로 NtTerminateProcess API를 사용해 프로세스가 종료된다. 핸들러를 실행할지 여부를 결정하는 엔터티는 처리되지 않은 예외 필터 `RtlpThreadExceptionFilter`다. 주목할 점은 처리되지 않은 예외 필터와 핸들러는 비정상적인 조건에서만 실행된다는 점이다. 일반적으로 애플리케이션은 내부 예외 핸들러를 사용해 자체 예외를 관리해야 한다.

Win32 프로세스가 시작되면 윈도우 로더는 필요한 라이브러리를 가져와 매핑한다. `kernelbase` 초기화 루틴은 프로세스에 대한 자체 처리되지 않은 예외 필터인 `UnhandledExceptionFilter` 루틴을 설치한다. 프로세스의 스레드에 치명적인 처리되지 않은 예외가 발생하면 필터가 호출돼 예외 처리 방법을 정할 수 있게 된다. `kernelbase`의 처리되지 않은 예외 필터는 콘텍스트 정보(머신의 레지스터 및 스택의 현재 값, 실패한 프로세스 ID, 스레드 ID 등)를 빌드하고 예외 처리를 한다.

- 프로세스에 디버거가 연결된 경우 필터는 `CONTINUE_SEARCH`를 반환해 예외를 발생시킨다. 이런 식으로 디버거는 중단하고 예외를 확인할 수 있다.
- 프로세스가 트러스트렛인 경우 필터는 처리를 중지하고 커널을 호출해 보안 에러 보고(WerFaultSecure.exe)를 실행한다.
- 필터는 CRT 처리되지 않은 예외 루틴(존재하는 경우)을 호출하고 CRT가 예외를 처리하는 방법을 모를 경우 내부 `WerpReportFault` 함수를 호출해 WER 서비스와 연결한다.

ALPC 연결을 하기 전에 `WerpReportFault`는 WER 서비스를 시작해 이전에 얻은 모든 콘텍스트 정보를 저장하는 상속 가능한 공유 메모리 세션을 준비한다. WER 서비스는 직접 트리거 시작 서비스고 `WER_SERVICE_START` WNF 상태가 업데이트되거나 이벤트가 더미 WER 활성화 ETW 공급자(Microsoft-Windows-Feedback-Service-Triggerprovider라는 이름)에 기록된 경우에 SCM에서 실행된다. `WerpReportFault`는 상대 WNF 상태를 업데이트하고 `\KernelObjects\SystemErrorPortReady` 이벤트를 기다린다. 이 이벤트는 WER 서비스가 새 연결을 수락할 준비가 됐음을 알려준다. 연결 설정이 되면 `Ntdll`은 WER 서비스의 `\WindowsErrorReportingServicePort` ALPC 포트에 연결하고 `WERSVC_REPORT_CRASH` 메시지를 보내고 응답을 무한 대기한다.

이 메시지를 통해 WER 서비스는 크래시된 프로그램의 상태를 분석하고 적절한 조치를 취하고자 크래시 보고서를 작성한다. 대부분의 경우 이는 WerFault.exe 프로그램을 실행한다. 유저 모드 크래시의 경우 윈도우 에러 보고 프로세스는 에러 프로세스의 자격증명을 사용해 2번 호출된다. 처음은 크래시 프로세스의 '스냅숏'을 얻는 데 사용한다. 이 기능은 윈도우 8.1에서 도입됐고 UWP 애플리케이션(당시에는 모두 단일 인스턴스 애플리케이션이었다)의 크래시 보고서 생성을 가속화할 수 있다. 이런 방식으로 유저는 보고서가 생성될 때까지 기다리지 않고 크래시한 UWP 애플리케이션을 다시 시작할 수 있어야 한다(UWP와 최신 애플리케이션 스택은 8장에서 설명했다).

스냅숏 생성

WerFault는 크래시 데이터가 포함된 공유 메모리 섹션을 매핑해 장애 발생 프로세스와 스레드를 오픈한다. 프로세스 스냅숏을 요청하는 데 사용되는 -pss 커맨드라인 인수와 함께 호출되면 Ntdll에서 지원하는 PssNtCaptureSnapshot 함수를 호출한다. 이런 네이티브 API를 사용해 크래시된 프로세스에 대한 여러 정보(기본 정보, 작업 정보, 프로세스 시간, 보안 완화 방법, 프로세스 파일 이름, 공유 유저 데이터 섹션 등)를 쿼리한다. 또한 이 함수는 파일에 의해 나온 프로세스의 유저 모드 주소 공간이 전체 매핑된 모든 메모리 섹션에 대한 정보를 쿼리한다. 그런 다음 스냅숏을 나타내는 PSS_SNAPSHOT 데이터 구조체 검색된 모든 데이터를 저장한다. 마지막으로 NtCreateProcessEx API(특별한 플래그 조합 지원)를 사용해 크래시된 프로세스의 전체 VA 공간의 동일한 복사본으로 다른 더미 프로세스(클론 프로세스)를 만든다. 그런 다음 원본 프로세스를 종료하고 복제 프로세스에서 보고서에 필요한 추가 작업을 진행한다.

> WER는 보호된 프로세스와 트러스트렛 스냅숏을 생성하지 않는다. 이 경우 보고서는 장애 발생 프로세스에서 데이터를 검색해 생성한다. 이 데이터는 보고서가 완료된 후 일시 중지됐다가 다시 실행된다.

크래시 보고서 생성

스냅숏이 생성되면 실행 제어가 WER 서비스로 돌아가고 크래시 보고서를 작성하기 위한 환경이 초기화된다. 주로 2가지 방법으로 수행된다.

- 비정상적인 보호되지 않은 프로세스에서 크래시가 발생되면 WER 서비스는 윈도우 유저 모드 크래시 보고 DLL(Faultrep.dll)에서 지원하는 `WerpInitiate CrashReporting` 루틴을 직접 호출한다.

- 보호된 프로세스에 속하는 크래시에는 별도의 브로커 프로세스가 필요하고 이 브로커 프로세스는 시스템 계정으로 생성된다(장애 프로세스의 자격증명이 아님). 브로커는 몇 가지 검증을 수행하고 정상 프로세스에서 발생하는 크래시에 사용되는 것과 동일한 루틴을 호출한다.

WER 서비스에서 호출된 `WerpInitiateCrashReporting` 루틴은 에러 보고 프로세스를 실행할 수 있는 환경을 준비한다. WER 라이브러리에서 지원하는 API를 사용해 시스템 저장소(기본 구성에서는 C:\ProgramData\Microsoft\Windows\WER 에 있음)를 초기화하고 윈도우 레지스트리에서 모든 WER 설정을 로드한다. WER에는 유저가 그룹 정책 편집기를 사용하거나 레지스트리를 수동으로 변경해 구성하고 다양한 유저 지정 옵션이 포함돼 있다. 이 단계에서 WER은 장애 애플리케이션을 시작한 유저를 가정하면 `WerFault`(또는 WerFaultSecure)에서 유저 크래시를 처리하고 새 보고서를 생성하도록 지시하는 `-u main` 커맨드라인 스위치를 사용해 장애 보고 프로세스를 실행한다.

> 크래시 프로세스가 낮은 무결성 수준 또는 AppContainer 토큰에서 실행되는 최신 애플리케이션인 경우 WER는 유저 관리 서비스(User Manager service)를 사용해 장애 애플리케이션을 시작한 유저를 나타내는 새로운 medium-IL 토큰을 생성한다.

표 10-19는 WER 레지스트리 구성 옵션과 사용 가능한 값을 보여준다. 이들 값은 머신 구성에 관계된 HKLM\SOFTWARE\Microsoft\Windows\Windows Error Reporting 키와 개별 유저 구성과 관계된 HKEY_CURRENT_USER의 하위 키 중 HKLM\SOFTWARE\Microsoft\Windows\Windows Error Reporting과 대응하는 키에 위치한다.

표 10-19 WER 레지스트리 설정

설정	의미	값
ConfigureArchive	아카이브(archived) 데이터 내용	파라미터는 1, 모든 데이터는 2
Consent\DefaultConsent	동의에 필요한 데이터 종류	임의의 데이터는 1, 파라미터는 2, 파라미터들과 안전한 데이터는 3, 모든 데이터는 4
Consent\DefaultOverrideBehavior	DefaultConsent가 WER 플러그인 동의 값의 오버라이드(override) 여부	1은 오버라이드 가능
Consent\PluginName	특정 WER 플러그인의 동의 값	DefaultConsent와 동일
CorporateWERDirectory	기업 WER 저장소의 디렉터리	경로를 포함하는 문자열
CorporateWERPort-Number	기업 WER 저장소에 사용되는 포트	포트 번호
CorporateWERServer	기업 WER 저장소에 사용되는 이름	이름을 포함하는 문자열
CorporateWERUse-Authentication	기업 WER 저장소에 윈도우 통합 인증 사용	1은 내장된 인증을 활성화
CorporateWERUseSSL	기업 WER 저장소에 SSL 사용	1은 SSL 활성화
DebugApplications\ExeName	Debug와 Continue를 사용자가 선택해야 하는 애플리케이션 목록	애플리케이션 목록을 포함하는 문자열
DisableArchive	아카이브가 활성화 여부	1은 아카이브 비활성화
Disabled	WER이 비활성화 여부	1은 WER 비활성화
DisableQueue	보고서가 큐잉돼야 하는지 여부	1은 큐잉 비활성화
DontShowUI	WER UI를 활성화 또는 비활성화할 여부	1은 UI 비활성화
DontSendAdditionalData	추가적인 크래시 데이터 전송을 하지 않는다.	1은 보내지 않는다

(이어짐)

설정	의미	값
ExcludedApplications\AppName	WER에서 제외된 애플리케이션 목록	애플리케이션 목록을 포함하는 문자열
ForceQueue	보고서가 사용자 큐로 보내져야 하는지 여부	1은 사용자 큐로 보내져야 한다
LocalDumps\DumpFolder	덤프 파일을 저장할 경로	경로를 포함하는 문자열
LocalDumps\DumpCount	경로에서 덤프 파일의 최대 수	개수
LocalDumps\DumpType	크래시 중에 생성할 덤프 유형	0은 커스텀 덤프, 1은 미니덤프, 2는 풀 덤프
LocalDumps₩CustomDumpFlags	커스텀 덤프인 경우 커스텀 옵션을 지정한다	MINIDUMP_TYPE(추가적인 정보는 12장 참고)에 정의된 값
LoggingDisabled	로깅을 활성화 또는 비활성화	1은 로깅 비활성화
MaxArchiveCount	아카이브의 최대 크기(파일로)	1 ~ 5000 사이의 값
MaxQueueCount	큐의 최대 크기	1 ~ 500 사이의 값
QueuePesterInterval	해결 방법을 사용자가 확인하도록 요청하는 날짜 간격	날짜 수

-u 스위치로 실행된 윈도우 에러 보고 프로세스는 보고서 생성을 시작한다. 프로세스는 크래시 데이터가 포함된 공유 메모리 섹션을 다시 매핑하고 예외의 레코드와 디스크립터를 식별하며 이전에 검색한 스냅숏을 검색한다. 스냅숏이 없는 경우 WerFault 프로세스는 장애 프로세스에서 직접 동작하고 프로세스는 일시 중단된다. WerFault는 먼저 장애 프로세스의 특성(서비스, 네이티브, 표준 또는 셀 프로세스)을 판별한다. 장애 프로세스가 시스템에 하드 에러를 보고하지 않도록 요청하면 (SetErrorMode API를 통해) 전체 프로세스가 중단되고 보고서가 작성되지 않는다. 그렇지 않으면 WER는 HKLM\SOFTWARE\Microsoft\Windows NT\CurrentVersion\ 루트 레지스트리 키 아래의 AeDebug 하위 키(보호된 프로세스의 경우 AeDebugProtected)에 저장된 설정을 통해 기본적으로 사후 디버거가 사용하게 설정돼 있는지 확인한다. 표 10-20은 2개 키의 가능한 값들을 설명한다.

표 10-20 AeDebug및AeDebugProtected 루트 키에 사용된 레지스트리 값

값 이름	의미	데이터
Debugger	애플리케이션이 크래시될 때 시작할 디버거 실행 파일을 지정	최종 커맨드라인 인수를 포함하는 디버거 실행 파일의 전체 경로. -p 스위치는 WER에 의해 자동으로 추가되며 크래시되는 프로세스 ID다.
ProtectedDebugger	디버거와 동일하지만 보호된 프로세스 전용	디버거 실행 파일의 전체 경로. AeDebug 키는 유효하지 않다.
Auto	자동 시작 모드 지정	1은 사용자의 동의 없이 디버거 시작을 할 수 있다. 그렇지 않으면 0이다.
LaunchNonProtected	디버거를 보호되지 않은 상태에서 실행할지 여부를 지정한다. 이 설정은 AeDebugProtected 키에만 적용된다.	1은 표준 프로세스로 디버거를 시작한다.

디버거 시작 유형이 자동^{Auto}으로 설정된 경우 WER은 디버거 시작 유형으로 시작하고 보고서 생성을 계속하기 전 디버거 이벤트가 시그널될 때까지 기다린다. 보고서 생성은 유저 모드 크래시 보고 DLL(Faultrep.dll)에 구현된 내부 **Generate CrashReport** 루틴을 통해 실행된다. 이후 모든 WER 플러그인을 구성하고 WER.dll에서 지원하는 **WerReportCreate** API를 사용해 보고서가 초기화된다(이 단계에서는 보고서가 메모리에만 배치된다). **GenerateCrashReport** 루틴은 보고 ID와 서명을 계산하고 프로세스 시간, 시작 매개변수, 애플리케이션 정의 데이터와 같은 진단 데이터를 보고서에 추가한다. 이후 WER 구성을 확인해 작성할 메모리 덤프의 유형을 판별한다(기본적으로 미니덤프가 요청된다). 그런 다음 장애 프로세스에 대한 덤프 수집을 초기화하고자 지원하는 **WerReportAddDump** API를 호출한다(최종 보고서에 추가됨). 스냅숏이 이전에 캡처된 경우 덤프를 얻는 데 사용된다.

WER.dll에서 지원하는 **WerReportSubmit** API는 장애 프로세스 덤프를 생성하고 보고서에 포함된 모든 파일을 생성하는 중심 루틴이며 UI를 표시한다(DontShowUI 레지스트리 값에 따라). 그리고 보고서를 온라인 크래시 서버로 보낸다. 이 보고서에는 일반적으로 다음과 같은 정보가 포함된다.

- 크래시 프로세스의 미니덤프 파일(일반적으로 memory.hdmp라는 이름)
- 예외 정보, 크래시의 계산된 서명, OS 정보, 보고서와 연관된 모든 파일 목록 및 크래시 프로세스에서 로드된 모든 모듈의 목록으로 읽을 수 있는 텍스트 보고서로 작성된다(이 파일은 일반적으로 report.wer라는 이름이다).
- 크래시 발생 시 활성화된 프로세스의 목록과 기본 정보(스레드 수, 개인 작업 세트 크기, 하드 폴트 카운트 등)가 포함된 CSV(쉼표로 구분된 값) 파일
- 전역 메모리 상태 정보가 포함된 텍스트 파일
- 애플리케이션 호환성 정보가 포함된 텍스트 파일

에러 보고 프로세스는 ALPC를 통해 WER 서비스와 통신하고 서비스가 보고서에 존재하는 대부분의 정보를 생성할 수 있게 호출한다. 모든 파일이 생성된 후 올바르게 구성되면 윈도우 에러 보고 프로세스는 유저에게 대화상자(그림 10-39 참고)를 표시하고 대상 프로세스에서 심각한 에러가 발생했음을 알린다(이 기능은 윈도우 10에서는 기본적으로 비활성화돼 있다).

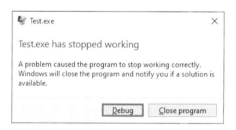

그림 10-39 윈도우 에러 보고 대화상자.

시스템이 인터넷에 연결돼 있지 않거나 관리자가 마이크로소프트로 보내는 에러 보고서를 제어하려는 환경에서는 에러 보고서의 대상을 내부 파일 서버로 구성할 수 있다. 시스템 센터 데스크톱 에러 모니터링(마이크로소프트 데스크톱 최적화 팩의 일부)은 윈도우 에러 보고에서 만든 디렉터리 구조를 이해하고 관리자에게 선택적 에러 보고를 받고 마이크로소프트로 보내는 옵션을 지원한다.

앞에서 설명한 것처럼 WER 서비스는 크래시된 프로세스와 통신하고자 ALPC 포트를 사용한다. 이 메커니즘은 WER 서비스가 NtSetInformationProcess(DbgkRegisterErrorPort 사용)를 통해 등록하는 시스템 전체 에러 포트를 사용한다. 결과적으로 모든 윈도우 프로세스에는 실제로 WER 서비스에 의해 등록된 ALPC 포트인 에러 포트가 있다.

커널과 Ntdll 처리되지 않은 예외 필터는 이 포트를 사용해 메시지를 WER 서비스로 전송하고 WER 서비스는 크래시 프로세스를 분석한다. 즉, 스레드 상태가 심각한 경우에도 WER는 알림을 받고 WerFault.exe를 시작해 심각한 에러에 대한 자세한 정보를 윈도우 이벤트 로그에 기록하거나 유저 인터페이스를 유저에게 보여줄 수 있다. 크래시되는 스레드 자체에 이 작업을 해야 한다. 이렇게 하면 자동 프로세스 중지와 관련된 모든 문제가 해결된다. 유저에게 알리고 디버깅이 발생하고 서비스 관리자가 크래시 이벤트를 확인할 수 있다.

실습: WER 유저 인터페이스 사용

윈도우 10의 초기 릴리스부터 애플리케이션이 크래시될 때 WER에서 표시되는 유저 인터페이스는 기본적으로 비활성화돼 있다. 이는 주로 재시작 관리자(애플리케이션 복구 및 재시작 기술의 일부)의 도입 때문이다. 이 서비스를 사용하면 애플리케이션이 크래시되거나 중단되거나 업데이트하고자 다시 시작해야 하는 경우 호출되는 재시작 또는 복구 콜백을 애플리케이션에 등록할 수 있다. 그 결과 처리되지 않은 예외가 발생할 때 복구 콜백을 등록하지 않는 기존 애플리케이션은 유저에게 메시지가 표시되지 않고 종료된다(하지만 에러를 시스템 로그에 정상적으로 기록된다). 이 절에서 설명하는 것처럼 WER은 유저 인터페이스를 지원한다. 설정을 저장하는 데 사용되는 WER 키 중 하나에 값을 추가만 하면 된다. 이 실습에서는 전역 시스템 키를 사용해 WER UI를 재활성화한다.

책의 다운로드 가능한 리소스에서 BuggedApp 실행 파일을 복사해 실행한다. 키를 누른 후 애플리케이션은 WER가 가로채 보고하는 처리되지 않은 심각한 예외를 생성한다. 기본 구성에서 에러 메시지는 표시되지 않는다. 프로세스가 종료되고 에러 이벤트가 시스템 로그에 저장되며 유저 개입 없이 보고서가 생성돼 전송된다. 레지스트리 편집기를 열고(코타나 검색 상자에 regedit를 입력해) HKLM\SOFTWARE\Microsoft\Windows\WindowsErrorReporting 레지스트리 키로 이동한다. DontShowUI 값이 없으면 루트 키를 마우스 오른쪽 버튼으로 클릭하고 새로 만들기, DWORD(32비트) 값을 선택해 만들고 0을 설정한다.

버그가 있는 애플리케이션을 다시 시작하고 키를 누르면 크래시되는 애플리케이션을 종료하기 전에 WER는 그림 10-39와 같은 유저 인터페이스가 표시된다. AeDebug 키에 디버거를 추가해 실습을 반복할 수 있다. 이 장 앞부분의 'COM 호스팅된 작업 확인하기' 실습에서 설명한 것처럼 -I 스위치를 사용해 Windbg를 실행하면 자동으로 등록돼 실행된다.

커널 모드(시스템) 크래시

커널이 크래시될 때 WER이 어떻게 관여되는지 설명하기 전에 커널이 크래시 정보를 기록하는 방법을 소개한다. 기본적으로 모든 윈도우 시스템은 죽음의 블루스크린^{BSoD, Blue Screen of Death}을 표시하고 시스템이 재부팅되기 전에 시스템 상태에 대한 정보를 기록하도록 구성돼 있다. 이러한 설정을 확인하려면 제어판의 **시스템 속성** 도구(시스템 및 보안, 시스템, 시스템 고급 설정 아래)를 열고 **고급** 탭을 클릭한 다음 **시작 및 복구** 아래에서 **설정** 버튼을 클릭해 확인할 수 있다. 그림 10-40은 윈도우 시스템의 기본 설정을 보여준다.

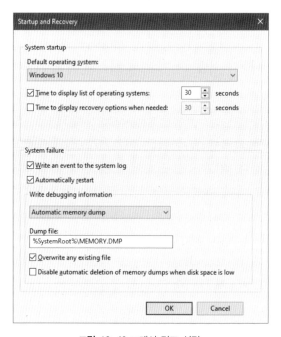

그림 10-40 크래시 덤프 설정.

크래시 덤프 파일

시스템 크래시는 다른 여러 레벨의 정보를 기록할 수 있다.

- **액티브 메모리 덤프:** 액티브 메모리 덤프에는 크래시 발생 시 윈도우가 접근할 수 있고 사용 중인 모든 물리적 메모리가 포함된다. 이 덤프 유형은 전체 메모리 덤프의 부분집합이며 호스트 시스템 문제 해결과 관련이 없는 페이지만 필터링된다. 이 덤프 유형은 유저 모드 애플리케이션에 할당된 메모리, 커널 또는 유저 공간에 매핑된 액티브 페이지, VirtualAlloc에서 할당된 메모리 및 페이지 파일로 백업된 섹션 등 선택한 페이지 파일에서 백업된 전환, 대기, 수정된 페이지를 포함된다. 액티브 덤프에는 사용 가능한 목록과 0으로 설정된 목록, 파일 캐시, 게스트 VM 페이지, 디버깅 중에 유용하지 않은 다양한 다른 유형의 메모리는 포함되지 않는다.

- **전체 메모리 덤프:** 전체 메모리 덤프는 윈도우가 접근할 수 있는 모든 물리적 페이지를 포함하는 최대 커널 모드 덤프 파일이다. 이 유형의 덤프는 모든 플랫폼에서 완전히 지원되지는 않는다(액티브 메모리 덤프가 이를 대체). 윈도우에서는 페이지 파일이 최소한 물리 메모리 크기에 헤더용 1MB를 더한 크기여야 한다. 디바이스 드라이버는 보조 크래시 덤프 데이터에 최대 256MB를 추가할 수 있으므로 안전을 위해 페이지 파일의 크기를 256MB로 늘리는 것이 좋다.

- **커널 메모리 덤프:** 커널 메모리 덤프에는 크래시 발생 시 물리 메모리에 있던 운영체제, HAL 및 디바이스 드라이버가 할당한 커널 모드 페이지만 포함된다. 이 유형의 덤프에는 유저 프로세스에 속한 페이지는 포함되지 않는다. 그러나 커널 모드 코드만 윈도우에 직접 크래시를 발생시킬 수 있으므로 크래시를 디버깅하고자 유저 프로세스 페이지는 필요하지 않다. 또한 실행 중인 프로세스 목록, 현재 스레드의 커널 모드 스택, 로드된 드라이버 목록 등 크래시 덤프 분석과 관련된 모든 데이터 구조는 커널 메모리 덤프에 저장된 넌페이지 메모리에 저장된다. 커널 메모리 덤프의 크기는 운영체제에서 할당한 커널 모드 메모리의 사용량과 머신에 있는 드라이버에 따라 달라져 예측할 방법은 없다.

- **자동 메모리 덤프**: 이 설정은 윈도우 클라이언트 시스템과 서버 시스템의 기본 설정이다. 자동 메모리 덤프는 커널 메모리 덤프와 비슷하지만 액티브 유저 모드 프로세스의 메타데이터(크래시 발생 시)도 저장된다. 또한 이 덤프 유형을 사용하면 시스템 페이징 파일의 크기를 좀 더 적절하게 관리할 수 있다. 윈도우는 페이징 파일의 크기를 RAM의 크기보다 작게 설정할 수 있지만 커널 메모리 덤프를 대부분의 시간에 캡처할 수 있도록 충분한 크기로 설정할 수 있다.

- **작은 메모리 덤프**: 일반적으로 128KB ~ 1MB 크기의 미니덤프 또는 트리아지^{triage} 덤프라고도 하는 작은 메모리 덤프에는 중지 코드와 매개변수, 로드된 디바이스 드라이버 목록, 현재 프로세스 및 스레드를 설명하는 데이터 구조체가 포함된다(EPROCESS 및 ETHREAD라고 하고 Vol.1의 3장에서 설명했다). 크래시를 일으킨 스레드의 커널 스택 및 메모리 주소를 포함하는 프로세서 레지스터에서 참조하는 페이지와 같은 크래시 덤프 휴리스틱에 의해 잠재적 관련으로 간주되는 추가 메모리 드라이버에 의해 추가된 보조 덤프 데이터다.

> 디바이스 드라이버는 KeRegisterBugCheckReasonCallback을 호출해 보조 덤프 데이터 콜백 루틴을 등록할 수 있다. 커널은 크래시 후에 이러한 콜백을 호출하고 콜백 루틴은 디버깅을 용이하게 하고자 디바이스 하드웨어 메모리 및 디바이스 정보와 같은 추가 데이터를 크래시 덤프 파일에 추가할 수 있다. 덤프를 저장하는 데 필요한 공간과 덤프가 기록되는 파일의 크기에 따라 모든 드라이버에서 최대 256MB를 시스템 전체에 추가할 수 있으며, 각 콜백은 사용 가능한 추가 공간의 최대 1/8을 추가할 수 있다. 추가 공간이 소모되면 나중에 호출되는 드라이버는 데이터를 추가할 수 없다.

디버거는 미니덤프를 로드할 때 사용할 수 있는 정보가 제한돼 실행 중인 프로세스를 나열하는 !process와 같은 기본 명령에는 필요한 데이터가 없다는 것을 보여준다. 커널 메모리 덤프에는 더 많은 정보가 포함돼 있지만 필요한 데이터가 덤프 파일에 없기 때문에 다른 프로세스의 주소 공간 매핑으로 전환되지 않는다. 전체 메모리 덤프는 다른 옵션들의 슈퍼세트지만 그 크기가 시스템의 물리적 메모리양에 따라 다르기 때문에 다루기 어려울 수 있는 단점이 있다. 대부분의 크래시 분석은 일반적으로 유저 모드 코드와 데이터를 사용하지 않지만 액티브 메모리 덤프는 실제로 사용된 메모리만 덤프에 저장해 제한된 것을 개선했다

(빈 목록 및 제로리스트의 물리 페이지는 제외). 그 결과 액티브 메모리 덤프의 주소 공간을 전환해 사용할 수 있다.

미니덤프의 장점은 크기가 작다. 예를 들면 이메일로 교환하는 데 유용하다. 또한 크래시가 발생할 때마다 %SystemRoot%\Minidump 디렉터리에 날짜, 시스템 시작 후 경과 시간(밀리초) 및 시퀀스 번호(예를 들어 040712-24835-01.dmp)로 구성된 고유한 파일 이름을 가진 파일로 생성된다. 크래시가 있는 경우 시스템은 윈도우 GetTickCount 함수를 호출해 업데이트된 시스템 틱 카운트를 반환하고 시퀀스 번호를 증가시켜 고유한 파일 이름을 추가로 만든다. 기본적으로 윈도우는 마지막 50개의 미니덤프를 저장한다. 저장된 미니덤프의 수는 HKLM\SYSTEM\CurrentControlSet\Control\CrashControl 레지스트리 키 아래의 MinidumpsCount 값으로 변경할 수 있다.

최대 단점은 덤프에 저장된 데이터의 양을 제한해 효과적인 분석을 못할 수 있다는 점이다. 또한 WinDbg에서 더 큰 크래시를 열고 .dump/m 명령을 사용해 미니덤프를 추출해 커널, 전체, 액티브 또는 자동 크래시 덤프를 생성하도록 시스템을 구성하는 경우에도 미니덤프의 이점을 얻을 수 있다. 시스템이 전체 덤프 또는 커널 덤프로 설정된 경우에도 미니덤프가 자동으로 생성된다.

> LiveKd 내에서 .dump 명령을 사용해 시스템을 중지하지 않고 오프라인으로 분석할 수 있는 라이브 시스템의 메모리 이미지를 생성할 수 있다. 이 방법은 시스템에 문제가 있지만 서비스를 계속하여야 하는 경우 서비스를 중단하지 않고 문제를 해결하는 데 유용하다. 메모리의 다양한 영역의 내용이 다양한 시점을 반영하기 때문에 반드시 완전히 일관되지는 않는 크래시 이미지 생성을 방지하고자 LiveKd는 -m 플래그를 지원한다. 미러 덤프 옵션은 시스템의 특정 시점 뷰를 지원하는 메모리 관리자의 메모리 미러링 API를 활용해 커널 모드 메모리의 일관된 스냅샷을 생성한다

커널 메모리 덤프 옵션은 실용적인 중간 단계를 지원한다. 커널 모드가 소유한 모든 물리 메모리를 갖고 있기 때문에 전체 메모리 덤프와 같은 수준의 분석 데이터를 갖지만 일반적으로 관계없는 유저 모드 코드와 데이터는 생략해 상당히 작아질 수 있다. 예를 들어 4GB RAM으로 64비트 윈도우를 실행 중인 시스템에서 커널 메모리 덤프는 294MB 정도의 크기였다.

커널 메모리 덤프의 크기를 예측할 방법은 없기 때문에 커널 메모리 덤프를 설정

할 때 시스템은 페이징 파일이 충분히 큰지 확인한다. 커널 메모리 덤프의 크기를 예상할 수 없는 이유는 크래시 시점에 머신에 존재하는 운영체제와 드라이버가 사용하는 커널 모드 메모리의 사용량이 변하기 때문이다. 그러므로 크래시가 발생한 시점에 페이징 파일이 커널 덤프를 담기에는 너무 작은 경우가 있을 수 있다. 이 경우 시스템은 미니덤프를 생성하도록 전환한다. 시스템에서 커널 덤프의 크기를 보고 싶다면 콘솔에서 수동으로 시스템 크래시를 일으킬 수 있게 하는 레지스트리 옵션을 설정한다. 이는 https://docs.microsoft.com/en-us/windows-hardware/drivers/debugger/forcing-a-system-crash-from-the-keyboard에 문서화돼 있다. 혹은 Notmyfault 도구를 이용해 수동으로 크래시를 발생시켜도 되며, https://docs.microsoft.com/en-us/sysinternals/downloads/notmyfault에서 확인할 수 있다.

자동 메모리 덤프는 이러한 한계를 해결한다. 시스템은 커널 메모리 덤프를 대부분의 시간에 캡처할 수 있도록 충분한 크기의 페이징 파일을 만들 수 있다. 머신에 크래시가 발생하고 페이징 파일이 커널 메모리 덤프를 캡처하기에 충분히 크지 않으면 윈도우는 최소한의 페이징 파일의 크기를 실제 물리 RAM 크기만큼 늘린다.

크래시 덤프 파일의 디스크 공간 크기를 제한하고자 윈도우는 마지막 커널 또는 전체 덤프의 복사본을 유지해야 할지 판단해야 한다. 커널 에러(나중에 설명) 보고 후 윈도우는 Memory.dmp 파일을 유지해야 하는지를 결정하고자 다음과 같은 알고리듬을 사용한다. 시스템이 서버인 경우 윈도우는 항상 덤프 파일을 저장한다. 윈도우 클라이언트 시스템에서 도메인에 가입된 컴퓨터만이 기본적으로 크래시 덤프를 항상 저장한다. 비도메인 가입 컴퓨터의 경우 윈도우는 대상 볼륨에 사용 가능한 디스크 공간이 25GB 이상의 용량일 경우에만 크래시 덤프의 복사본을 유지한다(ARM64에서 4GB를 HKLM\SYSTEM\CurrentControlSet\Control\CrashControl\PersistDumpDiskSpaceLimit 레지스트리 값을 통해 구성할 수 있다). 즉, 시스템이 Memory.dmp 파일을 작성하도록 구성된 볼륨이다. 디스크 공간 제약으로 인해 시스템이 크래시 덤프 파일의 복사본을 보관할 수 없는 경우 그림 10-41과 같이 덤프 파일이 삭제됐음을 나타내는 이벤트가 시스템 이벤트 로그에 기록된다. DWORD 레지스트리 값인 HKLM\SYSTEM\CurrentControlSet\Control\CrashControl\AlwaysKeepMemoryDump를 생성하고 이 값을 1로 설정해 이 동작을 재정의할 수 있다. 이 경우 윈도우는 사용 가능한 디스크 공간의 크기와 관계없이 항상 크래시 덤프를 유지한다.

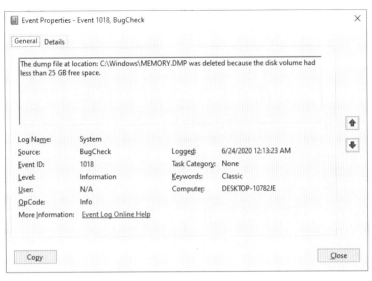

The dump file at location: C:\Windows\MEMORY.DMP was deleted because the disk volume had less than 25 GB free space.

Log Name:	System		
Source:	BugCheck	Logged:	6/24/2020 12:13:23 AM
Event ID:	1018	Task Category:	None
Level:	Information	Keywords:	Classic
User:	N/A	Computer:	DESKTOP-10782JE
OpCode:	Info		
More Information:	Event Log Online Help		

그림 10-41 덤프 파일 삭제 이벤트 로그 항목

실습: 덤프 파일 정보 보기

각 크래시 덤프 파일은 덤프 헤더를 포함하며 이 헤더에는 스톱 코드와 코드의 매개변수, 발생한 시스템 크래시의 유형(버전 정보 포함), 분석 시에 중요한 커널 모드 구조체를 가리키는 포인터 리스트가 있다. 또한 덤프 헤더는 작성된 크래시 덤프 유형과 덤프의 종류에 따라 특정 정보를 포함한다. .dumpdebug 디버거 명령은 크래시 덤프 파일의 덤프 헤더를 표시하는 데 사용할 수 있다. 예를 들어 다음과 같은 출력은 자동 커널 덤프로 구성된 한 시스템 크래시다.

```
0: kd> .dumpdebug
----- 64 bit Kernel Bitmap Dump Analysis - Kernel address space is available,
    User address space may not be available.

DUMP_HEADER64:
MajorVersion          0000000f
MinorVersion          000047ba
KdSecondaryVersion    00000002
DirectoryTableBase    00000000`006d4000
PfnDataBase           ffffe980`00000000
PsLoadedModuleList     fffff800`5df00170
```

```
PsActiveProcessHead    fffff800`5def0b60
MachineImageType       00008664
NumberProcessors       00000003
BugCheckCode           000000e2
BugCheckParameter1     00000000`00000000
BugCheckParameter2     00000000`00000000
BugCheckParameter3     00000000`00000000
BugCheckParameter4     00000000`00000000
KdDebuggerDataBlock    fffff800`5dede5e0
SecondaryDataState     00000000
ProductType            00000001
SuiteMask              00000110
Attributes             00000000

BITMAP_DUMP:
DumpOptions            00000000
HeaderSize             16000
BitmapSize             9ba00
Pages                  25dee

KiProcessorBlock at fffff800`5e02dac0
    3 KiProcessorBlock entries:
    fffff800`5c32f180 ffff8701`9f703180 ffff8701`9f3a0180
```

.enumtag 명령은 크래시 덤프에 저장된 모든 보조 덤프 데이터를 표시한다 (다음 내용과 같이). 보조 데이터에 대한 각 콜백의 경우 태그와 데이터의 길이 데이터 자체를 표시한다(바이트와 아스키 형식으로). 개발자는 디버거 익스텐션 API 를 활용해 보조 덤프 데이터 파일도 읽을 수 있는 유저 디버거 익스텐션을 만들 수 있다(자세한 내용은 도움말의 '윈도우 디버깅 도구'를 참고한다).

```
{E83B40D2-B0A0-4842-ABEA71C9E3463DD1} - 0x100 bytes
 46 41 43 50 14 01 00 00 06 98 56 52 54 55 41 4C FACP......VRTUAL
 4D 49 43 52 4F 53 46 54 01 00 00 00 4D 53 46 54 MICROSFT....MSFT
 53 52 41 54 A0 01 00 00 02 C6 56 52 54 55 41 4C SRAT......VRTUAL
 4D 49 43 52 4F 53 46 54 01 00 00 00 4D 53 46 54 MICROSFT....MSFT
 57 41 45 54 28 00 00 00 01 22 56 52 54 55 41 4C WAET(...."VRTUAL
 4D 49 43 52 4F 53 46 54 01 00 00 00 4D 53 46 54 MICROSFT....MSFT
 41 50 49 43 60 00 00 00 04 F7 56 52 54 55 41 4C APIC`.....VRTUAL
 ...
```

크래시 덤프 생성

시스템을 부팅할 때 1단계에서 I/O 관리자는 HKLM\SYSTEM\CurrentControlSet\ Control\CrashControl 레지스트리 키를 읽어 설정된 크래시 덤프 옵션을 확인한 다. 덤프가 구성되면 I/O 관리자는 크래시 덤프 드라이버(Crashdmp.sys)를 로드하고 해당 진입점을 호출한다. 진입점은 I/O 관리자가 크래시 덤프 드라이버 간 상호작 용하고자 사용하는 제어 함수 테이블을 I/O 관리자로 전달한다. I/O 관리자는 암호화된 페이지를 덤프에 저장하고자 보안 커널에 필요한 보안 암호화도 초기화 한다. 테이블의 제어 기능 중 하나는 전역 크래시 덤프 시스템을 초기화한다. 페 이지 파일이 저장된 물리 섹터(파일 확장)와 연관된 볼륨 디바이스 객체를 가져온다.

전역 크래시 덤프 초기화 함수는 페이지 파일이 저장된 물리 디스크를 관리하는 미니포트 드라이버를 가져온다. 이후 MmLoadSystemImageEx 루틴을 사용해 크래시 덤프 드라이버와 디스크 미니포트 드라이버 복사본을 만들어 원본 이름 앞에 dump_ 문자열을 붙인다. 그림 10-42와 같이 미니포트 드라이버에서 가져온 모든 드라이버의 복사본을 생성하는 것을 볼 수 있다.

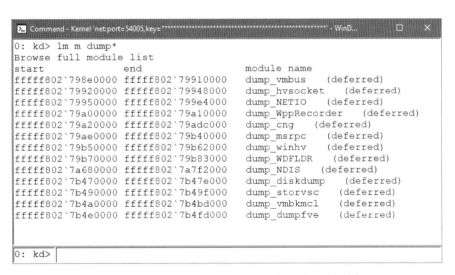

그림 10-42 크래시 덤프 파일 생성 및 쓰기에 사용하고자 복사된 커널 모듈

또한 시스템은 해당 볼륨에 쓰는 데 필요한 필터 드라이버(예를 들어 Dumpfve.sys와 비트락커 드라이브 암호화 Crashdump 필터 드라이버)에게 DumpFilters 값을 질의한다. 또한 크래시 덤프를

기록할 때 사용되는 구성 요소 관련 정보도 구해 놓는다. 이런 정보로는 미니포트 드라이버의 이름과 덤프를 기록하는 데 필요한 I/O 관리자 구조체, 디스크상의 페이징 파일에 대한 맵을 포함한다. 시스템은 덤프 콘텍스트 구조체에 있는 데이터의 두 복사본을 저장한다. 시스템이 손상되지 않은 안전한 경로를 사용해 덤프를 생성해 사용할 준비를 한다.

실제 시스템 크래시가 발생할 때 크래시 덤프 드라이버(%SystemRoot%\System32\Drivers\Crashdmp.sys)는 메모리를 비교해 부팅 시에 얻은 두 덤프 콘텍스트 구조체의 무결성을 확인한다. 일치하지 않으면 크래시 덤프를 기록하지 않는다. 디스크를 손상시킬 수 있기 때문이다. 비교 검증에 성공하면 Crashdmp.sys는 복사된 디스크 미니포트 드라이버와 다른 필요한 필터 드라이버의 지원을 받아 덤프 정보를 페이징 파일이 있는 디스크의 섹터에 직접 기록한다. 이는 파일 시스템 드라이버와 스토리지 드라이버 스택을 건너뛰는 것인데, 이들이 손상됐거나 크래시를 일으켰을지도 모르기 때문이다.

> 시스템 시작 시에 크래시 덤프 용도로 페이지 파일이 오픈돼 있기 때문에 시스템 시작 드라이버의 초기화 작업에서 발행하는 버그로 인해 일어나는 대부분의 크래시는 덤프 파일을 생성한다. HAL 같이 빨리 시작하는 윈도우 부트 컴포넌트나 부트 드라이버의 초기화에서 발생하는 크래시는 시스템이 페이지 파일을 갖기도 전에 일어난다. 따라서 이 경우에 크래시 분석을 할 수 있는 유일한 방법은 다른 컴퓨터를 이용해 시작 과정을 디버깅하는 것이다.

부팅 과정에서 세션 관리자(Smss.exe)는 기존 페이지 파일의 목록을 이전 부팅에서 레지스트리 값 HKLM\SYSTEM\CurrentControlSet\Control\Session Manager\Memory Management\ExistingPageFiles에서 확인한다(페이지 파일에 대한 자세한 내용은 Vol.1의 5장을 참고한다). 그 후 열거된 리스트의 사이클을 돌면서 SmpCheckForCrashDump 함수를 호출해 각각의 파일에 크래시 덤프 데이터가 포함돼 있는지 확인한다. 각각 32비트 또는 64비트 시스템에서 서명 PAGEDUMP 또는 PAGEDUMP64를 각 페이징 파일의 상단에 있는 헤더를 검색해 확인한다(일치한다면 페이징 파일이 크래시 덤프 정보를 포함하고 있음을 나타낸다). 크래시 덤프 데이터가 있는 경우 세션 관리자는 HKLM\SYSTEM\CurrentControlSet\Control\CrashControl 레지스트리 키의 DumpFile 값을 포함해 크래시 매개변수를 읽는다. 이들 매개변수 중의 하나는 대상 덤프 파일의 이름을 가진다(일반적으로 특별히 이름이 구성돼 있지 않다면 %SystemRoot%\Memory.dmp).

Smss.exe는 대상 덤프 파일이 페이징 파일과 다른 볼륨에 있는지 확인한다. 다른 볼륨에 있다면 크래시 데이터 크기만큼 페이징 파일을 줄이고 이 파일의 이름을 임시 덤프 파일 이름으로 변경하기 전에 충분한 디스크 공간(크래시 덤프에 필요한 크기는 페이지 파일의 덤프 헤더에 저장된다)이 있는지 확인한다(새 페이지 파일은 세션 관리자가 NtCreatePagingFile 함수를 호출하고 나서 생성된다). 임시 덤프 파일 이름의 형식은 DUMP*xxxx*.tmp다. 여기서 *xxxx*는 현재 시스템의 틱 카운트에서 하위 워드 값이다(시스템은 크래시가 발생하지 않는 값을 찾고자 100번을 시도한다). 페이지 파일 이름을 변경한 후 시스템은 파일의 숨김 속성과 시스템 속성을 제거하고 크래시 덤프의 보안성을 위해 적절한 보안 속성을 설정한다.

그런 다음 세션 관리자는 휘발성 레지스트리 키 HKLM\SYSTEM\CurrentControlSet\Control\CrashControl\MachineCrash를 생성하고 DumpFile 값에 임시 덤프 파일 이름을 저장한다. 그리고 덤프 파일 위치가 단지 임시 목적지라는 것을 표시하는 TempDestination DWORD 값을 쓴다. 페이징 파일이 생성될 덤프 파일과 같은 볼륨에 있다면 페이징 파일이 축소되고 대상 덤프 파일 이름으로 바로 변경되기 때문에 임시 덤프 파일을 사용하지 않는다. 이 경우에 DumpFile 값은 대상 덤프 파일의 값이 되며 TempDestination은 0이 된다.

부팅의 마지막 과정에서 Wininit은 MachineCrash 키가 있는지 확인하고 존재하면 -k -c 커맨드라인 스위치를 사용해 윈도우 에러 보고 프로세스(Werfault.exe)를 시작한다(k 플래그는 커널 에러 보고를 말하고 c 플래그는 전체 덤프 또는 커널 덤프를 미니덤프로 변환해야 함을 말한다). WerFault는 TempDestination과 DumpFile 값을 읽는다. TempDestination 값이 1로 설정돼 있으면 임시 파일이 사용된 것이고, WerFault는 대상 위치로 임시 파일을 이동하고 시스템 계정 및 로컬 관리자 그룹 접근만 허용해 대상 파일의 보안을 유지한다. WerFault는 최종 덤프 파일 이름을 MachineCrash 키의 FinalDumpFileLocation 값에 기록한다. 그림 10-43에서 이 과정을 볼 수 있다.

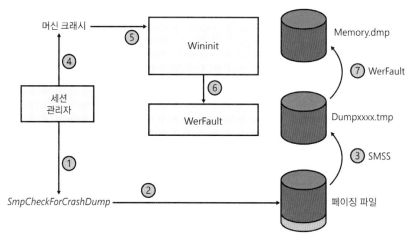

그림 10-43 크래시 덤프 파일 생성

SAN으로부터 부팅이 되거나 페이징 파일 구성으로 인해 볼륨에 충분한 디스크 공간이 없는 시스템에서 덤프 파일 데이터가 기록되는 곳에 대한 세밀한 제어를 위해 윈도우는 HKLM\SYSTEM\CurrentControlSet\Control\CrashControl 레지스트리 키 아래에 있는 DedicatedDumpFile과 DumpFileSize 값에 구성된 전용 덤프 파일의 사용을 지원한다. 전용 덤프 파일이 명시돼 있으면 크래시 덤프 드라이버는 명시된 크기의 덤프 파일을 만들고 크래시 데이터를 페이징 파일이 아니라 여기에 기록한다. DumpFileSize 값이 주어지지 않을 경우 윈도우는 전체 덤프를 저장하는 데 필요한 가장 큰 파일 크기를 사용해 전용 덤프 파일을 만든다. 윈도우는 시스템에 존재하는 전체 물리 메모리의 페이지 수, 덤프 헤더에 필요한 크기(32비트 시스템의 경우 한 페이지, 64비트 시스템의 경우 두 페이지), 부수적인 크래시 덤프 데이터의 최대 크기(256MB)를 모두 합친 크기를 계산한다. 전체나 커널 덤프로 설정했는데, 대상 볼륨에 전용 덤프 파일을 생성할 여유 공간이 없다면 시스템은 미니덤프를 기록한다.

커널 보고서

WerFault 프로세스가 Wininit에 의해 시작되고 최종 덤프 파일을 생성한 후 WerFault는 마이크로소프트 온라인 크래시 분석 사이트(또는 구성된 경우 내부 에러 보고 서버)로 보낼 보고서를 생성한다. 커널 크래시 보고서를 생성하는 단계는 다음과 같다.

1. 생성된 덤프의 유형이 미니덤프가 아닌 경우 HKLM\SYSTEM\CurrentControlSet\Control\CrashControl 키의 MinidumpDir 값을 통해 별도로 구성되지 않는 한 덤프 파일에서 미니덤프를 추출해 기본 위치인 %SystemRoot%\Minidump 에 저장한다.

2. 미니덤프 파일의 이름을 HKLM\SOFTWARE\Microsoft\Windows\Windows Error Reporting\KernelFaults\Queue에 쓴다.

3. -k -rq 플래그(rq 플래그는 대기 중인 보고 모드를 사용하도록 지정하고 WerFault를 재시작하게 지정)와 함께 WerFault.exe(%SystemRoot%\System32\WerFault.exe)를 실행하는 명령을 HKLM\SOFTWARE\Microsoft\Windows\CurrentVersion\RunOnce에 추가한다. WerFault 는 처음 유저가 시스템에 로그온할 때 에러 보고서를 보낼 목적으로 실행된다.

로그온 중에 WerFault 도구가 실행되면 시작하도록 구성된 결과를 -k -q 플래그(q 플래그 자체에서 큐^{queue} 보고 모드를 지정)를 사용해 다시 실행되며 이전 인스턴스를 종료한다. 가능한 한 빨리 RunOnce에 제어를 반환해 윈도우 셸이 WerFault를 대기하는 것을 방지한다. 새로 실행된 WerFault.exe는 HKLM\SOFTWARE\Microsoft\Windows\Windows Error Reporting\KernelFaults\Queue 키를 확인해 이전 덤프 변환 단계에서 추가된 큐 보고서를 찾는다. 또한 이전 세션에서 전송되지 않은 크래시 보고서가 있는지 확인한다. 존재하는 경우 WerFault.exe는 2개의 XML 형식 파일을 생성한다.

- 첫 번째는 운영체제 버전, 시스템에 설치된 드라이버 목록, 시스템에 있는 장치 목록 등 시스템의 기본 설명이 포함된다.
- 두 번째는 WER를 트리거한 이벤트 유형 및 시스템 제조업체와 같은 추가 구성 정보와 같은 OCA 서비스에서 사용되는 메타데이터가 포함돼 있다.

이후 WerFault는 2개의 XML 파일과 미니덤프의 복사본을 마이크로소프트 분석 시스템 서버로 보낸다. 마이크로소프트 분석 시스템 서버는 자동 분석을 위해 데이터를 서버 팜으로 전송한다. 서버 팜의 자동 분석은 크래시 덤프 파일을 로드할 때 커널 디버거가 사용하는 것과 동일한 분석 엔진을 사용한다. 분석은 특정 크래시 유형을 식별하는 서명인 버킷 ID를 생성한다.

프로세스 행 감지

윈도우 에러 보고는 코드 결함이나 버그로 인해 애플리케이션이 행^{hang}돼 작동을 중지한 경우에도 사용된다. 애플리케이션이 행될 때의 직접적인 영향은 유저 조작에 반응하지 않는다는 것이다. 멈추는 애플리케이션을 찾는 데 사용되는 알고리듬은 애플리케이션 유형에 따라 다르다. 최신 애플리케이션 스택은 호스트 액티비티 관리자^{HAM, Host Activity Manager}에서 보낸 요청이 정의된 시간 초과(일반적으로 30초) 후 처리되지 않을 때 센터니얼 또는 유니버설 윈도우 플랫폼^{UWP, Universal Windows Platform} 애플리케이션이 행된 것을 감지한다. 작업 관리자는 애플리케이션이 WM_QUIT 메시지에 응답이 없으면 행된 애플리케이션을 감지한다. Win32 데스크톱 애플리케이션은 포그라운드 창이 GDI 메시지 처리를 5초 이상 중지하면 응답하지 않는 행이 된 것으로 판단한다.

행된 모든 검출 알고리듬의 설명은 하지 않겠다. 대신 유저 입력에 대한 응답을 중지한 기존 Win32 데스크톱 애플리케이션에서 가장 가능성 있는 사례들을 고려한다. 검색은 Win32k 커널 드라이버로 시작되며 5초 후 데스크톱 창 관리자 (DWM.exe)에서 만든 DwmApiPortALPC 포트로 메시지를 전송한다. DWM은 복잡한 알고리듬을 사용해 메시지를 처리하고 연결된 창 위로 고스트^{ghost} 창을 만든다. 고스트 창의 원래 내용을 다시 그려서 흐리게 하고 제목에 (응답 없음) 문자열을 추가한다. 고스트 창은 내부 메시지 펌프 루틴을 통해 GDI 메시지를 처리한다. 이 루틴은 윈도우 유저 모드 크래시 보고 DLL(faultrep.dll)에서 지원하는 ReportHang 루틴을 호출해 메시지 닫기, 종료, 활성화를 가로챈다. ReportHang 함수는 단순히 WERSVC_REPORT_HANG 메시지를 생성하고 WER 서비스로 전송해 응답을 기다린다.

WER 서비스는 메시지를 처리하고 HKLM\Software\Microsoft\Windows\Windows Error Reporting\Hangs 루트 레지스트리 키에서 설정 값을 읽어 행 보고서를 초기화한다. 특히 MaxHangrepInstances 값은 동시에 생성할 수 있는 행된 보고서 수를 표시하는 데 사용된다(값이 없는 경우 기본값은 8이다). 반면 TerminationTimeout 값은 WER가 시도 후 경과 시간을 지정한다. 전체 시스템이 행 상태로 판단되기 전에 행된 프로세스를 종료한다(기본적으로 10초). 이 상황은 여러 이유로 발생할 수 있다. 예를 들면 애플리케이션에 활성 보류 중인 IRP가 있고 커널 드라이버에 의해 완료되지 않는 경우 WER 서비스는 행된 프로세스를 열고 토큰 및 기타 기본 정보를 가져온다. 그런 다음 이를 저장할 공유 메모리 섹션 객체를 만든다(유저 애플리케이션 크래시와 유사하다. 이 경우 공유 섹션의 이름은 Global\<랜덤Random GUID>다).

WerFault 프로세스는 장애 프로세스의 토큰과 -h 커맨드라인 스위치를 사용해 중지^{suspended}된 상태가 된다. 유저 애플리케이션 크래시와 달리 행된 프로세스의 스냅숏은 Ntdll에서 지원하는 PssNtCaptureSnapshot API를 호출해 전체 SYSTEM 토큰을 사용해 WER 서비스에서 가져온다. 스냅숏 핸들은 중지된 WerFault 프로세스에서 복제된다. 이 프로세스는 스냅숏이 정상 캡처 후 다시 시작된다. WerFault 가 실행되면 보고서 생성이 시작됐다는 이벤트를 표시한다. 이 단계부터 프로세스를 종료할 수 있다. 보고서의 정보는 복제된 프로세스에서 가져온다.

행된 프로세스의 보고서는 크래시 프로세스에서 얻은 보고서와 유사하다. WerFault 프로세스는 전역 HKLM\Software\Microsoft\Windows\Windows Error Reporting\Hangs 루트 레지스트리 키에 있는 Debugger 레지스트리의 값을 쿼리하는 것으로 시작한다. 유효한 디버거가 있으면 해당 디버거가 실행돼 원래 행된 프로세스에 연결된다. 레지스트리 Disable 값을 1로 설정하면 프로시저가 중단되고 WerFault 프로세스는 보고서를 생성하지 않고 종료된다. 그렇지 않으면 WerFault는 공유 메모리 섹션을 열고 이를 확인해 이전에 WER 서비스에 의해 저장된 모든 정보를 가져온다. 보고는 WER.dll에서 지원하는 WerReportCreate 함수를 사용해 초기화되며 프로세스 크래시에도 사용된다. 행 프로세스 대화상자(그림 10-44 참고)에서 WER 구성은 항상 독립적으로 표시된다. 마지막으로 WerReportSubmit 함수(WER.dll로 내보내기)를 사용해 유저 애플리케이션 크래시와 마찬가지로 보고서의 모든 파일 (미니덤프 파일 포함)을 생성한다(이 장 앞부분의 '크래시 보고서 생성' 절을 참고). 결과적으로 보고서는 온라인 크래시 분석 서버로 전송된다.

그림 10-44 행된 애플리케이션을 위한 윈도우 에러 보고 대화상자.

보고서 생성을 시작한 후 WERSVC_HANG_REPORTING_STARTED 메시지가 DWM으로 반환되고 WER은 TerminateProcess API를 사용해 행된 프로세스를 강제 종료한다. 프로세스가 예상되는 시간 범위(보통 10초로, 앞에서 설명한 것처럼 TerminationTimeout 설정으로 유저 지정 가능)로 종료되지 않으면 WER 서비스가 전체 SYSTEM 토큰에서 실행 중인 다른 WerFault 인스턴스를 다시 시작한다. 더 긴 시간(보통 60초로, LongTerminationTimeout 설정을 통해 사용자 정의 가능)이 초과돼 끝나도 프로세스가 종료되지 않으면 WER은 애플리케이션 이벤트 로그에 ETW 이벤트를 기록하고 프로세스를 종료할 수 없음을 보고하는 것 외에는 방법이 없다.

ETW 이벤트는 그림 10-45에 있다. WER이 행된 애플리케이션을 종료할 수 없어 이벤트의 설명이 잘못됐다는 것을 알 수 있다.

그림 10-45 종료되지 않은 행된 애플리케이션의 애플리케이션 로그에 기록되는 ETW 에러 이벤트

전역 플래그

윈도우는 다양한 내부 디버깅과 트레이싱, 운영체제 내의 유효성 검사 지원을 가능하게 해주는 NtGlobalFlag 및 NtGlobalFlag2라는 두 시스템 전체의 전역 변수에 저장된 여러 플래그를 가진다. 두 시스템 변수는 시스템 부팅 시(NT 커널 초기화 단계 0)에 레지스트리 키 HKLM\SYSTEM\CurrentControlSet\Control\Session Manager

에 GlobalFlag 및 GlobalFlag2 값으로 초기화된다. 기본값으로 이 두 레지스트리 값은 0이며 보통 전역 플래그를 사용하지 않는다. 게다가 각 이미지는 내부 트레이싱과 코드 무결성 검사를 활성화하는 여러 전역 플래그(이들 플래그의 비트 배치는 전체 시스템 전역 플래그와는 다르다)를 가진다.

다행히 윈도우 SDK와 디버깅 도구에는 Gflags.exe라는 도구가 있다. 이 도구를 사용해 이미지의 전역 플래그뿐 아니라 시스템 전역 플래그(레지스트리 내의 또는 실행 중인 시스템의 플래그 중 모두 가능하다)를 확인하고 변경할 수 있다. Gflags는 커맨드라인과 GUI 인터페이스 둘 다 지원한다. 커맨드라인 플래그를 보려면 gflags /?를 사용하면 된다. 이 도구를 스위치 없이 실행하면 그림 10-46과 같은 대화상자가 표시된다.

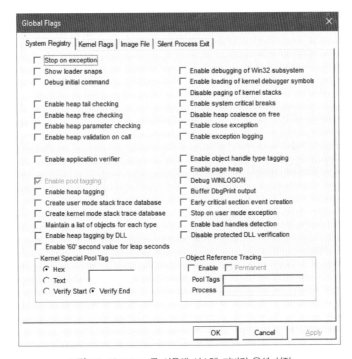

그림 10-46 GFlags를 사용해 시스템 디버깅 옵션 설정

윈도우 전역 플래그 변수에 속하는 플래그는 여러 범주로 나눌 수 있다.

- 커널 플래그는 NT 커널의 다양한 구성 요소(힙 관리자, 예외, 인터럽트 핸들러 등)에 의해 직접 처리된다.

- 유저 플래그는 유저 모드 애플리케이션(일반적으로 Ntdll)에서 실행되는 구성 요소에 의해 처리된다.
- 부팅 전용 플래그는 시스템 부팅 시에만 처리된다.
- 이미지 파일별 전역 플래그(다른 플래그와 약간 다른 의미를 가짐)는 실행 중인 유저 모드 프로세스 콘텍스트에 따라 로더, WER, 기타 유저 모드 구성 요소에 의해 처리된다.

GFlags 도구에 표시되는 그룹 페이지의 이름은 오해를 불러일으킨다. 커널, 부트 전용 및 유저 플래그는 각 페이지들이 혼재돼 있다. 주요 차이점은 시스템 레지스트리 페이지에서 시스템 시작 시 구문 분석되는 GlobalFlag 및 GlobalFlag2 레지스트리 값에 전역 플래그를 설정할 수 있다. 이는 시스템이 재부팅 후에만 새 플래그를 사용할 수 있음을 말한다. 커널 플래그 페이지 이름에도 라이브 시스템에 커널 플래그를 바로 적용하지는 않는다. 시스템을 재부팅할 필요 없이 특정 유저 모드 플래그만 설정하거나 삭제할 수 있다(예를 들면 페이지 힙 플래그를 사용하는 것). Gflags 도구는 NtSetSystemInformation 네이티브 API(SystemFlagsInformation 정보 클래스 사용)를 사용해 이러한 플래그를 설정한다. 유저 모드 플래그만 이 방식을 사용한다.

실습: 전역 플래그 표시 및 설정

!gflag 커널 디버거 명령을 사용해 NtGlobalFlag 커널 변수의 상태를 표시하고 설정할 수 있다. !gflag 명령은 활성화된 모든 플래그를 보여준다. !gflag -?는 사용 가능한 지원되는 전역 플래그의 전체 목록을 보여준다. 이 책을 쓰는 시점에 !gflag 확장자는 NtGlobalFlag2 변수의 내용을 표시하게 업데이트되지는 않는다.

이미지 파일 페이지에서 실행 가능 이미지의 파일 이름을 입력해야 한다. 이 옵션을 사용해 (시스템 전체가 아닌) 개별 이미지에 적용되는 일련의 전역 플래그를 변경한다. 이 페이지는 그림 10-47에서 볼 수 있다. 플래그는 그림 10-46에 표시된 운영체제 플래그와 다르다. 이미지 파일 및 자동 프로세스 종료 페이지에서 사용할 수 있는 대부분의 플래그와 설정은 이미지 파일과 이름이 같은 하위 키(그림 10-47에 같이

notepad.exe가 표시된 경우)에 새 값을 저장해 적용한다. HKLM\SOFTWARE\Microsoft\ Windows NT\CurrentVersion\Image File Execution Options 레지스트리 키(IFEO 키라고 함) 아래에 있는 exe(그림 10-47에 표시된 경우)다. 특히 GlobalFlag(및 GlobalFlag2) 값은 사용 가능한 모든 이미지별 전역 플래그의 비트마스크를 보여준다.

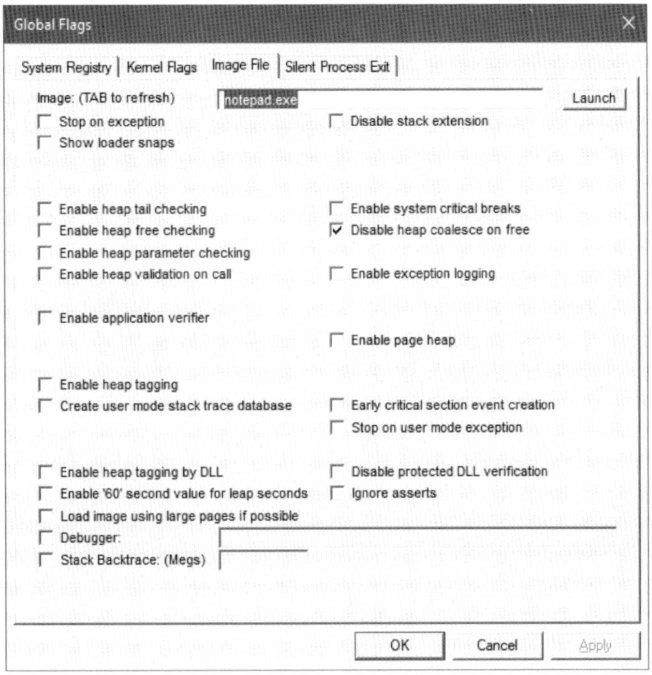

그림 10-47 GFlags로 이미지별 전역 플래그 설정

로더가 이전에 작성한 새로운 프로세스를 초기화하고 기본 실행 파일의 모든 종속 라이브러리를 로드하면(프로세스의 생성에 대한 자세한 내용은 Vol.1의 3장 참고) 시스템은 이미지별 전역 플래그를 처리한다. LdrpInitializeExecutionOptions 내부 함수는 기본 이미지의 이름을 기반으로 IFEO 키를 열고 모든 이미지별로 설정과 플래그를 구문 분석한다. 특히 이미지별로 전역 플래그가 레지스트리에서 검색된 후 프로세스 PEB의 NtGlobalFlag(및 NtGlobalFlag2) 필드에 저장된다. 이 방법으로 프로세스에 매핑된 모든 이미지(Ntdll 포함)에서 쉽게 접근할 수 있다.

사용 가능한 전역 플래그는 https://docs.microsoft.com/en-us/windows-hardware/drivers/debugger/gflags-flag-table에서 확인할 수 있다.

실습: 윈도우 로더 문제 해결

Vol.1 3장의 '이미지 로더 모니터링' 실습에서는 **GFlags** 도구를 사용해 윈도우 로더 런타임 정보를 보여준다. 이 정보는 애플리케이션이 시작되지 않는 이유를 이해하는 데 도움이 된다(유용한 에러 정보를 반환하지 않고). **%SystemRoot%\system32**에 있는 Msftedit.dll 파일(리치 텍스트 편집 제어 라이브러리)의 이름을 변경해 mspaint.exe에 대한 동일한 실습을 다시 시도할 수 있다. 실제 그림판은 해당 DLL에 간접적으로 의존적이다. **Msftedit** 라이브러리는 MSCTF.dll에 의해 동적으로 로드된다(그림판 실행 파일에서는 정적으로 링크돼 있지 않다). 관리자 명령 프롬프트 창을 열고 다음 명령을 입력한다.

```
cd /d c:\windows\system32
takeown /f msftedit.dll
icacls msftedit.dll /grant Administrators:F
ren msftedit.dll msftedit.disabled
```

그런 다음 '이미지 로더 모니터링' 실습에서 지정한 대로 **Gflags** 도구를 사용해 로더 스냅을 활성화한다. Windbg를 사용해 mspaint.exe를 시작하면 로더 스냅에서 문제가 바로 강조 표시되고 다음 텍스트가 반환된다.

```
142c:1e18 @ 00056578 - LdrpInitializeNode - INFO: Calling init routine
00007FFC79258820 for DLL "C:\Windows\System32\MSCTF.dll" 142c:133c @
00229625 - LdrpResolveDllName - ENTER: DLL
name: .\MSFTEDIT.DLL
142c:133c @ 00229625 - LdrpResolveDllName - RETURN: Status: 0xc0000135
142c:133c @ 00229625 - LdrpResolveDllName - ENTER: DLL name: C:\Program
Files\Debugging Tools for Windows (x64)\MSFTEDIT.DLL
142c:133c @ 00229625 - LdrpResolveDllName - RETURN: Status: 0xc0000135
142c:133c @ 00229625 - LdrpResolveDllName - ENTER: DLL name:
C:\Windows\system32\MSFTEDIT.DLL
142c:133c @ 00229625 - LdrpResolveDllName - RETURN: Status: 0xc0000135
. . .
C:\Users\test\AppData\Local\Microsoft\WindowsApps\MSFTEDIT.DLL
142c:133c @ 00229625 - LdrpResolveDllName - RETURN: Status: 0xc0000135
142c:133c @ 00229625 - LdrpSearchPath - RETURN: Status: 0xc0000135
142c:133c @ 00229625 - LdrpProcessWork - ERROR: Unable to load DLL:
"MSFTEDIT.DLL", Parent Module: "(null)", Status: 0xc0000135
```

```
142c:133c @ 00229625 - LdrpLoadDllInternal - RETURN: Status: 0xc0000135
142c:133c @ 00229625 - LdrLoadDll - RETURN: Status: 0xc0000135
```

커널 심

윈도우 운영체제의 새 릴리스에서는 이전 드라이버들에서 문제가 발생할 수 있다. 이는 새 환경에서 동작하기 어렵거나 시스템이 행되거나 블루스크린이 발생할 수 있다. 이 문제를 해결하고자 윈도우 8.1은 새로운 운영체제 릴리스에서 계속 실행될 수 있도록 이전 드라이버를 동적으로 수정할 수 있는 커널 심shim 엔진을 도입했다. 커널 심 엔진은 주로 NT 커널에 구현된다. 드라이버 심은 윈도우 레지스트리와 심 데이터베이스 파일을 통해 등록된다. 드라이버의 심은 심 드라이버에 의해 지원된다. 심 드라이버는 지원된 **KseRegisterShimEx** API를 사용해 필요한 대상 드라이버에 사용할 수 있는 심을 등록한다. 커널 심 엔진은 주로 장치 또는 드라이버에 적용되는 두 종류의 심을 지원한다.

심 엔진 초기화

초기 OS 부팅 단계에서 윈도우 로더는 부팅 로드된 모든 드라이버를 로드하는 동안 %SystemRoot%\apppatch\Drvmain.sdb(존재하는 경우 Drvpatch.sdb에 있음)에 있는 드라이버 호환성 데이터베이스 파일을 읽고 매핑한다. NT 커널 초기화의 1단계에서 I/O 관리자는 커널 심 엔진 초기화의 두 단계를 시작한다. NT 커널은 페이징 풀(내부 전역 변수 KsepSimDb에 의해 지정됨)에서 할당된 전역 버퍼에 데이터베이스 파일의 이진 콘텐츠를 복사한다. 그런 다음 커널 심이 전역적으로 비활성화돼 있는지 확인한다. 시스템이 안전 모드 또는 WinPE 모드로 부팅되거나 드라이버 베리파이어Driver verifier가 활성화된 경우 심 엔진은 활성화되지 않는다. 커널 심 엔진은 시스템 정책을 사용하거나 HKLM\System\CurrentControlSet\Control\Compatibility\DisableFlags 레지스트리 값으로 제어할 수도 있다. 그런 다음 NT 커널은 시스템 고정 ACPI 디스크립터 테이블^{FADT, Fixed ACPI Descriptor Table}을 확인해 BIOS 정보 및 OEM ID와 같은 장치 심을 적용할 때 필요한 낮은 수준의 시스템 정보를 수집한다. 심 엔진은 KseRegisterShimEx API를 사용해 DriverScope라는 첫 번째 기본 지원 심 공급자를 등록한다. 표 10-21은 윈도우에서 지원하는 기본 지원 심을 보여준다. 그중 일부는 실제 NT 커널에 직접 구현되며 외부 드라이버에는 구현되지 않는다. DriverScope는 0단계에서 등록된 유일한 심이다.

표 10-21 윈도우 내장 커널 심

심 이름	GUID	목적	모듈
DriverScope	{BC04AB45-EA7E-4A11-A7BB977615F4CAAE}	드라이버 범위 심은 대상 드라이버에 대한 상태 ETW 이벤트를 수집하는 데 사용된다. 이 후크는 원래의 콜백을 호출하기 전이나 후에 ETW 이벤트를 작성하는 것 외에는 아무것도 하지 않는다.	NT 커널
Version Lie	{3E28B2D1-E633-408C-8E9B2AFA6F47FCC3} (7.1) (47712F55-BD93-43FC-9248- B9A83710066E} (8) {21C4FB58-D477-4839-A7EAAD6918FBC518} (8.1)	버전 라이 심(version lie shim)은 윈도우 7, 8 및 8.1에서 사용할 수 있다. 심이 적용된 드라이버가 요청할 때 이전 버전의 OS를 전달한다.	NT 커널
SkipDriverUnload	{3E8C2CA6-34E2-4DE6-8A1E9692DD3E316B}	심은 드라이버 언로드 루틴을 ETW 이벤트 로깅을 제외한 다른 작업을 수행하지 않는 루틴으로 대체한다.	NT 커널
ZeroPool	{6B847429-C430-4682-B55FFD11A7B55465}	ExAllocatePool API를 풀 메모리를 할당하고 0으로 만드는 함수에서 대체된다.	NT 커널

(이어짐)

심 이름	GUID	목적	모듈
ClearPCIDBits	{B4678DFF-BD3E-46C9-923B-B5733483B0B3}	일부 바이러스 백신 드라이버가 CR3에서 참조하는 물리 메모리를 매핑하는 경우 PCID 비트를 지운다.	NT 커널
Kaspersky	{B4678DFF-CC3E-46C9-923B-B5733483B0B3}	심은 UseVtHardware 레지스트리 값의 실제 값을 마스킹하고자 특정 Kaspersky 필터 드라이버에 대해 생성됐다. 이로 인해 이전 버전의 안티바이러스에서 검사 버그가 발생했을 수 있다.	NT 커널
Memcpy	{8A2517C1-35D6-4CA8-9EC8- 98A12762891B}	항상 목적지 버퍼를 제로화해서 디바이스 메모리로 사용할 수 있는 좀 더 안전한(그러나 저속) 메모리 카피의 구현을 지원한다.	NT 커널
KernelPadSectionsOverride	{4F55C0DB-73D3-43F2-9723- 8A9C7F79D39D}	커널 모듈의 파기 가능한 섹션이 메모리 매니저에 의해 해제되는 것을 방지하고 대상 드라이버(심이 적용되는 위치)의 로드를 차단한다.	NT 커널
NDIS Shim	{49691313-1362-4e75-8c2a2dd72928eba5}	NDIS 버전 호환성 심(드라이버에 적용된 경우 6.40을 반환함).	Ndis.sys
SrbShim	{434ABAFD-08FA-4c3dA88D-D09A88E2AB17}	IOCTL_STORAGE_QUERY_PROPERTY를 인터셉트하는 SCSI 요청 블록 호환성 심	Storport.sys
DeviceIdShim	{0332ec62-865a-4a39-b48fcda6e855f423}	RAID 디바이스 호환성 심	Storport.sys
ATADeviceIdShim	{26665d57-2158-4e4b-a959- c917d03a0d7e}	시리얼 ATA 디바이스 호환성 심	Storport.sys
Bluetooth Filter Power shim	{6AD90DAD-C144-4E9DA0CF-AE9FCB901EBD}	블루투스 필터 호환성 심 드라이버	Bthport.sys

(이어짐)

심 이름	GUID	목적	모듈
UsbShim	{fd8fd62e-4d94-4fc7-8a68- bff7865a706b}	구형 ConexantUSB용 호환성 심 모뎀	Usbd.sys
Nokia Usbser Filter Shim	{7DD60997-651F-4ECB-B893- BEC8050F3BD7}	NokiaUsbser 필터 호환성 심 드라이버(Nokia PC Suite에서 사용)	Usbd.sys

심은 **KSE_SHIM** 데이터 구조체(KSE는 커널 심 엔진의 약자)로 내부적으로 표현된다. 데이터 구조체에는 GUID, 사람이 읽을 수 있는 형식의 심 이름 및 후크hook 컬렉션 배열 (KSE_HOOK_COLLECTION 데이터 구조체)이 포함된다. 드라이버 심은 NT 커널, HAL, 드라이버 라 이브러리에 의해 지원된 함수와 드라이버 객체 콜백 함수의 후크 등 다양한 종류 의 후크를 지원한다. 초기화 1단계에서 심 엔진은 마이크로소프트 윈도우 커널 심 엔진 ETW 공급자({0bf2fb94-7b60-4b4d-9766-e82f658df540} GUID)는 드라이버 심 데이터베 이스를 열어 NT 커널에 구현된 나머지 기본 지원 심을 초기화한다(표 10-21 참고).

심을 (KseRegisterShimEx를 통해) 등록하고자 NT 커널은 KSE_SHIM 데이터 구조체와 컬렉션 의 각 후크 모두에 대해 초기 무결성 검사를 수행한다(모든 후크는 호출자 드라이버의 주소 공간에 존재해야한다). 그런 다음 **KSE_REGISTERED_SHIM_ENTRY** 데이터 구조체를 할당하고 입력 한다. 이 데이터 구조체는 이름에서 알 수 있듯이 등록된 심을 나타낸다. 여기에 는 참조 카운터와 드라이버 객체에 대한 포인터가 포함된다(심이 NT 커널에 구현되지 않은 경우에만 사용된다). 할당된 데이터 구조체는 시스템에 등록된 모든 심을 추적하는 전역 링크드 리스트에 연결된다.

심 데이터베이스

심 데이터베이스SDB, Shim DataBase 파일 형식은 애플리케이션 호환성을 위해 윈도우 XP에서 처음 도입됐다. 파일 형식의 초기 목표는 운영체제의 도움이 필요한 프로 그램과 드라이버의 바이너리 XML 스타일 데이터베이스를 저장하는 것이었다. SDB 파일은 커널 모드의 심을 포함하도록 조정됐다. 파일 형식은 태그를 사용해 XML 데이터베이스를 설명한다. 태그는 데이터베이스의 항목과 속성의 고유 식별자로 사용되는 2바이트 기본 데이터 구조체다. 태그와 연관된 데이터의 형식을 식별하는

4비트 유형과 12비트 인덱스로 구성된다. 각 태그는 태그 자체에 이어지는 데이터 유형, 크기, 설명을 나타낸다. SDB 파일에는 12바이트 헤더와 태그 세트가 있다. 태그 세트는 일반적으로 심 데이터베이스 파일의 3가지 주요 블록을 정의한다.

- INDEX 블록에는 데이터베이스의 요소를 빠르게 인덱싱하는 데 도움이 되는 인덱스 태그가 포함돼 있다. INDEX 블록의 인덱스는 오름차순으로 저장된다. 따라서 인덱스에서 요소를 검색하는 것이 빠른 작업이다(이진 검색 알고리듬을 사용). 커널 심 엔진의 경우에 요소는 심 이름에서 파생된 8바이트 키를 사용해 INDEXES 블록에 저장된다.
- DATABASE 블록에는 심, 드라이버, 장치, 실행 파일을 설명하는 최상위 태그가 포함돼 있다. 각 최상위 태그에는 루트 엔터티에 속하는 속성 또는 내부 블록을 설명하는 하위 태그가 포함된다.
- STRING TABLE 블록은 DATABASE 블록의 저수준 태그에 의해 참조되는 문자열을 포함한다. DATABASE 블록의 태그는 보통 문자열을 직접 설명하지 않지만 문자열 테이블에 있는 문자열을 설명하는 태그(STRINGREF라고 함)에 대한 참조를 포함한다. 이렇게 하면 많은 일반 문자열이 포함된 데이터베이스의 크기를 줄일 수 있다.

마이크로소프트는 https://docs.microsoft.com/en-us/windows/win32/devnotes/application-compatibility-database에서 SDB 파일 형식과 읽고 쓰기에 사용되는 API를 부분적으로 문서화했다. 모든 SDB API는 애플리케이션 호환성 클라이언트 라이브러리(apphelp.dll)에 구현돼 있다.

드라이버 심

NT 메모리 관리자는 KseDriverLoadImage 함수를 사용해 로드할 때 커널 드라이버에 심을 적용할지 여부를 결정한다(부트 로드된 드라이버는 12장에 설명하는 대로 I/O 관리자에서 처리). 이 루틴은 드라이버 베리파이어, 가져오기 최적화 또는 커널 패치 보호가 적용되기 전에 커널 모듈의 라이프사이클 시간 타이밍에 호출된다(중요한 사항이다. 그렇지 않으면 시스템은 버그 검사를 수행한다). 현재 심된 커널 모듈 목록은 전역 변수에 저장된다.

KsepGetSimsForDriver 루틴은 로드 중인 모듈과 기본 주소가 동일한 모듈이 목록에 현재 존재하는지 확인한다. 이 경우 대상 모듈이 이미 심으로 고정돼 있어 절차는 중단된다. 그렇지 않으면 새 모듈을 심으로 고정해야 하는지 여부를 결정하고자 루틴은 2가지 소스를 확인한다.

- 로드되고 HKLM\System\CurrentControlSet\Control\Compatibility\Driver 루트 키에 있는 모듈로 지정된 레지스트리 키에서 "Shims" 다중 문자열 값을 쿼리한다. 레지스트리 값에는 대상 모듈에 적용되는 심 이름 배열이 포함된다.
- 대상 모듈에 대한 레지스트리 값이 없는 경우 드라이버 호환성 데이터베이스 파일을 구문 분석해 로드 중인 모듈과 이름이 같은 KDRIVERS 태그(INDEX 블록으로 인덱싱됨)를 찾는다. 드라이버가 SDB 파일에 있는 경우 NT 커널은 드라이버 버전(KDRIVERSE 루트 태그에 저장된 TAG_SOURCE_OS), 파일 이름, 경로(상대 태그가 SDB에 존재하는 경우)와 엔진 초기화 시 수집된 저수준 시스템 정보를 비교한다(드라이버가 시스템과 호환 여부 확인). 정보 중 일치하지 않으면 드라이버를 건너뛰고 심은 적용되지 않는다. 그렇지 않으면 심 이름 목록은 KSHIM_REF 저수준 태그(루트 KDRIVER의 일부)에서 가져온다. 태그는 SDB 데이터베이스 블록에 있는 KSHIM을 참조한다.

두 소스 중 하나가 대상 드라이버에 적용되는 하나 이상의 심 이름을 생성하는 경우 유효한 KSHIM 디스크립터가 있는지 확인하고자 SDB 파일을 다시 구문 분석한다.

지정된 심 이름과 연관된 태그가 없으면(즉, 데이터베이스에 심 디스크립터가 없는 경우) 절차가 중단된다(관리자는 마이크로소프트가 아닌 임의로 심을 드라이버에 적용할 수 없게 된다). 그렇지 않으면 KSE_SHIM_INFO 데이터 구조의 배열이 KsepGetShimsForDriver로 반환된다.

다음 단계는 디스크립터가 작성한 심이 시스템에 등록됐는지 확인하는 것이다. 이를 위해 심 엔진은 등록된 심의 전역 링크 목록을 검색한다('심 엔진 초기화' 절에서 설명한 대로 새 심이 등록될 때마다 입력된다). 심이 등록되지 않은 경우 심 엔진은 이를 지원하는 드라이버를 로드하려고 시도하고(이름은 루트 KSHIM 엔트리의 MODULE 하위 태그에 저장됨) 다시 시도한다. 심이 처음 적용되면 심 엔진은 등록된 심(KSE_SHIM 데이터 구조체)에 속하는 KSE_HOOK_

COLLECTION 데이터 구조체의 배열로 설명된 모든 후크의 포인터로 해결한다. 심 엔진은 심될 대상 모듈(기본 주소 포함)을 나타내는 KSE_SHIMMED_MODULE 데이터 구조체를 할당하고 입력한 다음 첫 번째 검사된 전역 목록에 추가한다.

이 단계에서 심 엔진은 내부 KsepApplyShimsToDriver 루틴을 사용해 심을 대상 모듈에 적용한다. 후자는 KSE_HOOK_COLLECTION 배열에 의해 설명된 각 후크 사이를 순환해 대상 모듈의 가져오기 주소 테이블IAT, Import Address Table을 패치해 후크 함수의 원래 주소를 새로운 주소로 대체한다(후크 컬렉션hook collection에 의해 설명). 이 단계에서 드라이버의 객체 콜백 함수(IRP 핸들러)는 처리되지 않는다. 이들은 대상 드라이버의 DriverInit 루틴이 호출되기 전에 I/O 관리자에 의해 나중에 변경된다. 원래 드라이버의 IRP 콜백 루틴은 대상 드라이버의 드라이버 확장에 저장된다. 따라서 후크된 함수는 필요에 따라 원래 함수로 다시 호출할 수 있는 간단한 방법이 있다.

실습: 커널 심 확인

윈도우 평가Windows Assessment 및 배포 키트Deployment Kit와 함께 배포되는 공식 마이크로소프트 애플리케이션 호환성 툴킷을 사용하면 심 데이터베이스 파일을 열고, 수정하고, 생성할 수 있지만 시스템 데이터베이스 파일(내부 GUID로 식별됨)에서는 작동하지 않아 drvmain.sdb 데이터베이스를 사용해 모든 커널 심을 분석할 수 있다. 여러 타사 SDB 파서가 있다. 특히 SDB 탐색기는 https://ericzimmerman.github.io/에서 무료 다운로드할 수 있다.

이 실습에서는 drvmain 시스템 데이터베이스 파일을 확인하고 이 책의 다운로드 가능한 리소스에서 사용할 수 있는 테스트 드라이버 ShimDriver에 커널 심을 이용할 수 있다. 이 실습에서는 테스트 서명을 활성화해야 한다 (ShimDriver는 테스트 자체 서명 인증서로 서명됨).

1. 관리 명령 프롬프트를 열고 다음 명령을 입력한다.

   bcdedit /set testsigning on

2. 컴퓨터를 다시 시작하고 해당 웹 사이트에서 SDB 탐색기를 다운로드하고 실행해 %SystemRoot%\apppatch에 있는 drvmain.sdb 데이터

베이스를 연다.

3. SDB 탐색기의 메인 창에서 인덱스, 데이터베이스 및 문자열 테이블의 3개 메인 블록으로 구성된 데이터베이스 파일 전체를 탐색할수 있다. DATABASES 루트 블록을 확장하고 KSHIM 목록이 표시될 때까지 아래로 스크롤한다(KSHIM 뒤에 있음). 다음과 유사한 창이 표시된다.

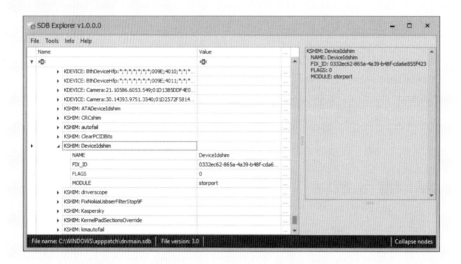

4. 버전 라이 심 중 하나를 테스트 드라이버에 적용한다. 먼저 **ShimDriver**를 %SystemRoot%\System32\Drivers로 복사해야 한다. 그런 다음관리 명령 프롬프트에 다음 명령을 입력해 설치해야 한다(시스템은 64비트라고 가정함).

```
sc create ShimDriver type= kernel start= demand error= normal binPath=
c:\ Windows\System32\ShimDriver64.sys
```

5. 테스트 드라이버를 시작하기 전에 https://docs.microsoft.com/en-us/sysinternals/downloads/debugview의 시스인터널스 웹 사이트에서 사용할 수 있는 **DebugView** 도구를 다운로드하고 실행한다. 이것이 필요한 이유는 **ShimDriver**가 몇 가지 디버그 메시지를 출력하기 때문이다.

6. 다음 명령으로 **ShimDriver**를 시작한다.

```
sc start shimdriver
```

7. DebugView 도구 출력을 확인한다. 다음 그림에 같은 메시지가 표시
된다. 표시되는 내용은 드라이버를 실행하는 윈도우 버전에 따라
다르다. 이 예에서는 윈도우 서버 2022의 내부 릴리스 버전에서 드
라이버를 실행한다.

8. 여기에서 드라이버를 중지하고 SDB 데이터베이스에 있는 심 중 하
나를 활성화해야 한다. 이 예에서는 버전 라이 심 중 하나로 시작한
다. 대상 드라이버를 중지하고 다음 명령을 사용해 심을 설치한다
(ShimDriver64.sys는 이전 단계에서 설치한 드라이버의 파일 이름이다).

```
sc stop shimdriver reg add "HKLM\System\CurrentControlSet\Control\
Compatibility\Driver\ ShimDriver64.sys" /v Shims /t REG_MULTI_SZ /d
KmWin81VersionLie /f /reg:64
```

9. 마지막 명령은 윈도우 8.1 버전의 라이 심을 추가하지만 다른 버전
을 자유롭게 선택할 수 있다.

10. 여기에서 드라이버를 다시 시작하면 다음 그림과 같이 DebugView
도구에서 출력하는 여러 메시지가 표시된다.

11. 이것은 심 엔진이 운영체제 버전 정보를 얻는 데 사용되는 NT API

에 후크를 적용했기 때문이다(드라이버도 심을 감지할 수 있음). 다음 그림과 같이 SkipDriverUnload 또는 KernelPadSectionsOverride와 같은 다른 심을 사용해 실습을 반복할 수 있어야 한다. 이렇게 하면 드라이버 언로드 루틴이 0이 되거나 대상 드라이버가 로드되지 않는다.

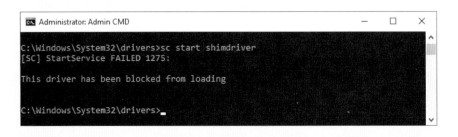

디바이스 심

드라이버 심과 달리 디바이스 객체에 적용되는 심은 온디맨드로 로드되고 적용된다. NT 커널은 KseQueryDeviceData 함수를 지원한다. 이렇게 하면 드라이버가 심을 디바이스 객체에 적용해야 하는지 확인할 수 있다(KseQueryDeviceFlags 함수를 지원한다. 하지만 API는 첫 번째 것의 부분집합이다). 디바이스 심 쿼리는 SystemDeviceDataInformation 정보 클래스에서 사용되는 NtQuerySystemInformation API를 유저 모드 애플리케이션에서도 사용할 수 있다. 디바이스 심은 항상 다음 순서로 3개의 다른 위치에 저장된다.

1. HKLM\System\CurrentControlSet\Control\Compatibility\Device 루트 레지스트리 키에서 디바이스의 PNP 하드웨어 ID로 지정된 키를 사용해 \ 문자를 !로 대체한다(레지스트리를 혼란시키지 않기 위해). 디바이스 키의 값은 쿼리되는 디바이스의 심 데이터를 지정한다(보통 특정 디바이스 클래스의 플래그).

2. 커널 심 캐시에 있다. 커널 심 엔진은 디바이스 플래그와 데이터 검색 속도를 높이고자 심 캐시(KSE_CACHE 데이터 구조체를 통해 공개)를 구현한다.

3. 심 데이터베이스 파일에서 KDEVICE 루트 태그를 사용한다. 루트 태그(디바이스 설명, 제조업체 이름, GUID 등)에는 <DataName:HardwareID>와 같이 구성된 문자열

834

이 포함된 하위 NAME 태그가 포함된다. KFLAG 또는 KDATA의 하위 태그에는 디바이스의 시뮬레이션된 데이터 값이 포함된다.

디바이스 심이 캐시에 존재하지 않고 SDB 파일에만 존재하는 경우 항상 추가된다. 이렇게 하면 향후 쿼리가 더 빨라지고 심 데이터베이스 파일에 접근할 필요가 없게 된다.

결론

10장에서는 윈도우 레지스트리, 유저 모드 서비스, 작업 스케줄링, UBPM, 윈도우 관리 도구와 같은 관리 기능을 지원하는 윈도우 운영체제의 가장 중요한 기능을 설명했다. 또한 윈도우 이벤트 추적, DTrace, 윈도우 에러 보고, 전역 플래그(GFlags)가 OS 또는 유저 모드 애플리케이션의 모든 구성 요소에서 발생하는 문제를 좀 더 적절하게 추적하고 진단할 수 있는 서비스를 지원하는 방법을 설명했다. 10장은 시스템이 호환성 정책을 적용하고 이전 버전의 운영체제를 위해 설계된 오래된 구성 요소를 올바로 실행하는 데 도움이 되는 커널 심 엔진의 개요를 살펴보며 마무리했다.

11장에서는 윈도우에서 사용할 수 있는 여러 파일 시스템과 파일 및 데이터 접근 속도를 높이는 데 사용할 수 있는 전역 캐시를 자세히 알아본다.

11 캐싱과 파일 시스템

캐시 관리자^{Cache Manager}는 커널 모드 함수와 시스템 스레드로 이뤄진 하나의 집합체로 볼 수 있다. 메모리 관리자와 연동해 로컬과 네트워크를 망라한 모든 윈도우 파일 시스템 드라이버에 데이터 캐싱 기능을 제공한다. 11장에서는 캐시 관리자가 어떻게 동작하는지 주요 내부 데이터 구조체 함수를 알아보고, 시스템이 초기화되는 과정에서 크기가 어떻게 조절되는지, 어떤 방식을 통해 운영체제의 타 구성 요소들과 상호작용하는지 알아보고, 성능 카운터를 통해 캐시 관리자의 동작을 살펴볼 수 있는 방법을 알아본다. 또한 특정 유형의 I/O에 대해 캐시 관리자를 우회하는 메모리 매핑 디스크인 파일 캐싱 및 DAX 볼륨에 영향을 미치는 **CreateFile** 함수의 5가지 플래그 값도 알아본다.

캐시 관리자가 제공하는 서비스에서 모든 윈도우 파일 시스템 드라이버는 가능한 한 빠르게 디스크 I/O가 수행되게 동작한다. 특히 NTFS와 ReFS(가장 많이 사용되는 2개의 파일 시스템)에 대해 살펴보고 윈도우에서 지원하는 여러 파일 시스템에 대해 알아본다. 내부 아키텍처와 메모리 관리자 및 캐시 관리자 같은 다른 시스템 구성 요소와의 상호작용을 포함한 기본 작업을 설명한다.

11장은 동적 디스크를 대체하게 설계된 새로운 저장 솔루션인 저장 공간의 개요로 마무리한다. 공간은 계층화되고 스토리지 슬림화된 가상 디스크를 생성하고 최상위 파일 시스템에서 활용할 수 있는 기능을 제공한다.

용어

11장을 완전히 이해하려면 몇 가지 기본 용어를 알아야 한다.

- 디스크는 하드디스크, CD-ROM, DVD, 블루레이^{Blu-ray}, SSD^{Solid-State Disk}, 비휘발성 메모리 디스크(NVMe), 플래시 드라이브 등의 물리적 저장 장치다.

- 섹터^{Sectors}는 저장 매체의 하드웨어 주소 지정 블록이다. 섹터 크기는 하드웨어에 의해 결정된다. 대부분의 하드디스크 섹터는 4,096 또는 512바이트며 DVD-ROM 및 블루레이 섹터는 일반 2,048바이트다. 따라서 섹터 크기가 4,096바이트이고 운영체제가 디스크의 5,120바이트를 수정하는 경우 4,096바이트의 데이터 블록이 디스크의 두 번째 섹터에 기록된다.

- 파티션^{Partitions}은 디스크의 연속 섹터 모음이다. 파티션 테이블 또는 기타 디스크 관리 데이터베이스는 파티션의 시작 섹터, 크기, 기타 특성을 저장하고 파티션과 동일한 디스크에 위치한다.

- 볼륨^{Volumes}은 파일 시스템 드라이버가 항상 단일 단위로 관리하는 섹터를 나타내는 객체다. 단순 볼륨은 단일 파티션의 섹터를 나타내지만 다중 파티션 볼륨은 여러 파티션의 섹터를 말한다. 멀티파티션 볼륨은 단순 볼륨에 없는 성능, 안정성, 크기 설정 기능을 제공한다.

- 파일 시스템 형식^{File system formats}은 파일 데이터가 저장 매체에 저장되는 방식을 정의하고 파일 시스템의 기능에 영향을 준다. 예를 들어 파일 및 디렉터리와 유저 권한을 연결할 수 없는 형식은 보안이 지원되지 않는다. 파일 시스템 형식은 파일 시스템이 지원하는 파일 및 저장 매체 크기가 제한될 수 있다. 마지막으로 일부 파일 시스템 형식은 큰 파일이나 작은 파일 또는 큰 디스크 또는 작은 디스크 자원을 효율적으로 사용한다. 마지막으로 일부 파일 시스템 형식은 큰 파일이나 작은 파일 또는 큰 디스크나 작은 디스크에 효율적으로 사용한다. NTFS, exFAT, ReFS는 다양한 기능 및 사용 시나리오를 제공하는 파일 시스템 형식의 예다.

- 클러스터^{Clusters}는 많은 파일 시스템 형식에서 사용되는 주소 지정 블록이다. 그림 11-1에서 볼 수 있듯이 클러스터 크기는 항상 섹터 크기의 배수며 8개의 섹터가 각 클러스터를 구성하고 노란색 밴드로 표시된다. 파일

시스템 형식은 클러스터를 사용해 디스크 공간을 좀 더 효율적으로 관리한다. 섹터 크기보다 큰 클러스터 크기는 디스크를 더 관리하기 쉬운 블록으로 나눈다. 더 큰 클러스터 크기의 잠재적인 단점은 디스크 공간 낭비, 즉 내부 단편화며 파일 크기가 클러스터 크기의 정확한 배수가 아닐 때 발생한다. 더 큰 클러스터 크기의 잠재적인 방법은 파일 크기가 클러스터 크기의 정확한 배수가 아닐 때 발생해서 디스크 공간 낭비 또는 내부 단편화가 발생된다.

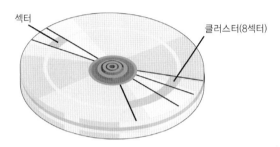

그림 11-1 전형적인 회전식 디스크의 섹터와 클러스터

- 메타데이터^{Metadata}는 파일 시스템 형식의 관리를 지원하고자 볼륨에 저장된 데이터다. 메타데이터는 일반적으로 애플리케이션에서 액세스할 수 없다. 메타데이터에는 볼륨에서 파일 및 디렉터리의 위치를 정의하는 데이터가 포함된다.

캐시 관리자의 주요 특징

캐시 관리자는 다음과 같은 몇 가지 중요한 특징이 있다.

- 로컬이나 네트워크상의 모든 파일 시스템 유형을 지원함으로써 각 파일 시스템을 위한 별도의 캐시 관리 코드를 개발할 필요가 없다.
- 어떤 파일의 어떤 부분들이 실제 물리적인 메모리에 위치하는지 제어하는 데 메모리 관리자를 사용한다(유저 프로세스들과 운영체제 간의 물리 메모리 요청을 제어한다).
- 파일 내 오프셋을 기반으로 한 가상 블록 단위로 데이터를 캐시하는 캐싱

시스템이다. 이는 디스크 볼륨 내 오프셋을 기반으로 캐시하는 다른 많은 캐싱 시스템과 대조적으로, 가상 블록 단위로 캐싱하면 파일 시스템 드라이버를 거치지 않고도 지능적인 선행 읽기와 빠른 캐시 액세스를 가능하게 한다. 이 방법을 패스트^{fast} I/O라고 한다(이 캐싱 방법은 나중에 다룬다).

- 애플리케이션에서 파일을 열면서 전달하는 '힌트'를 지원한다(임의 액세스 및 순차 액세스의 선택, 임시 파일 생성 등이 있다).
- 심각한 에러로 시스템 동작이 실패한 경우 데이터를 안전하게 복구할 수 있는 기능을 제공한다(예를 들어 트랜잭션 로깅을 사용하는 파일 시스템들이 있다).
- SSD, NVMe, DAX(직접 액세스) 디스크를 지원한다.

이 장에서는 캐시 관리자에서 이러한 기능이 어떻게 사용되는지 자세히 설명하지만 이번 절에서 이러한 기능의 기본 개념을 알아본다.

단일, 중앙 집중형 시스템 캐시

어떤 운영체제는 데이터 캐시를 위해 개별적인 파일 시스템에 의존하는데, 이런 경우 캐싱이나 메모리 관리를 위한 코드가 운영체제에 중복 적용되거나 캐시될 수 있는 데이터의 종류에 제한을 가진다. 이에 반해 윈도우는 로컬 하드디스크, USB 이동식 드라이브, 네트워크 파일 서버, DVD-ROM 등에 관계없이 외부에 저장된 모든 데이터를 캐시하는 중앙 집중형 캐싱 기능을 제공한다. 유저 데이터 스트림(파일의 내용, 해당 파일에 대해 진행 중인 읽기, 쓰기 동작)이라든지 파일 시스템 메타데이터 system metadata(디렉터리나 파일 헤더 같은 데이터) 등 어떤 데이터라도 캐시될 수 있다. 이번 장을 진행하면서 알겠지만 윈도우는 캐시되는 데이터 타입에 따라 그에 적절한 방법으로 캐시에 액세스한다.

메모리 관리자

한 가지 특이한 점은 실제 물리적인 메모리에 얼마나 많은 캐시 데이터가 존재하는지 캐시 관리자는 절대 알지 못한다는 사실이다. 자주 요청되는 데이터의 일부를 물리 메모리에 보관함으로써 입출력 성능을 향상시키는 캐시의 목적을 생각하면 아주 이상하게 들릴 수 있다. 캐시 관리자가 물리 메모리상의 캐시 데이터양을 알지 못하는 이유는 캐시 관리자가 표준 섹션 객체[section objects] 또는 윈도우 API에서의 파일 매핑 객체[file mapping objects]를 이용해 파일 뷰들을 시스템 가상 주소 공간에 매핑시키는 방법으로 데이터에 접근하고 있기 때문이다(섹션 객체는 메모리 관리자의 기본 원시 데이터로, Vol.1의 5장에서 상세히 설명했다). 매핑된 뷰들의 주소에 대한 접근이 이뤄짐에 따라 메모리 관리자는 물리 메모리 내에 존재하지 않는 블록들을 페이지인[pages-in] 시킨다. 그리고 메모리가 기록을 요청하면 메모리 관리자는 해당 페이지에 대해 매핑된 캐시를 매핑 해제하고 데이터가 수정됐으면 데이터를 파일로 저장한다.

맵 파일을 이용한 가상 주소 공간 기반의 캐싱을 통해 캐시 관리자는 캐싱 중인 파일 데이터에 액세스하고자 읽기 용도나 쓰기 용도의 I/O 요청 패킷을 생성하지 않아도 된다. 대신 단순히 데이터를 캐시된 파일이 매핑된 영역의 가상 공간에 복사하거나 가상 공간에서 복사하고, 필요에 따라 메모리 관리자로 하여금 데이터를 메모리에 넣거나 빼게 한다. 이런 과정은 메모리 관리자로 하여금 시스템 캐시와 유저 프로세스에 각기 얼마만큼의 램[RAM]을 제공할지에 대한 전역적인 조정을 가능하게 한다(캐시 관리자는 이번 장 후반부에서 설명할 지연 라이터[Lazy writing] 같은 I/O를 시작하는 역할도 수행하지만 페이지를 쓰려면 메모리 관리자를 호출한다). 또한 다음 절에서 다루겠지만 이런 설계는 캐시된 파일들을 열고 있는 다른 프로세스가 동일한 파일들을 유저 주소 공간에 매핑하고 있는 프로세스들의 경우처럼 동일한 데이터를 참조할 수 있게 한다.

캐시 일관성

캐시 데이터에 액세스하는 어떤 프로세스라도 가장 최신 데이터에 접근하도록 보장하는 것은 캐시 관리자의 아주 중요한 기능 중 하나다. 여기서 한 가지 문제점을 생각할 수 있다. 어떤 프로세스가 파일을 열 때(물론 이 파일은 캐시된다) 이미 다른 프로세스에서 MapViewOfFile 함수를 이용해 이 파일을 프로세스 주소 공간에 직접 매핑하고 있는 경우를 생각해보자. 각 주소 공간에 파일을 매핑하는 캐시 관리자와 유저 애플리케이션이 결국 동일한 메모리 관리 파일 매핑 서비스를 이용하기 때문이다. 이와 같은 잠재적인 문제점은 윈도우에서는 발생하지 않는다. 메모리 관리자가 각기 고유한 매핑된 파일에 대해 단 하나의 표현만을 갖는 것을 보장하므로(섹션 객체나 매핑된 뷰의 개수와 무관) 메모리 관리자는 그림 11-2에서처럼 단일 파일에 대한 모든 뷰를 물리 메모리 내의 단일한 페이지 세트에 매핑한다(메모리 관리자가 매핑된 파일과 동작하는 방법은 Vol.1의 5장을 참고한다).

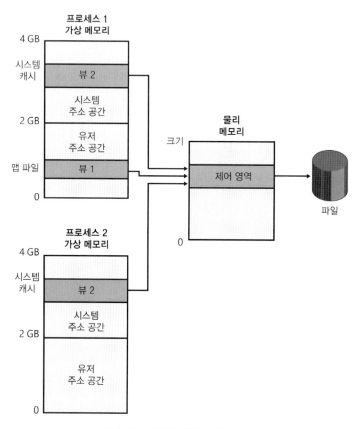

그림 11-2 일관된 캐시 스키마

따라서 예를 들어 첫 번째 프로세스는 자신의 유저 주소 공간에 매핑된 파일에 대한 뷰(뷰1)를 갖고 있고, 두 번째 프로세스가 시스템 캐시를 통해 동일한 뷰에 접근하고 있다면 두 번째 프로세스는 첫 번째 프로세스에 의한 모든 수정 사항이 플러시될 때가 아닌 변경이 이뤄지는 즉시 알 수 있다. 메모리 관리자는 모든 유저 매핑된 페이지를 플러시하지 않는다. 수정된 비트가 설정돼 있는 페이지만 플러시한다. 따라서 윈도우에서 파일에 접근하는 모든 프로세스는 I/O 시스템을 통해 파일을 열고 다른 프로세스는 윈도우 파일 매핑 함수를 사용해 파일을 주소 공간에 매핑하더라도 항상 최신 버전의 파일을 볼 수 있다.

캐시 일관성은 유저 매핑된 데이터와 캐시된 I/O 간의 일관성을 의미하며 캐시되지 않은 하드웨어 접근 및 I/O 간의 일관성을 보장하는 것은 거의 불가능하다. 또한 네트워크 리다이렉터의 경우 네트워크 데이터에 액세스할 때 캐시 일관성을 보장하고자 추가적인 플러싱 및 삭제 작업을 구현해야 하기 때문에 로컬 파일 시스템보다 캐시 일관성 구현이 좀 더 어렵다.

가상 블록 캐싱

윈도우 캐시 관리자는 가상 블록 캐싱virtual block caching 기법을 사용한다. 이 기법에서 캐시 관리자는 어떤 파일의 어느 부분이 캐시에 존재하는지 기록한다. 캐시 관리자는 메모리 관리자 내부의 특수한 시스템 캐시 루틴들을 이용해 256KB 크기의 파일 뷰를 시스템 가상 주소 공간에 매핑해 캐시된 파일 부분들에 대한 모니터링을 할 수 있다. 이와 같은 액세스 방식은 다음과 같은 장점을 가진다.

- 지능형 파일 미리 읽기를 가능하게 한다. 어떤 파일의 어느 부분이 캐시에 존재하는지 캐시가 기록하고 있으므로 호출 측의 다음 작업에 대한 예측이 가능하다.
- I/O 시스템으로 하여금 이미 캐시돼 있는 데이터에 대한 요청은 파일 시스템에 액세스하지 않아도 되게 한다(패스트 I/O가 가능하게 한다). 캐시 관리자는 어떤 파일의 어느 부분들이 캐시돼 있는지 알고 있으므로 파일 시스템 콜 없이 I/O 요청에 대해 적절한 캐시 데이터의 주소를 반환할 수 있기 때문이다.

지능형 파일 미리 읽기와 패스트 I/O의 동작은 이번 장의 후반부에 '패스트 I/O 및 미리 읽고 쓰기' 절에서 자세히 다룬다.

스트림 기반 캐싱

캐시 관리자는 파일 캐싱과 반대되는 스트림 캐싱stream caching이 가능하게 설계돼 있다. 스트림stream이란 단일 파일 내에서 연속적으로 배열된 바이트들을 말한다. NTFS 같은 일부 파일 시스템에서는 단일 파일이 복수의 스트림을 가질 수 있는데, 이 경우 캐시 관리자는 파일 내의 각 스트림을 독립적으로 캐시함으로써 이들 파일을 포함한다. NTFS는 마스터 파일 테이블(이번 장 후반부 '마스터 파일 테이블' 절 참고)을 스트림화하고 이 스트림들을 캐시함으로써 이 기능을 이용한다. 사실 캐시 관리자가 파일을 캐시한다고 할 수 있지만 실질적으로는 파일 이름으로 확인되는 스트림(모든 파일은 하나 이상의 데이터 스트림을 가짐)을 캐시한다. 파일에 하나 이상의 스트림이 존재한다면 스트림은 이름으로 확인된다.

 내부적으로 캐시 관리자는 파일 또는 스트림 이름을 인지할 수 없으며 이들 구조체의 포인터를 사용한다.

복구 가능 파일 시스템 지원

NTFS 같은 복구 가능 파일 시스템들은 시스템 장애 이후 디스크 볼륨 구조를 재구성할 수 있게 설계됐다. 다시 말해 시스템 장애 시점의 I/O 작업들이 시스템 재시작 시 완료되게 하거나 완전히 취소돼야 함을 의미한다. 미완료된 I/O 작업들은 디스크 볼륨을 손상시키거나 심지어 전체 볼륨에 대한 접근이 불가능하게 할 수도 있다. 이런 문제점들을 피하고자 복구 가능 파일 시스템은 볼륨에 변경 사항을 적용하기 전에 파일 시스템 구조(파일 시스템의 메타데이터)에 변경을 가하려는 모든 업데이트 내역을 로그 파일로 보관한다. 볼륨 변경 작업 중 시스템이 실패하는 경우 복구 가능 파일 시스템은 로그 파일에 저장된 정보를 이용해 볼륨 업데이트를 다시 요청한다.

정상적인 볼륨 복구를 보장하려면 실제 볼륨에 업데이트 작업이 적용되기 전에 볼륨 업데이트를 기술하는 모든 로그 파일이 완전히 디스크에 써져야 한다. 디스크 쓰기 작업들은 캐시되기 때문에 캐시 관리자와 파일 시스템은 메타데이터 갱신에 앞서 로그 파일의 플러싱을 보장해 메타데이터 갱신을 조율해야 한다. 결론적으로 다음의 동작들이 순차적으로 이뤄진다.

1. 파일 시스템은 실행하려는 메타데이터 갱신을 기술하는 로그 파일 레코드로 기록한다.
2. 파일 시스템은 캐시 관리자를 호출해 디스크의 로그 파일 레코드를 디스

크에 플러시한다.

3. 파일 시스템은 볼륨 갱신 내역을 캐시에 쓴다. 즉, 캐시된 메타데이터를 변경한다.

4. 캐시 관리자는 변경된 메타데이터를 디스크에 플러시함으로써 볼륨 구조를 갱신한다(실제로 로그 파일 레코드는 디스크에 플러시되기 전에 일괄 처리되며, 이런 방식은 볼륨 변경의 경우도 마찬가지다).

 메타데이터라는 용어는 파일 및 디렉터리 생성, 이름 변경 및 삭제와 같은 파일 시스템 구조의 변경에만 적용된다.

파일 시스템이 캐시에 데이터를 쓸 때 자신의 로그 파일 내의 레코드를 확인하는 논리 시퀀스 번호LSN, Logical Sequence Number를 제공할 수 있다. 이 번호는 캐시 업데이트에 대응한다. 캐시 관리자는 이 번호들을 계속 기록하면서 캐시 내의 페이지별로 최솟값(가장 오래된 로그 파일 레코드)과 최곳값(가장 최신 로그 파일 레코드)을 기록한다. 게다가 트랜잭션 로그 레코드들에 의해 보호되는 데이터 스트림들은 NTFS에서 '쓰기 금지'로 표기돼 맵 페이지 라이터mapped page writer는 해당 로그 레코드를 쓰기 전에 무심코 이들 페이지를 쓰지 않게 한다(맵 페이지 라이터가 위와 같이 표기된 페이지를 발견할 때 별도의 특별한 리스트에 페이지를 옮겨 놓게 되고, 그런 다음 캐시 관리자가 지연 라이터 작업이 이뤄질 때처럼 적절한 시기에 이 리스트를 플러시한다).

캐시 관리자는 더티 페이지를 디스크에 플러시할 준비를 할 때 연관된 가장 높은 LSN을 결정하고 파일 시스템에 이 번호를 알린다. 파일 시스템은 이제 캐시 관리자를 다시 호출해 보고된 LSN에 표시된 지점까지의 로그 파일 데이터를 플러시하게 한다. 캐시 관리자는 해당 LSN까지 로그 파일을 플러시한 이후에 상응하는 볼륨 구조 업데이트를 디스크에 플러시해 실제 디스크상에 수정이 가해지기 전에 하려는 작업 내역이 모두 기록될 수 있다. 즉, 파일 시스템과 캐시 관리자 간의 이런 상호작용으로 인해 시스템 실패 이후 디스크 볼륨의 복구가 보장된다.

NTFS MFT 작업 집합 기능 향상

이전 절에서 설명한 것처럼 캐시 관리자가 파일을 캐시하는 데 사용하는 메커니즘은 메모리 관리자가 운영체제에 제공하는 일반적인 메모리 매핑 I/O 인터페이스와 동일하다. 파일에 액세스하거나 캐시하고자 캐시 관리자는 시스템 가상 주소 공간에 파일 뷰를 매핑한다. 그런 다음 매핑된 가상 주소 범위를 읽는 것만으로 콘텐츠에 액세스할 수 있다. 파일의 캐시된 데이터가 더 이상 필요하지 않으면 (세부 내용은 다음 절을 참고), 캐시 관리자는 파일의 뷰를 매핑 해제한다. 이 방법은 모든 종류의 데이터 파일에 대해 잘 동작하지만 파일을 볼륨에 제대로 저장하고자 파일 시스템이 유지하는 메타데이터에는 몇 가지 문제가 있다.

파일 핸들이 닫히거나 소유된 프로세스가 종료되면 캐시 관리자는 캐시된 데이터가 작업 집합에 존재하는지 확인한다. NTFS 파일 시스템은 마스터 파일 테이블 MFT, Master File Table에 큰 파일로 액세스하며 다른 유저 파일과 마찬가지로 캐시 관리자에 의해 캐시된다. MFT 문제는 시스템 프로세스 콘텍스트에서 매핑되고 처리되는 시스템 파일로 볼륨이 마운트 해제되지 않는 한 MFT의 캐시된 뷰 매핑을 해제하지 않는다는 점이다. 처음에 MFT의 특정 뷰를 매핑하게 만든 프로세스는 핸들을 닫거나 종료했을 수 있으며, MFT의 잠재적으로 불필요한 뷰는 매핑된 채로 남아 값비싼 시스템 캐시를 사용한다(이러한 뷰는 시스템에서 메모리 부족이 발생하지 않는 한 해제되지 않는다).

윈도우 8.1은 모든 MFT 레코드에 대한 참조 카운터를 동적으로 할당된 다중 레벨 배열에 저장해 이 문제를 해결했다. 이 배열은 NTFS 파일 시스템의 볼륨 제어 블록VCB, Volume Control Block 구조에 저장된다. 파일 제어 블록FCB, File Control Block 데이터 구조가 생성될 때마다(FCB및 VCB에 대한 자세한 내용은 이 장의 뒷부분에서 설명) 파일 시스템은 상대 MFT 인덱스 레코드의 카운터를 증가시킨다. 마찬가지로 FCB가 삭제되면(MFT 엔트리를 참조하는 파일 또는 디렉터리에 대한 모든 핸들이 닫히는 것을 의미) NTFS는 상대 카운터의 참조를 해제하고 CcUnmapFileOffsetFromSystemCache 캐시 관리자 루틴을 호출해 불필요한 MFT 부분의 매핑을 해제한다.

메모리 파티션 지원

윈도우 10은 하이퍼V 컨테이너와 게임 모드를 제공하고자 파티션 개념을 사용한다. 메모리 파티션은 Vol.1의 5장에서 이미 설명됐다. 이 장에서 볼 수 있듯이 메모리 파티션은 큰 데이터 구조체(MI_PARTITION)로 표시되며 페이지 리스트(대기, 수정, 제로, 프리 등), 커밋 요청commit charge, 작업 집합, 페이지 트리머page trimmer, 수정 페이지 라이터modified page writer, 제로 페이지zero-page 스레드 같은 파티션과 관련된 메모리 관련 관리 구조를 유지한다. 캐시 관리자는 파티션을 지원하고자 메모리 관리자와 같이 동작해야 한다. NT 커널 초기화의 1단계 동안 시스템은 캐시 관리자 파티션을 만들고 초기화한다(윈도우 커널 초기화에 대한 세부 내용은 12장 참고). 이는 시스템 실행 파티션(MemoryPartition0)의 일부가 된다. 캐시 관리자 코드는 파티션을 지원하고자 큰 리팩토링 과정을 거쳤다. 모든 전역 캐시 관리자의 데이터 구조체와 변수는 캐시 관리자의 파티션 데이터 구조체(CC_PARTITION)로 옮겨졌다.

캐시 관리자 파티션에는 전역 공유 캐시 맵 리스트, 작업자 스레드 리스트(미리 읽기, 덮어쓰기, 추가 덮어쓰기, 지연 라이터, 지연 라이터 스캔, 비동기 읽기), 지연 라이터 스캔 이벤트, 전체 쓰기 이력을 저장하는 배열, 더티 페이지 임곗값의 상한 및 하한, 더티 페이지 수 등으로 구성된다. 캐시 관리자 시스템 파티션이 초기화되면 파티션에 속하는 시스템 프로세스의 콘텍스트에서 필요한 모든 시스템 스레드가 시작된다. 각 파티션에는 항상 연결된 최소 시스템 프로세스가 있으며, 파티션 생성 시(NtCreatePartition API에 의해) 생성된다.

시스템이 NtCreatePartition API를 통해 새 파티션을 만들면 항상 빈 MI_PARTITION 객체가 만들어지고 초기화된다(메모리는 상위 파티션에서 하위 파티션으로 이동되거나 나중에 NtManagePartition 함수를 사용해 추가된다). 캐시 관리자 파티션 객체는 요구 시에만 생성된다. 새 파티션의 콘텍스트에서 파일이 생성되지 않으면 캐시 관리자 파티션 객체를 생성할 필요가 없다. 파일 시스템이 캐시 액세스를 위한 파일을 만들거나 열면 CcinitializeCacheMap(Ex) 함수는 파일이 속한 파티션과 해당 파티션에 캐시 관리자 파티션에 대한 유효한 링크가 있는지 확인한다. 캐시 관리자 파티션이 없으면 시스템은 CcCreatePartition 루틴을 사용해 새 파티션을 생성하고 초기화한다. 새 파티션은 별도 캐시 관리자 관련 스레드(미리 읽기, 지연 라이터 등)를 시작하고 특정 파티션에 속한 페이지 수를 기반으로 더티 페이지 임곗값의 새 값을 계산한다.

파일 객체에는 제어 영역을 통해 속한 파티션에 대한 링크가 포함된다. 이 링크는 스트림 제어 블록SCB, Stream Control Block을 생성하고 매핑할 때 파일 시스템 드라이버에 의해 할당된다. 대상 파일의 파티션은 파일 객체 확장자(MemoryPartitionInformation 타입)에 저장되며 SCB의 섹션 객체를 생성할 때 메모리 관리자가 확인한다. 일반적으로 파일은 공유 엔터티이므로 파일 시스템 드라이버가 파일을 시스템 파티션과 다른 파티션에 자동으로 연결할 수 없고 애플리케이션은 새로운 FileMemory PartitionInformation 클래스를 통해 NtSetInformationFileKernel API를 사용해 파일에 다른 파티션을 설정할 수 있다.

캐시의 가상 메모리 관리

윈도우 시스템 캐시 관리자가 가상 공간 기반으로 데이터 캐시를 수행하므로 캐시 관리자는 물리 메모리가 아닌 시스템 가상 주소 공간 영역을 사용하며 이들을 가상 주소 제어 블록(VACB, Virtual Address Control Blocks) 구조로 관리한다. VACB는 주소 공간의 이들 영역을 뷰라 불리는 256KB 크기의 슬롯으로 정의한다. 캐시 관리자는 부팅 과정에서 초기화를 진행할 때 캐시된 메모리를 기술하는 초기 VACB 배열을 할당한다. 캐싱 요구의 증가로 인해 더 많은 메모리가 필요함에 따라 캐시 관리자는 추가적인 VACB 배열을 할당한다. 또한 캐시 관리자는 다른 요구로 인해 시스템의 가상 주소 공간이 압박되면 가상 주소 공간을 줄일 수도 있다.

어떤 임의의 파일에서 첫 I/O 동작(읽기나 쓰기)을 할 때 캐시 관리자는 256KB 뷰(요청된 데이터를 포함하는 파일의 영역으로서 256KB로 정렬된 영역)를 시스템 캐시 주소 공간 내의 비어있는 슬롯으로 매핑한다. 예를 들어 300,000바이트 위치에서 시작하는 10바이트의 데이터를 파일에서 읽는다면 매핑될 뷰는 오프셋 262,114바이트(즉, 해당 파일에서 256KB로 정렬된 두 번째 영역) 위치에서 시작하고 256KB로 확장된다.

캐시 관리자는 라운드로빈 방식에 따라 파일의 뷰들을 캐시 주소 공간에 매핑한다. 즉, 처음 요청된 뷰를 첫 번째 256KB 슬롯에 할당하고, 다음 뷰는 두 번째 슬롯에 할당하고, 이런 방법으로 계속 매핑이 이뤄진다(그림 11-3 참고). 이 예에서 파일 B가 첫 번째로 매핑됐고 파일 A는 두 번째, 파일 C는 세 번째다. 따라서 파일 B의 매핑된 부분이 캐시의 첫 번째 슬롯에 위치한다. 파일 B의 첫 번째 256KB만이 매핑된 것은 이 부분에 대해서만 데이터 요청이 발생했음을 의미하며, 파일

C의 경우는 전체 크기가 100KB에 불과하지만(이 크기는 시스템 캐시의 한 뷰보다도 작다) 캐시의 단위인 256KB 슬롯 하나가 할당된다는 점을 기억하자.

그림 11-3 시스템 캐시에 다양한 크기로 매핑된 파일

캐시 관리자는 뷰 활성화 상태인 동안은 뷰가 매핑돼 있음을 보장한다(뷰가 비활성화된 이후에도 매핑된 상태로 남아있을지라도). 그러나 뷰가 활성화 상태로 표기되는 것은 파일에서 읽기 작업이나 파일에 쓰기 작업이 일어나는 동안에 제한된다. 프로세스에서 CreateFile 함수에 FILE_FLAG_RANDOM_ACCESS 플래그를 적용해 파일을 열지 않는다면 캐시 관리자는 파일이 순차적으로 접근되는 경우 파일에 대한 새로운 뷰를 매핑할 때 파일에 대한 비활성화 뷰를 언매핑한다. 매핑 해제된 뷰에 대한 페이지들은 변경 유무에 따라 대기 리스트나 변경 리스트로 보내진다. 메모리 관리자가 캐시 관리자를 위해 제공하는 특수한 인터페이스를 이용해 캐시 관리자는 이 페이지들을 직접 리스트의 맨 앞이나 맨 뒤에 위치시킬 수 있다. FILE_FLAG_ SEQUENTIAL_SCAN 플래그는 열린 파일의 뷰에 대응하는 페이지들의 리스트 앞쪽으로 이동되고 그 외의 것들은 맨 끝으로 이동된다. 이런 동작 구조는 순차적으로 데이터가 읽어지는 파일들에 속한 페이지를 재사용하길 권장하고, 특히 대용량 파일 복사 작업의 영향을 받는 물리 메모리 영역을 최소화해준다. 이 플래그는 매핑 해제에도 영향을 준다. 즉, 캐시 관리자는 이 플래그가 존재하는 경우 뷰를 적극적으로 매핑 해제한다.

비어 있는 슬롯이 없는 상황에서 캐시 관리자가 파일의 뷰를 매핑할 필요가 있다면 캐시 관리자는 가장 오래된 비활성 뷰를 언매핑해 이 슬롯을 사용한다. 사용 가능한 뷰가 없는 경우 요청된 작업을 수행하기 위한 시스템 자원이 부족함을 나타내는 I/O 에러가 반환된다. 하지만 뷰는 읽기 작업이나 쓰기 작업 중에만 활성 상태로 표기되기 때문에 이런 최악의 시나리오는 수천 개 이상의 파일이 동시에 접근되거나 하지 않고서는 거의 발생하기 힘들다.

캐시 크기

윈도우가 어떤 방법으로 가상 시스템 캐시나 물리적인 시스템 캐시 크기를 계산하는지 알아보자. 메모리 관리와 관련된 대부분의 계산과 마찬가지로 시스템 캐시의 크기는 여러 가지 요인에 따라 달라진다.

캐시 가상 크기

32비트 윈도우 시스템에서 시스템 캐시의 가상 크기는 커널 모드 가상 주소 공간의 크기와 선택적으로 설정 가능한 SystemCacheLimit 레지스트리 키에 의해 제한된다(커널 가상 주소 공간의 크기 제한은 Vol.1의 5장을 참고한다). 이는 캐시 크기가 2GB 시스템 주소 공간만큼의 크기를 가질 수 있지만 실제로는 시스템 주소 공간을 서로 공유하는 시스템 페이지 테이블 엔트리, 넌페이지드 풀, 페이지드 풀, 페이지 테이블 같은 자원들로 인해 더 적을 수밖에 없음을 의미한다. 64비트 윈도우에서 가상 캐시의 최대 크기는 64TB며 시스템 주소 크기로 제한된다. 56비트 주소 모드를 지원하는 향후 시스템에서는 32PB(페타바이트)로 제한된다.

캐시 작업 집합 크기

앞에서 언급한 것처럼 윈도우 캐시 관리자가 다른 운영체제들과 구별되는 설계상의 특징으로는 물리 메모리 영역 관리를 전역 메모리 관리자에게 위임하고 있다는 점이다. 이로 인해 작업 집합의 확장이나 축소만 아니라 변경, 대기 리스트를 관리하는 기존 코드가 시스템 캐시의 크기를 제어하는 데 사용된다. 즉, 프로세스와 운영체제 사이의 물리 메모리 요구를 동적으로 균형 있게 관리한다.

시스템 캐시는 자신의 작업 집합을 갖지 않으며 대신 하나의 시스템 작업 집합을 공유하는데, 캐시 데이터와 페이지드 풀, 페이징 가능한 커널 코드나 드라이버 코드 등이 이에 속한다. Vol.1의 5장에 있는 '시스템 작업 집합' 절에서 설명했던 것처럼 단일 작업 집합은 내부적으로 시스템 캐시 작업 집합^{System Cache Working Set}이라고 불리지만 사실 시스템 캐시는 이런 기능을 제공하는 많은 구성 요소 중 하나에 불과하다. 5장에서 소개했던 또 하나의 사실은 LargeSystemCache 레지스트리 값이 1인 경우 메모리 관리자는 실행 중인 프로세스의 작업 집합보다 시스템 작업 집합을 우선으로 한다.

물리적인 캐시 크기

시스템 작업 집합이 캐시 가상 주소 공간에 매핑된 물리 메모리의 양을 포함하고 있지만 이것이 물리 메모리에 캐시된 파일 데이터의 전체 크기를 반영한다고 볼 수는 없다. 메모리 관리자의 대기 리스트나 변경 페이지 리스트에 추가적인 파일 데이터가 존재할 수 있기 때문에 이 2가지는 다를 수 있다.

5장에서 설명했던 것처럼 메모리 관리자는 작업 집합 정리나 페이지 교체 과정 중 해당 페이지들이 재사용되기 전에 페이징 파일이나 다른 파일에 써야 할 데이터의 포함 여부에 따라 더티 페이지를 작업 집합에서 대기 리스트나 수정된 페이지 리스트로 이동시킬 수 있다. 메모리 관리자가 이 리스트를 구현하지 않았다면 프로세스가 이미 작업 집합에서 제거된 데이터에 액세스할 때마다 메모리 관리자는 데이터를 디스크에서 액세스하고자 하드 폴트^{hard-fault}를 수행해야 한다. 대신 접근한 데이터가 위의 두 리스트에 있는 경우 메모리 관리자는 간단히 페이지를 해당 프로세스의 작업 집합으로 되돌려주는 소프트 폴트^{soft-fault}만을 수행한다. 따라서 이 두 리스트는 페이징 파일과 실행 이미지, 데이터 파일 등에 저장된 데이터에 대한 인메모리 캐시 역할을 수행한다. 즉, 시스템에 캐시된 파일 데이터의 총 크기는 시스템 작업 집합뿐 아니라 대기/변경 페이지 리스트의 크기 역시 포함된다.

다음 예는 캐시 관리자가 물리 메모리에 캐시되는 시스템 작업 집합에 저장할 수 있는 크기를 훨씬 초과하는 양의 파일 데이터를 어떻게 처리할 수 있는지 보여준다. 전용 파일 서버로 사용되는 시스템을 고려해보자. 클라이언트 애플리케이션은 네트워크를 통해 파일 데이터에 액세스하고, 반면 서버는 클라이언트를 위해 파일 데이터를 읽고 쓰고자 캐시 관리자 인터페이스를 사용한다(이번 장 후반부에서 다루는 파일 서버 드라이버 %SystemRoot%\System32\Drivers\Srv2.sys). 클라이언트가 1MB 크기의 파일 수천 개를 읽는다면 캐시 관리자는 매핑 공간이 고갈될 때부터 뷰를 재사용하기 시작하며 VACB 매핑 영역을 확장할 수도 없다. 그 이후의 파일 읽기 요청에 대해 캐시 관리자는 뷰를 해제해서 새로운 파일에 이들 뷰를 매핑시킨다. 캐시 관리자가 하나의 뷰를 해제할 때 메모리 관리자는 뷰에 해당되는 캐시의 작업 집합 내에 있는 파일 데이터를 제거하지 않고 대기 리스트로 이동시킨다. 물리 메모리 요청이 더 이상 없는 경우 대기 리스트가 시스템 작업 집합이 차지하는 영역을 제외한 거의 모든 물리 메모리 영역을 소비할 수도 있다. 즉, 실제로 서버의 모든 물리 메모리는 그림 11-4와 같이 파일 데이터를 캐시하는 데 사용된다.

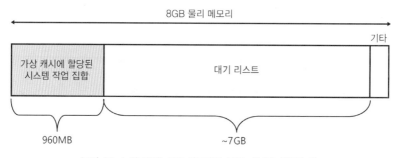

그림 11-4 대부분의 물리 메모리가 파일 캐시에 사용된 예

캐시된 파일 데이터의 전체 용량은 시스템 작업 집합과 변경 페이지 리스트, 대기 리스트(이들은 모두 메모리 관리자에 의해 용량이 제어됨)를 포함하기 때문에 캐시 관리자는 실질적으로 메모리 관리자라 볼 수 있다. 캐시 관리자 서브시스템은 단지 메모리 관리자를 통해 파일 데이터에 액세스할 수 있는 편리한 인터페이스들을 제공한다. 또한 캐시 관리자는 미리 읽기와 지연 라이터 정책 등을 통해 메모리 관리자가 어떤 데이터를 물리 메모리에 보관할지와 시스템 가상 주소 공간에 대한 뷰를 관리하는 데 중요한 역할을 수행한다.

시스템에 캐시된 파일 데이터의 전체 용량을 정확하게 알려면 작업 관리자를 이용해 확인할 수 있으며, 이들의 성능 항목에서 제공하는 '시스템 캐시' 값은 시스템 작업 집합, 대기 리스트, 변경 페이지 리스트를 합한 크기를 나타낸다. 그러나 Process Explorer는 이 값을 캐시 작업 집합, 대기, 변경으로 나눠 보여준다. 그림 11-5와 같이 Process Explorer 내의 시스템 정보 대화상자를 열면 왼쪽 하단의 물리 메모리 영역에서 캐시 작업 집합$^{Cache\ WS}$, 그림 중간의 페이징 리스트 영역에서 대기 그리고 변경 리스트 크기를 확인할 수 있다. 작업 관리자에서 '캐시됨' 값은 Process Explorer에서 보여준 페이지 작업 집합$^{Paged\ WS}$, 커널 작업 집합$^{Kernel\ WS}$, 드라이브 작업 집합$^{Drive\ WS}$ 값들을 포함하고 있다. 여러 가지 작업 집합 값을 고려해보면 시스템 작업 집합은 대부분 캐시 작업 집합이 차지하고 있다. 현재는 더 이상 글평지 않지만 작업 관리자에는 이러한 오래된 기능들이 남아있다.

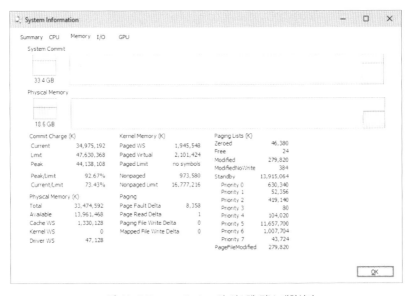

그림 11-5 Process Explorer의 시스템 정보 내화상자

캐시 데이터 구조

캐시 관리자는 캐시된 파일들을 추적 관리하고자 다음과 같은 데이터 구조체를 사용한다.

- 시스템 캐시에 있는 256KB 단위 슬롯은 VACB에 의해 기술된다.
- 각기 별도로 열린 캐시된 파일은 전용^{private} 캐시 맵을 갖고 있는데, 여기에는 미리 읽기(이번 절 후반부의 '지능적 사전 읽기' 절에서 설명)를 제어하는 데 사용되는 정보가 보관된다.
- 캐시된 각 파일은 하나의 공유 캐시 맵 구조체를 갖고 있는데, 해당 파일의 매핑된 뷰들을 보관하는 시스템 캐시의 슬롯들을 가리킨다.

이들 구조체와 이들 사이의 관계는 이후의 절에서 설명한다.

시스템 전역 캐시 데이터 구조

앞서 설명했듯이 캐시 관리자는 가상 주소 제어 블록$^{VACB, Virtual\ Address\ Control\ Block}$이라는 넌페이지드 풀에 저장되는 데이터 구조체의 배열을 이용해 시스템 캐시에 있는 뷰들의 상태를 추적 관리한다. 32비트 시스템에서 각 VACB는 32바이트 크기며, 하나의 VACB 배열은 128KB로 4,096개의 VACB가 들어갈 수 있다. 64비트 시스템에서 VACB의 크기는 40바이트며, 결과적으로 배열에 3,276개의 VACB가 저장된다. 캐시 관리자는 시스템이 초기화하는 동안 최초의 VACB 배열을 할당해 **CcVacbArrays**라는 시스템 전역적인 리스트로 연결한다. 각 VACB는 시스템 캐시 내의 256KB 뷰를 나타내며, 그림 11-6에서 보여주는 것과 같다. VACB의 구조체는 그림 11-7에서 보여준다.

게다가 각 VACB 배열은 낮은 우선순위 매핑 VACB와 높은 우선순위 매핑 VACB로 구성된다. 시스템은 각 VACB 배열에 최초 64개의 높은 우선순위 VACB를 할당한다. 높은 우선순위의 VACB는 시스템 주소 공간에서 미리 할당된 자신만의 뷰를 가진다는 특징이 있다. 메모리 관리자가 일부 데이터를 매핑하려 할 때 캐시 관리자에게 전달할 뷰가 없을 경우 매핑 요청이 높은 우선순위로 표시돼 있다면 캐시 관리자는 높은 우선순위 VACB에 미리 할당된 뷰 중 하나를 사용한다. 예를 들어 캐시 관리자는 중요한 파일 시스템 메타데이터를 위해 캐시에서 데이터를 제거할 때 높은 우선순위의 VACB를 사용한다. 그러나 높은 우선순위의 VACB가 소모된 이후에는 VACB 뷰를 요구하는 동작은 리소스 부족으로 실패할 것이다. 일반적으로 매핑의 우선순위는 낮게 기본 설정되지만 다음에 소개될 캐시된 데이터를 고정할 때 PIN_HIGH_PRIORITY 플래그를 사용해 필요시 파일 시스템은 높은 우선순위 VACB가 대신 사용되도록 요청할 수 있다.

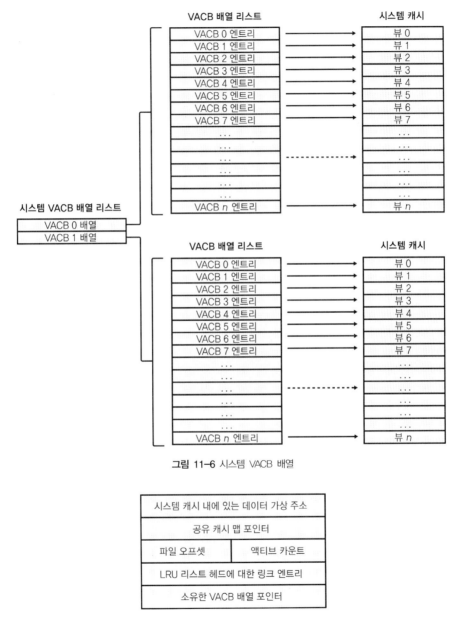

그림 11-6 시스템 VACB 배열

시스템 캐시 내에 있는 데이터 가상 주소	
공유 캐시 맵 포인터	
파일 오프셋	액티브 카운트
LRU 리스트 헤드에 대한 링크 엔트리	
소유한 VACB 배열 포인터	

그림 11-7 VACB 데이터 구조체

그림 11-7에서 보여주는 것처럼 VACB의 첫 번째 필드는 시스템 캐시 내의 데이터

에 대한 가상 주소다. 두 번째 필드는 어떤 파일이 캐시됐는지를 구별하는 공유 캐시 맵 구조체를 가리키는 포인터다. 세 번째 필드는 뷰가 시작하는 파일 내의 오프셋을 나타낸다(항상 256KB 단위다). 이 단위에 근거해 파일 오프셋의 하위 16비트는 항상 0이다. 따라서 이들 비트는 뷰에 대한 참조 수를 저장하고자 재사용된다. 즉, 얼마나 많은 활성 읽기나 쓰기가 뷰에 접근하는지를 나타낸다. 네 번째 필드는 캐시 관리자가 VACB를 해제할 때 VACB를 LRU VACB의 리스트에 연결하는 용도로 사용된다. 캐시 관리자는 새로운 VACB를 할당할 때 먼저 이 리스트를 검사한다. 마지막으로 다섯 번째 필드는 이 VACB를 VACB가 저장되는 배열을 나타내는 VACB 배열 헤더에 연결하는 용도로 사용된다.

파일 I/O 동작 동안에 파일의 VACB 참조 카운트는 증가하고 I/O 동작이 종료할 때 감소한다. 참조 카운트가 0이 아니라면 VACB는 액티브 상태다. 파일 시스템 메타데이터에 액세스하는 경우 액티브 카운트는 얼마나 많은 파일 시스템 드라이버가 메모리에 락돼 있는 해당 뷰에 대한 페이지를 갖고 있는지 나타낸다.

실습: VACB와 VACB 사용 통계 살펴보기

캐시 관리자는 개발자와 유지 보수 담당자가 크래시 덤프를 분석하는 데 유용하도록 다양한 값들을 추적한다. 이런 모든 디버깅 변수는 CcDbg로 시작되므로 x 명령을 사용해 전체 리스트를 쉽게 볼 수 있다.

```
1: kd> x nt!*ccdbg*
fffff800`d052741c nt!CcDbgNumberOfFailedWorkQueueEntryAllocations = <no
type information>
fffff800`d05276ec nt!CcDbgNumberOfNoopedReadAheads = <no type information>
fffff800`d05276e8 nt!CcDbgLsnLargerThanHint = <no type information>
fffff800`d05276e4 nt!CcDbgAdditionalPagesQueuedCount = <no type information>
fffff800`d0543370 nt!CcDbgFoundAsyncReadThreadListEmpty = <no type information>
fffff800`d054336c nt!CcDbgNumberOfCcUnmapInactiveViews = <no type information>
fffff800`d05276e0 nt!CcDbgSkippedReductions = <no type information>
fffff800`d0542e04 nt!CcDbgDisableDAX = <no type information>
...
```

특정 시스템에서는 32비트와 64비트 구현 차이로 인해 변수의 이름이 다르게 보일 수 있다. 이 실습에서 정확한 변수의 이름은 중요하지 않다. 이 변수들과 VACB 배열을 알고 있다면 커널 디버거를 사용해 모든 VACB 배열 헤더를 나열할 수 있다. CcVacbArrays 변수는 VACB 배열 헤더들을 가리키고 있는 포인터의 배열이다. 이 변수에 대해 _VACB_ARRAY_HEADER의 내용을 확인할 수 있다. 첫 번째로 배열 최상위 인덱스를 얻는다.

```
1: kd> dd nt!CcVacbArraysHighestUsedIndex l1
fffff800`d0529c1c 00000000
```

그리고 마지막 인덱스까지 각 인덱스별로 확인할 수 있다. 이 시스템에서는 가장 높은 인덱스가 0이므로 (일반적으로) 한 개의 헤더만 갖고 있다.

```
1: kd> ?? (*((nt!_VACB_ARRAY_HEADER***)@@(nt!CcVacbArrays)))[0]
struct _VACB_ARRAY_HEADER * 0xffffc40d`221cb000
   +0x000 VacbArrayIndex    : 0
   +0x004 MappingCount      : 0x302
   +0x008 HighestMappedIndex : 0x301
   +0x00c Reserved          : 0
```

인덱스가 더 있다면 명령의 마지막에 위치한 배열 인덱스를 최상위 인덱스까지 증가시킬 수 있다. 위 결과는 770(0x302)개의 활성화 VACB가리키는 1개의 VACB 배열을 갖고 있는 시스템을 보여준다.

마지막으로 CcNumberOfFreeVacbs 변수는 해제된 VACB 리스트에서 VACB의 개수를 저장한다. 실습 시스템에서 이 값은 2,506(0x9ca)이다.

```
1: kd> dd nt!CcNumberOfFreeVacbs l1
fffff800`d0527318 000009ca
```

예상대로 하나의 VACB 배열을 갖는 64비트 시스템에서는 해제된 770(0x302)개의 VACB와 활성 상태인 2,506(0x9ca)개의 VACB 합이 3,276으로 하나의 VACB에 속하는 VACB들의 수와 같다. 시스템이 해제된 VACB를 모두 소진한다면 캐시 관리자는 새로운 VACB 배열을 할당하도록 시도한다. 동작 중인 시스템에서 실습을 하기 때문에 시스템은 추가적인 VACB를 두 단계 사이에 생성하거나 해제할 수 있다(액티브 VACB를 확인한 후 해제된 VACB를 확인하는 사이). 이 결과는 액티브 VACB와 해제된 VACB의 합이 정확히 3,276과 일치하지 않을 수 있다. 이와 같이 정확하게 나오지 않으면 몇 번을 빠르게 반복해서 테스트해보자. 시스템에 파일 시스템 동작이 많다면 같은 수가 나오지 않을 것이다.

파일 단위 캐시 데이터 구조체

열려있는 각 파일 핸들은 그에 상응하는 파일 객체를 가진다(파일 객체는 Vol.1의 6장에서 자세히 다뤘다). 이 파일이 캐시됐다면 파일 객체는 최근 2회 읽기에 대한 위치를 포함하고 있는 전용 캐시 맵 구조체를 가리키고, 이로 인해 캐시 관리자의 지능형 미리 읽기가 가능하다('지능형 미리 읽기' 절에서 설명한다). 게다가 파일의 열려있는 인스턴스에 대한 모든 전용 캐시 맵은 서로 연결돼 있다.

캐시된 각 파일(파일 객체와 상대적으로)은 공유 캐시 맵 구조체를 가지며, 이 구조체는 캐시된 파일의 크기와 해당 파티션, 크기 및 유효 데이터의 길이를 포함해 캐시된 파일의 상태를 나타낸다(유효 데이터 길이 필드의 기능은 '재기록 캐시와 지연 라이터' 절에서 설명한다). 또한 공유 캐시 맵은 섹션 객체(메모리 관리자에 의해 유지되며, 가상 메모리로의 파일 매핑을 기술한다) 및 해당 파일과 연관된 전용 캐시 맵 리스트, 시스템 캐시에 있는 현재 파일의 매핑된 뷰들을 기술하는 VACB를 가리킨다(섹션 객체 포인터에 대한 추가적인 사항은 Vol.1의 5장 참고). 여러 파일에 대해 열려 있는 모든 공유 캐시 맵은 캐시 관리자의 파티션 데이터 구조체에 유지되는 전역 링크 목록과 연결된다. 이런 파일 단위 캐시 데이터 구조체 간의 관계는 그림 11-8에서 보여준다.

하나의 특정 파일에 읽기가 요청된 경우 캐시 관리자는 다음과 같은 2가지 질문에 대한 답을 판단해야 한다.

1. 해당 파일이 캐시에 있는가?
2. 요청된 위치를 참조하는 VACB가 있다면 어떤 것인가?

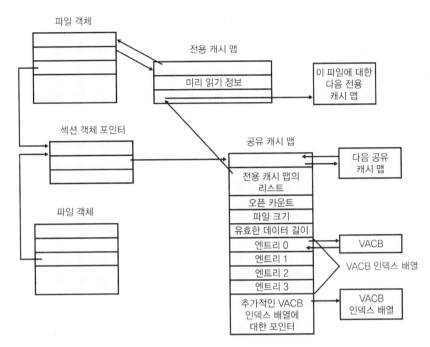

그림 11-8 파일 단위 캐시 구조체

즉, 캐시 관리자는 요청된 주소에 해당하는 파일의 뷰가 시스템 캐시에 매핑돼 있는지 파악해야 한다. VACB가 요구된 파일 오프셋을 갖고 있지 않으면 요청된 데이터는 현재 시스템 캐시에 매핑되지 않은 상태다.

파일의 어떤 뷰들이 시스템 캐시에 매핑돼 있는지 추적 관리하고자 캐시 관리자는 VACB 포인터 배열을 유지하는데, 이를 VACB 인덱스 배열이라고 한다. VACB 인덱스 배열의 첫 번째 엔트리는 파일의 처음 256KB를 참조하고 두 번째 엔트리는 파일의 두 번째 256KB를 참조하는 방식으로 배열은 계속된다. 그림 11-9의 다이어그램은 시스템 캐시에 현재 매핑돼 있는 서로 다른 3개 파일에 대한 다른 4개의 섹션을 보여준다.

특정 프로세스가 특정 파일의 주어진 영역에 액세스하려 할 때 캐시 관리자는 요청된 데이터가 캐시에 매핑돼 있는지 확인하고자 해당 파일의 VACB 인덱스 배열에서 부합하는 엔트리를 탐색한다. 해당 배열 엔트리가 0이 아니라면 (즉, 어떤 VACB를 가리키고 있는 포인터를 갖고 있다면) 현재 참조되고 있는 파일의 영역이 캐시에 존재함을 의미한다. 이 VACB가 파일의 해당 뷰가 매핑돼 있는 시스템 캐시의 위치를 가리킨다. 배열의 해당 엔트리가 0인 경우 캐시 관리자는 요청된 뷰를 매핑하고자 시스템 캐시에서 비어 있는 슬롯을 찾아야 한다. 물론 이 경우 프리 VACB도 찾아야 한다.

크기 최적화를 위해 공유 캐시 맵은 4개의 배열 엔트리를 갖는 1개의 VACB 인덱스 배열을 가진다. 각 VACB는 256KB에 해당하므로 이런 크기 고정의 작은 인덱스 배열은 최대 1MB 크기의 파일을 나타낼 수 있는 VACB 배열 엔트리들을 가리킬 수 있다. 파일이 1MB보다 큰 경우 별도의 VACB 인덱스 배열이 넌페이지 풀로부터 할당된다. 할당은 파일의 크기를 256KB로 나눈 값을 근간으로 하며, 나머지는 올림 적용한다. 그리고 공유 캐시 맵이 이 별도의 데이터 구조체를 가리키게 된다.

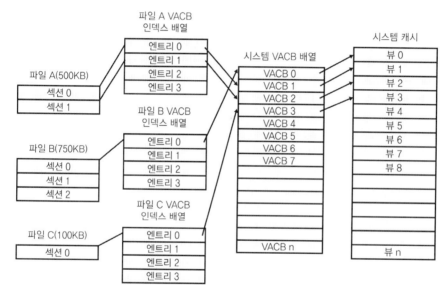

그림 11-9 VACB 인덱스 배열

추가적인 최적화의 일환으로 파일 크기가 32MB 이상인 경우 넌페이지드 풀로부터 할당된 VACB 인덱스 배열은 스파스sparse 다중 레벨 인덱스 배열이 되며, 이때 각 인덱스 배열은 128개의 엔트리를 갖는다. 다음과 같은 식을 이용하면 파일에 필요한 배열의 계층 수를 쉽게 계산할 수 있다.

(파일 크기를 표현하는 데 필요한 비트 수 - 18) / 7

결괏값을 다음 정수로 올림해 계산한다. 식에서 사용된 값 18은 하나의 VACB가 256KB를 나타내고 256KB는 2의 18인 것에 따르며, 7은 배열의 각 계층이 128개의 엔트리를 갖고 128은 2의 7승이라는 사실에서 기인한다. 따라서 63비트(캐시 관리자가 지원하는 최대 크기)로 표현할 수 있는 최대 크기의 파일은 7개 계층을 필요로 한다. 배열은 스파스 형태를 띠게 되는데, 캐시 관리자가 브랜치[branch]는 최저 수준의 인덱스 배열에 존재하는 활성 뷰가 있는 경우에만 할당하기 때문이다. 그림 11-10은 3개의 계층으로 충분한 스파스 파일에 대한 다중 계층 VACB 배열의 예다.

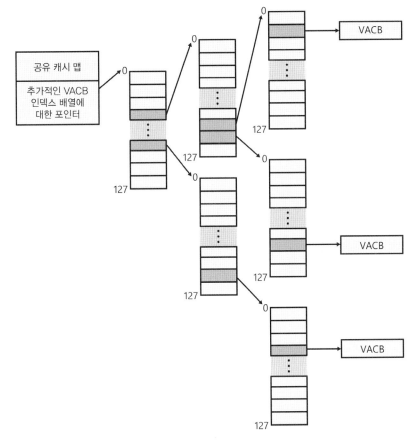

그림 11-10 다중 레벨 VCAB 배열

이 방식은 파일의 현재 매핑된 보기를 처리하기에 충분한 배열만 할당되기 때문에 파일 크기가 매우 크지만 유효한 데이터의 일부만 있을 수 있는 스파스 파일을 효율적으로 처리하는 데 필요하다. 예를 들면 캐시의 가상 주소 공간에 256KB만

매핑된 32GB 스파스 파일은 다음과 같은 이유로 3개의 인덱스 배열이 할당된 VACB 배열이 필요하다. 배열의 한 분기에만 매핑이 있고 32GB 파일에는 3레벨 배열이 필요하기 때문이다. 캐시 관리자가 이 파일에 대해 다단계 VACB 인덱스 배열 최적화를 사용하지 않았다면 128,000개의 항목이 있는 VACB 인덱스 배열, 즉 1,000개의 VACB 인덱스 배열을 할당해야 된다.

파일 시스템 인터페이스

파일에 대한 최초의 캐시 읽기 작업이나 쓰기 작업이 발생하면 파일 시스템 드라이버는 파일의 일부분이 시스템 캐시에 매핑돼 있는지를 결정하는 역할을 수행한다. 매핑돼 있지 않다면 파일 시스템 드라이버는 CcInitializeCacheMap 함수를 호출해 파일당 데이터 구조를 설정해야 하며, 이는 앞 절에서 살펴봤다.

일단 파일의 캐시 액세스를 위한 설정이 이뤄지면 파일 시스템 드라이버는 파일 내의 데이터에 접근하기 위한 여러 함수 중 하나를 호출한다. 캐시된 데이터에 액세스하는 3가지 주요 방법이 있으며, 각 방식은 저마다 특정 상황에 맞게끔 의도된 것이다.

- 복사 함수는 시스템 공간의 캐시 버퍼와 유저 공간의 프로세스 버퍼 사이에서 유저 데이터를 복사한다.
- 매핑 및 고정 함수는 캐시 버퍼에 직접 데이터를 읽고 쓰는 데 가상 주소를 사용한다.
- 물리 메모리 액세스 함수는 캐시 버퍼에 직접 데이터를 읽고 쓰는 데 물리 주소를 사용한다.

메모리 관리자가 페이지 폴트를 처리할 때 무한 루프에 빠지는 것을 방지하고자 파일 시스템 드라이버는 반드시 2가지 버전(캐시와 넌캐시 방식)의 파일 읽기 작업을 지원해야 한다. 메모리 관리자가 페이지 폴트를 해결하고자 파일 시스템을 호출하고 해당 파일에서 데이터를 가져올 때 (물론 드라이버를 통해) 반드시 "no cache'와 'paging IO' 플래그를 IRP에 설정해 페이지 읽기 작업임을 명시해야 한다.

그림 11-11은 유저 파일 읽기/쓰기 I/O에 대한 캐시 관리자와 메모리 관리자, 파일 시스템 드라이버 간의 일반적인 상호작용을 나타낸다. 캐시 관리자는 파일 시스템에 의해 호출되며, 이때 복사 인터페이스인 CcCopyRead와 CcCopyWrite 경로가 이용된다. 예를 들어 CcFastCopyRead나 CcCopyRead 읽기 작업을 처리하려면 캐시 관리자는 읽는 대상 파일의 일부분을 매핑하고자 캐시에 뷰를 생성하고 이 뷰로부터 복사를 통해 파일 데이터를 유저 버퍼로 읽어들인다. 이 복사 작업은 뷰에 있는 이전의 유효하지 않는 페이지에 접근할 때 페이지 폴트를 일으키며, 이에 대해 메모리 관리자는 폴트가 일어난 페이지에 매핑된 파일 부분에 해당하는 데이터를 구하고자 파일 시스템 드라이버로 넌캐시 I/O를 구동한다.

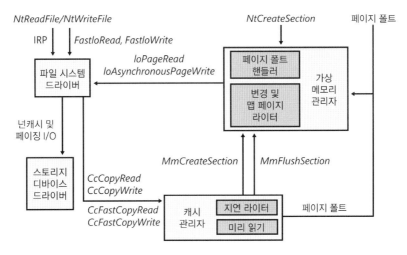

그림 11-11 캐시 및 메모리 관리자와 파일 시스템의 상호작용

다음의 3개의 절에서 이와 같은 캐시 액세스 메커니즘과 목적, 사용법 등을 설명한다.

캐시로 복사/캐시로부터의 복사

시스템 캐시는 시스템 공간에 있으므로 모든 프로세스의 주소 공간에 매핑된다. 그러나 모든 시스템 공간 페이지와 마찬가지로 캐시 페이지는 잠재적인 보안 홀이 될 수 있기 때문에 유저 모드에서 접근할 수 없다(예를 들어 프로세스가 시스템 캐시 일부에 현재 포함된 파일의 데이터를 읽을 권한이 없을 수 있다). 따라서 유저 애플리케이션에서 캐시된 파일을 읽고 쓰는 작업은 커널 모드 루틴에 의해 처리돼야 하며 이는 시스템 공간의 캐시 버퍼와 프로세스 주소 공간에 있는 애플리케이션 버퍼 간에 데이터를 복사한다.

매핑 및 고정 인터페이스를 통한 캐싱

유저 애플리케이션이 디스크의 파일을 읽고 쓰는 것처럼 파일 시스템 드라이버는 해당 파일 자체를 기술하는 데이터를 (메타데이터나 볼륨 구조 데이터) 읽거나 쓸 필요가 있다. 하지만 파일 시스템 드라이버는 커널 모드에서 동작하기 때문에 캐시 관리자로 적절하게 제공받으면 시스템 캐시의 데이터를 직접 수정할 수 있다. 이 최적화를 허용하고자 캐시 관리자는 파일 시스템 드라이버가 가상 메모리의 어디에 파일 시스템 메타데이터가 있는지 찾을 수 있게 하는 함수를 제공해 중간 버퍼 없이 직접 수정이 가능하다.

파일 시스템 드라이버는 캐시에 있는 파일 시스템 메타데이터를 읽어야 하는 경우 캐시 관리자의 매핑 인터페이스를 호출해 원하는 데이터의 가상 주소를 얻는다. 캐시 관리자는 요청된 모든 페이지를 메모리로 가져오고 파일 시스템에 제어를 넘긴다. 파일 시스템 드라이버는 이제 데이터에 직접 액세스할 수 있다.

파일 시스템 드라이버가 캐시 페이지를 수정해야 하는 경우 캐시 관리자의 고정 서비스를 호출해 페이지를 가상 메모리에서 활성화해 재수집되지 않게 한다. 이 페이지는 실제로 메모리에 잠기지 않는다(예를 들어 디바이스 드라이버가 직접 메모리 접근 전송을 위해 페이지를 잠그는 경우). 대부분의 경우 파일 시스템 드라이버는 메타데이터 스트림을 쓰지 않도록 표시하며(즉, 명시적으로 기록되지 않게 함) 메모리 관리자의 매핑된 페이지 라이터가 (Vol.1의 5장에서 설명함) 디스크에 페이지를 기록하지 않게 설정한다. 파일 시스템 드라이버가 이러한 페이지를 해제하면 캐시 관리자는 변경 사항을 지연해 디스크에 플러시하고 메타데이터가 차지한 캐시 뷰를 해제할 수 있도록 리소스를 해제한다.

매핑 및 고정 인터페이스는 파일 시스템 구현에서의 골치 아픈 문제인 버퍼 관리를 해결해준다. 캐시된 메타데이터에 대한 직접 조작이 불가능하다면 파일 시스템은 볼륨 구조를 갱신할 때 필요한 최대 버퍼 수를 예측해야 한다. 파일 시스템이 직접 캐시에 있는 자신의 메타데이터에 액세스하고 갱신하는 것을 허용함으로써 캐시 관리자는 버퍼의 필요성을 없애고 메모리 관리자가 제공하는 가상 메모리 내의 볼륨 구조를 갱신하면 된다. 파일 시스템이 직면하는 유일한 제약 사항은 사용 가능한 메모리의 양이다.

직접 메모리 액세스 인터페이스를 이용한 캐싱

매핑 및 고정 인터페이스와 더불어 캐시에 있는 메타데이터에 직접 액세스하고자 캐시 관리자가 제공하는 세 번째 인터페이스는 직접 메모리 액세스다. 네트워크 파일 시스템이 네트워크상에서 데이터를 전송하는 경우와 달리 DMA 기능은 버퍼의 개입이 없이 캐시 페이지에서 데이터를 쓰거나 읽어오는 데 사용한다.

DMA 인터페이스는 캐시된 유저 데이터의 물리 주소(매핑 및 고정 인터페이스가 반환하는 가상 주소가 아니다)를 파일 시스템으로 반환한다. 이들 물리 주소는 데이터를 물리 메모리에서 네트워크 장치로 직접 전송하는 데 사용할 수 있다. 작은 양의 데이터(1KB ~ 2KB)인 경우에도 일반적인 버퍼에 기반을 둔 복사 인터페이스들을 사용할 수 있지만 많은 양의 데이터 전송을 위해서는 DMA 인터페이스를 사용할 경우 엄청난 성능 향상을 기대할 수 있다. 원격 시스템에서 파일 처리 요청에 대한 네트워크 서버 작업 등의 경우가 이에 해당된다. 물리 메모리 참조를 기술하고자 메모리 디스크립터 리스트가 사용된다(MDL은 Vol.1의 5장에서 소개했다).

패스트 I/O

캐시된 파일에 대한 읽기나 쓰기 작업은 가능한 한 패스트 I/O로 불리는 고속 메커니즘에 의해 이뤄진다. 패스트 I/O는 IRP의 생성 없이 캐시된 파일을 읽기나 쓰기 작업을 수행하는 방법이다. 패스트 I/O로 I/O 관리자는 파일 시스템 드라이버의 패스트I/O 루틴을 호출해 입출력 작업이 IRP생성 없이 직접 캐시 관리자로부터 가능한지 여부를 확인한다.

캐시 관리자는 가상 메모리 서브시스템의 최상위에 위치하기 때문에 파일 시스템 드라이버는 캐시 관리자를 이용해 IRP 생성 시 발생하는 오버헤드 없이 참조되고 있는 실제 파일에 매핑된 페이지에서 복사함으로써 파일 데이터에 손쉽게 액세스할 수 있다.

패스트 I/O가 항상 일어나는 것은 아니다. 예를 들어 어떤 파일에 대해 발생되는 최초의 읽기나 쓰기는 캐시를 위한 설정 작업을 필요로 한다(파일을 캐시에 매핑하고 캐시 데이터 구조체를 설정한다). 또한 호출 측이 비동기 읽기나 쓰기를 설정했다면 패스트 I/O는 사용되지 않는다. 이는 시스템 캐시로부터의 버퍼 복사 작업으로 인한 페이징 I/O 작업 동안 호출자가 멈출 수 있으며, 그로 인해 비동기 I/O가 정상적으로 이뤄질 수 없기 때문이다. 심지어 동기 I/O에서도 파일 시스템 드라이버는 패스트 I/O 메커니즘을 사용해 I/O 작업을 처리할 수 없다고 결론 내릴 수 있다. 이에 대한 예로 요청된 파일이 락된 영역을 갖는 경우를 들 수 있다(윈도우 LockFile과 UnlockFile 함수의 호출로 인해). 캐시 관리자는 어느 파일의 어떤 영역이 락돼 있는지 알지 못하기 때문에 파일 시스템 드라이버는 읽기나 쓰기 작업에 대한 유효성을 반드시 확인해야 하는데, 이 과정은 IRP의 생성을 필요로 한다. 그림 11-12는 패스트 I/O의 사용 여부를 판단 트리로 보여준다.

다음은 패스트 I/O로 읽기나 쓰기를 제공하는 데 관여되는 단계들이다.

1. 한 스레드가 읽기나 쓰기 작업을 수행한다.
2. 해당 파일이 캐시돼 있으며 동기식 I/O라면 요청은 파일 시스템 드라이버의 패스트 I/O 진입점으로 전달된다. 파일이 캐시되지 않는다면 파일 시스템 드라이버는 파일에 대한 캐시 설정 작업을 수행하고, 따라서 이후에 요청되는 읽기/쓰기 요청들은 패스트 I/O로 이뤄질 수 있다.
3. 파일 시스템 드라이버의 패스트 I/O 루틴이 패스트 I/O가 가능하다고 판단한 경우 파일 시스템 드라이버는 캐시 관리자의 읽기/쓰기 루틴을 호출해 캐시에 있는 파일 데이터에 직접 액세스한다(패스트 I/O가 불가능한 경우 파일 시스템 드라이버는 I/O 시스템으로 복귀하고, I/O 시스템은 I/O를 위한 IRP를 생성해 파일 시스템의 일반적인 읽기 루틴을 호출한다).
4. 캐시 관리자는 제공된 파일 오프셋을 캐시의 가상 주소로 변환한다.
5. 읽기 작업의 경우 캐시 관리자는 데이터를 캐시에서 요청한 프로세스의 버퍼로 복사한다. 쓰기 작업의 경우는 그 반대다.

6. 다음 중 하나의 동작이 발생한다.

- FO_RANDOM_ACCESS 플래그가 지정되지 않은 파일에 대해서도 읽기 전에 데이터를 미리 읽어 들일 수 있다. 이때 호출자의 전용 캐시 맵에 읽기 전에 데이터를 미리 읽어 들일 정보가 업데이트된다.
- 쓰기의 경우 캐시 내의 변경된 모든 페이지에 대한 더티 비트가 설정돼 지연 라이터가 디스크로 이들 페이지를 플러시할 수 있게 알려준다.
- 즉시 쓰기 파일의 경우 모든 변경 사항은 디스크로 플러시된다.

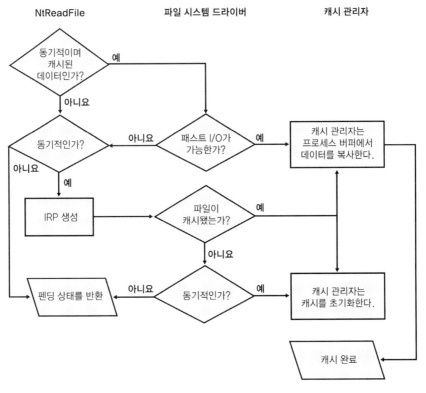

그림 11-12 패스트 I/O 판단 트리

미리 읽기와 나중 쓰기

이번 절에서는 캐시 관리자가 파일 시스템 드라이버를 대신해 파일을 읽고 쓰는 방법을 알아본다. 기억해야 할 것은 캐시 관리자가 파일 I/O에 관여하는 경우는 파일 열기에 FILE_FLAG_NO_BUFFERING 플래그가 사용되지 않고 윈도우 I/O 함수 (ReadFile과 WriteFile 함수)를 사용해 파일을 읽거나 쓰는 경우다. 매핑된 파일은 캐시 관리자를 통하지 않으며 FILE_FLAG_NO_BUFFERING 플래그가 적용돼 열린 파일도 캐시 관리자를 통하지 않는다.

> 애플리케이션이 FILE_FLAG_NO_BUFFERING 플래그를 사용해 파일을 오픈할 때 이 파일의 I/O는 장치에 정렬된 오프셋에서 시작돼야 하며, 정렬 크기의 배수 크기를 갖는 I/O여야 한다. 또한 I/O의 입출력 버퍼도 정렬 크기의 배수여야 한다. 파일 시스템의 경우 이 크기는 일반적으로 섹터 크기와 일치한다(NTFS에서는 4096바이트, CDFS에서는 2048바이트). 실질적인 캐싱 성능은 별개로 하더라도 캐시 관리자의 한 가지 이점은, 캐시 관리자는 임의의 정렬과 크기를 갖는 I/O를 허용하고자 임시 버퍼링을 수행한다는 점이다.

지능형 미리 읽기

캐시 관리자는 지역성의 원칙을 사용해 지능형 미리 읽기를 수행하는데, 호출 프로세스가 현재 읽고 있는 데이터에 기반을 두고 다음에 읽을 것 같은 데이터를 미리 예측함으로써 가능하다. 시스템 캐시는 특정 파일에 대해 연속적인 가상 주소에 기반을 두므로 주소들이 물리 메모리에 나란히 있는 것은 중요치 않다. 논리 블록 캐싱을 위한 파일 미리 읽기는 좀 더 복잡하고 블록 캐시와 파일 시스템 드라이버 간의 긴밀한 연동이 요구되는데, 캐시 시스템이 디스크상에서 액세스 데이터의 상대적인 위치에 기반을 두고 또한 파일이 디스크상에 연속적으로 저장돼 있을 필요가 없기 때문이다. 캐시를 사용해 미리 읽기 작업을 검사할 수 있다. 즉, 미리 읽기/초 성능 카운터나 CcReadAheadIos 시스템 변수를 이용해 미리 읽기 동작을 확인할 수 있다.

순차적으로 액세스되는 파일의 다음 블록을 읽는 방법은 헤드 탐색을 할 수도 있는 단점이 있지만 분명 성능 향상을 가져온다. 순방향이나 역방향으로의 불규칙한 데이터 액세스의 경우로 미리 읽기의 이점을 확대하고자 캐시 관리자는 최근 2번의 읽기 요청을 액세스되는 파일 핸들 전용 캐시 맵에 보관하는 방법을 사용하며, 이 방법은 '히스토리를 사용한 비동기 미리 읽기'라 한다. 호출자의 임의적인 읽기 요청에서 하나의 패턴이 결정될 수 있다면 캐시 관리자는 이 패턴을 통해 이후를 예측한다. 예를 들어 호출자가 페이지 4,000을 읽고 나서 3,000을 읽는다면 캐시 관리자는 다음 요청이 2,000일 것임을 가정하고 페이지 2,000을 미리 읽는다.

호출자는 이런 예측 가능한 순서를 결정하기 위해 최소 3회의 읽기 작업이 선행돼야 하지만 단 2개만 전용 캐시 맵에 저장된다.

미리 읽기를 더욱 효과적으로 하고자 Win32 **CreateFile** 함수는 순방향 순차 파일 액세스를 의미하는 플래그인 **FILE_FLAG_SEQUENTIAL_SCAN**을 제공한다. 이 플래그가 설정되면 캐시 관리자는 예측을 위해 호출자에 대한 읽기 히스토리 관리를 하지 않고 순차적 미리 읽기를 수행한다. 그러나 파일이 캐시의 작업 집합으로 읽혀짐에 따라 캐시 관리자는 해당 파일의 비활성 뷰를 해제하고 이들이 변경되지 않은 경우 메모리 관리자로 하여금 해제된 뷰에 속해 있는 페이지들을 대기 리스트의 앞쪽에 배치해 재사용에 유리하게 한다. 또한 2배의 데이터를 미리 읽는 다(예를 들어 1MB를 읽는 대신 2MB를 읽는다). 호출자가 계속해서 읽기를 진행할 때 캐시 관리자는 호출자의 현재 읽기 크기만큼 미리 읽기를 수행하면서 추가적인 데이터 블록을 미리 읽는다. 이때 항상 호출자의 읽기 크기의 약 1배 정도 미리 읽기를 수행한다.

캐시 관리자의 미리 읽기는 호출자의 스레드와 별개로 동작하는 스레드에서 수행되며 호출자의 실행과 동시에 수행되므로 비동기 방식이다. 캐시된 데이터 추출이 요청되면 캐시 관리자는 먼저 요청을 만족시키고자 요청된 가상 페이지에 먼저 액세스하고, 그 후에 추가적인 데이터를 구하고자 별도의 I/O 요청을 시스템 작업자 스레드에 큐잉 한다. 이 작업자 스레드는 백그라운드에서 호출자의 다음 읽기 작업으로 예측되는 데이터를 읽는다. 미리 읽힌 페이지는 폴트 과정을 통해 프로그램이 실행되는 중 메모리로 존재하게 돼 호출자가 해당 데이터를 요청할 시점에는 이미 메모리에 해당 데이터가 있게 된다.

읽기 패턴을 예측할 수 없는 애플리케이션의 경우 CreateFile 함수에 **FILE_FLAG_RNADOM_ACCESS** 플래그를 사용할 수 있다. 이 플래그는 캐시 관리자로 하여금 애플리케이션이 미리 읽을 영역을 예측하지 않게 한다. 따라서 미리 읽기 기능을 사용하지 않는다. 또한 이 플래그는 캐시 관리자로 하여금 적극적으로 파일의 뷰들을 매핑 해제하는 행위를 멈추게 해서 애플리케이션이 파일 영역에 재액세스할 때 매핑과 언매핑 동작의 발생을 최소화한다.

미리 읽기 기능 향상

윈도우 8.1에서 캐시 관리자의 미리 읽기 기능에 몇 가지 향상된 기능이 도입됐다. 파일 시스템 드라이버와 네트워크 리다이렉터는 **CcSetReadAheadGranularityEx** API 함수를 사용해 지능형 미리 읽기 크기와 확장을 판단할 수 있다. 캐시 관리자 클라이언트는 다음 사실을 알 수 있다.

- **미리 읽기 단위**: 최소 미리 읽기 단위 크기와 다음 미리 읽기 종료 파일의 오프셋을 설정한다. 캐시 관리자는 기본 단위 4KB(메모리 페이지 크기)로 설정하지만 모든 파일 시스템은 이 값을 다른 방식으로 설정한다(예를 들어 NTFS는 캐시 단위를 64KB로 설정).

  그림 11-13은 캐시 단위 64KB로 설정된 200KB 크기의 파일 미리 읽기 예를 보여준다. 유저가 오프셋 **0x10800**에서 정렬되지 않은 1KB 읽기를 요청하고 순차 읽기로 이미 감지된 경우 지능형 미리 읽기는 오프셋 **0x10000**에서 **0x20000**까지의 64KB 데이터가 포함된 I/O를 발생시킨다. 이미 3개 이상의 순차 읽기의 경우 캐시 관리자는 오프셋 **0x20000**에서 오프셋 **0x30000** (192KB)까지 다른 추가 읽기를 진행한다.

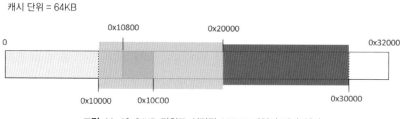

그림 11-13 64KB 단위로 설정된 200KB 파일의 미리 읽기

- **파이프라인 크기**: 일부 원격 파일 시스템 드라이버에서는 큰 미리 읽기 I/O를 작은 청크로 분할하는데, 캐시 관리자의 작업자 스레드로 병행해 처리

한다. 네트워크 파일 시스템은 이 기술을 사용해 좀 더 나은 처리량을 실현할 수 있다.

- **공격적 미리 읽기:** 파일 시스템 드라이버는 3번째 순차 읽기 감지 후 미리 읽기 크기를 늘리는 방법을 결정하고자 캐시 관리자가 사용하는 백분율을 지정한다. 예를 들면 애플리케이션이 1MB의 I/O 크기를 사용해 큰 파일을 읽을 때 10번째 읽기 후 애플리케이션은 이미 10MB를 읽는다(캐시 관리자가 이미 그중 일부를 프리 패치했을 수 있음). 지능형 미리 읽기는 미리 읽기 I/O 크기를 얼마나 크게 하는지에 따라 결정된다. 파일 시스템이 60% 증가를 지정하는 경우 사용되는 공식은 다음과 같다.

    (순차 읽기 수 × 마지막 읽기 크기) × (증가율 / 100)

    즉, 다음 미리 읽기 크기가 6MB임을 의미한다(단위가 64KB이고 I/O 크기가 1MB라고 가정하면 2MB가 아니다). 캐시 관리자 클라이언트가 변경하지 않은 경우 기본 증가율은 50%이다.

재기록 캐싱과 지연 라이터

캐시 관리자는 지연 라이터로 재기록 캐시를 구현한다. 이는 파일에 써진 데이터가 캐시 페이지들의 메모리 내에 먼저 저장되고 디스크에는 그 후에 쓰는 방식이다. 따라서 쓰기 작업이 짧은 시간 동안 누적되고 모아진 작업들이 한 번에 디스크에 플러시돼 결과적으로 디스크 I/O 작업 횟수를 줄인다.

캐시 관리자는 캐시 페이지를 플러시하고자 명시적으로 메모리 관리자를 호출해야 한다. 그렇지 않으면 메모리 관리자는 휘발성 데이터에 적합하게 물리적 메모리 수요가 공급을 초과할 때에만 메모리 내용을 디스크에 기록한다. 그러나 캐시된 파일 데이터는 비휘발성 디스크 데이터를 나타낸다. 따라서 프로세스가 캐시된 데이터를 수정하면 유저는 시간이 지난 후 디스크의 내용이 반영될 것으로 기대한다는 의미다.

또한 캐시 관리자는 메모리 관리자의 맵 라이터 스레드를 정지시킬 수 있다. 변경 리스트(더 자세한 정보는 Vol.1의 5장을 참고하자)는 논리 블록 주소^{LBA} 순서로 정렬돼 있지 않기 때문에 캐시 관리자가 디스크에 대한 크고 연속적인 I/O의 페이지를 모으는 시도는 항상 성공이지 않거나 반복적으로 검색하게 만든다. 이러한 영향을 극복하고자 캐시 관리자는 적극적으로 맵 라이터 스레드를 멈추게 하고 가상 바이트 오프셋^{VBO, Virtual Byte Offset} 순서(디스크에서 LBA 순서와 가장 가까움)로 쓰게 만들 수 있다. 캐시 관리자가 이런 쓰기 행위를 소유함으로써 미리 읽기와 이면 쓰기를 사용하고 시스템에 영향을 덜 줄 수 있는 스케줄링과 조절 알고리듬 적용이 가능해졌다.

캐시를 얼마나 자주 플러시할 것인가를 결정하는 것은 매우 중요하다. 캐시가 지나치게 자주 플러시된다면 시스템 성능은 불필요한 I/O로 인해 저하될 것이다. 반대의 경우 시스템이 실패하면 변경된 데이터 손실이 발생할 우려가 있으며(특히 유저가 애플리케이션으로 하여금 변경 데이터를 저장하고자 요청했음에도 불구하고 이런 손실이 발생한다면 유저를 성가시게 만든다) 변경된 페이지들에 의한 메모리 잠식으로 물리 메모리를 소진시킬 위험이 있다.

이런 두 방식 간의 균형을 맞추고자 캐시 관리자의 지연 라이터가 시스템 작업자 스레드에서 초당 1회 실행되며 지연 라이터 스캔에는 여러 역할이 있다.

이러한 문제의 균형을 맞추고자 캐시 관리자의 지연 라이터 스캔 기능은 시스템 작업자 스레드에서 초당 한 번씩 실행된다. 지연 라이터 스캔에는 여러 역할이 있다.

- 현재 파티션에 속한 사용 가능한 페이지와 더티 페이지(수정된 페이지)의 평균 개수를 확인하고 더티 페이지 임곗값의 하한과 상한을 업데이트한다. 이때 이전 주기에서 기록된 더티 페이지의 총 개수를 기반으로 임곗값 자체도 업데이트된다(자세한 내용은 다음 절 참고). 더 이상 기록할 더티 페이지가 없으면 대기 상태에 들어간다.
- CcCalculatePagesToWrite 내부 루틴을 통해 디스크에 쓰는 더티 페이지 수를 계산한다. 더티 페이지 수가 256개(1MB 데이터)를 초과하는 경우 캐시 관리자는 전체 더티 페이지 중 1/8을 디스크로 플러시하도록 대기열에 넣는다. 더티 페이지의 증가율이 지연 라이터가 결정하는 써야 할 양보다 큰 경우 지연 라이터는 더티 페이지의 증가율에 맞춰 필요한 만큼의 더티 페이지를 추가로 디스크에 쓴다.
- 각 공유 캐시 맵(현재 파티션에 속한 링크 목록에 저장됨) 사이를 순환하고 내부

872

CcShouldLazyWriteCacheMap 루틴을 사용해 공유 캐시 맵에 설명된 현재 파일을 디스크로 플러시할지 결정한다. 파일을 디스크로 플러시하지 않는 몇 가지 이유가 있다. 예를 들면 I/O가 다른 스레드에 의해 이미 초기화됐거나, 파일이 임시 파일이거나, 더 간단하게 캐시 맵에 더티 페이지가 없는 경우다. 루틴에서 파일을 플러시해야 한다고 결정한 경우 지연 라이터 스캔은 쓰기 가능한 페이지가 아직 충분한지 검사하고, 있다면 캐시 관리자 시스템 작업자 스레드에 작업 항목을 작성한다.

> 지연 라이터 스캔은 특정 공유 캐시 맵이 쓰고자 매핑한 더티 페이지 수를 결정하는 동안 몇 가지 예외를 사용한다(파일의 모든 더티 페이지를 항상 쓰는 것은 아님). 대상 파일이 256KB 이상의 더티 페이지가 있는 메타데이터 스트림인 경우 캐시 관리자는 전체 페이지의 1/8만 작성한다. 다른 예외는 지연 라이터 스캔이 플러시할 수 있는 총 페이지 수보다 더티 페이지가 많은 파일에서 사용된다.

물리 I/O 작업을 수행하는 것은 시스템 전역적인 크리티컬 작업자 스레드 풀의 지연 라이터 시스템 작업자 스레드다. 또한 지연 라이터는 메모리 관리자의 맵 페이지 라이터가 언제 플러시를 수행했는지 알고 있다. 이런 경우 지연 라이터는 재기록 기능을 연기해 동일한 파일에 2번의 플러시가 수행되지 않게 한다.

> 캐시 관리자는 파일 시스템 드라이버가 언제 어떤 양의 데이터가 파일에 기록됐는지 추적할 수 있는 수단을 제공한다. 지연 라이터가 수정한 페이지를 디스크에 플러시한 후 캐시 관리자는 파일 시스템에 알림을 보내 파일의 유효한 데이터 길이를 업데이트하도록 요청한다(캐시 관리자와 파일 시스템은 각각 파일의 유효한 데이터 길이를 메모리에서 별도로 추적한다).

실습: 캐시 관리자의 활동을 살펴보기

이번 실습에서는 프로세스 모니터를 사용해 윈도우 익스플로러가 큰 파일을 한 디렉터리에서 다른 디렉터리로 복사할 때 캐시 관리자의 (여기서는 DVD 이미지)
미리 읽기와 나중 쓰기 기능을 포함한 파일 시스템의 동작을 살펴본다.

먼저 Process Explorer의 필터에 원본과 대상 파일의 경로를 각각 Explorer.

exe와 시스템 프로세스를 포함하게 설정하고 **ReadFile**과 **WriteFile** 동작을 포함한다. 이 예제에서는 C:\Users\Andrea\Documents\Windows_10_RS3.iso 파일을 C:\ISOs\ Windows_10_RS3.iso 파일로 복사하게끔 다음과 같이 필터가 설정됐다.

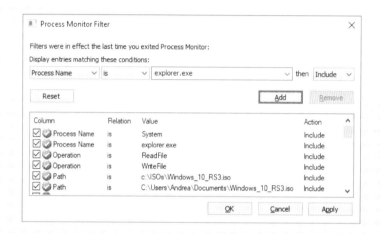

파일을 복사하면 프로세스 모니터가 다음과 같이 추적하는 것을 볼 수 있다.

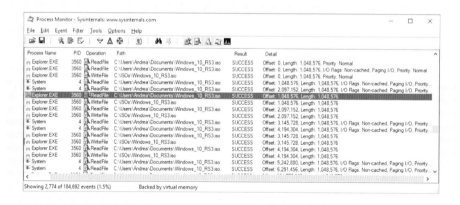

처음 몇 항목은 복사 엔진에 의한 초기 I/O 처리와 캐시 관리자의 최초 동작들이 수행되는 것을 보여준다. 추적 결과에서 확인할 수 있는 사항들은 다음과 같다.

- 첫 항목은 익스플로러에서 처음 캐시된 1MB의 읽기다. 이 읽기의 크기는 파일 크기에 기반을 두고 내부 계산에 좌우되며, 128KB에서 1MB까지 다양하다. 이 파일은 매우 크기 때문에 복사 엔진은 1MB를 선택했다.

- 1MB 읽기 다음에 1MB 넌캐시 읽기가 이뤄진다. 넌캐시 읽기는 일반적으로 페이지 폴트나 캐시 관리자 액세스로 인한 행위를 나타낸다. 이들 이벤트에 대한 스택 추적을 유심히 살펴보면(항목을 더블클릭하고 스택 탭을 선택하면 된다) **CcCopyRead** 캐시 관리자 루틴이 (NTFS 드라이버의 읽기 루틴이 호출한다) 물리 메모리 관리자로 하여금 소스 데이터를 물리 메모리로 읽어 들이게 한다.

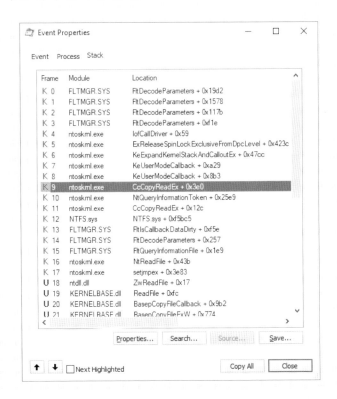

- 이 1MB 페이지 폴트 I/O 이후에 캐시 관리자의 미리 읽기 메커니즘은 파일 읽기를 시작한다. 이 동작은 1MB 오프셋에서 시스템 프

로세스의 넌캐시 1MB 읽기를 포함한다. 파일 크기와 익스플로러의 읽기 I/O 크기로 인해 캐시 관리자는 최적의 미리 읽기 크기로 1MB를 선택했다. 다음에 표시된 스택 추적은 캐시 관리자의 작업자 스레드 중 하나가 미리 읽기를 수행하고 있음을 보여준다.

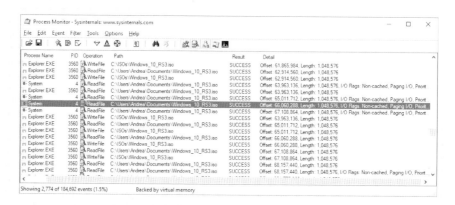

이 시점 이후에 익스플로러의 1MB 읽기는 페이지 폴트를 수반하지 않는데, 미리 읽기 스레드가 익스플로러에 앞서 동작해 1MB 넌캐시 읽기로 파일 데이터를 미리 가져왔기 때문이다. 그러나 가끔 미리 읽기 스레드가 제때 충분한 데이터를 가져오지 못해 연속된 페이지 폴트가 발생한다. 이는 동기 페이지 I/O로 나타난다.

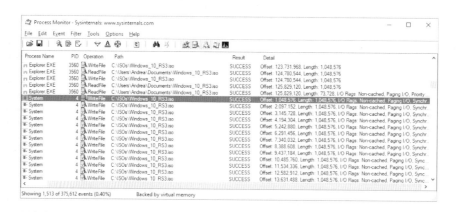

다음 항목에서 스택을 보게 되면 MmPrefetchForCacheManager 대신 MmAccessFault/MiIssueHardFault 루틴이 호출되는 것을 볼 수 있다.

읽기 시작하자마자 익스플로러는 대상 파일로 쓰기 작업을 시작한다. 이들 작업은 순차적이며 캐시 1MB 쓰기다. 다음 그림에서 보듯이 124MB를 읽은 후에 첫 번째 `WriteFile` 동작이 시스템 프로세스에서 일어난다.

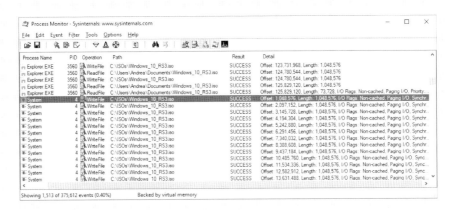

쓰기 동작의 스택 추적은 메모리 관리자의 맵 페이지 라이터 스레드가 실제로 쓰기를 처리했음을 보여준다. 이는 처음 몇 MB의 데이터에 대해 캐시 관리자는 나중 쓰기 작업을 시작도 하지 않았고, 따라서 메모리 관리자의 맵 페이지 라이터는 변경된 대상 파일 데이터를 플러시하는 것을 시작했기 때문이다(맵 페이지 라이터는 10장을 참고한다).

캐시 관리자에 대한 좀 더 명확한 이해를 돕고자 다음 그림처럼 프로세스 모니터의 필터에서 익스플로러를 제거해 시스템 프로세스의 동작만을 살펴보자.

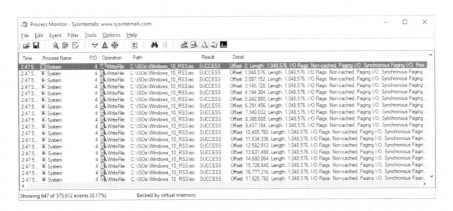

이 그림은 캐시 관리자의 1MB면 쓰기 동작을 좀 더 쉽게 살펴볼 수 있다(윈도우 클라이언트 버전에서 최대 쓰기 크기는 1MB며, 서버 버전에서는 32MB다. 이 실습은 클라이언트 시스템에서 이뤄졌다). 다음 그림처럼 나중 쓰기 동작에 대한 한 스택 추적은 캐시 관리자의 작업자 스레드가 나중 쓰기를 수행함을 확인시켜준다.

추가적인 실습으로 다양한 크기의 파일을 복사하는 원격 복사(한 윈도우 시스템에서 다른 시스템으로)로 이 과정을 반복해보자. 수신과 송신 양쪽 모두에서 복사 엔진과 캐시 관리자에 의한 몇 가지 상이한 동작을 확인할 것이다.

파일에 대한 지연 라이터 비활성화

윈도우 CreateFile 함수를 FILE_ATTIRBUTE_TEMPORARY 플래그와 함께 사용해 임시 파일을 생성하는 경우 지연 라이터는 물리 메모리의 부족하거나 명시적인 파일 플러시가 이뤄지지 않는 한 더티 페이지를 디스크에 쓰지 않는다. 이런 특징은 시스템 성능 향상에 기여한다. 즉, 지연 라이터는 궁극적으로 버려질 수도 있는 데이터를 즉시 디스크에 쓰는 작업을 수행하지 않는다. 애플리케이션은 임시 파일을 사용하는 경우 사용이 완료되면 파일을 닫은 다음 바로 삭제하는 것이 일반적이다.

캐시로 하여금 디스크에 즉시 쓰기 강제하기

일부 애플리케이션은 파일을 디스크에 쓰고서 그 갱신이 바로 디스크에 반영돼야 하는 조건을 충족해야 하기 때문에 캐시 관리자는 즉시 쓰기 캐싱을 파일 객체 기반으로 지원한다. 변경 사항은 발생 즉시 디스크에 적용된다. 즉시 쓰기 기능을 사용하게 설정하려면 CreateFile 함수에 FILE_FLAG_WRITE_THROUGH 플래그를 설정한다. 대안으로 스레드를 이용해 열려 있는 파일에 대해 필요한 시점에 윈도우 FlushFileBuffers 함수로 오픈 파일을 명시적으로 플러시시키면 된다.

맵 파일 플러시하기

지연 라이터가 특정 뷰의 데이터를 디스크로 갱신하려 할 때 해당 뷰가 다른 프로세스의 주소 공간에 매핑돼 있다면 상황은 좀 더 복잡해진다. 캐시 관리자는 자신이 변경한 페이지에 대해서만 알고 있기 때문이다(다른 프로세스에 의해 변경된 페이지들은 변경을 가한 프로세스만이 알고 있는데, 이는 해당 페이지의 페이지 테이블 엔트리에 변경 비트가 속해 있고 이들은 해당 프로세스의 전용 페이지 테이블에서 관리되기 때문이다). 메모리 관리자는 이런 상황을 해결하고자 캐시 관리자에게 언제 유저가 파일을 매핑하는지 알려준다. 이런 파일이 캐시에서 플러시될 때(예를 들어 FlushFileBuffers 함수를 호출한 경우) 캐시 관리자는 캐시에 더티 페이지를 기록하고 파일이 다른 프로세스에 의해 매핑돼 있는지 확인한다. 파일이 다른 프로세스에 의해 매핑돼 있는 경우 캐시 관리자는 해당 섹션의 뷰 전체를 플러시함으로써 2번째 프로세스가 수정했을 수도 있는 페이지를 기록한다. 유저가 캐시 내에 열려 있는 파일의 뷰 하나를 매핑하면 이 뷰가 언매핑될 때 변경된 페이지들은 더티로 표시돼 이후에 지연 라이터 스레드가 이 뷰를 플러시할 때 이들 더티 페이지는 디스크에 써진다. 이 과정은 다음에 소개된 순서가 만족되는 경우에 적용된다.

1. 유저가 뷰를 언매핑한다.
2. 프로세스가 파일 버퍼를 플러시한다.

이 순서를 따르지 않는다면 어떤 페이지가 디스크에 써질지 예측할 수 없다.

실습: 캐시 플러시 보기

안전성 및 성능 모니터를 실행하고 Data Maps/sec과 Lazy Write Flushes/sec 카운터를 추가한 후 큰 크기의 파일을 복사를 해보면 캐시 관리자가 시스템 캐시로 뷰를 매핑하고 디스크에 페이지를 플러시하는 것을 볼 수 있다 (이러한 카운터는 'Cache' 그룹에서 찾을 수 있다).

다음 화면에서 일반적으로 상위 라인이 Data Maps/sec이고, 그 외는 Lazy Write Flushes/sec를 나타내는데, 파일 복사가 이뤄질 때 지연 라이터 플러시/초 단위로 비약적으로 증가한다.

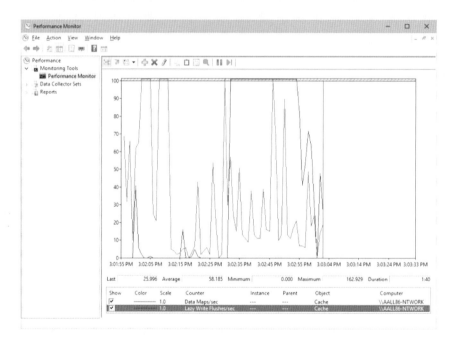

쓰기 조절

파일 시스템과 캐시 관리자는 캐시 쓰기 요청이 시스템 성능에 영향을 미칠지 확인한 후 지연된 쓰기를 스케줄해야 한다. 먼저 파일 시스템이 캐시 관리자에게 필요한 어떤 크기만큼의 데이터를 시스템 성능에 영향을 주지 않고 쓸 수 있는지 질의한다. 이때 캐시 관리자는 **CcCanIWrite** 함수를 사용하거나 필요한 경우 쓰기 작업을 블록시킬 수도 있다. 비동기적 I/O인 경우 파일 시스템은 캐시 관리자에 콜백을 설정해 이후에 **CcDeferWrite** 함수를 이용해 쓰기 작업이 허용될 때 자동으로 요청된 데이터를 쓰게 하거나 그렇지 않다면 블록돼 **CcCanIWrite**를 대기한다. 임박한 쓰기 작업을 통지 받으면 캐시 관리자는 얼마나 많은 더티 페이지들이 캐시에 있고, 또한 가용한 물리 메모리의 양은 얼마나 되는지 확인한다. 가용한 물리 페이지가 거의 없는 경우 캐시 관리자는 잠시 동안 캐시에 데이터 쓰기를 요청하는 파일 시스템 스레드를 블록시킨다. 캐시 관리자의 지연 라이터가 얼마간의 더티 페이지를 디스크에 플러시하고 나면 블록된 파일 시스템 스레드의 재개를 허용한다. 이런 쓰기 조절은 파일 시스템이나 네트워크 서버가 큰 쓰기 작업을 요청한 경우에 발생할 수 있는 시스템 성능 저하를 막아준다.

> 쓰기 조절의 영향은 볼륨 기반이다. 유저가 RAID-0 SSD에 큰 파일을 복사하고 동시에 이동식 USB 드라이브에 문서를 이동시킨다면 USB 디스크에 쓰는 행위는 SSD에 대한 쓰기 조절을 발생시키지 않는다.

더티 페이지 임곗값^{dirty page threshold}은 캐시 쓰기를 조절하기 전에 시스템 캐시가 더티 페이지로 될 수 있는 페이지의 수다. 이 값은 캐시 관리자 파티션이 초기화될 때 계산되며(시스템 파티션은 NT 커널 부팅의 1단계에서 생성되고 초기화됨) 제품 유형(클라이언트 또는 서버)에 따라 달라신다. 이전 절에서 봤듯이 다른 두 값인 상위 더티 페이지 임곗값과 하위 더티 페이지 임곗값이 계산된다. 메모리 소비와 더티 페이지가 처리되는 속도에 따라 지연 라이터 스캔은 내부 함수 **CcAdjustThrottle**을 호출한다. 이 함수는 서버 시스템에서 계산된 상위 값이나 하위 값에 기반을 두고 현재 임곗값을 동적으로 조정한다. 캐시를 오버런시키고 조절을 반드시 수반하는 과중한 쓰기 부하의 경우에 읽기 캐시를 유지하고자 이 조정이 이뤄진다. 표 11-1은 더티 페이지 임곗값 계산에 사용되는 알고리듬을 나타낸다.

표 11-1 더티 페이지 임곗값 계산 알고리듬

제품 타입	더티 페이지 임계치	최상위 더티 페이지 임계치	최하위 더티 페이지 임계치
클라이언트	물리 페이지 수 / 8	물리 페이지 수 / 8	물리 페이지 수 / 8
서버	물리 페이지 수 / 2	물리 페이지 수 / 2	물리 페이지 수 / 8

쓰기 조절은 느린 통신 회선을 통해 데이터를 전송하는 네트워크 리다이렉터의 경우에 유용하다. 예를 들어 로컬 프로세스가 원격 파일 시스템에 저속 640Kbps 연결을 통해 큰 데이터를 쓰는 경우를 생각해보자. 캐시 관리자의 지연 라이터가 캐시를 플러시하기 전에는 원격 디스크에 데이터가 써지지 않는다. 리다이렉터가 한 번에 디스크로 플러시될 많은 양의 더티 페이지를 축적한 상태라면 수신 측은 데이터 전송이 완료되기 전에 네트워크 타임아웃을 수신할 수도 있다. **CcSetDirtyPageThreshold** 함수를 이용해 캐시 관리자는 네트워크 리다이렉터로 하여금 그들이 수용할 수 있는 더티 캐시 페이지의 임곗값을 설정할 수 있게 하며, 이렇게 해서 위와 같은 문제를 방지한다. 더티 페이지의 수를 제한함으로써 리다이렉터는 캐시 플러시로 인해 네트워크 타임아웃이 발생하는 것을 막는다.

시스템 스레드

앞서 언급한 것처럼 캐시 관리자는 공유되는 임계 시스템 작업자 스레드 풀에 요청을 보냄으로써 지연 라이터와 미리 읽기 I/O 작업을 수행한다. 그러나 이러한 스레드의 사용은 시스템 작업자 스레드의 전체 수보다 하나 적은 스레드로 사용이 제한된다. 클라이언트 시스템에서는 총 5개의 중요한 시스템 작업자 스레드가 있지만 서버 시스템에서는 10개가 있다. 캐시 관리자는 내부적으로 작업 요청을 2개의 리스트에 나눠 분류한다(하지만 이들은 동일한 이그제큐티브 작업자 스레드 집합에 의해 서비스된다).

- 고속 큐는 미리 읽기 작업에 사용한다.
- 일반 큐는 지연 라이터 검사(플러시할 더티 데이터 조사 용도로)와 나중 쓰기, 지연 닫기에 사용한다.

882

- 고속 해체 큐는 캐시 관리자가 소유한 데이터 섹션이 해제되기를 메모리 관리자가 대기해 해당 파일이 대신 이미지 세션으로 오픈될 수 있게 할 때 사용한다. 이렇게 오픈되면 CcWriteBehinde로 하여금 전체 파일을 플러시하게 만들고 공유 캐시 맵이 해체된다.
- 포스트 틱 큐는 캐시 관리자가 지연 라이터 스레드의 '틱'이 지난 후(즉, 1회가 끝나는 시점)에 받을 통지를 내부적으로 등록하고자 사용한다.

작업자 스레드가 수행해야 할 워크 아이템을 추적하고자 캐시 관리자는 내부에 고정된 크기의 작업자 큐 아이템 구조체의 리스트인 프로세서 단위 룩 어사이드 리스트를 각 프로세서당 하나씩 생성한다(룩 어사이드 리스트는 Vol.1의 5장을 참고한다). 작업자 큐 아이템의 수는 시스템 타입에 따라 다르다. 클라이언트 시스템의 경우 128개, 서버 시스템의 경우 256개의 값을 갖는다. 프로세서 간의 성능을 위해 캐시 관리자는 전역 룩 어사이드 리스트를 방금 기술한 것과 같은 크기로 할당한다.

비하인드 강제 쓰기와 낮은 우선순위 지연 라이터

캐시 관리자의 성능을 향상시키고 저속 디스크 장치(eMMC 디스크)의 호환성을 위해 캐시 관리자의 지연 라이터는 윈도우 8.1 이상에서 크게 개선됐다.

이전 절에서 봤듯이 지연 라이터 스캔은 더티 페이지 임곗값과 상한 및 하한을 제한한다. 사용 가능한 총 페이지 수의 기록을 분석하면 제한 정보에 대해 여러 조정이 이뤄진다. 지연 라이터가 마지막 실행 사이클(초당 1회)에서 예상되는 총 페이지 수를 쓸 수 있는지 여부를 확인해 더티 페이지 임곗값을 제한한다. 마지막 사이클에서 기록된 총 페이지 수가 예상 수(CcCalculatePagesToWrite 루틴에 의해 계산)보다 적은 경우 기본 디스크 장치가 생성된 I/O 처리량을 지원하지 못했기 때문에 더티 페이지 임곗값은 낮아진다(즉, 더 많은 I/O 슬롯 링이 수행되고 일부 캐시 관리자 클라이언트가 CcCanIWrite API를 호출할 때 대기한다는 것을 말한다). 마지막 사이클에서 남은 페이지가 없는 반대의 경우 지연 라이터 스캔은 쉽게 임곗값을 올릴 수 있다. 두 경우 모두 임곗값은 하한과 상한으로 표시되는 범위 내에 있어야 한다.

비하인드 추가 쓰기Extra Write Behind 작업자 스레드 덕분에 큰 개선이 됐다. 서버 SKU에서 스레드 최대 수는 9개다(주요 시스템 작업자 스레드의 총수에서 1을 뺀 것과 같다). 캐시 관리자가 시스템 지연 라이터 스캔을 요청하면 시스템은 더티 페이지가 메모리에 주는 압력 여부를 확인한다(더티 페이지 수가 더티 페이지 임곗값의 1/4 미만이고 사용 가능한 페이지의 절반 미만임을 확인하는 간단한 공식을 사용한다). 이 경우 시스템 전체의 캐시 관리자 스레드 풀 루틴(CcWorkerThread)은 다른 페이지와 병렬로 더티 페이지를 디스크에 쓰는 다른 지연 라이터 스레드를 추가할 수 있는지 여부를 결정하는 복잡한 알고리듬을 사용한다.

시스템 성능을 저하시키지 않고 추가 I/O를 발생시키는 다른 스레드를 추가할 수 있는지 여부를 바로 이해하고자 캐시 관리자는 이전 지연 라이터 사이클의 디스크 처리량을 계산하고 성능을 측정한다. 현재 사이클의 처리량이 이전 사이클이 같거나 그 이상인 경우 디스크가 전체 I/O 레벨을 지원할 수 있음을 말하기 때문에 다른 지연 라이터 스레드(이 경우 추가 쓰기 스레드라고 함)를 추가하는 것이 좋다. 반면 현재 처리량이 이전 사이클보다 낮으면 기본 디스크가 추가 병렬 쓰기를 유지할 수 없음을 의미하므로 비하인드 추가 쓰기 스레드가 종료된다. 이 기능을 비하인드 강제 쓰기라고 한다.

윈도우 클라이언트 버전에서 캐시 관리자는 저속 디스크를 처리하도록 설계된 최적화를 지원한다. 지연 라이터 스캔이 요청되고 파일 시스템 드라이버가 캐시에 쓸 때 캐시 관리자는 알고리듬을 사용해 지연 라이터 스레드를 낮은 우선순위로 실행할지 여부를 결정한다(스레드 우선순위에 대한 자세한 내용은 Vol.1의 4장을 참고한다). 캐시 관리자는 다음 조건이 충족되면 기본적으로 지연 라이터에 낮은 우선순위를 적용한다(그렇지 않으면 캐시 관리자는 정상적인 우선순위를 계속 사용한다).

- 호출자는 현재 지연 스캔이 완료될 때까지 기다리지 않는다.
- 파티션에서 더티 페이지의 총 크기는 32MB 미만이다.

2가지 조건이 충족되면 캐시 관리자는 지연 라이터의 작업 항목을 우선순위가 낮은 대기열에 넣는다. 지연 라이터는 우선순위 6(최소)으로 실행되는 시스템 작업자 스레드에 의해 시작된다. 또한 지연 라이터는 물리 I/O를 올바른 파일 시스템 드라이버로 출력하기 직전에 I/O 우선순위를 최소로 설정했다.

동적 메모리

이전 절에서 볼 수 있듯이 더티 페이지 임곗값은 사용 가능한 실제 메모리양에 따라 동적으로 계산된다. 캐시 관리자는 임곗값을 사용해 새로 쓰기를 조절할 시기와 비하인드 쓰기를 좀 더 강제할 것인지 여부를 판단한다.

파티션이 도입 전에 커널의 1단계 초기화 중에 실행된 **CcInitializeCacheManager** 루틴에서 (MmNumberOfPhysicalPages 전역 값을 확인해) 계산한다. 이제 캐시 관리자 파티션의 초기화 기능은 연관된 메모리 파티션에 속하는 사용 가능한 실제 메모리 페이지를 기반으로 계산한다(캐시 관리자 파티션에 대한 자세한 내용은 이 장 앞부분의 '메모리 파티션 지원' 절을 참고한다). 그러나 윈도우는 물리적 메모리의 핫 애드 기능이 충분하지 않는다. 이 기능은 하이퍼V에서 하위 VM의 동적 메모리를 지원하는 데 사용되는 주요 기능이다.

메모리 관리자의 0단계를 초기화하는 동안 **MiCreatePfnDatabase**는 PFN 데이터베이스의 가능한 최대 크기를 계산한다. 64비트 시스템에서 메모리 관리자는 설치된 실제 메모리의 가능한 최대 양이 주소 지정 가능한 모든 가상 메모리 범위(예를 들어 LA57 이외의 시스템에서는 256TB)와 같다고 가정한다. 시스템은 메모리 관리자에게 전체 주소 공간의 각 가상 페이지의 PFN을 저장하는 데 필요한 가상 주소 공간의 크기를 예약하도록 요청한다(이 가상 PFN 데이터베이스의 크기는 약 64GB다). 그런 다음 **MiCreateSparsePfnDatabase**는 Winload가 감지한 각 유효한 물리적 메모리 범위를 순환하고 유효한 PFN을 데이터베이스에 매핑한다. PFN 데이터베이스는 스파스 메모리를 사용한다. **MiAddPhysicalMemory** 루틴은 새 물리적 메모리를 감지할 때 PFN 데이터베이스에 새 공간을 할당하기만 하면 새 PFN을 생성한다. 동적 메모리에 관한 자세한 내용은 9장에서 확인할 수 있다.

캐시 관리자는 새로운 핫 애드 또는 핫 리무브를 감지하고 새 시스템 구성에 적응해야 한다. 그렇지 않으면 여러 문제가 발생할 수 있다.

- 새 메모리가 핫 애드되면 캐시 관리자는 시스템 메모리가 부족해 더티 페이지 임곗값이 정상보다 낮다고 생각할 수 있다. 결과적으로 캐시 관리자는 더티 페이지를 필요한 수만큼 캐시하지 않으므로 쓰기를 더 빠르게 제한한다.

- 사용 가능한 메모리의 대부분이 잠겨 있거나 더 이상 사용할 수 없는 경우 시스템에서 캐시된 I/O를 실행하면 다른 애플리케이션의 응답이 저하될 수 있다(핫 리무브 후 기본 메모리는 해지된다).

이 상황을 정상 처리하고자 캐시 관리자는 콜백을 메모리 관리자에 등록하지 않지만 지연 라이터 스캔[LWS] 스레드에 맞게 수정을 지원한다. 공유 캐시 맵의 목록을 스캔하고 쓰기 더티 페이지를 판단하는 것 외에도 LWS 스레드는 포그라운드 속도, 쓰기 속도, 사용 가능한 메모리에 따라 더티 페이지 임곗값을 변경할 수 있다. LWS는 파티션에 속하는 평균 사용 가능한 물리 페이지와 더티 페이지의 기록을 유지한다. LWS 스레드는 초당 목록을 업데이트하고 집계 값을 계산한다. 총합 값을 사용해 LWS는 메모리 크기 변화에 대응해 스파이크를 흡수하고 상단 및 하단 임곗값을 점진적으로 수정할 수 있다.

캐시 관리자 디스크 I/O 계정

윈도우 8.1 이전에는 단일 프로세스에서 실행되는 I/O의 총량을 정확하게 결정할 수 없다. 그 배경에는 여러 이유가 있다.

- 지연된 쓰기와 미리 읽기는 I/O를 일으킨 프로세스/스레드 콘텍스트에서는 발생되지 않는다. 캐시 관리자는 데이터를 지연하고 쓰기 파일을 처음 쓰는 스레드의 다른 콘텍스트(일반적으로 시스템 콘텍스트)에서 쓰기를 완료한다(물리 I/O는 프로세스가 종료된 후에도 발생할 수 있다). 마찬가지로 캐시 관리자는 미리 읽기를 선택해 요청한 프로세스보다 많은 데이터를 파일에서 가져올 수 있다.
- 비동기 I/O는 계속해서 캐시 관리자에 의해 관리되지만 비캐시 I/O의 경우처럼 캐시 관리자와 관련되지 않는 경우가 있다.
- 일부 특정 애플리케이션은 디스크 스택의 저수준 드라이버를 사용해 저수준 디스크 I/O를 발생시킬 수 있다.

윈도우는 I/O를 발생한 스레드에 대한 포인터를 IRP 테일[tail]에 저장한다. 윈도우는 I/O를 실행한 스레드에 대한 포인터를 IRP의 뒷부분에 저장한다. 이 스레드가 항상 최초 I/O를 수행한 스레드가 아니기 때문에 I/O 액세스가 시스템 프로세스와 잘못 연결되는 경우가 많았다. 윈도우 8.1은 캐시 관리자와 파일 시스템 드라이버 모두에서 사용되는 PsUpdateDiskCounters API를 지원해 문제를 해결했다. 이 함수는 프로세스를 설명하고자 NT 커널에서 사용하는 핵심 EPROCESS 데이터 구조체에 읽기 및 쓰기의 총 바이트 수와 I/O 연산수를 저장한다(자세한 내용은 Vol.1의 3장 참고).

캐시 관리자는 공개된 모든 파일 시스템 인터페이스를 통해 캐시된 읽기 및 쓰기를 수행하고 CcScheduleReadAheadExported API를 통해 미리 읽기 I/O를 내보내는 동안 PsUpdateDiskCounters 함수를 호출해 프로세스 디스크 카운터를 업데이트한다. NTFS 및 ReFS 파일 시스템 드라이버는 비캐시 및 페이징 I/O를 실행할 때 PsUpdateDiskCounters를 호출한다.

CcScheduleReadAheadEx와 마찬가지로 여러 캐시 관리자 API가 I/O를 내보낸 스레드에 대한 포인터를 수락하고 청구된다(CcCopyReadEx와 CcCopyWriteEx가 좋은 예다). 이런 식으로 업데이트된 파일 시스템 드라이버는 비동기 I/O의 경우에 청구하는 스레드를 제어할 수 있다.

프로세스별 카운터 외에도 캐시 관리자는 전역 디스크 I/O 카운터를 유지 관리해 파일 시스템에서 스토리지 스택으로 실행된 모든 I/O를 전역적으로 추적한다(카운터는 비캐시 페이징 I/O가 파일 시스템 드라이버를 통해 발생될 때마다 업데이트된다). 따라서 이 전역 카운터는 특정 디스크 장치로 출력된 총 I/O(애플리케이션이 IOCTL_DISK_PERFORMANCE 제어 코드를 사용해 얻을 수 있는 값)에서 뺀 경우 특정 프로세스로 인해 실행할 수 없는 I/O를 말한다(예를 들면 ModifiedPageWriter에서 발생한 페이징 I/O 또는 미니필터 드라이버에 의해 내부적으로 실행되는 I/O).

새 프로세스당 디스크 카운터는 SystemProcessInformation 정보 클래스를 사용하는 NtQuerySystemInformation API를 통해 알 수 있다. 이는 작업 관리자 및 Process Explorer와 같은 진단 도구가 시스템에서 현재 실행 중인 프로세스와 관련된 I/O 번호를 정확하게 조회하는 데 사용하는 방법이다.

실습: 디스크 I/O 카운트
성능 모니터에서 표시되는 다양한 카운터를 사용해 전체 시스템 I/O의 정확한 카운트를 확인할 수 있다. 성능 모니터를 열고 FileSystemDiskActivity

그룹에서 사용 가능한 FileSystemBytesRead 및 FileSystemBytesWritten 카운터를 추가한다. 또한 이 실습에서는 프로세스 그룹에서 사용할 수 있는 프로세스당 디스크 I/O 카운터를 추가해야 한다. 이는 IO 읽기 바이트/초 및 IO 쓰기 바이트/초라는 이름이다. 마지막 2개의 카운터를 추가할 때 선택한 객체의 인스턴스 상자에서 Explorer 프로세스를 선택했는지 확인한다.

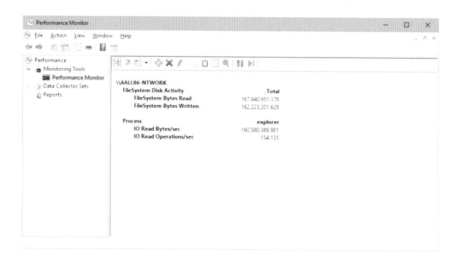

대용량 파일 복사를 시작하면 Explorer 프로세스에 속한 카운터가 표시된다. 전역 파일 시스템 디스크 활동에 표시되는 카운터에 도달할 때까지 증가한다.

파일 시스템

이 절에서는 윈도우에서 지원되는 파일 시스템 형식을 간략히 설명한다. 메모리 관리자 및 캐시 관리자와 같은 다른 시스템 구성 요소와 상호작용하는 방식을 포함해 파일 시스템 드라이버의 유형과 기본 작업을 살펴본다. 이어 2가지 중요한 파일 시스템의 기능과 데이터 구조를 자세히 설명한다. 먼저 NTFS와 ReFS의 내부 아키텍처를 분석한 다음 두 파일 시스템의 디스크 레이아웃과 압축, 복구 가능성,

암호화, 계층화 지원, 파일 스냅숏과 같은 고급 기능에 중점을 두고 설명한다.

윈도우 파일 시스템 형식

윈도우는 다음의 파일 시스템 형식을 지원한다.

- CDFS
- UDF
- FAT12, FAT16, FAT32
- exFAT
- NTFS
- ReFS

다음 절에서 설명하는 것처럼 이러한 각 형식은 특정 환경에 가장 적합하다.

CDFS

CDFS(%SystemRoot%\System32\Drivers\Cdfs.sys) 또는 CD-ROM 파일 시스템은 읽기 전용 파일 시스템 드라이버로, ISO-9660 형식의 슈퍼세트^{superset}와 졸리엣^{Joliet} 디스크 형식의 슈퍼세트를 지원한다. ISO-9660 형식은 비교적 간단하며 최대 길이가 32자인 ASCII 대문자 이름과 같은 제한이 있지만 졸리엣은 더 유연하고 모든 길이는 유니코드 이름을 지원한다. 두 형식의 구조가 디스크에 있는 경우(최대 호환성을 위해) CDFS는 졸리엣 형식을 사용한다. CDFS에는 몇 가지 제한 사항이 있다.

- 최대 파일 크기는 4GB
- 최대 65,535개의 디렉터리

업계에서는 광 미디어 표준으로 유니버설 디스크 형식^{UDF, Universal Disk Format}이 채택됐으므로 CDFS는 레거시 형식으로 간주된다.

UDF

윈도우 UDF 파일 시스템 지원은 광학 저장 기술 협회^{OSTA}의 UDF에 따른다(UDF는 ISO-13346 형식의 부분집합으로 CD-R 및 DVD-R/RW와 같은 형식의 확장 기능이 있다). OSTA는 1995년에 UDF 를 자기 광학 저장 매체(주로 DVD-ROM)의 ISO-9660 형식을 대체하는 형식으로 정의 된다. UDF는 DVD 사양에 포함돼 있고 CDFS보다 유연하다. UDF 파일 시스템 형식에는 다음과 같은 특징이 있다.

- 디렉터리 및 파일 이름은 ASCII 문자 254자나 유니코드 문자 127의 길이로 지정할 수 있다.
- 파일은 스파스 파일일 수 있다(스파스 파일은 이 장 뒷부분의 '압축 및 스파스 파일' 절에서 다룬다).
- 파일 크기는 64비트로 지정된다.
- 접근 제어 목록^{ACL}을 지원한다.
- 대체 데이터 스트림을 지원한다.

UDF 드라이버는 UDF 버전을 최대 2.60까지 지원한다. UDF 형식은 재기록 가능한 미디어를 염두에 두고 설계됐다. 윈도우 UDF 드라이버(%SystemRoot%\System32\Drivers\ Udfs.sys)는 UDF 2.50을 사용해 읽을 때 블루레이^{Blu-ray}, DVD-RAM, CD-R/RW, DVD+-R/RW 드라이브 읽기/쓰기 지원을 제공하고 UDF 2.60을 사용하는 경우 읽기 전용으로 지원된다. 다만 윈도우는 네임 스트림이나 접근 제어 목록과 같은 특정 UDF 기능은 지원하지 않는다.

FAT12, FAT16, FAT32

윈도우는 주로 멀티부팅 시스템의 다른 운영체제와의 호환성을 위해 또한 플래시 드라이브 또는 메모리 카드의 형식으로 FAT 파일 시스템을 지원한다. 윈도우 FAT 파일 시스템 드라이버는 %SystemRoot%\System32\Drivers\Fastfat.sys에서 지원된다.

각 FAT 형식의 이름에는 특정 형식이 디스크의 클러스터를 식별하는 데 사용하는 비트 수를 나타내는 숫자가 포함돼 있다. FAT12의 12비트 클러스터 식별자는 파티션을 최대 2^{12}(4,096) 클러스터가 제한된다. 윈도우에서는 512바이트에서 8KB의 클러스터 크기가 허용되며 FAT12의 볼륨 크기는 32MB로 제한된다.

> 모든 FAT 파일 시스템 형식은 볼륨의 처음 두 클러스터와 마지막 16개의 클러스터를 예약하며 예를 들면 FAT12 볼륨에서 사용 가능한 클러스터 수는 4,096보다 약간 작다.

FAT16은 16비트 클러스터 식별자를 사용해 2^{16}(65,536)개의 클러스터를 주소 지정할 수 있다. 윈도우에서 FAT16 클러스터 크기는 512바이트(섹터 크기)에서 64KB(512바이트 섹터 크기의 디스크) 범위며 FAT16 볼륨 크기는 4GB로 제한된다. 섹터 크기가 4,096바이트인 디스크에서는 256KB 클러스터가 가능하다. 윈도우에서 사용하는 클러스터 크기는 볼륨의 크기에 따라 다르다. 여러 크기는 표 11-2에 나와 있다. Format 명령 또는 디스크 관리 스냅인을 사용해 16MB 미만의 볼륨을 FAT로 포맷하는 경우 윈도우는 FAT16 대신 FAT12 형식을 사용한다.

표 11-2 윈도우 기본 FAT16 클러스터 크기

볼륨 크기	기본 클러스터 크기
〈 8MB	지원하지 않음
8MB ~ 32MB	512바이트
32MB ~ 64MB	1KB
64MB ~ 128MB	2KB
128MB ~ 256MB	4KB
256MB ~ 512MB	8KB
512MB ~ 1,024MB	16KB
1GB ~ 2GB	32KB
2GB ~ 4GB	64KB
〉16GB	지원하지 않음

FAT 볼륨은 그림 11-14와 같이 여러 영역으로 나뉜다. FAT 파일 시스템 형식의 이름을 지정하는 파일 할당 테이블에는 볼륨의 클러스터당 단일 엔트리가 있다. 파일 할당 테이블은 볼륨 내용을 정상적으로 해석하는 데 중요하므로 FAT 형식은

테이블의 두 복사본을 유지하고 파일 시스템 드라이버 또는 무결성 검사 프로그램(예를 들어 Chkdsk)이 하나에 액세스할 수 없는 경우(예를 들어 불량 디스크 섹터) 다른 쪽에서 읽을 수 있다.

부트 섹터	파일 할당 테이블 1	파일 할당 테이블 2 (중복)	루트 디렉터리	기타 디렉터리와 모든 파일

그림 11-14 FAT 형식 구성

파일 할당 테이블의 엔트리는 파일 및 디렉터리의 파일 할당 체인(그림 11-15 참고)을 정의한다. 체인의 링크는 파일 데이터의 다음 클러스터에 대한 인덱스다. 파일의 디렉터리 엔트리는 파일의 시작 클러스터를 저장한다. 파일 할당 체인의 마지막 엔트리는 FAT16의 경우 0xFFFF, FAT12의 경우 0xFFF의 예약 값이다. 사용하지 않는 클러스터의 FAT 엔트리 값은 0이다. 그림 11-15에서 FILE1에 클러스터 2, 3, 4가 할당돼 있음을 알 수 있다. FILE2는 단편화되고 클러스터 5, 6, 8을 사용한다. FILE3은 클러스터 7만 사용한다. FAT 볼륨에서 파일을 읽는 것은 파일의 할당 체인을 거치고자 파일 할당 테이블의 많은 부분을 읽는 것을 포함할 수 있다.

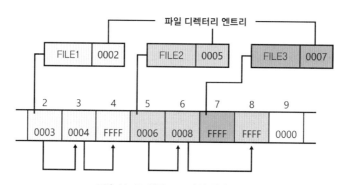

그림 11-15 샘플 FAT 파일 할당 체인.

FAT12 및 FAT16 볼륨의 루트 디렉터리에는 볼륨 시작 시 256개의 디렉터리 엔트리를 저장하기에 충분한 공간이 미리 할당되며, 이로 인해 루트 디렉터리에 저장할 수 있는 파일과 디렉터리 수에 제한이 설정된다(FAT32 루트 디렉터리에는 사전 할당된 공간이나 크기 제한이 없다). FAT 디렉터리 엔트리는 32바이트며 파일 이름, 크기, 시작 클러스터, 타임스탬프(마지막 액세스, 생성 등)에 대한 정보를 저장한다. 파일 이름이 유니코드이거나 MS-DOS 8.3의 지정된 규칙을 준수하지 않으면 긴 파일 이름을 저장하고자 추가 디렉터리 엔트리가 할당된다. 보충 엔트리는 파일의 메인 엔트리 앞에 있다. 그림 11-16은 'The quick brown fox'라는 파일의 샘플 디렉터리 엔트리를 보여준다. 시스템은 이름의 THEQUI ~ 1.FOX 8.3을 생성하고(즉, 8번째 문자 뒤에 오는 것으로 간주되므로 디렉터리 엔트리에 '.'가 표시되지 않음) 사용해 유니코드의 긴 파일 이름을 저장한다. 그림의 각 행은 16바이트로 구성돼 있다.

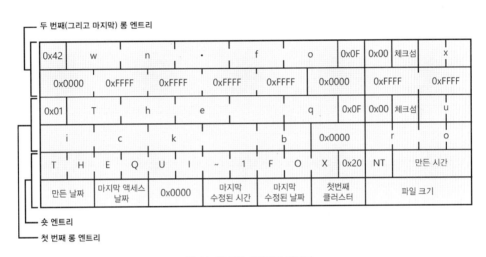

그림 11-16 FAT 디렉터리 엔트리.

FAT32는 32비트 클러스터 식별자를 사용하지만 상위 4비트가 예약되기 때문에 실제로 28비트 클러스터 식별자가 있다. FAT32 클러스터 크기는 최대 64KB까지 확장할 수 있어 FAT32는 이론적으로 16TB 볼륨을 처리할 수 있다. 윈도우는 더 큰 크기의 기존 FAT32 볼륨(다른 운영체제에서 생성된 볼륨)에서 동작하지만 새 FAT32 볼륨을 최대 32GB로 제한된다. FAT32의 잠재적인 클러스터 수가 많기 때문에 FAT16보다 효율적으로 디스크를 관리할 수 있다. 512바이트 클러스터에서 최대 128GB의 볼륨을 처리할 수 있다. 표 11-3은 FAT32 볼륨의 기본 클러스터 크기를 보여준다.

최대 클러스터 수 외에도 FAT32가 FAT12 및 FAT16의 다른 이점에는 FAT32 루트 디렉터리가 볼륨의 미리 정의된 위치에 저장되지 않으며 루트 디렉터리에는 그 크기의 상한이 없다. FAT32는 신뢰성을 위해 부트 섹터의 두 번째 복사본을 저장한다. FAT32가 FAT16과 공유하는 제한 사항은 디렉터리가 파일 크기를 32비트 값으로 저장하기 때문에 최대 파일 크기는 4GB다.

표 11-3 FAT32 볼륨의 기본 클러스터 크기

파티션크기	기본클러스터크기
〈 32MB	지원하지 않음
32MB ~ 64MB	512바이트
64MB ~ 128MB	1KB
128MB ~ 256MB	2KB
256MB ~ 8GB	4KB
8GB ~ 16GB	8KB
16GB ~ 32GB	16KB
〉32GB	지원하지 않음

exFAT

마이크로소프트가 설계한 확장 파일 할당 테이블 파일 시스템(exFAT, FAT64라고도 함)은 기존의 FAT 파일 시스템을 개선해 플래시 드라이브용으로 특별히 설계됐다. exFAT의 주요 목표는 많은 플래시 미디어 장치에 적합하지 않은 쓰기 패턴을 만드는 메타데이터 구조의 오버헤드와 메타데이터 로깅 없이 NTFS에서 제공하는 고급 기능의 일부를 제공한다. 표 11-4는 exFAT의 기본 클러스터 크기를 나타낸다.

FAT64의 이름에서 알 수 있듯이 파일 크기 제한은 2^{64}로 증가하고 최대 16엑사바이트의 파일을 사용할 수 있다. 이 변경은 최대 클러스터 크기의 증가와 일치하고 현재 32MB로 지원되지만 2^{255}섹터까지 확장될 수 있다. 또한 exFAT는 빈 클러스터를 추적하는 비트맵을 추가해 할당 및 삭제 작업의 성능을 향상시킨다. 끝으로 exFAT는 단일 디렉터리에 1,000개 이상의 파일을 사용할 수 있다. 이러한 특성은 확장성을 향상시키고 큰 디스크 크기를 지원한다.

표 11-4 exFAT 볼륨, 512바이트 섹터의 기본 클러스터 크기

볼륨 크기	기본 클러스터 크기
⟨ 256MB	4KB
256MB ~ 32GB	128KB
512GB ~ 1TB	256KB
1TB ~ 2TB	512KB
2TB ~ 4TB	1MB
4TB ~ 8TB	2MB
8TB ~ 16TB	4MB
16TB ~ 32TB	8MB
32TB ~ 64TB	16MB
⟩= 64TB	32MB

추가로 exFAT는 접근 제어 목록[ACL] 및 트랜잭션 보안[Transaction-Safe](FAT 또는 TFAT라고도
함)에 대한 지원 등 이전에 NTFS에서만 사용할 수 있었던 특정 기능을 지원한다.
윈도우 임베디드 콤팩트의 exFAT 형식에는 이러한 기능이 포함돼 있지만 윈도우
의 exFAT 버전에는 포함돼 있지 않다.

 레디부트(Vol.1의 5장에서 설명)는 exFAT 형식의 플래시 드라이브와 함께 동작해 4GB를 훨씬
초과하는 캐시 파일을 지원할 수 있다.

NTFS

이번 절의 시작 부분에서 언급했듯이 NTFS 파일 시스템은 윈도우의 기본 파일
시스템 형식 중 하나다. NTFS는 64비트 클러스터 번호를 사용한다. 이 용량을
통해 NTFS는 최대 16개의 엑사 클러스터 볼륨을 처리할 수 있지만 윈도우는 NTFS
볼륨의 크기를 32비트 클러스터에서 주소 지정할 수 있는 크기로 제한한다. 이
크기는 8PB(2MB 클러스터 사용)보다 약간 작은 크기다. 표 11-5는 NTFS 볼륨의 기본

클러스터 크기를 보여준다(NTFS 볼륨을 포맷할 때 기본값을 덮어쓸 수 있다). NTFS는 볼륨당 2^{32} – 1개의 파일도 지원한다. NTFS 형식에서는 16엑사바이트 크기의 파일이 허용되지만 지원에서는 최대 파일 크기가 16TB로 제한된다.

표 11-5 NTFS 볼륨의 기본 클러스터 크기

볼륨 크기	기본 클러스터 크기
〈 7MB	지원하지 않음
7MB ~ 16TB	4KB
16TB ~ 32TB	8KB
32TB ~ 64TB	16KB
64TB ~ 128TB	32KB
128TB ~ 256TB	64KB
256TB ~ 512TB	128KB
512TB ~ 1024TB	256KB
1PB ~ 2PB	512KB
2PB ~ 4PB	1MB
4PB ~ 8PB	2MB

NTFS는 파일 및 디렉터리 보안, 대체 데이터 스트림, 디스크 할당량, 스파스 파일, 파일 압축, 심볼릭(소프트) 링크 및 하드 링크, 트랜잭션 시맨틱, 접합점, 암호화 지원 등 여러 고급 기능이 포함돼 있다. 가장 중요한 기능은 복구 기능이다. 시스템이 예기치 않게 중지되면 FAT 볼륨의 메타데이터가 무결성이 깨져 대용량 파일 및 디렉터리 데이터가 손상될 수 있다. NTFS는 메타데이터 변경 사항을 트랜잭션 방식으로 기록하므로 파일 또는 디렉터리 구조 정보를 잃지 않고 파일 시스템 구조를 일관된 상태로 복구할 수 있다(유저가 TxF를 사용하지 않는 한 파일 데이터가 손실될 수 있다. 이 내용은 이 장 뒷부분에서 설명한다). 또한 윈도우 NTFS 드라이버는 자체 복구도 지원한다. 이것은 윈도우를 실행하는 동안 재부팅하지 않고 디스크의 파일 시스템 구조 손상을 자가 복구하는 메커니즘이다.

이 책을 쓰는 시점에서 디스크 장치의 일반적인 물리적 섹터 크기는 4KB다. 이러한 디스크 장치의 경우에도 호환성을 위해 스토리지 스택은 512바이트 크기의 논리 섹터를 파일 시스템 드라이버에 제공한다. 클러스터의 올바른 크기를 확인하고자 NTFS 드라이버가 수행하는 계산은 실제 물리적 크기가 아닌 논리 섹터 크기가 사용된다.

윈도우 10부터 NTFS는 DAX 볼륨을 기본적으로 지원한다(DAX 볼륨은 이 장 뒷부분의 'DAX 볼륨' 절에서 설명한다). NTFS 파일 시스템 드라이버는 큰 페이지를 사용해 이러한 종류의 볼륨에 대한 I/O도 지원한다. 큰 페이지를 사용해 DAX 볼륨에 있는 파일을 매핑하는 2가지 방법이 있다. NTFS에서 파일을 2MB의 클러스터 경계에 자동으로 정렬하거나 2MB의 클러스터 크기를 사용해 볼륨을 포맷할 수 있다.

ReFS

복원 파일 시스템(ReFS)은 윈도우가 기본적으로 지원하는 또 다른 파일 시스템이다. 이는 주로 온라인 자가 복구 및 볼륨 복구가 부족하거나 파일 스냅숏 지원 부족 등 NTFS의 일부 제한을 극복하기 위한 대규모 스토리지 서버용으로 설계됐다. ReFS는 '새로 쓰기$^{write-to-new}$' 파일 시스템이다. 이 볼륨 메타데이터는 기본 미디어에 새 데이터를 쓰고 이전 메타데이터를 삭제됨으로 표시해 항상 업데이트된다. ReFS 파일 시스템의 저수준(디스크의 데이터 구조 이해)은 호출자에게 키값 테이블 인터페이스를 제공하는 민스토어^{Minstore}라는 객체 저장소 라이브러리를 사용한다. 민스토어는 최신 데이터베이스 엔진과 비슷하고 호환성이 뛰어나며 NTFS와는 다른 데이터 구조와 알고리듬을 사용한다(민스토어는 B+ 트리를 사용한다).

ReFS의 중요한 설계 목표 중 하나는 (스토리지 공간에 의해 생성됐을 수 있는) 대량의 볼륨을 지원할 수 있게 하는 것이다. NTFS와 마찬가지로 ReFS는 64비트 클러스터 번호를 사용해 최대 16개의 엑사클러스터 볼륨을 주소 지정할 수 있다. ReFS는 주소 가능한 값의 크기에 제한이 없어 이론적으로 ReFS는 최대 1요타바이트의 볼륨을 관리할 수 있다(64KB 클러스터 크기 사용).

NTFS와 달리 민스토어는 볼륨에 고유한 메타데이터를 저장하기 위한 중앙 위치를 필요로 하지 않고(그러나 객체 테이블은 어느 정도 중앙 집중화된 것으로 간주됨) 주소 가능 값 제한이 없어 여러 크기의 클러스터를 지원할 필요가 없다. ReFS는 4KB 및 64KB 크기의 클러스터만 지원한다. 이 책을 쓰는 시점에서 ReFS는 DAX 볼륨은 지원하지 않는다.

NTFS 및 ReFS 데이터 구조와 이러한 고급 기능은 이 장의 뒷부분에서 자세히 설명한다.

파일 시스템 드라이버 아키텍처

파일 시스템 드라이버[FSD]는 파일 시스템 형식을 관리한다. FSD는 커널 모드에서 실행되지만 표준 커널 모드 드라이버와는 여러 면에서 다르다. 가장 중요한 것은 FSD로 I/O 관리자가 등록해야 하고 메모리 관리자와 더 광범위하게 상호작용하는 것이다. 성능을 향상시키고자 파일 시스템 드라이버는 일반적으로 캐시 관리자 서비스에 의존한다. 따라서 표준 드라이버가 사용하는 내보낸 Ntoskrnl.exe 함수의 슈퍼세트를 사용한다. 표준 커널 모드 드라이버와 마찬가지로 파일 시스템 드라이버를 빌드하려면 윈도우 드라이버 키트[WDK]가 필요하다(WDK에 대한 세부 내용은 Vol.1의 1장 및 http://www.microsoft.com/whdc/devtools/wdk를 참고한다).

윈도우에는 2가지 유형의 FSD가 있다.

- 로컬 FSD 컴퓨터에 직접 연결된 볼륨을 관리한다.
- 네트워크 FSD 유저가 원격 컴퓨터에 연결된 데이터 볼륨에 액세스할 수 있게 한다.

로컬 FSD

로컬 FSD에는 Ntfs.sys, Refs.sys, Refsv1.sys, Fastfat.sys, Exfat.sys, Udfs.sys, Cdfs.sys 및 RAW FSD(Ntoskrnl.exe에 통합)가 포함된다. 그림 11-17은 로컬 FSD가 I/O 관리자 및 스토리지 디바이스 드라이버와 어떻게 상호작용하는지 간략하게 보여준다. 로컬 FSD는 입출력 I/O 관리자 등록을 담당한다. FSD가 등록되면 I/O 관리자는 애플리케이션 또는 시스템이 처음 볼륨에 액세스할 때 볼륨 인식을 수행하고자 FSD를 호출할 수 있다. 볼륨 인식에는 볼륨의 부트 섹터를 검사하고 무결성 검사로 파일 시스템 메타데이터를 검사하는 작업이 포함된다. 등록된 파일 시스템 중 볼륨을 인식할 수 있는 파일이 없는 경우 RAW 파일 시스템 드라이버를 볼륨에 할당하고 볼륨을 포맷할지 여부를 묻는 대화상자를 유저에게 보여준다. 유저가 볼륨을 포맷하지 않기로 선택하면 RAW 파일 시스템 드라이버는 볼륨에 대한 액세스를 제공하지만 섹터 레벨에서만 접근할 수 있다. 즉, 유저는 전체 섹터를 읽거나 쓸 수 있다.

파일 시스템 인식의 목적은 시스템이 RAW 이외의 유효하지만 인식되지 않는 파일 시스템의 추가 옵션을 사용할 수 있게 하는 것이다. 이를 위해 시스템은 볼륨의 첫 번째 섹터에 기록되는 고정 데이터 구조체 유형(FILE_SYSTEM_RECOGNITION_STRUCTURE)을 정의한다. 이 데이터 구조체가 존재하면 운영체제에서 인식하고 운영체제는 볼륨에 유효하지만 인식되지 않는 파일 시스템이 포함돼 있음을 유저에게 알린다. 시스템은 계속 RAW 파일 시스템을 볼륨에 로드하지만 유저에게 볼륨을 포맷하라는 프롬프트는 보여주지 않는다. 유저 애플리케이션 또는 커널 모드 드라이버는 새 파일 시스템 I/O 제어 코드 FSCTL_QUERY_FILE_SYSTEM_RECOGNITION을 사용해 FILE_SYSTEM_RECOGNITION_STRUCTURE의 복사본을 요청할 수 있다.

윈도우에서 지원되는 모든 파일 시스템 형식의 첫 번째 섹터는 볼륨의 부트 섹터로 예약돼 있다. 부트 섹터에는 충분한 정보가 포함돼 있기 때문에 로컬 FSD는 섹터가 있는 볼륨을 FSD가 관리하는 형식을 포함하는 것으로 확인하고 메타데이터가 볼륨에 저장되는 위치를 확인하기 때문에 필요한 다른 메타데이터를 찾을 수 있다.

로컬 FSD(그림 11-17 참고)가 볼륨을 인식하면 마운트된 파일 시스템 형식을 나타내는 디바이스 객체가 생성된다. I/O 관리자는 볼륨의 디바이스 객체(스토리지 디바이스 드라이버에 의해 생성됨)와 FSD가 생성한 디바이스 객체 간에 볼륨 매개변수 블록VPB을 통해 연결된다. VPB 연결을 통해 I/O 관리자는 볼륨 디바이스 객체에 대한 I/O 요청을 FSD 디바이스 객체로 리다이렉션한다.

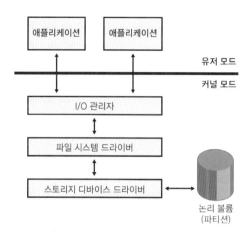

그림 11-17 로컬 FSD

성능을 향상시키고자 로컬 FSD는 일반적으로 캐시 관리자를 사용해 메타데이터가 포함된 파일 시스템 데이터를 캐시한다. FSD는 메모리 관리자와 통합되므로 매핑된 파일이 정상적으로 지원된다. 예를 들어 FSD는 애플리케이션이 파일을 잘라내려고 할 때마다 메모리 관리자에 질의해 잘라내기 지점을 넘어 파일의 일부를 매핑한 프로세스가 없는지 확인해야 한다(메모리 관리자에 대한 세부 내용은 Vol.1의 5장 참고). 윈도우에서는 애플리케이션에서 매핑된 파일 데이터를 잘라 내거나 파일 삭제로 삭제할 수 없다.

로컬 FSD는 파일 시스템 마운트 해제 작업도 지원한다. 이렇게 하면 시스템이 볼륨 객체에서 FSD를 분리할 수 있다. 애플리케이션이 볼륨의 디스크에 있는 콘텐츠에 대한 원시 액세스를 필요로 하거나 볼륨과 연관된 매체가 변경되는 경우 항상 마운트 해제가 발생한다. 마운트 해제 후 애플리케이션이 처음으로 미디어에 액세스하면 I/O 관리자는 미디어의 볼륨 마운트 작업을 다시 시작한다.

원격 FSD

각 원격 FSD는 클라이언트와 서버의 2가지 구성 요소로 구성된다. 클라이언트 측 원격 FSD를 사용하면 애플리케이션이 원격 파일과 디렉터리에 액세스할 수 있다. 클라이언트 FSD 구성 요소는 애플리케이션으로부터 I/O 요청을 수락하고 네트워크 파일 시스템 프로토콜 명령(예를 들어 SMB)으로 변경한다. 이 명령은 FSD가 네트워크를 통해 원격 FSD인 서버 측 구성 요소로 전송한다. 서버 측 FSD는 네트워크 연결에서 명령을 수신하고 명령의 대상이 되는 파일 또는 디렉터리가 있는 볼륨을 관리하는 로컬 FSD에 I/O 요청을 발행해 명령을 실행한다.

윈도우에는 LANMan Redirector라는 이름의 클라이언트 측 원격 FSD(일반적으로 단순히 리다이렉터라고 함)와 LANMan Server(%SystemRoot%\System32\Drivers\Srv2.sys)라는 서버 측 원격 FSD가 포함돼 있다. 그림 11-18은 리다이렉터를 통해 서버에서 원격으로 파일에 액세스하는 클라이언트와 서버 FSD 간의 관계를 보여준다.

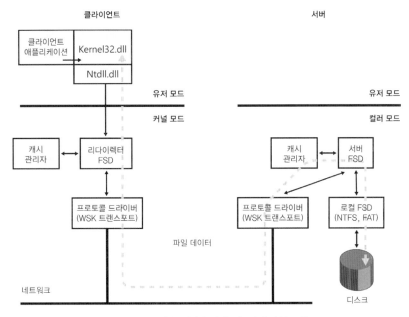

그림 11-18 일반 인터넷 파일 시스템의 파일 공유.

윈도우는 리다이렉터와 서버 간에 교환되는 메시지를 포맷하고자 공통 인터넷 파일 시스템CIFS 프로토콜을 사용한다. CIFS는 마이크로소프트의 SMB(Server Message Block) 프로토콜 버전이다(SMB에 대한 세부 내용은 https://docs.microsoft.com/en-us/windows/win32/fileio/microsoft-smb-protocol-and-cifs-protocol-overview 참고).

로컬 FSD와 마찬가지로 클라이언트 측 원격 FSD는 일반적으로 캐시 관리자 서비스를 사용해 원격 파일과 디렉터리에 속한 파일 데이터를 로컬로 캐시한다. 이 경우 둘 다 서버뿐만 아니라 클라이언트에도 분산 락킹 메커니즘을 지원해야 한다. SMB 클라이언트 측 원격 FSD는 오피락^{oplock, opportunistic lock}이라는 분산 캐시 무결성 프로토콜을 지원하므로 애플리케이션이 원격 파일에 액세스할 때 표시되는 데이터는 동일한 파일에 액세스한다. 다른 컴퓨터에서 실행되는 데이터 애플리케이션과 동일하게 보고 타사 파일 시스템은 오피락 프로토콜을 사용하게 선택할 수도 있고 자체 프로토콜을 지원할 수도 있다. 서버 측 원격 FSD는 클라이언트 간의 캐시 무결성이 유지되지만 로컬 FSD는 자체 데이터를 캐싱하므로 로컬 FSD의 데이터는 캐시하지 않는다.

리소스를 여러 동시 액세스로 공유할 수 있는 경우 항상 리소스에 쓰기를 중재하는 직렬화 메커니즘을 제공해 항상 단일 접근만 리소스에 쓰기를 제공해야 한다. 이 메커니즘이 없으면 리소스가 손상될 수 있다. SMB 프로토콜을 지원하는 모든 파일 서버에서 사용되는 락 메커니즘은 오피락과 리스^{lease}다. 사용하는 메커니즘은 서버와 클라이언트의 기능에 따라 다르며 리스가 우선 메커니즘이다.

오피락: 오피락 기능은 파일 시스템 런타임 라이브러리(FsRtlXxx 함수)에서 지원되며 모든 파일 시스템 드라이버에 사용할 수 있다. 원격 파일 서버 클라이언트는 오피락을 사용해 네트워크 트래픽을 최소화하는 데 사용하는 클라이언트 측 캐시 방법을 동적으로 확인한다. 오피락은 애플리케이션이 파일을 열려고 할 때 파일 시스템 드라이버 또는 리다이렉터에 의해 공유돼 있는 파일에 대해 요청된다. 오피락이 설정되면 클라이언트는 네트워크를 통해 모든 읽기 또는 쓰기를 파일 서버로 보내는 대신 파일을 캐시할 수 있다. 예를 들어 클라이언트는 독점 액세스를 위해 파일을 열고 클라이언트가 파일에 대한 모든 읽기 및 쓰기를 캐시하고 파일이 닫힐 때 업데이트를 파일 서버로 복사할 수 있다. 대조적으로 서버가 클라이언트에 오피락을 설정하지 않으면 모든 읽기와 쓰기를 서버로 보내야 한다.

오피락이 설정되면 클라이언트는 파일 캐시를 시작할 수 있다. 오피락 유형에 따라 허용되는 캐시 유형도 확인된다. 오피락은 클라이언트가 파일 처리를 종료할 때까지 반드시 유지되는 것은 아니다. 서버가 기존의 설정된 락과 호환되지 않는 작업을 수행하면 언제든지 손상될 수 있다. 이는 클라이언트가 오피락 중단에 신속하게 대응하고 캐시 방법을 동적으로 변경할 수 있어야 함을 말한다.

SMB 2.1 이전에는 다음 4가지 유형의 오피락이 있었다.

- **레벨 1, 독점 액세스:** 이 락을 사용하면 클라이언트가 독점 액세스를 위해 파일을 열 수 있다. 클라이언트는 미리 읽기 버퍼링과 읽기 또는 쓰기 캐시를 제공할 수 있다.
- **레벨 2, 공유 액세스:** 이 락은 파일의 여러 동시 리더를 허용하고 라이터는 허용하지 않는다. 클라이언트는 파일 데이터와 속성의 미리 읽기 버퍼링과 읽기 캐시를 제공할 수 있다. 파일에 쓰기가 완료되면 락이 해제됐음을 락 소유자에게 알린다.
- **배치, 독점 액세스:** 이 락의 이름은 파일의 각 행을 처리하고자 열거나 닫는 배치(.bat) 파일을 처리할 때 사용되는 락에서 파생된다. 애플리케이션이 (일시적으로) 파일을 닫은 경우에도 클라이언트는 서버에서 파일을 열어 둘 수 있다. 이 락은 읽기, 쓰기 및 처리 캐시를 지원한다.
- **필터, 독점 액세스:** 이 락은 다른 클라이언트가 같은 파일에 액세스하려고 할 때 락을 포기하는 메커니즘을 애플리케이션 및 파일 시스템 필터에서 제공한다. 단, 레벨 2 락과 달리 파일을 삭제 액세스용으로 열 수 없으며 다른 클라이언트는 공유 위반을 받지 않는다. 이 락 기능은 읽기 및 쓰기 캐시를 지원한다.

간단히 말하면 여러 클라이언트 시스템이 모두 서버에 의해 공유되는 동일한 파일을 캐시하고 있는 경우 (클라이언트 또는 서버에서) 파일에 액세스하는 모든 애플리케이션이 파일을 읽기만 시도하는 한 이러한 읽기는 각 시스템의 로컬 캐시에서 충족될 수 있다. 이렇게 하면 파일 내용이 서버에서 각 시스템으로 전송되지 않기 때문에 네트워크 트래픽이 크게 줄어든다. 락 정보는 클라이언트 시스템과 서버 간에 교환돼야 하지만, 이를 위해서는 가장 낮은 네트워크 대역폭이 필요하다. 그러나 클라이언트 중 하나라도 읽기 및 쓰기 액세스(또는 배타적 쓰기)를 위해 파일을 열면 모든 클라이언트가 로컬 캐시를 사용할 수 없으며 파일에 대한 모든 I/O는 파일이 쓰이지 않더라도 즉시 서버로 전송돼야 한다(락 모드는 개별 I/O 요청이 아닌 파일을 여는 방법에 따라 결정된다).

그림 11-19에 표시된 예는 오피락의 동작을 설명하는 데 도움이 된다. 서버는

액세스를 위해 서버 파일을 여는 첫 번째 클라이언트에게 레벨 1 오피락을 자동으로 설정한다. 클라이언트 리다이렉터는 읽기 및 쓰기 파일 데이터를 모두 클라이언트 시스템의 파일 캐시에 캐시한다. 두 번째 클라이언트가 파일을 열면 클라이언트도 레벨 1 오피락도 요청한다. 하지만 현재 두 클라이언트가 동일한 파일에 액세스하고 있기 때문에 서버는 두 클라이언트에 파일 데이터의 일관된 보기를 제시하는 단계를 수행해야 한다. 그림 11-19와 같이 첫 번째 클라이언트가 파일에 쓰면 서버는 오피락을 취소하고 두 클라이언트 모두 오피락을 설정하지 않는다. 첫 번째 클라이언트의 오피락이 취소되거나 손상된 경우 클라이언트는 파일에 대해 캐시된 데이터를 다시 서버로 플러시한다.

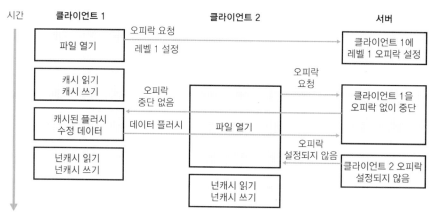

그림 11-19 오피락의 예

첫 번째 클라이언트가 파일에 쓰지 않았다면 첫 번째 클라이언트의 오피락은 서버가 두 번째 클라이언트에 설정하는 것과 동일한 유형의 오피락인 레벨 2 오피락으로 손상됐을 것이다. 이제 두 클라이언트 모두 읽기를 캐시할 수 있지만 어느 쪽이든 파일에 쓸 경우 서버는 캐시되지 않은 작업이 시작되도록 오피락은 취소한다. 일단 오피락이 파손되면 동일한 파일의 열린 인스턴스에 대해 다시 설정되지 않는다. 단, 클라이언트가 파일을 닫았다가 다시 열었을 경우 서버는 파일이 열려 있는 다른 클라이언트와 그중 적어도 1개의 클라이언트가 파일에 쓰였는지 여부를 바탕으로 클라이언트에 설정하는 오피락 수준을 재점검한다.

실습: 등록된 파일 시스템 목록 보기

I/O 관리자는 일반적으로 디바이스 드라이버를 메모리에 로드할 때에 드라이버를 나타내고자 생성하는 드라이버 객체에 이름을 붙여 \Driver 객체 관리자 디렉터리에 배치되게 한다. Type 속성 값이 SERVICE_FILE_SYSTEM_DRIVER(2)인 I/O 관리자가 로드하는 드라이버의 드라이버 객체는 I/O 관리자에 의해 \FileSystem 디렉터리에 배치된다. 따라서 시스인터널스의 WinObj와 같은 도구를 사용하면 다음 스크린샷과 같이 시스템에 등록된 파일 시스템을 볼 수 있다. 파일 시스템 필터 드라이버도 이 목록에 표시된다. 필터 드라이버는 이 절의 뒷부분에서 설명한다.

등록된 파일 시스템을 표시하는 또 다른 방법은 시스템 정보 뷰어를 실행하는 것이다. 시작 메뉴의 파일 이름으로 실행 대화상자에서 Msinfo32를 실행하고 소프트웨어 환경에서 시스템 드라이버를 선택한다. Type 열을 클릭해 드라이버 목록을 정렬하고 Type 속성이 SERVICE_FILE_SYSTEM_DRIVER인 그룹의 드라이버를 함께 정렬한다.

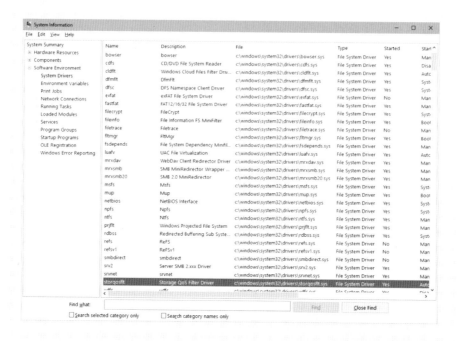

드라이버가 파일 시스템 드라이버 유형으로 등록돼 있다고 해서 로컬 또는 원격 FSD라는 것은 아니다. 예를 들어 Npfs(네임드 파이프 파일 시스템)는 파일 시스템과 같은 개인 네임스페이스를 통해 네임드 파이프를 지원하는 드라이버다. 앞에서 설명한 것처럼 이 목록에는 파일 시스템 필터 드라이버도 포함된다.

리스: SMB 2.1 이전의 SMB 프로토콜은 클라이언트와 서버 간의 에러가 없는 네트워크 연결을 가정하며 일시적인 네트워크 장애, 서버 재시작 또는 클러스터 장애 조치로 인한 네트워크 연결 해제는 허용하지 않는다. 클라이언트가 네트워크 연결이 끊어진 이벤트를 받으면 영향을 받는 서버에 대해 열려 있는 모든 핸들이 분리돼 격리된 핸들에 대한 모든 이후 I/O 작업이 실패한다. 마찬가지로 서버는 연결이 끊긴 유저 세션과 연관된 모든 열린 핸들과 자원을 해제한다. 이 동작으로 인해 애플리케이션이 상태를 잃어 불필요한 네트워크 트래픽이 발생한다.

SMB 2.1에서는 리스 개념이 오피락과 유사한 새로운 유형의 클라이언트 캐싱 메커니즘으로 도입됐다. 리스와 오피락의 목적은 동일하지만 리스는 더 나은 유연성과 훨씬 더 나은 성능을 제공한다.

- **읽기(R), 공유 액세스:** 파일의 여러 동시 읽기를 허용하고 쓰기는 허용하지 않는다. 이 리스를 통해 클라이언트는 미리 읽기 버퍼링과 읽기 캐싱을 수행할 수 있다.
- **읽기 처리(RH), 공유 액세스:** 이는 레벨 2 오피락과 비슷하지만 클라이언트 액세서가 파일을 닫은 경우에도 클라이언트가 서버에서 파일을 열린 상태로 유지할 수 있다는 추가 이점이 있다(캐시 관리자는 기록되지 않은 데이터를 지연 플러시하고 메모리 가용성에 따라 변경되지 않은 캐시 페이지를 삭제한다). 이는 파일 핸들을 열고 닫는 사이에 리스를 해제할 필요가 없어 레벨 2 오피락보다 낫다(이런 점에서 패치 오피락과 비슷한 의미를 제공한다). 이 유형의 리스는 파일을 닫을 때 캐시가 비활성화되지 않고 파일을 다시 열 때 캐시가 다시 채워지지 않기 때문에 파일을 반복적으로 열거나 닫을 때 특히 유용하다. 이렇게 하면 복잡한 I/O를 많이 사용하는 애플리케이션의 성능이 크게 향상된다.
- **읽기/쓰기(RW), 독점 액세스:** 이 리스를 통해 클라이언트는 독점 액세스를 위해 파일을 열 수 있다. 이 락을 사용하면 클라이언트가 미리 읽기 버퍼링과 읽기 또는 쓰기 캐시를 수행할 수 있다.
- **읽기-쓰기-처리(RWH), 독점 액세스:** 이 락을 사용하면 클라이언트가 독점 액세스를 위해 파일을 열 수 있다. 이 리스는 읽기, 쓰기 및 핸들 캐싱을 지원한다(읽기 핸들 리스와 유사).

리스가 오피락보다 낫다는 또 다른 이점은 클라이언트가 파일에 대해 여러 핸들을 열어도 파일이 캐시될 수 있다는 것이다(이는 많은 애플리케이션에서 일반적인 동작이다). 이것은 클라이언트에 의해 생성돼 캐시된 파일의 파일 제어 블록^{FCB}과 관련된 리스키(GUID를 사용해 지원됨)를 사용해 지원되고 이에 의해 같은 파일의 모든 핸들이 같은 리스 상태를 공유할 수 있게 돼서 핸들에 의한 캐싱이 아닌 파일에 의한 캐싱이 가능하게 된다. 리스가 도입되기 전에는 동일한 클라이언트에서도 파일에 새 핸들이 열릴 때마다 오피락이 손상됐다. 그림 11-20은 오피락의 동작을 나타내고 그림 11-21은 새로운 리스 동작을 보여준다.

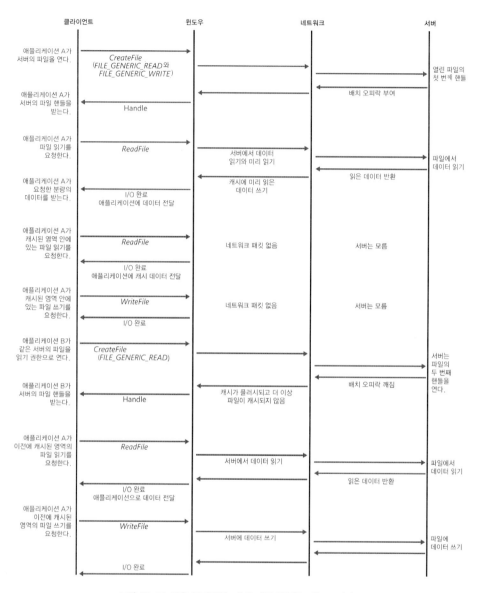

그림 11-20 같은 클라이언트에서 다중 핸들을 갖는 오피락

SMB 2.1 이전에는 오피락이 허용하거나 해제할 수만 있었지만 리스를 변경될 수도 있다. 예를 들어 읽기 리스를 읽기/쓰기 리스로 변경하면 (레벨 2 오피락) 오피락 파손과 마찬가지로 특정 파일의 캐시를 무효화하고 다시 채울 필요가 없기 때문에 네트워크 트래픽을 대폭 줄일 수 있다.

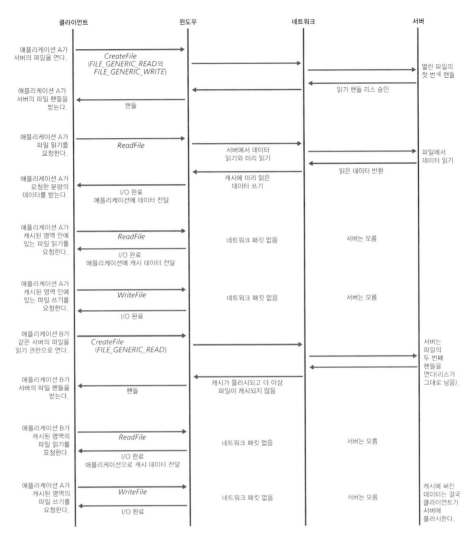

클라이언트	윈도우	네트워크	서버

애플리케이션 A가
서버의 파일을 연다.

CreateFile
(FILE_GENERIC_READ와
FILE_GENERIC_WRITE)

열린 파일의
첫 번째 핸들

애플리케이션 A가
서버의 파일 핸들을
받는다.

핸들

읽기 핸들 리스 승인

애플리케이션 A가
파일 읽기를
요청한다.

ReadFile

서버에서 데이터
읽기와 미리 읽기

파일에서
데이터 읽기

애플리케이션 A가
요청한 분량의
데이터를 받는다.

I/O 완료
애플리케이션에 데이터 전달

캐시에 미리 읽은
데이터 쓰기

읽은 데이터 반환

애플리케이션 A가
캐시된 영역 안에
있는 파일 읽기를
요청한다.

ReadFile

네트워크 패킷 없음

서버는 모름

I/O 완료
애플리케이션에 캐시 데이터 전달

애플리케이션 A가
캐시된 영역 안에
있는 파일 쓰기를
요청한다.

WriteFile

네트워크 패킷 없음

서버는 모름

I/O 완료

애플리케이션 B가
같은 서버의 파일을
읽기 권한으로 연다.

CreateFile
(FILE_GENERIC_READ)

서버는
파일의
두 번째
핸들을
연다(리스가
그대로 남음).

애플리케이션 B가
서버의 파일 핸들을
받는다.

핸들

캐시가 플러시되고 더 이상
파일이 캐시되지 않음

애플리케이션 B가
캐시된 영역의
파일 읽기를
요청한다.

ReadFile

네트워크 패킷 없음

서버는 모름

I/O 완료
애플리케이션으로 캐시 데이터 전달

애플리케이션 A가
캐시된 영역의
파일 쓰기를
요청한다.

WriteFile

네트워크 패킷 없음

서버는 모름

캐시에 써진
데이터는 결국
클라이언트가
서버에
플러시한다.

I/O 완료

그림 11-21 같은 클라이언트에서 다중 핸들을 갖는 리스

파일 시스템 동작

애플리케이션과 시스템은 2가지 방법으로 파일에 액세스하는데, ReadFile과 WriteFile 같은 파일 I/O 함수를 이용해 직접 액세스하는 방식과 매핑된 파일 섹션을 나타내는 주소 공간에 대한 읽기나 쓰기를 통한 간접 액세스 방식이 있다. 파일 매핑은 Vol.1의 5장을 참고한다. 그림 11-22는 파일 시스템의 동작에 관여하

는 구성 요소들과 그들의 상호작용을 간단히 나타낸 것이다. 보다시피 여러 경로를 통해 FSD를 호출할 수 있다.

- 명시적인 파일 I/O를 수행하는 유저나 시스템 스레드로부터
- 메모리 관리자의 변경 페이지 라이터와 맵드 페이지 라이터로부터
- 캐시 관리자의 지연 라이터에서의 액세스로부터 간접적으로
- 캐시 관리자의 미리 읽기 스레드로부터 간접적으로
- 메모리 관리자의 페이지 폴트 핸들러로부터

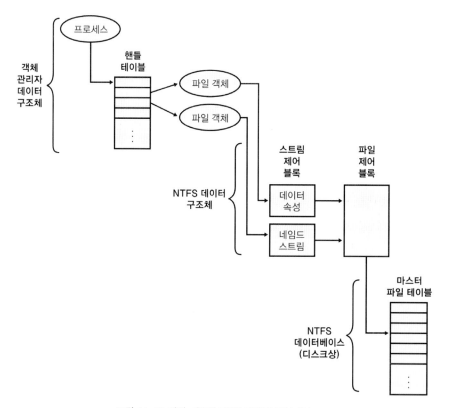

그림 11-22 파일 시스템 I/O와 관련된 구성 요소

이후의 절에서는 이런 각 시나리오에 대한 주위 여건과 각 시나리오에서 FSD가 취하는 조치를 살펴본다. FSD가 메모리 관리자나 캐시 관리자에 얼마나 의존적인지 보게 될 것이다.

명시적 파일 I/O

애플리케이션이 파일에 액세스하는 가장 확실한 방법은 CreateFile, ReadFile, WriteFile 같은 윈도우 I/O 함수를 호출하는 것이다. 애플리케이션은 Createfile을 이용해 파일을 열고, CreateFile로 얻은 파일 핸들을 다른 윈도우 함수에 전달해 읽기나 쓰기, 삭제 등의 작업을 수행한다. CreateFile 함수는 윈도우 클라이언트 단의 DLL인 Kernel32.dll에 구현돼 있으며, 네이티브 함수인 NtCreateFile을 호출해 애플리케이션이 전달한 경로를 루트 디렉터리에 상대적인 완전한 경로 형태로 만들고(경로 이름에서 '.'와 '..' 기호를 처리한다) 앞에 '\??'를 붙인다(예를 들어 \\??\C:\Daryl\Toto.txt).

NtCreateFile 시스템 서비스는 파일을 열고자 ObOpenObjectByName을 사용한다. 이 함수는 이름이 객체 관리자 루트 디렉터리로 시작하고 경로 이름의 첫 번째 구성 요소("??")로 시작하는지 파싱한다. 8장에서 객체 관리자 이름 규칙과 프로세스 디바이스 맵에 대해 이런 규칙을 사용하는 방법을 자세히 다뤘지만 여기서 볼륨 드라이브 문자 검사에 초점을 맞춰 객체 관리자가 수행하는 과정들을 다시 한 번 살펴본다.

객체 관리자가 수행하는 첫 번째 단계는 \??를 프로세스 객체 내의 디바이스 맵 구조체의 DosDeviceDirectory 필드가 참조하는 프로세스 세션별 네임스페이스 디렉터리로 변경하는 것이다. 이 디렉터리는 로그온 세션이 로그온 세션 토큰 내의 필드를 참조함으로써 로그온 세션 내의 첫 번째 프로세스로부터 전파된 것이다. 네트워크 공유나 Subst.exe 도구로 매핑된 드라이브 문자 용도의 볼륨 이름만이 일반적으로 세션별 디렉터리에 저장된다. 따라서 이들 시스템에서 이름(이 경우 C:)이 세션별 디렉터리에 들어있지 않는다면 객체 관리자는 세션별 디렉터리와 연관된 디바이스 맵의 GlobalDosDevicesDirectory 필드에 의해 참조되는 디렉터리에서 탐색을 다시 시작한다. GlobalDosDevicesDirectory는 \Global?? 디렉터리(윈도우가 로컬 볼륨에 대한 볼륨 문자를 저장하는 곳)를 가리킨다. 세부 내용은 8장의 '세션 네임스페이스' 절을 참고한다. 프로세스는 RPC와 같은 프로토콜로 가장할 때 중요한 특성인 자체 장치 맵을 가질 수 있다.

볼륨 드라이브 문자의 심볼릭 링크는 \Device 아래의 볼륨 디바이스 객체를 가리킨다. 따라서 객체 관리자가 볼륨 객체를 만나면 객체 관리자는 나머지 경로의 이름을 파싱 함수(IopParseDevice)로 넘겨준다. 이 함수는 I/O 관리자가 해당 디바이스 객체에 대해 등록한 것이다(동적 디스크의 볼륨에서 심볼릭 링크는 볼륨 디바이스 객체를 가리키는 매개체 심볼릭 링크를 가리킨다). 그림 11-23은 볼륨 객체가 객체 관리자의 네임스페이스를 통해 어떻게 액세스되는지 보여준다. 또한 \GLOBAL??\C: 심볼릭 링크가 \Device\HarddiskVolume6 볼륨 디바이스 객체를 어떻게 가리키는지 보여준다.

IopParseDevice 함수는 호출자의 보안 콘텍스트를 락시키고 호출자의 토큰으로부터 보안 정보를 얻은 다음에 IRP_MJ_CREATE 타입의 I/O 요청 패킷[IRP]을 생성한다. 또한 이 함수는 오픈된 파일의 이름을 저장하는 파일 객체를 생성하고 해당 볼륨 디바이스 객체의 VPB를 따라가서 볼륨에 마운트된 파일 시스템 디바이스 객체를 찾는다. 그리고 이 함수는 IoCallDriver를 사용해 IRP를 해당 파일 시스템 디바이스 객체를 소유한 파일 시스템 드라이버로 전달한다.

FSD는 IRP_MJ_CREATE IRP를 받으면 명시된 파일을 찾아 보안 유효성 검사를 수행한다. 그리고 파일이 존재하고 해당 유저가 요청한 파일 액세스에 적합한 권한을 갖고 있다면 성공 상태 코드를 반환한다. 객체 관리자는 파일 객체에 대한 핸들을 해당 프로세스 핸들 테이블에 생성하고, 이 핸들은 호출 체인으로 전파돼 최종적으로 CreateFile 함수의 반환 인자로 애플리케이션에 전달된다. 파일 시스템이 생성 작업에 실패한다면 I/O 관리자는 해당 파일에 대해 생성했던 파일 객체를 삭제한다.

여기서는 FSD가 볼륨에서 오픈되는 파일을 어떻게 찾는지에 대한 세부 내용은 생략한다. 하지만 ReadFile 함수 호출 동작에는 캐시 관리자 및 스토리지 드라이버와 FSD 간의 많은 상호 연동 동작이 존재한다. ReadFile과 CreateFile 둘 다 I/O 관리자 함수로 매핑되는 시스템 콜이지만 NtReadFile 시스템 서비스는 이름 찾기 작업을 수행할 필요가 없다. 이 함수는 객체 관리자를 호출해 ReadFile을 통해 전달된 핸들을 파일 객체 포인터로 변경한다. 파일이 열렸을 때 호출자가 읽을 수 있는 권한이 있음을 핸들이 나타낸다면 NtReadFile은 IRP_MJ_READ 타입의 IRP를 생성해 파일이 있는 볼륨의 FSD로 전달한다. NtReadFile은 파일 객체가 저장돼 있는 해당 FSD의 디바이스 객체를 구해 IoCallDriver를 호출한다. I/O 관리자는 디바이스 객체에서 FSD를 찾아 IRP를 FSD로 전달한다.

그림 11-23 드라이버 문자 해석

읽을 파일이 캐시될 수 있다면(즉, 파일을 열 때 FILE_FLAG_NO_BUFFERING 플래그가 CreateFile에 전달되지 않은 경우) FSD는 이 파일 객체에 캐싱 작업이 이미 시작됐는지 확인한다. 캐싱 작업이 이미 시작됐다면 파일 객체의 PrivateCacheMap 필드는 전용 캐시 맵 데이터 구조체(앞에서 설명했다)를 가리킨다. FSD가 해당 파일 객체에 캐싱을 초기화(파일에 대한 최초의 읽기 작업이나 쓰기 작업 시에 수행함)하지 않았다면 PrivateCacheMap 필드는 null이다. FSD는 캐시 관리자의 CcInitializeCacheMap 함수를 호출해 캐싱 작업을 초기화한다. 캐시 관리자의 전용 캐시 맵을 생성하고 다른 파일 객체가 아직 캐싱이 이뤄지지 않은 동일한 파일을 참조하고 있다면 캐시 관리자의 공유 캐시 맵과 섹션 객체를 생성하는 작업이 초기화에 포함된다.

FSD는 파일에 캐싱이 가능한 상태임을 검증한 후부터는 요청된 파일 데이터를 캐시 관리자의 가상 메모리로부터 스레드가 ReadFile 함수로 넘긴 버퍼로 복사한다. 파일 시스템은 이 복사 작업을 try/except 블록 내에서 수행해 유효하지 않은 애플리케이션 버퍼에서 발생하는 에러들을 검출한다. 파일 시스템이 이런 복사 작업을 수행하고자 이용하는 함수는 캐시 관리자의 CcCopyRead 함수다. CcCopyRead는 인자로 파일 객체와 파일 오프셋, 길이를 가진다.

캐시 관리자는 CcCopyRead를 실행할 때 파일 객체에 저장돼 있는 공유 캐시 맵에 대한 포인터를 구한다. 설명한 것처럼 공유 캐시 맵은 가상 주소 제어 블록^{VACB}에 대한 포인터를 저장하고 있다. 단일의 VACB는 파일의 256KB 블록에 해당된다. 읽고 있는 파일의 특정 영역에 대한 VACB가 null이라면 CcCopyRead는 VACB를 할당하고 캐시 관리자의 가상 주소 공간에 256KB 뷰를 확보해 MmMapViewInSystemCache로 해당 영역의 파일을 이 뷰에 매핑한다. 이제 CcCopyRead는 단순히 넘겨진 버퍼 (ReadFile에 넘겨진 버퍼)에 매핑된 뷰로부터 파일 데이터를 복사한다. 파일 데이터가 물리 메모리에 있지 않다면 이 복사 작업은 페이지 폴트를 일으키며, 이 폴트는 MmAccessFault에 의해 처리된다.

페이지 폴트가 발생할 때 MmAccessFault는 폴트를 유발한 가상 주소를 검사하고 폴트를 일으킨 프로세스의 가상 주소 디스크립터^{VAD} 트리에서 해당 VAD를 찾는다 (VAD 트리는 Vol.1의 5장을 참고한다). 이 시나리오에서 VAD는 캐시 관리자가 읽기 중인 파일의 매핑된 뷰를 기술한다. 따라서 MmAccessFault는 MiDispatchFault를 호출해 유효한 가상 메모리 주소로 페이지 폴트를 처리한다. MiDispatchFault는 VAD가 가리키는 제어 영역을 찾고, 이를 통해 오픈 파일을 나타내는 파일 객체를 찾는다(해당 파일이 한 번 이상 열렸다면 각 전용 캐시 맵 내의 포인터를 통해 연결된 파일 객체의 리스트가 있을 수 있다).

MiDispatchFault는 파일 객체로 I/O 관리자의 IoPageRead 함수를 호출해 IRP_MJ_READ 타입의 IRP를 만들고, 이를 파일 객체가 가리키는 디바이스 객체를 소유한 FSD에 전달한다. 따라서 파일 시스템은 CcCopyRead에 의해 요청된 데이터를 읽기 위해 재진입된다. 하지만 이 경우에는 IRP에 넌캐시드와 페이징 I/O가 설정된다. 이들 플래그는 파일 데이터를 디스크에서 직접 구하도록 FSD에게 알려준다. FSD 는 요청된 데이터가 있는 디스크의 해당 클러스터를 확인하고(정확한 메커니즘은 파일 시스템에 따라 다르다) 파일이 위치한 볼륨 디바이스 객체를 소유한 볼륨 관리자에게 이 IRP를 전달한다. FSD의 디바이스 객체 내의 볼륨 인자 블록^{VPB} 필드는 볼륨 디바이스 객체를 가리킨다.

메모리 관리자는 FSD가 읽기 IRP의 처리를 끝내기를 기다린 후 제어권을 캐시 관리자에게 넘긴다. 캐시 관리자는 페이지 폴트로 인해 중단됐던 복사 작업을 계속 진행한다. CcCopyRead가 완료되면 FSD는 NtReadFile을 호출한 스레드로 제어권을 돌려준다. 이때 요청된 파일 데이터는 캐시 관리자와 메모리 관리자의 도움으로 스레드의 버퍼에 복사가 완료된다.

WriteFile의 경로도 이와 유사하며, 차이점은 NtWriteFile 시스템 서비스가 IRP_MJ_WRITE 타입의 IRP를 생성하고 FSD는 CcCopyRead 대신 CcCopyWrite 함수를 호출한다는 점이다. CcCopyWrite는 CcCopyRead처럼 쓰기 작업이 일어나는 파일의 영역이 캐시에 매핑돼 있는지 확인하고 WriteFile에 전달된 버퍼를 캐시에 복사한다.

파일 데이터가 (시스템 작업 집합에) 이미 캐시돼 있다면 방금 설명한 시나리오에 약간의 변화가 생긴다. 파일 데이터가 이미 캐시에 저장돼 있다면 CcCopyRead 함수는 페이지 폴트를 일으키지 않는다. 또한 특정 상황에서 NtReadFile과 NtWriteFile은 IRP를 만들고 FSD에 IRP를 전달하는 대신 FSD의 패스트 I/O 진입점을 호출한다. 다음과 같은 조건이 이에 해당한다. 읽으려는 파일의 해당 부분은 파일의 4GB 범위 내에 있어야 하고 파일은 락을 가질 수 없으며, 읽거나 쓰려는 파일 영역은 파일의 현재 할당된 크기 내에 있어야 한다.

대부분 FSD에서 패스트 I/O 읽기/쓰기의 진입점은 캐시 관리자의 CcFastCopyRead 와 CcFastCopyWrite 함수를 호출한다. 표준 복사 루틴에 대한 이와 같은 변경 사항은 해당 파일의 데이터가 복사 작업이 수행되기 전에 시스템 캐시에 매핑돼 있음을 보장해야 한다. 이 조건이 충족되지 않는다면 CcFastCopyRead와 CcFastCopyWrite는 패스트 I/O가 불가능함을 알려준다. 패스트 I/O가 불가능한 경우 NtReadFile과 NtWriteFile은 IRP를 생성한다(패스트 I/O에 대한 자세한 설명은 이전의 '패스트 I/O' 절 참고).

메모리 관리자의 변경 페이지 라이터와 맵드 페이지 라이터

메모리 관리자의 변경 페이지나 맵드 페이지 라이터 스레드는 주기적으로 깨어나서(그리고 가용 메모리가 부족해질 때) 변경된 페이지를 디스크의 저장소에 플러시시킨다. 이들 스레드는 IoAsynchronousPageWrite 함수를 호출해 IRP_MJ_WRITE 타입의 IRP를 생성하고, 페이지를 페이징 파일이나 매핑된 파일에 쓴다. MiDispatchFault가 생성하는 IRP처럼 이들 IRP도 넌캐시드와 페이징 I/O의 플래그를 가진다. 따라서 FSD는 파일 시스템 캐시를 우회하고 IRP를 스토리지 드라이버에 직접 전달해 메모리 내용을 디스크에 쓰게 한다.

캐시 관리자의 지연 라이터

캐시 관리자의 지연 라이터 스레드 또한 변경된 페이지 기록에 있어 역할을 담당한다. 이 스레드는 캐시에 매핑된 파일 섹션의 변경된 뷰를 주기적으로 플러시시킨다. 캐시 관리자가 MmFlushSection을 호출해 수행하는 이 플러시 동작은 메모리 관리자로 하여금 플러시되는 섹션 부분 내의 변경된 페이지들을 디스크에 쓰게 한다. 변경 페이지나 맵드 페이지 라이터처럼 MmFlushSection도 IoSynchronous PageWrite를 이용해 데이터를 FSD로 전달한다.

캐시 관리자의 미리 읽기 스레드

캐시는 프로그램이 코드와 데이터를 어떻게 참조하는지에 따라 시간 지역성과 공간 지역성이라는 2가지 구조를 이용한다. 시간 지역성의 개념은 어떤 메모리 위치가 참조되면 이 메모리는 곧이어 다시 참조될 가능성이 높다는 것이다. 공간 지역성은 어떤 메모리 위치가 참조되면 근처의 메모리가 곧이어 참조될 가능성이 높다는 것이다. 캐시는 일반적으로 직전에 읽었던 메모리 위치를 액세스할 때 속도를 향상시켜 주지만 접근하지 않았던 메모리 영역에 액세스하는 속도는 올리지 못한다(예측하는 능력은 없다). 곧 사용될 가능성이 있는 데이터를 캐시에 올려놓기 위한 방법으로 캐시 관리자는 미리 읽기 스레드와 슈퍼패치Superfetch라는 2가지 메커니즘을 지원한다.

앞 절에서 설명한 것처럼 캐시 관리자는 애플리케이션이나 드라이버, 시스템 스레드가 명시적으로 데이터를 요청하기 이전에 미리 파일에서 데이터 읽기를 시도하는 역할을 하는 스레드를 가진다. 미리 읽기 스레드는 파일 객체의 전용 캐시맵에 저장돼 있는 해당 파일에 대한 읽기 작업의 히스토리 데이터를 이용해 데이터를 얼마나 읽어야 할지 확인한다. 이 스레드가 미리 읽기를 수행할 때 읽으려는 파일의 해당 부분을 캐시에 매핑하고(필요한 경우 VACB 할당) 매핑된 데이터를 사용한다. 메모리 액세스에 의해 발생되는 페이지 폴트로 인해 페이지 폴트 핸들러가 호출되며, 이 핸들러는 해당 페이지를 시스템 작업 집합에 읽어들인다.

미리 읽기 스레드의 한계는 열려 있는 파일에서만 동작한다는 것이다. 윈도우에 추가된 슈퍼패치는 파일이 열리기도 전에 파일을 캐시에 추가한다. 특별히 메모리 관리자가 페이지 사용 정보를 슈퍼패치 서비스(%SystemRoot%\System32\Sysmain.dll)에 전달하고 파일 시스템 미니필터가 파일 이름 확인 데이터를 제공한다. 슈퍼패치 서비스는 파일의 사용 패턴을 찾으려고 하는데, 예를 들면 급여 명세서는 매주 금요일 12:00에 실행된다거나 아웃룩은 매일 아침 8:00에 실행된다는 등의 패턴이다. 이런 패턴이 나타나면 이 정보는 데이터베이스에 저장되고 타이머를 요청한다. 파일이 자주 사용되던 시간 직전에 타이머가 실행돼 메모리 관리자에게 그 파일을 (낮은 우선순위의 디스크 I/O를 이용해) 우선순위가 낮은 메모리에 읽어 놓으라고 한다. 이후 파일이 열리면 데이터는 이미 메모리에 있으므로 디스크에서 데이터를 읽느라 기다릴 필요가 없다. 파일이 열리지 않으면 메모리는 시스템에 반환될 것이다. 슈퍼패치 서비스의 내부 및 전체 설명은 Vol.1의 5장에서 설명했다.

메모리 관리자의 페이지 폴트 핸들러

명시적인 파일 I/O나 캐시 관리자의 미리 읽기 측면에서 페이지 폴트 핸들러가 어떻게 사용되는지 설명했다. 하지만 페이지 폴트 핸들러는 애플리케이션이 매핑된 파일의 뷰에 해당하는 가상 메모리에 액세스할 때와 메모리에 아직 존재하지 않는 파일의 영역을 나타내는 페이지를 만났을 때도 호출된다. 메모리 관리자의 MmAccessFault 핸들러는 캐시 관리자가 CcCopyRead 함수나 CcCopyWrite 함수에서 IoPageRead를 통해 파일이 저장된 파일 시스템으로 IRP를 전달하는 과정에서 페이지 폴트를 일으킨 경우에 취하는 동일한 처리 과정을 수행한다.

파일 시스템 필터 드라이버와 미니필터

파일 시스템 드라이버 상단에서 계층을 형성하는 필터 드라이버를 파일 시스템 필터 드라이버라고 한다. 윈도우 I/O 모델은 다음 2가지 유형의 파일 시스템 필터 드라이버를 지원한다.

- 레거시 파일 시스템 필터 드라이버는 일반적으로 하나 이상의 디바이스 객체를 만들고 `IoAttachDeviceToDeviceStack` API를 통해 파일 시스템 장치에 연결한다. 레거시 필터 드라이버는 캐시 관리자 또는 I/O 관리자의 모든 요청을 인터셉트해 표준 IRP 디스패치 기능과 빠른 I/O 경로를 모두 지원한다. 이러한 종류의 드라이버(동기화 문제, 문서화되지 않은 인터페이스, 원본 파일 시스템에 대한 의존성 등)의 개발은 복잡하기 때문에 마이크로소프트는 미니필터minifilters라고 불리는 특수 드라이버를 사용하는 통합 필터 모델을 개발해 레거시 파일 시스템 드라이버가 사라지게 됐다(IoAttachDeviceToDeviceStack API가 DAX 볼륨에 대해 호출되면 실패한다).

- 미니필터 드라이버는 파일 시스템 필터 관리자(Fltmgr.sys)의 클라이언트다. 파일 시스템 필터 관리자는 파일 시스템 필터를 생성하고자 다양하고 문서화된 인터페이스를 제공해 레거시 파일 시스템 필터 드라이버로 파일 시스템 드라이버와 캐시 관리자 간의 모든 상호작용 뒤에 복잡한 것들을 숨긴다. 미니필터는 `FltRegisterFilter` API를 통해 필터 관리자에 등록한다. 호출자는 일반적으로 인스턴스 설정 루틴과 여러 작업 콜백을 지정한다. 인스턴스 설정은 파일 시스템이 관리하는 모든 유효한 볼륨 장치에 대해 필터 관리자가 호출한다. 미니필터에는 볼륨에 연결할지 여부를 확인할 수 있다. 미니필터는 모든 주요 IRP 함수 코드의 프리Pre 및 포스트Post 작업 콜백 및 파일 시스템 액세스 패턴과 연관된 내부 메모리 관리자 또는 캐시 관리자의 의미를 설명하는 특정 '모의 작업'을 지정할 수 있다. 프리 콜백은 I/O가 파일 시스템 드라이버에 의해 처리되기 전에 실행되지만 포스트 콜백은 I/O 작업이 완료된 후에 실행된다. 필터 관리자는 미니필터

드라이버와 관련 유저 모드 애플리케이션 간에 사용할 수 있는 고유한 통신 기능도 제공한다.

모든 파일 시스템 요청을 표시하고 선택적으로 변경하거나 완료하는 기능은 원격 파일 복제 서비스, 파일 암호화, 효율적인 백업, 라이선스 등 여러 애플리케이션을 가능하게 한다. 모든 멀웨어 방지 제품에는 일반적으로 파일을 열거나 수정하는 애플리케이션을 가로채는 미니필터 드라이버가 포함돼 있다. 예를 들어 명령을 보낼 파일 시스템 드라이버로 IRP를 전파하기 전에 멀웨어 스캐너는 열려 있는 파일을 검사해 파일이 깨끗한지 확인한다. 클린 파일이면 멀웨어 스캐너가 IRP를 전달하지만 파일이 감염된 경우 멀웨어 스캐너는 파일을 격리하거나 치료한다. 파일을 치료할 수 없으면 드라이버가 IRP에 실패하고(일반적으로 액세스 거부 에러가 발생) 멀웨어가 활성화되지 않는다.

미니필터와 레거시 필터 드라이버의 전체 아키텍처를 자세히 설명하는 것은 이 장에서 다루지 않는다. 기존 필터 드라이버 아키텍처에 대한 세부 내용은 Vol.1의 6장을 참고한다. 미니필터에 대한 세부 내용은 MSDN(https://docs.microsoft.com/en-us/windows-hardware/drivers/ifs/file-system-minifilter-drivers)을 참고한다.

데이터 스캔 섹션

윈도우 8.1부터 필터 관리자는 파일 시스템 드라이버와 함께 동작해 멀웨어 방지 제품에서 사용할 수 있는 데이터 스캔 섹션 객체를 제공한다. 데이터 스캔 섹션 객체는 다음을 제외하고 표준 섹션 객체와 유사하다(섹션 객체에 대한 세부 내용은 Vol.1의 5장 참고).

- 데이터 스캔 섹션 객체는 미니필터 콜백 함수, 즉 IRP_MJ_CREATE 함수 코드를 관리하는 콜백에서 생성할 수 있다. 이러한 콜백은 애플리케이션이 파일을 열거나 만들 때 필터 관리자에 의해 호출된다. 멀웨어 방지 스캐너는 데이터 스캔 섹션을 만들고 콜백을 완료하기 전에 스캔을 시작할 수 있다.
- 데이터 스캔 섹션을 만드는 데 사용되는 API인 FltCreateSectionForDataScan은 FILE_OBJECT 포인터가 반환된다. 이는 호출자가 파일 핸들을 제공할

필요가 없음을 의미한다. 일반적으로 파일 핸들은 아직 존재하지 않기 때문에 FltCreateFile API를 사용해 ⁽ᵃ⁾생성해야 한다. 그러면 다른 파일 생성 IRP가 생성돼 하위 수준 파일 시스템 필터와 재귀적으로 상호작용한다. 새로운 API를 사용하면 이러한 추가 재귀 호출이 생성되지 않기 때문에 프로세스가 훨씬 빠르다.

데이터 스캔 섹션은 기존 API를 사용해 일반 섹션처럼 매핑할 수 있다. 이를 통해 바이러스 백신 애플리케이션은 스캔 엔진을 유저 모드 애플리케이션이나 커널 모드 드라이버로 지원할 수 있다. 데이터 스캔 섹션이 매핑된 경우에도 IRP_MJ_ READ 이벤트는 미니필터 드라이버에서 생성되지만 미니필터에 읽기 콜백을 포함할 필요가 없어 문제가 되지 않는다.

네임드 파이프 및 메일슬롯 필터링

유저 애플리케이션에 속한 프로세스가 다른 엔터티(프로세스, 커널 드라이버 또는 원격 애플리케이션)와 통신해야 하는 경우 운영체제에서 제공하는 기능을 사용할 수 있다. 다른 운영체제 간에 호환이 되기 때문에 오랫동안 가장 많이 사용되는 것이 네임드 파이프named pipes와 메일슬롯mailslots다. 네임드 파이프는 파이프 서버와 하나 이상의 파이프 클라이언트 사이의 지정된 단방향 통신 채널이다. 네임드 파이프의 모든 인스턴스는 동일한 파이프 이름을 공유하지만 각 인스턴스에는 고유 버퍼와 핸들이 있고 클라이언트/서버 통신을 위한 별도의 채널을 제공한다. 네임드 파이프는 파일 시스템 드라이버인 NPFS 드라이버(Npfs.sys)를 통해 지원된다.

메일슬롯은 메일슬롯 서버와 하나 이상의 클라이언트 간의 다방향 통신 채널이다. 메일슬롯 서버는 CreateMailslot 윈도우API를 통해 메일슬롯을 만드는 프로세스로, 하나 이상의 클라이언트에서 생성된 작은 메시지(원격 컴퓨터 간에 전송되는 경우 최대 424바이트)까지 읽을 수 있다. 클라이언트는 메일슬롯에 메시지를 쓰는 프로세스다. 클라이언트는 표준 CreateFile API를 통해 메일슬롯에 연결하고 WriteFile 함수를 통해 메시지를 보낸다. 메일슬롯은 일반적으로 도메인 내에서 메시지를 브로드캐스트broadcasting하는 데 사용된다. 도메인의 여러 서버 프로세스가 동일한 이름을 사용해 메일슬롯을 만드는 경우 해당 메일슬롯에 주소가 지정돼 도메인으로 전송되는 모든 메시지가 연결된 프로세스에 의해 수신된다. 메일슬롯은 메일슬롯 파일 시스템 드라이버 Msfs.sys를 통해 지원된다.

메일슬롯과 NPFS 드라이버는 모두 간단한 파일 시스템을 지원한다. 이들은 보안을 지원하고 열기, 닫기, 읽기, 쓰기 등이 가능한 파일과 디렉터리로 구성된 네임스페이스를 관리한다. 두 드라이버에 관한 설명은 이번 장에서 하지 않겠다.

윈도우 8부터 메일슬롯과 네임드 파이프는 필터 관리자에서 지원된다. 미니필터는 등록 시 지정한 FLTFL_REGISTRATION_SUPPORT_NPFS_MSFS 플래그를 통해 메일슬롯 및 네임드 파이프 볼륨(실제 볼륨이 아닌 \Device\NamedPipe 및 \Device\Mailslot)에 연결할 수 있다. 미니필터는 로컬 프로세스와 원격 프로세스 사이 및 유저 애플리케이션과 커널 드라이버 사이에 발생하는 모든 네임드 파이프와 메일슬롯 I/O를 인터셉트해 수정할 수 있다. 또한 미니필터는 FltCreateNamedPipeFile 또는 FltCreateMailslotFile API를 통해 재귀 이벤트를 생성하지 않고 네임드 파이프 또는 메일슬롯을 열거나 만들 수 있다.

> 네임드 파이프 및 메일슬롯 파일 시스템 드라이버가 NTFS 및 ReF에 비해 간단한 이유 중 하나는 캐시 관리자와 크게 상호작용하지 않기 때문이다. 네임드 파이프 드라이버는 빠른 I/O 경로를 제공하지만 캐시된 읽기 또는 쓰기를 지원하지 않는다. 메일슬롯 드라이버는 캐시 관리자와는 상호작용하지 않는다.

리파스 포인트의 동작 제어

NTFS 파일 시스템은 리파스 포인트^{reparse point}에 연결되는 16KB 애플리케이션 블록과 시스템 정의된 리파스 데이터의 개념을 제공한다(리파스 포인트는 이 장 뒷부분의 여러 절에서 자세히 설명한다). 볼륨 마운트 포인트 또는 심볼릭 링크와 같은 일부 유형의 리파스 포인트에는 플레이스홀더로 사용되는 원래 파일(또는 빈 디렉터리)과 다른 볼륨에 배치할 수 있는 다른 파일 사이의 링크가 포함된다. NTFS 파일 시스템 드라이버가 경로에서 리파스 포인트를 감지하면 장치 스택의 상위 드라이버에 에러 코드를 반환한다. 후순위(다른 필터 드라이버일 수 있음)는 리파스 포인트의 내용을 분석하고 심볼릭 링크의 경우 다른 I/O를 정상 볼륨 장치로 재전송한다.

이 프로세스는 모든 필터 드라이버에 대해 복잡하고 번거롭다. 미니필터 드라이버는 STATUS_REPARSE 에러 코드를 인터셉트하고 새로운 FltCreateFileEx2 API를 통해 리파스 포인트를 다시 열 수 있다. 이 API는 추가 생성 매개변수 목록(ECP라고도 함)을 허용하며 미니필터 콘텍스트에서 대상 파일의 열기/생성 프로세스 동작을 미세 조정하는 데 사용된다. 일반적으로 필터 관리자는 여러 ECP를 지원하며 각 ECP는 GUID에 의해 고유한 것으로 확인된다. 필터 관리자는 ECP 및 ECP 목록을 처리하는 여러 문서화된 API를 제공한다. 일반적으로 미니필터는 FltAllocateExtraCreateParameter 함수를 사용해 ECP를 할당하고 데이터를 입력하고 필터 관리자의 I/O API를 호출(FltInsertExtraCreateParameter를 통해)하기 전에 목록에 추가된다.

FLT_CREATEFILE_TARGET 추가 생성 매개변수를 사용하면 필터 관리자는 크로스볼륨^{crossvolume} 파일 생성을 자동으로 관리할 수 있다(호출자는 플래그를 지정해야 한다). 미니필터는 다른 복잡한 작업을 수행할 필요가 없다.

컨테이너 분리를 지원하고자 비어 있지 않은 디렉터리에 리파스 포인트를 설정하고 컨테이너 격리를 지원하고자 디렉터리 리파스 포인트가 있는 새 파일을 만들 수도 있다. 비어 있지 않은 디렉터리 리파스 포인트를 만날 때 파일 시스템의 기본 동작은 리파스 포인트가 파일 전체 경로의 마지막 구성 요소에 적용되는지 여부에 따라 달라진다. 이 경우 파일 시스템은 빈 디렉터리와 마찬가지로 STATUS_REPARSE 에러 코드를 리턴한다. 그렇지 않으면 그 경로로 계속 진행한다.

필터 관리자는 다른 ECP(TYPE_OPEN_REPARSE라는 이름)를 통해 이 새 유형의 리파스 포인트를 정상적으로 처리할 수 있다. ECP에는 디스크립터 리스트(OPEN_REPASS_LIST_ENTRY 데이터 구조체)가 포함돼 있다. 각 데이터 구조체에는 (Reparse 태그를 통해) 리파스 포인트의 유형과 경로 해석 중에 해당 유형의 리파스 포인트가 발견됐을 때의 시스템이 적용해야 하는 동작이 서술돼 있다. 미니필터는 디스크립터 리스트를 정상 초기화한 후 여러 가지 방법으로 새로운 동작을 적용할 수 있다.

- FltCreateFileEx2 함수를 사용해 구성 요소 중 하나에 리파스 포인트가 포함된 경로에 있는 파일에 대해 새로 열린(또는 생성) 작업을 수행한다. 이 절차는 FLT_CREATEFILE_TARGETECP에 사용된 순서와 유사하다.
- 프리 크리에이트^{Pre-Create} 콜백이 인터셉트하는 모든 파일에 새로운 리파스

포인트 동작을 전역적으로 사용한다. **FltAddOpenReparseEntry** 및 **FltRemoveOpenReparseEntry** API를 사용해 파일이 실제로 생성되기 전에 리파스 포인트 동작을 대상 파일로 설정할 수 있다(프리 크리에이트 콜백이 파일 생성 전에 파일 생성 요청을 가로챈다). 윈도우 컨테이너 격리 미니필터 드라이버(Wcifs.sys)는 이러한 방법을 사용한다.

프로세스 모니터

프로세스 모니터(Procmon)는 시스템 행위 감시 도구로 시스인터널스에서 제공하며, 이 책 전반에 걸쳐 사용한다. 이 도구는 애플리케이션과 파일 시스템 드라이버 간의 IRP 흐름을 변경하지 않는 수동적 미니필터 드라이버의 예다.

부팅 후에 프로세스 모니터를 처음 실행하면 이 도구는 실행 이미지(Procmon.exe내부에 리소스로 드라이버 저장)로부터 파일 시스템 미니필터 디바이스 드라이버를 추출하고, 드라이버를 메모리에 설치한 후 디스크에서 해당 드라이버 이미지를 삭제하는 방식으로 동작한다(지속적으로 부트타임 모니터링이 설정돼 있지 않은 한). 프로세스 모니터는 GUI를 이용해 드라이브 이름이 할당돼 있는 로컬 볼륨과 네트워크 공유, 네임드 파이프, 메일슬롯에 대한 파일 시스템의 행위를 감시할 수 있다. 드라이버는 볼륨에 대한 감시 작업을 시작하라는 명령을 수신하면 필터 관리자에게 필터링 콜백을 등록한다. 이 콜백은 해당 볼륨에 마운트된 파일 시스템을 나타내는 디바이스 객체에 연결된다. 이 연결 동작 이후로 I/O 관리자는 하부의 디바이스 객체로 향하는 IRP를 연결된 디바이스 객체를 소유한 드라이버로 리다이렉션시킨다. 이 경우에는 필터 관리자가 된다. 필터 관리자는 등록된 미니필터 드라이버(이 경우 프로세스 모니터)에 이벤트를 보낸다.

프로세스 모니터 드라이버가 IRP를 가로챌 때 IRP의 명령에 관한 정보를 넌페이지드 커널 버퍼에 저장한다. 이런 정보로는 대상 파일 이름과 명령에 특정적인 기타 인자(읽기 및 쓰기의 길이와 오프셋)가 있다. 프로세스 모니터의 GUI 프로그램은 500ms마다 IRP를 프로세스 모니터의 인터페이스 디바이스 객체로 전달한다. 이 객체는 가장 최근의 행위를 포함하는 버퍼의 복사를 요청하며, 출력 창에 행위를 보여준다. 프로세스 모니터는 발생한 모든 파일 활동을 보여줘 파일 시스템 관련 시스템 및 애플리케이션 에러를 해결하는 데 최적의 도구가 된다. 시스템에서 프로세스 모니터를 처음 실행하려면 계정에 드라이버 로드 및 디버깅 권한이 필요하다. 로드 후 드라이버는 상주하므로 이후 실행에는 디버그 권한만 필요하다.

프로세스 모니터를 실행하면 기본 모드로 시작된다. 이렇게 하면 문제 해결에 가장 유용한 파일 시스템 활동이 표시된다. 기본 모드에서 프로세스 모니터는 다음을 포함한 특정 파일 시스템 작업을 표시하지 않는다.

- NTFS 메타데이터 파일에 대한 I/O
- 페이징 파일에 대한 I/O
- 시스템 프로세스에 의해 생성된 I/O
- 프로세스 모니터 프로세스에 의해 생성된 I/O

기본 모드 프로세스 모니터는 파일 I/O 작업을 나타내는 데 사용되는 IRP 유형이 아닌 친숙한 이름으로 보고된다. 예를 들어 IRP_MJ_WRITE 및 FASTIO_WRITE 작업은 모두 WriteFile로 표시되고, IRP_MJ_CREATE 작업은 열려 있는 작업을 나타내는 경우에는 Open으로 표시되며, 새 파일을 생성하는 경우에는 Create로 표시된다.

실습: 프로세스 모니터의 필터 드라이버 보기

로드된 파일 시스템 미니필터 드라이버를 보려면 명령 창을 관리자 권한으로 실행하고 미니필터 관리자 제어 프로그램(%SystemRoot%\System32\Fltmc.exe)을 실행한다. 프로세스 모니터(ProcMon.exe)를 실행하고 다시 Fltmc를 실행한다. 프로세스 모니터의 필터 드라이버(PROCMON20)가 로드된 것이 보일 것이고 인스턴스 열은 0이 아닌 값을 갖고 있다. 이제 프로세스 모니터를 종료하고 다시 Fltmc를 실행한다. 이번엔 프로세스 모니터의 필터 드라이버는 여전히 보이지만 인스턴스 수가 0이다.

```
Administrator: Command Prompt                                    —   □   ×

Microsoft Windows [Version 10.0.16299.15]
(c) 2017 Microsoft Corporation. All rights reserved.

c:\Users\Andrea>fltmc

Filter Name                     Num Instances    Altitude    Frame
------------                    -------------    --------    -----
WdFilter                              2           328010       0
storqosflt                            0           244000       0
wcifs                                 1           189900       0
CldFlt                                0           180451       0
FileCrypt                             0           141100       0
luafv                                 1           135000       0
npsvctrig                             1            46000       0
Wof                                   1            40700       0
FileInfo                              2            40500       0

c:\Users\Andrea>Procmon

c:\Users\Andrea>fltmc

Filter Name                     Num Instances    Altitude    Frame
------------                    -------------    --------    -----
PROCMON23                             2           385200       0
WdFilter                              2           328010       0
storqosflt                            0           244000       0
wcifs                                 1           189900       0
CldFlt                                0           180451       0
FileCrypt                             0           141100       0
luafv                                 1           135000       0
npsvctrig                             1            46000       0
Wof                                   1            40700       0
FileInfo                              2            40500       0

c:\Users\Andrea>_
```

NT 파일 시스템(NTFS)

이번 절에서는 NTFS 파일 시스템의 내부 아키텍처를 분석하고 설계 요구 사항을 살펴본다. 디스크의 데이터 구조를 검토한 후 복구 지원, 계층적 볼륨, EFS(암호화 파일 시스템) 등 NTFS 파일 시스템에서 제공하는 고급 기능을 알아본다.

하이엔드 파일 시스템 요구 사항

처음부터 NTFS는 엔터프라이즈 클래스 파일 시스템에 필요한 기능을 포함하게 설계됐다. 시스템의 비정상 정지나 크래시에 의한 데이터 손실을 최소화하고자 파일 시스템은 메타데이터의 무결성이 항상 보장되게 해야 하고 비인가된 액세스로부터 중요한 데이터를 보호해야 하며, 통합된 보안 모델을 가져야 한다. 마지막으로 파일 시스템은 하드웨어 방식보다 적은 비용이 드는 소프트웨어 기반의 데이터 이중화를 지원해 유저 데이터를 보호할 수 있어야 한다. 이번 절에서는 NTFS가 이런 기능을 어떻게 지원하는지 알아본다.

복구 기능

신뢰할 수 있는 데이터 저장소나 데이터 액세스에 대한 요구 사항을 만족시키고 자 NTFS는 원자적 트랜잭션 개념을 기반으로 하는 시스템 복구 기능을 제공한다. 원자적 트랜잭션은 데이터베이스의 변경에 대한 처리 기법으로, 시스템 에러가 데이터베이스의 정확성이나 무결성에 영향에 미치지 않아야 한다. 원자적 트랜잭션의 기본 전제는 일부 데이터베이스 작업(트랜잭션^{transaction}으로 불린다)은 작업 전체가 성공하거나 그렇지 않다면 전체가 실패하는 경향을 띤다는 점이다(트랜잭션은 파일 시스템 데이터나 볼륨 디렉터리 구조를 변경하는 I/O 작업으로 정의한다). 트랜잭션을 구성하는 각 디스크 관련 업데이트 작업은 원자적으로 수행해야 한다. 즉, 트랜잭션의 실행이 시작되면 이 것이 포함하는 모든 디스크 업데이트가 반드시 완료돼야 한다는 의미다. 시스템 에러로 인해 트랜잭션이 중지된다면 트랜잭션 시작 전의 상태로 되돌려져야 하며, 이를 **롤백**^{rollback}이라고 한다. 롤백은 마치 트랜잭션이 없었던 것처럼 데이터베이스를 가장 최신의 안전한 상태로 되돌린다.

NTFS는 원자적 트랜잭션을 이용해 파일 시스템 복구 기능을 지원한다. 프로그램이 NTFS 볼륨 구조에 변경, 즉 디렉터리 구조 변경, 파일 확장, 새 파일을 위한 공간 할당 등을 수행하는 I/O 동작을 시작하면 NTFS는 이 동작을 원자적 트랜잭션으로 취급한다. 이는 트랜잭션이 완료되거나 트랜잭션 실행 중에 시스템이 실패하는 경우 롤백되든지 둘 중 하나를 보장한다. NTFS가 어떤 방식으로 이와 같은 작업을 수행하는지는 후반부의 'NTFS 복구 지원' 절에서 좀 더 자세히 설명한다. 게다가 NTFS는 중요한 파일 시스템 정보들을 중복 저장해 둠으로써 디스크에 배드 섹터가 발생하더라도 볼륨의 주요 파일 시스템 데이터에 액세스할 수 있다.

보안

NTFS의 보안은 윈도우 객체 모델에서 직접 파생된 것이다. 파일과 디렉터리는 비인가된 유저에 의한 액세스로부터 보호된다(윈도우 보안에 대한 세부 내용은 Vol.1의 7장을 참고한다). 열린 단일 파일은 보안 디스크립터를 갖는 파일 객체로 구현된다. 보안 디스크립터는 $Secure라는 숨겨진 메타파일에 $SDS(보안 디스크립터 스트림)라는 스트림 이름으로 디스크에 저장된다. 프로세스가 (파일 객체 같은) 어떤 객체에 대한 핸들을 열 수 있으려면 윈도우 보안 시스템은 해당 프로세스가 그에 알맞은 권한을 소유하고 있는지 확인한다. 보안 디스크립터는 유저가 로그온 시에 시스템에 제공하는 식별 패스워드와 조합돼 시스템 관리자나 파일의 소유자에 의해 설정된 특정 권한을 갖지 않는 어떤 프로세스도 파일에 액세스하지 못하게 한다(보안 디스크립터에 대한 세부 내용은 Vol.1의 7장에 있는 '보안 디스크립터와 접근 제어' 절을 참고한다).

데이터 중복과 내결함성

파일 시스템의 데이터 복구 능력뿐 아니라 어떤 고객들은 전원 단절이나 더욱 심각한 디스크 에러로부터 자신의 데이터를 보호하기 원한다. NTFS 복구 기능은 볼륨상의 파일 시스템에 대한 접근 가능성을 보장하지만 유저 파일에 대한 완벽한 복구는 보장하지 않는다. 파일 데이터 손상 시 정상적으로 동작할 수 없는 애플리케이션에 대한 보호는 데이터 중복을 통해 제공된다.

유저 파일에 대한 데이터 중복은 윈도우 계층 드라이버 모델로 구현되며, 이를 통해 디스크 내결함성이 지원된다. NTFS는 볼륨 관리자와 통신하고 차례로 다시 디스크 드라이버와 통신해 데이터를 디스크에 쓴다. 볼륨 관리자는 단일 디스크에서 다른 디스크로의 데이터 미러, 즉 복제를 수행할 수 있어 중복된 복사본을 항상 추출 가능하게 한다. 이 기능을 흔히 RAID 레벨 1이라고 한다. 볼륨 관리자는 데이터를 3개 또는 그 이상의 디스크에 걸쳐 있는 스트라이프에 나눠 기록하게 할 수도 있다. 이때 단일 디스크는 패리티 정보를 유지한다. 한 디스크의 데이터가 손실되거나 액세스가 불가능하게 되면 드라이버는 배타적 OR 연산 방법으로 손실된 디스크 내용을 재생할 수 있다.

NTFS 고급 기능

NTFS는 복구 가능, 보안, 신뢰성이 있으며 미션 크리티컬 시스템에 효과적이라는 점 이외에도 폭 넓은 애플리케이션을 지원하고자 다음의 고급 기능들을 제공한다. 그중 일부 기능은 애플리케이션에게 API로 제공되며, 다른 것들은 내부적인 기능이다.

- 다중 데이터 스트림
- 유니코드 기반 이름
- 범용적인 인덱싱 기능
- 동적으로 수행되는 손상 클러스터 재할당
- 하드 링크
- 심볼릭(소프트) 링크와 정션
- 압축과 스파스 파일
- 로깅 변경
- 유저별 볼륨 쿼터
- 링크 추적
- 암호화
- POSIX 지원
- 조각 모으기
- 읽기 전용 지원과 동적 파티션 분할
- 계층화 볼륨 지원

이 기능들을 간단히 살펴보자.

다중 데이터 스트림

NTFS에서 단일 파일과 관련된 각 정보의 단위, 즉 파일 이름, 파일 소유자, 파일 타임스탬프, 파일 내용 등은 파일 속성으로 구현된다(NTFS 객체 속성). 각 속성은 단순히 단일 스트림(바이트들의 단순한 순서)으로 구성된다. 이와 같은 일반적인 구현으로 인해 파일에 속성을 추가(즉, 스트림 추가)하기가 수월하다. 파일의 데이터는 파일의 또 다른 속성일 뿐이며 새로운 속성들을 추가할 수 있으므로 NTFS 파일(디렉터리 포함)은 다중 데이터 스트림을 포함할 수 있다.

NTFS 파일은 이름이 없는 단일 기본 데이터 스트림을 가진다. 애플리케이션은 추가로 네임드 데이터 스트림을 생성할 수 있고, 이름을 통해 이들 스트림에 액세스할 수 있다. 파일 이름으로 문자열을 갖는 윈도우 I/O API의 변경을 피하고자 데이터 스트림의 이름은 파일 이름에 콜론(:)을 덧붙여 지정된다. 콜론은 예약어이

928

기 때문에 파일 이름과 데이터 스트림 이름 간에 구분자로 사용될 수 있으며, 예를 들면 다음과 같다.

```
myfile.dat:stream2
```

각 스트림은 별도의 할당 크기(스트림에 예약된 디스크 공간의 크기)와 실제 크기(호출자가 사용한 바이트 수), 유효한 데이터 길이(초기화된 스트림의 양)를 가진다. 또한 각 스트림은 바이트 영역을 락시키는 데 사용되는 별도의 파일 락을 가지며, 동시 액세스도 허용된다.

첨부 파일 실행 서비스는 다중 데이터 스트림을 사용하는 윈도우 구성 요소 중 하나다. 엣지나 아웃룩 같은 애플리케이션이 표준 윈도우 API를 사용해 인터넷 기반의 첨부 파일을 저장할 때마다 첨부 파일 실행 서비스가 호출된다. 내 컴퓨터 폴더나 인터넷 폴더 또는 신뢰하지 못하는 폴더 같이 파일이 다운로드되는 위치에 따라 윈도우 익스플로러는 유저에게 파일이 신뢰할 수 없는 위치로부터 왔음을 경고하거나 파일 액세스를 완전히 차단할 수도 있다. 예를 들어 그림 11-24는 시스인터널스 사이트에서 다운로드한 Process Explorer를 실행할 때 보이는 대화상자다. 이런 유형의 데이터 스트림은 $Zone.Identifier라고 하며 통칭 '웹 마크Mark of the Web'라고 한다.

> 📝 이 파일을 열기 전에 항상 확인(Always Ask Before Opening This File) 체크 박스를 끄면 위치 식별 데이터 스트림은 파일에서 제거된다.

그림 11-24 인터넷에서 다운로드된 파일에 대한 보안 경고

그 밖의 애플리케이션도 다중 데이터 스트림을 사용할 수 있다. 예를 들어 백업 유틸리티는 파일에 대한 백업 특정적인 타임스탬프를 저장하는 데 추가적인 데이터 스트림을 사용할 수도 있다. 또는 문서 유틸리티도 계층적인 스토리지를 구현해 특정 날짜보다 오래된 파일이나 특정 기간 동안 액세스되지 않은 파일을 오프라인 저장소로 이동시킬 수 있다. 이 유틸리티는 파일을 오프라인 저장소로 복사하고 파일의 기본 데이터 스트림을 0으로 설정하고, 파일이 저장돼 있는 위치를 명시하는 데이터 스트림을 추가할 수 있다.

실습: 스트림 살펴보기

대부분의 윈도우 애플리케이션은 대체^{alternate} 네임드 스트림으로 작업을 하게 설계돼 있지 않지만 echo와 more 명령은 그렇지 않다. 따라서 스트림 동작을 살펴보는 간단한 방법은 echo를 이용해 네임드 스트림을 생성하고 more를 이용해 디스플레이하면 된다. 다음은 stream이라는 스트림을 갖는 test라는 이름의 파일을 생성하는 과정이다.

```
c:\Test>echo Hello from a named stream! > test:stream
c:\Test>more < test:stream
Hello from a named stream!
c:\Test>
```

디렉터리 나열하기를 수행하면 test의 파일 크기는 대체 스트림에 저장된 데이터를 반영하지 않는다. 이는 NTFS가 디렉터리 나열하기를 포함한 파일질의 동작에 대해 언네임드 데이터 스트림만의 크기를 반환하기 때문이다.

```
c:\Test>dir test
 Volume in drive C is OS.
 Volume Serial Number is F080-620F

 Directory of c:\Test

12/07/2018 05:33 PM                 0 test
               1 File(s)            0 bytes
               0 Dir(s) 18,083,577,856 bytes free
c:\Test>
```

대체 데이터 스트림을 사용하는 파일이나 디렉터리를 확인하려면 시스인
터널스 사이트에서 제공하는 Streams 도구를 사용하거나 dir 명령에 /r
옵션을 사용한다.

```
c:\Test>streams test

streams v1.60 - Reveal NTFS alternate streams.
Copyright (C) 2005-2016 Mark Russinovich
Sysinternals - www.sysinternals.com

c:\Test\test:
        :stream:$DATA 29
```

유니코드 기반의 이름

윈도우가 시스템 전반적으로 유니코드를 지원하고 있듯이 NTFS도 16비트 유니코
드 1.0/UTF-16을 지원해 파일, 디렉터리, 볼륨 이름을 저장한다. 유니코드는 전
세계 대다수 언어의 문자를 표현할 수 있어(유니코드는 이모티콘과 작은 그림도 나타낼 수 있다) 국가
간의 데이터 전송에 효과적이다. 유니코드는 전통적인 인터내셔널 문자^{international}
^{characters} 표현법보다 개선됐다. 인터내셔널 문자 표현법에서는 일부 문자를 8비트
에 저장하고 또 다른 문자는 16비트에 저장하는 더블바이트 코딩 체계를 사용해
이용 가능한 문자를 만들려면 여러 코드 페이지를 읽어야 되는 기법이다. 유니코
드는 각 문자의 고유 표기를 가지므로 코드 페이지가 로드되지 않아도 된다. 경로
상의 각 파일 이름과 디렉터리는 255문자까지 가능하며 유니코드 문자, 공백, 다
수의 마침표(.)를 사용할 수 있다.

범용적인 인덱싱 기능

NTFS 아키텍처는 디스크 볼륨의 파일 속성들에 대해 B-트리 구조를 이용해 인덱
싱이 가능하게 설계됐다(임의의 속성으로 만드는 인덱스는 유저에게 보이지 않는다). 이런 구조는 파일
시스템이 효과적으로 특정 조건(예를 들어 동일 폴더에 있는 모든 파일)에 일치하는 파일을 찾을

수 있다. 이와 대조적으로 FAT 파일 시스템은 파일 이름을 인덱싱하지만 이들을 정렬하지는 않는다. 따라서 대용량 디렉터리에 대한 검색이 느리다.

일부 NTFS 기능은 범용적인 인덱싱을 이용한다. 여기에는 통합 보안 디스크립터가 포함되는데, 볼륨의 파일이나 디렉터리의 보안 디스크립터는 단일 내부 스트림에 저장되고 복사본은 제거되며 NTFS가 정의하는 내부 보안 식별자를 사용해 인덱싱된다. 이런 기능들에 의한 인덱싱의 이용 방법은 이번 장 후반부의 'NTFS 디스크 구조' 절에서 설명한다.

동적으로 수행되는 손상 클러스터 재할당

일반적으로 프로그램이 손상된 디스크 섹터에서 데이터를 읽으려고 시도하는 경우 읽기 작업은 실패하고 데이터가 할당돼 있는 해당 클러스터는 액세스 불가능한 상태가 된다. 하지만 디스크가 내결함성 NTFS 볼륨으로 포맷돼 있다면 윈도우 볼륨 관리자(또는 데이터 중복성을 제공하는 구성 요소에 따른 저장소)는 손상 섹터에 저장됐던 데이터에 대한 정상적인 복사본을 추출하고 NTFS에게 해당 섹터에 에러가 있음을 알린다. NTFS는 새로운 클러스터를 할당해 손상 섹터가 존재하는 클러스터를 대체하고 데이터를 새 클러스터로 복사한다. 또한 손상 클러스터를 볼륨의 손상 클러스터 목록(숨겨진 메타 파일인 $BadClus에 저장)에 추가하고 더 이상 사용하지 않는다. 이와 같은 데이터 복구와 동적으로 이뤄지는 손상 클러스터 재할당은 특히 파일 서버나 내결함성 시스템 또는 데이터 손실을 허용치 않는 애플리케이션에 유용하다. 섹터에 에러가 발생했을 때 볼륨 관리자 또는 저장 공간이 로드되지 않는 상황이라면 (부팅 순서의 초기 단계 등) NTFS는 클러스터를 교체하고 에러 클러스터는 더 이상 사용하지 않지만 손상 섹터에 존재했던 데이터의 복구는 이뤄지지 않는다.

하드 링크

하드 링크는 동일한 파일을 참조하는 다수의 경로를 가능하게 한다(하드 링크는 디렉터리에 대해서는 제공하지 않는다). C:\Users\Administrator\Documents\Spec.doc 파일을 참조하는 C:\Documents\Spec.doc라는 하드 링크를 생성했다면 이 두 경로는 디스크상의 동일한 파일에 링크되므로 둘 중 어떤 경로를 사용하든 해당 파일을 변경할 수 있다. 프로세스에서는 **CreateHardLink** 함수를 이용해 하드 링크를 생성할 수 있다.

NTFS는 실제 데이터에 대한 참조 카운터를 유지함으로써 하드 링크를 구현한다. 파일에 대한 각 하드 링크가 생성될 때 추가적인 파일 이름 참조가 데이터에 만들어진다. 이는 단일 파일에 대해 복수의 하드 링크를 만들었다면 데이터를 참조했던 원본 파일 이름(예제에서는 C:\Users\Administrator\Documents\Spec.doc)을 삭제할 수 있고 또 다른 하드 링크(C:\Documents\Spec.doc)는 유지돼 데이터를 가리킬 수 있음을 의미한다. 하지만 하드 링크는 데이터에 대한 디스크상의 로컬 참조이므로(파일 레코드 번호로 표현된다) 하드 링크는 동일한 볼륨 내에서만 존재할 수 있고 다른 볼륨이나 컴퓨터로 확장할 수는 없다.

실습: 하드 링크 만들기

하드 링크는 2가지 방법으로 생성할 수 있는데, **fsutil hardlink create** 명령을 사용하거나 **mklink** 도구의 /H 옵션을 사용하는 방법이다. 여기서는 **mklink**를 사용해 하드 링크를 만들어보며, 이후에 심볼릭 링크에서도 **mklink**를 사용할 것이다. 우선 다음과 같이 test.txt 파일을 만들어 데이터를 추가한다.

```
C:\>echo Hello from a Hard Link > test.txt
```

그리고 hard.txt라는 이름으로 다음과 같이 하드 링크를 생성한다.

```
C:\>mklink hard.txt test.txt /H
Hardlink created for hard.txt <<===>> test.txt
```

다음과 같이 디렉터리의 내용을 나열해보면 두 파일이 여러 모로(생성 날짜, 권한, 파일 크기) 동일하지만 파일 이름만 다른 것을 확인할 수 있다.

```
c:\>dir *.txt
 Volume in drive C is OS
 Volume Serial Number is F080-620F
```

```
 Directory of c:\

12/07/2018 05:46 PM                    26 hard.txt
12/07/2018 05:46 PM                    26 test.txt
                2 File(s)              52 bytes
                0 Dir(s)   15,150,333,952 bytes free
```

심볼릭(소프트) 링크와 정션

NTFS는 하드 링크 이외에도 다른 유형으로 파일 이름에 대한 별칭을 만들 수 있는데, 심볼릭 링크나 소프트 링크라고 한다. 하드 링크와 달리 심볼릭 링크는 동적으로 해석되는 스트링으로, 스토리지 디바이스상의 위치(다른 로컬 볼륨상의 위치나 다른 시스템의 공유 위치)를 참조하는 상대 경로나 절대 경로가 될 수 있다. 심볼릭 링크는 원본 파일에 대한 참조 카운터를 증가시키지 않는다. 따라서 원본 파일을 삭제하면 데이터 손실이 발생할 수 있으며, 존재하지 않는 파일을 가리키는 심볼릭 링크가 남게 된다. 마지막으로 하드 링크와 달리 심볼릭 링크는 파일만이 아닌 디렉터리도 가리킬 수 있는 추가적인 이점이 있다.

예를 들어 경로 C:\Drivers가 %SystemRoot%\System32\Drivers로 리다이렉션되는 디렉터리 심볼릭 링크라면 C:\Drivers\Ntfs.sys를 읽는 애플리케이션은 실제로는 %SystemRoot%\System32\Drivers\Ntfs.sys를 읽는다. 디렉터리 심볼릭 링크는 원래의 디렉터리 구조나 내용을 변경하지 않고서도 디렉터리 트리의 깊숙한 곳에 위치한 디렉터리를 좀 더 간단한 깊이로 변경할 수 있는 유용한 방법이다. 예를 들어 위와 같이 Drivers 디렉터리를 볼륨의 루트 디렉터리로 줄일 수 있다. 따라서 Ntfs.sys가 디렉터리 심볼릭 링크로 액세스되면 Ntfs.sys의 디렉터리 깊이는 3단계에서 1단계로 줄어든다. 파일 심볼릭 링크도 동일하게 동작한다. 즉, 바로 가기로 생각하면 된다. 단 한 가지 예외는, 파일 심볼릭 링크는 윈도우 익스플로러에 의해 관리되는 .lnk 파일 대신 파일 시스템에 실제로 지원된다는 점이다. 하드 링크와 마찬가지로 심볼릭 링크는 mklink 도구(/H 옵션 제외)를 사용하거나 CreateSymbolicLink API를 사용해 생성할 수 있다.

특정 레거시 애플리케이션은 심볼릭 링크가 있는 경우(특히 다른 머신 간에서) 안전하게 동작하지 않을 수 있으므로 심볼릭 링크 생성의 경우 SeCreateSymbolicLink 특권(관리자만이 권한을 설정할 수 있다)이 필요하다. 윈도우 10부터 개발자 모드가 활성화돼 있는 경우에만 CreateSymbolicLink API를 호출할 때 SYMBOLIC_LINK_FLAG_ALLOW_UNPRIVILEGED_CREATE 플래그를 추가로 지정해서 제한된 권한을 획득할 수 있다(표준 유저는 계속해서 명령 프롬프트 창에서 심볼릭 링크를 생성할 수 있다). 파일 시스템은 SymLinkEvaluation 옵션을 가질 수 있으며, 다음과 같은 명령으로 설정할 수 있다.

```
fsutil behavior set SymLinkEvaluation
```

일반적으로 윈도우의 기본 심볼릭 링크 평가 정책은 다음에 보여주듯이 로컬-로컬과 로컬-원격지 심볼릭 링크만을 허용하고 그 반대는 허용하지 않는다.

```
D:\>fsutil behavior query SymLinkEvaluation
Local to local symbolic links are enabled
Local to remote symbolic links are enabled.
Remote to local symbolic links are disabled.
Remote to Remote symbolic links are disabled.
```

심볼릭 링크는 리파스 포인트^{reparse point}로 불리는 NTFS 메커니즘을 사용한다(이번 장 후반부의 '리파스 포인트' 절에서 리파스 포인터를 설명한다). 리파스 포인트는 자신과 연관된 리파스 데이터로 불리는 데이터 블록을 갖는 파일 또는 디렉터리다. 리파스 데이터는 데이터를 생성한 애플리케이션이나 파일 시스템 필터 드라이버, I/O 관리자에 의해 리파스 포인트로부터 읽힐 수 있는 파일이나 디렉터리에 관해 유저가 정의한 데이터(예를 들어 상태, 위치)다. NTFS는 파일이나 디렉터리 탐색 중에 리파스 포인트를 만나면 STATUS_REPARSE 상태 코드를 반환한다. 이는 볼륨에 연결된 파일 시스템 필터 드라이버를 시그널하고 I/O 관리자로 하여금 리파스 데이터를 검사하게 한다. 각 리파스 포인트 유형은 고유한 리파스 태그를 가진다. 리파스 포인트의 리파스 데이터를 해석하는 책임을 가진 구성 요소는 리파스 데이터를 검사하지 않고도 리파스 태그로 리파스 포인트를 인식할 수 있다. 리파스 태그 소유자(파일 시스템 필터 드라이버나 I/O 관리자)는 리파스 데이터를 인식할 때 다음 옵션 중 하나를 선택할 수 있다.

- 리파스 태그 소유자는 리파스 포인트를 교차하는 파일 I/O 동작에 명시된

경로 이름을 작업할 수 있고 변경된 경로 이름으로 I/O 동작이 다시 일어나게 할 수 있다. 예를 들어 바로 뒤에 설명할 정션은 이 접근법을 취해 디렉터리 탐색을 리다이렉션시킨다.

- 리파스 태그 소유자는 파일에서 리파스 포인트를 제거하고 몇 가지 방식으로 파일을 변경한 다음에 파일 I/O 동작을 다시 일어나게 한다.

리파스 포인트를 생성하는 윈도우 함수는 따로 없다. 따라서 프로세스는 윈도우 DeviceIoControl 함수에 FSCTL_SET_REPARSE_POINT 파일 시스템 제어 코드를 사용해야 한다. 프로세스는 FSCTL_GET_REPARSE_POINT 파일 시스템 제어 코드로 리파스 포인트의 내용을 질의할 수 있다. FILE_ATTRIBUTE_REPARSE_POINT 플래그는 리파스 포인트의 파일 속성에 설정돼 있다. 따라서 애플리케이션 윈도우 GetFileAttributes 함수를 사용해 리파스 포인트를 검사할 수 있다.

NTFS가 지원하는 또 다른 유형의 리파스 포인트가 바로 정션이다(볼륨 마운트 포인트라고도 한다). 정션은 레거시 NTFS 개념으로, 볼륨 지역적이라는 점만 제외하면 디렉터리 심볼릭 링크와 거의 유사하게 동작한다. 정션은 좀 더 예전 버전의 윈도우와 호환된다는 점을 제외하면(디렉터리는 호환되지 않는다) 디렉터리 심볼릭 링크 대신 정션을 사용하는 이점이 없다. 앞 절에서 봤듯이 최신 버전의 윈도우에서는 비어있지 않은 디렉터리를 가리킬 수 있는 리파스 포인트를 생성할 수 있다. 시스템 동작(미니필터 드라이버에서 제어 가능)은 대상 파일의 전체 경로에서 리파스 포인트의 위치에 따라 달라진다. 필터 관리자, NTFS 및 ReFS 파일 시스템 드라이버는 게시된 FsRtlIsNonEmptyDirectoryReparsePointAllowed API를 사용해 비어 있지 않은 디렉터리에서 리파스 포인트 유형이 허용되는지 여부를 탐지한다.

실습: 심볼릭 링크 만들기

이번 실습에서는 하드 링크와 소프트 링크의 차이를 설명한다. 동일한 볼륨에 존재하는 파일을 처리할 때의 경우도 설명한다. 다음과 같이 앞의 실습에서 만든 test.txt에 대해 심볼릭 링크 soft.txt를 생성한다.

```
C:\>mklink soft.txt test.txt
```

```
symbolic link created for soft.txt <<===>> test.txt
```

디렉터리의 내용을 나열하면 심볼릭 링크는 파일 크기 정보를 갖고 있지 않으며 <SYMLINK> 유형으로 확인된다. 심볼릭 링크는 생성 시간이 원본 파일의 생성 시간과 다름을 확인할 수 있다. 또한 심볼릭 링크는 원본 파일의 권한과 다른 보안 권한을 가질 수 있다.

```
C:\>dir *.txt
Volume in drive C is OS
Volume Serial Number is 38D4-EA71

Directory of C:\

05/12/2012 11:55 PM                     8 hard.txt
05/13/2012 12:28 AM    <SYMLINK>          soft.txt [test.txt]
05/12/2012 11:55 PM                     8 test.txt
              3 File(s)               16 bytes
              0 Dir(s)   10, 636, 480, 512 bytes free
```

끝으로 원본 파일인 test.txt 파일을 삭제하면 하드 링크와 심볼릭 링크 둘 다 존재하지만 심볼릭 링크는 유효한 파일을 가리키지 않는 상태며 하드 링크는 여전히 파일 데이터를 참조하고 있음을 확인할 수 있다.

압축과 스파스 파일

NTFS는 파일 데이터 압축을 제공한다. NTFS는 압축과 복호화를 수행하기 때문에 압축 기능을 사용하는 데 애플리케이션을 변경할 필요가 없다. 디렉터리도 압축이 가능하며 해당 디렉터리에 생성되는 파일도 압축된다.

애플리케이션은 파일을 압축하고 압축을 해제하고자 DeviceIoControl에 FSCTL_SET_COMPRESSION 파일 시스템 제어 코드를 전달한다. 애플리케이션은 파일이나 디렉터리의 압축 상태를 질의하고자 FSCTL_GET_COMPRESSION 파일 시스템 제어 코드를 이용한다. 압축되는 파일이나 디렉터리는 속성에 FILE_ATTRIBUTE_COMPRESSION 플래그가 설정돼 있다. 따라서 애플리케이션은 GetFileAttribute 함수를 이용해 파일이나 디렉터리의 압축 상태도 확인할 수 있다.

압축의 두 번째 유형으로 스파스 파일이 있다. 어떤 파일에 스파스^{sparse} 표시가 돼 있으면 NTFS는 애플리케이션에서 비어 있다고 지정한 파일 영역에 대해 볼륨 상에 이들 영역에 대한 공간을 할당하지 않는다. NTFS는 애플리케이션이 스파스 파일의 빈 영역에 대해 읽기를 수행하면 0으로 채워진 버퍼를 반환한다. 이와 같은 형태의 압축은 서버가 파일에 정보를 기록하고 클라이언트들은 비동기적으로 이 정보를 읽는 순환 버퍼 로깅을 구현하는 클라이언트/서버 애플리케이션에 유용하다. 서버가 생성하는 정보는 클라이언트가 읽고 나면 필요가 없어지므로 이런 정보를 파일에 저장할 필요가 없다. 이런 파일을 스파스 파일로 만듦으로써(클라이언트는 자신이 읽은 파일의 영역을 비어 있음으로 지정함으로써) 볼륨의 공간을 확보할 수 있다. 서버는 파일이 무제한적으로 커져 볼륨의 가용 공간을 모두 소모할 수 있는 위험성에서 벗어나 파일에 새로운 정보를 계속 추가할 수 있다.

압축 파일의 경우에도 NTFS는 스파스 파일들을 안정적으로 관리한다. 애플리케이션은 FSCTL_SET_SPARSE 파일 시스템 제어 코드를 DeviceIoControl 함수에 전달함으로써 파일의 스파스 상태를 지정한다. 애플리케이션은 파일의 일정 영역을 비어 있는 공간으로 설정하는 데 FSCTL_SET_ZERO_DATA 코드를 이용하고 FSCTL_QUERY_ALLOCATED_RANGES 코드를 이용해 파일에서 어느 부분이 스파스 상태인지에 대한 정보를 NTFS에 요청할 수 있다. 스파스 파일의 적용 예로 다음에 설명하는 NTFS 변경 저널이 있다.

로깅 변경

많은 유형의 애플리케이션이 파일과 디렉터리의 변경 사항에 대해 볼륨을 확인해야 한다. 예를 들어 자동 백업 프로그램은 최초 전체 백업과 그 이후 파일 변경 사항에 따른 점진적인 백업을 수행할 수 있다. 애플리케이션이 볼륨에서의 변경을 확인하는 명확한 방법은 볼륨을 검색하고 파일과 디렉터리의 상태를 기록해 이후의 검색에서 변경된 사항들을 검출해내는 것이다. 이와 같은 방식은 시스템 성능, 특히 많은 파일을 가진 컴퓨터 시스템에는 좋지 않은 영향을 줄 수 있다.

이에 대한 대안으로는 애플리케이션으로 하여금 FindFirstChangeNotification이나 ReadDirectoryChangeW 같은 윈도우 함수를 이용해 디렉터리 알림을 등록하게 하는 방법이 있다. 애플리케이션이 입력 인자로 확인 대상 디렉터리의 이름을 지정하면 해당 디렉터리의 내용에 변경이 발생할 때마다 알림을 등록한 함수가 복귀한다. 이런 접근법이 볼륨 검색에 비해 효율적이지만 항상 애플리케이션이 동작 중이어야 한다는 조건이 수반된다. 또한 이들 함수를 사용함에 있어 애플리케이션은 디렉터리 검색 작업을 필요로 할 수 있는데, FindFirstChangeNotification은 무언가 변경이 발생했음은 알리지만 구체적으로 변경된 항목을 알려주지 않기 때문이다. 애플리케이션은 ReadDirectoryChangeW에 버퍼를 전달해 FSD가 변경 기록을 남기게 할 수 있다. 하지만 이 경우 버퍼 오버플로가 발생하면 애플리케이션은 디렉터리 검색을 수행해야 한다.

NTFS는 앞에서 소개된 2가지 방안이 갖는 결점을 극복하기 위한 세 번째 방법을 제공한다. 애플리케이션은 DeviceIoControl 함수의 FSCTL_CREATE_USN_OURNAL 파일 시스템 제어 코드(업데이트 시퀀스 번호^{USN})를 사용해 NTFS 변경 저널 기능을 설정해 NTFS로 하여금 파일과 디렉터리의 변경에 대한 정보를 변경 저널이라 불리는 내부 파일에 기록할 수 있다. 변경 저널은 애플리케이션이 모든 변경에 대해 손실 없이 처리 가능함을 보장할 만큼 큰 크기를 가진다. 애플리케이션은 FSCTL_QUERY_USN_JOURNAL 파일 시스템 제어 코드를 이용해 변경 저널에서 레코드를 읽고 새로운 레코드가 나타날 때까지 DeviceIoControl 함수가 완료되지 않게 명시할 수 있다.

유저별 볼륨 쿼터

시스템 관리자는 종종 공유 스토리지 볼륨에 유저 디스크 공간 사용량을 추적하거나 제한할 필요가 있다. 따라서 NTFS는 쿼터 관리를 제공한다. NTFS의 쿼터 관리 지원 기능은 유저별 할당량 설정이 가능하게 하는데, 이는 사용량 추적과 유저가 경고 수준에 도달한 때를 추적하고 임곗값을 제한하는 데 유용하다. NTFS는 유저가 자신의 경고 최댓값을 초과한다면 이것의 발생을 알리는 로그를 시스템 이벤트 로그에 기록하게 설정할 수 있다. 이와 유사하게 유저가 자신에게 할당된 최댓값 이상의 볼륨을 사용하려 할 때 NTFS는 시스템 이벤트 로그에 기록을 남기고 해당 애플리케이션의 파일 I/O 작업은 disk full 에러 코드와 함께 실패 처리한다.

NTFS는 파일과 디렉터리에 이들을 생성한 유저의 보안 ID SID를 설정해 유저의 볼륨 사용량을 추적한다(SID는 Vol.1의 5장을 참고한다). 유저가 소유하는 파일이나 디렉터리의 논리적인 크기가 관리자가 설정한 해당 유저의 쿼터 최댓값으로 계산된다. 따라서 유저는 쿼터보다 큰 비어 있는 스파스 파일을 만들어놓고 나중에 0이 아닌 데이터를 채우는 방식으로 설정된 쿼터를 초과하는 편법을 쓸 수 없다. 비슷한 경우로 50KB 크기의 파일을 압축하면 10KB 크기가 될 수도 있지만 할당량 정산 시에는 50KB가 사용된다.

일반 볼륨은 쿼터 추적이 활성화돼 있지 않다. 이를 활성화하고 경고와 최대 임곗값 설정, 유저가 경고 또는 최대 임곗값에 도달했을 때 NTFS가 취해야 할 처리를 설정하려면 그림 11-25에서와 같이 볼륨의 속성 대화상자에서 **할당량** 탭을 이용해야 한다. 이 대화상자에서 **할당량 항목** 버튼을 이용해 실행시킬 수 있는 할당량 항목 도구를 이용해 관리자가 유저별로 서로 다른 최댓값과 처리 방식을 설정할 수 있다. NTFS 쿼터 관리와 연동하려는 애플리케이션은 COM 쿼터 인터페이스를 사용하는데, 여기에는 IDiskQuotaControl, IDiskQuotaUser, IDiskQuotaEvents 등이 있다.

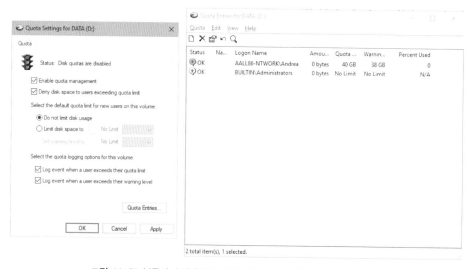

그림 11-25 볼륨의 속성 창에서 액세스할 수 있는 할당량 설정 대화상자.

링크 추적

셸 바로 가기는 유저가 셸 네임스페이스(예, 데스크톱)에 파일을 두어 이 파일들이 파일 시스템 네임스페이스의 파일들과 연결될 수 있게 허용한다. 윈도우 시작 메뉴는 이와 같은 셸 바로 가기를 폭 넓게 사용한다. 또한 OLE^{Object Linking and Embedding} 링크는 서로 다른 애플리케이션이 생성한 문서를 서로 포함할 수 있게 한다. 파워포인트, 엑셀, 워드 등이 들어있는 마이크로소프트 오피스가 이런 OLE 연결을 사용한다.

셸과 OLE 연결이 파일을 다른 파일이나 셸 네임스페이스에 쉽게 연결하는 방법을 제공하지만 유저가 셸이나 OLE 연결(링크 소스는 파일이나 링크가 가리키는 디렉터리)의 원본을 옮긴다면 관리하기 어려울 수 있다. 윈도우의 NTFS는 분산 연결 추적이라는 서비스 애플리케이션에 대한 지원을 포함해 연결 대상이 이동될 때 셸이나 OLE의 연결 무결성을 유지한다. NTFS의 연결 추적을 제공함으로써 NTFS 볼륨에 위치한 연결 대상이 원본 볼륨의 도메인 내에 있는 또 다른 NTFS 볼륨으로 이동하더라도 연결 추적 서비스는 투명하게 이동을 따라가 변경을 반영하도록 링크를 갱신한다.

NTFS 연결 추적 기능은 객체 ID로 알려진 파일 속성에 기반을 둔다. 애플리케이션은 FSCTL_CREATE_OR_GET_OBJECT_ID(아직 할당되지 않은 경우 ID를 할당한다)나 FSCTL_SET_OBJECT_ID 파일 시스템 제어 코드를 이용해 파일에 객체 ID를 할당할 수 있다. 객체 ID 질의에는 FSCTL_CREATE_OR_GET_OBJECT_ID와 FSCTL_GET_OBJECT_ID 파일 시스템 제어 코드를 사용한다. 파일 시스템 제어 코드 FSCTL_DELETE_OBJECT_ID를 사용하면 애플리케이션이 파일에서 객체 ID를 삭제할 수 있다.

암호화

기업 유저들은 종종 업무상 중요한 정보를 컴퓨터에 보관된다. 회사 서버에 저장된 데이터의 경우 적절한 네트워크 보안 설정과 물리적인 접근 제어로 보호되는 것이 보통이지만 노트북 등에 저장된 데이터의 경우 노트북을 분실하거나 도난당할 경우 중요 정보가 노출될 우려가 있다. NTFS 볼륨은 윈도우가 실행 중일 필요가 없는 NTFS 파일 읽기 소프트웨어를 사용함으로써 보안에 관계없이 완전히 액세스할 수 있기 때문에 NTFS 파일 권한은 보호 기능이 없다. 게다가 NTFS 파일 권한은 다른 윈도우를 다시 설치해 관리자 권한으로 액세스하면 무용지물이 된다. Vol.1의 6장에서 관리자 계정은 소유권과 백업 특권을 갖고 있음을 기억해보면 이 2가지 권한을 통해 관리자는 객체의 보안 설정을 재설정함으로써 모든 객체에 액세스할 수 있다.

NTFS는 암호화 파일 시스템^{EFS, Encrypting File System}이라는 기능을 포함하는데, 유저들은 이것을 이용해 중요한 데이터를 암호화할 수 있다. EFS 역시 파일 압축과 마찬가지로 애플리케이션에게는 전적으로 투명하게 동작한다. 이는 데이터를 볼 권한이 있는 유저의 계정에서 실행하는 애플리케이션이 데이터를 읽을 때는 자동으로 파일 데이터가 복호화되고, 인가된 애플리케이션이 데이터를 변경할 때 자동으로 암호화됨을 의미한다.

> NTFS는 시스템 볼륨의 루트 디렉터리나 \Windows 디렉터리에 있는 파일에 대한 암호화를 허용하지 않는데, 이는 이 디렉터리의 많은 파일이 부팅 과정 중 EFS 동작이 시작되기 전에 사용돼야 하기 때문이다. 9장에서 기술한 비트락커는 볼륨 전체의 암호화를 제공하므로 이런 환경에서 훨씬 더 적합한 기술이다.

EFS는 윈도우 유저 모드에서 제공하는 암호화 서비스에 기반을 두므로 NTFS와 밀접하게 통합돼 있는 커널 모드 구성 요소뿐 아니라 로컬 보안 인증 서브시스템_(LSASS)이나 암호화 관련 DLL들과 상호 연동하는 유저 모드 DLL로 구성된다.

암호화 파일은 EFS 개인/공용 키 쌍 중 개인 키를 이용해야만 액세스가 가능하며 개인 키는 계정 암호에 의해 잠긴다. 따라서 분실하거나 도난 당한 노트북에 있는 EFS 암호화 파일들은 적절한 권한을 갖는 계정의 암호가 없는 경우 암호화를 깨지 않고서는 어떤 방법으로도 액세스할 수 없다.

애플리케이션은 EncryptFile이나 DecryptFile 같은 윈도우 API 함수를 이용해 파일을 암호화하거나 복호화할 수 있고, FileEncryptionStatus를 이용해 파일이나 디렉터리에 대한 암호화 적용 유무 등과 같은 정보를 포함하는 EFS 관련 속성을 추출할 수 있다. 암호화된 파일이나 디렉터리는 자신의 속성에 FILE_ATTRIBUTE_ENCRYPTED 값이 설정된다. 따라서 애플리케이션은 파일이나 디렉터리의 암호화 상태를 GetFileAttributes 함수를 사용해 확인할 수 있다.

POSIX 스타일의 삭제 의미

POSIX 서브시스템은 더 이상 사용되지 않아 윈도우 운영체제에서는 더 이상 사용할 수 없다. 리눅스용 윈도우 서브시스템^{WSL}는 기존 POSIX 서브시스템으로 대체됐다. NTFS 파일 시스템 드라이버는 윈도우에서 제공되는 I/O 작업과 리눅스에서 지원되는 I/O 작업의 차이를 통합하도록 업데이트됐다. 이러한 차이점 중 하나는 파일이나 폴더를 삭제하는 리눅스 unlink(또는 rm) 명령에 의해 제공된다. 윈도우에서는 다른 애플리케이션(핸들이 오픈된 것)에 의해 사용 중인 파일은 삭제할 수 없다. 반대로 리눅스는 보통 이것을 지원한다. 다른 프로세스는 삭제된 기존 파일에서 계속 정상적으로 동작한다. 이러한 WSL을 제공하고자 윈도우 10 NTFS 파일 시스템 드라이버는 POSIX 삭제라는 새로운 작업을 지원한다.

Win32 DeleteFile API는 표준 파일 삭제 기능을 지원한다. 대상 파일이 열리고(새 핸들이 생성됨) NtSetInformationFile 네이티브 API를 통해 디스포지션 레이블이 파일에 첨부된다. 레이블은 파일이 삭제될 것임을 NTFS 파일 시스템 드라이버에 알린다. 파일 시스템 드라이버는 파일 제어 블록^{FCB}에 대한 참조수가 1인지 확인한다. 이는 파일에 대한 사용이 완료돼 오픈된 핸들이 없다는 것을 의미한다. 이 경우 파일 시스템 드라이버는 파일을 '종료 시 삭제됨^{deleted on close}'으로 표시한 후 리턴한다. 파일에 대한 핸들이 닫힌 경우에만 IRP_MJ_CLEANUP 디스패치 루틴을 통해 미디어에서 파일을 물리적으로 삭제한다.

유사한 아키텍처는 리눅스 unlink 명령과 호환되지 않는다. WSL 서브시스템은 파일을 지워야 하는 경우 POSIX 스타일 삭제를 진행한다. 플래그(FILE_DISPOSITION_POSIX_SEMANTICS)를 지정하고 새 FileDispositionInformationEx 정보 클래스 함수를 사용해 NtSetInformationFile 네이티브 API를 호출한다. NTFS 파일 시스템 드라이버는 콘텍스트 제어 블록^{CCB}(디스크 객체의 열린 인스턴스의 콘텍스트를 나타내는 데이터 구조체)에 플래그를 추가해 파일을 POSIX DELETE으로 표시한다. 다음으로 특수 내부 루틴을 사용해 파일을 다시 열고 새 핸들(Posix Deleted 핸들이라고 함)을 스트림 제어 블록^{SCB}에 연결한다. 보통 핸들이 닫히면 NTFS 파일 시스템 드라이버는 Posix Deleted 핸들의 존재를 감지하고 닫기 위한 작업 항목을 대기열에 추가한다. 작업 항목이 완료되면 정리 루틴은 핸들이 POSIX DELETE로 표시됨을 확인해 파일을 '\$Extend\$Deleted' 숨겨진 디렉터리에 물리적으로 이동시킨다. 다른 애플리케이션은 원래 네임스페이스에 더 이상 존재하지 않는 원본 파일을 계속 조작할 수 있으며 마지막 파일 핸들이 닫힌 경우에만 삭제된다(첫 번째 삭제 요청으로 FCB가 클로즈온 클로즈^{close-on-close}로 표시된다).

어떤 비정상적인 이유로 시스템이 대상 파일을 삭제할 수 없는 경우(결함이 있는 커널 드라이버 참조가 카운트돼 있거나 갑작스러운 전원 차단으로 인해) 다음에 NTFS 파일 시스템이 볼륨을 마운트할 때 \$Extend\$Deleted 디렉터리를 확인하고 표준 파일 삭제 루틴을 사용해 포함된 모든 파일은 삭제된다.

> 2019년 5월 업데이트(19H1)부터 윈도우 10은 일반 파일 삭제 방법으로 POSIX DELETE를 사용한다. 이는 DeleteFile API가 신규 동작을 한다는 것을 말한다.

실습: POSIX 삭제 확인

실습에서는 책의 다운로드 가능한 리소스에서 사용할 수 있는 FsTool 도구로 POSIX 삭제를 확인한다. 이를 위해 윈도우 서버 2019(RS5) 복사본을 사용하고 있는지 확인한다. 실제로 윈도우의 새로운 클라이언트 릴리스에서는 디폴트로 POSIX 삭제가 실행된다. 명령 프롬프트 창을 여는 것으로 시작하자. /touch FsTool 명령 인수를 사용해 도구에서 독점적으로 사용되는 txt 파일을 생성한다.

```
D:\>FsTool.exe /touch d:\Test.txt
NTFS / ReFS Tool v0.1
Copyright (C) 2018 Andrea Allievi (AaLl86)

Touching "d:\Test.txt" file... Success.
    The File handle is valid... Press Enter to write to the file.
```

메시지가 표시되면 엔터 키를 누르지 않고 다른 명령 프롬프트 창을 연다. 파일을 열고 삭제해보자.

```
D:\>type Test.txt
```

The process cannot access the file because it is being used by another process.

```
D:\>del Test.txt

D:\>dir Test.txt
 Volume in drive D is DATA
 Volume Serial Number is 62C1-9EB3

 Directory of D:\

12/13/2018 12:34 AM              49 Test.txt
               1 File(s)          49 bytes
               0 Dir(s)  1,486,254,481,408 bytes free
```

예상대로 FsTool이 파일에 배타적으로 액세스하는 동안에는 파일을 열 수 없다. 파일을 삭제하려고 하면 시스템은 파일을 삭제로 표시하지만 파일 시스템의 네임스페이스에서 파일을 삭제할 수 없다. 탐색기에서 파일을 다시 삭제하려고 해 동일한 상태를 볼 수 있다. 첫 번째 명령 프롬프트 창에서 엔터 키를 눌러 FsTool 도구를 종료하면 파일이 실제로 NTFS 파일 시스템 드라이버에 의해 삭제된다.

다음 단계는 POSIX DELETE를 사용해 파일을 삭제하는 것이다. 이렇게 하려면 FsTool 도구에 /pdel 커맨드라인 인수를 지정하고 첫 번째 명령 프롬프트 창에서 /touch 커맨드라인 인수를 사용해 FsTool을 다시 시작한다(원본 파일은 이미 삭제 대상으로 표시돼 다시 삭제할 수 없다). 엔터 키를 누르기 전에 두 번째 창으로 전환해 다음 명령을 실행한다.

```
D:\>FsTool /pdel Test.txt
NTFS / ReFS Tool v0.1
Copyright (C) 2018 Andrea Allievi (AaLl86)

Deleting "Test.txt" file (Posix semantics)... Success.
Press any key to exit...

D:\>dir Test.txt
 Volume in drive D is DATA
 Volume Serial Number is 62C1-9EB3

 Directory of D:\

File Not Found
```

이 경우 Test.txt 파일은 파일 시스템 네임스페이스에서 영구적으로 삭제되지만 여전히 유효하다. 첫 번째 명령 프롬프트 창에서 엔터 키를 눌러도 **FsTool**은 파일에 데이터를 쓸 수 있다. 이는 파일이 내부에서 숨겨진 시스템 디렉터리 \$Extend\\$Deleted로 이동됐기 때문이다.

조각 모음

파일이 커지면서 새로운 블록을 할당하면 NTFS는 파일을 계속해서 유지하려고 하지만 볼륨의 파일은 시간이 지남에 따라 단편화가 발생하는데, 특히 파일이 몇 배로 커진다거나 여유 공간이 부족한 경우다. 단편화된 파일이란 파일 데이터를 보관하는 클러스터들이 연속적으로 배열되지 못한 경우를 말한다. 예를 들어 그림 11-26은 5개로 조각난 단편화된 파일을 보여준다. 그러나 마스터 파일 테이블, MFT 영역을 제외하고는 대부분의 파일 시스템(윈도우의 FAT도 포함)처럼 NTFS 역시 파일들을 연속적인 형태로 유지하고자(이것은 기본 제공된 디스크 조각 모음이 처리한다) 특별한 조치를 취하지는 않는다(NTFS는 볼륨의 여유 공간이 부족한 경우에만 MFT 이외의 다른 파일이 MFT 영역에 할당되는 것을 허용한다). MFT를 위해 일정 여유 공간을 유지하면 MFT가 연속적으로 사용 유지되는 데 도움이 되지만 여전히 단편화가 발생할 수 있다(MFT에 대한 세부 내용은 이번 장 후반부의 '마스터 파일 테이블' 절을 참고한다).

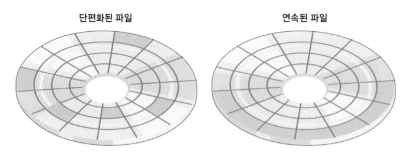

그림 11-26 단편화된 파일과 연속된 파일

서드파티 디스크 조각 모음 도구의 개발을 용이하게 하려고 윈도우는 조각 모음 API를 제공한다. 조각 모음 도구는 파일을 이동시킬 때 이런 API를 사용해 연속된 클러스터에 파일을 위치시킨다. 이 API가 제공하는 파일 시스템 제어 기능을 이용하면 애플리케이션은 볼륨의 여유 공간이나 사용 중인 클러스터에 대한 맵(FSCTL_GET_VOLUME_BITMAP), 파일의 클러스터 사용 현황 맵(FSCTL_GET_RETRIEVAL_POINTERS)을 구하고 파일 이동(FSCTL_MOVE_FILE) 등의 작업을 수행할 수 있다.

윈도우는 그림 11-27처럼 드라이브 최적화 유틸리티(%SystemRoot%\System32\Dfrgui.exe)와 커맨드라인 인터페이스를 지원하는(%SystemRoot%\System32\Defrag.exe) 도구도 제공한다. 커맨드라인 인터페이스 도구는 대화식으로 스케줄 실행을 할 수 있지만 세부 보고서를 생성하지 않고 조각 모음 과정에서 특정 파일이나 디렉터리를 제외하는 등의 제어 기능은 제공하지 않는다.

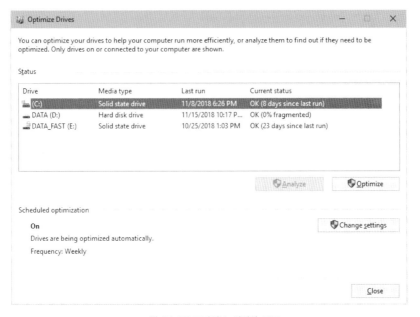

그림 11-27 드라이브 최적화 도구

NTFS 조각 모음의 유일한 제약은 페이징 파일과 NTFS 로그 파일들은 조각 모음이 불가능하다는 점이다. 드라이브 최적화 도구는 윈도우 7에서 사용 가능한 디스크 조각 모음의 진화한 형태로, 도구가 업데이트돼 계층적 볼륨, SMR 디스크, SSD디스크를 제공한다. 최적화 엔진은 최적화 드라이브 서비스(Detragsvc.dll)에 지원돼 그래픽 도구와 커맨드라인 인터페이스 모두에서 사용되는 **IDefragEngine** COM 인터페이스가 제공된다.

SSD 디스크의 경우 도구는 리트림^{retrim} 작업한다. 리트림 작업을 이해하려면 SSD의 아키텍처를 간략히 알아야 한다. SSD 디스크는 4 ~ 16KB 페이지로 그룹화되며 일반적으로 128 ~ 512페이지의 블록으로 그룹화된 플래시 메모리 셀에 데이터를 저장한다. 플래시 메모리 셀은 비어 있는 경우에만 직접 사용할 수 있다. 데이터가 포함된 경우 쓰기 작업 전에 내용을 지워야 한다. SSD 쓰기 작업은 단일 페이지에서 수행할 수 있지만 하드웨어 제한으로 인해 지우기 명령은 항상 전체 블록에 영향을 준다. 결과적으로 SSD의 빈 페이지에 데이터를 쓰는 것은 가장 빠르지만 이전에 써진 페이지를 덮어쓸 때는 느려진다(이 경우 먼저 전체 블록의 콘텐츠를 캐시에 저장한 다음 전체 블록을 SSD에서 지운다. 덮어쓴 페이지는 캐시된 블록에 기록되고 끝으로 업데이트된 전체 블록은 플래시 미디어에 기록된다). 이 문제를 해결하고자 NTFS 파일 시스템 드라이버는 디스크 클러스터(부분 또는 전체 파일에 속할 수 있음)를 제거할 때마다 SSD 컨트롤러에 TRIM 명령을 보낸다. TRIM 명령을 받은 SSD는 가능하면 전체 블록을 비동기적으로 지우기 시작한다. 주의할 점은 삭제된 영역이 블록의 연관 페이지에만 해당되는 경우 SSD 컨트롤러가 아무것도 수행할 수 없다는 점이다.

리트림 작업은 SSD 디스크를 분석하고 여유 공간(1MB 크기의 청크)의 모든 클러스터에 TRIM 명령을 보낸다. 여기에는 여러 이유가 있다.

- TRIM 명령은 항상 발생되지는 않는다(파일 시스템은 트림에 매우 엄격하지는 않다).
- NTFS 파일 시스템은 페이지에서 TRIM 명령을 실행하지만 SSD 블록에서는 실행하지 않는다. 디스크 옵티마이저는 리트림 조작을 사용해 단편화된 블록을 검색한다. 이러한 블록은 먼저 유효한 데이터를 일부 임시 블록으로 되돌리고 원래 블록을 최적화하며 다른 조각화된 블록에 속한 페이지를 삽입한다. 끝으로 원래 정리된 블록에 대해 TRIM 명령을 실행한다.

> 디스크 옵티마이저가 여유 공간에서 TRIM 명령을 출력하는 방법은 주의해야 한다. 디스크 옵티마이저는 빈 스파스 파일을 할당하고 여유 공간의 청크(크기 128KB에서 1GB까지 다양함)를 찾는다. 다음으로 FSCTL_MOVE_FILE 제어 코드를 통해 파일 시스템을 호출하고 데이터를 스파스 파일(크기는 1GB이지만 실제로는 유효한 데이터는 포함하지 않음)에서 빈 공간으로 이동한다. 일반 파일 시스템은 실제로 하나 이상의 SSD 블록의 내용을 지운다(유효한 데이터가 없는 스파스 파일은 읽을 때 제로화된 데이터 청크로 반환한다). 이것은 SSD 펌웨어가 수행하는 TRIM 명령의 구동 동작이다.

계층적 디스크와 SMR 디스크의 경우 드라이브 최적화 도구는 Slabify(슬래브 통합^{Slab} ^{Consolidation}이라고도 함)와 계층 최적화의 2가지 보충 작업을 제공한다. 계층화된 볼륨에 저장된 대용량 파일은 서로 다른 계층에 존재하는 여러 범위로 구성될 수 있다. 슬래브 통합 작업은 파일의 익스텐트 테이블(통합이라고 하는 단계)을 조각 모음뿐 아니라 통합 슬래브의 파일 내용을 이동시킨다(슬래브는 씬 프로비저닝된 디스크 할당 단위다. 세부 내용은 이 장의 뒷부분을 참고한다). 슬래브 통합의 최종 목표는 파일이 소수의 슬래브를 사용할 수 있게 하는 것이다. 계층 최적화는 자주 액세스되는 파일(명시적으로 고정된 파일 포함)을 용량 계층에서 성능 계층으로 이동시키고, 반대로 액세스 빈도가 낮은 파일을 성능 계층에서 용량 계층으로 이동시킨다. 이를 위해 최적화 엔진은 계층화 엔진을 사용한다. 계층화 엔진은 유저가 액세스하는 모든 파일의 히트맵을 기반으로 용량 계층으로 이동해야 하는 파일 익스텐트와 성능 계층으로 이동해야 하는 파일 익스텐트를 제공한다.

 계층화된 디스크 및 계층화 엔진은 다음 절에서 자세히 설명한다.

실습: SSD 볼륨을 리트림

다음 예제와 같이 **defrag.exe /L** 명령을 사용해 고속 SSD 또는 NVMe 볼륨에서 리트림을 수행할 수 있다.

```
D:\>defrag /L c:
Microsoft Drive Optimizer
Copyright (c) Microsoft Corp.

Invoking retrim on (C:)...

The operation completed successfully.

Post Defragmentation Report:

        Volume Information:
                Volume size             = 475.87 GB
                Free space              = 343.80 GB

        Retrim:
                Total space trimmed     = 341.05 GB
```

이 예제에서 볼륨 크기는 475.87GB이고 사용 가능한 공간은 343.80GB다. 삭제 및 트리밍된 것은 341GB뿐이다. 물론 기존 HDD에서 지원되는 볼륨에서 명령을 실행하면 에러가 반환된다(요청된 작업은 볼륨을 지원하는 하드웨어에서 지원되지 않는다).

동적 파티셔닝

NTFS 드라이버는 유저에게 시스템 파티션이나 어떤 파티션이라도 동적으로 크기를 축소하거나 확장(충분한 공간이 있어야 가능하다)할 수 있게끔 해준다. 파티션을 확장하는 것은 디스크에 충분한 공간이 존재한다면 쉽게 이뤄지며, 파일 시스템 제어 코드 FSCTL_EXPAND_VOLUME으로 수행된다. 파티션 축소는 좀 더 복잡한 과정을 거친다. 축소로 인해 옮겨질 영역에 현재 있는 파일 시스템 데이터를 축소 과정 이후에 여전히 남아 있을 영역으로 옮겨야 하기 때문이다. 이 과정은 조각 모음과 유사하다. 파티션 축소는 두 구성 요소인 축소 엔진과 파일 시스템 드라이버로 지원된다.

축소 엔진은 유저 모드에서 지원된다. 이 엔진은 NTFS와 통신해 옮겨야 할 데이터의 최대 숫자를 확인한다. 즉, 크기가 변경될 영역에서 그대로 남아있을 영역으로 얼마나 많은 데이터가 옮겨질 수 있는지 확인한다. 축소 엔진은 이전에 설명한 표준 단편화 메커니즘을 사용한다. 이 메커니즘은 사용 중인 페이지 조각이나 파일 시스템 제어 코드 FSCTL_MARK_HANDLE를 사용해 이동 불가능으로 표기된 그 밖의 파일(하이버네이션 파일과 유사하다)은 재배치를 지원하지 않는다. 마스터 파일 테이블 백업($MftMirr)과 NTFS 메타데이터 트랜잭션 로그($LogFile), 볼륨 레이블 파일($Volume)은 옮겨질 수 없다. 이는 축소된 볼륨의 최소 크기를 제한하고 공간 낭비를 초래한다.

파일 시스템 드라이버의 축소 코드는 볼륨의 축소 과정 전반에 걸쳐 볼륨을 무결성 있는 상태로 유지해야 한다. 이렇게 하고자 파일 시스템 드라이버는 현재 동작을 기술하는 3가지의 요청을 사용하는 FSCTL_SHRINK_VOLUME 제어 코드로 전달되는 인터페이스를 노출한다.

- 축소 준비 요청은 다른 모든 동작 이전에 발생해야 한다. 이 요청은 섹터

크기 단위로 새로운 볼륨의 크기를 가지며, 이 값은 파일 시스템이 새로운 볼륨의 경계를 벗어나는 추가적인 할당을 차단하는 데 사용된다. 이 축소 준비 요청은 새로운 볼륨이 지정한 양만큼 실제로 축소될 수 있는지는 검증하지 않는다. 하지만 축소량이 수치적으로 유효하고 동작 중인 그 밖의 다른 축소 동작이 없음을 확인한다. 축소 동작 이후 해당 볼륨에 대한 파일 핸들이 축소 요청과 연관돼 파일 핸들이 닫혀 있다면 이 동작은 중단된 것이다.

- 축소 엔진은 축소 준비 요청 이후에 축소 커밋 요청을 내린다. 이 상태에서 파일 시스템은 가장 최근 준비 요청에서 요청한 수의 클러스터 제거를 시도한다. 복수의 준비 요청이 서로 다른 크기로 전달됐다면 마지막에 요청됐던 것으로 확인한다. 축소 커밋 요청은 축소 엔진이 정상 동작해 완료했다고 가정하고, 단 1개의 할당된 블록이라도 축소될 영역에 그대로 남아 있다면 실패한다.

- 축소 중단 요청은 축소 엔진에 의해 일어나거나 볼륨에 대한 파일 핸들 닫기와 같은 이벤트에 의해 발생될 수 있다. 이 요청은 파티션을 원래의 크기로 복구해 축소 커밋 동작을 되돌리며, 축소 영역 외부에 새로운 할당이 일어나게끔 한다. 하지만 축소 엔진에 의해 이뤄진 조각 모음 변경은 그대로 남는다.

축소 동작 중에 시스템이 재부팅된다면 NTFS는 파일 시스템의 영속성 보장을 위해 메타데이터 복구 메커니즘을 통해 복원을 시도한다(나중에 설명). 실제 축소 동작은 그 밖의 다른 모든 동작이 완료되기 전까지는 실행되지 않기 때문에 해당 볼륨은 원래의 크기를 유지하고 있고 디스크로 이미 플러시된 조각 모음 동작만이 유지된다.

마지막으로 볼륨의 크기 축소는 볼륨 새도우 복사 메커니즘에 여러 영향을 준다. 카피 온 라이트 메커니즘은 VSS로 하여금 원본 파일 데이터에 대한 링크를 유지하면서 실제로 변경된 파일 부분을 유지하게 해준다. 삭제된 파일의 경우 이 파일의 데이터는 막 축소되려는 영역에 위치하는 빈 공간처럼 보이지만 눈에 보이는 파일과는 관련이 없다. 따라서 축소 엔진은 VSS와 통신해 축소 과정에서 VSS에 관여한다. 요약하면 VSS 메커니즘의 작업은 삭제된 파일 데이터를 다른 영역으로 복사해 또 다른 데이터를 포함하는 데 필요한 영역을 증가시키는 것이다. 이런 세부 사항은 중요한데, 아주 큰 공간을 가진 볼륨이라도 축소하려는 크기에 또 다른 제약을 가하기 때문이다.

계층적 볼륨에 대한 NTFS 지원

계층형 볼륨은 여러 유형의 저장 장치와 기본 미디어로 구성된다. 계층적 볼륨은 일반적으로 단일 물리 디스크 또는 가상 디스크 위에 생성된다. 저장 공간은 고속 NVMe 디스크, SSD, 로테이션 하드디스크 등 여러 유형의 물리적 디스크로 구성된 가상 디스크를 제공한다. 이 유형의 가상 디스크를 **계층형 디스크**라고 한다(저장 공간은 스토리지 계층$^{Storage\ Tiers}$이라는 이름을 사용한다). 반면 계층적 볼륨은 기존의 '랜덤 액세스' 패스트 영역과 '순차적인' 용량 영역을 가진 물리적 SMR 디스크 상위에 생성할 수 있다. 모든 계층형 볼륨은 고속 랜덤 I/O를 지원하는 '성능' 계층과 랜덤 I/O를 지원하지 않을 수도 있는 '용량' 계층으로 구성되며 속도가 느리고 용량이 크다는 공통적인 특징이 있다.

 SMR 디스크, 계층적 볼륨 및 저장 공간은 이 장의 후반부에서 자세히 설명한다.

NTFS 파일 시스템 드라이버는 여러 방법으로 계층적 볼륨을 지원한다.

- 볼륨은 계층화된 디스크 공간(용량 및 성능)에 해당하는 2개의 영역으로 나뉜다.
- 새 **$DSC** 속성($LOGGED_UTILITY_STREAM 유형)은 파일을 저장할 계층을 지정한다. NTFS는 새로운 '피닝^{pinning}' 인터페이스를 제공한다. 이 인터페이스를 통해 파일을 특정 계층에 잠글 수 있으며(피닝이라는 용어는 여기서 유래함) 계층화 엔진에 의해 파일이 이동하는 것을 방지한다.
- 스토리지 계층 관리 서비스는 계층적 볼륨을 지원하는 데 중심 역할을 한다. NTFS 파일 시스템 드라이버는 파일 스트림을 읽거나 쓸 때마다 ETW의 '히트^{heat}' 이벤트를 저장한다. 계층화 엔진은 이러한 이벤트를 사용하고 이를 (1MB 청크로) 누적하고 정기적(시간당 한 번)으로 JET 데이터베이스에 저장한다. 계층화 엔진은 4시간마다 히트 데이터베이스를 처리하고 복잡한 '히트 에이징' 알고리듬을 통해 최신^{hot} 파일로 간주되는 파일과 오래된^{cold} 파일

로 간주되는 파일을 확인한다. 계층화 엔진은 계산된 히트 데이터를 기반으로 성능 계층과 용량 계층 간에 파일을 전달한다.

또한 NTFS 할당자는 $DSC 속성에 지정된 계층 영역을 기반으로 파일 클러스터를 할당하도록 변경됐다. NTFS 할당자는 특정 알고리듬을 사용해 볼륨의 클러스터를 할당할 계층을 결정한다. 알고리듬은 다음 순서로 체크해 실행한다.

1. 파일이 볼륨 USN 저널이면 항상 용량 계층에 할당한다.
2. MFT 항목(파일 레코드)과 시스템 메타데이터 파일은 항상 성능 계층에 할당된다.
3. 파일이 이전에 명시적으로 '핀드pinned'된 경우(즉, 파일에 $DSC 속성이 있는 경우) 지정된 스토리지 계층에서 할당한다.
4. 시스템이 윈도우 클라이언트 에디션을 실행하는 경우에는 항상 성능 계층을 선호한다. 그렇지 않은 경우 용량 계층에서 할당한다.
5. 성능 계층에 공백이 없는 경우 용량 계층에서 할당한다.

애플리케이션은 `FileDesiredStorageClassInformation` 정보 클래스에서 `NtSetInformationFile` API를 사용해 파일에 필요한 스토리지 계층을 지정할 수 있다. 이 작업을 파일 피닝file pinning이라고 하며 새로 생성된 파일의 핸들에서 수행될 때 중앙 할당자는 지정된 계층에 새 파일의 내용을 할당한다. 그렇지 않으면 파일이 이미 존재하고 잘못된 계층에 있는 경우 계층화 엔진은 다음 실행 시 파일을 원하는 계층으로 이동시킨다(이 작업을 계층 최적화Tier optimization라고 하며 계층화 엔진의 스케줄된 작업 또는 SchedulerDefrag 작업으로 시작할 수 있다).

> 여기서 설명하는 NTFS에서 계층적 볼륨을 지원하는 것은 ReFS 파일 시스템 드라이버에서 제공하는 지원과 완전히 다르다는 점에 유의하자.

실습: 계층화된 볼륨에서 파일 피닝 확인

이전에 설명한 것처럼 NTFS 할당자는 특정 알고리듬을 사용해 어떤 계층에서 할당할지 결정한다. 이 실습에서는 큰 파일을 계층화된 볼륨에 복사해 파일 피닝 작업의 영향을 이해해본다. 복사가 완료되면 시작 메뉴 아이콘을 마우스 오른쪽 버튼으로 클릭하고 윈도우 파워셸을 선택한 다음 **Get-FileStorageTier** 명령을 사용해 파일의 계층 정보를 검색해서 관리 파워셸 창을 연다.

```
PS E:\> Get-FileStorageTier -FilePath 'E:\Big_Image.iso' | FL FileSize,
DesiredStorageTierClass, FileSizeOnPerformanceTierClass,
FileSizeOnCapacityTierClass, PlacementStatus, State

FileSize                        : 4556566528
DesiredStorageTierClass         : Unknown
FileSizeOnPerformanceTierClass  : 0
FileSizeOnCapacityTierClass     : 4556566528
PlacementStatus                 : Unknown
State                           : Unknown
```

이 예제는 Big_Image.iso 파일이 용량 계층에서 할당됐음을 보여준다(이는 윈도우 서버 시스템에서 실행 중이다). 이를 확인하려면 파일을 계층 디스크에서 고속 SSD 볼륨으로 복사하면 된다. 이때 전송 속도가 느린 것을 알 수 있다(일반적으로 디스크 회전 속도에 따라 160~250MB/s).

이제 다음과 같이 **Set-FileStorageTier** 명령을 사용해 'pin' 요청을 실행할 수 있다.

```
PS E:\> Get-StorageTier -MediaType SSD | FL FriendlyName, Size,
FootprintOnPool, UniqueId
```

```
FriendlyName      : SSD
Size              : 128849018880
FootprintOnPool   : 128849018880
UniqueId          : {448abab8-f00b-42d6-b345-c8da68869020}
PS E:\> Set-FileStorageTier -FilePath 'E:\Big_Image.iso'
-DesiredStorageTierFriendlyName 'SSD'
PS E:\> Get-FileStorageTier -FilePath 'E:\Big_Image.iso' | FL FileSize,
DesiredStorageTierClass, FileSizeOnPerformanceTierClass,
FileSizeOnCapacityTierClass, PlacementStatus, State

FileSize                        : 4556566528
DesiredStorageTierClass         : Performance
FileSizeOnPerformanceTierClass  : 0
FileSizeOnCapacityTierClass     : 4556566528
PlacementStatus                 : Not on tier
State                           : Pending
```

위 결과는 파일이 성능 계층에 고정되고 콘텐츠가 용량 계층에 계속 저장
돼 있음을 나타낸다. 계층화 엔진의 스케줄된 태스크가 실행되면 파일 익
스텐트가 용량 계층에서 성능 계층으로 이동한다. defrag.exe /g 내부 도
구를 사용해 드라이브 최적화 프로그램을 실행해서 계층 최적화를 강제할
수 있다.

```
PS E:> defrag /g /h e:
Microsoft Drive Optimizer
Copyright (c) Microsoft Corp.

Invoking tier optimization on Test (E:)...

Pre-Optimization Report:

    Volume Information:
            Volume size              = 2.22 TB
            Free space               = 1.64 TB
            Total fragmented space   = 36%
            Largest free space size  = 1.56 TB

    Note: File fragments larger than 64MB are not included in the
fragmentation statistics.

The operation completed successfully.
```

```
Post Defragmentation Report:

        Volume Information:
                Volume size      = 2.22 TB
                Free space       = 1.64 TB

        Storage Tier Optimization Report:
        % I/Os Serviced from Perf Tier Perf Tier Size Required
        100%                     28.51 GB *
        95%                      22.86 GB
...
        20%                      2.44 GB
        15%                      1.58 GB
        10%                      873.80 MB
        5%                       361.28 MB

 * Current size of the Performance tier: 474.98 GB
    Percent of total I/Os serviced from the Performance tier: 99%

Size of files pinned to the Performance tier: 4.21 GB
Percent of total I/Os: 1%

Size of files pinned to the Capacity tier: 0 bytes
Percent of total I/Os: 0%
```

드라이브 옵티마이저는 파일의 피닝을 확인했다. **Get-FileStorageTier** 명
령을 실행하고 파일을 SSD 볼륨에 다시 복사해 피닝 상태를 다시 확인할
수 있다. 이번에는 파일 콘텐츠가 완벽하게 성능 계층에 있기 때문에 전송
속도가 훨씬 높아야 한다.

```
PS E:\> Get-FileStorageTier -FilePath 'E:\Big_Image.iso' | FL FileSize,
DesiredStorageTierClass, FileSizeOnPerformanceTierClass,
FileSizeOnCapacityTierClass, PlacementStatus, State

FileSize                       : 4556566528
DesiredStorageTierClass        : Performance
FileSizeOnPerformanceTierClass : 0
FileSizeOnCapacityTierClass    : 4556566528
PlacementStatus                : Completely on tier
State                          : OK
```

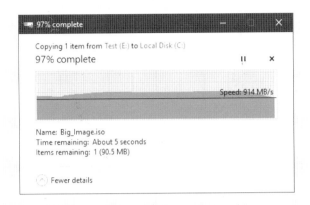

파일을 용량 계층에 고정해 윈도우 10 클라이언트 에디션에서 실습을 반복할 수 있다(윈도우 10 클라이언트 에디션은 기본적으로 성능 계층에서 파일 클러스터를 할당한다). 동일한 피닝 기능이 이 책의 다운로드 가능한 리소스에서 사용할 수 있는 **FsTool** 도구에서 지원된다. 이 도구를 사용해 파일을 선호 계층으로 직접 복사할 수 있다.

NTFS 파일 시스템 드라이버

Vol.1의 6장에서의 설명처럼 NTFS와 그 밖의 다른 파일 시스템은 윈도우 I/O 시스템의 프레임워크에서 커널 모드로 동작하는 로드 가능 디바이스 드라이버다. 이들은 윈도우나 다른 I/O API를 사용하는 애플리케이션에 의해 간접적으로 호출된다. 그림 11-28은 윈도우 환경 서브시스템이 윈도우 시스템 서비스를 호출하고, 다시 로드된 적절한 드라이버를 찾아 그들을 호출하는 과정을 보여준다(시스템 서비스 디스패칭의 설명은 8장의 '시스템 서비스 디스패치' 절을 참고한다).

계층적 드라이버는 I/O 요청을 윈도우 이그제큐티브의 I/O 관리자를 호출해 다른 드라이버로 전달한다. 중개자로서 I/O 관리자를 사용해 각 드라이버는 독립성을 유지할 수 있고 드라이버는 다른 드라이버에 영향을 주지 않고 로드되거나 업로드할 수 있다. 게다가 NTFS 드라이버는 그림 11-29에서처럼 파일 시스템과 밀접한 관련이 있는 3개의 윈도우 이그제큐티브 구성 요소와 함께 동작한다.

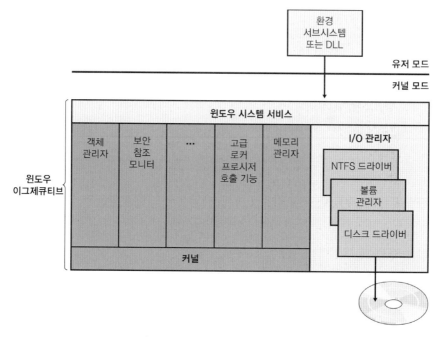

그림 11-28 윈도우 I/O 시스템의 구성 요소

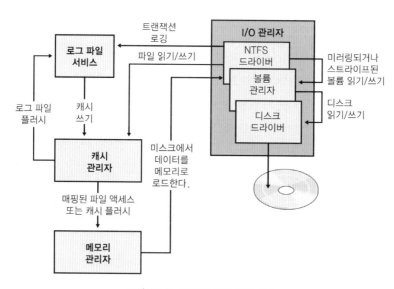

그림 11-29 NTFS와 관련 구성 요소

로그 파일 서비스[LFS]는 디스크 기록에 대한 로그를 관리하는 서비스를 제공하는

NTFS의 구성 요소다. LFS가 기록하는 로그 파일은 시스템 장애가 발생했을 때 NTFS로 포맷된 볼륨을 복구하는 데 사용한다(후반부의 '로그 파일 서비스' 절을 참고한다).

이미 설명한 것처럼 캐시 관리자는 NTFS와 네트워크 파일 시스템 드라이버(서버와 리다이렉터)를 포함한 그 밖의 파일 시스템에 시스템 전역적인 캐싱 서비스를 제공하는 윈도우 이그제큐티브 구성 요소다. 윈도우에 구현된 모든 파일 시스템은 캐시된 파일을 시스템 주소 공간으로 매핑하고, 이 가상 주소에 접근함으로써 캐시된 파일에 액세스한다. 캐시 관리자는 이런 목적을 위해 윈도우 메모리 관리자에 특별한 파일 시스템 인터페이스를 제공한다. 프로그램이 캐시에 로드돼 있지 않은 파일의 한 부분(캐시미스$^{cache\ miss}$)에 액세스하려고 하면 메모리 관리자는 NTFS를 호출해 디스크 드라이버에 접근해서 디스크에 저장된 파일을 획득한다. 캐시 관리자는 자신의 지연 라이터 스레드에서 백그라운드 활동으로 디스크에 캐시 내용을 플러시하는 메모리 관리자를 호출(비동기 디스크 쓰기)함으로써 디스크 I/O를 최적화한다.

NTFS는 다른 파일 시스템과 마찬가지로 객체로 파일을 구현함으로써 윈도우 객체 모델에 동참한다. 이런 특성으로 모든 이그제큐티브 레벨의 객체를 관리하는 윈도우 구성 요소인 객체 관리자가 파일을 공유하거나 보호할 수 있다(객체 관리자는 8장의 '객체 관리자' 절을 참고한다).

애플리케이션은 다른 윈도우 객체들처럼 핸들을 이용해 파일을 생성하고 액세스한다. NTFS에 I/O 요청이 들어온 시점은 호출 프로세스가 시도하려고 한 파일 객체에 대한 액세스 권한을 이미 윈도우 객체 관리자와 보안 시스템이 검증한 상태다. 보안 시스템은 파일 객체에 대한 접근 제어 목록 내의 엔트리와 호출자의 액세스 토큰을 비교한다(액세스 토큰 목록은 Vol.1의 7장을 참고한다). I/O 관리자는 파일 핸들을 파일 객체의 포인터로 변환한다. NTFS는 디스크상의 파일에 접근하고자 파일 객체의 정보를 사용한다.

그림 11-30는 파일 시스템 디스크 구조를 다루는 파일을 링크하는 데이터 구조체를 보여준다.

NTFS는 디스크상의 파일 객체에서 해당 파일의 위치를 얻을 수 있는 몇 가지 포인터를 갖고 있다. 오픈 파일 시스템 서비스에 대한 호출 예를 보여주는 그림 11-30에서 파일 객체는 호출자가 읽거나 쓰려는 파일 속성에 대한 스트림 제어 블록^{SCB}

의 포인터를 말한다. 그림 11-30에서 프로세스는 파일에 대해 이름 없는 데이터 속성과 이름이 있는 스트림(대체 데이터 속성)으로 오픈했다. SCB는 개별 파일의 속성을 나타내며, 파일 내부의 특정 속성을 찾는 방법에 대한 정보를 갖고 있다. 파일에 대한 모든 SCB는 파일 제어 블록^{FCB}으로 불리는 공통 데이터 구조체를 가리킨다. FCB는 디스크 기반의 마스터 파일 테이블 내에 있는 파일의 레코드에 대한 포인터(실제로는 MFT 인덱스다. 이는 나중 장의 '파일 레코드 번호' 절에서 설명한다)를 가진다. MTF는 이후에 자세히 설명한다.

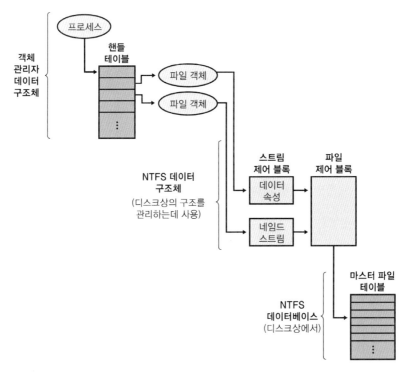

그림 11-30 NTFS 데이터 구조체

디스크상의 NTFS 구조

이번 절에서는 디스크 공간을 나누고 클러스터를 어떻게 구성하는지, 파일을 디렉터리에 어떤 방식으로 구성하는지, 실제 파일 데이터와 속성 정보를 디스크에

960

어떻게 저장하는지 설명하고, 마지막으로 NTFS 데이터 압축 작업의 방식과 같은 NTFS 볼륨의 디스크 구조를 설명한다.

볼륨

NTFS의 구조는 볼륨에서 시작된다. 볼륨은 디스크상의 논리 파티션에 대응하며, NTFS로 디스크나 디스크의 일부를 포맷할 때 생성된다. 저장 공간 관리 제어판 스냅인을 통해 액세스할 수 있는 저장 공간을 사용하거나 윈도우 파워셸에서 사용할 수 있는 저장 공간 명령(예를 들어 New-StoragePool 명령)을 사용해 여러 실제 디스크에 걸쳐 RAID 가상 디스크를 생성할 수 있다. 저장 공간에 대한 파워셸의 모든 명령은 https://docs.microsoft.com/en-us/powershell/module/storagespaces/에서 확인할 수 있다.

디스크는 하나 또는 그 이상의 볼륨을 가질 수 있다. NTFS는 각 볼륨을 다른 볼륨에 대해 독립적으로 처리한다. 그림 11-31은 2TB 하드디스크를 3개의 샘플 디스크로 구성한 예다.

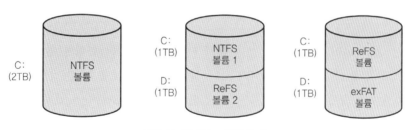

그림 11-31 디스크 구성의 예

볼륨은 일련의 파일과 디스크 파티션에 할당되지 않은 채로 남아있는 공간으로 이뤄진다. 모든 FAT 파일 시스템에서 볼륨은 FAT 파일 시스템용으로 특별히 포맷된 특정 영역을 갖고 있다. 하지만 NTFS 또는 복원 파일 시스템(ReFS) 볼륨은 모든 파일 시스템 데이터(비트맵과 디렉터리, 심지어는 부트스트랩)를 통상적인 파일로 저장한다.

> 윈도우 10과 윈도우 서버 2019에서 디스크상의 NTFS 볼륨 구조는 윈도우 XP와 윈도우 서버 2003부터 동일한 버전인 3.10이다. 볼륨의 버전 번호는 $Volume 메타데이터 파일에 저장돼 있다.

클러스터

NTFS 볼륨의 클러스터 크기 또는 클러스터 팩터^{cluster factor}는 포맷 명령이나 디스크 관리자 MMC 스냅인으로 볼륨을 포맷할 때 확인된다. 기본 클러스터 팩터는 볼륨의 크기에 따라 다양하지만 물리 섹터의 배수이고, 항상 2의 배수다(1섹터, 2섹터, 4섹터, 8섹터 같은 식이다). 클러스터 팩터는 512바이트, 1KB, 2KB 같은 클러스터 내의 바이트 수로 표시된다.

내부적으로 NTFS는 클러스터만 참조한다(하지만 NTFS 저수준의 볼륨 I/O 동작은 클러스터를 섹터 단위로 정렬하고 클러스터는 섹터 크기의 배수 길이를 갖게 한다). NTFS는 물리 섹터 크기와 독립적으로 관리하기 위한 할당 단위로 클러스터를 사용한다. 이런 독립성으로 NTFS는 대용량 클러스터 팩터를 사용하는 대용량 디스크를 효과적으로 제공할 수 있고, 512바이트보다 큰 섹터 크기를 갖는 새로운 디스크도 지원할 수 있다. 대용량 클러스터 팩터를 사용하는 대용량 볼륨에서는 디스크 공간이 약간 낭비되는 대가로 단편화와 할당 속도가 줄어든다(클러스터 크기가 64KB인데 파일 크기가 16KB라면 48KB가 낭비되는 것이다). 명령 프롬프트에서 사용 가능한 포맷 명령과 디스크 관리자의 MMC 스냅인에서 액션 메뉴의 모든 작업 옵션 하위에 있는 포맷 메뉴 모두는 볼륨 크기에 기반을 두고 클러스터 팩터를 선택하지만 유저가 크기를 변경할 수도 있다.

NTFS는 논리 클러스터 번호^{LCN}를 이용해 디스크상의 물리 위치를 참조한다. LCN은 단순히 볼륨의 시작에서 끝까지 모든 클러스터에 번호를 매긴 것이다. NTFS는 디스크 드라이버의 인터페이스를 필요로 할 때 LCN을 물리 디스크 주소로 변환하고자 볼륨의 물리 바이트 오프셋을 구하려고 클러스터 팩터와 LCN을 곱한다. NTFS는 가상 클러스터 번호 VCN을 이용해 파일 내의 데이터를 참조한다. VCN은 특정 파일에 속하는 클러스터를 0에서 m까지 매긴 번호다. VCN은 반드시 물리적으로 연속적이지는 않지만 볼륨상의 어떤 LCN 번호와도 매핑될 수 있다.

마스터 파일 테이블

NTFS에서 파일의 위치를 구하고 파일을 획득하는 데 사용되는 데이터 구조체와 부트스트랩 데이터, 전체 볼륨(NTFS 메타데이터)의 할당 상태를 기록하는 비트맵까지 볼륨상의 모든 데이터는 파일로 저장된다. 모든 내용을 파일에 저장함으로써 파일 시스템은 데이터를 쉽게 찾고 관리할 수 있으며, 개별 파일은 보안 디스크립터에 의해 보호될 수 있다. 게다가 디스크의 일부가 손상되더라도 NTFS는 메타데이터 파일을 이동함으로써 디스크에 액세스 불가능하게 되는 상황을 막을 수 있다.

MFT는 NTFS 볼륨 구조의 핵심이다. MFT는 파일 레코드의 배열로 구현된다. 각 파일 레코드의 크기는 볼륨 포맷 시 정의된 대로 1KB 또는 4KB가 될 수 있는데, 기본 물리 미디어의 유형에 따라 달라진다. 네이티브 섹터 크기가 4KB인 새로운 물리 디스크와 계층 디스크는 일반적으로 4KB의 파일 레코드를 사용하는 반면 섹터 크기가 512바이트인 오래된 디스크는 1KB의 파일 레코드를 사용한다. 각 MFT 엔트리의 크기는 클러스터 크기에 의존하지 않으며 Format /1 명령을 사용해 볼륨을 포맷할 때 덮어쓸 수 있다(파일 레코드의 구조체는 이번 장의 뒷부분인 '파일 레코드' 절에서 설명한다). 논리적으로 MFT는 볼륨상의 각 파일에 대해 단일 레코드를 가진다(MFT 자신에 대해서도 단일 레코드를 가진다). MFT 외에도 각 NTFS 볼륨은 파일 시스템 구조를 지원하는 데 사용되는 정보가 담긴 메타데이터 파일의 집합을 가진다. 이들 NTFS 메타데이터 파일은 이름 앞에 $ 기호로 시작하지만 이 기호는 숨겨져 있다. 예를 들어 MFT의 파일 이름은 $MFT다. NTFS 볼륨에서 이외의 파일은 그림 11-32에서처럼 일반 유저 파일과 디렉터리로 구성된다.

일반적으로 각 MFT 레코드는 파일 하나에 대응된다. 하지만 파일이 많은 수의 속성을 갖거나 단편화가 심하다면 하나 이상의 레코드가 단일 파일을 위해 필요해 첫 번째 MFT 레코드(그 이외의 레코드 위치를 저장한다)는 베이스 파일 레코드base file record로 불린다.

볼륨에 대한 최초 접근 시 NTFS는 반드시 볼륨을 마운트해야 한다. 즉, 디스크로부터 메타데이터를 읽고 내부 데이터 구조체를 만들어 애플리케이션 파일 시스템에 접근들을 처리할 수 있게 한다. 볼륨을 마운트하고자 NTFS는 부트 매개변수 블록BPB이라는 데이터 구조체를 담은 볼륨 부트 레코드VBR(LCN 0에 위치)를 검사해 MFT의 물리 디스크 주소를 알아낸다. MFT 자신에 대한 파일 레코드는 테이블의 첫 번째에 존재한다. 두 번째 파일 레코드는 디스크의 중간에 위치하는 MFT 미러(파일 이름 $MFTMirr)를 가리키는데, 이는 MFT 앞쪽 4개 열에 대한 복사본을 보관하고 있다.

MFT의 이런 복사본은 어떤 원인에 의해 MFT 파일의 일부분을 읽을 수 없는 경우 메타데이터 파일의 위치를 알아내고자 사용된다.

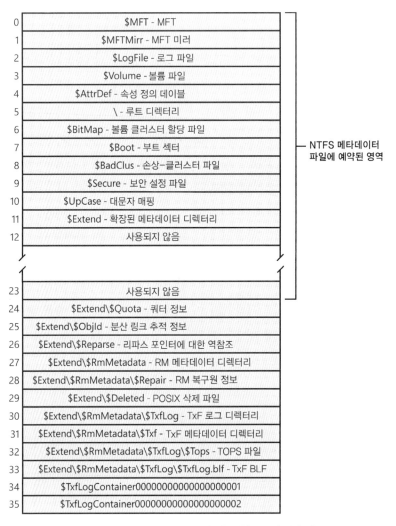

0	$MFT - MFT
1	$MFTMirr - MFT 미러
2	$LogFile - 로그 파일
3	$Volume - 볼륨 파일
4	$AttrDef - 속성 정의 데이블
5	\ - 루트 디렉터리
6	$BitMap - 볼륨 클러스터 할당 파일
7	$Boot - 부트 섹터
8	$BadClus - 손상–클러스터 파일
9	$Secure - 보안 설정 파일
10	$UpCase - 대문자 매핑
11	$Extend - 확장된 메타데이터 디렉터리
12	사용되지 않음
23	사용되지 않음
24	$Extend\$Quota - 쿼터 정보
25	$Extend\$ObjId - 분산 링크 추적 정보
26	$Extend\$Reparse - 리파스 포인터에 대한 역참조
27	$Extend\$RmMetadata - RM 메타데이터 디렉터리
28	$Extend\$RmMetadata\$Repair - RM 복구원 정보
29	$Extend\$Deleted - POSIX 삭제 파일
30	$Extend\$RmMetadata\$TxfLog - TxF 로그 디렉터리
31	$Extend\$RmMetadata\$Txf - TxF 메타데이터 디렉터리
32	$Extend\$RmMetadata\$TxfLog\$Tops - TOPS 파일
33	$Extend\$RmMetadata\$TxfLog\$TxfLog.blf - TxF BLF
34	$TxfLogContainer00000000000000000001
35	$TxfLogContainer00000000000000000002

NTFS 메타데이터 파일에 예약된 영역

그림 11-32 NTFS 메타데이터 파일들을 위한 MFT의 파일 레코드

일단 NTFS가 MFT에 대한 파일 레코드를 찾으면 VCN-LCN 매핑 정보를 파일 레코드의 데이터 속성에서 얻어 메모리에 저장한다. 각 런^{RUN}(이번 장의 '상주와 비상주 속성' 절에서 런을 설명한다)은 특정 VCN에 대한 LCN을 찾는 데 반드시 필요한 정보인 VCN- LCN 매핑과 런의 길이를 갖는다. 이 매핑 정보는 NTFS에게 MFT를 포함하는 런의 디스크상 위치를 알려준다. 이제 NTFS는 몇 가지 메타데이터용 MFT 레코드를 처리하

고 파일을 연다. 다음으로 NTFS는 자신의 파일 시스템 복구 동작을 수행하고(이번 장 뒤에 나오는 '복구' 절에서 설명) 마지막으로 나머지 메타데이터 파일을 연다. 이후 볼륨은 유저가 액세스할 수 있다.

> 명확하게 하고자 11장에서 사용된 문구와 다이어그램들은 VCN을 포함해 LCN과 런의 길이로 서 런을 설명한다. NTFS는 디스크상의 이런 정보들을 LCN/next-VCN 쌍으로 압축한다. 시작 VCN 이 주어지면 다음 VCN에서 시작 VCN을 제거함으로써 NTFS는 런의 길이를 확인할 수 있다.

시스템이 실행함에 따라 NTFS는 다른 중요한 메타데이터 파일을 기록하는데, 로그 파일이다(파일 이름 $LogFile). NTFS는 볼륨 구조에 영향을 미치는 모든 작업에 대한 기록을 로그 파일에 남기는데, 파일 생성이나 copy 명령 등과 같이 디렉터리 구조를 변경시키는 모든 명령 수행이 여기에 포함된다. 이와 같은 로그 파일은 시스템 에러가 발생한 경우 NTFS 볼륨을 복구하는 데 사용된다.

MFT에 포함된 또 다른 엔트리는 루트 디렉터리(\, 예를 들면 C:\)를 위해 예약돼 있다. 이 엔트리의 파일 레코드에는 NTFS 디렉터리 구조의 루트에 저장된 파일과 디렉터리의 인덱스를 담고 있다. NTFS에서 최초로 파일 열기가 요청되면 루트 디렉터리의 파일 레코드에서부터 파일을 찾기 시작한다. 파일을 열고난 후 NTFS는 파일의 MFT 레코드 번호를 저장해 이후부터 해당 파일을 읽거나 쓸 때 파일의 MFT에 직접 액세스하는 것이 가능해진다.

NTFS는 비트맵 파일(파일 이름 $BitMap)에 볼륨의 할당 상태를 기록한다. 비트맵 파일의 데이터 속성은 비트맵을 포함하는데, 비트맵의 각 비트들은 볼륨의 클러스터들을 나타내며 해당 클러스터가 프리 상태인지 또는 파일에 할당됐는지를 나타낸다.

보안 파일(파일 이름 $Secure)은 볼륨 전역적인 보안 디스크립터 데이터베이스를 저장한다. NTFS 파일과 디렉터리는 설정 가능한 각 보안 디스크립터를 갖고 있지만 공간을 절약하고자 보안 설정을 공통 파일에 저장해 동일한 보안 설정을 갖는 파일과 디렉터리들이 동일한 보안 디스크립터를 참조하게 한다. 대부분의 환경에서 전체 디렉터리 트리는 동일한 보안 설정을 가진다. 따라서 이런 최적화는 상당한 디스크 공간 절약 효과가 있다.

또 다른 시스템 파일인 부트 파일(파일 이름 $Boot)은 볼륨이 시스템 볼륨이라면 윈도우 부트스트랩 코드를 저장한다. 시스템 볼륨이 아닌 경우는 이 볼륨으로 부팅을 시도하면 화면에 에러 메시지를 보여주는 코드를 저장한다. 시스템을 부팅하고자 부트스트랩 코드는 부팅 관리자가 찾을 수 있도록 반드시 디스크상의 특정 주소에 위치해야만 한다. 포맷이 진행되는 동안 format 명령은 이를 위한 파일 레코드를 생성함으로써 이 영역을 파일로 정의한다. 모든 파일은 MFT에 들어 있고 모든 클러스터는 비어 있거나 파일에 할당돼 있다. 어떤 파일들(메타데이터)은 유저에게 보이지 않기는 하지만 NTFS에서는 숨겨진 파일이나 클러스터는 없다. NTFS 메타데이터 파일만 아니라 부트 파일 역시 윈도우의 모든 객체에 적용되는 보안 디스크립터를 이용해 개별적으로 보호된다. '디스크상에서는 모든 것이 파일'이라는 모델을 사용하면 부트 파일을 수정으로부터 보호하지만 부트스트랩은 일반적인 파일 I/O에 의해 변경될 수 있다.

NTFS는 디스크 볼륨의 잘못된 위치를 기록하기 위한 손상 클러스터 파일(파일 이름 $BadClus)과 볼륨 파일(파일 이름 $Volume)을 유지한다. 볼륨 파일은 볼륨 이름과 포맷된 볼륨의 NTFS 버전 정보, 볼륨의 상태를 나타내는 몇 개의 비트 플래그(예를 들면 디스크 에러가 발생해 Chkdsk 유틸리티로 복구돼야 함을 표시하는 비트) 같은 정보를 담고 있다(ChkDsk 유틸리티는 이번 장의 뒷부분에서 다룬다). 대문자 파일(파일 이름 $UpCase)은 소문자와 대문자 사이의 변환표를 담고 있다. NTFS는 볼륨에서 지원되는 속성 유형을 정의하고 인덱싱될 수 있는지, 시스템 복구 과정에서 복구될 수 있는지 등을 담고 있는 파일의 속성 설정 테이블(파일 이름 $AttDef)을 유지한다.

그림 11-32는 NTFS 볼륨의 마스터 파일 테이블을 나타내며 메타데이터 파일이 있는 특정 엔트리를 보여준다. 16 미만의 위치에 있는 파일 레코드는 반드시 수정된다. 16 이상의 엔트리에 있는 메타데이터 파일은 NTFS가 만드는 순서를 따르고 실제로 포맷 도구는 16 이상 위치의 메타데이터 파일은 생성하지 않는다. 이는 볼륨을 처음 마운트할 때(포맷이 완료된 후) NTFS 파일 시스템 드라이버의 임무다. 파일 시스템 드라이버에 의해 생성된 메타데이터 파일의 순서는 보장되지 않는다.

NTFS는 몇 개의 메타데이터 파일을 확장($Extend 디렉터리) 메타데이터 디렉터리에 저장하며, 여기에는 객체 식별자 파일(파일 이름 $ObjId), 쿼터 파일(파일 이름 $Quota), 변경 저널 파일(파일 이름 $UsnJrnl), 리파스 포인트 파일(파일 이름 $Reparse), Posix 삭제 디렉터리 지원($Deleted), 디폴트 리소스 관리자 디렉터리(파일 이름 $RmMetadata)가 포함된다. 이 파일들은

NTFS의 확장된 기능들과 관련된 정보를 저장한다. 객체 식별자 파일은 파일 객체 ID를 저장하고 쿼터 파일은 할당량 제한 값과 할당이 적용된 볼륨들에서의 행위 정보를 저장하며, 변경 저널 파일은 파일이나 디렉터리 변경 사항들을 저장하고, 리파스 포인트 파일 파일은 볼륨 내에서 어떤 파일이나 디렉터리가 리파스 포인트 데이터를 포함하고 있는지에 관한 정보를 저장한다.

Posix 삭제 디렉터리($Deleted)에는 새 Posix 방식을 사용해 삭제된 유저에게 표시되지 않는 파일이 포함돼 있다. Posix를 사용해 삭제된 파일은 먼저 파일 삭제를 요청한 애플리케이션이 파일 핸들을 닫을 때 이 디렉터리로 이동된다. 파일에 대한 유효 참조가 있는 다른 애플리케이션은 파일 이름이 네임스페이스에서 제거되는 동안 계속 실행된다. Posix 삭제에 대한 세부 정보는 이전 절에서 확인할 수 있다.

디폴트 리소스 관리자 디렉터리는 트랜잭션 NTFS(TxF) 지원과 관련해 트랜잭션 로그 디렉터리(디렉터리 이름 $TxfLog)와 트랜잭션 격리 디렉터리(디렉터리 이름 $Txf), 트랜잭션 복구 디렉터리(파일 이름 $Repair)를 포함한다. 트랜잭션 로그 디렉터리는 TxF 기본 로그 파일(파일 이름 $TxfLog.blf)을 갖고 트랜잭션 로그의 크기에 따라 변하는 로그 컨테이너 파일수가 포함돼 있지만 최소 2개의 로그 컨테이너 파일을 갖고 있다. 하나는 커널 트랜잭션 관리자KTM 로그 스트림용(파일 이름 $TxfLogContainer00000000000000000001)이고 다른 하나는 TxF 로그 스트림용이다(파일 이름 $TxfLogContainer00000000000000000002). 또한 트랜잭션 로그 디렉터리는 설명할 TxF 예전 페이지 스트림(파일 이름 $Tops)을 가진다.

실습: NTFS 정보 보기

기본 제공된 **Fsutil.exe** 커맨드라인 프로그램으로 MFT와 MFT 영역의 크기와 위치를 포함해 NTFS 볼륨에 대한 정보를 볼 수 있다.

```
d:\>fsutil fsinfo ntfsinfo d:
NTFS Volume Serial Number :        0x48323940323933f2
NTFS Version     :                 3.1
LFS Version      :                 2.0
Number Sectors   :                 0x000000011c5f6fff
Total Clusters   :                 0x00000000238bedff
```

```
Free Clusters      :              0x000000001a6e5925
Total Reserved     :              0x00000000000011cd
Bytes Per Sector   :              512
Bytes Per Physical Sector :       4096
Bytes Per Cluster  :               4096
Bytes Per FileRecord Segment :    4096
Clusters Per FileRecord Segment : 1
Mft Valid Data Length :           0x0000000646500000
Mft Start Lcn      :              0x00000000000c0000
Mft2 Start Lcn     :              0x0000000000000002
Mft Zone Start     :              0x00000000069f76e0
Mft Zone End       :              0x00000000069f7700
Max Device Trim Extent Count :    4294967295
Max Device Trim Byte Count :      0x10000000
Max Volume Trim Extent Count :    62
Max Volume Trim Byte Count :      0x10000000
Resource Manager Identifier :     81E83020-E6FB-11E8-B862-D89EF33A38A7
```

이 예제에서 D: 볼륨은 4KB의 네이티브 섹터 크기 디스크(구 512바이트 섹터를 에뮬레이트)에 4KB의 파일 레코드(MFT 엔트리)를 사용하고 4KB의 클러스터를 사용한다.

파일 레코드 번호

NTFS 볼륨에서 단일 파일은 파일 레코드 번호로 불리는 64비트 값으로 확인된다. 파일 참조는 파일 번호와 시퀀스 번호로 구성된다. 파일 번호는 MFT에서 해당 파일의 파일 레코드 위치에서 1을 뺀 값(또는 파일이 하나 이상의 파일 레코드로 구성된 경우 베이스 파일 레코드의 위치에서 1을 뺀 수)이다. 시퀀스 번호는 MFT 파일 레코드 위치가 재사용될 때마다 NTFS 로 하여금 증가되며, 내부 무결성 검사를 수행하게 된다. 파일 레코드 번호는 그림 11-33에서 보여준다.

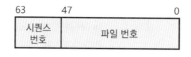

그림 11-33 파일 레코드 번호

파일 레코드

NTFS 볼륨의 파일은 파일 번호와 시퀀스 번호로 구성된 파일 레코드 번호라는 64비트 값으로 구분된다. 파일 번호는 MFT에서 파일의 파일 레코드 위치에서 1을 뺀 값(또는 파일에 파일 레코드가 둘 이상인 경우 기본 파일 레코드의 위치에서 1을 뺀 값)에 해당된다. 시퀀스 번호는 MFT 파일 레코드 위치를 재사용할 때마다 증가하며 이 시퀀스 번호를 통해 NTFS는 내부 일관성 검사를 수행할 수 있다. 그림 11-34는 작은 파일의 MFT 레코드를 나타낸다.

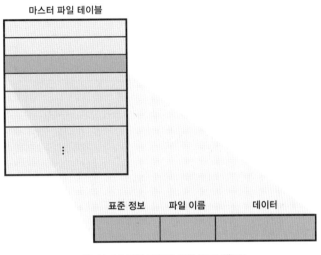

그림 11-34 작은 파일에 대한 MFT 레코드

각 파일 속성은 파일 내에서 별도의 바이트 스트림으로 저장된다. 정확히 말하면 NTFS는 파일을 읽고 쓰는 것이 아니라 속성 스트림을 읽고 쓴다. NTFS는 생성, 삭제, 읽기(바이트 범위), 쓰기(바이트 범위)와 같은 속성 작업을 제공한다. 읽기 및 쓰기 서비스는 일반적으로 파일의 언네임드 데이터 속성에 대해 작동한다. 그러나 호출자는 네임드 데이터 스트림 구문을 사용해 다른 데이터 속성을 지정할 수 있다.

표 11-6는 NTFS 볼륨의 파일 속성을 나타낸다(표시된 모든 속성이 모든 파일에 적용되진 않는다). NTFS 파일 시스템의 각 속성에는 이름을 지정하거나 지정하지 않을 수 있다. 이름이 지정된 속성의 예는 $LOGGED_UTILITY_STREAM이며, 이는 여러 NTFS 구성 요소에 의해 여러 목적으로 사용된다. 표 11-7은 $LOGGED_UTILITY_STREAM 속성의

이름과 각 목적을 설명한다.

표 11-6 NTFS 파일의 속성

속성	속성 유형 이름	상주?	설명
Volume Information	$VOLUME_INFORMATION, $VOLUME_NAME	항상 있음 항상 있음	이 속성은 $Volume 메타데이터 파일에서만 제공되는 속성이다. 볼륨 버전과 레이블 정보를 저장한다.
Standard Information	$STANDARD_INFORMATION	항상 있음	읽기 전용, 보관 같은 파일 속성, 파일이 생성되고 마지막으로 수정한 때를 포함하는 타임스탬프다.
Filename	$FILE_NAME	없기도 함	유니코드 1.0 문자열로 파일명. 파일은 다중 파일명 속성을 가질 수 있다. 파일의 하드 링크가 존재하거나 파일이 긴 이름을 갖고 있다면 MS-DOS나 16비트 윈도우 애플리케이션이 사용할 수 있게 자동으로 생성된 '짧은 이름'을 갖는다.
Secuity descriptor	$SECURITY_DESCRIPTOR	없기도 함	NTFS의 이전 버전과의 하위 호환성을 제공하는 속성인데, NTFS 현재 버전(3.1)에서는 거의 사용하지 않는다. NTFS는 모든 보안 디스크립터를 $Secure 메타데이터 파일에 저장하고 동일하게 설정된 파일과 디렉터리에 대해 이 디스크립터를 공유한다. 이전 버전의 NTFS는 고유의 보안 디스크립터 정보를 각 파일과 디렉터리에 저장했다. $Boot 같은 일부 파일은 아직 $SECURITY_DESCRIPTOR 속성을 갖고 있다.
Data	$DATA	없기도 함	파일의 내용이다. NTFS에서 단일 파일은 디폴트로 단일 언네임드 데이터 속성을 가지며, 게다가 네임드 데이터 속성들을 가질 수 있다. 즉, 단일 파일은 다중 데이터 스트림을 가질 수 있다. 디렉터리는 기본 데이터 속성을 갖지 않지만 선택적으로 네임드 데이터 속성들은 가질 수 있다. 지정된 데이터 스트림은 특정 시스템 목적에도 사용할 수 있다. 예를 들면 스토리지 예약 공간 테이블(SRAT) 스트림($SRAT)은 스토리지 서비스에서 볼륨에 공간을 예약하는 데 사용된다. 이 속성은 $Bitmap 메타데이터 파일에만 적용된다. 스토리지 예약은 이 장의 뒷부분에서 설명한다.
Index root, index allocation	$INDEX_ROOT, $INDEX_ALLOCATION	항상 있음 항상 없음	이들 3가지 속성은 디렉터리, 보안, 쿼터, 메타데이터 파일들에서 사용되는 B-트리 데이터 구조체를 지원하는 데 사용된다.

(이어짐)

속성	속성 유형 이름	상주?	설명
Attribute list	$ATTRIBUTE_LIST	없기도 함	각 속성이 위치하는 MFT 항목의 파일 레코드 번호와 파일을 구성하는 속성들의 리스트다. 이 속성은 거의 사용되지 않으며, 단일 파일에서 하나 이상의 MFT 파일 레코드가 필요한 경우 사용한다.
Index Bitmap	$BITMAP	없기도 함	인덱스 비트맵 $BITMAP 속성은 여러 목적으로 사용될 수 있다. 비상주 디렉터리($INDEX_ALLOCATION이 항상 존재하는 경우)의 경우 4KB 크기의 인덱스 블록이 B-트리에서 이미 사용되고 B-트리의 커짐에 따라 나중에 사용할 수 있다. MFT에는 이름이 없는 '$Bitmap' 속성이 있다. 이 속성은 사용 중인 MFT 세그먼트를 추적해 새로운 파일이나 더 많은 공간을 필요로 하는 기존 파일에서 나중에 사용할 수 있게 한다.

표 11-7 $LOGGED_UTILITY_STREAM 속성

속성	속성 유형 이름	상주?	설명
Encrypted File Stream	$EFS	없기도 함	EFS는 파일의 암호를 해독하는 데 필요한 키의 암호화된 버전 및 파일에 액세스할 수 있는 권한이 포함된 사용자 목록과 같은 파일 암호화를 관리하는 데 사용되는 데이터를 이 속성에 저장한다.
Online encryption backup	$EfsBackup	없기도 함	이 속성은 EFS 온라인 암호화에서 원래 암호화된 데이터 스트림의 청크를 저장하는 데 사용한다.
Transactional NTFSData	$TXF_DATA	없기도 함	파일 또는 디렉터리가 트랜잭션의 일부가 되면 TxF는 파일의 고유 트랜잭션 ID와 같은 $TXF_DATA 속성에도 트랜잭션 데이터를 저장한다.
Desired Storage Class	$DSC	상주	원하는 스토리지 클래스에 원하는 스토리지 계층에 파일을 '피닝'하고자 사용한다. 세부 내용은 '계층형 볼륨에 대한 NTFS 지원' 절을 참고한다.

표 11-6는 속성 이름을 보여준다. 하지만 속성들은 숫자 형태의 코드에 대응하며 NTFS는 이를 이용해 파일 레코드 내에서 속성들을 정렬한다. 단일 MFT 레코드 내 파일 속성들은 이들 유형 코드에 의해 정렬되며(오름차순), 파일이 복수 파일 이름을 갖는 것처럼 다중 데이터 속성을 포함하는 경우 몇 가지 속성 타입은 한 번

이상 보여준다. 가능한 모든 속성 타입과 이름은 $AttrDef 메타데이터 파일에 나열돼 있다.

파일 레코드의 각 속성은 속성 유형 코드로 확인되며, 단일 값과 선택적인 이름을 가진다. 속성 값은 속성을 구성하는 바이트 스트림이다. 예를 들어 $FILE_NAME 속성의 값은 파일 이름이고, $DATA 속성의 값은 유저가 파일에 저장한 바이트(즉, 데이터)들이다.

대부분의 속성은 이름을 갖지 않지만 인덱스와 관련된 속성과 $DATA 속성은 종종 이름을 갖는다. 이름은 파일 내에서 동일 유형의 다중 속성을 구별할 수 있게 한다. 예를 들어 네임드 데이터 스트림을 갖는 어떤 파일은 2개의 $DATA 속성을 갖는데, 하나는 기본 데이터 스트림을 저장하는 이름 없는 $DATA 속성이고, 나머지 하나는 대체 스트림의 이름과 이 스트림의 데이터를 갖는 네임드 $DATA 속성이다.

파일 이름

NTFS와 FAT 모두는 특정 경로의 각 파일 이름을 255문자까지 허용한다. 파일 이름은 유니코드 문자를 포함할 수 있을 뿐만 아니라 공백과 여러 개의 마침표도 사용할 수 있다. 그러나 MS-DOS와 함께 제공됐던 FAT 파일 시스템은 8개 문자(유니코드가 아닌) 길이의 파일 이름과 하나의 마침표, 3개 문자의 확장자로 제한됐다. 그림 11-35는 윈도우가 지원하는 서로 다른 파일 네임스페이스를 보여주며, 이들의 포함 관계를 보여준다.

리눅스용 윈도우 서브시스템(WSL)은 윈도우가 지원하는 모든 애플리케이션 실행 환경 중 가장 큰 네임스페이스를 필요로 한다. 따라서 NTFS 네임스페이스는 WSL 네임스페이스와 동일하다. WSL은 윈도우나 MS-DOS 애플리케이션에서 보이지 않는 이름(마침표나 공백이 있는 이름)을 생성할 수 있다. 일반적으로 큰 POSIX 네임스페이스를 이용해 파일을 생성하는 것은 별 문제가 되지 않는다. WSL 애플리케이션이 해당 파일을 사용하는 경우가 아니라면 그런 일이 없을 것이기 때문이다.

반면 32비트 윈도우 애플리케이션과 MS-DOS, 16비트 윈도우 애플리케이션 사이는 훨씬 밀접한 관계가 있다. 그림 11-35에서 윈도우 영역은 NTFS 볼륨에서 윈도우 서브시스템이 생성할 수 있는 파일 이름을 나타내는데, 이들은 MS-DOS와 16비트 애플리케이션에서는 볼 수 없다. 이 그룹에 해당되는 파일 이름 형태는 8.3 형식의 MS-DOS 이름보다 길고 유니코드 문자열을 포함하며, 다중 마침표나 시작 마침표를 포함하기도 하고 공백을 포함할 수 있는 형태다. 어떤 파일이 이런 형태로 생성됐다면 NTFS는 자동으로 부가적인 MS-DOS 형식의 파일 이름을 생성한다. 윈도우에서 dir 명령에 /x 옵션을 사용하면 이렇게 생성된 이름이 표시된다.

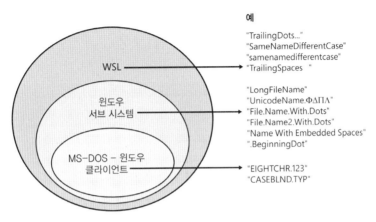

그림 11-35 윈도우 파일 네임스페이스

MS-DOS 파일 이름들은 완벽하게 동작되는 NTFS 파일들의 별칭이며, 긴 파일 이름이 저장된 동일한 디렉터리에 저장된다. 그림 11-36은 이렇게 자동 생성된 MS-DOS 파일 이름의 MFT 레코드를 보여준다.

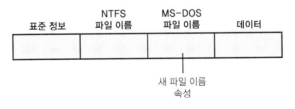

그림 11-36 MS-DOS 파일 이름 속성을 갖는 MFT 파일 레코드

NTFS 이름과 생성된 MS-DOS 이름은 동일한 파일 레코드에 저장돼 있으므로 동일한 파일을 참조한다. MS-DOS 이름은 열기, 읽기, 쓰기, 복사를 할 때 사용될 수 있다. 유저가 긴 파일 이름이나 짧은 파일 이름 둘 중 하나를 수정한다면 새 이름은 기존의 두 이름 모두를 덮어쓴다. 새 이름이 MS-DOS 이름으로 적합하지

않다면 NTFS는 해당 파일을 위한 새로운 MS-DOS 이름을 생성한다(NTFS는 최초 파일 이름에 대해서만 MS-DOS 형태의 파일 이름을 만든다).

> 하드 링크는 비슷한 방법으로 지원된다. 파일을 가리키는 하드 링크가 생성될 때 NTFS는 또다른 파일 이름 속성을 파일의 MFT 파일 레코드에 추가하고 새 링크가 있는 디렉터리의 인덱스 할당 속성에 엔트리를 추가한다. 하지만 이 2가지 상황은 다음과 같은 관점에서 차이가 있다. 유저가 여러 개의 이름(하드 링크)를 갖는 파일을 삭제할 때 파일 레코드와 파일은 그대로 유지된다. 파일과 파일 레코드는 마지막 파일 이름(하드 링크)이 삭제될 때에만 삭제된다. 파일이 NTFS 이름과 자동 생성된 MS-DOS 이름을 둘 다 갖는 경우라면 유저는 두 이름 중 어느 것을 이용하더라도 파일을 삭제할 수 있다.

아래는 NTFS가 긴 파일 이름으로부터 MS-DOS 이름을 생성하는 알고리듬이다(이 알고리듬은 실제로 커널 함수 RtlGenerate8dot3Name에 구현돼 있으며 향후 윈도우 릴리스에서 변경될 수 있다. 다음 기능은 CDFS, FAT 같은 다른 드라이버를 비롯한 서드파티 파일 시스템에서도 사용된다).

1. 긴 파일 이름에서 공백이나 유니코드 같은 MS-DOS 이름에서 허용되지 않는 문자들을 제거하고 앞이나 뒤에 붙은 마침표들을 제거한다. 나머지 마침표 중 맨 끝에 위치하는 마침표를 제외한 나머지를 제거한다.

2. 마침표(있다면) 앞쪽 문자열을 맨 앞 6개의 문자만 남기고 제거한다. MS-DOS에서는 사용할 수 없는 문자가 이름에 존재할 때 이 알고리듬이 적용되므로 문자열은 이미 6개의 문자나 그 이하일 수 있다. 문자열 2개 또는 그보다 작은 문자로 이뤄져 있다면 4문자로 된 헥사 체크섬 문자열을 생성해 연결한다. ~n 문자열(n은 1에서부터 시작하는 수이며 잘라낸 결과가 동일하게 되는 파일들을 구별하고자 포함된다)을 덧붙인다. 문자열에서 마침표(있다면) 이후는 3개 문자만 남기고 모두 잘라낸다.

3. 결과 문자들을 대문자로 변환한다. MS-DOS는 대소문자를 구분하지 않으며 이 단계로 인해 NTFS가 새로 생성하는 이름이 원래 이름과 대소문자 차이로만 구별되는 경우가 발생하지 않도록 보장한다.

4. 생성된 이름이 디렉터리 내의 기존 이름과 중복되는 경우 ~n 문자열의 n을 증가시킨다. n이 4보다 크고 체크섬이 아직 연결되지 않았다면 마침표 앞의 문자열을 맨 앞 두 문자만 남기고 제거한 후 4문자로 된 헥사 체크섬

문자열을 생성하고 연결한다.

표 11-8은 그림 11-35의 윈도우 긴 파일 이름과 그들의 NTFS 생성 MS-DOS 버전을 보여준다. 현재 알고리듬과 그림 11-35의 예제로 통해 NTFS가 생성한 MS-DOS 스타일의 파일 이름이 어떤 형태인지 이해할 수 있을 것이다.

윈도우 8.1부터 일반적으로 모든 NTFS 부팅 불가능한 볼륨에서 짧은 이름은 생성을 할 수 없다. 레지스트리의 HKLM\SYSTEM\CurrentControlSet\Control\FileSystem\NtfsDisable8dot3Name CreationNameCreation을 DWORD 값 1로 설정한 후 시스템을 재시작하면 이전 버전의 윈도우에서 도 짧은 이름 생성을 사용하지 않게 설정할 수 있다. 그러나 이로 인해 이전 애플리케이션과의 호환성이 저하될 수 있다.

표 11-8 NTFS 생성 파일 이름

윈도우 긴 이름	NTFS에 의한 짧은 이름
LongFileName	LONGFI~1
UnicodeName.FDPL	UNICOD~1
File.Name.With.Dots	FILENA~1.DOT
File.Name2.With.Dots	FILENA~2.DOT
File.Name3.With.Dots	FILENA~3.DOT
File.Name4.With.Dots	FILENA~4.DOT
File.Name5.With.Dots	FIF596~1.DOT
Name With Embedded Spaces	NAMEWI~1
.BeginningDot	BEGINN~1
25¢.two characters	255440~1.TWO
©	6E2D~1

터널링

NTFS는 삭제나 이름 변경에 의해 파일이 사라진 이후에도 일정 시간 동안 특정 파일의 메타데이터 캐시에 유지하는 파일 시스템에 의존하는 예전 프로그램과의 호환성을 유지하고자 터널링 개념을 사용한다. 터널링을 이용해 원본 파일 이름과 동일한 이름으로 생성된 새로운 파일은 일정 시간 동안 동일한 메타데이터의 일부를 유지한다. 이 개념은 MS-DOS 프로그램이 안전 저장^{safe save} 프로그래밍 기법을 사용해 데이터를 임시 파일에 복사하고 원본 파일을 지우고 난 후 임시 파일을 원래 파일의 이름으로 변경할 때의 행위를 따라한 것이다. 이런 경우 예상되는 동작은 이름이 변경된 임시 파일이 원본 파일과 동일한 것처럼 보여야 한다. 그렇지 않다면 수정이 이뤄질 때마다 파일의 생성 시간이 계속 갱신된다(이것이 바로 갱신 시간이 사용되는 방식이다).

디렉터리에서 파일 이름이 삭제될 때 NTFS는 터널링을 사용해 그 파일이 가진 긴 이름과 짧은 이름, 파일의 생성 시간을 캐시에 저장한다. 새로운 파일이 디렉터리에 추가될 때 캐시는 터널링된 데이터가 존재하는지 확인해 복원한다. 이런 동작은 디렉터리에 적용되기 때문에 각 디렉터리 인스턴스는 자신만의 캐시를 가지며, 디렉터리가 삭제되면 이 캐시도 삭제된다. 사용된 이름이 삭제되고 동일한 파일 이름으로 재생성된다면 NTFS는 다음과 같은 몇 가지 연속된 동작에 터널링을 사용한다.

- 삭제 + 생성
- 삭제 + 이름 변경
- 이름 변경 + 생성
- 이름 변경 + 이름 변경

터널링 캐시 유지 시간은 레지스트리 키 HKLM\SYSTEM\CurrentControlSet\Control\FileSystem에 MaximumTunnelEntryAgeInSeconds라는 값을 생성해 변경할 수 있지만 NTFS는 기본적으로 15초간 유지한다. 이 레지스트리 키에 MaximumTunnelEntries라는 이름을 생성하고 값을 0으로 설정함으로써 터널링 기능을 완전히 끌 수도 있다. 하지만 오래된 애플리케이션의 호환성을 깨는 원인이 될 수 있다. 짧은 이름 생성을 사용하지 않게 설정된 NTFS 볼륨(앞 절 참고)에서 터널링은 기본적으로 사용하지 않게 설정된다.

다음의 예를 따라 명령 창에서 간단한 실습을 해봄으로써 터널링의 동작을 확인할 수 있다.

1. file1이라는 파일을 생성한다.
2. 15초(터널 캐시 유지의 기본값) 이상 기다린다.
3. file2 파일을 생성한다.
4. Dir /TC를 수행해 파일들의 생성 시간을 확인한다.
5. file1 파일을 file로 이름 변경한다.
6. file2 파일을 file1로 이름 변경한다.
7. Dir /TC 명령을 수행하면 생성 시간이 동일함을 확인할 수 있다.

상주와 비상주 속성

작은 파일의 경우 파일의 모든 속성과 값(데이터)은 파일을 기술하는 파일 레코드에 들어간다. 어떤 속성의 값이 MFT에 저장돼 있다면(파일의 메인 파일 레코드나 MFT 내부의 어딘가에 있는 확장 레코드) 이런 속성을 상주 속성이라고 한다(그림 11-37에서 모든 속성이 상주 속성이다). 일부 속성은 항상 상주되도록 정의돼 있어 NTFS가 비상주 속성을 찾을 수 있게 해준다. 표준 정보와 인덱스 루트 속성들은 항상 상주한다.

각 속성은 속성에 관한 정보를 포함하는 표준 헤더로 시작하는데, NTFS는 이 정보를 이용해 속성들을 관리한다. 항상 상주하는 헤더는 속성의 값이 상주인지 비상주인지 기록한다. 상주 속성의 경우 헤더는 헤더에서부터 속성 값까지의 오프셋과 속성 값의 길이를 그림 11-37에 표시된 파일 이름 속성처럼 보관한다.

속성의 값이 MFT에 바로 저장돼 있을 때 NTFS가 값에 액세스하는 데 소요되는 시간은 크게 감소된다. FAT 파일 시스템처럼 테이블에서 파일을 찾은 후에 해당 파일에 대한 데이터를 찾고자 연속된 할당 요소들을 읽는 대신 NTFS는 한 번의 디스크 액세스로 원하는 데이터를 즉시 얻을 수 있다.

작은 파일과 마찬가지로 작은 디렉터리의 속성도 그림 11-38과 같이 MFT에 상주할 수 있다. 작은 디렉터리의 경우 인덱스 루트 속성은 디렉터리 내의 파일과 하위 디렉터리에 대한 파일 레코드 번호 인덱스(B-트리로 구성된)를 갖고 있다.

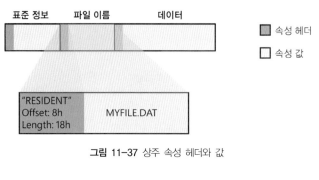

그림 11-37 상주 속성 헤더와 값

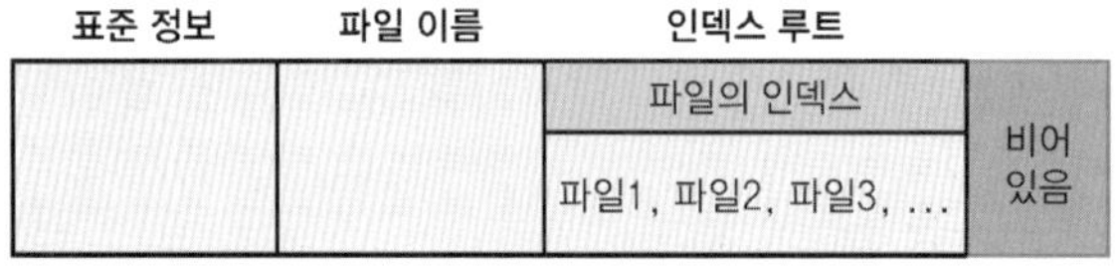

그림 11-38 작은 디렉터리에 대한 MFT 파일 레코드

물론 대부분의 파일과 디렉터리는 1KB 또는 4KB 크기로 고정된 MFT 레코드에 맞지 않는다. 특정 속성의 값(예를 들어 파일 데이터 속성)이 너무 커서 MFT 파일 레코드 하나에 담길 수 없다면 NTFS는 MFT 외부에 클러스터를 할당하고 속성 데이터를 저장한다. 연속되는 클러스터 그룹을 런run이나 익스텐트extent라고 한다. 속성 값이 나중에 더 커지면(유저가 파일에 데이터를 추가하는 등의 경우) NTFS는 또 다른 런을 추가되는 데이터를 위해 할당한다. MFT가 아닌 런에 값이 저장돼 있는 속성들을 비상주 속성이라고 한다. 파일 시스템은 특정 속성이 상주인지 비상주인지를 판단한다. 데이터의 위치는 액세스하는 프로세스에 공개된다.

큰 파일에 대한 데이터 속성이 비상주인 경우 파일의 헤더는 NTFS가 디스크에서 속성 값의 위치를 찾아내는 데 필요한 정보를 갖고 있다. 그림 11-39는 2개의 런에 저장된 비상주 데이터 속성을 보여준다.

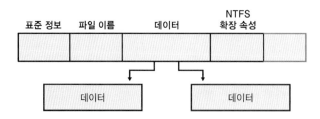

그림 11-39 2개의 데이터 런을 갖는 큰 파일의 MFT 파일 레코드

표준 속성 중 증가할 수 있는 것만 비상주할 수 있다. 파일의 경우 증가할 수 있는 속성들은 데이터와 속성 목록이다(그림 11-39에는 표시되지 않음). 표준 정보와 파일 이름 속성은 항상 상주한다.

큰 디렉터리는 그림 11-40에서 보듯이 비상주 속성(또는 속성들의 일부)을 가질 수 있다. 이 예제에서 MFT 파일 레코드는 이런 큰 디렉터리에 포함된 파일들의 인덱스를 저장하는 B-트리를 위한 공간이 충분하지 않다. 인덱스의 일부는 인덱스 루트 속성에 저장되고 나머지는 인덱스 할당이라는 비상주 런에 저장된다. 인덱스 루트, 인덱스 할당, 비트맵 속성들은 단순화된 형태로 표시했다. 이들은 다음 절에서 더 자세히 설명한다. 표준 정보와 파일 이름 속성들은 항상 상주한다. 또한 헤더와 인덱스 루트 속성 값의 일부는 디렉터리를 위해 상주한다.

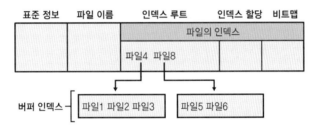

그림 11-40 비상주 파일 이름 인덱스를 갖는 큰 디렉터리의 MFT 파일 레코드

속성 값이 MFT 파일 레코드에 맞지 않고 별도의 할당이 필요할 때 NTFS는 VCN-LCN 매핑 쌍을 써서 런에 대한 추적을 유지한다. LCN은 전체 볼륨에서 클러스터들의 순서를 0부터 n까지 나타낸 것이다. VCN은 특정한 파일에 속하는 클러스터를 0부터 m까지 번호를 매긴 것이다. 예를 들면 비상주 데이터 속성을 갖는 런 내의 클러스터들은 그림 11-41에서처럼 번호가 매겨진다.

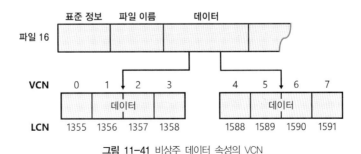

그림 11-41 비상주 데이터 속성의 VCN

이 파일이 2개 이상의 런을 갖고 있었다면 3번째 런의 번호는 VCN 8부터 시작됐을 것이다. 그림 11-42에서처럼 데이터 속성 헤더는 2가지 런의 VCN에 대한 LCN 매핑을 갖는데, 이 매핑은 NTFS가 디스크에서 할당을 쉽게 찾아낸다.

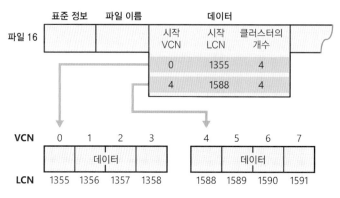

그림 11-42 비상주 데이터 속성의 VCN-LCN 매핑

그림 11-41이 데이터 런만 보여주지만 MFT 파일 레코드에서 다른 속성을 포함할 수 있는 충분한 공간을 갖고 있지 않으면 속성들은 런에 저장될 수 있다. 그리고 특정한 파일이 MFT 레코드에 너무 많은 속성을 가진다면 두 번째 MFT 레코드가 추가적인 속성들(또는 비상주 속성들에 대한 속성 헤더들)을 저장하고자 사용된다. 이런 경우 속성 목록이라는 속성이 추가된다. 속성 목록 속성은 각 파일의 속성에 대한 이름과 형식 코드, 속성이 위치한 MFT 레코드에 대한 파일 번호를 가진다. 속성 목록 속성은 파일의 모든 속성이 파일 레코드 내부에 들어가지 않거나, 파일이 너무 크거나 단편화돼 단일 MFT 레코드가 모든 런을 찾아내는 데 필요한 다수의 LCN에 대한 VCN 매핑을 포함할 수 없을 때 제공된다. 200개 이상의 런을 가진 파일은 전형적으로 속성 목록이 필요하다. 요약하자면 속성 헤더는 항상 MFT 내부의 파일 레코드에 존재하지만 속성 값들은 MFT 외부에 위치할 수 있다.

데이터 압축과 스파스 파일

NTFS는 LZNT1이라는 LZ77의 변형 알고리듬을 이용해 파일, 디렉터리, 볼륨 단위 기반으로 압축을 지원한다(NTFS 압축은 파일 시스템 메타데이터가 아니라 유저 데이터에서만 진행된다). 윈도우 8.1 이후부터는 LZX(가장 콤팩트) 및 XPRESS(속도 순으로 4, 8 또는 16K 블록 크기 사용 포함)를 포함한 새 알고리듬 스위트^{suite}를 사용해 파일을 압축할 수 있다. 이 유형의 압축은 콤팩트 셸 명령 및 파일 공급자$^{File Provider}$ API와 같은 명령을 통해 사용할 수 있고 NTFS 대체 데이터를 사용하는 윈도우 오버레이 필터$^{WOF, Windows Overlay Filter}$ 파일 시스템 필터 드라이버(Wof.sys)를 사용한다. 스트림 및 스파스 파일이며 NTFS 드라이버 자체는 포함되지 않는다. WOF는 이 책의 범위를 벗어나 세부 내용은 https://devblogs.microsoft.com/oldnewthing/20190618-00/?p=102597을 참고한다.

윈도우의 `GetVolumeInformation` 함수를 사용해 볼륨이 압축됐는지 알 수 있다. 압축된 파일의 크기를 구하려면 윈도우 `GetCompressedFileSize` 함수를 사용한다. 마지막으로 파일이나 디렉터리에 대한 압축 설정을 검사하거나 변경하려면 윈도우 `DeviceIoControl` 함수를 사용한다(파일 시스템 제어 코드 FSCTL_GET_COMPRESSION과 FSCTL_SET_ COMPRESSION을 참조한다). 파일의 압축 상태를 설정하는 것은 즉시 파일을 압축(또는 압축 해제)하지만 디렉터리나 볼륨의 압축 상태를 설정하는 것은 즉시 압축이나 압축 해제를 실행하지는 않는다. 대신 디렉터리나 볼륨의 압축 상태를 설정하는 것은 그 디렉터리나 볼륨 내에 새로 생성되는 파일과 하위 디렉터리들에 주어지는 기본 압축 상태를 설정한다(탐색기에서 디렉터리의 속성 페이지를 통해 디렉터리 압축을 설정해도 디렉터리 트리 전체 내용이 즉시 압축된다).

다음 절은 스파스 데이터를 압축하는 간단한 예를 보임으로써 NTFS 압축을 설명한다. 그다음 절은 보통 파일과 스파스 파일의 압축을 설명한다.

 NTFS 압축은 DAX 볼륨 또는 암호화된 파일에서는 지원되지 않는다.

스파스 데이터의 압축

스파스 데이터는 종종 크지만 자신의 크기에 비해 상대적으로 적은 양의 0이 아닌 데이터만 포함한다. 스파스 행렬은 스파스 데이터의 예다. 앞서 언급한 것처럼 NTFS는 파일의 클러스터를 나열하고자 0에서 m까지의 VCN을 사용한다. 각 VCN은 해당하는 LCN에 매핑되는데, 이는 클러스터의 디스크 위치를 확인한다. 그림 11-43은 VCN과 대응되는 LCN을 포함해 보통의 압축되지 않은 파일의 런(디스크 할당)을 나타낸다.

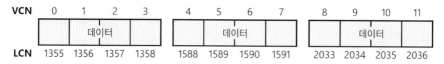

그림 11-43 압축되지 않은 파일의 런

이 파일은 전체 12개의 클러스터를 3개의 런에 저장하고 각 런에는 4개의 클러스터가 있다. 그림 11-44는 이 파일에 대한 MFT 레코드를 보여준다. 앞서 언급한 것처럼 공간을 절약하고자 LCN에 대한 VCN 매핑을 포함하는 MFT 레코드의 데이터 속성은 각 클러스터에 대한 하나의 매핑보다 각 런에 대한 단일 매핑을 기록한다. 그러나 0에서 11까지 각 VCN은 자신과 관련돼 대응하는 LCN을 가진다는 점을 주목하자. 첫 번째 항목은 VCN 0에서 시작해 4개의 클러스터를 다루고, 두 번째 항목은 VCN 4에서 시작해 4개의 클러스터를 다루는 식이다. 압축되지 않은 파일에 대해 이와 같은 형식은 일반적인 것이다.

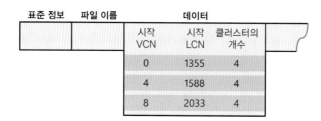

그림 11-44 압축되지 않은 파일의 MFT 레코드

유저가 압축을 위해 NTFS 볼륨에서 파일을 선택할 때 NTFS에서의 압축 기법은 그 파일에서 긴 제로(0) 문자열을 제거하는 것이다. 파일의 데이터가 적은 경우 일반적으로 파일이 축소돼 필요한 디스크 공간의 일부를 차지하게 된다. 이후 파일에 대한 쓰기에서 NTFS는 0이 아닌 데이터를 포함하는 런에 대해서만 공간을 할당한다.

그림 11-45는 스파스 데이터를 포함하는 압축된 파일의 런을 보여준다. 파일의 VCN(16-31과 64-127)에서 특정 범위에는 디스크 할당이 없음에 주목하자.

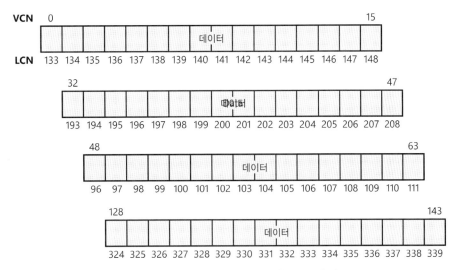

VCN 0 ... 15

데이터

LCN 133 134 135 136 137 138 139 140 141 142 143 144 145 146 147 148

32 ... 47

데이터

193 194 195 196 197 198 199 200 201 202 203 204 205 206 207 208

48 ... 63

데이터

96 97 98 99 100 101 102 103 104 105 106 107 108 109 110 111

128 ... 143

데이터

324 325 326 327 328 329 330 331 332 333 334 335 336 337 338 339

그림 11-45 스파스 데이터를 가진 압축된 파일의 런

이 압축된 파일에 대한 MFT 레코드는 0을 포함하는 VCN의 블록을 생략하므로 이들에 할당된 물리적 저장소를 갖고 있지 않다. 예를 들어 그림 11-46에서 첫 번째 데이터 항목은 VCN 0에서 시작하고 16개의 클러스터들을 포함한다. 두 번째 항목은 VCN 32로 이동하고 16개의 클러스터들을 포함한다.

표준 정보	파일 이름	데이터		
		시작 VCN	시작 LCN	클러스터의 개수
		0	133	16
		32	193	16
		48	96	16
		128	324	16

그림 11-46 스파스 데이터를 가진 압축된 파일의 MFT

프로그램이 압축된 파일에서 데이터를 읽을 때 NTFS는 LCN에 대한 VCN 매핑이 읽을 위치를 포함하는지 여부를 확인하고자 MFT 레코드를 검사한다. 프로그램이 파일에서 할당되지 않은 'hole(빈 공간)'로부터 읽는 중이면 파일의 그 부분에 있는 데이터가 0이므로 NTFS가 더 이상 디스크를 액세스하지 않고 0을 반 환한다는 의미다. 프로그램이 0이 아닌 데이터를 'hole'에 쓴다면 NTFS는 은밀히 디스크 공간을 할당한 후 데이터를 기록한다. 이 기법은 많은 제로 데이터를 포함하는 스파스 파일 데이터에 대해 효과적이다.

비스파스 데이터 압축

앞의 스파스 파일 압축의 예는 다소 인위적이었다. 파일의 전체 섹션들이 제로(0)로 채워져 있지만 파일에 남아 있는 데이터는 압축에 의해 영향을 받지 않는 경우에 대한 '압축compression'을 설명했다. 대부분의 파일에서 데이터는 스파스 데이터가 아니지만 다음과 같은 압축 알고리듬을 사용해 애플리케이션을 사용해 압축할 수 있다.

NTFS에서 유저는 디렉터리 내의 개별 파일이나 모든 파일에 대해 압축을 지정할 수 있다(압축으로 표기된 디렉터리에서 생성된 새로운 파일들은 자동으로 압축된다. 기존 파일은 프로그램적으로 FSCTL_SET_COMPRESSION을 이용해 압축을 활성화할 때 개별적으로 압축된다). NTFS는 파일을 압축할 때 파일의 처리되지 않은 데이터를 16개 클러스터 길이의 압축 단위(예를 들어 128KB 클러스터에 대해서는 8KB 크기로)로 나눈다. 파일에서 어떤 순차적인 데이터는 압축이 되더라도 압축이 많이 되지는 않는다. 따라서 파일 내의 각 압축 단위에 대해 NTFS는 그 단위를 압축하는 것이 단일 클러스터를 절약할 수 있을지 확인한다. 그 단위를 압축하는 것이 최소한 1 클러스터를 절약하지 않는다면 NTFS는 16 클러스터 런을 할당하고 그 단위 내의 데이터를 압축하지 않고 디스크에 쓴다. 16 클러스터에서 데이터가 15개 또는 그보다 더 적은 클러스터로 압축된다면 NTFS는 압축된 데이터를 포함하기에 필요한 클러스터의 수만큼 할당한 후 디스크에 그것을 기록한다. 그림 11-47은 4개의 런을 갖는 파일의 압축을 나타낸다. 그림에서 음영으로 표시되지 않은 영역은 압축 후 파일이 차지하는 실제 저장소 위치를 표시한 것이다. 첫 번째, 두 번째, 네 번째 런은 압축됐고 세 번째 런은 압축되지 않았다. 단일 압축되지 않은 런이 있지만 이 파일을 압축하면 디스크 공간의 26개 클러스터, 즉 41%의 공간을 절약할 수 있다.

> 다이어그램에서 LCN이 연속적으로 나타나고 있지만 하나의 압축 단위는 물리적으로 연속된 클러스터에 저장될 필요는 없다. 불연속 적인 클러스터들에 산재된 런들은 그림 11-47에 나타낸 것보다는 다소 복잡한 MFT 레코드를 생성한다.

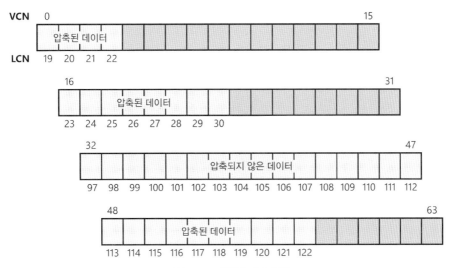

그림 11-47 압축된 파일의 런

NTFS는 압축 파일에 데이터를 쓸 때 각 런이 16개의 클러스터 범위로 이루며 시작하는지 확인한다. 따라서 각 런의 시작 VCN은 16의 배수이고 각 런은 16개의 클러스터 이내로 구성된다. NTFS는 압축 파일에 액세스할 때 한 번에 하나 이상의 압축 단위에 대한 읽기와 쓰기 작업을 수행한다. 하지만 압축 데이터를 쓸 때 NTFS는 압축 단위들을 물리적으로 연속적인 위치에 저장하게 해서 그들을 한 번의 I/O 작업으로 모두 읽을 수 있게 한다. NTFS의 압축 단위인 16 클러스터 크기는 내부 단편화를 줄이고자 선정됐다. 압축 단위가 커지면 데이터를 저장하고자 필요한 전체 디스크 공간은 적어진다. 16 클러스터 압축 단위 크기는 좀 더 작은 압축 파일 생성과 무작위 파일 액세스 기반 프로그램들의 읽기 작업 속도 저하라는 2가지 관점 사이에서 최선책으로 선정된 것이다. 각 캐시 불일치는 16 클러스터에 해당하는 데이터가 압축 해제돼야 한다(캐시 불일치는 파일에 대한 무작위 접근 시 빈번하게 발생한다). 그림 11-48은 그림 11-47의 압축 파일에 대한 MFT 레코드를 보여준다.

이 압축 파일과 앞에서 본 스파스 데이터를 포함하는 압축 파일 예의 한 가지 차이점은 압축된 런 가운데 3개가 16 클러스터 길이 이하라는 점이다. 이 정보를 파일의 MFT 파일 레코드에서 읽음으로써 NTFS는 파일 내의 데이터가 압축된 것인지 아닌지 판단할 수 있다. 16개 이하의 클러스터를 갖는 런은 압축된 데이터를 갖고 있으므로 NTFS는 이 데이터를 처음 캐시로 읽을 때 반드시 압축 해제해야 한다. 길이가 정확히 16개의 클러스터인 런은 압축된 데이터가 없어 압축을 풀어야 할 필요가 없다.

표준 정보	파일 이름	데이터		
		시작 VCN	시작 LCN	클러스터의 개수
		0	19	4
		16	23	8
		32	97	16
		48	113	10

그림 11-48 압축된 파일의 MFT 레코드

런의 데이터가 압축됐다면 NTFS는 데이터를 스크래치^{scratch} 버퍼로 압축 해제하고, 이렇게 압축 해제된 데이터를 호출 측의 버퍼로 복사한다. 또한 NTFS는 압축 해제된 데이터를 캐시에 보관해 동일 런에 대한 읽기 작업이 뒤따라오는 경우 일반적인 캐시 읽기와 같은 속도로 작업이 이뤄진다. NTFS는 파일에 대한 모든 업데이트를 캐시에 기록해서 지연 라이터가 압축해 변경된 데이터를 디스크에 쓰는 작업을 비동기식으로 수행한다. 이런 방법을 이용함으로써 압축 파일에 대한 쓰기 작업이 압축되지 않은 파일에 대한 쓰기 작업과 속도 면에서 보면 별 차이가 없다.

NTFS는 가능하면 압축 파일에 대한 디스크 할당은 연속적이 되도록 유지하려 한다. 그림 11-47에서 LCN이 가리키는 것처럼 압축된 파일의 첫 번째 2개의 런은 물리적으로 연속적이며 마지막 2개의 경우도 그렇다. 2개 또는 그 이상의 런들이 연속적인 경우 NTFS는 디스크 미리 읽기를 여타의 파일에 대해서와 동일하게 수행한다. 프로그램에서 데이터를 요청하기 전에 연속된 파일 데이터에 대한 읽기와 압축 해제가 비동기적으로 이뤄지기 때문에 이어지는 읽기 작업은 데이터를 캐시에서 바로 얻게 되며, 이는 엄청난 읽기 성능의 향상을 가져온다.

스파스 파일

스파스 파일(이전에 소개된 스파스 데이터로 구성되는 파일의 반대 개념을 갖는 NTFS 파일 타입)은 본질적으로 압축된 파일로, NTFS는 파일의 비스파스^{nonspares} 데이터에 대해 압축을 적용하지 않는다. 그러나 NTFS는 스파스 파일의 MFT 레코드의 런 데이터에 대해서는 스파스/비스파스 데이터로 구성된 압축 파일들과 동일한 방법으로 관리한다.

변경 저널 파일

변경 저널 파일(\\$Extend\\$UsnJrnl)은 NTFS가 파일과 디렉터리의 변경 사항에 대한 레코드를 저장하는 스파스 파일이다. 윈도우 파일 복제 서비스, FRS와 윈도우 탐색 서비스 같은 애플리케이션은 파일과 디렉터리에 변경이 발생할 때 저널을 이용해 변경에 처리한다.

저널은 $J 데이터 스트림 내에 변경 항목을 저장하고 저널의 최대 크기를 $Max 데이터 스트림에 저장한다. 항목은 버전화돼 있으며 파일이나 디렉터리 변경에 관한 다음과 같은 정보를 가진다.

- 변경 시간
- 변경 사유(표 11-9 참고)
- 파일이나 디렉터리 속성
- 파일이나 디렉터리 이름
- 파일이나 디렉터리의 MFT 파일 레코드 번호
- 파일 상위 디렉터리의 파일 레코드 번호
- 보안 ID
- 레코드의 갱신 시퀀스 번호
- 변경의 주체에 대한 추가적인 정보(유저, FRS 등)

표 11-9 변경 저널의 변경 이유

식별자	사유
USN_REASON_DATA_OVERWRITE	파일이나 디렉터리의 데이터가 덮어쓰기됨
USN_REASON_DATA_EXTEND	파일이나 디렉터리에 데이터가 추가됨
USN_REASON_DATA_TRUNCATION	파일이나 디렉터리의 데이터가 잘림

(이어짐)

식별자	사유
USN_REASON_NAMED_DATA_OVERWRITE	파일 데이터 스트림의 데이터가 덮어쓰기됨
USN_REASON_NAMED_DATA_EXTEND	파일 데이터 스트림의 데이터가 확장됨
USN_REASON_NAMED_DATA_TRUNCATION	파일 데이터 스트림의 데이터가 잘림
USN_REASON_FILE_CREATE	새로운 파일이나 디렉터리가 생성됨
USN_REASON_FILE_DELETE	파일이나 디렉터리가 삭제됨
USN_REASON_EA_CHANGE	파일이나 디렉터리의 확장된 속성이 변경됨
USN_REASON_SECURITY_CHANGE	파일이나 디렉터리의 보안 디스크립터가 변경됨
USN_REASON_RENAME_OLD_NAME	파일이나 디렉터리 이름이 변경됨(이것은 예전 이름)
USN_REASON_RENAME_NEW_NAME	파일이나 디렉터리 이름이 변경됨(이것은 새로운 이름)
USN_REASON_INDEXABLE_CHANGE	파일이나 디렉터리의 인덱싱 상태가 변경됨(인덱싱 서비스가 파일이나 디렉터리를 처리할지 여부)
USN_REASON_BASIC_INFO_CHANGE	파일이나 디렉터리의 속성이나 타임스탬프가 변경됨
USN_REASON_HARD_LINK_CHANGE	파일이나 디렉터리에 하드 링크가 추가되거나 제거됨
USN_REASON_COMPRESSION_CHANGE	파일이나 디렉터리의 압축 상태가 변경됨
USN_REASON_ENCRYPTION_CHANGE	파일이나 디렉터리의 암호화 상태(EFS)가 활성화되거나 비활성화됨
USN_REASON_OBJECT_ID_CHANGE	파일이나 디렉터리의 객체 ID가 변경됨
USN_REASON_REPARSE_POINT_CHANGE	파일이나 디렉터리의 리파스 포인트가 변경되거나 새로운 리파스 포인트(심볼릭 링크 같은)가 추가되거나 삭제됨
USN_REASON_STREAM_CHANGE	파일의 새로운 데이터 스트림이 추가되거나 삭제되거나 이름이 변경됨
USN_REASON_TRANSACTED_CHANGE	TxF 트랜잭션의 최근 커밋 결과가 변경됐음을 나타내고자 이 값은 변경 사유에 OR 연산을 통해 추가됨
USN_REASON_CLOSE	파일이나 디렉터리의 핸들이 닫힘(이것이 여러 동작에서 파일에 가해진 마지막 변경임을 나타냄)

(이어짐)

식별자	사유
USN_REASON_INTEGRITY_CHANGE	파일 익스텐트(실행) 내용이 변경돼 관련 무결성 스트림이 새 체크섬으로 업데이트된다. 이 식별자는 ReFS 파일 시스템에서 만들어진다.
USN_REASON_DESIRED_STORAGE_CLASS_CHANGE	NTFS 파일 시스템 드라이버는 스트림이 용량에서 성능 계층으로 이동하거나 그 반대로 이동할 때 이벤트가 생성됨

실습: 변경 저널 읽기

다음과 같이 **%SystemRoot%\System32\Fsutil.exe** 도구를 사용해 기본 제공된 **Fsutil.exe** 도구를 사용해 저널 정보 생성, 삭제 또는 질의할 수 있다.

```
d:\>fsutil usn queryjournal d:
Usn Journal ID      : 0x01d48f4c3853cc72
First Usn           : 0x0000000000000000
Next Usn            : 0x0000000000000a60
Lowest Valid Usn    : 0x0000000000000000
Max Usn             : 0x7fffffffffff0000
Maximum Size        : 0x0000000000a00000
Allocation Delta    : 0x0000000000200000
Minimum record version supported : 2
Maximum record version supported : 4
Write range tracking: Disabled
```

볼륨상에 있는 변경 저널의 최대 크기(10MB)와 현재 상태가 출력된다. Usn. txt를 현재 디렉터리에 생성하고 UsnNew.txt로 이름을 변경한 뒤에 Fsutil을 이용해 저널을 덤프해보면 NTFS가 저널에 변경을 어떤 식으로 기록하는지 볼 수 있다.

```
d:\>echo Hello USN Journal! > Usn.txt
d:\>ren Usn.txt UsnNew.txt
d:\>fsutil usn readjournal d:
...
Usn                 : 2656
```

```
File name          : Usn.txt
File name length   : 14
Reason             : 0x00000100: File create
Time stamp         : 12/8/2018 15:22:05
File attributes    : 0x00000020: Archive
File ID            : 0000000000000000000c000000617912
Parent file ID     : 00000000000000000018000000617ab6
Source info        : 0x00000000: *NONE*
Security ID        : 0
Major version      : 3
Minor version      : 0
Record length      : 96

Usn                : 2736
File name          : Usn.txt
File name length   : 14
Reason             : 0x00000102: Data extend | File create
Time stamp         : 12/8/2018 15:22:05
File attributes    : 0x00000020: Archive
File ID            : 0000000000000000000c000000617912
Parent file ID     : 00000000000000000018000000617ab6
Source info        : 0x00000000: *NONE*
Security ID        : 0
Major version      : 3
Minor version      : 0
Record length      : 96

Usn                : 2816
File name          : Usn.txt
File name length   : 14
Reason             : 0x80000102: Data extend | File create | Close
Time stamp         : 12/8/2018 15:22:05
File attributes    : 0x00000020: Archive
File ID            : 0000000000000000000c000000617912
Parent file ID     : 00000000000000000018000000617ab6
Source info        : 0x00000000: *NONE*
Security ID        : 0
Major version      : 3
Minor version      : 0
Record length      : 96
```

990

```
Usn                : 2896
File name          : Usn.txt
File name length   : 14
Reason             : 0x00001000: Rename: old name
Time stamp         : 12/8/2018 15:22:15
File attributes    : 0x00000020: Archive
File ID            : 0000000000000000000c000000617912
Parent file ID     : 0000000000000000018000000617ab6
Source info        : 0x00000000: *NONE*
Security ID        : 0
Major version      : 3
Minor version      : 0
Record length      : 96

Usn                : 2976
File name          : UsnNew.txt
File name length   : 20
Reason             : 0x00002000: Rename: new name
Time stamp         : 12/8/2018 15:22:15
File attributes    : 0x00000020: Archive
File ID            : 0000000000000000000c000000617912
Parent file ID     : 0000000000000000018000000617ab6
Source info        : 0x00000000: *NONE*
Security ID        : 0
Major version      : 3
Minor version      : 0
Record length      : 96

Usn                : 3056
File name          : UsnNew.txt
File name length   : 20
Reason             : 0x80002000: Rename: new name | Close
Time stamp         : 12/8/2018 15:22:15
File attributes    : 0x00000020: Archive
File ID            : 0000000000000000000c000000617912
Parent file ID     : 0000000000000000018000000617ab6
Source info        : 0x00000000: *NONE*
Security ID        : 0
Major version      : 3
Minor version      : 0
Record length      : 96
```

볼륨에 변경 저널이 활성화되지 않은 경우(애플리케이션이 파일 변경 알림이나 USN 저널 생성을 요청하지 않는 비시스템 볼륨에서 발생) 다음 명령을 사용해 저널을 쉽게 생성할 수 있다(예제에서 10MB저널 요청).

```
d:\ >fsutil usn createJournal d: m=10485760 a=2097152
```

저널은 스파스 형태로 오버플로가 절대 발생하지 않는다. 저널의 디스크상 크기가 파일의 최대 크기를 초과하면 그림 11-49에서처럼 NTFS는 단순히 최대 저널 크기와 동일한 크기를 갖는 변경 정보에 윈도우 앞의 파일 데이터를 0으로 채우기 시작한다. 애플리케이션이 연속으로 저널의 크기를 초과해 계속적인 크기 변경이 발생하는 것을 피하고자 NTFS는 저널 크기가 애플리케이션에서 정의한 값의 2배가 될 때마다 저널을 줄이는 작업을 수행한다.

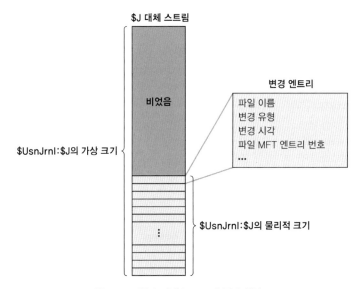

그림 11-49 변경 저널($UsnJrnl) 공간 할당

인덱싱

NTFS에서 파일 디렉터리는 간단히 말해 파일 이름들의 인덱스다. 즉, B-트리로

992

구성된 파일 이름들(이들의 파일 레코드 번호와 함께)의 모음이다. 디렉터리를 생성하려고 NTFS는 디렉터리 내에 있는 파일들의 파일 이름 속성을 인덱싱을 한다. 볼륨의 루트 디렉터리에 대한 MFT 레코드는 그림 11-50에 나타낸 것과 같다.

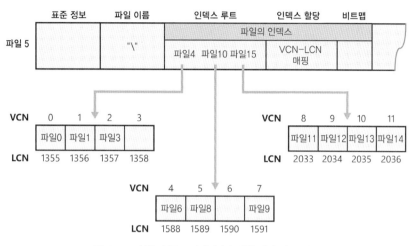

그림 11-50 볼륨의 루트 디렉터리에 대한 파일 이름 인덱스

개념적으로 디렉터리에 대한 MFT 항목은 인덱스 루트 속성에 디렉터리 내의 파일 목록을 정렬된 형태로 가진다. 그러나 큰 디렉터리의 경우 파일 이름은 4KB의 고정된 크기를 갖는 인덱스 버퍼(인덱스 할당 속성의 비상주 값이다)에 저장된다. 이 버퍼는 파일 이름들을 저장하고 조직화한다. 인덱스 버퍼는 B-트리 데이터 구조체를 구현해 큰 디렉터리에서 특정 파일을 찾기 위한 디스크 액세스 횟수를 최소화한다. 인덱스 루트 속성은 B-트리의 첫 번째 단계(루트 하위 디렉터리들)를 포함하고 다음 단계(추가적인 하위 디렉터리나 파일들)를 포함한 인덱스 버퍼를 가리킨다.

그림 11-50은 인덱스 루트 속성 내의 파일 이름들과 인덱스 버퍼(예를 들어 파일 6)만을 보여주지만 인덱스 내의 각 요소는 해당 파일이 기술되는 MFT에 있는 파일 레코드 번호와 타임스탬프, 파일 크기 정보도 포함한다. NTFS는 타임스탬프나 파일 크기 정보를 파일의 MFT 레코드에서 복제한다. FAT와 NTFS에서 사용되는 이 기술은 두 위치에 업데이트된 정보를 저장한다. 그럼에도 이 방법은 디렉터리 탐색에 엄청난 속도 최적화를 가져오게 되는데, 이는 이 기술로 인해 파일 시스템이 각 파일의 타임스탬프와 크기를 디렉터리의 모든 파일을 열지 않고서도 보여줄 수 있기 때문이다.

인덱스 할당 속성은 인덱스 버퍼 런의 VCN을 인덱스 버퍼들이 디스크에 있는 위치를 가리키는 LCN에 매핑하고 비트맵 속성은 인덱스 버퍼에서 사용되는 VCN 들과 그렇지 않은 VCN을 추적한다. 그림 11-50은 VCN당(즉, 클러스터당) 단일 파일 항목을 보여주는데, 파일 이름 항목들은 실제로 각 클러스터 안에 보관된다. 각 4KB 인덱스 버퍼는 (디렉터리에 들어 있는 파일 이름 길이에 따라) 20 ~ 30개의 파일 이름 요소들을 포함할 수 있다.

B-트리 데이터 구조는 균형 트리의 한 형태로 하나의 항목을 찾아내기 위한 디스크 액세스 횟수를 최소화할 수 있기 때문에 디스크에 저장된 정렬 데이터를 구조화하는 데 적합하다. MFT에서 디렉터리의 인덱스 루트 속성은 몇 개의 파일 이름들을 포함하는데, 이들은 B-트리에서 두 번째 단계로의 인덱스 역할을 수행한다. 인덱스 루트 속성의 각 파일 이름은 관련된 선택적인 포인터를 갖는데, 이 포인터는 인덱스 버퍼를 가리킨다. 이 포인터가 가리키는 인덱스 버퍼는 자신보다 사전적인 의미로 작은 파일 이름들을 가진다. 그림 11-50에서 파일 4는 B-트리에서 첫 번째 단계의 항목이다. 이것이 가리키는 인덱스 버퍼는 이것보다 작은(사전적으로) 파일 이름들(파일 0, 파일 1, 파일 3)을 가진다. 이 예제에서 파일 0, 파일 3 등 과 같이 이름을 붙인 것은 사전적인 순서에 따라 정렬돼 파일들이 위치하는 것을 보여주기 위함이다.

B-트리 구조로 파일 이름들을 정렬함으로써 얻을 수 있는 몇 가지 이득이 있다. 디렉터리 검색은 파일들이 정렬돼 저장돼 있기 때문에 빠르게 수행될 수 있다. 그리고 응용 소프트웨어에서 디렉터리의 파일들을 나열하는 경우 NTFS는 이미 정렬된 파일 이름들을 반환한다. 마지막으로 B-트리는 깊이 방향보다는 너비 방향으로 확장되는 경향이 있기 때문에 NTFS의 빠른 디렉터리 검색 시간은 디렉터리들이 커지더라도 느려지지 않는다.

NTFS는 파일 이름 외의 데이터에 대해서도 통합 인덱싱 기능을 제공하며 일부 NTFS 기능(객체 ID와 쿼터 추적, 통합 보안)은 내부 데이터를 관리하는 데 인덱싱을 사용한다.

B-트리 인덱스는 NTFS에서 일반적인 기능이고 보안 디스크립터, 보안 ID, 객체 ID, 디스크 할당 레코드, 리파스 포인트 등에 사용된다. 디렉터리는 파일 이름 인덱스^{file name index}라 하고 다른 타입의 인덱스들은 뷰 인덱스^{view index}라 한다.

객체 ID

파일이나 디렉터리에 할당된 객체 ID를 MFT 레코드 $OBJECT_ID 속성에 저장하는 것과 더불어 NTFS는 객체 ID와 \$Extend\$ObjId 메타데이터 파일의 $O 인덱스에 있는 그들의 파일 레코드 번호를 일치되게 유지한다. 인덱스는 객체 ID별로 항목을 정렬해 NTFS가 객체의 ID(GUID)를 이용해 해당 파일을 빠르게 찾아낼 수 있게 한다. 이 기능으로 인해 NtCreateFile 네이티브 API에 FILE_OPEN_BY_FILE_ID 플래그 기능들을 사용하는 애플리케이션은 파일이나 디렉터리를 그들의 객체 ID를 통해 열 수 있다. 그림 11-51은 $ObjId 메타데이터 파일과 MFT 레코드 내에 있는 $OBJECT_ID 속성 간의 연관 관계를 보여준다.

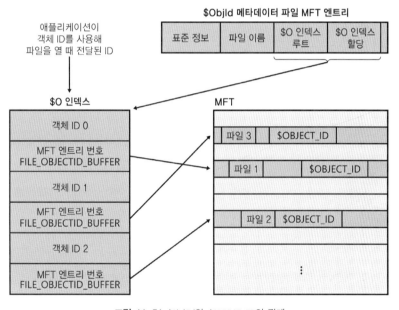

그림 11-51 $ObjId와 $OBJECT_ID의 관계

쿼터 추적

NTFS는 쿼터quota 정보를 \$Extend\$Quota 메타데이터 파일에 저장하는데, 이는 이름 있는 인덱스 루트 속성 $O와 $Q로 구성된다. 그림 11-52는 인덱스들의 구조를 보여준다. NTFS가 보안 디스크립터마다 고유의 내부 보안 ID를 부여하는 것처

럼 NTFS는 유저마다 고유의 유저 ID를 부여한다. 관리자가 어떤 유저에 대해 쿼터 정보를 정의하면 NTFS는 해당 유저의 SID에 대응하는 유저 ID를 생성한다. $O 인덱스 내에서 NTFS는 SID를 유저 ID에 매핑하는 엔트리를 생성하고 유저 ID별로 인덱스를 정렬한다. $Q 인덱스 내에서 NTFS는 쿼터 제어 엔트리를 생성한다. 쿼터 제어 엔트리는 해당 유저의 쿼터 한도 값뿐 아니라 볼륨에서 유저가 차지하는 디스크 공간의 크기도 포함한다.

애플리케이션이 파일이나 디렉터리를 생성할 때 NTFS는 애플리케이션 유저의 SID를 얻고 $O 인덱스에서 해당 SID를 찾는다. NTFS는 새로 생성되는 파일이나 디렉터리의 $STANDARD_INFORMATION 속성에 유저 ID를 기록하며, 이 속성은 해당 유저의 쿼터에 대해 생성된 파일이나 디렉터리가 차지하는 전체 디스크 공간을 계산한다. 그리고 나서 NTFS는 $Q 인덱스에서 쿼터 엔트리를 찾아 새로운 할당이 해당 유저의 경고치나 최대 허용치를 초과하지 않는지 확인한다. 신규 할당으로 인해 유저에게 배정된 할당 허용치를 초과하는 경우 NTFS는 시스템 이벤트 로그에 이벤트를 로그로 남기거나, 유저가 파일이나 디렉터리를 생성하지 못하게 하는 적절한 조치를 취한다. 파일이나 디렉터리의 크기가 변화함에 따라 NTFS는 $STANDARD_INFORMATION 속성에 저장된 유저 ID와 연관된 쿼터 제어 요소를 그에 맞게 업데이트한다. NTFS는 NTFS B-트리 인덱싱을 사용해 효율적으로 유저 ID와 계정의 SID를 연관 짓고 주어진 유저 ID로 효과적으로 유저의 쿼터 제어 정보를 찾아낸다.

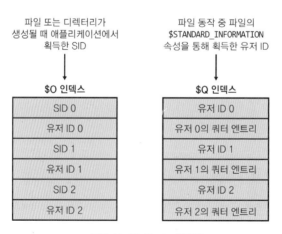

그림 11-52 $Quota 인덱싱

통합 보안

NTFS는 언제나 보안 기능을 제공해왔으며, 이를 통해 관리자는 파일이나 디렉터리에 대한 유저 액세스 권한을 설정할 수 있다. NTFS는 단일 볼륨에는 각 보안 디스크립터에 대한 하나의 인스턴스만 저장하려고 $Secure라는 중앙 메타데이터 파일을 이용함으로써 보안 디스크립터에 대한 디스크 사용을 최적화한다.

$Secure 파일은 2개의 인덱스 속성($SDH(Security Descriptor Hash)와 $SII(Security ID Index))과 $SDS(Security Descriptor Stream)라는 데이터 스트림 속성을 포함한다. 그림 11-53은 이를 보여준다. NTFS는 볼륨상의 모든 고유 보안 디스크립터에 내부적인 NTFS 보안 ID(컴퓨터와 유저 계정을 확인하는 윈도우 SID와 혼동하지 말자)를 부여하고 간단한 해시 알고리듬에 따라 보안 디스크립터를 해싱한다. 해시는 잠재적인 중복성을 갖는 단일 디스크립터에 대한 간단한 표현이다. $SDH 인덱스 내의 엔트리는 보안 디스크립터 해시들을 $SDS 데이터 속성 내에 있는 보안 디스크립터의 저장 위치에 매핑하고, $SII 인덱스 엔트리는 NTFS 보안 ID들을 $SDS 데이터 속성 내에 있는 보안 디스크립터의 위치에 매핑한다.

보안 디스크립터를 파일이나 디렉터리에 적용할 때 NTFS는 해당 디스크립터의 해시를 얻고 $SDH 인덱스에서 일치하는 것을 찾는다. NTFS는 $SDH 인덱스 엔트리를 그들에 대응되는 보안 디스크립터의 해시에 따라 정렬하고 엔트리를 B-트리에 저장한다. NTFS가 $SDH 인덱스에서 디스크립터와 일치하는 것을 발견하면 해당 엔트리의 오프셋 값으로부터 보안 디스크립터의 오프셋을 찾고, $SDS 속성으로부터 보안 디스크립터를 읽는다. 해시는 일치하지만 보안 디스크립터들이 그렇지 않은 경우 NTFS는 $SDH 인덱스에서 일치하는 다른 엔트리를 찾는다. NTFS가 정확하게 일치하는 엔트리를 찾으면 보안 디스크립터를 적용하려는 대상 파일이나 디렉터리는 $SDS 속성에 있는 기존 보안 디스크립터를 참조할 수 있다. NTFS는 이런 참조를 $SDH 엔트리로부터 NTFS 보안 식별자를 읽어 파일이나 디렉터리의 $STANDARD_INFORMATION 속성에 저장함으로써 수행한다. NTFS $STANDRAD_INFORMATION 속성은 모든 파일과 디렉터리가 갖는 것으로 파일에 관한 기본 정보를 저장하며, 여기에는 속성, 타임스탬프 정보, 보안 식별자 등이 들어있다.

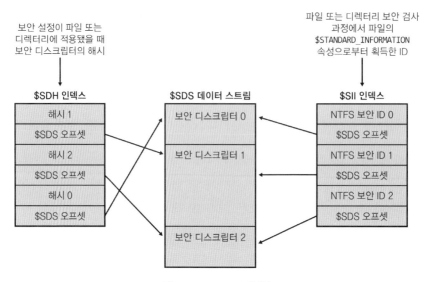

보안 설정이 파일 또는
디렉터리에 적용됐을 때
보안 디스크립터의 해시

파일 또는 디렉터리 보안 검사
과정에서 파일의
$STANDARD_INFORMATION
속성으로부터 획득한 ID

$SDH 인덱스

해시 1
$SDS 오프셋
해시 2
$SDS 오프셋
해시 0
$SDS 오프셋

$SDS 데이터 스트림

보안 디스크립터 0
보안 디스크립터 1
보안 디스크립터 2

$SII 인덱스

NTFS 보안 ID 0
$SDS 오프셋
NTFS 보안 ID 1
$SDS 오프셋
NTFS 보안 ID 2
$SDS 오프셋

그림 11-53 $Secure 인덱싱

유저가 적용하려는 디스크립터와 일치하는 보안 디스크립터를 갖는 엔트리를
$SDH 인덱스에서 찾는 데 NTFS가 실패한다면 유저가 적용하려는 디스크립터는
볼륨에 대해 유일하며, NTFS는 이 디스크립터에 대해 내부적인 새로운 보안 ID를
부여한다. NTFS 내부 보안 ID는 32비트 값(SID는 이것의 몇 배에 해당하는 길이를 갖는다)이다.
따라서 SID를 나타내는 데 NTFS 보안 ID를 사용함으로써 $STANDARD_INFORMATION
속성의 공간을 절약할 수 있다. 다음으로 NTFS는 이 보안 디스크립터를 $SDS 데
이터 속성의 끝에 추가하고 $SDS 데이터에서 이 디스크립터의 오프셋을 참조하는
$SDH와 $SII 인덱스 엔트리에도 보안 디스크립터를 추가한다.

애플리케이션이 파일이나 디렉터리를 열려고 할 때 NTFS는 $SII 인덱스를 이용
해 파일이나 디렉터리의 보안 디스크립터를 검색한다. NTFS는 MFT 엔트리의
$STANDARD_INFORMATION 속성으로부터 파일이나 디렉터리의 내부 보안 ID를 읽는
다. 그다음으로 $Secure 파일의 $SII 인덱스를 이용해 ID에 해당하는 엔트리를
$SDS 데이터 속성에서 찾는다. $SDS 속성 내의 오프셋을 통해 NTFS는 해당 보안
디스크립터를 읽고 보안 검사를 완료한다. NTFS는 캐시에 가장 최근에 액세스된
32개의 보안 디스크립터와 함께 그들의 $SII 인덱스 엔트리를 저장해 $SII가 캐
시되지 않았을 때에만 $Secure 파일에 접근하게 한다.

NTFS는 $Secure 파일 내의 엔트리를 삭제하지 않으며 볼륨 내에서 해당 엔트리를 참조하는 파일이나 디렉터리가 하나도 없는 경우에도 이를 삭제하지 않는다. 이로 인한 디스크 공간 저하는 별로 신경 쓰지 않아도 될 수준이며, 이는 대부분의 볼륨이 아주 오래 사용된 경우라도 극히 적은 수의 고유한 보안 디스크립터를 갖기 때문이다.

NTFS의 범용 B-트리 인덱싱은 동일한 보안 설정을 갖는 파일과 디렉터리들이 효과적으로 보안 디스크립터를 공유할 수 있게 한다. $SII 인덱스를 통해 NTFS는 보안 검사를 수행하는 동안 $Secure 파일에서 보안 디스크립터를 빠르게 검색할 수 있고, $SDH 인덱스를 이용해 파일이나 디렉터리에 적용하려는 보안 디스크립터가 $Secure 파일에 이미 저장돼 있어 공유될 수 있는지를 신속하게 검사할 수 있다.

리파스 포인트

앞에서 설명했듯이 리파스 포인트는 최대 16KB의 애플리케이션 자체 리파스 데이터와 32비트 리파스 태그로, 이들은 파일이나 디렉터리의 $REPARSE_POINT 속성에 저장된다. NTFS는 애플리케이션이 리파스 포인트를 생성하거나 삭제할 때마다 \$Extend\$Reparse 메타데이터 파일을 업데이트한다. NTFS는 이 파일에 리파스 포인트를 포함하는 파일과 디렉터리의 파일 레코드 번호들을 확인하기 위한 엔트리를 저장한다. 이렇게 레코드를 하나의 중심부에 저장함으로써 NTFS는 볼륨 내의 모든 리파스 포인트나 특정 유형의 리파스 포인트(예를 들어 마운트 지점)를 나열할 수 있는 인터페이스를 애플리케이션에 제공할 수 있다(마운트 지점은 9장을 참고한다). \$Extend\$Reparse 파일은 리파스 포인트 태그와 파일 레코드 번호로 파일의 엔트리($R 인덱스 엔트리)를 대조함으로써 NTFS의 범용 B-트리 인덱싱 기능을 사용한다.

실습: 다양한 리파스 포인트 확인

파일 또는 디렉터리 리파스 포인트에 임의의 데이터가 포함될 수 있다. 이 실습에서 8장의 실습과 마찬가지로 기본 제공된 fsutil.exe 도구를 사용해서 심볼릭 링크와 최신 애플리케이션 AppExecutionAlias의 리파스 포인트 콘텐츠를 분석한다. 먼저는 심볼릭 링크를 만든다.

```
C:\>mklink test_link.txt d:\Test.txt
symbolic link created for test_link.txt <<===>> d:\Test.txt
```

그런 다음 fsutil reparsePoint query 명령을 사용해 리파스 포인트의 내용을 확인할 수 있다.

```
C:\>fsutil reparsePoint query test_link.txt
Reparse Tag Value : 0xa000000c
Tag value: Microsoft
Tag value: Name Surrogate
Tag value: Symbolic Link

Reparse Data Length: 0x00000040
Reparse Data:
0000: 16 00 1e 00 00 00 16 00   00 00 00 00 64 00 3a 00  ............d.:.
0010: 5c 00 54 00 65 00 73 00   74 00 2e 00 74 00 78 00  \.T.e.s.t...t.x.
0020: 74 00 5c 00 3f 00 3f 00   5c 00 64 00 3a 00 5c 00  t.\.?.?.\.d.:.\.
0030: 54 00 65 00 73 00 74 00   2e 00 74 00 78 00 74 00  T.e.s.t...t.x.t.
```

예상대로 콘텐츠는 간단한 데이터 구조(REPARSE_DATA_BUFFER, 마이크로소프트 Docs에 설명됨)이며 심볼릭 링크 대상과 프린트된 파일 이름이 포함된다. fsutil reparsePoint delete 명령을 사용해 리파스 포인트를 삭제할 수 있다.

```
C:\>more test_link.txt
This is a test file!

C:\>fsutil reparsePoint delete test_link.txt

C:\>more test_link.txt
```

리파스 포인트를 삭제하면 파일은 0바이트 파일이 된다. 링크 파일의 이름이 없는 데이터 스트림($DATA)이 비어 있기 때문이다. 설치된 모던 애플리케이션의 AppExecutionAlias를 사용해 실습을 반복할 수 있다(다음 예에서는 Spotify가 사용됨).

```
C:\>cd C:\Users\Andrea\AppData\Local\Microsoft\WindowsApps
C:\Users\andrea\AppData\Local\Microsoft\WindowsApps>fsutil reparsePoint
```

```
query Spotify.exe
Reparse Tag Value : 0x8000001b
Tag value: Microsoft

Reparse Data Length: 0x00000178
Reparse Data:
0000: 03 00 00 00 53 00 70 00   6f 00 74 00 69 00 66 00   ....S.p.o.t.i.f.
0010: 79 00 41 00 42 00 2e 00   53 00 70 00 6f 00 74 00   y.A.B...S.p.o.t.
0020: 69 00 66 00 79 00 4d 00   75 00 73 00 69 00 63 00   i.f.y.M.u.s.i.c.
0030: 5f 00 7a 00 70 00 64 00   6e 00 65 00 6b 00 64 00   _.z.p.d.n.e.k.d.
0040: 72 00 7a 00 72 00 65 00   61 00 30 00 00 00 53 00   r.z.r.e.a.0...S.
0050: 70 00 6f 00 74 00 69 00   66 00 79 00 41 00 42 00   p.o.t.i.f.y.A.B.
0060: 2e 00 53 00 70 00 6f 00   74 00 69 00 66 00 79 00   ..S.p.o.t.i.f.y.
0070: 4d 00 75 00 73 00 69 00   63 00 5f 00 7a 00 70 00   M.u.s.i.c._.z.p.
0080: 64 00 6e 00 65 00 6b 00   64 00 72 00 7a 00 72 00   d.n.e.k.d.r.z.r.
0090: 65 00 61 00 30 00 21 00   53 00 70 00 6f 00 74 00   e.a.0.!.S.p.o.t.
00a0: 69 00 66 00 79 00 00 00   43 00 3a 00 5c 00 50 00   i.f.y...C.:.\.P.
00b0: 72 00 6f 00 67 00 72 00   61 00 6d 00 20 00 46 00   r.o.g.r.a.m. .F.
00c0: 69 00 6c 00 65 00 73 00   5c 00 57 00 69 00 6e 00   i.l.e.s.\.W.i.n.
00d0: 64 00 6f 00 77 00 73 00   41 00 70 00 70 00 73 00   d.o.w.s.A.p.p.s.
00e0: 5c 00 53 00 70 00 6f 00   74 00 69 00 66 00 79 00   \.S.p.o.t.i.f.y.
00f0: 41 00 42 00 2e 00 53 00   70 00 6f 00 74 00 69 00   A.B...S.p.o.t.i.
0100: 66 00 79 00 4d 00 75 00   73 00 69 00 63 00 5f 00   f.y.M.u.s.i.c._.
0110: 31 00 2e 00 39 00 34 00   2e 00 32 00 36 00 32 00   1...9.4...2.6.2.
0120: 2e 00 30 00 5f 00 78 00   38 00 36 00 5f 00 5f 00   ..0._.x.8.6._._.
0130: 7a 00 70 00 64 00 6e 00   65 00 6b 00 64 00 72 00   z.p.d.n.e.k.d.r.
0140: 7a 00 72 00 65 00 61 00   30 00 5c 00 53 00 70 00   z.r.e.a.0.\.S.p.
0150: 6f 00 74 00 69 00 66 00   79 00 4d 00 69 00 67 00   o.t.i.f.y.M.i.g.
0160: 72 00 61 00 74 00 6f 00   72 00 2e 00 65 00 78 00   r.a.t.o.r...e.x.
0170: 65 00 00 00 30 00 00 00                             e...0...
```

위의 출력에서 최신 애플리케이션에서 사용되는 다른 유형의 리파스 포인트인 **AppExecutionAlias**를 확인할 수 있다. 세부 내용은 8장을 참고한다.

스토리지 예약 및 NTFS 예약

윈도우 업데이트 및 윈도우 설치 애플리케이션이 시스템 볼륨으로 가득 찬 경우에도 중요한 보안 업데이트를 정상적으로 적용할 수 있어야 한다(충분한 디스크 공간이 있는지 확인해야 함). 윈도우 10은 이러한 목표를 달성하는 방법으로 스토리지 예약을 도입했다. 스토리지 예약을 설명하기 전에 NTFS 예약이 어떻게 동작하고 왜 필요한지 이해해야 한다.

NTFS 파일 시스템은 볼륨을 마운트할 때 볼륨의 사용 중인 공간과 사용 가능한 공간을 계산한다. 이러한 2개 카운터를 추적하는 온디스크에는 속성이 없다. NTFS는 볼륨 내의 모든 클러스터 상태를 나타내는 볼륨 비트맵을 디스크 유지 및 저장한다. NTFS 마운트 코드는 비트맵을 검사해 비트맵에서 비트가 1로 설정돼 사용된 클러스터의 수를 카운트하고 간단한 수식(볼륨 클러스터의 총수에서 사용된 클러스터 수를 뺀 값)을 통해 빈 클러스터의 수를 계산하고 계산된 두 카운터는 마운트된 볼륨을 나타내며 볼륨이 마운트 해제될 때까지 메모리에만 존재하는 VCB(볼륨 제어 블록) 데이터 구조에 저장된다.

정상 볼륨 I/O 작업 중에 NTFS는 예약된 클러스터의 총수를 유지해야 한다. 이 카운터는 다음과 같은 이유로 존재해야 한다.

- 압축된 파일과 스파스 파일에 쓸 때 시스템은 전체 파일에 유효한 비압축 데이터를 저장할 수 있으므로 전체 파일에 쓸 수 있는지 확인해야 한다.
- 쓰기 가능한 이미지 백업 섹션을 처음 생성할 때 볼륨에 물리적 공간이 할당되지 않았더라도 파일 시스템은 전체 섹션 크기에 사용할 수 있는 공간을 예약해야 한다.
- USN 저널과 TxF는 카운터를 사용해 USN 로그와 NTFS 트랜잭션에 사용할 수 있는 공간이 있는지 확인한다.

NTFS는 일반 I/O 작업 중에 다른 카운터인 `TotalFreeAvailable` 공간을 유지한다. 이것은 유저가 새 파일과 데이터를 저장하고자 표시하고 사용할 수 있는 마지막 공간이다. 이 3가지 개념은 NTFS 예약의 일부다. NTFS 예약의 중요한 특성은 카운터가 메모리의 휘발성 표현이며 볼륨을 마운트 해제할 때 삭제된다.

스토리지 예약은 NTFS 예약을 기반으로 하는 기능으로, 파일에 스토리지 예약 공간을 할당할 수 있다. 스토리지 예약은 15개의 서로 다른 예약 영역(그중 2개는 OS에서 예약됨)을 정의한다. 이러한 영역은 메모리와 NTFS 온디스크 데이터 구조 모두에 정의되고 저장된다.

새로운 온디스크 예약을 사용하고자 애플리케이션은 FSCTL_QUERY_STORAGE_RESERVE 파일 시스템 제어 코드를 사용해서 볼륨의 스토리지 예약 영역을 정의한다. 이 제어 코드는 데이터 구조를 통해 예약 영역의 총량과 영역 ID를 지정한다. 이렇게 하면 VCB의 여러 카운터가 업데이트되고(스토리지 예약 공간은 메모리에 유지됨) $Bitmap 메타 데이터 파일의 $SRAT가 정의된 데이터 스트림에 새 데이터가 삽입된다. $SRAT 데이터 스트림에는 예약된 클러스터와 사용된 클러스터 수를 포함해 각 예약 영역을 추적하는 데이터 구조체가 포함된다. 애플리케이션은 FSCTL_QUERY_STORAGE_RESERVE 파일 시스템 제어 코드를 사용해 스토리지 예약 영역에 대한 정보를 조회할 수 있고 FSCTL_DELETE_STORAGE_RESERVE 코드를 사용해 스토리지 예약을 삭제할 수 있다.

스토리지 예약 영역이 정의된 후 애플리케이션은 해당 영역이 다른 구성 요소에 의해 사용되지 않게 보장한다. 그런 다음 애플리케이션은 FileStorageReserveId InformationEx 정보 클래스에서 NtSetInformationFile 네이티브 API를 사용해 파일과 디렉터리를 스토리지 예약 영역에 할당할 수 있다. NTFS 파일 시스템 드라이버는 예약 영역의 메모리에서 예약되고 사용된 클러스터 카운터를 업데이트하고 NTFS 예약에 속하는 볼륨의 예약된 클러스터 총수를 업데이트해 요청된 것을 관리한다. 또한 대상 파일의 온디스크에 $STANDARD_INFO 속성을 저장하고 업데이트하고 스토리지 예약 영역 ID를 저장하고자 4비트를 유지한다. 따라서 시스템은 MFT 엔트리를 파싱하기만 하면 예약 영역에 속하는 각 파일을 빠르게 열거할 수 있다(NTFS는 FSCTL_QUERY_FILE_LAYOUT 코드의 디스패치 함수에 열거를 지원한다). 유저는 fsutil storageReserve findByID 명령을 사용해 필요한 볼륨 경로 이름과 스토리지 예약 ID를 지정해 스토리지 예약에 속한 파일을 열거할 수 있다.

파일 생성 및 이름 변경과 같은 스토리지 예약으로 인해 몇 가지 기본 파일 작업에는 새로운 부작용이 있다. 새로 생성된 파일이나 디렉터리는 상위 파일의 스토리지 예약 ID가 자동으로 상속된다. 파일이나 디렉터리가 새 부모로 이름이 변경(이동)된 경우에도 마찬가지다. 이름 변경 작업은 파일이나 디렉터리의 스토리지 예약 ID를 변경할 수 있으므로 디스크 공간 부족으로 인해 작업이 실패할 수 있다.

비어 있지 않은 디렉터리를 새 상위 디렉터리로 이동하면 새 스토리지 예약 ID가 모든 파일과 하위 디렉터리에 반복적으로 적용되며 스토리지 예약의 예약된 공간이 종료되면 시스템이 볼륨의 사용 가능한 공간을 사용하기 시작하므로 작업이 항상 성공한다는 보장은 없다.

실습: 스토리지 리저브 확인

윈도우 10 2019년 5월 업데이트부터 기본 제공된 **fsutil.exe** 도구를 사용해 기존 NTFS 리저브[Reserve]를 확인할 수 있다.

```
C:\>fsutil storagereserve query c:
Reserve ID:        1
Flags:             0x00000000
Space Guarantee:   0x0              (0 MB)
Space Used:        0x0              (0 MB)
Reserve ID:        2
Flags:             0x00000000
Space Guarantee:   0x0              (0 MB)
Space Used:        0x199ed000       (409 MB)
```

윈도우 설치는 2개의 NTFS 리저브를 정의한다. 설치 애플리케이션이 파일을 저장하는 데 사용하는 하드 리저브[Hard Reserve](ID1)며 다른 애플리케이션에서 삭제하거나 바꿀 수 없다. 소프트 리저브[Soft reserve](ID2)는 시스템 로그나 윈도우 업데이트 다운로드 파일 등의 임시 파일을 저장한다. 윈도우 설치는 설치 애플리케이션에서 파일을 저장하고자 사용하는 하드 리저브(ID1)와 시스템 로그나 윈도우 업데이트 다운로드 파일과 같은 임시 파일을 저장하는 데 사용되는 소프트 리저브(ID2)가 2가지 NTFS 리저브를 말한다. 앞의 예는 설치 애플리케이션이 이미 모든 파일을 설치했기 때문에(윈도우 업데이트가 실행되고 있지 않음) 하드 리저브는 비어 있고 소프트 리저브에는 모든 리저브 공간에 할당된다. **fsutil storagereserve findById** 명령을 사용해 리저브에 속한 모든 파일을 확인할 수 있다(출력이 가장 크기 때문에 > 연산자를 사용해 출력을 파일로 리다이렉팅하는 것도 검토할 수 있다).

```
C:\>fsutil storagereserve findbyid c: 2
```

...

********* File 0x0002000000018762 *********
File reference number   : 0x0002000000018762
File attributes   : 0x00000020: Archive
File entry flags   : 0x00000000
Link (ParentID: Name)   : 0x0001000000001165: NTFS Name :
Windows\System32\winevt\Logs\OAlerts.evtx
Link (ParentID: Name)   : 0x0001000000001165: DOS Name : OALERT~1.EVT
Creation Time   : 12/9/2018 3:26:55
Last Access Time   : 12/10/2018 0:21:57
Last Write Time   : 12/10/2018 0:21:57
Change Time   : 12/10/2018 0:21:57
LastUsn   : 44,846,752
OwnerId   : 0
SecurityId   : 551
StorageReserveId   : 2
Stream   : 0x010 ::$STANDARD_INFORMATION
    Attributes   : 0x00000000: *NONE*
    Flags   : 0x0000000c: Resident | No clusters allocated
    Size   : 72
    Allocated Size   : 72
Stream   : 0x030 ::$FILE_NAME
    Attributes   : 0x00000000: *NONE*
    Flags   : 0x0000000c: Resident | No clusters allocated
    Size   : 90
    Allocated Size   : 96
Stream   : 0x030 ::$FILE_NAME
    Attributes   : 0x00000000: *NONE*
    Flags   : 0x0000000c: Resident | No clusters allocated
    Size   : 90
    Allocated Size   : 96
Stream   : 0x080 ::$DATA
    Attributes   : 0x00000000: *NONE*
    Flags   : 0x00000000: *NONE*
    Size   : 69,632
    Allocated Size   : 69,632
    Extents   : 1 Extents
                         : 1: VCN: 0 Clusters: 17 LCN: 3,820,235

트랜잭션 지원

CLFS가 제공하는 기능과 더불어 커널에서 커널 트랜잭션 관리자^{KTM} 지원을 사용해 NTFS는 트랜잭션(또는 TxF)으로 불리는 트랜잭션 모델을 지원한다. TxF는 애플리케이션이 파일과 디렉터리에 대해 트랜잭션 명령을 사용할 수 있는 유저 모드 API와 자신의 리소스 관리자를 관리하는 데 사용하는 파일 시스템 제어(FSCTL) 인터페이스를 제공한다.

> 윈도우 비스타는 윈도우에 원자적 트랜잭션을 도입하는 수단으로 TxF 지원을 추가했다. NTFS
> 드라이버는 수정된 NTFS 데이터 구조체의 형태를 변경하지 않고 추가됐다. 이는 NTFS 형식 버전
> 3.1이 윈도우 XP와 윈도우서버 2003 이후 동일하다. TxF는 새로운 속성을 추가하는 대신 EFS
> 지원을 위해서만 사용되던 속성($LOGGED_UTILITY_STREAM)을 재사용함으로써 하위 호환성을 실현
> 했다.

TxF는 강력한 API지만 복잡성과 개발자가 고려해야 할 여러 문제로 인해 소수의 애플리케이션에 사용됐다. 이 책을 쓰는 시점에 마이크로소프트는 윈도우의 향후 버전에서 TxF API를 더 이상 사용하지 않을 것을 검토 중이다. 책의 완성도를 위해 TxF 아키텍처에 대한 일반적인 개요만 보여준다.

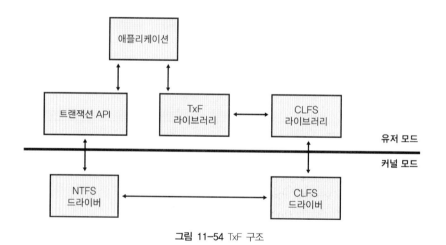

그림 11-54 TxF 구조

그림 11-54에 보이는 TxF의 전체 구조는 다음과 같은 여러 가지 구성 요소를 사용한다.

- Kernel32.dll 라이브러리에 구현된 트랜잭션 API
- TxF 로그를 읽기 위한 라이브러리(%SystemRoot%\System32\Txfw32.dll)
- TxF 로깅 기능을 담당하는 COM 구성 요소(%SystemRoot%\System32\Txflog.dll)
- NTFS 드라이버 내부의 트랜잭션 NTFS 라이브러리
- 로그 레코드를 읽고 쓰는 CLFS 인프라

격리

10장에서 설명한 트랜잭션 레지스트리(TxR) 동작처럼 트랜잭션 파일 동작이 선택 사양일지라도 TxF는 트랜잭션 동작이 격리되는 것을 보장하기 때문에 트랜잭션을 알지 못하는 일반적인 애플리케이션에 영향을 준다. 예를 들어 안티바이러스 프로그램이 현재 다른 애플리케이션의 트랜잭션 동작으로 수정이 진행 중인 파일을 진단하려고 하면 트랜잭션 내의 파일에 접근하는 애플리케이션이 변경된 데이터에 대해 작업하는 동안 TxF는 안티바이러스 스캐너가 트랜잭션 이전 데이터를 읽도록 보장해야 한다. 이 모델은 읽기 커밋 격리read-committed isolation라고 한다.

읽기 커밋 격리에는 트랜잭션 라이터writers 및 트랜잭션 리더readers 개념과 관련돼 있다. 트랜잭션 리더는 항상 파일과 관련된 트랜잭션에 의해 만들어진 모든 변경 사항을 포함해 파일의 가장 최신 버전을 확인한다. 특정 시점이든지 한 파일에 대해 단 하나의 트랜잭션 라이터만 존재할 수 있으며, 이는 이 라이터의 쓰기 액세스는 독점적임을 의미한다. 반면 트랜잭션 리더는 파일을 오픈하려는 시점에 커밋된 파일 버전에만 액세스할 수 있다. 이로 인해 트랜잭션 리더는 트랜잭션 라이터에 의한 변경으로부터 격리된다. 따라서 트랜잭션 리더는 트랜잭션 라이터가 변경을 커밋할 때라도 파일을 일관되게 확인할 수 있다. 업데이트된 데이터를 보려면 트랜잭션 리더는 수정된 파일을 새로운 핸들로 열어야만 한다.

반면 비트랜잭션 라이터는 트랜잭션 라이터와 트랜잭션 리더 모두에 의한 파일 오픈이 차단되므로 트랜잭션의 일부분이 되지 않고서는 파일을 변경할 수 없다. 비트랜잭션 리더는 파일 핸들이 오픈됐을 때 마지막으로 커밋된 파일 내용만을 본다는 점에서 트랜잭션 리더와 유사하게 동작한다. 하지만 트랜잭션 리더와는 달리 비트랜잭션 리더는 읽기 커밋 격리를 받지 않으며, 새로운 핸들로 열지 않고

서도 항상 트랜잭션 파일의 마지막 커밋된 버전으로 업데이트된 자료를 확인할 수 있다. 이는 트랜잭션을 사용하지 않는 애플리케이션이 원래 예상했던 대로 동작할 수 있게 해준다.

요약하면 TxF의 읽기 커밋 격리 모델은 다음과 같은 특성을 갖는다.

- 변경 사항은 트랜잭션 리더로부터 격리된다.
- 볼륨이 강제적으로 디스 마운트되거나 장비의 에러로 인해 관련된 트랜잭션이 롤백되면 변경 사항도 롤백된다.
- 변경 사항은 관련된 트랜잭션이 커밋돼야 디스크로 플러시된다.

트랜잭션 API

TxF는 윈도우 파일 I/O API의 트랜잭션 버전을 지원하며 이들 API에는 트랜잭션 됨^{Transacted}라는 접미사를 사용한다.

- **생성 API**: CreateDirectoryTransacted, CreateFileTransacted, CreateHardLinkTransacted, CreateSymbolicLinkTransacted
- **탐색 API**: FindFirstFileNameTransacted, FindFirstFileTransacted, FindFirstStreamTransacted
- **질의 API**: GetCompressedFileSizeTransacted, GetFileAttributesTransacted, GetFullPathNameTransacted, GetLongPathNameTransacted
- **삭제 API**: DeleteFileTransacted, RemoveDirectoryTransacted
- **복사와 이동/이름 변경 API**: CopyFileTransacted, MoveFileTransacted
- **설정 API**: SetFileAttributesTransacted

게다가 CreateFileTransacted API로 생성된 경우처럼 트랜잭션의 일부분으로 파일 핸들을 전달받으면 일부 API는 자동으로 트랜잭션 동작에 관여한다. 표 11-10은 트랜잭션 파일 핸들을 처리할 때 변경된 행위를 갖는 윈도우 API를 표시했다.

표 11-10 TxF에 의해 변경되는 API 동작

API 이름	변경 사항
CloseHandle	모든 애플리케이션이 파일의 트랜잭션 핸들을 닫을 때까지 트랜잭션은 커밋되지 않는다.
CreateFileMapping, MapViewOfFile	트랜잭션의 일부인 파일에 매핑된 뷰의 수정은 해당 트랜잭션과 연관된다.
FindNextFile, ReadDirectoryChanges, GetInformationByHandle, GetFileSize	파일 핸들이 트랜잭션의 일부라면 이들 동작에 대해 읽기 격리 규칙이 적용된다.
GetVolumeInformation	TxF를 지원하는 볼륨이라면 FILE_SUPPORTS_TRANSACTIONS를 반환한다.
ReadFile, WriteFile	트랜잭션 파일 핸들에 대한 읽기와 쓰기 동작은 트랜잭션의 부분이 된다.
SetFileInformationByHandle	파일 핸들이 트랜잭션의 일부라면 FileBasicInfo와 FileRenameInfo, FileAllocationInfo, FileEndOfFileInfo, FileDispositionInfo 클래스에 대한 변경 사항은 트랜잭션으로 처리된다.
SetEndOfFile, SetFileShortName, SetFileTime	파일 핸들이 트랜잭션의 부분이라면 변경 사항들도 트랜잭션으로 처리된다.

디스크에서의 지원

앞서 살펴본 표 11-7에서 TxF는 $LOGGED_UTILITY_STREAM 속성 유형을 사용해 파일과 디렉터리에 대해 이들이 현재 트랜잭션의 부분인지 아니면 트랜잭션의 부분이었는지에 대한 추가 데이터를 저장한다. 이 속성을 $TXF_DATA라고 하며 TxF가 트랜잭션 중인 파일의 활성화된 오프라인 데이터를 유지하는 데 중요한 정보를 담고 있다. 이 속성은 영구적으로 MFT에 저장된다. 즉, 파일이 트랜잭션의 일부가 아닌 경우에도 스트림이 그대로 유지된다. 속성의 주요 구성 요소는 그림 11-55에서 보여준다.

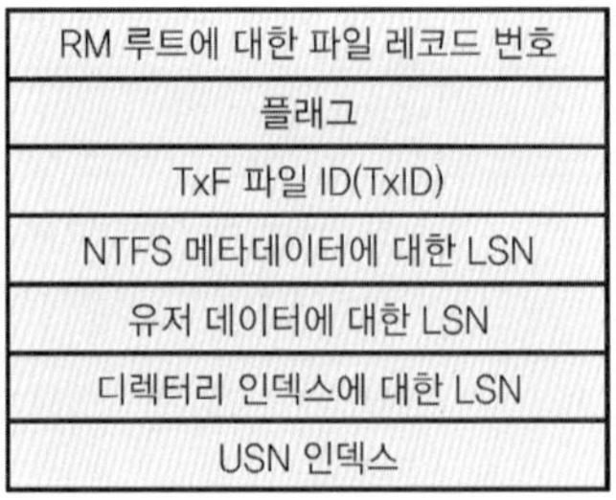

| RM 루트에 대한 파일 레코드 번호 |
| NTFS 메타데이터에 대한 LSN |

그림 11-55 $TXF_DATA 속성

첫 번째 필드는 이 파일에 연결된 트랜잭션을 담당하는 리소스 관리자의 루트에 대한 파일 레코드 번호다. 기본 리소스 관리자의 경우 파일 레코드 번호는 5다. 이것은 그림 11-31에서 봤듯이 MFT 안에 있는 루트 디렉터리(\\)에 대한 파일 레코드 번호다. TxF는 파일에 대한 FCB를 생성할 때 정확한 리소스 관리자에게 연결시켜주고자 이 정보가 필요하다. 라소스 관리자는 NTFS에 의해 트랜잭션 파일 요청을 받을 때 이 트랜잭션을 위해 등록할 필요가 있다.

$TXF_DATA 속성에 저장된 또 다른 중요한 부분은 TxID라고 하는 TxF 파일 ID다. 이것은 $TXF_DATA 속성이 삭제되지 않은 이유이기도 하다. NTFS는 트랜잭션 로그를 기록할 때 레코드에 파일 이름을 기록하기 때문에 한 디렉터리에서 동일한 이름을 갖는 파일들을 구분하기 위한 방법이 필요하다. 예를 들면 sample.txt가 디렉터리에서 트랜잭션으로 삭제되고 이후에 동일한 이름으로 새로운 파일이 (동일한 트랜잭션의 부분으로) 동일 디렉터리에 생성된다면 TxF는 sample.txt에 대한 2개의 인스턴스를 각기 구별할 방법이 필요하다. 새로운 파일(또는 파일의 인스턴스)이 트랜잭션의 부분이 될 때 TxF가 증가시키는 64비트 고유 번호로 구성된 ID가 제공된다. TxID는 영구적이고 재사용될 수 없기 때문에 $TXF_DATA 속성은 파일에서 지워지지 않는다.

마지막으로 3개의 공통 로그 파일 시스템^{CLFS} LSN이 트랜잭션에 해당하는 각 파일 부분에 저장된다. 생성, 이름 변경, 쓰기 동작과 같은 트랜잭션이 활성화될 때마다 TxF는 로그 레코드를 자신의 CLFS 로그에 기록한다. 각 레코드는 LSN을 부여받으며 이 LSN은 $TXF_DATA 속성 내의 적절한 필드에 기록된다. 첫 번째 LSN은 파일에 연결된 NTFS 메타데이터의 변경을 확인하는 로그 레코드를 저장하는 데 사용된다. 예를 들어 트랜잭션 동작의 일환으로 파일의 표준 속성이 변경되면 TxF는 적절한 MFT 파일 레코드를 업데이트하고 변경 사항에 대한 LSN을 로그 레코드에 저장한다. TxF는 두 번째 LSN을 파일의 데이터가 수정됐을 때 사용한다. 끝으로 3번째 LSN은 TxF가 디렉터리에 대한 파일 이름 인덱스가 해당 파일과 관련된 트랜잭션의 변경 사항을 요청하거나 디렉터리가 트랜잭션에 포함돼 있고 TxID를 받았을 때 사용한다.

$TXF_DATA 속성에는 TxF의 상태 정보를 나타내는 내부 플래그와 커밋된 파일에 적용되는 USN 레코드의 인덱스가 저장된다. TxF 트랜잭션은 (간단히 설명하면) NTFS의 복구 메커니즘에 의해 부분적으로 업데이트됐을 수도 있는 다중 USN 레코드로 걸쳐져 있을 수 있다. 따라서 인덱스는 복구된 이후에 적용돼야 하는 USN 레코드가 얼마나 되는지 TxF에게 알려주게 된다.

TxF는 기본 리소스 관리자를 볼륨별로 하나씩 트랜잭션 상태를 추적하고자 사용한다. 하지만 TxF는 보조 리소스 관리자라는 추가적인 리소스 관리자도 지원한다. 이들 리소스 관리자는 애플리케이션 라이터에 의해 정의될 수 있고, 애플리케이션이 선택한 특정 디렉터리에 메타데이터를 가질 수 있다. 또한 애플리케이션이 자체적인 트랜잭션 작업 단위로 실행 취소, 백업, 복구, 재실행 명령들을 정의할 수 있게 한다. 기본 리소스 관리자와 보조 리소스 관리자는 모두 파일과 디렉터리의 현재 상태를 설명하는 메타데이터를 가진다.

- 파일이 트랜잭션 명령에 의해 삭제되거나 덮어써질 때 **$Extend\$RmMetadata** 디렉터리에 있는 **$Txf** 디렉터리에 연결된다.
- **$Top**이나 TxF 오래된 페이지 스트림 파일은 기본 데이터 스트림과 **$T**로 불리는 대체 데이터 스트림을 담고 있다. TOPS 파일의 기본 스트림은 리소스 관리자의 GUID와 CLFS 로그 정책, 복구를 시작해야 하는 LSN에 대한 메타데이터를 가진다. **$T** 스트림은 트랜잭션 라이터에 의해 부분적으로 덮어써진 파일 데이터를 담고 있다($Txf 디렉터리로 파일을 이동시키는 전체 덮어쓰기와는 반대다).
- TxF 로그 파일은 트랜잭션 레코드를 저장하는 CLFS 로그 파일이다. 기본 리소스 관리자의 경우 이들 파일은 **$TxfLog** 디렉터리의 일부분이지만 보조 리소스 관리자는 이들을 아무 곳이라도 저장할 수 있다. TxF는 **$TxfLog.blf**로 불리는 멀티플렉스 기본 로그 파일을 사용한다. 해당 파일 \$Extend\

$RmMetadata\$TxfLog\$TxfLog는 2개의 스트림을 가진다. 커널 트랜잭션 관리자 메타데이터 레코드에 사용되는 KtmLog 스트림과 TxF 로그 레코드를 담고 있는 TxfLog 스트림이다.

실습: 리소스 관리자 정보 조회

기본 제공된 Fsutil.exe 커맨드라인 프로그램을 사용해 기본 리소스 관리자의 정보를 조회할 수 있으며 보조 리소스 관리자를 생성하고 시작, 정지시키고, 이들의 로깅 정책과 동작을 구성할 수 있다. 다음 명령은 루트 디렉터리(\)로 확인되는 기본 리소스 관리자의 정보를 조회한다.

```
d:\>fsutil resource info \
Resource Manager Identifier : 81E83020-E6FB-11E8-B862-D89EF33A38A7
KTM Log Path for RM: \Device\HarddiskVolume8\$Extend\$RmMetadata\$TxfLog\
$TxfLog::KtmLog
Space used by TOPS:          1 Mb
TOPS free space:             100%
RM State:                    Active
Running transactions:        0
One phase commits:           0
Two phase commits:           0
System initiated rollbacks:  0
Age of oldest transaction:   00:00:00
Logging Mode:                Simple
Number of containers:        2
Container size:              10 Mb
Total log capacity:          20 Mb
Total free log space:        19 Mb
Minimum containers:          2
Maximum containers:          20
Log growth increment:        2 container(s)
Auto shrink:                 Not enabled

RM prefers availability over consistency.
```

언급한 것처럼 fsutil resource 명령은 보조 리소스 관리자를 어떤 디렉터리에도 만들 수 있는 기능을 포함해 TxF 리소스 관리자를 구성할 수 있는 여러 옵션을 제공한다. 예를 들어 fsutil resource create c:\rmtest 명령으로 보조 리소스 관리자를 Rmtest 디렉터리에 만들고, 이어서 **fsutil resource start c:\rmtest** 명령으로 그것을 초기화한다. **$Tops**와 **$TxfLogContainer*** 파일들, **TxfLog**와 **$Txf** 디렉터리가 이 폴더에 있는 것을 확인할 수 있다.

로깅 지원

앞서 언급했던 것처럼 진행 중인 트랜잭션으로 인해 변경 사항이 디스크에 이뤄질 때마다 TxF가 변경 사항에 대한 레코드를 자신의 로그에 기록한다. TxF는 여러 로그 레코드 유형을 이용해 트랜잭션의 변경 사항을 추적하지만 레코드 유형에 상관없이 모든 TxF 로그 레코드는 공통된 헤더를 가진다. 이 헤더에는 레코드의 유형과 레코드에 관련된 동작, 레코드가 적용되는 TxID, 레코드와 관련된 KTM 트랜잭션의 GUID 같은 정보가 들어있다.

재실행 레코드는 볼륨에 커밋됐지만 실제로는 캐시에서 디스크로 기록되지 못한 트랜잭션의 변경 사항을 재적용하는 방법을 나타낸다. 반면 실행 취소 레코드는 롤백 시점에 커밋되지 않은 트랜잭션의 변경 사항을 되돌리기 위한 방법을 말한다. 일부 레코드는 재실행 전용 레코드로 실행 취소 데이터를 갖지는 않는다. 하지만 또 다른 일부 레코드는 재실행과 실행 취소 정보를 둘 다 갖기도 한다.

TOPS 파일을 통해 TxF는 기본 LSN과 재시작 LSN이라는 2개의 중요한 데이터를 관리한다. 기본 LSN은 로그에서 첫 번째로 유효한 레코드의 LSN을 확인한다. 재시작 LSN은 리소스 관리자를 시작할 때 어떤 LSN 복구부터 시작해야 하는지를 나타낸다. TxF가 재시작 레코드를 기록할 때 TxF는 볼륨에서 만들어진 변경 사항과 디스크로 플러시된 변경 사항을 나타내는 2가지 값을 갱신함으로써 파일 시스템은 새로운 재시작 LSN 지점까지의 완전한 무결성을 유지할 수 있다.

또한 TxF는 CLR이라는 보정 로그 레코드를 기록한다. 이 레코드는 트랜잭션이 롤백되는 동안 수행되는 동작을 저장한다. 이 레코드는 주로 다음 실행 취소 LSN을 저장하는 데 사용된다. 이 레코드는 복구 단계 동안에 시스템 에러가 발생한 경우 이미 실행 취소 단계가 수행된 상황에서 이미 처리된 실행 취소 레코드를 우회시킴으로써 반복적으로 실행 취소 동작을 수행하는 복구 과정을 피할 수 있게 한다. 끝으로 TxF는 TxF와 관련된 KTM 트랜잭션의 상태를 기록하고자 준비 레코드, 중단 레코드, 커밋 레코드를 처리한다.

NTFS 복구 지원

NTFS 복구 기능은 전원이 끊기거나 시스템 에러가 발생한 경우 완료되지 않은 파일 시스템 작업(트랜잭션)이 없게 하고, 디스크 볼륨 구조체는 디스크 복구 유틸리티의 도움 없이도 전혀 손상되지 않게 한다. NTFS **Chkdsk** 도구는 I/O 에러(손상 디스크 섹터, 전기적인 이상이나 디스크 실패 등)나 소프트웨어 버그에 의한 심각한 디스크 손상을 수리하는 데 사용한다. 그러나 NTFS 복구 기능으로 인해 **Chkdsk**는 거의 필요가 없어졌다.

앞서 '복구 기능' 절에서 언급했던 것처럼 NTFS는 복구 기능을 지원하는 데 트랜잭션 처리 기법을 사용한다. 이런 방법은 전체 디스크 복구가 가능하게 하며, 대용량 디스크에서도 매우 빠르다(초 단위로 수행된다). NTFS는 복구 기능을 파일 시스템 데이터에 국한해 파일 시스템 에러로 인해 볼륨이 손실되는 일이 거의 발생하지 않게 한다. 그러나 애플리케이션이 특정 조치(캐시된 파일을 디스크로 플러시하는 등의 작업)를 취하지 않는 경우 크래시가 발생한다면 NTFS의 복구 기능은 유저 데이터가 완전히 갱신됨을 보장하지 않는다. 이는 트랜잭션 NTFS(TxF)의 책임이다.

다음 절에서는 NTFS가 변경 사항을 파일 시스템 데이터 구조체에 기록하는 데 사용하는 트랜잭션 로깅 구조를 알아보고 시스템이 실패하는 경우 NTFS가 볼륨을 복구하는 방법을 설명한다.

설계

NTFS는 복구 가능 파일 시스템의 설계를 지원한다. 이 파일 시스템은 트랜잭션 처리를 위해 개발된 로깅 기술(저널링으로 불린다)을 이용해 볼륨의 일관성을 보장한다. 운영체제가 크래시되면 복구 가능 파일 시스템은 로그 파일에 저장돼 있던 정보에 접근하는 복구 과정을 실행함으로써 일관되게 복구한다. 파일 시스템은 자신의 디스크 쓰기 동작을 로그로 기록하기 때문에 볼륨의 크기에 상관없이 (복구 시간이 볼륨 크기와 상관있는 FAT 파일 시스템과는 달리) 복구 과정은 몇 초만 소요된다. 복구 가능 파일 시스템에 대한 복구 과정은 볼륨이 일관된 상태로 복원됨을 보장한다.

복구 가능 파일 시스템이 안전성을 제공하는 데 몇 가지 비용이 발생한다. 볼륨 구조를 변경하는 모든 트랜잭션은 트랜잭션의 추가 동작에 대해 단일 레코드가 로그 파일에 기록되도록 요구한다. 이 로깅 부하는 파일 시스템이 단일 I/O 동작으로 로그 파일에 여러 로그 레코드를 기록하는 로그 레코드의 일괄 처리로 완화된다. 게다가 복구 가능 파일 시스템은 지연된 쓰기 파일 시스템의 최적화된 기법을 사용할 수 있다. 캐시 변경 사항들이 디스크에 플러시되기 전에 시스템 에러가 발생한 경우에도 파일 시스템 메타데이터의 복구가 가능하기 때문에 캐시 플러시 간격을 더 늘리는 것도 가능하다. 지연 라이터 파일 시스템의 캐싱 성능 향상은 복구 가능 파일 시스템의 로깅 작업으로 인한 오버헤드를 보완할 수 있다.

아무리 조심해서 쓰기를 하거나 지연 라이터 파일 시스템 기능을 사용하더라도 유저 데이터 파일에 대한 보호를 보장하지는 못한다. 애플리케이션이 파일을 기록하는 동안 시스템 에러가 발생하면 파일이 손상되거나 손실될 수 있다. 게다가 지연 라이터 파일 시스템 전체를 손상시킬 수 있어 기존 파일을 파괴하거나 볼륨 전체에 액세스할 수 없게 될 수도 있다.

NTFS 복구 가능 파일 시스템은 전통적인 파일 시스템보다 신뢰성을 높이기 위한 몇 가지 방법을 지원한다. 첫째로 NTFS 복구 기능은 볼륨 구조가 손상되지 않게 보장해 시스템 에러 발생 후에도 모든 파일이 액세스 가능한 상태로 남아있게 한다. 두 번째로 시스템 크래시가 발생하는 경우 NTFS가 유저 데이터의 보호를 보장하지 못하지만(캐시상에 있는 일부 변경 사항은 손실될 수 있다) 애플리케이션은 NTFS의 즉시 쓰기와 캐시 플러싱 기능을 이용해 변경 사항이 적절한 간격으로 디스크에 기록되게 보장할 수 있다.

쓰기 동작이 즉시 디스크에 기록되게 하는 캐시 즉시 쓰기와 캐시 내용을 강제로 디스크에 기록하는 캐시 플러싱 둘 모두는 효과적인 동작이다. 파일 시스템 데이터 구조체에 대한 변경은 단일 쓰기 동작으로 로그 파일에 기록되기 때문에 NTFS

는 여러 상이한 파일 시스템 데이터 구조체에 대한 변경을 플러시하려고 추가적인 디스크 I/O를 할 필요가 없어졌다. 에러가 발생해 캐시 내용이 손실되면 로그에서 파일 시스템 복구 사항을 복원시킬 수 있다. 더욱이 FAT 파일 시스템과는 달리 NTFS는 시스템이 실패하더라도 즉시 쓰기 동작이나 캐시 플러시 직후에 유저 데이터가 일관되며 이용 가능함을 보장한다.

메타데이터 로깅

NTFS는 TxF에서 사용되는 동일한 로깅 기법을 이용해 파일 시스템 복구 기능을 제공한다. 이 기법에서는 파일 시스템 메타데이터를 변경하는 모든 동작을 로그 파일에 기록한다. 하지만 TxF와 달리 NTFS의 기본 제공된 파일 시스템 복구 지원은 CLFS를 사용하지 않고 로그 파일 서비스로 불리는 내부 로깅 지원을 사용한다 (로그 파일 서비스는 10장에서 설명한 대로 백그라운드 서비스 프로세스가 아니다). 또 다른 차이점은 호출자가 선택적으로 트랜잭션 명령을 사용할 때에만 TxF가 사용되는 반면에 NTFS는 모든 메타데이터의 변경 사항을 기록해 시스템 에러가 발생하더라도 파일 시스템의 일관성을 유지할 수 있다는 점이다.

로그 파일 서비스

로그 파일 서비스LFS는 NTFS가 로그 파일에 액세스하고자 사용하는 NTFS 드라이버 내의 커널 모드 루틴들이다. NTFS는 LFS로 접근될 로그 파일에 대한 파일 객체의 포인터를 전달한다. LFS는 그림 11-56과 같이 새 로그 파일을 초기화하거나 윈도우 캐시 관리자를 호출해 캐시를 통해 기존 로그 파일에 액세스하기도 한다. LFS와 CLFS가 비슷한 이름을 갖고 많은 부분에서 비슷한 동작을 하지만 이들은 각기 다른 목적으로 사용하려고 별도로 지원한다.

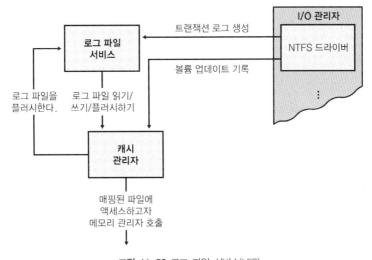

트랜잭션 로그 생성

I/O 관리자

NTFS 드라이버

로그 파일
서비스

볼륨 업데이트 기록

로그 파일을
플러시한다.

로그 파일 읽기/
쓰기/플러시하기

캐시
관리자

매핑된 파일에
액세스하고자
메모리 관리자 호출

그림 11-56 로그 파일 서비스(LFS)

LFS는 로그 파일을 그림 12-57에서처럼 재시작 영역과 무한 로깅 영역으로 나눈다.

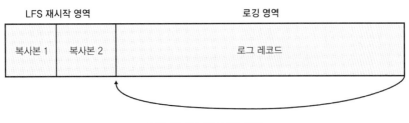

LFS 재시작 영역

로깅 영역

복사본 1

복사본 2

로그 레코드

그림 11-57 로그 파일 영역

NTFS는 재시작 영역을 읽고 쓰고자 LFS를 호출한다. NTFS는 시스템 실패 이후 복구 작업 동안 읽기를 시작할 로그 영역의 위치 등과 같은 콘텍스트 정보를 재시작 영역에 저장한다. LFS는 재시작 데이터가 손상을 입거나 액세스가 불가능하게 될 경우를 대비해 복사본을 유지한다. 로그 파일의 나머지 영역은 로깅 영역이다. 이 영역은 시스템 실패가 발생한 경우 볼륨의 복구를 위해 NTFS가 기록하는 트랜잭션 레코드들이 저장된다. LFS는 필요한 정보를 덮어쓰지 않게 보장함과 동시에 로그 파일을 순환적으로 사용함으로써 로그 파일이 무한히 큰 것처럼 만든다. CLFS처럼 LFS는 LSN을 사용해 로그 파일에 기록된 레코드들을 확인한다. LFS가 파일을 순환함에 따라 LSN 값은 증가한다. NTFS는 LSN을 64비트로 나타내므로 실질적으로 LSN은 무한대에 가깝다고 볼 수 있다.

NTFS는 트랜잭션을 읽거나 생성할 때 절대로 로그 파일에 직접 액세스하지 않는다. 로그 파일 열기, 로그 레코드 기록, 앞/뒤 방향으로 로그 레코드 읽기, 특정 LSN까지 로그 레코드 플러시나 더 큰 LSN을 로그 파일의 시작으로 설정하기 등의 작업을 위해 NTFS가 호출하는 서비스를 LFS가 제공한다. 복구 과정 동안 NTFS는 'TxF 복구' 절에서 설명한 것과 동일한 동작을 수행하고자 LFS를 호출한다. 플러시되지 않은 커밋 변경 사항에 대한 재실행 단계는 커밋되지 않은 변경 사항에 대한 실행 취소를 수반한다.

다음은 시스템이 볼륨 복구를 보장하는 방법이다.

1. NTFS는 먼저 LFS를 호출해 볼륨 구조에 변경을 수반하는 트랜잭션을 (캐시된) 로그 파일에 기록한다.
2. NTFS는 캐시를 통해 볼륨을 변경한다.
3. 캐시 관리자는 로그 파일을 디스크에 플러시하도록 LFS에 알려준다(LFS는 캐시 관리자를 호출해 플러시될 메모리 페이지를 알려줌으로써 플러시를 구현한다. 호출 순서는 그림 11-56을 참고한다).
4. 캐시 관리자는 로그 파일을 디스크에 반영하고 난 후에 볼륨 변경 사항(반영 동작 자체에 대한 메타데이터)을 디스크에 반영한다.

이런 단계들은 파일 시스템 복구가 최종적으로 실패하더라도 관련된 트랜잭션을 로그 파일에서 추출해 파일 시스템의 복구 과정에서 재실행되거나 실행 취소가 이뤄질 수 있음을 보장한다.

파일 시스템 복구는 시스템이 재부팅된 이후 볼륨이 최초로 사용되는 시점에 자동으로 시작된다. NTFS는 크래시 전에 로그 파일에 기록된 트랜잭션들이 볼륨에 적용됐는지 확인하고, 적용되지 않았다면 해당 작업을 다시 수행한다. 또한 NTFS는 시스템 실패 전까지 완전하게 로그 파일에 기록되지 못한 트랜잭션들에 대해서는 작업을 취소해 볼륨에 적용되지 않게끔 보장한다.

로그 레코드 유형

NTFS 복구 메커니즘은 TxF 복구 메커니즘과 유사한 로그 레코드 유형을 사용한다. 이들 유형으로는 TxF가 사용하는 재실행 레코드와 실행 취소 레코드에 해당

하는 업데이트 레코드, TxF에 의해 사용되는 재시작 레코드와 유사한 체크포인트 레코드가 있다. 그림 11-58은 로그 파일에 있는 3개의 업데이트 레코드를 보여준다. 각 레코드는 새로운 파일 생성 시 트랜잭션의 하위 동작을 보여준다. 각 업데이트 레코드의 재실행 엔트리는 볼륨에 하위 동작을 재적용하는 방법을 NTFS에게 알려주고, 실행 취소 엔트리는 하위 동작을 롤백(실행 취소)하는 방법을 NTFS에게 알려준다.

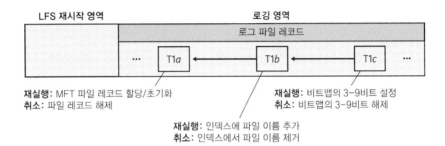

그림 11-58 로그 파일에서 레코드 갱신

단일 트랜잭션에 대한 로깅이 끝난 다음(이 예제에서는 LFS를 호출해 3개의 업데이트 레코드를 로그 파일에 생성하는 작업을 말한다) NTFS는 캐시를 통해 볼륨에 각 하위 동작을 수행한다. NTFS는 캐시 업데이트를 마치면 로그 파일에 또 다른 레코드를 쓰고 전체 트랜잭션을 완료로 기록한다. 이는 트랜잭션 커밋으로 알려진 하위 동작이다. 트랜잭션이 일단 커밋되면 NTFS는 이후에 운영체제가 실패한 경우라 하더라도 전체 트랜잭션이 볼륨에 적용됐음을 보장한다.

NTFS는 시스템 실패 이후 복구 과정에서 로그 파일을 읽어 커밋된 각 트랜잭션을 재실행한다. NTFS는 시스템 실패 전에 커밋된 트랜잭션이 완료된 경우라 할지라도 캐시 관리자가 변경 사항을 디스크로 플러시했는지는 알 수 없다. 이와 같은 변경 사항들은 시스템 실패 발생과 함께 캐시에서 손실됐을 가능성이 있다. 따라서 NTFS는 디스크가 최신 변경 사항으로 갱신됨을 보장하고자 커밋된 트랜잭션들을 다시 실행한다.

파일 시스템 복구 동안 커밋된 트랜잭션을 재실행한 후 NTFS는 실패로 인해 커밋되지 않은 모든 트랜잭션을 로그 파일에서 찾고 로그에 기록된 각 하위 동작을 모두 롤백(취소)시킨다. 그림 11-58에서 NTFS는 맨 먼저 T1c 하위 동작을 취소하고 역방향 포인터를 따라 T1b를 취소한다. 이처럼 역방향 포인터들을 따라 검색을 계속 수행해 해당 트랜잭션의 첫 번째 하위 동작에 도달할 때까지 하위 동작을 취소시켜 나간다. 포인터를 따라 이동함으로써 NTFS는 단일 트랜잭션을 롤백하고자 실행 취소를 수행해야 하는 업데이트 레코드의 수와 해당되는 레코드를 알아낼 수 있다.

재실행과 실행 취소 정보는 물리적이나 논리적으로 표현될 수 있다. 파일 시스템 구조체를 유지하는 소프트웨어의 최하위 계층으로 NTFS는 물리적인 디스크립션의 업데이트 레코드를 생성한다. 이 디스크립션은 변경, 이동 등과 작업이 이뤄져야 하는 디스크상의 특정 바이트 범위 관점에서 볼륨 갱신을 명시한다. 이것은 '삭제 파일 A.dat' 같은 동작 관점에서 갱신을 표현하는 논리적 디스크립션을 사용하는 TxF와는 다르다. NTFS는 다음에 소개된 각 트랜잭션에 대해 업데이트 레코드를 생성한다.

- 파일 생성
- 파일 삭제
- 파일 확장
- 파일 자르기
- 파일 정보 설정
- 파일 이름 변경
- 파일 보안 설정 변경

업데이트 레코드의 재실행과 작업 취소 정보는 가장 정교하게 설계돼야 한다. NTFS가 트랜잭션을 실행 취소하고 시스템 실패로부터 복구하고 심지어 정상 동작 중인 경우에도 이미 완료된 트랜잭션을 재실행하려 하거나 반대로 이미 실행 취소됐거나 발생하지도 않은 트랜잭션을 실행 취소하려 할 수 있기 때문이다. 이와 유사하게 일부만이 디스크상에 적용이 완료된 몇 개의 업데이트 레코드로 구성된 트랜잭션을 재실행하거나 실행 취소하려 할 수도 있다. 업데이트 레코드의 포맷은 반복 실행되는 재실행 작업이나 실행 취소 작업이 한 번만 실행된 것과 같은 결과를 유지하도록 부수적인 영향을 미치지 않게 해야 한다. 예를 들어 이미 설정된 비트를 설정하는 경우 아무런 영향이 없지만 토글된 비트를 토글되는 것은 영향을 받는다. 또한 파일 시스템도 이런 변경 중인 볼륨 상태를 정확하게 제어할 수 있어야 한다.

업데이트 레코드와 더불어 그림 11-59처럼 NTFS는 주기적으로 체크포인트 레코드를 로그 파일에 기록한다.

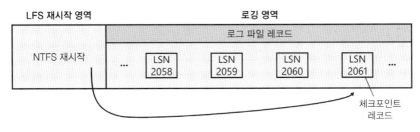

그림 11-59 로그 파일의 체크포인트 레코드

체크포인트 레코드는 시스템 실패가 막 발생하려고 하는 경우 NTFS가 볼륨을 복구하는 데 필요한 작업을 결정하는 데 도움을 준다. 예를 들면 체크포인트 레코드에 저장된 정보를 이용해 NTFS는 복구를 위해 로그 파일상의 어느 지점으로 돌아가야 하는지 알 수 있다. NTFS는 체크포인트 레코드를 생성한 후 재시작 영역에 레코드의 LSN을 저장해서 크래시가 발생한 후에 파일 시스템 복구를 시작할 때 가장 최근에 생성된 체크포인트 레코드를 바로 찾을 수 있다. 이는 동일한 이유로 TxF가 사용하는 재시작 LSN과 유사하다.

LFS는 로그 파일이 무한히 큰 것처럼 NTFS에게 제공하지만 실제 파일이 무한한 것은 아니다. 이런 넉넉한 로그 파일의 크기와 빈도 높은 체크포인트 레코드 생성(보통 로그 파일의 공간을 만들어주는 작업)으로 인해 원격 로그 생성이 가능하다. 그럼에도 LFS는 이런 가능성을 대비해 몇 가지 동작 매개변수를 추적한다.

- 가용한 로그 공간
- 유입되는 로그 레코드를 기록하거나 기록 실행 취소에 필요한 공간의 크기
- 모든 활성 트랜잭션(커밋되지 않은)을 롤백하고자 필요한 공간의 크기

로그 파일에 마지막 두 엔트리를 충족시키기 위한 충분한 공간이 부족한 경우 LFS는 로그 파일 풀 에러를 반환하고 NTFS는 예외를 발생시킨다. 이에 대한 NTFS 예외 핸들러는 현재 트랜잭션을 롤백하고 이후에 재시작시키고자 큐에 넣는다.

NTFS는 로그 파일 공간을 해소하고자 잠시 동안 더 이상의 파일에 대한 트랜잭션을 막아야 한다. 이렇게 하고자 NTFS는 파일의 생성 삭제를 제한한 이후 모든 시스템 파일에 대해 배타적인 액세스를 요청하고 모든 유저 파일에 대해 공유 액세스를 요청한다. 점차적으로 활성 트랜잭션들은 정상적으로 완료되거나 '로그 파일 풀' 예외를 전달받게 된다. NTFS는 예외를 수신한 트랜잭션들을 롤백하고 큐에 넣는다.

일단 앞서 언급한 것과 같이 파일에 대한 트랜잭션 작업이 블록된다면 NTFS는 캐시 관리자를 호출해서 아직 기록되지 않은 로그 파일 데이터를 포함한 미기록 데이터를 디스크로 플러시한다. 모든 것이 디스크로 안전하게 플러시된 후에 로그 파일의 데이터는 더 이상 필요 없다. NTFS는 로그 파일의 시작 지점을 현재 위치로 재설정하고 로그 파일을 'empty(비어 있는)' 상태로 만든다. 그 뒤 큐의 트랜잭션들을 재시작한다. I/O 프로세싱 중에 짧은 멈춤이 발생하는 것을 제외하고는 로그 파일 풀 에러는 프로그램들을 실행하는 데 아무런 영향을 미치지 않는다.

이 시나리오는, NTFS는 파일 시스템 복구뿐 아니라 일반적인 동작 중에서의 에러 복구에 로그 파일을 어떻게 사용하는지 보여주는 예다. 에러 복구에 관한 추가적인 사항은 다음 절에서 설명한다.

복구

NTFS는 시스템 부팅 이후 프로그램이 NTFS 볼륨에 최초 액세스가 발생하는 시점에 디스크 복구를 자동으로 수행한다(복구가 필요 없는 경우 무시해도 될 수준의 작업이 수행된다). 복구는 NTFS에 의해 메모리상에서 유지되는 2개의 테이블에 의존한다. TxF가 유지하는 것과 유사한 트랜잭션 테이블과 디스크로 아직 기록되지 않은 파일 시스템 구조체에 대한 변경을 캐시 내의 어떤 페이지가 포함하고 있는지 기록하는 더티 페이지 테이블이다. 이 데이터는 복구 과정 동안에 디스크로 플러시돼야 한다.

NTFS는 5초에 한 번씩 체크포인트 레코드를 로그 파일에 기록한다. 레코드 기록 직전에 NTFS는 LFS를 호출해 현재 트랜잭션 테이블의 복사본과 변경 페이지 테이블 복사본을 로그 파일에 저장한다. 다음으로 NTFS는 복사한 테이블들을 가진

로그 레코드의 LSN을 체크포인트 레코드에 기록한다. 시스템 실패 이후 복구가 시작되면 NTFS는 LFS를 호출해 가장 최근의 체크포인트 레코드와 트랜잭션이나 더티 페이지 테이블의 복사본을 가진 로그 레코드를 찾고 테이블들을 메모리로 복사한다.

로그 파일은 보통 마지막 체크포인트 레코드 다음에 업데이트 레코드들을 더 가진다. 이 업데이트 레코드들은 마지막 체크포인트 레코드가 기록된 이후 발생된 볼륨 변경들을 보여준다. NTFS는 이 작업들을 포함하도록 트랜잭션이나 더티 페이지 테이블을 업데이트해야 한다. 테이블들을 업데이트하고 나서 NTFS는 이들 테이블과 로그 파일 내용을 이용해 볼륨 자체를 업데이트한다.

볼륨 복구를 위해 NTFS는 로그 파일 검색을 3차례 수행하는데, 디스크 I/O를 최소화하고자 첫 번째 수행 때 파일을 메모리에 읽어들인다. 각 검색 단계는 다음과 같이 저마다 다른 목적을 가진다.

1. 분석
2. 트랜잭션 재실행
3. 트랜잭션 실행 취소

분석 패스

그림 11-60에서 보듯이 **분석 패스**analysis pass를 수행하는 동안 NTFS는 로그 파일에서 마지막 체크포인트 작업을 시작한 시점부터 앞으로 검사해 업데이트 레코드를 찾고, 이를 사용해 메모리에 복사한 트랜잭션 및 더티 페이지 테이블을 업데이트한다. 그림에서 체크포인트 작업이 로그 파일에 3개의 레코드를 저장하고 이 레코드들 사이에 업데이트 레코드가 섞여 있을 수 있음을 알 수 있다. 따라서 NTFS는 체크포인트 작업을 시작할 때 스캔을 시작해야 한다.

체크포인트 작업이 시작된 후 로그 파일에 나타나는 대부분의 업데이트 레코드는 트랜잭션 테이블 또는 더티 페이지 테이블에 대한 수정을 의미한다. 예를 들어 업데이트 레코드가 '트랜잭션 커밋' 레코드인 경우 해당 레코드가 나타내는 트랜잭션은 트랜잭션 테이블에서 제거돼야 한다. 마찬가지로 업데이트 레코드가 파일 시스템 데이터 구조를 수정하는 페이지 업데이트 레코드인 경우 더티 페이지 테이블을 업데이트해 해당 변경 사항이 반영돼야 한다.

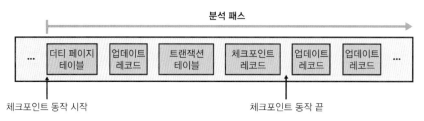

그림 11-60 분석 패스

테이블이 메모리에서 업데이트되면 NTFS는 테이블을 스캔해 디스크에서 수행되지 않은 작업을 기록하는 가장 오래된 업데이트 레코드의 LSN을 확인한다. 트랜잭션 테이블에는 커밋되지 않은(완료되지 않은) 트랜잭션의 LSN이 포함되고, 더티 페이지 테이블에는 디스크에 플러시되지 않은 캐시에서 내부 레코드의 LSN이 포함된다. 이 두 테이블에서 NTFS가 찾은 가장 오래된 업데이트 레코드의 LSN에 따라 재실행 패스가 시작될 위치가 정해진다. 그러나 마지막 체크포인트 레코드가 더 오래된 경우 NTFS는 대신 그 레코드에서 재실행 패스를 실행한다.

 TxF 복구 모델에는 별도의 분석 패스가 없다. 대신 'TxF 복구' 절에 설명한 TxF는 재실행 패스에서 같은 작업을 수행한다.

재실행 패스

그림 11-61에 표시된 것처럼 재실행 패스를 수행하는 동안 NTFS는 분석 패스 중에 찾은 가장 오래된 업데이트 레코드의 LSN에서 로그 파일의 앞쪽으로 스캔한다. 시스템 장애 전에 기록됐지만 디스크에 플러시되지 않은 볼륨 변경 내용이 포함된 페이지 업데이트 레코드를 찾는다. NTFS는 캐시에서 이러한 업데이트를 반복 수행한다.

재실행 패스

그림 11-61 재실행 패스

로그 파일의 마지막 부분에 도달하면 NTFS는 필요한 볼륨 수정으로 캐시를 업데이트하고 캐시 관리자의 지연 라이터가 백그라운드에서 캐시 내용을 디스크에 쓰기 작업을 시작한다.

취소 패스

재실행 패스를 완료한 후 NTFS는 시스템 장애 시 커밋되지 않은 모든 트랜잭션을 롤백하는 취소 패스를 실행한다. 그림 11-62는 로그 파일에 있는 2개의 트랜잭션을 보여준다. 트랜잭션 1은 전원 장애 전에 커밋됐지만 트랜잭션 2는 커밋되지 않았다. NTFS는 트랜잭션 2를 취소해야 한다.

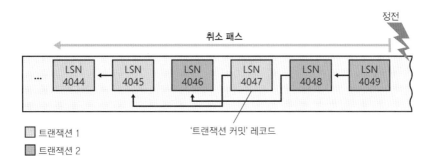

그림 11-62 취소 패스

트랜잭션 2가 각각 별도의 업데이트 레코드가 있는 3개의 하위 작업으로 구성된 파일을 생성했다고 가정해보자. 트랜잭션의 업데이트 레코드는 일반적으로 연속되지 않기 때문에 로그 파일에서 역방향 포인터로 연결된다.

NTFS 트랜잭션 테이블에는 커밋되지 않은 각 트랜잭션에 대해 마지막으로 기록된 업데이트 레코드의 LSN이 표시된다. 이 예에서 트랜잭션 테이블은 트랜잭션 2에 대해 마지막으로 기록된 업데이트 레코드로 LSN 4049를 가리킨다. 그림 11-63의 오른쪽에서 왼쪽으로 표시된 것처럼 NTFS는 트랜잭션 2를 롤백한다.

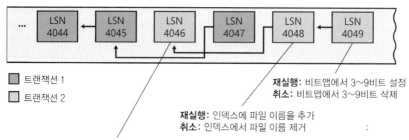

그림 11-63 실행 취소 트랜잭션

LSN 4049를 찾은 후 NTFS는 실행 취소 정보를 찾아 실행해 할당 비트맵에서 3~9 비트를 해제한다. 그리고 NTFS는 LSN 4048에 대한 역방향 포인터를 따라 적절한 파일 이름 인덱스에서 새 파일 이름을 삭제한다. 그리고 마지막 역방향 포인터를 따라 LSN 4046의 업데이트 레코드가 지정한 대로 파일용으로 예약된 MFT 파일 레코드를 할당 해제한다. 그러면 트랜잭션 2가 롤백된다. 취소할 다른 커밋되지 않은 트랜잭션이 있는 경우 NTFS는 동일한 절차에 따라 롤백한다. 커밋되지 않은 다른 트랜잭션의 경우 NTFS는 동일한 절차에 따라 롤백한다. 트랜잭션 실행 취소는 볼륨의 파일 시스템에 영향을 주기 때문에 NTFS는 로그 파일에 실행 취소 작업을 로깅해야 하며, 하지 않으면 복구 중 전원에 의해 중단될 수 있고 NTFS는 실행 취소 작업을 다시 수행해야 한다.

복구 취소 패스가 완료되면 볼륨이 이전 상태로 복원된다. 이 시점에서 NTFS는 캐시 변경 사항을 디스크에 플러시해 볼륨을 최신 상태로 유지한다. 하지만 이 작업을 수행하기 전에 TxF가 LFS 플러시 알림을 등록해 콜백을 실행한다. TxF와 NTFS는 모두 미리 쓰기 로깅을 사용하기 때문에 자체 메타데이터의 일관성을 보장하고자 NTFS 로그가 플러시되기 전에 TxF가 CLFS를 통해 로그를 플러시해야 한다(마찬가지로 TOPS 파일도 CLFS 관리 로그 파일보다 먼저 플러시해야 한다). 이후 NTFS는 볼륨이 안정적

1026

으로 되며 시스템이 즉시 다시 실패하더라도 복구할 필요가 없어진다. 그리고 '비어 있는' LFS 재시작 영역을 생성해 복구는 완료된다.

NTFS는 복구 시 볼륨을 기존의 일관적인 상태로 되돌릴 수 있게 보장하지만 반드시 시스템 충돌 직전의 상태로 되돌리지는 못한다. NTFS는 성능을 위해 지연 커밋 알고리듬을 사용해 트랜잭션 커밋 레코드가 기록될 때마다 로그 파일을 디스크에 즉시 플러시하지 않기 때문에 이러한 보장을 할 수 없다. 대신 캐시 관리자가 LFS를 호출해 로그 파일을 디스크에 플러시할 때 또는 LFS가 5초에 한 번씩 체크포인트 레코드를 로그 파일에 쓸 때 수많은 트랜잭션 커밋 레코드가 일괄적으로 함께 기록된다. 복구된 볼륨이 완전히 최신 상태가 아닐 수 있는 또 다른 이유는 시스템이 충돌할 때 여러 병렬 트랜잭션이 활성화돼 있을 수 있으며 트랜잭션 커밋 레코드 중 일부는 디스크에 저장되지만 다른 일부는 그렇지 않을 수 있다. 복구하는 일관된 볼륨에는 트랜잭션 커밋 레코드가 디스크에 저장된 모든 볼륨 업데이트와 트랜잭션 커밋 레코드가 디스크에 저장되지 않은 업데이트가 모두 포함된다.

NTFS는 로그 파일을 사용해 시스템 장애 후 볼륨 복구를 진행하며 트랜잭션 로깅을 통해 얻을 수 있는 중요한 여러 이점을 제공한다. 파일 시스템에는 정상적인 파일 I/O 과정에서 발생하는 파일 시스템 에러를 복구하는 데 사용되는 많은 코드가 포함돼 있다. NTFS는 볼륨 구조를 수정하는 각 트랜잭션을 기록하기 때문에 파일 시스템 에러가 발생했을 때 로그 파일을 사용해 복구할 수 있어 에러 처리 코드를 크게 단순화시킬 수 있다. 앞서 설명한 로그 파일 전체 에러는 장애 복구에 로그 파일을 사용하는 한 가지 예다.

대부분의 프로그램에서 수신하는 I/O 에러는 파일 시스템 에러가 아니므로 NTFS에서 완전히 해결할 수 없다. 예를 들면 파일을 생성하고자 호출되면 NTFS는 MFT에 파일 레코드를 생성한 다음 디렉터리 인덱스에 새 파일 이름을 입력하는 것으로 시작한다. 하지만 비트맵에서 파일에 대한 공간을 할당하려고 할 때 디스크가 꽉 차서 쓰기 요청을 완료할 수 없는 경우가 있을 수 있다. 이러한 경우 NTFS는 로그 파일의 정보를 사용해 이미 완료한 작업의 일부를 실행 취소하고 파일에 대해 예약한 데이터 구조를 할당 및 해제해 호출자에게 '디스크 가득 찼음' 에러를 반환하고 호출자에게 이러한 에러에 대해 알린다.

NTFS 불량 클러스터 복구

윈도우에 포함된 볼륨 관리자(VolMgr)는 내결함성 볼륨의 불량 섹터에서 데이터를 복구할 수 있지만 하드디스크가 불량 섹터 재매핑을 수행하지 않거나 예비 섹터가 부족하면 볼륨 관리자가 불량 섹터를 대체하고자 불량 섹터 교체를 수행할 수 없다. 대신 파일 시스템이 해당 섹터를 읽을 때 볼륨 관리자는 데이터를 복구하고 데이터 사본이 하나만 있다는 경고를 파일 시스템에 리턴한다.

FAT 파일 시스템은 이 볼륨 관리자 경고에 응답하지 않는다. 또한 FAT나 볼륨 관리자 모두 불량 섹터를 추적하지 않아서 유저는 볼륨 관리자가 파일 시스템의 데이터를 반복적으로 구하지 못하게 Chkdsk 또는 Format 유틸리티를 실행해야 한다. Chkdsk와 Format은 모두 불량 섹터를 제거하는 데 사용하기에 적합하지 않다. Chkdsk는 불량 섹터를 찾아 제거하는 데 시간이 오래 걸릴 수 있으며 Format은 포맷하는 파티션에서 모든 데이터가 삭제된다.

볼륨 관리자의 불량 섹터 교체에 해당하는 파일 시스템에서 NTFS는 불량 섹터가 포함된 클러스터를 자동으로 교체하고 불량 클러스터를 추적해 재사용되지 않게 한다(NTFS는 물리적 섹터가 아닌 논리적 클러스터를 처리해 호환성을 유지한다는 점을 참고). 볼륨 관리자가 불량 섹터 교체를 수행할 수 없는 경우 NTFS가 이러한 기능을 수행한다. 볼륨 관리자가 불량 섹터 경고를 반환하거나 하드디스크 드라이버가 불량 섹터 에러를 반환하면 NTFS는 불량 섹터가 포함된 클러스터를 대체할 새 클러스터를 할당한다. NTFS는 볼륨 관리자가 복구한 데이터를 새 클러스터에 복사해 데이터 이중화를 다시 구성한다.

그림 11-64는 데이터 실행 중 하나에 불량 클러스터가 있는 유저 파일에 대한 MFT 레코드를 클러스터가 손상되기 전 상태를 보여준다. 불량 섹터 에러가 발생하면 NTFS는 해당 섹터가 포함된 클러스터를 불량 클러스터 파일인 $BadClus에 재할당한다. 그러면 불량 클러스터가 다른 파일에 할당되는 것을 방지할 수 있다. 그런 다음 NTFS는 파일에 새 클러스터를 할당하고 새 클러스터를 가리키도록 파

일의 VCN-LCN 매핑을 변경한다. 이 잘못된 클러스터 재매핑(이 장의 앞부분에 소개됨)은 그림 11-64에 설명돼 있다. 불량 섹터가 포함된 클러스터 번호 1357은 정상 클러스터로 교체해야 한다.

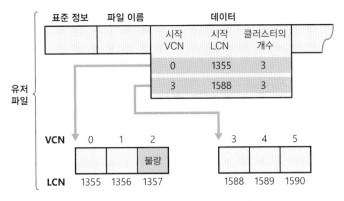

그림 11-64 불량 클러스터가 있는 유저 파일에 대한 MFT 레코드

불량 섹터 에러는 피해야 하지만 발생하면 NTFS와 볼륨 관리자의 조합이 최적의 해결책을 제공한다. 불량 섹터가 중복 볼륨에 있는 경우 볼륨 관리자는 데이터를 복구하고 가능한 경우 섹터를 교체한다. 섹터를 교체할 수 없는 경우 NTFS에 에러 섹터가 포함된 클러스터를 교체한다는 경고를 반환하고 NTFS가 해당 클러스터를 교체한다.

볼륨이 중복 볼륨으로 구성되지 않은 경우 불량 섹터의 데이터는 복구할 수 없다. 볼륨이 FAT 볼륨으로 포맷돼 있고 볼륨 관리자가 데이터를 복구할 수 없는 경우 불량 섹터에서 읽으면 비정상적인 결과가 발생한다. 파일 시스템의 제어 구조 중 일부가 불량 섹터에 있는 경우 전체 파일 또는 파일 그룹(또는 잠재적으로 전체 디스크)이 유실될 수 있다. 기껏해야 영향을 받는 파일의 일부 데이터(보통은 불량 섹터를 넘어선 파일의 모든 데이터)가 유실된다. 또한 FAT 파일 시스템은 불량 섹터를 볼륨의 동일 또는 다른 파일에 재할당해 문제가 다시 발생할 가능성이 높다.

다른 파일 시스템과 마찬가지로 NTFS는 볼륨 관리자의 지원 없이는 불량 섹터에서 데이터를 복구할 수 없다. 그러나 NTFS는 불량 섹터로 인해 발생할 수 있는 손상을 크게 줄여준다. 그림 11-65와 같이 읽기 작업 중에 불량 섹터를 발견하면 NTFS는 해당 섹터가 있는 클러스터를 다시 매핑한다. 볼륨이 이중화 볼륨으로 구성되지 않은 경우 NTFS는 호출 프로그램에 데이터 읽기 에러를 반환한다. 해당 클러스터에 있던 데이터는 손상되지만 나머지 파일과 파일 시스템은 그대로 유지되므로 호출 프로그램은 데이터 손실에 적절히 대응할 수 있으며 향후 할당에 불량 클러스터가 재사용되지 않는다. 읽기 작업이 아닌 쓰기 작업에서 불량 클러스터를 발견하면 NTFS는 쓰기 전에 클러스터를 다시 매핑하므로 데이터가 손상되지 않고 에러가 발생하지 않는다.

파일 시스템 데이터가 불량 섹터에 저장된 경우에도 동일한 복구 절차를 따른다. 불량 섹터가 이중화 볼륨에 있는 경우 NTFS는 볼륨 관리자가 복구한 데이터를 사용해 클러스터를 자동으로 대체한다. 볼륨이 중복되지 않은 경우 데이터를 복구할 수 없으므로 NTFS는 볼륨의 손상을 나타내는 비트를 $Volume 메타데이터 파일에 설정한다. 다음 시스템을 재부팅할 때 NTFS Chkdsk 유틸리티가 이 비트를 확인하고, 비트가 설정돼 있으면 Chkdsk가 실행돼 NTFS 메타데이터를 재구성해 파일 시스템 손상을 복구한다.

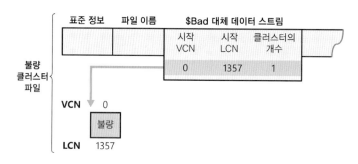

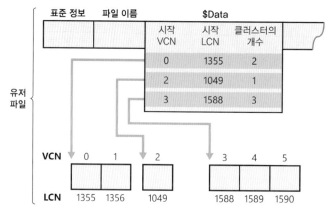

그림 11-65 불량 클러스터 재매핑

드물지만 내결함성 디스크 환경에서도 파일 시스템 손상이 발생할 수 있다. 중복 에러는 파일 시스템 데이터와 이를 재구성하는 방식을 모두 손상시킬 수 있다. 예를 들면 파일 이름 인덱스 또는 로그 파일과 같은 MFT 파일 레코드의 복제본을 NTFS가 작성하는 동안 시스템이 손상되면 해당 파일 시스템 데이터의 복제본이 제대로 업데이트되지 않을 수 있다. 시스템을 재부팅할 때 디스크 미러의 완료되지 않은 쓰기와 똑같은 위치의 주 디스크에서 불량 섹터 에러가 발생하면 NTFS가 디스크 미러에서 제대로 된 데이터를 복구할 수 없게 된다. NTFS는 파일 시스템 데이터에서 이러한 손상을 감지하기 위한 특별한 방식을 사용한다. 불일치가 발견되면 볼륨 파일에 손상 비트를 설정해 다음번에 시스템을 재부팅할 때 Chkdsk가 NTFS 메타데이터를 복원하게 한다. 무결성 디스크 구성에서는 파일 시스템 손상이 거의 발생하지 않으므로 Chkdsk가 거의 필요하지 않다. 이 기능은 기본 데이터 복구 정책이 아닌 안전 예방 조치로 사용된다.

NTFS에서 Chkdsk를 사용하는 것은 FAT 파일 시스템에서 사용하는 것과는 크게 다르다. FAT는 디스크에 내용을 쓰기 전에 볼륨의 더티 비트를 설정한 후 수정이 완료된 후 비트를 초기화한다. 시스템이 충돌할 때 I/O 작업이 진행 중이면 더티 비트가 설정된 상태로 유지되고 시스템이 재부팅될 때 Chkdsk가 실행된다. NTFS에서는 예기치 않거나 읽을 수 없는 파일 시스템 데이터가 발견될 때만 Chkdsk가 실행되며 중복 볼륨 또는 단일 볼륨의 중복 파일 시스템 구조에서 데이터를 복구할 수 없다(시스템 부트 섹터는 볼륨의 마지막 섹터에 복제돼 있으며 시스템을 부팅하고 NTFS 복구 절차를 실행하는 데 필요한 MFT($MftMirr)의 일부도 마찬가지다. 이러한 이중화를 통해 NTFS는 항상 부팅이나 복구할 수 있다).

표 11-11에는 이번 절에서 설명한 다양한 조건에 따라 윈도우 지원 파일 시스템 중 하나에 대해 포맷된 디스크 볼륨에서 섹터가 손상될 때 발생하는 상황을 정리했다.

불량 섹터가 발견된 볼륨이 내결함성 볼륨(미러링된(RAID-1) 또는 RAID-5/RAID-6 볼륨) 또는 하드디스크가 불량 섹터 복구를 지원하는 하드디스크인 경우(예비 섹터가 부족하지 않은 경우) 사용 중인 파일 시스템(FAT 또는 NTFS)은 상관없다. 볼륨 관리자는 유저나 파일 시스템의 개입 없이도 불량 섹터를 복구한다.

표 11-11 NTFS 데이터 복구 시나리오 요약

시나리오	불량 섹터를 지원하는 디스크 사용 재매핑하고 여분의 섹터가 있는 디스크	불량 섹터 재매핑을 수행하지 않거나 예비 섹터가 없는 디스크 사용
내결함성 볼륨[1]	1. 볼륨 관리자가 데이터를 복구한다. 2. 볼륨 관리자가 불량 섹터 교체를 진행한다. 3. 파일 시스템이 오류를 인식하지 못한다.	1. 볼륨 관리자가 데이터를 복구한다. 2. 볼륨 관리자가 데이터와 불량 섹터 오류를 파일 시스템으로 전달한다. 3. NTFS가 클러스터 재매핑을 실행한다.
내결함성 없는 볼륨	1. 볼륨 관리자가 데이터를 복구할 수 없다. 2. 볼륨 관리자가 불량 섹터 오류를 파일 시스템에 전달한다. 3. NTFS가 클러스터 재매핑을 진행한다. 데이터가 손실된다.[2]	1. 볼륨 관리자가 데이터를 복구할 수 없다. 2. 볼륨 관리자가 불량 섹터 오류를 파일 시스템에 전달한다 3. NTFS가 클러스터 재매핑을 실행한다. 데이터가 손실된다.

1. 내결함성 볼륨은 미러 세트(RAID-1) 또는 RAID-5 세트 중 하나
2. 쓰기 작업에서는 데이터가 손실되지 않는다. 쓰기 전에 NTFS가 클러스터를 다시 매핑한다.

불량 섹터가 불량 섹터 교체를 지원하지 않는 하드디스크에 있는 경우 파일 시스템이 불량 섹터를 교체(재매핑)하거나 NTFS의 경우 불량 섹터가 있는 클러스터를 교체(재매핑)해야 한다. FAT 파일 시스템은 섹터 또는 클러스터 재매핑을 제공하지 않는다. NTFS 클러스터 재매핑의 장점은 파일에 대한 손상(또는 경우에 따라 파일 시스템에 대한 손상) 없이 파일의 불량 지점을 수정할 수 있고 불량 클러스터는 다시 사용되지 않는다는 점이다.

자가 복구

최근 멀티테라바이트^{multiterabyte} 스토리지 장치에서는 일관성 검사를 위해 볼륨을 오프라인으로 전환되면 몇 시간 동안 서비스가 중단될 수 있다. 많은 디스크 손상이 단일 파일 또는 메타데이터의 일부에 제한된다는 점을 인지한 NTFS는 볼륨이 온라인 상태로 유지되는 동안 손상을 복구하는 자가 복구 기능을 제공한다. NTFS는 손상을 감지하면 손상된 파일에 대한 액세스를 차단하고 손상된 데이터 구조에 대해 Chkdsk와 유사한 수정을 수행하는 시스템 작업자 스레드를 생성하며 복구가 완료되면 복구된 파일에 접근할 수 있게 한다. 이 작업이 진행되는 동안 다른 파일에 대한 접근이 정상 처리돼 서비스 중단을 최소화할 수 있다.

표 11-12에 요약된 볼륨의 복구 옵션을 보고 설정하려면 **fsutil repair set** 명령을 사용할 수 있다. **Fsutil** 도구는 FSCTL_SET_REPAIR 파일 시스템 제어 코드를 사용해 설정되며 볼륨의 VCB에 저장된다.

표 11-12 NTFS 자가 복구 동작

플래그	동작
SET_REPAIR_ENABLED	볼륨에 대해 자가 복구를 사용하도록 설정한다.
SET_REPAIR_WARN_ABOUT_DATA_LOSS	자가 복구 프로세스가 파일을 정상적으로 복구할 수 없는 경우 사용자에게 시각적 경고를 표시할지 여부를 설정한다.
SET_REPAIR_DISABLED_AND_BUGCHECK_ON_CORRUPTION	fsutil을 사용하여 NtfsBugCheckOnCorrupt NTFS 레지스트리 값을 설정한 경우 동작을 사용해 설정된 NTFS 레지스트리 값이 1이고 이 플래그가 설정된 경우 시스템은 다음과 같이 오류를 발생시킨다. 파일 시스템 손상을 나타내는 STOP 오류 0x24로 중지된다. 이 설정은 반복적인 재부팅을 방지하고자 부팅 시 자동으로 삭제된다.

시각적 경고가 비활성화돼 있는 경우(기본값)를 포함해 모든 경우에 NTFS는 수행한 모든 자체 복구 작업을 시스템 이벤트 로그에 기록한다.

주기적인 자체 복구 외에도 NTFS는 **fsutil repair initiate** 및 **fsutil repair wait** 명령으로 시작할 수 있는 FSCTL_INITIATE_REPAIR 및 FSCTL_WAIT_FOR_REPAIR 제어 코드를 통해 수동으로 시작된 자체 복구 주기(이러한 유형의 자체 복구는 사전 복구라고 함)도 제공한다. 이를 통해 유저는 특정 파일을 강제로 복구하고 해당 파일의 복구가 완료될 때까지 대기하게 된다.

자가 복구 메커니즘의 상태를 확인하려면 다음과 같은 FSCTL_QUERY_REPAIR 제어 코드 또는 **fsutil repair query** 명령을 사용할 수 있다:

```
C:\>fsutil repair query c:
Self healing state on c: is: 0x9

  Values: 0x1 - Enable general repair.
          0x9 - Enable repair and warn about potential data loss.
          0x10 - Disable repair and bugcheck once on first corruption.
```

온라인 디스크 검사와 신속한 복구

가끔 디스크 손상이 NTFS 파일 시스템 드라이버(자가 복구, 로그 파일 서비스 등)로 관리되지 않는 경우에 시스템에서 윈도우 디스크 검사 도구를 실행하고 볼륨을 오프라인 상태로 만들어야 한다. 디스크 손상에는 여러 원인이 있는데, 하드디스크의 미디어 에러 또는 임시 메모리 에러로 인한 파일 시스템 메타데이터 손상이 발생될 수 있다. 여러 테라바이트의 디스크 공간을 가진 대용량 파일 서버의 경우 전체 디스크 검사를 실행하는 데 며칠이 걸릴 수 있다. 이러한 경우 볼륨을 오프라인 상태로 장시간 두는 것은 일반적으로 허용되지 않는다.

윈도우 8 이전에 NTFS는 파일 시스템 볼륨이 정상인지 아닌지를 확인하는 단순한 상태 모델을 제공했다($VOLUME_INFORMATION 속성에 저장된 더티 비트를 통해). 이 모델에서는 파일 시스템 손상을 복구하고 볼륨을 정상 상태로 되돌리는 데 필요한 시간 동안 볼륨을 오프라인 상태로 만든다. 중단 시간은 볼륨의 파일 수에 정비례한다. 윈도우 8은 파일 시스템 손상으로 인한 중단 시간을 줄이거나 방지하고자 NTFS 상태 모델과 디스크 검사를 재설계했다.

새로운 모델은 온라인 디스크 검사 도구를 제공하고 심각한 파일 시스템 손상이 감지되면 중단 시간을 크게 줄이고자 함께 동작하는 새로운 구성 요소를 도입했다. NTFS 파일 시스템 드라이버는 일반 시스템 I/O 중에 여러 종류의 손상을 확인할 수 있다. 손상이 감지되면 NTFS는 자가 복구를 시도한다(이전 절 참고). 성공하지 못하면 NTFS 파일 시스템 드라이버는 \$Extend\$RmMetadata\$Repair 파일의 $Verify 스트림에 새 손상 레코드를 사용한다.

손상 레코드는 NTFS가 메타데이터 손상을 나타내는데, 사용하는 일반적인 데이터 구조며 메모리와 디스크에서 모두 사용된다. 손상된 레코드는 버전 정보와 플래그를 포함하는 고정 크기 헤더로 나타나며 GUID를 통해 레코드 유형을 고윳값을 나타내 발생한 손상 유형에 대한 가변 크기 설명과 옵션 콘텍스트를 보여준다.

엔트리가 정상 추가된 후 NTFS는 자체 이벤트 공급자(Microsoft-Windows-Ntfs-UBPM이라는 이름)를 통해 ETW 이벤트를 보낸다. 이 ETW 이벤트는 스팟 검증 서비스를 시작하는 서비스 제어 관리자에 의해 사용된다(트리거 시작 서비스에 대한 세부 내용은 10장 참고).

스팟 검증 서비스(Svsvc.dll 라이브러리에서 지원됨)는 손상 알림이 오탐이 아님을 확인한다(일부 손상은 메모리 문제로 인해 간헐적으로 발생하며 디스크의 실제 손상 결과가 아닐 수 있다). 스팟 검증기가 검증하는 동안 $Verify 스트림의 항목은 제거된다. 항목에 설명된 손상이 오탐이 아닌 경우 스팟 검증기는 볼륨의 $VOLUME_INFORMATION 속성에서 사전 검사 비트(P비트)를 트리거해 파일 시스템에 대한 온라인 검사를 시작한다. 온라인 검사는 윈도우 작업 스케줄러에 의해 유지 관리 작업으로 실행되는 사전 예방적 스캐너에 의해 실행된다(이 작업은 그림 11-66에 표시된 것처럼 Microsoft\Windows\Chkdsk에 위치함).

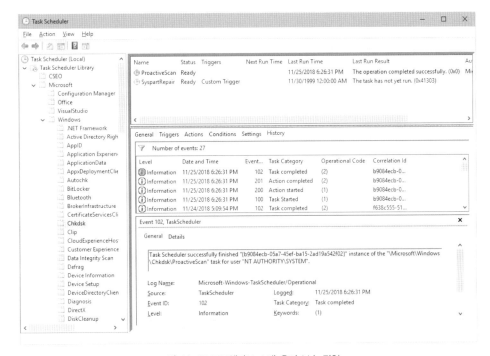

그림 11-66 프로액티브 스캔 유지 보수 작업

프로액티브 스캐너Proactive scanner는 윈도우 Chkdsk.exe에서 가져온 Untfs.dll 라이브러리에서 제공된다. 프로액티브 스캐너를 실행하면 볼륨 섀도우 복사본 서비스를 통해 대상 볼륨의 스냅숏을 캡처하고 섀도우 볼륨에서 전체 디스크 검사를 실행한다. 섀도우 볼륨은 읽기 전용이다. 디스크 검사 코드는 이를 감지하고 에러를 직접 복구하는 대신 NTFS 자가 복구 기능을 사용해 손상을 자동으로 복구한다. 실패하면 FSCTL_CORRUPTION_HANDLING 코드를 파일 시스템 드라이버로 보낸다. 파일 시스템 드라이버는 \$Extend\$RmMetadata\$Repair 메타데이터 파일의 $Corrupt 스트

림에 엔트리를 만들고 볼륨의 더티 비트를 설정한다.

더티 비트의 의미는 이전 윈도우 버전과 약간 다르다. NTFS 루트 네임스페이스의 $VOLUME_INFORMATION 속성에는 더티 비트가 포함돼 있지만 프로액티브 스캔을 필요로 하는 P비트 및 특정 손상의 심각도로 인해 전체 디스크 검사가 필요한 F비트도 포함돼 있다. P비트 또는 F비트가 활성화돼 있거나 $Corrupt 스트림에 하나 이상의 손상된 레코드가 포함된 경우 더티 비트는 파일 시스템 드라이버에 의해 1로 설정된다.

그래도 손상이 해결되지 않으면 이 과정에서는 볼륨이 오프라인 상태일 때 복구할 수 있는 다른 방법은 없다(즉시 볼륨을 마운트 해제할 필요는 없다). 스팟 픽서는 디스크 검사와 자동 검사 도구 간에 공유되는 새로운 구성 요소다. 스팟 픽서는 프로액티브 스캐너가 $Corrupt 스트림에 삽입한 레코드를 사용한다. 부팅 시 자동 검사 네이티브 애플리케이션은 볼륨이 손상됨을 감지하지만 전체 디스크 검사를 실행하는 대신 $Corrupt 스트림에 있는 손상된 엔트리만 복구한다. 이 작업은 몇 초밖에 걸리지 않는다. 그림 11-67은 앞서 설명한 NTFS 파일 시스템의 구성 요소에 지원된 여러 복구 방법론의 요약을 보여준다.

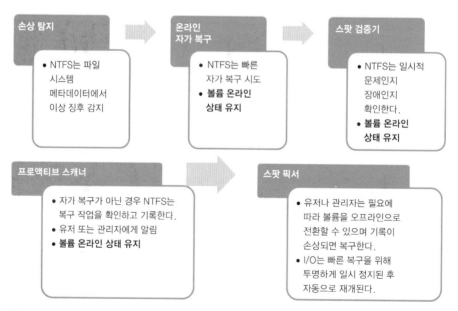

그림 11-67 NTFS 볼륨 온라인 디스크 검사와 빠른 손상 복구를 제공하고자 동작하는 구성 요소를 설명하는 체계

chkdsk /scan 명령을 사용해 볼륨의 사전 스캔을 수동으로 시작할 수 있다. 마찬 가지로 스팟 픽서는 chkdsk 도구에서 /spotfix 커맨드라인 인수를 사용해 실행할 수 있다.

실습: 온라인 디스크 검사 테스트

간단한 실습을 통해 온라인 디스크 검사를 테스트할 수 있다. D: 볼륨에서 온라인 디스크를 실행하려면 D 드라이브에서 큰 비디오 스트림을 재생한 다. 그 사이에 다음 명령을 사용해 관리 명령 프롬프트 창을 열고 온라인 디스크 검사를 시작한다.

```
C:\>chkdsk d: /scan
The type of the file system is NTFS.
Volume label is DATA.

Stage 1: Examining basic file system structure ...
    4041984 file records processed.
File verification completed.
    3778 large file records processed.
    0 bad file records processed.

Stage 2: Examining file name linkage ...
Progress: 3454102 of 4056090 done; Stage: 85%; Total: 51%; ETA: 0:00:43 ..
```

동영상 스트림이 멈추지 않고 부드럽게 재생되는 것을 볼 수 있다. 온라인 디스크 검사가 볼륨 마운트 중에 복구할 수 없는 에러를 감지하면 $Repair 시스템 파일의 $Corrupt 스트림에 삽입된다. 에러를 복구하려면 볼륨을 마운트 해제해야 하지만 복구가 매우 빠르다. 이 경우 커맨드라인을 사용 해 재부팅하거나 수동으로 스팟 픽서를 실행할 수 있다.

```
C:\>chkdsk d:/spotfix
```

스팟 픽서를 실행하도록 선택하면 볼륨을 마운트 해제해야 하므로 동영상 스트림은 중단된다.

암호화 파일 시스템

윈도우에는 윈도우 비트락커 드라이브 암호화라는 전체 볼륨 암호화 기능이 있다. 비트락커는 볼륨을 암호화해 오프라인 공격으로부터 볼륨을 보호하지만 시스템이 부팅되고 나면 비트락커의 역할은 끝난 것이다. 암호화 파일 시스템^{EFS, Encrypting File System}은 시스템에서 인증된 다른 유저로부터 개별적인 파일과 디렉터리를 보호한다. 데이터를 어떻게 보호해야 할지 선택하는 데 있어 비트락커와 EFS는 둘 중 하나를 선택해야 하는 문제가 아니다. 각 기능은 서로 겹치지 않는 위협을 보호하는 기능을 제공하기 때문이다. 비트락커와 EFS가 함께 시스템의 데이터에 대해 '계층적 방어'를 제공하는 것이다.

EFS가 사용하는 패러다임은 대칭 암호화(파일을 암호화하고 복호화하는 데 단일 키를 사용)를 이용해 파일과 디렉터리를 암호화한다. 그러고 나서 대칭 암호화 키는 파일에 액세스할 수 있는 각 유저에 따라 비대칭 암호화(키 하나는 암호화하는 데 사용하는 공개 키라고 하고, 다른 키는 복호화하는 데 사용하는 개인 키라고 함)를 이용해 암호화된다. 이 암호화 방법에 대한 자세한 사항은 이 책의 범위를 벗어난다. 추가 사항은 웹 사이트(https://docs.microsoft.com/en-us/windows/desktop/SecCrypto/cryptography-essentials)를 참고한다.

EFS는 윈도우 차세대 암호화^{CNG, Cryptography Next Generation} API와 함께 동작하므로 CNG가 지원하거나 추가하는 알고리듬을 사용하도록 설정할 수 있다. 일반적으로 EFS는 대칭 암호화에는 256비트 키를 사용하는 고급 암호화 표준^{AES, Advanced Encryption Standard}을 사용하고 비대칭 암호화에는 2048비트 키를 사용하는 공개 키 알고리듬^{RSA}를 사용한다.

유저는 윈도우 탐색기에서 파일 속성 대화상자로 파일을 암호화할 수 있다. 그림 11-68에서와 같이 대화상자의 고급 버튼을 누르고 데이터 보호를 위해 내용을 암호화 옵션을 선택하면 된다(파일은 암호화되거나 압축될 수 있지만 둘 다 할 수는 없다). 또는 커맨드 라인 도구인 Cipher(%SystemRoot%\System32\Cipher.exe)나 윈도우 API인 EncryptFile과 AddUsersToEncryptedFile을 이용해 파일을 암호화할 수 있다.

암호화가 지정된 디렉터리들에 대해 윈도우는 자동으로 해당 디렉터리 내부의 모든 파일을 암호화한다. 단일 파일이 암호화될 때 EFS는 파일의 파일 암호화 키^{FEK, File Encryption Key}라고 불리는 임의의 수를 생성한다. EFS는 FEK를 이용해 대칭 암호화로 파일 내용을 암호화한다. 그러고 나서 EFS는 유저의 비대칭 공개 키를 이용해 FEK를 암호화하고 암호화된 FEK를 파일의 $EFS 대체 데이터 스트림에 저장한다. 공개 키의 소스는 지정된 X.509 인증서나 스마트카드를 사용하도록 관리상 지정할 수 있고 랜덤으로 생성하게 할 수 있다. 이후 유저의 인증서 저장소에 추가되므로 인증서 관리자(%SystemRoot%\System32\Certmgr.msc)를 사용해볼 수 있다. EFS가 이 단계들을 완료하고 나면 파일은 안전하다. 즉, 다른 유저들은 파일의 복호화된 FEK가 없이는 데이터를 복호화할 수 없으며 유저 개인 키가 없이는 FEK를 복호화할 수 없다.

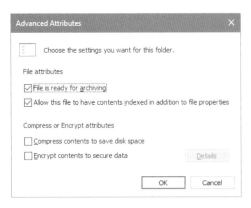

그림 11-68 고급 속성 대화상자를 사용한 파일 암호화

대칭형 암호화 알고리듬은 통상적으로 가장 빨라 파일 데이터 같이 대량의 데이터를 암호화하는 경우에 효과적이다. 그러나 약점도 있다. 키만 갖고 있다면 이들의 암호화를 우회할 수 있다. 다중 유저가 대칭 암호화에 의해 보호되는 단일 암호화된 파일을 공유하고자 하는 경우 각 유저는 해당 파일의 FEK에 액세스해야 할 것이다. FEK를 암호화하지 않으면 보안 문제가 발생한다. 그렇더라도 FEK를 암호화하면 모든 유저가 동일한 FEK 복호화 키를 공유해야 하며, 이는 또 다른 잠재적인 보안 문제가 발생할 수 있다.

FEK를 안전하게 유지하는 것은 가장 어려운 문제다. EFS는 암호화 구조에서 절반은 공개 키를 기반으로 한다. 파일에 액세스하는 개인 유저들을 위해 파일의 FEK를 암호화하면 다수의 유저가 단일 암호화된 파일을 공유하게 된다. EFS는 파일의 FEK를 각 유저의 공개 키를 이용해 암호화할 수 있고 각 유저의 암호화된 FEK

를 파일의 **$EFS** 데이터 스트림에 저장할 수 있다. 누구나 유저의 공개 키에는 액세스할 수 있지만 누구라도 이 공개 키로 암호화한 데이터를 복호화 하는 데 공개 키를 사용할 수 없다. 유저들이 파일을 복호화할 수 있는 유일한 방법은 그들의 개인 키를 사용하는 것이며, 운영체제가 이 키에 액세스한다. 유저의 개인 키는 암호화된 파일의 FEK에 대한 복사본을 복호화한다. 공개 키 기반의 알고리듬은 보통 느리지만 EFS는 FEK를 암호화할 때만 이 알고리듬을 사용한다. 키의 관리를 이와 같이 공개 키와 개인 키로 구분함으로써 키 관리가 대칭형 암호화 알고리듬에 비해 다소 쉬워져 FEK 보안에 대한 딜레마도 해결할 수 있게 됐다.

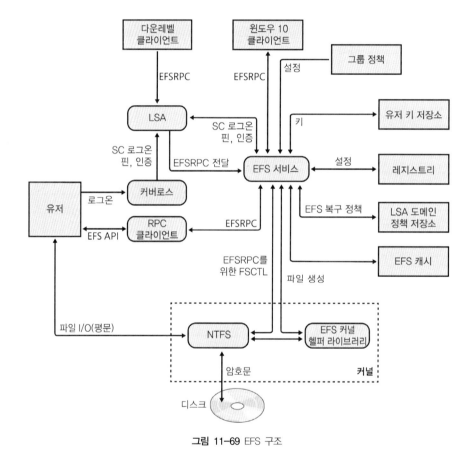

그림 11-69 EFS 구조

그림 11-69의 EFS 구조에서 보는 것처럼 EFS의 동작을 위해 몇 가지 구성 요소를 연동한다. EFS에 대한 지원은 NTFS 드라이버와 통합됐다. NTFS는 암호화된 파일을 접할 때마다 자신이 가진 EFS 함수를 실행한다. 이들 EFS 함수는 애플리케이션

이 암호화된 파일에 액세스할 때 파일을 암호화하거나 암호화된 파일을 복호화한다. EFS가 파일의 데이터와 함께 FEK를 저장하지만 유저의 공개 키가 FEK를 암호화하는 데 사용된다. 파일 데이터를 암호화하거나 복호화하려면 EFS는 유저 모드에 있는 CNG 키 관리 서비스의 도움을 받아 반드시 파일의 FEK를 복호화해야 한다.

로컬 보안 권한 서브시스템^{LSASS}(%SystemRoot%\System32\Lsass.exe)은 로그온 세션들을 관리하고 EFS 서비스(Efssvc.dll)도 관리한다. 예를 들면 유저가 원하는 파일 데이터를 복호화하려고 EFS가 FEK를 복호화해야 하는 경우 NTFS는 LSASS 안에 있는 EFS 서비스로 요청을 보낸다.

파일 최초 암호화

NTFS 드라이버는 암호화된 파일을 발견하면 자신의 EFS 헬퍼 함수를 호출한다. 파일이 암호화됐음을 나타내는 파일 속성들은 파일이 압축됐음을 기록하는 방법과 같은 방법으로 기록된다. NTFS는 암호화되지 않은 형태에서 암호화된 형태로 파일을 변환하는 특수한 인터페이스를 갖는데, 이런 과정을 주도적으로 진행하는 것은 유저 모드 구성 요소들이다. 앞에서 설명한 것처럼 윈도우에서는 2가지 방법의 압축이 가능하다. Cipher 커맨드라인 도구를 이용하거나 탐색기에서 파일에 대한 고급 속성 대화상자를 열고 데이터 보호를 위해 내용을 암호화 옵션을 선택하는 방법이 있다. 이 2가지 방법 모두 EncryptFile이라는 윈도우 API에 의존하는데, Advapi32.dll(Advanced Windows API DLL)이 제공하는 함수다.

EFS는 암호화된 파일에 단일 블록에 해당하는 정보를 저장하는데, 이 블록은 해당 파일을 공유하는 각 유저를 위한 엔트리를 가진다. 이들은 키 엔트리라고 불리며 EFS는 파일에 있는 EFS 데이터의 DDF, 데이터 복호화 필드에 이들을 저장한다. 여러 개의 키 엔트리로 구성되는 모음을 키 링^{key ring}이라고 부르는데, 이는 앞에서 언급했다시피 EFS가 암호화 파일을 여러 유저가 공유할 수 있게 하기 때문이다.

그림 11-70은 파일의 EFS 정보와 키 엔트리 형식을 보여준다. EFS는 유저의 공개 키를 상세히 설명할 수 있게 키 엔트리의 시작 부분에 충분한 정보를 저장한다.

이 데이터는 유저의 보안 ID SID(SID가 있는지 여부는 보장되지 않는다는 점을 알아 두자), 키가 보관되는 컨테이너 이름, 암호화 공급자 이름, 비대칭 키 쌍 인증 해시를 가지는데, 비대칭 키 쌍 인증 해시만이 복호화 과정에서 사용된다. 키 엔트리의 두 번째 부분은 암호화된 버전의 FEK를 가진다. EFS는 CNG를 사용해 선택된 비대칭 암호화 알고리듬과 유저의 공개 키로 FEK를 암호화한다.

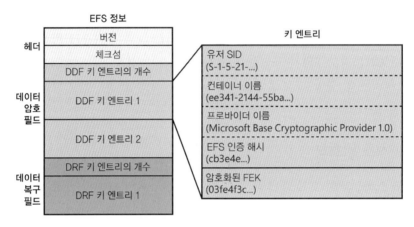

그림 11-70 EFS 정보의 형태와 중요 엔트리

EFS는 복구 키 엔트리에 관한 정보를 파일의 데이터 복구 필드^{DRF, Data Recovery Field}에 저장한다. DRF 엔트리의 형식은 DDF 엔트리의 형식과 동일하다. DRF의 용도는 관리자 권한이 유저 데이터에 접근해야 하는 경우 특정 계정이나 복구 에이전트로 하여금 유저 파일을 복호화하게 한다. 예를 들어 회사 직원이 로그온 패스워드를 잊어버렸다고 가정해보자. 관리자는 유저 패스워드를 재설정할 수 있지만 복구 에이전트의 도움 없이 누구도 해당 유저의 암호화 데이터를 복구할 수 없다.

복구 에이전트는 로컬 컴퓨터나 도메인의 암호화 데이터 복구 에이전트 보안 정책에 따라 정의된다. 이 정책은 그림 11-71에서와 같이 로컬 보안 정책 MMC 스냅인에서 사용할 수 있다. 복구 에이전트 추가 마법사를 사용할 때(암호화 파일 시스템에서 오른쪽 버튼을 클릭하고 데이터 복구 에이전트 추가를 클릭한다) 복구 에이전트를 추가하고 FES 복구를 위해 복구 에이전트가 사용할 개인/공개 키 쌍(인증서에 의해 지정된다)을 명시할 수 있다. Lsasrv(Vol.1의 7장에서 다루는 로컬 보안 인증 서비스)는 초기화 동안이나 정책이 변경됐음을 통보받는 경우 복구 정책을 해석하는 작업을 수행한다. EFS는 EFS 복구를 위해 등록된 암호화 공급자를 이용해 각 복구 에이전트에 대한 DRF 키 엔트리를 생성한다.

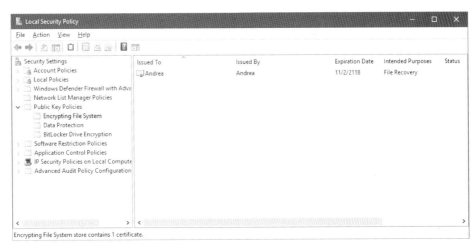

그림 11-71 암호화된 데이터 복구 에이전트 그룹 정책

유저는 **cipher /r** 명령을 사용해 데이터 복구 에이전트[DRA, Data Recovery Agent] 인증서를
만들 수 있다. 만든 개인 인증서 파일은 복구 에이전트 마법사와 도메인 컨트롤러
또는 관리자가 암호화된 파일을 해독할 수 있는 시스템의 인증서 스냅인으로 가
져올 수 있다. 파일에 대한 EFS 정보 생성의 마지막 과정에서 **Lsasrv**는 Base
Cryptographic Provider 1.0에서 제공하는 MD5 해시 기능을 사용해 DDF와 DRF에
대한 체크섬을 계산한다. **Lsasrv**는 계산된 체크섬 결과를 EFS 정보 헤더에 저장한
다. EFS는 복호화 작업 동안 파일의 EFS 정보에 손상이나 변경이 없음을 확인하고
자 체크섬을 참조한다.

파일 데이터의 암호화

유저가 파일을 암호화할 때는 다음과 같은 과정이 발생한다.

1. EFS 서비스는 배타적 액세스로 파일을 연다.
2. 파일 안의 모든 데이터 스트림은 시스템의 임시 디렉터리에 평문 임시 파
   일로 복사된다.
3. FEK가 랜덤으로 생성되고 파일은 AES-256으로 암호화 방식을 사용한다.
4. 유저의 공개 키로 암호화된 FEK를 담기 위한 DDF가 생성된다. EFS는 자

동으로 유저의 X.509 버전 3 파일 암호화 인증서로부터 유저의 공개 키를 얻는다.

5. 그룹 정책을 통해 복구 에이전트가 지정됐다면 RSA와 복구 에이전트의 공개 키로 암호화된 FEK를 담기 위한 DRF가 생성된다.

6. EFS는 자동으로 EFS 복구 정책에 저장된 복구 에이전트의 X.509 버전 3 인증서로부터 파일 복구를 위한 복구 에이전트의 공개 키를 얻는다. 복구 에이전트가 여러 개 있다면 FEK는 각 에이전트의 공개 키로 암호화되고 암호화된 FEK를 저장할 DRF가 생성된다.

> 인증서의 파일 복구 속성은 고급 키 사용(EKU) 필드의 예다. EKU 확장과 확장된 속성은 인증서 사용을 특정하거나 제한할 수 있다. 파일 복구는 마이크로소프트 공개 키 기반 구조(PKI)의 일부로 마이크로소프트가 정의한 EKU 필드 중 하나다.

7. EFS는 DDF와 DRF에 따라 파일에 암호화된 데이터를 기록한다. 대칭 암호화는 추가적인 데이터를 더하지 않기 때문에 암호화 후에 파일 크기 증가는 거의 없다. FEK를 구성하는 메타데이터는 1KB 미만이다. 파일의 바이트 크기는 암호화 전이나 후나 보통 같게 나타날 것이다.

8. 평문 임시 파일은 삭제된다.

유저가 암호화로 설정된 폴더에 파일을 저장하는 경우는 임시 파일이 생성되지 않는다는 점을 제외하면 비슷한 과정이 진행된다.

복호화 프로세스

애플리케이션이 암호화된 파일에 액세스하면 다음과 같은 복호화 과정이 진행된다.

1. NTFS는 파일이 암호화됐음을 인지하고 EFS 드라이버로 요청을 보낸다.

2. EFS 드라이버는 DDF를 구해 EFS 서비스로 넘긴다.

3. EFS 서비스는 유저의 프로파일에서 유저의 개인 키를 구해 DDF를 복호화하고 FEK를 구한다.

4. EFS 서비스는 FEK를 EFS 드라이버로 보내준다.

5. EFS 드라이버는 FEK로 애플리케이션이 필요로 하는 파일의 섹션을 복호화한다.

> 애플리케이션이 파일을 열 때는 EFS가 암호화 블록 체인을 사용하기 때문에 애플리케이션이 사용하는 파일의 섹션만 복호화된다. 이 동작은 유저가 파일에서 암호화 속성을 제거하는 경우와 다르다. 이 경우엔 파일 전체가 복호화되고 평문으로 다시 기록된다.

6. EFS 드라이버는 복호화된 데이터를 NTFS로 반환한다. 그러면 NTFS는 요청한 애플리케이션으로 데이터를 보내준다.

암호화된 파일 백업

암호화 기능의 설계에서 중요한 한 가지는, 암호화 기능을 통하지 않고는 파일 데이터를 복호화된 형태로 절대 사용할 수 없다는 점이다. 특히 이와 같은 제한은 기록 미디어에 파일들을 저장하는 백업 유틸리티에 큰 영향을 준다. EFS는 이 문제를 백업 유틸리티를 위한 기능을 제공함으로써 해결하려 하는데, 이렇게 함으로써 유틸리티는 암호화된 상태로 파일을 백업하거나 복원할 수 있다. 따라서 백업 유틸리티는 파일 데이터를 복호화할 필요가 없으며 백업 과정에서도 암호화 기능은 필요가 없다.

백업 유틸리티는 윈도우에서 EFS API 함수인 OpenEncryptedFileRaw, ReadEncryptedFileRaw, WriteEncryptedFileRaw, CloseEncryptedFileRaw를 사용해 암호화된 파일 내용에 액세스한다. 백업 작업 중에 백업 유틸리티가 파일을 열고 난 후에는 ReadEncryptedFileRaw를 호출해 파일 데이터를 얻는다. 모든 EFS 백업 유틸리티 API는 NTFS 파일 시스템에 FSCTL을 수행해 동작한다. 예를 들어 ReadEncryptedFileRaw API는 먼저 NTFS 드라이버에 FSCTL_ENCRYPTION_FSCTL_IO 제어 코드를 실행해 $EFS 스트림을 읽은 다음 파일의 모든 스트림($DATA 스트림과 선택적 대체 데이터 스트림 포함)을 읽는다. 스트림이 암호화된 경우 ReadEncryptedFileRaw API는 FSCTL_READ_RAW_ENCRYPTED 제어 코드를 사용해 파일 시스템 드라이버에 암호화된 스트림 데이터를 요청한다.

실습: EFS 정보 보기

EFS는 애플리케이션이 암호화 파일을 작업하는 데 사용할 수 있는 다수의 API를 갖고 있다. 예를 들어 애플리케이션은 AddUsersToEncryptedFile 함수를 이용해 추가 유저들이 암호화 파일에 대한 액세스를 가능하게 할 수 있고, RemoveUsersFromEncryptedFile 함수를 이용하면 그와 반대의 작업이 가능하다. 애플리케이션은 QueryUsersOnEncryptedFile 함수를 사용해 파일과 관련된 DDF와 DRF 키 필드에 관한 정보를 얻는다. QueryUsers OnEncryptedFile은 SID, 인증 해시를 반환하고 각 DDF와 DRF 키 필드가 가진 정보를 보여준다. 다음 출력 결과는 시스인터널스 EFSDump 도구로 얻은 것이며 커맨드라인 인자로 암호화된 파일이 지정됐다.

```
C:\Andrea>efsdump Test.txt
EFS Information Dumper v1.02
Copyright (C) 1999 Mark Russinovich
Systems Internals - http://www.sysinternals.com

C:\Andrea\Test.txt:
DDF Entries:
    WIN-46E4EFTBP6Q\Andrea:
        Andrea(Andrea@WIN-46E4EFTBP6Q)
    Unknown user:
        Tony(Tony@WIN-46E4EFTBP6Q)
DRF Entry:
    Unknown user:
        EFS Data Recovery
```

Test.txt 파일에는 Andrea와 Tony 유저에 2개의 DDF 엔트리가 있고 시스템에 현재 등록된 유일한 복구 에이전트인 EFS 데이터 복구 에이전트에 대해 단일 DRF 엔트리가 있음을 알 수 있다. 암호화 도구를 사용해 파일의 DDF 엔트리에서 유저를 추가하거나 삭제할 수 있다.

예를 들어 다음과 같다.

```
crypto /adduser/user:Tony Test.txt
```

유저 Tony가 암호화된 파일 Test.txt에 액세스할 수 있게 한다(파일 DDF에 엔트리 추가).

암호화된 파일 복사

암호화된 파일이 복사될 때 시스템은 파일을 복호화하고 목적지에서 다시 암호화하지는 않는다. 암호화된 데이터와 EFS 대체 데이터 스트림을 지정된 목적지에 복사할 뿐이다. 하지만 목적지가 대체 데이터 스트림을 지원하지 않는 경우(예를 들어 NTFS 볼륨이 아니거나 FAT 볼륨과 같은) 또는 네트워크 공유(네트워크 공유가 NTFS 볼륨인 경우에도)인 경우 복사가 정상적으로 진행될 수 없다. 대체 데이터 스트림이 손실돼 복사가 정상적으로 진행되지 않는다. 탐색기에서 복사를 했다면 유저에게 목적지 볼륨이 암호화를 지원하지 않는다는 것을 알려주는 대화상자가 나타나고 암호화되지 않은 채로 복사할지 묻는다. 유저가 승인하면 파일이 복호화되고 지정된 목적지로 복사된다. 명령 창에서 복사를 했다면 복사 명령은 실패하고 "지정된 파일을 암호화할 수 없습니다"라는 메시지가 표시된다.

비트락커 암호화 부하 분산

NTFS 파일 시스템 드라이버는 암호화 파일 시스템[EFS]에서 제공하는 서비스를 사용해 파일을 암호화/복호화한다. 이러한 커널 모드 서비스는 유저 모드 암호화 파일 서비스(Efssvc.dll)와 통신하며 콜백을 통해 NTFS에서 제공된다. 유저 또는 애플리케이션이 처음으로 파일을 암호화할 때 EFS 서비스는 FSCTL_SET_ENCRYPTION 제어 코드를 NTFS 드라이버로 보낸다. NTFS 파일 시스템 드라이버는 'write' EFS 콜백을 사용해 원본 파일에 있는 데이터의 메모리 내 암호화를 진행한다. 실제 암호화 프로세스는 일반적으로 2MB의 블록으로 처리되는 파일의 내용을 512바이트의 작은 청크로 분할해 진행한다. EFS 라이브러리는 BCryptEncrypt API를 사용해 청크를 암호화한다. 앞에서 언급했듯이 암호화 엔진은 커널 CNG 드라이버(Cng.sys)에서 제공한다. 이 드라이버는 EFS에서 사용되는 AES 또는 3DES 알고리듬(및 기타 다수)을 제공한다. EFS는 512바이트 청크(표준 하드디스크 섹터의 최소 물리적 크기)를 암호화하기 때문에 매 라운드당 IV(초기화 벡터initialization vector, 솔트 값salt value이라고도 하며 무작위화를 제공하는 데 사용되는 128비트의 번호)를 현재 블록의 바이트 오프셋을 사용해 업데이트한다.

윈도우 10에서는 비트락커 암호화 부하 분산 덕분에 암호화 성능이 향상됐다. 비트락커를 사용하게 설정한 경우 스토리지 스택에는 전체 볼륨 암호화 드라이버

(Fvevol.sys)로 만든 장치가 이미 포함돼 있다. 이 드라이버는 볼륨이 암호화된 경우 물리적 디스크 섹터에서 실시간 암호화/복호화를 수행한다. 그렇지 않으면 I/O 요청을 우회하면 된다.

NTFS 드라이버는 IRP 익스텐션을 사용해 파일 암호화를 지연시킬 수 있다. IRP 익스텐션은 I/O 관리자에 의해 제공되며(I/O 관리자에 대한 세부 내용은 Vol.1의 6장 참고) 여러 유형의 추가 정보를 IRP에 저장하는 방법이다. 파일을 만들 때 EFS 드라이버는 장치 스택을 탐색해 비트락커 제어 장치 객체^{CDO, Control Device Object}가 있는지 확인하고(있는 경우 IOCTL_FVE_GET_CDOPATH 제어 코드 사용) SCB에 플래그를 설정한다. 스트림은 암호화 부하 분산을 제공한다.

암호화된 파일을 읽거나 쓸 때마다 또는 파일이 처음으로 암호화될 때마다 NTFS 드라이버는 이전에 설정된 플래그를 기반으로 각 파일 블록을 암호화/복호화해야 하는지 여부를 확인한다. 암호화 부하 분산이 활성화된 경우 NTFS는 EFS에 대한 호출을 하지 않는다. 대신 물리적 I/O를 수행하고자 관련 볼륨 장치로 전송되는 IRP 익스텐션을 IRP에 추가한다. IRP 익스텐션에서 NTFS 파일 시스템 드라이버는 스토리지 드라이버가 읽거나 쓰는 파일 블록의 시작 가상 바이트 오프셋, 크기 및 연관 플래그를 저장한다. NTFS 드라이버는 **IoCallDriver** API를 사용해 I/O를 관련 볼륨 장치로 내보낸다.

볼륨 관리자는 IRP를 구문 분석하고 이를 올바른 스토리지 드라이버로 보낸다. 비트락커 드라이버는 IRP 익스텐션을 인식하고 물리적 섹터에서 동작하는 자체 루틴을 사용해 NTFS가 장치 스택에 전송한 데이터를 암호화한다(볼륨 필터 드라이버인 비트락커는 파일 및 디렉터리 개념을 지원하지 않는다). 논리 디스크 관리자 드라이버(동적 디스크 지원을 제공하는 VolmgrX.sys)와 같은 일부 스토리지 드라이버는 볼륨 디바이스 객체에 연결하는 필터 드라이버다. 이러한 드라이버는 볼륨 관리자 아래에 위치하지만 비트락커 드라이버 위에 있으며 데이터 이중화, 스트라이핑^{striping} 또는 스토리지 가상화를 제공할 수 있다. 이러한 특성은 일반적으로 원래 IRP를 여러 보조 IRP로 분할하고 다른 물리 디스크 장치로 전송해 지원된다. 이 경우 보조 I/O는 비트락커 드라이버에 의해 인터셉트될 때 파일 데이터를 손상시키는 다른 솔트 값을 사용해 암호화된 데이터가 된다.

IRP 익스텐션은 원래 IRP가 분할될 때마다 IRP 익스텐션에 저장된 파일 가상 바이트 오프셋을 자동으로 변경하는 IRP 전파 기능을 제공한다. 일반적으로 EFS 드라이버는 512바이트 경계에 파일 블록을 암호화하고 IRP는 섹터 크기 미만으로 분할할 수 없다. 따라서 비트락커는 데이터를 정상 암호화하고 복호화할 수 있으므로 손상이 발생되지 않는다.

비트락커 드라이버의 많은 루틴은 메모리 에러를 허용하지 않는다. 하지만 IRP가 분할되면 IRP 익스텐션이 넌페이지 풀을 동적으로 할당하므로 할당이 실패할 수 있다. I/O 관리자는 **IoAllocateIrpEx** 루틴을 사용해 이 문제를 해결한다. 이 루틴은 커널 드라이버가 IRP를 할당하는 데 사용할 수 있다(레거시 IoAllocateIrp). 그러나 새 루틴은 추가 스택 위치를 할당하고 그 안에 IRP 익스텐션을 저장한다. 새로운 API에 의해 할당한 IRP에서 IRP 익스텐션을 요청하는 드라이버는 넌페이지 풀의 새 메모리를 할당할 필요가 없다.

> 스토리지 드라이버는 여러 개의 I/O를 여러 물리 장치로 전송해야 하는지 여부에 관계없이 여러 사유로 IRP를 분할할 수 있다. 예를 들어 볼륨 섀도우 복사본 드라이버(Volsnap.sys)는 라이브 볼륨과 섀도우 복사본이 차등 파일(시스템 볼륨 정보 숨김 디렉터리에 있음)에 있는 경우 카피 온 라이트 볼륨 섀도우 복사본에서 파일을 읽어야 하는 동안 I/O를 분할한다.

온라인 암호화 지원

파일 스트림이 암호화 또는 복호화되면 NTFS 파일 시스템 드라이버에 의해 배타적으로 잠긴다. 이는 암호화 또는 복호화 프로세스 전반에 걸쳐 애플리케이션이 파일에 액세스할 수 없음을 의미한다. 대용량 파일의 경우 이 제한으로 인해 파일 가용성이 몇 초, 경우에 따라 몇 분 동안 중단될 수 있다. 이는 대규모 파일 서버 환경에서는 허용되지 않는다.

이를 해결하고자 최근 버전의 윈도우 10에서는 온라인 암호화 지원이 도입됐다. 적절한 동기화를 통해 NTFS 드라이버는 독점적인 파일 액세스를 유지하지 않고 파일을 암호화하고 복호화할 수 있다. EFS는 대상 암호화 스트림이 데이터 스트림(지정되거나 이름 없음)이고 비상주인 경우에만 온라인 암호화를 활성화한다(그렇지 않으면 표준

암호화 프로세스가 실행된다)
. 두 조건이 모두 충족되면 EFS 서비스는 FSCTL_SET_ENCRYPTION 제어 코드를 NTFS 드라이버로 전송해 온라인 암호화를 활성화하는 플래그를 설정한다.

$EfsBackup 속성($LOGGED_UTILITY_STREAM 타입)과 파일 시스템 드라이버가 (배타 모드 또는 공유 모드에서) 일부만 잠글 수 있는 새로운 기능인 범위 잠금^{range locks}을 도입하면 온라인 암호화가 가능하다. 온라인 암호화가 활성화된 경우 NtfsEncryptDecryptOnline 내부 함수는 $EfsBackup 속성(및 해당 SCB)을 만들고 파일의 처음 2MB 범위에서 공유 잠금을 획득해 암호화 및 암호 복호화 프로세스를 시작한다. 공유 잠금은 여러 리더가 파일 범위에서 계속 읽을 수 있음을 의미하지만 다른 유저는 새 데이터를 쓰기 전에 암호화 또는 복호화 작업이 끝날 때까지 기다려야 한다.

NTFS 드라이버는 넌페이지 풀을 2MB의 버퍼를 할당하고 볼륨에서 여러 클러스터를 예약한다. 이러한 클러스터는 2MB의 여유 공간을 나타내는 데 필요하다(클러스터의 총수는 볼륨 클러스터의 크기에 따라 다르다). 온라인 암호화 기능은 물리 디스크에서 원본 데이터를 읽고 할당된 버퍼에 저장한다. 비트락커 암호화 부하 분산이 활성화되지 않은 경우(이전 절에서 설명) 버퍼는 EFS 서비스를 사용해 암호화된다. 그렇지 않으면 비트락커 드라이버는 버퍼가 이전에 예약된 클러스터에 기록될 때 데이터를 암호화한다.

이 단계에서 NTFS는 전체 파일을 잠시 잠근다. 암호화되지 않은 데이터가 포함된 클러스터를 원본 스트림의 익스텐트 테이블에서 제거하고 $EfsBackup의 비상주 속성에 할당하고 삭제된 데이터를 교체하는 데 필요한 시간이다. 새로 암호화된 데이터가 포함된 새 클러스터가 포함된 원본 스트림의 익스텐트 테이블 범위다. 배타적 잠금을 해제하기 전에 NTFS 드라이버는 새로운 하이 워터마크 값을 계산해 원래 파일의 메모리 내 SCB와 $EFS 대체 데이터 스트림의 EFS 페이로드에 모두 저장한다. 그런 다음 NTFS는 배타적 잠금을 해제한다. 원래 데이터가 포함된 클러스터는 먼저 0이 된다. 그런 다음 처리할 블록이 없어지면 최종 해제된다. 그렇지 않으면 온라인 암호화 사이클이 다음 2MB 청크에서 다시 실행된다.

하이 워터마크^{high watermark} 값은 암호화된 데이터와 암호화되지 않은 데이터의 경계를 나타내는 파일 오프셋을 저장한다. 워터마크 이외의 동시 쓰기는 원래 형태로 발생할 수 있으며 워터마크가 성공하기 전에 다른 동시 쓰기는 암호화돼야 한다. 현재 잠긴 범위에 쓰는 것은 허용되지 않는다. 그림 11-72는 16MB 파일의 진행 중인 온라인 암호화의 예를 보여준다. 처음 두 블록(크기 2MB)은 이미 암호화돼 있다. 하이 워터마크 값은 4MB로 설정돼 있고 암호화된 데이터와 암호화되지 않은 데이터로 파일을 나눈다. 범위 잠금은 하이 워터마크를 따르는 2MB 블록에 설정된다. 애플리케이션은 여전히 해당 블록에서 읽을 수 있지만 새 데이터를 쓸 수 없다(후자의 경우 대기해야 함). 블록의 데이터는 암호화돼 예약된 클러스터에 저장된다. 배타적인 파일 소유권을 얻으면 원래 블록의 클러스터가 $EfsBackup 스트림에 다시 매핑되고(원본 파일의 익스텐트 테이블 엔트리를 삭제하거나 분할하고 $EfsBackup 속성에 새 엔트리를 삽입함) 새 클러스터가 대신 삽입된다. 하이 워터마크의 값이 증가하고 파일 잠금이 해제되며 온라인 암호화 프로세스가 6MB 오프셋에서 시작하는 다음 단계로 진행된다. $EfsBackup 스트림에 있는 이전 클러스터는 동시에 제로화돼 새 단계에서 재사용할 수 있다.

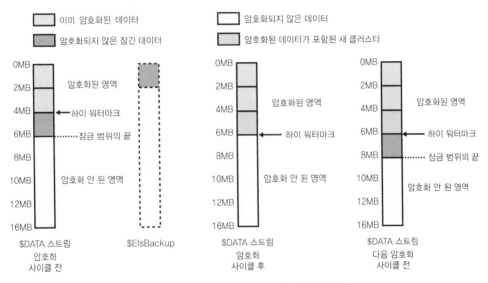

그림 11-72 16MB 파일의 진행 중인 온라인 암호화 예

새로운 지원을 통해 NTFS는 임시 파일을 제거해 암호화 또는 암호 해독을 수행할 수 있다(세부 내용은 이전의 '파일 데이터 암호화' 절 참고). 주목해야 할 점은 다른 애플리케이션이 대상 파일 스트림을 지속해서 사용하고 있고 수정해도 NTFS가 파일 암호화 및

복호화를 처리할 수 있다는 점이다(배타적 잠금 보류에 소요되는 시간이 짧아 파일을 사용하려는 애플리케이션이 이를 감지할 수 없다).

직접 액세스(DAX) 디스크

영구 메모리는 솔리드 스테이트 디스크 기술 발전으로 RAM과 같은 성능 특성(낮은 지연 시간 및 높은 대역폭)을 가지며 메모리 버스(DDR)에 상주해 표준 디스크 디바이스처럼 사용할 수 있는 새로운 종류의 비휘발성 스토리지 매체다.

직접 액세스 디스크(DAX)는 윈도우 운영체제에서 이러한 영구 메모리 기술을 가리키는 데 사용되는 용어다(또 다른 일반적인 용어는 SCM으로 약칭되는 스토리지 클래스 메모리다). 그림 11-73에 표시된 비휘발성 듀얼 인라인 메모리 모듈(NVDIMM)은 이 새로운 유형의 스토리지 예다. NVDIMM은 전원이 꺼져도 내용을 유지하는 메모리 타입이다. 듀얼 인라인은 메모리가 DIMM 패키지를 사용하고 있음을 보여준다. 글쓰기 시점에서 NVDIMM에는 3가지 타입이 있다. NVIDIMM-F에는 플래시 스토리지만 포함돼 있다. 가장 널리 사용되는 NVDIMM-N은 플래시 스토리지와 기존 DRAM 칩을 동일한 모듈로 결합해 제조된다. 또한 NVDIMM-P에는 영구 DRAM 칩이 탑재돼 있어 정전 시 데이터가 손실되지 않는다.

빠른 성능의 핵심인 DAX의 주요 특징 중 하나는 영구 메모리에 대한 제로카피 zerocopy 액세스를 지원하는 것이다. 즉, 파일 시스템 드라이버 및 메모리 관리자와 같은 여러 구성 요소를 업데이트해 운영 중단 기술인 DAX를 지원한다.

윈도우 서버 2016은 DAX를 지원하는 최초의 윈도우 운영체제다. 새로운 스토리지 모델은 대부분의 기존 애플리케이션과의 호환성을 제공하며 변경 없이 DAX 디스크에서 실행할 수 있다. 성능을 빠르게 하려면 DAX 볼륨의 파일 및 디렉터리를 메모리 매핑 API를 사용해 메모리에 매핑해야 하며 볼륨을 특수 DAX 모드로 포맷해야 한다. 이 문서를 쓰는 시점에서 NTFS만 DAX 볼륨을 지원한다.

다음 절에서는 직접 액세스 디스크가 동작하는 방법을 설명하고 새로운 드라이버 모델 아키텍처 및 DAX 볼륨 지원을 담당하는 주요 구성 요소(NTFS 드라이버, 메모리 관리자, 캐시 관리자, I/O 관리자)의 아키텍처와 수정 사항을 자세히 설명한다. 또한 DAX를 최대한 사용하려면 받은 편지함과 타사 파일 시스템 필터 드라이버(미니필터 포함)도 개별적으로 업데이트해야 한다.

그림 11-73 DRAM과 플래시 칩이 장착된 NVDIMM. DRAM 칩의 데이터를 유지하려면 연결된 배터리 또는 온보드 슈퍼커 패시터(supercapacitors)가 필요하다.

DAX 드라이버 모델

DAX 볼륨을 지원하고자 윈도우는 완전히 새로운 스토리지 드라이버 모델을 사용해야 했다. SCM 버스 드라이버(Scmbus.sys)는 시스템의 물리적 및 논리 영구 메모리(PM, Persistent Memory) 디바이스를 열거하는 새로운 버스 드라이버며 메모리 버스에 연결된다 (열거는 NFIT ACPI 테이블에서 실행된다). I/O 경로의 일부로 간주되지 않는 버스 드라이버는 하드웨어 데이터베이스 레지스트리 키(HKLM\SYSTEM\CurrentControlSet\Enum\ACPI)를 통해 HAL(하드웨어 추상화 계층)에 의해 제공되는 ACPI 열거자에 의해 관리되는 프라이머리 버스 드라이버다. 플러그앤플레이 디바이스 열거에 대한 자세한 내용은 Vol.1의 6장을 참고한다.

그림 11-74는 SCM 스토리지 드라이버 모델의 아키텍처를 보여준다. SCM 버스 드라이버는 2가지 타입의 디바이스 객체를 만든다.

- 물리 디바이스 객체(PDO)는 물리 PM 디바이스를 보여준다. NVDIMM 디바이스는 일반적으로 하나 이상의 인터리브(interleave)된 NVDIMM-N 모듈로 구성된다. 전자의 경우 SCM 버스 드라이버는 NVDIMM 디바이스를 나타내는 단일 물리적 디바이스 객체만 생성한다. 후자의 경우 각 NVDIMM-N 모듈을 나타내는 2개의 서로 다른 디바이스가 생성된다. 모든 물리적 디바이스는 미니포트 드라이버인 Nvdimm.sys에 의해 관리된다. 이 드라이버는 물

리적 NVDIMM을 제어하고 그 상태를 모니터링한다.

- 기능 디바이스 객체[FDO]는 영구 메모리 드라이버인 Pmem.sys에서 관리하는 단일 DAX 디스크를 보여준다. 드라이버는 바이트 주소가 가능한 인터리브 세트를 제어하고 DAX 볼륨으로 향하는 모든 I/O를 담당한다. 영구 메모리 드라이버는 각 DAX 디스크의 클래스 드라이버다(이는 기존 스토리지 스택의 Disk.sys가 교체된다).

SCM 버스 드라이버와 NVDIMM 미니포트 드라이버 모두 PM 클래스 드라이버와의 통신을 위한 몇 개의 인터페이스를 제공한다. 이러한 인터페이스는 `IRP_MN_QUERY_INTERFACE`를 사용해 요청하고 `IRP_MJ_PNP` 메이저 함수를 통해 제공된다. 요청을 받는 호출자가 {8de064ff-b630-42e4-ea88-6f24c8641175} 인터페이스 GUID를 지정하기 때문에 SCM 버스 드라이버는 통신 인터페이스를 제공하는 것을 확인한다. 마찬가지로 영구 메모리 드라이버에는 {0079c21b-917e-405e-cea9-0732b5bbcebd} GUID를 통해 NVDIMM 장치에 대한 통신 인터페이스가 필요하다.

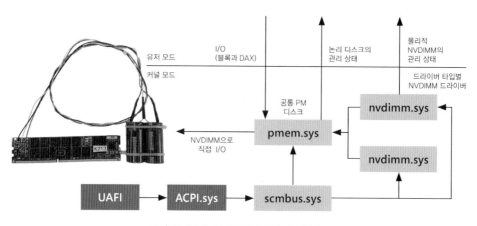

그림 11-74 SCM 스토리지 드라이버 모델.

새로운 스토리지 드라이버 모델은 명확한 책임 분리가 돼 있다. PM 클래스 드라이버는 논리 디스크 기능(열기, 닫기, 읽기, 쓰기, 메모리 매핑 등)을 관리하는 반면 NVDIMM 드라이버는 물리 장치와 그 상태를 관리한다. 앞으로는 Nvdimm.sys 드라이버를 업데이트만 하면 새로운 타입의 NVDIMM에 대한 지원을 쉽게 추가할 수 있다(Pmem.sys를 변경할 필요가 없다).

DAX 볼륨

DAX 스토리지 드라이버 모델은 새로운 타입의 볼륨, DAX 볼륨을 사용한다. 유저가 먼저 포맷 도구를 사용해 파티션을 포맷할 때 커맨드라인에 /DAX 인수를 사용할 수 있다. 일반 매체가 DAX 디스크고 NTFS 파일 시스템에 필요한 일반 디스크 데이터 구조를 만들기 전에 GPT_BASIC_DATA_ATTRIBUTE_DAX 플래그를 대상 볼륨 GPT 파티션 엔트리(비트 번호 58에 해당)에 쓴다. GUID 파티션 테이블은 위키피디아 (https://en.wikipedia.org/wiki/GUID_Partition_Table)에서 참고할 수 있다.

다음으로 NTFS 드라이버가 볼륨을 마운트하면 플래그를 확인하고 STORAGE_QUERY_ PROPERTY 제어 코드를 기반으로 스토리지 드라이버로 전달한다. IOCTL은 SCM 버스 드라이버에 의해 인식되며 SCM 버스 드라이버는 일반 디스크가 DAX 디스크임을 지정하는 다른 플래그로 파일 시스템 드라이버에 응답된다. SCM 버스 드라이버만 플래그를 설정할 수 있다. 두 조건이 확인되고 HKLM\System\Current ControlSet\Control\FileSystem\NtfsEnableDirectAccess 레지스트리 값이 DAX 지원을 비활성화하지 않는 한 NTFS는 DAX 볼륨 지원을 활성화한다.

DAX 볼륨은 주로 영구 메모리에 대한 제로 복사 액세스를 지원한다는 점에서 표준 볼륨과 다르다. 메모리 매핑 파일은 애플리케이션에 기반을 둔 하드웨어 디스크 섹터에 대한 직접 액세스를 제공한다(매핑된 뷰를 통해). 즉, 중간 구성 요소가 I/O를 인터셉트하지 않는다. 이 특성은 탁월한 성능을 제공하지만 앞에서 설명한 것처럼 미니필터를 포함한 파일 시스템 필터 드라이버에 영향을 줄 수 있다.

애플리케이션이 DAX 볼륨에 있는 파일을 기반으로 메모리 매핑 섹션을 만들면 메모리 관리자는 파일 시스템에 섹션을 DAX 모드로 생성할지 묻는다. 이는 볼륨이 DAX 모드로 포맷된 경우에만 해당된다. 나중에 파일이 MapViewOfFile API를 통해 매핑되면 메모리 관리자는 파일 시스템에 파일의 특정 범위에 해당하는 실제 메모리 범위를 요청한다. 파일 시스템 드라이버는 요청된 파일 범위를 하나 이상의 볼륨 상대 익스텐트(섹터 오프셋 및 길이)로 변경하고 PM 디스크 클래스 드라이버에 볼륨 익스텐트를 실제 메모리 범위로 변경되도록 요청한다. 메모리 관리자는 물리적 메모리 범위를 수신한 후 섹션의 대상 프로세스 페이지 테이블을 업데이트해 영구 스토리지에 직접 매핑한다. 이는 스토리지에 대한 진정한 제로카피 액세스다. 애플리케이션은 영구 메모리에 직접 액세스할 수 있다. 페이징 읽기 또는 페이징 쓰기는 생성되지 않는다. 이것이 중요하다. 캐시 관리자는 이 경우 관여하지 않는다. 이 장의 뒷부분에서 이것의 의미를 알아보자.

애플리케이션은 GetVolumeInformation API를 사용해 DAX 볼륨을 확인할 수 있다. 리턴된 플래그에 FILE_DAX_VOLUME이 포함된 경우 볼륨은 DAX 호환 파일 시스템으로 포맷된다(이 글을 쓸 때 NTFS만 해당). 마찬가지로 애플리케이션은 GetVolumeInformationByHandle API를 사용해 파일이 DAX 디스크에 있는지 여부를 확인할 수 있다.

DAX 볼륨 캐시와 넌캐시 I/O

DAX 볼륨의 메모리 매핑 I/O는 일반 스토리지에 대한 제로 복사 액세스를 제공하지만 DAX 볼륨은 표준 수단(기존 ReadFile, WriteFile API를 통해)을 통해 I/O를 지원한다. 이 장의 시작 부분에서 설명한 것처럼 윈도우는 2가지의 일반적인 I/O를 지원하는데, 캐시와 넌캐시다. DAX 볼륨에 수행하는 경우 두 타입 모두 큰 차이가 있다.

캐시된 I/O는 파일의 공유 캐시 맵을 생성할 때 메모리 관리자가 PM 하드웨어에 직접 매핑하는 섹션 객체를 생성해야 하는 캐시 관리자로부터 상호작용이 필요하다. NTFS는 새 CcInitializeCacheMapEx 루틴을 통해 대상 파일이 DAX 모드에 있음을 캐시 관리자에 전달할 수 있다. 그런 다음 캐시 관리자는 유저 버퍼에서 영구 메모리로 데이터를 복사한다. 따라서 캐시된 I/O는 영구 스토리지에 대한 단일 복사 액세스를 가진다. 캐시된 I/O는 다른 메모리 매핑 I/O와 계속 일관성이 있다는 점에 유의하자(캐시 관리자는 동일한 섹션을 사용한다). 메모리 매핑 I/O의 경우와 마찬가지로 페이징 읽기 또는 페이징 쓰기가 없어 지연 쓰기 스레드와 지능형 미리 읽기는 사용할 수 없다.

직접 매핑의 의미 중 하나는 NtWriteFile 함수가 완료되자마자 캐시 관리자가 DAX 디스크에 직접 쓰는 것이다. 이는 캐시된 I/O가 일반적으로 넌캐시를 의미한다. 따라서 넌캐시 I/O 요청은 파일 시스템에 의해 캐시된 I/O로 직접 변경되고 캐시 관리자는 유저의 버퍼와 영구 메모리 간에 직접 복사한다. 이러한 종류의 I/O는 캐시 및 메모리 매핑 I/O와의 일관성이 있다.

NTFS는 메타데이터 파일 업데이트를 처리하는 동안 표준 I/O를 계속 사용한다. 각 파일의 DAX 모드 I/O는 스트림 생성 시 스트림 제어 블록에 플래그를 설정해 결정된다. 파일이 시스템 메타데이터 파일인 경우 속성이 설정되지 않으므로 캐시 관리자는 이러한 파일을 매핑할 때 표준 비DAX 파일 백업 섹션을 생성해 페이징 읽기 또는 쓰기 I/O를 수행하고자 표준 스토리지 스택을 사용한다(결국 각 I/O는 섹터 단위 알고리듬을 사용해 블록 볼륨과 마찬가지로 Pmem 드라이버에 의해 처리된다. 자세한 내용은 '볼륨 차단' 절을 참고한 다). 이 동작은 미리 쓰기 로깅과의 호환성을 유지하는 데 필요하다. 메타데이터는 해당 로그를 플러시하기 전에 디스크에 보관해서는 안 된다. 따라서 메타데이터 파일이 DAX 매핑된 경우 미리 쓰기 로그 요구 사항 위반으로 손상된다.

파일 시스템 기능에 미치는 영향

일반 페이징 I/O가 없는 영구 메모리에 직접 액세스하는 애플리케이션의 기능은 파일 시스템과 관련 필터가 다양한 기능을 사용하는 기존 후크 포인트가 제거된다. DAX 지원 볼륨에서는 파일 암호화, 압축 및 스파스 파일, 스냅숏 및 USN 저널 지원과 같은 여러 기능은 지원되지 않는다.

DAX 모드에서 파일 시스템은 쓰기 가능한 메모리 매핑 파일이 언제 수정됐는지 파일 시스템은 알지 못한다. 메모리 섹션이 처음 생성되면 NTFS 파일 시스템 드라이버는 파일 수정 및 액세스 시간을 업데이트하고 USN 변경 저널에서 '파일이 수정됨'으로 표시한다. 동시에 디렉터리가 수정됐음을 알린다. DAX 볼륨은 기존 필터 드라이버와 호환되지 않으며 미니필터(필터 관리자 클라이언트)에 큰 영향을 끼친다. 비트락커 및 볼륨 섀도우 복사본 드라이버(Volsnap.sys)와 같은 구성 요소는 DAX 볼륨에서 동작하지 않고 디바이스 스택에서 제거된다. 미니필터는 파일이 수정됐 는지 여부를 더 이상 알 수 없으며, 앞에서 설명한 것과 같은 안티멀웨어 파일 액세스 스캐너는 더 이상 파일에 바이러스를 검사해야 하는지 여부를 알 수 없다. 핸들을 닫으면 수정이 발생했다고 가정해야 한다. 따라서 성능이 크게 저하되므 로 최소 필터는 DAX 볼륨을 지원하고자 수동으로 옵션을 선택해야 한다.

실행 가능 이미지 매핑

윈도우 로더가 실행 가능 이미지를 메모리에 매핑하는 경우 메모리 관리자가 제공하는 메모리 매핑 서비스를 사용한다. 로더는 SEC_IMAGE 플래그를 NtCreateSection API에 제공해 메모리 맵 이미지 섹션을 만든다. 플래그는 필요한 모든 수정 사항을 적용해 섹션을 이미지로 매핑하도록 로더에 지정한다. DAX 모드에서는 이 작업이 수행되게 허용해서는 안 된다. 그렇지 않으면 모든 재배치 및 복구가 PM 디스크의 원래 이미지 파일에 적용된다. 이 문제를 바로 해결하고자 메모리 관리자는 DAX 모드 볼륨에 저장된 실행 가능 이미지를 매핑할 때 다음 방법을 사용한다.

- 이진 파일에 대한 데이터 섹션을 나타내는 제어 영역이 이미 있는 경우(애플리케이션이 이진 데이터를 읽고자 이미지를 열면), 메모리 관리자는 빈 메모리 백업 이미지 섹션을 생성하고 기존 데이터 섹션에서 새로 생성된 이미지 섹션으로 데이터를 복사한 다음 필요한 수정 사항을 적용한다.
- 파일에 대한 데이터 섹션이 없으면 메모리 관리자는 DAX가 아닌 일반 이미지 섹션을 생성해 표준 유효하지 않은 프로토타입 PTE를 생성한다(자세한 내용은 Vol.1의 5장 참고). 이 경우 메모리 관리자는 Pmem 드라이버의 표준 읽기 및 쓰기 루틴을 사용한다. 이미지 백업 섹션에 속한 주소에 대한 잘못된 액세스 페이지 폴트가 발생할 때 데이터를 메모리로 가져온다.

이 글을 쓰는 시점에 윈도우 10은 내부 실행을 지원하지 않는다. 즉, 로더는 DAX 스토리지에서 이미지를 직접 실행할 수 없다. 그러나 DAX 모드의 볼륨은 원래 높은 성능으로 데이터를 저장하게 설계됐기 때문에 문제없다. DAX 볼륨의 내부 실행은 윈도우의 향후 릴리스에서 지원될 예정이다.

실습: 프로세스 모니터에서 DAX I/O 확인

이 책의 다운로드 가능한 리소스에서 제공되는 시스인터널스의 프로세스 모니터Process Monitor와 FsTool.exe 애플리케이션을 사용해 DAX I/O를 확인할 수 있다. DAX 모드 볼륨에 있는 메모리 매핑 파일에서 애플리케이션이 읽거나 쓸 때 시스템은 페이징 I/O를 생성하지 않으므로 NTFS 드라이버나 그 위 또는 아래에 연결된 미니필터에는 아무것도 표시되지 않는다. 설명한 동작을 확인하려면 프로세스 모니터를 열고 P: 드라이브와 Q: 드라이브로 2개의 다른 볼륨이 마운트돼 있다고 가정하고 다음 그림과 같이 필터를 설정한다(Q: 드라이브는 DAX 모드 볼륨).

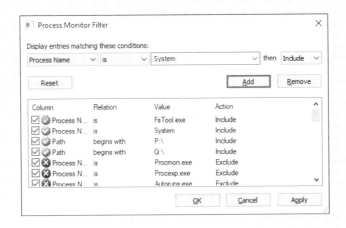

DAX 모드 볼륨에서 I/O를 생성하려면 FsTool 도구를 사용해 DAX 복사를 시뮬레이션한다. 다음 예제에서는 P: DAX 블록 모드 볼륨(일반 디스크 상단에 생성된 표준 볼륨에서도 실습에 적합함)에 있는 ISO 이미지를 DAX 모드의 Q: 드라이브에 복사한다.

```
P:\>fstool.exe /daxcopy p:\Big_image.iso q:\test.iso
NTFS / ReFS Tool v0.1
Copyright (C) 2018 Andrea Allievi (AaLl86)

Starting DAX copy...
    Source file path: p:\Big_image.iso.
    Target file path: q:\test.iso.
    Source Volume: p:\ - File system: NTFS - Is DAX Volume: False.
    Target Volume: q:\ - File system: NTFS - Is DAX Volume: True.

    Source file size: 4.34 GB

Performing file copy... Success!
    Total execution time: 8 Sec.
    Copy Speed: 489.67 MB/Sec
```

Press any key to exit...

프로세스 모니터는 예상 결과를 확인하는 DAX 복사 작업의 기록을 캡처했다.

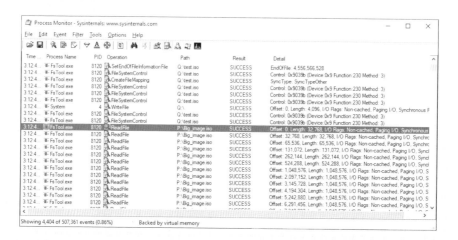

위의 기록된 대상 파일(Q:\test.iso)에서 CreateFileMapping 작업만 인터셉트됐음을 알 수 있다. WriteFile 이벤트는 표시되지 않는다. 복사가 진행되는 동안 소스 파일의 페이징 I/O만 프로세스 모니터에 의해 감지된다. 이러한 페이징 I/O는 메모리 관리자에 의해 생성됐고 애플리케이션이 메모리 맵 파일에 액세스하는 동안 페이지 폴트가 발생할 때 소스 볼륨에서 데이터를 다시 읽어야 한다.

메모리 매핑 I/O와 표준 캐시된 I/O의 차이를 확인하려면 표준 파일 복사 작업을 사용해 파일을 다시 복사해야 한다. 소스 파일 데이터의 페이징 I/O를 확인하려면 시스템을 다시 시작해야 한다. 그렇지 않으면 원래 데이터가 캐시에 남아 있다.

```
P:\>fstool.exe /copy p:\Big_image.iso q:\test.iso
NTFS / ReFS Tool v0.1
Copyright (C) 2018 Andrea Allievi (AaLl86)

Copying "Big_image.iso" to "test.iso" file... Success.
   Total File-Copy execution time: 13 Sec - Transfer Rate: 313.71 MB/s.
```

```
Press any key to exit...
```

프로세스 모니터에서 얻은 기록은 이전 기록과 비교하면 캐시된 I/O가 단일 복사 작업임을 확인할 수 있다. 캐시 관리자는 애플리케이션이 제공하는 버퍼와 DAX 디스크에 직접 매핑된 시스템 캐시 사이의 메모리 청크에 복사한다. 이는 대상 파일에 페이징 I/O가 강조 표시되지 않는다는 사실로 확인할 수 있다.

마지막 실습으로 동일한 DAX 모드 볼륨에 있는 두 파일 사이 또는 2개의 서로 다른 DAX 모드 볼륨에 있는 두 파일 간에 DAX 복사를 사용할 수 있다.

```
P:\>fstool /daxcopy q:\test.iso q:\test_copy_2.iso
TFS / ReFS Tool v0.1
Copyright (C) 2018 Andrea Allievi (AaLl86)

Starting DAX copy...
    Source file path: q:\test.iso.
    Target file path: q:\test_copy_2.iso.
    Source Volume: q:\ - File system: NTFS - Is DAX Volume: True.
    Target Volume: q:\ - File system: NTFS - Is DAX Volume: True.
Great! Both the source and the destination reside on a DAX volume.
Performing a full System Speed Copy!
    Source file size: 4.34 GB
```

```
Performing file copy... Success!
   Total execution time: 8 Sec.
   Copy Speed: 501.60 MB/Sec

Press any key to exit...
```

이전 실습에서 수집한 기록은 DAX 볼륨의 메모리 매핑 I/O가 페이징 I/O
를 생성하지 않음을 보여준다. 소스 또는 대상 파일에는 WriteFile 또는
ReadFile 이벤트가 표시되지 않는다.

블록 볼륨

특정 시나리오에서는 DAX 볼륨으로 인한 모든 제한이 허용되지는 않는다. 윈도
우는 블록 모드 볼륨을 통해 PM 하드웨어의 하위 호환성을 제공한다. 블록 모드
볼륨은 로테이션 및 SSD 디스크에서 사용되는 일반 볼륨으로 레거시 I/O 스택
전체에 의해 관리한다. 블록 볼륨은 기존 스토리지를 의미하며 모든 I/O 작업은
PM 디스크 클래스 드라이버로 이동하는 동안 스토리지 스택을 거친다(그러나 필요
없기 때문에 미니포트 드라이버는 없다). 기존의 모든 애플리케이션, 레거시 필터 및 미니필터
드라이버와 완벽하게 호환된다.

영구 메모리 스토리지는 바이트 단위로 I/O를 수행할 수 있다. 더 정확히 말하면

I/O는 캐시 라인별 세분화해 수행되고 아키텍처에 따라 다르지만 일반적으로 64 바이트다. 그러나 블록 모드 볼륨은 표준 볼륨으로 제공돼 섹터 단위(512바이트 또는 4KB)로 I/O를 수행한다. DAX 볼륨에서 쓰기가 진행 중에 갑자기 드라이브에 정전이 발생하면 데이터 블록(섹터)에 이전 데이터와 새 데이터가 혼합돼 있다. 애플리케이션은 이러한 시나리오를 처리할 준비가 돼 있지 않다. 블록 모드에서 섹터 원자적 블록 변환 테이블BTT, Block Translation Table 알고리듬을 구현하는 PM 디스크 클래스 드라이버에 의해 보장된다.

인텔이 개발한 알고리듬인 BTT는 사용 가능한 디스크 공간을 최대 512GB의 아레나arenas라고 불리는 청크로 분할한다. 각 아레나마다 알고리듬은 BTT를 사용한다. 이는 LBA를 아레나에 속한 내부 블록에 매핑하는 단순 간접 참조/조회를 말한다. 맵의 각 32비트 엔트리에 대해 알고리듬은 2개의 최상위 비트MSB, Most Significant Bits를 사용해 블록의 상태(유효, 제로 0, 에러의 3가지 상태)를 저장한다. 테이블은 각 LBA의 상태를 유지하지만 BTT 알고리듬은 엔프리nfree 블록의 배열을 포함하는 프로그flog 영역을 제공해 섹터의 원자성을 제공한다.

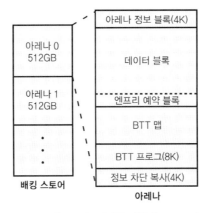

그림 11-75 섹터 원자적(BTT 알고리듬)을 지원하는 DAX 디스크 레이아웃

엔프리 블록에는 알고리듬이 섹터의 원자성을 제공하는 데 필요한 모든 데이터가 포함돼 있다. 배열에는 256개의 엔프리 엔트리가 있고 엔프리 엔트리의 크기는 32바이트며 프로그 영역은 8KB를 차지한다. 각 엔트리는 단일 CPU에서 사용되기 때문에 엔프리의 수는 아레나를 동시에 처리할 수 있는 동시 원자적 I/O의 수를 보여준다. 그림 11-75는 블록 모드로 포맷된 DAX 디스크의 레이아웃을 보여준

다. BTT 알고리듬에 사용되는 데이터 구조는 파일 시스템 드라이버에 표시되지 않는다. BTT 알고리듬은 하위 섹터의 손상된 쓰기를 제거하고 앞서 설명한 것처럼 파일 시스템 메타데이터 쓰기를 지원하고자 DAX 포맷된 볼륨도 필요하다.

블록 모드 볼륨의 파티션 엔트리에는 GPT_BASIC_DATA_ATTRIBUTE_DAX 플래그가 없다. NTFS는 캐시 관리자를 사용해 캐시 I/O를 수행하고 PM 디스크 클래스 드라이버를 통해 넌캐시 I/O를 처리함으로써 일반 볼륨과 동일하게 동작한다. Pmem 드라이버는 유저 버퍼와 장치 물리적 블록 주소에 대한 메모리 디스크립터 리스트^{MDL, Memory Descriptor List}를 구축해 직접 메모리 액세스^{DMA} 전송을 수행하는 읽기 및 쓰기 기능을 지원한다. BTT 알고리듬은 섹터의 원자성을 지원한다. 그림 11-76은 기존 볼륨, DAX 볼륨, 블록 볼륨의 I/O 스택을 보여준다.

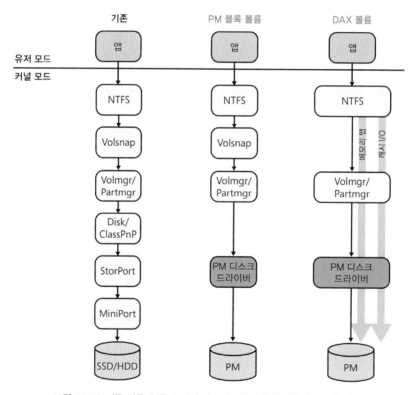

그림 11-76 기존 볼륨, 블록 모드 볼륨, DAX 볼륨 간의 장치 I/O 스택 비교

파일 시스템 필터 드라이버 및 DAX

기존의 필터 드라이버와 미니필터는 DAX 볼륨에서 동작하지 않는다. 이러한 타입의 드라이버는 일반적으로 파일 시스템의 기능을 향상시키고 파일 시스템 드라이버가 관리하는 모든 작업과 상호작용한다. 바이러스 백신, 암호화, 복제, 압축, 계층적 스토리지 관리^{HSM, Hierarchical Storage Management}와 같은 파일 시스템 드라이버의 새로운 기능을 제공하거나 기존 기능을 변경하는 필터에는 다양한 클래스가 있다. DAX 드라이버 모델은 DAX 볼륨이 이러한 구성 요소와 상호작용하는 방식을 크게 변경한다.

이 장 앞에서 설명한 것처럼 파일이 메모리에 매핑돼 DAX 모드의 파일 시스템은 읽기 또는 쓰기 I/O 요청 간 통신하지 않으며 파일 시스템 드라이버 위 또는 아래에 있는 모든 필터 드라이버도 서로 수신하지 않는다. 이는 데이터를 인터셉트하는 필터 드라이버는 동작하지 않는다. 가능한 한 호환성 문제를 최소화하고자 기존 미니필터는 DAX 볼륨이 마운트될 때(InstanceSetup 콜백을 통해) 알림을 수신하지 않는다. DAX 볼륨에서 동작하는 새 미니필터 드라이버 및 업데이트된 미니필터 드라이버는 **FltRegisterFilter** 커널 API를 통해 필터 관리자에 등록할 때 **FLTFL_REGISTRATION_SUPPORT_DAX_VOLUME** 플래그를 지정해야 한다.

DAX 볼륨을 지원하기로 결정한 미니필터에는 어떤 형식의 페이징 I/O도 인터셉트할 수 없다는 제한이 있다. 데이터 변환 필터(암호화 또는 압축 제공)는 메모리 매핑 파일에 대해 제대로 동작하지 않을 수 있다. 바이러스 백신 필터는 앞에 설명한 것처럼 영향을 받기 때문에 모든 열기^{open}와 닫기^{close}에서 스캔^{scan}해서 실제로 쓰기가 발생됐는지 확인할 수 없다(이 영향은 주로 파일의 마지막 업데이트 시 파일 감지와 관련이 있다). 레거시 필터는 더 이상 호환되지 않는다. 드라이버가 **IoAttachDeviceToDeviceStack** API(또는 유사한 함수)를 호출하면 I/O 관리자가 요청을 실패 처리하고 ETW 이벤트를 기록한다.

DAX 모드 I/O 플러시

기존 디스크(HDD, SSD, NVME)에는 항상 캐시가 포함돼 있어 전반적으로 성능이 향상돼 있다. 쓰기 I/O가 스토리지 드라이버를 수행하면 실제 데이터가 먼저 캐시로 전송되고 나중에 영구 매체에 기록된다. 운영체제는 데이터가 최종 스토리지에 기록되도록 보장하는 플러시와 데이터가 정상적으로 시간 순으로 기록되게 한다. 일반 캐시 I/O의 경우 애플리케이션은 FlushFileBuffers API를 호출해 데이터가 디스크에 저장되는지 확인할 수 있다(이는 NTFS 드라이버가 구현할 IRP_MJ_FLUSH_BUFFERS 메이저 함수 코드를 사용해 IRP를 생성한다). 넌캐시 I/O는 NTFS에 의해 디스크에 직접 쓰여 시퀀스나 플러시에 문제가 발생되지 않는다.

DAX 모드의 볼륨을 더 이상 이 작업을 수행할 수 없다. 파일이 메모리에 매핑된 후 NTFS 드라이버는 디스크에 기록되는 데이터를 인식하지 못한다. 애플리케이션이 DAX 볼륨에 몇 가지 중요한 데이터 구조를 사용하고 있고 전원에 장애가 발생하면 애플리케이션은 모든 데이터 구조가 일반 매체에 정상적으로 기록되는 것을 보장하지 않는다. 또한 데이터의 생성 순서가 요청 순서를 보장하지 않는다. PM 스토리지가 CPU 관점에 기존의 물리적 메모리로 만들어졌기 때문이다. 프로세서는 CPU 캐시 메커니즘을 사용해 DAX 볼륨을 읽고 쓰는 동안 자체 캐시 메커니즘을 사용한다.

그 결과 새로운 버전의 윈도우 10은 DAX 맵 영역에 새로운 플러시 API를 사용했는데, 이렇게 하면 CPU 캐시에서 PM 콘텐츠를 최적으로 플러시하는 데 필요한 작업을 실행한다. API는 유저 모드 애플리케이션과 커널 모드 드라이버 모두 사용할 수 있고 CPU 아키텍처를 기반으로 가장 최적화돼 있다(예를 들어 표준 x64 시스템은 CLFLUSH 및 CLWB 옵코드를 사용한다). DAX 볼륨 I/O 시퀀스 지정 및 플러시가 필요한 애플리케이션은 PM 매핑된 영역 RtlGetNonVolatileToken을 호출할 수 있다. 이 함수는 나중에 RtlFlushNonVolatileMemory 또는 RtlFlushNonVolatileMemoryRanges API 에서 사용할 수 있는 비휘발성 토큰이 반환된다. 두 API 모두 CPU 캐시에서 일반 PM 장치로 데이터에 실제 플러시를 수행한다.

표준 OS 함수를 사용해 수행되는 메모리 복사 작업은 일반적으로 임시 복사 작업을 수행한다. 이는 데이터가 항상 CPU 캐시를 통해 실행 시퀀스를 유지한다. 반면 영구 복사 작업은 특수 프로세서 옵코드를 사용해(이것도 CPU 아키텍처에 따라 다르다. x64 CPU는 MOVNTI 옵코드를 사용한다) CPU 캐시를 우회한다. 이 경우 시퀀스는 유지되지 않지만 실행 속도가 빠르다. RtlWriteNonVolatileMemory는 메모리 복사 작업을 비휘발성 메모리와 주고받는다. 일반적으로 API는 기존 임시 복사 작업을 수행하지만 애플리케이션은 `WRITE_NV_MEMORY_FLAG_NON_TEMPORAL` 플래그를 통해 영구 복사를 요청할 수 있어 좀 더 빠른 복사 작업을 실행할 수 있다.

큰 페이지 및 대용량 페이지 지원

메모리 매핑된 섹션을 통한 DAX 모드 볼륨의 파일 읽기 또는 쓰기는 비DAX 섹션과 유사한 방식으로 메모리 관리자에서 처리된다. 매핑 시 `MEM_LARGE_PAGES` 플래그가 설정되면 메모리 관리자는 하나 이상의 파일 익스텐트가 정렬된 연속 물리적 공간을 가리키고 있음을 감지한다(NTFS는 파일 익스텐트를 할당한다). 큰^{large} 페이지(2MB) 또는 대용량^{huge} 페이지(1GB)를 사용해 물리적 DAX 공간을 매핑한다(메모리 관리자 및 큰 페이지에 대한 자세한 내용은 Vol.1의 5장을 참고한다). 큰/대용량 페이지는 기존 4KB 페이지에 비해 여러 장점이 있다. 특히 프로세서의 페이지 테이블 구조에 조회가 적어 프로세서의 변경 룩어사이드 버퍼$^{TLB, Translation Lookaside Buffer}$에 필요한 엔트리가 적기 때문에 DAX 파일의 성능이 향상된다. 메모리에 무작위로 액세스하는 메모리 설치 공간이 큰 애플리케이션의 경우 CPU는 TLB 엔트리가 누락될 경우 페이지 테이블 계층을 읽고 쓰는 데 많은 시간이 사용될 수 있다. 또한 큰/대용량 페이지를 사용하면 페이지 디렉터리 상위 및 페이지 디렉터리(큰 파일이 아닌 대용량 파일의 경우)만 사용되므로 상당한 비용 절감 효과를 얻을 수 있다. 페이지 테이블 스페이스(리프^{leaf} VA 스페이스의 2MB당 4KB)가 사용되지 않아 비용이 들지 않는다. 예를 들면 2TB의 파일 매핑을 사용하면 시스템은 큰/대용량 페이지를 사용해 커밋된 메모리를 4GB 절약할 수 있다.

NTFS 드라이버는 메모리 관리자와 함께 DAX 볼륨에 있는 파일을 매핑하는 동안 대용량 페이지와 큰 페이지를 지원한다.

- 일반적으로 각 DAX 파티션은 2MB 경계에 정렬된다.
- NTFS는 2MB의 클러스터를 지원한다. 2MB의 클러스터로 포맷된 DAX 볼륨은 볼륨에 저장된 모든 파일에 대해 큰 페이지만 사용할 수 있다.
- 1GB 클러스터는 NTFS에서 지원하지 않는다. DAX 볼륨에 저장된 파일이 1GB보다 크고 하나 이상의 파일 익스텐트가 충분한 연속적인 물리적 공간

에 저장되면 메모리 관리자는 대용량 페이지를 사용해 파일을 매핑한다(대용량 페이지는 2페이지의 맵 레벨만 사용한다. 큰 페이지는 3개의 레벨을 사용한다).

5장에서 소개한 것처럼 일반 메모리 백업 섹션에서 메모리 관리자는 PM 페이지를 설명하는 익스텐트가 DAX 볼륨에 적절하게 배치된 경우만 큰/대용량 페이지를 사용한다(정렬은 볼륨의 LCN에 상대적이며 VCN 파일에는 상대적이지 않다). 큰 페이지의 경우 이는 익스텐트가 2MB 경계에서 시작해야 하는 반면 대용량 페이지의 경우 1GB 경계에서 시작해야 한다. DAX 볼륨의 파일이 모두 정렬되지 않은 경우 메모리 관리자는 정렬된 블록에서만 큰 페이지나 대용량 페이지를 사용하고 다른 블록은 표준 4KB 페이지를 사용한다.

큰 페이지를 사용하게 하고 늘리려면 NTFS 파일 시스템은 FSCTL_SET_DAX_ALLOC_ALIGNMENT_HINT 제어 코드를 제공한다. 이를 사용해 애플리케이션은 새 파일 익스텐트의 우선순위를 설정할 수 있다. I/O 제어 코드는 우선 정렬, 시작 오프셋(정렬 요구 사항의 시작 위치를 지정할 수 있음) 및 일부 플래그 지정 값을 사용한다. 일반적으로 애플리케이션은 새 파일을 생성한 후 이를 매핑하기 전에 IOCTL을 파일 시스템 드라이버로 전송한다. 이런 방식으로 파일에 공간을 할당하는 동안 NTFS는 기본 정렬 범위 내에 있는 사용 가능한 클러스터를 가져온다.

요청된 정렬을 사용할 수 없는 경우(예를 들어 많은 볼륨 단편화로 인해) IOCTL은 파일 시스템이 적용하는 폴백fallback 동작을 지정할 수 있다. 요청이 실패하거나 풀백 정렬로 되돌릴 수 있다(입력 매개변수로 지정할 수 있음). IOCTL은 새 익스텐트의 정렬을 지정하고자 기존 파일에서도 사용할 수 있다. 애플리케이션은 FSCTL_QUERY_FILE_REGIONS 제어 코드를 사용하거나 fsutil dax queryfilealignment 커맨드라인으로 도구를 사용해 파일에 속한 모든 익스텐트의 정렬을 조회할 수 있다.

실습: DAX 파일 정렬하기

이 책의 다운로드 가능한 리소스에서 사용할 수 있는 FsTool 도구를 사용해 여러 종류의 DAX 파일 정렬을 확인할 수 있다. 이 실습은 컴퓨터에 DAX 볼륨이 있어야 한다. 명령 프롬프트 창을 열고 이 도구를 사용해 큰 파일(최소 4GB 권장)을 DAX 볼륨에 복사한다. 다음 예제는 2개의 DAX 디스크가 P: 및 Q: 볼륨으로 마운트된다. Big_Image.iso 파일은 FsTool 도구에서 시작하는 표준 복사 작업을 사용해 Q: DAX 볼륨으로 복사된다.

```
D:\>fstool.exe /copy p:\Big_DVD_Image.iso q:\test.iso
NTFS / ReFS Tool v0.1
Copyright (C) 2018 Andrea Allievi (AaLl86)

Copying "Big_DVD_Image.iso" to "test.iso" file... Success.
    Total File-Copy execution time: 10 Sec - Transfer Rate: 495.52 MB/s.
Press any key to exit...
```

새 test.iso 파일의 정렬을 확인하려면 FsTool.exe 도구의 /queryalign 커맨드라인 인수를 사용하거나 윈도우에서 사용할 수 있는 기본 제공 fsutil.exe 도구의 queryFileAlignment 인수를 사용한다.

```
D:\>fsutil dax queryFileAlignment q:\test.iso

    File Region Alignment:

        Region    Alignment    StartOffset    LengthInBytes
        0         Other        0              0x1fd000
        1         Large        0x1fd000       0x3b800000
        2         Huge         0x3b9fd000     0xc0000000
        3         Large        0xfb9fd000     0x13e00000
        4         Other        0x10f7fd000    0x17e000
```

도구의 출력에서 읽을 수 있게 파일의 첫 번째 청크는 4KB의 할당된 클러스터에 저장된다. 도구가 표시하는 오프셋은 볼륨 상대 오프셋(LCN)이 아니라 파일 상대 오프셋(VCN)이다. 큰/대용량 페이지의 매핑에 필요한 정렬은 볼륨의 페이지 오프셋에 상대적이기 때문에 이는 중대한 차이가 있다. 파일이 계속 커지면 해당 클러스터의 일부는 2MB 또는 1GB로 조정된 볼륨 오프셋에서 할당된다. 이런 식으로 파일의 이러한 부분은 메모리 관리자가 큰/대용량 페이지를 사용해 매핑할 수 있다. 이제 이전 실습과 마찬가지로 타깃 정렬 힌트를 지정해 DAX 복사를 실행해보자.

```
P:\>fstool.exe /daxcopy p:\Big_DVD_Image.iso q:\test.iso /align:1GB
```

```
NTFS / ReFS Tool v0.1
Copyright (C) 2018 Andrea Allievi (AaL186)

Starting DAX copy...
    Source file path: p:\Big_DVD_Image.iso.
    Target file path: q:\test.iso.
    Source Volume: p:\ - File system: NTFS - Is DAX Volume: True.
    Target Volume: q:\ - File system: NTFS - Is DAX Volume: False.

    Source file size: 4.34 GB
    Target file alignment (1GB) correctly set.

Performing file copy... Success!
    Total execution time: 6 Sec.
    Copy Speed: 618.81 MB/Sec

Press any key to exit...

P:\>fsutil dax queryFileAlignment q:\test.iso
    File Region Alignment:
        Region    Alignment    StartOffset    LengthInBytes
        0         Huge         0              0x100000000
        1         Large        0x100000000    0xf800000
        2         Other        0x10f800000    0x17b000
```

후자의 경우 파일은 다음 1GB로 정렬된 클러스터에 즉시 할당됐다. 파일 콘텐츠의 첫 번째 4GB(0x100000000바이트)는 연속 공간에 저장된다. 메모리 관리자가 파일의 해당 부분을 매핑하는 경우 2,048페이지 테이블을 사용하는 대신 4개의 페이지 디렉터 포인터 테이블 엔트리^{PDPT, Page Director Pointer Table}를 사용하면 된다. 이렇게 하면 실제 메모리 공간이 절약되고 프로세서가 DAX 섹션에 있는 데이터에 액세스할 때 성능이 크게 향상된다. 복사가 실제로 큰 페이지를 사용해 실행됐는지 확인하려면 커널 디버거를 시스템에 연결하고(로컬 커널 디버거로도 충분) FsTool 도구의 /debug 스위치를 사용할 수 있다.

```
P:\>fstool.exe /daxcopy p:\Big_DVD_Image.iso q:\test.iso /align:1GB /debug
NTFS / ReFS Tool v0.1
Copyright (C) 2018 Andrea Allievi (AaL186)

Starting DAX copy...
```

```
    Source file path: p:\Big_DVD_Image.iso.
    Target file path: q:\test.iso.
    Source Volume: p:\ - File system: NTFS - Is DAX Volume: False.
    Target Volume: q:\ - File system: NTFS - Is DAX Volume: True.

    Source file size: 4.34 GB
    Target file alignment (1GB) correctly set.

Performing file copy...
 [Debug] (PID: 10412) Source and Target file correctly mapped.
        Source file mapping address: 0x000001F1C0000000 (DAX mode: 1).
        Target file mapping address: 0x000001F2C0000000 (DAX mode: 1).
        File offset : 0x0 - Alignment: 1GB.

Press enter to start the copy...

 [Debug] (PID: 10412) File chunk's copy successfully executed.
Press enter go to the next chunk / flush the file...
```

디버거의 확장 명령 !pte를 사용해 효과적인 메모리 매핑을 확인할 수 있다. 먼저 .process 명령을 사용해 적절한 프로세스 콘텍스트로 이동해야 한다. 그런 다음 FsTool에서 표시되는 매핑된 가상 주소를 분석할 수 있다.

```
8: kd> !process 0n10412 0
Searching for Process with Cid == 28ac
PROCESS ffffd28124121080
    SessionId: 2 Cid: 28ac Peb: a29717c000 ParentCid: 31bc
    DirBase: 4cc491000 ObjectTable: ffff950f94060000 HandleCount: 49.
    Image: FsTool.exe

8: kd> .process /i ffffd28124121080
You need to continue execution (press 'g' <enter>) for the context
to be switched. When the debugger breaks in again, you will be in
the new process context.

8: kd> g
Break instruction exception - code 80000003 (first chance)
nt!DbgBreakPointWithStatus:
fffff804`3d7e8e50 cc              int     3

8: kd> !pte 0x000001F2C0000000
                                        VA 000001f2c0000000
```

```
PXE at FFFFB8DC6E371018  PPE at FFFFB8DC6E203E58  PDE at FFFFB8DC407CB000
contains 0A0000D57CEA8867 contains 8A000152400008E7 contains 0000000000000000
pfn d57cea8 ---DA--UWEV pfn 15240000 --LDA--UW-V LARGE PAGE pfn 15240000

PTE at FFFFB880F9600000
contains 0000000000000000
LARGE PAGE pfn 15240000
```

!pte 디버거 명령은 DAX 파일의 처음 1GB 공간이 대용량 페이지를 사용
해 매핑됐음을 확인했다. 실제로 페이지 디렉터리도 페이지 테이블도 존
재하지 않는다. FsTool 도구를 사용해 기존 파일의 정렬 설정을 할 수도
있다. 그러나 FSCTL_SET_DAX_ALLOC_ALIGNMENT_HINT 제어 코드는 실제로
데이터가 이동되지 않는다. 파일은 앞으로도 계속 커지므로 새로 할당된
파일 익스텐트 정보만 제공되면 된다.

```
D:\>fstool e:\test.iso /align:2MB /offset:0
NTFS / ReFS Tool v0.1
Copyright (C) 2018 Andrea Allievi (AaLl86)

Applying file alignment to "test.iso" (Offset 0x0)... Success.
Press any key to exit...

D:\>fsutil dax queryfileAlignment e:\test.iso

    File Region Alignment:

    Region    Alignment    StartOffset    LengthInBytes
    0         Huge         0              0x100000000
    1         Large        0x100000000    0xf800000
    2         Other        0x10f800000    0x17b000
```

가상 PM 디스크 및 저장 공간 지원

영구 메모리는 빠른 응답 시간과 초당 수천 개의 쿼리를 처리해야 하는 대용량
SQL 데이터베이스와 같은 서버 시스템 및 미션 크리티컬 애플리케이션을 위해
특별히 설계됐다. 이러한 종류의 서버는 하이퍼V에서 제공하는 가상 머신에서
애플리케이션을 실행하는 경우가 많다. 윈도우 서버 2019는 새로운 종류의 가상

하드디스크인 가상 PM 디스크를 지원한다. 가상 PM은 VHDPMEM 파일을 통해 백업되며, 이 파일을 생성할 때 윈도우 파워셸을 사용해 일반 VHD 파일에서만 생성(또는 변경)할 수 있다. 가상 PM 디스크는 호스트에 설치된 실제 DAX 디스크에 위치한 공간 청크를 해당 DAX 볼륨에 있어야 하는 VHDPMEM 파일을 통해 직접 매핑한다.

하이퍼V를 가상 시스템에 연결하면 가상 PM 장치(VPMEM)가 게스트에 표시된다. 이 가상 PM 장치는 가상 UEFI BIOS에 있는 NVDIMM 펌웨어 인터페이스 테이블(NFIT)에 의해 표시된다(NVFIT 테이블에 대한 자세한 내용은 ACPI 6.2 사양을 참고한다). SCM 버스 드라이버는 테이블을 읽고 가상 NVDIMM 장치와 PM 디스크를 나타내는 일반 디바이스 객체를 만든다. Pmem 디스크 클래스 드라이버는 일반 PM 디스크와 동일한 방식으로 가상 PM 디스크를 관리하고 그 위에 가상 볼륨을 만든다. 윈도우 하이퍼바이저와 해당 구성 요소에 대한 자세한 내용은 9장을 참고한다. 그림 11-77은 가상 PM 장치를 사용하는 가상 머신의 PM 스택을 보여준다. 그림의 어두운 회색 구성 요소는 가상화 스택의 일부지만 얇은 회색 구성 요소는 게스트 파티션과 호스트 파티션 모두에서 동일하다.

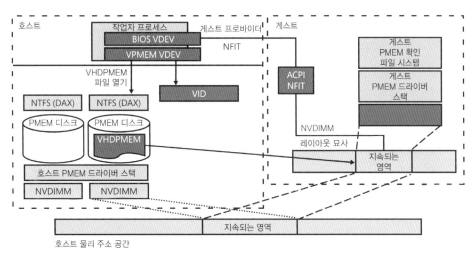

그림 11-77 가상 PM 아키텍처

가상 PM 장치는 호스트에서 가상화된 연속 주소 공간을 제공한다(즉, 호스트의 VHDPMEM 파일이 연속적일 필요가 없음). DAX와 블록 모드를 모두 지원하며 이는 호스트의 경우와 마찬가지로 볼륨 포맷 시에 결정되며, 호스트 시스템과 마찬가지로 사용되는 큰 페이지와 대용량 페이지를 지원한다. 2세대 가상 머신만 가상 PM 장치와 VHDPMEM 파일의 매핑을 지원한다.

윈도우 서버 2019의 저장소 공간 다이렉트는 가상 스토리지 풀에서 DAX 디스크도 지원한다. 하나 이상의 DAX 디스크는 혼합형 디스크의 집계된 배열에 포함될 수 있다.

배열의 PM 디스크는 더 큰 계층화된 가상 디스크의 용량 또는 성능 계층을 제공하도록 구성하거나 고성능 캐시로 동작하게 구성할 수 있다. 저장 공간에 대한 자세한 내용은 이 장의 뒷부분에서 설명한다.

실습: VHDPMEM 이미지 생성 및 마운트

앞 절에서 설명한 것처럼 가상 PM 디스크는 파워셸을 사용해 생성, 변경 및 하이퍼V 가상 시스템에 할당할 수 있다. 이 실습에서는 DAX 디스크와 윈도우 10 10월 업데이트(RS5 이상 릴리스)가 설치된 2세대 가상 머신이 필요하다(VM을 만드는 방법에 대한 설명은 하지 않는다). 윈도우 파워셸(관리자) 프롬프트를 열고 DAX 모드 디스크로 이동해 가상 PM 디스크를 만든다(이 예제에서 DAX 디스크는 Q: 드라이브에 있음).

```
PS Q:\> New-VHD VmPmemDis.vhdpmem -Fixed -SizeBytes 256GB
-PhysicalSectorSizeBytes 4096

ComputerName          : 37-4611k2635
Path                  : Q:\VmPmemDis.vhdpmem
VhdFormat             : VHDX
VhdType               : Fixed
FileSize              : 274882101248
Size                  : 274877906944
MinimumSize           :
LogicalSectorSize     : 4096
PhysicalSectorSize    : 4096
BlockSize             : 0
ParentPath            :
DiskIdentifier        : 3AA0017F-03AF-4948-80BE-B40B4AA6BE24
```

```
FragmentationPercentage  : 0
Alignment                : 1
Attached                 : False
DiskNumber               :
IsPMEMCompatible         : True
AddressAbstractionType   : None
Number                   :
```

가상 PM 디스크는 고정 크기만 사용할 수 있다. 즉, 설계상 모든 공간이 가상 디스크에 할당된다. 두 번째 과정에서는 가상 PM 컨트롤러를 만들어 가상 머신에 연결해야 한다.

VM이 꺼져 있는지 확인하고 다음 명령을 입력한다. TestPmVm을 가상 머신 이름으로 바꿔야 한다):

```
PS Q:\> Add-VMPmemController -VMName "TestPmVm"
```

마지막으로 생성한 가상 PM 디스크를 가상 시스템의 PM 컨트롤러에 연결 해야 한다.

```
PS Q:\> Add-VMHardDiskDrive "TestVm" PMEM -ControllerLocation 1 -Path
'Q:\VmPmemDis.vhdpmem'
```

Get-VMPmemController 명령을 사용해 작업 결과를 확인할 수 있다.

```
PS Q:\> Get-VMPmemController -VMName "TestPmVm"
VMName   ControllerNumber Drives
------   ---------------- ------
TestPmVm 0 {Persistent Memory Device on PMEM controller number 0 at location 1}
```

가상 머신을 켜면 윈도우가 새 가상 디스크를 검색하는 것을 알 수 있다. 가상 머신에서 디스크 관리 MMC 스냅인 도구(diskmgmt.msc)를 열고 GPT 파 티션을 사용해 디스크를 초기화한다. 그런 다음 단순 볼륨을 생성하고 드 라이브 문자를 할당하되 포맷하지 말자.

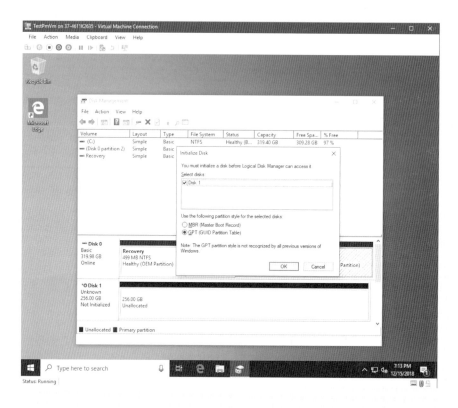

가상 PM 디스크를 DAX 모드로 포맷해야 한다. 가상 시스템에서 관리 명령 프롬프트 창을 연다. virtual-pm 디스크 드라이브 문자가 E:인 경우 다음 명령을 사용해야 한다.

```
C:\>format e: /DAX /fs:NTFS /q
The type of the file system is RAW.
The new file system is NTFS.

WARNING, ALL DATA ON NON-REMOVABLE DISK
DRIVE E: WILL BE LOST!
Proceed with Format (Y/N)? y
QuickFormatting 256.0 GB
Volume label (32 characters, ENTER for none)? DAX-In-Vm
Creating file system structures.
Format complete.
    256.0 GB total disk space.
    255.9 GB are available.
```

그런 다음 **fsutil.exe** 내부 도구를 사용해 **fsinfo volumeinfo** 커맨드라인 인수를 지정해 가상 디스크가 DAX 모드로 포맷됐는지 확인할 수 있다.

```
C:\>fsutil fsinfo volumeinfo C:
Volume Name : DAX-In-Vm
Volume Serial Number : 0x1a1bdc32
Max Component Length : 255
File System Name : NTFS
Is ReadWrite
Not Thinly-Provisioned
Supports Case-sensitive filenames
Preserves Case of filenames
Supports Unicode in filenames
Preserves & Enforces ACL's
Supports Disk Quotas
Supports Reparse Points
Returns Handle Close Result Information
Supports POSIX-style Unlink and Rename
Supports Object Identifiers
Supports Named Streams
Supports Hard Links
Supports Extended Attributes
Supports Open By FileID
Supports USN Journal
Is DAX Volume
```

복원 파일 시스템(ReFS)

윈도우 서버 2012 R2 릴리스에서는 새로운 고급 파일 시스템인 복원 파일 시스템(ReFS라고도 함)이 출시됐다. 이 파일 시스템은 저장 공간이라고 하는 새로운 스토리지 아키텍처의 일부며, 다른 기능 중에서도 솔리드 스테이트 드라이브와 레거시 로테이션 디스크로 구성된 계층적 가상 볼륨을 생성할 수 있다(저장 공간 및 계층적 스토리지의 개요는 이 장의 뒷부분에서 설명한다). ReFS는 '새로 쓰기' 파일 시스템이다. 업데이트된 메타데이터는 새 위치에 기록되고 이전 메타데이터는 삭제된 것으로 표시된다. 이는 중요한 데이터 무결성 기능을 제공하는 속성이다. ReFS의 원래 목표는 다음과 같다.

1. 자가 복구, 온라인 볼륨 검사 및 복구(파일 시스템 손상으로 인한 사용불가능에 가까운 서비스 제공) 및 쓰기 지원(라이트 스루Write-through에 대해서는 이 절의 뒷부분에서 설명)

2. 모든 유저 데이터(하드웨어 및 소프트웨어)의 데이터 무결성

3. 효율적이고 빠른 파일 스냅숏(블록 복제)

4. 대용량 볼륨(엑사바이트exabyte 크기) 및 파일 지원

5. 데이터 및 메타데이터 자동 계층화, SMR(단일 자기 기록) 지원 및 향후 솔리드 스테이트 디스크 지원

ReFS에는 여러 버전이 있다. 이 책에서 설명한 것은 ReFS v2로 윈도우 서버 2016 에서 처음 사용됐다. 그림 11-78은 NTFS와 ReFS 간의 다양한 고급 구현의 개요를 보여준다. ReFS는 NTFS 파일 시스템을 완전히 다시 작성하는 대신 NTFS 구현을 두 부분으로 나눠 다른 방식을 사용한다. 하나는 온디스크의 형식으로 이해되고 다른 하나는 그렇지 않다.

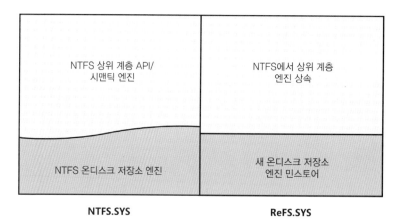

그림 11-78 NTFS와 비교한 ReFS 고급 구현

ReFS는 온디스크의 스토리지 엔진을 민스토어로 교체한다. 민스토어는 복구 가능한 객체 저장소 라이브러리로 호출자에게 키-값 테이블 인터페이스를 제공하고, 해당 테이블을 수정하기 위한 쓰기 시 할당 메커니즘이 수행돼 윈도우 캐시 관리자와 연동된다. 한마디로 민스토어는 확장 가능한 최신의 쓰기 기반 파일 시스템의 코어 기능을 지원하는 라이브러리다. 민스토어는 파일이나 디렉터리 등을 구

현하고자 ReFS에 의해 사용된다. ReFS를 설명하려면 민스토어의 기본 사항을 이해해야 하므로 민스토어에 대해 알아본다.

민스토어 아키텍처

민스토어의 모든 것이 테이블이다. 테이블은 키-값 쌍의 여러 행으로 구성된다. 민스토어 테이블은 디스크에 저장될 때 B+트리를 사용해 표시된다. 휘발성 메모리(RAM)에 보관되면 해시 테이블을 사용해 표시된다. 균형 잡힌 트리로도 알려진 B+트리에는 여러 가지 중요한 특성이 있다.

1. 일반적으로 각 노드당 많은 수의 하위 노드가 있다.
2. 데이터 포인터(키 값이 포함된 디스크 파일 블록에 대한 포인터)는 내부 노드가 아닌 리프에만 저장된다.
3. 루트 노드에서 리프 노드로의 모든 경로는 길이가 동일하다.

NTFS와 같은 다른 파일 시스템들은 일반적으로 B-트리('이진트리'라는 용어와 혼동하지 않게 바이너리 검색 트리를 일반화하는 다른 데이터 구조)를 사용해 트리의 각 노드에 키와 함께 데이터 포인터를 저장한다. 이 기술은 B-트리의 노드로 채워질 수 있는 엔트리 수를 크게 줄여 B-트리의 레벨 수를 증가시켜 레코드의 검색 시간을 증가시킨다.

그림 11-79는 B+ 트리의 예를 보여준다. 그림에 표시된 트리에서 루트와 내부 노드에는 리프^{leaf} 노드의 데이터에 제대로 액세스하는 데 필요한 키만 포함돼 있다. 리프 노드는 모두 동일한 레벨에 있으며 일반적으로 서로 연결된다. 결과적으로 트리에서 요소를 찾고자 많은 I/O 작업을 수행할 필요가 없다.

예를 들어 민스토어가 키 20으로 노드에 액세스해야 한다고 가정하자. 루트 노드는 인덱스로 사용되는 단일 키를 포함한다. 13 이상의 값을 가진 키는 오른쪽 포인터로 인덱싱된 하위 중 하나에 저장된다. 반면에 값이 13 미만인 키는 왼쪽의 하위 중 하나에 저장된다. 민스토어가 실제 데이터를 포함하는 리프에 도달하면 전체 트리를 스캔하지 않고 키 16과 25를 사용해 노드의 데이터에 쉽게 액세스할 수 있다.

또한 리프 노드는 일반적으로 링크드 리스트를 사용해 서로 연결된다. 예를 들어 대용량 트리의 경우 민스토어는 루트 노드와 중간 노드에 한 번만 액세스해 폴더의 모든 파일을 쿼리할 수 있다. 이 그림에서는 모든 파일이 리프에 저장된 값으로 표현된다고 가정한다. 앞에서 언급했듯이 민스토어는 일반적으로 B+ 트리를 사용해 파일이나 디렉터리와 다른 객체를 보여준다.

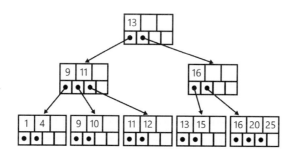

그림 11-79 샘플 B+ 트리. 리프 노드에만 데이터 포인터가 포함돼 있다. 디렉터 노드에는 하위 노드에 대한 링크만 있다.

이 책에서는 동일한 개념을 나타내고자 B+ 트리와 B+ 테이블이라는 용어를 사용한다. 민스토어는 여러 타입의 테이블을 정의한다. 테이블을 만들고 테이블에 행을 추가하고, 테이블에서 삭제하거나, 테이블에서 업데이트할 수 있다. 외부 엔터티는 테이블을 열거하거나 단일 행을 찾을 수 있다. 민스토어 코어는 객체 테이블로 표시된다. 객체 테이블은 볼륨의 모든 루트(비임베디드nonembedded) B+ 트리 위치의 인덱스다. B+ 트리는 다른 트리에 포함될 수 있다. 하위 트리의 루트는 상위 트리의 행에 저장된다.

민스토어의 각 테이블은 컴포지트 및 스키마로 정의된다. 컴포지트는 루트 노드 (경우에 따라 하위)의 동작과 B+ 테이블의 각 노드를 찾아 작업하는 방법을 알려주는 일련의 규칙이다. 민스토어는 각 컴포지트가 관리하는 2가지 타입의 루트 노드를 지원한다.

- **카피 온 라이트**CoW, Copy on Write: 이 종류의 루트 노드는 트리가 수정되면 해당 위치로 이동한다. 이는 수정 시 이전 트리가 삭제로 표시되는 동안 새 B+ 트리가 기록됨을 말한다. 이러한 노드를 처리하고자 해당 컴포지트는 테이블이 기록될 때 사용되는 객체 ID를 유지해야 한다.
- **임베디드:** 이런 종류의 루트 노드는 다른 B+ 트리의 인덱스 엔트리의 데이

터 부분(리프 노드 값)에 저장된다. 기본 제공된 컴포지트는 포함된 임베디드 루트 노드를 저장하는 인덱스 엔트리에 대한 참조를 유지한다.

테이블을 생성할 때 스키마를 지정하면 사용되는 키 타입, 테이블의 루트 및 리프 노드 크기 및 테이블 행의 레이아웃이 민스토어에 통지된다. ReFS는 파일과 디렉터리에 다른 스키마를 사용한다. 디렉터리는 객체 테이블이 참조하는 B+ 테이블 객체며, 3가지 종류의 행(파일, 링크, 파일 ID)을 포함할 수 있다. ReFS에서 각 행의 키는 파일의 이름, 링크 또는 파일 ID를 보여준다. 파일은 행에 속성(속성 코드와 값 쌍)을 포함하는 테이블이다.

테이블에 대해 수행할 수 있는 모든 작업(닫기, 변경, 디스크 쓰기 또는 삭제)은 민스토어 트랜잭션으로 표시된다. 민스토어 트랜잭션은 데이터베이스 트랜잭션과 유사하다. 즉, 여러 작업으로 구성될 수 있는 작업 단위며 단일 방식으로만 성공 또는 실패할 수 있다. 테이블이 디스크에 기록되는 방법은 트리 업데이트라는 프로세스를 통해 이뤄진다. 트리 업데이트가 요청되면 트랜잭션이 트리에서 삭제되고 업데이트가 완료될 때까지 트랜잭션을 시작할 수 없다.

ReFS에서 필요한 중요한 개념 중 하나는 임베디드 테이블이다. 루트 노드가 다른 B+ 트리의 행에 배치된 B+ 트리다. ReFS는 임베디드 테이블을 광범위하게 사용한다. 예를 들어 모든 파일은 루트가 디렉터리 행에 포함된 B+ 트리다. 포함된 테이블은 상위 테이블을 변경하는 이동 작업도 지원한다. 루트 노드의 크기는 고정돼 있으며 테이블의 스키마에서 가져온다.

B+ 트리의 물리적 레이아웃

민스토어에서 B+ 트리는 버킷으로 구성된다. 버킷은 일반 B+ 트리 노드에 동일한 민스토어다. 리프 버킷에는 트리에 저장된 데이터가 포함돼 있다. 중간 버킷은 디렉터 노드라고 하며 트리의 다음 레벨로의 직접 조회에만 사용된다(그림 11-79에서 각 노드는 버킷이다). 디렉터 노드는 트래픽을 하위 버킷으로 전달하는 데만 사용돼 하위 버킷에 키의 정확한 복사본이 없어도 되고 대신 두 버킷 사이의 값을 선택해 사용할 수 있다(ReFS에서 일반적으로 키는 압축된 파일 이름이다). 대신 중간 버킷의 데이터에는 논리 클러스터 번호^{LCN}와 가리키는 버킷의 체크섬 모두 포함된다(체크섬을 통해 ReFS는 자체 복구 기능을 구현할 수 있다). 민스토어 테이블의 중간 노드는 모든 리프 노드가 데이터 블록의 해시로 레이블되고 모든 비리프 노드가 하위 노드의 레이블에 대한 암호화 해시로 레이블이 지정된 머클^{Merkle} 트리로 간주될 수 있다.

모든 버킷은 버킷을 설명하는 인덱스 헤더^{index header}와 인덱스 엔트리를 올바른 시퀀스를 가리키는 오프셋 배열인 푸터^{footer}로 구성된다. 헤더와 푸터 사이에 인덱스 엔트리가 있다. 인덱스 엔트리는 B+ 테이블의 행을 말한다. 행은 키와 데이터(둘 다 같은 버킷에 존재)의 위치와 크기를 모두 제공하는 단순 데이터 구조다. 그림 11-80은 푸터에 있는 오프셋으로 인덱싱된 3개의 행을 포함하는 리프 버킷의 예를 보여준다. 리프 페이지에서 각 행에는 키와 실제 데이터(또는 다른 임베디드 트리의 루트 노드)가 포함된다.

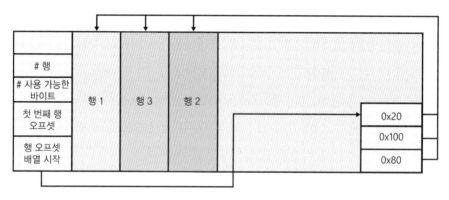

그림 11-80 푸터의 오프셋 배열로 정렬된 3개의 인덱스 엔트리가 있는 리프 버킷

할당자

파일 시스템이 민스토어에 버킷 할당을 요청하면(B+ 테이블은 버킷 핀^{pinning the bucket}이라는 프로세스에서 버킷을 요청) 민스토어는 하위 미디어의 빈 공간을 확인할 수 있는 방법이 필요하다. 민스토어의 첫 번째 버전은 계층적 할당자를 사용했는데, 이는 여러 개의 할당자 객체가 있었고 각각은 상위 할당자로부터 공간을 할당했다. 루트 할당자가 볼륨의 전체 공간을 매핑하면 각 할당자는 이제 엘시엔카운트^{lcn-count} 테이블 스키마를 사용하는 B+ 트리가 된다. 이 스키마는 행의 키를 할당자가 상위

노드에서 얻은 LCN의 범위를 말하고 행의 값을 할당자 영역으로 설명한다. 원래 구현에서 할당자 영역은 하위 노드와 연관된 영역에서 각 청크의 상태를 설명했다. 즉, 사용 가능한 노드 또는 할당된 노드와 이를 소유하는 객체 소유자 ID다.

그림 11-81은 계층적 할당자의 원래 구현의 단순화된 버전을 보여준다. 이 그림에서 큰 할당자에는 단 하나의 할당 단위 세트만 있다. 비트로 표시되는 공간은 현재 빈 미디엄 할당자에 할당된다. 이 경우 미디엄 할당자는 큰 할당자의 자식이다.

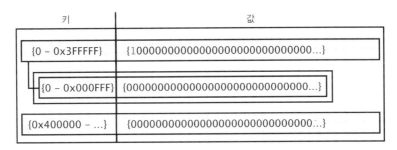

그림 11-81 오래된 계층형 할당자

B+ 테이블은 새 버킷을 얻고 기존 버킷의 쓰기 복사본write-on-write을 찾고자 할당자에 많이 의존한다(새로 쓰기write-to-new 방법 구현). 최신 민스토어 버전은 계층화를 지원할 수 있는 파일 시스템의 중앙 위치를 지원하고자 계층화된 할당자를 정책 중심의 할당자로 교체한다. 계층으로는 SSD, NVMe 또는 기존 로테이션 디스크와 같은 저장 장치의 타입이다. 계층화에 대해서는 이 장의 뒷부분에서 설명한다. 일반적으로 빠른 랜덤 액세스 영역으로 구성된 디스크를 지원하는 기능이다. 일반적으로 저속 순차 전용 영역보다 작다.

새로운 정책 기반 할당자는 요청된 계층(일반 저장 장치의 타입)을 기반으로 다양한 할당 영역을 정의하는 최적화 버전(초당 많은 양의 할당을 지원)이다. 파일 시스템이 새 데이터에 대한 공간을 요청하면 중앙 할당자는 정책 기반 엔진을 통해 할당되는 영역을 결정한다. 이 정책 엔진은 계층화를 지원하며(즉, 메타데이터의 랜덤 쓰기 특성으로 메타데이터는 항상 성능 계층에 기록되고 SMR 용량 계층에 기록되지 않음) ReFS 대역을 지원하고 지연된 할당 로직DAL을 지원한다. 지연 할당 로직은 파일 시스템이 파일을 생성할 때 일반적으로 파일 콘텐츠에 필요한 공간을 할당한다. 민스토어는 일반 파일 시스템에 LCN 범위를 반환하는 대신 디스크가 꽉 찬 공간을 예약하는 토큰을 반환한다. 파일이 마지막으로 기록되면 할당자는 파일 내용에 LCN을 할당하고 메타데이터를 업데이트한다. 이렇게 하면 SMR 디스크(이 장의 뒷부분에서 설명)의 문제가 해결되고 ReFS에서 1초 이내 대용량 파일(64TB 이상)을 만들 수 있다.

정책 중심의 할당자는 3개의 중앙 할당자로 구성되며 전역 B+ 테이블로 온디스크에 구현된다. 그러나 메모리에 로드되면 할당자는 AVL 트리를 사용해 표시된다.

AVL 트리는 이 책에서 다루지 않는 또 다른 종류의 자가 균형 이진트리다. B+ 테이블의 각 행은 여전히 범위에서 인덱싱되지만 행의 데이터 부분에는 비트맵이 포함되거나 최적화로 할당된 클러스터 수만 포함될 수 있다(할당된 공간이 연속하는 경우). 3가지 할당자는 서로 다른 목적으로 사용된다.

- 미디엄 할당자(MAA)는 다른 할당자로부터 할당된 일부 B+ 테이블을 제외하고 네임스페이스의 각 파일에 대한 할당자다. 미디엄 할당자는 B+ 테이블이므로 메타데이터를 업데이트하기 위한 공간을 찾아야 한다. 이는 스몰 할당자(SAA)의 역할이다.
- 스몰 할당자는 자체 미디엄 할당자 및 2개의 테이블(ReFS가 무결성 스트림을 지원)과 B 블록 참조 카운터 테이블(ReFS가 파일의 블록 복제를 지원)에 공간을 할당한다.
- 컨테이너 할당자(CAA)는 컨테이너 테이블에 공간을 할당할 때 사용된다. ReFS에 클러스터 가상화를 제공하고 컨테이너 압축에도 많이 사용되는 네이티브 테이블이다(자세한 내용은 다음 절 참고). 또한 컨테이너 할당자에는 자체가 사용하는 공간을 말하는 하나 이상의 엔트리가 포함돼 있다.

포맷 도구는 ReFS에 대한 일반 데이터 구조를 만들 때 3개의 할당자를 생성한다. 미디엄 할당자는 먼저 모든 볼륨의 클러스터를 말한다. SAA 및 CAA 메타데이터(B+ 테이블)에 대한 공간은 MAA에서 할당된다(볼륨 수명 기간 동안 발생하는 유일한 시간). 미디어 할당자가 사용하는 공간을 설명하는 항목이 SAA에 생성된다. 할당자가 생성되면 SAA 및 CAA의 추가 엔트리는 미디엄 할당자에서 할당되지 않는다(ReFS가 할당자 자체에서 손상을 감지한 경우 제외).

파일에 대한 새 쓰기 작업을 수행하려면 ReFS가 먼저 MAA 할당자에게 문의해 쓰기 할 공간을 찾아야 한다. 계층화된 구성에서는 계층 구조를 확인하고 이를 수행한다. 완료되면 파일의 스트림 익스텐트 테이블이 업데이트되고 해당 익스텐트의 새 위치가 반영되고 파일의 메타데이터가 업데이트된다. 그런 다음 새 B+ 트리가 여유 공간 블록의 디스크에 기록되고 이전 테이블이 여유 공간으로 변경된다. 쓰기가 라이트 스루로 태그돼 있는 경우, 즉 충돌 후 쓰기를 감지할 수 있어야 하는 경우 ReFS는 새 쓰기 작업을 기록하기 위한 로그 레코드를 기록한다(자세한 내용은 이 장의 뒷부분에 나오는 'ReFS 즉시 쓰기 절' 참고).

페이지 테이블

민스토어가 B+ 트리의 버킷을 업데이트하는 경우(자식 노드를 이동하거나 테이블에 행을 추가하는 경우) 일반적으로 부모(또는 디렉터) 노드를 업데이트해야 한다(좀 더 정확하게 말하면 민스토어는 노드 당 새 하위 버킷과 이전 하위 버킷을 가리키는 서로 다른 링크를 사용한다). 앞에서 설명한 것처럼 모든 디렉터 노드에 리프 체크섬이 포함돼 있기 때문이다. 또한 리프 노드가 이동되거나 삭제됐을 수 있다. 이는 동기화 문제로 이어진다. 예를 들어 행이 삭제될 때 B+ 트리를 읽는 스레드를 가정하자. 트리를 잠그고 모든 변경 사항을 물리적 매체에 쓰는 것은 많은 비용이 든다. 민스토어는 트리에 대한 정보를 추적하는 편리하고 빠른 방법이 필요하다. 민스토어 페이지 테이블(CPU의 페이지 테이블과 무관)은 각 민스토어의 루트 테이블(일반적으로 디렉터리 및 파일 테이블) 전용 메모리 내 해시 테이블이며 어떤 버킷이 더티, 해제 또는 삭제됐는지 추적한다. 이 테이블은 디스크에 저장되지 않는다. 민스토어에서 버킷과 페이지는 일반적으로 메모리에 상주하는 반면 버킷은 디스크에 저장되지만 정확히 동일한 높은 수준의 개념을 보여준다. 트리와 테이블도 서로 바꿔 사용할 수 있기 때문에 페이지 테이블이 그대로 불러지는 이유를 알 수 있다. 페이지 테이블의 각 행은 대상 버킷의 논리 클러스터 번호[LCN]를 키로 사용하며, 이에 대응하는 값으로 페이지 상태를 추적하고 B+ 트리의 동기화를 지원하는 데이터 구조로 포함돼 있다.

페이지를 처음 읽거나 만들 때 페이지 테이블을 나타내는 해시 테이블에 새 엔트리가 삽입된다. 페이지 테이블에 대한 엔트리는 다음 조건이 모두 충족되는 경우에만 삭제할 수 있다.

- 페이지에 액세스하는 활성된 트랜잭션이 없다.

- 페이지는 클린하고 수정 사항이 없다.
- 페이지는 이전 페이지의 카피 온 라이트의 새 페이지가 아니다.

이러한 규칙 덕분에 일반적으로 클린 페이지는 페이지 테이블에 들어가고 반복적으로 삭제되지만 더티 페이지는 B+ 트리가 업데이트되고 궁극적으로 디스크에 기록될 때까지 페이지 테이블에 남아 있다. 트리를 안정된 매체에 기록하는 프로세스는 항상 페이지 테이블의 상태에 따라 크게 달라진다. 그림 11-82에서 볼 수 있듯이 페이지 테이블은 민스토어에 의해 메모리 내 캐시로 사용돼 페이지의 각 상태를 알 수 있는 상태 머신을 생성한다.

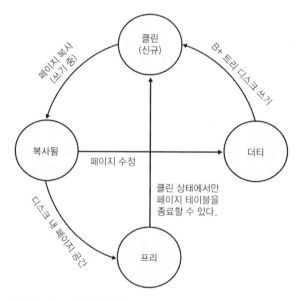

그림 11-82 그림은 페이지 테이블의 더티 페이지(버킷) 상태를 보여준다. 이전 페이지의 카피 온 라이트 또는 B+ 트리가 커지고 버킷을 저장하는 데 더 많은 공간이 필요한 경우 새 페이지가 생성된다.

민스토어 I/O

민스토어에서 최종 물리적 매체의 B+ 트리에 대한 읽기와 쓰기는 다른 방식으로 진행된다. 트리 읽기는 일반적으로 부분적으로 수행된다. 예를 들어 읽기 작업에는 일부 리프 버킷만 포함되며 액세스 또는 선점 프리패치 조치로 트랜잭션의 일부로 실행된다. 버킷이 캐시로 로드된 후(이 장에서 앞서 설명한 '캐시 관리자' 절 참고) 버킷의 체크섬을 확인해야 하기 때문에 민스토어는 데이터를 해석할 수 없다. 예상 체크섬은 상위 노드에 저장된다. ReFS 드라이버(민스토어 위에 있음)가 읽기 데이터를 인터셉트하면 노드를 검증해야 한다는 것을 알 수 있다. 상위 노드는 이미 캐시에 있다(트리는 이미 캐시돼 있다). 하위 노드에 도달하고자 탐색되고 하위 노드 체크섬이 포함된다. 민스토어에는 버킷에 유효한 데이터가 포함돼 있는지 확인하는 데 필요한 모든 정보가 있다. 페이지 테이블에는 액세스되지 않은 페이지가 포함될 수 있다. 이는 체크섬의 유효성을 계속 확인해야 하기 때문이다.

민스토어는 전체 B+ 트리를 단일 트랜잭션으로 생성해 트리 업데이트를 수행한다. 트리 업데이트 프로세스는 B+ 트리의 더티 페이지를 물리 디스크에 기록한다. 트리를 업데이트하는 데는 여러 가지 이유가 있다. 애플리케이션이 변경 내용을 명시적으로 플러시하고 시스템이 메모리 부족 또는 유사한 조건에서 실행되며 캐시 관리자가 캐시된 데이터를 디스크로 플러시하는 등이다. 민스토어는 일반적으로 지연 쓰기 스레드를 사용해 업데이트된 새 트리를 천천히 기록한다. 이전 절에서 봤듯이 지연 쓰기를 시작하는 몇 가지 트리거가 있다(예를 들어 더티 페이지 수가 특정 임곗값에 도달하는 경우).

민스토어는 트리 업데이트 요청 뒤에 있는 실제 이유를 알지 못한다. 민스토어가 먼저 수행하는 것은 다른 트랜잭션이 트리를 변경하지 않았는지 확인하는 것이다(복잡한 동기화 프리미티브 사용). 첫 번째 동기화 후 더티 페이지와 오래된 삭제된 페이지 쓰기를 시작한다. 새 페이지에 쓰기 구현에서 새 페이지는 수정된 내용이 교체된 버킷을 보여준다. 사용 가능한 페이지는 상위 페이지에서 연결을 해제해야 하는 오래된 페이지다. 트랜잭션이 리프 노드를 변경하는 경우 루트 버킷과 리프 페이지를 (메모리에) 복사한 다음 민스토어는 링크를 변경하지 않고 페이지 테이블에 해당하는 페이지 테이블 엔트리를 생성한다.

트리 업데이트 알고리듬은 페이시 테이블의 각 페이지를 보여준다. 그러나 페이지 테이블에는 페이지가 B+ 트리의 어느 레벨에 있는지에 대한 개념이 없으므로 알고리듬은 좀 더 외부 노드(일반적으로 리프)에서 루트 노드까지 B+ 트리를 검사한다. 각 페이지에 대해 알고리듬은 다음 단계를 수행한다.

1. 페이지의 상태를 확인한다. 해제된 페이지의 경우 해당 페이지를 건너뛴다. 더티 페이지의 경우 상위 포인터와 체크섬을 업데이트하고 생성할 페

이지의 내부 리스트에 해당 페이지를 정렬한다.

2. 이전 페이지를 삭제한다.

알고리듬이 루트 노드에 도달하면 그 상위 포인터와 체크섬을 객체 테이블로 직접 업데이트해 마지막에 루트 버킷에 작성하는 페이지 리스트에 추가한다. 민스토어는 원래 위치에 오래된 트리를 유지하면서 일반 볼륨의 여유 공간에 새 트리를 쓸 수 있다. 오래된 트리는 제거된 것으로만 표시되지만 실제 매체에 여전히 남아 있다. 이는 새로 쓰기 방법을 요약하고 ReFS 파일 시스템(민스토어 위에 있음)이 고급 온라인 복구 기능을 지원할 수 있게 하는 중요한 특징이다. 그림 11-83은 2개의 새 리프 페이지(A' 및 B')가 포함된 B+ 테이블의 트리 업데이트 프로세스의 예를 보여준다. 이 그림에서 페이지 테이블의 페이지는 밝은 색조로 표시되지만 이전 페이지는 어두운 색조로 표시된다.

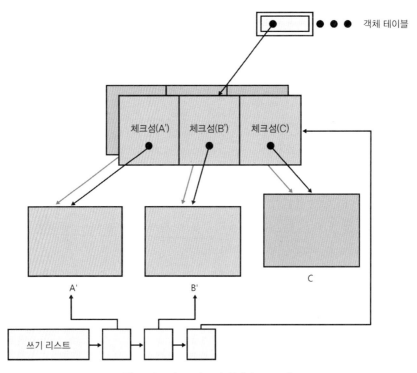

그림 11-83 민스토어 트리 업데이트 프로세스.

트리 업데이트를 수행하는 동안 트리에 대한 독점 액세스를 유지하면 성능 문제가 발생할 수 있다. 독점적으로 잠긴 B+ 트리에서 다른 사람은 읽거나 쓸 수 없다. 윈도우 10의 최신 버전에서는 민스토어의 B+ 트리가 세대별로 구분됐다. 각 B+ 트리에는 세대 번호가 지정돼 있다. 이는 트리의 페이지가 특정 세대에 의해 더티될 수 있다. 페이지가 원래 특정 트리 생성에 대해서만 더티되는 경우 최종 트리가 아직 디스크에 기록되지 않았기 때문에 카피 온 라이트없이 직접 업데이트할 수 있다.

새 모델에서 트리 업데이트 프로세스는 일반적으로 다음 2단계로 나뉜다.

- **실패 단계:** 민스토어는 트리의 배타적 잠금을 획득하고, 트리의 세대 번호를 증가시키고, 트리를 업데이트하는 데 필요한 메모리를 계산하고 할당한 다음 마지막으로 잠금을 공유로 드롭한다.
- **사용 불가 단계:** 이 단계는 공유 잠금(다른 I/O가 트리에서 읽을 수 있음을 의미함)에서 실행되며 민스토어는 디렉터 노드와 모든 트리의 체크섬 링크를 업데이트하고 최종 마지막 트리를 디스크에 쓴다. 트리가 디스크에 기록되는 동안 다른 트랜잭션이 트리를 수정하려는 경우 트리의 세대 번호가 더 높음을 감지해 트리를 다시 복사한다.

새 스키마에서 민스토어 실패 가능한 단계에서만 독점 잠금을 유지한다. 이는 트리 업데이트를 다른 민스토어 트랜잭션과 병렬로 수행할 수 없게 하므로 전반적인 성능을 크게 향상시킨다.

ReFS 아키텍처

이전에 이미 소개했듯이 복원 파일 시스템(ReFS)은 NTFS 구현과 민스토어의 하이브리드며 모든 파일과 디렉터리는 특정 스키마로 구성된 B+ 트리다. 파일 시스템 볼륨은 디렉터리의 플랫 네임스페이스다. 앞에서 설명한 것처럼 NTFS는 다양한 요소로 구성돼 있다.

- **핵심 FS 지원:** 파일 시스템과 캐시 관리자 및 I/O 서브시스템과 같은 다른 시스템 구성 요소 간의 인터페이스를 설명하고 파일 생성, 열기, 읽기, 쓰

기, 닫기 등의 개념을 묘사한다.

- **고급 수준의 FS 기능 지원:** 파일 압축, 파일 링크, 할당량 추적, 재분석 지점, 파일 암호화, 복구 지원 등 최신 파일 시스템의 고급 기능을 묘사한다.
- **온디스크의 종속 컴포넌트 및 데이터 구조:** MFT 및 파일 레코드, 클러스터, 인덱스 패키지, 상주 및 비상주 속성 등(세부 내용은 이 장 앞부분의 'NT 파일 시스템(NTFS)' 절 참고)이다.

ReFS는 그림 11-84와 같이 처음 두 부분을 크게 변경하지 않고 나머지 디스크 종속 구성 요소를 민스토어로 교체한다.

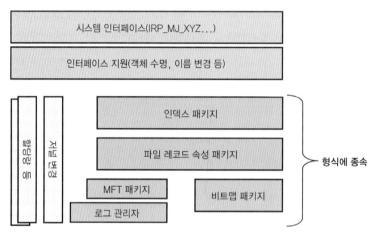

그림 11-84 ReFS 아키텍처의 스키마

이 장의 'NTFS 드라이버' 절에서는 파일 핸들을 파일 시스템 디스크의 구조에 연결하는 엔터티를 소개했다. ReFS 파일 시스템 드라이버에서 이러한 데이터 구조(호출자가 읽으려는 NTFS 속성을 나타내는 스트림 제어 블록 및 디스크의 MFT 내의 파일 레코드에 대한 포인터를 포함하는 파일 제어 블록)는 여전히 유효하지만 일반적인 내구성 스토리지에 대해서는 약간 다른 의미가 있다. 이러한 객체에 대한 변경 사항은 온디스크의 MFT로의 변경 사항으로 직접 변경하는 대신 민스토어를 통해 수행된다. 그림 11-85와 같이 ReFS는 다음과 같다.

- 파일 제어 블록^{FCB}은 단일 파일이나 디렉터리를 나타내며, 상위 디렉터리의 스트림 제어 블록 및 키(디렉터리 이름)에 대한 참조인 민스토어 B+ 트리에

대한 포인터를 포함한다. FCB는 `FsContext2` 필드를 통해 파일 객체로 가리킨다.

- 스트림 제어 블록[SCB]은 파일 객체의 열린 스트림을 보여준다. ReFS에서 사용되는 데이터 구조는 NTFS의 단순화된 버전이다. 그러나 SCB가 디렉터리를 나타낼 때 SCB는 디렉터리를 나타내는 B+ 트리에 위치한 디렉터리의 인덱스에 대한 링크를 가진다. SCB는 `FsContext` 필드를 통해 파일 객체로 가리킨다.

- 볼륨 제어 블록[VCB]은 ReFS로 포맷된 현재 마운트된 볼륨을 보여준다. ReFS 드라이버가 정상 포맷된 볼륨을 확인하면 VCB 데이터 구조체가 생성돼 볼륨 디바이스 객체 확장자에 연결되고 ReFS 파일 시스템 드라이버가 초기화 시 할당하는 전역 데이터 구조체에 위치한 리스트에 연결된다. VCB는 볼륨이 현재 열려 있는 모든 디렉터리 FCB의 테이블을 포함하며 참조 ID로 인덱싱된다.

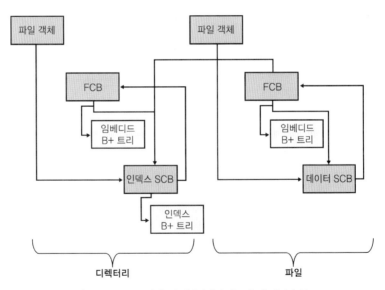

그림 11-85 ReFS 파일 및 디렉터리의 메모리 내 데이터 구조.

ReFS에서 모든 열린 파일은 열린 스트림 수에 따라 다른 SCB가 가리킬 수 있는 단일 FCB 메모리를 갖고 있다. FCB가 속성을 정상 변경하고자 파일의 MFT 엔트리를 알면 NTFS와 달리 ReFS의 FCB는 파일 레코드를 나타내는 B+ 트리를 가리켜야 한다. 파일의 B+ 트리의 각 행은 ID, 전체 이름, 익스텐트 테이블과 같은 파일의 속성을 보여준다. 각 행의 키는 속성 코드(정수 값)다.

파일 레코드는 파일이 있는 디렉터리의 엔트리다. 파일을 나타내는 B+ 트리의 루트 노드는 디렉터리 엔트리의 값 데이터에 포함되며 객체 테이블에는 나타나지 않는다. 익스텐트 테이블로 표시되는 파일 데이터 스트림은 파일 레코드에 내장된 B+ 트리다. 익스텐트 테이블은 범위별로 인덱싱된다. 이는 익스텐트 테이블의 모든 행은 행 키로 사용되는 VCN 범위와 행 값으로 사용되는 파일 익스텐트의 LCN을 가진다. ReFS에서는 익스텐트 테이블이 가장 커질 수 있다(실제로는 일반 B+ 트리다). 따라서 ReFS는 NTFS 한계를 무시하고 대용량 파일을 지원할 수 있다.

그림 11-86은 객체 테이블, 파일, 디렉터리 및 파일 익스텐트 테이블을 보여주며 ReFS에서는 모두 B+ 트리를 통해 표현되며 파일 시스템 네임스페이스를 제공한다.

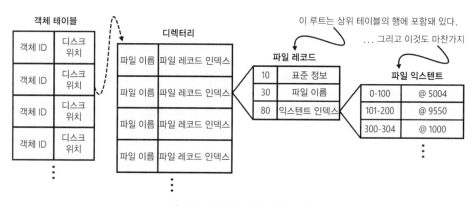

그림 11-86 ReFS 파일 및 디렉터리.

디렉터리는 단일 플랫 네임스페이스를 담당하는 민스토어 B+ 트리다. ReFS 디렉터리에는 다음이 포함될 수 있다.

- 파일
- 디렉터리 링크
- 다른 파일에 대한 링크(파일 ID)

디렉터리 B+ 트리의 행은 <key, <type, value>> 쌍으로 구성되며 여기서 키key는 엔트리의 이름이고 값value은 디렉터리 엔트리의 타입type에 따라 달라진다. 민스토어느 쿼리 및 기타 고급 수준을 지원하고자 일부 내부 데이터를 숨겨진 디렉터리 행에 저장한다. 이러한 종류의 행에는 유니코드의 제로화 문자로 시작하는 키가 있다. 언급할 가치가 있는 또 다른 행은 디렉터리의 파일 행이다. 모든 디렉터리에는 레코드가 있으며 ReFS에서 해당 파일 레코드는 잘 알려진 제로 키를 사용해 동일한 디렉터리에 파일 행으로 저장된다. 이는 ReFS가 디렉터리에 유지하는 메모리의 데이터 구조에 일부 영향을 준다. NTFS에서 디렉터리는 실제로 파일 레코드의 속성이다(인덱스 루트 속성 및 인덱스 할당 속성을 통해). ReFS에서 디렉터리는 디렉터리 자체에 저장된 파일 레코드(디렉터리 인덱스 레코드라고 함)다. 따라서 ReFS가 디렉터리의 파일을 조작하거나 검사할 때마다 디렉터리 인덱스가 열려 있고 메모리에 상주하는지 확인해야 한다. 디렉터리를 업데이트할 수 있게 ReFS는 디렉터리의 인덱스 레코드에 대한 포인터를 열린 스트림 제어 블록에 저장한다.

설명된 ReFS B+ 트리 구성은 중요한 문제를 해결하지 못한다. 시스템이 디렉터리의 파일을 열거할 때마다 각 파일의 B+ 트리를 열고 구문 분석해야 한다. 이는 일반 매체의 여러 위치에 대한 많은 I/O 요청이 필요하다. 매체가 로테이션 디스크인 경우 성능이 다소 저하될 수 있다.

이 문제를 해결하고자 ReFS는 STANDARD_INFORMATION 데이터 구조체를 파일의 임베디드 테이블의 루트 노드에 저장한다(하위 파일의 B+ 테이블 행에 저장되지 않는다). STANDARD_INFORMATION 데이터에는 파일 열거에 필요한 모든 정보(파일 액세스 시간, 크기, 속성, 보안 디스크립터 ID, 업데이트 시퀀스 번호 등)가 포함된다. 파일의 포함된 루트 노드는 상위 디렉터리에서 B+ 트리의 리프 버킷에 저장된다. 데이터 구조를 파일의 임베디드 루트 노드에 정렬함으로써 시스템이 디렉터리의 파일을 열거할 때 개별 파일을 설명하는 B+ 테이블에 액세스하지 않고 디렉터리 B+ 트리의 엔트리를 구문 분석하면 된다. 디렉터리를 나타내는 B+ 트리는 이미 페이지 테이블에 있으므로 열거 속도는 가장 빠르다.

ReFS 온디스크 구조

이 절에서는 'NTFS' 절과 마찬가지로 ReFS 볼륨의 디스크 구조를 설명한다. 이 절에서는 NTFS와 ReFS의 차이에 초점을 맞추고 이전 절에서 이미 설명한 개념은 다루지 않는다.

ReFS 볼륨의 부트 섹터는 NTFS와 마찬가지로 일반 볼륨 정보(일련 번호, 클러스터 크기 등), 파일 시스템 식별자(ReFS OEM 문자열 및 버전) 및 ReFS 컨테이너 크기를 포함하는 작은 데이터 구조로 구성되며 자세한 내용은 이 장 뒷부분의 '기와식 자기 기록(SMR) 볼륨' 절에서 설명한다. 볼륨에서 가장 중요한 데이터 구조는 볼륨 슈퍼블록이다. 여기에는 최신 볼륨 체크포인트 레코드의 오프셋이 포함되며 3개의 서로 다른 클러스터로 복제된다. ReFS는 볼륨을 마운트할 수 있게 볼륨 체크포인트 중 하나를 읽고, 이를 확인하고 구문 분석하고(체크포인트 레코드에는 체크섬이 포함), 마지막으로 각 전역 테이블의 오프셋을 가져온다.

볼륨 마운트 프로세스는 객체 테이블을 열고 볼륨 네임스페이스를 구성하는 모든 디렉터리 트리를 포함하는 루트 디렉터리를 읽는 데 필요한 정보를 가져온다. 객체 테이블은 컨테이너 테이블과 함께 모든 볼륨 메타데이터의 시작점이 되는 가장 중요한 데이터 구조다. 컨테이너 테이블에는 가상화 네임스페이스를 제공하기 때문에 이 네임스페이스가 없으면 ReFS가 클러스터의 최종 위치를 정확하게 확인할 수 없다. 민스토어를 사용하면 클라이언트가 선택적으로 객체 테이블 행에 정보를 저장할 수 있다. 그림 11-87과 같이 객체 테이블의 행 값에는 민스토어가 소유하는 부분과 ReFS가 소유하는 부분의 두 부분이 있다. ReFS는 상위 정보와 USN 번호에 대한 상위 워터마크를 디렉터리에 저장한다(세부 내용은 이 장 뒷부분의 '보안 및 저널 변경' 절 참고).

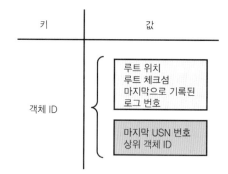

그림 11-87 ReFS 부분(아래 사각형)과 민스토어 부분(위 사각형)으로 구성된 객체 테이블 엔트리

객체 ID

ReFS가 해결해야 할 또 다른 문제는 파일 ID에 관한 것이다. 여러 이유로 주로

네임스페이스에 정보를 연결하지 않고 효율적인 방식으로 파일에 대한 메타데이터를 추적하고 저장하고자 ReFS는 파일 ID를 통해 파일을 여는 애플리케이션을 지원해야 한다(예를 들면 OpenFileById API 사용). NTFS는 $Extend\$ObjId 파일을 통해 이를 수행한다($0 인덱스 루트 속성을 사용, 세부 내용은 이전 'NTFS' 절 참고). ReFS에서 모든 디렉터리에 ID를 할당하는 것은 간단하다. 실제로 민스토어는 디렉터리의 객체 ID를 객체 테이블에 저장한다. 이 문제는 시스템이 파일에 ID를 할당할 수 있을 때 발생한다. ReFS에는 NTFS와 같은 중앙 파일 ID 저장소가 없다. 디렉터리 트리에 있는 파일 ID를 제대로 찾고자 ReFS는 파일 ID 공간을 디렉터리와 파일의 두 부분으로 나눈다. 디렉터리 ID는 디렉터리 부분을 사용해 객체 테이블의 행 키로 인덱싱된다. 파일 부분은 디렉터리의 내부 파일 ID 공간 밖에서 할당된다. 디렉터리를 나타내는 ID는 일반적으로 파일 부분에 제로화돼 있지만 디렉터리의 모든 파일은 동일한 디렉터리 부분을 공유한다. ReFS는 디렉터리의 B+ 트리에 다른 행(〈파일ID, 파일 이름〉쌍으로 구성됨)을 추가해 파일 ID 개념을 지원해 파일 ID가 디렉터리의 파일 이름에 매핑된다.

시스템이 파일 ID를 사용해 ReFS 볼륨에 있는 파일을 열어야 할 때 ReFS는 다음과 같이 요청한다.

1. 디렉터리 부분에 지정된 디렉터리 열기
2. 파일 부분에 해당하는 키를 가진 디렉터리 B+ 트리의 FileId 행을 쿼리
3. 디렉터리 B+ 트리에서 마지막 조회에서 찾은 파일 이름을 쿼리

주의 깊은 독자는 이 알고리듬이 파일의 이름이 바뀌거나 이동될 때 어떤 일이 일어나는지 설명하지 않았음을 알아챘을 것이다. 이름이 바뀐 파일의 ID는 파일 ID의 디렉터리 부분에서 새 디렉터리의 ID가 다른 경우에도 이전 위치와 동일해야 한다. ReFS는 이전 디렉터리 B+ 트리의 원래 파일 ID 엔트리 값에 대상 파일 이름을 지정하는 대신 이름이 변경된 파일의 새로 할당된 ID를 포함하는 새 '툼스톤tombstone' 엔트리로 교체함으로써 문제를 해결한다(디렉터리와 파일 부분이 모두 변경된다). 다른 새 파일 ID 엔트리도 새 디렉터리 B+ 트리에 할당되며 이를 통해 이름이 변경된 파일에 새 로컬 파일 ID를 할당할 수 있다. 그런 다음 파일을 다른 디렉터리로 이동하면 두 번째 디렉터리의 ID 엔트리가 더 이상 필요하지 않으므로 삭제된다.

모든 파일에 대해 최대 1개의 툼스톤이 있다.

보안 및 변경 저널

파일 시스템에서 윈도우 객체 보안을 지원하는 메커니즘은 대부분 파일 시스템의 일부에 의해 사용되는 상위 구성 요소에 있으며 NTFS 이후로 변경되지 않았다. 일반 온디스크의 구현은 동일한 의미 집합을 지원하도록 변경됐다. ReFS에서 객체 보안 디스크립터는 볼륨의 전역 보안 디렉터리 B+ 테이블에 저장된다. 테이블의 모든 보안 디스크립터에 대해 해시가 계산되고(자기 상대 보안 디스크립터에서만 동작하는 고유한 알고리듬을 사용) 각각에 ID가 할당된다.

시스템이 새 보안 디스크립터를 파일에 첨부하면 ReFS 드라이버는 보안 디스크립터의 해시를 계산해 전역 보안 테이블에 이미 존재하는지 확인한다. 해시가 테이블에 존재하는 경우 ReFS는 ID를 확인하고 파일의 B+ 트리에 임베디드 루트 노드에 있는 STANDARD_INFORMATION 데이터 구조체에 저장한다. 해시가 전역 보안 테이블에 아직 존재하지 않는 경우 ReFS는 유사한 단계로 수행되지만 먼저 전역 B+ 트리에 새로운 보안 디스크립터를 추가하고 새로운 ID를 만든다.

전역 보안 테이블의 행은 <해시, ID>, <보안 디스크립터, 참조 카운트> 형식이다. 여기서 해시와 ID는 앞에서 설명한 대로 보안 디스크립터는 자체의 원시 바이트 페이로드며, 참조 카운트는 볼륨에서 보안 디스크립터를 사용하는 객체 수에 대한 추정치다.

이전 절에서 설명한 것처럼 NTFS는 변경 저널 기능을 지원한다. 이 기능은 애플리케이션 및 서비스에 볼륨의 파일에 대한 과거 변경 사항을 조회하는 기능을 제공한다. ReFS는 NTFS 호환 변경 저널을 약간 다른 방식으로 지원한다. ReFS 저널은 다른 볼륨의 전역 민스토어 B+ 트리인 메타데이터 디렉터리 테이블에 있는 변경 저널 파일에 변경 엔트리를 저장한다. ReFS는 볼륨이 마운트된 후에만 볼륨 변경 저널 파일을 열고 구문 분석한다.

저널의 최대 크기는 저널 파일의 $USN_MAX 속성에 저장된다. ReFS에서 각 파일과 디렉터리는 상위 디렉터리의 임베디드 루트 노드에 저장된 STANDARD_INFORMATION

데이터 구조체의 마지막 USN(업데이트 시퀀스 번호)을 포함한다. ReFS는 저널 파일과 각 파일 및 디렉터리의 USN 번호를 통해 볼륨 저널 파일을 읽고 열거하는 데 필요한 3개의 FSCTL을 제공할 수 있다.

- **FSCTL_READ_USN_JOURNAL**: USN 저널을 직접 읽는다. 발신자는 읽고 있는 저널 ID와 읽을 것으로 예상되는 USN 레코드의 번호를 지정한다.
- **FSCTL_READ_FILE_USN_DATA**: 지정된 파일 또는 디렉터리의 USN 변경 저널 정보를 검색한다.
- **FSCTL_ENUM_USN_DATA**: 모든 파일 레코드를 스캔하고 USN이 호출자가 지정한 범위 내에 있는 USN 레코드에서 USN 저널을 마지막으로 업데이트한 레코드만 열거한다. ReFS는 객체 테이블을 스캔한 다음 객체 테이블에서 참조하는 각 디렉터리를 스캔하고 지정된 타임라인 내에 있는 해당 디렉터리의 파일을 반환해 쿼리를 충족할 수 있다. 각 디렉터리를 열고 검사해야 하기 때문에 속도가 느리다(디렉터리의 B+ 트리는 디스크 전체에 분산될 수 있다). ReFS가 이를 최적화하는 방법은 디렉터리의 객체 테이블 엔트리에 있는 디렉터리에 있는 모든 파일 중 가장 높은 USN을 저장하기 때문이다. 이렇게 하면 ReFS는 지정된 범위 내에 있는 것으로 알고 있는 디렉터리만 방문해 이 쿼리를 충족할 수 있다.

ReFS의 고급 기능

이 절에서는 ReFS 파일 시스템이 애저 클라우드를 제공하는 인프라에서 사용되는 것과 같은 대형 서버 시스템에 더 적합한 이유를 설명하도록 ReFS의 고급 기능을 살펴본다.

파일 차단 복제(스냅숏 지원)와 스파스 VDL

기존에는 스토리지 시스템이 스냅숏 및 복제 기능을 볼륨 레벨에서 구현했다(예를 들면 동적 볼륨). 현재의 데이터 센터에서는 수백 대의 가상 시스템이 실행되고 고유 볼륨에 저장돼 있는 경우에 이러한 기술을 확장할 수 없다. ReFS 설계의 초기 목표 중 하나는 파일 레벨 스냅숏과 확장 가능한 복제를 지원하는 것이다(VM은 일반적으로 기본 호스트 스토리지에서 하나 또는 몇 개의 파일에 매핑됨). 즉, ReFS는 전체 파일 또는 일부만 복제할 수 있는 빠른 방법을 제공해야 했다. 한 파일에서 다양한 블록 범위를 복제하면 파일 레벨 스냅숏뿐 아니라 하나 이상의 파일에서 블록을 섞어야 하는 애플리케이션의 세밀한 복제도 가능하다. VHD diff-disk 병합이 그 예다.

ReFS는 새로운 FSCTL_DUPLICATE_EXTENTS_TO_FILE을 확인해 한 파일에서 동일한 파일의 다른 범위 또는 다른 파일로 블록 범위를 복제한다. 복제 작업 이후에 두 파일의 복제 범위에 쓰기는 복제 블록을 유지하면서 새로 쓰기 방식으로 진행된다. 나머지 참조가 하나만 있으면 블록을 제자리에 사용할 수 있다. 소스 및 대상 파일의 핸들, 블록의 복제 원본인 모든 세부 사항, 소스에서 복제하는 블록, 대상 범위가 매개변수로 제공된다.

이전 절에서 이미 봤듯이 ReFS는 파일의 데이터 스트림을 구성하는 LCN을 파일 레코드의 행에 위치한 임베디드 B+ 트리인 익스텐트 인덱스 테이블로 인덱싱한다. 블록 복제를 지원하고자 민스토어는 현재 복제 중인 블록의 모든 익스텐트에 대한 참조 수를 추적하는 새로운 전역 인덱스 B+ 트리(블록 수 참조 테이블이라고 함)를 사용한다. 인덱스는 빈 상태에서 시작된다. 첫 번째 정상적인 복제 작업은 테이블에 하나 이상의 행을 추가해 블록의 참조 카운트가 2가 됐음을 보여준다. 이러한 블록의 뷰 중 하나를 삭제하면 행이 삭제된다. 이 인덱스는 새로 쓰기 작업이 필요한지 또는 새로 쓰기 작업이 진행될 수 있는지 여부를 확인하고자 참조된다. 또한 할당자에서 빈 블록을 표시하기 전에 이를 참조한다. 파일에 속한 클러스터를 해제하면 클러스터 범위의 참조 카운트는 감소한다. 테이블의 참조 카운트가 제로에 도달하면 공간은 해제됨으로 표시된다.

그림 11-88은 파일을 복제하는 예를 보여준다. 전체 파일(그림의 파일 1과 파일 2)을 복제한 후 두 파일 모두 동일한 익스텐트 테이블을 가지며 민스토어 블록 카운트 참조 테이블에는 두 볼륨 익스텐트에 대한 2개의 참조가 표시된다.

민스토어는 테이블의 크기를 줄이고자 가능한 한 블록 참조 카운트 테이블의 행을 자동으로 병합한다. 윈도우 서버 2016에서 하이퍼V는 새로운 복제 FSCTL을 사용한다. 결과는 VM 복제와 여러 스냅숏의 병합은 가장 빠르다.

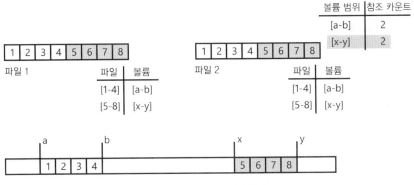

그림 11-88 ReFS 파일 복제

ReFS는 NTFS와 유사한 방식으로 유효한 데이터 길이^{VDL} 파일 개념을 지원한다.
$$ZeroRangeInStream 파일 데이터 스트림을 사용해 ReFS는 할당된 각 파일의 데이터 블록에 대해 유효하거나 유효하지 않은 상태를 추적하고 파일에 요청된 각각의 모든 새 할당은 유효하지 않고 파일에 처음 사용하면 할당이 가능해진다.
ReFS는 유효하지 않은 파일 범위의 요청을 읽을 수 있게 제로화된 콘텐츠를 반환한다. 이 기술은 이 장의 전반부에서 설명한 DAL과 유사하다. 애플리케이션은 **FSCTL_SET_ZERO_DATA** 파일 시스템 제어 코드를 사용해 실제로 데이터를 쓰지 않고 파일의 일부를 논리적으로 제로화로 만든다(이 기능은 하이퍼V에서 고정 크기 VHD를 가장 빠르게 만드는 데 사용된다).

실습: 하이퍼V를 통한 ReFS 스냅숏 지원 확인

이 실습에서는 하이퍼V를 사용해 ReFS 볼륨 스냅숏 지원을 테스트한다. 하이퍼V 관리자를 사용해 가상 시스템을 만들고 운영체제가 설치돼 있어야 한다. 처음 시작할 때 가상 머신 이름을 마우스 오른쪽 버튼으로 클릭하고 **체크포인트** 메뉴 항목을 선택해 VM에서 체크포인트를 가져온다. 다음으로 일부 애플리케이션을 가상 컴퓨터에 설치하고(다음 예에서는 오피스가 설치된 윈도우 서버 2012 컴퓨터로 보여준다) 다른 체크포인트를 선택한다.

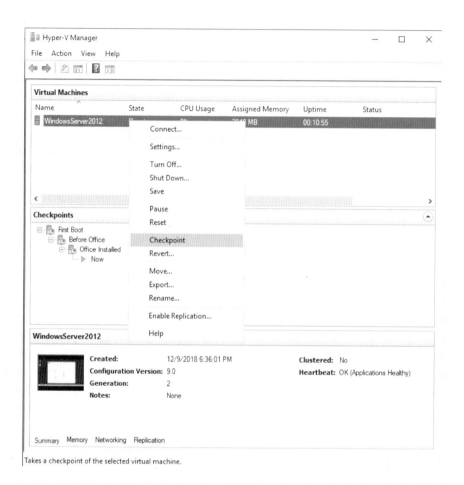

가상 머신의 전원을 끄고 파일 탐색기를 사용해 가상 하드디스크 파일이
있는 위치를 찾으면 현재 체크포인트와 이전 체크포인트의 콘텐츠 차이를
나타내는 가상 하드디스크와 다른 여러 파일을 찾을 수 있다.

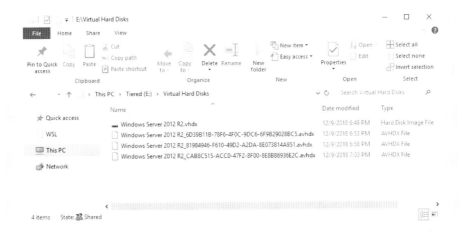

하이퍼V 관리자를 다시 열고 전체 체크포인트 트리를 삭제하면(첫 번째 루트 체크포인트를 마우스 오른쪽 버튼으로 클릭하고 체크포인트 하위 트리 삭제(Delete Checkpoint Subtree) 메뉴 항목을 선택하면) 전체 병합 프로세스는 몇 초밖에 걸리지 않는다. 이는 하이퍼V가 FSCTL_DUPLICATE_EXTENTS_TO_FILE의 I/O 제어 코드를 통해 ReFS의 블록 복제 지원을 사용해 체크포인트 콘텐츠를 기본 가상 하드디스크 파일에 적절하게 병합한다는 사실이다. 앞에서 설명한 것처럼 블록 복제는 실제로 데이터를 이동하지 않는다. exFAT 또는 NTFS 파일 시스템을 사용해 포맷된 볼륨에서 동일한 실습을 반복하면 체크포인트를 병합하는 데 필요한 시간이 늘어나는 것을 알 수 있다.

ReFS 즉시 쓰기

ReFS의 목표 중 하나는 파일 시스템 손상으로 인한 가용성을 거의 제로화(0)로 만드는 것이다. 다음 절에서는 디스크 손상으로부터 복구하고자 ReFS에서 사용하는 사용 가능한 모든 온라인 복구 방법을 설명한다. 이를 설명하기 전에 ReFS가 트랜잭션을 기본 미디어에 쓸 때 기입하는 구현 방법을 이해해야 한다.

라이트 스루Write-through라는 용어는 시스템이 합리적으로 보장하기 전에 시스템이 충돌 복구 후 작업 결과를 표시할 때까지 완료해서는 안 되는 초기 변경 작업(예를 들어 파일 만들기, 파일 확장, 블록 쓰기)을 말한다. 즉시 쓰기 성능은 다양한 입출력 시나리오에서 중요하다. 이는 데이터와 메타데이터라는 2가지 유형의 파일 시스템 작업으로 나뉜다.

ReFS가 메타데이터를 변경할 필요 없이 파일의 내부 업데이트를 수행하는 경우(예를 들어 시스템이 이미 할당된 파일의 내용을 길이를 늘이지 않고 변경하는 경우) 즉시 쓰기 성능 오버헤드는 최소화된다. ReFS는 메타데이터에 할당해 쓰기 때문에 메타데이터가 변경될 때 다른 시나리오에 쓰기를 보증하는 데 비용이 많이 들기 때문이다. 예를 들어 파일의 이름이 바뀌었는지 확인하는 것은 파일 시스템의 루트에서 파일 이름을 설명하는 블록까지 메타데이터 블록을 새 위치에 기록해야 함을 말한다. ReFS의 할당해 쓰기의 특성은 데이터를 변경하지 않는 특성이 있다. 이것이 의미하는 것은 NTFS와 달리 시스템 복구에서 작업을 실행 취소할 필요가 없다는 것이다.

즉시 쓰기를 구현하고자 민스토어는 미리 쓰기 로깅(또는 WAL)을 사용한다. 그림 11-89에서 보여주는 이 체계에서 시스템은 논리적으로 무한 길이의 로그에 레코드를 추가한다. 복구 시 로그를 읽고 재생하고 민스토어는 할당자 테이블을 제외한 모든 테이블에 대한 논리적 재실행redo 트랜잭션 레코드 로그를 관리하게 된다.

각 로그 레코드는 복구 시 재생해야 하는 전체 트랜잭션을 말한다. 각 트랜잭션 레코드에는 수행할 실제 상위 레벨 작업을 설명하는 하나 이상의 작업인 재실행 레코드가 있다(Table X의 [key K/value V] 쌍 삽입). 트랜잭션 레코드는 트랜잭션을 분리하기 위한 복구를 가능하게 하며 원자성 단위다(트랜잭션이 부분적으로 다시 실행되지 않음). 논리적으로 로깅은 모든 ReFS 트랜잭션에 의해 소유된다. 작은 로그 버퍼에는 로그 레코드가 포함된다. 트랜잭션이 커밋되면 로그 버퍼가 메모리의 볼륨 로그에 기록되고 디스크에 기록된다. 그렇지 않으면 트랜잭션이 중단되고 내부 로그 버퍼는 삭제된다. 즉시 쓰기 트랜잭션은 로그가 그 시점까지 커밋됐다는 로그 엔진의 확인을 기다리지만 즉시 쓰지 않기 트랜잭션은 확인 없이 자유롭게 계속 진행된다.

또한 ReFS는 체크포인트를 사용해 시스템의 일부 뷰를 기반으로 디스크에 커밋한다. 그 결과 이전에 기록된 로그 레코드의 일부는 불필요해진다. 체크포인트가 영향을 받는 트리의 뷰를 디스크에 커밋한 후에는 트랜잭션의 재실행 로그 레코드를 다시 실행할 필요가 없다. 이는 체크포인트가 로그 엔진에 의해 삭제될 수 있는 로그 레코드의 범위를 확인하는 것을 말한다.

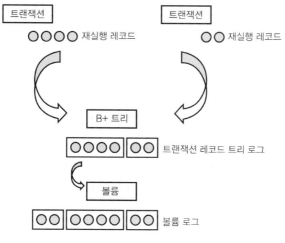

그림 11-89 민스토어의 미리 쓰기 로그 체계

ReFS 복구 지원

파일 시스템 볼륨을 항상 적절하게 사용할 수 있도록 ReFS는 다양한 복구 방법을 사용한다. NTFS에도 유사한 복구 지원이 있지만 ReFS의 목표는 대용량 디스크에서 실행하는 데 몇 시간이 걸리고 운영체제를 다시 시작해야 하는 오프라인 검사 디스크 유틸리티(NTFS에서 사용되는 Chkdsk 도구)를 제거하는 것이다. ReFS 복구 방법은 크게 4가지가 있다.

- 메타데이터 손상은 체크섬과 에러 수정 코드를 통해 감지된다. 무결성 스트림은 파일의 실제 내용의 체크섬을 사용해 파일의 데이터 무결성을 확인하고 유지한다(체크섬은 파일의 B+ 트리 테이블 행에 저장된다). 이렇게 하면 파일 시스템 메타데이터뿐만 아니라 파일 자체의 무결성이 유지된다.
- ReFS는 다른 유효한 사본을 사용할 수 있는 한 손상된 것으로 판명된 데이터를 지능적으로 복구한다. 다른 사본은 ReFS 자체(객체 테이블과 같은 중요한 구조의 고유한 메타데이터의 추가 사본을 보유함) 또는 저장 공간에서 제공하는 볼륨 이중화(이 장의 뒷부분에 나오는 '저장 공간' 절 참고)에 의해 제공된다.
- ReFS는 온라인 중에 파일 시스템 네임스페이스에서 손상된 데이터를 제거하는 복구 작업을 실행한다.

- ReFS는 최선의 노력을 기울이는 기술로 손실된 메타데이터를 재구축한다.

첫 번째와 두 번째 방법은 ReFS가 의존하는 민스토어 라이브러리의 속성이다(무결성 스트림에 대한 세부 내용은 이 절의 뒷부분에서 설명). 객체 테이블과 모든 전역 민스토어 B+ 트리 테이블에는 서로 다른 디스크 블록에 저장된 하위(또는 디렉터) 노드를 가리키는 각 링크의 체크섬이 포함돼 있다. 민스토어는 블록이 예상과 다르게 감지되면 복제된 사본 중 하나(사용 가능한 경우)에서 자동으로 복구를 시도한다. 사본을 사용할 수 없는 경우 민스토어는 ReFS 상위 계층에 에러를 반환한다. ReFS는 온라인 복구 online salvage 작업을 초기화해 에러를 처리한다.

복구salvage라는 용어는 ReFS가 디렉터리 B+ 트리에서 메타데이터 손상을 감지할 때 가능한 한 많은 데이터를 복원하는 데 필요한 수정을 말한다. 복구는 ZAP 기술의 발전된 형태이고 ZAP의 목표는 손상된 데이터 손실로 이어질 수 있는 경우에도 볼륨을 온라인으로 되돌리는 것이다. 이 기술을 사용하면 파일의 네임스페이스에서 손상된 메타데이터를 모두 제거하고 복구 후 사용할 수 있다.

디렉터리 B+ 트리의 디렉터 노드가 손상됐다고 가정하면 이 경우 ZAP 작업은 상위 노드를 수정하고 자식에 대한 모든 링크를 다시 생성해 트리의 균형을 다시 잡지만 손상된 노드가 처음 가리키는 데이터는 완전히 소실된다. 민스토어는 손상된 디렉터 노드에서 처리한 항목을 복구하는 방법은 알지 못한다.

이 문제를 해결하고 복구 프로세스에서 디렉터리 트리를 제대로 복원하려면 디렉터리 테이블 자체에 접근할 수 없더라도 (디렉터리 테이블이 손상됐기 때문에) ReFS는 하위 디렉터리의 식별자를 알아야 한다. 손실된 디렉터리 트리의 일부를 복원하는 것은 부모-자식 테이블parent-child table이라고 불리는 볼륨 전역 테이블의 도입으로 가능하며, 이 테이블은 디렉터리 정보의 이중화 같은 기능을 제공한다.

부모-자식 테이블의 키는 부모 테이블의 ID를 나타내며 데이터는 자식 테이블 ID의 목록을 포함한다. 복구는 이 테이블을 스캔하고 자식 테이블 리스트를 읽고 손상된 노드의 모든 하위 디렉터리를 포함해 손상되지 않은 새 B+ 트리를 다시 만든다. 손상된 상위 디렉터리를 완전히 복원하려면 하위 테이블 ID가 필요한 것 외에도 ReFS에는 원래 상위 B+ 트리의 키에 저장된 하위 테이블의 이름이 필요하다. 하위 테이블에는 이 정보가 포함된 자체 기록 항목이 있다(디렉터리에 대한 링크 유형(link to directory, 세부 내용은 이전 절 참고). 복구 프로세스는 복구된 하위 테이블을 열고 자체 레코드를 읽고 디렉터리 링크를 상위 테이블에 다시 삽입한다. 이 방법을 통해 ReFS는 손상된 디렉터 또는 루트 노드의 모든 하위 디렉터리를 복구할 수 있다(그러나 파일은 복구할 수 없다). 그림 11-90은 Bar 디렉터리를 나타내는 손상된 루트 노드에서의 ZAP 및 복구 작업의 예를 보여준다. 복구 작업을 통해 ReFS는 파일 시스템을 빠르게 온라인으로 되돌릴 수 있고 디렉터리의 두 파일만 손실된다.

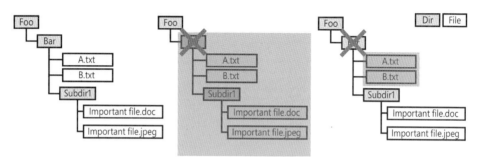

그림 11-90 ZAP 및 복구 작업 비교

ReFS 파일 시스템은 복구가 완료된 후 다양한 최선의 기술을 사용해 누락된 정보를 재구축하려고 시도한다. 예를 들어 파일의 ID와 테이블을 분리 조합 규칙 덕분에 다른 버킷에서 정보를 읽어 누락된 파일 ID를 복구할 수 있게 된다. 또한 ReFS는 복구를 가속화하고자 민스토어객체 테이블에 약간의 추가 정보를 추가한다. ReFS는 이러한 최선 효과의 휴리스틱을 갖고 있지만 데이터 손실 없이 손상을 복구하고자 ReFS는 주로 메타데이터와 스토리지 스택이 제공하는 이중화에 의존한다는 것을 이해하는 것이 중요하다.

매우 드물게 중요한 메타데이터가 손상된 경우 ReFS는 읽기 전용 모드로 볼륨을 마운트할 수 있다. 예를 들어 컨테이너 테이블과 모든 복제본이 모두 손상된 경우 볼륨은 읽기 전용 모드로 마운트할 수 없다. 이러한 테이블을 건너뛰면 파일 시스템은 단순히 유저가 데이터를 복구할 수 있는 기회를 유지하면서 이러한 전역 테이블(할당자 같은)의 사용을 무시할 수 있다.

끝으로 ReFS는 파일 무결성 스트림을 지원한다. 체크섬은 파일 데이터(파일 시스템 메타데이터뿐만 아니라)의 무결성을 보장하고자 사용된다. 무결성 스트림의 경우 ReFS는 파일의 익스텐트 테이블을 구성하는 각 실행에 대한 체크섬을 저장한다(체크섬은 익스텐트 테이블 행의 데이터 섹션에 저장된다). 체크섬을 사용하면 ReFS가 데이터에 접근하기 전에 데이터 무결성을 확인할 수 있다. 무결성 스트림이 사용 가능한 데이터를 반환하기 전에 ReFS는 먼저 체크섬을 계산하고 파일 메타데이터에 포함된 체크섬과 비교한다. 체크섬이 일치하지 않으면 데이터가 손상된 것이다.

ReFS 파일 시스템은 스크러버^{scrubber}(데이터 무결성 스캐너라고도 함)에서 사용하는 **FSCTL_SCRUB_DATA** 제어 코드를 표시한다. 데이터 무결성 스캐너는 Discan.dll 라이브러리에 구현되며 시스템이 시작될 때마다 매주 실행되는 작업 스케줄러 작업으로 표시된다. 스크러버가 FSCTL을 ReFS 드라이버로 보내면 ReFS 드라이버는 전체 볼륨의 무결성 검사를 시작한다. ReFS 드라이버는 부트 섹션, 각 전역 B+ 트리 및 파일 시스템 메타데이터를 확인한다.

> 이번 절에서 설명하는 온라인 복구 작업은 오프라인 작업과 다르다. 윈도우에 포함된 refsutil.exe 도구는 이 작업을 지원한다. 이 도구는 볼륨이 많이 손상됐고 읽기 전용 모드에서도 마운트할 수 없는 경우에 사용된다(드문 조건). 오프라인 복구 작업은 모든 볼륨 클러스터를 탐색하고 메타데이터 페이지처럼 보이는 것을 찾은 다음 최선의 기술을 사용해 이들을 조합한다.

누수 감지

클러스터 누수는 클러스터가 할당됨으로 표시됐지만 해당 클러스터에 대한 참조가 없는 상황을 말한다. ReFS에서는 다양한 이유로 클러스터 누수가 발생할 수 있다. 디렉터리에서 손상이 감지되면 온라인 복구 기능을 통해 손상을 격리하고 트리를 재구성할 수 있게 해서 루트 디렉터리 자체에 있던 일부 파일만 손실되게 한다. 트리 업데이트 알고리듬이 민스토어 트랜잭션을 디스크에 기록하기 전에 시스템 크래시가 발생하면 파일 이름이 손실될 수 있다. 이 경우 파일의 데이터는 디스크에 정상 기록되지만 ReFS에는 이를 가리키는 메타데이터가 없다. 파일 자체를 나타내는 B+ 트리 테이블은 디스크의 어딘가에 여전히 존재할 수 있지만 임베디드 테이블은 어떤 디렉터리 B+ 트리에도 연결되지 않는다.

윈도우에서 사용할 수 있는 네이티브 제공 refsutil.exe 도구는 누수 감지 작업을 지원한다. 이 작업에서는 전체 볼륨을 스캔하고 민스토어를 사용해 전체 볼륨 네임스페이스를 탐색할 수 있다. 다음으로 네임스페이스에서 발견되는 모든 B+ 트리 리스트를 생성하고(모든 트리는 식별 헤더를 포함하는 알려진 데이터 구조체로 식별됨) 민스토어 할당자를 질의함으로써 각 식별 트리의 리스트를 할당자가 유효한 것으로 표시한 트리 리스트와 비교한다. 누출 감지 도구는 불일치를 발견하면 ReFS 파일 시스템 드라이버에 알린다. 이 드라이버는 발견된 누출 트리에 할당된 클러스터를 해제된 것으로 표시한다.

볼륨에서 발생할 수 있는 다른 유형의 누수는 블록 참조 카운터 테이블에 영향을 준다. 예를 들어 해당 행 중 하나에 있는 클러스터 범위의 참조 카운터 번호가 이를 참조하는 실제 파일보다 큰 경우다. 소문자 도구는 참조의 정확한 수를 세고 문제를 해결할 수 있다.

누출을 정상 식별하고 수정하려면 누출 감지 도구가 오프라인 볼륨에서 동작해야 하지만 NTFS의 온라인 검색과 유사한 기술을 사용해 볼륨 새도우 복사본 서비스에서 제공하는 대상 볼륨의 읽기 전용 스냅숏에서 동작할 수 있다.

실습: Refsutil을 사용해 ReFS 볼륨 누수를 찾아 수정

이 실습에서는 ReFS 볼륨에서 기본 제공된 refsutil.exe 도구를 사용해 ReFS 볼륨에서 발생할 수 있는 클러스터 누수를 찾아 수정한다. 기본적으로 도구는 읽기 전용 볼륨 스냅숏으로 동작하므로 볼륨을 마운트 해제할 필요가 없다. 발견된 누수를 도구로 수정하려면 /x 커맨드라인 인수를 사용해 설정을 무시할 수 있다. 관리 명령 프롬프트를 열고 다음 명령을 입력한다(이 예에서는 1TB의 ReFS 볼륨이 E: 드라이브로 마운트되고 /v 스위치를 사용하면 도구의 세부 사항을 확인할 수 있다).

```
C:\>refsutil leak /v e:
Creating volume snapshot on drive
\\?\Volume{92aa4440-51de-4566-8c00-bc73e0671b92}...
Creating the scratch file...
Beginning volume scan... This may take a while...
Begin leak verification pass 1 (Cluster leaks)...
End leak verification pass 1. Found 0 leaked clusters on the volume.
```

```
Begin leak verification pass 2 (Reference count leaks)...
End leak verification pass 2. Found 0 leaked references on the volume.

Begin leak verification pass 3 (Compacted cluster leaks)...
End leak verification pass 3.

Begin leak verification pass 4 (Remaining cluster leaks)...
End leak verification pass 4. Fixed 0 leaks during this pass.

Finished.
Found leaked clusters: 0
Found reference leaks: 0
Total cluster fixed : 0
```

기와식 자기 기록(SMR) 볼륨

이 쓰기 작업 당시 기존의 로테이션 하드디스크가 직면한 가장 큰 문제 중 하나는 기록 프로세스에 내재된 물리적 제한에 관한 것이다. 디스크 크기를 늘리려면 항상 드라이브 플래터의 면적 밀도를 늘려야 하지만 작은 단위의 정보를 읽고 쓸 수 있게 하려면 로테이션하는 드라이브 헤드의 물리적 크기가 점점 작아지고 있다. 그러면 비트 플립의 에너지 차단이 줄어든다. 이는 주변 열에너지가 실수로 플립 비트를 플립할 가능성이 높아지고 데이터 무결성이 떨어진다는 것을 말한다. 솔리드 스테이트 드라이브^{SSD}는 많은 소비자 시스템으로 확산됐고 대형 스토리지 서버는 더 많은 공간과 더 낮은 비용으로 요구되며, 이는 로테이션식 드라이브가 여전히 제공하고 있다. 하드디스크 로테이션 문제를 극복하고자 여러 솔루션이 설계됐다. 가장 효과적인 것은 **기와식 자기 기록**^{SMR, Shingled Magnetic Recording}이라고 불리며 그림 11-91에서 보여준다. 병렬 트랙 레이아웃을 사용하는 수직 자기 기록^{PMR, Perpendicular Magnetic Recording}과 달리 SMR 디스크의 데이터를 읽는 데 필요한 헤드는 쓰기에 필요한 헤드보다 작다. 라이터가 크다는 것은 가독성과 안정성을 손상시키지 않고 미디어를 좀 더 효과적으로 자기화^(쓰기)할 수 있다는 의미다.

새로운 구성으로 몇 가지 논리적 문제가 발생한다. 연속 트랙의 데이터를 부분적으로 대체하지 않고 디스크 트랙에 쓰는 것은 거의 불가능하다. 이 문제를 해결하고자 SMR 디스크는 드라이브를 영역으로 분할한다. 이 영역은 기술적으로 밴드 band라고 불린다. 영역에는 주로 2가지 유형이 있다.

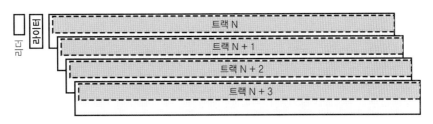

그림 11-91 SMR 디스크에서 라이터 트랙은 리더 트랙보다 크다.

- 기존(또는 고속) 영역은 랜덤 쓰기가 허용되는 기존 PMR 디스크와 같이 동작한다.
- 쓰기 포인터 영역은 고유한 '라이터 포인터write pointer'를 가지며 엄격하게 순차적으로 쓰기가 필요한 공간이다(호스트 인식 SMR 디스크는 랜덤 쓰기가 여전히 지원되는 쓰기 기본 영역 개념을 지원하므로 이는 정확히 사실이 아니다. ReFS에서는 이런 선호 쓰기write preferred 존을 사용하지 않는다).

SMR 디스크의 각 공간은 보통 256MB이며 입출력 기본 단위로 동작한다. 이는 시스템이 다음 공간을 방해하지 않고 한 공간을 쓸 수 있음을 말한다. SMR 디스크에는 3가지 유형이 있다:

- **드라이브 관리:** 드라이브는 단일 드라이브처럼 호스트에 표시된다. 모든 데이터 처리, 디스크 영역 존재 및 순차 쓰기 제한은 장치의 펌웨어에 의해 관리돼 호스트는 특별한 프로토콜을 따를 필요가 없다. 이 유형의 SMR 디스크는 호환성이 우수하지만 몇 가지 제한 사항이 있다. 랜덤 쓰기를 순차 쓰기로 변환하는 데 필요한 디스크 캐시는 제한적이고 밴드 클리닝은 복잡하며 순차 쓰기 탐지는 간단하지 않는 제한으로 인해 성능이 저하된다.
- **호스트 관리:** 장치는 호스트의 특수 입출력 규칙을 엄격하게 준수해야 한다. 호스트는 기존 데이터가 삭제되지 않게 순차적으로 기록해야 한다. 드라이브는 이 가정을 위반하는 명령의 실행을 거부한다. 호스트 관리 드라이브는 순차 쓰기 영역과 레거시 영역만 지원하며 후자는 비SMRnon-SMR,

드라이브 관리 SMR, 플래시와 같은 임의의 미디어일 수 있다.

- **호스트 인식:** 드라이브 관리와 호스트 관리의 조합으로 드라이브는 스토리지 단편화 특성을 관리할 수 있으며, 순차인지 여부에 관계없이 호스트가 제공하는 모든 명령을 실행한다. 그러나 호스트는 드라이브가 단편화돼 있음을 인지하고 SMR 영역 정보를 가져오고자 드라이브에 쿼리할 수 있다. 이를 통해 호스트는 단편화 특성에 맞게 쓰기를 최적화할 수 있으며 동시에 드라이브에 유연성과 하위 호환성을 제공할 수 있다. 호스트 인식 드라이브는 순차 쓰기 기본 설정 영역의 개념을 지원한다.

이 책을 쓰는 시점에 ReFS는 호스트 관리 SMR 디스크를 기본적으로 지원할 수 있는 유일한 파일 시스템이다. 가장 큰 용량(20TB 이상)을 실현할 수 있는 이러한 유형의 드라이브를 지원하고자 ReFS가 사용하는 방법은 일반적으로 저장 공간에 의해 생성되는 계층적 볼륨에 사용되는 방법과 동일하다(세부 내용은 마지막 절 참고).

계층적 볼륨 및 SMR에 대한 ReFS 지원

계층적 볼륨^{tiered volumes}은 호스트 인식 SMR 디스크와 유사하다. 이들은 고속 랜덤 액세스 영역(일반적으로 SSD에서 제공)과 저속 순차 쓰기 영역으로 구성된다. 그러나 이는 필수 사항이 아니고 계층형 디스크는 동일한 속도라도 다른 랜덤 액세스 디스크로 구성할 수 있다. ReFS는 파일과 볼륨 네임스페이스의 최상위 레벨에 있는 디렉터리 네임스페이스 사이에 새로운 논리 간접 계층을 제공해 계층적 볼륨(및 SMR 디스크)을 적절히 관리할 수 있다. 이 새 계층은 볼륨을 논리 컨테이너로 분할하며 논리 컨테이너는 겹치지 않는다(따라서 특정 클러스터는 한 번에 하나의 컨테이너에만 존재). 컨테이너는 볼륨의 공간을 나타내며 볼륨의 모든 컨테이너는 항상 같은 크기며 기본 디스크 유형에 따라 정의된다. 표준 계층형 디스크의 경우 64MB, SMR 디스크의 경우 256MB다. SMR 디스크와 함께 사용할 경우 용기의 크기가 SMR 공간의 크기와 정확히 같아지고 각 컨테이너가 각 SMR 대역에 일대일로 매핑되기 때문에 ReFS 밴드라고 한다.

간접 계층은 그림 11-92에 표시된 것처럼 글로벌 컨테이너 테이블에 의해 구성되고 제공된다. 이 테이블의 행은 ID와 컨테이너 유형을 저장하는 키로 구성된다.

컨테이너 유형(압축 또는 압축된 컨테이너일 수 있음)에 따라 행 데이터가 다르다. 압축되지 않은 컨테이너의 경우(ReFS 압축에 대한 세부 내용은 다음 절에서 설명) 행의 데이터는 컨테이너가 주소 지정한 클러스터 범위 매핑을 포함하는 데이터 구조체다. 이렇게 하면 ReFS에 가상 LCN에서 실제 LCN 네임스페이스로의 매핑을 제공한다.

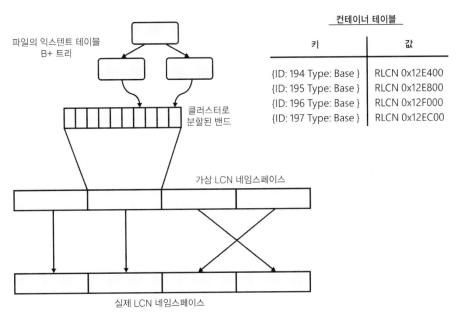

컨테이너 테이블	
키	값
{ID: 194 Type: Base }	RLCN 0x12E400
{ID: 195 Type: Base }	RLCN 0x12E800
{ID: 196 Type: Base }	RLCN 0x12F000
{ID: 197 Type: Base }	RLCN 0x12EC00

그림 11-92 컨테이너 테이블은 가상 LCN에서 실제 LCN으로 간접 계층을 제공

컨테이너 테이블은 중요하다. ReFS와 민스토어가 관리하는 모든 데이터는 컨테이너 테이블을 통해야 하기 때문에(작은 예외만 해당) ReFS는 이 중요한 테이블의 여러 복사본을 유지한다. 블록에서 입출력을 수행하려면 ReFS는 먼저 익스텐트의 컨테이너 위치를 검색해 데이터의 실제 위치를 찾아야 한다. 이는 행의 데이터 섹션에 클러스터 범위의 대상 가상 LCN이 포함된 익스텐트 테이블을 통해 수행된다. 컨테이너 ID는 수학적 관계를 통해 LCN에서 파생된다. 새로운 레벨의 간접 참조를 통해 ReFS는 파일 익스텐트 테이블을 참조하거나 변경하지 않고 컨테이너 위치를 이동시킬 수 있다.

ReFS는 저장 공간, 하드웨어 계층적 볼륨 및 SMR 디스크에 의해 생성된 계층을 사용한다. ReFS는 작은 랜덤 입출력을 고속 계층의 일부로 리다이렉션하고 순차 쓰기를 사용해 이러한 쓰기를 저속 계층으로 일괄 처리한다. 사실 ReFS에서 패스트 티어$^{fast tier}$(또는 플래시 계층$^{flash tier}$)이라는 용어는 SMR 디스크의 기존 대역폭 또는는 전체 SSD 또는 NVMe 장치에 의해 제공될 수 있는 랜덤 액세스 영역을 말한다. 슬로우 티어$^{slow tier}$(또는 하드디스크 계층$^{HDD tier}$)라는 용어는 대신 순차 쓰기 공간 또는 로테이션 디스크를 의미한다. ReFS는 기본 미디어 클래스를 기반으로 다양한 동작을 사용한다. 비SMR 디스크에는 순차적 요구 사항이 없어 클러스터는 볼륨의 어느 곳에서나 할당할 수 있다. 앞서 언급했듯이 SMR 디스크에는 엄격한 순차적 요구 사항이 필요하므로 ReFS는 저속 계층에 랜덤 데이터를 쓰지 않는다.

기본적으로 ReFS에서 사용하는 모든 메타데이터는 패스트 티어에 있어야 한다. ReFS는 일반적인 쓰기 요청을 처리하는 경우에도 패스트 티어를 사용하려고 한다. 비SMR 디스크에서 플래시 컨테이너가 가득 차면 ReFS는 컨테이너를 플래시에서 HDD로 이동한다(즉, 연속 쓰기 작업 부하에서 ReFS는 컨테이너를 플래시에서 HDD로 계속 이동한다). ReFS는 필요에 따라 반대일 수도 있다. HDD에서 컨테이너를 선택하고 플래시로 이동한 이후 쓰기로 채울 수 있다. 이 기능은 컨테이너 순환이라고 하며 2단계로 구현된다. 스토리지 드라이버가 실제 데이터를 복사한 후 ReFS는 이전에 표시된 컨테이너 LCN 매핑을 수정한다. 파일의 익스텐트 테이블은 변경할 필요가 없다.

컨테이너 순환은 비SMR 디스크에 대해서만 구현된다. SMR 디스크에서 ReFS 파일 시스템 드라이버가 계층 간에 데이터를 자동으로 이동하지 않기 때문에 중요하다. SMR 디스크를 인식하고 SMR 용량 계층에 데이터를 사용하려는 애플리케이션은 FSCTL_SET_REFS_FILE_STRICTLY_SEQUENTIAL 제어 코드를 사용할 수 있다.

애플리케이션이 파일 핸들로 제어 코드를 전송하면 ReFS 드라이버는 볼륨의 용량 계층에 모든 새 데이터를 기록한다.

실습: 감시하는 SMR 디스크 계층

윈도우에서 제공하는 FsUtil 도구를 사용해 각 계층의 크기, 사용 가능 및 여유 공간과 같은 SMR 디스크의 정보를 조회할 수 있다. 이렇게 하려면 관리 명령 프롬프트에서 도구를 실행한다. 코타나 검색 상자에서 cmd를 검색하고 명령 프롬프트 레이블을 마우스 오른쪽 버튼으로 클릭한 다음 관리자로 실행을 선택해 관리자로 명령 프롬프트를 시작할 수 있다. 다음 매개변수를 입력한다.

```
fsutil volume smrInfo <VolumeDrive>
```

<VolumeDrive> 부분을 SMR 디스크의 드라이브 문자로 바꾼다.

또한 다음 명령을 사용해 가비지 컬렉션을 시작할 수 있다.

```
fsutil volume smrGc <VolumeDrive> Action = startfullspeed
```

가비지 컬렉션은 상대적인 Action 매개변수를 사용해 중지하거나 일시 중지할 수도 있다.

가비지 컬렉션 입출력의 세분성을 지정하는 IoGranularity 매개변수를 지정하고 startfullspeed 대신 start 작업을 사용해 좀 더 정확한 가비지 컬렉션을 시작할 수 있다.

컨테이너 압축

특히 일반적으로 전체 대역에 맞지 않는 작은 파일을 저장할 때 컨테이너 순환에는 성능 문제가 있다. 또한 SMR 디스크에서는 앞에서 설명한 것처럼 컨테이너 로테이션이 실행되지 않는다. 각 SMR 대역에는 순차 쓰기 위치를 식별하는 쓰기 포인터(하드웨어 구현)가 연관돼 있음을 기억하자. 시스템이 쓰기 포인터 앞이나 뒤에 비순차적으로 쓰는 경우 다른 클러스터의 데이터가 손상된다(따라서 SMR 펌웨어는 이러한 쓰기를 거부해야 한다).

ReFS는 2가지 유형의 컨테이너를 지원한다. 즉, 가상 클러스터의 범위를 물리적 공간에 직접 매핑하는 기본 컨테이너와 가상 컨테이너를 다양한 기본 컨테이너에 매핑하는 컨테이너 압축이다. 압축된 컨테이너에 의해 매핑된 공간과 이를 구성하는 기본 컨테이너 사이의 대응 관계를 정상 매핑하고자 ReFS는 전역 컨테이너 인덱스 테이블(모든 행이 압축된 컨테이너를 설명하는 다른 테이블)의 행에 저장되는 할당 비트맵을 구현한다. 비트맵은 상대 클러스터가 할당되면 비트가 1로 설정되고 그렇지 않으면 0으로 설정된다.

그림 11-93은 가상 LCN(0x8000 ~ 0x8400) 범위를 실제 볼륨의 LCN(0xB800 ~ 0xBC00, R46으로 식별)에 매핑하는 기본 컨테이너(C32)의 예를 보여준다. 앞에서 설명한 것처럼 특정 가상 LCN 범위의 컨테이너 ID는 시작 가상 클러스터 번호에서 가져온다. 모든 컨테이너는 실제로 연속적이다. 따라서 ReFS는 특정 컨테이너 범위의 컨테이너 ID를 검색할 필요가 없다. 그림 11-93의 컨테이너 C32에는 (1,024개 중) 560개 클러스터(0x230개)만 연속적으로 할당돼 있다. ReFS는 기본 컨테이너 끝에 있는 여유 공간만 사용할 수 있다. 또는 비SMR 디스크의 경우 베이스 컨테이너의 중앙에 있는 큰 공간이 해제된 경우 이를 재사용할 수 있다. 비SMR 디스크의 경우에도 여기서 중요한 요건은 공간이 연속적이어야 한다는 점이다.

컨테이너가 단편화된 경우(일부 작은 파일 범위가 궁극적으로 해제되기 때문에) ReFS는 기본 컨테이너를 압축 컨테이너로 변환할 수 있다. 이 작업을 통해 ReFS는 컨테이너 자체에서 설명한 클러스터를 사용하는 파일의 익스텐트 테이블 행을 재할당하지 않고 컨테이너의 여유 공간을 재사용할 수 있다.

ReFS는 단편화된 컨테이너를 최적화하는 방법을 제공한다. 정상 시스템 입출력 활동에는 업데이트 또는 생성해야 하는 작은 파일 또는 데이터 청크가 많다. 그 결과 슬로우 티어에 있는 컨테이너는 릴리스된 클러스터의 작은 청크를 유지할 수 있어 즉시 단편화될 수 있다. 컨테이너 압축은 슬로우 티어에서 새로운 빈 밴드를 생성하고 컨테이너를 적절히 최적화할 수 있는 기능의 이름이다. 컨테이너 압축은 계층화된 볼륨의 용량 계층에서만 수행되며 2가지 다른 목표로 설계됐다.

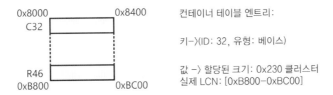

클러스터 크기: 64KB   컨테이너 크기: 64MB(0x400 클러스터)
볼륨 크기: 1TB(0x1000000 클러스터)

베이스 컨테이너 C32

컨테이너 테이블 엔트리:

키-〉(ID: 32, 유형: 베이스)

값 -〉 할당된 크기: 0x230 클러스터
실제 LCN: [0xB800-0xBC00]

익스텐트 테이블

VCN 범위	LCN	컨테이너 ID
[0 - 0x400]	0x18400	97
[0x400 - 0x800]	0x32000	200
[0x800 - 0xA00]	0x61E00	391
[0xA00 - 0xC00]	0x11200	68
[0xC00 - 0xD20]	0x8110	32

그림 11-93 210MB의 파일로 주소 지정된 기본 컨테이너. 컨테이너 C32는 64MB의 공간 중 35MB만 사용

- **압축은 SMR 디스크의 가비지 컬렉터다.** SMR에서 ReFS는 용량 영역에 순차 데이터를 쓸 수 있다. 슬로우 티어에 있는 컨테이너에서는 작은 데이터를 단독으로 갱신할 수 없다. 데이터는 SMR 쓰기 포인터가 가리키는 위치에 존재하지 않기 때문에 이런 종류의 입출력은 밴드에 속하는 다른 데이터를 손상시킬 수 있다. 이 경우 데이터는 새 밴드로 복사된다. 비SMR 디스크에는 이런 문제가 없다. ReFS는 소형 계층의 데이터를 직접 업데이트한다.

- **비SMR 계층적 볼륨에서 압축은 컨테이너 로테이션의 생성기다.** 생성된 사용 가능한 컨테이너는 데이터가 패스트 티어에서 슬로우 티어로 이동될 때 순방향 로테이션의 대상으로 사용할 수 있다

ReFS는 볼륨 포맷의 시점에서 압축을 위해서만 용량 계층에서 몇 가지 기본 컨테이너를 할당한다. 이를 압축된 예약 컨테이너라고 한다. 압축은 먼저 저속 계층에서 단편화된 컨테이너를 검색해 동작한다. ReFS는 시스템 메모리의 단편화된 컨테이너를 읽고 단편화한다. 다음으로 단편화된 데이터는 앞에서와 같이 용량 계층에 있는 압축된 예약된 컨테이너에 저장된다. 파일 익스텐트 테이블에 의해 주소 지정된 원본 컨테이너는 압축된다. 이를 기술하는 범위는 가상이 되고(압축에 의해 다른 간접 계층이 추가된다) 다른 베이스 컨테이너(예약된 컨테이너)에 의해 기술된 가상 LCN을 가리킨다. 압축이 끝나면 원래의 물리적 컨테이너가 해제됨으로 표시되고 다양한 목적으로 재사용된다. 또한 새로 압축된 예약 컨테이너가 될 수 있다. 슬로우 티어에 있는 컨테이너는 일반적으로 비교적 단시간에 고도로 단편화되기 때문에 압축은 슬로우 티어에서 많은 빈 밴드를 생성할 수 있다.

압축된 컨테이너에 의해 할당된 클러스터는 다른 기본 컨테이너에 저장할 수 있다. 다른 기본 컨테이너에 저장할 수 있는 압축 컨테이너에서 이러한 클러스터를 적절하게 관리하고자 ReFS는 전역 컨테이너 인덱스 테이블과 압축 컨테이너의 다른 레이아웃에서 제공하는 다른 간접 계층을 사용한다. 그림 11-94는 그림 11-93과 동일한 컨테이너를 보여준다. 이는 단편화돼 압축된다(560개 클러스터 중 272개가 해제됨). 컨테이너 테이블에서는 압축된 컨테이너를 나타내는 행에 압축된 컨테이너에 의해 기술된 클러스터 범위와 베이스 컨테이너에 의해 기술된 가상 클러스터 사이의 매핑이 포함된다. 압축된 컨테이너는 최대 4개의 다른 범위(레그^{legs}라고 함)를 지원한다. 4개의 레그는 두 번째 간접 계층을 만들고 ReFS가 효율적인 방식으로 컨테이너 최적화를 수행할 수 있게 한다. 압축된 컨테이너의 할당 비트맵은 두 번째 간접 계층도 제공한다. 할당된 클러스터(비트맵의 1에 해당)의 위치를 확인해 ReFS는 압축된 컨테이너의 각 단편화된 클러스터를 올바르게 매핑할 수 있다.

그림 11-94의 예에서 1로 설정된 첫 번째 비트는 위치 17에 있으며 16진수로 0x11이다. 이 예에서 1비트는 16개의 클러스터에 해당한다. 그러나 실제 구현에서 1비트는 하나의 클러스터에만 해당된다. 이는 압축된 컨테이너 C32의 오프셋 0x110에 할당된 첫 번째 클러스터가 기본 컨테이너 C124의 가상 클러스터 0x1F2E0에 저장됨을 의미한다. 압축된 컨테이너$^{Compacted\ Container}$ C32 오프셋 0x230에서 클러스터 뒤에 사용 가능한 여유 공간은 기본 컨테이너 C56에 매핑된다. 물리적 컨테이

너 R46은 ReFS에 의해 다시 매핑됐으며 기본 컨테이너 C180에 의해 매핑된 빈 압축된 예약 컨테이너가 됐다.

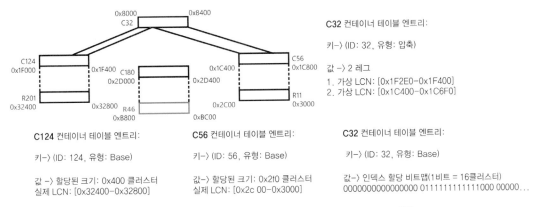

그림 11-94 컨테이너 C32는 기본 컨테이너 C124 및 C56으로 압축

SMR 디스크에서 압축을 시작하는 프로세스를 가비지 컬렉션이라고 한다. SMR 디스크의 경우 애플리케이션은 FSCTL_SET_REFS_SMR_VOLUME_GC_PARAMETERS 파일 시스템 제어 코드를 사용해 언제든지 가비지 컬렉션을 수동으로 시작, 중지 또는 일시 정지할 수 있다.

NTFS와 달리 비SMR 디스크에서는 ReFS 볼륨 분석 엔진이 컨테이너 압축 프로세스를 자동으로 시작할 수 있다. ReFS는 저속 및 고속 계층 모두의 여유 공간과 저속 계층의 쓰기 가능한 여유 공간을 추적한다. 여유 공간과 사용 가능한 영역의 차이가 임곗값을 초과하면 볼륨 분석 엔진이 시작되고 압축 프로세스가 시작된다. 또한 기본 스토리지가 저장 공간에서 제공되는 경우 컨테이너 압축은 주기적으로 실행되며 전용 스레드에 의해 실행된다.

압축 및 고스팅

ReFS는 네이티브 파일 시스템 압축을 지원하지 않지만 계층화된 볼륨에서 파일 시스템은 컨테이너 압축 덕분에 슬로우 티어에서 더 많은 여유 컨테이너를 저장할 수 있다. ReFS는 컨테이너 압축을 수행할 때마다 단편화된 기본 컨테이너에 있는 원래 데이터를 메모리로 읽는다. 이 과정에서 압축이 활성화되면 ReFS는 데이터를 압축하고 마지막으로 압축된 압축 컨테이너에 기록한다. ReFS는 LZNT1, LZX, XPRESS, XPRESS_HUFF의 네 가지 다른 압축 알고리듬을 지원한다.

많은 계층적 스토리지 관리(HMR) 소프트웨어 솔루션은 고스트 파일 개념을 지원한다. 이 상태는 여러 가지 이유로 발생될 수 있다. 예를 들어 HSM이 유저 파일(또는 그 일부)을 클라우드 서비스로 마이그레이션하고 유저가 나중에 다른 장치를 통해 클라우드에 있는 복사본을 변경하는 경우 HSM 필터 드라이버는 파일의 어느 부분이 변경됐는지 확인하고 수정된 각 파일의 영역에 고스트 상태로 설정한다. 일반적으로 HMR은 필터 드라이버를 통해 고스트 상태를 관리한다. ReFS에서는 ReFS 파일 시스템이 새로운 입출력 제어 코드 **FSCTL_GHOST_FILE_EXTENTS**를 제공하기 때문에 불필요하다. 필터 드라이버는 IOCTL을 ReFS 드라이버로 전송해 파일의 일부를 고스트로 설정할 수 있다. 뿐만 아니라 다른 I/O 제어 코드를 통해 고스트 상태인 파일의 영역을 조회할 수 있다(FSCTL_QUERY_GHOSTED_FILE_EXTENTS).

ReFS는 이전에 설명한 것처럼 파일 레코드의 임베디드 테이블을 통해 구현되는 파일의 익스텐트 테이블에 새로운 상태 정보를 직접 저장해 고스트 파일을 구현한다. 필터 드라이버는 파일의 모든 범위(클러스터에 정렬돼야 함)의 고스트 상태를 설정할 수 있다. ReFS 드라이버는 고스트화된 익스텐트의 읽기 요청을 인터셉트하면 **STATUS_GHOSTED** 에러 코드를 호출자에게 반환한다. 이렇게 하면 필터 드라이버가 읽기를 인터셉트해 적절한 위치(이전 예에서는 클라우드)로 리다이렉션할 수 있다.

스토리지 공간

스토리지 공간은 동적 디스크를 대체하고 물리적 스토리지 하드웨어의 가상화를 제공하는 기술이다. 처음에는 대용량 스토리지 서버용으로 설계됐지만 윈도우 10의 클라이언트 에디션에서도 사용할 수 있다. 스토리지 공간을 사용하면 유저는 기본적인 다양한 물리적 미디어로 구성된 가상 디스크를 만들 수 있다. 이러한 매체는 다른 성능 특성을 가질 수 있다.

이 책을 쓰는 시점에 스토리지 공간은 비휘발성 메모리 익스프레스^{NVMe}, 플래시 디스크, 영구 메모리^{PM}, SATA 및 SAS SSD, 기존 로테이션 하드디스크^{HDD}라는 4가지 유형의 저장 장치를 사용할 수 있다. NVMe는 고속으로 간주되며 HDD는 가장 느리다. 스토리지 공간은 다음 4가지 목표로 설계됐다.

- **성능:** 스페이스는 임베디드 서버 측 캐시 지원을 구현해 스토리지 성능을 극대화하고 계층 디스크와 RAID 0 구성을 지원한다.
- **신뢰성:** 스팬 볼륨(RAID 0) 이외에 네이터가 클러스터의 다른 물리 디스크나 다른 노드를 통해 분산되는 경우 공간은 미러(RAID 1및 10) 및 패리티(RAID 5, 6, 50, 60) 구성을 지원한다.
- **유연성:** 스토리지 공간을 사용하면 시스템이 클러스터의 노드 간에 자동으로 이동할 수 있으며 실제 공간 소비량에 따라 자동으로 축소되거나 확장할 수 있는 가상 디스크를 만들 수 있다.
- **가용성:** 스토리지 공간 볼륨은 내결함성이 내장돼 있다. 즉, 드라이브 또는 클러스터의 일부인 전체 서버에 장애가 발생할 경우 유저의 개입 없이(어떤 방식으로) 입출력 트래픽을 다른 작업 노드로 리다이렉션할 수 있다. 스토리지 공간에는 단일 장애 지점이 없다.

스토리지 공간 다이렉트는 스토리지 공간 기술의 진화 형태다. 스토리지 공간 다이렉트는 서로 다른 저속 디스크와 고속 디스크를 포함하는 여러 서버를 함께 사용해 풀^{pool}을 만드는 대규모 데이터 센터용으로 설계됐다. 이전 기술은 JBOD 디스크 배열에 연결되지 않은 서버의 클러스터를 지원하지 않는다. 따라서 이름에 다이렉트^{direct}이라는 용어가 추가됐다. 모든 서버는 고속 이더넷 연결(10GBe 또는 40GBe)을 통해 연결된다. 원격 디스크를 시스템에 로컬로 표시하려면 이 장의 범위를 벗어나는 2개의 드라이버(클러스터 미니포트 드라이버(Clusport.sys)와 클러스터 블록 필터 드라이버(Clusbflt.sys))를 사용한다. 모든 스토리지 물리적 유닛(로컬 디스크와 원격 디스크)은 가상 디스크를 생성할 수 있는 관리, 집계 및 격리의 주 유닛인 스토리지 풀에 추가된다.

전체 스토리지 클러스터는 블루프린트^{BluePrint}라는 XML 파일을 사용해 스페이스에 의해 내부적으로 매핑된다. 이 파일은 스페이스 GUI에 의해 내부적으로 자동으로 생성되고 랙^{Racks}, 섀시^{Chassis}, 머신^{Machines}, JBOD$^{Just\ a\ Bunch\ of\ Disks}$ 및 디스크^{Disks}와 같은 다양한 스토리지 엔터티의 트리를 사용해 전체 클러스터를 설명한다. 이러한 엔터티는 클러스터 전체의 각 계층을 구성한다. 서버(머신)는 다양한 JBOD에 연결하거나 다른 디스크를 직접 연결할 수 있다. 이 경우 JBOD는 추상화돼 하나의 엔터티로만 표현된다. 마찬가지로 여러 대의 기계가 단일 섀시에 배치될 수 있다. 이는 서버 랙의 일부일 수 있다. 마지막으로 클러스터는 여러 서버 랙으로 구성될 수 있다. 블루프린트 표현을 사용하면 스페이스가 모든 클러스터 디스크에서 동작하고 디스크, JBOD 또는 시스템에 장애가 발생할 경우 I/O 트래픽을 올바른 교체로 리다이렉션할 수 있다. 스페이스 다이렉트는 최대 2개의 동시 결함을 견딜 수 있다.

스페이스 내부 아키텍처

스페이스와 동적 디스크의 가장 큰 차이점은 스페이스가 가상 디스크 객체를 만든다는 것이다. 가상 디스크 객체는 스페이스 스토리지 드라이버(Spaceport.sys)에 의해 실제 디스크 디바이스 객체로 시스템에 제공된다. 동적 디스크는 더 높은 수준에서 동작한다. 가상 볼륨 객체는 시스템에 노출된다(즉, 유저 모드 애플리케이션은 계속 원본 디스크에 액세스할 수 있음). 볼륨 관리자는 여러 동적 볼륨으로 구성된 단일 볼륨을 생성하는 구성 요소다. 스토리지 스페이스 드라이버는 파티션 관리자(Partmgr.sys)와 디스크 클래스 드라이버 사이에 있는 필터 드라이버(미니필터가 아닌 전체 필터 드라이버)다.

스토리지 스페이스 아키텍처는 그림 11-95에서 보여주며 주로 스페이스 코어를 구현하는 플랫폼 독립 라이브러리 환경, 플랫폼에 종속되고 스페이스 코어를 현재 환경에 연결하는 환경, 이렇게 부분 두 부분으로 구성돼 있다. 환경 계층은 스토리지 스페이스가 실행되는 플랫폼을 기반으로 다양한 방식으로 구현되는 기본 핵심 기능을 제공한다(스토리지 스페이스는 부팅 가능한 엔터티로 사용할 수 있어 윈도우 부트 로더 및 부팅 관리자는 스토리지를 구문 분석하는 방법을 알아야 한다. 따라서 UEFI와 윈도우 모두 구현이 필요). 핵심 기본 기능은 메모리 관리 루틴(할당, 해제, 잠금, 잠금 해제 등), 디바이스 입출력 루틴(제어, PNP, 읽기, 쓰기), 동기화 방법이다. 이러한 함수는 일반적으로 특정 시스템 루틴의 래퍼wrappers다. 예를 들어 윈도우 플랫폼에서 읽기 서비스는 IRP_MJ_READ 유형의 IRP를 만들고 올바른 디스크 드라이버로 전송해 구현되지만 UEFI 환경에서는 BLOCK_IO_PROTOCOL을 사용해 구동된다.

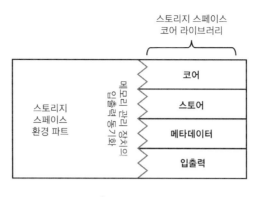

스토리지 스페이스
코어 라이브러리

코어

스토어

메타데이터

입출력

메모리 관리 장치의
입출력 동기화

스토리지
스페이스
환경 파트

Spaceport.sys

그림 11-95 스토리지 스페이스 아키텍처

부팅 및 윈도우 커널 구현 외에도 크래시 덤프 필터 드라이버 Spacedump.sys에서 제공하는 크래시 덤프 중에 스토리지 스페이스를 사용할 수 있어야 한다. 스토리지 스페이스는 스페이스에서 생성한 가상 디스크(특히 VHD 파일)로 동작해야 하는 레거시 윈도우 운영체제와 함께 동작하는 유저 모드 라이브러리(Backspace.dll)로도 사용할 수 있으며, 스토리지 스페이스 객체에 EFI 시스템 파티션 자체에 있는 경우 UEFI BIOS에서 실행되는 UEFI DXE 드라이버(HyperSpace.efi)로도 사용할 수 있다. 실제 2개 이상의 고속 NVMe 디스크로 구성된 대용량 솔리드 스테이트 디스크와 함께 판매되는 최신 서피스 장치도 있다.

스페이스 코어는 플랫폼에 종속되지 않는 정적 라이브러리로 구현되며, 모든 환경에서 임포트된다. 코어, 스토어, 메타데이터, 입출력의 4개 계층으로 구성돼 있다. 코어는 최상위 계층이며 스페이스에서 제공하는 모든 서비스를 구현한다. 저장소는 클러스터 데이터베이스(블루프린트 파일에서 작성됨)에 속하는 레코드를 읽고 쓰는 구성 요소다. 메타데이터는 저장소에서 읽은 이진 레코드를 해석하고 클러스터 데이터베이스 전체를 Pool, Drive, Space, Extent, Column, Tier, Metadata 같은 다양한 객체를 통해 노출시킨다. 최하위 계층인 입출력 구성 요소는 상위 계층에 의해 분석된 데이터 덕분에 클러스터의 올바른 장치에 적절한 순서로 입출력을 보낼 수 있다.

스페이스가 제공하는 서비스

저장 공간은 다양한 디스크 유형의 구성을 지원한다. 스페이스를 사용하면 유저는 고속 디스크(SSD, NVMe, PM), 저속 디스크 또는 지원되는 4가지 디스크 유형(하이브리드 구성)으로 완전히 구성된 가상 디스크를 만들 수 있다. 서로 다른 클래스의 장치가 혼합돼 사용되는 하이브리드 배포의 경우 스페이스는 클러스터를 빠르고 효율적으로 만드는 2가지 기능을 지원한다.

- **서버 캐시:** 저장 공간은 고속 드라이브를 클러스터에서 숨기고 저속 드라이브의 캐시로 사용할 수 있다. 스페이스는 NVMe 또는 SSD 디스크의 캐시로 사용되는 PM 디스크, SSD 디스크의 캐시로 사용되는 NVMe 디스크 및 레거시 로테이션 HDD 디스크의 캐시로 사용되는 SSD 디스크를 지원한다. 계층적 디스크와 달리 캐시는 가상 볼륨의 최상위 레벨에 있는 파일 시스템에서는 볼 수 없다. 이는 한 파일이 다른 파일보다 최근에 액세스됐는지 여부를 캐시가 인식하지 못함을 말한다. 스페이스는 핫 블록과 콜드 블록을 추적하는 로그를 사용해 가상 디스크의 고속 캐시가 구동된다. 핫 블록은 시스템에 의해 자주 액세스되는 파일의 일부(파일의 확장)를 나타내지만 콜드 블록은 거의 액세스되지 않는 파일의 일부를 보여준다. 로그는 캐시를 큐로 구현한다. 이 큐에서는 핫 블록이 항상 앞에 있고 콜드 블록이 끝에 있다. 이런 식으로 콜드 블록이 가득 차면 캐시에서 삭제할 수 있고 저속 스토리지에서만 유지된다. 핫 블록은 일반적으로 캐시에 장시간 머물러 있다.
- **계층화:** 스페이스는 ReFS 및 NTFS에 의해 관리되는 계층적 디스크를 작성할 수 있다. ReFS는 SMR 디스크를 지원하지만 NTFS는 스페이스에서 제공하는 계층적 디스크만 지원한다. 파일 시스템은 핫 블록과 콜드 블록을 추적하고 파일 사용에 따라 밴드를 로테이션한다(이 장 앞부분의 '계층 볼륨 및 SMR에 대한 ReFS 지원' 절 참고). 스페이스는 파일 시스템 드라이버에 고정 기능을 지원한다. 이는 파일을 고속 계층에 고정하고 고정이 해제될 때까지 해당 계층에 잠글 수 있는 기능이다. 이 경우 밴드 로테이션은 수행되지 않는다. 윈도우는 고정 기능을 사용해 운영체제 업그레이드를 수행하는 동안 새

파일을 패스트 티어에 저장한다.

이미 설명했듯이 저장 공간의 주요 목표 중 하나는 유연성이다. 스페이스는 확장 가능하고 기본 클러스터 장치에 할당된 공간만 소비하는 가상 디스크 생성을 지원한다. 이러한 종류의 가상 디스크를 씬 프로비저닝^{thin provisioned}이라 한다. 모든 스페이스가 기본 스토리지 클러스터에 할당되는 고정 프로비저닝 디스크와 달리 씬 프로비저닝 디스크는 실제로 사용되는 공간만 할당한다. 이렇게 하면 기본 스토리지 클러스터보다 훨씬 큰 가상 디스크를 만든다. 사용 가능한 공간이 줄어들면 시스템 관리자는 클러스터에 디스크를 동적으로 추가한다. 저장 공간은 새 물리 디스크를 풀에 자동으로 포함시키고 할당된 블록을 새 디스크 간에 재생산한다.

저장 공간은 슬래브를 통해 씬 프로비저닝된 디스크를 지원한다. 슬래브는 할당 단위며 ReFS 컨테이너 개념과 비슷하지만 하위 수준 스택에 적용된다. 슬래브는 가상 디스크의 할당 단위며 파일 시스템 개념은 아니다. 기본적으로 각 슬래브의 크기는 256MB지만 기본 스토리지 클러스터에서 허용하는 경우(즉, 클러스터에 사용할 수 있는 공간이 많을 경우) 더 커질 수 있다. 스페이스 코어는 가상 디스크의 각 슬래브를 추적하고 고유한 할당자를 사용해 슬래브를 동적으로 할당하거나 해제할 수 있다. 이는 각 슬래브를 신뢰할 수 있는 포인트다. 미러링된 패리티 구성에서는 슬래브에 저장된 데이터가 클러스터 전체에 자동으로 복제된다.

씬 프로비저닝된 디스크를 만드는 경우에도 크기를 지정해야 한다. 가상 디스크 크기는 새 볼륨을 정상 포맷하고 필요한 메타데이터를 만드는 목적으로 파일 시스템에서 사용된다. 볼륨이 준비되면 스페이스는 새 데이터가 실제로 디스크에 기록될 때만 슬래브를 할당한다(쓰기 시 할당이라는 방법). 볼륨의 최상위 레벨에 있는 파일 시스템에는 프로비저닝 유형이 표시되지 않으므로 파일 시스템은 기본 디스크가 씬 프로비저닝됐는지 또는 고정 프로비저닝됐는지를 알 수 없다.

스페이스는 미러링과 페어링을 사용해 단일 장애 지점을 제거한다. 여러 디스크로 구성된 대용량 스토리지 클러스터에서는 일반적으로 RAID 6이 패리티 솔루션으로 사용된다. RAID 6은 최대 2개의 기본 장치에서 장애를 허용하고 유저 개입 없이 데이터의 원활한 재구성을 지원한다. 그러나 클러스터에서 단일(또는 이중) 장애 지점이 발생하면 배열을 재구성하는 데 필요한 시간(평균 복구 시간 또는 MTTR)이 길어지고 종종 심각한 성능 저하가 발생한다.

스페이스는 하나의 패리티 유닛의 추가 비용으로 대용량 디스크 배열을 재구성하는 데 필요한 읽기 수를 줄이는 로컬 재구성 코드^{LRC, Local Reconstruction Code} 알고리듬을 사용해 문제를 해결한다. 그림 11-96에서 볼 수 있듯이 LRC 알고리듬은 디스크 배열을 다른 행으로 나누고 각 행에 대한 패리티 단위를 추가해 이를 수행한다. 디스크에 에러가 발생하면 행의 다른 디스크만 읽으면 된다. 결과적으로 장애가 발생한 배열을 재구성하는 것이 훨씬 빠르고 효율적이다.

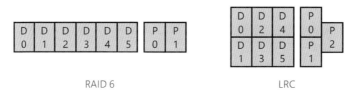

그림 11-96 RAID 6 및 LRC 패리티

그림 11-96은 일반적인 RAID 6 패리티 구현과 8개의 드라이브로 구성된 클러스터의 LRC 구현 간 비교를 보여준다. RAID 6 구성에서 누락된 정보를 제대로 재구성하려면 하나 이상의 디스크에 에러가 발생할 경우 나머지 6개의 디스크를 읽어야 하며, LRC에서는 에러가 발생한 디스크의 동일한 행에 속하는 디스크만 읽으면 된다.

실습: 계층적 볼륨 생성

저장 공간은 윈도우 10 서버 에디션과 클라이언트 에디션 모두에서 기본적으로 지원된다. 그래픽 유저 인터페이스를 사용해 계층형 디스크를 만들거나 윈도우 파워셸을 사용한다. 이번 실습에서는 가상 계층 디스크를 만든다. 이를 위해 윈도우 부팅 디스크 외에도 빈 SSD와 빈 전통적인 로테이션 디스크(HDD)가 있는 워크스테이션이 필요하다. 테스트 목적으로 하이퍼 V를 사용해 유사한 구성을 에뮬레이션할 수 있다. 이 경우 하나의 가상 디스크 파일은 SSD여야 하며, 다른 하나는 기존의 로테이션 디스크여야 한다.

먼저 시작 메뉴 아이콘을 마우스 오른쪽 버튼으로 클릭하고 Windows PowerShell(관리자)를 선택해 관리용 윈도우 파워셸을 실행한다. 시스템이 설치된 디스크 유형을 확인한다.

```
PS C:\> Get-PhysicalDisk | FT DeviceId, FriendlyName, UniqueID, Size,
MediaType, CanPool

DeviceId FriendlyName            UniqueID         Size         MediaType CanPool
-------- ------------            --------         ----         --------- -------
2        Samsung SSD 960 EVO 1TB eui.0025385C61B074F7 1000204886016 SSD False
0        Micron 1100 SATA 512GB  500A071516EBA521    512110190592 SSD True
1        TOSHIBA DT01ACA200      500003F9E5D69494    2000398934016 HDD True
```

이 예에서 시스템은 이미 2개의 SSD와 하나의 기존 로테이션 하드디스크를 확인했다. 빈 디스크의 **CanPool** 값이 **True**로 설정돼 있는지 확인해야 한다. 그렇지 않으면 삭제해야 하는 유효한 파티션이 디스크에 포함되게 된다. 가상화 환경에서 테스트하는 경우 시스템이 기본 디스크의 미디어 유형을 제대로 식별할 수 없다.

```
PS C:\> Get-PhysicalDisk | FT DeviceId, FriendlyName, UniqueID, Size, MediaType,
CanPool

DeviceId   FriendlyName     UniqueID        Size     MediaType   CanPool
--------   ------------     --------        ----     ---------   -------
2    Msft Virtual Disk 600224802F4EE1E6B94595687DDE774B 137438953472 Unspecified True
1    Msft Virtual Disk 60022480170766A9A808A30797285D77 1099511627776 Unspecified True
0    Msft Virtual Disk 6002248048976A586FE149B00A43FC73 274877906944 Unspecified False
```

이 경우 **Set-PhysicalDisk -UniqueId (Get-PhysicalDisk)[<IDX>].UniqueID -MediaType <Type>** 명령을 사용해 디스크 유형을 수동으로 지정해야 한다. 여기서 **IDX**는 이전 출력의 행 번호이고 **MediaType**은 디스크 유형에 따라 SSD 또는 HDD다. 예를 들어 다음과 같다.

```
PS C:\> Set-PhysicalDisk -UniqueId (Get-PhysicalDisk)[0].UniqueID
-MediaType SSD

PS C:\> Set-PhysicalDisk -UniqueId (Get-PhysicalDisk)[1].UniqueID
-MediaType HDD
```

```
PS C:\> Get-PhysicalDisk | FT DeviceId, FriendlyName, UniqueID, Size,
MediaType, CanPool
```

이 단계에서는 새 가상 디스크를 구성하는 모든 물리 디스크가 포함된 스
토리지 풀을 만들어야 한다. 그런 다음 스토리지 계층을 만든다. 이 예에서
는 스토리지 풀에 DefaultPool이라는 이름을 지정했다.

```
PS C:\> New-StoragePool -StorageSubSystemId (Get-StorageSubSystem).UniqueId
-FriendlyName DeafultPool -PhysicalDisks (Get-PhysicalDisk -CanPool $true)

FriendlyName OperationalStatus HealthStatus IsPrimordial IsReadOnly Size AllocatedSize
------------ ----------------- ------------ ------------ ---------- ---- -------------
Pool         OK                Healthy      False        1.12 TB    512 MB

PS C:\> Get-StoragePool DefaultPool | New-StorageTier -FriendlyName SSD
-MediaType SSD
...
PS C:\> Get-StoragePool DefaultPool | New-StorageTier -FriendlyName HDD
-MediaType HDD
...
```

마지막으로 가상 계층 볼륨에 이름을 할당하고 각 계층의 올바른 크기를
지정해 가상 계층 볼륨을 만들 수 있다. 이 예에서는 120GB 성능 계층과
1,000GB 용량 계층으로 구성된 TieredVirtualDisk라는 계층적 볼륨을 만
든다.

```
PS C:\> $SSD = Get-StorageTier -FriendlyName SSD
PS C:\> $HDD = Get-StorageTier -FriendlyName HDD
PS C:\> Get-StoragePool Pool | New-VirtualDisk -FriendlyName
"TieredVirtualDisk" -ResiliencySettingName "Simple" -StorageTiers $SSD,
$HDD -StorageTierSizes 128GB, 1000GB
...
PS C:\> Get-VirtualDisk | FT FriendlyName, OperationalStatus, HealthStatus,
Size, FootprintOnPool

FriendlyName      OperationalStatus HealthStatus Size          FootprintOnPool
------------      ----------------- ------------ ----          ---------------
TieredVirtualDisk OK                Healthy      1202590842880 1203664584704
```

가상 디스크를 만든 후에는 파티션을 만들어 표준 방법(예를 들어 디스크 관리 스냅인 및 포맷 도구 사용)으로 새 볼륨을 포맷해야 한다. 볼륨 포맷이 완료되면 fsutil. exe 도구를 사용해 결과 볼륨이 실제로 계층적 볼륨인지 확인할 수 있다.

```
PS E:\> fsutil tiering regionList e:
Total Number of Regions for this volume: 2
Total Number of Regions returned by this operation: 2

    Region # 0:
        Tier ID: {448ABAB8-F00B-42D6-B345-C8DA68869020}
        Name: TieredVirtualDisk-SSD
        Offset: 0x0000000000000000
        Length: 0x0000001dff000000

    Region # 1:
        Tier ID: {16A7BB83-CE3E-4996-8FF3-BEE98B68EBE4}
        Name: TieredVirtualDisk-HDD
        Offset: 0x0000001dff000000
        Length: 0x000000f9ffe00000
```

결론

윈도우는 로컬 시스템과 원격 클라이언트 모두에 액세스할 수 있는 다양한 파일 시스템 형식을 지원한다. 파일 시스템 필터 드라이버 아키텍처는 파일 시스템 액세스를 확장하는 깔끔한 방법을 제공하고 NTFS와 ReFS 모두 로컬 파일 시스템 스토리지에 대한 안정적이고 안전하며 확장 가능한 파일 시스템 형식을 제공한다. ReFS는 비교적 새로운 파일 시스템으로, 대규모 서버 환경을 위해 설계된 몇 가지 고급 기능을 구현하지만 NTFS도 업데이트돼 새로운 장치 유형과 새로운 기능(POSIX 삭제, 온라인 체크 디스크, 암호화 등)을 지원한다.

캐시 관리자는 디스크 입출력을 줄여 전체 시스템 처리량을 향상시키고자 지능형 고속 메커니즘을 제공한다. 캐시 관리자는 가상 블록을 기반으로 캐시함으로써 원격 네트워크화된 파일 시스템을 포함해 지능적으로 미리 읽기를 수행할 수 있다. 전역 메모리 관리자의 매핑된 파일 프리미티브^{primitive}에 따라 파일 데이터에 액세스함으로써 캐시 관리자는 특별한 고속 입출력 메커니즘을 제공해 읽기 및 쓰기 작업에 필요한 CPU 시간을 줄이고 물리적 메모리 관리와 관련된 모든 사항을 윈도우 메모리 관리자에 맡겨 코드의 중복을 줄이고 효율성을 향상시킨다.

DAX 및 PM 디스크 지원, 저장 공간, 저장 공간의 직접적인 계층적 볼륨 및 SMR 디스크 호환성을 통해 윈도우는 고가용성, 안정성, 성능, 클라우드 수준 규모를 위해 설계된 차세대 스토리지 아키텍처의 선두를 지키고 있다.

12장에서는 윈도우에서의 시작과 종료에 대해 알아본다.

12

시작과 종료

12장에서는 윈도우를 부팅하는 데 필요한 과정과 시스템 시작에 영향을 주는 옵션을 살펴본다. 부팅 과정을 자세히 이해하려면 부팅 시 발생할 수 있는 문제점을 진단하는 데 도움이 된다. 새로운 UEFI 펌웨어의 세부 사항과 이전 BIOS를 비교해 개선된 사항에 대해 알아본다. 부팅 관리자, 윈도우 로더, NT 커널, 표준 부트와 부팅 순서에 대한 모든 종류의 공격을 탐지하는 새로운 보안 실행^{Secure Launch} 프로세스에 관련된 모든 구성 요소의 역할을 알아보고 부팅 과정에서 잘못될 수 있는 사항의 종류와 해결 방법을 알아본다. 마지막으로 순차적인 시스템 종료 중 발생하는 일들을 살펴본다.

부팅 과정

윈도우 부팅 프로세스를 설명할 때는 윈도우 설치부터 시작해 부팅 관련 설정 파일을 실행하는 순서로 진행된다. 디바이스 드라이버는 부팅 프로세스의 핵심적인 부분이므로 부팅 프로세스에서 디바이스 드라이버가 로드 및 초기화되는 시점을 제어하는 방법을 설명한다. 그런 다음에는 초기 2개 세션(세션 0 및 세션 1)으로 시작하는 세션 관리자 프로세스(Smss.exe)를 실행해 이그제큐티브 하위 시스템이 초기화되는 과정과 커널이 윈도우의 유저 모드로 시작되는 과정을 설명한다. 이 과정에서 여러 화면 메시지가 표시되는 부분을 강조 표시해 내부 프로세스와 윈도우 부팅을 보면서 화면의 내용을 파악할 수 있도록 하겠다.

부팅 초기 단계에 확장 가능 펌웨어 인터페이스^{EFI, Extensible Firmware Interface}와 기존

BIOS(기본 입출력 시스템)를 사용하는 시스템은 크게 다르다. EFI는 BIOS 시스템이 사용하는 레거시 16비트 코드를 교체하는 최근 표준안이며, 사전 부팅 프로그램 로딩과 운영체제 로딩 과정을 지원하는 드라이버를 허용한다. 통합 EFI 또는 UEFI로알려진 EFI 2.0은 대다수의 컴퓨터 제조업체에서 사용한다. 다음 절에서는 UEFI기반 시스템과 관련된 부팅 프로세스에 관해 알아본다.

여러 펌웨어를 지원하려고 윈도우는 대부분의 펌웨어 차이점을 추상화하는 부팅아키텍처를 제공해, 설치된 시스템에 사용된 펌웨어의 타입에 상관없이 일관된환경과 경험을 유저와 개발자에게 제공한다.

UEFI 부트

윈도우 부팅 과정은 컴퓨터의 전원을 켜거나 리셋 버튼을 눌렀을 때 시작되는것만 아니라 컴퓨터에 윈도우를 설치했을 때부터 시작된다. 윈도우 설치 프로그램을 실행하는 동안 시스템의 주 하드디스크를 윈도우 부팅 관리자와 UEFI 펌웨어가 처리할 수 있는 방식으로 준비한다. 윈도우 부팅 관리자 코드의 기능에 대해살펴보기 전에 UEFI 플랫폼 인터페이스를 간단히 살펴보자.

UEFI는 플랫폼에 대한 최초의 기본 프로그래밍 인터페이스를 제공하는 소프트웨어 세트다. 플랫폼이라는 용어는 마더보드, 칩셋, CPU 등 기계의 '엔진'을 구성하는 기타 구성 요소를 말한다. 그림 12-1에서 볼 수 있듯이 UEFI 사양은 사용 가능한 대부분의 CPU 아키텍처(x86, ARM 등)가 실행되는 4가지 기본 서비스를 제공한다. 다음의 간단한 소개에서는 x86-64 아키텍처를 대상으로 한다.

- **전원 켜기:** 플랫폼의 전원이 켜지면 UEFI 보안 단계에서 플랫폼 재시작 이벤트를 처리하고 사전 EFI 초기화 모듈의 코드를 확인해 프로세서를 16비트 리얼 모드에서 32비트 플랫 모드로 전환된다(페이징 지원 안 함).
- **플랫폼 초기화:** EFI 사전 초기화[PEI] 단계는 CPU, UEFI 코어의 코드, 칩셋을 초기화하고 최종적으로 드라이버 실행 환경[DXE] 단계에서 제어를 넘긴다. DXE 단계는 완전히 64비트 모드에서 실행되는 첫 번째 코드다. DXE IPL이라는 마지막 PEI 모듈은 실행 모드를 64비트 롱 모드로 전환

한다. 이 단계에서 펌웨어 볼륨(시스템 SPI 플래시 칩에 저장)을 검색하고 각 주변 장치의 시작 드라이버(DXE 드라이버)를 실행한다. 이 장 뒷부분의 '보안 부팅' 절에서 설명할 중요한 보안 기능인 보안 부팅은 UEFI DXE 드라이버로 구동된다.

- **운영체제 부팅**: UEFI DXE 단계가 끝나면 부팅 장치 선택[BDS] 단계로 실행이 제어된다. 이 단계에서 UEFI 부트 로더는 실행을 담당하고 UEFI BDS 단계는 설치 프로그램이 설치한 윈도우 UEFI 부팅 관리자를 찾아 실행한다.

- **종료**: UEFI 펌웨어는 플랫폼의 전원을 끄는 데 도움이 되는 일부 런타임 서비스(OS에서 사용 가능)로 구동되고 윈도우는 일반적으로 이들 기능(ACPI 인터페이스 대신 적용)을 사용하지 않는다.

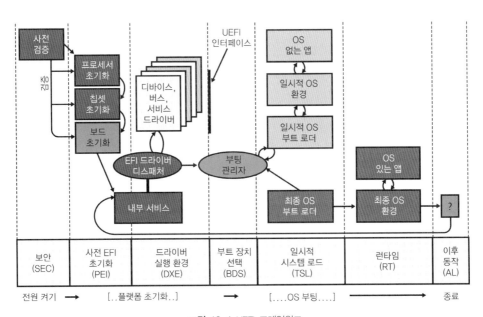

그림 12-1 UEFI 프레임워크

전체 UEFI 프레임워크 설명은 이 책의 범위를 벗어나 설명하지 않겠다. UEFI BDS 단계가 종료된 후에도 펌웨어는 플랫폼을 소유하며 다음과 같은 OS 부트 로더를 위한 서비스를 사용할 수 있다:

- **부팅 서비스**: 기본 메모리 관리, 동기화, 텍스트, 그래픽 콘솔 I/O, 디스크, 파일 I/O와 같은 기본 기능을 부트 로더, 기타 EFI 애플리케이션에 기본

제공하고 부트 서비스는 설치된 프로토콜(EFI 인터페이스)를 열거하고 질의할 수 있는 루틴을 실행한다. 같은 종류의 서비스는 펌웨어가 플랫폼을 소유하고 있는 동안에만 사용할 수 있고 부트 로더가 **ExitBootServices** EFI 런타임 API를 호출한 후에 메모리에서 해제된다.

- **런타임 서비스:** 날짜 및 시간 서비스, 캡슐 업데이트(펌웨어 업그레이드), NVRAM 데이터에 액세스할 수 있는 메서드(예를 들어 UEFI 변수)를 제공한다. 이러한 서비스는 운영체제가 완전히 실행되는 동안에도 계속 액세스할 수 있다.

- **플랫폼 구성 데이터:** 시스템 ACPI, SMBIOS 테이블은 항상 UEFI 프레임워크를 통해 접근할 수 있다.

UEFI 부팅 관리자는 컴퓨터 하드디스크에서 읽고 쓸 수 있는데, FAT, FAT32, El Torito(CD-ROM에서 부팅)와 같은 기본 파일 시스템을 처리할 수 있다. 사양에 따라 부팅 하드디스크는 GPT(GUID 파티션 테이블) 체계를 통해 구분된다. GPT는 GUID를 사용해 시스템에서 서로 다른 파티션과 역할을 확인한다. GPT 방식은 이전 MBR 방식의 모든 한계를 극복하고 64비트 LBA 주소 모드를 사용해 최대 128개의 파티션을 허용한다. 각 파티션은 고유한 128비트 GUID 값을 사용해 식별되며 파티션 유형을 식별하는 데 별도의 GUID가 사용된다. UEFI는 3가지 파티션 타입만 정의하지만 각 OS별 공급자는 고유한 파티션 GUID 타입을 정의할 수 있다. UEFI 표준에는 FAT32 파일 시스템으로 포맷된 EFI 시스템 파티션이 하나 이상 필요하다.

윈도우 설치 애플리케이션은 디스크를 초기화하고 일반적으로 4개 이상의 파티션을 생성한다.

- EFI 시스템 파티션으로, 윈도우 부팅 관리자(Bootmgrfw.efi), 메모리 테스트 애플리케이션(Memtest.efi), 시스템 잠금 정책(디바이스 가드 지원 시스템용, Winsipolicy.p7b), 부팅 리소스 파일(Bootres.dll)을 복사한다.

- 복구 파티션으로, 부팅 문제(boot.sdi, Winre.wim)가 발생할 경우 윈도우 복구 환경을 부팅하는 데 필요한 파일을 저장한다. 이 파티션은 NTFS 파일 시스템 형식이다.

- 윈도우 예약 파티션으로, 설치 도구가 임시 데이터를 저장하기 위한 빠르고 복구 가능한 스크래치 영역으로 사용하는 파티션이다. 또한 일부 시스

템 도구는 부팅 볼륨의 손상된 섹터를 다시 매핑하고자 예약 파티션을 사용한다(예약된 파티션은 파일 시스템이 없다).

- 부팅 파티션으로, 윈도우가 설치된 파티션이지만 일반적으로 시스템 파티션과 동일하지 않은 파티션일 수 있다. 여기에는 부트 파일이 있다. 이 파티션은 윈도우가 고정 디스크에 설치할 때 부팅할 수 있게 지원하는 유일한 파일 시스템인 NTFS로 포맷된다.

윈도우 설치 프로그램은 윈도우 파일을 부팅 파티션에 저장한 후 부팅 관리자를 EFI 시스템 파티션에 복사하고 시스템의 나머지 부분에 대해 부팅 파티션 콘텐츠를 숨긴다. UEFI 사양은 NVRAM(시스템 비휘발성 RAM)에 상주할 수 있는 일부 전역 변수를 정의하며 OS가 플랫폼을 완전히 제어할 수 있는 런타임 단계에서도 접근할 수 있다(다른 UEFI 변수는 시스템 RAM에 상주할 수 있음). 윈도우 설치 프로그램은 일부 UEFI 변수(Boot000X one, 여기서 X는 고유 번호로, 부팅 오더에 따른 고유 번호다)의 설정을 통해 윈도우 부팅 관리자를 부팅하도록 UEFI 플랫폼을 구성한다. 설치가 끝난 후 시스템을 재부팅하면 UEFI 부팅 관리자는 자동으로 윈도우 부팅 관리자 코드를 실행할 수 있다.

표 12-1은 UEFI 부팅 프로세스에 관련된 파일을 요약한 것이다. 그림 12-2는 GPT 파티션 체계를 따르는 하드디스크 레이아웃의 예를 보여준다(윈도우 부팅 파티션에 있는 파일은 \Windows\System32 디렉터리에 저장된다).

표 12-1 UEFI 부팅 프로세스 구성 요소

구성 요소	기능	위치
bootmgfw.efi	BCD(부팅 구성 데이터베이스)를 읽고 필요한 경우 부팅 메뉴를 표시하며, 메모리 테스트 애플리케이션(Memtest.efi)과 같은 사전 부팅 프로그램을 실행할 수 있다.	EFI 시스템 파티션
Winload.efi	Ntoskrnl.exe을 로드하고 그에 종속된 것들(SiPolicy.p7b, hvloader.dll, hvix64.exe, Hal.dll, Kdcom.dll, Ci.dll, Clfs.s.sys, Pshed.dll)을 로드하며, 부팅 장치 드라이버를 로드한다.	윈도우 부팅 파티션
Winresume.efi	최대 절전 모드 상태 후 재개하는 경우 일반적인 윈도우 로딩 대신 최대 절전 파일(Hiberfil.sys)이 재실행된다.	윈도우 부팅 파티션

(이어짐)

구성 요소	기능	위치
Memtest.efi	부팅 몰입형(Imperive) 메뉴(또는 부팅 관리자)에서 선택하면 부팅이 시작되고 메모리를 스캔하고 손상된 RAM을 감지하기 위한 그래픽 인터페이스가 제공된다.	EFI 시스템 파티션
Hvloader.dll	부팅 관리자에서 감지돼 적절하게 활성화된 경우 이 모듈은 하이퍼바이저 실행을 담당한다(이전 버전의 윈도우에서는 hvloader.efi).	윈도우 부팅 파티션
Hvix64.exe (또는 hvax64.exe)	윈도우 하이퍼바이저(하이퍼V)로 프로세서 아키텍처에 따라 이 파일의 이름은 다를 수 있다. 가상화 기반 보안(VBS)의 기본 구성 요소다.	윈도우 부팅 파티션
Ntoskrnl.exe	이그제큐티브 서브시스템을 초기화하고 부트/시스템 시작 장치 드라이버를 초기화하며, 네이티브 애플리케이션을 실행하기 위한 시스템을 준비하고 Smss.exe를 실행한다.	윈도우 부팅 파티션
Securekernel.exe	윈도우 보안 커널이다. 안전한 VTL 1단계의 커널 모드 서비스를 제공하고 일반 단계와 기본적인 통신 기능을 제공한다(9장 참고).	윈도우 부팅 파티션
Hal.dll	Ntoskrnl과 드라이버를 하드웨어에 연결하는 커널 모드 DLL이다. 또한 마더보드 드라이버로도 작동하며 다른 드라이버가 관리하지 않는 마더보드에 부착된 구성 요소를 지원한다.	윈도우 부팅 파티션
Smss.exe	초기 인스턴스는 각 세션을 초기화하고자 자신의 복사본을 시작한다. 세션 0 인스턴스는 윈도우 서브시스템 드라이버(Win32k.sys)를 로드하고 윈도우 서브시스템 프로세스(Csrss.exe), 윈도우 초기화 프로세스(Wininit.exe)를 시작한다. 다른 모든 세션별 인스턴스는 Csrss, Winlogon 프로세스를 시작한다.	윈도우 부팅 파티션
Wininit.exe	서비스 제어 관리자(SCM), 로컬 보안 관리 프로세스(LSASS), 로컬 세션 관리자(LSM)를 시작한다. 레지스트리의 나머지 부분을 초기화하고 유저 모드 초기화 작업을 수행한다.	윈도우 부팅 파티션
Winlogon.exe	사용자 로그온과 사용자 보안을 조율한다. Bootim과 LogonUI를 시작한다.	윈도우 부팅 파티션
Logonui.exe	대화상자 화면에 대화형 로그온을 보여준다.	윈도우 부팅 파티션
Bootim.exe	대화형 그래픽 부팅 메뉴를 보여준다	윈도우 부팅 파티션
Services.exe	자동 시작 장치 드라이버와 윈도우 서비스를 로드하고 초기화한다.	윈도우 부팅 파티션

(이어짐)

구성 요소	기능	위치
TcbLaunch.exe	새로운 인텔 TXT 기술을 지원하는 시스템으로 운영체제의 보안 실행을 제어한다.	윈도우 부팅 파티션
TcbLoader.dll	보안 실행 컨텍스트에서 실행되는 윈도우 로더 코드를 포함한다.	윈도우 부팅 파티션

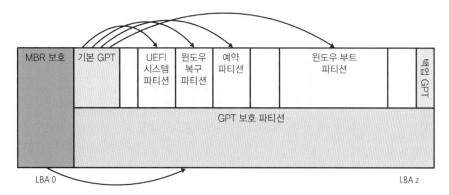

그림 12-2 UEFI 하드디스크 레이아웃 샘플

설치 프로그램의 또 다른 역할은 BCD를 준비하는 것이다. BCD는 UEFI 시스템에서 시스템 볼륨의 루트 디렉터리에 있는 \EFI\Microsoft\Boot\BCD 파일에 저장된다. 이 파일에는 윈도우 설치 프로그램에서 설치하는 버전과 기존 설치된 버전을 포함하고 있다. BCD가 이미 있는 경우 설치 프로그램은 새로운 설치와 관련된 새 항목을 추가하면 된다. BCD에 대한 자세한 내용은 10장을 참고한다.

PEI, BDS 단계, 보안 부팅 등 기타 많은 개념을 포함한 모든 UEFI 스펙은 웹 사이트(https://uefi.org/specifications)에서 확인할 수 있다.

BIOS 부팅 프로세스

지면의 제한으로 이전 BIOS 부팅 프로세스에 대해서는 설명하지 않겠다. BIOS 사전 부트, 부팅 프로세스에 대한 모든 설명은 이 책 6판의 Vol.2에 있다.

보안 부팅

Vol.1의 7장에서 설명한 대로 윈도우는 멀웨어로부터 보호되게 설계돼 있다. 모든 구형 BIOS 시스템은 부트킷^{bootkit}을 사용해 스텔스^{stealth} 코드를 실행하는 지능형 지속 공격^{APT, Advanced Persistent Threats}에 대해 취약했다. 부트킷은 윈도우 부팅 관리자 이전에 실행되는 특정 유형의 악성 소프트웨어다. 이들은 안티바이러스 솔루션에 의해 검색되지 않고 주요 감염 모듈을 실행할 수 있다. BIOS 부트킷의 첫 번째 부분은 일반적으로 시스템 하드디스크의 마스터 부트 레코드^{MBR, Master Boot Record} 또는 볼륨 부트 레코드^{VBR, Volume Boot Record} 섹터에 있다. 따라서 구형 BIOS 시스템을 켜면 메인 OS 코드 대신 부트킷 코드가 실행된다. OS의 원래 부팅 코드는 암호화돼 하드디스크의 다른 영역에 저장되며 일반적으로 악성코드에 의해 나중 단계에서 실행된다. 심지어 이런 종류의 부트킷은 윈도우 부팅 단계 도중 메모리상의 OS 코드를 변경할 수도 있다.

보안 연구원들이 입증한 것처럼 UEFI 사양의 첫 번째 릴리스는 펌웨어, 부트 로더, 기타 구성 요소가 검증되지 않았기 때문에 이 문제에 여전히 취약했다. 따라서 시스템에 접근할 수 있는 공격자는 이들 구성 요소를 변조하고 부트 로더를 악의적인 구성 요소로 교체할 수 있다. 사실 상대 부팅 변수에 정상 등록된 EFI 애플리케이션(휴대용 실행 파일 또는 간결한 실행 파일 형식을 따르는 실행 파일)은 시스템 부팅에 사용됐을 수 있다. 뿐만 아니라 DXE 드라이버조차도 제대로 검증하지 않았기 때문에 악성 EFI 드라이버가 SPI 플래시에 감염이 됐을 수 있다. 윈도우에서 부팅 프로세스의 변조 여부를 정확하게 확인하지 못했다.

이 문제로 UEFI 컨소시엄은 보안 부팅 기술을 설계하고 개발했다. 보안 부팅은 UEFI의 기능이며 부팅 프로세스 중에 로드되는 각 구성 요소를 디지털 서명 검증하게 했다. 보안 부팅은 PC 제조업체나 유저가 신뢰하는 소프트웨어만 사용해 PC가 시작되는지 확인한다. 보안 부팅에서는 펌웨어가 모든 구성 요소(DXE 드라이버, UEFI 부팅 관리자, 로더 등)를 로드하기 전에 확인을 책임진다. 구성 요소가 유효성 검사를 통과하지 못하면 유저에게 에러 메시지를 보여주고 부팅 프로세스는 중단한다.

검증 과정은 UEFI 펌웨어에 존재하는 승인, 거부된 인증서(또는 해시)의 데이터베이스에 대해 디지털 서명을 위한 공개 키 알고리듬(RSA 등)을 사용해 수행된다. 이런 종류의 알고리듬은 2개의 다른 키를 사용한다.

- 공개 키는 암호화된 다이제스트를 복호화^{decrypt}하는 데 사용되며(다이제스트는 실행 파일의 이진 데이터 해시다) 파일의 디지털 서명에 저장된다.
- 개인 키는 바이너리 실행 파일의 해시를 암호화^{encrypt}하는 데 사용되며 안전하고 비공개된 위치에 저장된다. 실행 파일의 디지털 서명은 다음 3단계로 구성된다.

    1. SHA256과 같은 강력한 해시 알고리듬을 사용해 파일 내용의 다이제스트를 계산한다. 강력한 '해싱^{hashing}'이란 전체 초기 데이터(정교한 체크섬과 약간 비슷함)의 고유(그리고 비교적 작은) 표현인 메시지 다이제스트를 생성해야 한다. 해시 알고리듬은 단방향 암호화다. 즉, 다이제스트로부터 파일 전체를 도출하는 것은 불가능하다.
    2. 계산된 다이제스트를 키의 개인 부분으로 암호화한다.
    3. 암호화된 다이제스트, 키의 공개 부분, 해시 알고리듬의 이름을 파일의 디지털 서명에 저장한다.

이 방법으로 시스템이 파일의 무결성을 검증하려면 파일 해시를 다시 계산하고 디지털 서명에서 해독된 다이제스트와 비교해야 한다. 개인 키의 소유자를 제외하고는 디지털 서명에 저장된 암호화된 다이제스트를 변경하거나 변경할 수 없다.

이 단순화된 모델을 확장해 각각 펌웨어가 신뢰하는 인증서 체인을 만들 수 있다. 특정 인증서의 공개 키가 펌웨어에서는 알 수 없지만 인증서가 신뢰할 수 있는 엔터티(중간 인증서 또는 루트 인증서)에 의해 다른 시간에 서명된 경우 펌웨어는 내부 공개 키조차도 신뢰할 수 있는 것으로 간주돼야 한다. 이 메커니즘은 그림 12-3에 볼 수 있다. 이를 신뢰 체인^{chain of trust}이라 하는데, 디지털 인증서(코드 서명에 사용)가 다른 신뢰할 수 있는 상위 레벨 인증서(루트 인증서 또는 중간 인증서)의 공개 키를 사용해 서명할 수 있다. 모든 세부 사항에 대한 설명은 이 책의 범위를 벗어나므로 여기에선 이 모델을 단순화했다.

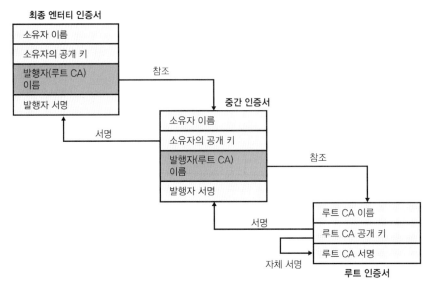

그림 12-3 신뢰 체인의 단순화된 표현.

허가/취소된 UEFI 인증서와 해시는 UEFI 변수에 저장되며 그림 12-4에 표시된 엔터티를 사용해 신뢰 계층을 설정해야 한다.

- **플랫폼 키**[PK]: 플랫폼 키는 신뢰 루트를 나타내며 키 교환 키[KEK] 데이터베이스를 보호하는 데 사용된다. 플랫폼 공급업체는 제조사 PK의 공용 부분을 UEFI 펌웨어에 배치한다. 그 비공개 부분은 공급업체에 남아 있다.
- **키 교환 키**[KEK]: 키 교환 키 데이터베이스는 허용된 서명 데이터베이스(DB), 허용되지 않는 서명 데이터베이스(DBX) 또는 타임스탬프 서명 데이터베이스(DBT)를 변경할 수 있는 신뢰할 수 있는 인증서가 포함돼 있다. KEK 데이터베이스에는 일반적으로 운영체제 공급업체[OSV] 인증서가 포함되며 PK로 보호된다.

부트 로더와 다른 사전 부팅 구성 요소를 확인하는 데 사용되는 해시와 서명은 3가지 다른 데이터베이스에 저장된다. 허가된 서명 데이터베이스(DB)에는 부트 로더, 기타 사전 부팅 구성 요소(신뢰 체인 모델에 따라)에 서명한 코드 서명 인증서를 생성하는 데 사용된 특정 바이너리 또는 인증서 해시(또는 그 해시)를 갖고 있다. 허용되지 않는 서명 데이터베이스(DBX)에는 침해되거나 취소된 특정 바이너리 또는 인증서의 해시(또는 해당 해시)를 갖고 있다. 타임스탬프 서명 데이터베이스(DBT)에는 부트 로더 이미지를 서명할 때 사용되는 타임스탬프 인증서를 갖고 있다. 이 3개 데이터베이스는 모두 KEK 편집에 대해 잠겨 있다.

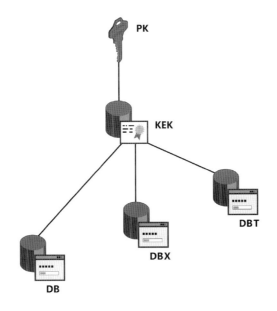

그림 12-4 UEFI 보안 부팅에 사용되는 신뢰 체인 인증서

보안 부팅 키를 안전하게 보호하려면 펌웨어는 업데이트를 시도하는 엔터티가 변수를 생성하는 데 사용된 키의 비공개 부분을 소유하고 있음을 **인증 디스크립터** authentication descriptor라고 하는 지정된 페이로드에 디지털 서명을 통해 증명할 수 있는 경우를 제외하고는 업데이트를 허용해서는 안 된다. 이 메커니즘은 인증된 변수를 통해 UEFI에 구현된다. 이 글을 쓰는 시점에서 UEFI 사양은 X509와 RSA2048의 2가지 타입 서명 키만 허용된다. 인증된 변수는 빈 업데이트를 기록해 지울 수 있으며, 이 업데이트에는 여전히 유효한 인증 디스크립터가 포함돼야 한다. 인증된 변수를 처음 만들 때 변수를 만든 키의 공용 부분과 초깃값(또는 단순 카운트)을 모두 저장하고 해당 키로 서명되고 업데이트 타입이 동일한 후속 업데이트만 수락된다. 예를 들어 KEK 변수는 PK를 사용해 생성되며 PK로 서명된 인증 디스크립터로만 업데이트할 수 있다.

UEFI 펌웨어가 보안 부팅 환경에서 인증 변수를 사용하는 방식은 약간 혼란스러울 수 있다. 실제 인증된 변수를 사용해 PK, KEK, 서명 데이터베이스만 저장된다. 부팅 구성 데이터를 저장하는 다른 UEFI 부팅 변수는 여전히 일반 런타임 변수다. 즉, 보안 부팅 환경에서 유저는 부팅 구성을 문제없이 업데이트하거나 변경할 수 있다(부팅 순서도 변경할 수 있음). 안전한 검증은 항상 모든 종류의 부팅 애플리케이션에서 수행되기 때문에 문제가 되지 않는다(소스 또는 순서에 관계없이). 보안 부팅은 시스템 부팅 구성 변경을 방지하도록 설계되지 않았다.

윈도우 부팅 관리자

앞에서 설명한 것처럼 UEFI 펌웨어는 윈도우 부팅 관리자(Bootmgfw.efi)를 읽고 실행한다. EFI 펌웨어는 페이징이 활성화된 롱 모드에서 부팅 관리자로 제어를 전송하고 UEFI 메모리 맵에 의해 정의된 메모리 공간이 일대일로 매핑된다. 따라서 wBIOS 시스템과 달리 실행 콘텍스트를 전환할 필요가 없다. 윈도우 부팅 관리자는 전원이 완전히 꺼져 있거나 최대 절전 모드(S4 전원 상태)에서 윈도우 OS를 시작하거나 다시 시작할 때 호출되는 첫 번째 애플리케이션이다. 다음 목표를 위해 윈도우 비스타에서 윈도우 부팅 관리자를 완전히 재설계했다.

- 복잡하고 여러 가지 부팅 기술을 사용하는 다양한 운영체제의 부트를 지원한다.
- OS별 시작 코드를 고유한 부팅 애플리케이션(윈도우 로더라는 이름)과 재시작 애플리케이션(Winresume)으로 분리한다.
- 부팅 애플리케이션에 공통적인 부팅 서비스를 분리해 제공한다. 이는 부팅 라이브러리의 역할이다.

윈도우 부팅 관리자의 최종 목표는 분명하지만 전체 아키텍처는 복잡하다. 앞으로는 부팅 애플리케이션boot application이라는 용어를 사용해 윈도우 로더, 기타 로더와 같은 OS 로더를 설명한다. 부팅 관리자에는 다음과 같은 여러 역할이 있다.

- 부트 로더와 부팅 애플리케이션에 필요한 기본 시스템 서비스를 초기화한다(이에 대해서는 이 절의 뒷부분에서 설명).
- 보안 부팅, 측정된 부팅과 같은 보안 기능을 초기화하고 시스템 정책을

로드해 자체 무결성을 확인한다.

- 부팅 구성 데이터 스토어를 찾아서 열어 읽는다.
- 부팅 목록을 만들고 기본 부팅 메뉴를 보여준다(부팅 메뉴 정책이 레거시로 설정된 경우).
- 비트락커 암호화 드라이브의 TPM, 잠금 해제를 관리한다(비트락커 잠금 해제 화면 을 보여주고 암호 해독 키를 가져오는 데 문제가 있을 경우 복구 방법 제공).
- 특정 부팅 애플리케이션을 시작하고 부팅 실패 시 복구 순서를 관리한다 (윈도우 복구 환경).

가장 먼저 수행되는 작업 중 하나는 부팅 로그 기능 구성과 부팅 라이브러리 초기 화다. 부팅 애플리케이션에는 부팅 관리자를 시작할 때 초기화되는 라이브러리의 표준 구성을 포함하고 있다. 표준 부팅 라이브러리가 초기화되면 이들 코어 서비 스의 모든 부팅 애플리케이션에서 사용할 수 있다. 이들 서비스는 기본 메모리 관리자(주소 변환, 페이지, 힙 할당 지원), 펌웨어 매개변수(부팅 장치, BCD의 부팅 관리자 항목 등), 이벤트 알림 시스템(측정된 부팅), 시간, 부팅 로더, 암호화 모듈, 신뢰할 수 있는 플랫폼 모듈 TPM, Trusted Platform Module, 네트워크, 디스플레이 드라이버, 입출력 시스템(및 기본 PE 로더) 가 포함된다. 독자는 부팅 라이브러리를 부팅 관리자, 부팅 애플리케이션을 위한 특별한 타입의 기본 하드웨어 추상화 계층HAL으로 생각할 수 있다. 라이브러리 초기화의 초기 단계에서는 시스템 일관성 부팅 라이브러리 구성 요소가 초기화된 다. 시스템 무결성 서비스의 목표는 새로운 코드를 로딩해 디버거 연결과 같은 보안 관련 시스템 이벤트를 보고 기록하기 위한 플랫폼을 제공한다. 이는 TPM에 서 제공하는 기능을 사용해 동작하며, 특히 측정된 부팅에 사용된다. 이 기능은 이 장 뒷부분의 '측정된 부팅' 절에서 설명한다.

부팅 관리자 초기화 함수(BmMain)를 정상 실행하려면 애플리케이션 매개변수라는 데이터 구조가 필요하다. 이 데이터 구조는 이름에서 알 수 있듯이 부팅 매개변수 (부팅 장치, BCD 객체 GUID 등)를 기술한다. 이 데이터 구조를 컴파일하고자 부팅 관리자는 EFI 펌웨어 서비스를 사용해 자체 실행 파일의 전체 상대 경로를 검색하고 활성 EFI 부트 변수(BOOT000X)에 저장된 시작 업로드 옵션을 가져온다. EFI 사양에서 EFI 부팅 변수에는 부팅 항목에 대한 간략한 설명, 부팅 관리자의 전체 장치, 파일 경로, 일부 선택적 데이터가 포함돼야 한다. 윈도우는 데이터를 사용해 자체 설명 하는 BCD 객체의 GUID를 저장한다.

> 선택적 데이터에는 부팅 관리자가 나중 단계에서 구문 분석하는 다른 부팅 옵션이 포함될 수 있다. 이렇게 하면 윈도우 레지스트리를 전혀 사용하지 않고 UEFI 변수에서 부팅 관리자를 구성할 수 있다.

실습: UEFI 부팅 변수 사용하기

UefiTool 도구(이 책에 다운로드 정보가 있다)를 사용해 시스템의 모든 UEFI 부팅 변수를 덤프할 수 있다. 이렇게 하려면 관리자 명령 프롬프트에서 **UefiTool /enum** 커맨드라인 매개변수를 지정한다(코타나 검색 상자에서 cmd를 검색해 명령 프롬프트에서 마우스 오른쪽 버튼을 클릭한 후 관리자로 실행을 선택해서 관리자로 명령 프롬프트를 시작한다). 일반 시스템은 많은 UEFI 변수를 사용한다. 이 도구는 이름과 GUID로 모든 변수 필터링을 지원한다. **/out** 매개변수를 사용해 모든 변수 이름과 데이터를 텍스트 파일로 내보낼 수 있다.

모든 UEFI 변수를 텍스트 파일로 덤프하는 것부터 시작한다.

```
C:\Tools>UefiTool.exe /enum /out Uefi_Variables.txt
UEFI Dump Tool v0.1
Copyright 2018 by Andrea Allievi (AaLl86)

Firmware type: UEFI
Bitlocker enabled for System Volume: NO

Successfully written "Uefi_Variables.txt" file.
```

다음 필터를 사용해 UEFI 부팅 변수 리스트를 가져올 수 있다.

```
C:\Tools>UefiTool.exe /enum Boot
UEFI Dump Tool v0.1
Copyright 2018 by Andrea Allievi (AaLl86)

Firmware type: UEFI
Bitlocker enabled for System Volume: NO

EFI Variable "BootCurrent"
    Guid      : {8BE4DF61-93CA-11D2-AA0D-00E098032B8C}
    Attributes : 0x06 ( BS RT )
```

```
Data size  : 2 bytes
Data:
00 00                                          |
```

EFI Variable "Boot0002"
```
    Guid       : {8BE4DF61-93CA-11D2-AA0D-00E098032B8C}
    Attributes : 0x07 ( NV BS RT )
    Data size  : 78 bytes
    Data:
    01 00 00 00 2C 00 55 00 53 00 42 00 20 00 53 00 |    , U S B   S
    74 00 6F 00 72 00 61 00 67 00 65 00 00 00 04 07 | t o r a g e
    14 00 67 D5 81 A8 B0 6C EE 4E 84 35 2E 72 D3 3E | g ü¿ l Nä5.r >
    45 B5 04 06 14 00 71 00 67 50 8F 47 E7 4B AD 13 | E q gPÅG K¡
    87 54 F3 79 C6 2F 7F FF 04 00 55 53 42 00       | çT≤y /   USB
```

EFI Variable "Boot0000"
```
    Guid       : {8BE4DF61-93CA-11D2-AA0D-00E098032B8C}
    Attributes : 0x07 ( NV BS RT )
    Data size  : 300 bytes
    Data:
    01 00 00 00 74 00 57 00 69 00 6E 00 64 00 6F 00 |    t W I n d o
    77 00 73 00 20 00 42 00 6F 00 6F 00 74 00 20 00 | w s   B o o t
    4D 00 61 00 6E 00 61 00 67 00 65 00 72 00 00 00 | M a n a g e r
    04 01 2A 00 02 00 00 00 00 A0 0F 00 00 00 00 00 | * á
    00 98 0F 00 00 00 00 00 84 C4 AF 4D 52 3B 80 44 | ÿ      ä »MR;ÇD
    98 DF 2C A4 93 AB 30 B0 02 02 04 04 46 00 5C 00 | ÿ ,ñô½0 F \
    45 00 46 00 49 00 5C 00 4D 00 69 00 63 00 72 00 | E F I \ M i c r
    6F 00 73 00 6F 00 66 00 74 00 5C 00 42 00 6F 00 | o s o f t \ B o
    6F 00 74 00 5C 00 62 00 6F 00 6F 00 74 00 6D 00 | o t \ b o o t m
    67 00 66 00 77 00 2E 00 65 00 66 00 69 00 00 00 | g f w . e f i
    7F FF 04 00 57 49 4E 44 4F 57 53 00 01 00 00 00 |     WINDOWS
    88 00 00 00 78 00 00 00 42 00 43 00 44 00 4F 00 | ê   x   B C D O
    42 00 4A 00 45 00 43 00 54 00 3D 00 7B 00 39 00 | B J E C T = { 9
    64 00 65 00 61 00 38 00 36 00 32 00 63 00 2D 00 | d e a 8 6 2 c -
    35 00 63 00 64 00 64 00 2D 00 34 00 65 00 37 00 | 5 c d d - 4 e 7
    30 00 2D 00 61 00 63 00 63 00 31 00 2D 00 66 00 | 0 - a c c 1 - f
    33 00 32 00 62 00 33 00 34 00 34 00 64 00 34 00 | 3 2 b 3 4 4 d 4
    37 00 39 00 35 00 7D 00 00 00 6F 00 01 00 00 00 | 7 9 5 }   o
    10 00 00 00 04 00 00 00 7F FF 04 00             |
```

EFI Variable "BootOrder"

```
        Guid      : {8BE4DF61-93CA-11D2-AA0D-00E098032B8C}
        Attributes : 0x07 ( NV BS RT )
        Data size  : 8 bytes
        Data:
        02 00 00 00 01 00 03 00                          |
```
    <지면 관계상 이하 생략>

각 부팅 변수의 내용을 해석해 /enumboot 매개변수를 사용해서 실행할 수
도 있다.

```
C:\Tools>UefiTool.exe /enumboot
UEFI Dump Tool v0.1
Copyright 2018 by Andrea Allievi (AaLl86)

Firmware type: UEFI
Bitlocker enabled for System Volume: NO

System Boot Configuration
    Number of the Boot entries: 4
    Current active entry: 0
    Order: 2, 0, 1, 3

Boot Entry #2
    Type: Active
    Description: USB Storage

Boot Entry #0
    Type: Active
    Description: Windows Boot Manager
    Path: Harddisk0\Partition2 [LBA: 0xFA000]\\EFI\Microsoft\Boot\bootmgfw.efi
    OS Boot Options: BCDOBJECT={9dea862c-5cdd-4e70-acc1-f32b344d4795}

Boot Entry #1
    Type: Active
    Description: Internal Storage

Boot Entry #3
    Type: Active
    Description: PXE Network
```

부팅 경로를 구문 분석할 수 있는 경우 상대 경로의 Path 행을 출력한다

(동일한 것은 윈도우 OS 로드 옵션에도 적용된다). UEFI 사양은 하드웨어 인터페이스에 의존하는 부팅 항목의 경로 필드에 대한 여러 해석을 정의한다. 부팅 순서 변수의 값을 설정하거나 /setbootorder 명령 매개변수를 사용해 시스템의 부팅 순서를 변경할 수 있다. 이렇게 하면 비트락커 볼륨 마스터 키가 비활성화될 수 있다(이 개념은 이 장 뒷부분의 '측정된 부팅' 절에서 설명).

```
C:\Tools>UefiTool.exe /setvar bootorder {8BE4DF61-93CA-11D2-AA0D-00E098032B8C}
0300020000000100
UEFI Dump Tool v0.1
Copyright 2018 by Andrea Allievi (AaLl86)

Firmware type: UEFI
Bitlocker enabled for System Volume: YES

Warning, The "bootorder" firmware variable already exist.
Overwriting it could potentially invalidate the system Bitlocker Volume
Master Key.
Make sure that you have made a copy of the System volume Recovery Key.
Are you really sure that you would like to continue and overwrite its content?
[Y/N] y
The "bootorder" firmware variable has been successfully written.
```

애플리케이션 매개변수 데이터 구조가 빌드되고 모든 부팅 경로가 검색된 후(\EFI\Microsoft\Boot가 기본 작업 디렉터리) 부팅 관리자가 부팅 구성 데이터 파일을 열고 구문 분석한다. 이 파일은 내부적으로 모든 부팅 애플리케이션 디스크립터를 포함하는 레지스트리 하이브며 일반적으로 시스템이 부트를 완료한 후 HKLM\BCD00000000 가상 키에 매핑된다. 부팅 관리자는 부팅 라이브러리를 사용해 BCD 파일을 열어서 읽는다. 라이브러리는 EFI 서비스를 사용해 하드디스크에서 물리적 섹터를 읽고 쓰며, 이 책을 쓰는 시점에서 NTFS, FAT, ExFAT, UDFS, El Torito, 가상 파일 시스템과 같은 다양한 파일 시스템의 라이트 버전을 사용한다. 이 파일 시스템은 네트워크 부팅 입출력, VMBus 입출력(하이퍼V 가상 머신용), WIM 이미지 입출력을 지원한다. 부팅 구성 데이터 하이브를 구문 분석하고 부팅 관리자를 기술하는 BCD 객체를 (GUID를 통해) 검색해 부팅 인수를 나타내는 모든 항목의 애플리케이션 매개변수 데이터 구조의 시작 섹션에 추가한다. BCD의 항목에는 부팅 프로세스에 관련된

Bootmgr, Winload 및 기타 구성 요소를 식별하는 옵션 인수들이 포함될 수 있다. 표 12-2는 이들 옵션과 부팅 관리자에 대한 영향 목록, 표 12-3은 모든 부팅 애플리케이션에서 사용할 수 있는 BCD옵션 목록을 보여주고, 표 12-4는 윈도우 부트 로더를 위한 BCD 옵션을 보여주며, 표 12-5는 윈도우 하이퍼바이저 실행을 제어하는 BCD 옵션을 보여준다.

표 12-2 윈도우 부팅 관리자(Bootmgr)의 BCD 옵션

읽을 수 있는 이름	값	BCD 구성 요소 코드[1]	의미
Bcdfilepath	경로	BCD_FILEPATH	디스크의 BCD(일반적으로 \Boot\BCD) 파일을 가리킨다.
displaybootmenu	불리언	DISPLAY_BOOT_MENU	부팅 관리자가 부팅 메뉴를 보여줄 것인지 또는 기본 항목을 자동으로 선택할 것인지 결정한다.
noerrordisplay	불리언	NO_ERROR_DISPLAY	부팅 관리자에서 발생한 오류의 출력을 음소거한다.
Resume	불리언	ATTEMPT_RESUME	최대 절전 모드에서 다시 시작해야 하는지 여부를 지정한다. 이 옵션은 윈도우가 최대 절전 모드일 때 자동으로 설정된다.
Timeout	시간(초)	TIMEOUT	기본 항목을 선택하기 전 부팅 관리자가 기다려야 하는 시간(초)이다.
resumeobject	GUID	RESUME_OBJECT	최대 절전 모드 후 시스템을 재개하는 데 사용할 부팅 애플리케이션 식별자다.
displayorder	리스트	DISPLAY_ORDER	부팅 관리자의 표시 순서 목록을 정의한다.
toolsdisplayorder	리스트	TOOLS_DISPLAY_ORDER	부팅 관리자 도구 표시 순서 목록을 정의한다.
bootsequence	리스트	BOOT_SEQUENCE	일회성 부팅 순서에 대한 정의다.
default	GUID	DEFAULT_OBJECT	시작할 기본 부팅 항목이다.
customactions	리스트	CUSTOM_ACTIONS_LIST	특정 키보드 순서를 입력할 유저 지정 작업의 정의다.

(이어짐)

읽을 수 있는 이름	값	BCD 구성 요소 코드[1]	의미
processcustomactionsfirst	불리언	PROCESS_CUSTOM_ ACTIONS_FIRST	부팅 순서 전에 부팅 관리자가 유저 지정 작업을 실행할지 여부를 지정한다.
bcddevice	GUID	BCD_DEVICE	BCD저장소가 위치한 장치의 아이디다.
hiberboot	불리언	HIBERBOOT	이 부트가 하이브리드 부트인지 여부다.
fverecoveryurl	문자열	FVE_RECOVERY_URL	비트락커 복구 URL 문자열을 지정한다.
fverecoverymessage	문자열	FVE_RECOVERY_MESSAGE	비트락커 복구 메시지 문자열을 지정한다.
flightedbootmgr	불리언	BOOT_FLIGHT_BOOTMGR	플라이트(Flighted) 부팅 관리자를 통해 실행을 진행할지 여부를 지정한다.

1. 모든 윈도우 부팅 관리자의 BCD 요소 코드는 BCDE_BOOTMGR_TYPE으로 시작되지만 공간이 제한돼 생략됐다.

표 12-3 부팅 애플리케이션에 대한 BCD 라이브러리 옵션(모든 객체 타입에 유효)

읽을 수 있는 이름	값	BCD 구성 요소 코드[2]	의미
advancedoptions	불리언	DISPLAY_ADVANCED_ OPTIONS	False인 경우 부팅 실패할 경우 자동 복구 모드 명령을 기본값으로 한다. 반대의 경우 사용자에게 부팅 항목과 관련된 고급 복구 모드 메뉴를 표시한다. F8 키를 누른 것과 동일하다.
avoidlowmemory	정수	AVOID_LOW_PHYSICAL_ MEMORY	부트 로더가 가능한 특정 값 이하의 메모리 주소를 사용하도록 강제한다. 특정 레거시 장치는 (ISA 같은) 16MB 이하의 메모리만 사용하고 인식한다.
badmemoryaccess	불리언	ALLOW_BAD_MEMORY_ ACCESS	손상된 페이지 목록에서 메모리 페이지를 강제로 사용한다(페이지 목록에 대한 자세한 내용은 Vol.1의 5장 참고).
badmemorylist	페이지 프레임 번호 배열 (PFN)	BAD_MEMORY_LIST	램(RAM)에 결함 있는 것으로 알려진 시스템의 페이지 목록을 지정한다.
baudrate	전송 속도 (bps)	DEBUGGER_BAUDRATE	원격 커널 디버거 호스트가 시리얼 포트를 통해 연결하는 기본 전송 속도(19200)를 재정의한다.

(이어짐)

읽을 수 있는 이름	값	BCD 구성 요소 코드[2]	의미
bootdebug	불리언	DEBUGGER_ENABLED	부트 로더의 원격 부팅 디버깅을 사용한다. 이 옵션을 사용하면 Kd.exe 또는 Windbg.exe를 사용해 부트 로더에 연결할 수 있다.
bootems	불리언	EMS_ENABLED	윈도우에서 부팅 애플리케이션의 긴급 관리 서비스(EMS)를 사용하도록 설정한다. 이렇게 하면 부팅 정보가 보고되고 시리얼 포트를 통해 시스템 관리 명령이 수락된다.
busparams	문자열	DEBUGGER_BUS_PARAMETERS	물리적 PCI 디버깅 장치를 사용해 커널 디버깅을 하는 경우 장치에 대한 PCI 버스, 기능, 장치 번호(또는 ACPI DBG 테이블 인덱스)를 지정한다.
channel	채널 0 ~ 62 사이	DEBUGGER_1394_CHANNEL	〈디버그 타입〉 1394와 함께 사용해 커널 디버그 통신을 IEEE1394 채널로 지정한다.
configaccesspolicy	기본 값, Disallow MmConfig	CONFIG_ACCESS_POLICY	시스템 메모리 매핑된 I/O를 사용해 PCI 제조업체의 구성 공간에 접근할 것인지 또는 HAL의 I/O 포트 접근 루틴을 사용할 것인지 구성한다. 플랫폼 장치의 문제를 해결하는 데 도움이 될 수 있다.
debugaddress	하드웨어 주소	DEBUGGER_PORT_ADDRESS	디버깅에 사용되는 시리얼(COM) 포트의 하드웨어 주소를 지정한다.
debugport	COM 포트 번호	DEBUGGER_PORT_NUMBER	원격 커널 디버거 호스트가 연결된 기본 시리얼 포트(일반적으로 최소 2개의 시리얼 포트가 있는 시스템에서는 COM2)의 재정의를 지정한다.
debugstart	사용, 자동 사용, 사용 안 함	DEBUGGER_START_POLICY	커널 디버깅이 활성화된 경우 디버거 설정을 지정한다. 자동 사용은 커널 크래시를 포함한 중단점이나 커널 예외가 발생할 때 디버거를 사용한다.
debugtype	시리얼, 1394, USB, Net	DEBUGGER_TYPE	커널 디버깅이 시리얼, FireWire(IEEE 1394), USB 또는 이더넷 포트를 통해 통신 여부를 지정(기본값은 시리얼)한다.

(이어짐)

읽을 수 있는 이름	값	BCD 구성 요소 코드[2]	의미
hostip	IP 주소	DEBUGGER_NET_HOST_IP	커널 디버거가 이더넷을 통해 활성화된 경우 연결할 대상 IP 주소를 지정한다.
Port	정수	DEBUGGER_NET_PORT	커널 디버거가 이더넷을 통해 활성화된 경우 연결할 대상 포트 번호를 지정한다.
Key	문자열	DEBUGGER_NET_KEY	이더넷을 통해 커널 디버거를 사용하는 경우 디버거 패킷을 암호화하는 데 사용되는 암호화 키를 지정한다.
emsbaudrate	전송 속도 (bps)	EMS_BAUDRATE	EMS에 사용할 전송 속도를 지정한다.
emsport	COM 포트 번호	EMS_PORT_NUMBER	EMS에 사용할 시리얼(COM) 포트를 지정한다.
extendedinput	불리언	CONSOLE_EXTENDED_INPUT	부팅 애플리케이션이 확장 콘솔 입력의 BIOS 지원을 활용할 수 있도록 한다.
keyringaddress	물리 주소	FVE_KEYRING_ADDRESS	비트락커 키의 링이 배치되는 물리 주소를 지정한다.
firstmegabytepolicy	UseNone, UseAll, UsePrivate	FIRST_MEGABYTE_POLICY	전원 마이그레이션 중 BIOS로 인한 손상을 줄이고자 HAL이 1MB의 물리적 메모리를 소비하는 방법을 지정한다.
fontpath	문자열	FONT_PATH	부팅 애플리케이션에서 사용할 OEM 글꼴의 경로를 지정한다.
graphicsmodedisabled	불리언	GRAPHICS_MODE_DISABLED	부팅 애플리케이션에 대한 그래픽 모드를 비활성화한다.
graphicsresolution	해상도	GRAPHICS_RESOLUTION	부팅 애플리케이션의 그래픽 해상도를 설정한다.
initialconsoleinput	불리언	INITIAL_CONSOLE_INPUT	시스템이 PC/AT 키보드 입력 버퍼에 삽입하는 첫 번째 문자를 지정한다.
integrityservices	기본값, 비활성화, 활성화	SI_POLICY	커널 모드 코드 서명에 사용되는 코드 무결성 서비스를 활성화 또는 비활성화한다. 기본값은 활성화다.

(이어짐)

읽을 수 있는 이름	값	BCD 구성 요소 코드[2]	의미
locale	현지 문자열	PREFERRED_LOCALE	부팅 애플리케이션(KO-KR 등)의 로케일을 설정한다.
noumex	불리언	DEBUGGER_IGNORE_ USERMODE_EXCEPTIONS	커널 디버깅이 활성화된 경우 유저 모드 예외를 비활성화한다. 디버그 모드로 부팅할 때 시스템 행(멈춤)의 경우 이 옵션을 활성화한다.
recoveryenabled	불리언	AUTO_RECOVERY_ ENABLED	복구 순서가 있는 경우 이를 활성화한다. 윈도우를 새로 설치하는 데 사용되며 윈도우 PE 기반 시작, 복구 인터페이스를 제공한다.
recoverysequence	리스트	RECOVERY_SEQUENCE	복구 순서를 정의(앞 설명)한다.
relocatephysical	물리 주소	RELOCATE_PHYSICAL_ MEMORY	자동으로 선택된 NUMA 노드의 물리적 메모리를 지정된 물리적 주소로 재배치한다.
targetname	문자열	DEBUGGER_USB_ TARGETNAME	USB2 또는 USB3 디버깅과 함께 사용할 때 USB 디버거의 대상 이름을 정의한다 (디버그 타입은 USB로 설정).
testsigning	불리언	ALLOW_PRERELEASE_ SIGNATURES	드라이버 개발자가 로컬로 서명된 64비트 드라이버를 로드할 수 있는 테스트 서명 모드를 활성화한다. 이 옵션을 사용하면 바탕 화면에 워터마크가 보인다.
truncatememory	주소 (바이트)	TRUNCATE_PHYSICAL_ MEMORY	지정된 물리 주소 위의 물리 메모리를 무시한다.

2. 부팅 애플리케이션의 모든 BCD 요소 코드는 BCDE_LIBRARY_TYPE으로 시작되지만 공간이 제한돼 생략됐다.

표 12-4 윈도우 운영체제 로더(Winload)의 BCD 옵션

읽을 수 있는 이름	값	BCD 구성 요소 코드[3]	의미
bootlog	불리언	LOG_INITIALIZATION	%SystemRoot%\Ntbtlog.txt 파일에 부팅 로그를 기록할 것인지 윈도우가 결정하게 한다.

(이어짐)

읽을 수 있는 이름	값	BCD 구성 요소 코드[3]	의미
bootstatuspolicy	DisplayAllFailures, ignoreAllFailures, IgnoreShutdownFailures, IgnoreBootFailures	BOOT_STATUS_POLICY	시스템이 마지막 부팅 또는 종료를 완료하지 않은 경우 유저에게 문제 해결 시작 메뉴를 보여준다. 제공하는 시스템의 기본 동작에 덮어쓴다.
bootux	비활성화, 디폴트, 표준	BOOTUX_POLICY	사용자에게 표시되는 부팅 그래픽의 유저 환경을 정의한다. 비활성화하면 시작 시 그래픽이 표시되지 않으며(검은 화면만 해당), 디폴트는 로드 중에 진행률 표시줄만 보여준다. 표준은 시작할 때 일반 윈도우 로고 애니메이션을 표시한다.
bootmenupolicy	레거시 표준	BOOT_MENU_POLICY	여러 부팅 항목이 있는 경우 표시할 부팅 메뉴 타입을 지정한다(이 장 뒷부분의 '부팅 메뉴' 절 참고).
clustermodeaddressing	프로세서 개수	CLUSTERMODE_ADDRESSING	단일 고급 프로그래밍 가능 인터럽트 컨트롤러(APIC) 클러스터에 포함할 최대 프로세서 수를 정의한디/
configflags	플래그(Flags)	PROCESSOR_CONFIGURATION_FLAGS	프로세서 특정 구성 플래그를 지정한다.
dbgtransport	전송 이미지 이름	DBG_TRANSPORT_PATH	기본 커널 디버깅 전송 모듈(Kdcom.dll, Kd1394, Kdusb.dll)을 재정의해서 지정된 파일을 사용해 윈도우에서 일반적으로 지원되지 않는 특수 디버깅 전송을 사용할 수 있다.
debug	불리언	KERNEL_DEBUGGER_ENABLED	커널 모드 디버깅을 사용한다.
detecthal	불리언	DETECT_KERNEL_AND_HAL	HAL 동적 탐지를 사용한다.

(이어짐)

읽을 수 있는 이름	값	BCD 구성 요소 코드[3]	의미
driverloadfailurepolicy	Fatal, UseErrorControl	DRIVER_LOAD_ FAILURE_POLICY	부트 드라이버를 로드하지 못했을 때 사용하는 로더의 동작을 설명한다. Fatal은 부팅을 중단하지만 UseErrorControl은 시스템이 서비스 키로 지정된 드라이버의 기본 오류 동작을 따르게 한다.
ems	불리언	KERNEL_EMS_ENABLED	EMS도 사용하게 커널에 설정한다(bootems만 설정하면 부트 로더는 EMS만을 사용한다).
evstore	문자열	EVSTORE	미리 로드된 부팅 하이브의 위치를 저장한다.
groupaware	불리언	FORCE_GROUP_ AWARENESS	그룹 시드를 새 프로세스에 연결할 때 시스템이 0이 아닌 다른 그룹을 사용하게 한다. 64비트 윈도우에서만 사용한다.
groupsize	정수	GROUP_SIZE	그룹에 포함될 수 있는 논리 프로세서의 최대 수(최대 64개)를 강제한다. 일반적으로 그룹이 필요하지 않은 시스템에서 그룹을 강제로 정의하는 데 사용할 수 있다. 2의 제곱이어야 하며 64비트 윈도우에서만 사용된다.
hal	HAL 이미지 이름	HAL_PATH	HAL 이미지의 기본 파일 이름(Hal.dll)을 덮어쓴다. 이 옵션은 체크된 HAL과 체크된 커널의 조합을 시작할 때 유용하다(커널 요소도 지정).
halbreakpoint	불리언	DEBUGGER_HAL_BREAKP OINT	HAL 초기화 초기에 HAL을 중단점에서 중지한다. 윈도우 커널이 초기화할 때 가장 먼저 할 일은 HAL을 초기화하는 것이다. 따라서 이 중단점은 가능한 한 빨라진다(부팅 디버깅 미사용 경우). /DEBUG 스위치 없이 스위치를 사용하면 시스템이 STOP 코드 0x00000078(PHASE0_EXCEPTION)의 블루스크린을 보여준다.
novesa	불리언	BCDE_OSLOADER_TYPE_ DISABLE_VESA_BIOS	VESA 디스플레이 모드를 비활성화한다.

(이어짐)

읽을 수 있는 이름	값	BCD 구성 요소 코드[3]	의미
optionsedit	불리언	OPTIONS_EDIT_ONE_TIME	부팅 관리자에서 옵션 편집기를 활성화한다. 이 옵션을 사용하면 부팅 관리자를 사용해 유저가 현재 부팅 온디맨드 커맨드라인 옵션과 스위치를 대화식으로 설정할 수 있다(F10키를 누르는 것과 같다).
osdevice	GUID	OS_DEVICE	운영 체제가 설치된 장치를 지정한다.
pae	기본값, 강제 활성화, 강제 비활성화	PAE_POLICY	기본값으로 부트 로더는 시스템이 PAE를 지원하는지 여부를 판별해 PAE 커널을 로드한다. 강제 활성화는 동작을 강제하지만 강제 비활성화는 시스템이 x86 PAE를 지원하는 것으로 감지되며 4GB 이상의 물리적 메모리가 있는 경우에도 로더가 윈도우 커널의 비PAE 버전을 로드하게 한다. 그러나 PAE x86 이외의 커널은 윈도우10에서 더 이상 지원되지 않는다.
pciexpress	기본값, 강제 비활성화	PCI_EXPRESS_POLICY	PCI Express 버스 장치에 대한 지원을 비활성화하는 데 사용한다.
perfmem	크기(MB)	PERFORMANCE_DATA_MEMORY	성능 데이터 로깅에 할당할 버퍼의 크기디. 이 옵션은 윈도우가 크기를 인식하지 못하게 removememory 요소와 유사하게 작동한다. 사용 가능한 메모리로 지정된다.
quietboot	불리언	DISABLE_BOOT_DISPLAY	부팅 프로세스 중에 비트맵 그래픽 표시를 담당하는 VGA 비디오 드라이버를 초기화하지 않도록 윈도우에 알린다. 드라이버는 시작 진행 상황 정보를 표시하는 데 사용돼 드라이버를 비활성화하면 윈도우가 이 정보를 표시하는 기능이 비활성화된다.
ramdiskimagelength	크기(바이트)	RAMDISK_IMAGE_LENGTH	램 디스크의 크기를 지정한다.
ramdiskimageoffset	오프셋(바이트)	RAMDISK_IMAGE_OFFSET	램 디스크에 가상 파일 시스템 시작 부분 이전에 다른 데이터(예, 헤더)가 포함된 경우 부트 로더가 램디스크 파일을 읽을 위치를 알려준다.

(이어짐)

읽을 수 있는 이름	값	BCD 구성 요소 코드[3]	의미
ramdisksdipath	이미지 파일 이름	RAMDISK_SDI_PATH	로드할 SDI 램디스크의 이름을 지정한다.
ramdisktftpblocksize	블록 크기	RAMDISK_TFTP_BLOCK_SIZE	네트워크의 TFTP 서버에서 WIM 램디스크를 로드하는 경우 사용할 블록 크기를 지정한다.
ramdisktftpclientport	포트 번호	RAMDISK_TFTP_CLIENT_PORT	네트워크 TFTP 서버에서 WIM 램디스크를 로드하는 경우 포트를 지정한다.
ramdisktftpwindowsize	윈도우 크기	RAMDISK_TFTP_WINDOW_SIZE	네트워크 TFTP 서버에서 WIM 램디스크를 로드할 때 사용할 창 크기를 지정한다.
removememory	크기 (바이트)	REMOVE_MEMORY	윈도우에서 사용하지 않을 메모리 크기를 지정한다.
restrictapiccluster	클러스터 번호	RESTRICT_APIC_CLUSTER	시스템에서 사용할 가장 큰 APIC 클러스터 번호를 정의한다.
resumeobject	GUID 객체	ASSOCIATED_RESUME_OBJECT	최대 절전 모드에서 다시 시작하는 데 사용할 애플리케이션을 설명한다(일반적으로 Winresume.exe).
safeboot	최소, 네트워크, DsRepair	SAFEBOOT	안전 모드 부팅 옵션을 지정한다. 최솟값은 네트워크 없는 안전 모드며, 네트워크 값은 네트워크가 있는 안전 모드, DsRepair 값은 디렉터리 서비스 복구 모드가 있는 안전 모드에 해당한다(이 장 뒷부분의 '안전 모드' 절 참고).
safebootalternateshell	불리언	SAFEBOOT_ALTERNATE_SHELL	윈도우 탐색기 기본값이 아닌 그래픽 셸로 HKLM\SYSTEM\CurrentControlSet\Control\SafeBoot\AlternateShell 값으로 지정된 프로그램을 사용하도록 윈도우에 지정한다. 이 옵션을 대체 부팅 메뉴의 명령 프롬프트를 사용한 안전 모드라고 한다.
sos	불리언	SOS	윈도우가 부팅할 때 로드하도록 표시된 디바이스 드라이버를 나열하고 시스템 버전 번호(빌드 번호 포함), 실제 메모리 양, 프로세서 수를 표시한다.

(이어짐)

읽을 수 있는 이름	값	BCD 구성 요소 코드[3]	의미
systemroot	문자열	SYSTEM_ROOT	운영 체제가 설치된 장치에 상대적인 경로를 지정한다.
targetname	이름	KERNEL_DEBUGGER_ USB_TARGETNAME	USB 디버깅의 경우 디버깅 중인 시스템에 이름을 할당한다.
tpmbootentropy	기본값, 강제 비활성화, 강제 활성화	TPM_BOOT_ENTROPY_ POLICY	특정 TPM 부팅 엔트로피 정책이 부트 로더에 의해 선택되고 커널로 전달되도록 강제한다. TPM 부팅 엔트로피를 사용하면 TPM(있는 경우)에서 얻은 데이터를 커널의 난수 생성기(RNG)로 시드화한다.
usefirmwarepcisettings	불리언	USE_FIRMWARE_PCI_ SETTINGS	윈도우가 IO/IRQ 리소스를 PCI 장치에 동적으로 할당하지 못하게 하고 BIOS에서 구성한 장치를 그대로 둔다. 자세한 내용은 마이크로소프트 기술 자료 문서 148501을 참고한다.
uselegacyapicmode	불리언	USE_LEGACY_APIC_ MODE	칩셋이 확장 APIC 기능이 있는 것으로 보고하더라도 기본 APIC 기능을 강제로 사용한다. 하드웨어 정오표 또는 비호환성의 경우에 사용된다.
usephysicaldestination	불리언	USE_PHYSICAL_ DESTINATION	물리적 대상 모드에서 APIC를 강제로 사용한다.
useplatformclock	불리언	USE_PLATFORM_CLOCK	시스템 성능 카운터로 플랫폼 클럭 소스를 강제로 사용한다.
vga	불리언	USE_VGA_DRIVER	윈도우는 타사 고성능 드라이버 대신 VGA 디스플레이 드라이버를 사용하도록 강제한다.
winpe	불리언	WINPE	윈도우PE에서 사용되는 이 옵션을 사용하면 구성 관리자가 레지스트리 SYSTEM 하이브를 휘발성 하이브로 로드해 메모리에서 수행한 변경 사항이 하이브 이미지에 저장되지 않게 한다.

읽을 수 있는 이름	값	BCD 구성 요소 코드[3]	의미
x2apicpolicy	비활성화, 활성화, 기본값	X2APIC_POLICY	칩셋이 지원하는 경우 확장 APIC 기능을 사용할지 여부를 정의한다. 비활성화는 uselegacyapic 모드를 설정하는 것과 같고 활성화는 잘못된 부분이 감지된 경우에도 ACPI 기능을 강제로 켠다. 기본값에서는 칩셋의 보고된 기능이 사용된다(잘못된 부분이 존재하지 않는 경우).
xsavepolicy	정수	XSAVEPOLICY	지정된 XSAVE 정책으로 XSAVE 정책 리소스 드라이버(Hwpolicy.sys)에서 강제로 로드한다.
xsaveaddfeature0-7	정수	XSAVEADDFEATURE0-7	최근 인텔 프로세서에서 XSAVE 지원을 테스트하는 데 사용되며 실제로는 존재하지 않는데, 특정 프로세서 기능이 존재하는 것으로 위조할 수 있다. 이렇게 하면 콘텍스트 구조의 크기를 늘릴 수 있고 나중에 나타날 수 있는 확장 기능과 함께 애플리케이션이 정상 작동하는지 확인할 수 있다. 그러나 실제 추가 기능은 없다.
xsaveremovefeature	정수	XSAVEREMOVEFEATURE	입력된 XSAVE 기능은 프로세서가 지원하더라도 커널에 보고되지 않게 강제한다.
xsaveprocessorsmask	정수	XSAVEPROCESSORSMASK	XSAVE 정책을 적용해야 하는 프로세서의 비트 마스크를 지정한다.
xsavedisable	불리언	XSAVEDISABLE	프로세서가 지원하더라도 XSAVE 기능에 대한 지원을 끈다.

3. 윈도우 운영체제 로더의 모든 BCD 요소 코드는 BCDE_OSLOADER_TYPE으로 시작되지만 공간이 제한돼 생략됐다.

표 12-5 윈도우 하이퍼바이저 로더(hvloader)에 대한 BCD 옵션

BCD 구성 요소	값	BCD 구성 요소 코드[4]	의미
hypervisorlaunchtype	자동 끄기	HYPERVISOR_LAUNCH_TYPE	하이퍼V 시스템으로 하이퍼바이저 로드를 활성화하거나 강제로 비활성화한다.
hypervisordebug	불리언	HYPERVISOR_DEBUGGER_ENABLED	하이퍼바이저 디버거를 활성화하거나 비활성화한다.

(이어짐)

BCD 구성 요소	값	BCD 구성 요소 코드[4]	의미
hypervisordebugtype	시리얼 1394 None Net	HYPERVISOR_DEBUGGER_ TYPE	하이퍼바이저 디버거 타입을 지정한다 (시리얼 포트 또는 IEEE1394 또는 네트워크 인터페이스를 통해).
hypervisoriommupolicy	디폴트 활성화 비활성화	HYPERVISOR_IOMMU_ POLICY	사용자가 윈도우에 로그인할 때까지 모든 핫 플러그 가능한 PCI 포트에 직접 메모리 접근(DMA)을 차단하는 기능인 하이퍼바이저 DMA 가드를 활성화 또는 비활성화한다.
hypervisormsrfilterpolicy	비활성화 활성화	HYPERVISOR_MSR _FILTER_POLICY	루트 파티션이 제한된 MSR(모델별 레지스터)에 접근할 수 있는지 여부를 제어한다.
hypervisormmionxpolicy	비활성화 활성화	HYPERVISOR_MMIO_NX_ POLICY	UEFI 런타임 서비스 코드, 데이터 메모리 영역의 실행할 수 없음(NX) 보호를 활성 또는 비활성화한다.
Hypervisorenforced codeintegrity	비활성화 활성화 제한된	HYPERVISOR_ENFORCED_ CODE_INTEGRITY	하이퍼바이저 강제 코드 무결성(HVCI)을 활성화 또는 비활성화한다. 이는 루트 파티션 커널이 서명되지 않은 실행 가능 메모리 페이지를 할당하지 못하게 하는 기능이다.
hypervisorschedulertype	Classic Core Root	HYPERVISOR_SCHEDULER_ TYPE	하이퍼바이저의 파티션 스케줄러 타입을 지정한다.
hypervisordisableslat	불리언	HYPERVISOR_SLAT_ DISABLED	프로세서가 지원하는 경우 하이퍼바이저가 두 번째 계층 주소 변환(SLAT) 기능의 존재를 무시하게 한다.
hypervisornumproc	정수	HYPERVISOR_NUM _PROC	하이퍼바이저에서 사용할 수 있는 최대 논리 프로세서 수를 지정한다.
hypervisorrootprocpernode	정수	HYPERVISOR_ROOT_PROC_ PER_NODE	노드당 루트 가상 프로세서의 총수를 지정한다.
hypervisorrootproc	정수	HYPERVISOR_ROOT_PROC	루트 파티션의 최대 가상 프로세서 수를 지정한다.

(이어짐)

BCD 구성 요소	값	BCD 구성 요소 코드[4]	의미
hypervisorbaudrate	전송 속도(bps)	HYPERVISOR_DEBUGGER_BAUDRATE	시리얼 하이퍼바이저 디버깅을 사용하는 경우 사용할 전송 속도를 지정한다.
hypervisorchannel	채널 번호 0 ~ 62	HYPERVISOR_DEBUGGER_1394 _CHANNEL	FireWire(IEEE 1394) 하이퍼바이저 디버깅을 사용하는 경우 사용할 채널 번호를 지정한다.
hypervisordebugport	COM 포트 번호	HYPERVISOR_DEBUGGER_PORT_ NUMBER	시리얼 하이퍼바이저 디버깅을 사용하는 경우 사용할 COM 포트를 지정한다.
hypervisoruselargevtlb	불리언	HYPERVISOR_USE_LARGE_VTLB	하이퍼바이저가 더 많은 수의 가상 TLB 항목을 사용할 수 있도록 활성화한다.
hypervisorhostip	IP 주소 (바이너리 형식)	HYPERVISOR_DEBUGGER_NET_HOST_IP	하이퍼바이저 네트워크 디버깅에 사용되는 대상 시스템(디버거)의 IP 주소를 지정한다.
hypervisorhostport	정수	HYPERVISOR_DEBUGGER_NET_HOST_PORT	하이퍼바이저 네트워크 디버깅에 사용되는 네트워크 포트 지정
hypervisorusekey	문자열	HYPERVISOR_DEBUGGER_NET_KEY	유선을 통해 전송된 디버그 패킷을 암호화하는 데 사용되는 암호화 키를 지정한다.
hypervisorbusparams	문자열	HYPERVISOR_DEBUGGER_BUSPARAMS	하이퍼바이저 디버깅에 사용되는 네트워크 어댑터의 버스, 장치, 기능 번호를 지정한다.
hypervisordhcp	불리언	HYPERVISOR_DEBUGGER_NET_DHCP	하이퍼바이저 디버거가 네트워크 인터페이스 IP 주소를 가져오고자 DHCP를 사용해야 하는지 여부를 지정한다.

4. 윈도우 하이퍼 로더의 모든 BCD 요소 코드는 BCDE_OSLOADER_TYPE으로 시작되지만 공간이 제한돼 있어 생략됐다.

BCD 저장소의 모든 항목은 시작 순서에서 중요한 역할을 한다. 각 부팅 항목(부팅 항목은 BCD 객체) 안에 레지스트리 하위 키로 하이브에 저장돼 모든 부팅 옵션을 확인할 수 있다(그림 12-5 참고). 이들 옵션을 BCD 요소라 한다. 윈도우 부팅 관리자는 물리적 하이브 또는 메모리에 있는 모든 부팅 옵션을 추가하거나 삭제할 수 있다. '부팅 메뉴' 절의 뒷부분에서 설명하는 것처럼 모든 BCD 옵션이 물리적 하이브에 존재할 필요는 없기 때문에 중요하다.

부팅 구성 데이터 하이브가 손상됐거나 부팅 항목을 분석하는 중에 에러가 발생하면 부팅 관리자는 복구 BCD 하이브를 사용해 작업을 다시 시도한다. 복구 BCD 하이브는 일반적으로 \EFI\Microsoft\Recovery\BCD에 저장된다. 시스템은 일반 저장소를 건너뛰고 **recoverybcd** 매개변수(UEFI 부팅 변수에 저장됨) 또는 Bootstat.log 파일을 통해 이 저장소를 직접 사용하도록 구성할 수 있다.

그림 12-5 윈도우 부팅 관리자의 BCD 객체와 관련 부팅 옵션(BCD 요소)의 예제 스크린샷

시스템은 보안 부팅 정책을 로드하고, 부팅 메뉴를 표시하고(필요한 경우), 부팅 프로그램을 시작할 준비가 된다. 펌웨어가 신뢰할 수 있거나 신뢰할 수 없는 부팅 인증서 목록은 **db, dbx** UEFI 인증된 변수에 있다. 코드 무결성 부팅 라이브러리는 UEFI 변수를 읽고 구문 분석을 하지만 이는 특정 부팅 관리자 모듈을 로드할 수 있는지 여부만 제어한다. 윈도우 부팅 관리자를 시작하면 마이크로소프트에서 제공하는 인증서 목록을 사용해 UEFI에서 제공하는 보안 부팅 구성을 추가로 유저 지정하거나 확장할 수 있다. 보안 부팅 정책 파일(\EFI\Microsoft\Boot\SecureBootPolicy.p7b에 저장됨), 플랫폼 매니페스트 정책 파일(.pm 파일), 보충 정책(.pol 파일)이 구문 분석되고 UEFI 변수에 저장된 정책으로 병합된다. 커널 코드 무결성 엔진이 결국 우선되기 때문에 추가 정책에는 OS별 관련 정보와 인증서가 포함된다. 이러한 방식으로 S 버전과 같은 보안 버전의 윈도우는 UEFI 리소스를 사용하지 않고 여러 인증서를 확인할 수 있다. 그러면 신뢰 루트가 생성되는데, 이는 새로운 사용자 정의 인증서

목록을 지정하는 파일이 UEFI 권한 서명 데이터베이스에 포함된 디지털 인증서에 의해 서명되기 때문이다.

부팅 옵션(nointegritycheck 또는 testsigning) 또는 보안 부팅 정책에 의해 비활성화되지 않은 경우 부팅 관리자는 하드 디스크에서 내부 무결성 검사를 수행하고 자체 파일을 열어 디지털 서명의 유효성을 검사한다. 보안 부팅이 켜져 있으면 서명 정책에 대해, 서명 체인 유효성 검사를 진행한다.

부팅 관리자는 부팅 디버거를 초기화하고 OEM 비트맵을 표시해야 하는지 확인한다(BGRT 시스템의 ACPI 테이블을 통해). 이 경우 화면이 지워지고 로고가 보인다. 윈도우가 BCD 설정을 활성화하고 부팅 관리자에 최대 절전 모드 재개(또는 하이브리드 부트)를 알리는 경우 윈도우 재개 애플리케이션 Winresume.efi가 시작해 최대 절전 모드 파일의 내용을 메모리로 읽고 최대 절전 모드 시스템을 재개하는 커널의 코드로 제어권이 전달된다. 이 코드는 시스템이 종료됐을 때 활성 상태였던 드라이버를 다시 시작하는 역할을 한다. Hiberfil.sys는 마지막 컴퓨터 종료가 최대 절전 모드 또는 하이브리드 부트인 경우에만 유효하다. 같은 지점에서 여러 번 재개되는 것을 피하고자 재개 후 최대 절전 모드 파일이 무효화되기 때문이다. 윈도우 재개 애플리케이션 BCD 객체는 특정 BCD 요소(이 장 뒷부분의 '최대 절전 모드, 빠른 시작' 절에서 설명하는 resumeobject라고 함)를 통해 부팅 관리자 디스크립터에 연결된다.

부팅 관리자는 OEM 유저 지정 부팅 작업이 상대 BCD 요소를 통해 등록됐는지 여부를 감지하고 등록된 경우 이를 처리한다. 이 확인 시 지원되는 유저 지정 부팅 작업은 OEM 부팅 순서를 시작하는 것이다. 이런 방식의 OEM 벤더는 시작 시 유저가 눌렀던 특정 키를 통해 호출된 유저 지정 복구 순서를 등록할 수 있다.

부팅 메뉴

윈도우 8 이상에서는 표준 부팅 구성에 새로운 기술인 최근 부트가 도입돼 기존 부팅 메뉴는 표시되지 않는다. 최근 부트는 윈도우에 멋진 그래픽 부팅 환경을 제공하는 동시에 부팅 관련 설정을 더 깊이 들여다볼 수 있는 기능을 제공한다. 이 구성에서 최종 유저는 올바른 키보드와 마우스가 없는 터치 지원 시스템에서도 실행할 OS를 선택할 수 있다. 새로운 부팅 메뉴는 Win32 서브시스템 위에 표시된다. 이 장 뒷부분의 'Smss, Cssss, Wininit' 절에서 해당 아키텍처를 설명한다.

부팅 메뉴 정책[boot menu policy] 부팅 옵션은 부트 로더가 이전 또는 새로운 기술을 사용해 부팅 메뉴를 표시할지 여부를 제어한다. OEM 부팅 순서가 없으면 부팅 관리자는 부팅 관리자의 순서대로[displayorder] 부팅 옵션에 연결된 시스템 부팅 항목 GUID를 열거한다(이 값이 비어 있으면 부팅 관리자는 기본 항목에 따른다). 확인된 각 GUID에 대해 부팅 관리자는 상대 BCD 객체를 열고 부팅 애플리케이션 타입, 시작 장치, 읽을 수 있는 설명을 질의한다. 3가지 속성 모두 있어야 하며, 그렇지 않으면 부팅 항목이 잘못된 것으로 간주하고 건너뛴다. 부팅 관리자가 올바른 부팅 애플리케이션을 찾을 수 없는 경우 유저에게 에러 메시지가 보여주고 전체 부팅 프로세스가 중단된다. 부팅 메뉴 표시 알고리듬은 이때부터 시작된다. 주요 기능 중 하나인 BmpProcessBootEntry는 레거시 부팅 메뉴의 표시 여부를 결정하는 데 사용한다.

- 기본 부팅 애플리케이션(부팅 관리자 항목이 아닌)의 부팅 메뉴 정책이 명시적으로 최근 타입으로 설정된 경우 알고리듬은 바로 종료되고 BmpLaunchBootEntry 함수를 통해 기본 항목을 시작한다. 이 경우 유저 키는 확인되지 않으므로 부팅 프로세스를 강제로 중지할 수 없다. 시스템에 부팅 항목이 여러 개 있는 경우 특수한 BCD 옵션(멀티부트의 '특수한 옵션'에는 이름이 없다. 요소 코드는 BCDE_LIBRARY_TYPE_MULTI_BOOT_SYSTEM(16진수 값 0x16000071에 해당)이다)이 기본 부팅 애플리케이션의 메모리 내 부팅 옵션 목록에 추가된다. 이런 방식으로 시스템 시작의 후반 단계에서 Winlogon은 옵션을 인식하고 최근 메뉴로 표시할 수 있다.

- 그렇지 않으면 기본 부팅 애플리케이션의 부팅 정책이 레거시(또는 전혀 설정되지 않음)이고 항목이 하나만 있고 BmpProcessBootEntry는 유저가 F8 또는 F10 키를 눌렀는지 확인한다. 이들 키는 bootmgr.xsl 리소스 파일에서 고급 옵션과 부팅 옵션 키로 보여준다. 부팅 시 부팅 관리자는 키 중 하나가 눌려진 것을 감지하면 BCD 요소와 같은 기본 부팅 애플리케이션의 메모리 내 부팅 옵션 목록에 추가한다(BCD 요소는 디스크에 기록되지 않는다). 2개의 부팅 옵션은 나중에 윈도우 로더에서 처리된다. 마지막으로 BmpProcessBootEntry는 항목이 하나만 있는 경우에도 (displaybootmenu BCD 관련 옵션을 사용해서) 시스템이 부팅 메뉴를 강제로 보일지 여부를 확인한다.

- 멀티부팅 항목의 경우 타임아웃 값(BCD 옵션으로 저장)이 확인되고 0으로 설정된 경우 기본 애플리케이션이 바로 시작된다. 그렇지 않으면 레거시 부팅 메뉴는 BmDisplayBootMenu 함수로 보여준다.

레거시 부팅 메뉴가 보이는 동안 Bootmgr은 부팅 관리자의 toolsdisplayorder 부팅 옵션에 나열된 설치된 부팅 도구를 나열한다.

부팅 애플리케이션 시작

윈도우 부팅 관리자의 최종 목표는 비트락커로 암호화된 드라이브에 있더라도 부팅 애플리케이션을 정상적으로 시작하고 문제가 발생한 경우 복구 순서를 관리하는 것이다. BmpLaunchBootEntry는 실행해야 하는 애플리케이션의 GUID와 부팅 옵션 목록을 받는다. 이 함수가 먼저 수행하는 작업 중 하나는 지정된 항목이 (BCD 요소를 통해) 윈도우 복구(WinRE) 항목인지 확인하는 것이다. 이들 종류의 부팅 애플리케이션은 복구 순서를 처리할 때 사용된다. 항목이 WinRE 타입인 경우 시스템은 WinRE가 복구하려는 부팅 애플리케이션을 확인해야 한다. 이 경우 복구해야 하는 부팅 애플리케이션의 부팅 장치가 확인되고 나중에 잠금이 해제된다(암호화된 경우).

BmTransferExecution 루틴은 부팅 라이브러리에서 제공하는 서비스를 사용해 부팅 애플리케이션의 장치를 열고 장치가 암호화됐는지 여부를 확인하고 암호화된 경우 복호화하고 대상 OS 로더 파일을 읽는다. 대상 장치가 암호화된 경우 윈도우 부팅 관리자가 먼저 TPM에서 마스터 키를 가져온다. 이 경우 TPM은 특정 조건이 충족되는 경우에만 마스터 키로 연다(자세한 내용은 다음 절 참고). 따라서 일부 시작 구성이 변경된 경우(예를 들어 보안 부팅 사용) TPM은 키를 해제할 수 없다. TPM에서 키를 추출하지 못하면 윈도우 부팅 관리자는 그림 12-6과 같은 화면을 표시하고 유저에게 잠금 해제 키를 입력하라는 메시지를 보여줄 수 있다(부팅 메뉴 정책이 최근으로 설정된 경우에도 이 단계에서는 시스템에 최근 부팅 유저 인터페이스를 시작할 방법이 없기 때문에). 이를 확인할 때 부팅 관리자는 PIN, 암호문, 외부 미디어, 복구 키의 4가지 잠금 해제 방법을 지원한다. 유저가 키를 제공할 수 없는 경우 시작 프로세스가 중단되고 윈도우 복구 순서가 시작된다.

펌웨어는 대상 운영체제 부트 로더를 확인하는 데 사용되며, 코드 무결성 라이브러리를 통해 검증이 이뤄진다. 이 라이브러리는 파일 디지털 서명에 보안 부팅 정책(시스템 및 모든 사용자 설정된 정책 모두)이 적용된다. 실제로 대상 부팅 애플리케이션에 실행 내용을 전달하기 전에 윈도우 부팅 관리자는 등록된 구성 요소(특히 ETW 및 측정된 부팅)에 부팅 애플리케이션이 시작되고 있음을 전달해야 한다. 또한 TPM이 다른 어떤 것으로 잠금 해제가 되지 않게 확인해야 한다.

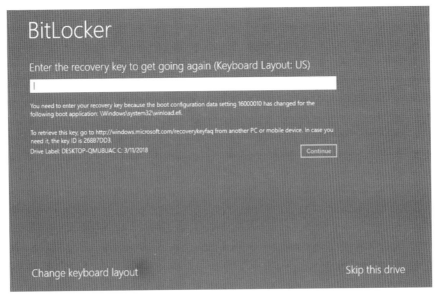

그림 12-6 비트락커 복구 절차로, 부팅 구성의 변경 사항으로 복구 절차가 발생했다.

마지막으로 코드 실행은 `BlImgStartBootApplication`을 통해 윈도우 로더로 전송된다. 이 루틴은 특정 에러가 발생한 경우에만 리턴된다. 이전과 마찬가지로 부팅 관리자는 윈도우 복구 순서를 실행해 후자의 상황을 관리한다.

측정된 부팅

2006년 말에 인텔은 실제 운영체제가 신뢰할 수 있는 환경에서 부팅되고 (멀웨어 같은) 외부 에이전트에 의해 수정되거나 변경되지 않도록 보장하는 신뢰 실행 기술 TXT, Trusted Execution Technology을 도입했다. TXT는 TPM과 암호화 기술을 사용해 소프트웨어, 플랫폼(UEFI) 구성 요소에 대한 측정값을 제공한다. 윈도우 8.1 이상에서는 펌웨어에서 부팅 시작 드라이버까지 각 구성 요소를 측정하고 이들 측정값을 시스템의 TPM에 저장한 다음 원격으로 테스트해 클라이언트의 부팅 상태를 확인할 수 있는 로그를 제공하는 측정된 부팅이라는 새로운 기능을 지원한다. TPM이 없었다면 이 기술은 존재하지 않았다. 측정됨[Measured]이라는 용어는 코드, 데이터 구조, 구성 또는 메모리에 로드할 수 있는 것과 같은 특정 엔터티의 암호화 해시를 계산하는 과정을 말한다. 측정은 여러 용도로 사용된다. 측정된 부팅은 멀웨어 방지 소프트웨어에서 윈도우 이전에 시작된 모든 부팅 구성 요소의 신뢰할 수 있는(스푸핑, 변조 방지) 로그를 제공한다. 멀웨어 방지 소프트웨어는 로그를 사용해 이전에 실행된 구성 요소가 신뢰할 수 있는지 또는 멀웨어에 감염됐는지 확인한다. 로컬 시스템의 소프트웨어는 평가를 위해 로그를 원격 서버로 보낸다. 측정된 부팅은 TPM, 마이크로소프트사 이외의 소프트웨어와 함께 작동해 네트워크의 신뢰할 수 있는 서버가 윈도우 시작 프로세스의 무결성을 확인할 수 있다.

TPM의 주요 규칙은 다음과 같다.

- 기밀 보호를 위한 안전한 비휘발성 스토리지 제공
- 측정값을 저장하기 위한 플랫폼 구성 레지스터(PCR) 제공
- 하드웨어 암호화 엔진과 실제 난수 생성기를 제공

TPM은 측정된 부팅 측정값을 PCR에 저장한다. 각 PCR은 고정된 공간에서 무제한으로 측정할 수 있는 저장 공간을 제공한다. 이 기능은 암호화 해시의 속성을 통해 제공된다. 윈도우 부팅 관리자(또는 나중 단계의 윈도우 로더)는 PCR 레지스터에 직접 쓰지 않고 PCR 콘텐츠를 확장[extends]한다. '확장' 연산은 PCR의 현재 값을 새로운 측정값에 추가해 결합된 값의 암호화 해시(SHA-1 또는 SHA-256)를 계산한다. 해시 결과는 새 PCR 값이다. '확장' 방식은 측정 순서 의존성을 보장한다. 암호화 해시의 속성 중 하나는 순서에 종속적이다. 즉, 두 값 A와 B를 해시하면 B와 A를 해시한 결과가 2가지로 다르게 생성된다. PCR이 확장(정의되지 않음)돼 악성 소프트웨어가 PCR을 확장할 수 있는 경우 PCR이 잘못된 측정값을 수행한다. 암호화 해시의 또 다른 특성은 주어진 해시를 생성하는 데이터 블록을 생성할 수 없다는 점이다. 따라서 정확히 동일한 순서로 동일한 객체를 측정하는 경우를 제외하고는 PCR을 확장해 특정 결과를 얻을 수 없다.

부팅 프로세스의 초기 단계에서 부팅 라이브러리의 시스템 무결성 모듈은 여러 콜백 함수를 등록한다. 각 콜백은 테스트 서명 활성화, 부팅 디버거 활성화, PE 이미지 로드, 부팅 애플리케이션 시작, 해싱, 실행, 종료, 비트락커 잠금 해제와 같은 측정된 부팅 이벤트를 관리하고자 시작 순서의 여러 지점에서 나중에 호출된다. 각 콜백은 TPM PCR 레지스터로 해싱 및 확장할 데이터 타입을 결정한다. 예를 들어 부팅 관리자 또는 윈도우 로더가 외부 실행 가능 이미지를 시작할 때마다 이미지 로드의 여러 단계에 LoadStarting, ApplicationHashed, ApplicationLaunched라는 3가지의 측정된 부팅 이벤트를 생성한다. 이 경우 TPM의 PCR 레지스터(11과 12)로 전송되는 측정 엔터티는 이미지 해시, 이미지 디지털 서명 해시, 이미지 베이스 그리고 크기다.

모든 측정값은 나중에 시스템이 완전히 시작될 때 윈도우에서 사용되며 인증^{attestation}이라는 절차가 수행된다. 암호화 해시의 고유성을 통해 PCR 값과 로그를 사용해 실행 중인 소프트웨어의 버전과 환경을 정확하게 확인할 수 있다. 이 단계에서 윈도우는 TPM을 사용해 TPM 정보를 제공하며, TPM은 전송 중에 악의적으로 또는 의도치 않게 값이 수정되지 않았음을 보장하고자 PCR 값에 서명한다. 이렇게 해서 측정의 신뢰성을 보장한다. 확인한 측정값은 PCR 값을 인증하고 알려진 정상 값의 데이터베이스와 비교해 해당 값을 변환할 수 있는 신뢰할 수 있는 타사 엔터티 인증기관으로 전송된다. 증명에 사용된 모든 모델을 설명하는 것은 이 책의 범위를 벗어난다. 최종 목표는 클라이언트가 신뢰할 수 있는 엔터티인지 악의적인 구성 요소에 의해 변경될 수 있는지 원격 서버가 확인하는 것이다.

앞에서 부팅 관리자가 비트락커로 암호화된 시작 볼륨의 잠금을 자동으로 해제하는 방법을 설명했다. 이 경우 시스템은 TPM이 제공하는 또 다른 중요한 서비스인 안전한 비휘발성 스토리지를 활용한다. TPM 비휘발성 랜덤 접근 메모리^{NVRAM}는 전원을 껐다 켜도 지속되며 시스템 메모리보다 더 많은 보안 기능을 제공한다. TPM NVRAM을 할당할 때 시스템은 다음을 지정해야 한다.

- **읽기 접근 권한:** 데이터를 읽을 수 있는 TPM 권한 수준의 지역성^{locality}을 정의한다. 더 중요한 것은 데이터를 읽으려면 PCR에 특정 값이 포함돼야 하는지 여부를 확인해야 한다는 것이다.

- **쓰기 접근 권한:** 읽기 접근 권한과 동일하지만 쓰기 접근용이다.
- **속성/허가:** 읽기 또는 쓰기(암호), 임시 또는 영구 잠금(즉, 쓰기 접근을 위해 메모리를 잠글 수 있음)에 대한 선택적 인증 값을 제공한다.

사용자가 부팅 볼륨을 처음 암호화할 때 비트락커는 다른 임의의 대칭 키로 볼륨 마스터 키^{VMK}를 사용해 암호화하고 확장된 TPM PCR 값(특히 BIOS 및 윈도우 부팅순서를 측정하는 PCR 7, 11)을 사용해 해당 키를 '봉인'한다. 봉인이란 TPM이 데이터 블록을 암호화해 지정된 PCR의 값이 정상인 경우, 즉 해당 데이터 차단을 암호화한 동일한 TPM에 의해서만 해제될 수 있게 한다. 이후 부팅 시 손상된 부팅 순서 또는 다른 BIOS 구성에 의해 '봉인 해제'가 요청되는 경우 봉인을 해제하고 VMK 암호화 키 공개 요청은 거부한다.

실습: TPM 측정 무효화

이 실습에서는 BIOS 구성을 무효화해 TPM 측정을 무효화하는 빠른 방법을 살펴본다. 부팅 순서, 드라이버, 데이터를 측정하기 전에 측정된 부팅은 BIOS 구성(PCR1에 저장됨)의 정적 측정으로 시작된다. 측정된 BIOS 구성 데이터는 하드웨어 제조업체에 엄격한 정도에 따라 달라지며 때로 UEFI 부팅 순서 목록도 포함할 수 있다. 실습을 시작하기 전에 시스템에 유효한 TPM이 포함됐는지 확인한다. 시작 메뉴의 검색 상자에 **tpm.msc**를 입력해 스냅인을 실행한다. 신뢰할 수 있는 플랫폼 모듈^{TPM} 관리 콘솔을 볼 수 있다. 상태 상자가 TPM 사용 준비 완료로 설정돼 있는지 확인해 시스템에 TPM이 존재하고 활성화돼 있는지 확인한다.

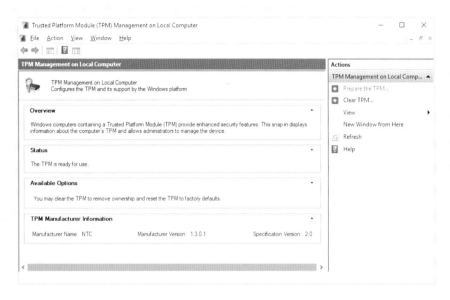

시스템 볼륨의 비트락커 암호화를 시작한다. 시스템 볼륨이 이미 암호화 돼 있는 경우 이 단계를 건너뛸 수 있다. 그러나 항상 복구 키를 저장해야 한다(복구 키를 확인하려면 제어판의 비트락커 드라이브 암호화 애플릿에서 복구 키 백업을 선택한다). 작업 표 시줄 아이콘을 클릭해 파일 탐색기를 열고 PC로 이동한다. 시스템 볼륨(윈도우 파일이 포함된 볼륨, 일반적으로 C:)을 마우스 오른쪽 버튼으로 클릭하고 **비트락커 켜기**를 선택한다. 초기 확인 후 시작 시 드라이브 잠금 해제 방법 선택 페이지에서 메시지가 나타나면 비트락커가 자동으로 내 드라이브 잠금을 해제하도록 허용을 선택한다. 이런 방식으로 VMK는 부팅 측정값을 '봉인 해제' 키로 사용해 TPM에 의해 잠금 상태가 된다. 다음 단계에서는 복구 키가 필요하므로 복구 키를 저장하거나 인쇄하자. 그렇지 않으면 파일에 더 이상 접근할 수 없다. 다른 모든 옵션의 기본값은 그대로 둔다.

← 🔧 BitLocker Drive Encryption (C:)

Choose how to unlock your drive at startup

To help keep your data more secure, you can have BitLocker prompt you to enter a PIN or insert a USB flash drive each time you start your PC.

→ Enter a PIN (recommended)

→ Insert a USB flash drive

→ Let BitLocker automatically unlock my drive

Cancel

암호화가 완료되면 컴퓨터를 끄고 UEFI BIOS 구성을 입력해 컴퓨터를 시작한다(이 절차는 PC 제조업체마다 다르다. UEFI BIOS 설정을 입력하는 방식은 하드웨어 사용 설명서를 확인한다). BIOS 구성 페이지에서 부팅 순서를 변경한 다음 컴퓨터를 다시 시작하면 된다(책의 다운로드 가능한 파일에 있는 UefiTool 도구를 사용해 부팅 시작 순서를 변경할 수 있다). 하드웨어 제조업체가 TPM 측정에 부팅 순서를 포함하는 경우 윈도우가 부트되기 전에 비트락커 복구 메시지를 받아야 한다. 그렇지 않으면 TPM 측정값을 비활성화하려면 워크스테이션을 켜기 전에 윈도우 설치 DVD 또는 플래시 드라이브를 삽입하면 된다. 부팅 순서가 올바르게 설정되면 윈도우 설치 부트스트랩 코드가 시작되고 CD 또는 DVD에서 부팅하려면 아무 키나 누르십시오 라는 메시지가 출력된다. 아무 키도 누르지 않으면 시스템은 다음 부팅 항목을 계속 부팅한다. 이 경우 시작 순서가 변경돼 TPM 측정값이 다르다. 따라서 TPM이 VMK의 잠금 해제를 할 수 없다.

BitLocker recovery

Enter the recovery key for this drive

Bitlocker needs your recovery key to unlock your drive because your PC's configuration has changed. This may have happened because a disc or USB device was inserted. Removing it and restarting your PC may fix this problem.
For more information on how to retrieve this key, go to
http://windows.microsoft.com/recoverykeyfaq from another PC or mobile device.

Use the number keys or function keys F1-F10 (use F10 for 0).

Recovery key ID: FA9C1753-639D-4BB6-9FC1-3759ED4758EA

Press Enter to continue
Press Esc for more recovery options
Press F11 to choose an alternate operating system

시큐어부트가 활성화돼 있고 이를 비활성화하려고 시도한다면 TPM 측정 값을 무효화해 동일한 효과를 발생시킬 수 있다. 이 실습은 측정 부팅이 BIOS 설정과 관련돼 있음을 보여준다.

신뢰된 실행

측정된 부팅은 원격 엔터티가 부팅 프로세스의 무결성을 확인하는 방법을 제공하지만 중요한 문제를 해결하지 못한다. 부팅 관리자는 계속해서 기계의 펌웨어 코드를 신뢰하고 서비스를 사용해 TPM과 효과적으로 통신하며 전체 플랫폼을 사용한다. 이 책을 쓰는 시점에서 UEFI 코어 펌웨어에 대한 공격이 여러 번 입증됐다. 신뢰할 수 있는 실행 기술^{TXT, Trusted eXecution Technology}은 보안 런칭이라는 또 다른 중요한 기능을 지원하도록 개선됐다. 보안 실행(인텔 명명법에서는 신뢰 부트^{Trusted Boot}라고도 함)은 CPU 제조업체가 서명하고 (펌웨어가 아닌) 칩셋에서 실행되는 안전한 인증된 코드 모듈_{ACM, Authenticated Code Module}을 제공한다. 보안 실행은 플랫폼을 재설정하지 않고 재설정할 수 있는 PCR에 대해 동적 측정을 지원한다. 이 시나리오에서 OS는 보안 모드 작동을 위해 플랫폼을 초기화하고 보안 부팅 프로세스를 시작하는 데 사용되는 특별한 신뢰 부트^{TBOOT, Trusted BOOT} 모듈을 제공한다.

ACM은 칩셋 제조업체에서 제공하는 코드다. ACM은 제조업체에 의해 서명되며, 이 코드는 프로세서 내부의 특수한 보안 메모리 내에서 최고 권한 수준 중 하나로 실행된다. ACM은 특수한 **GETSEC** 명령을 사용해 호출된다. ACM에는 BIOS와 SINIT의 2가지 타입이 있다. BIOSACM은 BIOS를 측정하고 일부 BIOS 보안 기능을 수행하지만 SINIT ACM은 운영체제 TCB(TBOOT)모듈의 측정과 실행에 사용된다. BIOS와 SINITACM은 둘 다 일반적으로 시스템 BIOS 이미지에 포함되지만(이는 필수 요구 사항은 아님) 필요에 따라 업데이트해 OS로 교체할 수 있다(자세한 내용은 이 장 뒷부분의 '보안 실행' 절 참고).

ACM은 신뢰할 수 있는 측정의 핵심 루트다. 따라서 최고의 보안 수준에서 작동하고 모든 종류의 공격으로부터 보호해야 한다. 프로세서의 마이크로코드는 ACM 모듈을 보안 메모리에 복사하고 실행 허용하기 전에 여러 검사를 수행한다. 프로세서는 ACM이 대상 칩셋에서 작동하도록 설계됐는지 확인하며 ACM의 무결성, 버전, 디지털 서명을 확인해 칩셋 퓨즈에 하드코딩된 공개 키 일치 여부를 확인해 이전 검사 중 하나가 실패하면 **GETSEC** 명령으로 ACM을 실행하지 않는다.

보안 실행의 또 다른 중요한 기능은 TPM을 통해 측정을 위한 동적 신뢰 루트(DRTM) 지원이다. 이전의 '측정된 부팅' 절에서 소개한 것처럼 16개의 다른 TPM PCR 레지스터(0 ~ 15)가 부팅 측정을 위한 스토리지를 제공한다. 부팅 관리자는 이들 PCR을 확장할 수 있지만 다음 플랫폼 재설정(또는 전원 켜기)까지는 내용들을 제거할 수 없다. 이러한 종류의 측정을 **정적 측정**이라 한다. **동적 측정**은 플랫폼을 재설정하지 않고도 재설정할 수 있는 PCR에 대해 실행되는 방법이며, 보안 실행 및 신뢰할 수 있는 운영체제에서 사용하는 동적 PCR은 6개다(실제로는 8개지만 2개는 예약 돼 OS에서 사용할 수 없음).

일반 TXT 부팅 과정에서 부팅 프로세서는 ACM 무결성을 확인한 후 중요한 BIOS 구성 요소를 측정하는 ACM 시작 코드를 실행하고 보안 모드를 종료한 후 UEFI BIOS 시작 코드로 이동한다. 그 후 BIOS는 나머지 모든 코드를 측정하고 플랫폼을 구성하고 측정값을 확인하며 **GETSEC** 명령을 실행한다. 이 TXT 명령은 보안 검사를 수행해 BIOS 구성을 고정하는 BIOS ACM 모듈을 로드한다. 이 단계에서 UEFI BIOS는 각 옵션 ROM 코드(장치별)와 초기 프로그램 부하^{IPL, Initial Program Load}를 측정하게 된다. 플랫폼이 운영체제를 부팅할 준비가 된 상태다(특히 IPL 코드를 통해).

TXT 부팅 과정은 신뢰할 수 있는 BIOS 코드(부팅 관리자)가 이미 신뢰됐으며 다음 플랫폼이 재설정될 때까지 변경되지 않는 알려진 상태이므로 측정을 위한 정적 신뢰 루트^{SRTM, Static Root of Trust Measurement}의 일부다. 일반적으로 TXT 지원 OS의 경우 로드되는 첫 번째 커널 모듈 대신 특수 TCB(TBOOT) 모듈이 사용된다. TBOOT 모듈의 목적은 보안 모드 작동을 위해 플랫폼을 초기화하고 보안 실행을 하는 것이다. 윈도우 TBOOT 모듈의 이름은 TcbLaunch.exe다. 보안 부팅을 시작하기 전에 SINIT ACM 모듈이 TBOOT 모듈을 검증해야 한다. 따라서 **GETSEC** 명령을 실행하고 DRTM을 시작하는 일부 구성 요소가 있어야 한다. 윈도우 보안 부팅 모델에서 이 구성 요소는 부팅 라이브러리다.

시스템이 보안 모드로 전환하기 전에 플랫폼을 알려진 상태로 설정해야 한다 (이 상태에서는 부팅 스트랩을 제외한 모든 프로세서가 특별한 유휴 상태이므로 다른 코드를 실행할 수 없다). 부팅 라이브러리는 SENTER 연산을 실행하는 **GETSEC** 명령을 실행해 프로세서가 다음을 수행한다.

1. SINIT ACM 모듈을 검증하고 프로세서의 보안 메모리에 로드한다.
2. 모든 상대 동적 PCR을 지우고 SINIT ACM을 측정해 DRTM을 시작한다.
3. 신뢰할 수 있는 OS 코드가 측정되고 실행 제어 정책을 실행하는 SINIT ACM 코드를 실행한다. 정책은 현재 측정(일부 동적 PCR 레지스터에 존재함)이 OS를 '신뢰된^{trusted,}' 것으로 간주할 수 있는지 여부를 결정한다.

이 검사 중 하나가 실패하면 시스템은 공격을 받은 것으로 간주되며 ACM은 TXT 재설정을 실행한다. 이렇게 하면 플랫폼이 하드 리셋될 때까지 모든 종류의 소프트웨어가 실행되지 않는다. 그렇지 않으면 ACM은 ACM 모드를 종료하고 신뢰할 수 있는 OS 진입점(윈도우는 TcbLaunch.exe 모듈의 TcbMain 함수)으로 건너뛰어 보안 실행을 활성화한다. 이후 신뢰할 수 있는 OS가 제어권을 갖는다. 필요한 모든 측정에 대해(또는 신뢰 체인을 보장하는 다른 메커니즘을 사용) 동적 PCR을 확장하고 재설정할 수 있다.

보안 실행 아키텍처 전체를 설명하는 것은 이 책의 범위를 벗어난다. TXT 사양에 대해서는 인텔 설명서를 참고한다. 윈도우에서 TXT를 구현하는 방식은 이 장 뒷부분의 '보안 실행' 절을 참고한다. 그림 12-7은 인텔의 TXT 기술과 관련된 모든 구성 요소를 보여준다.

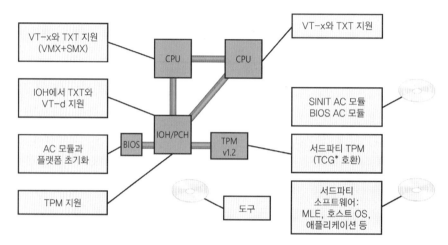

그림 12-7 인텔 TXT(신뢰 실행 기술) 구성 요소

윈도우 운영체제 로더

윈도우 운영체제 로더(Winload)는 윈도우 커널을 로드하고 정상적으로 실행하고자 부팅 관리자가 시작하는 부팅 애플리케이션이다. 이 프로세스에는 여러 가지 주요 작업이 포함된다.

- 커널 실행 환경을 생성한다. 이는 커널의 페이지 테이블을 초기화하고 사용하는 것과 메모리 맵을 개발하는 것을 포함한다. EFI OS 로더는 커널 스택, 공유 유저 페이지, GDT, IDT, TSS, 세그먼트 셀렉터를 설정하고 초기화한다.
- 디스크 스택이 초기화되기 전에 실행 또는 접근해야 하는 모든 모듈을 메모리에 로드한다. 여기에는 커널과 HAL이 포함된다. 이는 OS 로더에서 제어권이 전달되면 기본 서비스의 초기화를 처리하기 때문이다. 부팅 크리티컬 드라이버와 레지스트리 시스템 하이브도 메모리에 로드된다.

- 하이퍼V, VSM(보안 커널)을 실행해야 하는지 여부를 결정하고 실행해야 하는 경우 정상 로드하고 시작한다.
- 새 고해상도 부팅 그래픽 라이브러리(BGFX, 이전 Bootvid.dll 드라이버를 대체함)를 사용해 첫 번째 배경의 애니메이션을 그린다.
- 인텔 TXT를 지원하는 시스템에서 보안 실행 부팅 순서를 조정한다(측정된 부팅, 보안 실행, 인텔 TXT에 대한 자세한 설명은 이 장 앞부분 참고). 이 작업은 원래 하이퍼바이저 로더에 구현됐지만 윈도우 10 10월 업데이트 버전(RS5)에서 업데이트됐다.

윈도우 로더는 각 윈도우가 배포되는 동안 여러 번 개선되고 수정됐다. OslMain은 부팅 라이브러리를 (재)초기화하고 내부 OslpMain을 호출하는 메인 로더 함수(부팅 관리자가 호출)다. 이 글을 쓰는 시점에 부트 라이브러리는 2가지 서로 다른 실행 콘텍스트를 지원한다.

- 펌웨어 콘텍스트는 페이징 비활성화를 의미한다. 비활성화된 것이 아니라 물리적 주소의 일대일 매핑을 수행하는 펌웨어에서 제공하며 메모리 관리에는 펌웨어 서비스만 사용된다. 윈도우는 부팅 관리자에서 이 실행 콘텍스트를 사용한다.
- 애플리케이션 콘텍스트는 OS가 페이징이 활성화되고 제공됨을 의미한다. 이는 윈도우 로더에서 사용하는 콘텍스트다.

부팅 관리자는 실행을 OS 로더로 전송하기 직전에 윈도우 커널에서 사용되는 4레벨 × 64페이지 테이블 계층을 정의하고 초기화하고 자체 맵과 ID 매핑 항목을 생성한다. OslMain은 시작 직전에 애플리케이션 실행 콘텍스트로 전환한다. OslPrepareTarget 루틴은 시스템 루트 디렉터리에 있는 bootstat.dat 파일에서 읽고 마지막 부트의 시작/종료 상태를 캡처한다.

마지막 부트가 2번 이상 실패하면 부팅 관리자로 돌아가 복구 환경을 시작한다. 그렇지 않으면 SYSTEM 레지스트리 하이브, \Windows\System32\Config\System을 읽고 부트를 수행하고자 로드해야 하는 디바이스 드라이버를 확인할 수 있다(하이브는 레지스트리 하위 트리가 포함된 파일이다. 레지스트리에 대한 자세한 내용은 10장 참고). 다음 BGFX 디스플레이 라이브러리를 초기화하고(첫 번째 배경 이미지 그리기) 필요한 경우 고급 옵션 메뉴를 표시한다(이 장 앞부분의 '부팅 메뉴' 절 참고). NT 커널 부트에 필요한 가장 중요한 데이터 구조인 로더 블록이 할당되며 시스템 하이브의 기본 주소와 크기, 임의의 엔트로피 값(가능한 경우 TPM에서 질의)과 같은 기본 정보로 입력된다.

OslInitializeLoaderBlock은 시스템의 ACPI BIOS를 질의해 기본 장치, 구성 정보(시스템의 CMOS에 저장된 이벤트의 날짜, 시간 정보 포함)를 검색하는 코드가 포함돼 있다. 이 정보는 내부 데이터 구조로 수집되며 부팅 후반에 HKLM\HARDWARE\DESCRIPTION 레지스트리 키 아래에 저장된다. 이는 주로 호환성 이유로만 존재하는 레거시 키다. 오늘날 하드웨어에 실제 정보를 저장하는 것은 플러그앤플레이 관리자 데이터베이스다.

다음으로 Winload는 커널을 초기화하는 데 필요한 부팅 볼륨에서 파일을 로드한다. 부팅 볼륨은 설치된 부팅 시스템 디렉터리(일반적으로 \Windows)가 있는 파티션에 해당하는 볼륨이다. Winload는 다음 과정을 따른다.

1. 하이퍼바이저 또는 보안 커널을 로드해야 하는지 여부를 결정한다(hypervisor launchtype BCD 옵션, VSM 정책을 통해). 이 경우 하이퍼바이저 설정의 단계 0이 시작되고 HV 로더 모듈(Hvloader.dll)을 RAM 메모리에 미리 로드해 HvlLoadHypervisor 초기화 루틴을 실행한다. 후자는 하이퍼바이저 이미지(아키텍처에 따라 Hvix64.exe, Hvax64.exe 또는 Hvaa64.exe)와 모든 종속성을 메모리에 로드하고 매핑한다.

2. 펌웨어에서 열거 가능한 모든 디스크를 열거하고 목록을 로더 매개변수 블록에 연결한다. 또한 구성 데이터에 지정된 경우 가상 초기 시스템 구성 하이브(Imc.hiv)를 로드해 로더 블록에 연결한다.

3. 커널 코드 무결성 모듈(Ci.dll)을 초기화하고 CI 로더 블록을 생성한 후 코드 무결성 모듈을 NT 커널과 보안 커널 간에 공유한다.

4. 보류 중인 펌웨어 업데이트를 처리한다(윈도우 10은 윈도우 업데이트를 통해 배포되는 펌웨어 업데이트를 지원한다).

5. 적합한 커널과 HAL 이미지(기본적으로 Ntoskrnl.exe, Hal.dll)를 로드 한다. Winload 가 이 파일 중 하나를 로드할 수 없는 경우 에러 메시지가 출력된다. 두 모듈의 종속성을 적절히 로드하기 전 Winload는 디지털 인증서와 비교해 검증하고 API 세트 스키마 시스템 파일을 로드한다. 이런 식으로 API 세트 가져오기를 처리할 수 있다.

6. 디버거를 로드하고 초기화한다.

7. 필요한 경우 CPU 마이크로코드 업데이트 모듈(Mcupdate.dll)을 로드한다.

8. OslpLoadAllModules는 NT 커널과 HAL이 의존하는 모듈, ELAM 드라이버, 코어 확장, TPM 드라이버, 나머지 부트 드라이버를 모두 로드한다(로드 순서는 파일 시스템 드라이버가 먼저 로드됨). 부팅 디바이스 드라이버는 시스템을 부팅하는 데 필요한 드라이버다. 이들 드라이버의 구성은 SYSTEM 레지스트리 하이브에 저장된다. 모든 디바이스 드라이버에는 HKLM\SYSTEM\CurrentControlSet\Services 아래의 레지스트리 하위 키에 있다. 예를 들어 Services에는 ReadyBoost 드라이버용 rdyboost라는 하위 키가 있다. 이는 그림 12-8에서 확인할 수 있다(서비스 레지스트리 항목에 대한 자세한 내용은 10장의 '서비스' 절 참고). 모든 부트 드라이버의 시작 값은 SERVICE_BOOT_START(0)이다.

9. 이 과정에서 물리적 메모리를 적절하게 할당하고자 Winload는 계속 EFI 펌웨어(AllocatePages 부팅 서비스 루틴)에서 제공하는 서비스를 사용한다. 대신 가상 주소 변환은 애플리케이션 실행 콘텍스트에서 실행되는 부팅 라이브러리에 의해 관리된다.

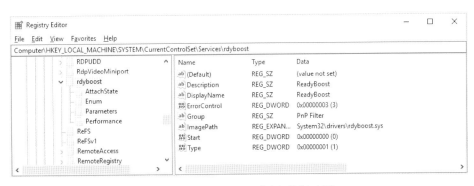

그림 12-8 ReadyBoost 드라이버 서비스 설정

10. 국제화에 사용되는 국가 언어 시스템(NLS, National Language System) 파일을 사용한다. 기본적으로 l_intl.nls, C_1252.nls, C_437.nls를 사용한다.

11. 평가된 정책이 VSM의 시작을 요구하면 신뢰 실행 환경 커널의 첫 번째 단계인 '보안 커널(Secure Kernel)' 설정 단계를 실행한다. 이 단계에서는 VSM 로더 지원 루틴(Hvloader.dll 모듈에서 내보내진)의 위치를 해결하고 보안 커널 모듈

(Securekernel.exe)과 그 종속성을 모두 로드한다.

12. S 에디션 윈도우의 경우 윈도우 애플리케이션의 최소 유저 모드 구성 가능 코드 무결성 서명 레벨을 결정한다.

13. Winload는 `OslArchpKernelSetupPhase0` 루틴을 호출한다. 이 루틴은 GDT, IDT 및 TSS를 할당하고 HAL 가상 주소 공간을 매핑하며 커널 스택, 공유 유저 페이지, USB 레거시 핸드오프를 할당하는 등 커널 전환에 필요한 메모리 단계를 수행한다. Winload는 UEFI `GetMemoryMap` 기능을 사용해 완전한 시스템 물리 메모리 맵을 얻고 EFI 런타임 코드/데이터에 속하는 각 물리 페이지를 가상 메모리 공간에 매핑한다. 완전한 물리적 맵은 운영체제 커널에 전달된다.

14. VSM 설정의 단계 1를 수행하고 필요한 모든 ACPI 테이블을 VTL 0에서 VTL 1 메모리로 복사한다(이 과정은 VTL 1 페이지 테이블도 구성된다).

15. 가상 메모리 변환 모듈이 완전히 작동됐으므로 Winload는 `ExitBootServices` UEFI 함수를 호출해 펌웨어 부팅 서비스를 제거하고 `SetVirtualAddressMap` UEFI 런타임 함수를 사용해 남아있는 모든 런타임 UEFI 서비스를 생성된 가상 주소 공간에 다시 매핑한다.

16. 필요한 경우 하이퍼바이저와 보안 커널(정확히 이 순서로)을 시작한다. 성공하면 실행 제어가 하이퍼V 루트 파티션의 콘텍스트에서 Winload로 돌아간다(하이퍼V에 대한 자세한 내용은 9장 참고).

17. `OslArchTransferToKernel` 루틴을 통해 실행을 커널로 전송한다.

iSCSI 부팅

인터넷 SCSI(iSCSI, internet SCSI) 장치는 원격 물리 디스크가 iSCSI 호스트 버스 어댑터(HBA, Host Bus Adapter)에 연결되거나 이더넷을 통해 연결되는 일종의 네트워크 연결 저장소다. 그러나 이들 장치는 네트워크 연결 스토리지(NAS, Network-Attached Storage)가 사용하는 네트워크 파일 시스템을 통한 논리 기반 접근과 달리 디스크에 대한 블록 수준 접근을 제공하기 때문에 기존의 NAS와는 다르다. 따라서 iSCSI로 연결된 디스크는 마이크로소프트 iSCSI 초기자가 이더넷 연결으로 접근해 사용하는 한 부트 로더와 OS 모두에 다른 디스크 드라이브로 표시된다. 로컬 스토리지 대신 iSCSI 지원 디스크를 사용하면 기업은 공간, 전력 소비, 비용을 절약할 수 있다.

기존 윈도우는 로컬로 연결된 디스크에서 부팅하거나 PXE를 통한 네트워크 부트만 지원했지만 최근 버전의 윈도우는 iSCSI 부트라는 메커니즘을 통해 iSCSI 장치에서 기본 부팅할 수 있다. 그림 12-9와 같이 부트 로더(Winload.efi)는 시스템이 물리적 메모리에 있어야 하는 iSCSI 부팅 펌웨어 테이블[iBFT, , iSCSI Boot Firmware Table]을 읽는 iSCSI 부팅 장치를 지원하는지 여부를 감지한다(일반적으로 ACPI를 통해 공개됨). iBFT 테이블 덕에 Winload는 원격 디스크의 위치, 경로, 자격증명을 인식한다. 테이블이 있으면 Winload는 **CM_SERVICE_NETWORK_BOOT_LOAD**(0x1) 부팅 플래그로 표시된 제조업체에서 제공한 네트워크 인터페이스 드라이버를 열고 로드한다.

추가로 윈도우 설치 프로그램은 이 테이블을 읽고 부팅 가능한 iSCSI 장치를 판별하고 이들 장치에 직접 설치할 수 있어 이미징[imaging]이 필요 없다. 마이크로소프트 iSCSI 초기자와 결합하면 윈도우가 iSCSI에서 부팅하는 데 필요한 모든 기능을 제공한다.

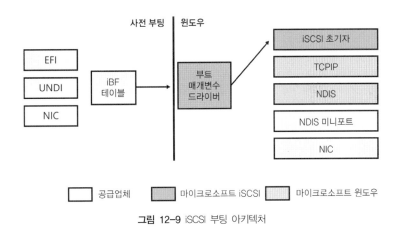

그림 12-9 iSCSI 부팅 아키텍처

하이퍼바이저 로더

하이퍼바이저 로더는 하이퍼V 하이퍼바이저와 보안 커널을 정상 로드하고 시작하는 데 사용되는 부팅 모듈(파일 이름은 Hvloader.dll)이다. 하이퍼V, 보안 커널에 대한 자세한 내용은 9장을 참고한다. 하이퍼바이저 로더 모듈은 윈도우 로더에 밀접하게 연결돼 있으며 2가지 주요 목표가 있다.

- 하드웨어 플랫폼을 검색하고 올바른 버전의 윈도우 하이퍼바이저(인텔 시스템의 경우 Hvix64.exe, AMD 시스템의 경우 Hvax64.exe, ARM64 시스템의 경우 Hvaa64.exe)를 로드하고 시작한다.
- VSM^{Virtual Secure Mode} 정책을 구문 분석한다. 보안 커널을 로드하고 시작한다.

윈도우 8에서 이 모듈은 Winload에 의해 동적으로 로드되는 외부 실행 파일이었다. 당시 하이퍼바이저 로더의 유일한 의무는 하이퍼V를 로드하고 시작하는 것이었다. VSM 및 신뢰 부트(TrustedBoot)가 출시됨에 따라 아키텍처는 각 구성 요소의 더 나은 통합을 위해 재설계됐다.

앞에서 언급했듯이 하이퍼바이저 설정에는 2가지 다른 단계가 있다. 첫 번째 단계는 NT 로더 블록 초기화 직후 Winload로 시작한다. HvLoader는 일부 CPUID 명령을 통해 대상 플랫폼을 감지하고 UEFI 물리적 메모리 맵을 복사하고 IOAPIC, IOMMU를 탐지한다. 다음으로 HvLoader는 정상 하이퍼바이저 이미지(디버거 전송과 같은 모든 종속성)를 메모리에 로드해 하이퍼바이저 버전 정보가 예상되는 것과 일치하는지 확인한다(HvLoader가 다른 버전의 하이퍼V를 시작할 수 없는 이유를 설명). 이 단계에서 HvLoader는 HvLoader와 하이퍼바이저 간에 시스템 매개변수를 전달하는 데 사용되는 중요한 데이터 구조인 하이퍼바이저 로더 블록을 할당한다(윈도우 로더 블록과 유사). 단계 1에서 가장 중요한 부분은 하이퍼바이저 페이지 테이블 계층을 구성하는 것이다. 기본 페이지 테이블에는 하이퍼바이저 이미지(및 해당 종속성)와 첫 번째 메가바이트 아래의 시스템 물리적 페이지의 매핑만 포함된다. 후자는 ID가 매핑되고 시작 전환 코드로 사용된다(이 개념은 이 절의 뒷부분에서 설명).

두 번째 단계는 Winload의 마지막 단계에서 시작된다. UEFI 펌웨어 부팅 서비스가 삭제돼 HvLoader 코드는 UEFI 런타임 서비스의 물리적 주소 범위를 하이퍼바이저 로더 블록에 복사하고 프로세서 상태를 캡처하며 인터럽트, 디버거, 페이징을 비활성화해 `HvlpTransferToHypervisorViaTransitionSpace`를 호출해서 코드 실행을 1MB 미만의 물리적 페이지로 전송한다. 여기에 있는 코드(마이그레이션 코드)는 페이지 테이블을 전환하고 페이징을 다시 활성화해 하이퍼바이저 코드로 전환 된다(실제로 2개의 다른 주소 공간이 생성된다). 하이퍼바이저는 시작된 후 프로세서 콘텍스트를 사용해 루트 파티션이라고 하는 새 가상 머신의 콘텍스트에서 코드 실행을 Winload에 호출한다(자세한 내용은 9장 참고).

하이퍼바이저가 시작된 후 몇 가지 단계를 수행해야 하기 때문에 가상 보안 모드 시작은 3가지 단계로 나뉜다.

1. 첫 번째 단계는 하이퍼바이저 설정의 첫 번째 단계와 매우 유사하다. 데이터가 윈도우 로더 블록에서 방금 할당된 VSM 로더 블록으로 복사하고 마스터 키, IDK 키, 크래시 덤프 키가 생성되며 SecureKernel.exe 모듈이 메모리에 로드된다.

2. 두 번째 단계는 OslPrepareTarget의 후반부에서 Winload에 의해 시작된다. 이때 하이퍼바이저가 이미 초기화됐지만 아직 시작되지 않은 상태다. 하이퍼바이저 설정의 두 번째 단계와 유사하게 UEFI 런타임 서비스 물리적 주소 범위는 ACPI 테이블, 코드 무결성 데이터, 완전한 시스템 물리적 메모리 맵, 하이퍼콜 코드 페이지와 함께 VSM 로더 블록으로 복사된다. 마지막으로 보호된 VTL 1 메모리 공간에 사용되는 보호된 페이지 테이블 계층 구조를 구성하고 필요한 GDT를 빌드하고자 OslpVsmBuildPageTables 함수를 사용한다.

3. 세 번째 단계는 최종 '실행' 단계다. 하이퍼바이저는 이미 실행된 상태에서 세 번째 단계의 최종 검사(예를 들어 IOMMU가 있는지, 루트 파티션이 VSM 권한을 갖고 있는지 여부 등)를 수행한다. IOMMU는 VSM에 매우 중요하다(자세한 내용은 9장 참고). 또한 이 단계에서는 암호화된 하이퍼바이저 크래시 덤프 영역을 설정하고, VSM 암호화 키를 복사하고, 실행을 보안 커널 진입점(SkiSystemStartup)으로 전달한다. 보안 커널 진입점 코드는 VTL 0에서 실행되며, VTL 1은 이후 단계의 보안 커널 코드가 HvCallEnablePartitionVtl 하이퍼콜을 통해 시작된다(9장 참고).

VSM 시작 정책

시작할 때 윈도우 로더는 VSM의 시작 여부를 결정해야 한다. 이 새로운 보호 계층을 비활성화하는 모든 멀웨어 시도를 비활성화하려면 시스템이 특정 정책을 사용해 VSM 시작 설정을 보호해야 한다. 기본 구성에서 처음 부팅할 때(윈도우 설치 프로그램이 윈도우 파일 복사를 완료한 후) 윈도우 로더는 OslSetVsmPolicy 루틴을 사용해 VSM 루트 레지스트리 키 HKLM\SYSTEM\CurrentControlSet\Control\DeviceGuard에 저장된 VSM 구성을 읽고 보호한다.

VSM은 여러 소스에서 사용할 수 있다:

- **장치 보호 시나리오:** 각 시나리오는 VSM 루트 키에 하위 키로 저장된다. Enabled DWORD 레지스트리 값은 시나리오를 사용할지 여부를 제어한다. 하나 이상의 시나리오가 활성화되면 VSM이 활성화된다.
- **전역 설정:** EnableVirtualizationBasedSecurity 레지스트리 값에 저장된다.
- **HVCI 코드 무결성 정책:** 코드 무결성 정책 파일(Policy.p7b)에 저장된다.

또한 기본적으로 하이퍼바이저가 활성화되며 VSM이 자동으로 활성화된다(HyperV VirtualizationBasedSecurityOptOut 레지스트리 값이 존재하는 경우 제외).

모든 VSM 활성화 소스는 잠금 정책을 지정한다. 잠금 모드가 활성화된 경우 윈도우 로더는 VbsPolicy라는 보안 부팅 변수를 만들고 VSM 활성화 모드와 플랫폼 구성을 그 안에 저장한다. VSM 플랫폼 구성의 일부는 발견된 시스템 하드웨어를 기반으로 동적으로 생성되지만 다른 부분은 VSM 루트 키에 저장된 RequirePlatform SecurityFeatures 레지스트리 값에서 읽는다. 보안 부팅 변수는 이후 부팅 시마다 읽는다. 변수에 저장된 구성은 항상 윈도우 레지스트리에 있는 구성을 교체한다.

이들 방식으로 멀웨어가 윈도우 레지스트리를 수정해 VSM을 비활성화할 수 있더라도 윈도우는 변경 내용을 무시하고 유저 환경을 안전하게 유지한다. 보안 부팅 사양에 따라 신뢰할 수 있는 디지털 서명으로 서명된 새 변수만 원본 변수를 수정하거나 삭제할 수 있기 때문에 멀웨어는 VSM 보안 부팅 변수를 수정할 수 없다. 마이크로소프트사는 VSM 보호를 비활성화할 수 있는 특수 서명된 도구를 제공한다. 이 도구는 특별한 EFI 부팅 애플리케이션이며 VbsPolicyDisabled라는 별도의 서명된 보안 부팅 변수를 설정한다. 이 변수는 시작 시 윈도우 로더에 의해 인식된다. 존재하는 경우 Winload는 VbsPolicy 보안 변수를 삭제하고 레지스트리를 변경해 VSM을 비활성화한다(전역 설정과 각 시나리오의 활성화를 모두 수정).

실습: VSM 정책 이해

이 실습에서는 보안 커널의 시작이 외부 변조에 어떻게 보호되는지를 확인한다. 먼저 호환되는 윈도우 에디션에서 가상화 기반 보안^{VBS, Virtualization Based} Security을 사용하도록 설정한다(일반적으로 프로 에디션과 비즈니스 에디션에서 제대로 작동한다). 이들 SKU를 사용하면 작업 관리자를 사용해 VBS가 활성화돼 있는지 빠르게 확인할 수 있다. VBS가 활성화된 경우 자세히^{Details} 탭에 SecureSystem이라는 프로세스가 표시된다. 이미 활성화돼 있어도 UEFI 잠금이 활성화돼 있는지 확인한다. 시작 메뉴의 검색 상자에 그룹 정책 편집^{Edit Group policy}(또는 gpedit.msc)을 입력해 로컬 정책 그룹 편집기 스냅인을 실행한다. 컴퓨터 구성, 관리 템플릿, 시스템, 장치 보호로 이동한 다음 가상화 기반 보안 켜기^{Turn} On Virtualization Based Security를 더블 클릭한다. 정책이 사용^{Enabled}으로 설정되고 옵션이 다음 그림과 같이 설정돼 있는지 확인한다.

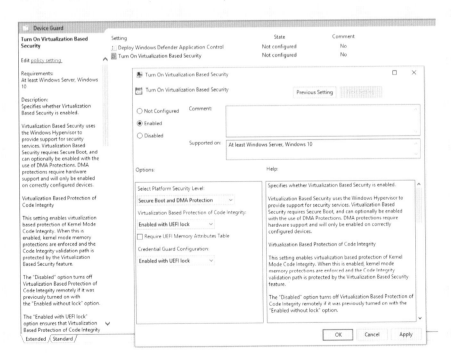

보안 부팅이 활성화돼 있는지 확인하고(시스템 정보 유틸리티 또는 시스템 BIOS구성 도구를 사용해 보안 부팅 활성화를 확인할 수 있음) 시스템을 다시 시작한다. Enabled와 UEFI Lock 옵션

은 관리자 콘텍스트에서도 변조 방지를 제공한다. 시스템을 다시 시작한 후 동일한 그룹 정책 편집기에서 VBS를 비활성화하고(모든 설정이 비활성화돼 있는지 확인) HKEY_LOCAL_MACHINE\SYSTEM\CurrentControlSet\Control\DeviceGuard에 있는 모든 레지스트리 키와 값을 제거한다(0으로 설정하면 같은 효과를 얻을 수 있다). 레지스트리 편집기를 사용해 모든 값을 정상 제거한다.

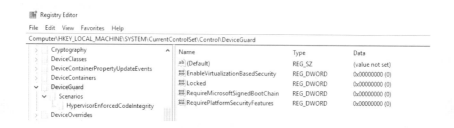

관리자 권한 명령 프롬프트에서 bcdedit /set{current} hypervisorlaunchtype off로 하이퍼바이저를 비활성화한다. 그런 다음 컴퓨터를 다시 시작한다. 시스템을 재부팅한 후 VBS와 하이퍼바이저가 꺼질 것으로 예상되는 경우에도 SecureSystem, LsaIso 프로세스가 작업 관리자에 남아 있는지 확인해야 한다. 이는 UEFI 보안 변수 VbsPolicy에 원래 정책이 아직 포함돼 있기 때문에 악성 프로그램이나 유저가 추가 보호 계층을 쉽게 비활성화할 수 없다. 이를 바로 확인하려면 eventvwr을 입력해 시스템 이벤트 뷰어를 열고 윈도우 로그, 시스템으로 이동한다. 이벤트 사이를 스크롤하면 VBS 활성화 타입을 설명하는 이벤트가 표시된다(이벤트에는 커널 부팅 소스가 있음).

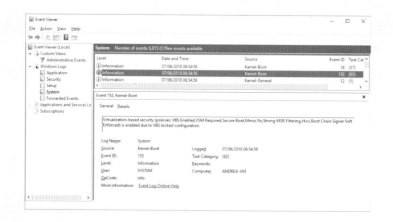

VbsPolicy는 부팅 서비스로 인증된 UEFI 변수이므로 OS가 런타임 모드로 전환된 후에는 표시되지 않는다. 이전 실습에서 사용한 UefiTool 도구는 이들 타입의 변수를 표시할 수 없다. VBSpolicy 변수의 내용을 제대로 확인하려면 컴퓨터를 다시 시작하고 보안 부팅을 비활성화한 다음 Efi 셸을 사용한다. Efi 셸(이 책의 다운로드 리소스에 있거나 https://github.com/tianocore/edk2/tree/UDK2018/ShellBinPkg/UefiShell/X64에서 다운로드 가능)은 bootx64.efi라는 파일의 FAT32 USB 스틱에 복사하고 efi\boot 경로에 배치해야 한다. 그러면 USB 스틱에서 부팅할 수 있고 Efi 셸이 실행된다. 다음 명령을 실행한다.

```
dmpstore VbsPolicy -guid 77FA9ABD-0359-4D32-BD60-28F4E78F784B
```

77FA9ABD-0359-4D32-BD60-28F4E78F784B는 보안 부팅 개인 네임스페이스의 GUID다.

보안 실행

신뢰된 실행이 활성화되고(VSM 정책의 특정 기능 값을 통해) 시스템이 호환되는 경우 Winload는 일반 부팅 경로와 약간 다른 새 부팅 경로를 활성화한다. 이 새로운 부팅 경로를 보안 실행이라고 한다. 보안 실행은 인텔 신뢰 부트(TXT) 기술(또는 AMD64 시스템의 SKINIT)을 말한다. 신뢰할 수 있는 부트는 부팅 라이브러리와 TcbLaunch.exe 파일의 2가지 구성 요소로 구현된다. 부팅 라이브러리는 초기화 시 신뢰 부트가 활성화됐음을 감지하고 부팅 애플리케이션 시작, 해시 계산, 부팅 애플리케이션 종료 등과 같은 여러 이벤트를 가로채는 부팅 콜백을 등록한다. 윈도우 로더는 초기 과정에서 하이퍼바이저를 로드하는 대신 보안 시작 설정의 3단계(이제부터 보안 실행 설정을 TCB 설정이라고 함)를 수행한다.

앞에서 설명한 것처럼 보안 부팅의 최종 목표는 CPU가 신뢰할 수 있는 유일한 루트인 보안 부팅을 시작하는 것이다. 이를 위해서는 시스템이 모든 펌웨어 종속성을 제거해야 한다. 윈도우는 FAT 파일 시스템으로 포맷된 RAM 디스크를 정의해 이를 실현한다. 여기에는 Winload, 하이퍼바이저, VSM 모듈, 시스템 부트에 필요한 모든 부팅 운영체제 구성 요소가 포함된다. 윈도우 로더(Winload)는 **BlImgLoadBootApplication** 루틴을 사용해 시스템 부팅 디스크에서 메모리로 TcbLaunch.exe를 읽는다. 후자는 TCB 부팅 콜백이 관리하는 3가지 이벤트를 작동시킨다. 콜백은 먼저 측정된 실행 환경(MLE, Measured Launch Environment)을 시작할 준비를 하고 ACM 모듈, ACPI 테이블을 확인한 후 필요한 TXT 영역을 매핑한다. 그런 다음 부팅 애플리케이션의 진입점을 특수 TXT MLE 루틴으로 바꾼다.

윈도우 로더의 **OslExecuteTransition** 루틴의 마지막 단계에서는 하이퍼바이저 실행 시퀀스를 시작하지 않는다. 대신 실행을 TCB(Trusted Computing Base) 로그인 시퀀스에 전달한다. TCB 부팅 애플리케이션은 앞에서 설명한 **BlImgStartBootApplication** 루틴을 사용해 시작된다. 수정된 부팅 애플리케이션 진입점은 신뢰할 수 있는 실행 기술 모듈 실행 환경(TXT MLE) 런치 루틴을 호출하며, 이는 **GETSEC(SENTER)** TXT 명령을 실행한다. 이 명령은 메모리에서 TcbLaunch.exe(즉, TBOOT 모듈)를 측정하고 측정에 성공하면 MLE 런치 루틴이 실제 부팅 애플리케이션 진입점(TcbMain)으로 코드 실행을 전달한다.

TcbMain 함수는 보안 시작 환경에서 실행되는 첫 번째 코드다. 구현은 간단하다: 부팅 라이브러리를 다시 초기화하고 가상화 시작/재시작 알림을 받는 이벤트를 등록한 다음 보안 RAM 디스크의 Tcbloader.dll 모듈에서 **TcbLoadEntry**를 호출한다. Tcbloader.dll 모듈은 신뢰할 수 있는 윈도우 로더의 미니 버전이다. 하이퍼바이저를 로드, 검증, 시작하고, 하이퍼콜 페이지를 설정하고, 보안 커널을 시작하는 것이 목표다. 이 과정에서 보안 실행은 하이퍼바이저와 보안 커널이 NT 커널과 기타 모듈의 검증을 관리해 신뢰 사슬을 제공하기 때문에 종료된다. 그런 다음 실행은 윈도우 로더로 돌아가 표준 `OslArchTransferToKernel` 루틴을 통해 윈도우 커널로 이동한다.

그림 12-10은 보안 실행과 관련된 모든 구성 요소의 구성표를 보여준다. 유저는 로컬 그룹 정책 편집기를 사용해(컴퓨터 구성, 관리 템플릿, 시스템, 디바이스 가드 아래의 가상화 기반 보안 켜기 설정 조정) 보안 시작을 활성화할 수 있다.

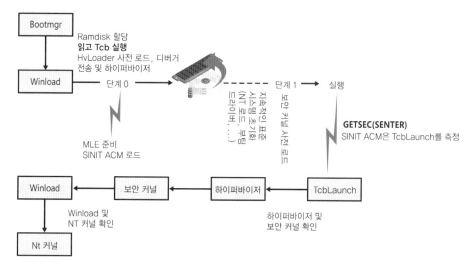

그림 12-10 보안 실행 스키마. 하이퍼바이저와 보안 커널은 RAM 디스크에서 시작된다.

신뢰 부트의 ACM 모듈은 인텔에서 제공하며 칩셋에 따라 다르다. TXT 인터페이스의 대부분은 물리적 메모리에 매핑된 메모리다. 이는 HvLoader가 SINIT 영역에 접근하고 SINIT ACM 버전을 확인하고 필요에 따라 업데이트할 수 있음을 의미한다. 윈도우는 각 칩셋의 알려진 모든 SINIT ACM 모듈을 포함하는 특수 압축 WIM 파일(Tcbres.wim이라고 함)을 사용해 이를 수행한다. 필요한 경우 MLE 준비 과정에서 압축 파일을 열고 올바른 바이너리 모듈을 추출해 TXT 영역의 원래 SINIT 펌웨어 내용을 바꾼다. 보안 부팅 절차가 호출되면 CPU는 SINIT ACM을 보안 메모리에 로드하고 디지털 서명의 무결성을 확인한 후 공개 키의 해시를 칩셋에 하드코드된 것과 비교한다.

AMD 플랫폼에서 보안 실행

TXT 덕분에 인텔 시스템에서 보안 실행이 지원되지만 윈도우 10 2020 Spring 업데이트는 AMD가 초기에 신뢰할 수 없는 운영 모드로 시작해 신뢰할 수 있는 소프트웨어의 검증 가능한 실행을 위해 설계한 유사 기술인 SKINIT도 지원한다.

SKINIT의 목표는 인텔 TXT와 동일하며 보안 실행 부팅 흐름에 사용된다. 그러나 후자와는 다르다. SKINIT의 기본은 보안 로더^{SL, Secure Loader}라는 작은 타입의 소프트웨어고 윈도우에서는 AMD에서 제공하는 Amddrtm.dll 라이브러리의 리소스 섹션에 포함된 amsl.bin 바이너리에 구현된다. SKINIT 명령은 프로세서를 다시 초기화해 안전한 실행 환경을 설정하고 변조되지 않는 방식으로 SL를 실행한다. 보안 로더는 SKINIT 명령에 의해 TPM으로 전송되는 64KB의 구조인 보안 로더 블록에 있다. TPM은 SL의 무결성을 확인하고 실행을 해당 진입점으로 넘긴다.

SL은 시스템 상태를 검증하고 측정값을 PCR로 확장한 다음 실행을 AMD MLE 시작 루틴으로 전달한다. 이 루틴은 TcbLaunch.exe 모듈에 포함된 별도의 바이너리에 위치해 있다. MLE 루틴은 IDT, GDT를 초기화하고 프로세서를 롱 모드로 전환하기 위한 페이지 테이블을 생성한다(AMD 컴퓨터의 MLE는 TCB의 코드를 가능한 한 작게 유지하고자 32비트 보호 모드로 실행한다). 마지막으로 TcbLaunch로 돌아와 인텔 시스템의 경우 부팅 라이브러리를 다시 초기화하고 가상화 시작/재개 알림을 받는 이벤트를 등록하고 tcbloader.dll 모듈에서 TcbLoadEntry를 호출한다. 앞으로 부팅 흐름은 인텔 시스템의 보안 실행 구현과 동일하다.

커널과 이그제큐티브 서브시스템 초기화

Winload가 Ntoskrnl을 호출할 때 로더 매개변수 블록이라는 데이터 구조체를 전달한다. 로더 매개변수 블록에는 시스템, 부팅 파티션 경로, 시스템의 물리적 메모리를 설명하고자 생성된 메모리 테이블 Winload에 대한 포인터, 나중에 휘발성 HARDWARE 레지스트리 하이브를 구성하는 데 사용되는 물리적 하드웨어 트리, 메모리의 복사본이 포함된다. SYSTEM 레지스트리 하이브, Winload가 로드된 부트 드라이버 리스트에 대한 포인터 또한 이 시점까지 수행된 부팅 처리와 관련된 다른 여러 정보도 포함된다.

실습: 로더 매개변수 블록

부팅하는 동안 커널은 KeLoaderBlock 변수 안에 로더 매개변수 블록의 포인터를 관리한다. 커널은 첫 번째 부팅 단계 후에 매개변수 블록을 폐기하기 때문에 이 구조체의 내용을 볼 수 있는 유일한 방식은 부팅 전에 커널 디버거를 붙이고 초기 커널 디버거 브레이크포인트를 거는 방법뿐이다. 다음과 같이 이 시점에서는 dt 명령으로 해당 블록을 확인할 수 있다:

```
kd> dt poi(nt!KeLoaderBlock) nt!LOADER_PARAMETER_BLOCK
   +0x000 OsMajorVersion : 0xa
   +0x004 OsMinorVersion : 0
   +0x008 Size          : 0x160
   +0x00c OsLoaderSecurityVersion : 1
   +0x010 LoadOrderListHead : _LIST_ENTRY [ 0xfffff800`2278a230 -
                             0xfffff800`2288c150 ]
   +0x020 MemoryDescriptorListHead : _LIST_ENTRY [ 0xfffff800`22949000 -
                             0xfffff800`22949de8 ]
   +0x030 BootDriverListHead : _LIST_ENTRY [ 0xfffff800`22840f50 -
                             0xfffff800`2283f3e0 ]
   +0x040 EarlyLaunchListHead : _LIST_ENTRY [ 0xfffff800`228427f0 -
                             0xfffff800`228427f0 ]
   +0x050 CoreDriverListHead : _LIST_ENTRY [ 0xfffff800`228429a0 -
                             0xfffff800`228405a0 ]
   +0x060 CoreExtensionsDriverListHead : _LIST_ENTRY [ 0xfffff800`2283ff20
                             - 0xfffff800`22843090 ]
   +0x070 TpmCoreDriverListHead : _LIST_ENTRY [ 0xfffff800`22831ad0 -
                             0xfffff800`22831ad0 ]
   +0x080 KernelStack    : 0xfffff800`25f5e000
   +0x088 Prcb           : 0xfffff800`22acf180
   +0x090 Process        : 0xfffff800`23c819c0
   +0x098 Thread         : 0xfffff800`23c843c0
   +0x0a0 KernelStackSize : 0x6000
   +0x0a4 RegistryLength : 0xb80000
   +0x0a8 RegistryBase   : 0xfffff800`22b49000 Void
   +0x0b0 ConfigurationRoot : 0xfffff800`22783090
                             _CONFIGURATION_COMPONENT_DATA
```

```
+0x0b8 ArcBootDeviceName : 0xfffff800`22785290
                           "multi(0)disk(0)rdisk(0)partition(4)"
+0x0c0 ArcHalDeviceName : 0xfffff800`22785190
                           "multi(0)disk(0)rdisk(0)partition(2)"
+0x0c8 NtBootPathName    : 0xfffff800`22785250 "\WINDOWS\"
+0x0d0 NtHalPathName     : 0xfffff800`22782bd0 "\"
+0x0d8 LoadOptions       : 0xfffff800`22772c80 "KERNEL=NTKRNLMP.EXE
                           NOEXECUTE=OPTIN
                           HYPERVISORLAUNCHTYPE=AUTO DEBUG
                           ENCRYPTION_KEY=**** DEBUGPORT=NET
                           HOST_IP=192.168.18.48 HOST_PORT=50000 NOVGA"
+0x0e0 NlsData : 0xfffff800`2277a450 _NLS_DATA_BLOCK
+0x0e8 ArcDiskInformation : 0xfffff800`22785e30 _ARC_DISK_INFORMATION
+0x0f0 Extension : 0xfffff800`2275cf90 _LOADER_PARAMETER_EXTENSION
+0x0f8 u : <unnamed-tag>
+0x108 FirmwareInformation  : _FIRMWARE_INFORMATION_LOADER_BLOCK
+0x148 OsBootstatPathName    : (null)
+0x150 ArcOSDataDeviceName   : (null)
+0x158 ArcWindowsSysPartName : (null)
```

게다가 MemoryDescriptorListHead 필드를 매개변수로 !loadermemorylist
명령을 사용하면 물리 메모리 범위를 덤프할 수 있다.

```
kd> !loadermemorylist 0xfffff800`22949000
Base       Length      Type
0000000001 0000000005 (26) HALCachedMemory        ( 20 Kb )
0000000006 000000009a ( 5) FirmwareTemporary      ( 616 Kb )
...
0000001304 0000000001 ( 7) OsloaderHeap           ( 4 Kb )
0000001305 0000000081 ( 5) FirmwareTemporary      ( 516 Kb )
0000001386 000000001c (20) MemoryData             ( 112 Kb )
...
0000001800 0000000b80 (19) RegistryData           ( 11 Mb 512 Kb )
0000002380 00000009fe ( 9) SystemCode             ( 9 Mb 1016 Kb )
0000002d7e 0000000282 ( 2) Free                   ( 2 Mb 520 Kb )
0000003000 0000000391 ( 9) SystemCode             ( 3 Mb 580 Kb )
0000003391 0000000068 (11) BootDriver             ( 416 Kb )
00000033f9 0000000257 ( 2) Free                   ( 2 Mb 348 Kb )
0000003650 00000008d2 ( 5) FirmwareTemporary      ( 8 Mb 840 Kb )
```

```
000007ffc9 0000000026 (31) FirmwareData          ( 152 Kb )
000007ffef 0000000004 (32) FirmwareReserved      ( 16 Kb )
000007fff3 000000000c ( 6) FirmwarePermanent     ( 48 Kb )
000007ffff 0000000001 ( 5) FirmwareTemporary     ( 4 Kb )
NumberOfDescriptors: 90

Summary
Memory Type       Pages
Free              000007a89c (      501916) ( 1 Gb 936 Mb 624 Kb )
LoadedProgram     0000000370 (         880) ( 3 Mb 448 Kb )
FirmwareTemporary 0000001fd4 (        8148) ( 31 Mb 848 Kb )
FirmwarePermanent 000000030e (         782) ( 3 Mb 56 Kb )
OsloaderHeap      0000000275 (         629) ( 2 Mb 468 Kb )
SystemCode        0000001019 (        4121) ( 16 Mb 100 Kb )
BootDriver        000000115a (        4442) ( 17 Mb 360 Kb )
RegistryData      0000000b88 (        2952) ( 11 Mb 544 Kb )
MemoryData        0000000098 (         152) ( 608 Kb )
NlsData           0000000023 (          35) ( 140 Kb )
HALCachedMemory   0000000005 (           5) ( 20 Kb )
FirmwareCode      0000000008 (           8) ( 32 Kb )
FirmwareData      0000000075 (         117) ( 468 Kb )
FirmwareReserved  0000000044 (          68) ( 272 Kb )
                  ========== ==========
Total             000007FFDF (      524255) = ( ~2047 Mb )
```

로더 매개변수 확장 기능을 이용해 시스템 하드웨어, CPU 기능, 부팅 타입
에 대한 유용한 정보를 표시할 수 있다.

```
kd> dt poi(nt!KeLoaderBlock) nt!LOADER_PARAMETER_BLOCK Extension
   +0x0f0 Extension : 0xfffff800`2275cf90 _LOADER_PARAMETER_EXTENSION
kd> dt 0xfffff800`2275cf90 _LOADER_PARAMETER_EXTENSION
nt!_LOADER_PARAMETER_EXTENSION
   +0x000 Size              : 0xc48
   +0x004 Profile           : _PROFILE_PARAMETER_BLOCK
   +0x018 EmInfFileImage    : 0xfffff800`25f2d000 Void
   ...
   +0x068 AcpiTable         : (null)
   +0x070 AcpiTableSize     : 0
   +0x074 LastBootSucceeded : 0y1
   +0x074 LastBootShutdown  : 0y1
```

```
+0x074 IoPortAccessSupported : 0y1
+0x074 BootDebuggerActive    : 0y0
+0x074 StrongCodeGuarantees  : 0y0
+0x074 HardStrongCodeGuarantees : 0y0
+0x074 SidSharingDisabled    : 0y0
+0x074 TpmInitialized        : 0y0
+0x074 VsmConfigured         : 0y0
+0x074 IumEnabled            : 0y0
+0x074 IsSmbboot             : 0y0
+0x074 BootLogEnabled        : 0y0
+0x074 FeatureSettings       : 0y0000000 (0)
+0x074 FeatureSimulations    : 0y000000 (0)
+0x074 MicrocodeSelfHosting  : 0y0
...
+0x900 BootFlags             : 0
+0x900 DbgMenuOsSelection    : 0y0
+0x900 DbgHiberBoot          : 0y1
+0x900 DbgSoftRestart        : 0y0
+0x908 InternalBootFlags     : 2
+0x908 DbgUtcBootTime        : 0y0
+0x908 DbgRtcBootTime        : 0y1
+0x908 DbgNoLegacyServices   : 0y0
```

다음으로 Ntoskrnl은 단계 0과 단계 1이라는 2단계 초기화의 첫 번째 단계를 시작한다. 대부분 이그제큐티브 서브시스템은 어떤 단계가 실행 중인지 확인하는 매개변수를 가진 초기화 함수가 있다.

단계 1 동안은 인터럽트가 비활성화된다. 이 단계의 목적은 단계 1에서 필요한 서비스를 호출하는 데 필요한 기본 구조를 만드는 것이다. Ntoskrnl의 시작 함수인 **KiSystemStartup**은 각 시스템 프로세서 콘텍스트에서 호출된다(자세한 내용은 이 장 뒷부분의 '커널 초기화 단계 1' 절에서 자세히 설명). 프로세서의 부팅 구조를 초기화하고 전역 디스크립터 테이블[GDT]과 인터럽트 디스크립터 테이블[IDT]을 설정한다. 부팅 프로세서가 호출되면 시작 루틴은 제어 흐름 보호[CFG] 체크 기능을 초기화하고 메모리 관리자와 연동해 KASLR을 초기화한다. KASLR 초기화는 시스템 시작의 초기 단계가 수행한다. 이러한 방식으로 커널은 여러 가상 메모리 영역에 대해 임의의 VA 범위

(PFN 데이터베이스, 시스템 PTE 영역)를 할당한다(KASLR에 대한 자세한 내용은 Vol.1의 5장에 있는 '이미지 무작위화' 절 참고). KiSystemStartup은 커널 디버거, XSAVE 프로세서 영역, 필요한 경우 KVA 섀도우도 초기화한다. 그런 다음 KiInitializeKernel을 호출한다. 부팅 CPU 에서 KiInitializeKernel이 실행 중인 경우 모든 CPU가 공유하는 내부 목록, 기타 데이터 구조체를 초기화하는 것과 같은 시스템 차원의 커널 초기화를 진행한다. 시스템 서비스 디스크립터 테이블SSDT을 구성, 압축해 커널 포인터를 인코딩하는 데 사용되는 내부 KiWaitAlways 값과 KiWaitNever 값의 임의의 값을 계산한다. 또한 가상화가 시작됐는지 확인하고 존재하는 경우 하이퍼콜Hypercall 페이지를 매핑하고 프로세서를 인식해 시작된다(하이퍼바이저 인식에 대한 자세한 내용은 9장 참고).

KiInitializeKernel은 호환 프로세서가 실행될 때 제어 흐름 적용 기술CET, Control Enforcement Technology을 초기화하고 활성화하는 중요한 역할을 한다. 이 하드웨어 기능은 비교적 새롭고 기본적으로 하드웨어 섀도우 스택이 구현돼 ROP 공격을 감지하고 방지하는 데 사용된다. 이 기술은 유저 모드 애플리케이션과 커널 모드 드라이버를 모두 보호하는 데 사용된다(VSM을 사용할 수 있는 경우만). KiInitializeKernel 은 유휴(idle) 프로세스와 스레드를 초기화하고 ExpInitializeExecutive를 호출한다. KiInitializeKernel, ExpInitializeExecutive는 일반적으로 각 시스템 프로세서가 실행된다. ExpInitializeExecutive는 부팅 프로세서에 의해 실행될 때 단계 0의 관리를 담당하는 함수인 InitBootProcessor에 의존하지만 후속 프로세서는 InitOtherProcessors만 호출한다.

> 반환 지향 프로그래밍 공격(ROP)은 공격자가 제어 흐름을 하이재킹할 목적으로 프로그램의 호출 스택을 제어하고 컴퓨터의 메모리에 이미 존재하는 '가젯'이라는 신중하게 선택된 기계 명령 시퀀스를 실행하는 공격 기법이다. 서로 연결된 여러 가젯을 사용하면 공격자가 컴퓨터에 임의의 작업을 수행할 수 있다.

InitBootProcessor는 부트 로더를 검증하는 것으로 시작한다. 윈도우를 시작하는 데 사용되는 부트 로더 버전이 올바른 윈도우 커널을 지원하지 않는 경우 함수는 LOADER_BLOCK_MISMATCH 버그체크 코드(0x100)로 시스템을 크래시시킨다. 그렇지 않으면 초기 CPU에 대한 룩어사이드 풀 포인터를 초기화하고 BCD BurnMemory 부팅 옵션을 확인해 값을 지정하는 물리적 메모리를 무시한다. 이후 이전에 설명한

Winload가 로드한 NLS 파일의 초기화를 충분히 수행해 유니코드가 ANSI, OEM으로의 변환 작동할 수 있게 한다. 다음 윈도우 하드웨어 에러 아키텍처^{WHEA, Windows Hardware Error Architecture}를 초기화하고 HAL 함수 `HalInitSystem`을 호출해 윈도우가 추가 초기화를 수행하기 전에 HAL이 시스템을 제어할 수 있게 된다. `HalInitSystem`은 ACPI 테이블, 디버거 디스크립터, DMA, 펌웨어, I/O MMU, 시스템 타이머, CPU 토폴로지, 성능 카운터, PCI 버스와 같은 HAL의 여러 구성 요소 초기화와 시작을 담당한다. `HalInitSystem`의 중요한 임무 중 하나는 각 CPU 인터럽트 컨트롤러가 인터럽트를 수신할 수 있게 준비하고 CPU 시간을 계산하는 데 사용되는 인터벌 클럭 타이머 인터럽트를 구성하는 것이다(CPU 시간 계산에 대한 자세한 내용은 Vol.1의 4장에서 '퀀텀' 절 참고).

`HalInitSystem`이 종료되면 `InitBootProcessor`는 시계 타이머의 만료 날짜에서 역수를 계산하고 진행한다. 역수는 대부분의 최근 프로세서가 나눗셈을 최적화하는 데 사용한다. 곱셈을 더 빨리 수행할 수 있으며 어떤 타이머가 만료돼야 하는지 알고자 윈도우가 현재 64비트 시간 값을 분할해야 하므로 클럭 간격이 발생할 때 정적 계산은 인터럽트 지연 시간을 줄여준다. `InitBootProcessor`는 헬퍼 루틴 `CmInitSystem0`을 사용해 SYSTEM 하이브의 제어 벡터가 레지스트리 값을 가져온다. 이 데이터 구조에는 `HKLM\SYSTEM\CurrentControlSet\Control` 레지스트리 키의 일부인 150개 이상의 커널 튜닝 옵션이 포함돼 있다. 여기에는 설치 라이선스 데이터, 버전 정보 등의 정보가 포함된다. 모든 설정은 사전 로드돼 전역 변수에 저장된다. 그런 다음 `InitBootProcessor`는 시스템 루트 경로를 설정하고 커널 이미지를 검색해 블루스크린에 표시되는 크래시 메시지 문자열을 찾은 다음 크래시 중에 위험하고 신뢰할 수 없는 크래시 메시지 문자열을 검색하지 않도록 그 위치를 캐시한다. 그런 다음 `InitBootProcessor`는 타이머 서브시스템과 공유 유저 데이터 페이지를 초기화한다.

`InitBootProcessor`는 이그제큐티브와 드라이버 베리파이어, 메모리 관리자에 대한 단계 0 초기화 루틴을 호출할 준비를 한다.

1. 이그제큐티브는 여러 가지 내부 락, 리소스, 리스트, 변수를 초기화하고 레지스트리에 있는 제품군 타입이 유효한지 확인하므로 구매하지 않은 윈도우 제품군으로 업그레이드하려고 레지스트리를 무단 변조하는 행위를 방지

한다. 이런 유효성 검사는 커널에서 이뤄지는 많은 검사 중 하나일 뿐이다.

2. 드라이버 베리파이어가 활성화된 경우 현재 시스템의 상태(안전 모드 사용 여부)와 검증 옵션에 따라 다양한 설정과 동작을 초기화한다. 또한 테스트 대상 드라이버를 랜덤으로 선택하는 테스트를 하고자 어떤 드라이버를 대상으로 할지 선택한다.

3. 메모리 관리자는 기본 메모리 서비스를 제공하는 데 필요한 페이지 테이블, PFN 데이터베이스, 내부 데이터 구조를 구성한다. 또한 지원되는 물리적 메모리의 최대량을 제한하고 시스템 파일 캐시용 공간을 구성하고 예약한다. 그런 다음 페이지 풀과 넌페이지 풀의 메모리 영역을 사용한다(Vol.1의 5장 참고). 다른 이그제큐티브 서브시스템, 커널, 디바이스 드라이버는 데이터 구조를 할당하고자 이 두 메모리 풀을 사용한다. 마지막으로 TLB 플러싱이 필요 없는 빠르고 저렴한 페이지 매핑을 지원하는 16TB 영역인 울트라스페이스^{UltraSpace}를 생성한다.

다음으로 InitBootProcessor는 하이퍼바이저 CPU의 동적 파티션을 활성화시키고(유효하고 라이선스가 정상적으로 부여된 경우) HalInitializeBios를 호출해 HAL의 이전 BIOS 에뮬레이션 코드 부분을 설정한다. 이 코드는 주로 Bootvid에서 사용하는 16비트 실제 모드 인터럽트와 메모리에 대한 (접근 에뮬레이트를 위해) 접근을 허용하는 데 사용한다(이 드라이버는 BGFX로 교체됐지만 호환성 이슈로 존재).

이 시점에 InitBootProcessor는 Winload가 로드한 부팅 시작 드라이버들을 열거하고 커널 디버거(연결돼 있다면)에게 통지하고자 DbgLoadImageSymblos를 호출해 커널 디버거가 각 드라이버 심볼들을 로드하게 한다. 호스트 디버거가 심볼 로드 멈추기 옵션을 구성한 경우 커널 디버거가 시스템 제어를 얻기 위한 가장 빠른 시점이 된다. InitBootProcessor가 HvlPhase1Initialize를 호출하고 이전 단계에서 완료할 수 없었던 나머지 HVL 초기화를 수행한다. 반환된 함수가 HeadlessInit를 호출해 시스템이 위기관리 서비스^{EMS, Emergency Management Services}용으로 구성된 경우 시리얼 콘솔을 초기화한다.

다음 단계로 InitBootProcessor는 빌드 번호, 서비스 팩 버전, 베타 버전 상태와 같은 부팅 프로세스의 후반부에서 사용되는 버전 정보를 만들고 Winload가 이전에 페이지 풀에 로드한 NLS 테이블을 복사하고 다시 초기화하며, 전역 플래그에 커널 스택 추적 데이터베이스 생성이 지정돼 있는 경우 이를 생성한다(전역 플래그에 대한 자세한 내용은 Vol.1의 6장 참고).

마지막으로 `InitBootProcessor`는 객체 관리자, 보안 참조 모니터, 프로세스 관리자, 유저 모드 디버깅 프레임워크, 플러그앤플레이 관리자를 호출한다. 이들 구성 요소는 다음 초기화 절차를 수행한다.

1. 객체 관리자를 초기화하는 중에 다른 서브시스템이 객체를 삽입할 수 있도록 객체 관리자의 네임스페이스를 빌드하는 데 필요한 객체가 정의된다. 리소스 추적을 사용할 수 있게 시스템 프로세스 및 전역 커널 핸들 테이블을 생성한다. 객체 헤더를 암호화하는 데 필요한 값이 계산되고 디렉터리 및 심볼릭 링크 객체 타입이 생성된다.

2. 보안 참조 모니터는 보안 전역 변수(시스템 SID 및 특권 LUID)와 메모리 내 데이터베이스를 초기화하고 토큰 타입 객체를 생성한다. 그런 다음 초기 프로세스에 할당할 첫 번째 로컬 시스템 계정 토큰을 생성하고 준비한다(로컬 시스템 계정은 Vol.1의 7장 참고).

3. 프로세스 관리자는 단계 0에서 대부분의 초기화를 수행하고 프로세스, 스레드, 작업, 파티션 객체 타입을 정의하고 액티브 프로세스와 스레드를 추적하는 리스트를 설정한다. 시스템 전체의 프로세스 취약점 개선^{Mitigation} 옵션이 초기화되고 `HKLM\SYSTEM\CurrentControlSet\Control\Session Manager\ Kernel\MitigationOptions` 레지스트리 값에 지정된 옵션과 병합된다. 그런 다음 프로세스 관리자는 `MemoryPartition0`이라는 이그제큐티브 시스템 파티션 객체를 생성한다. 이 객체는 이그제큐티브 파티션 객체며 메모리 파티션과 캐시 관리자 파티션(새로운 애플리케이션 컨테이너 지원용)을 캡슐화하는 새로운 윈도우 객체 타입이므로 이름을 오해할 수 있다.

4. 프로세스 관리자는 초기 프로세스의 프로세스 객체를 생성하고 유휴 프로세스 이름을 가진다. 마지막으로 프로세스 관리자는 시스템 보호 프로세스와 시스템 스레드를 생성하고 루틴 단계 1 초기화를 실행한다. 인터럽트가 아직 비활성화돼 있기 때문에 이 스레드는 바로 실행되지 않는다. 시스

템 프로세스는 가상 주소 공간 시스템과 코드 무결성 드라이버에서 사용되는 중요한 데이터를 매핑하는 데 사용되기 때문에 유저 모드 공격으로부터 보호되게 생성된다. 또한 커널 핸들은 시스템 프로세스의 핸들 테이블에서 관리된다.

5. 유저 모드 디버깅 프레임워크는 디버거를 프로세스에 연결하고 디버거 이벤트를 받는 데 사용되는 디버그 객체 타입 정의가 만들어진다. 유저 모드 디버깅의 자세한 내용은 8장을 참고한다.

6. 플러그앤플레이 관리자의 단계 0을 초기화한다. 여기에는 버스 리소스에 대한 접근을 동기화하는 데 사용되는 이그제큐티브 리소스의 초기화가 포함된다.

제어가 `KiInitializeKernel`로 반환되면 마지막 과정으로 현재 프로세서에 DPC 스택을 할당하고 IRQL을 디스패치 수준으로 올리고 인터럽트를 활성화한다. 이후 제어권이 유휴 루프로 진행돼 4단계에서 생성된 시스템 스레드가 단계 1을 실행한다(다음 절에서 설명하는 단계 1의 11단계까지 보조 프로세서가 초기화를 시작할 때까지 대기한다).

커널 초기화 단계 1

유휴 스레드가 실행되자마자 커널 초기화 단계 1이 시작된다. 단계 1은 다음 과정으로 구성된다.

1. `Phase1InitializationDiscard`라는 이름에서 알 수 있듯이 메모리를 저장하고자 커널 이미지의 **INIT** 섹션에 있는 코드를 버린다.

2. 초기화 스레드는 선점이 되지 않기 위해 가능한 한 가장 높은 우선순위인 31로 자신의 우선순위를 설정한다.

3. 가상 프로세서의 최대 수를 지정하는 BCD 옵션(hypervisorrootproc)으로 명시한다.

4. NUMA/그룹 토폴로지 관계는 관련 BCD 설정에 의해 재정의되지 않는 한 시스템이 NUMA 위치와 거리를 고려해 논리적 프로세서와 프로세서 그룹 간에 가장 최적화된 매핑을 도출하려고 시도한다.

5. **HalInitSystem**은 초기화 단계 1을 수행한다. 시스템이 외부 주변 장치로부터의 인터럽트를 받게 준비한다.

6. 시스템 클럭 인터럽트가 초기화되고 시스템 클럭 틱 생성이 활성화된다.

7. 오래된 부팅 비디오 드라이버(bootvid)가 초기화된다. 이 드라이버는 NT chkdsk와 같은 SMSS에서 시작된 디버그 메시지와 네이티브 애플리케이션에서 생성된 메시지를 발행하는 데만 사용된다.

8. 커널은 다양한 문자열과 버전 정보를 생성한다. **sos** 부팅 옵션이 활성화된 경우 **Bootvid**를 통해 부팅 화면에 보인다. 여기에는 전체 버전 정보, 지원되는 프로세서 수, 지원되는 메모리양이 포함된다.

9. 전원 관리자 초기화가 호출된다.

10. 시스템 시간은 (HalQueryRealTimeClock을 호출해) 초기화되고 시스템 시작 시간으로 저장된다.

11. 멀티프로세서 시스템에서 나머지 프로세서는 **KeStartAllProcessors**, **HalAllProcessorsStarted**에 의해 초기화된다. 초기화 및 지원되는 프로세서의 수는 실제 물리 수, 설치된 윈도우 SKU 라이선스 정보, **numproc**, **bootproc** 등의 부팅 옵션 및 동적 파티셔닝이 활성화돼 있는지 여부(서버 시스템만)의 조합에 따라 다르다. 사용 가능한 모든 프로세서가 초기화되면 시스템 프로세스의 친화성 정보가 모든 프로세서에 업데이트된다.

12. 객체 관리자는 전역 시스템 사일로silo, 프로세서당 넌페이지 룩어사이드 리스트 및 디스크립터, 기본 검사를 초기화한다(시스템 제어 벡터가 활성화된 경우). 이후 네임스페이스 루트 디렉터리(\), **\KernelObjects** 디렉터리, **\ObjectTypes** 디렉터리, DOS 장치 이름 매핑 디렉터리(\Global ??)를 만들고 안에 **Global** 및 **GLOBALROOT** 링크를 만든다. 그리고 객체 관리자는 DOS 장치 이름 매핑을 제어하는 사일로 장치 맵을 만들고 시스템 프로세스에 연결한다. 이렇게 하면 윈도우 서브시스템의 장치 이름 매핑 디렉터리를 가리키는 이전 **\DosDevices** 심볼릭 링크(호환성 이유로 유지됨)를 만든다. 객체 관리자는 결국 등록된 각 객체 타입을 **\ObjectTypes** 디렉터리 객체에 추가한다.

13. 이그제큐티브는 세마포어, 뮤텍스, 이벤트, 타이머, 키 이벤트, 푸시 락, 스레드 풀 작업 등을 이그제큐티브 객체 타입을 생성하고자 호출한다.

14. I/O 관리자가 디바이스 드라이버, 컨트롤러, 어댑터, I/O 완료, 대기 완료, 파일 객체와 같은 I/O 관리자 객체 타입을 생성한다.

15. 커널은 시스템 워치독을 초기화한다. 워치독에는 주로 2가지 타입이 있는데, DPC 루틴이 지정된 시간을 초과해 실행되지 않는지 확인하는 DPC 워치독과 각 CPU가 항상 응답하는지 확인하는 CPU 킵 얼라이브 워치독이 있다. 시스템이 하이퍼바이저에 의해 실행 중이면 워치독은 초기화하지 않는다.

16. 커널은 각 CPU 프로세서 제어 블록(KPRCB) 데이터 구조체를 초기화하고 Numa 비용 배열을 계산하며 마지막으로 시스템 틱과 퀀텀의 시간을 계산한다.

17. 커널 디버거 라이브러리는 이 시점 이전에 디버거가 트리거되지 않았는지 여부에 상관없이 디버그 설정 및 매개변수를 초기화한다.

18. 트랜잭션 관리자는 Enlistment, 리소스 관리자 및 트랜잭션 관리자 같은 객체 타입을 생성한다.

19. 유저 모드 디버그 라이브러리(Dbgk)의 데이터 구조체는 전역 시스템 사일로에 대해 초기화된다.

20. 드라이버 검증 도구가 활성화되고 유효성 검증 옵션에 따라 풀 검증이 활성화된 경우 시스템 프로세스의 객체 핸들 추적이 시작된다.

21. 보안 참조 모니터는 객체 관리자 네임스페이스에 \Security 디렉터리를 만들고 SYSTEM 계정만 전체 접근할 수 있는 보안 디스크립터로 보호하고, 감사가 활성화된 경우 감사 데이터 구조를 초기화한다. 그리고 보안 참조 모니터는 커널 모드의 SDDL 라이브러리를 초기화하고 LSA가 초기화된 후 통지되는 이벤트(\Security\LSA_AUTHENTICATION_INITIALIZED)를 생성한다. 마지막으로 보안 참조 모니터는 모든 코드 무결성 콜백을 초기화하고 추가 검사와 검증을 위해 부트 드라이버 목록을 저장하는 내부 CiInitialize 루틴을 호출해 커널 코드 무결성 구성 요소(Ci.dll)를 초기에 초기화한다.

22. 프로세스 관리자는 이그제큐티브 시스템 파티션의 시스템 핸들을 생성한다. 핸들이 역참조되지 않으므로 시스템 파티션이 해제되지 않는다. 이후 프로세스 관리자는 커널 옵션 확장에 대한 지원을 초기화한다(자세한 내용은 26단계 참고). 백그라운드 활동 중재자(BAM, Background Activity Moderator), 데스크톱 활동

중재자^{DAM, Desktop Activity Moderator}, 멀티미디어 클래스 스케줄러 서비스^{MMCSS,} ^{MultiMedia Class Scheduler Service}, 커널 하드웨어 추적, 윈도우 디펜더 시스템 가드 와 같은 다양한 OS 서비스에 대한 호스트 콜아웃을 등록한다. 마지막으로 VSM이 활성화되면 첫 번째 최소 프로세스인 IUM 시스템 프로세스가 만들 어지고 보안 시스템이라는 이름이 할당된다.

23. \SystemRoot 심볼릭 링크가 생성된다.

24. 메모리 관리자는 초기화 단계 1을 수행하게 호출된다. 이 단계에서는 섹 션 객체 유형이 생성되고 제어 영역과 같은 모든 연관 데이터 구조가 초기 화되며, \Device\PhysicalMemory 섹션 객체가 생성된다. 그런 다음 커널 제어 흐름 가드 지원을 초기화하고 유저 모드 CFG 비트맵을 설명하는 데 사용될 페이지 파일 지원 섹션을 만든다(제어 흐름 가드는 Vol.1의 7장 참고). 메모리 관리자는 메모리 인클레이브 지원(호환 가능한 SGX 시스템용), 핫패치 지원, 페이지 결합 데이터 구조 및 시스템 메모리 이벤트를 초기화한다. 마지막으로 메 모리 관리자 시스템 작업자 스레드(밸런스 셋 관리자, 프로세스 스와퍼, 제로 페이지 스레드) 3개를 생성하고 시스템 공간에 있는 API 세트 스키마 메모리 버퍼를 매핑 하는 데 사용할 섹션 객체를 생성한다(이는 이전에 윈도우 로더에 의해 미리 할당됐다). 방금 생성된 시스템 스레드는 초기화의 끝 부분에서 실행될 기회가 생긴다.

25. NLS 테이블은 시스템 공간에 매핑되므로 유저 모드 프로세스에서 쉽게 매핑할 수 있다.

26. 캐시 관리자는 파일 시스템의 캐시 데이터 구조를 초기화하고 작업 스레 드를 생성한다.

27. 구성 관리자는 객체 관리자의 네임스페이스에 \Registry 키 객체를 생성 하고 인메모리 SYSTEM 하이브를 적절한 하이브 파일로 열고 Winload에서 전달한 초기 하드웨어 트리 데이터를 휘발성 HARDWARE 하이브로 복사한다.

28. 시스템은 커널 옵션 확장을 초기화한다. 이 기능은 개인 시스템 구성 요소 와 윈도우 로더 데이터를 내보내고자 윈도우 8.1에 적용됐다(메모리 캐싱 요구 사항, UEFI 런타임 서비스 포인터, UEFI 메모리 맵, SMBIOS 데이터, 보안 부팅 정책, 코드 무결성 데이터 등). 표준 PE(휴대용 실행 파일) 내보내기를 사용하지 않고 다양한 커널 구성 요소(보안 커널 등)로 보낸다.

29. 에러 관리자^{errata manager}는 레지스트리를 초기화하고 검사해 에러 정보와 다양한 드라이버의 에러를 포함하는 INF_(드라이버 설치 파일, Vol.1의 6장 참고) 데이터 베이스를 찾는다.

30. 제조^{manufacturing} 관련 설정이 처리된다. 제조 모드는 구성 요소 및 지원 테스트와 같은 제조 관련 작업에 사용할 수 있는 특수 운영체제 모드다. 이 기능은 특히 모바일 시스템에서 사용되며 UEFI 서브시스템에서 제공된다. 펌웨어가 (특정 UEFI 프로토콜을 통해) OS에 이 특수 모드가 활성화됐음을 나타내고 윈도우는 HKLM\System\CurrentControlSet\Control\ManufacturingMode 레지스트리 키에서 필요한 모든 정보를 읽고 사용한다.

31. 슈퍼패치와 프리패처가 초기화된다.

32. 커널 가상 저장소 관리자가 초기화되고 이 구성 요소는 메모리 압축의 일부분이다.

33. VM 구성 요소가 초기화되고 이 구성 요소는 하이퍼바이저와 통신하는 데 사용되는 커널 옵션을 확장한 것이다.

34. 현재 시간대 정보가 초기화되고 설정된다.

35. 전역 파일 시스템 드라이버의 데이터 구조가 초기화된다.

36. NT Rtl 압축 엔진이 초기화된다.

37. 필요한 경우 하이퍼바이저 디버거 지원이 설정되므로 다른 시스템에서 해당 장치가 사용되지 않게 한다.

38. 디버거 전송 관련 정보의 단계 1은 Kdcom.dll과 같은 등록된 전송에서 KdDebuggerInitialize1 루틴을 호출해 수행된다.

39. 고급 로컬 프로시저 호출^{ALPC, Advanced Local Procedure call} 서브시스템은 ALPC 포트 타입 및 ALPC 대기 가능 포트 타입 객체를 초기화한다. 이전 LPC 객체는 별칭으로 설정된다.

40. 시스템이 부팅 로그_(BCD 부팅 로그 옵션 사용)로 부팅되면 부팅 로그 파일이 초기화된다. 시스템이 안전 모드로 부팅되면 교체 셸을 부팅해야 하는지 여부가 감지된다_(명령 프롬프트 안전 모드 부팅 사용의 경우처럼).

41. 이그제큐티브는 커널의 윈도우 라이선스 기능의 일부를 구성하는 2차 초기화 단계를 수행하고자 라이선스 데이터를 보유하는 레지스트리 설정의

검증과 같이 호출된다. 또한 부팅 애플리케이션의 영구 데이터(메모리 진단 결과나 최대 절전 모드 정보에서 다시 시작)가 있는 경우 관련 로그 파일과 정보가 디스크나 레지스트리에 기록된다.

42. MiniNT/WinPE 레지스트리 키는 이 부트인 경우에 생성되고 NLS 객체 디렉터리가 네임스페이스에 생성된다. 이는 나중에 다양한 메모리 매핑 NLS 파일의 섹션 객체를 호스팅하는 데 사용된다.

43. 윈도우 커널의 코드 무결성 정책(신뢰할 수 있는 서명자 및 인증서 해시 목록), 디버깅 옵션이 초기화되고 모든 관련 설정이 로더 블록에서 커널 CI 모듈(Ci.dll)로 복사된다.

44. 전원 관리자가 호출되고 다시 초기화된다. 이번에는 전력 요청, 전력 워치독, 밝기 알림을 위한 ALPC 채널, 프로파일 콜백 지원이 설정된다.

45. I/O 관리자 초기화가 수행되는데, 부팅 시간의 대부분을 차지하는 시스템 부트는 복잡한 단계다.

I/O 관리자는 먼저 여러 내부 구조를 초기화하고 드라이버, 장치의 객체 타입과 루트 디렉터리 (UMDF 드라이버 프레임워크의 경우) \Driver, \FileSystem, \FileSystem\Filters, \UMDFCommunicationPorts를 만든다. 그리고 커널 심 엔진을 초기화하고 플러그앤플레이 관리자, 전원 관리자 및 HAL을 호출해 동적 장치 열거 및 여러 단계의 초기화를 구동한다(이 복잡하고 구체적인 프로세스에 대한 자세한 내용은 Vol.1의 6장 참고). 그 후 윈도우 관리 도구WMI는 서브시스템이 초기화하고 디바이스 드라이버에 대한 WMI를 제공한다(자세한 내용은 10장의 '윈도우 관리 도구' 절 참고). 이렇게 하면 윈도우 이벤트 추적ETW도 초기화되고 모든 부팅 영구 데이터 ETW 이벤트(있는 경우)가 기록된다.

I/O 관리자는 플랫폼별 에러 드라이버를 시작해 하드웨어 에러 소스 전역 테이블을 초기화한다. 이 2가지는 윈도우 하드웨어 에러 인프라의 중요한 구성 요소다. 그런 다음 첫 번째 보안 커널을 호출하고 보안 커널에 VTL 1에서 초기화 마지막 단계를 수행하도록 요청한다. 또한 암호화된 보안 덤프 드라이버가 초기화되고 구성의 일부를 윈도우 레지스트리에서 읽는다(HKLM\System\CurrentControlSet\Control\CrashControl).

모든 부팅 시작 드라이버는 종속성과 로드 순서를 지키면서 순서대로 열거하며 로드된다(레지스트리의 드라이버 로드 컨트롤 처리에 대한 자세한 내용은 Vol.1의 6장 참고). 연결된 모든 커널 모드 DLL은 내장 RAW 파일 시스템 드라이버로 초기화된다. 이 단계에서 I/O 관리자는 Ntdll.dll, Vertdll.dll 및 Ntdll의 WOW64 버전을 시스템 주소 공간에 매핑한다. 마지막으로 모든 부팅 시작 드라이버가 호출돼 드라이버별 초기화가 수행되고 시스템 시작 디바이스 드라이버가 시작된다. 윈도우 서브시스템의 장치 이름은 객체 관리자의 네임스페이스에 심볼릭 링크로 만든다.

46. 구성 관리자가 윈도우 레지스트리의 ETW 추적 로그 공급자를 등록하고 시작된다. 이렇게 하면 전체 구성 관리자의 추적이 가능하다

47. 트랜잭션 관리자는 윈도우 소프트웨어 추적 전 처리기^{WPP}를 설정하고 ETW 공급자를 등록한다.

48. 부팅 시작, 시스템 시작 드라이버가 로드돼 에러 관리자는 드라이버 에러가 포함된 INF 데이터베이스를 로드하고 레지스트리 PCI 구성에 대한 해결 방법을 찾는 분석을 시작한다.

49. 컴퓨터가 안전 모드로 부팅되면 레지스트리에 기록된다.

50. 레지스트리에서 명시적으로 비활성화된 경우가 아니면 커널 모드 코드 페이징(Ntoskrnl 및 드라이버)이 활성화된다.

51. 초기화를 완료하고자 전원 관리자가 호출된다.

52. 커널 클럭 타이머 지원이 초기화된다.

53. Ntoskrnl의 INIT 섹션이 삭제되기 전에 시스템의 나머지 라이선스 정보가 레지스트리에 저장된 현재 정책 설정을 포함해 개인 시스템 섹션으로 복사된다. 그런 다음 시스템의 만료 날짜가 설정된다.

54. 프로세스 관리자는 작업 및 시스템 프로세스 생성 시간의 속도 제한을 설정하고자 호출한다. 보호된 프로세스의 정적 환경을 초기화하고 이전에 I/O 관리자가 매핑한 유저 모드 시스템 라이브러리(일반적으로 Ntdll.dll, Ntdll32.dll 및 Vertdll.dll)의 다양한 시스템에 정의한 진입점을 검색한다.

55. 보안 참조 모니터가 호출돼 LSASS와 통신하는 명령 서버 스레드가 호출된다. 이 단계는 LSA가 SRM에 명령을 보내는 데 사용하는 참조 모니터 명령 포트를 생성한다(윈도우에서 보안을 적용하는 방법에 대한 자세한 내용은 Vol.1 7장에서 '보안 시스템 구성 요소' 절 참고).

56. VSM이 활성화되면 암호화된 VSM 키가 디스크에 저장된다. 시스템 유저 모드 라이브러리는 보안 시스템 프로세스에 매핑된다. 이러한 방식으로 보안 커널은 VTL 0 시스템 DLL에 대한 필요한 모든 정보를 받는다.

57. 세션 관리자(Smss) 프로세스(Vol.1의 2장 참고)가 시작된다. Smss는 윈도우에 표시 가능한 인터페이스를 제공하는 유저 모드 환경의 생성을 담당한다. 초기화 절차는 다음 절에서 설명한다.

58. 드라이버가 활성화돼 있으므로 NT 체크 디스크 도구를 사용해 출력 문자열을 볼 수 있다.

59. TPM 부팅 엔트로피 값을 조회한다. 이러한 값은 부트당 한 번만 질의할 수 있고 일반적으로 TPM 시스템 드라이버는 이전에 질의해야 하지만 이 드라이버가 어떤 이유로 실행되지 않는 경우(아마도 유저가 비활성화한 경우) 조회되지 않은 값을 계속 사용할 수 있다. 따라서 커널은 이런 상황을 피하고자 수동으로 질의한다. 일반적인 시나리오에서는 커널 자체의 질의가 실패해야 한다.

60. 로더 매개변수 블록과 모든 참조(Ntoskrnl초기화 코드 또는 INIT 섹션에 있는 모든 부트 드라이버 등)에서 사용하는 모든 메모리는 해제된다.

이그제큐티브 및 커널 초기화는 완료된 것으로 간주하기 전의 마지막 단계로, 단계 1 스레드 초기화는 종료 플래그의 중요한 중단을 새 Smss 프로세스로 설정한다. 따라서 Smss 프로세스가 종료되거나 어떤 이유로 종료되면 커널은 이를 인터셉트해 연결된 디버거(있는 경우)에 연결해서 CRITICAL_PROCESS_DIED 정지 코드로 시스템을 크래시시킨다.

5초의 대기 시간이 초과되면(즉, 5초가 경과한 경우) 세션 관리자가 정상적으로 시작된 것으로 간주되고 단계 1 스레드 초기화가 종료된다. 따라서 부팅 프로세스는 22단계에서 생성된 메모리 관리자의 시스템 스레드 중 하나를 실행하거나 유휴 루프로 돌아간다.

Smss, Csrss, Wininit

Smss는 다음의 2가지 차이점을 제외하고 다른 유저 모드 프로세스와 동일하다. 첫째, 윈도우는 Smss를 운영체제의 신뢰할 수 있는 부분으로 간주한다. 둘째,

Smss는 네이티브 애플리케이션이다. 신뢰할 수 있는 운영체제 구성 요소로 Smss는 보호된 프로세스 표시등PPL, Protected Process Light(PPL은 Vol.1의 3장 참고)으로 실행되고 보안 토큰 생성과 같은 다른 프로세스에서는 수행할 수 없는 작업을 수행할 수 있다. Smss는 네이티브 애플리케이션으로, 윈도우 API를 사용하지 않았으며 일반적으로 Ntdll에 의해 노출되는 윈도우 네이티브 API로 알려진 핵심 실행 API만을 사용한다. Smss를 시작할 때 윈도우 서브시스템이 실행되고 있지 않으므로 Smss는 Win32 API를 사용하지 않는다. 사실 Smss의 첫 번째 작업 중 하나는 윈도우 서브시스템을 시작하는 것이다.

Smss 초기화는 Vol.1의 2장에 있는 '세션 관리자' 절에서 설명했다. 초기화에 대한 자세한 내용은 해당 장을 참고한다. 마스터 Smss가 하위 Smss 프로세스를 만들 때 두 섹션 객체의 핸들을 매개변수로 전달한다. 두 섹션 객체는 여러 Smss 인스턴스와 Csrss 인스턴스 간에 데이터를 교환하는 데 사용되는 공유 버퍼를 나타낸다(하나는 부모와 자식 Smss 프로세스 간의 통신에 사용하며 다른 하나는 클라이언트 서브시스템 프로세스와 통신하는 데 사용한다). 마스터 Smss는 RtlCreateUserProcess 루틴을 사용해 자식 프로세스를 생성하고 프로세스 관리자에게 새 세션을 만들도록 지시하는 플래그를 지정한다. 이 경우 PspAllocateProcess 커널 함수는 메모리 관리자를 호출해 새 세션 주소 공간을 만든다.

하위 Smss 초기화가 끝나면 실행되는 실행 파일 이름은 공유 섹션에 저장된다. 2장에서 설명한 것처럼 일반적으로 세션 0의 경우 Wininit.exe이고 대화형 세션의 경우 Winlogon.exe다. 기억해야 할 중요한 개념은 새로운 세션 0의 Smss가 Wininit을 시작하기 전에 (SmApiPort ALPC 포트를 통해) 마스터 Smss에 연결하고 모든 서브시스템을 로드하고 초기화한다는 것이다.

세션 관리자는 드라이버의 로드 특권을 취득해 커널에서 Win32k 드라이버를 로드해 새로운 세션 주소 공간에 매핑하도록 요청한다(NtSetSystemInformation 네이티브 API 사용).

그런 다음 클라이언트 서버 서브시스템 프로세스(Csrss.exe)를 시작해 커맨드라인에 루트 윈도우 객체 디렉터리 이름(\Windows), 공유 섹션 객체 핸들, 서브시스템 이름(Windows) 그리고 다음과 같은 서브시스템 DLL 등을 지정한다.

- **Basesrv.dll**: 서브시스템 프로세스의 서버 측
- **Sxssrv.dll**: 사이드 바이 사이드 서브시스템^{side-by-side subsystem} 지원 확장 모듈
- **Winsrv.dll**: 다중 유저 서브시스템 지원 모듈

클라이언트-서버 서브시스템 프로세스는 몇 가지 초기화를 수행한다. 일부 프로세스 취약점 개선 옵션을 활성화하고 토큰에서 불필요한 권한을 제거하며 자체 ETW 공급자를 시작하고 시스템에서 시작될 모든 Win32 프로세스를 추적하고자 **CSR_PROCESS** 데이터 구조체의 링크 목록을 초기화한다. 이후 커맨드라인을 구문 분석해 공유 섹션의 핸들을 저장하고 2개의 ALPC 포트를 만든다.

- **CSR API 명령 포트**(\Sessions\<ID>\Windows\ApiPort): 이 ALPC 포트는 Csrss 서브시스템과 통신하고자 모든 Win32 프로세스에서 사용된다(Kernelbase.dll은 초기화 루틴으로 연결된다).
- **서브시스템 세션 관리자 API 포트**(\Sessions\<ID>\Windows\SbApiPort): 이 포트는 션 관리자가 Csrss에 명령을 전송하는 데 사용한다.

Csrss는 ALPC 포트가 수신한 명령을 전달하는 데 사용되는 2개의 스레드를 생성한다. 마지막으로 Smss 초기화 프로세스(2장에 설명한 초기화 절차의 6단계)에서 이전에 만든 다른 ALPC 포트(\SmApiPort)를 통해 세션 관리자와 연결한다. 연결 프로세스는 Csrss 프로세스와 방금 생성된 세션 관리자 API의 포트 이름을 전달한다. 지금부터 새로운 대화형 세션을 시작할 수 있으므로 메인 Csrss 스레드는 끝으로 종료된다.

서브시스템 프로세스를 생성하면 자식 Smss가 초기 프로세스(Wininit 또는 Winlogon)를 시작하고 종료된다. Smss의 마스터 인스턴스만 활성 상태로 유지된다. Smss의 메인 스레드는 Csrss의 프로세스 핸들에서 계속 대기하는 동안 다른 ALPC 스레드는 새 세션 또는 서브시스템을 생성하기 위한 메시지를 대기하고 Wininit 또는 Csrss가 예기치 않게 종료되면 이러한 프로세스가 위험으로 간주돼 커널이 시스템을 충돌을 일으킬 수 있으며, Winlogon이 예기치 않게 종료되면 연결된 세션이 로그오프된다.

실습: 지연된 파일 이름 변경 동작

실행 가능 이미지와 DLL은 사용 시 메모리 매핑되므로 윈도우 시작 후 코어 시스템 파일을 업데이트할 수 없다(핫패칭 기술을 사용하지 않는 한 운영체제에 대한 마이크로소프트 패치에만 해당). MoveFileEx 윈도우 API에는 파일 이동이 다음 부팅까지 지연되게 지정하는 옵션이 있다. 사용 중인 메모리 매핑 파일을 업데이트해야 하는 서비스 팩과 핫픽스는 임시 위치에 있는 시스템에 교체 파일을 설치하고 MoveFileEx API를 사용해 사용 중인 파일을 교체한다. 이 옵션과 함께 사용할 경우 MoveFileEx는 HKLM\SYSTEM\CurrentControlSet\Control\Session Manager 아래의 PendingFileRenameOperations 및 PendingFileRenameOperations2 키에 명령을 기록하면 된다. 이러한 레지스트리 값은 MULTI_SZ 타입이며 각 조작은 파일 이름 쌍으로 지정된다. 첫 번째 파일 이름은 소스 위치이고 두 번째 파일 이름은 대상 위치다. 삭제 작업은 대상 경로로 빈 문자열을 사용한다. 윈도우 시스인터널스(https://docs.microsoft.com/en-us/sysinternals/)의 Pendmoves 도구를 사용해 등록된 지연 이름 변경, 삭제 명령을 볼 수 있다.

Wininit은 Vol.1의 2장에 있는 '윈도우 초기화 프로세스' 절에서 설명한 대로 초기 창 스테이션 및 데스크톱 객체 생성과 같은 시작 단계를 수행한다. 또한 유저 환경을 설정하고 RPC 서버 종료 및 WSI 인터페이스를 시작하며(자세한 내용은 이 장 뒷부분의 '셧다운' 절 참고) 자동 시작으로 표시된 모든 서비스와 디바이스 드라이버를 로드하는 서비스 제어 관리자SCM 프로세스(Services.exe)를 생성한다.

이때 공유 Svchost 프로세스에서 실행되는 로컬 세션 관리자(Lsm.dll) 서비스가 실행된다. 다음 Wininit은 이전에 시스템 크래시가 발생했는지 확인하고, 발생했다면 크래시 덤프를 만들고 추가 처리를 위해 윈도우 에러 보고 프로세스(werfault.exe)를 실행한다. 마지막으로 로컬 보안 인증 서브시스템 서비스(%SystemRoot%\System32\Lsass.exe)를 시작하고 자격증명 가드가 활성화된 경우 격리 LSA 트러스트렛(Lsaiso.exe)을 사용한 후 시스템 종료 요청을 계속 기다린다.

세션 1부터는 Winlogon이 대신 실행된다. Wininit이 비대화식 세션 0 윈도우 스테이션을 만드는 동안 Winlogon은 **WinSta0**라는 기본 대화식 세션 윈도우 스테이션을 만들고 Winlogon 보안 데스크톱과 기본 유저 데스크톱이라는 2개의 데스크톱을 만든다. 그런 다음 Winlogon은 **NtQuerySystemInformation** API를 사용해 시스템 부팅 정보를 질의한다(첫 번째 대화식 로그온 세션에서만). 부팅 구성에 휘발성 OS 선택 메뉴 플래그가 포함돼 있으면 GDI 시스템을 시작하고(UMDF 호스트 프로세스 fontdrvhost.exe 생성) 최근 부팅 메뉴 애플리케이션(Bootim.exe)을 실행한다. 휘발성 OS 선택 메뉴 플래그는 멀티부팅 환경이 이전에 감지된 경우에만 부팅 관리자에 의해 초기 부팅 단계에서 설정된다(자세한 내용은 이 장 앞부분의 '부팅 메뉴' 절 참고).

Bootim은 최신 부팅 메뉴를 표현하는 그래픽 유저 인터페이스^{GUI} 애플리케이션이다. 새로운 최신 부트는 부팅 옵션과 고급 옵션을 보여 고해상도를 지원하고자 Win32 서브시스템(그래픽 드라이버 및 GDI+ 호출)을 사용한다. 터치스크린도 지원돼 유저는 간단한 터치로 부팅할 운영체제를 선택할 수 있다. Winlogon은 새로운 Bootim 프로세스를 생성하고 종료를 기다린다. 유저가 선택하면 Bootim이 종료된다. Winlogon은 종료 코드를 확인한다. 따라서 유저가 OS 또는 부팅 도구를 선택했는지 또는 시스템 종료를 요청했는지 알 수 있다. 유저가 현재 OS와 다른 OS를 선택하면 Bootim은 메인 시스템의 부팅 스토어에 부팅 순서 원샷 BCD 옵션을 추가한다(BCD 스토어에 대한 자세한 내용은 이 장 앞부분의 '윈도우 부팅 관리자' 절 참고).

Winlogon이 **NtShutdownSystem** API를 사용해 컴퓨터를 다시 시작한 후 윈도우 부팅 관리자가 새 부팅 순서를 인식하며 BCD 옵션을 삭제한다. Winlogon은 시스템을 재부팅하기 전에 이전 부팅 항목을 정상 부팅 항목으로 보여준다.

실습: 최신 부팅 메뉴 살펴보기

Csrss를 시작한 후 Winlogon에서 생성되는 최신 부팅 메뉴 애플리케이션은 실제로 고전적인 Win32 GUI 애플리케이션이다. 이 실습에서는 이것들을 증명한다. 이 경우에는 적절하게 구성된 멀티부팅 시스템으로 시작하는 것이 좋다. 그렇지 않으면 최신 부팅 메뉴에서 여러 항목을 볼 수 없다.

권한 상승되지 않은 콘솔 창을 열고(시작 메뉴 검색 상자에 cmd를 입력) **cd /d C:\Windows**

System32를 입력해 부팅 볼륨 경로인 \Windows\System32 경로로 이동한다(여기서 C는 부팅 볼륨 레터). 그리고 Bootim.exe를 입력한 다음 엔터키를 누른다. 최근 부팅 메뉴와 유사한 화면이 나타나고 컴퓨터 끄기 옵션만 보여준다. 이는 Bootim 프로세스가 표준 비관리 토큰(유저 계정 제어용으로 생성된 토큰)에서 시작되기 때문이다. 실제로 프로세스는 시스템 부팅 구성 데이터에 접근할 수 없다. Ctrl + Alt + Del을 눌러 작업 관리자를 시작하고 BootIm 프로세스를 종료하거나 컴퓨터 끄기$^{Turn\ Off\ Your\ Computer}$를 선택한다. 실제 종료 프로세스는 BootIm이 아니라 호출자 프로세스(원래 부팅 순서에서는 Winlogon)에 의해 시작된다.

이제 다음 작업 표시줄 아이콘이나 윈도우 검색 상자의 명령 프롬프트 항목에서 마우스 오른쪽 버튼을 클릭하고 관리자 권한으로 실행을 선택한 다음 관리 토큰을 사용해 명령 프롬프트 창을 실행한다. 새 관리 프롬프트에서 BootIm 실행 파일을 실행한다. 이번에는 다음 그림과 같이 모든 부팅 옵션과 도구로 컴파일된 실제 최신 부팅 메뉴를 보여준다.

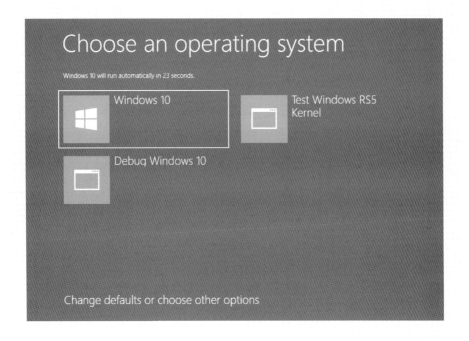

다른 모든 경우 Winlogon은 LSASS 프로세스와 LSM 서비스의 초기화를 기다린다. 그런 다음 DWM 프로세스(최신 그래픽 인터페이스를 그리는 데 사용되는 구성 요소인 데스크톱 윈도우 관리자)의 새 인스턴스를 생성하고 시스템에 등록된 자격증명 공급자(기본적으로 마이크로소프트 자격증명 공급자는 암호 기반, 핀 기반 및 생체 인식 기반 로그온을 지원)를 로그온 인터페이스 표시를 담당하는 자식 프로세스인 LogonUI(%SystemRoot%\System32\Logonui.exe)로 로드한다(Wininit, Winlogon 및 LSASS의 시작 순서에 대한 자세한 내용은 Vol.1의 7장에 있는 'Winlogon 초기화' 절 참고).

LogonUI 프로세스를 시작한 후 Winlogon은 내부 유한 상태[finite-state] 머신을 실행한다. 이는 표준 대화형 로그온, 터미널 서버, 빠른 유저 전환, 하이버 부트와 같은 다양한 로그온 타입에 의해 생성될 수 있는 모든 상태를 관리하는 데 사용된다. 표준 대화형 로그온 타입 Winlogon은 시작 화면을 보여주고 자격증명 공급자의 대화형 로그온 알림을 기다린다(필요한 경우 SAS 순서를 구성). 유저가 자격증명(암호, PIN 또는 생체 정보 등)을 삽입하면 Winlogon은 로그온 세션 LUID를 만들고 Lsass에 등록된 인증 패키지를 사용해 로그온을 검증한다(이 프로세스에 대한 자세한 내용은 Vol.1의 7장에 있는 '유저 로그온 절차' 절 참고). 인증에 실패하더라도 이 단계에서 Winlogon은 현재 부팅 상태를 정상으로 보여준다. 인증이 성공하면 Winlogon은 클라이언트 SKU의 경우 '순차 로그온' 시나리오로 확인하며 매번 하나의 세션만 생성할 수 있다. 그렇지 않은 다른 세션이 활성 상태면 계속할 방법을 유저에게 묻는다. 그런 다음 로그온한 유저의 프로파일에서 레지스트리 하이브를 로드하고 HKCU에 매핑한다. 새 세션의 윈도우 스테이션과 데스크톱에 필요한 ACL을 추가하고 HKCU\Environment에 저장되는 유저의 환경 변수를 생성한다.

Winlogon은 다음으로 Sihost 프로세스를 기다리고 기본적으로 \Windows\System32\Userinit.exe를 가리키는 HKLM\SOFTWARE\Microsoft\Windows NT\CurrentVersion\WinLogon\Userinit에 지정된 하나 이상의 실행 파일(여러 실행 파일을 콤마로 구분)을 시작하고 셸을 실행한다. 새로운 Userinit 프로세스는 Winsta0\Default 데스크톱에 존재하고 Userinit.exe는 다음 단계를 수행한다.

1. 세션별로 휘발성 탐색기 세션 키인 HKCU\Software\Microsoft\Windows\CurrentVersion\Explorer\SessionInfo\를 만든다.

2. HKCU\Software\Policies\Microsoft\Windows\System\Scripts로 지정된 유

저 스크립트와 HKLM\SOFTWARE\Policies\Microsoft\Windows\System\Scripts 로 컴퓨터 로그온 스크립트를 처리한다(머신 스크립트는 유저 스크립트 다음에 실행돼 유저 설정을 무시할 수 있다).

3. HKCU\Software\Microsoft\Windows NT\CurrentVersion\Winlogon\Shell에 지정된 하나 이상의 콤마로 구분된 셸을 시작한다. 해당 값이 없으면 Userinit.exe는 HKLM\SOFTWARE\Microsoft\Windows NT\CurrentVersion\ Winlogon\Shell에 지정된 하나 이상의 셸을 시작한다. 이는 기본값인 Explorer.exe다.

4. 그룹 정책에서 유저 프로파일 할당량을 지정하는 경우 %SystemRoot%\ System32\Proquota.exe를 시작해 현재 유저 할당을 적용한다.

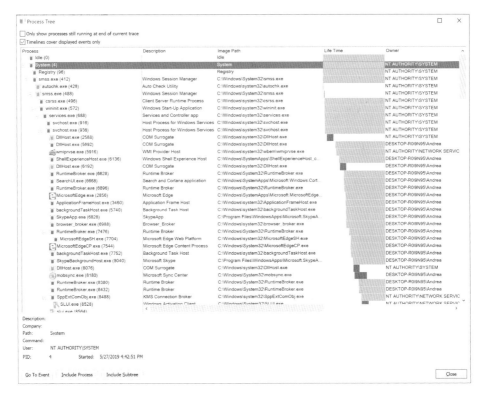

그림 12-11 로그온 중 프로세스 트리.

그런 다음 Winlogon은 등록된 네트워크 공급자에게 유저가 로그온했음을 알리고 mpnotify.exe 프로세스를 시작한다. 마이크로소프트 네트워크 공급자인 다중 공급자 라우터(%SystemRoot%\System32\Mpr.dll)는 HKCU\Network 및 HKCU\Printers에 각각 저장된 사용자의 고정 드라이브 레터 및 프린터 매핑을 복구한다. 그림 12-11은 로그온한 후 프로세스 모니터에 표시되는 프로세스 트리를 보여준다(부팅 로깅 기능 사용). 흐리게 표시되는 Smss 프로세스에 유의하자(그 후 종료됐다는 의미). 이러한 복사본은 각 세션을 초기화하는 생성된 복사본을 말한다.

레디부트

시스템의 여유 메모리가 400MB 미만인 경우 윈도우는 표준 논리 부팅 시 프리패처(Vol.1의 5장에서 설명)를 사용하지만 시스템의 여유 RAM이 400MB 이상인 경우 RAM 내의 캐시를 사용해 부팅 프로세스를 최적화한다. 캐시의 크기는 사용 가능한 RAM의 합계에 따라 다르지만 적절한 캐시를 만들고 시스템이 원활하게 부팅하는 데 필요한 메모리를 확보하기에 충분하다. 레디부트^{ReadyBoot}는 레디부스트 드라이버(Rdyboost.sys)와 Sysmain 서비스(슈퍼패치도 구현하는 Sysmain.dll)의 2가지 바이너리로 구현된다.

캐시는 레디부스트 캐싱(Rdyboost.sys)을 구현하는 것과 동일한 디바이스 드라이버의 저장소 관리자에 의해 구현되지만 캐시 수는 이전에 레지스트리에 저장된 부팅 계획에 의해 시행된다. 부팅 캐시는 레디부스트 캐시처럼 압축할 수 있지만 레디부스트와 레디부팅 캐시 관리의 차이점은 레디부팅 모드에서 캐시가 암호화되지 않는다는 것이다. 레디부스트 서비스는 서비스 시작 후 50초 후 또는 다른 메모리 요청이 필요한 경우 캐시를 삭제된다.

시스템이 부팅되면 NT 커널 초기화 단계 1에서 볼륨 필터 드라이버인 레디부스트 드라이버가 부팅 볼륨 생성을 인터셉트하고 캐시를 활성화할지 여부를 결정한다. 캐시는 대상 볼륨이 HKLM\System\CurrentControlSet\Services\rdyboost\Parameters\ReadyBootVolumeUniqueId 레지스트리 값에 등록된 경우에만 유효하다. 이 값은 부팅 볼륨의 ID를 포함한다. 레디부트가 활성화된 경우 레디부스트 드라이버는 모든 볼륨 부팅 I/O 로깅을 시작하고(ETW를 통해) 이전 부팅 플랜이 BootPlan 레지스트리 바이너리 값에 등록된 경우 전체 캐시에 데이터를 입력하는 시스템 스레드를 생성하며 비동기 볼륨 읽기를 사용한다. 새 윈도우 운영체제를 설치하면 처음 시스템 시작 시 이러한 두 레지스트리 값이 없어 캐시나 로그 추적은 적용되지 않는다.

이 경우 SCM이 부팅 프로세스 후반에 시작하는 Sysmain 서비스가 캐시를 사용하도록 설정해야 하는지 확인하고 시스템 구성 및 실행 중인 윈도우 SKU를 확인한다. 부팅 디스크가 SSD인 경우와 같이 레디부트가 완전히 비활성화된 상황이 있다. 검사에서 정상 결과를 얻은 경우 Sysmain은 부팅 볼륨 ID를 상대 레지스트리 값(ReadyBootVolumeUniqueId)에 사용하고 HKLM\SYSTEM\CurrentControlSet\Control\WMI\AutoLogger\Readyboot 레지스트리 키에서 WMI 레디부팅 Autologger를 활성화해 레디부트를 활성화한다. 시스템을 다음에 시작할 때 레디부스트 드라이버는 모든 볼륨 I/O를 기록하지만 캐시에 데이터를 입력하지는 않는다(아직 부트 계획 없음).

연속적으로 부팅할 때마다 Sysmain 서비스는 유휴 CPU 시간을 사용해 다음 부트에 대한 부팅 시간 캐시 계획을 계산한다. 기록된 ETW I/O 이벤트를 분석해 접근 파일과 디스크가 어디에 있는지 확인한다. 그런 다음 처리된 추적을 .fx 파일로 %SystemRoot%\Prefetch\Readyboot에 저장하고 이전 5개의 부팅 추적 파일을 사용해 새 캐시 부팅 계획을 계산한다. 그림 12-12와 같이 Sysmain 서비스는 새로 생성된 계획을 레지스트리 값에 저장한다. 레디부스트 부트 드라이버는 부팅 계획을 읽고 캐시에 데이터를 입력해 전체 부팅 시간을 최소화한다.

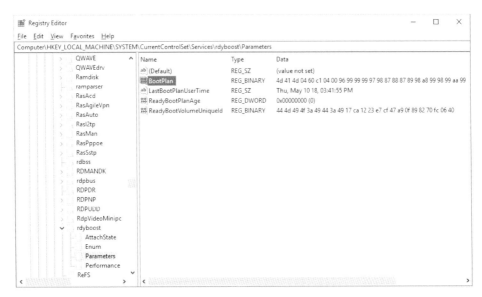

그림 12-12 레디 부팅 구성 및 통계

자동 시작 이미지

Winlogon 키의 Userinit, 셸 레지스트리 값 외에도 기본 시스템 구성 요소가 부팅 및 로그온 프로세스 중 자동 시작 프로세스를 확인하고 처리하는 많은 레지스트리 경로와 디렉터리가 있다. Msconfig 유틸리티(%SystemRoot%\System32\Msconfig.exe)는 여러 위치로 구성한 이미지를 보여준다. 시스인터널스에서 다운로드할 수 있고 그림 12-13에 표시된 **Autoruns** 도구는 `Msconfig`보다 더 많은 위치를 검사하고 자동으로 실행하게 구성된 이미지에 대한 자세한 정보를 보여준다. 기본적으로 **Autoruns**는 하나 이상의 이미지를 자동으로 실행하게 구성된 위치만 표시하지만 옵션 메뉴에서 빈 위치 포함 항목을 선택하면 자동 실행에서 검사할 모든 위치를 표시한다. **Autoruns**의 옵션 메뉴로 마이크로소프트 항목을 숨길 수 있는데, 항상 이미지 서명 확인을 결합해서 확인해야 한다. 그렇지 않으면 회사 이름 정보에 잘못된 정보가 포함된 악성 프로그램이 숨어있을 위험이 있다.

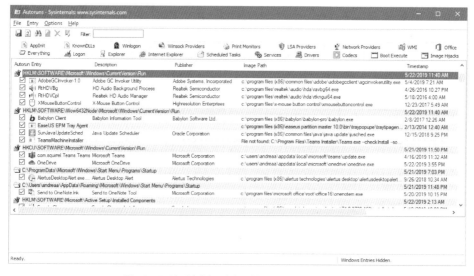

그림 12-13 시스인터널스에서 구할 수 있는 Autoruns 도구

종료

시스템 종료^{Shutdown} 프로세스에는 다양한 구성 요소가 포함된다. Wininit은 모든 초기화를 수행한 후 시스템 종료를 기다린다.

1212

누군가 로그온해 프로세스가 윈도우 함수 **ExitWindowsEx**를 호출해 종료하면 해당 세션의 Csrss로 메시지를 보내고 종료를 요청한다. 그런 다음 Csrss는 호출자로 스푸핑해서 RPC 메시지를 Winlogon으로 전송해 시스템 종료를 수행하도록 지시한다. Winlogon은 시스템이 하이브리드 부팅 마이그레이션 중인지 확인한 다음(하이브리드 부트에 대한 자세한 내용은 이 장 뒷부분의 '하이버네이션 및 빠른 시작' 절 참고) 현재 로그온한 유저가 있거나 가능성이 있어 시스템 종료를 시작한 유저와 동일한 보안 콘텍스트에 없는 경우 LogonUI에 화면을 흐리게 요청하고(레지스트리 값 HKLM\Software\Microsoft\Windows NT\CurrentVersion\Winlogon\FadePeriodConfiguration으로 구성 가능) 특수 내부 플래그를 사용해 **ExitWindowsEx**를 호출한다. 이 경우에도 이 호출은 해당 세션의 Csrss 프로세스로 메시지를 보내 시스템 종료를 요청한다.

이때 Csrss는 요청이 Winlogon에서 온 것임을 확인하고 대화형 유저(여기도 종료 요청한 유저 아님)의 로그온 세션에 있는 모든 프로세스를 종료 수준의 역순으로 반복한다. 프로세스는 **SetProcessShutdownParameters**를 호출해 종료 레벨을 지정할 수 있다. 이는 시스템이 다른 프로세스에 대해 종료되는 때를 나타낸다. 유효한 종료 레벨은 0 ~ 1023 범위며 기본 레벨은 640이다.

예를 들어 탐색기는 종료 레벨2로 설정하고 작업 관리자는 1을 지정한다. 최상위 윈도우를 소유하는 각 활성 프로세스에 대해서 Csrss는 윈도우 메시지 루프가 있는 프로세스의 각 스레드에 WM_QUERYENDSESSION 메시지를 보내어 스레드가 TRUE를 반환하면 시스템 종료를 한다. 그런 다음 Csrss는 WM_ENDSESSION 윈도우 메시지를 스레드로 보내 종료를 요청한다. Csrss는 스레드가 끝날 때까지 **HKCU\Control Panel\Desktop\HungAppTimeout**에 정의된 시간(초)을 기다린다(기본값은 5000ms).

타임아웃 전에 스레드가 종료되지 않으면 Csrss는 화면을 희미하게 하고 그림 12-14에 표시된 행이 길린 프로그램 화면을 보여준다(화면을 비활성화하려면 레지스트리 값 HKCU\Control Panel\Desktop\AutoEndTasks를 만들고 1로 설정한다). 이 화면에는 현재 실행 중인 프로그램과 사용 가능한 경우 현재 상태를 보여준다. 윈도우는 어떤 프로그램이 제때에 종료되지 않았는지 표시하고 유저에게 프로세스를 강제 종료할지 또는 종료를 중지할지 선택할 수 있다(이 화면에는 타임아웃이 없다. 즉, 종료 요청이 이 시점에서 영구적으로 대기할 수 있다). 또한 타사 애플리케이션은 상태에 대한 고유한 특정 정보를 추가할 수 있다. 예를

들어 가상화 제품은 활성으로 실행 중인 가상 시스템의 수를 표시할 수 있다
(ShutdownBlockReasonCreate API 사용).

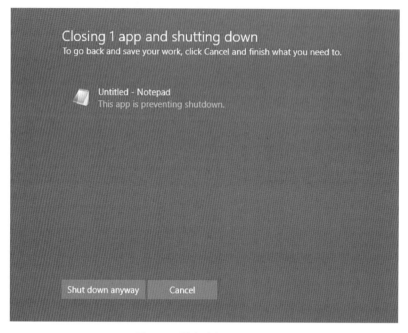

그림 12-14 행이 걸린 프로그램 화면

실습: HungAppTimeout 살펴보기

메모장을 실행해 편집기에 글자를 입력한 다음 로그오프하면 HungAppTimeout
레지스트리 값의 사용을 확인할 수 있다. HungAppTimeout 레지스트리 값에
지정된 시간이 만료되면 Csrss.exe는 입력한 텍스트를 저장할지 여부를 알
려주고자 종료되지 않은 메모장 프로세스를 종료할 것인지 묻는 프롬프트
를 표시한다. 취소 버튼을 선택하면 Csrss.exe는 종료를 중지한다.

두 번째 실습으로 메모장 질의 대화상자를 열어 두고 다시 종료하려고 하
면 메모장은 자체 메시지 상자를 보여줘 종료할 수 없음을 알린다. 그러나
이 대화상자는 유저를 돕기 위한 단순한 정보 메시지다. Csrss.exe는 메모
장이 '행'으로 간주하고 응답하지 않는 프로세스를 종료하는 유저 인터페
이스를 보여준다.

스레드가 타임아웃 이전에 종료되면 Csrss는 창을 소유한 프로세스 내의 다른 스레드에 **WM_QUERYENDSESSION/WM_ENDSESSION** 메시지 쌍을 보낸다. 일단 프로세스 내의 창을 소유한 모든 스레드가 종료되면 Csrss는 프로세스를 종료하고 대화식 세션 내의 다음 프로세스로 진행한다.

Csrss가 콘솔 애플리케이션을 발견하면 **CTRL_LOGOFF_EVENT** 이벤트를 보내 콘솔 제어 핸들러를 호출한다(서비스 프로세스만 종료 시 CTRL_SHUTDOWN_EVENT 이벤트를 받는다). 핸들러가 **FALSE**를 반환하면 Csrss는 프로세스를 강제 종료한다. 핸들러가 **TRUE**를 반환하거나 HKCU\Control Panel\Desktop\WaitToKillTimeout에 정의된 초로 응답하지 않는 경우(기본값은 5,000밀리초) Csrss는 그림 12-14에 표시된 행이 걸린 프로그램 화면을 보여준다.

그런 다음 Winlogon 상태 시스템은 **ExitWindowsEx**를 호출해 Csrss가 대화형 유저 세션의 일부인 COM 프로세스를 종료시킨다.

이 시점에서 대화형 유저 세션 내에 있는 모든 프로세스는 종료된 것이다. 그런 다음 Wininit은 **ExitWindowsEx**를 호출한다. 이 호출은 시스템 프로세스 콘텍스트 내에서 수행된다. 이렇게 하면 Wininit은 서비스가 있는 세션 0의 Csrss에 메시지를 보낸다. 그런 다음 Csrss는 시스템 콘텍스트에 속한 모든 프로세스를 검사하고 **WM_QUERYENDSESSION/WM_ENDSESSION** 메시지를 실행해 GUI 스레드로 전달한다(이전과 유사). 그러나 **CTRL_LOGOFF_EVENT**를 보내는 대신 컨트롤 핸들러가 등록된 콘솔 애플리케이션에 **CTRL_SHUTDOWN_EVENT**를 보낸다. SCM은 제어 핸들러를 등록하는 콘솔 프로그램이다. 종료 요청을 받으면 종료 알림에 등록된 모든 서비스에 서비스 종료 제어 메시지를 보낸다. 서비스 종료에 대한 자세한 내용(예를 들어 Csrss가 SCM에 사용하는 종료 시간 초과)은 10장의 '서비스' 절을 참고한다.

Csrss는 유저 프로세스를 종료할 때와 동일한 타임아웃을 수행하지만 대화상자를 표시하지 않고 프로세스를 강제 종료하지 않는다(시스템 프로세스 타임아웃에 대한 레지스트리 값은 기본 유저 프로파일에서 가져온다). 이러한 타임아웃을 통해 시스템 프로세스는 시스템이 종료 되기 전에 정리되고 종료될 수 있다. 따라서 시스템이 종료될 때 Smss, Wininit, Services, LSASS와 같은 여러 시스템 프로세스는 계속 실행된다.

Csrss가 시스템이 종료됐음을 시스템 프로세스에 알리고 나면 Wininit이 깨어나서 모든 세션이 폐기될 때까지 60초 동안 기다린 다음 필요한 경우 시스템 복구를 호출한다. 이 단계에서 시스템에서 활성화된 유저 프로세스가 없어 복구 애플리 케이션이 기존에 사용 중이었을 수 있는 필요한 모든 파일을 복구할 수 있다. Wininit은 LogonUi를 종료하고 이그제큐티브 서브시스템 함수 NtShutdownSystem 을 호출해 종료 과정을 마친다. 이 함수는 PoSetSystemPowerState 함수를 호출해 드라이버 및 나머지 이그제큐티브 서브시스템의 종료를 제어한다(플러그앤플레이 관리자, 전원 관리자, 이그제큐티브, I/O 관리자, 구성 관리자, 메모리 관리자).

예를 들어 PoSetSystemPowerState는 I/O 관리자를 호출해 종료 알림을 요청한 모든 디바이스 드라이버에 종료 I/O 패킷을 보낸다. 이 조치는 윈도우가 종료되기 전에 장치가 필요로 할 수 있는 특수 처리를 디바이스 드라이버가 수행할 수 있게 한다. 작업자 스레드 스택이 전환되고, 구성 관리자가 수정된 레지스트리 데이터 를 디스크로 플러시하고, 파일 데이터가 포함된 수정된 모든 페이지를 메모리 관리자가 해당 파일에 다시 기록한다. 종료 시 페이징 파일을 지우는 옵션이 활성화된 경우 메모리 관리자는 이 시점에서 페이징 파일을 지운다. I/O 관리자가 다시 호출되고 시스템이 종료됐음을 파일 시스템 드라이버에 알린다. 시스템 종료는 전원 관리자에서 종료된다. 전원 관리자가 수행하는 작업은 유저가 종료, 재부팅 또는 전원 차단 지정 여부에 따라 달라진다.

모든 현대 애플리케이션은 시스템을 제대로 종료하고자 윈도우 종료 인터페이스 WSI에 연관된다. WSI API는 계속 RPC를 사용해 프로세스 간에 통신하고 유예 기간 을 사용한다. 유예 기간은 종료가 실제로 시작되기 전에 유저에게 종료 상태를

알리는 메커니즘이다. 이 메커니즘은 시스템이 업데이트를 설치해야 하는 경우에
도 사용된다. Advapi32는 WSI를 사용해 Wininit과 통신한다. Wininit은 타이머를
대기열에 넣는다. 타이머는 유예 기간이 끝나면 시작하고 Winlogon을 호출해 종
료 요청을 초기화한다. Winlogon은 ExitWindowsEx를 호출하고 나머지 단계는 이
전 단계와 동일하다. 모든 UWP 애플리케이션(및 새로운 시작 메뉴도)은 ShutdownUX 모듈
을 사용해 시스템의 전원을 끈다. ShutdownUX는 UWP 애플리케이션의 전원 전환
을 관리하고 Advapi32.dll에 연결된다.

하이버네이션 및 빠른 시작

시스템 부팅 시간을 개선하고자 윈도우 8에서 빠른 부트(하이브리드 부트라고도 함)라는 새
로운 기능이 적용됐다. 이전 윈도우 에디션에서 하드웨어가 S4 시스템의 전원 상
태를 지원하는 경우(전원 관리자에 대한 자세한 내용은 Vol.1의 6장 참고) 윈도우에서는 유저가 시스
템을 최대 절전 모드로 전환할 수 있게 했다. 빠른 시작을 바로 이해하려면 최대
절전 모드 프로세스에 대한 설명이 필요하다.

유저나 애플리케이션이 SetSuspendState API를 호출하면 전원 관리자에 작업자
항목이 전송된다. 작업자 항목에는 전원 상태 전환을 초기화하고자 커널에 필요
한 모든 정보가 포함돼 있다. 전원 관리자는 처리되지 않은 최대 절전 모드 요청
을 프리패처에 알리고 보류 중인 모든 I/O가 완료될 때까지 기다린다. 그런 다음
NtSetSystemPowerState 커널 API를 호출한다.

NtSetSystemPowerState는 최대 절전 모드 프로세스를 조정하는 주요 기능이다.
이 루틴은 호출자 토큰에 종료 권한이 포함돼 있는지 확인하고 플러그앤플레이
관리자, 레지스트리 및 전원 관리자와 동기화한다. 로드된 모든 것에 대해 순환하
며 드라이버에 IRP_MN_QUERY_POWER의 IRP를 보낸다. 이렇게 전원 관리자는 각 드
라이버에 전원 작업이 시작됐음을 알리고 드라이버 장치가 더 이상 I/O 작업을
시작하거나 최대 절전 모드 프로세스를 방해하는 다른 작업들을 실행하면 안 된
다. 요청 중 하나가 실패하면(드라이버가 I/O 중간에 있는 경우) 절차가 중단된다.

전원 관리자는 시스템 부팅 구성 데이터(BCD, Boot Configuration Data)를 변경하는 내부 루틴

을 사용해 윈도우 재개 부팅 애플리케이션을 활성화한다. 이 애플리케이션은 이름에서 알 수 있듯이 최대 절전 모드 후 시스템을 다시 시작하려고 시도한다(자세한 내용은 이 장 앞부분의 '윈도우 부팅 관리자' 절 참고). 파워 관리자의 역할은 다음과 같다.

- 시스템을 시작하는 데 사용되는 BCD 요소를 열고 관련 윈도우 재개 애플리케이션 GUID를 읽는다(0x23000003 값이 있는 특수한 이름이 없는 BCD 요소에 저장됨).
- BCD 저장소에서 중단 객체를 찾아 열고 설명을 검토한다. 장치 및 경로의 BCD 요소를 쓰고 부팅 디스크에 있는 \Windows\System32\winresume.efi 파일에 연결하고 기본 시스템의 BCD 객체(부팅 디버거 옵션)에서 부팅 설정을 알린다. 마지막으로 최대 절전 모드의 파일 경로와 장치 디스크립터를 `filepath` 및 `filedevice` BCD 요소에 추가한다.
- 루트 부팅 관리자 BCD 객체를 업데이트한다. 검색된 윈도우 재개 부팅 애플리케이션의 GUID를 사용해 `resumeobject` BCD 요소를 쓰고 `resume` 요소를 1로 설정한 후 최대 절전 모드를 빠른 시작에 사용하는 경우 `hiberboot` 요소를 1로 설정한다.

다음으로 전원 관리자는 BCD 데이터를 디스크에 플러시하고 최대 절전 모드에 기록해야 하는 모든 물리적 메모리 범위(여기에서는 설명되지 않은 복잡한 작업)를 계산한 다음 새 전원 IRP를 각 드라이버(IRP_MN_SET_POWER 함수)로 보낸다. 이후로 드라이버가 장치를 절전 상태로 설정하고 요청에 실패해 최대 절전 모드 프로세스를 중지할 수 없게 된다. 이제 시스템이 최대 절전 모드가 될 준비가 됐기 때문에 전원 관리자는 컴퓨터 전원을 끄는 유일한 목적으로 '슬리퍼' 스레드를 시작한다. 그런 다음 재개가 완료될 때(및 시스템이 유저에 의해 재시작될 때)에만 통지되는 이벤트를 기다린다.

슬리퍼 스레드는 자신을 제외한 모든 CPU를 (DPC 루틴을 통해) 중지하고 시스템 시간을 캡처하고 인터럽트를 비활성화한 후 CPU 상태를 저장한다. 마지막으로 전원 상태 핸들러 루틴(HAL에서 구현)을 호출한다. 이 루틴은 전체 시스템을 절전 상태로 만드는 데 필요한 ACPI 기계어 코드를 실행하고 모든 실제 메모리 페이지를 실제로 디스크에 쓰는 루틴을 호출한다. 슬리퍼 스레드는 크래시 덤프 스토리지 드라이버를 사용해 최대 절전 모드 파일에 데이터를 쓰는 데 필요한 저수준 디스크 I/O를 발행한다.

윈도우 부팅 관리자는 초기 부팅 단계에서 재개 BCD 요소(부팅 관리자 BCD 디스크립터에 저장됨)를 인식하고 윈도우 재개 부팅 애플리케이션 BCD 객체를 열고 저장된 최대 절전 모드 데이터를 읽는다. 마지막으로 실행을 윈도우 재개 부팅 애플리케이션(Winresume.efi)으로 전달한다. Winresume의 진입점 루틴인 HbMain은 부팅 라이브러리를 다시 초기화하고 최대 절전 모드 파일에 대해 다음과 같은 다양한 검사를 수행한다.

- 파일이 동일한 실행 프로세서 아키텍처에 의해 기록됐는지 확인한다.
- 유효한 페이지 파일이 있고 올바른 크기인지 확인한다.
- 펌웨어가 하드웨어 구성 변경 사항을 보고했는지 확인한다(FADT 및 FACS ACPI 테이블을 통해).
- 최대 절전 모드 파일의 무결성을 확인한다.

이러한 검사 중 하나가 실패하면 Winresume은 실행을 종료하고 제어를 부팅 관리자로 되돌린다. 부팅 관리자는 최대 절전 모드 파일을 삭제하고 표준 콜드 부트를 다시 시작한다. 반면 이전의 모든 검사를 통과하면 Winresume은 최대 절전 모드 파일을 읽고(UEFI 부팅 라이브러리 사용) 저장된 모든 물리적 페이지의 내용을 복구한다. 그 후 필요한 페이지 테이블과 메모리 데이터 구조체를 다시 빌드하고 필요한 정보를 운영체제 콘텍스트에 복사하고 마지막으로 실행을 윈도우 커널로 전송해 원래 CPU 콘텍스트를 복구한다. 윈도우 커널 코드는 원래 시스템을 최대 절전 모드로 설정한 동일한 전원 관리자 슬리퍼 스레드에서 다시 시작한다. 전원 관리자는 인터럽트를 다시 활성화하고 다른 모든 시스템 CPU를 해동thaws시킨다. 그런 다음 시스템 시간을 업데이트해 CMOS에서 읽고 모든 시스템 타이머(및 워치독)를 재배치rebases하고 다른 IRP_MN_SET_POWER IRP를 각 시스템 드라이버로 전송해 장치를 다시 시작하도록 요청한다. 마지막으로 프리패처를 다시 시작하고 추가 처리를 위해 부트 로더 로그를 보낸다. 이제 시스템이 완전히 작동하고 시스템의 전원 상태는 S0(완전히 켜짐)다.

빠른 시작은 최대 절전 모드를 사용해 구현되는 기술이다. 애플리케이션이 EWX_HYBRID_SHUTDOWN 플래그를 ExitWindowsEx API에 전달하거나 유저가 종료 시작 메뉴 버튼을 클릭할 때 시스템이 S4(유휴 상태) 전원 상태를 지원하고 최대 절전 모드 파일이 활성화된 경우 하이브리드 종료를 시작한다. Csrss가 모든 태화형 세션 프로세스, 세션 0 서비스 및 COM 서버를 끈 후에 (실제 종료 프로세스에 대한 자세한 내용은 '종료' 절 참고) Winlogon은 종료 요청에 하이브리드 플래그가 설정됐음을 감지하고 WiniNT 종료 코드를 깨우는 대신 다른 루트로 들어간다. 새로운 Winlogon 상태는 NtPowerInformation 시스템 API를 사용해 모니터를 끄고 LogonUI에 처리되지 않은 하이브리드 종료에 대해 알린다. 마지막으로 NtInitializePowerAction API를 호출해 시스템의 최대 절전 모드를 요청한다. 다음 단계는 시스템의 최대 절전 모드와 동일하다.

실습: 하이브리드 종료 이해

시스템이 꺼진 후 외부 OS를 사용해 BCD 저장소를 수동으로 마운트하면 하이브리드 종료의 효과를 확인할 수 있다. 먼저 시스템에 빠른 부트가 활성화돼 있는지 확인한다. 이렇게 하려면 시작 메뉴의 검색 상자에 제어판을 입력하고 시스템 및 보안을 선택한 다음 전원 옵션을 선택한다. 전원 옵션 창의 왼쪽 상단에 있는 전원 단추 작동 설정을 클릭하면 다음 화면이 보인다.

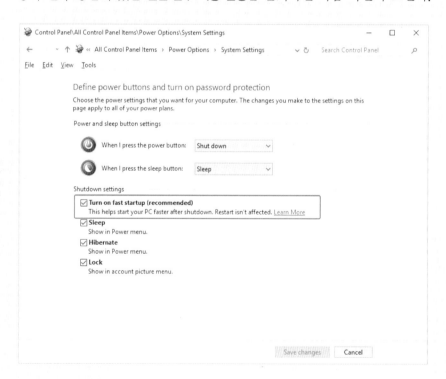

그림과 같이 빠른 시작 켜기 옵션이 선택돼 있는지 확인한다. 그렇지 않으면 시스템이 표준 종료를 수행한다. 시작 메뉴의 왼쪽에 있는 전원 버튼을 사용해 워크스테이션을 종료할 수 있다. 컴퓨터를 종료하기 전에 외부 OS가 포함된 DVD 또는 USB 플래시 드라이브를 삽입해야 한다(라이브 리눅스 복사본이 제대로 작동해야 함). 이 실습에서는 시스템 볼륨을 탑재하기 전에 설치 절차에서 모든 최대 절전 모드 데이터를 지우므로 윈도우 설치 프로그램(또는 WinRE 기반 환경)을 사용할 수 없다.

워크스테이션을 켠 후 외장 DVD 또는 USB 드라이브에서 부팅한다. 이 절차는 PC 제조업체에 따라 다르며 일반적으로 BIOS 인터페이스에 접근해야 한다. BIOS에 접근하고 외장 드라이브에서 부팅하는 단계는 워크스테이션의 사용 설명서를 확인한다(예를 들어 서피스 프로 및 서피스북 노트북에서는 일반적으로 BIOS 구성으로 들어가려면 전원 버튼을 눌렀다 놓기 전에 볼륨 크게 버튼을 길게 누르면 된다). 새 OS가 준비되면 파티션 도구를 사용해 기본 UEFI 시스템 파티션을 마운트한다(OS 타입에 따라 다름). 이 절차는 설명하지 않겠다. 시스템 파티션이 제대로 마운트되면 \EFI\Microsoft\Boot\BCD에 있는 시스템 부팅 구성 데이터 파일을 외장 드라이브(또는 부팅에 사용한 것과 동일한 USB 플래시 드라이브)에 복사한다. 그런 다음 PC를 다시 시작하고 윈도우가 최대 절전 모드에서 다시 시작될 때까지 기다릴 수 있다.

PC가 다시 시작되면 레지스트리 편집기를 실행해 루트 HKEY_LOCAL_MACHINE 레지스트리 키를 연다. 그런 다음 파일 메뉴에서 하이브 로드를 선택한다. 저장된 BCD 파일을 찾아 열기를 선택해 새로 로드한 하이브에 BCD 키 이름을 할당한다. 여기서 기본 부팅 관리자 BCD 객체를 확인해야 한다. 모든 윈도우 시스템에서 루트 BCD 객체에는 {9DEA862C5CDD-4E70-ACC1-F32B344D4795} GUID가 있다. 관계 키와 해당 Element 하위 키를 열고 하이브리드 시스템 종료 상태에서 정상적으로 꺼진 경우 Element 레지스트리 값이 1로 설정된 상태에서 resume 및 hiberboot BCD 요소(해당 키 이름은 26000005 및 26000025며 표 12-2 참고)가 보인다.

윈도우 설치에 해당하는 BCD 요소를 올바르게 찾으려면 displayorder 요소(24000001이라는 키)를 사용한다. 그러면 설치된 모든 OS 부팅 항목이 나열된다. Element 레지스트리 값에는 설치된 운영체제 로더를 설명하는 BCD 객체의 모든 GUID 목록이 있다. 윈도우 재개 애플리케이션을 설명하는 BCD 객체를 검토하고 resumeobject BCD 요소(23000006 키에 해당)의 GUID 값을 읽는다. 이 GUID가 있는 BCD 객체에는 이름이 22000002인 키에 해당하는 filepath 요소에 대한 최대 절전 모드 파일 경로가 포함된다.

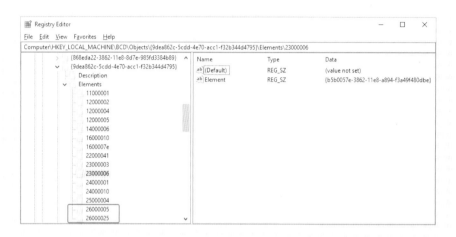

윈도우 복원 환경(WinRE)

윈도우 복원 환경(WinRe)은 가장 일반적인 부팅 문제를 해결하는 여러 도구와 자동 복원 기술을 제공한다. 여기에는 6가지 주요 도구가 포함돼 있다.

- **시스템 복원**: 안전 모드에서 윈도우 설치를 시작할 수 없는 경우 이전 복원 지점으로 복원할 수 있다.
- **시스템 이미지 복구**: 이전 버전의 윈도우에서 전체 PC 복원 또는 시스템 자동 복구(ASR, Automated System Recovery)라고 불렸고 손상된 파일 및 손실된 데이터가 모두 포함돼 존재하지 않는 시스템 복원 지점뿐만 아니라 전체 백업에서도 윈도우 설치를 복원한다.
- **시작 복구**: 가장 일반적인 윈도우 시작 문제를 감지하고 자동으로 복원하

는 자동화 도구다.

- **PC 재설정:** 표준 윈도우 설치에 속하지 않는 모든 애플리케이션 및 드라이버를 제거하고 모든 설정을 기본값으로 복원하고 설치한 후 윈도우를 원래 상태로 되돌리는 도구다. 유저는 모든 개인 데이터 파일을 유지할지 아니면 모두 삭제할지 선택할 수 있다. 후자의 경우 윈도우는 처음부터 자동으로 다시 설치된다.

- **명령 프롬프트:** 문제 해결 또는 복원에 수동 개입이 필요한 경우(다른 드라이브에서 파일을 복사 또는 BCD를 조작) 명령 프롬프트를 사용해 거의 모든 윈도우 프로그램을 시작할 수 있다. 필요한 종속성이 충족될 수 있는 한 윈도우 셸을 만들 수 있다. 제한된 특수 명령 세트만 지원하는 이전 버전의 윈도우 복원 콘솔과 다르다.

- **윈도우 메모리 진단 도구:** RAM 에러의 징후를 확인하는 메모리 진단 테스트를 실행한다. 고장이 난 RAM은 랜덤한 커널과 애플리케이션 크래시, 불안정한 시스템 동작을 일으킬 수 있다.

윈도우 DVD 또는 부팅 디스크에서 시스템을 부팅하는 경우 윈도우 설치 프로그램에서 윈도우를 설치할지 기존 설치를 복원할지 선택할 수 있다. 설치를 복원하기로 선택한 경우 시스템은 최근 부팅 메뉴(그림 12-15)와 유사한 화면을 보여주며, 여러 옵션이 제공된다.

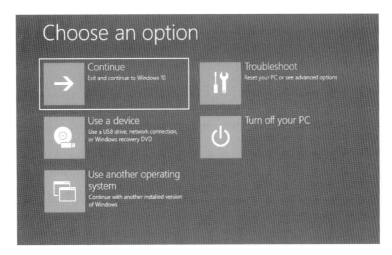

그림 12-15 윈도우 복구 환경 시작 화면

유저는 다른 장치에서 부팅할지, 다른 OS를 사용할지(시스템 BCD 스토어에 정상 등록한 경우), 복원 도구를 선택할지 선택할 수 있다. 설명된 모든 복원 도구(메모리 진단 도구 제외)는 문제 해결 섹션에 있다.

윈도우 설치 애플리케이션은 클린 시스템 설치의 복원 파티션에도 WinRE를 설치한다. 시작 메뉴의 종료 버튼을 사용해 컴퓨터를 다시 시작할 때 Shift 키를 누른 상태로 WinRE에 접근할 수 있다. 시스템이 레거시 부팅 메뉴를 사용하는 경우 부팅 관리자 실행 중에 F8키를 사용해 고급 부팅 옵션에 접근해 WinRE를 시작할 수 있다. 시스템 복구 옵션이 표시되면 시스템에 로컬 하드디스크 복사본이 있는 것이다. 또한 파일이 손상됐거나 Winload가 이해할 수 있는 다른 이유로 시스템이 부팅하지 못하면 다음 재부팅 주기에서 WinRE를 자동으로 부팅하게 부팅 관리자에게 요청한다. 그림 12-15에 표시된 대화상자 대신 복원 환경은 그림 12-16에 표시된 시작 복원 도구를 자동으로 시작한다.

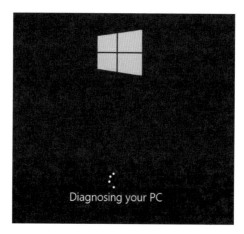

그림 12-16 시동 복구 도구

검사 및 복구 주기가 끝나면 도구는 자동으로 설치 미디어에서 시스템 파일 교체를 포함해 손상된 부분을 복구하려고 시도한다. 시작 복구 도구가 손상을 자동으로 복구할 수 없는 경우 다른 방법을 시도할 수 있으며, 시스템 **복구 옵션** 대화상자가 다시 보인다.

윈도우 메모리 진단 도구는 실행 중인 시스템에서 열거나 WinRE에서 실행 중인 명령 프롬프트에서 mdsched.exe 실행 파일을 사용해 구동할 수 있다. 이 도구는 유저에게 테스트를 실행하고자 컴퓨터를 재부팅할지 묻는다. 시스템에서 레거시 부팅 메뉴를 사용하는 경우 탭 키를 사용해 메모리 진단 도구를 실행해 도구 섹션으로 이동할 수 있다.

안전 모드

윈도우 시스템을 부팅할 수 없게 되는 가장 일반적인 이유는 부팅 순서 중에 디바이스 드라이버가 시스템을 손상시키기 때문이다. 소프트웨어나 하드웨어 구성은 시간이 지남에 따라 변경될 수 있기 때문에 드라이버에서 언제든지 잠재적인 버그가 나타날 수 있다. 윈도우는 관리자가 문제를 해결할 수 있는 방법으로 안전 모드에서의 부트를 제공한다. 안전 모드는 최소 디바이스 드라이버 및 서비스들로 구성된 부팅 구성이다. 윈도우는 부팅에 필요한 드라이버와 서비스에만 의존해 충돌할 수 있는 서드파티 및 기타 불필요한 드라이버 로드를 방지한다.

안전 모드로 들어가는 데는 다음과 같은 여러 방법이 있다.

- WinRE로 시스템을 부팅하고 **고급 옵션**에서 **시작 설정**을 선택한다(그림 12-17 참고).

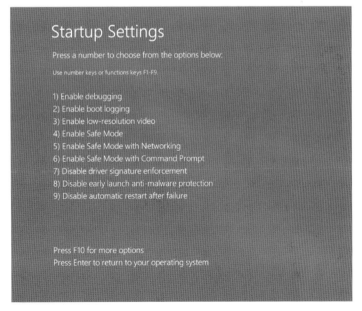

그림 12-17 유저가 3가지 안전 모드를 선택할 수 있는 시작 설정 화면

- 멀티부팅 환경에서 이전 경우와 같이 최근 부팅 메뉴의 기본값 변경 또는 기타 옵션 선택을 선택해 문제 해결^{Troubleshoot} 섹션으로 이동해 시작 설정 버튼을 선택한다.
- 시스템에서 레거시 부팅 메뉴를 사용하는 경우 F8키를 눌러 고급 부팅 옵션 메뉴로 들어간다.

일반적으로 안전 모드, 네트워킹 사용 안전 모드, 명령 프롬프트가 있는 안전 모드의 3가지 안전 모드 중에서 선택할 수 있다. 표준 안전 모드에는 정상 부팅하는 데 필요한 최소 디바이스 드라이버 수와 서비스가 포함된다. 네트워킹 사용 안전 모드는 표준 안전 모드에 포함된 드라이버와 서비스에 네트워크 드라이버와 서비스를 추가한다. 마지막으로 명령 프롬프트가 있는 안전 모드는 시스템이 GUI 모드를 사용하려고 할 때 윈도우 탐색기 대신 명령 프롬프트 애플리케이션(Cmd.exe)을 실행하는 것을 제외하고는 일반 안전 모드와 동일하다.

윈도우에는 표준 네트워크 지원 안전 모드와 다른 네 번째 안전 모드인 디렉터리 서비스 복원 모드가 포함돼 있다. 디렉터리 서비스 복원 모드를 사용해 도메인 컨트롤러의 액티브 디렉터리 서비스가 오프라인으로 열리지 않는 모드로 부팅할 수 있다. 이렇게 하면 데이터베이스 복구 작업을 수행하거나 백업 미디어에서 데이터베이스를 복원할 수 있다. 액티브 디렉터리 서비스를 제외한 모든 드라이버와 서비스는 디렉터리 서비스 복원 모드를 시작하는 동안 로드된다. 액티브 디렉터리 데이터베이스가 손상돼 시스템에 로그온할 수 없는 경우 이 모드에서는 손상을 복구할 수 있다.

안전 모드에서 드라이버 로드

윈도우는 어떤 디바이스 드라이버와 서비스가 표준 및 네트워킹 지원 안전 모드에 포함된 것인지 어떻게 알 수 있을까? 답은 HKLM\SYSTEM\CurrentControlSet\Control\SafeBoot 레지스트리 키에 있다. 이 키에는 Minimal과 Network 하위 키가 포함돼 있다. 각 하위 키에는 디바이스 드라이버나 서비스 또는 드라이버 그룹의 이름을 지정하는 하위 키가 추가로 포함된다. 예를 들어 BasicDisplay.sys 하위 키는 시작 구성에 포함된 기본 디스플레이 디바이스 드라이버를 확인한다. 기본 디스플레이 드라이버는 PC 호환 디스플레이 어댑터에 기본적인 그래픽 서비스를 제공한다. 시스템은 어댑터의 고급 하드웨어 기능을 활용할 수 있지만 시스템 부팅을 방해할 수 있는 드라이버 대신 이 드라이버를 안전 모드 디스플레이 드라이버로 사용한다. SafeBoot 키 아래의 각 하위 키에는 하위 키가 무엇을 확인하는지 설명하는 기본값이 있다. BasicDisplay.sys 하위 키의 기본값은 Driver다.

Boot 파일 시스템 하위 키에는 기본값으로 DriverGroup이 있다. 개발자는 디바이스 드라이버 설치 스크립트(.inf 파일)를 디자인할 때 디바이스 드라이버가 드라이버 그룹에 속하게 지정할 수 있다. 시스템이 정의하는 드라이버 그룹은 HKLM\SYSTEM\CurrentControlSet\Control\ServiceGroupOrder 키의 목록 값에 나열된다. 개발자는 윈도우 드라이버를 그룹 구성원에 지정해 부팅 프로세스 중 어느 시점에서 드라이버를 시작할지 알려준다. ServiceGroupOrder 키의 주목적은 드라이버 그룹이 로드되는 순서를 정의하는 것이다. 일부 드라이버 타입은 다른 드라이버 타입 앞이나 뒤에 로드해야 한다. 드라이버 구성 레지스트리 키 아래의 그룹 값은 드라이버를 그룹과 연결한다.

드라이버 및 서비스 구성 키는 HKLM\SYSTEM\CurrentControlSet\Services 하위에 있다. 이 키 아래를 보면 기본 디스플레이 디바이스 드라이버의 BasicDisplay 키가 있다. 이것은 레지스트리에서 비디오 그룹의 구성원임을 알 수 있다. 윈도우가 윈도우 시스템 드라이브에 접근하는 데 필요한 파일 시스템 드라이버는 부트 파일 시스템 그룹의 일부인 것처럼 자동으로 로드된다. 다른 파일 시스템 드라이버는 파일 시스템 그룹의 일부며 표준 및 네트워크 지원 안전 모드 구성도 포함돼 있다.

안전 모드 구성으로 부팅할 때 부트 로더(Winload)는 부팅하는 설치에 대해 지정한 스위치와 함께 커널(Ntoskrnl.exe)에 관련된 스위치를 커맨드라인 매개변수로 전달한다. 안전 모드로 부팅할 경우 Winload는 선택한 안전 모드 유형을 설명하는 값을 가진 safeboot BCD 옵션을 설정한다. 표준 안전 모드의 경우 Winload는 minimal을 설정하고, 네트워크 활성화 안전 모드의 경우 network를 추가한다. 명령 프롬프트가 있는 안전 모드의 경우 alternateshell을 설정하고, 디렉터리 서비스 복원 모드의 경우 dsrepair를 설정한다.

안전 모드의 부트에서 제외되는 드라이버에는 예외가 있다. 커널이 아닌 Winload가 부팅 시 드라이버를 로드하게 지정하는 레지스트리 키에 시작 값이 0인 드라이버를 로드한다. Winload는 시스템이 정상적으로 시작하려면 시작 값이 0인 드라이버가 필요하다고 가정하므로 SafeBoot 레지스트리 키를 확인하지 않는다. Winload는 SafeBoot 레지스트리 키를 확인해 로드 드라이버를 확인하지 않기 때문에 Winload는 모든 부팅 시작 드라이버를 로드하고 나중에 Ntoskrnl을 시작한다.

윈도우 커널은 부팅 프로세스의 단계 1의 끝에서 안전 모드 스위치를 검색해 부팅 매개변수(Phase1InitializationDiscard, 이 장 앞부분의 '커널 초기화 단계 1' 절 참고)를 검사해 내부 변수 InitSafeBootMode로 설정한다. 이 값은 감지된 스위치를 반영하는 값이다. InitSafeBoot 함수 중에 커널은 InitSafeBootMode 값을 레지스트리 HKLM\SYSTEM\CurrentControlSet\Control\SafeBoot\Option\OptionValue 값에 쓰고 유저 모드가 되게 한다. SCM과 같은 구성 요소는 시스템이 어떤 부팅 모드에 있는지를 판별할 수 있다. 또한 시스템이 명령 프롬프트를 사용해 안전 모드로 부팅하는 경우 커널은 HKLM\SYSTEM\CurrentControlSet\Control\SafeBoot\Option\UseAlternateShell 값을 1로 설정한다. 커널은 Winload가 전달하는 매개변수를 HKLM\SYSTEM\CurrentControlSet\Control\SystemStartOptions 값에 기록한다.

I/O 관리자 커널 서브시스템이 HKLM\SYSTEM\CurrentControlSet\Services에 지정된 디바이스 드라이버를 로드할 때 I/O 관리자는 IopLoadDriver 함수를 실행한다. 플러그앤플레이 관리자가 새로운 디바이스를 감지하고 감지된 디바이스를 동적으로 로드하려면 플러그앤플레이 관리자는 PipCallDriverAddDevice 함수를 실행한다. 이 두 함수는 해당 드라이버를 로드하기 전에 IopSafebootDriverLoad 함수를 호출한다. IopSafebootDriverLoad 함수는 InitSafeBootMode 값이 어떤지를 확인하고 드라이버를 로드할지 여부를 결정한다. 예를 들어 시스템이 표준 안전 모드로 부팅되면 IopSafebootDriverLoad는 Minimal 하위 키 아래에 드라이버 그룹이 있는지 찾는다. 드라이버 그룹이 명시돼 있으면 해당 호출자에게 드라이버를 로드할 수 있다는 것을 알린다. 그렇지 않으면 IopSafebootDriverLoad는 Minimal 하위 키 아래에서 드라이버 이름을 찾는다. 드라이버 이름이 하위 키로 명시돼 있다면 해당 드라이버를 로드할 수 있다. IopSafebootDriverLoad가 드라이버 그룹이나 드라이버 이름 하위 키를 찾을 수 없다면 해당 드라이버는 로드되지

않는다. 시스템이 네트워킹 가능한 안전 모드로 부팅되면 IopSafebootDriverLoad 는 Network 하위 키에서 검색을 수행한다. 안전 모드로 부팅하지 않으면 IopSafebootDriverLoad는 모든 드라이버가 로드될 수 있게 한다.

안전 모드 지원 유저 프로그램

SCM 유저 모드 구성 요소(Services.exe)는 부팅 프로세스 중에 초기화되며, SCM은 HKLM\SYSTEM\CurrentControlSet\Control\SafeBoot\Option\OptionValue 값을 확인해 시스템이 안전 모드 부트를 수행하는지 여부를 확인한다. 이 경우 SCM은 IopSafebootDriverLoad의 작업을 반영한다. SCM은 HKLM\SYSTEM\CurrentControlSet\Services 아래에 나열된 서비스를 처리하지만 적절한 안전 모드 하위 키가 이름으로 지정한 서비스만 로드한다. SCM 초기화 프로세스에 대한 자세한 내용은 10장의 '서비스' 절을 참고한다.

Userinit은 유저가 로그온할 때 유저 환경을 초기화하는 구성 요소(%SystemRoot%\System32 \Userinit.exe)가 시스템이 안전 모드로 부팅되는지 여부를 알아야 하는 또 다른 유저 모드 구성 요소로 HKLM\SYSTEM\CurrentControlSet\Control\SafeBoot\Option\UseAlternateShell의 값을 확인한다. 이 값이 설정되면 Userinit은 Explorer.exe를 실행하는 대신 HKLM\SYSTEM\Current ControlSet\Control\SafeBoot\AlternateShell 값으로 유저 셸로 지정된 프로그램을 실행한다. 윈도우는 설치 중에 Cmd.exe 프로그램을 AlternateShell 값에 쓰고 명령 프롬프트를 사용해 안전 모드에 대한 기본 셸을 표시한다. 명령 프롬프트가 셸인 경우에도 명령 프롬프트에 Explorer.exe를 입력해 윈도우 탐색기를 시작할 수 있으며 명령 프롬프트에서 다른 GUI 프로그램도 실행할 수 있다.

애플리케이션은 어떻게 시스템이 안전 모드로 부팅되는지 여부를 확인할까? 이를 위해 윈도우 GetSystemMetrics(SM_CLEANBOOT) 함수를 호출한다. 시스템이 안전 모드로 부팅할 때 특정 작업을 수행해야 하는 배치 스크립트는 SAFEBOOT_OPTION 환경 변수를 찾는데, 시스템이 안전 모드로 부팅할 때만 이 환경 변수를 정의하기 때문이다.

부팅 상태 파일

윈도우는 부팅 상태 파일(%SystemRoot%\Bootstat.dat)을 사용해 부트, 종료와 같은 시스템 라이프사이클의 여러 단계를 거쳐 진행했음을 기록한다. 이렇게 하면 부팅 관리자, 윈도우 로더, 부팅 복구 도구가 비정상적인 종료 또는 정상적인 종료 실패를 감지하고 윈도우 복구 환경과 같은 유저 복구 및 진단 부팅 옵션을 제공할 수 있다. 이 이진 파일^{binary file}에는 시스템이 시스템 라이프사이클의 다음 단계의 정상 상태를 보고하기 위한 정보가 들어 있다.

- 부트
- 종료 및 하이브리드 종료
- 최대 절전 모드에서 다시 시작하거나 일시 중지

부팅 상태 파일에는 유저가 마지막으로 운영체제를 시작하려고 할 때 문제가 감지됐는지 여부와 표시되는 복구 옵션을 표시해 유저가 문제를 인식하고 조치했음을 나타낸다. Ntdll.dll 런타임 라이브러리 API(Rtl)에는 윈도우가 파일을 읽고 쓰는 데 사용하는 전용 인터페이스가 포함돼 있다. BCD와 마찬가지로 유저가 편집할 수 없다.

결론

12장에서는 일반적인 경우와 에러 상황에서 윈도우를 시작하고 종료하는 과정의 자세한 단계를 살펴봤다. 많은 새로운 보안 기술이 설계돼 구현됐으며, 이를 통해 시스템을 초기 시작 단계에서부터 안전하게 유지하고 다양한 외부 공격으로부터 보호하려고 노력했다. 윈도우의 전반적인 구조와 시스템을 가동하고 유지하는 핵심 시스템 메커니즘 그리고 빠르게 종료하는 방법까지 살펴봤다.

Windows Internals *Vol. 2*
마이크로소프트 윈도우 커널 공식 가이드

7판 발행 | 2024년 1월 2일

옮긴이 | 안랩 기반기술팀
지은이 | 안드레아 알레비 · 알렉스 이오네스쿠 · 마크 러시노비치 · 데이비드 솔로몬

펴낸이 | 권 성 준
편집장 | 황 영 주
편 집 | 김 진 아
          임 지 원
디자인 | 윤 서 빈

에이콘출판주식회사
서울특별시 양천구 국회대로 287 (목동)
전화 02-2653-7600, 팩스 02-2653-0433
www.acornpub.co.kr / editor@acornpub.co.kr

Copyright ⓒ 에이콘출판주식회사, 2024, Printed in Korea.
ISBN 979-11-6175-798-8
http://www.acornpub.co.kr/book/windows-internals7-vol2

책값은 뒤표지에 있습니다.